SCHÜLER DUDEN

Die Literatur

DUDEN für Schüler

Rechtschreibung und Wortkunde
Vom 4. Schuljahr an

Grammatik
Vom Aktiv bis zum zweiten Futur

Wortgeschichte
Sprachgeschichte und Etymologie für den modernen Sprachunterricht

Bedeutungswörterbuch
Weil viele Wörter mehrdeutig sind

Fremdwörterbuch
Von relaxed bis marginal

Die richtige Wortwahl
Auf einen Schlag den inhaltlich und stilistisch treffenden Ausdruck

Lateinisch-Deutsch
Die Neufassung des »Taschen-Heinichen«

Die Kunst
Von der Farbenlehre bis zur Aktionskunst

Die Musik
Bach und Bebop, Farbenhören und farbiges Rauschen

Die Literatur
Absurdes Theater, Naturalismus, Hinkjambus: die Literatur in ihrer Vielseitigkeit

Die Chemie
Von der ersten Chemiestunde bis zum Abiturwissen

Die Ökologie
Klassische Ökologie und moderne Umweltproblematik

Die Pflanzen
Vom Gänseblümchen bis zum Mammutbaum: Antwort auf Fragen, die im Unterricht offenbleiben

Die Biologie
Auf dem neuesten Stand der Forschung

Die Tiere
Rötelfalken und Rötelmäuse. Für kleine und große Biologen

Die Physik
Die wichtigsten Begriffe und Methoden der Physik

Die Astronomie
Von hellen Sternen und schwarzen Löchern. – Stern-Stunden verständlich gemacht

Die Geographie
Von der Geomorphologie bis zur Sozialgeographie

Die Geschichte
Ob Merkantilismus oder UN: alles Wissenswerte leicht zugänglich

Die Wirtschaft
Vom Break-even-point bis zur Schattenwirtschaft

Politik und Gesellschaft
Vom Bruttosozialprodukt bis zur Pressefreiheit

Die Religionen
Aberglaube, Christentum, Zwölfgöttersystem: die Welt der Religion auf einen Blick

Die Philosophie
»Logik des Herzens« und kategorischer Imperativ: die wichtigsten Modelle und Schulen

Die Psychologie
Vom Alter ego bis zur Zwillingsforschung

Die Pädagogik
Alles zum Thema Schule, Ausbildung und Erziehung

Die Informatik
Algorithmen und Zufallsgenerator: das Informationszentrum für Anfänger und Fortgeschrittene

Die Mathematik I
5.–10. Schuljahr

Die Mathematik II
11.–13. Schuljahr

DUDEN-Schülerlexikon
Ein Lexikon nicht nur für die Schule

SCHÜLER DUDEN

Die Literatur

2., überarbeitete
und ergänzte Auflage
Herausgegeben und bearbeitet von
Meyers Lexikonredaktion
unter Leitung von
Gerhard Kwiatkowski

DUDENVERLAG
Mannheim · Leipzig · Wien · Zürich

Redaktion:
Maria Schuster-Kraemer M. A.
Mitarbeiter:
Heinz Forster, Würzburg
Winfried Kraus, Würzburg
Dr. Nikolaus Patrzek (†), Würzburg
Richard Zürrlein, Würzburg

CIP-Titelaufnahme der Deutschen Bibliothek
Schülerduden Die Literatur / hrsg. u. bearb. von
Meyers Lexikonred. unter d. Leitung
von Gerhard Kwiatkowski. – 2., überarb. u. erg. Aufl.
Mannheim; Wien; Zürich: Dudenverl., 1989
ISBN 3-411-02242-6
NE: Kwiatkowski, Gerhard [Hrsg.]; Die Literatur

Satz: Bibliographisches Institut & F. A. Brockhaus AG,
(DIACOS Siemens) und Mannheimer Morgen
Großdruckerei und Verlag GmbH
Druck und Bindearbeit: Graphische Betriebe
Langenscheidt, Berchtesgaden
Printed in Germany
ISBN 3-411-02242-6

Vorwort zur 2. Auflage

Nach fast zehn Jahren schien es Herausgeber und Bearbeitern an der Zeit, den Schülerduden „Die Literatur" einer gründlichen Prüfung zu unterziehen und notwendige Änderungen und Ergänzungen vorzunehmen. Bei der Überarbeitung eines Sachlexikons zur Literatur für die Schule ergeben sich drei Testschwerpunkte: die Literatur, der Schüler und die Schule, hier vor allem die Lehrplanvorgaben zum Literaturunterricht.

Naturgemäß hat sich seit dem ersten Erscheinen des Schülerdudens im Jahr 1980 in der Literatur einiges ereignet, was in den entsprechenden Artikeln Berücksichtigung finden muß, wenngleich die Kürze der zeitlichen Distanz ein sicheres Urteil erschwert. So scheint ein Aspekt der Literatur in den 80er Jahren zu sein, der Verbreitung politischer und anderer „Äußerungen" zu entsagen und, aus welchen Gründen auch immer, den Rückzug auf sich selbst anzutreten, die Phantasie, das Mystische, das Magische wieder zu entdecken, wie es die Vertreter des New Age und der Fantasy beweisen.

Auch der Schüler scheint nicht mehr ganz derselbe zu sein wie vor zehn Jahren, wenngleich der oft geäußerte Vorwurf, die Jugend habe ein gestörtes Verhältnis zur Literatur, die Lust am Lesen verschwinde, in dieser apodiktischen Form nicht gilt.

Es haben sich jedoch neue Möglichkeiten des Zugangs zur Literatur gefunden, z. B. über die audiovisuellen Medien, über das Fernsehen, den Video- oder den Kinofilm. Da auch die Lehrpläne, vor allem für das Fach Deutsch, derzeit in diesem Sinne revidiert werden und der Beschäftigung mit diesen Medien größeres Gewicht zuerkennen, schien es notwendig, diesen Trend bei der Bearbeitung der Neuauflage stärker zu berücksichtigen und den Schülern nicht nur das elementare Rüstzeug zur Analyse von Filmen an die Hand zu geben, sondern auch Hilfen zu der in der filmischen Umsetzung gebotenen kreativen Beschäftigung mit Literatur bereitzustellen.

Für die zweite Auflage wurde ferner das ausführliche Literaturverzeichnis mit der weiterführenden Literatur zu den verschiedenen Sachgebieten auf den neuesten Stand gebracht und ergänzt.

Mannheim, im Herbst 1989 — Herausgeber und Bearbeiter

Vorwort zur 1. Auflage

Der vorliegende Band „Die Literatur“ ergänzt die Reihe der „Schülerduden“ um ein Werk, das unter den bisher erschienen Bänden eine gewisse Sonderstellung einnimmt, denn ein Fach „Literatur“ gibt es in den Lehrplänen unserer Schulen nicht. Vielmehr werden literaturwissenschaftliche und literarhistorische Kenntnisse neben dem Deutschunterricht in den verschiedenen Sprachfächern vermittelt. Diese Tatsache wird im hier vorliegenden Schülerduden, den Lehrer für Schüler erarbeitet haben, besonders berücksichtigt. Durch die Auswahl der Stichwörter und den Inhalt der Erläuterungen kann er nicht nur allgemein als Wissensspeicher sondern auch gezielt als Bindeglied zwischen den angesprochenen Fächern benützt werden.
Die Stichwortartikel sind leicht verständlich aufgebaut, wissenschaftlich exakt gearbeitet und erleichtern dem Schüler das Verständis abstrakter Begriffe durch zahlreiche Beispiele im Text. Der lexikalische Hauptteil enthält etwa 2000 Stichwörter mit ausführlichen Wort- und Sacherklärungen aus allen Bereichen der Literatur, einschließlich Rhetorik und Metrik, Bibliotheks- und Buchwesen, mit umfangreichen Darstellungen von Epochen, Gattungen und Stilarten.
Das Personenregister am Ende des Bandes trägt mit den Angaben von Geburts- und Todesjahr dazu bei, zeitliche Zusammenhänge herzustellen und den Stoff historisch einzuordnen. Das Literaturverzeichnis enthält die wichtigsten Standardwerke, mit deren Hilfe sich der Leser über den dargebotenen Stoff hinaus informieren kann.
Der Schülerduden „Die Literatur“ ist, wie auch die anderen Werke dieser Reihe, kein selbständiges Unterrichtswerk, sondern ein Nachschlagewerk, das es dem Schüler ermöglicht, seine im Unterricht und aus den verschiedensten Schulbüchern erworbenen Kenntnisse zu ordnen, zu ergänzen und zu vertiefen.

Mannheim, im Herbst 1980 Herausgeber und Bearbeiter

Zur Einrichtung des Buches

1. Alphabetisierung

Der Text ist nach Stichwörtern alphabetisch geordnet, die halbfett gedruckt am Anfang der ersten Zeile des betreffenden Artikels stehen. Die Alphabetisierung berücksichtigt diakritische Zeichen grundsätzlich nicht und ordnet Umlaute wie die einfachen Selbstlaute ein: ä wie a, ö wie o usw. Komplexe Stichwörter, die mehrere halbfett gedruckte Wörter umfassen, werden ohne Rücksicht auf die Wortgrenze durchalphabetisiert: Abele spelen steht zwischen Abecedarium und Abenteuerroman.

2. Schreibung

Die Schreibung richtet sich grundsätzlich nach den Regeln der Duden-Rechtschreibung. Fachwörter mit eingedeutschter Endung werden in jedem Falle eindeutschend geschrieben (k bzw. z statt c usw.). Bei Begriffen aus Sprachen mit einer anderen Schrift als der lateinischen wurde eine vereinfachte Transkription verwendet, die die Laute annähernd in lateinischen Buchstaben wiedergibt. Andere, ebenfalls gebräuchliche Transkriptionen werden als Schreibvariante in Klammern angeführt, z. B. Dithyrambus (Dithyrambos). Zusätzlich werden beim Stichwort bzw. im Text die folgenden diakritischen Zeichen verwendet:

- ´ (Akzent auf Vokal): Betonung der Silbe. Im Altnordischen und Ungarischen Längung des Vokals. Im Französischen accent aigu.
- ` (Akzent auf Vokal): im Griechischen Betonung der Silbe (wenn ein weiteres griechisches Wort folgt); im Französischen accent grave.
- ˜ (Zirkumflex auf Vokal): im Griechischen Kennzeichnung einer langen, betonten Silbe, auf die nur eine kurze Silbe folgt.
- ~ (Tilde): Kennzeichnung der Nasalierung des Lautes.
- ^ im Französischen accent circonflexe.

3. Betonung

Der untergesetzte Punkt unter Vokalen bedeutet, daß der Vokal kurz und betont ist; untergesetzter Strich unter Vokalen bedeutet, daß der Vokal lang und betont ist. Bei mehreren möglichen Betonungen erfolgt die Betonungsangabe nur in der Lautschrift in eckigen Klammern.

Wenn das Stichwort neben der Aussprache noch eine Herkunftsangabe (Etymologie) erhält, erscheint die jeweilige Sprache nur einmal, nämlich bei der Herkunftsangabe (Etymologie). Beispiel:

Conte [kõ:t; französisch „Erzählung“]

4. Ausspracheangaben in Lautschrift

In den Fällen, in denen die Aussprache nicht oder nur unvollkommen aus dem Stichwort erschlossen werden kann, wird in eckigen Klammern die Aussprache mit den folgenden Zeichen des Internationalen Phonetischen Alphabets (IPA) wiedergegeben:

Zeichen	Beschreibung	Beispiel
a	helles bis mittelhelles a	hạt [hat], Rạd [ra:t]
ɑ	dunkles a	Fạther *engl.* ['fɑ:ðə]
æ	sehr offenes ä	Catch *engl.* [kætʃ]
ʌ	abgeschwächtes dunkles a	Butler *engl.* ['bʌtlə]
aɪ	ei-Diphthong	reit! [raɪt]
aʊ	au-Diphthong	Haut [haʊt]
b	b-Laut	Bau [baʊ]
ç	Ich-Laut	ich [ɪç]
d	d-Laut	Dạmpf [dampf]
ð	stimmhafter englischer th-Laut	Fạther *engl.* ['fɑ:ðə]
dʒ	dsch-Laut („weich“)	Gịn [dʒɪn]
e	geschlossenes e	lẹbt [le:pt]
ɛ	offenes e	hạ̈tte ['hɛtə]
ɛ̃	nasales [ɛ]	Teint [tɛ̃:]
ə	Murmellaut	hạlte ['haltə]
f	f-Laut	fạst [fast]
g	g-Laut	Gạns [gans]
h	h-Laut	Hạns [hans]
i	geschlossenes i	Elịsa [e'li:za]
i̯	unsilbisches [i]	Mạrio *italien.* ['ma:ri̯o]
ɪ	offenes i	bịst [bɪst]
ɨ	zwischen [i] und [u] ohne Lippenrundung	Gromyko *russ.* [gra'mɨkɐ]
j	j-Laut	jụst [jʊst]
k	k-Laut	kạlt [kalt]
l	l-Laut	Lạst [last]
ʎ	lj-Laut	Sevịlla *span.* [se'βiʎa]
m	m-Laut	mạn [man]
n	n-Laut	Nẹst [nɛst]
ŋ	ng-Laut	lạng [laŋ]
ɲ	nj-Laut	Champạgne *frz.* [ʃã'paɲ]
o	geschlossenes o	Lọt [lo:t]
õ	nasales o	Bon [bõ:]
ɔ	offenes o	Pọst [pɔst]
ø	geschlossenes o	mọ̈gen ['mø:gən]
œ	offenes ö	kọ̈nnt [kœnt]
œ̃	nasales ö	Parfum [par'fœ̃:]
ɔʏ	eu-Laut	heute ['hɔʏtə]
p	p-Laut	Pạkt [pakt]

Zeichen	Beschreibung	Beispiel
pf	pf-Laut	Pfau [pfaʊ]
r	r-Laut	Rạst [rast]
s	ß-Laut („scharf“)	Rạst [rast]
ʃ	sch-Laut	schạlt! [ʃalt]
t	t-Laut	Tau [taʊ]
θ	stimmloser englischer th-Laut	Cọmmonwealth *engl.* ['kɔmənwɛlθ]
ts	z-Laut	Zẹlt [tsɛlt]
tʃ	tsch-Laut	Mạtsch [matʃ]
u	geschlossenes u	Kụr [ku:r]
u̯	unsilbisches [u]	Cạpua *italien.* ['ka:pu̯a]
ʊ	offenes u	Pụlt [pʊlt]
v	w-Laut	Wạrt [vart]
w	konsonantisches u	Wịnston *engl.* ['wɪnstən]
x	Ach-Laut	Bạch [bax]
y	ü-Laut	Tụ̈te ['ty:tə]
ʏ	offenes ü	rụ̈ste ['rʏstə]
ɥ	konsonantisches ü	Suịsse *frz.* [sɥis]
z	s-Laut („weich“)	Hạse ['ha:zə]
ʒ	sch-Laut („weich“)	Genie [ʒe'ni:]
:	Längezeichen, bezeichnet Länge des unmittelbar davor stehenden Vokals	bạde ['ba:də]
'	Hauptbetonung, steht unmittelbar vor der betonten Silbe; wird nicht gesetzt bei einsilbigen Wörtern und nicht, wenn in einem mehrsilbigen Wort nur ein silbischer Vokal steht.	Ạcker ['akər], Apothẹke [apo'te:kə]; Haus [haʊs]; Jọhnson *engl.* [dʒɔnsn]
-	Bindestrich, bezeichnet Silbengrenze	Wịrtschaft ['vɪrt-ʃaft]

5. Herkunftsangabe (Etymologie)

Ist eine Information über die Herkunft und die ursprüngliche Bedeutung eines Stichworts nicht nur wortgeschichtlich, sondern auch inhaltlich bedeutsam, erhält das betreffende Stichwort eine Herkunftsangabe in eckigen Klammern (nach der Ausspracheangabe in Lautschrift, soweit vorhanden). Die Herkunftsangabe wird im Normalfall mit der Sprache eingeleitet, aus der das Wort stammt, es folgt die Bedeutung des Wortes in dieser Sprache in Anführungszeichen. Sofern das Wort eine abgeleitete Bildung ist oder nicht mehr mit seiner ursprünglichen Lautung übereinstimmt, wird diese ebenfalls in einer vereinfachten Transkription eingeführt, gegebenenfalls unter Verwendung der unter 2. angegebenen diakritischen Zeichen:

Beispiele:

Daktylus [von griechisch dáktylos „Finger“]
Hephthemimeres [von griechisch heptá „sieben“, hḗmisys „halb“ und méros „Teil“]
Lettrismus [von französisch lettre „Buchstabe, Laut“]

Ist die Erschließung der ursprünglichen Lautung inhaltlich nicht von Bedeutung, erscheint nur die Sprache, der dieses Wort entstammt.

6. Bedeutungsgleiche oder bedeutungsähnliche Wörter (Synonyme)

Gibt es für einen Sachverhalt mehrere Begriffe, so werden diese in runden Klammern wiedergegeben. Sie stehen nach der Aussprache- und Herkunftsangabe.

Beispiel:

Anglistik (englische Philologie)
Göttinger Hain (Hainbund)

7. Abkürzungen

In diesem Buch werden nur allgemein bekannte und gebräuchliche Abkürzungen verwendet, zum Beispiel: z. T. = zum Teil, u. a. = unter anderem, und andere, und anderes, u. ä. = und ähnliche, und ähnliches, v. a. = vor allem, z. B. = zum Beispiel, Abk. = Abkürzung, svw. = soviel wie, ff. = folgende, d. h. = das heißt, vgl. = vergleiche, ↑ = siehe.

8. Metrische Zeichen

– Zeichen für eine lange Silbe
◡ Zeichen für eine kurze Silbe
× Zeichen für eine lange oder kurze Silbe; in der akzentuierenden Dichtung Zeichen für eine unbetonte Silbe
×́ in der akzentuierenden Dichtung Zeichen für eine betonte Silbe
⏑̱ Zeichen für Silbe, bei der eine Länge häufiger als eine Kürze erscheint
⏑̄ Zeichen für Silbe, bei der eine Kürze häufiger als eine Länge erscheint
⏖ Zeichen für eine Länge, an deren Stelle auch zwei Kürzen erscheinen können
⏕ Zeichen für zwei Kürzen, an deren Stelle auch eine Länge erscheinen kann

A

a. a. O.: Abk. für: am angegebenen (angeführten) Ort; damit wird auf eine im gleichen Buch oder Aufsatz bereits genau (Autor, Titel, Erscheinungsort, Erscheinungsjahr, Auflage, Seite) zitierte bzw. im Literaturverzeichnis enthaltene Quelle verwiesen.

Abbreviaturen [von lateinisch brevis „kurz"]: die besonders in alten Handschriften und Drucken gebräuchlichen Abkürzungen von häufig vorkommenden Wörtern oder Silben, z. B. AD (= anno domini „im Jahr des Herrn").

Abbreviatursprache: Bezeichnung für eine verkürzte Redeweise, wie sie in der Alltags-, Kommando- und Werbesprache verbreitet ist, z. B.: „Ausgeschlafen?", „Müde?", „Links-um!".

Abc ↑ Alphabet.

Abc-Buch ↑ Fibel.

Abecedarium [lateinische Benennung der Buchstabenreihe nach den ersten vier Buchstaben des lateinischen Alphabets]: 1. Elementarbuch für Schüler mit alphabetischer Anordnung des Stoffes, eine bis etwa 1850 gebräuchliche Bezeichnung der ↑ Fibel; 2. alphabetisch geordnetes Register von römischen, römisch-kanonischen und deutschen Rechtsbüchern des 14./15. Jahrhunderts; 3. alphabetisches ↑ Akrostichon, bei dem jede Strophe, jeder Vers oder jedes Wort mit einem neuen Buchstaben des Alphabets beginnt.

Abele spelen (Abelespiele) ['spe:lə; niederländisch, von mittelniederländisch abel „kunstvoll, schön"]: Bezeichnung für die ältesten niederländischen weltlichen Schauspiele (Mitte des 14. Jahrhunderts) in einfacher Sprache und Handlungsführung. Anonym überliefert sind: „Esmoreit", „Gloriant", „Lanseloet van Denemarken" und „Van den Winter ende van den Somer". Bei Aufführungen folgte den Abele spelen meist die Klucht, ein possenhaftes Nachspiel. Im 15. Jahrhundert wurden die Abele spelen von den ↑ Zinnespelen (Moralitäten) verdrängt.

Abenteuerroman: Sammelbezeichnung für Romane, in denen der Held beabsichtigt oder unbeabsichtigt in eine bunte Folge von Abenteuern gerät, die oft in keinerlei Zusammenhang miteinander stehen. Der Typ des Abenteuerromans ist auf Grund seines handlungsgeladenen, spannenden Stoffes eine besonders beliebte Form der Unterhaltungsliteratur aller Zeiten. Zumeist werden in literarisch anspruchsloser Technik relativ selbständige Geschichten um den Helden gruppiert und in volkstümlich-realistischem Stil erzählt. Die Episoden dienen nicht der Darstellung der Entwicklung der Zentralfigur, sondern der Unterhaltung und manchmal auch der Belehrung des Lesers durch das Populärwissen der Entstehungszeit. Vorläufer sind die mittelalterlichen Spielmannsepen („Herzog Ernst", um 1180), sodann die Volksbücher des 16. Jahrhunderts („Fortunatus", gedruckt 1509, usw.). Abenteuerromane finden sich in großer Zahl vom Barock über die Trivialromane des 18. Jahrhunderts (K. G. Cramer, Ch. A. Vulpius) bis ins 19. Jahrhundert (J. Verne und K. May). Gelegentlich weisen sie Gemeinsamkeiten und Berührungspunkte mit dem ↑ Schelmenroman, dem Reiseroman (↑ Reiseliteratur), dem ↑ Räuberroman, dem ↑ Schauerroman und dem ↑ Wildwestroman auf. - Daneben gibt es eine lange Tradition des literarisch anspruchsvollen Abenteuerromans. Hier sind die abenteuerlichen Erlebnisse der Zentralfigur nicht Selbstzweck, sondern Stationen einer durchgehenden Komposition. Der Held wird immer neuen Bewährungsproben ausgesetzt, in deren Bewäl-

Abenteuerroman. Titelblatt der Erstausgabe von Johann Jakob Christoffel von Grimmelshausens Roman „Der Abentheurliche Simplicissimus Teutsch" (1669)

tigung seine innere Entwicklung deutlich wird. Zu nennen sind hier aus der Spätantike die Romane des Heliodor („Aithiopiká", 3. Jahrhundert n. Chr.) und des L. Apuleius („Metamorphoses", auch „Asinus aureus", entstanden wohl nach 175, deutsch 1538, 1783 unter dem Titel „Der goldene Esel"), die Artusepen (↑Artusdichtung) des Mittelalters, die für eine ganze Reihe von trivialen Abenteuerromanen die Stoffgrundlage geboten haben (↑Ritterroman, ↑Amadisroman), gegen die sich wiederum die realitätsbezogenen Abenteuerromane von M. de Cervantes Saavedra („El ingenioso hidalgo Don Quixote de la Mancha", 1605–15, deutsch 1621, 1965 unter dem Titel „Der sinnreiche Junker Don Quijote von la Mancha"), J. J. Ch. von Grimmelshausen („Der Abentheurliche Simplicissimus Teutsch", 1669) und A. R. Lesage („Histoire de Gil Blas de Santillane", 1715–35, deutsch „Gil Blas von Santillana", 1774) richteten. Auch D. Defoes Roman „The life and strange surprizing adventures of Robinson Crusoe, of York, mariner" (1719/20, deutsch 1720/21, 1947 unter dem Titel „Robinson Crusoe") löste in ganz Europa eine Flut trivialer Nachahmungen aus (↑Robinsonaden). Abenteuerliche Lebensläufe schilderten u. a. auch H. Fielding („The history of Tom Jones, a foundling", 1749, deutsch 1771, 1786–88 unter dem Titel „Tom Jones oder die Geschichte eines Findelkindes") und T. Smollett. Die ↑Bildungsromane der deutschen Klassik und Romantik integrierten Abenteuermotive in die Darstellung der kontinuierlichen Entwicklung ihrer Helden in der Auseinandersetzung mit ihrer Welt. Im 20. Jahrhundert findet sich der Abenteuerroman im Gewand des ↑Landstreicherromans (H. Hesse, „Knulp", 1915) und des modernen zeitkritischen Schelmenromans (Th. Mann, „Bekenntnisse des Hochstaplers Felix Krull", 1954; G. Grass, „Die Blechtrommel", 1959).

Abgesang (Gebände): ein Begriff aus dem ↑Meistersang; er bezeichnet den Schlußteil der Kanzonen- oder Stollenstrophe des mittelalterlichen ↑Minnesangs und Meistersangs. Im Gegensatz zum ↑Aufgesang, der aus metrisch gleich gebauten ↑Stollen besteht, erlaubt der Abgesang rhythmische Variationen und ist länger als jeder Stollen des Aufgesangs, aber kürzer als beide zusammen. – ↑auch Epode.

Abhandlung: 1. wissenschaftliche Arbeit, in der ein bestimmtes Problem oder ein bestimmter Gegenstand dargestellt bzw. untersucht wird; 2. im deutschen Barockdrama, z. B. bei A. Gryphius, der Ausdruck für ↑Akt.

absolute Dichtung [von lateinisch absolutus „losgelöst"]: eine Dichtung, die sich von jeglichem Realitätsbezug löst, die auf nichts außerhalb ihrer selbst verweist, die in einem völlig autonomen Bereich nur für sich selbst steht. Die Pflege einer entsinnlichten Sprache wird in der absoluten Dichtung reiner Selbstzweck, eine Mitteilung von Bedeutungen wird nicht angestrebt. Ansätze zur absoluten Dichtung gab es bereits in der deutschen Romantik in den theoretischen Schriften von F. Schlegel, dann bei E. A. Poe („The raven", Gedicht, 1845). Verwirklicht wurde die absolute Dichtung – Th. Gautiers Formel des ↑L'art pour l'art folgend – v.a. in den Gedichten von Ch. Baudelaire („Les fleurs du mal", 1857, deutsch „Die Blumen des Bösen", 1901), im französischen Symbolismus (A. Rimbaud, St. Mallarmé), bei P. Valéry, ferner im ↑Sturmkreis um H. Walden. Nach 1945 finden sich in der ↑konkreten Dichtung (H. Heissenbüttel, F. Mon) neue Ansätze zu ihrer Realisierung. Die absolute Dichtung wird auch, etwas verwirrend, als ↑abstrakte Dichtung, autonome oder reine Dichtung (↑Poésie pure) bezeichnet.

abstrakte Dichtung [von lateinisch abstractus „abgezogen"]: eine Dichtung ohne Gegenstände, ohne gedanklich greifbare Aussage, also z.B. Kombinationen von Wörtern ohne Berücksichtigung elementarer syntaktischer Prinzipien oder von Einzelbuchstaben oder Buchstabenfolgen ohne einen eindeutigen Sinn. Damit steht die abstrakte Dichtung in schroffem Gegensatz zur Symbol- und Bildersprache des Erlebnisgedichts und zur traditionellen Auffassung von literarischen Ausdrucksmöglichkeiten. Die abstrakte Dichtung versucht jegliche metaphorische Deutungsmöglichkeit auszuklammern, sie zieht sich auf das Material zurück, auf „Worte" oder Buchstaben, und spielt mit diesem Material. Verbindungen zu entsprechenden Tendenzen der bildenden Kunst werden deutlich. Wurzeln der abstrakten Dichtung werden in den sinnlosen Wortschöpfungen vieler Kinderlieder sichtbar. Im Umkreis des ↑Dadaismus (K. Schwitters) finden sich neben Definitionsansätzen verschiedene Formen der abstrakten Dichtung, sogenannte ↑reduzierte Texte bei A. Stramm oder sogenannte ↑materiale Texte bei T. Tzara, H. Arp, K. Schwitters. Nach dem 2. Weltkrieg dokumentierte sich abstrakte Dichtung u.a. in der Dichtung des französischen ↑Lettrismus, in den experimentellen Texten von H. Heißenbüttel, E. Gomringer, F. Mon und in den Versuchen der ↑Wiener Gruppe; auch die sogenannten „Sprechgedichte" E. Jandls und die ↑Figurengedichte C. Bremers sind in diesem Zusammenhang zu nennen. Die Beurteilung und Wertung der abstrakten Dichtung, durch die nicht nur die Verbindlichkeit des dichterischen Wortes und allgemein der Sprache in Frage gestellt wird, sondern auch Ausdrucksmöglichkeiten für bislang nicht Sagbares gefunden werden sollen, ist uneinheitlich. Neben dem Begriff abstrakte Dichtung gibt es eine Reihe anderer, sich zum Teil überlagernder Bezeichnungen wie ↑absolute Dichtung, ↑automatische Dichtung, ↑experimentelle Dichtung, ↑konkrete Dichtung.

absurdes Theater [von lateinisch absurdus, eigentlich „unrein klingend"]: eine moderne Form des Theaters, in dem die Absurdität, d.h. die Widersinnigkeit oder Sinnentleertheit der Welt und des menschlichen Daseins vorgeführt wird. Absurdes Theater ist im Grunde philosophisches Theater, sein Gegenstand ist die existentielle Angst des Menschen, der sein Leben als sinnlos erkannt hat, weil sich die traditionellen religiösen, metaphysischen und transzendentalen Bindungen als nicht tragfähig erwiesen haben (Das Problem des Absurden wurde z.B. von A. Camus in seinem Essay „Le mythe de Sisyphe" [1942, deutsch „Der Mythos von Sisyphos", 1950] dargestellt). Aus dem Verlust des Sinns des Lebens resultieren Verkümmerung und Destruktion des Menschen. Entsprechend dieser Daseinssicht verzichten die Autoren des absurden Theaters auf eine durchgehende, psychologisch motivierte Handlung; das Geschehen setzt unvermittelt ein und führt zu keinerlei sinnvollem Abschluß. So endet S. Becketts Drama „En attendant Godot" (1952, deutsch „Warten auf Godot", 1953), ein Stück, in dem zwei völlig isolierte Landstreicher auf einen gewissen Herrn Godot warten, ohne genau zu wissen, wer er ist und ob er überhaupt an einer Kontaktaufnahme mit ihnen interessiert ist, dort, wo es angefangen hat. Obwohl mit der herkömmlichen Dramensprache konsequent gebrochen wird, erfüllt die Sprache dennoch eine Hauptfunktion: ihre Sinnentleerung und ihr Verstummen zeigt die totale Entfremdung des Menschen von der Umwelt, den Mitmenschen und sich selbst. Echte Kommunikation ist nicht mehr möglich, die Gesprächsbeiträge der handelnden Personen sind als zielloses Gerede austauschbar, Ernst mischt sich mit groteskem Humor, Wirklichkeit und Schein gelten gleich. Eine sprachlich-gedankliche Bewältigung der Absurdität des Daseins ist ausgeschlossen; vielmehr wird in Bildern mit starker emotionaler Wirkung die Sinnlosigkeit menschlicher Existenz dargestellt, so wenn etwa zwei der Personen in S. Becketts Drama „Fin de partie“ (1957, deutsch „Endspiel“, 1957) in Mülleimern stecken. Die Dramaturgie des absurden Theaters entwickelt großen Einfallsreichtum, wenn es darum geht, die Realität total zu verfremden oder in schockierenden Bildern zu zertrümmern. – Als Vorläufer des absurden Theaters gilt das Stück „Ubu roi“ (1896, deutsch „König Ubu“, 1958) von A. Jarry; nach dem 2. Weltkrieg rückte das absurde Theater vom Zentrum Paris aus durch die Dramatiker E. Ionesco und S. Beckett (daneben A. Adamov, J. Tardieu, F. Arrabal u. a.) in das Bewußtsein des Publikums. Im Bereich der deutschsprachigen Literatur hat das absurde Theater nur wenige Autoren inspiriert (u. a. G. Grass, W. Hildesheimer, P. Handke). In Polen vertreten u. a. W. Gombrowicz und S. Mrożek, in der Tschechoslowakei V. Havel, in England H. Pinter, in den USA E. Albee das absurde Theater.

Abvers: der zweite Teil einer ↑Langzeile oder eines ↑Reimpaares oder der Schlußvers eines ↑Stollens. – Gegensatz: ↑Anvers.

Académie française [akademifrã'sɛ:z; französisch]: Akademie für französische Sprache und Literatur, gegründet 1635 durch den Kardinal Richelieu, der einen privaten Verein zur Pflege der französischen Sprache in Paris erweiterte. Die Académie française wurde 1793 aufgehoben u. 1803 als Teil des Institut de France neu gegründet. Ihr gehören stets 40 auf Lebenszeit gewählte Mitglieder, die sogenannten „40 Unsterblichen“, an, deren wesentliche Aufgabe in der Beobachtung, Regelung und Auslegung der französischen Sprache (Herausgabe des großen „Dictionnaire de l'Académie“ seit 1694, 9. Auflage 1986 ff.), in der Beobachtung der Literatur, auf die sie durch Preisverleihungen Einfluß nehmen, und in der Herausgabe einer Grammatik (1932) liegen.

Accademia della Crusca [akka'dɛmi̯a 'della 'kruska; von italienisch crusca „Kleie (von der das Mehl getrennt werden soll)“]: 1582 in Florenz gegründete Akademie zur Pflege und Reinigung der italienischen Sprache. Sie gab 1612 das erste Wörterbuch der italienischen Literatursprache, den „Vocabolario degli accademici della Crusca“, heraus. – ↑auch Akademie, ↑Sprachgesellschaften.

Adaptatio̱n (Adaption) [von lateinisch adaptare „anpassen“]: die Umarbeitung eines literarischen, zumeist eines epischen Werkes, um es den besonderen Bedingungen einer anderen Gattung (Drama, Oper usw.) oder eines anderen Kommunikationsmittels (Film, Funk, Fernsehen) anzupassen. Die Adaptation kann durch den Autor selbst erfolgen oder durch einen Adaptor.

Adelsroman: ein Roman mit einer mehr oder minder ausschließlich in adligen Kreisen spielenden Handlung, z. B. „Der Stechlin“ (1899) von Th. Fontane. Daneben macht sich auch die ↑Trivialliteratur das Interesse des Massenpublikums am Leben des hohen Adels zunutze; in Heftromanen oder ganzen Romanreihen wird dem Leser das Schicksal adliger Personen, die durch besondere Ereignisse oft in Konflikt mit dem eigenen Stand und seinen Vorurteilen geraten, vor Augen geführt.

Adone̱us (adonischer Vers, Adonius): ein Kurzvers der antiken Lyrik, dessen Bezeichnung von den griechischen Totenklagen um Adonis (nach dem Vers „Ó tòn Adónin") abgeleitet wird; gebaut nach dem Schema: – ◡◡ – ◡̲. Diese Kombination eines ↑Daktylus mit einem ↑Trochäus entspricht den beiden Schlußmetren des ↑Hexameters und wird auch im vierten und abschließenden Vers der ↑sapphischen Strophe verwendet. F. G. Klopstock bediente sich gelegentlich des Adoneus (z. B. in dem Gedicht „Der Frohsinn").

ad spectatores [lateinisch „an die Zuschauer"]: Äußerungen einer Dramenfigur, die unmittelbar an das Publikum gerichtet sind. Durch sie wird die Illusion des Dramengeschehens durchbrochen, der Spieler tritt aus der Bühnensituation heraus. Dieses Stilmittel ist nicht nur in der Komödie seit Aristophanes beliebt, es wird auch im modernen Drama zur Kommentierung des Bühnengeschehens und zur Aktivierung des Publikums eingesetzt, so etwa im ↑epischen Theater B. Brechts („Der gute Mensch von Sezuan", 1953).

ad usum Delphini [lateinisch „zum Gebrauch des Dauphins"]: eine Wendung, die sich ursprünglich auf Textausgaben antiker Klassiker bezog, die auf Veranlassung Ludwigs XIV. von J. B. Bossuet und P. D. Huet für den Unterricht des Dauphins, des französischen Thronfolgers, zusammengestellt wurden. Mit Rücksicht auf die Jugend des Benutzers waren sie von allen politisch oder moralisch anstößigen Passagen gereinigt worden. Seither wendet man diese Bezeichnung allgemein für Bearbeitungen literarischer Werke für die Jugend an, z. B. von D. Defoes Roman „The life and strange surprizing adventures of Robinson Crusoe, of York, mariner" (1719/20, deutsch 1720/21, 1947 unter dem Titel „Robinson Crusoe").

Adventsspiel [von lateinisch adventus „Ankunft (Christi)"]: ↑geistliches Spiel, das aus dem protestantischen ↑Schuldrama und dem städtischen Brauchtum Mitteldeutschlands entstanden ist; erstmals bezeugt Ende des 16. Jahrhunderts. Adventsspiele wurden in der Adventszeit von Laiengruppen (Schüler, dann auch Bauern und Bergleute [besonders des Erzgebirges im 19. Jahrhundert]) aufgeführt; Gegenstand der Adventsspiele ist v. a. die Einkehr Josephs und Marias auf der Herbergssuche in Bethlehem.

Agitprop [Kurzwort aus **Agit**ation (von lateinisch agitatio „das In-Bewegung-Setzen, das Betreiben") und **Pro**paganda (von lateinisch propagare „weiter ausbreiten, ausdehnen")]: meint im kommunistischen Sprachgebrauch die Agitation und Propaganda mit dem Ziel, in den Massen revolutionäres Bewußtsein zu wecken und sie zur aktiven Teilnahme an der sozialistisch-kommunistischen Bewegung zu motivieren. Das *Agitproptheater*, eine in der Sowjetunion nach 1917 entstandene Form des Laientheaters, nimmt aktuelle Probleme wirtschaftlicher oder gesellschaftlicher Art zum Anlaß, durch kurze Stücke einfacher Bauform das politische Bewußtsein zu erweitern (= Propaganda) und die Massen zu gezielten politischen Aktionen aufzufordern (= Agitation). In Sprechchören, durch die die eigentliche Handlung immer wieder unterbrochen wird, erfolgt die Erklärung der Konsequenzen des Gezeigten und die Verkündung der Lehre in einprägsamen Parolen. Elemente des Agitproptheaters finden sich auch im Deutschland der 20er Jahre (1930 rund 200 Agitpropgruppen) und im sozialistisch bestimmten deutschen Theater der Gegenwart, z. B. bei P. Weiss („Gesang vom lusitanischen Popanz", 1969). Neben dem Agitproptheater ist die *Agitproplyrik* als Form politischer Lyrik zu nennen. Wegen der Kürze und Einprägsamkeit dieser lyrischen Texte erhofft man sich eine besondere Wirksamkeit, z. B. auf Flugblättern und bei Demonstrationen.

Agon [griechisch]: 1. im antiken Griechenland zunächst Bezeichnung für jede Versammlung und den Versammlungsplatz, dann für die einzelnen bei solchen Versammlungen, v. a. bei den großen, in regelmäßigen Zeitabständen wiederkehrenden Festen zu Ehren der Götter durchgeführten sportlichen und musischen Wettkämpfe (z. B. Olympische

Spiele); 2. in der Bedeutung „Streitgespräch“ der Hauptteil der attischen Komödie (z. B. bei Aristophanes), in dem sich die Hauptdarsteller einen lebhaften Dialog liefern. Auch in der Tragödie und im Epos bezeichnet man die engagierte Auseinandersetzung zweier Gegner als Agon.

aitiologisch [von griechisch aitía „die Ursache, der Grund“]: mit diesem Beiwort werden Sagen, Legenden, Märchen und Mythen bezeichnet, in denen versucht wird, Ursprung und Eigenart bestimmter Phänomene zu erklären, so etwa von Naturerscheinungen (Stürme als Wotans Heer), menschlichen Errungenschaften (Feuer, von Prometheus den Menschen gebracht) oder Namen (Watzmann).

Akademie [griechisch]: Name der Philosophenschule, die Platon um 385 v. Chr. im Hain des altattischen Heros Akademos im Nordwesten Athens gründete; sie wurde 529 n. Chr. durch Justinian geschlossen. In der Renaissance gründete man in Anknüpfung an die Antike in ganz Europa Akademien (u. a. 1459 in Florenz die Platonische Akademie), d. h. gelehrte Gesellschaften und Zusammenschlüsse hervorragender Wissenschaftler zur Pflege der reinen Forschung. Die 1582 in Florenz gegründete ↑Accademia della Crusca wurde wegweisend besonders für die ↑Académie française und die deutschen ↑Sprachgesellschaften. Die heutigen Akademien widmen sich v. a. der Pflege und Förderung von Wissenschaft und Kunst, der Herausgabe wichtiger wissenschaftlicher Standardwerke und auch der Edition von Gesamtausgaben dichterischer Werke.

akatalektisch [von griechisch akatálēktos „ohne Ende“]: ein Vers wird akatalektisch genannt, wenn sein letzter Fuß vollständig ausgefüllt ist, z. B. ein trochäischer Vers mit weiblichem Versausgang (Kürze); Schema: –◡–◡. – Gegensatz: ↑katalektisch.

Akkumulation [von lateinisch accumulatio „Anhäufung“]: rhetorische Figur, in der ein Oberbegriff durch eine Reihe von untergeordneten Begriffen näher ausgeführt wird; der zusammenfassende Begriff kann dabei genannt sein oder fehlen, die Reihungen können syndetisch (d. h. durch Konjunktionen verbunden) oder asyndetisch (↑Asyndeton) sein. Der angestrebte Effekt ist die Veranschaulichung, die Steigerung der bildhaften Eindringlichkeit, z. B.: „Und es wallet und siedet und brauset und zischt“ (Schiller, Ballade „Der Taucher“). – ↑auch Klimax.

Akrostichon [von griechisch akrós „das äußerste, oberste“ und stíchos „Vers, erster Buchstabe eines Verses“]: ein Gedicht, bei dem die Anfangsbuchstaben (-silben oder -wörter) aufeinanderfolgender Verse oder Strophen hintereinander gelesen ein Wort, einen Namen oder sogar einen Satz ergeben. Ursprünglich wohl magischer Funktion, enthält das Akrostichon später Hinweise auf Autor oder Empfänger oder dient als Absicherung gegen Auslassungen. Beliebt in antiker, mittelalterlicher (Otfrid von Weißenburg) und barocker Dichtung (M. Opitz, J. Ch. Günther); in der neueren Literatur findet sich das Akrostichon dagegen nur selten. – Abbildung Seite 243.

Akroteleuton [griechisch]: ein Gedicht, bei dem die Anfangsbuchstaben der Verszeilen, von oben nach unten gelesen, dasselbe Wort oder den gleichen Satz ergeben wie die Endbuchstaben, von unten nach oben gelesen. Das Akroteleuton ist eine Verbindung von ↑Akrostichon und ↑Telestichon.

Akt [von lateinisch actus „Handlung, Darstellung“]: ein in sich abgeschlossener, größerer Handlungsabschnitt eines ↑Dramas, der seit dem 17. Jahrhundert äußerlich durch den Vorhang markiert wird. Gleichbedeutend mit der Bezeichnung Akt werden im deutschsprachigen Drama die Begriffe Abhandlung oder Abhandelung (im Barockdrama), Handlung (J. Ch. Gottsched) und Aufzug (allgemein seit dem 18. Jahrhundert; G. E. Lessing) verwendet. – In der Akteinteilung zeigt sich nicht nur die äußere, sondern auch v. a. die innere Gliederung eines Dramas und damit die Absicht des Autors. So sind in der klassischen Einteilung eines Dramas in fünf Akte folgende Phasen des Geschehensablaufes zu unterscheiden: 1. ↑Exposition (Einführung in die Handlung und Vorstellung der sie tragenden Personen); 2. Steigerung (↑steigende Handlung; Zuspitzung des dramatischen Geschehens); 3. Höhepunkt (volle Entfaltung des Konflikts); 4. Peripetie (Umschwung der Handlung in eine zunächst nicht vorhersehbare Richtung, daraus eventuell auch eine Verzögerung des Geschehensablaufs = retardierendes Moment); 5. Lösung (Abschluß der Handlung; ↑Katastrophe in der Tragödie). – Eine feste Gliederung in drei oder fünf Akte begann sich erst seit dem spätantiken Drama einzubürgern, während in der klassischen griechischen Tragödie die Handlung in einer nicht genau festgelegten Anzahl von „epeisódia" (↑Episode) vorangetrieben wurde, die jeweils durch Lieder des während des ganzen Stückes auf der Bühne verbleibenden ↑Chores abgegrenzt waren. Die Einteilung in drei Akte, in Anknüpfung an die „Poetik" des Aristoteles, ist seit der Renaissance im spanischen und italienischen Drama üblich und findet sich seit dem 17. Jahrhundert oft in der französischen und deutschen Komödie. Die Aufgliederung in fünf Akte, im Anschluß an die „Ars poetica" des Horaz, tauchte zuerst bei L. A. Seneca dem Jüngeren auf und wurde später u. a. für das lateinische ↑Humanistendrama, das deutsche ↑Schuldrama und die klassische französische Tragödie (↑Haute tragédie) feste Norm. Im deutschen Barockdrama fanden sich zwischen den Akten kommentierende oder reflektierende Beiträge des Chors, die sog. ↑Reyen. Seit J. Ch. Gottsched setzte sich im klassizistischen und klassischen deutschen Drama die Einteilung in fünf Akte durch, doch gab es auch eine ganze Reihe bedeutsamer Ausnahmen, wie Goethes „Faust I" (1808). Seltener sind ↑Einakter und Vierakter (G. Hauptmann). Der Einakter „Der zerbrochene Krug" (Uraufführung 1808, Ausgabe 1811) von H. von Kleist wurde auf Grund einer von Goethe vorgenommenen Akteinteilung beim Publikum ein Mißerfolg. Neben Stücken mit fester Akteinteilung (man spricht hier von der ↑geschlossenen Form des Dramas) zeichnete sich seit dem ↑Sturm und Drang ein Trend zur ↑offenen Form ab, also zum Drama, in dem die strenge Gliederung, selbst wenn sie äußerlich beibehalten wird, aufgelöst ist in eine episch lockere Aneinanderreihung einzelner Bilder und Szenen, wie z. B. in G. Büchners Dramen, im Drama des ↑Expressionismus und v. a. im ↑epischen Theater B. Brechts.

akustische Dichtung [von griechisch akustikós „das Gehör betreffend"]: über den ↑reduzierten Text hinausgehende Form der ↑abstrakten Dichtung, in der unter Verzicht auf das Wort als Bedeutungsträger in der geplanten oder zufälligen Reihung von Lauten, Lautfolgen oder Lautgruppen neue literarische Aussagemöglichkeiten in sogenannten „Lautgedichten", „Versen ohne Worte", „Hörtexten" usw. erstrebt werden. Nach ersten Ansätzen seit dem Ende des 19. Jahrhunderts (St. George, E. Lasker-Schüler, Ch. Morgenstern) erlebte die akustische Dichtung im russischen ↑Futurismus, im ↑Dadaismus (K. Schwitters, H. Ball, R. Hausmann), im ↑Sturmkreis und im ↑Lettrismus eine Blüte. Einen internationalen Neuansatz versuchten nach 1950 F. Kriwet, B. Heidsieck, B. Cobbing, F. Dufrêne u. a. Dabei wurde die Aussagemöglichkeit der akustischen Dichtung v. a. als Alternative zur ↑visuellen Dichtung gesehen. Als ideale Publikationsform der akustischen Dichtung gelten Schallplatte und Tonband.

Akzent [von lateinisch accentus „das Antönen, Beitönen"]: Bezeichnung für die hervorhebende Betonung einer Silbe in einem Wort (Wortakzent) oder eines Wortes in einem Satz bzw. in einer Wortgruppe (Satzakzent), die durch erhöhte Schallintensität (dynamischer Akzent, exspiratorischer Akzent, Druckakzent) oder durch höhere Tonlage (musikalischer Akzent) erreicht wird. Zunächst bezeichnete der Begriff

„Akzent" nur den musikalischen Akzent; dies ist aus der ursprünglichen Bedeutung der Akzentzeichen zu ersehen: ´ = lateinisch accentus acutus (= Akut) für griechisch „Hochton, steigender Ton", ` = lateinisch accentus gravis (= Gravis) für griechisch „Tiefton, fallender Ton", ˜ oder ˆ = lateinisch accentus circumflexus (= Zirkumflex) für griechisch „steigend-fallender Ton". Erst seit J. Ch. Gottsched wurden diese Begriffe auch auf den dynamischen Akzent übertragen. – In der Regel dominiert in jeder Sprache ein Akzent, entweder der dynamische, wie in den germanischen Sprachen, oder der musikalische, wie in den antiken Sprachen. Diese Tatsache hat Auswirkungen auf die Behandlung der Wörter im Vers. In der klassischen griechischen und lateinischen Dichtung richtet sich der musikalische Akzent ohne Rücksicht auf den Wortakzent der Prosasprache nach der Quantität, also der Länge bzw. Kürze der Silben: man spricht hier von ↑quantitierender Dichtung. Seit der nachklassischen Zeit gewinnt der dynamische Akzent auch in lateinischer Dichtung zunehmend an Bedeutung. In der germanischen Dichtung schließlich ist das Zusammenfallen des [dynamischen] Wortakzentes mit dem Versiktus (↑Iktus) Grundsatz; man spricht hier von ↑akzentuierender Dichtung.

akzentuierende Dichtung [lateinisch]: eine Dichtung, in der der Wortakzent (↑Akzent) und Versiktus (↑Iktus) übereinstimmen bzw. in der sich die metrische Behandlung der Wörter nach ihrem dynamischen Akzent richtet. Die Wörter werden wie in der Prosasprache betont, die rhythmische Gliederung ergibt sich aus dem Wechsel druckstarker und druckschwacher Silben. Das akzentuierende Versprinzip ist in der Dichtung der germanischen Sprachen die Regel; es steht im Gegensatz zur ↑quantitierenden Dichtung der klassischen Antike und zur ↑alternierenden Dichtung der romanischen Sprachen. Es ist das Verdienst von M. Opitz, das akzentuierende Versprinzip als absolut verbindlich für die deutsche Dichtungssprache wieder eingesetzt zu haben („Buch von der Deutschen Poeterey", 1624), nachdem im ↑Meistersang und in der vorwiegend an antiken oder romanischen Vorbildern ausgerichteten Gelehrtendichtung des 16. und 17. Jahrhunderts nicht selten der Wortakzent vernachlässigt und ein quantitierendes Versprinzip praktiziert worden war.

Alamodeliteratur [ala'mo:d; französisch „nach der Mode, modisch"]: die im frühen 17. Jahrhundert in Deutschland verbreitete höfische Unterhaltungsliteratur, in der v. a. französische Vorbilder in übertriebener Weise nachgeahmt wurden; nicht nur Inhalte wurden übernommen, sondern auch ausländische Redewendungen. Alamodeliteratur ist zu verstehen als Begleiterscheinung der vollständigen Ausrichtung der gebildeten Kreise auf französische (und auch italienische) Kultur und Lebensweise. Daneben bezeichnet Alamodeliteratur auch die insbesondere von den ↑Sprachgesellschaften ausgehende satirisch-literarische Gegenbewegung, in der gegen den herrschenden Modetrend mit heftiger Polemik, aber mit geringem Erfolg zu Felde gezogen wurde. Vertreter dieser Richtung waren die Dichter J. M. Moscherosch, F. von Logau (in seinen Epigrammen), Abraham a Sancta Clara und J. J. Ch. von Grimmelshausen. Mit dem Erstarken des Nationalbewußtseins und mit dem Bemühen um eine deutsche Nationalliteratur verschwand die Alamodeliteratur in der 2. Hälfte des 18. Jahrhunderts.

Alba [altprovenzalisch, eigentlich „Morgendämmerung, Tagesanbruch" (von lateinisch albus „weiß, hell")]: Gattung der Troubadourlyrik (↑Troubadour), die den Abschied der Liebenden im Morgengrauen besingt; erscheint als „aube" in der Dichtung der nordfranzösischen ↑Trouvères und als ↑Tagelied im deutschen ↑Minnesang.

Album [von lateinisch albus „weiß, hell"]: ursprünglich weiße Tafel für Aufzeichnungen oder Bekanntmachungen; seit dem 18. Jahrhundert auch Bezeichnung für Stamm- und Sammelbücher (Briefmarken, Bilder und Gedichte).

aleatorische Dichtung [von lateinisch alea „Würfel, blinder Zufall“]: Bezeichnung für eine Dichtung, bei deren „Herstellung“ der Zufall als Kompositionsprinzip eine entscheidende Rolle spielt. Aleatorische Dichtung wurde besonders im ↑Dadaismus gepflegt, ihre theoretischen und künstlerischen Ansätze reichen bis in die ↑Romantik zurück. Vertreter der aleatorischen Dichtung im Dadaismus waren u. a. H. Arp, T. Tzara, R. Huelsenbeck. – ↑auch automatische Dichtung.

Alexanderdichtung: Bezeichnung für literarische Bearbeitungen von Leben und Persönlichkeit Alexanders des Großen. Ausgangspunkt und Hauptquelle war der in Alexandria entstandene griechische „Alexanderroman“ des Pseudo-Kallisthenes (Ende des 3. Jahrhunderts n. Chr.), der mehrere Quellen verarbeitete und zu seiner Zeit im Orient und in Europa weit verbreitet war. Für die Alexanderdichtungen des Mittelalters waren zwei Bearbeitungen des Pseudo-Kallisthenes maßgebend: 1. ein Auszug der lateinischen „Res gestae Alexandri Macedonis“ (um 320/30) des Julius Valerius (aus dem 9. Jahrhundert), 2. die mittellateinische „Nativitas et victoria Alexandri Magni“ (um 950) des Archipresbyters Leo von Neapel. Alexander wird in der Bibel und in den Schriften der Kirchenväter mehrfach erwähnt. Dadurch wurde er im Mittelalter zur bekanntesten antiken Gestalt: sein sagenhaftes Leben wurde in ↑Weltchroniken und ↑Geschichtsdichtungen meist ausführlich behandelt, so im frühmittelhochdeutschen „Annolied“ (wahrscheinlich zwischen 1080 und 1085) und in der „Kaiserchronik“ (um 1150). Besonders verbreitet war die Alexanderdichtung in Frankreich, u. a. durch Lambert le Tort und Alexandre de Bernay („Roman d'Alexandre“, um 1180, in zwölfsilbigen Versen: ↑Alexandriner). Auf die lateinische „Alexandreis“ des Walther von Châtillon (um 1180) gehen die spanischen, mittelniederländischen, deutschen, isländischen, alttschechischen u. a. europäischen Alexanderdichtungen des 13. Jahrhunderts zurück. – Die erste deutsche Alexanderdichtung war das „Alexanderlied“ des Pfaffen Lamprecht (um 1150; nach der Vorlage des Albéric de Besançon; überliefert in drei Fassungen). Die Gestalt Alexanders wurde in dieser Bearbeitung teilweise negativ gezeichnet („superbia-vanitas“-Gedanke). Als vorbildlicher humaner König und höfischer Ritter erscheint Alexander in der Alexanderdichtung des Rudolf von Ems (etwa 1230–35) und Ulrichs von Etzenbach (1271–86). Die deutschen Bearbeitungen des 14. und 15. Jahrhunderts hielten sich mehr an die [pseudo-]historischen lateinischen Quellen, wie etwa die Alexanderdichtung des Seifrit von Österreich (1352) u. der Wernigeroder „Große Alexander“ (um 1390). Die ersten Prosabearbeitungen waren die „Histori von dem großen Alexander“ (1444) von J. Hartlieb und die „Alexanderchronik“ Meister Babiloths (1472). Letztere diente als Quelle für Hans Sachs' „Tragedia von Alexander Magno“ (1558). Seit der Renaissance wurde Alexander zum Helden galanter Liebesabenteuer in Dramen der englischen (J. Lyly), französischen (J. Racine) und spanischen (L. F. de Vega Carpio, P. Calderón de la Barca) Literatur. Im 19. und 20. Jahrhundert ließ das Interesse am Alexanderstoff merklich nach, doch gab es auch hier noch einige Bearbeitungen, z. B. die Romane J. Wassermanns („Alexander in Babylon“, 1905) und K. Manns („Alexander. Roman der Utopie“, 1929) oder das Drama „Alexander“ (1941) von H. Baumann.

Alexandriner: ein sechshebiger jambischer Reimvers mit (je nach männlichem oder weiblichem Ausgang) 12 oder 13 Silben nach folgendem (deutschem) Schema: ◡–◡–◡–|◡–◡–◡–(◡). Der Alexandriner weist eine feste ↑Zäsur nach der 3. Hebung oder sechsten Silbe auf und gliedert sich somit in zwei Halbverse, z. B. „Der schnelle Tag ist hin/die Nacht schwingt ihre Fahn'“ (A. Gryphius). Durch die strenge Einhaltung der Zäsur eignet sich der Alexandriner besonders zur Betonung der Antithetik (↑Antithese) oder auch der Parallelität der Aussage sowie zur pointierten Zuspitzung im ↑Epigramm. Aus diesem Grunde wurde der Alexandriner – entsprechend der Antithetik der barocken Weltsicht – nach seiner Einführung in Deutschland durch M. Opitz (1624) zum beherrschenden Vers des Dramas und der Lyrik der Barockzeit; besonders häufig wurde er im ↑Sonett verwendet. Ab der Mitte des 18. Jahrhunderts wurde er zunehmend durch den ↑Hexameter und den ↑Blankvers verdrängt. – In der Strophe unterscheidet man je nach dem Reimschema den elegischen Alexandriner (abab) und den heroischen Alexandriner (aabb). – Die Bezeichnung Alexandriner leitet sich her von dem altfranzösischen „Roman d'Alexandre" (um 1180) von Alexandre de Bernay, in dem dieser Vers verwendet wurde. Der Alexandriner wurde in Frankreich durch P. de Ronsard und seine Schule, die ↑Pléiade, in der Mitte des 16. Jahrhunderts wiederentdeckt und in Epos, Tragödie und Lyrik des 17. Jahrhunderts bevorzugt.

alkäische Strophe: ein antikes Odenmaß (↑Ode), das zuerst von dem griechischen Dichter Alkaios (um 600 v. Chr.) und der griechischen Dichterin Sappho (um 600 v. Chr.) verwendet wurde; die vierzeilige Strophe setzt sich aus sogenannten alkäischen Versen zusammen, und zwar aus zwei Elfsilblern, einem Neunsilbler und einem Zehnsilbler; somit ergibt sich folgendes Schema:

⏓ –́ ⏑ –́ ⏓ | –́ ⏑ ⏑ –́ ⏑ ⏓
⏓ –́ ⏑ –́ ⏓ | –́ ⏑ ⏑ –́ ⏑ ⏓
⏓ –́ ⏑ –́ ⏓ –́ ⏑ –́ ⏓
–́ ⏑ ⏑ –́ ⏑ ⏑ –́ ⏑ –́ ⏓

Horaz übernahm die alkäische Strophe in die römische Lyrik („Odi profanum volgus et arceo..."). In der deutschen Dichtung verwendete zuerst F. G. Klopstock („An Johann Heinrich Voß", „An Fanny"), später auch L. Ch. H. Hölty („Auftrag") und besonders J. Ch. F. Hölderlin („An die Parzen", „Rousseau") die alkäische Strophe.

Allegorese [griechisch]: die Deutung von Texten mit dem Ziel, hinter dem Wortsinn eine verborgene tiefere Bedeutung aufzuzeigen. Die älteste bekannte Allegorese ist die Homerallegorese; sie entstand aus der Homerkritik der Vorsokratiker (6. Jahrhundert v. Chr.) zur Rechtfertigung Homers gegenüber der Philosophie. Bekannt ist auch die Allegorese des „Hohen Liedes" aus dem Alten Testament, in der u. a. eine Gleichsetzung Braut = menschliche Seele und Bräutigam = Christus bzw. Kirche vorgenommen wird.

Allegorie [von griechisch allegoría, eigentlich „das Anderssagen"]: in der Dichtung wie in der bildenden Kunst die sinnlich und verstandesmäßig faßbare Darstellung eines abstrakten Begriffes durch ein Bild, häufig mit Hilfe der Personifikation, z. B. der „Justitia" (der personifizierten Gerechtigkeit) als einer blinden Frau. Trotz gewisser Überschneidungen ist die Allegorie zu unterscheiden vom ↑Symbol und von der ↑Metapher. – Schon die Antike

Allegorie. Albrecht Dürer, „Die Melancholie" (Kupferstich, 1514)

kannte eine ganze Reihe in der Literatur immer wieder verwendeter und daher ohne weiteres geläufiger Allegorien: Justitia, Fortuna, das Glücksrad usw. Im Mittelalter, in dem allegorisierende Interpretationen (↑Allegorese) besonders beliebt waren, tauchten immer neue Allegorien auf (z. B. in den spätmittelalterlichen Jedermannspielen), ebenso in der Barockzeit (z. B. im ↑Jesuitendrama). Allegorien finden sich u. a. noch in den Fabeln und Parabeln von G. E. Lessing und in Goethes „Faust II" (1832). Besonders hingewiesen sei auf die ↑„blaue Blume" von Novalis, die als allegorisch-symbolische Mischform interpretiert wird. Auf die moderne Dichtung ist der Begriff Allegorie kaum anwendbar, da die verschiedenen Möglichkeiten der Verschlüsselung kombiniert werden, so daß die Bezeichnung ↑Chiffre eher angebracht erscheint.

Alliteration [von lateinisch ad „zu" und littera „Buchstabe"] (Anreim): Begriff zur Bezeichnung des gleichen Anlauts der betonten Stammsilben zweier oder mehrerer aufeinanderfolgender Wörter. Ursprünglich begründet im magisch-religiösen Bereich der Beschwörungsformeln (2. Merseburger Zauberspruch: „ben zi bena, bluot zi bluoda ..."), wurde die Alliteration zum wichtigsten versbildenden Prinzip der altgermanischen Dichtung; teilweise zeigt sie dabei die spezifische Form des ↑Stabreims. – Von der klassischen Antike an wurde die Alliteration auch als rhetorische Figur eingesetzt. Die angestrebte Wirkung ist die Koordination inhaltlich zusammengehöriger Begriffe (wie in den alliterierenden Zwillingsformeln der deutschen Umgangssprache: Land und Leute, Haus und Hof, Kind und Kegel usw.) oder ein lautmalerischer oder sprachmusikalischer Effekt, besonders in der Dichtung (C. Brentano, „Komm Kühle, komm küsse den Kummer/Süß säuselnd von sinnender Stirn").

Almanach [mittellateinisch]: ursprünglich Tafeln, wie sie im Orient zur Aufzeichnung astronomischer Fakten verwendet wurden, in Europa seit 1267 gleichbedeutend mit Kalender verwendet. Zu den ersten gedruckten Almanachen gehört der Almanach des Regiomontanus (Nürnberg 1475 ff.) in lateinischer und deutscher Sprache. Ab dem 16. Jahrhundert wurden neben kalendarischen Daten auch Prophezeiungen, Gedichte, Liebesgeschichten, Anekdoten, amtliche Mitteilungen, Stammbäume von Fürstenhäusern und medizinische Ratschläge aufgenommen. Später, v. a. im 18. und 19. Jahrhundert, finden sich auch Almanache, die auf einen Stand, eine Landschaft oder ein Sachgebiet ausgerichtet sind. Das 18. Jahrhundert kannte ↑Musenalmanache zur Verbreitung schöngeistiger Literatur, im 19. Jahrhundert kamen

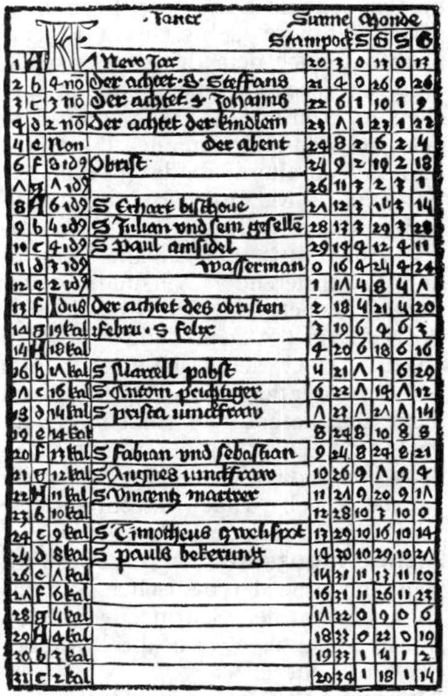

Almanach. Seite aus dem Almanach des Regiomontanus (deutsche Fassung; 15. Jahrhundert)

Theateralmanache hinzu, schließlich sind die aus Werbegründen veröffentlichten Verlagsalmanache des 20. Jahrhunderts zu nennen. – Abbildung Seite 290.

Alphabet [griechisch]: die nach den ersten beiden Buchstaben des griechischen Alphabets (Alpha und Beta) benannte feste Reihenfolge der Schriftzeichen einer Sprache. Das erste Alphabet ist vermutlich im 2. Viertel des 2. Jahrtausends v. Chr. im Semitischen, auf dem Gebiet Palästinas oder Syriens, entstanden. Aus dem Semitischen wurde das Alphabet, wahrscheinlich über phönikische Vermittlung, Ende des 2. Jahrtausends v. Chr. ins Griechische übernommen. Hier wurde es wesentlich verbessert. Die Vokale und einige neue Konsonantenzeichen wurden eingeführt. Aus dem griechischen Alphabet haben sich sämtliche europäischen Alphabete entwickelt.

alternierende Dichtung [von lateinisch alternare „abwechseln"]: eine Dichtung nach dem Prinzip des regelmäßigen Wechsels einer betonten und einer unbetonten Silbe. Man unterscheidet steigend-alternierende (↑Jambus) und fallend-alternierende (↑Trochäus) Versmaße. – M. Opitz forderte in seinem „Buch von der Deutschen Poeterey" (1624) ausschließlich die Verwendung alternierender Versmaße unter strikter Beachtung der Einheit von Wortakzent (↑Akzent) und Versiktus (↑Iktus). Doch schon bald nach ihm wurden in der deutschen Dichtung auch nicht alternierende Versmaße verwendet. In der Dichtung der romanischen Sprachen ist das alternierende Versprinzip die Regel. – ↑auch akzentuierende Dichtung, ↑quantitierende Dichtung.

Althochdeutsch: die früheste Entwicklungsstufe der deutschen Sprache vom Beginn der Schriftzeugnisse (8. Jahrhundert) bis etwa in die Mitte des 11. Jahrhunderts.

Altnordisch: von etwa 800 bis zum 15. Jahrhundert zu datierende Entwicklungsstufe der nordgermanischen Sprachen (Isländisch, Färöisch, Norwegisch, Schwedisch, Dänisch), hervorgegangen aus dem Urnordischen. – ↑auch „Edda", ↑Skaldendichtung.

Altsächsisch: die älteste, vom Einsetzen der Schriftzeugnisse im 9. Jahrhundert bis zum 11. Jahrhundert zu datierende Entwicklungsstufe des Niederdeutschen, die Sprache des „Heliand" und der altsächsischen „Genesis".

Amadisroman: berühmtester höfischer ↑Abenteuerroman, wahrscheinlich portugiesischen Ursprungs, in dessen Mittelpunkt die idealisierte, alle ritterlichen Tugenden in sich vereinigende Gestalt des Amadis von Gaula steht. Die Urfassung ist unbekannt, der Spanier G. Rodríguez de Montalvo bearbeitete um 1492 die überlieferten drei Bücher und erweiterte das Werk um einen Teil (gedruckt 1508); zahlreiche Bearbeitungen, Erweiterungen und Übersetzungen folgten.

Amadis auß Franckreich. 451

Das XX. Capitel.

Wie Amadis vom Arcalao verzaubert worden/ als er das Fräwlin Grindalia/ vnd andere auß der Gefencknuß erlöst. Folgendts wie er von solcher zauberey durch der Vrganden hülff/erlöst worden.

DAs Freuwlin Grindalia/ welche Amadis auß d' gefēcknuß erledigt/ bekūmert vñ stellet sich so erbärmlich vmb jne/ daß solches billich mitleidens verdient habē solt/vñ sagt zu des Arcalaus weib vñ

Gg ij andern

Amadisroman. Holzschnitt von Virgil Solis (1569)

Ambiguität [von lateinisch ambiguus „zweideutig, doppelsinnig"]: 1. allgemein eine Bezeichnung für die Vieldeutigkeit (von Wörtern, Sachverhalten, Charakteren usw.); 2. im besonderen ein Begriff der Rhetorik sowohl für die ungewollte Mehrdeutigkeit im lexikalischen oder syntaktischen Bereich, die als Fehler gilt, als auch für die gewollte Mehrdeutigkeit, die wegen ihres Effekts als rhetorische Figur anerkannt ist. Ambiguität eignet sich v. a. für die satirische, ironische und humoristische Schreibweise und ist besonders in literarischen und subliterarischen Kleinformen (z. B. Witz, Rätsel) beliebt. In weiterem Sinne ist Ambiguität für jede Art von Dichtung Wesenselement, da sie eine Vielfalt von sachlichen Bezügen gestaltet oder andeutet, die der Leser interpretierend entdecken kann.

Ambivalenz [von lateinisch ambi- „von zwei Seiten, herum" und valens (Genitiv: valentis) „stark, mächtig"]: bezeichnet als Begriff der Sprach- und Literaturwissenschaft z. B. die Gleichzeitigkeit verschiedener widersprüchlicher (oder nur scheinbar widersprüchlicher) Strömungen innerhalb einer Epoche oder die Mehrschichtigkeit von Wörtern. Man spricht auch von der Ambivalenz des in einer Dichtung gestalteten Weltbildes oder von der Ambivalenz des Charakters einer Dramenfigur.

Amphibolie [von griechisch amphibolía „Zweideutigkeit, Doppelsinn"]: Begriff der antiken Rhetorik für die Mehrdeutigkeit eines Wortes, insbesondere innerhalb des syntaktischen Gefüges eines Satzes, z. B.: Er schrieb seinem Bruder in Berlin einen Brief (Aus dem Satz wird nicht klar, wer in Berlin war).

Amplifikation [von lateinisch amplificatio „Erweiterung"]: eine v. a. in pathetischer Dichtung angewandte rhetorische Figur: die Erweiterung und Ausschmückung einer Aussage über das zum Verständnis Nötige hinaus.

Anachronismus [von griechisch anachronismós „Verwechslung der Zeiten"]: ein Verstoß gegen den Zeitlauf, gegen die geschichtlich zutreffende Einordnung von Personen, Sachen und Ereignissen. Er erfolgt teils aus Unkenntnis (z. B. antike oder germanische Sagengestalten als höfische Ritter in mittelhochdeutschen Epen), teils versehentlich, teils mit voller Absicht eines Autors, der sich davon komische oder verfremdende Effekte verspricht. Heute nimmt man bei Inszenierungen und auch bei Neubearbeitungen älterer Dramen nicht selten Anachronismen in Kauf, um die zeitlose Gegenwärtigkeit der Stoffe zu unterstreichen, so wenn etwa die Personen eines griechischen Dramas in moderner Kleidung auftreten, Hamlet im Frack oder Schillers Räuber in modernen Uniformen.

Anadiplose [von griechisch anadíplōsis „Verdoppelung, Wiederholung"]: eine rhetorische Figur, bei der, als einer Sonderform der ↑Epanalepse, das letzte Wort oder auch die letzten Wörter eines Verses (oder eines Satzes) zu Beginn des folgenden Verses (oder Satzes) wiederholt werden. Beabsichtigt ist zumeist eine semantische Hervorhebung des betreffenden Wortes oder ein besonderer Klangeffekt, z. B.: „Sein Mantel war aus Eisen,/aus Eisen sein Habit" (P. Hacks, Gedicht „Der Säbelkaiser").

Anagnorisis [griechisch „Wiedererkennen"]: das plötzliche (Wieder-)Erkennen einer Person (auch der eigenen Identität) oder eines Tatbestands wird in der „Poetik" des Aristoteles neben der ↑Peripetie und der ↑Katastrophe als entscheidendes Kriterium einer dramatischen Fabel bezeichnet. Durch die Anagnorisis kann die Tragik gesteigert werden, z. B. wenn der Held in Sophokles' Tragödie „Oidípus týrannos" (vor 425 v. Chr., deutsch 1759, 1968 unter dem Titel „König Ödipus") erkennt, daß er der Mörder seines Vaters und der Gatte seiner Mutter ist; die Anagnorisis kann aber auch, wie in Goethes „Iphigenie auf Tauris" (1787), zu einer glücklichen Lösung führen.

Anagramm [griechisch]: die Umstellung der Buchstaben eines Wortes, eines Namens oder einer Wortgruppe zu einer neuen, sinnvollen Lautfolge, ohne daß ein Buchstabe weggelassen oder hinzugefügt wird. Das Anagramm wurde zuerst von dem griechischen Dichter Lykophron aus Chalkis (3. Jahrhundert v. Chr.) verwendet, doch dürfte es orientalischen Ursprungs sein, was z. B. aus seiner Verbreitung in religiösen Geheimschriften zu ersehen ist. Im Mittelalter versuchte man mit Anagrammen in erster Linie symbolische Bezüge deutlich zu machen (Ave–Eva). In der Barockzeit war das Anagramm besonders als ↑Pseudonym beliebt. So schrieb Christoffel (eigentlich J. J. Ch.) von

Grimmelshausen seinen Namen in sieben verschiedenen Anagrammen (u. a. Melchior Sternfels von Fuchshaim). Aus späterer Zeit sind u. a. bekannt: das Anagramm Voltaire für Arouet l[e] j[eune], Celan für Antschel. Eine Sonderform des Anagramms ist das ↑Palindrom.

Anaklasis [griechisch „das Zurückbiegen"]: 1. als Begriff der Metrik: die Änderung der Quantität benachbarter Silben in griechischen Metren, z. B. ◡–◡– zu –◡◡–; 2. als rhetorische Figur: dasselbe Wort (oder dieselbe Wortgruppe) wird vom Dialogpartner wiederholt, bekommt aber damit einen anderen, oft emphatisch betonten Sinn, z. B.: Odoardo: „... Der Prinz haßt mich." – Claudia: „Vielleicht weniger, als du besorgest." – Odoardo: „Besorgest! Ich besorg' auch so was!" (G. E. Lessing, „Emilia Galotti", Drama, 1772). – ↑auch Diaphora.

Anakoluth [von griechisch anakóluthon „ohne Zusammenhang, unpassend"]: Begriff für die Durchbrechung der syntaktisch üblichen Satzkonstruktion. Der Anakoluth gilt als stilistischer Fehler, wird aber in der Rhetorik bewußt verwendet sowohl zur Betonung der Eigenart einer sozial bestimmten Redeweise als auch zur Verdeutlichung einer besonders wichtigen Aussage innerhalb eines Satzgefüges. Besonders häufig ist der sogenannte absolute Nominativ, z. B.: „Der Prinz von Homburg, unser tapfrer Vetter /.../ Befehl ward ihm von dir ..." (H. von Kleist, „Prinz Friedrich von Homburg", Schauspiel, gedruckt 1821) oder die Umwandlung von untergeordneten Sätzen in Hauptsätze, z. B.: „deine Mutter glaubt nie, daß du vielleicht erwachsen bist, und kannst allein für dich aufkommen" (U. Johnson, „Mutmaßungen über Jakob", Roman, 1959).

Anakreontik [griechisch]: Bezeichnung der deutschen (und europäischen) Lyrik zur Zeit des ↑Rokoko um die Mitte des 18. Jahrhunderts. Die Benennung führt zurück auf den griechischen Lyriker Anakreon aus Teos (6. Jahrhundert v. Chr.), einen Dichter der Geselligkeit und des Lebensgenusses, der Liebe und des Weins, der schon in der Antike wegen des Wohlklangs seiner Verse und der Anmut seines Stils hoch geschätzt wurde und in hellenistischer Zeit eine große Zahl von Nachahmern fand. Eine Sammlung solcher Nachahmungen („Anakreonteia"), die 1554 in Paris erschien, war neben den heiteren Oden des Horaz und des Catull wegweisend für die anakreontische Dichtung, die sich bereits im 16. Jahrhundert in Frankreich im Kreis der ↑Pléiade und auch in Deutschland findet, doch hier erst um 1740, auf Grund des im Zuge der ↑Aufklärung sich entwickelnden neuen Lebensgefühls, zur Entfaltung kommt. Anakreontik ist nicht mehr nur formaler Rahmen, sondern Ausdruck einer Haltung der Weltfreude und des verfeinerten Lebensgenusses im Sinne der hedonistischen, das ist auf Lustgewinn ausgerichteten Philosophie des Epikur. Motive und Themen sind begrenzt und kehrten stets wieder: Wein, Natur, Freundschaft, Geselligkeit, das Dichten, die „fröhliche Wissenschaft", v. a. aber die Liebe, der eine dominierende Rolle zukommt. Das gestaltete Geschehen spielt sich stets in der sogenannten amönen (d. h. lieblichen) Landschaft (↑Locus amoenus) ab, in der Faune und Nymphen und die Götter Venus, Amor und Bacchus dem Dichter und seiner Geliebten (bisweilen im Schäferkostüm) angenehme Gesellschaft leisten. In den Dichtungen der Anakreontik geht es nicht um tatsächliche Erlebnisse oder echte Gefühle, sondern um gesellige Spielereien nach dem Geschmack und Lebensgefühl der Zeit. In der Gestaltung werden kleine Formen (neben der anakreontischen ↑Ode u. a. ↑Epigramm und Lied) bevorzugt, die trotz ihrer graziösen Leichtigkeit in Ausdruck und Versbau zumeist sehr bedacht konzipiert und nicht selten zielstrebig auf eine Pointe am Ende ausgerichtet sind. – In Deutschland gab es drei Zentren der Anakreontik: Im sogenannten Halleschen Freundeskreis (↑Hallescher Dichterkreis) traten um 1740 J. W. L. Gleim, J. N. Götz und J. P. Uz mit Übersetzungen und Nachbildungen antiker anakreontischer Dichtung an die Öffentlichkeit. Ein zweiter Freundeskreis bildete sich in Hamburg um F. von Hagedorn. Ferner ist noch Leipzig zu nennen. Auch der junge Lessing und der junge Goethe verfaßten anakreontische Dichtungen. Nachwirkungen der Anakreontik finden sich z. B. bei A. von Platen, H. Heine und E. Mörike.

Analekten [von griechisch análektos „aufgelesen"]: Bezeichnung für eine Sammlung von Ausschnitten oder wichtigen Zitaten aus den Werken namhafter Schriftsteller oder aus wissenschaftlichen Veröffentlichungen oder von Beispielen einer literarischen Gattung, z. B. „Analecta hymnica medii aevi", die wichtigste Sammlung mittelalterlicher Hymnen. – ↑auch Anthologie.

Analogie [von griechisch analogía „Ähnlichkeit, Entsprechung"]: ein Begriff der Sprachwissenschaft für die Angleichung bestimmter Wörter oder Formen an andere, als ähnlich empfundene oder an begrifflich verwandte Wörter oder Formen, wobei die normale sprachliche Entwicklung umgangen wird; so heißt es z. B. (in Analogie zu „des Tags") „des Nachts" (statt des regelmäßigen Genitivs „der Nacht").

Analyse [von griechisch análysis „Auflösung"]: die zum Zwecke der Untersuchung vorgenommene Zerlegung eines Ganzen in seine Einzelteile (Gegensatz: Synthese). Man unterscheidet in der Literaturwissenschaft verschiedene Formen der Analyse, mit denen ein Text in seiner Besonderheit erfaßt und untersucht werden kann. Mit der Formanalyse (↑Form) werden die formalen Besonderheiten eines Textes (z. B. Gliederung, Vers, Reim, Strophe, Kapitel usw.), mit der ↑Strukturanalyse die einem Werk seinen besonderen Charakter verleihenden Elemente (Aufbau, Motivgeflecht usw.) und mit der Stilanalyse (↑Stil) die besonderen Eigenheiten der Sprache eines Textes (Stilebenen, Satzbau, rhetorische Figuren usw.) untersucht. Die Ergebnisse dieser einzelnen Analysen werden in der Werkanalyse zusammengefaßt. – ↑auch Interpretation.

analytisches Drama (Enthüllungsdrama): eine Grundform dramatischer Dichtung, bei der die wesentlichen konfliktauslösenden Ereignisse bereits vor dem Einsetzen der Handlung auf der Bühne geschehen und somit weder den handelnden Personen noch dem Publikum bekannt sind. Gegenstand des analytischen Dramas ist die Enthüllung dieser Ereignisse und ihrer Folgen. Wie in einem Detektivroman wird das Geschehene schrittweise aufgedeckt, häufig in Form eines Verhörs von Personen, die selbst nicht die ganze Wahrheit kennen, sondern nur eine wichtige Teilinformation beitragen können. Durch diese allmähliche Aufdeckung bahnt sich gleichzeitig die ↑Katastrophe der Hauptperson an. Musterbeispiel eines analytischen Dramas ist „König Ödipus" (vor 425 v. Chr.) von Sophokles: Bei der Ergründung der gottgewollten Ursache der Pest, von der die Bewohner Thebens dahingerafft werden, erfährt König Ödipus durch die Befragung verschiedener Gewährsleute, daß sich der Zorn der Götter gegen seine eigene Person richtet, weil er unwissentlich seinen Vater erschlagen und seine Mutter geheiratet hat. Als Beispiele aus der deutschen Literatur sind u. a. zu nennen: „Die Braut von Messina" (1803) von Schiller, „Der zerbrochene Krug" (1811) von H. von Kleist, „Maria Magdalene" (1844) von Ch. F. Hebbel und eine ganze Reihe naturalistischer Dramen, in neuerer Zeit u. a. „In der Sache J. Robert Oppenheimer" (1964) von H. Kipphardt. – Ein gänzlich anderes Handlungsschema als im analytischen Drama findet sich im ↑Zieldrama.

Anapäst [von griechisch anápaistos „zurückgeschlagen, zurückprallend"]: ein umgekehrter ↑Daktylus; ein antiker Versfuß mit dem Grundschema ◡◡–́, der eine Reihe von Variationen erlaubt, z. B. ––́ oder ◡◡◡́◡ oder –◡́◡. Durch seinen vorwärtsdrängenden Charakter eignet sich der Anapäst besonders für Marsch- und Kampflieder, für ↑Parodos (Einzugslied) und ↑Exodos (Auszugslied) des Chors in der antiken Tragödie und für die ↑Parabasen der griechischen und lateinischen Komödie. Seit dem 19. Jahrhundert finden sich auch in der deutschen Literatur anapästische Verse, wobei auch die aus der Antike bekannten Variationsmöglichkeiten ausgeschöpft werden.

Anaphher [von griechisch anaphorá „das Hinauftragen, die Beziehung (auf etwas)"]: eine häufig verwendete rhetorische Figur, bei der ein Wort oder eine Wortgruppe am Beginn aufeinanderfolgender Sätze, Teilsätze oder Verse wiederholt wird (Gegensatz: ↑Epiphora). Die Anapher eignet sich zur Betonung der syntaktischen Gliederung einer Aussage oder zur rhetorischen Hervorhebung eines Aussageschwerpunkts (deshalb die häufige Verwendung der Anapher in der politischen Rede), z. B.: „lies keine oden, mein sohn, lies die fahrpläne" (H. M. Enzensberger, „ins lesebuch für die oberstufe", 1957).

Anastrophe [griechisch „das Umkehren, Umlenken"]: rhetorische Bezeichnung für die Umkehrung der üblichen Wortfolge. Oft ist die Anastrophe bedingt durch die Zwänge von Reim oder Metrum, sie kann aber auch bewußt gesetzt werden; die Sprache gewinnt, z. B. durch die Voranstellung des Genitivs („Des Sängers Fluch"), einen altertümlichen oder emphatischen Klang. Die Nachstellung des Adjektivs findet sich häufig im Volkslied („Brüderlein fein").

anceps ↑anzeps.

Anekdote [von griechisch anékdota „nicht Herausgegebenes, Unveröffentlichtes"]: Bezeichnung nach der Schrift „Anékdota" des Prokop (6. Jahrhundert) mit entlarvenden Geschichten vom byzantinischen Hof, die er in seiner offiziellen Geschichte der Regierung Justinians nicht veröffentlicht hatte. Heute eine knappe, oft heitere oder witzige Prosaerzählung, in der eine bekannte Person, eine denkwürdige Begebenheit, eine Gesellschaftsschicht oder ein Menschentyp in einer charakteristischen Besonderheit blitzartig beleuchtet wird. Der Verfasser ist um Objektivität der Darstellung bemüht. Er läßt die mitgeteilte Episode, die meist nur als möglich vorstellbar und nicht auch historisch belegbar ist, am Schluß in einer Pointe gipfeln, d. h. in einer überraschenden Wendung der Handlung oder in einer in der gegebenen Situation nicht erwarteten Äußerung einer Person, wodurch verborgene Zusammenhänge deutlich werden. In geschichtlichen Werken und Lebensbeschreibungen erfreuten sich Anekdoten, wenn auch nicht ausdrücklich so bezeichnet, seit ältester Zeit großer Beliebtheit, ebenso als Einschübe in geistlichen Schriften (z. B. bei Abraham a Sancta Clara) oder in den Schwanksammlungen des 16. Jahrhunderts. Besonders bedeutsam sind die in den „Berliner Abendblättern" (1810/11) erschienenen Anekdoten H. von Kleists, noch bekannter die Anekdoten J. P. Hebels aus seinem „Schatzkästlein des rheinischen Hausfreundes" (1811), wenngleich sie nicht immer genau den Kriterien der Gattung entsprechen. Überhaupt ergeben sich bei der Anekdote viele Berührungspunkte mit den literarischen Gattungen ↑Witz, ↑Aphorismus, ↑Epigramm, ↑Kalendergeschichte, ↑Kurzgeschichte und sogar ↑Novelle. Das 19. und 20. Jahrhundert kennen eine unübersehbare Fülle populärer Anekdoten, die sich v. a. um bekannte Persönlichkeiten ranken. Auch B. Brecht ließ z. B. in seinen „Kalendergeschichten" (1949) einen Trend hin zum anekdotenhaften Erzählen erkennen.

Anfangsreim: seltene Reimform, bei der die Anfangswörter zweier aufeinanderfolgender Verse reimen, z. B.: „Krieg! ist das Losungswort./Sieg! und so klingt es fort." (Goethe, „Faust II", 1832).

Anglistik [neulateinisch] (englische Philologie): die Wissenschaft von der englischen Sprache und Literatur. Die Anglistik begann mit der systematischen sprachwissenschaftlichen Forschung nach 1800. Erst im späten 19. Jahrhundert wurde sie durch die Phonetik erweitert (E. Sievers). Etwa gleichzeitig erschienen Gesamt- und Teildarstellungen der englischen Literatur (H. Taine, G. Saintsbury u. a.) sowie der Grammatik und Sprachgeschichte (H. Sweet, W. W. Skeat). Das deutschsprachige Gebiet war durch M. Deutschbein, K. Luick, K. Brunner, A. Brandl, M. Förster lange führend. Die literaturgeschichtlichen Probleme der Anglistik wurden dann zunehmend von der englischen und amerikanischen Forschung betreut, aber auch in Deutschland erschienen wichtige Arbeiten (W. F. Schirmer, L. L. Schücking, W. Clemen). Zur Anglistik gehören auch die Erforschung und Lehre der australischen, afrikanischen und kanadischen Literaturen, soweit sie in englischer Sprache geschrieben sind, sowie die unterschiedliche Sprachentwicklung und die Kultur der Länder. Die *Amerikanistik*, ursprünglich Teil der Anglistik, entwickelte sich etwa seit 1940 immer mehr zu einem eigenen Fachgebiet.

Anglizismus [neulateinisch]: Bezeichnung für die Übernahme von Wörtern aus dem britischen Englisch ins Deutsche oder in eine andere Sprache, z. B. Foul oder Cockpit. Eine Unterscheidung der Anglizismen von den weitaus häufigeren *Amerikanismen* ist oft nicht möglich.

Angry young men ['æŋgrɪ 'jʌŋ 'mɛn; englisch „zornige junge Männer"]: eine nach der Hauptfigur in J. Osbornes Drama „Look back in anger" (1956, deutsch „Blick zurück im Zorn", 1957) geprägte Bezeichnung für eine Gruppe junger englischer Autoren, die in der zweiten Hälfte der 50er Jahre eine Rolle in der englischen Literatur spielten. Sie organisierten sich zwar nie, aber die Auflehnung gegen die etablierte bürgerliche Welt war ihnen gemeinsam. Der Protest wurde häufig mit naturalistischen Mitteln vorgetragen, durch die die Darstellung der Unentrinnbarkeit des kleinbürgerlichen Alltags besonders eindringlich wirkte. Die Hauptvertreter dieser Generation, die zumeist der Arbeiterklasse entstammten und unter schwierigen wirtschaftlichen Verhältnissen zu schreiben begannen, sind neben J. Osborne u. a. die Dramatiker H. Pinter („The caretaker", 1960, deutsch „Der Hausmeister", 1961), A. Wesker („The kitchen", 1960, deutsch „Die Küche", 1964), Sh. Delaney („A taste of honey", 1958, deutsch „Bitterer Honig", 1961), E. Bond („Saved", 1966, deutsch „Gerettet", 1967), die Romanautoren K. Amis („Lucky Jim", 1954, deutsch „Glück für Jim", 1957) und A. Sillitoe („Saturday night and sunday morning", 1958, deutsch „Samstag Nacht und Sonntag Morgen", 1961).

Annalen [von lateinisch annus „Jahr"]: die zum Zweck des besseren Überblicks nach Jahren eingeteilte Aufzeichnung historischer Ereignisse. Annalen waren im Altertum bei fast allen

C. CORN. TACITI

ANNALIVM

LIBER PRIMVS

BREVIARIVM

I. Romanarum rerum ſtatus ab Urbe condita ad Auguſti exceſſum. V. Tiberius imperium ſuſcipit, tarde, & cupidinem diſſimulans. Roma in ſervitium ruit. XVI. Pannonicas legiones tres ſeditio gravis inceſſit. Ea, miſſo Druſo, Tiberii filio, aegre componitur. XXXI. Idem in Germania inferiore motus, qui conſedit, non ſine ſanguine & caede. L. Germanicus Caeſar in hoſtem ducit: eaque expeditione Marſi, Tubantes, Bructeri, Uſipetes vaſtati, aut caeſi. LIII. Julia, Auguſti filia, Rhegii vitam finiit. LIV. Sodales in honorem Auguſti, & ludi Auguſtales inſtituti. LV. Germanicus iterum Rhenum tranſmittit, in Cattos ducit: agros, domos, homines, vaſtat, urit, caedit: Segeſtem obſidione Arminii liberat. Ob haec imperator conſalutatus. LIX. Bellum deinde in Cheruſcos geſtum. Reliquiae Vari & militum lectae: ſupremaque iis ſoluta. LXIII. Romani in reditu, ſub Caecina duce, periclitati. Hoſtes tamen proſpera eruptione fuſi, fugati. LXXII. Majeſtatis lex reducta, & aſpere exercita. LXXVI. Tiberis inundat. LXXVII. Theatri licentia erumpit: & per eam cauſam decreta patrum expreſſa ad coercendos hiſtriones. LXXIX. Poſtremo actum de ſubducendis Tiberi aquis. Eoque nomine querelae civitatum Italiae, & legationes.

Haec biennio fere geſta.

An. V. C. Aer. Chr.

DCCLXVII. 14. *Coſſ.* { SEXTO POMPEIO, SEXTO APPVLEIO.

DCCLXVIII. 15. *Coſſ.* { DRVSO Caeſare, C. NORBANO Flacco.

D 4

Annalen. Titelblatt einer Ausgabe der „Annales" des Publius Cornelius Tacitus (1780)

Kulturvölkern (u. a. bei den Ägyptern, Assyrern, Juden, Chinesen, Griechen) gebräuchlich, besonders gepflegt wurde die Führung von Annalen bei den Römern. Die berühmten Geschichtswerke des T. Livius und in späterer Zeit des P. C. Tacitus sind nach annalistischem Prinzip aufgebaut. Im Mittelalter gab es in Klöstern und Domstiften Annalen, die durch Generationen fortgeschrieben wurden und dem Eigengebrauch dienten. Seit der 2. Hälfte des 11. Jahrhunderts bis zur Zeit des Humanismus ist eine Verbindung der Annalen mit der ↑Chronik und der ↑Historie festzustellen.

Annominatio [lateinisch]: Bezeichnung für ein [pseudo]etymologisches Wortspiel, das in der Zusammenstellung von Wörtern gleicher oder ähnlicher Lautung, aber unterschiedlicher, im Zusammenhang oft gegensätzlicher Bedeutung besteht, z. B.: „Kümmert sich mehr um den Krug als den Krieg,/ Wetzt lieber den Schnabel als den Sabel" (Schiller, „Wallensteins Lager", Drama, 1800). Verwandt sind das ↑Polyptoton und die ↑Figura etymologica.

anonym [von griechisch anónymos „namenlos"]: Bezeichnung für Werke *(Anonyma)* eines unbekannten Verfassers *(Anonymus)*; so kann entweder jeder Hinweis auf einen Autor fehlen, wie es z. B. beim „Nibelungenlied" (um 1200) oder häufig bei Märchen, Sagen und Legenden der Fall ist, oder der Verfasser verbirgt sich ganz bewußt hinter einem ↑Pseudonym. Im ersten Fall ist die Anonymität mit der mangelhaften Überlieferung oder mit dem Desinteresse an der Person des Autors zu erklären (oft im Mittelalter), im zweiten Fall hat der Autor meist triftige Gründe, seine Urheberschaft zu verbergen (so bei satirischen, politischen oder theologischen Schriften, z. B. die „Epistolae obscurorum virorum", 1515–17, deutsch „Briefe von Dunkelmännern ...", 1876, verfaßt von Crotus Rubianus, U. von Hutten u. a.). Auch Schiller veröffentlichte sein Schauspiel „Die Räuber" (1781) aus Furcht vor Sanktionen zunächst anonym; ebenso erschienen Goethes Drama „Götz von Berlichingen" (1773) und der Briefroman „Die Leiden des jungen Werthers" (1774) zuerst ohne Verfasserangabe.

Anreim: deutsche Bezeichnung für ↑Alliteration.

Anrufung: die seit Homers „Ilias" und „Odyssee" (beide 8. Jahrhundert v. Chr.) gebräuchliche, um Beistand und Wohlwollen bittende Hinwendung an ein höheres Wesen, einen Gott oder eine Muse, damit das begonnene Werk gelingen möge. Anrufungen finden sich im Prolog nicht nur antiker, sondern auch mittelalterlicher (Wolfram von Eschenbach, „Willehalm", entstanden etwa 1212–17) wie neuzeitlicher epischer Dichtungen (z. B. in F. G. Klopstocks Epos „Der Messias", 1748–73).

Anspielung: eine Form der schriftlichen oder mündlichen Rede, in der Sachverhalte, Ereignisse oder Personen, die dem Leser oder Hörer als bekannt gelten können, nicht unmittelbar angesprochen, sondern durch Hinweise lediglich angedeutet werden. Beim Hörer oder Leser wird eine eigene Denkleistung oder ein bestimmter Bildungs- bzw. Informationsstand vorausgesetzt. Auf dem Prinzip der Anspielung basiert die sogenannte ↑Schlüsselliteratur.

Anstandsliteratur: Schriften, die Anweisungen für den korrekten gesellschaftlichen Umgang enthalten. So gab es schon im Mittelalter sogenannte Hof- und ↑Tischzuchten, die im 15. und 16. Jahrhundert in der ↑grobianischen Dichtung ins Satirische gewendet wurden. Berühmtheit erlangte das Buch „Über den Umgang mit Menschen" (1788) des Freiherrn A. von Knigge, das im Sinne einer praktischen Lebensphilosophie das Verhalten gegenüber der Mitwelt wie auch gegenüber dem eigenen Ich behandelt.

Antagonist [von griechisch antagonístēs „Widersacher, Gegner"]: der ↑Gegenspieler, besonders des Helden, v. a. im Drama.

Anthologia Palatina (Anthologia Graeca) [neulateinisch]: eine Sammlung von 3700 griechischen Epigrammen verschiedenster Dichter von den

Perserkriegen bis ins byzantinische Mittelalter, die um 980 in Konstantinopel angelegt wurde. Sie ist benannt nach der wichtigsten, um 1600 in der Heidelberger Bibliotheca Palatina wiederentdeckten Handschrift („Codex Palatinus"). 13 Bücher liegen heute in der Heidelberger Universitätsbibliothek, der nach einer Schenkung an Papst Gregor XV. (1623) und der Auslieferung an Napoleon I. (1797) von Frankreich zurückbehaltene Schlußteil (14. und 15. Buch) in der Pariser Nationalbibliothek.

Anthologie [von griechisch anthología „Blumensammeln, Blütenlese"]: Bezeichnung für eine Sammlung von literarischen (aber auch philosophischen oder wissenschaftlichen) Texten, v.a. von Gedichten, Kurzprosa oder von Romanausschnitten, die jeweils unter verschiedenen Aspekten ausgewählt sein können, so z.B. zur Vermittlung eines Überblicks über das Schaffen eines oder mehrerer Autoren oder zur Charakteristik einer literarischen Epoche oder einer Literaturgattung. Bedeutende Anthologien sind die Psalmen und die ↑Diwane, für die Antike die „Anthologia Latina" und die „Anthologia Graeca" (↑„Anthologia Palatina"), Sammlungen lateinischer bzw. griechischer Lyrik. Anthologien wurden in der Spätantike, im Mittelalter und besonders in der Renaissance v.a. im Unterricht viel benutzt, u.a. die Sprichwörtersammlung „Adagia" (1500) des Erasmus von Rotterdam. – Anthologien in deutscher Sprache erschienen erst im 17. Jahrhundert. Im 18. Jahrhundert erfreuten sie sich im literarischen Leben großer Beliebtheit, z.B. J. G. Herders „Volkslieder" (1778/79) oder Schillers „Anthologie auf das Jahr 1782". Die Anthologien des 19. und 20. Jahrhunderts sind in Zahl und Zielsetzung kaum zu überblicken. – ↑auch Analekten, ↑Chrestomathie, ↑Florilegium.

Anthropomorphisierung [von griechisch ánthrōpos „Mensch" und morphḗ „Gestalt"]: die „Vermenschlichung", die Übertragung menschlicher Wesenszüge auf Gegenstände, abstrakte Begriffe oder nichtmenschliche Wesen. Besonders häufig ist die Anthropomorphisierung von Göttern oder göttlichen Wesen in den Religionen. Auch in der Literaturwissenschaft findet der Begriff Verwendung. – ↑auch Allegorie, ↑Personifikation.

Antibacchius: Umkehrung des ↑Bacchius, Bezeichnung für einen dreisilbigen Versfuß mit den Quantitäten – – ◡, der als selbständiges Metrum nicht gebräuchlich ist.

Antichristdichtung [von griechisch antíchristos „Gegenchristus"]: Sammelbegriff für epische oder dramatische Dichtungen des Mittelalters, in deren Zentrum die Vision der mit dem Erscheinen des Antichrists beginnenden Endzeit der Welt steht. So werden in dem althochdeutschen Gedicht „Muspilli" (entstanden wahrscheinlich im 9. Jahrhundert) der Kampf des Elias mit dem Antichrist, der Weltenbrand und Christi letztes Gericht geschildert. Wichtig für die Entwicklungsgeschichte des Dramas ist das um 1160 von einem Tegernseer Geistlichen in lateinischer Sprache verfaßte Spiel „Ludus de An-

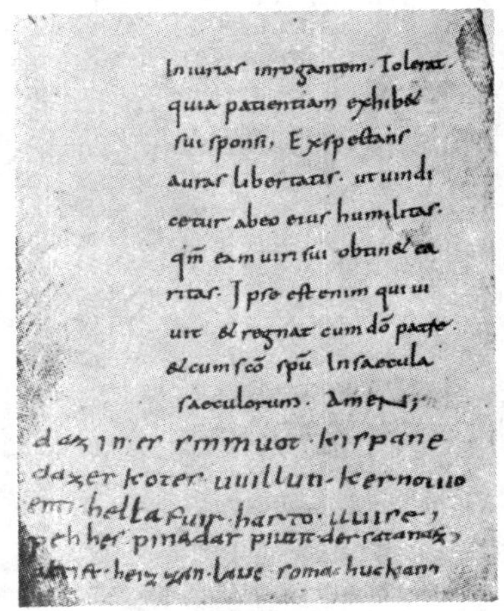

Antichristdichtung. Teil des Gedichtes „Muspilli" in einer lateinischen Handschrift (Anfang des 9. Jahrhunderts)

tichristo". Antichristspiele wurden vom Spätmittelalter bis in die Zeit der Aufklärung, besonders lange in Tirol, häufig als religiöse ↑Volksschauspiele aufgeführt.

Antiheld: Bezeichnung für eine Person im Drama oder im Roman, die im Gegensatz zum aktiv handelnden ↑Helden in Passivität und Resignation verharrt. Als Prototypen von Antihelden gelten I. A. Gontscharows Oblomow (in dem Roman „Oblomov", 1859, deutsch „Oblomow", 1869) und G. Büchners Leonce (in dem Lustspiel „Leonce und Lena", entstanden 1836, herausgegeben 1842), Figuren, die unfähig sind, sich der gähnenden Langeweile ihres Lebens zu erwehren und Initiative zu ergreifen. Der Typ des Antihelden gewinnt im modernen Roman nach 1945 eine entscheidende Bedeutung, ausgenommen der Roman des ↑sozialistischen Realismus, für den der positive Held unverzichtbar bleibt.

antiker Vers: der nach dem quantitierenden Versprinzip, d.h. nach einem durch das jeweilige Versmaß geregelten Wechsel kurzer und langer Silben, gebaute Vers der Antike, im Gegensatz zum akzentuierenden Versprinzip germanischer Dichtung. – ↑auch alternierende Dichtung, ↑quantitierende Dichtung.

antikisierende Dichtung: Sammelbezeichnung für Dichtungen, die sich inhaltlich oder formal bewußt an antike Vorbilder anlehnen oder sie nachahmen. Im frühen Mittelalter, besonders in den lateinisch geschriebenen Werken der Dichter der sogenannten „karolingischen Renaissance" (um 800), galt das Interesse der Autoren in erster Linie der Nachbildung der Form antiker Dichtung, im Hochmittelalter griff man häufig auch die Stoffe dieser Literatur wieder auf, z. B. in den ↑Alexanderdichtungen oder Trojaromanen. Von der Renaissance zum Barock gab es zahlreiche Versuche der formalen Nachahmung antiker Vorbilder (U. von Hutten, M. Opitz) in lateinischer und deutscher Sprache. Für J. Ch. Gottsched war durch französische Vermittlung die antike Dramentheorie normgebend. Die Werke F. G. Klopstocks (Epos „Der Messias", 1748–73; die Oden), Goethes Schauspiel „Iphigenie auf Tauris" (1787), Schillers Drama „Die Braut von Messina" (1803) und die Oden J. Ch. F. Hölderlins eröffneten eine neue Dimension der fundierten Auseinandersetzung mit dem Geist antiker Literatur. In seinem Werk „Die Geburt der Tragödie aus dem Geiste der Musik" (1872) propagierte F. Nietzsche eine Wiedergeburt der griechischen Tragödie, eine Anregung, die R. Wagner in seinen Opern zu realisieren versuchte. Zahlreich sind die Neubearbeitungen antiker Stoffe, v.a. griechischer Tragödien, im 20. Jahrhundert, z.B. von E. O'Neill („Mourning becomes Electra", Drama, 1931, deutsch „Trauer muß Elektra tragen", 1947), J. Giraudoux („La guerre de Troie n'aura pas lieu", Drama, 1935, deutsch „Der trojanische Krieg findet nicht statt", 1936), J. Anouilh („Antigone", Drama, 1946, deutsch „Antigone", 1946).

Antiklimax [griechisch]: Bezeichnung für eine rhetorische Figur, in der Sätze, Satzteile oder Wörter mit abnehmender Gewichtung der Bedeutung aneinandergereiht sind, z. B.: „Und um den Papst zirkulieren die Kardinäle. Und um die Kardinäle zirkulieren die Bischöfe. Und um die Bischöfe zirkulieren die Sekretäre ..." (B. Brecht, „Leben des Galilei", Schauspiel, 1955). Mit der Verwendung der Antiklimax wird häufig ein belustigender oder auch satirischer Effekt beabsichtigt. – Gegensatz: ↑Klimax.

Antilabe [griechisch]: die Verteilung eines Dramenverses auf zwei oder mehr Personen, meist in unvollständigen Sätzen; die Antilabe dient zur äußeren Kennzeichnung der emotionalen Erregtheit der Gesprächspartner, z. B.: Mephistopheles: „... Die Mütter sind es!" Faust: „Mütter!" Mephistopheles: „Schaudert's dich?" Faust: „Die Mütter! Mütter! ..." (Goethe, „Faust II", 1832). – ↑auch Stichomythie, ↑Ellipse.

Antimetabole [von griechisch antimetabolḗ „Umänderung, Verwandlung"]: eine besonders in der Antike häufig verwendete rhetorische Figur, bei der in parallel gebauten Sätzen (↑Parallelismus) durch die Vertauschung zweier gegensätzlicher Begriffe (↑Chiasmus) eine scharfe ↑Antithese formuliert wird, z. B.: „Ihr Leben ist dein Tod! Ihr Tod dein Leben!" (Schiller, „Maria Stuart", Drama, 1801).

Antiphon [von griechisch antíphōnos „entgegentönend, antwortend"]: liturgischer Gesang der christlichen Kirche, seit dem 4. Jahrhundert im Vortrag von Psalmen und ↑Hymnen als Kehrvers (↑Kehrreim) verwendet. Mit der Antiphon antwortete die Gemeinde einer Vorsängergruppe. Die Texte der Antiphonen können der Bibel entnommen oder frei geschaffen sein. Im liturgischen Gesang der katholischen Kirche werden Antiphonen sowohl in der Messe als auch im Stundengebet gebraucht.

Antiphrase [von griechisch antíphrasis „Gegenrede"]: Bezeichnung für eine rhetorische Wortfigur, bei der ironisch das Gegenteil des Gesagten gemeint ist, z. B.: „eine schöne Überraschung!" (im Sinne einer bösen Überraschung). – ↑auch Litotes.

Antistrophe [von griechisch antistrophḗ „Umdrehung, Gegenwendung"]: im griechischen Drama die Strophe, die während der tänzerischen Gegenwendung des ↑Chores gesungen wurde. Sie entspricht in ihrem metrischen Bau voll der ↑Strophe. Die auf Strophe und Antistrophe meist folgende ↑Epode weist dagegen ein anderes metrisches Schema auf. Ebenso wird der zweite Teil der ebenfalls triadisch (d. h. aus drei Teilen) gebauten ↑Oden Pindars als Antistrophe bezeichnet. Schließlich ist Antistrophe auch die Bezeichnung für eine rhetorische Figur, die unter dem Namen ↑Epiphora geläufiger ist.

Antitheater: Sammelbezeichnung für dramatische Werke der Gegenwart, in denen inhaltlich wie formal mit dem traditionellen Theater gebrochen wird. Die Bezeichnung „Antitheater" betont den experimentellen Charakter solcher Stücke, in denen auf ganz verschiedenen Wegen nach neuen Möglichkeiten gesucht wird, zeitgemäße Ausdrucksformen zu finden. Zum ersten Mal taucht die Bezeichnung „Antitheater" in E. Ionescos Stück „La cantatrice chauve" (1953, deutsch „Die kahle Sängerin", 1959) (ein „Antistück") auf. Seither spricht man besonders beim ↑absurden Theater von Antitheater. Aber auch R. W. Fassbinder bezeichnet seine sozialkritischen Stücke mit dem Sammelbegriff Antitheater.

Antithese [von griechisch antíthesis „Gegensatz"]: als Begriff der Philosophie eine zu einer These (Behauptung, Aussage) aufgestellte Gegenaussage. – In der Rhetorik bedeutet Antithese die Kombination in direktem Gegensatz stehender Begriffe, Gedanken, Wörter usw. Zur Verschärfung des Gegensatzes werden häufig noch zusätzliche rhetorische Möglichkeiten ausgeschöpft, wie ↑Alliteration (Himmel und Hölle) oder ↑Chiasmus („Die Kunst ist lang, und kurz ist unser Leben", Goethe, „Faust I", 1808). Einige literarische Gattungen, wie z. B. das ↑Sonett oder das ↑Epigramm, und v. a. die Versform des ↑Alexandriners begünstigen durch ihre Struktur die besonders häufige Verwendung von Antithesen. Entsprechend der Gespaltenheit des barocken Lebensgefühls gehörte die Antithese zu den beliebtesten rhetorischen Figuren in der Dichtung dieser Zeit.

Antizipation [von lateinisch anticipare „vorwegnehmen"]: 1. ein Begriff der Rhetorik: die Vorwegnahme einer erwarteten Einwendung in einer Gerichtsrede oder besonders in der auktorialen ↑Erzählsituation; 2. ein Begriff der Stilistik: die Vorwegnahme der Folgen eines mitgeteilten Sachverhalts durch ein Attribut (Adjektiv, Partizip), z. B.: „Und mit des Lorbeers muntern Zweigen/bekränze dir dein festlich Haar!" (Schiller), d. h., das Ergebnis der Bekränzung (festlich) wird vorweggenommen; 3. eine Bezeichnung aus der Literaturwissenschaft: die Vorwegnahme als Durchbrechung der chronologischen Abfolge eines erzählten Geschehens. – ↑auch Vorausdeutung.

Antonomasie [von griechisch antonomasía „andere Benennung"]: 1. die Ersetzung eines Personennamens durch Nennung einer besonderen Eigenart oder eines charakteristischen Merkmals des Betreffenden. Das kann geschehen durch die Benennung einer Person nach dem Vaternamen (Patronymikon), z. B. der Pelide (= Achilles, Sohn des Peleus), durch Angabe der Volkszugehörigkeit (Ethnikon), z. B. der Korse (= Napoleon I.), durch die Nennung einer hervorstechenden Eigenschaft, z. B. der Soldatenkönig (= Friedrich Wilhelm I. von Preußen), oder durch eine ausführlichere Umschreibung (↑Periphrase), z. B. Wonne der Menschen und Götter (= Venus; bei Lukrez). – 2. Umgekehrt kann auch eine besondere Eigenschaft durch Nennung des Namens einer Person verdeutlicht werden, die diese Eigenschaft in hervorstechender Weise verkörpert (z. B. Nero für: ein besonders blutrünstiger Herrscher).

Anvers: der erste Teil einer ↑Langzeile oder der erste Vers eines ↑Reimpaares. – ↑auch Abvers.

ạnzeps (anceps) [lateinisch „doppelsinnig, schwankend"]: nach der antiken Metrik eine Silbe, die ihrer Quantität nach sowohl kurz wie auch lang sein kann; eine solche Silbe wird mit ⏓ oder × gekennzeichnet.

äo̱lische Ba̱sis: in der antiken Metrik die ersten beiden Elemente der drei Grundformen der ↑äolischen Versmaße: zwei Silben, die entweder kurz oder lang sein können (↑anzeps).

äo̱lische Versmaße: Sammelbezeichnung für die seit Sappho und Alkaios bekannten Vers- und Strophenformen der in den äolischen Dialekten geschriebenen griechischen Lyrik. – ↑auch alkäische Strophe, ↑asklepiadeische Strophen, ↑sapphische Strophe.

Aperçu [apɛr'sy:; französisch „kurzer Überblick"]: eine geistreiche, aus dem Augenblick entstandene, prägnant formulierte Bemerkung, durch die ein größerer Zusammenhang blitzartig erhellt wird; häufig im ↑Aphorismus.

Aphọrismus [von griechisch aphorismós „Abgrenzung, Bestimmung"]: Bezeichnung für eine in der Regel aus einem Satz bestehende epische Kleinform, in der eine Erkenntnis, ein Urteil, eine allgemeine Wahrheit usw. in knapper, geistreicher, geschliffener Form, sehr häufig unter Verwendung verschiedener rhetorischer Mittel (↑Antithese, ↑Paradoxon, ↑Chiasmus, ↑Parallelismus) und mittels eigenwilliger ↑Metaphern wirkungsvoll formuliert wird, z. B.: „Man sollte mit dem Licht der Wahrheit leuchten, ohne einem den Bart zu versengen" (G. Ch. Lichtenberg, „Aphorismen", herausgegeben 1902–08). Der Aphorismus, Ausdruck einer auf Überraschung zielenden subjektiven Meinung, meldet oft Widerspruch gegen allgemein verbreitete Anschauungen, Urteile oder Lehrmeinungen an, ohne selbst Anspruch auf eine neue Weltsicht zu erheben. Vielmehr soll der Leser zum kritischen Nachdenken über die zum Ausdruck kommende Meinung des Autors und zur Bildung eines persönlichen Urteils veranlaßt werden, das – trotz des im Aphorismus vermeintlich erhobenen Anspruchs auf Allgemeingültigkeit – durchaus auch von der des Verfassers abweichen kann. Berührungspunkte mit dem Aphorismus zeigen ↑Aperçu, ↑Apophthegma, ↑Maxime, ↑Sentenz. Aphorismen sind seit der Antike bekannt, z. B. die Aphorismen des Hippokrates („vita brevis – ars longa" [„Das Leben ist kurz, die Kunst währt lange"]) oder des Kaisers Mark Aurel. Besonderer Beliebtheit erfreute sich der Aphorismus bei den französischen Moralisten des 17. Jahrhunderts (F. de La Rochefoucauld, J. de La Bruyère), bei B. Pascal, im 18. Jahrhundert bei dem Marquis de Vauvenargues und bei Chamfort. Aus der deutschen Literatur sind v. a. G. Ch. Lichtenbergs „Aphorismen" zu nennen, doch bedienten sich u. a. auch Goethe („Maximen und Reflexionen", 1833), F. Schlegel, Novalis, ferner A. Schopenhauer, F. Nietzsche u. K. Kraus dieser Form. Aus jüngster Zeit sind die Aphorismen von St. J. Lec („Myśli nieuczesane", 1957, deutsch „Unfrisierte Gedanken", 1959) oder G. Laub („Denken verdirbt den Charakter", 1984) zu nennen.

aphoristischer Stil [griechisch]: Bezeichnung einer Schreibweise, bei der inhaltlich unverbundene bzw. unzusammenhängende Gedankensplitter und ↑Sentenzen aneinandergereiht werden. Die vom Autor gewählte Anordnung des Textes erscheint zufällig. Der Leser kann nach Lust fast an jeder beliebigen Stelle des Textes mit der Lektüre beginnen. In der deutschen Literatur pflegten G. E. Lessing, J. G. Hamann und F. Nietzsche in einigen ihrer Werke den aphoristischen Stil.

Apokoinu [apokɔʏˈnuː; von griechisch apò koinū̃, eigentlich „vom Gemeinsamen"]: Bezeichnung für eine Stilfigur, bei der sich ein Wort oder ein Satzteil gleichzeitig auf den vorhergehenden und den folgenden Satz bezieht. Diese Figur findet sich häufig in mittelhochdeutscher Literatur, z. B.: „dō spranc von dem gesidele her Hagene alsō sprach („Kudrun", Epos, 13. Jahrhundert; „her Hagene" bezieht sich hier auf beide Sätze).

Apokope [von griechisch apokopḗ „Abschneidung, Weglassung"]: Bezeichnung für den Wegfall eines oder mehrerer Buchstaben am Ende eines Wortes, z. B. „wart'" statt „warte". – ↑auch Elision.

Apokryphen [von griechisch apókryphos „versteckt, heimlich, unecht"]: Sammelbezeichnung für jüdische und frühe christliche religiöse Schriften, die, obwohl sie Anspruch auf Echtheit und Originalität erhoben, nicht in den Kanon der Bibel aufgenommen wurden. Apokryphen erfreuten sich im Judentum und im Christentum früherer Zeiten großer Beliebtheit und waren als Erbauungsbücher weit verbreitet. Inhaltlich bieten die Apokryphen zumeist eine legendenhafte Ausmalung biblischer Stoffe oder Endzeitspekulationen. Nachwirkungen solcher Literatur sind z. B. bei Dante oder bei F. G. Klopstock zu bemerken.

apollinisch-dionysisch: ein Begriffspaar, das von F. W. J. von Schelling zuerst formuliert und von F. Nietzsche in seiner Schrift „Die Geburt der Tragödie aus dem Geiste der Musik" (1872) aufgegriffen und populär gemacht wurde. Die beiden Begriffe dienten Nietzsche im Blick auf die griechischen Götter Apollon und Dionysos als Kurzbezeichnungen zweier entgegengesetzter Möglichkeiten künstlerischen Wirkens, die in der klassischen griechischen Tragödie und im Musikdrama R. Wagners zur Synthese gelangen. Unter Beziehung auf Apollon als den Gott des Lichtes umfaßt das Apollinische für Nietzsche das rational Bestimmte, Maßvolle, Harmonische, das Dionysische dagegen – Dionysos ist der Gott des Weines, des Rausches und der Ekstase – das Irrationale, Emotionale, Sinnliche, Maßlose, Dunkle.

Apologie [von griechisch apología „Verteidigungsrede"]: meist schriftlich fixierte Rede zur Rechtfertigung des eigenen Standpunktes vor Gericht oder gegenüber den Anklagen der Öffentlichkeit. Die berühmteste Apologie ist die von Platon nach dem Tode seines Lehrers verfaßte Verteidigungsrede des Sokrates vor dem Gericht in Athen.

Apopemptikon [von griechisch apopémpein „wegschicken, entlassen"]: Gedicht, das ein Abschiednehmender an die Zurückbleibenden richtet, wobei diese ihm wiederum ein *Propemptikon*, ein Gedicht zum Geleit, widmen können. Beide Gedichtformen waren besonders in der Antike gebräuchlich.

Apophthegma [von griechisch apóphthegma „Ausspruch"]: ein knapper, aber besonders pointierter Ausspruch zumeist einer bekannten historischen Person, nicht selten eingeführt durch eine Andeutung der Situation und durch die Nennung der Gesprächspartner. Damit rückt das Apophthegma in die Nähe der ↑Anekdote. Bekannt aus der Antike sind u. a. die Apophthegmata von Sokrates, Alexander dem Großen, M. P. Cato und M. T. Cicero. – ↑auch Sentenz.

Aporie [von griechisch aporía „Ratlosigkeit, Verlegenheit"]: Bezeichnung für eine rhetorische Figur (identisch mit der ↑Dubitatio): ein Sprecher bringt vorgeblich oder auch tatsächlich unlösbare Probleme zur Sprache. Die Aporie kann z. B. von einem auktorialen Erzähler (auktoriale ↑Erzählsituation) verwendet werden oder im Drama zur Aktivierung des Zuschauers eingesetzt sein, so etwa in B. Brechts Drama „Der gute Mensch von Sezuan" (1953), wenn im ↑Epilog des Stückes ein Spieler vor das Publikum tritt und seiner Unzufriedenheit mit dem Ausgang des Geschehens Ausdruck verleiht: „Wir stehen selbst enttäuscht und sehn betroffen/Den Vorhang zu und alle Fragen offen." Diese Feststellung mündet in die Aufforderung an die Zuschauer, ihrerseits eine passende Lösung zu finden.

Aposiopese [von griechisch aposiṓpēsis „das Verstummen"]: eine rhetorische Figur: das Abbrechen eines Gedankens oder einer Rede. Dabei wird entweder in einem syntaktisch vollständigen Satz ein Gedanke nicht zu Ende geführt oder aber ein Satz jäh abgebrochen. Der Zuhörer oder Leser muß dann das Ungesagte aus dem Zusammenhang selbst erschließen. Im Unterschied zur ↑Ellipse, bei der Unwesentliches entfällt, wird bei der Aposiopese gerade das Wichtigste verschwiegen. Die Aposiopese wird v. a. in stark affektbetonten Passagen bevorzugt, wenn Ergriffenheit, Leidenschaft oder Zorn nachempfunden werden sollen. In der Alltagssprache ist sie besonders bei Drohungen gebräuchlich („Dich werd' ich!"). In der Dichtung, namentlich im ↑Sturm und Drang und im ↑Expressionismus, aber auch im Drama bei G. E. Lessing, Schiller und besonders H. von Kleist („Was? ich? Ich hätt' ihn –? Unter meinen Hunden –?", „Penthesilea", 1808) und im naturalistischen Drama (Fräulein Anna: „Was leide ich denn, Närrchen?" – Frau Käthe: „Ich könnte es sagen, aber ...", G. Hauptmann, „Einsame Menschen", 1891) wird sie gerne eingesetzt.

Apostelspiel: Form des ↑geistlichen Spiels, bei der Ereignisse aus dem Leben der Apostel, besonders des Apostels Paulus, gestaltet werden. Hauptquellen des Apostelspiels sind die Evangelien, die Apostelgeschichte, apokryphe Schriften (↑Apokryphen) sowie Legenden. Vom 15.–18 Jahrhundert in Europa verbreitet, wurde das Apostelspiel zunächst als streng geistliches Spiel verstanden. Erst später rückte das individuelle Schicksal der Apostel in den Blickpunkt des Interesses. Anfänglich besonders als ↑Schuldrama gedacht, stand es dann im Zeitalter der Reformation oft ganz im Zeichen des Glaubenskampfes.

Apostrophe [aˈpɔstrofe, apoˈstro:fə; von griechisch apostrophḗ „das Abwenden"]: ursprünglich in der griechischen Gerichtsrede die Wegwendung des Redners von den Richtern zum Prozeßgegner hin. Dann als rhetorische Figur die überraschende Hinwendung des Dichters zum Publikum oder zu einem anderen Adressaten. Dabei können abwesende (auch tote) Personen (häufig in Totenklagen), aber auch leblose Dinge und Abstrakta (Frau Minne) angeredet werden. Auch die Anrufung Gottes sowie von Göttern bzw. Musen und die Selbstanrede des Dichters gehören hierher. Die Apostrophe bezweckt v. a. die Verinnerlichung und Verlebendigung einer Rede. Bevorzugt wird sie in pathetischer oder emphatischer Rede, so besonders in antiker (Homer, Vergil) und mittelalterlicher Dichtung (Wolfram von Eschenbach, Walther von der Vogelweide) sowie in antikisierender (F. G. Klopstock, „Der Messias", Epos, 1748–73) und emphatischer Dichtung (Schiller, „Freude, schöner Götterfunken ...", 1786).

Apotheose [griechisch]: die Erhebung eines Menschen zum Gott, die Vergöttlichung eines lebenden oder verstorbenen Herrschers, insbesondere die Alexanders des Großen und der römischen Kaiser. Die Apotheose stammt aus dem orientalischen Herrscherkult. In der Literatur gab es Apotheosen im Rahmen der Hofdichtung bereits seit hellenistischer Zeit, aber besonders in Rom zur Verklärung der Herrscher. Die Apotheose fand in vielfacher Form ihren Niederschlag, vornehmlich in der Gattung des ↑Panegyrikus. Abgewandelt und ausgeweitet im Sinne einer allgemeinen Verherrlichung und Verklärung, war die Apotheose besonders zur

Apotheose des Kaisers Antoninus Pius und seiner Gemahlin Faustina, Relief am Sockel der Gedenksäule für den Kaiser, 161 errichtet

Zeit des Barock gebräuchlich. In den ebenso wirkungsvollen wie aufwendigen Schlußapotheosen des barocken Schauspiels (Schaubilder) erfuhr sie ihre höchste Steigerung. In dieser Form wirkte sie auch noch in den Schlußbildern späterer Dramen (Goethe, „Faust II“, 1832) nach.

Apparat [von lateinisch apparatus „Zubereitung, Einrichtung“]: die Gesamtheit der zu einer Arbeit nötigen Hilfsmittel (z. B. wissenschaftlicher Apparat). – ↑auch kritischer Apparat.

Appell [von lateinisch appellare „ansprechen, auffordern“]: nachdrücklicher, leidenschaftlicher Anruf, Aufruf oder Mahnruf, um ein bestimmtes Verhalten zu fordern bzw. zu fördern.

Appendix [lateinisch „Anhang, Anhängsel“]: der Anhang eines Buches oder mehrbändiger Ausgaben. Der Appendix enthält in der Regel Register, Tabellen, Tafeln, Karten, Anmerkungen und ähnliche Zusätze. Bei Werkausgaben birgt der Appendix oft auch den ↑kritischen Apparat oder unechte, dem Autor zugeschriebene Texte.

Arabeske [französisch arabesque, von italienisch arabo „arabisch“]: ursprünglich Blattrankenornament der islamischen Kunst, das auf hellenistisch-römische Vorbilder zurückgeht. F. Schlegel übertrug den Begriff 1797/98 auf die Literatur, um damit abschweifendes, durch märchenhafte, „phantastische Fülle und Leichtigkeit“ geprägtes Beiwerk zu kennzeichnen. Die Arabeske wurde bei Schlegel sogar zu einer eigenen poetischen Gattung neben Märchen, Novelle und Roman. Der Begriff „Arabeske“ wird vielfach auch in Untertiteln verwendet, so etwa von K. L. Immermann („Münchhausen. Eine Geschichte in Arabesken“, 1838/39) oder bei E. A. Poe („Tales of the grotesque and arabesque“, 1840).

Arbeiterdichtung: 1. Sonderform der ↑sozialen Dichtung, die sich ohne Rücksicht auf die soziale Stellung des Autors stofflich-thematisch mit der Welt des Arbeiters auseinandersetzt. Die im Gefolge der Industrialisierung auftretenden sozialen Mißstände waren Mitte des 19. Jahrhunderts der Anstoß für das Aufkommen der Arbeiterdichtung. Durch realistisch-naturalistische Darstellung des Arbeitermilieus beabsichtigten die meist noch dem Bürgertum angehörenden Autoren den Aufruf zu sozialer Gerechtigkeit. Bedeutende Vertreter dieser Richtung waren in der deutschen Lyrik H. Heine, G. Herwegh

und F. Freiligrath. Aber auch der Roman seit dem ↑Naturalismus (im Gefolge von É. Zola, Ch. Dickens u. a.) sowie besonders das naturalistische Drama (G. Hauptmann) befaßten sich mit dieser Thematik. In den Werken des ↑Expressionismus nahm das sozialkritische Engagement für die Belange der Arbeiter besonders markante Züge an (E. Toller, „Die Maschinenstürmer", Drama, 1922). Seit dem 2. Weltkrieg bemühen sich moderne Richtungen der Arbeiterliteratur (↑Gruppe 61, ↑Bitterfelder Weg) um sprachliche Darstellung der Probleme der modernen Industriegesellschaft.
2. seit dem Ende des 19. Jahrhunderts aus den Reihen der Arbeiter hervorgegangene Dichtung, die versucht, durch bewußte Antithese zur Welt des Bürgertums den Arbeiterstand zu geistiger und politischer Selbstbesinnung im Sinne der Arbeiterbewegung zu motivieren und ihm ein Klassenbewußtsein zu vermitteln. Die Themen entnimmt diese Arbeiterdichtung dementsprechend aus der Arbeitswelt des technisch-industriellen Zeitalters. Das Erlebnis des 1. Weltkriegs und die Ära des Expressionismus führten zu Höhepunkten der Arbeiterdichtung. Allerdings beeinträchtigten auch viele übernommene Formklischees die eigenschöpferische Sprachgestaltung der Arbeiterdichter. Die größte Ausstrahlung besaßen lyrische Werke und Lieder; Romane und Dramen sind selten. Als bekannteste Autoren gelten A. Petzold, H. Lersch, G. Engelke, M. Barthel, K. Bröger sowie die ↑Nylandgruppe mit J. Winckler, J. Kneip und W. Vershofen. Nach dem 2. Weltkrieg sind Arbeiter, die eigene Erfahrungen gestalten (M. von der Grün), im unpathetischen Realismus der Darstellung kaum von anderen Schriftstellern zu unterscheiden.

Arbeitslied: als „echtes Arbeitslied" ein oft unmittelbar aus dem Arbeitstakt hervorgegangenes, stark rhythmisch betontes Lied, das den der Arbeit zugrundeliegenden Rhythmus, Takt oder die dabei entstehenden Geräusche nachahmt. V. a. bei bäuerlicher (Dreschlieder, Spinnlieder) und handwerklicher Arbeit (Schmied, Zimmermann) gebräuchlich, fördert es die Arbeit durch Regulierung des Arbeitsrhythmus. Die Arbeitslieder, deren formal anspruchslose Texte oft erotisch-derben und witzigen Charakter zeigen und sich meist auf die Arbeit beziehen, werden nach einfachen Melodien während der Arbeit endlos fortgesungen. – Das „unechte Arbeitslied" dagegen ist ein bereits vorhandenes Lied, das rhythmisch zu einer bestimmten Arbeit paßt und daher bei dieser Arbeit zum Einsatz kommt. Bei diesen Liedern besteht inhaltlich kein Zusammenhang zur betreffenden Arbeit. – Davon sind schließlich „literarische Arbeitslieder" zu trennen, bei denen der Autor bewußt auf Elemente des „echten Arbeitsliedes" (wie Rhythmus und Lautmalerei) zurückgreift, um einen bestimmten Arbeitsvorgang künstlerisch nachzuempfinden (z. B. G. Engelke, „Lied der Kohlenhäuer"). – ↑auch Shanty.

Archaismus [von griechisch archaîos „alt, altertümlich"]: Bezeichnung für den Gebrauch veralteter Wörter (z. B. Eidam statt Schwiegersohn, Wams statt Jacke), Ausdrucksformen oder Stilmittel in modernen Texten. Mit archaistischen, d. h. künstlich nachgeahmten Wendungen versucht man dabei oft, einem Text einen altertümlichen Charakter zu verleihen oder ein bestimmtes Zeitkolorit zu verstärken, während man mit archaischen, d. h. wirklich untergegangenen Formen, häufig eine Wiederbelebung der Sprache beabsichtigt. Archaismen finden sich bereits in der antiken Literatur (P. C. Sallust). Als Stilmittel erfreuten sie sich v. a. im 18. und 19. Jahrhundert großer Beliebtheit. Die Werke der Romantiker, namentlich C. Brentanos („Chronika eines fahrenden Schülers", 1818), die Chroniknovellen von Th. Storm und die historischen Novellen von W. Raabe, die Romane von G. Freytag („Die Ahnen", 1873–81) und das naturalistische Geschichtsdrama von G. Hauptmann („Florian Geyer", 1896) sind eine Fundgrube für Archaismen. Mit ironisch-parodistischer Tendenz begegnet der Archaismus schließlich bei Th. Mann („Joseph und seine Brüder", Romantetralogie, 1933–42; „Doktor Faustus", Roman, 1947).

Archetypus [von griechisch archétypos „Urbild, Urform"]: 1. die älteste überlieferte oder rekonstruierbare Fassung eines handschriftlichen oder gedruckten Textes, die als Vorlage für die weitere Überlieferung gedient hat. – 2. im Anschluß an C. G. Jungs tiefenpsychologische Archetypenlehre (Archetypen stellen die als Ergebnis ungezählter Erfahrungen der Menschheit ererbte genetische Grundlage der Persönlichkeitsstruktur dar) fand der Begriff Archetypus auch Eingang v. a. in die angelsächsische Literaturwissenschaft. Hier bezeichnet er die „Urbilder" in Mythos und Dichtung, die, aus dem „kollektiven Unbewußten" stammend, in der Dichtung ihren Niederschlag finden, ohne daß dies dem Dichter bewußt werden muß.

Archi̱v [von griechisch archeĩon „Regierungs-, Amtsgebäude"]: geordnete Sammlung amtlicher Schriftstücke juristischen, politischen, historischen oder kirchlichen Inhalts, aber auch jeglichen anderen Schrift-, Bild- oder Tonmaterials, das für amtliche und private Geschäftsführung von Bedeutung gewesen ist und aus rechtlichen, politischen, wirtschaftlichen oder wissenschaftlichen Gründen einer dauernden Aufbewahrung für würdig erachtet wurde. Als Archiv wird auch der Aufbewahrungsort dieses Schrifttums bezeichnet. Oft sind Archive wertvolle Fundorte für die Forschung. Seit dem Einsetzen einer schriftlichen Verwaltungstätigkeit in der Antike sind Archive in allen Kulturen geläufig. Für die Literaturforschung wichtig wurden v. a. die Dichterarchive, in denen Briefe, Manuskripte und Dokumente namhafter Autoren zusammengetragen sind (↑Deutsches Literaturarchiv, ↑Literaturarchiv). – Auch bestimmte wissenschaftliche Zeitschriften haben sich den Titel „Archiv" gegeben („Archiv für das Studium der neueren Sprachen und Literaturen").

Argumẹnt [von lateinisch argumentum „was der Erhellung, Veranschaulichung dient"]: 1. in der Rhetorik die Bezeichnung für den auf Tatsachen beruhenden Beweisgrund, auf den sich eine Behauptung stützen kann. – 2. die gereimte oder in Prosa verfaßte schriftliche Einleitung eines Bühnenstückes oder einer anderen literarischen Darstellung, wie sie in der Antike (Tragödie, Komödie), in der Renaissance (Drama) und im Barock üblich war. Das Argument bot dabei häufig einen gerafften Inhaltsüberblick oder Erläuterungen zum folgenden Stück. In der ↑Commedia dell'arte wurde das Argument sogar zur Vorlage, nach der aus dem ↑Stegreif gespielt wurde. Auch in der epischen Dichtung sind vereinzelt Argumenta zu finden. So leitete J. Milton in seinem Versepos „Paradise lost" (1667, 1674 erweitert, deutsch 1682, 1855 unter dem Titel „Das verlorene Paradies") jedes der zwölf Bücher durch eine als Argument bezeichnete Inhaltsangabe in Prosa ein. Auch der Roman des 17. und 18. Jahrhunderts sowie einzelne Autoren der Gegenwart (A. Döblin, „Berlin Alexanderplatz", Roman, 1929) kennen die Verwendung des Arguments. – Vom Argument, das nur in schriftlicher Form vorkommt, ist der gesprochene ↑Prolog zu trennen.

Aristophaneus (aristophanischer Vers): Bezeichnung für zwei verschiedene Verse, die nach dem griechischen Komödiendichter Aristophanes benannt sind: 1. ein anapästischer ↑Tetrameter oder ↑Septenar:

◡◡–◡◡–◡◡–́◡◡–◡◡–́◡◡–◡◡–⏒

2. ein aus ↑Choriambus und ↑Bacchius bestehender Kurzvers, den auch Horaz in der 2. ↑sapphischen Strophe verwendete:

–◡◡–◡–⏒

aristotẹlisches Drạma: auf die im 8. Kapitel der „Poetik" des Aristoteles entworfene Dramentheorie zurückzuführende Bezeichnung für das strenggebaute Drama, das der Forderung nach der Einheit zumindest der Handlung, aber auch der Zeit und des Ortes (↑drei Einheiten), nach lückenloser Kausalität und einheitlichem Konstruktionsschema genügt und zudem die ↑Katharsis durch Furcht und Mitleid berücksichtigt. Diesen Idealvorstellungen entsprechen v.a. die klassischen Dramen der ↑geschlossenen Form. Den Gegensatz dazu markiert das Theater der ↑offenen Form oder das von B. Brecht dem aristotelischen Drama gegenübergestellte nichtaristotelische ↑epische Theater.

arkadische Poesie: von der als idyllisch-beschauliches Land der Hirten und Jäger und als Heimat des Hirtengottes Pan gerühmten griechischen Landschaft Arkadien (Peloponnes) abgeleitete andere Bezeichnung für Hirten- und ↑Schäferdichtung.

Arlecchino [arlɛ'ki:no; italienisch; aus der altfranzösischen Fügung maisnie Hellequin „Hexenjagd; wilde, lustige Teufelsschar"]: eine der typischen komischen Figuren der ↑Commedia dell'arte; der Bergamaskisch sprechende schelmische Diener. Sein Kostüm be-

steht aus einem mit bunten Flecken besetzten Wams und einer schwarzen Halbmaske, sein Kopf ist geschoren. – ↑auch Harlekin.

Armenbibel ↑Biblia pauperum.

Arsis [griechisch „Hebung"]: Begriff, der im Griechischen das Heben des Fußes bei der Taktmarkierung bezeichnete (Gegensatz: Senkung = ↑Thesis); bei den lateinischen Grammatikern bezeichnete Arsis die Hebung der Stimme und, in Umkehrung der ursprünglichen Bedeutung, eine lange oder betonte Silbe.

Ars moriendi [lateinisch „Kunst des Sterbens"]: seit Beginn des 15. Jahrhunderts nachweisbare Literaturgattung, die das rechte Sterben lehrte. Zunächst erschienen lateinische Ausgaben als Handreichungen für Seelsorger, später „Sterbebüchlein" in der Volkssprache auch für Laien. Seit der Mitte des 15. Jahrhunderts veröffentlichte bebilderte Ausgaben waren v.a. in Deutschland und Frankreich weit verbreitet.

Ars poetica [lateinisch „Dichtkunst"]: Bezeichnung für Horaz' Epistel „Ad Pisones" (18 v. Chr., deutsch 1639, 1952 unter dem Titel „Die Dichtkunst"). Sie enthält seine theoretischen Überlegungen zur Dichtkunst und zur Aufgabe der Dichter, u.a. „Aut prodesse volunt aut delectare poetae", d.h. „nützen" und „erfreuen" sei das Ziel einer guten Dichtung. In Renaissance und Barock wurden zahlreiche poetologische Schriften mit dem gleichen Titel veröffentlicht, v.a. in Frankreich (N. Boileau-Despréaux, „L'art poétique", 1674, deutsch 1745, 1899 unter dem Titel „Die Dichtkunst").

Artes liberales [lateinisch „Freie Künste"]: ursprünglich Bezeichnung für die Wissenschaften, die von den „freien" Bürgern im antiken Rom gepflegt wurden und die nicht zum Broterwerb dienten. Vorbild war die von dem griechischen Philosophen Isokrates geforderte „enzyklopädische Bildung" als Vorstufe zum Studium der Philosophie. Zunächst ohne Festlegung auf bestimmte Fächer, bildete sich in der Spätantike für die Artes liberales ein fester Kanon von sieben Disziplinen heraus: Grammatik, Rhetorik, Dialektik, Arithmetik, Geometrie, Astronomie, Musik. Dieses Siebenersystem wurde dann für das ganze Mittelalter verbindlich, und zwar durch die Vermittlung einer philosophischen Allegorie des Martianus Capella mit dem Titel „De nuptiis Mercurii et Philologiae" (2. Hälfte des 4. Jahrhunderts n. Chr.). Später erfolgte die Zusammenfassung der mathematischen Disziplinen im Quadrivium (= Vierweg) mit Arithmetik, Geometrie, Astronomie, Musik und die Zusammenfassung der grammatisch-literarischen Fächer im Trivium (= Dreiweg) mit Dialektik, Grammatik, Rhetorik. Die Artes liberales wurden im Mittelalter in der sogenannten Artistenfakultät gelehrt und galten als Vorbereitung für die höheren Fakultäten (Theologie, Recht, Medizin). Der Schwerpunkt lag dabei auf dem Trivium und hier wiederum auf der Rhetorik, die lange Zeit eine zentrale Stellung einnahm. Erst im Zeitalter des Humanismus erlangte die Artistenfakultät als philosophische Fakultät einen den „höheren" Fächern gleichgeordneten Rang. – ↑auch Artesliteratur.

Artesliteratur [von lateinisch ars (Plural: artes) „Kunst, Fertigkeit"]: Bezeichnung für mittelalterliche Fach- und Zweckliteratur (größtenteils Prosa), die der Erläuterung der drei Artesreihen diente, und zwar der „Freien Künste" (↑Artes liberales), der „Eigenkünste" (Artes mechanicae) wie Handwerk, Kriegskunst und Waffenschmieden, Seefahrt und Handel, Landbau und Hauswirtschaft, Jagd und Tier[heil]kunde sowie Heilkunde, und der „verbotenen Künste" (Artes incertae) wie Magie und Mantik, Betteln und Betrug. Die Artesliteratur war als Gebrauchsschrifttum zunächst in lateinischer, aber bald (9. Jahrhundert) auch in deutscher Sprache v. a. im Spätmittelalter weit verbreitet.

Artusdichtung: mittelalterliche Versepik, in deren Mittelpunkt der sagenhafte britannische König Artus mit seiner Tafelrunde von vorbildlichen Rittern steht. Der historische Artus war wahrscheinlich ein britannischer Heerführer, der um 500 gegen die Invasion der Angelsachsen kämpfte. Die eigentliche Artusdichtung nahm ihren Ausgang von der „Historia regum Britanniae" (um 1135) des Geoffrey von Monmouth. Hier wurde der in den vorausgehenden literarischen Quellen als heroischer Kämpfer gegen die angelsächsische Invasion Britanniens gefeierte Held zum ersten Mal zum glanzvollen Herrscher von geschichtlicher Bedeutung erhoben. Die „Historia" wurde um 1155 von dem normannischen Dichter Wace

Artes liberales. Orpheus musiziert für die Tiere. Relief am Kampanile des Doms zu Florenz

in französische Verse übertragen („Roman de Brut"). Dabei erfolgte die Stilisierung des Artus zum feudalistischen Kriegsherren. Wace berichtete als erster von der Tafelrunde auserwählter Ritter (Erec, Iwein, Parzival, Gawain, Lanzelot u. a.), die Artus um sich sammelte. Aus Waces „Brut" entstand das frühmittelenglische Versepos „Brut" des Layamon (um 1205). Nunmehr breitete sich die Artusdichtung von Wales, Cornwall und der Bretagne über Frankreich und Deutschland auf ganz Europa aus. Dabei wurden ursprünglich selbständige Stoffe (wie der Tristan- und Lanzelot-Stoff, die Geschichte vom heiligen Gral) und Märchenmotive einbezogen. Höhepunkt des französischen Artusromans waren die Werke des Chrétien de Troyes, „Erec et Énide", „Cligès", „Lancelot", „Yvain", „Perceval", die etwa zwischen 1165 und 1190 entstanden. Bei Chrétien und dessen Nachfolgern wurde

Artusdichtung. Artus in der Tafelrunde (nach einem Wandgemälde in Schloß Runkelstein bei Bozen)

Artus als großes ethisches Vorbild des höfischen Rittertums dargestellt. Die bedeutendsten Vertreter der deutschen Artusdichtung waren Hartmann von Aue („Erec“, bald nach 1180; „Iwein“, um 1200), Gottfried von Straßburg („Tristan und Isolt“, nach 1200) und Wolfram von Eschenbach („Parzival“, um 1200–10, „Titurel“). Nach ihrem Vorbild und unter ihrem Einfluß entstand eine Fülle von Artusromanen, die durch Vergröberung der Handlung und phantastische Zutaten dem stofflichen Interesse des Publikums entgegenkamen. Diese Epigonendichtung fand ihre Fortsetzung im frühneuhochdeutschen Prosaroman und in den weitverbreiteten ↑Volksbüchern. Neue Bearbeitungen des Artusstoffes stammen u. a. von A. Tennyson, R. Wagner und J. Cocteau. Er dient in jüngster Zeit sogar als Grundlage für Comic-Serien (u. a. „König Arthur“).

Arztroman: meist Trivialroman (↑Trivialliteratur), in dem ein Arzt im Mittelpunkt der Handlung steht. Hauptthema dieser Arztromane, die oft auch als Illustriertenromane oder Heftromane erscheinen, ist eine Liebesbeziehung zwischen Arzt und Patientin. Ärztlicher Beruf und Berufskonflikte erfahren dabei meist eine unrealistische Darstellung.

asklepiadeische Strophen: die von Horaz teils aus der griechischen Lyrik übernommenen, teils neu geschaffenen fünf Odenstrophen, deren Grundelement der ↑Asklepiadeus ist: erste asklepiadeische Strophe: ↑stichisch verwendeter Asklepiadeus minor; zweite asklepiadeische Strophe: dreimal Asklepiadeus minor und ein ↑Glykoneus; dritte asklepiadeische Strophe: zweimal Asklepiadeus minor, ein ↑Pherekrateus und ein Glykoneus; vierte asklepiadeische Strophe: ein Glykoneus, ein Asklepiadeus minor, ein Glykoneus und ein Asklepiadeus minor; fünfte asklepiadeische Strophe: stichisch verwendeter Asklepiadeus maior. – Strophen im strengen Sinne sind nur die zweite, dritte und vierte asklepiadeische Strophe.

Asklepiadeus: Bezeichnung für zwei nach dem griechischen Dichter Asklepiades (3. Jahrhundert v. Chr.) benannte ↑äolische Versmaße, die durch einfache bzw. doppelte Wiederholung des ↑Choriambus in der Versmitte des ↑Glykoneus entstehen; seit Horaz haben sie geregelte Zäsur und Basis (↑äolische Basis): ⏒⏒ – ⏑⏑ – | – ⏑⏑ – ⏑⏓ (Asklepiadeus minor); ⏒⏒ – ⏑⏑ – | – ⏑⏑ – | – ⏑⏑ – ⏑⏓ (Asklepiadeus maior).
Asklepiadeen erscheinen ↑stichisch (z. B. bei Catull, Horaz), meist aber in Strophen (↑asklepiadeische Strophen).

Assonanz [von lateinisch assonare „tönend beistimmen“]: Bezeichnung für einen Gleichklang zwischen zwei oder mehreren Wörtern, der sich auf die Vokale beschränkt. Er kann sowohl am Versende als auch innerhalb eines Verses auftreten, z. B.: „zu dem entschlossenern Bau schneidet sie steifer den Stein“ (R. M. Rilke, Gedicht „Alles Erworbene bedroht die Maschine“). Die Assonanz kann in zwei Formen auftreten: 1. als unvollkommener Reim (↑Halbreim), wie er v. a. in frühen Stilepochen auftrat, z. B. in der althochdeutschen und frühmittelhochdeutschen Dichtung, und 2. als eigenständiges Formprinzip neben dem Reim. Diese Art ist v. a. in den vokalreichen romanischen Sprachen ausgeprägt, findet sich aber auch in der deutschen Dichtung (C. Brentano, J. von Eichendorff, H. Heine u. a.).

Ästhetik [von griechisch aisthánesthai „(durch die Sinne) wahrnehmen"]: Wissenschaft, die allgemeine Probleme der Kunst und im engeren Sinne des Schönen (Erhabenen, Häßlichen, Tragischen, Komischen usw.) behandelt. Die Ästhetik ist ein Teilgebiet der Philosophie, sie untersucht die Bedingungen der Entstehung von Kunstwerken, deren Strukturen, das Verhältnis von Kunst und Wirklichkeit sowie die Bedingungen und Formen der ästhetischen Rezeption durch den einzelnen und die Gesellschaft. Die Ästhetik ist in ihrer Entwicklung nicht nur mit der Philosophie, sondern auch eng mit der Dichtung verbunden (der Teil der Ästhetik, der sich mit der Dichtung befaßt, ist die ↑ Poetik); wie diese ist sie epochenbedingten Veränderungen unterworfen. Sie wurde als eigene Wissenschaft durch A. G. Baumgarten („Aesthetica", 1750) begründet. Neben den Philosophen beschäftigten sich v. a. die Dichter mit den Grundfragen der Ästhetik, so in der deutschen Literatur besonders J. G. Herder, G. E. Lessing, Goethe, Schiller, Novalis sowie die Brüder A. W. und F. Schlegel u. a. Seit dem Realismus gibt es die verschiedensten Ausgangspunkte der Ästhetik als philosophische Disziplin (spekulative, marxistische, phänomenologische, existentialistische ästhetische Systeme).

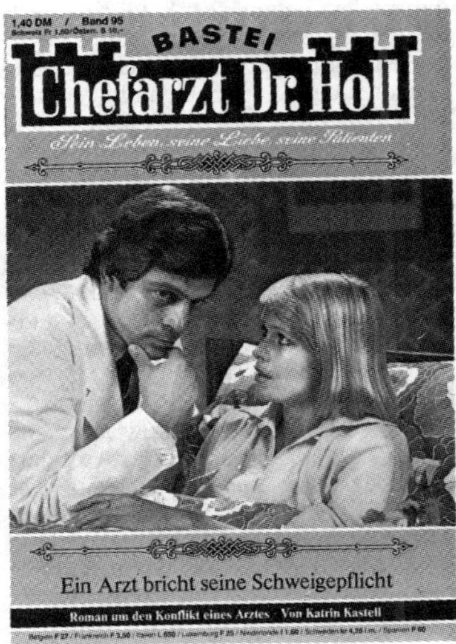

Arztroman. Titelseite eines Romans von 1980

Ästhetizismus [griechisch]: Lebensanschauung, die dem ästhetischen Erleben einen absoluten Vorrang vor anderen Werten einräumt, oft verbunden mit einer Flucht vor der Wirklichkeit in eine Welt des schönen Scheins und der Harmonie. Sie kann auch zu einem lebensfeindlichen Nihilismus führen. Erste Anklänge des Ästhetizismus finden sich schon in der Antike, im Mittelalter bei Gottfried von Straßburg („Tristan und Isolt", Versepos, nach 1200) und im ↑ Manierismus der Renaissance. Der Ästhetizismus erfuhr seine eigentliche Ausprägung in der Kunst und Literatur des 18. Jahrhunderts, v. a. bei J. J. W. Heinse („Ardinghello und die glückseligen Inseln", Roman, 1787), dann bei den Romantikern (F. Schlegel, L. Tieck, A. von Platen, J. Keats, F. R. de Chateaubriand) und ihren Nachfahren (Ch. Baudelaire). Er verband sich mit Bewegungen wie ↑ L'art pour l'art, ↑ Symbolismus, ↑ Impressionismus, der Kunst der Décadence (↑ Dekadenzdichtung). Eine mehr oder weniger ausgeprägt ästhetizistische Haltung zeigte sich u. a. bei den Engländern W. Pater, J. Ruskin, O. Wilde, bei den Franzosen G. Flaubert, St. Mallarmé, M. Proust, dem Italiener G. D'Annunzio und in der deutschen Dichtung beim jungen H. von Hofmannsthal und bei St. George.

Asyndeton [griechisch „Unverbundenes"]: die Reihung gleichgeordneter Wörter („veni, vidi, vici"), Wortgruppen, Satzglieder oder Sätze ohne verbindende Konjunktionen („Der Wahn ist kurz, die Reu ist lang", Schiller, „Lied von der Glocke"). Das Asyndeton dient sowohl zum Ausdruck einer leidenschaftlich überhöhten Aussage als auch als rhetorisches Stilmittel zur Hervorhebung. Es findet sich v. a. häufig in der Dichtung des Barock, u. a. bei M. Opitz,

Ph. von Zesen, P. Gerhardt, A. Gryphius („Es muß auf unser Fragen ein Vieh, ein Baum, ein Bild, ein Marmor Antwort sagen", Gryphius, „Cardenio und Celinde", Tragödie, 1657). Den Gegensatz zum Asyndeton bildet das ↑Polysyndeton.

Atellane [lateinisch]: altitalische Volksposse, deren Namen vom Ursprungsort, der oskischen Stadt Atella in Kampanien, abgeleitet ist. Die Atellane wurde schon bald latinisiert und war in Rom sehr beliebt. Die bedeutendsten literarischen Vertreter waren L. Pomponius und Novius (beide 1. Jahrhundert v. Chr.). Hauptträger der aus dem ländlichen oder kleinstädtischen Alltagsleben geschöpften Handlung waren stets vier in gleichbleibenden bizarren Masken auftretende Charaktertypen (der Narr Maccus, der Prahler Bucco, der eitle geizige Alte Pappus und der listige Scharlatan Dossenus), die noch bis zur ↑Commedia dell'arte fortlebten. Die Atellane bestand aus einfachen Szenen in volkstümlich-derber Sprache mit Wortwitzen und Anspielungen, die sich an ein breites Publikum richteten. In der römischen Kaiserzeit wurde die Atellane vom ähnlich strukturierten ↑Mimus abgelöst.

audiovisuelle Medien [lateinisch]: Informationsträger, die gleichzeitig oder getrennt durch das Ohr und das Auge aufgenommen werden. Dazu gehören alle nicht gedruckten Medien („non-book materials") wie Filme, Schallplatten, Tonbänder, Dias, sonstiges Bildmaterial usw. Im Bereich der Literatur sind audiovisuelle Medien von Bedeutung, weil durch sie neue Gattungen wie ↑Hörspiel oder ↑Fernsehspiel eingeführt wurden. Neuerdings werden audiovisuelle Medien verstärkt auch als Unterrichts- und Bildungsmittel eingesetzt.

Aufgesang: im ↑Meistersang Bezeichnung für den ersten Teil der mittelalterlichen Kanzonen- oder Stollenstrophe (↑Minnesang, ↑Meistersangstrophe). Die Grundform besteht aus zwei metrisch gleich gebauten ↑Stollen und hat das Reimschema abab. Der Aufgesang ist kürzer als der ↑Abgesang; er ist von diesem meist metrisch oder auch syntaktisch abgesetzt.

Aufklärung: ein im 18. Jahrhundert geprägter, aus der Meteorologie auf die Geistesgeschichte übertragener Begriff, der nach I. Kants Definition den „Ausgang des Menschen aus seiner selbstverschuldeten Unmündigkeit" bezeichnet. Entsprechend dieser Festlegung bedeutet Aufklärung allgemein die Emanzipation des Menschen von traditionellen Vorstellungen, das Wagnis, sich des eigen Verstandes zu bedienen (ebenfalls nach Kant), zu neuen rational erschlossenen Einsichten zu gelangen und somit ein neues Weltbild mit unmittelbaren Auswirkungen auf die Lebenswirklichkeit zu entwerfen. In diesem Sinne wird der Begriff „Aufklärung" u. a. auf die griechische Sophistik des 5. Jahrhunderts v. Chr. angewendet, in der der Versuch unternommen wurde, das menschliche Zusammenleben endgültig aus seiner mythischen und sozialen Gebundenheit zu lösen und auf eine rationale Basis zu stellen. – Speziell meint Aufklärung die seit dem Beginn des 18. Jahrhunderts voll zur Entfaltung kommende Epoche der europäischen und deutschen Geistesgeschichte, deren Grundlagen teilweise bereits in Renaissance und Humanismus geschaffen wurden. In der Aufklärung wurde mit dem Einsetzen der Säkularisierung (d. h. der Lösung aller Kulturbereiche aus dem übergreifenden Zusammenhang der Religion) die Voraussetzung für die endgültige Überwindung mittelalterlicher Denk- und Lebensformen und die Entwicklung der modernen Welt geschaffen.

Ihre wesentlichen *Impulse* verdankte die Aufklärung als geistige Bewegung naturgemäß der *Philosophie*, insbesondere den neuen Denkansätzen des Empirismus und Sensualismus in England, des Rationalismus in Frankreich und schließlich dem geschlossenen philosophischen System des Deutschen G. W. Leibniz. Der *Empirismus* (F. Bacon, J. Locke) ging von der Abhängigkeit allen Wissens von der Erfahrung (= Empirie) aus: der Mensch gelangt nur durch die

Auswertung der Erfahrungen zu Denkformen, Begriffen und Vorstellungen, die ihrerseits wiederum einzig der Kontrolle durch die Erfahrung unterliegen. Sofern Erfahrung als ausschließlich durch die sinnliche Wahrnehmung vermittelt begriffen wird, spricht man von *Sensualismus*, einer Sonderform des Empirismus. Die Zielsetzung des *Rationalismus*, als dessen Hauptvertreter Voltaire und die sogenannten ↑Enzyklopädisten (D. Diderot, Ch. de Montesquieu, J. Le Rond d'Alembert u. a.) gelten, wird aus R. Descartes' radikalem Denkansatz deutlich: „Cogito ergo sum" (= ich denke, also bin ich), der besagt, daß nach voraussetzungsloser Erkenntnis gestrebt wird und nur das als richtig anerkannt werden kann, was durch die eigene Vernunft erschlossen wird. *Leibniz* schließlich verband in seiner Monadenlehre ein theologisch-teleologisches Weltbild, also eine Sicht der Welt, die aus der Wohlgeordnetheit der Dinge auf die Existenz eines Ordnung setzenden Gottes schließt, mit einem physikalisch-mechanischen. Die Welt war für Leibniz die beste aller Welten. Durch Ch. Wolff und seine Schule wurde eine Auswahl aus diesem Gedankengut zu einem geschlossenen System vereint, das praktisch verwertbar sein sollte, indem es den Menschen den Weg des gesunden Menschenverstandes über die Tugend zur Glückseligkeit wies. Wolffs Tugendlehre wurde v. a. in den zur Zeit der Aufklärung weit verbreiteten sogenannten ↑moralischen Wochenschriften verwertet. Als Vollender und zugleich Überwinder der Philosophie der Aufklärung gilt I. Kant.

Insgesamt ergeben sich folgende *Einzelzüge* der Aufklärung: Sie war eine gesamteuropäische Erscheinung, die mit unterschiedlicher Schwerpunktsetzung, ausgehend von England, über Frankreich erst mit einer gewissen Verzögerung auch in Deutschland Fuß faßte, und zwar zuerst in den Gegenden mit überwiegend protestantischer Bevölkerung, während z. B. der katholische Süden noch lange in den Traditionen des Barock verharrte. Das Streben nach Autonomie des Geistes erstreckte sich auf alle Lebensbereiche. Die Vernunft war die einzige Richtschnur bei der Wahrheitsfindung und bei der Entscheidung über die Verbindlichkeit ethischer, politischer und sozialer Normen. Die Kritik am Überkommenen bezog sich v. a. auf die Offenbarungsreligionen und die auf sie gegründete Gesellschaftsordnung. Eine Selbstverwirklichung des Menschen in der etablierten ständischen Ordnung war nicht möglich, vielmehr bedurfte es dazu einer neuen, herrschaftsfreien, bürgerlichen Gesellschaft, in der die gleichen Freiheiten für alle galten, Vorstellungen, die bereits auf die Französische Revolution und die amerikanische Unabhängigkeitserklärung hinwiesen. Der *Pädagogik* insgesamt wurde ein hoher Stellenwert beigemessen (J.-J. Rousseau, „Émile ou de l'éducation", Roman, 1762, deutsch 1762, 1789–91 unter dem Titel „Emil, oder über die Erziehung"; J. H. Pestalozzi, „Lienhard und Gertrud", Roman, 1781–87). Eine humane, bisweilen sogar philanthropische Grundeinstellung herrschte vor. Toleranz, die Achtung des Mitmenschen, erschien als Gebot und mündete in die Vorstellung von der Gleichheit aller Menschen (Weltbürgertum). Die Aufklärung war von hohem Optimismus (z. B. Leibniz) und unerschütterlichem Fortschrittsglauben getragen: eine durchaus irdisch gesehene Glückseligkeit erschien als erreichbar, sofern die Unvernunft ausgeschaltet werden konnte.

In der *Kunstlehre* wurden ethische und ästhetische Werte gleichgesetzt. Kunst war (nach Aristoteles' „Poetik") Nachahmung der Natur (↑Mimesis) und hatte die Aufgabe des „prodesse" (= nützen) und „delectare" (= erfreuen), wie es Horaz in seiner ↑„Ars poetica" gefordert hatte. Der Schaffensprozeß war strenger Reglementierung unterworfen. Programmatisch in diesem Sinne war für die Literatur der Aufklärung zunächst J. Ch. Gottscheds „Versuch einer Critischen Dichtkunst vor die Deutschen" (1730); für Gottsched stand am Anfang einer Dichtung ein moralischer Satz, zu dem sich der Autor eine geeignete Fabel sucht. In Anlehnung an N. Boileau-Despréaux („L'art poétique", Lehrgedicht, 1674, deutsch 1745, 1899 unter dem Titel „Die Dichtkunst") wurde die Verfertigung literarischer Werke einer Vielzahl streng formalistischer Regeln unterworfen (z. B. die strikte Einhaltung der ↑drei Einheiten im Drama). G. E. Lessing polemisierte in seiner „Hamburgischen Dramaturgie" (1767–69) heftig gegen Gottscheds Anschauungen und erwies sie als überholt.

In der *Dichtung* der Aufklärung, die – ganz im Dienste der Pädagogik – weitgehend lehrhaften, aber auch zunehmend sozialkritischen Charakter trug, sind drei Hauptrichtungen zu unterscheiden: ↑Klassizismus, ↑Rokoko (↑Anakreontik) sowie ↑Pietismus und ↑Empfindsamkeit. Im Drama der Aufklärung wurde die von J. Ch. Gottsched geforderte Festlegung auf das Vorbild der Griechen und Römer und der klassizistischen französischen Tragödie von Lessing abgelehnt; er wendete sich besonders gegen die Beibehaltung der für das Barockdrama geltenden ↑Ständeklausel und forderte in der „Hamburgischen Dramaturgie", die Tragödie müsse dem Zuschauer eine Identifikation mit den handelnden Personen ermöglichen, um Furcht und Mitleid (nach Aristoteles), die er als „tugendhafte Fertigkeiten" sah, erregen zu können. Lessing wurde durch seine Theorie und sein Stück „Miss Sara Sampson" (1755) wegweisend für die Entwicklung des ↑bürgerlichen Trauerspiels. Als Höhepunkt des Dramas der Aufklärung gilt Lessings philosophisches Lehrstück „Nathan der Weise" (1779).

Lessing erwies sich auch als ein Meister der Fabel, einer epischen Gattung, die wegen ihres lehrhaften Charakters in der Literatur der Aufklärung bevorzugt wurde (F. von Hagedorn, Ch. F. Gellert), ebenso wie die ↑Satire, der ↑Aphorismus und das ↑Epigramm. Aus der Vielzahl der Romane (bedeutend der utopisch orientierte Staatsroman) der Aufklärung verdient Ch. M. Wielands Bildungsroman „Geschichte des Agathon" (erstmals 1766/67, endgültige Ausgabe 1794) besondere Beachtung. Im Blick auf die „Geschichte des Agathon" verfaßte Ch. F. von Blankenburg die erste Poetik des Romans („Versuch über den Roman", 1774). Von den vereinzelten Versuchen einer Erneuerung des ↑Versepos muß v. a. F. G. Klopstocks Epos „Der Messias" (1748–73) erwähnt werden. Auch in der Lyrik der Aufklärung herrschte zunächst die lehrhafte Tendenz vor. B. H. Brockes suchte in seiner Gedichtsammlung „Irdisches Vergnügen in Gott" (1721–48) belehrend das Wirken Gottes in der Natur aufzuzeigen. Die Anakreontik erwuchs aus dem Wunsch nach Beschwörung einer heilen Welt der Geselligkeit, der Lebensfreude und des Glücks. Bereits über die Aufklärung hinaus verweisen F. G. Klopstocks Hymnen und Oden, deren dem antiken Vorbild nachempfundene neue lyrische Sprache im Sinne von Pietismus und Empfindsamkeit vom religiösen Erlebnis bestimmt und auf Anbetung und Feier ausgerichtet war.

Auflage: im Verlagswesen die Zahl der Exemplare eines Druckwerkes, die, gemäß dem Vertragsverhältnis zwischen Verlag und Autor, vom gleichen Drucksatz in einem Arbeitsgang hergestellt werden. Die Festlegung der Höhe der Auflage wird meist dem Verlag überlassen und richtet sich nach seinen Verkaufserwartungen. Neuauflagen können unverändert (↑Nachdruck) oder vom Verfasser oder einem Bearbeiter ergänzt sein (z. B. verbesserte, neubearbeitete, erweiterte Auflage); sie werden durch eine hochgestellte Ziffer vor dem Erscheinungsjahr kenntlich gemacht, z. B. 1975, ²1989. Unverkäufliche Bestände einer Auflage werden eingestampft oder als „Restauflage" im „modernen Antiquariat" verbilligt abgesetzt. Von „Titelauflagen" spricht man, wenn der Rest einer Auflage mit neuem Titelblatt wieder in den Handel gebracht wird. Manchmal findet sich statt Auflage auch die Bezeichnung ↑Ausgabe.

Auftakt: aus der musikalischen Fachsprache in die ↑Metrik übernommene Bezeichnung für eine oder mehrere unbetonte Silben, die vor der ersten ↑Hebung eines Verses liegen. Typisch ist der Auftakt in der ↑akzentuierenden Dichtung für den Anfang des jambischen Verses („Ans Haff nun fliegt die Möwe ...", Th. Storm, Gedicht „Meeresstrand").

Auftritt: seit dem Ende des 17. Jahrhunderts verwendete dramaturgische Bezeichnung für die kleinste, durch den Auftritt und das Abgehen einer oder mehrerer Dramengestalten begrenzte Spieleinheit innerhalb eines ↑Aktes. Der ältere Begriff „Szene" (französisch scène) wird auch heute noch im wesentlichen bedeutungsgleich verwendet. Die Einteilung in Auftritte war bis ins 19. Jahrhundert die typische Form des streng gebauten Dramas (G. E. Lessing, Goethe, Schiller, Ch. F. Hebbel).

Aufzug: vereinzelt seit dem 17. Jahrhundert, allgemein seit dem 18. Jahrhundert gebräuchliche deutsche Bezeichnung für den ↑Akt im Drama. Der Wortsinn leitet sich her aus dem Aufziehen des Vorhangs und dem Einzug der Schauspieler auf die zum Aktbeginn noch leere Bühne.

Augenreim: Reim zwischen gleich geschriebenen, aber verschieden ausgesprochenen Wörtern, die entweder auf einer älteren Sprachstufe lautlich noch übereinstimmten (historischer Reim) oder sich aber von vornherein nur an das Auge richten (z. B. englisch good/blood).

auktoriale Erzählsituation [von lateinisch auctor „Urheber, Berichterstatter"] ↑Erzählsituation.

Ausdruck: allgemein Bezeichnung für das Sichtbarwerden seelischer Zustände oder Vorgänge in körperlichen Erscheinungen, Handlungen, Verhaltensweisen usw. Wesentlichstes für die Literatur relevantes Ausdrucksmittel ist die Sprache. In der Sprache der Dichtung wird der Ausdruck als Sichtbarmachen eines Inneren durch die ästhetische Gestaltung (Wortfügung, Lautgestalt, Rhythmus usw.) objektiviert. Im Bereich des Theaters spielen auch Gestik und Mimik eine bedeutende Rolle. – ↑auch Pantomime.

Ausdruckskunst ↑Expressionismus.

Ausgabe: in der Buchproduktion verwendeter, nicht genau umrissener Begriff (manchmal mit ↑Auflage gleichgesetzt) für eine bestimmte Anzahl von Exemplaren eines Druckwerkes. Im Gegensatz zu dem mehr quantitativ bestimmten Begriff der Auflage werden bei der Ausgabe mehr qualitative Besonderheiten betont wie Format (Taschenbuchausgabe, Folioausgabe), Ausstattung (broschierte, gebundene, Dünndruckausgabe), Bearbeitung (vollständige, gekürzte Ausgabe) u. a. – ↑auch Ausgabe letzter Hand, ↑Erstausgabe.

Ausgabe letzter Hand: v. a. seit Goethes „Vollständiger Ausgabe letzter Hand" (60 Bände, 1827–42) übliche Bezeichnung für die vom Autor selbst redigierte und überwachte Ausgabe seiner Werke, die den authentischen Text bietet und daher meist als Grundlage einer ↑historisch-kritischen Ausgabe dient. – ↑auch Edition.

Ausstattungsstück: Bühnenstück, das in erster Linie durch seine reiche, illusionssteigernde Ausstattung wirkt und daher in Gefahr gerät, zu veräußerlichen. Typische Beispiele sind die Formen des höfischen Barockdramas (↑Barock) und das durch sie angeregte ↑Jesuitendrama. Auch in den ↑Haupt- und Staatsaktionen des 17./18. Jahrhunderts und in der Grand opéra, der historisch-heroischen Ausstattungsoper v. a. im Frankreich des 19. Jahrhunderts (G. Meyerbeer), steht die prunkvolle Ausstattung im Vordergrund. Jüngere Formen sind Operette, Revue und Musical.

authentisch [von griechisch authéntēs „Urheber, Ausführer"]: echt, zuverlässig, glaubwürdig. Ein authentischer Text ist ein Text in der vom Autor beabsichtigten und realisierten Sprachgestalt. – ↑auch Ausgabe letzter Hand, ↑Autograph.

Auto [spanisch; von lateinisch actus „Handlung, Darstellung, Akt"]: einaktiges geistliches Spiel im spätmittelalterlichen Spanien. In den ältesten Formen überwogen schlichte Darstellungen biblischer Stoffe an den Festen des Kirchenjahres (Weihnachten, Ostern u. a.). Formale Kennzeichen waren Versform sowie gesungene, z. T. getanzte Einlagen. Die einfachen Formen des Mittelalters wurden seit dem ausgehenden 15. Jahrhundert (parallel zu den weltlichen ↑Comedias) durch Erweiterung und Ausgestaltung der inhaltlichen und formalen Elemente (Loslösung von den biblischen und hagiographischen Vorlagen, zunehmender Reichtum von Themen und Personen, lebendigere dramatische Handlungen und Dialoge) zum bühnenwirksamen Drama entwickelt. Seit dem Ende des 16. Jahrhunderts begann die Sonderform des *Auto sacramental* die anderen Formen zu verdrängen. Das Auto sacramental war ein ↑Fronleichnamsspiel, das auf öffentlichen Plätzen v. a. der großen Stadtzentren (Madrid, Toledo u. a.) auf besonderen Festwagen („carros") aufgeführt wurde. Gestaltet wurde in immer neuen Abwandlungen das Wunder des Altarsakramentes. Die allegorischen Darstellungen des Heilsgeschehens, die ihre Stoffe der Bibel, aber auch profanen antiken historischen und literarischen Quellen entnahmen, gipfelten stets im Schlußbild der Verherrlichung des Altarsakramentes. Bedeutende Vertreter waren Lope F. de Vega Carpio, Tirso de Molina und v. a. P. Calderón de la Barca, der die Gattung zur höchsten Vollendung führte. Von seinen über 70 erhaltenen Autos sacramentales wurde „El gran teatro del mundo" (entstanden um 1635?, gedruckt 1675, deutsch „Das große Welttheater", 1846) am bekanntesten. Sein barockes Thema – die Welt als Bühne, auf der die Menschen vor Gott ihre Rolle spielen – wurde von H. von Hofmannsthal in seiner Nachdichtung „Das Salzburger große Welttheater" (1922) übernommen. – 1765 wurden die Aufführungen der Autos sacramentales in Spanien unter den Bourbonen verboten und mühevoll verdrängt, da sie seit dem Mittelalter in allen Volksschichten sehr beliebt waren. Erneuerungsversuche im 20. Jahrhundert blieben erfolglos.

Autobiographie [von griechisch autós „eigen, selbst", bíos „Leben" und gráphein „schreiben"]: die literarische Darstellung des eigenen Lebens. Im Gegensatz zu den ↑Memoiren, die meist stärker auf Umweltgeschehnisse ausgerichtet sind, steht in der Autobiographie die vertiefte Darstellung des geistig-seelischen Entwicklungsprozesses im Vordergrund, gestaltet aus der Rückschau, meist von einem abgeklärten, reifen Standpunkt aus. Daher ist ein Grundzug der Autobiographie die innere Verbindung einzelner Lebenssituationen und ihre Deutung von einer einheitlichen Perspektive aus (etwa moralische, politische Rechtfertigung; ↑auch Apologie). Der Wert einer Autobiographie wird bestimmt von der literarischen Gestaltungskraft des Autors, aber auch von

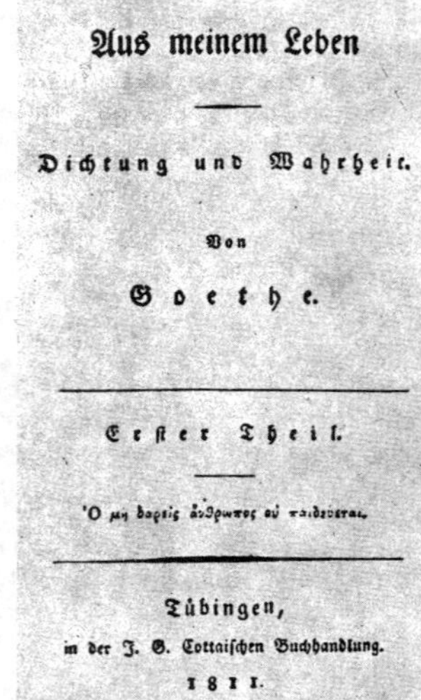

Aus meinem Leben

Dichtung und Wahrheit.

Von

Goethe.

Erster Theil.

Ὁ μὴ δαρεὶς ἄνθρωπος οὐ παιδεύεται.

Tübingen,
in der J. G. Cottaischen Buchhandlung.
1811.

Autobiographie. Titelblatt der Erstausgabe von Goethes „Dichtung und Wahrheit" (1811)

seiner Aufrichtigkeit und inneren Reife. Die Grenzen zu anderen Formen autobiographischer Darstellung, v. a. zu den Memoiren, aber auch zum literarischen ↑Tagebuch sind fließend.

Geschichte: Die Antike kannte nur Ansätze zu autobiographischen Darstellungen. Meist überwog die Schilderung äußerer Geschehnisse. Mark Aurel, A. M. S. Boethius und auch die mittelalterlichen Mystiker (H. Seuse) legten v. a. ihren geistig-philosophischen oder religiösen Standpunkt dar. Als erste eigentliche Autobiographie gelten die „Confessiones" (entstanden 397/398, deutsch 1672, 1952 unter dem Titel „Bekenntnisse") des A. Augustinus. Erst im hohen Mittelalter folgte eine ähnlich bekenntnishafte Darstellung mit P. Abälards „Historia calamitatum mearum" (entstanden zwischen 1133 und 1136). Das in der Renaissance voll erwachte Ichbewußtsein führte zu einer ersten Blüte der Autobiographie, zu Reflexionen über wissenschaftliche oder künstlerische Schaffensprozesse oder religiöse Erfahrung. Von weitreichender Wirkung waren u. a. die Autobiographien von B. Cellini (entstanden zwischen 1558 und 1566) und der heiligen Theresia von Ávila (entstanden um 1561/62). Einen erneuten Impuls erhielt die Autobiographie im 18. Jahrhundert v. a. in Deutschland durch die Seelenanalysen des ↑Pietismus, in deren Gefolge die Autobiographien von J. G. Hamann (1758), J. H. Jung-Stilling (1777–1817) u. a. standen. Von entscheidender geistesgeschichtlicher Wirkung waren „Les confessions" (entstanden 1764–70, herausgegeben 1782–89, deutsch „Bekenntnisse", 1786–90) von J.-J. Rousseau. Als Höhepunkt der gesamten Entwicklung gilt Goethes Autobiographie „Aus meinem Leben. Dichtung und Wahrheit" (1811–33), dessen Weite des Weltverständnisses im 19. Jahrhundert am ehesten noch die Autobiographien Stendhals (entstanden 1832, herausgegeben 1892) und F. R. de Chateaubriands (1848–50) nahekamen. Autobiographien in neuerer Zeit verfaßten u. a. A. Strindberg (1886), St. Zweig (1942), S. O'Casey (1939–54) und W. B. Yeats (herausgegeben 1955). Es überwiegen heute jedoch dichterisch verfremdete autobiographische Erlebnisberichte und autobiographische Skizzen.

autobiographischer Roman: die Darstellung des eigenen Lebens oder einzelner Abschnitte in Romanform. Im Gegensatz zur ↑Autobiographie, die durch unmittelbaren Wirklichkeitsbezug gekennzeichnet ist, werden im autobiographischen Roman die autobiographischen Fakten und Elemente in eine fiktive Welt eingebettet und so verschlüsselt. Häufigste Typen sind der Künstler- und ↑Bildungsroman. Bekanntes Beispiel ist G. Kellers Roman „Der grüne Heinrich" (1854/55, 2. Fassung 1879/80).

Autograph [von griechisch autógraphos „selbstgeschrieben"]: vom Verfasser eigenhändig geschriebenes Schriftstück (heute meist authentischer maschinenschriftlicher Text), ↑Manuskript. Der Wert eines Autographs liegt für den Literaturwissenschaftler in der Authentizität, für den Sammler in der Seltenheit und Bedeutung der Stücke.

automatische Dichtung [von griechisch autómatos „sich selbst bewegend"]: weitgehend mit ↑aleatorische Dichtung bedeutungsgleiche Bezeichnung für eine Dichtung, die auf automatischer, d. h. rein impulsiver, nicht vom Bewußtsein und Willen kontrollierter Zufallsniederschrift (Écriture automatique) beruht.

autonome Dichtung ↑absolute Dichtung.

Autor [von lateinisch auctor „Urheber, Förderer"]: der Verfasser eines literarischen oder wissenschaftlich-sachbezogenen Werkes.

Autorenverlag: besondere Organisationsform eines ↑Verlags, in dem die Autoren ihre eigenen Publikationen gesellschafts- und wirtschaftsrechtlich weitgehend selbstverantwortlich vermarkten, wie z. B. die 1976 gegründete „Syndikat Autoren- und Verlagsgesellschaft mbH" in Frankfurt am Main.

Auto sacramental ↑Auto.

Avantgarde [a'vã:gardə; französisch „Vorhut"]: die Vorkämpfer einer fortschrittlichen Richtung, z. B. in Literatur oder Kunst, mit besonderer Neigung zu formalen Experimenten als Erweiterung überlieferter Darstellungsformen.

Aventiure [avɛn'ty:rə; mittelhochdeutsch, von altfranzösisch aventure „Ereignis, Geschehnis", zu lateinisch advenire „herankommen, sich ereignen"]: in der mittelhochdeutschen höfischen Dichtung (besonders in der ↑Artusdichtung) der ritterliche Zweikampf des Helden und sonstige Abenteuer (mit Riesen, Drachen usw.), die er bestehen muß. Dann auch ein Abschnitt in einem Epos, das von diesen Abenteuern handelt (zuerst im „Nibelungenlied", um 1200), schließlich Bezeichnung für Werke, die hauptsächlich aus Aventiuren bestehen.

B

Bacchius [von griechisch bakcheĩos pũs „bacchischer Versfuß"]: antikes Versmaß der Form ◡–– (amābō), benannt nach seiner Verwendung in Gesängen zu Ehren des Gottes Bacchus. In der griechischen Dichtung wurde der Bacchius meist nur als Abschluß jambischer Verse verwendet, z. B. im katalektischen jambischen ↑Trimeter.

Badezellenbühne ↑Bühne.

Ballade [französisch, von spätlateinisch ballare „tanzen"]: zuerst einstrophisches *Tanzlied* der romanischen Länder mit Refrain, gesungen zum Reihentanz, das seit dem 13. Jahrhundert von den ↑Troubadours zu einer kunstvollen dreistrophigen Form mit Kehrreim weiterentwickelt wurde und im 14. und 15. Jahrhundert in Frankreich (u. a. bei E. Deschamps und F. Villon) seinen Höhepunkt erreichte. Mit der Ausbreitung der ritterlichen Kultur gelangte der höfische Reihentanz und mit ihm die romanische Ballade von Nordfrankreich nach Deutschland, England-Schottland und Skandinavien, wo die lyrische Form des Tanzliedes mit episch-dramatischem Inhalt gefüllt und so zum *Erzähllied*, der Ballade im heutigen Verständnis wurde. Wesensmerkmal dieser Kunstform ist die Vereinigung der drei Grundarten der Poesie: in der Ballade verbindet sich die epische Erzählweise mit dramatischer Gestaltung (dramatischer Konflikt, oft mit tragischem Ausgang, Konzentration auf die Höhepunkte des Geschehens, oft Dialogform) und lyrischer Grundstimmung. Das Wort „Ballade" ist im Deutschen etwa seit 1770 nachweisbar. – Die altertümlichste Gestalt der Ballade als Erzähllied zeigen die *skandinavischen Balladen* des Mittelalters (13./14. Jahrhundert), die als *Volksballaden* bis in die Neuzeit hinein lebendig blieben und z. T. heute noch (z. B. auf den Färöern) zum Gruppentanz in der alten Kehrreimform chorisch gesungen werden. Stofflich lassen sich sechs Gruppen unterscheiden, die für die spätere Balladenentwicklung Grundmuster abgaben: 1. Götterballaden (die an die Göttermythen anknüpfen), 2. Heldenballaden (mit Stoffen aus der nordischen und germanisch-deutschen Heldensage), 3. naturmagische und Geisterballaden, 4. Legendenballaden, 5. Ritterballaden, 6. historische Balladen. Die *englisch-schottischen* und *deutschen Volksballaden* des späten Mittelalters weisen einige formale Unterschiede zu den skandinavischen auf. Meist fehlt z. B. der Kehrreim, in Deutschland wurde häufig eine Abwandlung der ↑Nibelungenstrophe verwendet. Doch die Stoffkreise decken sich weitgehend. Neben den Stoffen aus der Heldensage („Jüngeres Hildebrandslied", entstanden wahrscheinlich Anfang des 13. Jahrhunderts) wurden historische (Ballade von der Bernauerin) oder Themen der mittelalterlichen Sage (Tannhäuser) gestaltet. Naturmagische Balladen sind seltener (z. B. die Ballade von der schönen Lilofee). Die englisch-schottischen Balladen bevorzugen tragisch-heroische Stoffe („Edward"); bekannt sind die Volksballaden um Robin Hood (↑Räuberballade).

Auf die Blütezeit der Volksballade (15./16. Jahrhundert), die seit dem 17. Jahrhundert in den ↑Bänkelsang absank, folgte erst im 18. Jahrhundert ihre Neubelebung als *Kunstballade*, die von zwei Seiten her Anregungen erhielt: den einen Anstoß gaben systematische Sammlungen alter Volksballaden (in England Th. Percy mit seiner Sammlung altschottischer und altenglischer Lieder und Balladen „Reliques of ancient English poetry", 1765; in Deutschland J. G. von Herder mit den „Volksliedern", 1778/79, Nachdichtungen englisch-schottischer und dänischer Volksballaden). Wesentliche Anregungen gingen von hier auf L. Ch. H. Hölty aus. Ein zweiter schwächerer Impuls kam von den spanischen ↑Romanzen, die etwa um die gleiche Zeit von J. W. L. Gleim in die deutsche Literatur eingeführt wurden (1756) und die weitere Entwicklung der Ballade ebenfalls beeinflußten. Mit der 1758 in seinem „Siegeslied nach der Schlacht von Lowositz" erstmals verwendeten englischen ↑Chevy-Chase-Strophe schuf J. W. L. Gleim ein Muster für die Form der heldischen Ballade von M. von Strachwitz über Th. Fontane bis B. von Münchhausen:

„Auf seiner Trommel saß der Held
und dachte seiner Schlacht,
den Himmel über sich zum Zelt
und um sich her die Nacht."

Eigentlicher Beginn der deutschen Kunstballadendichtung war G. A. Bürgers „Lenore" (1774), die die Tradition der Geisterballade in Deutschland begründete, deren wichtigster Vertreter neben Bürger der junge Goethe war („Erlkönig", „Der Fischer"). Im sogenannten „Balladenjahr" 1797 entwickelten Goethe und Schiller den klassischen Typus der ↑Ideenballade, die formal und thematisch in starkem Gegensatz zur Volksballade stand (Goethe, „Die Braut von Korinth"; Schiller „Die Bürgschaft", „Die Kraniche des Ibykus"). Die Romantik kehrte auch in der Ballade zu schlichten volksliedhaften Formen zurück, in denen die lyrischen Elemente die dramatischen zurückdrängten. Auch die naturmagische Ballade wurde gepflegt (C. Brentano, „Lore Lay"). In ihrer Tradition standen u. a. E. Mörike („Die Geister am Mummelsee") und A. von Droste-Hülshoff („Der Knabe im Moor"). Im Vordergrund standen im 19. Jahrhundert bis zur Neuromantik jedoch historische Themen, v. a. aus dem Mittelalter: „Des Sängers Fluch" von L. Uhland, „Das Herz von Douglas" von M. von Strachwitz, „Das Grab am Busento" von A. von Platen, „Archibald Douglas" von Th. Fontane, „Die Füße im Feuer" von C. F. Meyer, „Die Nibelungen" von A. Miegel u. a. Neu war die Auseinandersetzung mit sozialen Themen (A. von Chamisso, „Die alte Waschfrau") und der modernen Technik (Th. Fontane, „Die Brück' am Tay"). Neue Wege beschritten im 20. Jahrhundert die politischen Balladen B. Brechts („Ballade von der Kindesmörderin Marie Farrar"). Brecht knüpfte an die Form des Bänkelliedes an und nutzte die verfremdende Wirkung des Bänkeltons. In seiner Nachfolge stehen die Balladen von W. Biermann, P. Huchel, G. Kunert, Ch. Reinig u. a.

RELIQUES
OF
ANCIENT ENGLISH POETRY:
CONSISTING OF
Old Heroic BALLADS, SONGS, and ot
PIECES of our earlier POETS,
(Chiefly of the LYRIC kind.)
Together with some few of later Date.
VOLUME THE FIRST.

LONDON:
Printed for J. DODSLEY in Pall-Mall
M DCC LXV.

Ballade. Titelblatt der ersten Ausgabe der „Reliques of ancient English poetry" (1765)

Ballad-opera ['bælədˌɔpərə; englisch „Liederoper"]: Bezeichnung für satirische „Antiopern", die Ende des 17., Anfang des 18. Jahrhunderts in England als Reaktion auf die Vorherrschaft der italienischen Oper entstanden. Die Ballad-opera griff auf einfache Komödienstoffe zurück und nahm possenhafte Prosadialoge sowie Elemente des ↑Bänkelsangs auf. Sie wurde von den ↑englischen Komödianten in ganz Europa verbreitet und trug entscheidend zur Entwicklung des deutschen Singspiels bei. Berühmteste Ballad-opera ist „The beggar's opera" (Text von J. Gay, Musik von Ch. Pepusch; Uraufführung 1728), die das Vorbild für „Die Dreigroschenoper" von B. Brecht und K. Weill wurde (Uraufführung 1928).

Ballad-stanza [engl. 'bæləd 'stænzə]: englische Strophenform, bestehend aus vier Versen, von denen meist Vers eins und drei vierhebig, Vers zwei und vier dreihebig sind; Taktfüllung oft frei; häufig reimen nur Vers zwei und vier. Gebräuchlich in Ballade und Volkslied.

Bänkelsang [nach der kleinen Bank, auf der die Bänkelsänger standen]: Bezeichnung für Lied und eingeschobene Prosaerläuterungen der Bänkelsänger, die seit dem 17. Jahrhundert, im 18. und v. a. im 19. Jahrhundert unter Verwendung volkstümlicher Melodien zur Laute, Violine oder Drehorgel auf Jahrmärkten, Messen usw. von aktuellen schauerlichen und außergewöhnlichen Begebenheiten (Verbrechen, Katastrophen) berichteten, wobei sie mit einem Stock auf Tafeln mit grellen, „schreienden" Bildern hinwiesen, die die Ereignisse illustrierten (↑auch Moritat). Während und nach der Darbietung wurden Drucke (fliegende Blätter) zum Verkauf angeboten. Diese enthielten den Text sowie die Prosaerläuterungen. Kennzeichen des Bänkelsangs sind formelhafte Vereinfachung im Sprachlichen, Publikumsanrede, Typisierung der Personen, Situationen und Gefühlsäußerungen und eine moralisierende Tendenz (Bestrafung des Bösewichts am Schluß). Seit der Mitte des 18. Jahrhunderts erwachte mit dem Interesse gebildeter Kreise an volkstümlicher Kunst auch das am Bänkelsang. Die Balladen und Romanzen J. W. L. Gleims, G. A. Bürgers, H. Heines u. a. weisen seinen Einfluß auf. Im 20. Jahrhundert wurde der Bänkelsang bewußt aufgegriffen und gab der Balladendichtung neue Impulse (v. a. bei B. Brecht und F. Wedekind, ferner bei Ch. Morgenstern, J. Ringelnatz, E. Kästner u. a.). Einflüsse zeigen sich auch bei P. Weiss („Die Verfolgung und Ermordung Jean Paul Marats ...", Drama, 1964), Ch. Reinig, W. Biermann, H. C. Artmann und R. Wolf. Auch das ↑Kabarett des 20. Jahrhunderts und das ↑Chanson greifen auf den Bänkelsang zurück, Verbindung besteht auch zur Folksong- und Protestsongbewegung. – **Abbildung auch Seite 288.**

Bänkelsang.
Kupferstich von Daniel Chodowiecki (um 1800)

Barden [keltisch „Sänger"]: Dichter und Sänger der Kelten, die als Hofsänger im Dienst von Königen und Fürsten einen eigenen privilegierten Stand bildeten; sie verfaßten Preis- und Heldenlieder, Schlachtgesänge und Totenklagen, die sie zum „crwth", einem leierartigen Instrument, vortrugen. In Gallien starb ihr Stand mit der Romanisierung aus, in Wales, Irland und Schottland fanden sie sich bis ins 17./18. Jahrhundert. Diese keltischen Hofsänger wurden in Deutschland im 18. Jahrhundert einfach dem altnordischen „scáld" (↑Skalden) und dem westgermanischen „scop" (↑Skop) gleichgesetzt und ihre Kunst durch eine deutsche ↑Bardendichtung aufgegriffen.

Bardendichtung: Bezeichnung für eine in Deutschland um 1770 verbreitete v.a. episch-lyrische Dichtung, deren Vertreter sich als ↑Barden bezeichneten, die in Form und Motiven angeblich an „altdeutschen" Vorbildern anknüpften.- Die Strömung hängt eng zusammen mit dem seit der Mitte des 18. Jahrhunderts erwachenden Interesse am germanischen und deutschen Altertum (Arminius-Dramen). Angeregt wurde die Bardendichtung v.a. durch die von J. Macpherson veröffentlichten „Fragments of ancient poetry, collected in the highlands of Scotland" (1760), die Macpherson als Übersetzungen alter gälischer Lieder des blinden Helden und Sängers Ossian ausgab und deren englischen Text er selbst später ins Schottisch-Gälische übersetzte, um ein Original vorzutäuschen (↑auch ossianische Dichtung), ferner durch Th. Percys „Reliques of ancient English poetry" (1765; ↑auch Ballade). Gegenüber der Leichtlebigkeit des Rokoko und dem Übergewicht romanischer und antiker Formen und Motive in der deutschen Dichtung betonte die Bardendichtung germanische Sittenstrenge und die Urtümlichkeit ihrer eigenen Formen. Hauptvertreter sind W. von Gerstenberg („Gedichte eines Skalden", 1766), K. F. Kretschmann und F. G. Klopstock, in dessen Oden seit 1771 die antike Mythologie durch germanische ersetzt wird, sowie Mitglieder des ↑Göttinger Hains, die sich Bardennamen gaben und unter einer alten Eiche tagten. Schon vor der Mitte der 1780er Jahre klang die Bardendichtung unter allgemeiner Verspottung ab; Nachklänge fanden sich noch bis zum Beginn des 19. Jahrhunderts (Bardenchöre in H. von Kleists Drama „Die Hermannsschlacht", entstanden 1808, herausgegeben 1821).

Barock [von portugiesisch barroco „unregelmäßig (ursprünglich von der Perle), schief"]: aus der italienischen Renaissance und dem ↑Manierismus um 1600 entstandener Kunststil, der sich über Europa und seine Kolonien verbreitete und in den bildenden Künsten um 1770 abstarb (1720–70 wird auch als ↑Rokoko abgegrenzt). Der Barockbegriff, anfangs auf Italien und seine Einflußgebiete beschränkt, benennt heute die Gesamtepoche (Barockzeit, Barockkultur) und umfaßt in diesem Sinne auch die klassizistische Stilkomponente besonders Englands und Frankreichs („style classique"). Auf die Literatur wurde der Begriff erstmals von F. Strich übertragen, der, in Anwendung der kunstgeschichtlichen „Grundbegriffe" H. Wölfflins, damit einen neuen Stilbegriff für die Literatur prägte.

Die Zeit des Barock ist von starken *Gegensätzen* geprägt: auf der einen Seite der fürstliche Absolutismus mit seinem Machtwillen und seinem Repräsentationsbestreben, das sich in der prunkvollen Baukunst und Plastik dokumentiert, auf der anderen Seite das Lebensgefühl einer tiefen Weltangst und Skepsis, die aus der Erfahrung der Unsicherheit des Lebens in den nicht abreißenden Kriegen und Verfolgungen erwuchs. So sind auch die künstlerischen Äußerungen voller Gegensätze, spiegeln sehr paradoxe Erfahrungen: Weltzuwendung und Weltverneinung begegnen sich auf engem Raum, unbändige Sinnenfreude und resignierende Erkenntnis der Flüchtigkeit aller Erscheinungen, des trügerischen Scheins der Welt stehen sich schroff gegenüber. Im Motiv des Welttheaters findet dieses Lebensgefühl seinen Ausdruck. Die Erfahrung der – bei allem äußeren Prunk – inneren Brüchigkeit der Welt führt zur stoischen Haltung der Gelassenheit (L. A. Seneca der Jüngere war der Lieblingsphilosoph des Barock), aber auch zu vertiefter Hinwendung zum christlichen Gedanken der Weltüberwindung. Die Barockmystik ist bedeutsamer Ausdruck dieser christlichen Weltsicht: Theresia von Ávila in Spanien, in Deutschland Jakob Böhme, Angelus Silesius u.a. haben bedeutenden Einfluß auf das Geistesleben der Zeit. Die Auswirkungen J. Böhmes auf den Pietismus, auf niederländische und englische Sekten (Quäker) und spätere Philosophen (F. W. L. Schelling, A. Schopenhauer) sind kaum abzuschätzen.

Am entschiedensten war das Barockempfinden in *Spanien* ausgeprägt. Der maßgebende Dramatiker war P. Calderón de la Barca. Er schrieb in der Nachfolge von Lope F. de Vega Carpio ↑Comedias und war v. a. der bedeutendste Vertreter des Auto sacramental (↑Auto). Symbolhaft spiegeln die Titel seiner Dramen das barocke Lebensgefühl, z. B. „El gran teatro del mundo“ (entstanden um 1635?, gedruckt 1675, deutsch „Das große Welttheater“, 1846) oder „La vida es sueño“ (1636, deutsch „Das Leben ist Traum“, 1812). Vertreter der spanischen Barocklyrik sind L. de Góngora y Argote und F. G. de Quevedo y Villegas, der aphoristischen Prosa B. Gracián y Morales. Zu den bedeutendsten Leistungen der spanischen Barockliteratur gehören die pikaresken Romane (↑Schelmenroman). Herausragendes Einzelwerk der Epik ist der Roman „El ingenioso hidalgo Don Quixote de la Mancha“ (1605–15, deutsch 1621, 1965 unter dem Titel „Der sinnreiche Junker Don Quijote von la Mancha“) von M. de Cervantes Saavedra.

Überragende Vertreter der *italienischen* Barockliteratur waren T. Tasso und G. Marino, der Begründer des ↑Marinismus, der eine rationale, gesellschaftsbezogene Dichtung erstrebte. Hauptkennzeichen ist ein dunkler, antithetischer Metaphernstil, der die Überraschung, die Verblüffung des Lesers bezweckt. Neben Marino war G. Chiabrera von Bedeutung, wichtigster Theoretiker war E. Tesauro.

Auch die früher zu isoliert und einseitig gesehene *französische* „Klassik“ muß in den gesamteuropäischen Zusammenhang des 17. Jahrhunderts und damit des Barock eingeordnet werden. Das gilt für die ↑preziöse Literatur wie für die großen Dramatiker J. Racine, P. Corneille und Molière.

Die Barockliteratur in *Deutschland* war auf die Fürstenhöfe ausgerichtet, wurde aber vom gehobenen Bürgertum getragen. Die *Dichter* waren gebildete Beamte, Professoren und Gymnasiallehrer, Juristen, Ärzte, Pastoren und Ordensleute. Viele standen als Erzieher oder Gesandte in fürstlichen Diensten. Das protestantische Element herrscht vor, im katholischen Bereich gibt es nur lateinische Ordensdichtung. Gründliche Kenntnisse aller literarischen Darstellungsmittel und ihre oft virtuose Beherrschung sind allen Vertretern gemeinsam. Die Dichtersprache ist wesentlich aus soziologischen Voraussetzungen zu erklären: vorbildhaft wirkt die Sprache des Hofes mit ihren ausgesuchten und festgelegten Redeformen. So baut auch die barocke Literatursprache auf dem Reichtum vorhandener Formen auf, die vielfältig kombiniert werden. Dabei geht es nie um die unmittelbare Gestaltung persönlicher Erlebnisse, sondern um die geistige Durchleuchtung gesellschaftlicher Themen mit Hilfe des Stilfigurenschatzes der Rhetorik. Wichtige Aussageform ist die ↑Allegorie. Allerdings gleitet die barocke Sprache mit ihrer oft überladenen Metaphorik nicht selten ab ins Gesuchte, Schwülstige, übertrieben Pathetische, in prunkvolles, aber äußerliches Wortgeklingel.

Die *Leser* der barocken Dichtung kamen aus denselben oberen Gesellschaftsschichten wie die Dichter; denn Bildung war Voraussetzung für den Genuß und die ästhetische Würdigung der Literatur mit ihren vielen versteckten Andeutungen, dunklen Metaphern und mythologischen Vergleichen. Die Verbindung zwichen den Dichtern und dem Lesepublikum stellten die zahlreichen ↑Sprachgesellschaften her, die damals gegründet wurden. Fürst Ludwig von Anhalt-Köthen gründete 1617 nach dem Vorbild der italienischen ↑Accademia della Crusca die ↑Fruchtbringende Gesellschaft, deren Ziel neben der Bekämpfung des Alamodewesens (↑Alamodeliteratur) eine bewußte Pflege der Muttersprache war. Von den Nachfolgegesellschaften ist v. a. der ↑Nürnberger Dichterkreis hervorzuheben.

Den eigentlichen Beginn der deutschen Barockliteratur markiert das „Buch von der Deutschen Poeterey“ (1624) von M. Opitz, das – wie die Fülle der ↑Poetiken in seiner Nachfolge – das Ziel verfolgte, „die Fülle der Sprach- und Redeformen, die man in den ausgebildeten Dichtungstheorien der romanischen Länder fand, für die eigene Sprache fruchtbar zu machen ... Opitz hat Normen aufgestellt und das höfische Bildungs- und Sprachideal zum bewußten Kunstwollen erhoben" (F. G. Hoffmann und H. Rösch, „Grundlagen, Stile, Gestalten der deutschen Literatur", 1966).

Zentren der Barockdichtung waren die zahlreichen Höfe Nord- und Mitteldeutschlands sowie die fränkischen Gebiete um Nürnberg und Bayreuth. Wichtigste Landschaft war jedoch Schlesien, das mit M. Opitz, A. Gryphius, D. C. von Lohenstein, Ch. Hofmann von Hofmannswaldau, Angelus Silesius u.a. die größte Zahl bedeutender Barockdichter hervorbrachte.

Die einzelnen *Gattungen:* Seit M. Opitz kann die deutsche *Kunstlyrik* auf sicheren poetologischen Grundlagen aufbauen. Das gesellige Leben bot vielfache Anlässe für die Entstehung einer auf Unterhaltung ausgerichteten Lyrik (Liebes- und Trinklieder, Schäfer-, Hochzeits- u.a. Gelegenheitsgedichte). Daneben nahm das religiöse Lied und Gedicht breiten Raum ein (A. Gryphius, F. Spee von Langenfeld, P. Gerhardt, S. Dach). Verbreitete Gedichtform war das ↑Sonett. – Ausgangspunkt des *Barockdramas* war das ↑Jesuitendrama (J. Bidermann, „Cenodoxus", Uraufführung 1602, herausgegeben 1666, deutsch „Cenodoxus, der Doctor von Pariß", 1635), das der Orden in den Dienst seiner gegenreformatorischen Bekehrungsziele stellte. Das barocke Trauerspiel behandelte mit Vorliebe Stoffe aus der byzantinischen und römischen Geschichte (A. Gryphius, „Leo Armenius", 1650, „Catharina von Georgien", 1657; D. C. von Lohenstein, „Agrippina", 1665). Stets sind die Haupthelden Vorbilder an Großmut und unerschütterlicher moralischer Standhaftigkeit. Die Handlung der Tragödien spielt in der höfischen Welt, da nach Auffassung der Poetiker in der bürgerlichen oder bäuerlichen Welt tragisches Schicksal nicht dargestellt werden kann (↑Ständeklausel; ↑auch Reyen). Die Komödie trat an Bedeutung hinter die Tragödie zurück. Fast immer wird in ihr Prahlerei und Großmannssucht verspottet (A. Gryphius, „Absurda Comica, Oder Herr Peter Squentz", 1658, „Horribilicribrifax", 1663). – Schon früh setzte der *Roman* ein. Hauptformen sind der höfisch-historische Roman, der v.a. in adelig-patrizischen Kreisen als idealisierte Selbstdarstellung der Adelsgesellschaft beliebt ist. Der Inhalt ist meist eine Mischung von Liebeshändeln und Staatsaktionen (C. D. von Lohenstein, „Großmütiger Feldherr Arminius", 1689/90; H. A. von Zigler und Kliphausen, „Die Asiatische Banise", 1689). Daneben wurde der Schäferroman gepflegt (Ph. von Zesen, „Adriatische Rosemund", 1645; ↑Schäferdichtung). Satirische Romane schrieben J. M. Moscherosch („Les visiones de Don Francesco de Quevedo Villegas oder wunderbahre satyrische Gesichte", 1640, 1650 unter dem Titel „Wunderliche und warhafftige Gesichte Philanders von Sittewald") und Ch. Reuter („Schelmuffskys. Warhafftig Curiöse und sehr gefährliche Reisebeschreibung zu Wasser und Lande", 1696/97). Größte Bedeutung erlangte der Schelmenroman, der in J. J. Ch. von Grimmelshausens Roman „Der Abentheurliche Simplicissimus Teutsch" (1669) seinen Höhepunkt erreichte und in seiner Fülle dichterischer Formen und seiner Sprachgewalt, aber auch in seiner typisch barocken Thematik der ewigen Veränderlichkeit der Welt die wohl größte Leistung der deutschen Barockliteratur darstellte.

Barockbühne ↑Bühne.

Basoche [ba'zɔʃ; französisch]: im späten Mittelalter Vereinigung von Parlaments- oder Gerichtsbeamten; zuerst in Paris, dann auch in der Provinz. Berühmt wurden ihre Feste durch Theateraufführungen (seit dem 15. Jahrhundert) mit ↑Farcen, ↑Sottien und ↑Moralitäten, die meist im Gerichtsmilieu spielten und überwiegend kritisch-satirischen Charakter hatten. Sie wurden daher vom königlichen Hof häufig scharf zensiert. Nach 1582 sind Aufführungen nicht mehr nachweisbar, die Vereinigungen bestanden noch bis 1790.

Bauerndichtung: Dichtung, die vom bäuerlichen Leben handelt, die v. a. die bäuerliche Welt als in sich geschlossene eigenwertige Lebensform darstellt. Bauerndichtung in diesem Sinn kommt bis zum Ende des 18. Jahrhunderts nur sporadisch vor: in den isländischen Sögur (↑Saga), in der Verserzählung „Meier Helmbrecht" von Wernher dem Gartenaere (um 1250), in gewisser Weise in dem Streitgespräch „Der Ackermann aus Böhmen" (um 1400) des Johannes von Tepl, wo der Bauer zum Vertreter des Allgemeinmenschlichen wird. Im übrigen aber ist für das Mittelalter die Welt des verachteten Bauerntums nur Zielscheibe des Spottes, wie in dem komischen Epos „Der Ring" (um 1400) von H. Wittenwiler, in ↑Schwänken und ↑Fastnachtsspielen. Aus dieser Tradition der derb-komischen Karikierung des Bauerntums schöpft das ↑Bauerntheater bis heute seine Wirkung. Auch die ↑Schäferdichtung des Barock und Rokoko zeigt in ihrer Idealisierung und Verklärung des Landlebens kein echtes Verständnis für die bäuerliche Welt. Ausnahmen in dieser Zeit bilden Zeitsatiren wie J. J. Ch. von Grimmelshausens Roman „Der Abentheurliche Simplicissimus Teutsch" (1669) und J. M. Moscheroschs „Les visiones de Don Francesco de Quevedo Villegas oder wunderbahre satyrische Gesichte" (1640, 1650 unter dem Titel „Wunderliche und warhafftige Gesichte Philanders von Sittewald"). Erst als die Ideen J.-J. Rousseaus und J. G. Herders und die sozialpädagogischen Impulse v. a. J. H. Pestalozzis gegen Ende des 18. Jahrhunderts wirksam wurden, wurde der Blick frei für die realen Bedingungen der bäuerlichen Welt. In Romanen wie J. H. Pestalozzis „Lienhard und Gertrud" (1781–87) und in U. Bräkers „Lebensgeschichte und natürliche Ebentheuer des Armen Mannes im Tockenburg" (1789) wurden zum ersten Male bäuerliche Lebensformen realistisch erfaßt.

Als erste echte Bauerndichtung der deutschen Literatur gilt K. L. Immermanns Erzählung „Der Oberhof" (eingeschoben in seinen satirischen Zeitroman „Münchhausen", 1838/39), in der eine gesunde, kraftvolle Bauernwelt der erkrankten, wurzellosen Zivilisationswelt entgegengesetzt wird. Einen nicht mehr erreichten Höhepunkt der Bauerndichtung stellen die Romane J. Gotthelfs dar: „Wie Uli der Knecht glücklich wird", 1841, 1846 unter dem Titel „Uli der Knecht"; „Uli der Pächter", 1849, u. a.). Gotthelf schildert die bäuerliche Welt realistisch, ohne Verzerrung, in ihren Vorzügen und Schwächen, wenn auch bei ihm der sozialpädagogische Ansatz nicht fehlt. Weitergeführt wird die Entwicklung zur psychologisch verfeinerten Dorferzählung von G. Keller („Romeo und Julia auf dem Dorfe", 1856) und zu realistischen Bauernromanen von L. Anzengruber („Der Schandfleck", 1876), P. Rosegger („Jakob der Letzte" 1888) und L. Thoma („Andreas Vöst", 1906). L. Anzengruber ist auch der Begründer eines realistischen Bauerndramas, in dem er wie in seinen Romanen in naturalistischer Milieu- und Charakterzeichnung ein schonungsloses Bild bäuerlichen Lebens entwirft („Der Meineidbauer", 1871). Schon mit B. Auerbachs „Schwarzwälder Dorfgeschichten" (1843–54) beginnt eine Sentimentalisierung des Bauerntums, die sich bis in die ↑Heimatliteratur v. a. des beginnenden 20. Jahrhunderts fortsetzt (H. Löns, H. Stehr, P. Dörfler, K. H. Waggerl, R. Billinger u. a.), die letztlich in ihrer idealistischen Überhöhung des Bauerntums den Weg bereitete für die ideologisierende Vereinfachung der bäuerlichen Kultur in der ↑Blut-und-Boden-Dichtung des Nationalsozialismus.

Bauerndichtung findet sich in allen Literaturen, in romanischen allerdings weit seltener als in deutschen, skandinavischen oder slawischen. Nur vereinzelte Bauernromane begegnen bei G. Sand, H. de Balzac und É. Zola. Größere Bedeutung hat in der französischen Literatur J. Giono, der in seinen Erzählungen und Romanen v. a. das harte Leben der Bauern in der Provence schildert, in der Schweiz Ch. F. Ramuz. Exemplarisch für die skandinavische Bauernliteratur stehen K. Hamsuns Roman „Markens grøde“ (1917, deutsch „Segen der Erde“, 1918) und F. E. Sillanpääs Roman „Nuorena nukkunut“ (1931, deutsch „Silja, die Magd“, 1932). Bedeutende Bauerndichtung schufen in der russischen Literatur L. N. Tolstoi, I. S. Turgenjew, M. Gorki u. a. Soziologisch bedeutsam für den ganzen Komplex ist, daß Bauerndichtung (im Gegensatz zur ↑Arbeiterdichtung) in der Regel nicht von Bauern und für Bauern verfaßt, sondern meist von Städtern bzw. Bürgern geschrieben wird und so oft das Verhältnis der beiden Stände zu verschiedenen Zeiten widerspiegelt.

Bauernroman ↑Bauerndichtung.

Bauerntheater: 1. Aufführungen meist bäuerlicher Laienspieler. Sie stehen in der Tradition des ↑Volksschauspiels und reichen bis zu den spätmittelalterlichen ↑Schwänken und ↑Fastnachtsspielen zurück. Sie sind heute v. a. im bayrisch-österreichischen Raum verbreitet, wo sie durch den modernen Tourismus neue Impulse erhielten. Berühmt sind das „Kiefersfeldener Bauerntheater“ und das „Schlierseer Bauerntheater“. Durch Fernsehübertragungen („Komödienstadl“) erfuhr das Bauerntheater auch im übrigen Deutschland in neuerer Zeit eine steigende Popularität. – 2. die von den bäuerlichen Laienspielern oder auch Berufsschauspielern aufgeführten Stükke (Bauernspiele). Dargestellt werden meist literarisch anspruchslose Schwänke aus dem Bauernleben, aber auch [Mundart]stücke von L. Anzengruber, L. Ganghofer, L. Thoma u. a. Stil und Bau der meist mit Blasmusik musikalisch umrahmten Stücke sind in der Regel sehr einfach, die Charaktere typisiert, die Handlung zielt oft auf derbe Pointen.

Bearbeitung: die Veränderung eines Werkes der Literatur, Musik oder Wissenschaft durch fremde Hand (nicht durch den Autor selbst; ↑Fassung), etwa um es einem neuen Leserkreis zugänglich zu machen (Bearbeitungen von Romanen der Weltliteratur für die Jugend, z. B. J. Swifts Roman „Travels into several remote nations of the world ...“, 1726, deutsch 1727/28, 1788 unter dem Titel „Gullivers sämtliche Reisen“) oder um anstößige Stellen zu entfernen oder auch um es für eine andere Gattung einzurichten (z. B. die Bearbeitung eines Romans für die Bühne, für Film, Funk oder Fernsehen). – ↑auch Adaptation, ↑Bühnenbearbeitung, ↑Dramatisierung.

Beat generation ['bi:t dʒɛnə'reiʃən; englisch-amerikanisch, eigentlich „geschlagene Generation“]: Sammelbezeichnung für eine Gruppe amerikanischer Schriftsteller (*Beatniks;* meist geboren zwischen 1920 und 1930), die in den Jahren 1956–60 literarische Bedeutung gewann. Gemeinsam war allen die radikale Ablehnung der Werte und Formen der amerikanischen Gesellschaft. In schrankenlosem Individualismus und anarchischem Lebensstil suchten die Vertreter der Beat generation Befreiung von den Zwängen sozialer und moralischer Konventionen, gleichzeitig in sexuellen Ekstasen, Drogen, neuen religiös-mystischen Formen, Jazzmusik u. a. eine Bewußtseinserweiterung. Zentrum der kommunenartigen Zusammenschlüsse waren New York (Greenwich Village), San Francisco, Venice (Kalifornien). Die literarisch sehr uneinheitlichen Produkte (Lyrik und Prosa) zeigen Einflüsse der französischen Romantiker, ferner von A. Rimbaud, G. Apollinaire, D. H. Lawrence, W. Whitman. Hauptvertreter sind A. Ginsberg („Howl and other poems“, 1956, deutsch „Das Geheul und andere Gedichte“, 1959) und J. Kerouac („On the road“, Roman, 1957, deutsch „Unterwegs“, 1959), ferner L. Ferlinghetti, G. Corso, G. Snyder, bedingt W. S. Burroughs.

Beatnik ['bi:tnɪk; englisch]: Vertreter der ↑Beat generation.

Bedeutungswandel: Bezeichnung für die Veränderung der Bedeutung eines Wortes auf Grund eines Sachwandels (Änderung historischer und sozialer Bedingungen) oder auch eines vom einzelnen Sprecher ausgelösten Vorstellungswandels. Grundkategorien sind: *Bedeutungserweiterung* (z. B. „Ding“, ursprünglich „Gerichtsversammlung", wird erweitert zu „Gerichtssache" und schließlich zu „Sache" allgemein), *Bedeutungsverengung* (z. B. mittelhochdeutsch hochzīt „festliche Zeit, hohes Fest" wird verengt zum heutigen „Hochzeit"), *Bedeutungsverbesserung* (z. B. „Demut"; das althochdeutsche diomuot „Knechtsgesinnung" wird im christlichen Raum zu einem sittlichen Wert), *Bedeutungsverschlechterung* (z. B. „Hochmut"; bedeutet im Mittelhochdeutschen „vornehme Gesinnung"). – Eine neue Komponente hat der Bedeutungwandel in neuerer Zeit im Deutschen durch die ideologischen Barrieren zwischen dem Sprachgebrauch der Bundesrepublik Deutschland und der DDR erhalten: Begriffe wie „Frieden", „Demokratie", „fortschrittlich" u. a. haben unter dem Einfluß der SED-Sprachregelung z. T. völlig neue Bedeutungen erhalten.

Beiseitesprechen (französisch à part; italienisch a parte): ein seit der Antike besonders in Komödien (T. M. Plautus, Terenz) angewandter Kunstgriff der Dramentechnik, eine Art „lautes Denken", durch das eine Bühnenfigur ihre für andere Ohren nicht bestimmten Gedanken zum Bühnengeschehen preisgibt, scheinbar nur dem Publikum vernehmbar. Von den Vertretern der klassizistischen Dramentheorien im 17. und 18. Jahrhundert und vom Naturalismus wurde das Beiseitesprechen abgelehnt. Heute findet man es vorwiegend noch in volkstümlichen Lustspielen. – ↑auch ad spectatores.

Beispiel: die Verwendung eines konkreten Einzelfalles zur Verdeutlichung oder Bekräftigung einer allgemeinen Aussage; häufiges Element der Rhetorik (↑Exempel) und der lehrhaften Dichtung (↑Bispel, ↑Fabel).

Bekenntnisdichtung: Bezeichnung für Dichtungen, in denen in besonderem Maße persönliche Erfahrungen und Anschauungen eines Autors im Vordergrund stehen. Bekenntnisdichtung erscheint nicht in der Form der ↑Autobiographie, sondern in objektivierter Form, z. B. in einen fiktionalen Zusammenhang eingebettet wie im ↑autobiographischen Roman oder als unmittelbarer Ausfluß starker Eindrücke oder seelischer Erschütterungen wie in Liebesgedichten, in religiöser oder nationaler Lyrik. – ↑auch Erlebnisdichtung.

Belletristik [von französisch belles lettres „schöne Literatur"]: ursprünglich Bezeichnung für nicht-wissenschaftliches Schrifttum. Heute wird der Begriff v. a. für Unterhaltungsliteratur verwendet.

Bergroman: Typ des trivialen ↑Heimatromans, der in einer kulissenhaften Alpenlandschaft spielt und klischeehafte Konflikte (Liebeskonflikte, Auseinandersetzungen zwischen Förster und Wilderern, zwischen alt und jung) mit meist typisierten Gestalten darstellt. Wesentliches Strukturelement ist der Gegensatz zwischen naturverbundenen, urwüchsigen und von der Zivilisation verdorbenen bösen Menschen. Vorbilder sind u. a. die Romane L. Ganghofers.

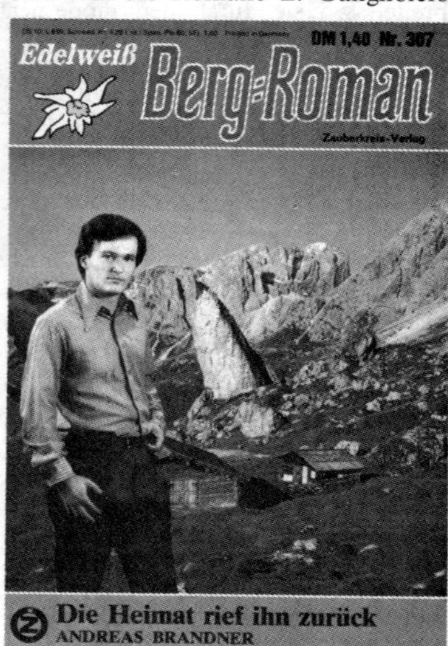

Bergroman. Titelseite eines Romans von 1980

Berliner Ensemble [ã'sã:bəl; französisch]: Theater in Berlin (Ost);

ursprünglich Bezeichnung für eine von B. Brecht und H. Weigel gegründete Theatergruppe; seit 1954 im eigenen Haus, dem Theater am Schiffbauerdamm. Unter Brechts u. H. Weigels Leitung wurde das Ensemble v.a. durch Modellaufführungen Brechtscher Stücke („Mutter Courage und ihre Kinder", „Herr Puntila und sein Knecht Matti") bekannt. Von Mai 1971 bis März 1977 leitete R. Berghaus das Berliner Ensemble, seit April 1977 M. Wekwerth.

Beschreibung: die Darstellung von Personen, Sachen oder Sachverhalten durch Aufzählung einer Vielfalt sichtbarer Eigenschaften. Häufig verwendet in Romanen zur Einführung in Örtlichkeiten des Geschehens, von denen die Handlung ausgeht.

beschwerte Hebung: Bezeichnung für die Füllung von Versgliedern mit nur einer Silbe. Häufig im alternierenden Vers der mittelhochdeutschen Dichtung als Kunstmittel zur Hervorhebung von Namen oder anderen bedeutungsvollen Wörtern, z.B. „Dér was Hártmàn genánt" (H. von Aue, „Der arme Heinrich", um 1195).

Beschwörungsformel: kurzer, formelhafter Spruch, mit dessen Hilfe überirdische Mächte (Götter, Dämonen, Geister) dem Menschen dienstbar gemacht werden sollen, um Heil zu erlangen oder Unheil abzuwehren, Tiere oder auch Naturerscheinungen zu bannen. – ↑auch Zauberspruch.

Bestiarium [von lateinisch bestia „(wildes) Tier"]: lateinische Bezeichnung für mittelalterliche allegorische Tierbücher, in denen oft sagenhafte phantastische Vorstellungen von Tieren heilsgeschichtlich und moralisch gedeutet werden. Als ältestes Bestiarium gilt der „Physiologus", der wohl im 2. Jahrhundert n. Chr. in Alexandria entstanden ist. Am Beginn der französischen Tierbüchertradition steht das gereimte Bestiarium von Philippe de Thaon (1. Hälfte des 12. Jahrhunderts), das auch Steine allegorisch ausdeutet, aus dem 13. Jahrhundert ist u.a. „Le bestiaire divin" (um 1220) von Guillaume le Clerc erhalten; auch in England sind zahlreiche Bestiarien überliefert. Moderne Nachfahren der mittelalterlichen Bestiarien sind G. Apollinaires Gedichtband „Le bestiaire ou cortège d'Orphée" (1911, deutsch „Bestiarium oder Das Gefolge des Orpheus", 1978) und F. Bleis Parodie „Bestiarium literaricum" (1920, erweitert 1924 unter dem Titel „Das große Bestiarium der modernen Literatur"), in dem er die Autoren seiner Zeit als „Tiere" satirisch deutet. – ↑auch Tierdichtung. – Abbildung Seite 58.

Berliner Ensemble. Szenenphoto aus Bertolt Brechts „Mutter Courage und ihre Kinder" (Aufführung am 11. Januar 1949)

Bestseller [englisch, von best „am besten" und to sell „verkaufen"]: Buch, das während eines kürzeren oder auch eines längeren Zeitraums *(Steadyseller, Longseller)* überdurchschnittliche Verkaufserfolge erzielt. Wurden bisher meist belletristische Werke Bestseller, so erscheinen neuerdings in zunehmendem Maße auch populäre Sachbücher auf den Bestsellerlisten. Ob sich ein Werk als Bestseller durchsetzt, hängt zunächst von inneren (Lesbarkeit, aktuelle Thematik) und wenig kalkulierbaren äußeren Faktoren (Literaturpreise, Verfilmung, Skandale) ab. Neuerdings bestimmen jedoch immer mehr die Verlage die Titel ihres Jahresprogrammes im voraus, die sie mit Hilfe moderner Verkaufs- und Werbestrategien zu Bestsellern machen wollen. Bestseller der letzten Jahre sind u.a.: H. Böll, „Die verlorene Ehre der Katharina Blum" (Erzählung, 1974); U. Eco, „Il nome

Bestiarium. Illustration aus einem Bestiarium des 12. Jahrhunderts

della rosa" (Roman, 1980, deutsch „Der Name der Rose", 1982); P. Süskind, „Das Parfüm" (Roman, 1985); G. Wallraff, „Ganz unten" (1985). – Steadyseller: K. May, „Winnetou I" (Roman, 1893); L. Ganghofer, „Schloß Hubertus" (Roman, 1895); Th. Mann, „Buddenbrooks" (Roman, 1901); M. Mitchell, „Gone with the wind" (Roman, 1936, deutsch „Vom Winde verweht", 1937); C. W. Ceram, „Götter, Gräber und Gelehrte" (1949).

Bewußtseinsstrom ↑Stream of consciousness.

Bibelübersetzungen: in etwa 1100 Sprachen liegen Bibelübersetzungen vor. Die bedeutendste Übersetzung des Alten Testamentes ist die „Septuaginta" (Abk. LXX; lateinisch „siebzig"). Ihr Name beruht auf einer Legende, nach der 72 jüdische Gelehrte die Arbeit der Übersetzung (zunächst nur der 5 Bücher Mose, des „Pentateuch") in 72 Tagen vollendet haben sollen. In der syrischen Kirche setzte sich als Übersetzung die „Peschitta" (syrisch „die Einfache") durch. Wahrscheinlich ist sie das Werk des Bischofs Rabbula von Edessa (5. Jahrhundert). Für das Lateinische sind zwei wichtige Übersetzungen zu unterscheiden: Nordafrika, wo das Lateinische zuerst zur Kirchensprache wurde, ist wahrscheinlich die Heimat der „Vetus Latina" oder „Itala". Der kirchlich rezipierte, 1546 auf dem Konzil von Trient für die katholische Kirche als maßgebend erklärte Text wurde die „Vulgata", die Übersetzung des Hieronymus. Von der gotischen Bibelübersetzung des Bischofs Ulfilas sind nur Teilstücke erhalten („Codex argenteus", um 500). Sie ist eine der bedeutendsten sprachschöpferischen Leistungen der Weltliteratur, da Ulfilas neben einer eigenen Schrift viele Begriffe und die grammatikalischen Grundlagen neu schaffen mußte. Im Mittelalter erschienen zahlreiche poetische Bearbeitungen von Teilen des Neuen Testamentes (↑Evangelienharmonie). Die Bibelübersetzung M. Luthers war von entscheidender Bedeutung für die Reformation. Darüber hinaus stellt sie eine bedeutende sprachschöpferische Leitung dar: „Luther war der erste, der es wagte, in der Bibel den allgemeinen, lebendigen Sprachgebrauch, auch die Alltagssprache zu verwenden" (P. von Polenz, „Geschichte der deutschen Sprache", 1970). Mit ihren drastischen Formulierungen, ihrem Bilderreichtum und ihrer Anschaulichkeit übte Luthers Übersetzung einen nachhaltigen Einfluß auf die deutsche Sprache der Neuzeit aus. Die erste Gesamtausgabe erschien 1534; die letzte von Luther selbst betreute Ausgabe ist diejenige von 1545. Neuere Übersetzungen: neben der „Zürcher Bibel" (letzte Bearbeitung 1907–31; erste Ausgabe des Neuen Testamentes 1524; Vollbibel 1529) sind moderne Übersetzungen immer mehr verbreitet, z. B. von H. Menge (Neues Testament seit 1923; Altes Testament seit 1926), J. Zink (seit 1965), U. Wilckens (1970). Am weitesten in der Anpassung an moderne Sprache und Vorstellungswelt geht das „Neue Testament 68. Gute Nachricht für Sie". Außerdem ist eine größere evangelisch-katholische Gemeinschaftsübersetzung in Arbeit. Im englischen Sprachgebiet ist die „Authorized Version" von 1611 noch immer im offiziellen Gebrauch, im französischen die „Version Synodale" von 1744. Von besonderer Bedeutung ist die „Bible de Jérusalem" (seit 1956) mit umfangreichen Anmerkungen.

Biblia pauperum [lateinisch „Armenbibel"]: im Mittelalter ursprünglich Bezeichnung für kurze lateinische Zusammenfassungen biblischer Texte für Scholaren und Kleriker, die sich die vollständigen Bibelhandschriften nicht leisten konnten. Wahrscheinlich erst in der Neuzeit wurde der Begriff auf bibli-

Gottes wort bleibt ewig.

Biblia/das ist/ die gantze Heilige Schrifft Deudsch.
Mart. Luth.
Wittemberg.
Begnadet mit Kürfurstlicher zu Sachsen freiheit.
Gedruckt durch Hans Lufft.
M. D. XXXIIII.

Bibelübersetzung. Titelblatt der ersten vollständigen Ausgabe der Lutherbibel, Holzschnitt von Lucas Cranach dem Älteren (1534)

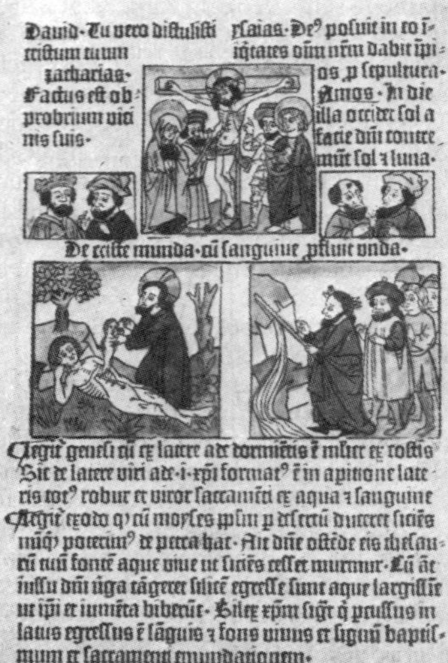

Biblia pauperum. Seite aus der von Albrecht Pfister gedruckten „Biblia pauperum" (1462)

sche Bilderzyklen übertragen (Handschriften, Freskenzyklen in mittelalterlichen Kirchen), in denen die wichtigsten Heilsstationen Christi mit entsprechenden Vorausdeutungen aus dem Alten Testament zusammengestellt sind, um den Verlauf des göttlichen Heilsplanes zu verdeutlichen. Es spielt hier außerdem wohl auch die mittelalterliche Bedeutung des Wortes „arm" im Sinne von „arm im Geist" hinein, so daß diese Zyklen auch als Bibeln für Leute geringeren Bildungsgrades gegolten haben könnten.

Bibliographie [von griechisch bibliographía „Bücherbeschreibung"]: 1. ein Literaturverzeichnis, in dem Bücher, Schriften und andere Veröffentlichungen systematisch erfaßt und beschrieben werden. Eine Bibliographie enthält für jedes Buch insbesondere folgende Angaben: Verfasser, Titel, Erscheinungsort und -jahr, Band- und Seitenzahl. Man unterscheidet nach dem Inhalt u. a. allgemeine Bibliographien, Fachbibliographien, Regionalbibliographien, Personalbibliographien, nach dem erfaßten Bereich u. a. nationale (↑ Nationalbibliographien), internationale, vollständige oder Auswahlbibliographien. Bibliographien sind wichtige Hilfsmittel für Bibliotheken, für die Wissenschaft und den Buchhandel. – 2. eine Hilfswissenschaft: die Lehre von den Literaturverzeichnissen, ihrer Herstellung und Benutzung.

Bibliophilie [griechisch]: Buchliebhaberei. Der Bibliophile schätzt und sammelt Bücher, die sich durch ihren Wert und ihre Aufmachung von den üblichen Ausgaben unterscheiden, z. B. ↑ Inkunabeln, ↑ Erstausgaben, Luxusausgaben, illustrierte Bücher. Das Interesse des Sammlers und Liebhabers richtet sich dabei mehr auf die Exklusivität des Buches als auf dessen Inhalt. Im Extremfall kann Bibliophilie zur nicht mehr wählenden und wertenden Sammlerleidenschaft *(Bibliomanie)* werden.

Bibliothek [von griechisch bibliothḗkē „Büchergestell"]: 1. Raum oder Gebäude, in dem Bücher aufbewahrt werden; 2. jede an einen bestimmten Zweck gebundene Sammlung von Büchern. Es gibt Privatbibliotheken (zu ihnen gehören die kirchlichen Bibliotheken, die Bibliotheken von Vereinen, Parteien und Gewerkschaften sowie die Industrie- und Betriebsbibliotheken) und von der öffentlichen Hand unterhaltene staatliche und kommunale Bibliotheken. Diese Gruppe umfaßt die wissenschaftlichen Bibliotheken (Staats- [National-], Landes- und Stadtbibliotheken, die Universitäts- und Hochschulbibliotheken, ferner die Fach- und Spezialbibliotheken, die Parlaments- und Behördenbibliotheken) sowie die öffentlichen Büchereien. Die meisten Bibliotheken sind Ausleihbibliotheken, d. h. der Benutzer darf die Bücher unter bestimmten Bedingungen mit nach Hause nehmen. Wertvolle Bücher und Nachschlagewerke sind in der sogenannten Präsenzbibliothek zusammengefaßt; der Benutzer kann sie in einem Lesesaal einsehen, darf sie aber nicht ausleihen. Nicht in der Bibliothek

vorhandene Bücher können über die Fernleihe aus anderen Bibliotheken bestellt werden.
Bibliotheken gab es bereits im 3. Jahrtausend v. Chr. in Mesopotamien (Tontafelbibliotheken). Die bedeutendsten Bibliotheken der Antike waren die von Alexandria und Pergamon (hauptsächlich Papyrusrollen). Das wissenschaftliche und literarische Erbe der Antike wurde in den Klosterbibliotheken des Mittelalters gesammelt, bewahrt und tradiert (Herstellung, d.h. Schreiben und Ausmalen von Kodices [↑Kodex]). Berühmte Klosterbibliotheken des Hochmittelalters waren Cluny, Bamberg, die Reichenau und Sankt Gallen. Im Zeitalter des Humanismus kam es zur Gründung von Kollegien- und Universitätsbibliotheken (Heidelberg 1368). Durch die Erfindung des Buchdrucks stieg die Zahl der Bibliotheken stark an. Aus den in dieser Zeit entstandenen Privatbibliotheken erwuchsen die ersten öffentlichen Bibliotheken (z.B. die Marciana in Venedig). Aus den bereits seit dem 13. Jahrhundert bestehenden Fürstenbibliotheken gingen später die National-, Staats- und Landesbibliotheken hervor (z.B. die Bibliothèque Nationale in Paris, die Österreichische Nationalbibliothek in Wien, die Bayerische Staatsbibliothek in München). Die namhaftesten deutschen Bibliotheken waren im 16. Jahrhundert die Palatina in Heidelberg, im 17. Jahrhundert die Herzog August Bibliothek in Wolfenbüttel. Der Aufschwung der Wissenschaften im 19. Jahrhundert brachte eine weitere Ausbreitung des Bibliothekswesens mit sich. Volksbüchereien entstanden, die heute (in der Bundesrepublik Deutschland als öffentliche Büchereien) immer mehr an Bedeutung gewinnen. Große deutsche Bibliotheken sind die ↑Deutsche Bibliothek in Frankfurt am Main, die ↑Deutsche Bücherei in Leipzig, die Staatsbibliothek Preußischer Kulturbesitz in Berlin (West), die Deutsche Staatsbibliothek in Berlin (Ost). Zu den größten europäischen Bibliotheken gehören die Leninbibliothek in Moskau, die Bibliothèque Nationale in Paris, The British Library in London, die Vaticana in Rom.

biblisches Drama: ein Dramentyp, der sich auf biblische Stoffe beschränkt. Im Gegensatz zum geistlichen Drama des Mittelalters mit seiner engen Bindung an die Liturgie entwickelte sich das biblische Drama unter dem Einfluß des ↑Humanistendramas (16. Jahrhundert) im Dienste der Reformation. Die Stoffe waren hauptsächlich dem Alten Testament entnommen. Biblische Dramen wurden ausschließlich auf der Bühne der Humanistenschulen (↑Schuldrama) zum Zwecke der religiösen Bildung aufgeführt. Mit dem Ende der Reformationszeit erlosch das Interesse an biblischen Stoffen. Erst F. G. Klopstock versuchte eine Erneuerung des biblischen Dramas („Der Tod Adams“, 1757; „Salomo“, 1764; „David“, 1772), aber ohne nachhaltige Wirkung. Im 19. und 20. Jahrhundert wurden biblische Stoffe in der dramatischen Dichtung nur noch vereinzelt aufgegriffen und meist umgedeutet, z.B. Ch. F. Hebbel, „Judith“ (1841); St. Zweig, „Jeremias“ (1917).

Biedermeier: das Wort „Biedermeier“ stammt von L. Eichrodt und A. Kußmaul, die die „biederen“ Gedichte eines schwäbischen Dilettanten namens S. F. Sauter, mit eigenen Parodien vermischt, als „Gedichte des schwäbischen Schullehrers Gottlieb Biedermaier ...“ 1855 bis 1857 in den Münchener „Fliegenden Blättern“ veröffentlichten. Sie verbanden damit Kritik an Haltung und Literatur der Restaurationszeit, die sie als unpolitisch und philisterhaft geißeln wollten. Um 1900 wurde der Begriff „Biedermeier“ zunächst auf die Wohnkultur (Biedermeiermöbel), später auf die Malerei (M. von Schwind, L. Richter, C. Spitzweg u.a.) der Zeit übertragen. Man verband damit Vorstellungen von „der guten alten Zeit“, jenseits aller politischen Wirren.
Als literarischer Epochenbegriff hat sich „Biedermeier“ nicht recht durchgesetzt. Man bezeichnet damit meist den Zeitraum zwischen Romantik und Realismus, mit Bezug auf die politischen Entwicklungen zwischen 1815 und 1848 bis-

weilen auch als „Vormärz“ oder „Restauration“ bekannt. Die deutschsprachigen Dichter dieser Zeit lassen sich nicht leicht diesem Epochenbegriff unterordnen. Es sind dies v. a. F. Grillparzer, J. N. Nestroy, N. Lenau, E. Mörike, A. von Droste-Hülshoff, A. Stifter, L. Uhland u. a. Diesen Dichtern gemeinsam ist die genügsame Selbstbescheidung, die Zähmung der Leidenschaften, die stille Unterordnung unter das Schicksal, die Haltung der Mitte und des Maßes, das kleine Glück, die Liebe zu den Dingen, zur Geschichte, zur Natur. Die Biedermeierdichtung setzt dem Zwiespalt zwischen Ideal und Wirklichkeit sowie den Spannungen des Tagesgeschehens eine heile poetische Welt entgegen. Anders als in der Romantik und dem späteren Realismus gibt es kein theoretisches Programm; eine Folge davon war eine Neigung zur Vermischung der Gattungen und eine Geringschätzung des Formalen. Diese Literaturauffassung ermöglichte eine Flut dilettantischer Belletristik, die in einer Vielzahl von ↑Almanachen, Familien- und ↑Intelligenzblättern gedruckt wurde, wie überhaupt eine Neigung zu epischen Kleinformen (Skizze, Stimmungsbild, Märchen, weniger die Novelle) vorherrschte. Zur Romanliteratur des Biedermeier gehören u. a. die historischen Romane W. Hauffs, W. Alexis' und die Romane J. Gotthelfs. Auch die Lyrik zeigt einen Hang zum Epischen (Ballade, Verserzählung). Die wichtigste literarische Leistung des „Biedermeier“ ist das Volkslustspiel (F. Raimund, J. N. Nestroy). Im Schaffen des größten Dramatikers der Zeit, F. Grillparzers, zeigt sich z. T. das biedermeierliche Lebensgefühl der Resignation, Schwermut und Stille (z. B. in dem Drama „König Ottokars Glück und Ende“, 1825, und in dem dramatischen Märchen „Der Traum ein Leben“, 1840).

Bild: ungenaue Bezeichnung der Stilkunde für die verschiedensten Formen bildlicher Ausdrucksweise im Sprachkunstwerk. Die Ausführlichkeit eines sprachlichen Bildes reicht je nach der Funktion von Andeutungen bis zu einer eigenwertig geschlossenen Beschreibung. Die Bildlichkeit ist ein wesentliches Kennzeichen poetischer Sprache. Sie ist sowohl vom individuellen Darstellungsstil als auch von gewissen Epocheneigentümlichkeiten abhängig. Neben der allgemeinen Bildhaftigkeit dichterischer Sprache gibt es die Sonderformen der sogenannten uneigentlichen Redeweise, wie ↑Vergleich, ↑Metapher, ↑Symbol, ↑Emblem. Auch in der Alltagssprache gibt es eine Fülle von Bildern in Redensarten oder redensartlichen Wendungen, z. B. „die Ohren spitzen“, „lange Finger machen“.

Bilderbogen: einseitig bedruckte Blätter, die ein Bild oder eine Bilderfolge mit kurzen Bildunterschriften enthalten. Die Bilder sind meist stark farbig und in der Ausführung ohne künstlerische Qualität. Die erklärenden Texte, meist in Reimpaaren, haben stets eine eindeutige religiöse, moralische oder politische Tendenz. Gelegentlich als politische oder religiöse Kampfmittel (Reformation) benutzt, dienten die Bilderbogen, die seit der Erfindung des Buchdrucks größere Verbreitung erfuhren, hauptsächlich der Unterhaltung und Belehrung eines anspruchslosen Publikums. Berühmt waren u. a. die „Neuruppiner Bilderbogen“. Elemente der Bilderbogen leben im 20. Jahrhundert in den ↑Comic strips weiter.

Bilderbuch: illustriertes Kinderbuch (für etwa 2–8jährige). Entsprechend den jeweiligen Altersstufen bietet es einfache Gegenstände und Tiere (ohne Text), ↑Bildergeschichten oder Illustrationen zu längeren Texten (zum Vorlesen). Die ersten Bilderbücher waren Schulbücher: die illustrierten Abc- und Elementarbücher (Fibeln) des späten Mittelalters, die mit Bildern ausgestatteten Fabelausgaben des 16./17. Jahrhunderts (z. B. von Burkhard Waldis, 1548) und das weitverbreitete „Orbis sensualium pictus“ (1658) von J. A. Comenius dienten alle der Erziehung und Bildung. Auch die in der Aufklärung entstandenen, ausdrücklich für Kinder bestimmten Bilderbücher (z. B. J. S. Stoy, „Bilder-Academie für die Jugend“, 1780–84)

Bilderbuch. Titelblatt der Erstausgabe von Heinrich Hoffmanns „Struwwelpeter" (1845)

wollten den kindlichen Geist „aufklären", ihm eine moralisch vernünftige Anschauung der Welt vermitteln (so auch J. K. A. Musäus, „Moralische Kinderklapper", 1787). In dieser Tradition steht auch das beliebteste – heute pädagogisch umstrittene – Bilderbuch des 19. Jahrhunderts, „Der Struwwelpeter" (1845) von H. Hoffmann. Ebenso verbreitet und bis heute immer wieder neu aufgelegt sind die Bildergeschichten W. Buschs („Max und Moritz", 1865). Seit der Jahrhundertwende wird die Bilderbuchproduktion geprägt durch die Erkenntnisse der Kinderpsychologie. Stilistisch z. T. vom Jugendstil beeinflußt sind u. a. die phantastischen „Blumenmärchen" von E. Kreidolf (1898). Die Kinderreime P. und R. Dehmels, illustriert von K. Hofer („Fitzeputze", 1901) wirken bis in die 1930er Jahre. Nach dem 2. Weltkrieg kamen zahlreiche in Bild und Text psychologisch wohlfundierte und phantasievolle Bilderbücher auf den Markt, z. T. auch mit neuen Anliegen gesellschaftspolitischer oder sozialer Art. Zu den heute führenden Illustratoren gehören u. a. A. Carigiet, E. Carle, R. Duvoisin, L. Fromm, Janosch, L. Lionni, A. Mitgutsch, G. Oberländer, C. Piatti, M. Sendak, T. Ungerer, B. Wildsmith, die z. T. auch Texte verfassen. Ideen und Texte zu Bilderbüchern stammen auch von J. Krüss (Bilder von E. J. Rubin). Bemerkenswert ist, daß sich auch Autoren anspruchsvoller Erwachsenenliteratur (P. Bichsel, P. Härtling, G. Herburger, R. Kunze, S. Lenz u. a.) an der Schaffung von Bilderbüchern beteiligen.

Bildergeschichte: die Darstellung einer Geschichte in Bilderfolgen; etwa beigefügte Texte dienen nur der Kommentierung des Bildes, sie können unter dem Bild oder im Bild erscheinen. Bildergeschichten gibt es bereits in der ägyptischen Kunst, in der klassischen Antike (z. B. in Tempelfriesen), in Freskenzyklen, Wandteppichen (Bayeux-Teppich, 11. Jahrhundert) oder Büchern (Bilderbibeln) im Mittelalter und in den bis in die Neuzeit hinein beliebten ↑ Bilderbogen, die heute z. T. durch die ↑ Comic strips und Photoromane in Illustrierten abgelöst wurden.

Bilderlyrik ↑ Figurengedicht.

Bilderrätsel: ein graphisch dargestelltes ↑ Rätsel, in dem Gegenstände abgebildet und so zusammengestellt werden, daß sich aus der ganzen oder teilweisen Lautfolge ihrer Buchstaben ein neuer, mit der Bilderfolge in keinem logischen Zusammenhang stehender Begriff oder Satz ergibt. Häufigste Form ist die Verbindung der Bilder mit Zusatz- und Auslassungszeichen, z. B. ‚Blatt' = lat, eins' = ein (vgl. Abbildung). Im weiteren Sinn zählen zu den Bilderrätseln auch

Bilderbuch. Max und Moritz aus der gleichnamigen Bildergeschichte von Wilhelm Busch (1865)

Gedichte oder Sprichwörter, in denen manche Wörter durch Bilder ersetzt werden. Bilderrätsel sind seit der Antike bekannt, große Verbreitung erlebten sie seit dem 15. Jahrhundert in den romanischen Ländern, seit dem 17. auch in Deutschland.

Bilderrätsel. Auflösung: Jägerlatein

Bilderschrift (Piktographie): Schrift, in der im Gegensatz zur Wortschrift, ↑Silbenschrift und ↑Buchstabenschrift Wörter und Begriffe durch Bilder oder Symbole wiedergegeben werden. Urtümliche Formen solcher Bilderschriften finden sich schon in der Steinzeit. Unter den höher entwickelten Formen sind die chinesische Wortbildschrift und die phonetisierte Bilderschrift der ägyptischen ↑Hieroglyphen die bekanntesten. Auch die ↑Keilschrift geht auf Bildzeichen zurück.

Bildgedicht: unscharfe Bezeichnung für mehrere Gedichtformen: 1. ↑Figurengedicht, 2. ↑Gemäldegedicht.

Bildungsroman: ein in der Weimarer Klassik entstandener Romantypus, in dem die innere Entwicklung (Bildung) eines Menschen gestaltet wird. Die Bezeichnung „Bildungsroman" wurde von W. Dilthey für die Romane der deutschen Klassik und Romantik geprägt; hierbei wird Bildung im Sinne von „vollendeter Humanität" verstanden, die Weg und Ziel allen menschlichen Handelns darstellt. Prototyp dieser Romanform sind Goethes „Wilhelm Meisters Lehrjahre" (1795/96) und „Wilhelm Meisters Wanderjahre oder die Entsagenden" (1821, erweitert 1829). In ihrer Nachfolge stehen die Bildungsromane der Romantik, wie z. B. „Franz Sternbalds Wanderungen' (1798) von L. Tieck, „Titan" (1800–03) von Jean Paul, „Heinrich von Ofterdingen' (herausgegeben 1802) von Novalis, „Hyperion oder der Eremit in Griechenland" (1797–99) von J. Ch. F. Hölderlin. Die Bezeichnung „Bildungsroman" wird in der Literaturwissenschaft auch auf spätere Romane übertragen, in denen die geistige und charakterliche Entwicklung eines Menschen auf ein bestimmtes Ziel hin gestaltet ist. Bildungsromane in diesem Sinne sind z. B. „Maler Nolten" (1832, 2. Fassung herausgegeben 1877) von E. Mörike, „Der grüne Heinrich" (1854/55, 2. Fassung 1879/80) von G. Keller, „Der Nachsommer" (1857) von A. Stifter, „Der Hungerpastor" (1864) von W. Raabe, „Das Glasperlenspiel" (1943) von H. Hesse, „Doktor Faustus" (1947) von Th. Mann. – ↑auch Entwicklungsroman.

Binnenerzählung: eine Erzählung in einer Erzählung; sie ist in eine ↑Rah-

Bilderschrift. Sumerische Bildzeichen: 1 Wasser, 2 Feld, 3 Brunnen, 4 Hügel, 5 Kopf, 6 Hand, 7 Mund, 8 Auge, 9 Ochse, 10 Geheimnis, 11 schreiben, 12 essen, 13 Gottheit, 14 Monat, 15 Stadt, 16 Vogel, 17 Gemüse, 18 Negation, 19 Verdoppelung (Multiplikation), 20 Addition

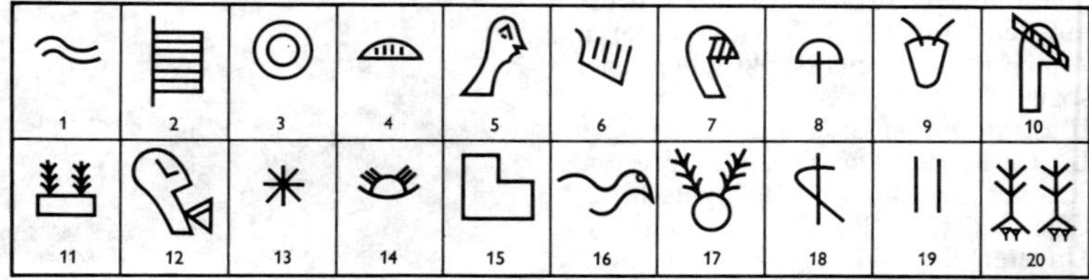

menerzählung eingebettet (z. B. G. Keller, „Das Sinngedicht“, 1882).

Binnenreim: im engeren Sinne ein Reim innerhalb eines Verses, z. B. „Sie blüht und glüht und leuchtet“ (H. Heine, „Die Lotosblume“). Unter dem Begriff Binnenreim werden auch andere Reimstellungen im Versinnern zusammengefaßt, z. B. ↑ Inreim, ↑ Mittelreim, ↑ Mittenreim, Schlagreim, Zäsurreim.

Biographie [von griechisch biographía „Lebensbeschreibung“]: die literarische Darstellung der Lebensgeschichte einer Person, wobei äußere Ereignisse und innere Entwicklungen gleichermaßen Berücksichtigung finden. Je nachdem, ob Genauigkeit und Objektivität überwiegen oder erzählerische, romanhafte Elemente vorherrschen, wird die Biographie mehr der Geschichtsschreibung oder mehr der Dichtung zugerechnet, wobei Mischformen die Regel bilden. Zum engeren Umkreis der Biographie gehören Lebenslauf (↑ Vita), ↑ Nekrolog, ↑ Autobiographie und ↑ Memoiren. Die Biographie als Gattung läßt sich schon im 4. Jahrhundert v. Chr. nachweisen. Bedeutende Verfasser von

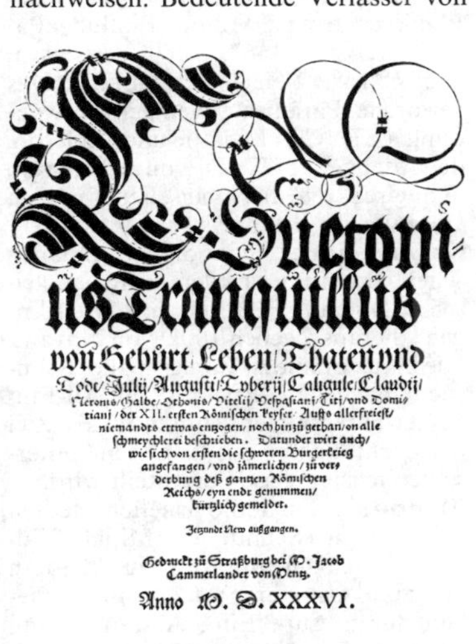

Suetoni-
us Tranquillus
von Gebůrt/Leben/Thaten vnd
Tode/Julij/Augusti/Tyberij/Caligule/Claudij/
Neronis/Galbe/Othonis/Vitelij/Vespasiani/Titi/vnd Domi-
tiani/der XII. ersten Römischen Keyser. Auffs allerfreiest/
niemandts etwas entzogen/noch hinzů gethan/on alle
schmeychlerei beschrieben. Darunder wirt auch/
wie sich von ersten die schweren Burgerkrieg
angefangen/vnd jämerlichen/zů ver-
derbung deß gantzen Römischen
Reichs/eyn endt genummen/
kürtzlich gemeldet.

Jetzundt New außgangen.

Gedruckt zů Straßburg bei M. Jacob
Cammerlander von Mentz.

Anno M. D. XXXVI.

Biographie. Titelblatt der deutschen Ausgabe von Suetons „De vita Caesarum“ (1536)

Biographien waren Plutarch, Sueton („De vita Caesarum“, um 120, deutsch 1536, 1951 unter dem Titel „Caesarenleben“), C. Nepos („De viris illustribus“, um 35/34, deutsch 1658, 1952 unter dem Titel „Kurzbiographien und Fragmente“), P. C. Tacitus („De vita et moribus Iulii Agricolae“ (98, deutsch 1657, 1922 unter dem Titel „Leben des Agricola“). Im Mittelalter dominierte die Heiligenvita (↑ Hagiographie), weniger verbreitet war die Fürstenbiographie (Einhard, „Vita Caroli magni“, um 830, deutsch 1728, 1968 unter dem Titel „Leben Karls des Großen“). Die neuzeitliche, stark das Individuelle betonende Biographie wurde in der Renaissance begründet (z. B. G. Vasaris Biographien der bildenden Künstler Italiens „Le vite de' più eccellenti architetti, pittori et sculptori italiani...“, 1550, deutsch „Leben der ausgezeichnetsten Maler, Bildhauer und Baumeister, von Cimabue bis zum Jahre 1567“, 1832–43). Mit Entstehung und Verbreitung der Geschichtswissenschaft nahm auch die Biographie einen großen Aufschwung (z. B. Th. Carlyle, „Frederick the Great“, 1858–65, deutsch „Friedrich der Große“, 1859–69; W. Dilthey, „Leben Schleiermachers“, 1870). Das Interesse an Biographien hat bis in die Gegenwart nicht abgenommen (C. J. Burckhardt, „Richelieu“, 1935–66). – Biographien im weitesten Sinne sind die biographischen Sammelwerke, die seit dem 17. Jahrhundert in steter Folge und in vielen Ländern erscheinen, z. B. in Deutschland die „Allgemeine Deutsche Biographie“ (56 Bände, 1875–1912, Nachdruck 1967 ff.).

biographischer Roman: eine erst im 20. Jahrhundert entstandene Form des ↑ historischen Romans, in der das Leben einer historischen Persönlichkeit unter mehr oder weniger freier Verwendung der biographischen Daten dargestellt wird. Dabei interessieren den Verfasser nicht so sehr die historischen Ereignisse und das historische Umfeld (wie im historischen Roman im engeren Sinn), sondern die psychologische Struktur der dargestellten Persönlichkeit, die Motive ihres Handelns, die Bedingungen ihres Erfolges oder Scheiterns. Bedeutende Beispiele sind: A. Döblin, „Wallenstein“ (1920); St. Zweig, „Maria Antoinette“ (1932); H. Mann, „Die Jugend des Königs Henri Quatre“ (1935) und „Die Vollendung des Königs Henri Quatre“ (1938); G. Mann, „Wallenstein“ (1971); P. Härtling, „Hölderlin“ (1976).

Bispel [ˈbiːspɛl; mittelhochdeutsch]: kleinere lehrhafte Dichtung in Reimpaaren, bei der sich an einen kurzen Erzählteil eine längere Auslegung anschließt. Bedeutende Vertreter sind der Stricker, Hugo von Trimberg, Ulrich Boner. In der Literatur des späten Mittelalters war das Bispel sehr verbreitet. – ↑auch Beispiel.

Bitterfelder Weg: Programm zur Entwicklung der „sozialistischen Nationalkultur“ in der DDR. Dieses Programm wurde auf der 1. Bitterfelder Konferenz (24. April 1959) verabschiedet. Danach sollten einerseits die Kulturschaffenden in direkten Kontakt mit dem „sozialistischen Aufbau“ gebracht („Dichter in die Produktion“), andererseits die Werktätigen zu eigener literarischer Tätigkeit aufgefordert werden („Greif zur Feder, Kumpel“). Ziel dieser Bewegung war die Verherrlichung des „sozialistischen Menschen“ mit den Mitteln des ↑sozialistischen Realismus. Trotz großer Unterstützung dieses Programms durch den Staat und einer Erweiterung der Initiativen auf der 2. Bitterfelder Konferenz (24./25. 4. 1964) blieben die Ergebnisse weit hinter den Erwartungen zurück. – ↑auch Arbeiterdichtung.

Blankvers [von englisch blank verse „reiner, reimloser Vers“]: reimloser jambischer Vers (↑Jambus), in der Regel mit fünf ↑Hebungen (Füßen) und ↑akatalektischem, auch ↑hyperkatalektischem Versschluß: ◡–́◡–́◡–́◡–́◡–́(◡) („Das Land der Griechen mit der Seele suchend“, Goethe „Iphigenie auf Tauris“, Schauspiel, 1787). In der englischen Literatur verwendete H. Howard, Earl of Surrey, den auf französische Vorformen (↑Vers commun) zurückgehenden Blankvers in seiner Übersetzung der „Äneis“ (herausgegeben 1557) zuerst reimlos. 1565 schien der Blankvers zum ersten Mal im Drama („Gorboduc“ von Th. Sackville und Th. Norton). Von Shakespeare und seinen Zeitgenossen aufgenommen und entwickelt, wurde der Blankvers zum Vers des ↑elisabethanischen Dramas. Durch Übersetzungen aus dem Englischen gelangte er in die deutsche Dichtung, so in J. E. Schlegels Übertragung von W. Congreves Tragödie „The mourning bride“ (1691) ins Deutsche unter dem Titel „Braut in Trauer“ (1748). Nach diesem Vorbild verwendete G. E. Lessing den Blankvers in seinem Dramenfragment „Kleonnis“ (1755); sein Versdrama „Nathan der Weise“ (1779) machte den Blankvers zum gebräuchlichsten Vers des klassischen Dramas, der den ↑Alexandriner und die Sturm-und-Drang-Prosa endgültig von der Bühne verdrängte. Über die Hauptvertreter des deutschen Dramas, Goethe, Schiller, H. von Kleist, F. Grillparzer, Ch. F. Hebbel reicht sein Gebrauch bis in das 20. Jahrhundert (G. Hauptmann, z. T. B. Brecht). In der Epik findet der Blankvers trotz J. Miltons Einfluß („Paradise lost“, 1667, 1674 erweitert, deutsch 1682, 1855 unter dem Titel „Das verlorene Paradies“) weniger Verwendung (z. B. Ch. M. Wieland, „Geron, der Adelige“, 1777; D. von Liliencron, „Poggfred“, 1896). Noch seltener ist sein Gebrauch in der Lyrik.

blaue Blume: Symbol der romantischen Dichtung in dem fragmentarischen Roman „Heinrich von Ofterdingen“ (herausgegeben 1802) von Novalis. Die blaue Blume ist Inbegriff aller Sehnsucht nach dem Erlebnis der All-Einheit, wie es in der Romantik als Ziel der Dichtung und des Lebens auf unterschiedlichste Weise dargestellt wird.

Blende: in den audiovisuellen Medien (neben dem ↑Schnitt) ein Mittel, Bild- und Tonaufzeichnungen zu gliedern und zu akzentuieren; das kann geschehen durch Auf-, Ein-, Ab-, Aus- und Überblenden. Beim Aufblenden tritt eine ↑Einstellung allmählich aus einer anderen oder aus dem Dunkel hervor, bei der Abblende verschwindet sie ebenso. So ermöglicht die Blende einen fließenden Übergang zwischen zwei Einstellungen. Die moderne Filmkunst kennt noch eine ganze Reihe besonderer Blendentechniken.

Blütenlese: früher verwendete Bezeichnung für ↑Anthologie.

Blut-und-Boden-Dichtung: Sammelbezeichnung für eine vom Nationalsozialismus geförderte Literaturrichtung mit ihrer Verherrlichung von Rasse, Volk, Heimat und Bauerntum. Themen und Tendenzen sind der zeitgenössischen ↑Heimatkunst entnommen. Im Mittelpunkt der meist in der Vergangenheit spielenden Romane steht der in Sippe und Scholle verwurzelte Bauer, der sich im Kampf gegen die Natur und äußere Feinde bewährt. Zu den Vertretern der sogenannten „Blubo"-Literatur gehören v. a. G. Schumann, H. Böhme, H. Anacker und H. Menzel.

Boheme [bo'ɛ:m; französisch, von mittellateinisch bohemus „Böhme", (dann auch:) „Zigeuner" (offenbar weil die Zigeuner über Böhmen eingewandert sind)]: Bezeichnung für Künstlerkreise, die sich bewußt außerhalb der bürgerlichen Gesellschaft etablierten. Der Begriff wurde zum ersten Mal um 1830 für den Lebensstil der Künstler und Literaten in den Pariser Stadtvierteln Quartier Latin und Montmartre gebraucht. In Deutschland gab es v. a. um die Jahrhundertwende Künstlergruppen in Berlin und München, die die unkonventionelle Lebensart der Boheme übernahmen und als wegweisend für eine neue Kultur (F. Mühsam) empfanden. Dieses Bohemeleben wird literarisch dargestellt in dem Roman von H. Murger „Scènes de la vie de Bohème" (1851, deutsch „Pariser Zigeunerleben. Bilder aus dem französischen Literaten- und Künstlerleben", 1851) und weitesten Kreisen bekannt durch die darauf fußende Oper „La Bohème" (1896) von G. Puccini. Andere charakteristische literarische Gestaltungen der Boheme finden sich u. a. in den Romanen von A. Strindberg („Röta rummet", 1879, deutsch „Das rote Zimmer", 1889) J. Vallès („Jacques Vingtras", 1879–86), O. J. Bierbaum („Stilpe", 1897), W. Faulkner („Mosquitoes", 1927, deutsch „Moskitos", 1960), H. Miller („Plexus", 1949, deutsch „Plexus", 1955).

Bonmot [bõ'mo:; französisch „gutes Wort"]: treffende, geistreiche Bemerkung, die mit dem gedanklich anspruchsvolleren ↑Aphorismus verwandt ist.

Botenbericht: Kunstgriff der Dramentechnik: durch den Bericht eines Boten werden Ereignisse vergegenwärtigt, die aus dramaturgischen oder technischen Gründen nicht auf der Bühne dargestellt werden können, aber für den Fortgang der Handlung von Bedeutung sind. Der Botenbericht findet sich häufig in der antiken Tragödie und im klassischen französischen Drama. – ↑auch Teichoskopie.

Boulevardkomödie [bulə'va:r; französisch]: Bezeichnung für publikumswirksame Komödien, die um 1900 in den Privattheatern an den Pariser Boulevards gespielt wurden. Bekannte Autoren dieser Stücke waren V. Sardou, E. Labiche, dann G. Feydeau, G. Courteline. Hauptvertreter nach 1918: A. Savoir, M. Pagnol, M. Rostand, J. Deval, in den 30er Jahren S. Guitry, nach 1945 M. Achard, A. Roussin. Als typisches Großstadttheater, das v. a. aus dem witzigen Dialog und von Überraschungseffekten lebt, hat sich das Boulevardtheater auch in anderen Ländern entwickelt, so in England (S. Maugham, N. Coward, A. Ayckbourn), in Deutschland (C. Goetz), in Österreich (A. Schnitzler).

Bramarbas [Herkunft unsicher]: einer der Namen der komischen Bühnenfigur des großsprecherischen Maulhelden, z. B. die Titelfigur in der Komödie „Horribilicribrifax" (1663) von A. Gryphius.

Brautwerbungssagen: Sagen, bei denen das Motiv der Brautwerbung im Mittelpunkt steht. Dabei wird meist eine von ihrem Vater streng abgeschirmte Fürstentochter durch einen vornehmen Freier umworben. Das Thema der Brautwerbung war in der zweiten Hälfte des 12. und im 13. Jahrhundert sehr beliebt, z. B. in der sogenannten ↑Spielmannsdichtung („König Rother", Epos, entstanden um 1150), teils auch im Heldenepos („Kudrun", entstanden im 13. Jahrhundert). Wenn nach abgewiesener Brautwerbung eine Entführung erfolgt, spricht man von Entführungssagen.

Brechung: die Durchbrechung eines Versgefüges durch das Satzgefüge. Diese Überschreitung des Metrums durch die Syntax begegnet in verschiedenen Formen, so etwa in der ↑Reimbrechung, im ↑Enjambement (= Versbrechung), im ↑Hakenstil sowie im ↑Strophensprung.

Bremer Beiträger: Sammelname für die Gründer, Herausgeber und Autoren (meist Leipziger Studenten) der 1744–48 erschienenen Zeitschrift „Neue Beiträge zum Vergnügen des Verstandes und Witzes" (abgekürzt nach dem Erscheinungsort Bremen „Bremer Beiträge"). Ursprünglich Anhänger J. Ch. Gottscheds und (seit 1741) Mitarbeiter der von dem Gottschedianer J. J. Schwabe herausgegebenen Wochenschrift „Belustigungen des Verstandes und Witzes", distanzierten sie sich mit der Gründung ihrer Zeitschrift von Gottscheds Polemik gegen die freiere Literaturauffassung der Schweizer A. von Haller, J. J. Bodmer und J. J. Breitinger. Nachhaltigen Einfluß auf ihr dichterisches Schaffen übten A. von Haller und F. von Hagedorn aus. Die in der Zeitschrift veröffentlichten Beiträge, vornehmlich Satiren, Fabeln, Lehrgedichte, Oden, Schäfer- und Lustspiele, waren geprägt durch mehr Empfindung, größere Lebensnähe und Natürlichkeit. 1746 stieß F. G. Klopstock zu den Bremer Beiträgern. Er trug mit der Veröffentlichung der ersten drei Gesänge seines Epos „Der Messias" (1748) in den „Bremer Beiträgen" wesentlich zu deren Bedeutung bei. Von 1744 bis 1748 erschienen insgesamt vier Bände. Der erste Herausgeber war K. Ch. Gärtner, ab 1747 N. D. Giseke. Die wichtigsten Mitarbeiter waren neben F. G. Klopstock J. A. Cramer, J. A. Ebert, Ch. F. Gellert, G. W. Rabener, J. A. und J. E. Schlegel, J. F. W. Zachariae.

Brief [von vulgärlateinisch breve (scriptum) „kurzes (Schreiben), Urkunde"]: an einen abwesenden Adressaten gerichtete schriftliche Mitteilung, die eine mündliche Aussprache ersetzt. Neben dieser privaten Funktion wurde der Brief auch für andere Zwecke verwendet, so als Selbstzeugnis bedeutender Autoren, als offizieller Brief für amtliche Anweisungen und Erlasse oder als (meist politisches) Druckmittel in der Gestalt eines „offenen Briefes", der sich nur scheinbar an einen bestimmten Adressaten, in Wirklichkeit jedoch an die breite Öffentlichkeit richtet. Schließlich kann sich der Brief auch zu einer literarischen Kunstform verselbständigen.

Die *Geschichte* des Briefes reicht bis ins *Altertum* zurück: Bruchstücke finden sich schon auf Tontafeln der Babylonier und Assyrer. Der älteste erhaltene umfangreichere Brief wurde vom Pharao Pepi II. um 2200 v. Chr. an einen Gaufürsten von Assuan geschrieben. Auf ägyptischem Papyrus sind darüber hinaus viele private und amtliche Originalbriefe aus dem 3. bis 1. Jahrtausend v. Chr. erhalten. Auch das Alte Testament überliefert eine Reihe von Briefen, darunter als bekanntestes Beispiel den Brief Davids an Joab (sogenannter „Uriasbrief" in 2. Samuel 11, 14). Im klassischen Altertum wurden Briefe in der Regel auf Papyrus oder auf zusammenklappbare, mit Wachs bezogene Holztäfelchen geschrieben. Unter den Briefsammlungen bekannter Persönlichkeiten dieser Epoche nimmt der Briefwechsel M. T. Ciceros, der über 900 Briefe in 37 Büchern umfaßt, nicht nur seines Umfangs wegen eine Sonderstellung ein. Cicero stilisierte seine Briefe und wollte in ihnen ein breiteres Publikum ansprechen. Damit leitete er bereits zur spätantiken Form des Prosabriefes über, wie sie bei Qu. A. Symmachus, Sidonius Apollinaris oder bei Cassiodor anzutreffen ist. Mit dem nicht minder bedeutenden Briefwechsel Plinius' des Jüngeren verbindet Ciceros Briefe die Tatsache, daß sie aus einem konkreten Anlaß heraus für eine bestimmte Situation verfaßt wurden. Von ganz anderer Art sind dagegen die *literarischen Briefe* oder *Kunstbriefe.* Im wesentlichen handelt es sich hierbei um fingierte Briefe, bei denen die Briefform lediglich zur Verbrämung bzw. Einkleidung philosophischer oder schöngeistiger Traktate dient, so etwa bei Empedokles, Aristoteles, Epikur oder bei den „Epistulae morales“ (entstanden von 62 an) von L. A. Seneca dem Jüngeren. Zu den Kunstbriefen sind auch die Briefgedichte zu rechnen, wie sie etwa Horaz mit seinen „Epistulae“ (20–13, deutsch „Briefe“, 1728) oder Ovid mit den „Epistulae ex Ponto“ (12–16, deutsch 1727, 1858 unter dem Titel „Briefe aus dem Pontus“) geschaffen hat. Fingierte Briefe fanden sogar Eingang ins Geschichtswerk des Thukydides, wo sie nicht selten als Dokumente mißverstanden wurden. Darüber hinaus kannte man auch in der Antike bereits den *offenen Brief* als ein wirksames politisches Mittel; bekannteste Beispiele hierfür sind die Briefe des Isokrates an Philipp II. von Makedonien oder des Sallust an G. J. Cäsar. Schließlich bedienten sich auch christliche Autoren zu vornehmlich seelsorgerischen Zwekken der Briefform. Die Briefe des Apostels Paulus sowie die sieben sogenannten „Katholischen Briefe“ des Neuen Testaments sind ebenso beredte Zeugnisse hierfür wie die Briefe großer Kirchenväter (z.B. Ambrosius, S. E. Hieronymus, A. Augustinus). – Im *Mittelalter* wurde die Briefkunst vor allem von Klerikern, die sich der lateinischen Sprache bedienten, an den Höfen und in den Klöstern gepflegt. Persönliche Briefe waren dabei ebenso geläufig wie Briefe geistlicher oder politischer Prägung. Eine Sonderform dieser Epoche stellen die seit dem 12. Jahrhundert auftauchenden *Mystikerbriefe* dar, in denen metaphysische Inhalte ausgebreitet werden. Mit der höfischen Kultur und der Ausweitung des Kreises der Schreibkundigen auch auf Nichtkleriker wurde erstmals die Volkssprache in Briefen verwendet. Trotzdem lebte in den wissenschaftlichen Briefwechseln der Humanisten (wie F. Petrarca, K. Celtis, J. Reuchlin und Erasmus von Rotterdam), die sich am Vorbild Ciceros orientierten, sowie bis ins 18. Jahrhundert in den gelehrten Briefen und in vielen amtlichen Schreiben der Kanzleien die lateinische Sprache weiter. Der Liebesbrief erreichte in P. Abälards wohl fingiertem Briefwechsel mit Heloise, der seiner „Historia calamitatum mearum“ (entstanden zwischen 1133 und 1136) beigefügt ist, eine literarische Ausformung. Einen ersten Höhepunkt des *deutschsprachigen Briefes* stellt die sehr markante und in persönlichem Ton gehaltene Korrespondenz Luthers dar. In *Frankreich* entwickelte sich *seit dem 17. Jahrhundert* bis zur Gegenwart eine hohe Briefkultur, die den Schwerpunkt auf stilistische Eleganz legt (B. Pascal, Madame de Sévigné, Voltaire, J.-J. Rousseau, D. Diderot, Madame de Staël, G. Flaubert, M. Proust, A. Gide). Das französische Vorbild fand auch in *Deutschland* bei der feinen Gesellschaft lebhafte Nachahmung. Im Barock etwa begnügte man sich nicht nur mit der Nachahmung des gekünstelt-eleganten Briefstils, sondern man bevorzugte auch die französische Sprache. Eine Ausnahme stellen die in sehr persönlichem Stil gehaltenen deutschen Briefe Liselottes von der Pfalz dar. Die zuvor schon vereinzelt kritisierte französische Überfremdung wurde erst durch J. Ch. Gottsched und Ch. F. Gellert („Briefe, nebst einer praktischen Abhandlung von dem guten Geschmack in Briefen“, 1751) zugunsten größerer Natürlichkeit überwunden. Von dieser Zeit an verlief die Geschichte des Briefstils parallel zur allgemeinen literarischen Entwicklung. Einerseits bildete sich eine subjektiv-emotionale Briefsprache heraus, die im *Pietismus* (J. Spener), in der *Empfindsamkeit* (F. G. Klopstock), im *Sturm und Drang* und in der *Romantik* (C. Brentano, A. von Arnim, B. von Arnim) geistvolle und ausdrucksstarke Beispiele hervorbrachte. Daneben aber entwickelte sich ein rationaler, wenn auch vom jeweiligen Autor individuell ausgeprägter Briefstil, der in der *Aufklärung* (G. E.

Lessing, J. J. Winckelmann, G. Ch. Lichtenberg), in der *deutschen Klassik* (Goethe, Schiller, W. von Humboldt, I. Kant, G. W. F. Hegel) und im *Realismus* (Th. Storm, G. Keller, Th. Fontane) nachweisbar ist. Eine Sonderform ist der ↑Briefroman. Auch für *philosophische* und *literaturkritische Traktate* diente die Briefform wieder als äußerer Rahmen, so etwa bei J. G. Herder („Briefe zur Beförderung der Humanität", 1793–97) oder bei Schiller („Über die ästhetische Erziehung des Menschen", 1795). Auch im *20. Jahrhundert* werden in den Gesamtausgaben wissenschaftlich, politisch oder literarisch wichtiger Persönlichkeiten Briefe veröffentlicht, die Rückschlüsse auf die jeweilige Weltanschauung erlauben. Nicht wenige von ihnen besitzen hohes literarisches Format, so etwa die Briefe von R. M. Rilke, H. von Hofmannsthal, R. Musil, H. Hesse, Th. Mann, F. Kafka oder E. Lasker-Schüler. Starke satirische Züge tragen schließlich die „Filserbriefe" („Briefwechsel eines bayrischen Landtagsabgeordneten", 1909; „Jozef Filsers Briefwexel", 1912) von L. Thoma. Eine Neubelebung des Briefes versuchte im Anschluß an A. Camus („Lettres à un ami allemand", 1944) H. Böll („Brief an einen jungen Katholiken", 1958). Allgemein ist jedoch im 20. Jahrhundert ein Verfall der Kunst des Briefschreibens zu beobachten.

Briefroman: Sonderform des Romans, die aus einer Folge von Briefen, Tagebuchnotizen oder ähnlicher Dokumente eines oder mehrerer fingierter Verfasser besteht, ohne erzählende Verbindungstexte. Nach mehreren Vorstufen, die sich alle auf Ovids „Heroides" zurückführen lassen, entwickelte sich der eigentliche Briefroman in der ↑Empfindsamkeit des 18. Jahrhunderts. Erster bedeutender Vertreter war der Engländer S. Richardson mit seinen Briefromanen „Pamela, or virtue rewarded" (1740, deutsch „Geschichte der Pamela, oder die belohnte Tugend eines Frauenzimmers", 1772), „Clarissa, or the history of a young lady" (1748, deutsch „Clarissa Harlowe", 1790/91) und „The history of Sir Charles Grandison" (1754, deutsch „Geschichte Herrn Carl Grandisons", 1754/55). In Frankreich fand J.-J. Rousseaus Roman „Lettres de deux amans ..." (1761, 1764 unter dem Titel „La nouvelle Héloïse", deutsch „Die neue Heloise oder Briefe zweier Liebenden", 1761–66) zahlreiche Nachahmer, so etwa P. A. F. Choderlos de Laclos mit „Les liaisons dangereuses" (1782, deutsch 1783, 1799 unter dem Titel „Die gefährlichen Liebschaften"). Angeregt von Richardson griff in Deutschland Ch. F. Gellert in seinem Roman „Das Leben der schwedischen Gräfin von G..." (1747/48) als erster zu Briefeinlagen. Ihm folgten u. a. J. K. A. Musäus mit seinem Briefroman „Grandison der Zweite" (1760–62) und S. von La Roches „Geschichte des Fräulein von Sternheim" (1771). Den Höhepunkt des deutschen Briefromans markierte Goethes Roman „Die Leiden des jungen Werthers" (1774). Eng am Vorbild Richardsons orientierten sich weitere Briefromane des späten 18. Jahrhunderts, so L. Tiecks „Geschichte des Herrn William Lovell" (1795/96), J. Ch. F. Hölderlins „Hyperion oder der Eremit in Griechenland" (1797–1799) und Ch. M. Wielands „Aristipp und einige seiner Zeitgenossen" (1800/01). Während im 19. Jahrhundert der dialogisierte Roman den Briefroman verdrängte, wurde die Briefform in Romanen des 20. Jahrhunderts vereinzelt wieder verwendet, so in den Romanen „Der letzte Sommer" (1910) von R. Huch und „Herr Meister" (1963) von W. Jens.

Briefsteller: ursprünglich Berufsbezeichnung für jemanden, der für andere Briefe abfaßte, dann Bezeichnung für einen Leitfaden zum Abfassen formalvollendeter Briefe zu den verschiedensten Anlässen, veranschaulicht durch praktische Beispiele. Solche Anleitungen lassen sich schon im 2. Jahrhundert v. Chr. bei den Griechen nachweisen. Die Blütezeit fiel jedoch in die Barockzeit, in der auf stilistische Eleganz und gesellschaftliche Regeln höchster Wert gelegt wurde. Als umfangreichstes Werk dieser Art gilt J. F. Heynatz' „Handbuch zur richtigen Verfertigung und Beurteilung aller Arten schriftlicher Aufsätze des gemeinen Lebens überhaupt und insbesondere der Briefe" (5 Bände, 1773–1793). Den Übergang zum natürlichen Briefstil beeinflußten Ch. F. Gellerts „Briefe, nebst einer praktischen Abhandlung von dem guten Geschmack in Briefen" (1751) nachhaltig. Später kennt man Briefsteller fast nur noch für bestimmte Berufsgruppen.

Brighella [bri'gɛlla; von italienisch briga „Mühe, Unannehmlichkeit"; Plural: brighe „Händel"]: komische Figur der ↑Commedia dell'arte. Typ des verschlagenen Bediensteten. Die von ihm angezettelten Intrigen werden in der Regel von ↑Arlecchino ausgeführt. Der Brighella tritt meist mit weißem Umhang und weißer Livree mit grünen Querborten auf, trägt eine schwarze Maske mit Bart und spricht häufig bergamaskischen Dialekt.

Broadway-Theater ['brɔːdwɛi; englisch]: Bezeichnung für die am Broadway, einer der Hauptverkehrsadern New Yorks, konzentrierten Theater (u.a. Broadway Theatre, Broadway Music Hall, Broadway Opera House). Der Broadway gilt als bedeutendstes Theaterzentrum der USA. Mit seinem Namen ist v.a. das auf kommerzieller Basis betriebene Amüsiertheater verbunden, das zwischen 1920 und 1940 seine Glanzzeit erlebte. Seit 1950 entstanden unter der Bezeichnung „Off-Broadway" bzw. „Off-Off-Broadway" experimentelle avantgardistische Bühnen (z.B. ↑Living Theatre, La Mama), die sich als Opposition zum herkömmlichen Broadway-Theater verstehen.

Broschüre [von französisch brocher „heften"]: Druckschrift von geringem Umfang, deren Buchblock oder Falzbogen nicht mit einer festen Buchdecke umgeben, sondern in einen gefalzten Kartonumschlag eingehängt (d.h. eingeleimt) ist. – ↑auch Paperback, ↑Taschenbuch.

Buch [von althochdeutsch buoh „zusammengeheftete Buchenholztafeln (auf denen man schrieb)"]: mehrere zu einem Ganzen zusammengeheftete beschriebene, bedruckte oder auch leere Blätter bzw. Bögen, die in einen Umschlag oder Bucheinband eingebunden sind. Als Buch bezeichnet man darüber hinaus jedes geheftete oder klebegebundene (↑Broschüre, ↑Taschenbuch) literarische Erzeugnis. Nach Adressat, Inhalt und Art der Darstellung unterscheidet man z.B.: ↑Bilderbuch, Kinder- oder Jugendbuch (↑Jugendliteratur), ↑Sachbuch, ↑Belletristik. Buch heißt schließlich auch in Roman und Epos eine längere inhaltliche Einheit, die mehrere Abschnitte umfaßt.

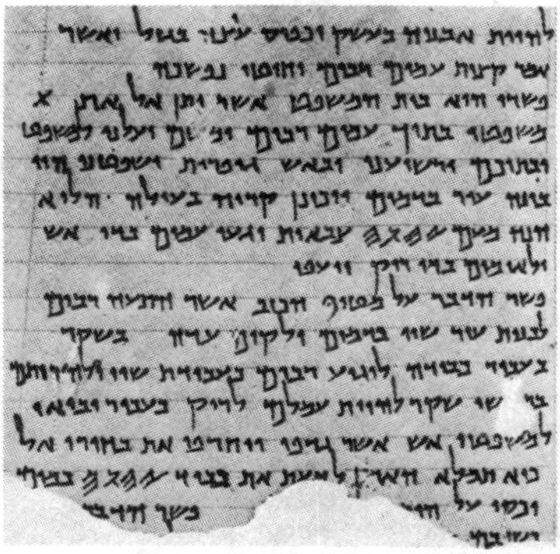

Buch. Kommentar zum Propheten Habakuk 2 auf einer Lederrolle aus Höhle 1 in Kumran (1. Jahrhundert v. Chr.)

Geschichte: Die Anfänge des Buches liegen im dunkeln. Längere zusammenhängende Texte wurden jedoch schon in den frühen Kulturkreisen auf verschiedensten Beschreibmaterialien festgehalten. So wurden im Vorderen Orient seit etwa 3000 v.Chr. Tontafeln benutzt, die nach der Beschriftung getrocknet und gebrannt wurden. Bedeutendster Fund ist die Tontafel-„Bibliothek" des Assyrerkönigs Assurbanipal in Ninive. Ein weiterer Beschreibstoff war Leder. Die Bücher der Inder waren zusammengeschnürte Palmblätter, in China benutzte man

Buch. Schulszene. Die Schüler halten Buchrollen. Von einem römischen Grabmal in Neumagen (um 180/190)

mindestens seit 1300 v. Chr. mit Bändern zusammengehaltene Bambus- oder Holzstreifen. Zuerst bei den Ägyptern, dann auch bei den Griechen und Römern wurde als pflanzlicher Beschreibstoff das entsprechend präparierte Mark der Papyrusstaude (↑Papyrus) verwendet. Zunächst waren nur Einzelblätter in Gebrauch, seit dem 2. Jahrtausend v. Chr. wurden die Papyri zu Rollen aus aneinandergeklebten Blättern vereinigt (↑Buchrolle). In Kleinasien (v. a. in Pergamon) nahm – bedingt durch ein ägyptisches Ausfuhrverbot für Papyrus – seit dem 2. Jahrhundert v. Chr. der Gebrauch des Pergaments als Beschreibstoff einen raschen Aufschwung. Das geschlagene und geglättete, aber ungegerbte Schafs-, Kalbs- oder Ziegenleder bot den Vorteil beidseitiger Beschreibbarkeit und größerer Haltbarkeit. Bereits die Griechen und Römer banden beschriebene wachsbezogene Holztafeln an der linken Längsseite zusammen und näherten sie damit der heutigen Buchform an. Etwa seit Christi Geburt wurden nach dem gleichen Verfahren auch Papyrus- und Pergamenthefte angefertigt, da die immer umfangreicher gewordenen Rollen unhandlich waren. Diese sogenannte Kodexform (↑Kodex) verdrängte seit dem 4. Jahrhundert n. Chr. die Rolle immer mehr. Da das Material Pergament sehr kostbar war, wurden manche Kodizes nach Abschaben der ersten Beschriftung neu beschrieben. Ein solches Exemplar nennt man ↑Palimpsest oder „codex rescriptus". Die aus dem Kodex entwickelten Bücher, die durch Zusammenheften vieler gleichgroßer, in der Mitte gefalteter und ineinandergelegter Pergamentblätter entstanden und zwischen Holzdeckeln oder -rahmen eingebunden sind, stellen die Grundform des heutigen Buches dar. Seit dem 13./14. Jahrhundert wurde die Seitenzählung üblich. Die mittelalterlichen Kodizes sind v. a. von Mönchen geschriebene Einzelexemplare und dank ihrer kunstvollen Ausstattung durch ↑Buchmalerei kostbare kulturelle Zeugnisse ihrer Epoche. Das Format der Kodizes war sehr unhandlich (Folio; ↑Buchformat), doch waren auch kleinere Formate durchaus schon bekannt. – Das Aufkommen des Papiers und die Erfindung des Buchdrucks ermöglichten die Entwicklung des Buches bis zu seiner heutigen Gestalt. Das Papier wurde zwar bereits nach chinesischer Tradition 105 n. Chr. durch Ts'ai Lun hergestellt, gelangte aber erst im 8. Jahrhundert zu den Arabern und mit diesen nach Südeuropa. Es dauerte bis zum 14./15. Jahrhundert, ehe das Papier mehr und mehr das Pergament verdrängte. Mit dem Druck der Bibel durch J. Gutenberg im Jahre 1455 beginnt die Neuzeit der Buchgeschichte. Das Buch, bis dahin nur wenigen Gebildeten und Privilegierten zugänglich, wurde durch immer größere Auflagen weiten Kreisen der Bevölkerung erschlossen. Gutenberg druckte in der Regel Auflagen von 150–200 Exemplaren, seit 1480 teilweise bis 1 000. Von M. Luthers Übersetzung des Neuen Testamentes (Septemberbibel) wurden 1522 schon 5000 Exemplare gedruckt. Zwischen 1534 und 1574 wurden 100 000 Exemplare der vollständigen Bibelübersetzung Luthers verkauft. V. a. die Reformation profitierte von der raschen Entwicklung der Drucktechnik. Während die ersten gedruckten Bücher, die sogenannten Wiegendrucke oder ↑Inkunabeln, noch die Handschriften nachzuahmen versuchten, entwickelte sich im 16. Jahrhundert nach und nach eine eigenständige Buchform mit Titelblatt, Druckerzeichen, Datierung, Angabe des Druckortes, Kapitelüberschriften, Register und durchgehender Bezifferung. Schließlich setzte sich auch das kleinere Format durch. Die fortschreitende Industrialisierung ließ nach und nach das Buch zur Massenware werden. Es ist bis heute ein bedeutender Kommunikations- und Kulturträger geblieben, trotz des Aufkommens von Hörfunk, Fernsehen und Datenverarbeitung.

Buchbesprechung ↑Rezension.

Buchdrama ↑Lesedrama.

Buchdruck: das älteste, in der heutigen Form auf die um 1440 erfolgte Erfindung J. Gutenbergs zurückgehende Druckverfahren. Der Buchdruck zählt zur Gruppe der Hochdruckverfahren, d. h. der Druck erfolgt von einer Druckform, bei der die druckenden Stellen erhöht liegen. Derartige Hochdruckformen werden beim Flachformdruck aus verschiedenen Bestandteilen (Drucktypen, Gußzeilen, Druckplatten) zusammengesetzt. Beim Rotationsdruck werden um den Plattenzylinder der Rotationsdruckmaschine halbrunde Stereotyp- oder aus einem Stück bestehende Wickeldruckplatten befestigt. Beim Druckvorgang werden die erhabenen Stellen der Druckplatte mit Druckfarbe eingefärbt und durch Anpressen auf den Druckträger (v. a. Papier) übertragen.

Geschichte: Vorformen des Buchdrucks sind bereits in der Antike nachzuweisen. So kannte man in Ägypten und Rom eingefärbte Stein- oder Metallstempel mit figürlichen Darstellungen, Buchstaben oder ganzen Wörtern. Diese Methode wurde bis ins Mittelalter angewendet. Der Beginn des eigentlichen Buchdrucks erfolgte in China, wo nach chinesischer Tradition Ts'ai Lun 105 n. Chr. Papier herstellte und man vor über 1200 Jahren die Technik des Tafel- oder Blockdrucks erfand. Dabei wurde in eine Holz- oder Metallplatte der Text eingeschnitzt oder eingeschlagen. Da jede Druckplatte nur einmal verwendet werden konnte, baute man bereits im 11. Jahrhundert diese Technik durch den Einsatz beweglicher Lettern aus gebranntem Ton aus. Die Araber führten die Methode des Tafeldrucks Ende des 14. Jahrhunderts in Westeuropa ein. Bahnbrechend wirkte sich die Erfindung des mechanischen Buchdrucks

Buchdruck. Von Johannes Gutenberg in seiner Bibel verwendete Buchstaben und Zeichen

durch J. Gutenberg aus. Er entwickelte seit etwa 1436 in Straßburg, seit 1440 in Mainz einzelne bewegliche und daher beliebig kombinierbare, aus Metall gegossene Lettern (sogenannte Typenstempel) und konstruierte zur Vervielfältigung eine Druckerpresse. Seine Leistung lag in der Bewältigung des Problems des Letterngusses und des Pressens. Die neue Technik verbreitete sich sehr rasch über ganz Europa und war die Ursache, daß die Klosterschreibschulen und die profanen Schreibstuben durch Druckereien abgelöst wurden. Um 1500 gab es schon 200 Druckereien in insgesamt 60 deutschen Städten. In Italien wurde die Technik sehr bald verfeinert. Allein in Venedig zählte man um 1500 bereits 150 Druckereien. Bis 1570 war die Umstellung von der Handschrift auf den Druck überall vollzogen. Die Drucker bemühten sich zunächst um möglichst vollkommene Nachahmung der Handschriften. Deshalb sind viele frühen Drucke (Wiegendrucke bzw. ↑Inkunabeln) kaum von handgeschriebenen Büchern zu unterscheiden, zumal zunächst farbige Initialien, Federzeichnungen und sonstige künstlerische Ausgestaltungen weiterhin von Hand eingefügt wurden. Erst nach und nach wurden auch diese Schmuckformen mechanisch vervielfältigt. Neue Schriftarten entsprachen den technischen Erfordernissen des Buchdrucks immer besser, so v. a. die von N. Jenson entwickelte und seit etwa 1520 allgemein verwendete Antiqua und die der gotischen Schrift ähnelnde Fraktur. Besonders seit dem 19. Jahrhundert wurde die Drucktechnik immer mehr vervollkommnet. – Die Bedeutung des Buchdrucks für die kulturelle Entwicklung der Menschheit kann nicht hoch genug eingeschätzt werden. Zur Schaffung einer einheitlichen Schriftsprache trug die Buchdruckerei ebenso maßgeblich bei wie bis in die Gegenwart zur Breitenwirkung kultureller, politischer und religiöser Strömungen und Ideen.

Bücherei ↑Bibliothek.

Bücherverbot: das bis 1966 im katholischen Kirchenrecht verankerte Verbot, Bücher, die gegen die Glaubens- und Sittenlehre der katholischen Kirche verstießen, herauszugeben, zu lesen, aufzubewahren, zu übersetzen oder zu verbreiten.

Bücherverbrennung: die religiös oder politisch motivierte demonstrative Verbrennung verfemter Bücher. Besonders seit der Inquisition wurde die Bücherverbrennung häufig auf Grund kirchlicher Bücherverbote praktiziert. Ein herausragendes Beispiel politischer Art war die Verbrennung reaktionärer Literatur durch Studenten beim Wartburgfest vom 18. Oktober 1817. Besonderes Aufsehen erregte die am 10. Mai 1933 in den deutschen Universitätsstädten vollzogene Verbrennung von Büchern solcher Autoren, die den Nationalsozialisten mißfielen (u. a. S. Freud, W. Hasenclever, E. Kästner, H. Mann, W. Mehring, E. Ottwald, E. M. Remarque, E. Toller, K. Tucholsky, A. T. Wegner, A. Zweig).

Buchformat: Maßeinheit, nach der die Größe eines Buches angegeben wird. Neben der Angabe von Breite × Höhe (in cm) gibt es Formatbezeichnungen für Größengruppen, die sich vom Vorgang des Falzens der Druckbogen herleiten. Die Zahl der beim Falzen entstehenden Blätter führte zu den Formatbezeichnungen: 2 Blatt (2°, *Folio*), 4 Blatt (4°, *Quart*), 8 Blatt (8°, *Oktav*), 12 Blatt (12°, *Duodez*), 16 Blatt (16°, *Sedez*). Heute gibt die Formatbezeichnung die Höhe eines Buches an (querformatige Bücher erhalten den Zusatz „Quer-“, z. B. Quer-Oktav). Es werden verwendet:

Sedez:	bis 15 cm Höhe
Klein-Oktav:	bis 18,5 cm Höhe
Oktav:	bis 22,5 (oder 25) cm Höhe
Groß-Oktav:	bis 25 cm Höhe
Lexikon-Oktav:	bis 30 cm Höhe
Quart:	bis 35 cm Höhe
Groß-Quart:	bis 40 cm Höhe
Folio:	bis 45 cm Höhe
Groß-Folio:	über 45 cm Höhe

Nach den Richtlinien der Deutschen Bibliothek in Frankfurt am Main werden die Buchformate von Werken unter 10 cm und über 45 cm Höhe in Zentimetern angegeben.

Buchgemeinschaft (Buchgemeinde, Buchklub, Lesering): verlagsartiges Unternehmen, das Mitglieder sucht, die sich für eine bestimmte Mindestzeit (meist ein Jahr) zur regelmäßigen Abnahme einer festgelegten Anzahl von

Büchern verpflichten. Bei den von der Buchgemeinschaft angebotenen Titeln handelt es sich in der Regel um Bücher, die vorher bereits in einem Verlag erschienen sind, von dem die betreffende Buchgemeinschaft eine Lizenz erworben hat. Die Verbindung von Massenherstellung und Massenvertrieb ohne Zwischenschaltung des Buchhandels sowie das auf Grund der Abnahmegarantie durch die Abonnenten geringere Risiko ermöglichen eine Verbilligung der Bücherpreise. Die Kritik an den Buchgemeinschaften entzündet sich v. a. an der drohenden Nivellierung des literarischen Geschmacks und an der Kommerzialisierung der Literatur. Die Verbilligung der Bücherpreise sowie die Erschließung bislang literaturscheuer Bevölkerungskreise können diese Nachteile jedoch aufwiegen. Buchgemeinschaften gibt es erst seit dem 20. Jahrhundert. Zu den wichtigsten Unternehmen dieser Art gehören u. a.: „Bertelsmann Lesering", „Deutscher Bücherbund", „Büchergilde Gutenberg", „Deutsche Buchgemeinschaft", in Österreich die „Buchgemeinschaft Donauland", in der Schweiz die Buchgemeinschaft „Ex Libris" sowie in den USA der „Book-of-the-Month-Club".

Buchhandel: Wirtschaftszweig, der sich mit Herstellung, Vervielfältigung und Vertrieb von Büchern, Zeitschriften, Landkarten, Atlanten, Globen, Musikalien, Schallplatten, Kalendern, Kunstblättern, Lehr- und Lernmitteln sowie sonstigen der Information und Unterhaltung dienenden Medien befaßt und deren wirtschaftliche Nutzung ermöglicht.

Struktur: Der heutige deutsche Buchhandel ist als mehrstufiges System konstruiert mit herstellendem Buchhandel (↑ Verlag), verbreitendem Buchhandel, Zwischenbuchhandel sowie den ↑ Buchgemeinschaften. Wesentlichste Form des *verbreitenden Buchhandels* ist der Sortimentsbuchhandel mit offenem Ladengeschäft; weitere Formen sind u. a. der Reisebuchhandel, der seine Kunden durch reisende Vertreter anspricht, der Versandbuchhandel, der durch Anzeigen und Prospekte wirbt, der Buch- und Zeitschriftenhandel mit Schwerpunkt im Abonnementsgeschäft,

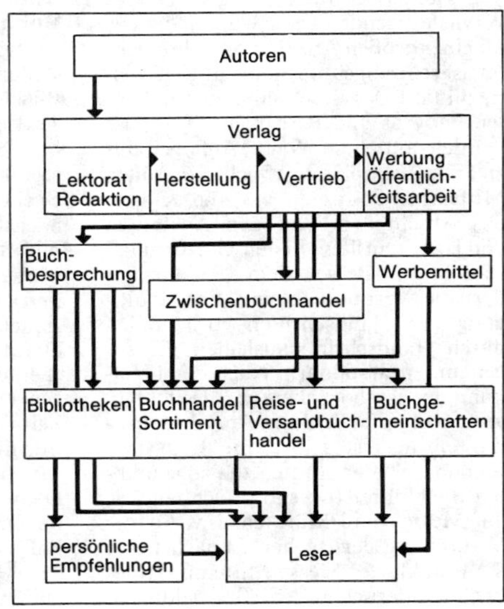

Buchhandel. Weg des Buches vom Manuskript zum Leser (schematisch)

der Bahnhofs- und Warenhausbuchhandel, das Antiquariat, das mit gebrauchten Büchern handelt. Der *Zwischenbuchhandel* dient einem Teil der Sortimentseinkäufe als rationelle Lieferquelle, weil er den Bezug von Büchern verschiedener Verlage aus einer Hand mit kurzen Wegen ermöglicht.

Organisation: Die berufsständische Spitzenorganisation des Buchhandels in der Bundesrepublik Deutschland ist der „Börsenverein des Deutschen Buchhandels e. V." in Frankfurt am Main. Träger der wirtschaftlichen Unternehmungen der Buchhändlerorganisation ist die „Buchhändlervereinigung GmbH" in Frankfurt am Main. Spitzenorganisation des Buchhandels in der DDR ist der Leipziger „Börsenverein der Deutschen Buchhändler". Das Fachblatt des deutschen Buchhandels ist das „Börsenblatt für den Deutschen Buchhandel", das seit dem Ende des 2. Weltkrieges in einer Frankfurter (zweimal wöchentlich) und einer Leipziger Ausgabe (wöchentlich) erscheint.

Die *Geschichte* des Buchhandels läßt sich bis zu den alten Ägyptern, Griechen und Römern zurückverfolgen. Die zu vervielfältigenden Texte wurden damals oft einer großen Anzahl von Schreibern (meist schreibgeübte Sklaven) gleichzeitig diktiert. Als Beschreibmaterial dienten Papyrus und Pergament. Teilweise wurden auf diese Weise Auflagen bis zu 1 000 Exemplaren erreicht. Im frühen Mittelalter besorgten v.a. die Klöster das Abschreiben und den Austausch von Handschriften. In den Universitätsstädten erfolgte seit dem 13. Jahrhundert die Verbreitung und Vervielfältigung von Handschriften vornehmlich durch Handschriftenausleiher, die sogenannten Stationarii. Nach der Erfindung der Buchdruckerkunst (seit 1440) vertrieben die Buchdrucker ihre Produkte zunächst selbst direkt an ihre Kunden. Später sorgten die sogenannten Buchführer (reisende Buchhändler) auf Messen und Märkten usw. für die Verbreitung der Bücher. Zunächst war die Frankfurter Messe Mittelpunkt des buchhändlerischen Verkehrs, bald nach 1700 wurde es Leipzig. Die Zunahme des Interesses am Lesen beim Mittelstand seit dem 18. Jahrhundert, die Ausbreitung der Schulpflicht, schließlich die Aufhebung der Verlagsprivilegien im Deutschen Reich 1867 und die Einführung einer begrenzten Schutzfrist (wodurch z.B. die Klassiker von beliebig vielen konkurrierenden Verlagen herausgebracht werden konnten) bewirkten eine beträchtliche Zunahme an Neuerscheinungen und Auflagen. Der Buchhandel der Bundesrepublik Deutschland erreichte zwischen 1950 und 1970 neuen Anschluß an den internationalen Buchhandel sowie eine konjunkturell sehr stabile Phase. Ende der 60er Jahre machten sich jedoch Krisenerscheinungen bemerkbar. Dies war teilweise auf das starke Vordringen jüngerer Unterhaltungsmedien (v.a. Fernsehen) zurückzuführen, teilweise auf die erhebliche Steigerung der Kosten bei der Herstellung und dem Vertrieb der Bücher. Dadurch wurde ein Schrumpfungs- und Konzentrationsprozeß sowohl beim herstellenden wie auch beim verbreitenden Buchhandel ausgelöst.

Buchillumination ↑Buchmalerei.

Buchillustration [von lateinisch illustratio „Erhellung, anschauliche Darstellung"]: die Ausstattung gedruckter Bücher mit Bildern, entweder auf der Textseite oder auf besonderen Blättern bzw. Seiten, wobei die Bilder den Text erläutern sollen. Nach Erfindung der Buchdruckerkunst (seit 1440) galt zunächst die ↑Buchmalerei noch als Vorbild für die Buchillustration. Dabei wurde meist der Holzschnitt (oft koloriert) bevorzugt. Vornehmlich volkssprachliche Werke, so etwa Erbauungsliteratur, Fabelsammlungen, Volksbücher und Novellen, Reisebeschreibungen und Chroniken wurden zu dieser Zeit illustriert. Ihre Blüte erlebte die Buchillustration vom *Ende des 15. bis zur Mitte des 16. Jahrhunderts* in Deutschland, Italien und Frankreich. Bedeutende Maler wie A. Altdorfer, H. Baldung, genannt Grien, H. Burgkmair der Ältere, L. Cranach der Ältere, A. Dürer, H. Holbein der Jüngere u. a. fertigten Holzschnitte für Buchillustrationen an. Besonders häufig wurde die Bibel illustriert. Bedeutung erlangten auch die Illustrationen für medizinische, botanische und sonstige wissenschaftliche Werke. Seit der *zweiten Hälfte des 16. Jahrhunderts* verdrängte der Kupferstich mehr und mehr den Holzschnitt.

Buchillustration. Charles Dickens „Oliver Twist" (Holzstich von George Cruikshank; 1838)

Im *17. Jahrhundert* spielten die Familien de Bry und Merian mit topographischen Kupferstichwerken eine beherrschende Rolle. Bis weit ins *18. Jahrhundert* war die französische Buchillustration (F. Boucher, H. F. Gravelot, Ch. Eisen, Ch. N. Cochin der Jüngere, J.-M. Moreau der Jüngere) vorbildlich. In Deutschland erreichten die Illustrationen D. Chodowieckis große Popularität. Neue Techniken erprobten englische Buchillustratoren wie W. Blake und Th. Bewick. Einen neuen Aufschwung leitete im *19. Jahrhundert* u. a. die Erfindung der Lithographie durch A. Senefelder sowie die Anwendung photomechanischer Reproduktionsverfahren ein, allerdings nicht selten auf Kosten des künstlerischen Wertes. In England ragten nach W. Blake Th. Rowlandson und v. a. G. Cruikshank hervor. Hervorragende Leistungen in der eher durch Quantität als durch Qualität der Buchillustrationen gekennzeichneten Folgezeit erbrachten in den verschiedensten graphischen Techniken Künstler wie L. Richter, A. von Menzel und M. von Schwind in Deutschland sowie E. Delacroix, G. Doré, H. Daumier oder Grandville in Frankreich. Auch im *20. Jahrhundert* widmen sich führende Künstler (in Deutschland u. a. L. Corinth, M. Slevogt, E. Barlach, A. Kubin, O. Kokoschka, HAP Grieshaber, H. Antes) der Buchillustration.

Buchklub ↑Buchgemeinschaft.

Buchmalerei (Buchillumination, Miniaturmalerei): der Bildschmuck einer Handschrift. Vorläufer der Buchmalerei finden sich bereits seit etwa 2000 v. Chr. auf ägyptischen Papyri. Die eigentliche Entfaltung und Blüte erlebte die Buchmalerei jedoch zwischen der Spätantike (frühestes erhaltenes Beispiel um 400 n. Chr.) und dem 16. Jahrhundert auf Pergamenthandschriften. Die Erfindung des ↑Buchdrucks verurteilte die Buchmalerei zum Aussterben. – Neben kleineren und größeren Textbildern (sogenannte Miniaturen) kennt die Buchmalerei v. a. ornamentale Formen wie die Ausgestaltung des Anfangsbuchstabens (Initial) und der Überschriften sowie die Verzierung des Blattrandes und des Zeilenausgangs. V. a. wurden kirchliche Texte zum liturgischen Gebrauch (Bibeln, Psalter, Stundenbücher, Andachtsbücher, Heiligenviten) durch Buchmaler illustriert; aber auch enzyklopädische Werke christlich-erbaulichen Gehaltes sowie wissenschaftliche Texte erfuhren eine ähnliche künstlerische Ausgestaltung. Die bedeutendsten Schulen der Buchmalerei befanden sich zur Karolingerzeit in Aachen, Reims, Metz und Tours, zur Zeit der sächsischen Kaiser auf der Reichenau, in Köln, Trier-Echternach, Salzburg, Regensburg, Hildesheim und Fulda. Ein berühmtes Beispiel der Buchmalerei aus der 1. Hälfte des 14. Jahrhunderts ist die „Große Heidelberger Liederhandschrift" (↑Heidelberger Liederhandschriften).

Buchmesse: Buchausstellung, bei der sich Verleger, Buchhändler, Bibliothekare und Autoren treffen. Die Tradition der Buchmessen reicht bis ins 15. Jahrhundert zurück, als die Messen von Frankfurt am Main und Leipzig Bedeutung erlangten. Dominierte zunächst die Frankfurter Buchmesse, so führten Zensurstreitigkeiten zwischen dem protestantischen Rat der Stadt Frankfurt und der kaiserlich-katholischen Bücherkommission dazu, daß der deutsche Buchhandel seinen Schwerpunkt mehr nach Leipzig verlegte. Von etwa 1700 bis zum Ende des 2. Weltkriegs behauptete Leipzig mit seiner Ostermesse seine führende Position. Seit der Neubelebung im Jahr 1949 hat sich die alljährlich im Herbst stattfindende *Frankfurter Buchmesse* zur größten internationalen Buchausstellung entwickelt. Während der Frankfurter Buchmesse wird alljährlich der „Friedenspreis des Börsenvereins des Deutschen Buchhandels" verliehen. Die *Leipziger Buchmesse* wird seit dem 2. Weltkrieg im Rahmen der Leipziger Messe veranstaltet.
Büchner-Preis ↑ Georg-Büchner-Preis.
Buchrolle: die älteste, in der Antike gebräuchliche Form des ↑ Buches. Die Buchrolle bestand aus Papyrus- oder Pergamentblättern, die zu langen Bahnen aneinandergeklebt waren. Die Beschriftung erfolgte in der Breite der einzelnen Blätter in Spalten (↑ Kolumnen). Der Leser rollte die Buchrolle von rechts nach links auf. Seit sich im 4./5. Jahrhundert das geheftete Buch (↑ Kodex) immer mehr durchsetzte, wurden Buchrollen nur noch für spezielle liturgische Zwecke (Exultet-Rollen mit bildlichen Darstellungen der Ostergeschichte, die für das Volk sichtbar waren) angefertigt.
Buchstabenschrift: Bezeichnung für eine Schrift, für die Buchstaben als Zeichen dienen. Von ihr zu unterscheiden sind die Morphemschrift (traditionell auch als „Wortschrift" bezeichnet), die Morpheme (kleinste sprachliche Zeichen bzw. kleinste bedeutungstragende Formen; entweder Wörter oder Teile von Wörtern) als Zeichen verwendet, sowie die ↑ Silbenschrift, in der ein Zeichen jeweils eine Silbe wiedergibt. Vorstufe all dieser Schriftformen ist die ↑ Bilderschrift (Piktographie), wie sie z. B. die Sumerer Ende des 4. Jahrtausends v. Chr. entwickelt haben.
Bühne: eine gegenüber den Zuschauern abgegrenzte, meist erhöhte Spielfläche für Theateraufführungen. Die älteste Form der am Anfang üblichen *Freilichtbühne* ist die *Bühne des antiken Dramas.* Sie war zunächst ein runder Tanzplatz (↑ Orchestra) vor dem Tempel des Dionysos mit dem Altar des Gottes als Mittelpunkt. Die Abkehr von dieser Anordnung wurde mit der Errichtung eines hölzernen Bühnenhauses (↑ Skene) eingeleitet. Die seit Aischylos vollzogene Trennung von Bühne und Kultstätte zeigte sich dann v. a. in der Aufteilung der ursprünglichen Einheit der Orchestra: als Spielfläche diente nun ein über die Orchestra erhöhtes Podest (↑ Proskenion) vor der Skene. Der Chor hatte seinen Platz in der Orchestra, zu der er über zwei Aufmarschstraßen (Parodoi; ↑ Parodos) links und rechts der Skene Zugang hatte. Die Skene selbst wurde häufig in die Aufführungen einbezogen und beherbergte bereits erste Theatermaschinen. In der klassischen Zeit schloß die Skene die zu einem Halbrund gewordene Orchestra nach rückwärts ab. Seit dem 4. Jahrhundert v. Chr. lösten Steinbauten die ursprünglichen Holzkonstruktionen ab. – Das ↑ geistliche Spiel des Mittelalters, anfänglich in Kir-

Bühne. Dionysostheater von Athen

chen aufgeführt, wich nach dem Überhandnehmen weltlicher Elemente auf Straßen und öffentliche Plätze aus, deren Häuserfronten ins Bühnenbild einbezogen wurden. Dabei wurden mehrere Spielplätze (loca) nebeneinander aufgebaut und somit gleichzeitig sicht-

Bühne. Swan-Theatre in London (um 1593 errichtet)

bar. Von der Simultaneität der Schauplätze leitet sich der Begriff *Simultanbühne* für diese mittelalterliche Form ab. Neben der üblichen Podiumform der Bühne kam zu dieser Zeit (zuerst in England seit 1264) auch die *Wagenbühne* auf. Dabei waren die Spielplätze auf verschiedene Plätze in der Stadt verteilt, wobei die einzelnen Szenen auf Wagen dargeboten wurden. Schauspieler und Zuschauer mußten sich während der Aufführung deshalb von Schauplatz zu Schauplatz begeben. – Eine Sonderform der Freilichtbühne stellte die *Gartenbühne* des Barock dar. Hohe, kunstvoll beschnittene Hecken, wie Kulissen hintereinander gestaffelt, ersetzten dabei Proszenium und Bühnenwände. Die *Freilichtbühnen* der Neuzeit bevorzugen dagegen den gewachsenen Wald- oder Felsenhintergrund bzw. Plätze vor historischen Gebäuden u. a.

Auch die *Saalbühne* kennt eine Vielzahl von Formen. An ihrem Anfang stand die *Terenzbühne* (auch *Badezellenbühne*) des ↑Humanistendramas, das den Versuch unternahm, altrömische Komödien (Terenz, Plautus) wieder aufzuführen. Den rückwärtigen Abschluß des Podiums bildeten bei dieser Bühnenform durch Pfeiler bzw. Säulen getrennte „Häuser", die als Auftrittsmöglichkeiten genutzt werden konnten. Sie waren entweder verhängt oder erlaubten in geöffnetem Zustand einen Einblick in kleine Innenräume („Badezellen"). Mit bedeutend einfacheren Mitteln kam die *Hans-Sachs-Bühne* (auch *Meistersingerbühne*) des 16. Jahrhunderts aus, bei der die Spielfläche seitlich und nach hinten durch Vorhänge abgegrenzt wurde. Die Schauspieler traten durch einen Mittelschlitz im Vorhang auf. Die niederländische *Rederijkerbühne* unterteilte die Spielfläche durch einen Vorhang in Vorder- und Hinterbühne, wobei letztere meist die Innenräume andeuten sollte. Eine weit in den galerieumrahmten Zuschauerraum hineinragende Vorderbühne, hinten mit säulengestütztem Dach und der Fassade des Garderobenhauses mit zwei bis drei Auftrittstüren und Balustrade als Abschluß, war das charakteristische Merkmal der *Shakespearebühne* des späten 16. Jahrhunderts. – Im Barock setzte sich dann mit der *Guckkastenbühne* (auch *Barock-*, *Kulissen-* und *Illusionsbühne*) die bis heute ver-

Bühne. Guckkastenbühne des Schloßtheaters des Fürsten Schwarzenberg in Krumau (1766–67)

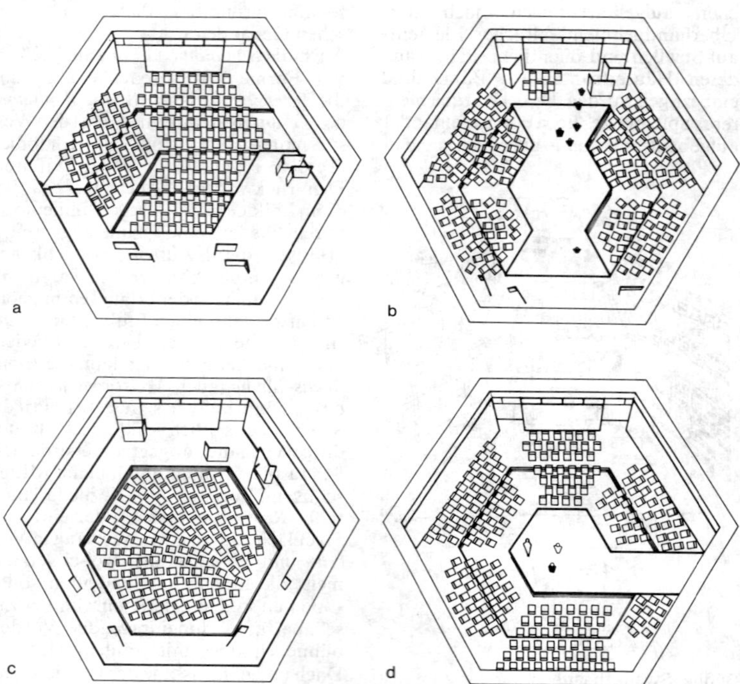

Bühne. Vier Zuordnungsmöglichkeiten von Zuschauerraum und Spielfläche an Hand des Ulmer Podiums: a mehrere Spielflächen, b Laufstegbühne, c Rundumbühne, d Arenabühne

breitetste Bühnenform durch. Zwei Kriterien sind für diese Bühnenform kennzeichnend: Erstens war die eigentliche Bühne vom Zuschauerraum durch die Rampe und den Vorhang getrennt, zweitens bewirkten Kulissen, mit denen erstaunliche Effekte möglich wurden, die Verwandlung des an drei Seiten von Wänden abgegrenzten, guckkastenähnlichen Bühnenraums. Eine Vorstufe der Kulissenbühne war die *Telaribühne.* Sie kam in der italienischen Renaissance auf und arbeitete mit perspektivisch bemalten drehbaren Prismenpfeilern (lateinisch telari), die entlang der beiden Bühnenseiten aufgestellt waren und drei verschiedene, zum jeweiligen rückwärtigen, aufrollbaren Prospekt (dem meist auf Leinwand gemalten Hintergrund) passende Bühnenbilder in rascher Folge erlaubten. Die Bühnentechnik des 19. Jahrhunderts schuf neue Varianten der Guckkastenbühne: Versenk-, Schiebe- und ↑ Drehbühne ermöglichten einen raschen Schauplatzwechsel. Das 19. Jahrhundert brachte jedoch auch die Abkehr von der Illusionsbühne und die Hinwendung zur realitätsbezogenen Bühne des naturalistischen Dramas. Um 1900 verhalf die Neuromantik auch der Illusionsbühne zu einer Wiederbelebung. Eine Abwendung von illusionistischen und realistischen Ausdrucksmitteln brachte zu Beginn des 20. Jahrhunderts schließlich die *Stilbühne.* Die Ausstattung der Bühne beschränkte sich auf Requisiten

(Pfeiler, Säulen, Vorhänge), die den Ort der Handlung andeutend stilisierten oder in Ersatzfunktion eingesetzt wurden. Die Stilbühne wurde v. a. vom expressionistischen Theater bevorzugt. Seit den 1960er Jahren wird mit variablen Bühnenformen experimentiert (die Spielfläche reicht in den Zuschauerraum hinein, umgibt ihn oder wird von einem Zuschauerring umgeben), um die Zuschauer stärker in das Spielgeschehen einzubeziehen.

Bühnenanweisungen: erläuternde Bemerkungen des Bühnenautors zu Bühnenbild und Dekoration, Masken und Kostümen, Gestik und Mimik der Schauspieler, Bühnenmusik und sonstigen akustischen Effekten, überhaupt zum äußeren Ablauf eines Bühnenwerks. Sie sind gedacht als Anleitung für Regisseur, Bühnenbildner und Schauspieler, aber auch für den Leser. In den Bühnenanweisungen, die teils in den Sprechtext eingeschoben, teils den Szenen vorangestellt sind, verrät der Autor seine Auffassung des behandelten Stoffes. Bereits im antiken Drama kannte man kurze Bühnenanweisungen. Umfang und Form sind abhängig vom Verhältnis des dramatischen Dichters zur Bühnenkunst. Bei Bühnenstücken, deren Schwerpunkt in der sprachlich-künstlerischen Ausformung gesehen wird (z. B. Antike, Humanistendrama, deutsche Klassik), sind die Bühnenbemerkungen sehr knapp oder fehlen ganz; bei Werken, die den Nachdruck auf realistische Darstellung des Bühnengeschehens legen (Naturalismus), sind die Bühnenanweisungen meist sehr präzise und ausführlich.

Bühnenbearbeitung: die Abänderung einer dramatischen Dichtung durch Kürzung, Zusammenziehung, Ergänzung, Umstellung von Szenen und ähnliche Eingriffe, mit deren Hilfe das Werk den konkreten Anforderungen einer bestimmten Aufführung angepaßt werden soll. Anlaß für solche Umgestaltungen können technische Schwierigkeiten und sonstige bühnenpraktische Notwendigkeiten, Zugeständnisse an den Publikumsgeschmack, Auflagen der Zensur, der Versuch der Modernisierung oder aber auch die Willkür eines Regisseurs bzw. Dramaturgen sein. Dramen von Shakespeare, Molière, Lessing, Schiller und Goethe erfuhren nicht selten Bühnenbearbeitungen. Die neuere Dramaturgie kehrt dagegen meist zur Urform von Bühnenstücken zurück. – ↑ auch Adaptation.

Bühnenbild: die Ausgestaltung des Schauplatzes eines Bühnenwerkes. Das Bühnenbild wird vom Dekorateur oder Bühnenbildner mit architektonischen, technischen und künstlerischen Mitteln und mit Hilfe bestimmter Requisiten erstellt. Erste Ansätze einer architektonischen Gestaltung der Szene dürfen bereits beim antiken Drama angenommen werden. Die mittelalterlichen Bühnen beschränkten sich weitgehend auf die Andeutung räumlicher Verhältnisse. Gleiches gilt für das Theater des 16. Jahrhunderts, das jedoch schon auf Maschinen und Attrappen zurückgriff. Einschneidende Veränderungen brachte die Einführung der perspektivischen Sicht auf der Bühne. Die zunächst übliche Zentralperspektive mit einem einzigen Fluchtpunkt wurde seit dem 18. Jahrhundert von der Winkelperspektive mit mehreren Fluchtpunkten (besonders durch F. Galli da Bibiena) abgelöst, die die Illusion des großen Raumes erzeugte. V. a. die Telaribühne (↑ Bühne) eröffnete dem Bühnenbild ungeahnte Möglichkeiten. Noch nachhaltiger wirkte sich die Erfindung der Kulisse auf die Verwandlungsfähigkeit des Schauplatzes aus. Der Bühnenillusionismus erlebte im 18./19. Jahrhundert dank einer ausgeklügelten Theatermaschinerie (Flugapparate, Versenkungen u. a.) seinen Höhepunkt. Im 19. Jahrhundert setzten sich auf der Bühne, so v. a. in den Dramen des ↑ Naturalismus, mehr und mehr realistische Tendenzen durch. Das Theater des 20. Jahrhunderts legt den Schwerpunkt schließlich auf neutrale oder symbolhafte Bühnengestaltung, d. h., der Schauplatz wird stark stilisiert, der Trend zur Abstraktion, zum nur angedeuteten Bühnenbild wird dominierend, anstelle gemalter Dekorationen treten oft die Lichtregie, Bildprojektionen und Filmeinspielungen. Wegbereiter des modernen Bühnenbildes sind E. G. Craig, der auf die klassizistische Bühnenarchitektur K. F. Schinkels zurückgriff, und A. Appia, in dessen Nachfolge Wieland Wagner mit seinen Inszenierungen der Opern R. Wagners in Bayreuth steht. Bei neuen Dramen (z. B. von P. Weiss) wird nicht selten sogar ganz auf eine Gestaltung der Bühne verzichtet oder mit bewußt desillusionistischen Mitteln (wie bei der Brechtbühne), so z. B. durch Offenlegung der Bühnenmaschinerie, gearbeitet.

Bühnendichter ↑Theaterdichter.

Bühnenhaus, Teil des Theatergebäudes, der die Bühne enthält, ferner Ankleide-, Aufenthalts-, Probe-, Lagerräume sowie Werkstätten.

Bühnenmanuskript: der einer ↑Inszenierung zugrundeliegende Text eines Theaterstückes („Spieltext"), der entweder noch nicht gedruckt ist oder stark von der Druckfassung abweicht (↑Bühnenbearbeitung).

Bühnenmusik: die in einem Bühnenwerk (Schauspiel, Oper, Operette) von der Handlung geforderte und vom Autor vorgeschriebene Musik auf oder hinter der Bühne. In der Oper und Operette eine auf der Bühne gespielte Musizierszene (z. B. die Tanzszene in W. A. Mozarts „Don Giovanni"), im Schauspiel die *Inzidenzmusik*, eine für den Handlungsablauf unentbehrliche musikalische Beigabe wie Fanfaren, Märsche, Tanz- oder Liedeinlagen (z. B. der Gesang der Ophelia in W. Shakespeares „Hamlet"). Darüber hinaus wird zur Bühnenmusik auch die *Schauspielmusik* gezählt, die die Akte eines Dramas mit Ouvertüre, Zwischenakts- und Schlußmusik umrahmt und Teile der Handlung untermalt oder ausdeutet. Sie wird stets im Orchesterraum ausgeführt. – Die Musik hat in den Bühnenwerken fast aller Kulturkreise ihren festen Platz. Dies gilt für die antiken Dramen ebenso wie für geistliche und weltliche Spiele des Mittelalters und der Renaissance oder für die Schuldramen des Humanismus. Auch in den englischen Maskenspielen, im Drama W. Shakespeares und in den Bühnenwerken des Barock spielte die Musik eine große Rolle. In der 2. Hälfte des 18. Jahrhunderts erhoben J. Ch. Gottsched, G. E. Lessing u. a. die Forderung, daß die bei Schauspielen üblichen Musikumrahmungen auch in innerer Beziehung zum Drama stehen müßten. Seitdem entstanden bedeutende Schauspielmusiken, so von L. von Beethoven zu Goethes „Egmont" (1809/10), von F. Mendelssohn Bartholdy zu Shakespeares „Sommernachtstraum" (1826–43), später u. a. von E. Grieg zu H. Ibsens „Peer Gynt" (1874/75). Bühnenmusik wird auch im modernen Drama gefordert (z. B. F. García Lorca, Th. Wilder, J. Anouilh), bisweilen wird sie zu klassischen Theaterstücken neu komponiert.

bukolische Dichtung [von griechisch būkolikós „die Hirten betreffend, ländlich"] (Bukolik, Hirtendichtung): Dichtung, die ein Bild vom beschaulichen Dasein bedürfnisloser Hirten in einer lieblichen Landschaft entwirft (↑arkadische Poesie). Theokrit ist der erste bedeutende Vertreter in der griechischen, Vergil in der römischen Literatur („Bucolica", auch „Eclogae" genannt, entstanden 42–39, deutsch „Bucolica", 1568). Der bukolische Roman entstand im Hellenismus (erhalten ist nur „Poimenikà katà Dáphnin kaì Chlóēn", deutsch 1765 unter den Titel „Daphnis und Chloe" von Longos [3. Jahrhundert?]). Die bukolische Dichtung lebte wieder auf in der italienischen Renaissance. – ↑auch Schäferdichtung.

Bund der Werkleute auf Haus Nyland ↑Nylandgruppe.

Bundesprüfstelle für jugendgefährdende Schriften: eine dem Bundesministerium für Jugend, Familie, Frauen und Gesundheit unterstellte Behörde, die über die Einhaltung des „Gesetzes über die Verbreitung jugendgefährdender Schriften" zu wachen hat und „vor allem unsittliche, verrohend wirkende, zu Gewalttätigkeit, Verbrechen oder Rassenhaß anreizende sowie den Krieg verherrlichende Schriften", wie es im Text des zitierten Gesetzes heißt, im Bundesanzeiger bekanntmachen muß. Nicht in die Liste aufgenommen werden dürfen Publikationen, die der Kunst dienen. Aufsehen erregt hat in den sechziger Jahren die Diskussion um eine Indizierung der Novelle „Katz und Maus“ (1961) von G. Grass.

bürgerliches Trauerspiel: während der Aufklärung im 18. Jahrhundert entstandene dramatische Gattung, die das Schicksal von Menschen bürgerlichen Standes gestaltet. Sie steht damit in Widerspruch zu den seit Renaissance und Barock gültigen Regeln, denen zufolge die Handlungsträger der Tragödie ausschließlich Angehörige eines hohen Standes sein sollten (↑Ständeklausel, ↑Fallhöhe). Dieser inhaltliche Wandel findet seinen Niederschlag auch in der sprachlichen Form, denn das bürgerliche Trauerspiel ist nicht in Versform, sondern in Prosa abgefaßt. Als erster Schritt in die Richtung des bürgerlichen Trauerspiels darf die noch in Versen gedichtete Tragödie „Cardenio und Celinde, Oder Unglücklich Verliebete“ (1657) von A. Gryphius gelten, in deren Vorwort sich der Autor entschuldigt: „Die Personen, so eingeführet, sind fast zu niedrig vor ein Trauerspiel ...“. Das eigentliche bürgerliche Trauerspiel jedoch entstand in England. G. Lillos „The London merchant, or the history of George Barnwell“ (1731, deutsch „Der Kaufmann von London, oder Begebenheiten George Barnwells“, 1772) war Vorbild für die Entwicklung der Gattung auf dem Kontinent. Zunächst wird die Konfrontation des selbstbewußt gewordenen und von den Ideen der Aufklärung beseelten Bürgertums mit der Adelswillkür in den Blickpunkt gerückt. Hervorragendstes Beispiel hierfür ist G. E. Lessings „Emilia Galotti“ (1772). Mit „Miß Sara Sampson“ (1755) hatte Lessing bereits Jahre zuvor das bürgerliche Trauerspiel in Deutschland populär gemacht. Die Auflehnung des Individuums gegen die Gesellschaftsordnung verherrlichen auch die bürgerlichen Trauerspiele des Sturm und Drang (u. a. J. M. R. Lenz, „Der Hofmeister“, 1774, und „Die Soldaten“, 1776). Als das sprachlich und formal geschlossenste Werk gehört Schillers „Kabale und Liebe“ (1784) in die gleiche Reihe. Erst Jahrzehnte später wurde v. a. mit Ch. F. Hebbels „Maria Magdalene“ (1844) eine neue inhaltliche Ausprägung eingeleitet. Das bürgerliche Trauerspiel behandelt nunmehr Konflikte innerhalb des Bürgertums, es übt Kritik am bürgerlichen Stand und seiner moralischen Verhärtung. Nur noch bedingt in diese Tradition lassen sich im ↑Naturalismus die Trauerspiele stellen, die zwar im Bürgermilieu spielen, in denen aber eine allgemeine sozialkritische Tendenz überwiegt, z. B. „Das Friedensfest“ (1890) und „Einsame Menschen“ (1891) von G. Hauptmann.

Burlẹske [von italienisch burla „Schabernack, Spaß“]: Bezeichnung für ein kürzeres, derb-komisches Improvisationsstück in der Art der ↑Commedia dell'arte, dann auch für ein Werk, das der ↑Posse und ↑Farce nahesteht. Ein bekanntes Beispiel ist Goethes Stück „Götter, Helden und Wieland“ (1774). – ↑auch Groteske, ↑Parodie, ↑Travestie.

Butzenscheibenlyrik [nach der „altdeutschen“ Butzenscheibe, einer im 16. Jahrhundert weitverbreiteten runden Fensterglasscheibe]: von P. Heyse geprägter abwertender Ausdruck für episch-lyrische Dichtungen in der Nachfolge V. von Scheffels („Der Trompeter von Säckingen“, Epos, 1854, u. a.) die, häufig gekünstelt und romantisierend-sentimental, mittelalterliche Ideale und Idylle beschworen (Kaisertum, Ritterkultur, Minnesang, Vagantentum). Sie waren beim Publikum sehr erfolgreich, aber ab 1890 massiver Kritik der Naturalisten ausgesetzt. Hauptvertreter der Butzenscheibenlyrik waren R. Baumbach („Lieder eines fahrenden Gesellen“, 1878) und J. Wolff („Der fahrende Schüler“, 1900).

Bylinen [russisch]: epische Heldenlieder der russischen Volksdichtung. Sie berichten, z. T. märchenhaft-phantastisch ausgeschmückt, in Einzelliedern und Zyklen von historischen Ereignissen und Personen (von Wladimir dem Großen, Iwan dem Schrecklichen u. a.).

C

Calembour [kalã'bu:r; französisch „Wortspiel"]: ein (oft fauler) Wortwitz, der zustande kommt, wenn mit gleich oder ähnlich lautenden Wörtern (↑Homonym) verschiedener Bedeutung gespielt wird, z. B.: „Und nach der Maiandacht / Da kommt die Maiennacht" (B. Brecht, „Mutter Courage und ihre Kinder", Drama, 1949). Die Herkunft des Wortes Calembour, das sich in Frankreich seit dem 18. Jahrhundert findet, ist nicht mit letzter Gewißheit zu klären; man vermutet eine Beziehung zum deutschen Volksbuch „Der Pfarrer vom Kalenberg". – ↑auch Kalauer.

Cancioneiro [kẽsju'nɐjru; portugiesisch „Liederbuch"] (spanisch cancionero): in der portugiesischen bzw. spanischen Literatur Bezeichnung für eine Sammlung lyrischer Gedichte. Besondere Bedeutung für die Überlieferung der mittelalterlichen höfischen portugiesischen Lyrik haben drei sehr kostbare, mit Miniaturen ausgestattete Cancioneiros, die die portugiesische Lyrik von der 2. Hälfte des 12. bis zur 1. Hälfte des 14. Jahrhunderts überliefern, der „Cancioneiro da Ajuda", der „Cancioneiro da Vaticana" und der „Cancioneiro da Biblioteca Nacional". Von vergleichbarer Bedeutung für die spanische Literatur ist der „Cancionero de Baena", der um 1445 von Juan Alfonso de Baena für den spanischen Hof zusammengestellt wurde und überwiegend Lyrik in kastilischer Sprache aus dem 14./15. Jahrhundert enthält. Unter dem Titel „Cancionero" gibt es im 15./16. Jahrhundert auch Sammlungen der Dichtungen einzelner Autoren oder einer bestimmten lyrischen Gattung oder einer einheitlichen Thematik.

Canzone ↑Kanzone.

Capitano [italienisch „Hauptmann"]: eine Figur der ↑Commedia dell'arte: der großsprecherische Offizier (↑Bramarbas), der sein Heldentum in großen Worten vortäuscht, während er in Wirklichkeit ein erbärmlicher Feigling ist. Aus diesem Widerspruch ergibt sich die komische Wirkung des Capitano auf das Publikum.

Capriccio [ka'prɪtʃo; italienisch „Laune, unerwarteter Einfall"]: ungenaue Bezeichnung für ein phantasievolles Prosastück, das diesen Namen zumeist im Untertitel führt, z. B.: „Prinzessin Brambilla. Ein Capriccio nach Jakob Callot" (1821) von E.T.A. Hoffmann.

Captatio benevolentiae [lateinisch „Haschen nach Wohlwollen"]: Bezeichnung für Wendungen, in denen sich ein Sprecher zu Beginn seiner Rede oder ein Autor zu Beginn seines Werkes des Wohlwollens seiner Zuhörer zu versichern sucht.

Carmen [lateinisch „Lied, Gedicht"]: ursprünglich Bezeichnung des altrömischen Kultliedes (Zauberformel, Beschwörung, rituelles Gebet), das in betont rhythmisierter, archaischer Sprache gehalten ist; in der lateinischen Klassik Sammelbezeichnung für lyrische Gedichte (auch Horaz bezeichnete seine Oden als carmina). Im Mittelalter wurde der Begriff in gleicher Weise auf weltliche und geistliche Dichtung, insbesondere auf das Vagantenlied (↑Vagantendichtung) bezogen. – ↑auch „Carmina Burana".

Carmen figuratum [lateinisch] ↑Figurengedicht.

Carmina Burana [mittellateinisch „Lieder aus Beuern"]: eine der berühmtesten, in einer Pergamenthandschrift aus dem 13. Jahrhundert überlieferten Sammlungen mittelalterlicher Dichtung des (11.) 12. und 13. Jahrhunderts. Die Handschrift wurde 1803 im Kloster Benediktbeuern entdeckt; sie enthält rund 250 Texte, die in vier Gruppen gegliedert sind: 1. moralisch-satirische Dichtungen: 55 Gedichte über die Vergänglichkeit des Glücks, die Verderbtheit der Welt usw.; 2. Liebes-, Tanz- und Frühlingslieder (131 Nummern); 3. Trinklieder und 4. geistliche Schauspiele. Die Texte, deren Verfasser (bis auf einen) ungenannt bleiben, sind größtenteils in lateinischer Sprache verfaßt, es finden sich aber auch Mischtexte, d. h. Gedichte mit Einschüben in mittelhochdeutscher oder französischer Sprache, und 45 mittelhochdeutsche Strophen. Die „Carmina Burana", von denen eine Auswahl durch die Vertonung von C. Orff (uraufgeführt 1937) einem größeren Publikum zugänglich gemacht wurde, gelten als herausragendes Beispiel der sogenannten ↑Vagantendichtung, der allerdings nur ein Teil der Texte zuzuordnen ist (ein besonders anschauliches Beispiel bietet die Vagantenbeichte des Archipoeta, in der der Sprecher die Abkehr von seinem lasterhaften, von Weib, Wirtshaus und Spiel bestimmten Leben gelobt). Die anderen Gedichte sind Scholarenpoesie und weltliche Klerikerdichtung.

Carol [ˈkærəl; englisch, von griechisch-lateinisch choraúlēs „der den Chortanz begleitende Flötenspieler"]: ursprünglich im Englischen ein volkstümliches Tanzlied (Rundtanz), verwandt mit dem französischen ↑Virelai. Der Vortrag der Strophen erfolgte durch einen Solosänger, der Chor übernahm den Kehrreim. Carols dienten v. a. im 15. Jahrhundert der Gestaltung von jahreszeitlichen Festen, z. B. des Weihnachtsfestes (Christmas carols). Seit dem 16. Jahrhundert werden in erster Linie volkstümliche Weihnachtslieder als Carols bezeichnet. – ↑auch Lullabies.

Catene ↑Katene.

Cauda ↑Koda.

Cento [lateinisch „Flickwerk"]: ein aus kurzen Zitaten namhafter Autoren „zusammengeflicktes" Gedicht. Dabei sind verschiedene Absichten möglich, etwa die der Parodie, die des Prunkens eines Autors mit seiner genauen Werkkenntnis oder die Absicht, Versen hochgeschätzter heidnischer Dichter, z. B. des Vergil, einen christlichen Gehalt zu unterlegen. So verwertete im 12. Jahrhundert der Tegernseer Mönch Metellus Verse aus den Eklogen Vergils und den Oden des Horaz für seine Erbauungslieder.

Chanson [ʃɑ̃ˈsõ; französisch „Lied", von lateinisch canere „singen"]: 1. im Mittelalter Sammelbezeichnung für alle singbaren epischen oder lyrischen Dichtungen in französischer Sprache, speziell jedoch für das Minnelied der ↑Trouvères. – 2. Daneben vom Ende des 13. Jahrhunderts an auch das – im Gegensatz zum einstimmigen Chanson des Hochmittelalters – mehrstimmige Chanson, oft mit ↑Refrain. Es trat neben die Formen ↑Ballade, ↑Rondeau, ↑Virelai. Im 17. und 18. Jahrhundert dominierte das galante, tändelnde Chanson. Der bereits in der Zeit des Absolutismus feststellbare Trend zum politisch-satirischen Chanson herrschte v. a. in der Zeit der Französischen Revolution (besonders bekannt: „Ça ira") vor. Im 19. Jahrhundert wurde P. J. de Béranger der bedeutendste Vertreter der Gattung. – 3. Heute bezeichnet man mit Chanson alle Arten des ein- und mehrstimmigen Liedes. Im engeren Sinn stellt es eine zum Einzelvortrag bestimmte literarisch-musikalische Gattung dar: Das Chanson wird von einem Interpreten unter musikalischer Begleitung oft nur eines Instruments gesungen oder rezitiert, wobei die mimische und gestische Gestaltung des Vortrags eine bedeutende Rolle spielt.

Formal üblich ist eine strenge Strophengliederung, häufig besonders betont durch einen Refrain. Die Thematik von Chansons bewegt sich auf einer sehr großen Bandbreite; sie reicht von bissiger Kritik an politisch-gesellschaftlichen Positionen über die witzige Darstellung eines bestimmten Milieus bis hin zu mondäner Selbstbespiegelung oder zur lyrischen Gestaltung einer Augenblicksstimmung oder einer Liebesbeziehung. – Seine Ausprägung fand das Chanson der Gegenwart seit der Mitte des 19. Jahrhunderts in Pariser Cafés (als Begründer gilt A. Bruant). In Deutschland wurde es seit der Jahrhundertwende in Kabaretts („Elf Scharfrichter“, „Überbrettl“) gepflegt; heute wird es v. a. durch Film, Funk und Fernsehen dem Publikum nahegebracht. Berühmte Interpreten: M. Chevalier, G. Brassens, Ch. Aznavour, G. Bécaud, Y. Montand, É. Piaf, J. Gréco, J. Brel. Als bedeutendste deutsche Repräsentanten des politischen und sozialkritischen Chansons sind W. Biermann, F.J. Degenhardt, D. Süverkrüp, R. Mey und K. Wecker zu nennen.

Chanson de geste [ʃãsõd'ʒɛst; französisch]: französisches Heldenepos des Mittelalters, in dem Stoffe aus der nationalen Geschichte, besonders aus der karolingischen Zeit, gestaltet sind. Die ältesten erhaltenen Chansons de geste stammen aus dem 11., ihre Blütezeit war im 12. Jahrhundert. Obgleich keine Melodien erhalten sind, wird angenommen, daß die Epen von einem Sänger (jongleur) zur Begleitung der Fidel (vielle), seit dem 14. Jahrhundert der Drehleier (cifonie) vorgetragen wurden. Ihre Form ist die Tiraden- oder Laissenstrophe (↑Laisse), beliebteste Versform waren der Zehnsilber mit Zäsur nach der vierten Silbe und der Zwölfsilber mit Zäsur nach der sechsten Silbe. Nur von wenigen der über 80 überlieferten Chansons de geste sind die Verfasser bekannt. Vom Stoff her sind drei große Zyklen, sogenannte „Gesten“, zu unterscheiden: 1. der Zyklus um Karl den Großen und das karolingische Herrschergeschlecht („Königsgeste“); bedeutend sind „La chanson de Roland“ (um 1075–1100, deutsch „Rolandslied“, 1839/40) und „Le pèlerinage de Charlemagne à Jérusalem et à Constantinople“ (12. Jahrhundert, deutsch „Die Weise von Kaiser Karls Fahrt gen Morgenland“, 1923); 2. der Zyklus um das Vasallengeschlecht von Garin de Monglane, zu dem u. a. Wilhelm von Orange gehört („Geste Garin“, „Wilhelmsgeste“, 24 Epen; wichtig ist v. a. „La chanson de Guillaume“ [„Wilhelmslied“], um 1130–40) und 3. der Zyklus um die sich gegen den Herrscher empörenden Vasallen („Empörergeste“), zu dem u. a. das Gedicht von den vier Haimonskindern („Les quatre fils Aymon“, 12. Jahrhundert) und „Girart de Roussillon“ (12. Jahrhundert) gehören. In Übersetzungen und Prosabearbeitungen fanden Stoffe der Chansons de geste auch Eingang in andere europäische Literaturen (v. a. in die italienische), von ihnen wurde auch L. Ariostos Epos „Orlando furioso“ (1516, deutsch „Die Historie vom rasenden Roland“, 1631–36) beeinflußt.

Chant [ʃã; französisch „Gesang“]: das meist ernste Lied zu feierlichen Anlässen; zum Singen bestimmtes Gedicht, Ode, Hymne; auch französische Bezeichnung für eine Handlungseinheit des Epos.

Charakterdrama [ka...]: Drama, das in erster Linie auf die Gestaltung eines komplexen individuellen Charakters angelegt ist, während die dramatische Handlung etwas in den Hintergrund tritt. Der Gang der Handlung wird dabei von der besonderen charakterlichen Disposition einer Dramenfigur entscheidend bestimmt. Als Beispiele sind hier Shakespeares Hamlet („Hamlet“, 1603, deutsch „Hamlet“, 1766) oder Goethes Tasso („Torquato Tasso“, 1790) zu nennen. Im Gegensatz zum Charakterdrama stehen das ↑Handlungsdrama und das ↑Ideendrama.

Charakterkomödie [ka...]: Komödie, in der sich die Komik in erster Linie aus der übertrieben einseitigen Gestaltung eines seltsamen Charakters, nicht so sehr (wie etwa bei der ↑Situationskomödie) aus den Verwicklungen einer Handlung ergibt, z. B.: „Le malade imaginaire" (1673, deutsch 1694, 1867 unter dem Titel „Der eingebildete Kranke") von Molière, der ein Meister der Charakterkomödie war, „Der zerbrochene Krug" (1811) von H. von Kleist oder „Der Biberpelz" (1893) von G. Hauptmann.

Charakterrolle [ka...]: eine Theaterrolle, bei der die einfühlende Gestaltung eines individuellen, komplexen Charakters gefordert ist, z. B. Shakespeares Hamlet („Hamlet", 1603, deutsch „Hamlet", 1766).

Charge [ˈʃarʒə; französisch, eigentlich „Bürde" (z. B. eines Amtes), von charger „beladen"]: Nebenrolle im Theater (z. B. Hanswurst, Bedienstete, komischer Alter usw.), die zum Zweck der kontrastierenden Hervorhebung der Hauptfigur oft übertrieben und einseitig gespielt wird und zur ↑Karikatur zu werden droht. Das Verbum „chargieren" meint demzufolge auch „mit Übertreibung spielen".

Chevy-Chase-Strophe [ˈtʃɛvɪtʃɛɪs; englisch]: Strophenform, die für die englisch-schottische Volksballade typisch ist. Ihren Namen leitet sie von einer Ballade aus dem 16. Jahrhundert (in Th. Percys Balladensammlung „Reliques of ancient English poetry", 1765) ab, die von der Jagd (chase) auf den Cheviot Hills erzählt. Die Chevy-Chase-Strophe wurde auch in der deutschen Lyrik häufig verwendet, so besonders in Liedern patriotischer Prägung (J. W. L. Gleim, „Preußische Kriegslieder", 1758) und in Balladen (J. N. Vogl, „Heinrich der Vogler"), im 19. Jahrhundert bei Th. Fontane, M. von Strachwitz u. a. Sie besteht aus vier Kurzversen mit stumpfem Ausgang, wobei Vierheber (1. und 3. Zeile) und Dreiheber (2. und 4. Zeile) abwechseln. Durch den Wegfall der 4. Hebung wird in der 2. und 4. Zeile eine deutliche Pause erreicht:

◡ ◡́ ◡ ◡́ ◡ ◡́ ◡ ◡́
◡ ◡́ ◡ ◡́ ◡ ◡́
◡ ◡́ ◡ ◡́ ◡ ◡́ ◡ ◡́
◡ ◡́ ◡ ◡́ ◡ ◡́ , z. B.:

„Und trüg er noch den alten Groll,
Frisch wie am ersten Tag,
So komme, was da kommen soll,
Und komme, was da mag."
(Th. Fontane, „Archibald Douglas").

Chiasmus [çi...; griechisch, nach der Gestalt des griechischen Buchstabens Chi = χ]: rhetorische Figur; kreuzweise Stellung von vier aufeinander bezogenen Satzgliedern nach dem Schema a b – b a, so daß sich das erste und vierte sowie das zweite und dritte Satzglied entsprechen, z. B.: „Eng ist die Welt, und das Gehirn ist weit" (Schiller, „Wallensteins Tod", 1800). Als rhetorisches Stilmittel bereits in der antiken Rhetorik bekannt, war der Chiasmus besonders in der Dichtung des Barock beliebt.

Chiffre [ˈʃifer; französisch, von mittellateinisch cifra „Null" (von arabisch sifr „leer")]: 1. Ziffer, Zahlzeichen, Namenszeichen, Kennziffer; Zeichen, das bei der Übermittlung einer Nachricht zur Verkürzung oder/und Verschlüsselung (meist zum Zweck der Geheimhaltung) verwendet wird. – 2. Stilfigur, die besonders in der modernen Lyrik beliebt ist und von G. Benn theoretisch begründet wurde. Dabei nehmen einfache, meist bildhafte Wörter oder Wortverbindungen unabhängig von ihrer ursprünglichen Bedeutung einen vom Autor gesetzten Sinn an, der aus dem Zusammenhang erschlossen werden muß, z. B. „Flug" für den als Aufbruch in Unbekanntes, Unendliches verstandenen Prozeß des Dichtens bei O. Loerke.

Choliambus [ço...; von griechisch chōlíambos „Hinkjambus"]: ein antikes Versmaß; jambischer ↑Trimeter, dessen letzter Fuß anstelle eines ↑Jambus einen ↑Trochäus erhält.
Grundschema: ◡ ◡́ ◡ ◡́ | ◡ ◡́ ◡ ◡́ | ◡ ◡́ ◡́ ◡.
Durch diese auffallende Rhythmusänderung wird eine schleppende, „hinkende" Wirkung erzielt, die diesem Trimeter den Namen verlieh. Verwendet wurde er v. a. in satirischen Spottgedichten. In der antiken Dichtung ist der Choliambus erstmals bei Hipponax von Ephesus (6. Jahrhundert v. Chr.) anzutreffen. Nach ihm verfaßten v. a. Kallimachos und Herodas von Kos sowie

Catull Gedichte in diesem Versmaß. In der deutschen Dichtung ist der Choliambus sehr selten. A. W. Schlegel und F. Rückert benutzten ihn manchmal, z. B.: „Ein Liebchen hatt' ich, das auf einem Aug' schielte; weil sie mir schön schien, schien ihr Schielen auch Schönheit ..." (F. Rückert, „Hinkende Jamben").

Chor [ko:r; griechisch]: ursprünglich Bezeichnung für den [kultischen] Tanzplatz, dann auf den mit Gesängen verbundenen Tanz, auf die Gesamtheit der an Gesang und Tanz beteiligten Personen und den Text des beim Tanz vorgetragenen Gesangs übertragen (↑Chorlied). – Beim altgriechischen Chor führte ein Chorführer die maskierten Chorsänger oder Chortänzer (Choreuten) an. Bei der Aufführung gruppierte sich der Chor im Viereck oder im Kreis, wie es besonders beim ↑Dithyrambos üblich war. Älteste Form einer chorischen Aufführung waren die rituellen Darbietungen anläßlich der Dionysien, der Feste zu Ehren des Gottes Dionysos: rhythmisch gegliederte, langsame Tänze, die von Chorliedern und Kithara- bzw. Flötenmusik begleitet wurden. Dabei wechselten Einzelvortrag des Chorführers und refrainartige Rufe des Chores einander ab. Aus dieser Form entwickelte sich später die Wechselrede zwischen Schauspieler und Chor und damit das griechische ↑Drama. Bei Aischylos blieb der Chor auch nach der Einführung des zweiten Schauspielers noch fest in die Handlung einbezogen. Bei Sophokles, der die Zahl der Schauspieler auf drei und die Personen des Chores von vorher 12 auf 15 erhöhte, steht der Chor nicht selten bereits außerhalb der eigentlichen Handlung, die er warnend bzw. mahnend oder bemitleidend, gleichsam als Sprachrohr der öffentlichen Meinung, kommentiert. Bei Euripides sind die Lieder des Chores nur noch lyrische Einlagen ohne unmittelbaren Handlungszusammenhang. Ähnliches gilt auch für die römische Tragödie L. A. Senecas des Jüngeren, in der der Chor in den Zwischenakten auftritt und sich nicht mehr auf die Handlung bezieht. In der älteren griechischen Komödie, so v. a. bei Aristophanes, ist der Chor dagegen weitgehend in die Handlung einbezogen, wendet sich jedoch in der ↑Parabase unmittelbar an das Publikum. Wenn der Chor in der neuen Komödie (Menander) auftritt, sind seine Beiträge nur lyrische Intermezzi. Gleiches gilt auch für die römische Komödie. – Die wichtigsten Formen des antiken Chorgesanges innerhalb des Dramas sind das Einzugslied (↑Parodos), das Standlied (↑Stasimon), das Auszugslied (↑Exodos) sowie die Totenklage (Kommos) oder der Wechselgesang zwischen Schauspieler und Chor (Amoibaion). – Im geistlichen Spiel des Mittelalters füllt der Chor durch liturgieartige festliche Gesänge zwischen den einzelnen Bildern der Handlung die Pausen. Im ↑Schuldrama des 16. Jahrhunderts hat der Chor eine ähnliche Funktion wie im Drama Senecas des Jüngeren (Aktgliederung) mit seinen zwischen den Akten plazierten, die Handlung kommentierenden Liedern (J. Reuchlin, „Henno", 1498, deutsch „Henno", um 1500). W. Shakespeare und in seinem Gefolge die ↑englischen Komödianten des 17. Jahrhunderts ersetzten den Chor durch den Prolog- und Epilogsprecher (oft von einem Narren dargestellt). Weitverbreitet war der Chor in den Singspielen des 18. Jahrhunderts. Den bedeutendsten Vorstoß, den Chor wiederzubeleben, unternahm Schiller in dem Trauerspiel „Die Braut von Messina" (1803), scheiterte jedoch damit. Auch Goethe setzte den Chor im zweiten Teil des „Faust" (1832) ein. – Neue Bedeutung erlangte der Chor erst wieder im modernen Drama, so etwa bei B. Brecht, T. S. Eliot, J. Giraudoux, J. Anouilh, J.-P. Sartre, M. Frisch, F. Dürrenmatt u. a. Dies gilt besonders dann, wenn antike Stoffe behandelt werden.

Choreg̲e [ço..., ko...; von griechisch chorēgós „Chorführer"]: im antiken Griechenland begüterter Bürger, der bei der Einstudierung einer Theateraufführung die [hohen] Kosten für die Aufstellung, Ausbildung, Ausstattung und Unterhaltssicherung des ↑Chores bestritt.

Der Chorege war zuständig für die organisatorische Abwicklung der Theateraufführung und konnte auch die Leitung des Chores übernehmen. Jedem Dichter, der sich an einem Wettkampf (↑Agon) beteiligte, stand ein Chorege zur Seite. Bei siegreichem Abschneiden wurde dem Choregen die gleiche Ehrung zuteil wie dem Dichter.

Choreuten [ço...; griechisch]: maskierte Chorsänger oder -tänzer im altgriechischen ↑Chor; bei Tragödien traten 12, seit Sophokles 15, bei Komödien 24, bei Satyrspielen 12 Choreuten auf.

Choriambus [ço...; griechisch]: antiker Versfuß, der aus einem ↑Trochäus (= Choreus: ´– ◡) und einem ↑Jambus (◡ ´–) besteht, so daß zwei Längen zwei Kürzen einrahmen (´– ◡ ◡ ´–). Den Choriambus verwendeten v. a. Sappho, Alkaois und Horaz.

Chorlied [ko:r]: Dichtung, die für gemeinsamen Vortrag bestimmt, u. a. als Kultlied, Arbeitslied, Marschlied, Hochzeitslied und Totenklage schon sehr früh bei fast allen Völkern vorkommt. In seinem Ursprung meist kultisch motiviert, erfuhr das Chorlied im 7. Jahrhundert v. Chr. seine erste bedeutende künstlerische Ausgestaltung, so v. a. bei dorischen und ionischen Dichtern wie Tyrtaios, Thaletas, Alkman oder Terpander. Auf Stesichoros wird die Dreiteilung des Chorliedes in ↑Strophe, ↑Antistrophe und ↑Epode zurückgeführt. Ihren Höhepunkt erreichte die Chorlyrik um 500 v. Chr., als Simonides, Bakchylides und Pindar ihre ↑Hymnen, ↑Päane, ↑Epinikien und ↑Dithyramben dichteten. In hellenistischer Zeit hielt die Pflege des Chorliedes an, so daß das hellenistische Beispiel später auch die römische Chorlyrik wesentlich beeinflußte. Altgermanische Chorlieder sind nicht überliefert; man weiß aber durch zuverlässige Zeugen, u. a. P. C. Tacitus („De origine et situ Germanorum", bekannt unter dem Titel „Germania", wahrscheinlich 98 erschienen, deutsch 1526, 1963 in: „Die historischen Versuche. Agricola, Germania, Dialogus") von ihrer Existenz. Wichtige neuere Formen des Chorliedes sind u. a. ↑Kirchenlied, ↑Soldatenlied, ↑Gesellschaftslied, ↑Trinklied und ↑Tanzlied.

Chrestomathie [krɛs...; von griechisch chrēstomátheia, eigentlich „das Erlernen von Nützlichem"]: Sammlung von Texten oder Textauszügen aus den Werken namhafter Schriftsteller, zumeist ausgewählt unter dem Aspekt ihrer Brauchbarkeit für Unterrichtszwecke. Bereits Platon kannte solche Sammlungen, doch erst in der römischen Kaiserzeit werden sie als Chrestomathien bezeichnet. – ↑auch Anthologie, ↑Florilegium.

Christgeburtsspiel ↑Krippenspiel.

Chronik ['kro:nik; von griechisch chrónos „Zeit"]: v. a. im Mittelalter und im 16./17. Jahrhundert verbreitete Form der Geschichtsschreibung, bei der im Gegensatz zu den ↑Annalen nicht Jahresfolgen, sondern größere Zeitabschnitte behandelt werden. Darüber hinaus versucht die Chronik, auch sachliche und ursächliche Zusammenhänge zwischen den Ereignissen und chronologischen Phasen herauszuarbeiten. Die Grenzen zu den Annalen und der ↑Historie sind fließend; die Begriffe wurden häufig synonym verwendet. Die Chroniken lassen sich nach Inhalt, Sprache und Form ordnen. Hinsichtlich des Inhalts ist der Formenreichtum der Chroniken besonders vielfältig. Neben der sehr beliebten ↑Weltchronik, die sich mit der Geschichte der Welt auseinandersetzt, waren die gebräuchlichsten

Chronik. „Kaiserchronik", in einer Sammelhandschrift des 12. Jahrhunderts

Formen die Kaiserchronik (bedeutend ist v.a. die um 1150 in Versen verfaßte „Kaiserchronik“ eines anonymen Verfassers), ferner die Landes-, Kloster-, Städte- und Geschlechterchronik. Die Verfasser der Chroniken waren zumeist Mönche. Nicht selten setzen die Chroniken, deren historische Zuverlässigkeit bisweilen durch die Neigung zum Fabulieren beeinträchtigt wird, mit den ersten Anfängen des in ihnen behandelten Gegenstandes (z.B. der Welt, des Klosters usw.) ein und ordnen die Ereignisse dann in ein bestimmtes Schema, häufig in den Rahmen der Heilsgeschichte, ein. Nach der Sprache sind die lateinische und die volkssprachliche Chronik, nach der Form die Prosa- und die Reimchronik zu unterscheiden.

chronikale Erzählung [kro...; griechisch]: meist in Novellen- oder Romanform gestaltete Erzählung eines in der Vergangenheit spielenden Geschehens. Sie ist, im Gegensatz zur ↑historischen Erzählung, so verfaßt, als stamme sie aus der Feder eines zeitgenössischen Chronisten. Dieser fingierte „Chronist“ übernimmt die Rolle des Erzählers. Der Autor selbst stellt sich in einer Rahmenhandlung oft als Herausgeber dieser Chronik vor und greift bisweilen erklärend in den Handlungsfortgang ein. Fiktive Briefe, Urkunden, Tagebuch- und Chronikauszüge verstärken die Illusion der zeitlichen Unmittelbarkeit ebenso wie die gezielte Verwendung von ↑Archaismen. Die chronikale Erzählung erfreute sich zur Zeit der Romantik und im Realismus besonderer Beliebtheit. Typische Beispiele sind: E. T. A. Hoffmann, „Die Elixiere des Teufels“ (1815/16); C. Brentano, „Aus der Chronika eines fahrenden Schülers“ (1818); W. Meinhold, „Maria Schweidler, die Bernsteinhexe“ (1843); C.F. Meyer, „Das Amulett“ (1873).

Chronogramm [kro...; von griechisch chrónos „Zeit“, und gráphein „schreiben“]: ein lateinischer Merkspruch, oft in Form einer Inschrift, in dem einzelne durch Großschreibung hervorgehobene Buchstaben die Jahreszahl des Ereignisses anzeigen, auf das sich der Spruch direkt oder indirekt bezieht. Diese Jahreszahl ist zu ermitteln, indem man die als Zahlenzeichen benutzten Buchstaben in ihrem jeweiligen Zahlenwert summiert, z.B. „IesVs nazarenVs reX IVDaeorVM“: M = 1000, D = 500, X = 10; viermal V = 20; zweimal I = 2; Summe: 1532, das Jahr des Religionsfriedens in Nürnberg. Als einzeiliger Vers wird das Chronogramm auch *Chronostichon*, als Zweizeiler *Chronodistichon* genannt.

Circumlocutio [lateinisch „Umschreibung“] ↑Periphrase.

Claque [klak; französisch]: Gruppe von Beifallklatschern *(Claqueure)* im Theater oder auf anderen Veranstaltungen, die für Geld oder Freikarten nach Wunsch oder auf ein Zeichen hin Beifall klatschen; im Fernsehen besonders extrem entwickelt (die erwünschte Reaktion des Studiopublikums wird auf Leuchttafeln angegeben).

Coda ↑Koda.

Codex ↑Kodex.

Collage [kɔ'la:ʒə; französisch „das Leimen, das Ankleben“]: aus der bildenden Kunst in den Bereich der modernen Literatur übertragene Bezeichnung 1. für die Technik der zitierenden Kombination von meist nicht zusammengehörigem vorgefertigtem sprachlichem Material; 2. für die derart entstandenen literarischen Produkte. Zunächst wurde die Bezeichnung Collage meist gleichbedeutend mit der bis dahin üblichen Bezeichnung ↑Montage gebraucht. Ende der 60er Jahre setzte sie sich, v.a. für größere literarische Formen, immer mehr durch. Unter dem Einfluß kubistischer Bildcollagen entstanden die ersten literarischen Collagen im ↑Futurismus, ↑Dadaismus und ↑Surrealismus. Die Collage ist oft Teilelement im modernen Roman, z.B. bei J. Joyce („Ulysses“, 1922, deutsch „Ulysses“, 1927) und A. Döblin („Berlin Alexanderplatz“, 1929).

Colombina (Kolombine) [italienisch „Täubchen“]: weibliche Bühnenfigur in der ↑Commedia dell'arte, Partnerin des ↑Arlecchino; Typ der listigen, koketten

Colombina

Zofe. Als Kostüm trägt sie meist ein buntgeflecktes Kleid mit schwarzer Halbmaske.

Comedia [spanisch]: typische Form des spanischen Theaters im ausgehenden 16. und im 17. Jahrhundert: ein dreiaktiges Versdrama ernsten oder heiteren Inhalts mit überraschendem, meist glücklichem Ende. Konfliktstoffe sind vorwiegend Liebe, Ehre, Glaube, Königstreue. Kennzeichnend ist die bunte Vielfalt der Stoffe aus dem gesellschaftlichen Leben, aus Geschichte, Sage, Legende und auch aus der Bibel. Formal bedeutsam ist die Vernachlässigung der ↑drei Einheiten (v. a. von Ort und Zeit). Besonders verbreitet war der Typus des ↑Mantel-und-Degen-Stücks. Hauptvertreter war Lope F. de Vega Carpio, von dem 426 Comedias erhalten sind. Die Comedia beeinflußte im 17. Jahrhundert die Literatur Portugals, Frankreichs (P. Corneille) und Italiens, im 19. Jahrhundert besonders Deutschlands (Romantiker) und Österreichs (F. Grillparzer).

Comédie de mœurs [kɔmedid'mœrs; französisch]: französische Bezeichnung seit dem 19. Jahrhundert für die sogenannten ↑Sittenstücke.

Comédie-Française [kɔmedifrã'sɛ:z; französisch]: das französische Nationaltheater; es wurde 1680 von Ludwig XIV. durch Zusammenschluß der verschiedenen französischen, damals alle Molières Witwe und Kompagnon unterstehenden Schauspieltruppen gegründet und 1804 unter Napoleon I. neu organisiert, der der Comédie-Française ihr teilweise heute noch geltendes Statut gab (Oktober 1812). Die Comédie-Française pflegt in ihrem Repertoire v. a. die klassischen französischen Tragödien und Komödien; in jüngerer Zeit versuchten einige Regisseure, das konservative Programm und den traditionellen Inszenierungsstil zu reformieren (u. a. J.-L. Barrault, P. Dux).

Comédie larmoyante [kɔmedilarmwa'jã:t; französisch]: französische Spielart der in der 1. Hälfte des 18. Jahrhunderts verbreiteten Aufklärungskomödie mit besonderer Betonung des Gefühls unter Zurücknahme der komischen Elemente (von G. E. Lessing als „weinerliches Lustspiel“ übersetzt). Die im bürgerlichen Milieu spielende Comédie larmoyante ist ein wichtiger Vorläufer des ↑bürgerlichen Trauerspiels. Als Vorbild diente die englische „sentimental comedy“ (R. Steele); nach den Vorläufern P. Carlet de Chamblain de Marivaux und Ph. N. Destouches erreichte sie ihren Höhepunkt mit P. C. Nivelle de La Chaussée („Mélanide“, 1741; „La gouvernante“, 1747). Ihr Einfluß erstreckte sich auch auf Stücke von Voltaire und D. Diderot.

Comedy of manners ['kɔmɪdɪ əv 'mænəz; englisch „Sittenkomödie“]: beliebter Komödientyp der englischen Restaurationszeit (17. Jahrhundert), in dem zeitgenössische korrumpierte oder sinnentleerte Sitten und Anschauungen lächerlich gemacht wurden. Die Comedy of manners steht damit in der Tradition des europäischen ↑Sittenstücks. Hauptvertreter waren u. a. W. Congreve, G. Etheredge, J. Dryden, im 18. Jahrhundert O. Goldsmith und R. Sheridan.

Comic strips ['kɔmɪk 'strɪps; englisch-amerikanisch „drollige Streifen“] (Comics): mit Texten gekoppelte ↑Bildergeschichten, die Bildkästchen (panels) und Sprechblasen (balloons) integrierend verbinden, wobei das Bild aber dominiert. Sie erscheinen meist in Fortsetzungen. Die Comic strips wur-

HMMM...
VIELLEICHT
HABE ICH
UNRECHT...
IN DER ZEITUNG STEHT, EIN HUND
DÜRFE AUCH ZWISCHEN DEN
MAHLZEITEN MAL EIN HÄPPCHEN
HABEN...
MAN ERREICHT EINE MENGE,
WENN MAN DIE PRESSE AUF
SEINER SEITE HAT...
SCHULZ

Comic strips. „Peanuts" von Charles M. Schulz mit Charlie Brown und Snoopy

den um 1900 zuerst in den Unterhaltungsteilen amerikanischer Tageszeitungen veröffentlicht. Vorläufer und Vorbild waren die bis in das 19. Jahrhundert beliebten ↑Bilderbogen. Als erster amerikanischer Comic strip gilt R. F. Outcaults „The yellow kid" von 1896, eine sozialkritische Lausbubengeschichte. Bald darauf erschien die erste große Erfolgsserie, „The Katzenjammer kids" (1897 ff.) von R. Dirks, eine vergröbernde Nachahmung von W. Buschs „Max und Moritz". Bereits hier zeigt sich die für diese Gattung typische Tendenz zum Absurden, Phantastischen und Grotesk-Komischen, die am deutlichsten in W. McCays „Little Nemo" (1905 ff.) und G. Herrimans „The krazy kat" (1913 ff.) ausgeprägt ist. Weltbekannt wurde W. Disney – v. a. auch über den Zeichentrickfilm – mit seinen berühmten Tier-Comics wie „Mickey Mouse" (1930 ff.) und „Donald Duck" (1938 ff.). Mit dem Erscheinen der ersten Comic books (Comic-Hefte) in den frühen 1930er Jahren lösten sich die Comic strips allmählich aus dem Medium Zeitung und eroberten ein Massenpublikum. Damit ist ein Wandel der Titelhelden zu beobachten: „Tarzan", „Superman", „Batman" u. a. sind Personifikationen unterschwelliger Wunschbilder, aufgeladen durch Zukunftsvisionen oder dunkle mythische Vergangenheit. Die Bilder geben nun unter dem Einfluß des Films die Handlung in einer Art Pseudorealismus wieder, die Inhalte bieten spannende Handlungen mit klaren Schwarzweißkontrasten, reduziert auf ein eingespieltes System von Kürzeln. Dem Publikumsgeschmack gemäß verbreitert sich das Repertoire der Comic strips auf Abenteuer-, Kriminal- und Wildwestserien, die in den 1950er und 1960er Jahren durch Horror- und Science-fiction-Serien ergänzt werden. Dabei übernehmen die Comic strips oft bekannte Helden aus erfolgreichen [Fernseh]filmen („Tie-in" genannt). In den 1960er Jahren dringen Elemente der Comic strips auch in die Werbung und in die bildende Kunst (R. Lichtenstein) ein wie auch Pop-Elemente in die Comic strips (v. a. bei den Comic strips mit Frauen als Helden: „Barbarella" von J. C. Forest, „Jodelle" von G. Peellaert). Verschiedene Comic strips versuchen, das Trivialgenre durchlässig zu machen für revoltierende Selbstdarstellung und politische Satire (z. B. die Undergrund-Serien „Head Comix" und „Fritz the cat" von R. Crumb, andererseits die historisierenden „Asterix"-Serien von R. Goscinny und A. Uderzo). Liebenswürdig und psychologisch orientiert sind die „Peanuts" von Ch. M. Schulz.

Commedia [italienisch]: in der mittelalterlichen italienischen Literatur ursprünglich jede in der Volkssprache abgefaßte Dichtung mit gutem Ausgang

(z. B. Dantes „Divina Commedia", entstanden nach 1313 bis 1321, gedruckt 1472, erstmals deutsch 1767–69, 1814–21 unter dem Titel „Die Göttliche Komödie"), später Bezeichnung für dramatische Dichtungen allgemein, schließlich auf heitere Dramen (↑Komödie) eingeengt. – ↑auch Comedia.

Commedia dell'arte [italienisch]: um die Mitte des 16. Jahrhunderts in Italien entstandene ↑Stegreifkomödie, für die im ↑Szenarium (↑Argument) nur Handlungsverlauf und Szenenfolge vorgeschrieben waren. Die Bezeichnung „dell'arte" (arte „Gewerbe") weist darauf hin, daß die Darsteller Berufsschauspieler waren. Wichtigstes formales Kennzeichen ist der Improvisationscharakter (daher auch kein literarischer Niederschlag): die humorvollen Monologe und Dialoge, die mimischen Scherze (lazzi), die Tanz- und Musikeinlagen, Akrobaten- und Zauberkunststücke wurden von den Schauspielern improvisiert. Dabei bildete sich eine eindrucksvolle Gebärdensprache heraus. Allerdings gab es für die wichtigsten typischen Spielmomente die „zibaldoni", eine Art Hilfsbücher zur Dialogimprovisation. Die Schauspieler der Commedia dell'arte waren nicht als individuelle Charaktere angelegt, sondern verkörperten Typen (Typenkomödie). Den ernsten unter ihnen, v. a. dem jungen Liebespaar (amorosi) standen die kostümierten und maskierten komischen Figuren gegenüber, in denen sich allgemein-menschliche Schwächen widerspiegelten, die aber auch gleichzeitig die Bewohner bestimmter italienischer Landschaften karikierten. Dabei bildeten sich vier Grundtypen heraus: 1. die Rollen der Alten, v. a. der ↑Dottore, der phrasenhaft schwätzende gelehrte Pedant aus Bologna, und der ↑Pantalone, der geizige Kaufmann und stets erfolglose Schürzenjäger aus Venedig; 2. die Rollen der beiden Diener aus Bergamo, der erste und der zweite ↑Zanni; der erste Zanni, u. a. auch ↑Brighella genannt, war ein schlauer Intrigant, der zweite Zanni, ursprünglich naiv und tölpelhaft, wurde später zum geistreichen und gerissenen Typ des ↑Arlecchino (↑auch Harlekin) fortentwickelt (eine weitere Dienerrolle war der aus dem neapolitanischen Volkstheater stammende ↑Pulcinella); 3. die Rolle der koketten Dienerin ↑Colombina und 4. die Rolle des aufschneiderischen Offiziers, des ↑Capitano. Ein Teil dieser und anderer typischer Rollen ist der römischen ↑Atellane entlehnt.

Geschichte: Die Commedia dell'arte entstand aus italienischen Karnevalsspielen sowie volkstümlichen Mundartkomödien und den Stegreifwettkämpfen der höfisch-akademischen Laiendarsteller der Renaissance, die sich in der rhetorischen Improvisation übten. Bald bildeten sich Wandertruppen von Berufsschauspielern aus (die erste, die „Compagnia di Maffio" ist seit 1545 in Padua belegt), die diese Form des Theaters in ganz Europa, von Madrid bis Petersburg, verbreiteten. Mit der Reform des italienischen Theaters durch C. Goldoni, der alle improvisatorischen Elemente von der Bühne verbannte und lebensnahe, volkstümliche Charaktere in realistischem Milieu gestaltete, begann der Niedergang der Commedia dell'arte. Zu Beginn des 19. Jahrhunderts starb sie aus. Erst nach 1945 setzten in Italien erfolgreiche Wiederbelebungsversuche ein (z. B. durch das „Piccolo Teatro" in Mailand).

Die Commedia dell'arte hatte einen bedeutenden *Einfluß* auf die europäische Komödie vom 16. bis zum 18. Jahrhundert. Die ↑Charakterkomödien Molières (dessen Theatertruppe von 1661 an in Paris für mehrere Jahre die Bühne mit dem italienischen Ensemble der „Comédie-Italienne" teilte) sind von ihr ebenso geprägt wie die spanischen ↑Entremeses und die ↑Comedias von Lope F. de Vega Carpio. Auch Shakespeares Stücke weisen Figuren und Stilelemente der Commedia dell'arte auf. Im deutschen Sprachraum zeigt sich ihr Einfluß in der Barockzeit bei A. Gryphius („Horribilicribrifax", 1663), später in Goethes Masken- und Singspielen („Jahrmarktsfest zu Plundersweilern", 1774), im romantischen Lustspiel (L.

Tieck, „Die verkehrte Welt", 1800) und v.a. im österreichischen Theater bei J. A. Stranitzky, E. Schikaneder, F. Raimund und J. N. Nestroy sowie in F. Grillparzers Lustspiel „Weh dem, der lügt" (1840).

Computersprache: eine Maschinensprache zur Erstellung von Computerprogrammen. Computersprache ist eine Folge von elektrischen Signalen (Null- und Einssignale), weitere Kodierungszeichen gibt es nicht. Geläufige C.en sind ALGOL, BASIC, PASCAL usw.

Computertexte [kɔm'pjuːtər; englisch, von lateinisch computare „berechnen"]: seit 1959 Bezeichnung für literarische Texte (v.a. Lyrik), die mit Hilfe von Computern verfaßt werden. Die Computer, die mit einem Repertoire von Wörtern, grammatikalischen Regeln, Versregeln, Reimmöglichkeiten usw. gefüttert sind, arbeiten mit sogenannten Zufallszahlengeneratoren, mit deren Hilfe die Auswahloperationen so gesteuert werden, daß der Text nicht vorhersagbar ist. Das Ergebnis sind oft absurde, sinnlose Kombinationen von Wörtern und Klängen, aber auch ungewöhnliche neue Metaphern und rhythmische Effekte. Die Computertexte stehen in der Tradition von sogenannten Zufalls- und ↑Würfeltexten (↑auch automatische Dichtung, ↑aleatorische Dichtung) und damit in einer Entwicklung, die in neuerer Zeit auf eine „künstliche Poesie" (M. Bense) hin tendiert. Letztlich handelt es sich bei alledem um ein Spiel mit der Sprache.

Beispiel eines 1966 im Deutschen Rechenzentrum in Darmstadt entstandenen Computergedichtes:

„Jetzt verliert Sinn die kleine Sprache.
Herzen rieseln in dem Licht.
Hinter dem Käfer bestaune ich jeden traumhaften Sturm.
Die Freude funkelt, wenn der Becher duftet.
Der Stein und das Gewebe erstarren."
(Aus: „Der Deutschunterricht", Heft 2, 1966).

Consolatio [lateinisch „Trost"]: Bezeichnung für die antike Gattung der Trostschriften, die entweder in einem besonderen Trauerfall oder allgemein Trost spenden sollten. Von großer Wirkung während des ganzen Mittelalters war das spätantike, im Gefängnis verfaßte Trostbuch des A. M. S. Boethius „De consolatione philosophiae" (entstanden um 520).

Conte [kõːt; französisch „Erzählung, Märchen"]: französische Bezeichnung für eine Erzählform, die zwischen Roman und Novelle steht und oft erst durch Attribute näher bestimmt wird, z.B.: Ch. Perrault, „Contes de ma mère l'oye" (1697, deutsch „Feenmärchen für die Jugend", 1822), J.-F. Marmontel, „Contes moraux" (1761, deutsch „Moralische Erzählungen", 1762–70), H. de Balzac, „Les contes drôlatiques" (1832–37, deutsch 1908, 1926 unter dem Titel „Die tolldreisten Geschichten").

Contradictio in adjecto [lateinisch „Widerspruch im Hinzugefügten"]: rhetorische Figur, Sonderform des ↑Oxymorons: die Bedeutung eines Substantivs und die des zugeordneten adjektivischen Beiworts widersprechen sich, z.B. „armer Krösus", „schwarze Milch" (P. Celan, Gedicht „Todesfuge").

Copla [spanisch „Strophe"]: volkstümliche spanische Strophenform: ein Vierzeiler aus meist achtsilbigen Versen, dessen zweiter und vierter Vers durch Assonanz oder Reim gebunden sind; er wird in der Volksdichtung und volkstümlichen Kunstdichtung verwendet.

Couplet [ku'pleː; französisch, von lateinisch copula „Verbindung"]: im Französischen ursprünglich Bezeichnung für Strophe. Seit dem späten 18. Jahrhundert das kurze pointierte, meist satirisch-aktuelle, oft auch frivole Lied in Vaudeville, komischer Oper und Operette, in Kabarett, Posse usw. Formale Kennzeichen sind die gleichgebauten, nach derselben Melodie gesungenen Strophen, die stets mit einem meist witzigen Kehrreim schließen.

Crepuscolari [krepusko'laːri; italienisch, von crepuscolare „dämmerig, zwielichtig"]: Bezeichnung für italienische Lyriker zu Beginn des 20. Jahrhunderts, die in ihren Werken in bewußter Opposition zu den überschwenglichen und rhetorisch ausgefeilten Dichtungen G. D'Annunzios und seiner Anhänger die unscheinbare, oft banale Welt des Alltags und der kleinen Dinge gestalteten und dabei eine einfache, auf allen rhetorischen Prunk verzichtende Sprache verwendeten. Charakteristisch ist für sie ferner eine müde, melancholische Grundstimmung. Damit stehen sie der französischen Décadence (↑Dekadenzdichtung) nahe. Wichtige Vertreter sind F. M. Martini, M. Moretti u. C. Chiaves, für die der Begriff ursprünglich geprägt wurde, ferner S. Corazzini, G. Gozzano, C. Govoni und A. Palazzeschi.

Creticus ↑Kretikus.

Crux [lateinisch „Kreuz"]: in kritischen Ausgaben durch ein Kreuz (†) markierte unerklärbare Textstelle; in übertragener Bedeutung daher auch: unlösbare Frage.

Culteranismo [spanisch] ↑Gongorismus.

Cultismo [spanisch] ↑Gongorismus.

Cursus [mittellateinisch „Lauf"]: in der mittelalterlichen lateinischen Literatur Bezeichnung für rhythmische Formeln, durch die Akzentfolge und Wortzäsuren am Ende von Sätzen und ↑Perioden als den rhythmisch auffälligsten Stellen einer Aussage festgelegt wurden. Die Cursusformeln lösten in der Spätantike nach dem Akzentwandel im Lateinischen und der damit verbundenen Verwischung der Quantitätsunterschiede (↑Quantität) die durch Silbenquantitäten geregelten ↑Klauseln der antiken Kunstprosa ab.

D

Dadaismus [französisch, von dem der Kindersprache entlehnten Stammellaut dada „Pferdchen"]: Bezeichnung für eine 1916 aufkommende und bald nach dem 1. Weltkrieg im ↑Surrealismus aufgehende, von Anfang an umstrittene internationale Kunst- und Literaturrichtung, die sich eine Revolutionierung von Kunst und Literatur zum Ziel setzte und dazu Impulse aus dem Expressionismus, dem Futurismus und dem Kubismus aufgriff. Wer das Wort Dada zuerst verwendet hat, ist bis heute nicht geklärt. Die Dadaisten entwickelten weder ein gemeinsames Programm noch einen Gruppenstil, es verband sie lediglich die gleiche künstlerisch-politische Einstellung des Protests gegen den „Wahnsinn der Zeit" (H. Arp), den Krieg, für den das Bildungsbürgertum mit seinen hohlen Idealen verantwortlich gemacht wurde Die vorhandenen ästhetischen Wertmaßstäbe und die geläufigen Spielregeln der künstlerischen Produktion wurden außer Kraft gesetzt, man proklamierte absolute Freiheit des Schaffens in der bildenden Kunst wie in der Literatur. Bedeutung erlangten

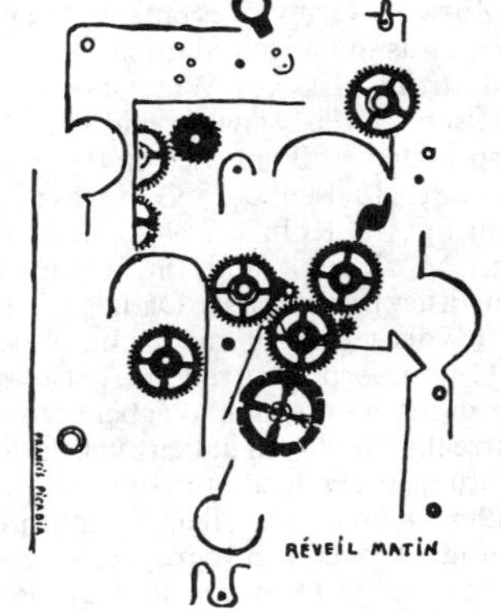

Dadaismus. Titelblatt der Zeitschrift „Dada", Nr. 4–5 (1919)

die Formprinzipien des Bruitismus (= Nachzeichnung von Umweltgeräuschen) und der Simultaneität. So experimentierte man v.a. mit der ↑Collage bzw. Photomontage, in der Lyrik mit ↑Lautgedichten (↑akustische Dichtung), kombinierte Wörter und Sätze in freien Assoziationen (↑aleatorische Dichtung) oder versuchte sich an der szenischen Komposition von „Geräuschkonzerten". Als Beispiel eines dadaistischen Gedichts sei der Anfang von H. Balls 1917 veröffentlichtem Gedicht „Karawane" zitiert: „jolifanto bambla ô falli bambla / grossiga m'pfa habla horem ...". Durch eine Ersetzung „des logischen Unsinns der Menschen ... mit der alogischen Sinnlosigkeit" der Kunst (H. Arp), also durch eine Konfrontation der scheinbaren Rationalität der bürgerlichen Ordnung mit der gewollten Irrationalität dadaistischer Kunst beabsichtigte man eine Veränderung der Welt durch die Kunst. – Zentrum des Dadaismus war zunächst Zürich; die hier als Kriegsdienstverweigerer im Exil lebenden Künstler H. Arp, H. Ball, R. Huelsenbeck, K. Schwitters, M. Janco und T. Tzara propagierten durch Darbietungen im „Cabaret Voltaire" 1916 die neue Kunstrichtung, ab Juli 1917 erschien auch eine Zeitschrift mit dem Titel „Dada". Nach dem Ende des Krieges zerfiel die Züricher Gruppe; es entstanden von Zürich aus in einigen Städten Deutschlands trotz massiver Widerstände dadaistische Kreise jeweils individueller Ausprägung, z. B. in Berlin (1918–20, u. a. mit Huelsenbeck, G. Grosz, W. Mehring), in Köln (1919/20, u. a. mit Arp, M. Ernst) und in Hannover (Schwitters). Der Pariser Dadaismus (ab 1920), vorwiegend literarisch ausgerichtet (Tzara, Arp, L. Aragon, A. Breton, P. Éluard), wurde zum Wegbereiter des ↑Surrealismus. Doch haben auch andere Richtungen der Literatur (und der bildenden Kunst) aus dem Dadaismus wichtige Anregungen bezogen, so etwa die ↑abstrakte Dichtung und die Pop-art.

Daktylus [von griechisch dáktylos „Finger"]: Bezeichnung für einen (entsprechend der Dreigliedrigkeit eines Fingers) dreigliedrigen antiken Versfuß der Form ⏑́⏑⏑; durch Zusammenziehung der beiden Kürzen kann der Daktylus auch als ↑Spondeus (–́ –) erscheinen. Der Daktylus ist das beherrschende Versmaß der griechischen und lateinischen Epik, und zwar in der sechshebigen Verwendung im daktylischen ↑Hexameter. Für die Lyrik bedeutsam ist die Verbindung eines Hexameters mit einem daktylischen ↑Pentameter in der elegischen Versform des ↑Distichons. In dem für die Barockzeit maßgeblichen „Buch von der Deutschen Poeterey" (1624) von M. Opitz wurden daktylische Versmaße als der deutschen Sprache unangemessen bezeichnet. Erst später fand der Daktylus Eingang in die deutsche Dichtung, v. a. dann, wenn antike Formen nachgeahmt wurden.

Darmstädter Kreis: 1. ein etwa 1769–73 in Darmstadt bestehender „empfindsamer" Freundeskreis (↑Empfindsamkeit), der sich regelmäßig in den Häusern von A. P. von Hesse und J. H. Merck, dem Freund Goethes, traf u. sich v. a. der Pflege schöngeistiger Literatur widmete. Der Darmstädter Kreis stand mit vielen Vertretern des zeitgenössischen Geisteslebens in Verbindung, so v. a. mit J. G. Herder und Goethe, der wiederholt Gast war. Er trug hier eine Reihe seiner Dichtungen zuerst vor und wurde zu anderen angeregt (z. B. zu „Wanderers Sturmlied", „Der Wanderer", „Elysium"); später distanzierte sich Goethe jedoch in satirischen Schriften von dem Gefühls- und Freundschaftskult des Darmstädter Kreises. Als weitere Mitglieder des Freundeszirkels sind Herders Braut, Caroline Flachsland, und die Hofdamen H. von Roussillon und I. von Ziegler zu nennen, denen Goethe als „Urania" bzw. „Lila" die Gedichte „Elysium" bzw. „Pilgers Morgenlied" widmete.

2. ein Freundeskreis internationaler Künstler in Darmstadt 1957–59, dem u. a. C. Bremer, D. Spoerri und E. Williams angehörten. Der Darmstädter Kreis versuchte, das experimentelle Theater (Stücke von J. Tardieu, E. Io-

nesco, G. Schéhadé u. a.) in den deutschen Theaterspielplan einzuführen. Er ist außerdem bedeutsam für die Geschichte der ↑konkreten Dichtung. Die von Spoerri herausgegebene Publikationsfolge „material" (1959/60) ist eine erste internationele Anthologie konkreter Dichtung.

Dekadenzdichtung [französisch décadence „Niedergang, Verfall", von lateinisch de „herab" und cadere „fallen"]: Sammelbezeichnung für eine in vielen Abstufungen ausgeprägte Tendenz der europäischen Literatur des ausgehenden 19. Jahrhunderts. Gemeinsam ist den Vertretern dieser Dichtung die pessimistische Ahnung eines bevorstehenden kulturellen Untergangs (↑Fin de siècle) und die dadurch bedingte Flucht in eine übersteigerte subjektiv-individualistische Grundhaltung. Sie distanzierten sich völlig von Tun und Treiben der gewöhnlichen Menschen sowie von bürgerlichen Normen und Werten, kosteten das Sinnlich-Schöne mit höchster Sensibilität aus, schwelgten im traumhaft Unbestimmten, fühlten sich zum Morbiden hingezogen, waren sich der eigenen Morbidität aber bewußt und bekannten sich offen zu ihr. – Im Hintergrund dieser Dichtung steht die philosophisch-historische Auseinandersetzung mit dem Problem des Untergangs bedeutender historischer Kulturen. So befaßte man sich bereits zur Zeit der Aufklärung mit dem Verfall des römischen Imperiums. Im Gegensatz zur damaligen, teilweise positiven Wertung des Phänomens „Dekadenz" sah F. Nietzsche etwa ein Jahrhundert später seine Zeit durchaus negativ als in Verfall und Auflösung begriffen. Ähnliche Wertungen nahm O. Spengler in seinem vielbeachteten Buch „Der Untergang des Abendlandes" (1918) vor. – Diese unterschiedlichen Beurteilungen der „Dekadenz" lassen sich auch in der Literatur beobachten, in der die Autoren nicht nur Symptome des Niedergangs aufgriffen, sondern sich auch offen zum überfeinerten Stil der Dekadenzdichtung bekannten. Als Vorläufer lassen sich u. a. G. G. N. Lord Byron, z. T. H. Heine, N. Lenau, G. Leopardi, A. de Musset sowie E. A. Poe nennen, ferner Ch. Baudelaire mit seiner Gedichtsammlung „Les fleurs du mal" (1857, deutsch „Die Blumen des Bösen", 1901), ein Werk, in dem die Stimmung zwischen Weltekel und Sinnenlust, Lebensfreude und Resignation schwankt. Die eigentliche Dekadenzdichtung entstand in den 1880er Jahren zunächst in Frankreich in der Auseinandersetzung mit dem ↑Naturalismus (J.-K. Huysmans „Là-bas", Roman, 1891, deutsch „Da unten", 1903). Insgesamt ist eine klare Trennung der Dekadenzdichtung von den anderen zeitgenössischen Stilrichtungen nicht möglich. So werden die bedeutendsten Autoren der Dekadenzdichtung, wie A. Schnitzler, H. von Hofmannsthal in seinen Frühwerken und der junge R. M. Rilke, auch dem ↑Impressionismus oder dem ↑Symbolismus zugerechnet. Bevorzugte literarische Gattung war die Lyrik, die der Darstellung der vorherrschenden Stimmung entgegenkam. So beginnt H. von Hofmannsthals „Ballade des äußeren Lebens" mit den Versen: „Und Kinder wachsen auf mit tiefen Augen, / Die von nichts wissen, wachsen auf und sterben, / Und alle Menschen gehen ihre Wege...". Außer in Österreich und Frankreich (herausragende Vertreter der Dekadenzdichtung sind hier St. Mallarmé, A. Rimbaud, P. Verlaine) hängen im übrigen Europa nur einzelne Autoren in einigen ihrer Arbeiten der Dekadenzdichtung an, in Rußland A. P. Tschechow, in England O. Wilde, in Belgien M. Maeterlinck und É. Verhaeren, in Italien G. D'Annunzio, in Deutschland E. von Keyserling, H. Mann und F. Wedekind. Auch Th. Mann griff in dem Roman „Buddenbrooks" (1901) und in der Novelle „Der Tod in Venedig" (1913) die Thematik des Kulturverfalls auf. In scharfe Opposition zur Dekadenzdichtung traten vom Beginn des 20. Jahrhunderts an die ↑Heimatkunst und der ↑Expressionismus.

Denkspruch: eine in einen Satz gefaßte bedeutsame Lebensweisheit meist einer bekannten Persönlichkeit (↑Apophthegma); dabei soll der Denkspruch als Wahlspruch (Devise, ↑Maxime, ↑Sentenz) Richtschnur des Handelns sein.

Detail [de'taɪ; französisch „Einzelheit", „Einzelteil"]: als Terminus der Filmtechnik ↑Einstellung.

Detektivroman [englisch to detect „aufdecken, ermitteln", von lateinisch detegere „enthüllen"]: Sonderform des ↑Kriminalromans, in der es nicht um die Darstellung eines Verbrechens und seiner psychologischen und soziologischen Ursachen, sondern um die Entlarvung eines Täters durch einen Detektiv geht. Formal korrespondierend mit dem ↑analytischen Drama steht am Anfang des Geschehens ein rätselhaftes, scheinbar unmotiviertes Verbrechen, mit dessen Aufklärung ein Detektiv betraut wird. Seine Ermittlungsarbeit steht im Zentrum des Interesses: Zur Erhöhung der Spannung werden falsche Spuren gelegt, Indizien verdeckt, Unschuldige in den Fall mit einbezogen sowie der oder die Schuldigen als unverdächtig vorgeführt. Mit Hilfe seiner Intuition und seiner kombinatorischen Fähigkeiten gelingt dem Detektiv in mühevoller Kleinarbeit eine schlüssige Rekonstruktion des Tathergangs und die Überführung des Täters. – Der Detektivroman kann als Trivialisierung des detektorischen Erzählmodells, wie es häufig in den Novellen der deutschen Romantik verwendet wurde (u.a. E.T.A. Hoffmann, H. von Kleist), verstanden werden. Als Erfinder gilt E.A. Poe („The murders in the Rue Morgue", 1841, deutsch „Der Doppelmord in der Rue Morgue", 1853). Ch. Dickens und der erst jüngst wieder vom Fernsehen entdeckte und adaptierte (↑Adaptation) W. Collins versuchten, den Detektivroman zu einer künstlerisch anspruchsvollen Form auszugestalten, É. Gaboriau und A. C. Doyle schließlich prägten ihn endgültig als gehobene Unterhaltungsliteratur. Von da an ist der Detektivroman v.a. in England, Amerika und Frankreich zu Hause. Die überragende Bedeutung des Detektivs veranlaßte viele Autoren, alle Fälle von immer denselben Personen lösen zu lassen und sich schon damit einen festen Leserstamm zu sichern; nur der bislang erfolgreichste Autor von Detektivromanen, E. Wallace, verzichtete auf ein solches Verfahren. Die bekanntesten Detektive sind Auguste Lupin (E.A. Poe), Sherlock Holmes (A.C. Doyle), Hercule Poirot (A. Christie), Lord Peter Wimsey (D. Sayers), Pater Brown (G. K. Chesterton), Lemmy Caution (P. Cheyney), Philip Marlowe (R. Chandler) und Kommissar Maigret (G. Simenon). – Der große Publikumserfolg von Detektivromanen basiert auf der Möglichkeit einer Identifikation des Lesers mit dem mit beinahe übermenschlichen Qualitäten ausgestatteten Detektiv, auf dem analytischen Aufbau, der das geschilderte Geschehen als Denksportaufgabe erscheinen läßt, und auf der spannenden, mit stets neuen Überraschungen aufwartenden Handlung. Literarisch anspruchsvolle Detektivromane, z. B. „Der Richter und sein Henker" (1952), „Der Verdacht" (1953), „Das Versprechen" (1958) von F. Dürrenmatt, gehen einerseits mehr den Motiven eines Täters nach und ermöglichen so Einblicke in menschliche oder soziale Verstrickungen, verzichten aber andererseits auf ein idealistisch überhöhtes Bild des Detektivs, indem sie seine menschlichen Züge, sein Verständnis für den Täter oder sogar seine Schwächen herausstellen.

Deus ex machina [lateinisch „der Gott aus der Maschine"]: Bezeichnung für ein Mittel der Lösung eines dramatischen Konfliktes, das unmotiviert von außen herangetragen wird, sich also nicht aus der Konsequenz der dramatischen Handlung ergibt. So wird schon in der antiken griechischen Tragödie, z. B. bei Euripides, eine zur Katastrophe führende dramatische Situation durch das Eingreifen eines Gottes, der mittels einer kranähnlichen Flugmaschine von oben auf die Bühne herabgesenkt wird, gewendet. In späterer Zeit übernahm oft z. B. ein Monarch die Rolle des plötzlich eingreifenden Gottes.

Deuteragonist [griechisch]: Bezeichnung des zweiten Schauspielers im griechischen Drama. Erst als Aischylos neben dem ↑Protagonisten einen zweiten Schauspieler in die griechische Tragödie einführte (wie Aristoteles in seiner „Poetik" berichtet), wurde der ↑Dialog möglich.

Deutsche Akademie für Sprache und Dichtung: eine am 8. August 1949 in der Paulskirche in Frankfurt am Main gegründete Vereinigung [west]deutscher Schriftsteller, Sprach- und Geisteswissenschaftler, die sich die Pflege, Förderung und Vermittlung der deutschen Sprache und Literatur zum Ziel gesetzt hat. Die Deutsche Akademie für Sprache und Dichtung ist eine Nachfolgeorganisation der „Sektion für Dichtkunst" der ehemaligen „Preußischen Akademie der Künste" in Berlin, ihr Sitz ist Darmstadt. Der Organisation gehört eine beschränkte Anzahl ordentlicher und außerordentlicher Mitglieder an. Die zweimal jährlich stattfindenden Arbeitstagungen stehen unter einem festgelegten Rahmenthema. Die Deutsche Akademie für Sprache und Dichtung verleiht jährlich mehrere Literaturpreise, von denen der ↑Georg-Büchner-Preis, der jeweils einem zeitgenössischen deutschsprachigen Schriftsteller zuerkannt wird, der wichtigste ist. Daneben gibt es Preise für Germanistik im Ausland, für Literaturkritik (Johann-Heinrich-Merck-Preis), für wissenschaftliche Prosa (Sigmund-Freud-Preis), für Essays (Karl-Hillebrand-Preis) und einen Übersetzerpreis.

Deutsche Bibliographie: die von der ↑Deutschen Bibliothek in Frankfurt am Main bearbeitete und herausgegebene ↑Bibliographie des deutschsprachigen Schrifttums. Sie erscheint regelmäßig in mehreren Reihen und erfaßt sämtliche innerhalb und außerhalb des Buchhandels erschienenen Schriften und Karten.

Deutsche Bibliothek: die 1947 als Einrichtung des deutschen Buchhandels in Frankfurt am Main gegründete zentrale Archivbibliothek. Sie war zunächst als Provisorium neben der ↑Deutschen Bücherei in Leipzig gedacht. Inzwischen wurde sie für den Bereich der Bundesrepublik Deutschland zu einer festen Einrichtung. Seit 1969 ist sie eine Anstalt des öffentlichen Rechts. Die Deutsche Bibliothek sammelt und verzeichnet sämtliche nach dem 8. Mai 1945 in Deutschland verlegten oder im Ausland erschienenen deutschsprachigen Veröffentlichungen, die Übersetzungen deutscher Werke in andere Sprachen und die fremdsprachigen Druckwerke über Emigrantenliteratur sowie die deutsche Emigrantenliteratur 1933–45. Musiknoten und Tonträger werden durch ihre Außenstelle, das *Deutsche Musikarchiv* in Berlin, erfaßt. Die Verleger der Bundesrepublik Deutschland sind gesetzlich verpflichtet, der Deutschen Bibliothek ein sogenanntes Pflichtexemplar jedes von ihnen veröffentlichten Buches zu überlassen. Die Deutsche Bibliothek ist eine Präsenzbibliothek; Ende 1988 umfaßte ihr Bestand 4,2 Millionen bibliographische Einheiten. Sie veröffentlicht die „Deutsche Bibliographie" in verschiedenen Reihen, in denen jeweils Bücher des Buchhandels, Bücher außerhalb des Buchhandels (z. B. Forschungsberichte), Karten, Hochschulschriften, Musikalien sowie Zeitschriften verzeichnet sind.

Deutsche Bücherei: 1912 als Einrichtung des Börsenvereins der Deutschen Buchhändler zu Leipzig eröffnetes Gesamtarchiv des deutschsprachigen Schrifttums. Die Deutsche Bücherei sammelt und verzeichnet das gesamte seit 1913 in Deutschland innerhalb und außerhalb des Buchhandels erscheinende Schrifttum und die Musikalien mit deutschen Titeln und Texten (seit 1943), die Übersetzungen deutschsprachiger Werke (seit 1941) sowie fremdsprachige Werke über Deutschland, die internationale Literatur auf dem Gebiet des Buch- und Bibliothekswesens, die Druckerzeugnisse der Kartographie, ferner die deutschen Patentschriften (seit 1945) und die deutschen literarischen Schallplatten (seit 1959). Ihr Bestand umfaßte Ende 1988 rund 8,5 Millionen bibliographische Einheiten. Sie ist u. a. Herausgeber des „Deutschen

Bücherverzeichnisses" (seit 1911) und der „Deutschen Nationalbibliographie" (seit 1931). In die Deutsche Bücherei eingegliedert ist seit 1950 das *Deutsche Buch- und Schriftmuseum.* Neben die Deutsche Bücherei trat 1947 mit nahezu gleicher Aufgabenstellung die ↑Deutsche Bibliothek in Frankfurt am Main.

Deutscher Jugendliteraturpreis: vom Bundesministerium für Jugend, Familie, Frauen u. Gesundheit der Bundesrepublik Deutschland gestifteter Literaturpreis, der seit 1956 jährlich von einer vom „Arbeitskreis für Jugendliteratur" (München) eingesetzten Jury vergeben wird. Ausgesetzt sind mehrere Einzelpreise in den Gruppen Bilderbuch, Kinderbuch, Jugendbuch, Kindersachbuch und Jugendsachbuch.

Deutsches Literaturarchiv im Schiller-Nationalmuseum in Marbach am Neckar: das größte und wichtigste Archiv für die neuere deutsche Literatur, über das die Bundesrepublik Deutschland verfügt. Es wurde 1955 gegründet und ist eingegliedert in das „Schiller-Nationalmuseum in Marbach a. N."; wie dieses wird es von der „Deutschen Schillergesellschaft" getragen. Das Deutsche Literaturarchiv enthält eine große Anzahl von Dichterhandschriften und -nachlässen, Briefen usw., u. a. von Schiller, L. Uhland, J. Ch. F. Hölderlin, W. Hauff, Jean Paul, Ch. M. Wieland, N. Lenau, Ch. F. Hebbel, sowie eine der bedeutendsten Expressionismussammlungen im deutschsprachigen Raum.

Deutschordensdichtung: Sammelbezeichnung für die v. a. im 14. Jahrhundert in hoher Blüte stehenden mittelhochdeutschen und lateinischen Dichtungen, mit denen Angehörige des Deutschen Ordens entweder die historischen Leistungen des Ordens beschrieben oder erbauliche und unterrichtende religiöse Literatur für das Leben nach den strengen Regeln des Ordens schufen. Die „Kronike von Pruzinlant" des Nikolaus von Jeroschin (1. Hälfte des 14. Jahrhunderts) ist das herausragende Beispiel für die verherrlichende Geschichtsdichtung des Ordens, von den religiösen Dichtungen sind v. a. die „Makkabäer" (1. Hälfte des 14. Jahrhunderts) und die „Apokalypse" Heinrich von Heslers (Anfang des 14. Jahrhunderts) bedeutend. Unsicher ist, ob die beiden sehr umfangreichen Legendendichtungen des „Passionals" und des „Väterbuches", beide wohl vom gleichen Verfasser vor 1300 niedergeschrieben, zum Umkreis der Deutschordensdichtung gehören.

Dezime [mittellateinisch, von lateinisch decem „zehn"]: Bezeichnung für eine spanische Strophenform von zehn trochäischen Vierhebern, meist nach dem Reimschema abbaaccddc gebaut und in der ↑Glosse verwendet. Von L. Tieck und L. Uhland gibt es auch Nachbildungen der Dezime in der deutschen Literatur.

Dialektdichtung ↑Mundartdichtung.

Dialog [von griechisch diálogos „Unterredung, Gespräch"]: mündliches oder schriftliches Zwiegespräch, eine Hauptform direkter zweiseitiger Kommunikation. Der Dialog als Gedankenaustausch zweier oder mehrerer Personen in Frage und Antwort oder Rede und Gegenrede weist in Inhalt und Form eine große Bandbreite von Möglichkeiten auf, die von geselliger Konversation über das gebundene disziplinierte Gespräch bis hin zu der auf Erkenntnis strittiger Sachverhalte gerichteten dialektischen Erörterung reicht. Die Bedeutung des Dialogs für die *Literatur* liegt einmal in seiner Verwendung in den drei literarischen Großformen Epik, Lyrik und Drama; außerdem gibt es ihn als selbständige Kunstform. Der Dialog ist Wesenselement des Dramas, er bestimmt Aufbau und Ablauf der Handlung und dient der Charakteristik der Personen sowie der Darstellung und Austragung der Konflikte. Der Dialog ist aber auch ein wichtiges Bauelement epischer Dichtung, v. a., wenn die personale ↑Erzählsituation gewählt wird; eine im Dialog wiedergegebene Episode eines Erzählwerkes kann dramatische Intensität gewinnen. Dazu bietet die Verwendung des Dialogs dem Autor die Möglichkeit, allgemeine, nicht auf den

Gang der Handlung bezogene Gedanken einzufügen. Selten findet sich der Dialog in der Lyrik, ausgenommen die Formen, die dem Epischen nahestehen: Volkslied und Ballade. – Der Dialog als philosophische oder literarische Kunstform kann unterschiedliche Zielsetzungen verfolgen: er kann auf einen Erkenntnisprozeß ausgerichtet sein (dialektischer Dialog), Lehrinhalte anschaulich vermitteln helfen (protreptischer Dialog), den Vorgang der Änderung von Meinungen im Gespräch aufzeigen (↑Disputation) und schließlich der Darstellung bestimmter Personen oder einer besonderen Situation dienen, über die oder aus der sie reden.
Geschichte: Am Anfang der Dialogliteratur stehen die Dialoge Platons, in denen Sokrates mit verschiedenen Gesprächspartnern philosophische Grundfragen erörtert. Platonische Philosophie erscheint hier nicht als feststehendes Lehrgebäude, sondern als steter Prozeß der Erschließung von Erkenntnissen, zu denen Sokrates seine Partner führt. Aus Dialogen Platons leitet sich im Anschluß an Aristoteles der v. a. von M. T. Cicero gepflegte *peripatetische Dialog* ab, in dem Vertreter unterschiedlicher philosophischer Richtungen gegeneinander auftreten. Lukian schreibt witzig-satirische Dialoge und ↑Totengespräche. In den formal an Cicero geschulten Dialogen der Kirchenväter (M. Minucius Felix, A. Augustinus) wird das rechte Verständnis der Bibel erörtert. Im *Mittelalter* war das ↑Streitgedicht die beherrschende Form des volkssprachigen Dialogs. Berühmt ist das um 1400 in Böhmen entstandene Streitgespräch zwischen dem Ackermann und dem Tod „Der Ackermann aus Böhmen" des Johannes von Tepl. Zur Zeit des *Humanismus* blühte die Dialogliteratur in Anlehnung an Cicero und an Lukian. In den Auseinandersetzungen der Reformationszeit spielten polemische Streitschriften in Dialogform eine große Rolle (U. von Hutten, H. Sachs, J. Wickram). In den folgenden Literaturepochen spiegeln die Dialoge getreu die jeweils vorherrschenden geistesgeschichtlichen Grundtendenzen wider: so ist der Dialog für die *Aufklärung* eine Möglichkeit der von Vernunft getragenen Auseinandersetzung (u. a. D. Hume, D. Diderot, M. Mendelssohn, G. E. Lessing, Ch. M. Wieland), für den *Sturm und Drang* vom Gefühl getragener Gedankenaustausch. Im *19. und 20. Jahrhundert* wurde der Dialog als Kunstform nur noch wenig gepflegt, er erfuhr als Einkleidung für den Essay eine gewisse Wiederbelebung in Frankreich durch A. Gide, P. Valéry und P. Claudel, in Deutschland u. a. durch R. Borchardt, P. Ernst, H. von Hofmannsthal. Essayistische Dialoge verfaßten nach 1945 G. Benn („Drei alte Männer", 1949) und Arno Schmidt („Dya no sore", 1958, u. a.), politisch-satirische B. Brecht („Flüchtlingsgespräche", entstanden 1940/41, gedruckt 1961).

Dialogroman: Bezeichnung für einen ganz oder überwiegend in Dialogform verfaßten Roman, bei dem der Handlungsablauf aus den Gesprächen der Personen des Romans zu erschließen ist, z. B. Ch. M. Wielands „Geheime Geschichten des Philosophen Peregrinus Proteus" (1791) oder auch die späten Romane Th. Fontanes („Der Stechlin", 1899).

Diaphora [griechisch „Verschiedenheit"]: 1. in der antiken Rhetorik der betonte Hinweis auf die Unterschiedlichkeit zweier Dinge; 2. als rhetorische Figur die Wiederholung von Worten oder Satzteilen, wobei in der Regel mit unterschiedlichen Bedeutungen und Verwendungsnuancen gespielt wird, um dadurch eine Steigerung bzw. Verstärkung zu erreichen, z. B.: Das Fräulein: „Siehst du, Franziska? Da hast du eine sehr gute Bemerkung gemacht." Franziska: „Gemacht? Macht man das, was einem so einfällt?" (G. E. Lessing, „Minna von Barnhelm", Lustspiel, 1767). – ↑auch Anaklasis.

Diärese (Diäresis) [von griechisch diaíresis „Trennung, Teilung"]: 1. die getrennte Aussprache zweier aufeinanderfolgender Vokale, die jeweils zu einer anderen Silbe gehören, signalisiert durch das Trema (zwei über dem zweiten Vokal gesetzte Punkte), z. B. Boëthius, Zaïre. – 2. in der antiken Verslehre ein Verseinschnitt, der mit dem Ende einer metrischen Einheit (z. B. ↑Versfuß, ↑Dipodie) zusammenfällt. Der Gegensatz der Diärese ist die ↑Zäsur.

Diarium [lateinisch] ↑Tagebuch.

Diatribe [griechisch „Zeitvertreib, Unterhaltung"]: in der Antike gebräuchliche literarische Gattung, die sich in volkstümlich-derber und witzig-satirischer Weise an ein breites Publikum wandte, um zu belehren oder zu ermahnen. Ihre Anfänge hat diese Form in den popularphilosophischen Moralpredigten kynischer Wanderredner des Hellenismus. Eine erste literarische Formung erfuhr die Diatribe wahrscheinlich durch Bion von Borysthenes (3. Jahrhundert v. Chr.). Diatriben verfaßten später Philon von Alexandria, L. A. Seneca der Jüngere und Plutarch. Wahrscheinlich beeinflußte die Diatribe die römische ↑Satire, aber auch die frühchristliche Predigtliteratur zeigt Elemente dieser Literaturgattung. Eine Erneuerung erfuhr die Diatribe in den Moralpredigten des Abraham a Sancta Clara.

Dichter: der Verfasser von Sprachkunstwerken (↑Dichtung). – In der Form „tihtære" taucht das *Wort* „Dichter" in Versepen des 12. Jahrhunderts („König Rother", Epos, um 1150; Herbort von Fritzlar, „Daz Liet von Troye", Epos, um 1210) erstmals im heute üblichen Sinn auf. Bis zum Spätmittelalter bezeichneten sich die Dichter selbst in der Regel als „tihtære" (daneben finden sich auch: „Meister", „Singer", „Minnesinger", „Meistersinger"), ehe dieses Wort durch die Bezeichnung „Poet" (nach lateinisch poeta) verdrängt wurde. Seit dem 18. Jahrhundert, als der Titel „Poet" abgewertet wurde, setzte sich das Wort „Dichter" wieder durch. Gegenwärtig dominieren häufig Bezeichnungen wie „Autor", „Schriftsteller", „Verfasser", „Texter" oder sogar „Stückeschreiber".

Der *Begriff* „Dichter" wurde im Laufe der Geschichte ganz unterschiedlich aufgefaßt. Antike Dichtermythen präsentieren Dichter mit übermenschlichen Fähigkeiten (Orpheus, der sogar die Unterwelt mit seinem Gesang bezwang, in der griechischen, Bragi, der den Menschen die Dichtkunst gebracht haben soll, in der nordischen Mythologie). In der Antike begegnet auch das Bild des gottbegnadeten prophetischen Sängers, wie z. B. der „blinde" Homer. Hesiod (um 700 v. Chr.) ist die erste historisch faßbare Dichterpersönlichkeit des Abendlandes. Obwohl auch er noch sein Dichtertum in der mythologischen Tradition sieht, engagiert er sich in seiner Dichtung „Érga kaì hēmérai" (deutsch 1568, 1965 unter dem Titel „Werke und Tage") bereits sozial. Bei den ihm folgenden griechischen Dichtern ergibt sich sowohl bezüglich ihrer sozialen Herkunft als auch in ihrer Ausrichtung ein sehr differenziertes Bild. So trifft man dichtende Staatsmänner (z. B. Solon) neben fahrenden Sängern und Wanderphilosophen (z. B. Xenophanes), Hymniker (z. B. Pindar) neben Spöttern (z. B. Archilochos), gelehrte Dichter (z. B. Euripides; ↑Poeta doctus) neben Bettelpoeten. Auch die römischen Dichter waren von unterschiedlichster Herkunft. Nicht selten brachten es sogar Vertreter der untersten sozialen Schicht zu Dichterruhm (Terenz, Vergil, Horaz). Als bedeutender Förderer der Dichtung wurde G. C. Maecenas (1. Jahrhundert v. Chr.) für immer zu einem Begriff (Mäzen, Mäzenatentum). – Zu Beginn des Mittelalters traten die Dichter wieder hinter ihrem Werk zurück, wohl auch deshalb, weil es sich meist um Mönche handelte. Auch der erste namentlich bekannte Dichter deutscher Sprache, Otfrid von Weißenburg, war Mönch. Ausnahmen bilden im Nordgermanischen der ↑Skalde, im Westgermanischen der ↑Skop, bei den Kelten der ↑Barde, ferner in allen Literaturen der Spielmann (↑Spielmannsdichtung). Seit dem 12. Jahrhundert begegnen in der ↑höfischen Dichtung (Wolfram von Eschenbach, Hartmann von Aue, Gottfried von Straßburg, Konrad von Würzburg, Walther von der Vogelweide u. a.) wieder Dichter, die nicht nur aus dem geistlichen Stand kamen. Sind bei ihnen biographische Daten nur spärlich, so bleiben die Vagantendichter (↑Vagantendichtung) sogar weitgehend anonym. Mit Oswald von Wolkenstein ist im 14. Jahrhundert erstmals ein Dichter anzutreffen, über dessen Biographie außerhalb seines Werkes nähere Informationen vorliegen. Die Dichter des Mittelalters lebten entweder an einem Fürstenhof, standen in den Diensten einer Stadt oder zogen als Fahrende von Stadt zu Stadt bzw. von Hof zu Hof. Eine Sonderform entwickelte sich in dem v.a. von Handwerkern verfaßten ↑Meistersang. Bis ins 18. Jahrhundert hinein übten die Dichter meist einen Beruf aus oder standen als Hofdichter in höfischen Diensten. Bei G. E. Lessing und F. G. Klopstock beginnt das Berufsdichtertum. Doch erst seit der Mitte des 19. Jahrhunderts können Dichter von ihren Werken leben.

Verschiedene Zeiten kannten ein jeweils anderes *Dichterideal.* Im Sturm und Drang verstand man den Dichter als „Originalgenie", beseelt von Intuition und Empfindung. Goethe bezeichnete den Dichter als Lehrer, Wahrsager, Freund der Götter und der Menschen. Schiller unterschied zwischen dem Typus des naiven und des sentimentalischen Dichters (↑naiv und sentimentalisch). J. Ch. F. Höderlin sah im Dichter denjenigen, der das Bleibende stiftet. Der Naturalismus forderte vom Dichter sozialkritisches Engagement, im 20. Jahrhundert schließlich trat der intellektuelle Dichtertyp stärker in den Vordergrund. Zu allen Zeiten standen sich extreme Gegensätze gegenüber (z. B. der Publikumsliebling und das verkannte Genie, der gesellschaftskonforme Erfolgsautor und der geschmähte Einzelgänger, der in seiner Zeit überschätzte Schreiber und der oft erst spät in seiner wahren Bedeutung erkannte Dichter), so daß ein einheitliches Bild des Dichters eigentlich nie möglich war.

Dichterfehde: aus den Werken mittelalterlicher Dichter erschließbare literarische Auseinandersetzung, die sich v.a. der Parodie bzw. Polemik als Form bedient. Bekanntestes Beispiel ist die Dichterfehde zwischen Reinmar dem Alten und Walther von der Vogelweide um die rechte Art des Frauenpreises (um 1200). Die provenzalische Dichtung kennt mit der ↑Tenzone eine eigene literarische Gattung für die Dichterfehde. – Neben diesen Formen gibt es auch den fiktiven Sängerwettstreit als Gedichtform (z.B. „Der Wartburgkrieg", anonym, 13. Jahrhundert), wofür bereits die Antike Vorbilder lieferte (z. B. Agon Homers und Hesiods). – ↑auch Agon.

dichterische Freiheit: die bewußte Abweichung vom üblichen Sprachgebrauch in einem dichterischen Werk. Diese Abweichung erfolgt oft aus Rücksicht auf Rhythmus oder Versmaß, auch aus stilistischen Gründen oder zur Steigerung der dichterischen Ausdruckskraft. Von dichterischer Freiheit spricht man aber auch, wenn sich ein Dichter in einem Werk über geschichtliche Fakten hinwegsetzt, um eine übergeordnete dichterische Idee zu verwirklichen (z. B. Schiller, „Don Carlos", Drama, 1787).

Dichterkreis: Bezeichnung für die unterschiedlichsten Gruppierungen und Zusammenschlüsse von Dichtern. Dazu zählen Freundeskreise ebenso wie Gruppen an einem bestimmten Ort oder Kreise um eine hervorragende Persönlichkeit (Dichter, Mäzen, Verleger). Zusammengeführt und zusammengehalten werden diese Verbindungen meist durch gemeinsame Anschauungen, Interessen und Zielsetzungen. Nicht selten stoßen zu diesen Zirkeln auch Wissenschaftler, Kritiker oder Künstler; häufig gehen von ihnen fruchtbare Impulse und epochemachende Entwicklungen aus. – Bereits die Antike kannte Dichterkreise, so etwa die Zirkel um M.V. Messalla (Tibull, Ovid) oder um G.C. Maecenas (Vergil, Horaz, Properz). Unter den zahlreichen Dichterkreisen der deutschen Literatur gelten als wichtigste der ↑Nürnberger Dichterkreis und der ↑Königsberger Dichterkreis im Barock, die ↑Bremer Beiträger und der ↑Göttinger Hain im 18. Jahrhundert, der Heidelberger Dichterkreis der Romantik, der ↑Tunnel über der Spree, der

↑Münchner Dichterkreis, der ↑Friedrichshagener Dichterkreis, der ↑George-Kreis, der ↑Sturmkreis. Auch in der neuesten Literatur nach 1945 bildeten sich viele Gruppierungen, so etwa die ↑Gruppe 47, die ↑Wiener Gruppe, der ↑Darmstädter Kreis, das Grazer ↑Forum Stadtpark, die ↑Gruppe 61 oder der ↑Werkkreis Literatur der Arbeitswelt.

Dichterkrönung: die offizielle Auszeichnung eines Dichters ohne festes Ritual, meist Krönung mit einem Lorbeerkranz und Ernennung zum „poeta laureatus“, „poeta caesarius“ oder „poeta imperialis“. Die Dichterkrönung hat ihren Ursprung wahrscheinlich in der Antike. Nach vereinzelten Vorläufern im 12. Jahrhundert kam sie v. a. im Zeitalter des Humanismus in Gebrauch. Die erste offizielle Dichterkrönung war die von A. Mussato 1314 in Padua. Die Dichterkrönung F. Petrarcas 1341 auf dem Kapitol durch einen römischen Senator lehnte sich bewußt an die antike Tradition an. Das Recht der Ernennung zum Poeta laureatus nahmen in der Folgezeit Papst und Kaiser für sich in Anspruch. Als erster deutscher Dichter wurde K. Celtis 1487 von Friedrich III. in Nürnberg gekrönt. Unter Maximilian I. erfuhren zahlreiche Dichter diese Ehrung (u. a. U. von Hutten). Die Auszeichnung mit diesem akademischen Titel berechtigte dazu, an den Universitäten Vorlesungen über Rhetorik und Poetik zu halten. In England, wo die Tradition des „poet laureate“ noch bis heute fortgeführt wird, war die Ernennung seit Eduard IV. lange mit einem bezahlten Amt bei Hofe verbunden. In Deutschland verlor die Dichterkrönung nach dem Ende des Humanismus durch Mißbrauch (dennoch gab es weiterhin noch gekrönte Dichter von Rang, z. B. M. Opitz 1625) immer mehr an Bedeutung, obwohl der Brauch noch bis ins frühe 19. Jahrhundert fortbestand.

Dichterkrönung. Der als erster deutscher Dichter gekrönte Konrad Celtis mit den Insignien des gekrönten Hofdichters

Dichtung: Sammelbegriff für Dichtkunst, aber auch Bezeichnung für das einzelne Sprachkunstwerk. In beiden Bedeutungen taucht das Substantiv (zum Verbum tihten „dichten“) erstmals im 15. Jahrhundert in Wörterbüchern neben „Poeterei“, „Poesie“, „Poema“ auf. Die Bedeutung des zugrunde liegenden Verbums „dichten“ änderte sich im Lauf der Zeit erheblich. War die germanische Grundbedeutung noch „ordnen“, „herrichten“, so hieß „dichten“ im Althochdeutschen (unter Einfluß von lateinisch dictare „diktieren“) „schreiben“, „schriftlich abfassen“ oder „in poetischer Form darstellen“. Im Mittelhochdeutschen traten schließlich die Bedeutungen „ersinnen“, „ausdenken“ hinzu. Das mittelhochdeutsche Wort für Dichtung lautete „getihte“, also „Gedicht“. Im 18. Jahrhundert setzte sich dann die Bezeichnung „Dichtung“ durch, zunächst jedoch nur in der Bedeutung „Fiktion“, während für Dichtung im heutigen Sprachgebrauch das Wort „Dichtkunst“ (nach „ars poetica“) verwendet wurde. Als Synonyme für Dichtung findet man heute neben „Dichtkunst“ „Poesie“, „Sprachkunst[werk]“, „Wortkunst[werk]“ auch „literarisches Kunstwerk“ und „schöne Literatur“. – Dichtung als Teil der Kunst unterscheidet sich von den anderen Künsten dadurch, daß sie an das Medium Sprache gebunden ist. Sie manifestiert sich v. a. in der Sprachästhetik, d. h. in der kunstvollen Gestaltung von Sprache. Durch den Einsatz sprachlicher Kunstmittel zur äußeren wie inneren Formgebung (wodurch Dichtung zur gebundenen Rede wird) unterscheidet sich Dichtung im engeren Sinn von ↑Prosa. Sie verwendet formale Kunstmittel wie ↑Reim, ↑Rhythmus, ↑Metrum und Strophenbildung (↑Strophe) und setzt sich in dichterischer Freiheit über stilistische und syntaktische Normen hinweg. Epochen wie der Naturalismus setzten allerdings dichterischen Ehrgeiz auch daran, durch möglichst getreue Anlehnung an die Originalsprache, also an Umgangssprache und Dialekt, ihr Ideal dichterischer Wahrheit zu realisieren. Für Dichtung charakteristisch ist aber auch die bildlich-symbolhafte Ausdrucksweise (↑Metapher), mit der sie oft in neue Dimensionen von Wirklichkeit vorzustoßen versucht. – Der ungeheuere Formenreichtum der Dichtung erschwert jeden Versuch der *literaturwissenschaftlichen Klassifizierung.* Seit dem 18. Jahrhundert (J. Ch. Gottsched) unterscheidet man im allgemeinen drei große Grundgattungen: ↑Lyrik, ↑Epik und Dramatik (↑Drama). Die fließenden Grenzen zwischen diesen Gattungen behindern nicht selten die konkrete Zuordnung im Einzelfall. Schwierigkeiten bereitet auch die *Abgrenzung* zwischen Dichtung und ↑Literatur. Literatur setzt im Gegensatz zur Dichtung, die es auch ohne Niederschrift geben kann (↑Volksdichtung), die schriftliche Fixierung voraus. – Ihrem *Wesen* nach kann sich Dichtung sehr verschieden verstehen. Schon Aristoteles und nach ihm Renaissance, Barock und Aufklärung sahen in der Dichtung vornehmlich die Nachahmung (↑Mimesis). Diese Nachahmung kann als realistische Nachahmung der Wirklichkeit, aber auch als Nachahmung wesenhafter Seinswirklichkeit begegnen. Dichtung kann sich auch als Versuch der Welt- und Lebensdeutung definieren. Ein weiterer Wesenszug von Dichtung kann der Ausdruck innerer Erlebnisse und Erfahrungen eines dichtenden Individuums sein. In rein ästhetischem Sinn kann man Dichtung schließlich auch als zweckfreies Kunstgebilde bestimmen, bei dem formalkünstlerische Kriterien ausschlaggebend sind. – So wie der Formenreichtum der Dichtung jeder Einordnung widerstrebt, so präsentieren sich auch die Auffassungen über die *Funktion* von Dichtung höchst unterschiedlich und sogar widersprüchlich. Ihre Extrempunkte sind mit der Formel des Horaz markiert, die besagt, Dichtung müsse nützen und erfreuen („aut prodesse volunt aut delectare poetae“). Dichtung kann rein ästhetisch motiviert oder völlig zweckfrei, kann aber auch politisch, ideologisch oder religiös ausgerichtet sein. – Die *Entstehung* der Dichtung wurde in verschiedenen Epochen unterschiedlich erklärt. Sahen Sturm und Drang oder Romantik die Inspiration als eigentlichen Impuls, so verstanden Meistersang, Barock und Aufklärung die Dichtkunst als mittels bestimmter Regeln erlernbar. Die Unterscheidung von Gelegenheits-, Bekenntnis- oder Erlebnisdichtung signalisiert darüber hinaus, wie verschieden die Entstehung von Dichtung motiviert sein kann. Trotz aller Versuche, Gemeinsamkeiten zum Zweck der Systematisierung heranzuziehen, verlangt jedes Werk der Dichtung seine besondere und individuelle Interpretation und Deutung.

Dichtungsgattungen ↑Dichtung, ↑Gattung.

didaktische Dichtung ↑Lehrdichtung.

Didaskalien [von griechisch didaskalía „Lehre, Unterweisung"]: 1. in der antiken Dramaturgie Bezeichnung für das Einstudieren eines Chores; 2. szenische Anweisungen der antiken Dramatiker zur Aufführung ihrer Werke; 3. Bezeichnung für die seit dem 5. Jahrhundert v. Chr. üblichen amtlichen Listen, in denen in chronologischer Reihenfolge die Aufführungen von Dramen und Chordichtungen verzeichnet waren. Die Didaskalien informierten über den Zeitpunkt der Aufführung, den Titel des Werkes, das Urteil der Preisrichter, über die Preise und Honorare. Neben dem Namen des Autors nannten sie auch den ↑Choregen und namhafte beteiligte Schauspieler. Aristoteles veröffentlichte in seinem fragmentarisch erhaltenen Werk „Didaskalía" als erster die Didaskalien Athens. Dieses Werk wurde zur bevorzugten Quelle alexandrinischer Gelehrter, die sich später mit der Herausgabe griechischer Dramen befaßten. Seit dem 3. Jahrhundert v. Chr. wurden in Griechenland in Stein gemeißelte Didaskalien in den Theatern aufgestellt. Lateinische Didaskalien sind zu den Komödien des Terenz und zu zwei Werken des Plautus erhalten.

Digest ['daɪdʒɛst; englisch, von lateinisch digesta, eigentlich „eingeteilte (Schriften)"]: regelmäßig erscheinende Veröffentlichung, die durch den Nachdruck von Aufsätzen, Artikeln, Auszügen aus Büchern oder Zeitschriften einen Überblick über ein bestimmtes Fach oder Interessengebiet gibt oder über allgemein Wissenswertes informiert (z. B. „Reader's Digest").

Digression [von lateinisch digressio „Weggehen, Abschweifung"]: in Reden oder erzählenden Texten (v. a. im Roman) die Abschweifung vom eigentlichen Thema. Sie wird besonders gern verwendet, um die Darstellung aufzulockern oder aber, um die Spannung durch Hinauszögern entscheidender Handlungsabläufe zu steigern.

Diktion [von lateinisch dictio „das Sagen"]: die Ausdrucksweise, der Schreibstil; in der Rhetorik die besondere Art, in der man seine Gedanken formuliert.

Dimeter [von griechisch dímetros „aus zwei Maßen bestehend"]: Bezeichnung der griechisch-römischen Metrik für einen Vers, der aus zwei metrischen Einheiten gebildet ist. Als Metrum gilt bei jambischen, trochäischen und anapästischen Versen die ↑Dipodie (z. B. ein doppelter Jambus: ◡ – ◡ –), bei daktylischen Versen der ↑Fuß. Beispiel für einen jambischen Dimeter: „Der Nebel steigt, es fällt das Laub" (Th. Storm, Gedicht „Oktoberlied").

Dinggedicht: ein besonderer Typus der Lyrik, bei dem ein Gegenstand (Kunstwerk, alltägliches Ding, auch ein Tier oder eine Pflanze) durch distanzierte Beschreibung und mit Ausschluß subjektiver Empfindungen dargestellt wird. Durch die Auswahl, Anordnung und sprachliche Struktur der beschriebenen Einzelzüge wird der Gegenstand von allem Zufällig-Unwesentlichen befreit und gewinnt eine wesenhaft-symbolische Bedeutung. Das Dinggedicht setzt in der Geschichte der deutschen Lyrik relativ spät ein, zum ersten Mal ausgeprägt bei E. Mörike („Auf eine Lampe"), dann bei C. F. Meyer („Der römische Brunnen") und v. a. bei R. M. Rilke („Der Panther", „Das Karussell"). Zu unterscheiden ist das Dinggedicht von beschreibender Stimmungslyrik oder von den Gedichten, bei denen das Ding im Entstehen gezeigt wird (entsprechend G. E. Lessings ↑Laokoontheorie).

Dingsymbol: ein Gegenstand von zentraler, zum ↑Symbol erhöhter Bedeutung in Ballade und Novelle (↑Falkentheorie). Dieser Gegenstand erscheint wiederholt an wichtigen Stellen des Textes, z. B. die Kraniche in der Ballade „Die Kraniche des Ibykus" von F. Schiller, die Buche in der Erzählung „Die Judenbuche" (1842) von A. von Droste-Hülshoff, die zwei Rappen in der Erzählung „Michael Kohlhaas" (1810) von H. von Kleist.

dionysisch ↑apollinisch-dionysisch.

Dipodie [von griechisch dipodía

„Zweifüßigkeit"]: Bezeichnung für zwei in einer metrischen Einheit zusammengefaßte, meist jambische oder trochäische Versfüße (◡ –̀ ◡ –́ oder –̀ ◡ –́ ◡), wobei eine Hebung den Hauptton, die andere den Nebenton trägt, was eine größere Leichtigkeit und Lebendigkeit des Verses bewirkt. – Gegensatz: ↑Monopodie.

direkte Rede: wörtliche Rede, im Gegensatz zur ↑indirekten Rede unveränderte Wiedergabe der Aussage eines Sprechenden. Sie wird durch Anführungszeichen gekennzeichnet, z. B.: Mutter fragte mich: „Wann kommst du zurück?".

Disputation [von lateinisch disputare „nach allen Seiten erwägen"]: gelehrtes, in der Öffentlichkeit ausgetragenes Streitgespräch zwischen zwei Parteien, bei dem die eine ihre in Thesen aufgestellten Behauptungen verteidigt, während die andere diese Thesen zu widerlegen versucht. Die Disputation wurde v. a. im Mittelalter geübt (Doktordisputation). Bekannt ist die Disputation zwischen J. Eck und Luther 1519.

Distichon [griechisch „Zweizeiler"]: Doppelvers, und zwar die Verbindung eines ↑Hexameters mit einem ↑Pentameter zu einer zweizeiligen Strophe entweder als lyrische Texteinheit (z. B. ↑Epigramm) oder fortlaufend in einem Gedicht (z. B. ↑Elegie): „Ím Hexámeter stéigt des Spríngquells flűssige Sắule./ Ím Pentámeter dráuf fắllt sie melódisch heráb" (Schiller, „Das Distichon"). Das Distichon entstand in Verbindung mit der griechisch-römischen Elegie. Deutsche Nachbildungen des elegischen Distichons gibt es seit dem Barock, zunächst gereimt (J. Fischart, J. Klaj), dann seit J. Ch. Gottsched reimlos, bei F. G. Klopstock, Schiller („Der Spaziergang"), Goethe („Römische Elegien", 1795) und J. Ch. F. Hölderlin („Brot und Wein").

Distribution [von lateinisch distributio „Verteilung"]: kommunikationswissenschaftliche Bezeichnung für die Verbreitung von Medien. Die Distribution von Literatur erfolgt durch die Verlage, den Buchhandel, Bibliotheken und Buchgemeinschaften.

Dithyrambus (Dithyrambos) [griechisch]: griechisches ↑Chorlied, das vermutlich aus dem Kult des Dionysos, mit dem es zuletzt verbunden war, hervorgegangen ist und das in enthusiastisch-ekstatischer Weise die Taten des Weingottes preist. Seine Anfänge fallen in das 7. Jahrhundert v. Chr., die kunstgemäße Ausbildung erfolgte etwa ein Jahrhundert später. Als Schöpfer der klassischen Form des Dithyrambus gilt Arion. Später wurde der zunächst ausschließlich auf Dionysos bezogene Dithyrambus durch Stoffe aus der griechischen Heldensage erweitert, womit eine breite Entfaltung der Dithyrambusdichtung verbunden war. Mit der Aufnahme dieser epischen Stoffe ist die Vorform der griechischen ↑Tragödie erreicht. Neben dieser als einer Fortentwicklung des Dithyrambus wurden, v. a. in attischen Dionysien, auch rein chorische Dithyramben aufgeführt. Bedeutende Dithyrambusdichter sind Bakchylides, Pindar und Melanippides. In der deutschen Dichtung gibt es keine direkten Nachbildungen des Dithyrambus, wohl aber wegen ihres hymnisch-ekstatischen Tones als „dithyrambisch" empfundene lyrische Texte, hier v. a. die aus freien Rhythmen komponierten Gedichte F. G. Klopstocks, des jungen Goethe („Ganymed", „Wanderers Sturmlied") u. a. Um Dithyramben im engeren Sinne handelt es sich trotz des Bezugs auf das griechische Vorbild auch nicht bei Schillers „Dithyrambe" oder F. Nietzsches „Dionysos-Dithyramben".

Diwan [von persisch dīwān „Schreib-, Amtszimmer", eigentlich „Sammlung beschriebener Blätter"]: Sammlung orientalischer lyrischer und panegyrischer Gedichte, in denen entweder Gedichte eines bestimmten Autors oder der Autoren eines bestimmten Stammes zusammengefaßt werden. Der bekannteste Diwan ist der des persischen Dichters Hafes, auf den Goethe in seinem „West-östlichen Divan" (1819) Bezug nimmt.

Dokumentarliteratur [lateinisch]: Sammelbezeichnung für gesellschaftskritische und politisch orientierte Theaterstücke, Hör- und Fernsehspiele, auch

Prosa und Gedichte, die auf Dokumente und Fakten zurückgreifen, diese verarbeiten bzw. in Auszügen oder vollständig zitieren (z. B. E. Runge, „Bottroper Protokolle", 1968) oder dem faktischen Geschehen nahebleiben. Vorstufen der Dokumentarliteratur finden sich in G. Büchners Drama „Dantons Tod" (1835, mit wörtlichen Zitaten aus den Verhandlungsprotokollen) und in den Reportagen der 20er Jahre (v.a. von E. E. Kisch; ↑Neue Sachlichkeit). Eine eigene Gattung der Dokumentarliteratur kam jedoch erst in den 60er Jahren zum Durchbruch (A. Kluge, „Schlachtbeschreibung", Roman, 1966; H. M. Enzensberger, „Das Verhör von Habana", Texte, 1970). In den USA entwickelte sich eine Faction-Prosa, die nicht fiktives, auf Tatsachen beruhendes und zu dokumentarischer Darstellung tendierendes Erzählen mit der nüchternen Schilderung eines Kapitalverbrechens verbindet (u. a. T. Capote, „In cold blood", 1966, deutsch „Kaltblütig", 1966). Im Umkreis der ↑Gruppe 61 wurden Reportage und Protokoll zu bevorzugten Schreibweisen mit emanzipatorischer Tendenz (G. Wallraff, „Wir brauchen Dich", 1966, 1970 unter dem Titel „Industriereportagen"). Auch Gedicht und Hörspiel montieren dokumentarisches Material, z.T. als ↑Collagen von ausschließlich authentischen Text- und Tonzitaten (z. B. F. Kriwet, „Apollo Amerika", Hörspiel, 1969). – ↑auch Dokumentartheater.

Dokumentartheater [lateinisch]: Stilrichtung des modernen Theaters, bei der durch die Verwendung dokumentarischen Materials (z. B. Akten, Protokolle, zeitgenössische Presseberichte, Einblendung von Filmszenen, Photos, Tonbändern usw.) größtmögliche Glaubwürdigkeit und Authentizität erreicht werden soll. Das Dokumentartheater will in erster Linie gesellschaftskritisch und politisch wirken. Es erreichte unter dem Einfluß des russischen Revolutionstheaters in den späten 20er Jahren in Deutschland durch E. Piscators Inszenierungen seinen ersten Höhepunkt. Einen neuen Aufschwung erlebte es in den 60er Jahren in der Folge von R. Hochhuths Schauspiel „Der Stellvertreter" (1963, Regie: E. Piscator) mit Dokumentarstücken wie „In der Sache J. Robert Oppenheimer" (1964) von H. Kipphardt, „Die Ermittlung" (1965) von P. Weiss, „Toller" (1968) von T. Dorst.

Dolce stil nuovo ['doltʃe 'stil nu̯ɔ:vo; italienisch „süßer neuer Stil"]: Stilrichtung der italienischen Liebeslyrik in der zweiten Hälfte des 13. Jahrhunderts, die noch in der Tradition der höfischen Troubadourlyrik (↑Troubadour) und ihrer italienischen Epigonen stand, jedoch durch die Aufnahme philosophischer und religiöser Elemente Neues schuf: Die Geliebte wird zum religiösmystischen Symbol, der sich in unerfüllbarer Liebe verzehrende Liebhaber gewinnt dadurch an ethisch-geistiger Tugend, die ihn zu einem neuen Seelen-, Gesittungs- und Geistesadel führt, der unabhängig vom Geburtsadel ist. Als Begründer des Dolce stil nuovo gilt G. Guinizelli, bedeutendste Vertreter sind G. Cavalcanti und Dante mit seiner Jugenddichtung „La vita nuova" (entstanden zwischen 1292 und 1295, gedruckt 1576, deutsch „Das neue Leben", 1824). Nachwirkungen finden sich v. a. bei F. Petrarca.

Doppelreim ↑Reim.

Dorfgeschichte: Erzählgattung des 19. Jahrhunderts, in der das Dorf und seine Bewohner im Mittelpunkt der Handlung stehen. Hierbei lassen sich zwei Arten unterscheiden: die eine, bei der es um wahre Einsicht in wirkliche bäuerliche Verhältnisse und ein Erfassen der bäuerlichen eigenständigen Welt geht, wie etwa in den Romanen von J. Gotthelf „Wie Uli der Knecht glücklich wird" (1841, 1846 unter dem Titel „Uli der Knecht") und „Uli der Pächter" (1849), der Novelle von G. Keller „Romeo und Julia auf dem Dorfe" (1856) oder den Dorfromanen L. Anzengrubers (u. a. „Der Sternsteinhof", 1885) (↑auch Bauerndichtung). Die andere Art, die Dorfgeschichte im engeren Sinne, stellt einem städtischen Publikum das einfache, natürliche Dorfleben als eine Welt der Traditionsverbundenheit und als heilende Zufluchtstätte vor. Dabei wird die Wirklichkeit zur Kulisse für meist seelenvolle Geschichten eines Edelbauerntums, bei dem Milieuechtheit durch realistische Detailschilderungen, durch Bindung an eine bestimmte Landschaft und durch einen entsprechend mundartlich gefärbten Stil weitgehend ersetzt wird. Diese Spielart der Dorfgeschichte beginnt mit den „Schwarzwälder Dorfgeschichten" (1843–54) von B. Auerbach, der die Gattung prägte und eine unübersehbare Flut von Dorfgeschichten einzelner Landschaften hervorrief (z. B. die böhmischen Dorfgeschichten von J. Rank, 1842, die „Erzählungen aus dem Ries" von M. Meyr, 1856, weitere von F. M. Felder, H. Hopfen u. a.). Die Dorfgeschichte wurde im Naturalismus verdrängt und ging in der ↑Heimatliteratur auf.

dörperliche Poesie [von mittelhochdeutsch dörper „Tölpel, Bauer, roher Mensch"]: Bezeichnung für Formen der mittelhochdeutschen Lyrik, die bäuerliche Liebes-, Streit- und Prügelszenen, meist grotesk verzerrt, als Gegenbilder zum verfeinerten höfischen Leben, besonders zum Minnesang, gestaltet, wobei der tölpelhaft gezeichnete Bauer als Kontrastfigur zum höfischen Ritter dient. Die dörperliche Poesie wurde begründet von Neidhart (von Reuental) (1. Hälfte des 13. Jahrhunderts, „Sommer- und Winterlieder") und fortgeführt von Gottfried von Neifen, Ulrich von Winterstetten u. a. Auch nach ihrem Erlöschen gegen Ende des 13. Jahrhunderts lebten ihre Stoffe und Motive bis ins 15. Jahrhundert weiter, z. B. in den spätmittelalterlichen ↑Schwänken.

Dottore [italienisch „Doktor"]: komische Figur der ↑Commedia dell'arte: der pedantische Gelehrte (Arzt, Jurist, Philosoph) aus Bologna, dessen phrasenhaftes Geschwätz seine Scheingelehrsamkeit entlarvt. Sein typisches Kostüm ist das zeitgenössische schwarze Professoren- oder Advokatengewand mit weißem Kragen und Gürtel. Er trägt eine weiße Perücke und meist noch einen hohen Hut.

Drama [griechisch „Handlung"]: literarische Großform, in der eine in sich abgeschlossene Handlung durch Personen in Rede und Gegenrede und szenischer Aktion dargestellt wird. Wesentliches Kennzeichen des Dramas ist die szenische Aufführung; das Drama wendet sich grundsätzlich an Zuschauer (das ↑Lesedrama stellt einen Grenzfall dar). Das Drama gehört zur Dramatik, einer der drei Naturformen der Dichtung (neben ↑Epik und ↑Lyrik). – Wesensmerkmal der *dramatischen Handlung* ist der dramatische Konflikt, der aus der Kollision gegensätzlicher Kräfte und Willensrichtungen entsteht. Häufigster Typus ist der Kampf des Helden oder der ihm zugehörigen Gruppe mit einer Gegenmacht (z. B. mit Intriganten oder mit dem Schicksal). Nicht selten spielt sich der Konflikt in der Seele des Helden ab, etwa als Widerstreit zweier tatsächlich oder nur scheinbar unvereinbarer sittlicher Anforderungen (Goethe, „Iphigenie auf Tauris", 1787) oder konträrer Lebenseinstellungen (Goethe, „Faust", 1808–32). Die dramatische Handlung umfaßt den Spannungsbogen von der Darstellung der Verhältnisse und Zustände, denen der dramatische Konflikt entspringt (↑Exposition), über seine Entfaltung in mannigfacher Steigerung (↑Peripetie, ↑retardierendes Moment) bis zu seiner Auflösung im tragischen Scheitern oder in der Wendung zum Guten (↑Zieldrama). Eine besondere Eigenart der Handlungsführung weist das ↑analytische Drama auf. – Die *sprachliche Form*, die dieser Struktur des Dramas am besten gerecht wird, ist der ↑Dialog. Untergeordnete Bedeutung haben ↑Monolog, ↑Beiseitesprechen sowie Kommentare der Handlung in einem ↑Prolog oder auch durch einen durch die Handlung führenden Erzähler. *Inneres Strukturmerkmal* ist die meist starke Konzentration der Handlung auf wesentliche Aspekte sowie die Verlagerung auf die inneren Zustände und Leidenschaften der Personen und somit der stärker abstrakte Charakter des Dramas. Die Forderung der drei Einheiten im klassizistischen Theater ist die äußere formale Konsequenz dieses Sachverhalts. Die *Personen* als Träger der dramatischen Handlung können Charaktere im Sinn individueller Persönlichkeiten (↑Charakterdrama) oder feste Typen sein (z. B. die Hauptgestalten der ↑Commedia dell'arte), gelegentlich auch Träger abstrakter Wesenheiten oder Ideen (etwa im geistlichen Drama des Mittelalters oder im Drama des Barock).

Das europäische Drama ist doppelten *Ursprungs:* es wurzelt einmal im menschlichen Spieltrieb und hat seine Vorform im vorliterarischen ↑Mimus, in der improvisierten Darstellung einfacher, meist derb-komischer Handlungen. Die andere Wurzel liegt im kultischen Bereich, hier knüpfte das Drama an Umzüge und chorische Aufführungen an. Durch die Aufnahme mimischer Elemente in diesem kultischen Bereich entstand das eigentliche Drama, das sich mit fortschreitender Entwicklung in einem Säkularisierungsprozeß aus diesem Bereich löste. Das *griechische Drama* – die früheste Ausprägung des europäischen Dramas – entstand im Rahmen des Dionysoskultes, der im Norden Griechenlands beheimatet war und im 7. Jahrhundert bei seinem Vordringen in den Süden die dort üblichen Umzüge integrierte, bei denen die Teilnehmer sich in den Gottheiten heilige Tiere verkleideten („Bockschöre"). Ab etwa 600 v. Chr. traten bei den großen Frühjahrsfeiern zu Ehren des Dionysos als Böcke verkleidete Chorsänger auf, die Leiden und Triumph des Gottes besangen. Grundelement dieser Gesänge war der ↑Dithyrambus, die Vorform der ↑Tragödie. Um die immer schwerer verständlichen archaischen Chöre zu erklären, stellte der Überlieferung nach Thespis seit 534 dem Chor einen Einzelsprecher (griechisch hypokritḗs „Erklärer") gegenüber. Damit wurde der Grund zur Spannung zwischen den lyrisch-emotionalen, oft ekstatischen Chorgesängen und den Darstellern der Handlung gelegt. Durch Einführung eines zweiten Schauspielers (durch Aischylos) und des dritten Schauspielers (durch Sophokles) wurden dramatischer Dialog und schließlich dramatische Handlung ermöglicht. Das griechische Drama blieb äußerlich an den Dionysoskult gebunden (jährliche Aufführungen zum Dionysosfest im Dionysostheater in Athen), war aber in seinem Gehalt durch eine zunehmende Säkularisierung und Rationalisierung gekennzeichnet. Dem entsprach die formale Entwicklung: der Chor trat gegenüber den Partien der Schauspieler immer mehr in den Hintergrund. Eine gewisse Endstufe war bei Euripides errreicht. – Wie die Tragödie hat auch die ↑Komödie ihren Ursprung im Dionysoskult. Sie entwikkelte sich aus den Umzügen berauschter junger Leute (kómos), die unter grotesken Masken derbe Späße trieben. Höhepunkte der antiken Komödien waren die Stücke des Aristophanes. Von der Komödie zu trennen ist das ↑Satyrspiel, das v. a. durch die Aufführungspraxis eng mit der Tragödie verknüpft war. – Das *römische Drama* (↑Fabula) war im wesentlichen Adaptation des griechischen Dramas. Wichtig als formales Vorbild waren die Tragödien L. A. Senecas des Jüngeren. – Das Drama des *Mittelalters* wurde weitgehend vom ↑geistlichen Spiel geprägt, das den Gläubigen christliches Heilsgeschehen in dramatischer Form vorführte. Aus der kirchlichen Liturgie entwickelten sich als früheste Form das ↑Osterspiel und das ↑Weihnachtsspiel, im späten Mittelalter das ↑Passionsspiel, das ↑Mysterienspiel u. a. Daneben entstand im Spätmittelalter auch ein weltliches Lustspiel (↑Fastnachtsspiel u. a.).

Das abendländische Drama der *Neuzeit* begann mit der Wiederentdeckung des antiken Dramas durch Renaissance und Humanismus. Zunächst wurden römische Vorbilder nachgeahmt (Plautus, Terenz, Seneca). In der *italienischen* Renaissancekomödie und -tragödie wurde erstmals der Grund der Formenwelt gelegt, die das europäische Drama bis ins 18. Jahrhundert und darüber hinaus kennzeichnet: die drei Einheiten, die Einteilung der Handlung in fünf (seltener drei) ↑Akte, die

Trennung der Akte durch Chöre, Zwischenspiele oder Zwischenaktmusiken, die ↑Ständeklausel. Auch in *Spanien*, wo das Auto sacramental (↑Auto) bis ins 18. Jahrhundert dominierte, beeinflußten von der Renaissance geprägte Formen die Dramenentwicklung. In *Deutschland* setzte die neuzeitliche Entwicklung mit dem lateinischen ↑Humanistendrama und dem protestantischen ↑Schuldrama ein, sie erreichte im Barockdrama (↑Barock, ↑Jesuitendrama) einen ersten Höhepunkt. In *Frankreich* erhielt die Renaissancetragödie im 17. Jahrhundert durch P. Corneille und J. Racine ihre strenge klassizistische Ausprägung. Im Gegensatz dazu entwickelte sich im elisabethanischen Theater *Englands*, dessen Blüte ins ausgehende 16. Jahrhundert fiel, neue Formen mit lockeren Szenenfolgen, weder zahlenmäßig noch ständisch beschränkten Personen und der Aufgabe der Einheiten bis hin zur Einheit der Handlung (W. Shakespeare). Der Gegensatz zwischen dem wesentlich vom französischen Klassizismus geprägten Drama der ↑geschlossenen Form und dem englischen der ↑offenen Form bestimmte die Entwicklung in *Deutschland* im 18. Jahrhundert: Das von J. Ch. Gottsched adaptierte klassizistische Formmuster (↑Poetik, ↑drei Einheiten) bildete im wesentlichen auch die Grundlage für die deutsche ↑Klassik (Goethe, „Iphigenie auf Tauris“, 1787; „Torquato Tasso“, 1790). Im Gegensatz dazu knüpfte der Sturm und Drang an das Vorbild Shakespeares an (J. M. R. Lenz, F. M. Klinger, der junge Goethe). Damit wurde zum ersten Mal eine entscheidende Abkehr von der normativen Poetik mit ihren Regeln für Stoff, Form und Stilhöhe der einzelnen dramatischen Gattungen vollzogen. Seither gibt es in der deutschen Dramatik keine verbindlichen Formmuster mehr. Hauptkennzeichen der deutschen Dramatik des 19. Jahrhunderts war die Entwicklung vom Idealismus (↑Ideendrama Goethes und Schillers) über den Realismus bis zum ↑Milieudrama und sozialen Drama des Naturalismus. In der Reaktion auf den Naturalismus wurden zu Beginn des 20. Jahrhunderts teilweise traditionelle Dramenformen wiederbelebt (H. von Hofmannsthal, „Das Salzburger große Welttheater“,1922). Neue Formen brachte im 20. Jahrhundert der Expressionismus mit dem Verkündigungsdrama (↑auch Stationendrama) sowie das ↑epische Theater B. Brechts. Neue Wege versuchen das ↑Dokumentartheater und v. a. das ↑absurde Theater.

Dramatik [griechisch]: 1. die dramatische Dichtkunst (↑Drama); 2. die erregende Spannung eines Geschehens.

dramatisch [griechisch]: das Drama betreffend, in Dramenform dargestellt; in übertragener Bedeutung auch für andere literarische und außerliterarische Bereiche (Musik, bildende Kunst) verwendet, ferner allgemein für aufregende, spannende Vorgänge.

Dramatisierung: die Bearbeitung eines meist epischen Stoffes für das Theater. Die notwendige Anpassung an die Gesetze der dramatischen Gattung und der Bühne erfordert meist eine Beschränkung der oft umfangreichen Handlung auf wenige Hauptmomente und -figuren. Bekannt sind die Dramatisierungen von F. Kafkas Romanen („Der Prozeß“, gedruckt 1925, durch A. Gide, 1947; „Das Schloß“, gedruckt 1926, durch M. Brod, 1955) und die mehrfachen Dramenfassungen von H. von Kleists Erzählung „Michael Kohlhaas“ (1810), die früheste 1828 von G. A. Maltitz. Von der Dramatisierung ist die ↑Bühnenbearbeitung zu unterscheiden. – ↑auch Adaptation, ↑Bearbeitung.

Dramaturgie [griechisch]: 1. Kurzbezeichnung für das dramaturgische Büro bzw. die dramaturgische Abteilung (z. B. einer Rundfunkanstalt); 2. von G. E. Lessing in seiner „Hamburgischen Dramaturgie“ (1767–69) geprägter Begriff für die auf die Praxis der Verfertigung und v. a. der Aufführung von Stücken bezogene ↑Poetik und ↑Ästhetik des Dramas. Gegenstand der Dramaturgie sind die Regeln für die äußere Bauform und die Gesetzmäßigkeiten der inneren Struktur des Dramas.

Drehbuch: die schriftlich fixierte Grundlage für die Gestaltung eines Films oder einer Fernsehproduktion. Vorstufen des Drehbuchs sind das skizzenhafte *Exposé* mit der Beschreibung der Filmidee, das *Treatment*, in dem der Handlungsverlauf schon szenisch gegliedert ist und wichtige optische und akustische Vorstellungen aufgezeichnet sind, und das *Rohdrehbuch*, aus dem dann das voll ausgearbeitete endgültige Drehbuch entsteht. Es hält in einer schematischen „Bildpartitur" synchronistisch und synoptisch (in der linken Spalte sind die optischen, in der rechten Spalte die akustischen Elemente aufgezeichnet) den Text, Angaben zu Bewegungen, Ton, Beleuchtung, Kulissen, Requisiten, Aufnahmetechnik usw. fest. Dabei wird der Gesamtablauf des Films in durchgehend numerierte Einstellungen und Bilder (Szenen) gegliedert.

Drehbühne: in den Bühnenboden eingelassene, auf Rollen um einen Mittelpunkt drehbare Scheibe, auf deren einzelnen Segmenten verschiedene Bühnenbilder gleichzeitig aufgebaut und auch während der Vorstellung auf der dem Publikum abgewandten Seite umgebaut werden können. Da die Drehbühne einen schnellen Szenenwechsel ermöglicht, wird sie v. a. für szenenreiche Aufführungen verwendet. In Deutschland wurde eine Drehbühne erstmals 1896 für eine Aufführung von W. A. Mozarts Oper „Don Giovanni" im Münchner Residenztheater benutzt.

Dreiakter: ein Drama in drei ↑Akten. Diese Gliederung entspricht der schon in der Antike (z. B. in der „Poetik" des Aristoteles) geforderten Dreiteilung der dramatischen Handlung in 1. Darstellung der Umstände, die zum dramatischen Konflikt führen (1. Akt), 2. Entfaltung des Konfliktes (2. Akt) und 3. Auflösung dieses Konfliktes (3. Akt). Da das klassizistische europäische Drama seit der Renaissance den ↑Fünfakter bevorzugte, findet sich der Dreiakter im französischen, englischen und deutschen Drama relativ selten (Ch. F. Hebbel, „Maria Magdalene", 1844). Große Bedeutung erlangte er jedoch in Italien, v. a. aber in Spanien und Portugal, wo er zur klassischen Form des Dramas wurde (↑Comedia).

drei Einheiten: seit der italienischen Renaissance und dem französischen Klassizismus eine der Grundanforderungen an ein dramatisches Werk: mit der *Einheit der Handlung* (Geschlossenheit der Handlung, keine Nebenhandlungen, die nicht mit der Haupthandlung eng verknüpft sind), der *Einheit des Ortes* (Unveränderbarkeit des Schauplatzes der dramatischen Handlung) und der *Einheit der Zeit* (die Handlung des Stückes darf höchstens 24 Stunden umfassen, im Idealfall decken sich Spielzeit und gespielte Zeit) wird das Ideal einer geschlossenen, auf das Wesentliche konzentrierten Form des Dramas erstrebt. – Die drei Einheiten wurden zum ersten Male im Aristoteles-Kommentar L. Castelvetros (1570) gefordert; die normative Poetik des französischen Klassizismus griff diese Forderung als Gebot der Vernunft auf (P. Corneille, „Discours sur les trois unités", 1660). Gemeinsam ist allen die Berufung auf die „Poetik" des Aristoteles. Dies beruht jedoch auf einem Irrtum: Aristoteles fordert im 7. und 8. Buch seiner „Poetik" nur die Einheit der Handlung. Von einer Einheit des Ortes ist bei ihm nicht die Rede. Seine Forderung, daß sich die Handlung einer Tragödie „in einem einzigen Sonnenumlauf oder doch nur wenig darüber" vollziehen solle, bedeutet bei ihm nicht die Übereinstimmung von Spielzeit und gespielter Zeit, sondern nur, daß die dramatische Handlung (im Gegensatz zur epischen) notwendig zeitlich beschränkt sein müsse.

Obwohl mit dem strengen Formenzwang der drei Einheiten der dramatischen Handlung vielfach Gewalt angetan wurde, sind die Dramen der italienischen Renaissance und v. a. des französischen Klassizismus (P. Corneille, J. Racine) in ihrer Geschlossenheit und äußersten Konzentration des Geschehnisablaufs für lange Zeit für das abendländische Drama vorbildlich geworden. In der Epoche der Aufklärung führte

J. Ch. Gottsched die drei Einheiten in die deutsche Dramaturgie ein („Versuch einer Critischen Dichtkunst vor die Deutschen", 1730). Doch schon G. E. Lessing wendete sich (in seiner „Hamburgischen Dramaturgie", 1767–69) gegen Gottscheds Dogmatismus und die mechanische Anwendung der drei Einheiten, obwohl die meisten seiner Stücke noch dem französischen Muster folgen. Eine entschiedene Abwendung von den drei Einheiten vollzog der Sturm und Drang, der unter dem Einfluß J. G. Herders bei W. Shakespeare und seinem Drama der ↑offenen Form anknüpfte und in seinem Bekenntnis zum freischöpferischen Genie jede formale Einengung durch eine normative Poetik ablehnte. Dennoch hatten die drei Einheiten auch später noch eine bedeutende Wirkung: immer, wenn eine besondere Geschlossenheit und Konzentration der Handlung erreicht werden sollte, bediente man sich ihrer mit mehr oder weniger großer Freiheit (Goethe, „Iphigenie auf Tauris", 1787; Dramen des Realismus, des Expressionismus, des Neuklassizismus).

Druckvermerk ↑Impressum.

Dubitatio [lateinisch „Zweifel"]: rhetorische Figur: die fingierte Unsicherheit eines Redners oder Erzählers, die sich etwa darin äußert, daß ein Erzähler seine Leser wegen des Fortgangs der Erzählung um Rat bittet.

Dumb show ['dʌm 'ʃoʊ; englisch „stumme Schau(stellung)"]: allegorische Pantomime mit Musik, die im englischen Theater des 16. Jahrhunderts vor dem Beginn der Aufführung eines Stükkes oder auch vor einzelnen Akten (z. B. vor der Theateraufführung im 3. Akt von W. Shakespeares „Hamlet") aufgeführt wurde; sie sollte den Inhalt oder den Sinn des Folgenden verdeutlichen.

Duodrama [von lateinisch duo „zwei"]: Bezeichnung für ein Drama, in dem nur zwei Personen auftreten. Es war im 18. Jahrhundert als Sonderform des ↑Monodramas beliebt, die dadurch entstand, daß dem Hauptdarsteller eine Nebenfigur beigegeben wurde. Bekanntestes Beispiel aus der neueren Literatur: H. von Hofmannsthals lyrisches Duodrama „Der Thor und der Tod" (1900).

Durch: 1886 in Berlin von C. Küster, L. Berg und E. Wolff gegründete literarische Vereinigung, die die theoretische Grundlegung des literarischen Naturalismus lieferte. Mitglieder waren u. a. H. und J. Hart, W. Bölsche, A. Holz, J. Schlaf und G. Hauptmann.

E

Écriture automatique [ekrityrɔːtɔma'tik; französisch] ↑automatische Dichtung.

Edda [altnordisch]: Bezeichnung für zwei verschiedene Werke der altnordischen Literatur. Ursprünglich trug nur die „jüngere Edda", nach ihrem Verfasser Snorri Sturluson auch „Snorra-Edda" genannt, diesen Namen. Sie enthält Erläuterungen zur altnordischen Dichtung und Mythologie und ist in Handschriften aus dem 13. und 14. Jahrhundert überliefert. – Isländische Gelehrte übertrugen im 17. Jahrhundert den Namen „Edda" auch auf die Liedersammlung des um 1250 in Island aufgezeichneten und Mitte des 17. Jahrhunderts von Bischof Brynjólfr Sveinsson entdeckten „Codex regius". Die darin enthaltenen rund 30 Lieder, deren Dichter namentlich nicht mehr bekannt sind, entstanden vom 9. bis 12. Jahrhundert in Norwegen und Island. Diese Sammlung wird „ältere Edda", „Lieder-Edda" oder auch – da fälschlicherweise Saemund dem Weisen zugewiesen – „Saemundar-Edda" genannt. Ihre Lieder unterscheiden sich in Form und Stoff klar von der gleichzeitigen ↑Skaldendichtung. Die stabreimende Langzeilenstrophe wird freier gehandhabt, die Abweichung von der Prosasprache ist weniger deutlich. Die Thematik wurzelt zum Teil in der Völkerwanderungszeit. Schicksale von Göttern und von Helden der Vorzeit stehen im Mittelpunkt. Die Sammlung des „Codex regius" läßt sich inhaltlich in drei Gruppen gliedern: in die *Götterlieder*, mit dem berühmten Eingangsgedicht „Völuspá", eine Vision vom Schicksal der Götter, von Erschaffung und Untergang der Erde; 2. die *Heldenlieder*, unter ihnen das alte Atlilied, das Wölundlied, das Hamdirlied, die Helgilieder und ein Bruchstück des Sigurdliedes. Das Sittengedicht „Hávamál" („Reden des Hohen", d. h. des Gottes Odin) darf schließlich als bekanntestes Beispiel für 3. die *Spruchdichtung* innerhalb des „Codex regius" angesehen werden. Für die germanische Heldensage gilt die „ältere Edda" als wichtigste Quelle.

Editio definitiva [lateinisch]: letzte vom Verfasser selbst überwachte oder nach seinen letztgültigen Änderungswünschen eingerichtete Ausgabe eines Werkes; durch sie kann gegebenenfalls eine ↑Ausgabe letzter Hand korrigiert und überholt werden.

Edition [von lateinisch editio „Ausgabe"]: 1. allgemeine Bezeichnung für die ↑Ausgabe eines literarischen, wissenschaftlichen oder musikalischen Werkes; daneben auch zur Benennung einer von einem Verlag herausgegebenen Serie (z. B. „edition suhrkamp") oder Reihe, mitunter auch synonym für Verlag gebraucht. – 2. Bezeichnung für die Herausgabe eines meist älteren oder fremdsprachlichen Textes, besonders eines solchen, für den verschiedene Fassungen bzw. Bearbeitungen vorliegen.

Editio princeps [lateinisch] ↑Erstausgabe.

Einakter: Drama in einem ↑Akt, üblich seit der Mitte des 18. Jahrhunderts und geprägt durch konzentrierte Handlung, die häufig auf Szenenwechsel verzichtet, z. B.: G. E. Lessing, „Philotas" (1759); H. von Kleist, „Der zerbrochene Krug" (1811); A. Strindberg, „Fröken Julie" (1888, deutsch „Fräulein Julie", 1889); O. Wilde, „Salomé" (1893, deutsch „Salome", 1903). Ursprünglich wurde der Einakter als adäquate Kurzform des mehraktigen Dramas verstanden. Mit Beginn des 20. Jahrhunderts wurde er jedoch mehr und mehr zur bevorzugten Form des modernen Dramas, das nicht so sehr durch sorgfältigen Aufbau des dramatischen Handlungsablaufes, sondern vielmehr durch ausschnitthafte, exemplarische Betrachtung von Situationen, Handlungen und Charakteren gekennzeichnet ist (J.-P. Sartre, „Huis clos", 1945, deutsch „Bei geschlossenen Türen", 1949). Einakter können auch Spiele mit lyrischer Grundhaltung und ohne eigentlichen dramatischen Handlungsablauf sein, z. B. „Der Thor und der Tod" (1900) von H. von Hofmannsthal.

Einblattdruck: einseitig bedrucktes Einzelblatt (bzw. nur auf der Innenseite bedrucktes Doppelblatt) unterschiedlichen Formats aus der Frühzeit des Buchdrucks (v. a. aus dem 15. und 16. Jahrhundert). Die Herstellung erfolgte in Holzschnittechnik oder im Buchdruckverfahren. Häufig waren die Einblattdrucke auch mit volkstümlichen Illustrationen versehen. V. a. Ablässe, aber auch amtliche Bekanntmachungen, Gebete, Lieder, Einladungen, Kalenderblätter, Berichte von geschichtlichen Ereignissen und Kuriositäten und ähnliches waren ihre häufigsten Inhalte. Auch M. Luthers 95 Thesen erschienen als Einblattdruck. Besonders im 16. Jahrhundert arbeiteten namhafte Künstler und Schriftsteller für Einblattdrucke.

einfache Formen: nach A. Jolles Grundformen sprachlichen Gestaltens, die keinem historischen Wandel unterliegen sollen, wie ↑Legende, ↑Sage, ↑Rätsel, ↑Sprichwort, ↑Märchen, ↑Witz. Diese außer- bzw. vorliterarischen Formen sind im Gegensatz zu literarischen Kunstformen keine individuellen Schöpfungen, sondern sind sprachliche Ereignisse in bestimmten Situationen und Lebensbereichen.

Einheiten, drei ↑drei Einheiten.

Einleitung: die persönliche Stellungnahme eines Autors zu Thema, Inhalt und Problematik seines Werkes. Die

Einleitung, die dem Werk – meist einer fachwissenschaftlichen Publikation oder der Ausgabe einer Dichtung – vorangestellt wird, ist vom ↑Vorwort, das mehr auf technische Details eingeht, zu unterscheiden.

Einortsdrama: Schauspiel, bei dem die Handlung auf einen einzigen Spielort konzentriert ist. Das Einortsdrama erfüllt damit die von der klassischen Poetik gestellte Forderung nach der Einheit des Ortes (↑drei Einheiten). Beliebte dramentechnische Mittel, dem Zuschauer andernorts sich abspielende Ereignisse zu vermitteln, sind dabei z. B. ↑Botenbericht und ↑Teichoskopie. Bekannte Einortsdramen sind: „Iphigenie auf Tauris" (1787) von J. W. von Goethe; „En attendant Godot" (1952, deutsch „Warten auf Godot", 1953) von S. Beckett; „Die Physiker" (1962) von F. Dürrenmatt und „Morte accidentale di un'anarchico" (1971, deutsch „Zufälliger Tod eines Anarchisten", 1978) von D. Fo.

Einstellung: Bezeichnung für die kleinste Einheit eines Films, die ursprünglich durch die unveränderte Optik und den gleichbleibenden Abstand der Kamera von der aufgenommenen Szene bestimmt war (heute rechnen auch Schwenk, Fahrt und Zoom zu der Einstellung, in deren Verlauf sie auftreten) und durch ↑Blende oder ↑Schnitt von der folgenden Einstellung abgesetzt ist. Eine Einstellung ist somit jeweils die Zeitspanne, in der die Kamera ununterbrochen läuft. Die Einstellungen eines Films werden im ↑Drehbuch durchnumeriert. Mehrere zusammengehörige Einstellungen bilden eine ↑Sequenz.
Man unterscheidet sieben Einstellungen der Filmkamera (siehe Abbildung): 1. Die *Totale*. Sie vermittelt einen Gesamtüberblick und ermöglicht eine Orientierung am Ort des Geschehens. 2. Auch die *Halbtotale* schafft noch einen gewissen Abstand zum Geschehen. 3. Bei *Halbnah* sind Menschen etwa von den Knien an zu sehen. 4. *Amerikanisch* heißt die zwischen Nah und Halbnah anzusiedelnde Einstellung, die den Menschen bis zur Hüfte (an der beim Westernhelden die Waffe sitzt) zeigt. 5. *Nah* führt Personen im Brustbild vor. 6. Von *Großaufnahme* spricht man,

Einstellung. Bildausschnitte: Totale (7), Halbtotale (6), Halbnah (5), Amerikanisch (4), Nah (3), Großaufnahme (2), Detail (1)

wenn Gesichter von den Schultern an abgebildet werden. 7. *Detail (Ganz Groß)* als Einstellung schließlich zeigt nur eine für die Aussage einer Sequenz besonders bedeutsame Einzelheit, z. B. einen kleinen Ausschnitt eines Gesichts. Neben den Einstellungsgrößen ist auch die *Perspektive* der Einstellung von Bedeutung: Normalsicht, Frosch- und Vogelperspektive sind die drei Möglichkeiten, die jedoch selten in extremer Form realisiert werden. Ein Objekt wirkt jeweils anders auf den Betrachter, je nachdem, ob es aus der Augenhöhe eines Erwachsenen, von unten nach oben oder schließlich von oben nach unten aufgenommen wird. Eine Änderung der Perspektive kann durch *Kamerabewegungen* erfolgen, nämlich durch *Schwenk,* wenn sich durch eine mehr oder weniger schnelle Kamerabewegung ein neuer Ausschnitt der gefilmten Szene ergibt, oder durch *Fahrt,* wenn die Kamera z. B. einer Person wie in einem Fahrzeug folgt oder wenn ein Objekt mit einem Zoomobjektiv näher herangerückt oder weiter entfernt wird. Von *Stand* spricht man, wenn die Kamera ohne Bewegung auf denselben Bildausschnitt fixiert bleibt.

Ekloge [von griechisch eklogḗ „Auswahl"]: in der römischen Literatur ursprünglich Bezeichnung für ein kleineres „auserlesenes" Gedicht beliebigen Inhalts. Später wurde diese Bezeichnung eingeschränkt auf Hirtengedichte und -lieder (↑auch bukolische Dichtung). Bekanntestes Beispiel aus der Antike sind die „Bucolica" Vergils, die auch als „Eclogae" bezeichnet werden (entstanden 42–39, deutsch „Bucolica", 1568). Eine Wiederbelebung erfuhr die Ekloge u. a. durch Dante, F. Petrarca und G. Boccaccio. Auch in der Zeit des Humanismus, des Barock und der Aufklärung wurden Eklogen gedichtet.

Elaborat [von lateinisch elaboratus „sorgfältig ausgearbeitet"]: schriftlich ausgearbeitetes Werk; im 19. Jahrhundert zum Teil noch wertneutral verwendet, wird der Ausdruck heute meist verächtlich im Sinne von Pfuscherei, Machwerk gebraucht.

Elegiambus [griechisch]: römische Versform, die sich zusammensetzt aus einem daktylischen ↑Hemiepes und einem jambischen akatalektischen ↑Dimeter. Versschema:

–́ ◡ ◡ –́ ◡ ◡ ⏓́ | ⏓ –́ ◡ –́ ⏓ –́ ◡ ⏓́

Bekanntes Beispiel für die Verwendung des Elegiambus ist die 11. Epode des Horaz. Die Umkehrung des Elegiambus heißt *Iambelegus.*

Elegie [von griechisch élegos „Trauergesang mit Flötenbegleitung"]: in der Antike trug ursprünglich jedes Gedicht, das im elegischen Versmaß, also in ↑Distichen, verfaßt war, die Gattungsbezeichnung Elegie. Erst später traten neben diese rein formale Bestimmung inhaltliche Kriterien, die Bezeichnung Elegie wurde auch für wehmütig-klagende Gefühlslyrik verwendet. Der formal bestimmte Gattungsbegriff findet sich schon in der antiken Dichtungstheorie neben dem inhaltlich bestimmten, so daß rein formale Elegien ohne traurige Grundstimmung ebenso überliefert sind wie stimmungsmäßig echte Elegien ohne Bindung an das elegische Distichon. Der Elegie verwandt und nicht immer klar von ihr zu unterscheiden ist das ↑Epigramm.

Die Ursprünge der *griechischen Elegie* liegen im dunkeln. Die ältesten erhaltenen, stark vom Epos beeinflußten Elegien stammen aus dem 7. Jahrhundert v. Chr. Die ersten bedeutenden Elegiker, Kallinos von Ephesos und Tyrtaios, standen gedanklich noch sehr im Bann des homerischen Weltbildes. Weitere wichtige griechische Elegiendicher waren Archilochos von Paros, Solon, Theognis, Mimnermos von Kolophon sowie Xenophanes. In der klassischen Zeit dominierte mehr und mehr die threnetische Elegie, das Trauer- und Klagelied. Aus dieser Zeit sind nur noch wenige Beispiele erhalten. Antimachos übte starken Einfluß auf die alexandrinischen Elegiker aus, unter denen Philetas von Kos und Kallimachos die bekanntesten waren. – Die *römische Elegie* griff auf die Tradition der griechischen Elegie, v. a. auf die hellenistische Elegie, zurück und lehnte sich zunächst thematisch stark an sie an. Das subjektive Liebeserlebnis wurde jedoch immer mehr zum zentralen Motiv. Nach ersten Ansätzen bei Catull gilt G. C. Gallus als der eigentliche Schöpfer der römischen Elegie. Nach ihm dichteten Tibull, Properz und Ovid bedeutende Elegien. Ovid schuf außer seinen Trauergesängen („Tristia", zwischen 8 und 12, deutsch „Trauerelegien", 1664), mit seinen „Epistulae" oder „Heroides" (zwischen 15 und 5 v. Chr., deutsch „Epistolae heroidum oder Briefe der Heldinnen", 1723), fingierten Liebesbriefen von Frauengestalten aus der Mythologie, eine eigene Form im elegischen Versmaß, die Heroide. Eine letzte Blüte erlebte die römische Elegie durch den noch im Mittelalter als Schullektüre beliebten Maximianus. – Für die weitere Entwicklung der Elegie im *Mittelalter* war in erster Linie die inhaltliche Komponente maßgeblich. Hauptinhalt der mittellateinischen Elegie, als deren wichtigste Repräsentanten Venantius Fortunatus, Hildebert von Lavardin und Alanus ab Insulis gelten, waren erneut Trauer und Klage. Die spätmittelalterlichen Elegiker bedienten sich mit Vorliebe der Ovidischen Form des elegischen Distichons, oft sogar in der epischen und dramatischen Dichtung. Erst die Humanisten des *16. Jahrhunderts* grenzten die Verwendung des Distichons auf Elegie und Epigramm ein und orientierten sich in ihren neulateinischen Werken an der klassischen römischen Elegie. Deshalb erlebte auch die erotische Elegie eine neue Blüte, so bei K. Celtis, Petrus Lotichius Secundus und Johannes Secundus. – Die Geschichte der *volkssprachlichen Elegie* begann mit der Gelehrtendichtung des 16./17. Jahrhunderts, in Frankreich mit P. de Ronsard und C. Marot, in den Niederlanden mit D. Heinsius, in Deutschland mit M. Opitz, die alle auf die Tradition der Humanisten zurückgriffen. Unter den deutschen elegischen Dichtungen der *Barockzeit* finden sich u. a. sowohl threnetische wie satirische, erotische wie paränetische (ermahnende) und geistliche Elegien. M. Opitz, der das Distichon durch den „elegischen ↑Alexandriner" ersetzte, empfahl die Elegie v. a. für „traurige Sachen", „Liebesdinge". J. Ch. Gottsched, J. J. Bodmer und J. J. Breitinger setzten im *18. Jahrhundert* die elegische Tradition fort. In der Empfindsamkeit lag der thematische Schwerpunkt auf Gefühlsbewegung und Naturschwärmerei. Durch die Nachbildung des antiken elegischen Distichons in deutscher Sprache schuf F. G. Klopstock („Die künftige Geliebte", 1748; „Elegie", 1748, u. a.) die formale Voraussetzung für die klassische deutsche Elegie. Goethes „Römische Elegien" (1795), zwar im elegischen Versmaß verfaßt, inhaltlich jedoch eher als ↑Idyllen einzustufen, bedeuteten den Anfang. Seine späteren Elegien („Alexis und Dora", „Euphrosyne" u. a.) sind durch einen Ton wehmütiger Erinnerung gekennzeichnet, seine „Marienbader Elegie" (1828) zeugt von Resignation. Schiller versuchte in seiner Abhandlung „Über naive und sentimentalische Dichtung" (1795/96) eine Definition der Elegie, indem er sie von Idylle und Satire abhob. In Schillers Elegien („Die Ideale", „Das Ideal und das Leben", „Der Spaziergang", u. a.), bei denen die Klage über das Mißverhältnis zwischen Ideal und Realität zum Hauptmotiv wurde, überwog die Reimstrophe gegenüber dem Distichon. Den Höhepunkt der klassischen deutschen Elegie bildeten die Dichtungen J. Ch. F. Hölderlins („Menons Klage um Diotima", „Der Wanderer", „Der Gang aufs Land", „Stuttgart", „Brot und Wein"). – Die Elegiedichtung des *19. und 20. Jahrhunderts* zeigte bis auf wenige Ausnahmen (A. von Platen, N. Lenau, F. Grillparzer, F. Rückert, E. Mörike, E. Geibel) eher epigonalen Charakter. Bemerkenswertester Versuch elegischer Dichtung in der neueren deutschen Literatur waren die „Duineser Elegien" (1923) von R. M. Rilke. Sehr persönliche Züge tragen die „Buckower Elegien" (1953) von B. Brecht.

Elfsilbler ↑Endecasillabo.

elisabethanisches Drama: Sammelbezeichnung für die während der Regierungszeit Elisabeths I. von England

(1558–1603) und bis zum Ende der Stuarts (1642) entstandenen Dramen. Wichtigste Autoren neben W. Shakespeare waren Ch. Marlowe, Th. Kyd, J. Lyly, F. Beaumont, Th. Dekker, J. Fletcher, J. Webster, Ben Jonson, Ph. Massinger. Voraussetzungen für diese Hochblüte des englischen Dramas waren die Einführung des Schauspielerberufs (Schauspielertruppen unter der Schirmherrschaft adliger Gönner), die Errichtung fester Theater, ausgestattet mit der sogenannten ↑Shakespearebühne, die Förderung des Theaters durch den Hof und ein ständiges, aufgeschlossenes Publikum.

Elision [von lateinisch elisio „das Herausstoßen"]: Bezeichnung für die Ausstoßung eines unbetonten Vokals im Wortauslaut vor einem vokalisch anlautenden Wort, um einen ↑Hiatus zu vermeiden (z. B. „da steh' ich"), oder auch Bezeichnung für die Ausstoßung eines Vokals im Wortinneren, die aus Gründen des Metrums oder lediglich zur Erleichterung der Aussprache erfolgen kann. In der Schreibung wird die Elision stets durch einen Apostroph gekennzeichnet (z. B. „Mut'ger Augen lichter Schein"). – ↑auch Apokope.

Was du nit glaubtest / das geschiht.

Wie? sol nicht ein Camel durch eine Nadel gehn?
Wann du den Teütschen Fried
jetzt wider sihst entstehn.

Emblem. Johann Vogel. Was du nit glaubest/das geschiht (1649)

Ellipse [von griechisch élleipsis „Mangel" (zur Bezeichnung der Tatsache, daß einem Satz ein Wort bzw. einer länglichrunden Figur die vollkommene Kreisform „fehlt")]: eine rhetorische Figur: die Auslassung der für das Verständnis einer Aussage nicht unbedingt nötigen Satzglieder (Gegensatz ↑Aposiopese). Ellipsen sind v. a. in der Umgangssprache geläufig, z. B. „zwei zu fünfzig" (= zwei Briefmarken im Wert von 50 Pfennig); sie sind häufig bei Grußformeln („Tag!"), in Sprichwörtern, Interjektionen und Kommandos („Achtung!"). In der Dichtung kann die Ellipse zur Gestaltung leidenschaftlich erregter Äußerungen dienen, deshalb war sie besonders oft in Sturm-und-Drang-Dichtungen anzutreffen; u. a. auch in Goethes „Faust I" (1808): Faust: „Im Elend! Verzweifelnd! Erbärmlich auf der Erde lange verirrt und nun gefangen! ..." (Szene „Trüber Tag, Feld").

Eloge [e'lo:ʒə; französisch]: Lobrede, Lobschrift; in der französischen Literatur des 17. und 18. Jahrhunderts Bezeichnung für eine kunstreiche Rede zur Würdigung einer hervorragenden Persönlichkeit, meist in der Form einer Grabrede („éloge funèbre") und besonders für verstorbene Mitglieder der ↑Académie française, meist durch das nachfolgende Mitglied („éloge académique"). Heute oft ironisch gebraucht (im Sinne von Lobhudelei). – ↑auch Enkomion, ↑Laudatio, ↑Panegyrikus.

Emblem [ɛm'ble:m, ã'ble:m; französisch, von griechisch émblēma „Eingesetztes, eingelegte Metallarbeit mit Symbolgehalt"]: allgemeine Bedeutung: Kennzeichen, Sinnbild, auch Hoheitszeichen. Das Emblem als Kunstgebilde ist aus Wort und Bild zusammengesetzt und weist drei Bestandteile auf: 1. ein Bild (Ikon; auch Pictura, Imago oder Symbolon genannt) mit der Darstellung eines sinnfälligen Motivs aus der Natur, der Kunst, der biblischen Geschichte oder der Mythologie mit zumeist allegorischer Bedeutung; 2. ein Lemma (Überschrift, Titel; auch als

↑Motto oder Inscriptio bezeichnet) in lateinischer oder griechischer Sprache, zumeist ein Klassikerzitat, das über dem oder auch im Bild angeführt ist; 3. eine oft in der Form eines ↑Epigramms gehaltene, unter dem Bild angebrachte Subscriptio (Unterschrift), in der der bildlich dargestellte verschlüsselte oder allegorische Sinn des Emblems erläutert wird. Embleme (bzw. Emblemata) beziehen sich zumeist auf ein moralisches, religiöses oder erotisches Thema oder auf eine allgemeine Lebensweisheit. Das Emblem mit seinem eindeutigen Bezug auf einen außerhalb des Dargestellten liegenden Sachverhalt ist sorgfältig vom ↑Symbol zu unterscheiden. – Emblemata erfreuten sich im Europa des 16.–18. Jahrhunderts sehr großer Beliebtheit. Dies bezeugen die zahlreichen Emblembücher, die in der Nachfolge des „Emblematum liber" (1531) von A. Alciati, des ersten und grundlegenden Emblembuches, erschienen. Sie dienten nicht nur als Hausbücher dem Zweck der Erbauung (v. a. wenn sie eine emblematische Verarbeitung von Bibeltexten enthielten), sondern inspirierten auch die Dichter, besonders der Barockzeit, zu ihren Sprachschöpfungen und prägten die Gestaltungstechniken des barocken Dramas und Romans entscheidend mit. Heute sind viele Emblemanspielungen der Barockliteratur nicht mehr unmittelbar verständlich, sie müssen erst mit Hilfe der *Emblematik*, einem wichtigen Bereich der Toposforschung (↑Topos), entschlüsselt werden.

Emendation [von lateinisch emendatio „Verbesserung, Vervollkommnung"]: Begriff der ↑Textkritik zur Bezeichnung von Korrekturen an Sprache, Metrum oder Stil eines nicht authentisch überlieferten Textes oder von Ergänzungen verderbter oder unvollständiger Textstellen. – ↑auch Konjektur.

Emigrantenliteratur ↑Exilliteratur.

Empfindsamkeit: Sammelbezeichnung für die gefühlsbetonten Strömungen der Literatur- und Geistesgeschichte, die um 1740 (bis 1800) im Rahmen der ↑Aufklärung in den Vordergrund drängten. Das Wort „empfindsam" geht auf G. E. Lessing zurück, der seinem Freund J. J. Bode diese Übersetzung des englischen Wortes „sentimental" in L. Sternes Roman „A sentimental journey through France and Italy" (1768, deutsch „Yoricks empfindsame Reise durch Frankreich und Italien", 1768) vorschlug. – Die Empfindsamkeit war durch die Beibehaltung des Moral- und Tugendsystems fest im Gedankengut der Aufklärung verankert, überwand jedoch deren rationale Einseitigkeit durch die verstärkte Hinwendung zu einer vom Gefühl getragenen, oft enthusiastischen „sentimentalen" Weltsicht, die zuerst den religiösen Bereich erfaßte (↑Pietismus), dann aber auch auf die übrigen Lebensbereiche übergriff. Beobachtet und dargestellt wurden die subjektiven seelischen Regungen, Ergriffenheit und Enthusiasmus, aber nur im Zusammenhang mit Anmut, Tugend und anderen sittlichen Idealen. Freundschaft erhielt einen hohen Stellenwert, wie die Bildung zahlreicher Freundeszirkel (↑Göttinger Hain, ↑Darmstädter Kreis) beweisen. Die Natur wurde entdeckt, in ihren idyllisch-heiteren bzw. elegisch-düsteren Stimmungen jedoch nicht mehr naiv, sondern bewußt erlebt und reflektiert. Entscheidend für diese Entwicklung waren *englische* Vorbilder, so die sogenannten ↑moralischen Wochenschriften, die Naturdichtungen von J. Thomson bis E. Young („The complaint, or night thoughts on life, death and immortality", 1742–45, deutsch „Klagen oder Nachtgedanken über Leben, Tod und Unsterblichkeit", 1760/61), die „Fragments of ancient poetry, collected in the highlands of Scotland" (1760) von J. Macpherson, die er als von ihm gefundene und übersetzte gälische Dichtungen eines blinden Barden Ossian ausgab, und v. a. die moralisierenden Tugendromane S. Richardsons und die humoristisch-idyllischen Romane von O. Goldsmith und L. Sterne. Anregungen kamen auch aus *Frankreich*, so die Romane des Abbé Prévost und J.-J. Rousseaus und die ↑Comédie larmoyante. – In enger Anlehnung an diese Vorbilder herrschten in der *deut-*

schen Literatur der Empfindsamkeit auf dem Gebiet des Dramas Ch. F. Gellerts ↑weinerliches Lustspiel sowie die tränenseligen Familien- oder Rührstücke von F. L. Schröder, A. W. Iffland, A. von Kotzebue u. a. vor. Die Romane der Empfindsamkeit, entsprechend ihrem Vorbild Richardson in der Form von ↑Briefromanen, fanden ein breites Publikum, z. B. Ch. F. Gellerts Roman „Das Leben der schwedischen Gräfin von G..." (1747/48) und der in der Nachfolge von Sterne stehende Roman „Sophiens Reise von Memel nach Sachsen" (1769–73) von J. T. Hermes. In der Lyrik fand man in Abkehr von J. Ch. Gottscheds Poetik zu einer eigenständigen Form- und Ausdruckssprache. In den Dichtungen I. J. Pyras und S. G. Langes („Thirsis' und Damons freundschaftliche Lieder", 1745) und v. a. F. G. Klopstocks („Der Messias", 1748–73; „Oden", 1771) wurden die Ideale der Empfindsamkeit erstmalig mit echter Empfindungskraft gestaltet, so in Klopstocks Ode „Der Zürchersee", die folgendermaßen beginnt: „Schön ist, Mutter Natur, deiner Erfindung Pracht / auf die Fluren verstreut, schöner ein froh Gesicht, / das den großen Gedanken / deiner Schöpfung noch einmal denkt ...". Nicht weniger gefühlsbetonte Dichtungen (H. W. von Gerstenberg) im Anschluß an Macpherson und die im Umkreis der ↑Anakreontik entstandenen Lieder idyllisch-heiteren Lebensgenusses (E. von Kleist, S. Geßner usw.) vervollständigen das Bild. Als Höhepunkt und zugleich Überwindung der Dichtung der Empfindsamkeit gilt Goethes Roman „Die Leiden des jungen Werthers" (1774).

Emphase [von griechisch émphasis „Verdeutlichung"]: der durch phonetische (Steigerung der Lautstärke) oder syntaktische Hervorhebung bewirkte Nachdruck, der auf ein Wort oder auf eine Aussage gelegt wird, z. B. „Feiglinge sind sie alle!", wobei das Wort „Feiglinge" akustisch betont und syntaktisch hervorgehoben ist. Emphatische Stilfiguren zur Steigerung der Eindringlichkeit sind Ausruf, rhetorische Frage, ↑Aposiopese, ↑Inversion, ↑Anaklasis und ↑Diaphora. – ↑auch Pathos.

Enallage [von griechisch enallagḗ „Vertauschung"]: Bezeichnung für die Vertauschung der Wortbeziehung, insbesondere für die Setzung eines Adjektivs vor ein Substantiv, zu dem es sinngemäß nicht gehört (das eigentliche Beziehungswort steht meist als Genitivattribut), z. B. „mit einem blauen Lächeln seiner Augen" statt: „mit einem Lächeln seiner blauen Augen".

Enchiridion [griechisch, eigentlich „in der Hand (Gehaltenes)"]: Handbuch, Lehrbuch, Leitfaden, Quellensammlung. Luthers „Kleiner Katechismus" trug bis zu seinem Tod (1546) „Enchiridion" als Obertitel. In der katholischen Theologie gibt es eine Reihe von Werken mit dieser Bezeichnung, z. B. das 1854 von H. Denzinger herausgegebene „Enchiridion symbolorum et definitionum ...".

Endecasillabo [italienisch „Elfsilbler"]: ein in der italienischen Literatur geläufiger elfsilbiger jambischer Vers mit weiblichem Versausgang und zwei Haupttonstellen: ein Hauptton fällt regelmäßig auf die zehnte Silbe, während der andere beweglich ist, meist jedoch auf der vierten oder sechsten Silbe liegt. Der Endecasillabo ist eine freie Adaption des französischen Zehnsilblers (↑Vers commun). Er ist der älteste belegte italienische Vers und als Vers des ↑Sonetts, der ↑Terzine, der ↑Stanze, häufig auch des ↑Epos (Dante, F. Petrarca, L. Ariosto, T. Tasso u. a.) der wichtigste Vers der italienischen Dichtung. Seit der Mitte des 18. Jahrhunderts auch in der deutschen Literatur gebräuchlich (u. a. bei Ch. M. Wieland, Goethe, in der Romantik bei A. von Platen), z. B.: „Ihr naht euch wieder, schwankende Gestalten" (Goethe, „Faust I", 1808).

Endreim: Bezeichnung für den Gleichklang zweier oder mehrerer Verse von der letzten Hebung an; Gegensatz ↑Stabreim. – ↑auch Reim.

Endsilbenreim: eine z. B. von Otfrid von Weißenburg verwendete Reimform, bei der der Gleichklang der jeweils letzten Silbe zweier Zeilen, nicht der Gleichklang von der letzten Hebung an (wie beim ↑Endreim) vorgeschrieben ist. Der Endsilbenreim verschwand bereits in der mittelhochdeutschen Dichtung.

engagierte Literatur [ãgaˈʒiːrtə; französisch]: Sammelbezeichnung für jegliche Literatur, in der ein religiöses, gesellschaftliches, ideologisches oder politisches Engagement vertreten wird. Der entgegengesetzte Standpunkt ist durch das Schlagwort ↑L'art pour l'art, also Kunst um ihrer selbst willen, umrissen. Eine Abgrenzung zur sogenannten ↑Tendenzliteratur bereitet Schwierigkeiten, die auch durch die Feststellung nicht bereinigt sind, daß in der engagierten Literatur im Unterschied zur Tendenzdichtung bewußt literarische Mittel eingesetzt werden, mit denen ein Erkenntnisprozeß und damit eine Auseinandersetzung mit dem behandelten Problem in die Wege geleitet werden soll. – ↑auch Littérature engagée.

englische Komödianten: Bezeichnung für die in Wandertruppen seit etwa 1590 durch Deutschland ziehenden englischen Berufsschauspieler, von deren Aufführungen ein nachhaltiger Einfluß auf das deutsche Drama des 17. Jahrhunderts ausging. Die englischen Komödianten spielten häufig an Fürstenhöfen, auf Jahrmarktsplätzen oder anläßlich von großen Messen in Festsälen, Rathäusern und Wirtshäusern. Ihre Bühne war der ↑Shakespearebühne ähnlich, die Szene wurde durch einfache Requisiten angedeutet. Die Aufführungen, bei denen auch die Frauenrollen von Männern gespielt wurden, erfolgten erst ab etwa 1605 auch in deutscher Sprache. – Das Repertoire der englischen Komödianten bestand aus freien Bearbeitungen elisabethanischer Dramen (v. a. von W. Shakespeare und Ch. Marlowe), biblischen Dramen und später auch Stücken deutscher Autoren. Für das deutsche Theater waren diese Aufführungen durch ihren besonderen Stil bedeutsam: Die englischen Komödianten boten Aktionstheater, d. h. Tanzeinlagen, artistische Kunststücke, Fechtszenen usw. waren ein fester Bestandteil der Dar-

Englische Komödianten. Zeitgenössische Darstellung typischer Figuren

bietungen. Die Sprache der Stücke war umgangssprachliche Prosa; daraus ergaben sich Impulse für die Entwicklung des Prosadramas in Deutschland. Schließlich wurde durch die englischen Komödianten die Figur des Clowns (↑Pickelhering, ↑Hanswurst), der beim Spiel durch derbe, possenhafte Stegreifeinlagen zu glänzen hatte, als stehende Charakterfigur fest auf der deutschen Bühne eingeführt, bis ihn J. Ch. Gottsched aus dem Theater verbannte.

englische Philologie ↑Anglistik.

Enjambement [ãʒãbəˈmãː; französisch, von enjamber „überspringen, überschreiten", zu spätlateinisch gamba „Fessel (vom Pferd)"]: Zeilensprung oder Versbrechung, d. h. Satz- und Versende fallen nicht zusammen wie beim ↑Zeilenstil, sondern die Satz- bzw. Sinneinheit greift ohne deutliche Pause von einer Verszeile auf die andere über, z. B.: „Hörst du nicht die Quellen gehen / zwischen Stein und Blumen weit / nach den stillen Waldesseen ..." (J. von Eichendorff, Gedicht „Nachtzauber"). – Das Enjambement ermöglicht ein Überspielen der durch das Versmaß festgelegten ↑Zäsuren oder gar der Strophengliederung, hilft zur Variation der rhythmischen Einheiten oder kann auch neue Sinnbezüge herstellen. Enjambements finden sich bereits in der antiken und der mittelalterlichen Dichtung (z. B. bei Walther von der Vogelweide), bei G. E. Lessing und F. G. Klopstock, besonders häufig jedoch in der Romantik, im französischen Symbolismus und bei R. M. Rilke.

Enkomion [griechisch]: Preisgesang, Loblied, in der griechischen Literatur Bezeichnung für einen Preisgesang auf hervorragende Männer, der von einem Chor beim Festzug (kómos) gesungen wurde. Eine Sonderform des Enkomions ist das ↑Epinikion. Als Begründer des Enkomions gilt der griechische Lyriker Simonides von Keos. Bakchylides und Pindar entwickelten die Form weiter, Prosaenkomien gibt es von Gorgias und Isokrates; sie haben oft ironisch-satirischen Charakter und begründeten eine bis in die Neuzeit fortwirkende Tradition. Bekannt ist das „Encomion moriae" (1511), das Lob der Torheit, des Erasmus von Rotterdam. – ↑auch Panegyrikus.

Ensemble [ãˈsãːbəl; französisch „miteinander, zusammen, zugleich"]: Bezeichnung der Gesamtheit der Schauspieler bzw. Sänger, die an einem Theater, einem Opernhaus oder bei einer Truppe fest engagiert sind. Als Ensemble bezeichnet man aber auch das Zusammenspiel einzeln besetzter Instrumente oder solistischer Vokalstimmen.

Entführungssagen ↑Brautwerbungssagen.

Enthüllungsdrama ↑analytisches Drama.

Entremés [entreˈmes; spanisch „Zwischenspiel"]: entsprechend dem italienischen ↑Intermezzo in der spanischen Literatur Bezeichnung für einen meist schwankhaften, komisch-satirischen Einakter, der als Zwischenspiel in den Aktpausen der ↑Comedia oder zwischen Vorspiel und Auto sacramental (↑Auto) aufgeführt wurde. Als Meister der besonders im 16./17. Jahrhundert in Blüte stehenden Entremeses gilt v. a. M. de Cervantes Saavedra. Heute sind ↑Sainete und ↑Género chico an die Stelle des Entremés getreten.

Entwicklungsroman: besonders in Deutschland verbreitete Romanform, in der eine geistige Entwicklung der Hauptperson (meist eines jungen Menschen) in der Auseinandersetzung mit den Einflüssen seiner Umwelt dargestellt wird. Im Endstadium dieser Entwicklung, in dem sich ein gewisser Grad der Vollkommenheit einstellt, spiegelt sich meist das subjektive Idealbild des Dichters bzw. seiner Epoche wider. Mit dem Entwicklungsroman vollzog sich literaturgeschichtlich der Übergang von der Darstellung äußerer Ereignisse zur Darstellung innerer Erlebnisse im Roman. Der deutsche Entwicklungsroman ist beeinflußt vom englischen Roman der ersten Hälfte des 18. Jahrhunderts (S. Richardson), von der religiösen Bewegung des ↑Pietismus v. a. im 18. Jahrhundert und von den Romanen J.-J. Rousseaus (v. a. „Émile ou de l'éducation", 1762, deutsch 1762, 1789–91 unter dem Titel „Emil, oder über die Erziehung"). Häufig hat der Entwicklungsroman, der nicht selten in der ↑Ichform abgefaßt ist, autobiographischen Charakter. Die Grenzen zum ↑Bildungsroman und zum ↑Erziehungsroman sind auf Grund mancher Überschneidungen nicht immer scharf zu ziehen. Erster bedeutender Entwicklungsroman der deutschen Literatur war Ch. M. Wielands „Geschichte des Agathon" (Erstfassung 1766/67, endgültige Ausgabe 1794). Als wohl wichtigster Vertreter dieser Romanform gilt Goethes „Wilhelm Meisters Lehrjahre" (1795/96). Als weitere Beispiele seien genannt: „Der Nachsommer" (1857) von A. Stifter, „Der grüne Heinrich" (1854/55, 2. Fassung 1879/80) von G. Keller, „Peter Camenzind" (1904) von H. Hesse.

Envoi [ãˈvwa; französisch „Geleit, Zueignung, Widmung"]: in der romanischen ↑Ballade, aber auch in anderen romanischen Liedgattungen wie ↑Kanzone und Chant royal gebräuchliche kürzere Schlußstrophe, die sich in Reim und Metrum meist an die letzte Hälfte der vorausgehenden Strophe anschließt. Der Envoi kam aus der provenzalischen Troubadourlyrik in die altfranzösische Dichtung. Oft enthält er eine namentliche Widmung, eine Zusammenfassung oder eine Schlußfolgerung.

Enzyklopädie [von griechisch kýklos „Kreis" und paideía „Bildung"]: von dem griechischen Sophisten Hippias von Elis (5. Jahrhundert v. Chr.) geprägter *Begriff* zur Bezeichnung der universalen Bildung, später allgemein als Alltagsbildung definiert, die nach Isokrates († 338 v. Chr.) auf die wahre Bildung nur vorbereitet. Diese Bedeutung einer Propädeutik der Philosophie, im Mittelalter auch der Theologie, behielt der Begriff bis zum Beginn der Neuzeit. Seit dem 17. Jahrhundert bezeichnet der Begriff „Enzyklopädie" in der noch heute gültigen Bedeutung Werke, die den gesamten gesicherten theoretischen wie praktischen Wissensstoff einer Zeit *(Universalenzyklopädie)* oder eines wissenschaftlichen Teilgebietes (*Fachenzyklopädie* oder *Spezialenzyklopädie*) systematisch, d. h. nach Themenbereichen, oder in alphabetischer Reihenfolge nach Stichwörtern darzustellen versuchen. In der Regel unterscheidet man zwei Arten der Enzyklopädie, die *systematische* und die *alphabetische Enzyklopädie.* Letztere wird oft auch als *Allgemein-*, *Universal-* und *Realenzyklopädie* oder als *Reallexikon* und, v. a. seit dem 19. Jahrhundert, als *Konversationslexikon* bezeichnet.

1. *Die systematische Enzyklopädie:* Diese Art der Enzyklopädie tauchte strenggenommen erst bei den Römern auf. Außer einem nicht mehr erhaltenen Vorläufer, den man dem Speusippos (4. Jahrhundert v. Chr.), einem Schüler Platons, zuschreibt, ist in der gesamten *griechischen* Literatur kein enzyklopädisches Werk bekannt. Erst die *Römer* empfanden in der Begegnung mit der griechischen Kultur das Bedürfnis, das von den Griechen erschlossene Wissen

Enzyklopädie. Kopie einer Miniatur aus dem „Hortus deliciarum" der Herrad von Landsberg (verfaßt zwischen 1175 und 1185)

zusammenzufassen. Dabei entwickelten sich zwei Arten der Enzyklopädie: Sammelwerke, in denen ganz allgemein Wissenswertes zusammengetragen wurde, und Enzyklopädien, die nach einzelnen Wissensbereichen aufgegliedert waren. Das nur bruchstückhaft überlieferte Hauptwerk des M. T. Varro (1. Jahrhundert v. Chr.) „Antiquitates rerum humanarum et divinarum", eine Art Handbuch der Staatswissenschaften in 41 Büchern, und die erhaltene „Naturalis historia" des älteren Plinius (1. Jahrhundert n. Chr.) sind zur ersteren Art, die ebenfalls nur fragmentarisch erhaltenen „Disciplinarum libri IX" Varros zur zweiten Art zu rechnen. Das letztgenannte Werk gliederte Varro nach dem Prinzip der sieben ↑Artes liberales (Grammatik, Rhetorik, Dialektik, Arithmetik, Geometrie, Astronomie, Musik) und fügte noch je einen Band über Medizin und über Architektur hinzu. Am Anfang dieser Form der Enzyklopädie stand jedoch Cato der Ältere (3./2. Jahrhundert v. Chr.) mit seinen verlorenengegangenen „Libri ad Marcium filium", in denen er die Gebiete der Landwirtschaft, Medizin, Rhetorik und Kriegswesen behandelte. Alle späteren Enzyklopädien, die sich an das Gliederungsprinzip der sieben Artes liberales anschließen, knüpften direkt an Varro an, so C. Celsus (2. Jahrhundert n. Chr.) mit seinem Werk „Artes", von

Das große
Conversations-Lexikon
für die
gebildeten Stände.

In Verbindung mit
Staatsmännern, Gelehrten, Künstlern
und Technikern
herausgegeben
von
J. Meyer.

Dieser Encyclopädie des menschlichen Wissens
sind beigegeben:
die Bildnisse der bedeutendsten Menschen aller Zeiten, die Ansichten der merkwürdigsten Orte, die Pläne der größten Städte, einhundert Karten für alte und neue Erdbeschreibung, für Statistik, Geschichte und Religion zc., und viele Tausend Abbildungen naturgeschichtlicher und gewerblicher Gegenstände.

Erster Band.
A – Alexandreum.

Hildburghausen,
Amsterdam, Paris und Philadelphia:
Druck und Verlag des Bibliographischen Instituts.

Enzyklopädie. Titelseite des ersten Lexikons aus dem Bibliographischen Institut von Joseph Meyer (1839)

dem nur noch die acht Bücher über die Medizin erhalten sind, Martianus Capella (4./5. Jahrhundert) mit „De nuptiis Mercurii et Philologiae", der für das ganze *Mittelalter* maßgebenden Darstellung der Artes liberales, Cassiodor (6. Jahrhundert) mit den „Institutiones divinarum et saecularium litterarum" sowie Isidor von Sevilla (6./7. Jahrhundert) mit den „Etymologiarum sive originum libri XX". Cassiodor und Isidor stellten die Betrachtung der Artes liberales in den Rahmen größerer Werke und integrierten sie somit in die damalige gesamte geistliche und weltliche Bildung. V.a. Isidors Werk wirkte in das gesamte Mittelalter hinein. Es bildete auch die Hauptquelle für die Enzyklopädie „De universo" des Hrabanus Maurus (8./9. Jahrhundert). Hugo von Sankt Viktor (12. Jahrhundert) ersetzte das Gliederungsprinzip der Artes liberales durch die Einteilung nach „theoretica", „practica", „mechanica" und „logica". Im Hochmittelalter erschien eine Fülle von Enzyklopädien, die meist als „Summa", „Speculum" (Spiegel) oder „Flores" (Blütenlesen) bezeichnet wurden, u.a. der „Hortus deliciarum" der Herrad von Landsberg (12. Jahrhundert), die erste Enzyklopädie einer Frau, ferner das in viele Sprachen übersetzte „Liber de proprietatibus rerum" des Bartholomaeus Anglicus (12./13. Jahrhundert) und das „Speculum maius" des Vinzenz von Beauvais (13. Jahrhundert). Das „Compendium philosophiae..." (entstanden vor 1320) gilt als die erste moderne Enzyklopädie. *Nationalsprachlich* abgefaßte Enzyklopädien spielten neben diesen lateinischen Werken nur eine untergeordnete Rolle, zumal es sich meist um Bearbeitungen lateinischer Vorlagen für ein Laienpublikum handelte.

In *Arabien* und in *China* gab es im Mittelalter ebenfalls schon bedeutende systematische Enzyklopädien. Das Werk „Kitab 'uyūn al-ahbār" (= Quellen der Geschichte) von Ibn Kutaiba (9. Jahrhundert) umfaßte bereits zehn thematisch differenzierte Bücher und wurde richtungweisend für viele nachfolgende arabische Werke. Zum Teil gewaltigen Umfang erreichten die chinesischen Enzyklopädien, deren erste Vertreter bis ins 3. Jahrhundert n. Chr. zurückgehen. So umfaßte das 1403–07 verfaßte, aber niemals gedruckte Werk „Yung-loh-tatien" etwa 11000 Hefte.

In der Zeit der *Renaissance* erschienen in Italien gleich mehrere umfangreiche Enzyklopädien, die erstmals auch den Namen „Enzyklopädie" führten. Als einzige größere systematische Enzyklopädie der *Neuzeit* war die 1630 von J. H. Alsted veröffentlichte „Encyclopaedia septem tomis distincta" in Deutschland allgemein verbreitet. Sie ist in folgende Wissensbereiche gegliedert: Philologie, Philosophie, Theologie, Jura, Medizin, Handwerk, Architektur, Geschichte und Magie. In Frankreich gaben Charles Joseph Panckoucke u.a. 1782 bis 1832 in 166 Bänden die in systematische Ordnung gebrachte, erweiterte

„Encyclopédie" von D. Diderot und J. Le Rond d'Alembert unter dem Titel „Encyclopédie méthodique par ordre des matières" heraus. Ebenfalls in Frankreich wurde 1935 mit der nicht vollendeten „Encyclopédie française" eine Renaissance der systematischen Enzyklopädie versucht. In der Bundesrepublik Deutschland sind „Rowohlts deutsche Enzyklopädie", die seit 1955 erscheint, und „Das Fischer Lexikon" (1957–66) vergleichbare Unternehmungen. – Zu den systematischen Enzyklopädien sind schließlich auch die *philosophischen Enzyklopädien* zu rechnen, deren namhafteste Autoren in England F. Bacon („Novum organum scientiarum", 1620), in Deutschland J. G. Sulzer („Kurzer Begriff aller Wissenschaften", 1745) und G. W. F. Hegel („Enzyklopädie der philosophischen Wissenschaften im Grundrisse", 1817) waren.

2. *Die alphabetische Enzyklopädie:* Diese Art der Enzyklopädie, die sich in der Neuzeit immer mehr durchgesetzt hat, hat in der Antike und im Mittelalter kaum Vorläufer. Als ältestes Beispiel gilt das um Christi Geburt von Marcus Verrius Flaccus verfaßte Werk „De significatu verborum", das allerdings nur zum Teil und zudem in der bearbeiteten Fassung des Sextus Pompeius Festus (2. Hälfte des 2. Jahrhunderts) sowie in einem Auszug bei Paulus Diaconus (8. Jahrhundert) überliefert ist. Ein weiteres frühes Beispiel ist das um 1000 entstandene „Suda"-Lexikon aus Byzanz, das neben Worterklärungen u. a. Informationen über griechische Literatur und Philosophie, byzantinische Geschichte sowie zahlreiche Fragmente aus den Werken griechischer Schriftsteller enthält. Das 17. Jahrhundert brachte mit L. Moréris „Grand dictionnaire historique..." (1674), A. Furetières „Dictionnaire universel des arts et sciences" (1690) und P. Bayles „Dictionnaire historique et critique" (1696/97) drei herausragende alphabetische Enzyklopädien. V. a. P. Bayles Werk wirkte durch seine völlig neue Konzeption revolutionierend. Erstmals wurden unter dem Einfluß der Aufklärung die Artikel mit kritischen Anmerkungen und Stellungnahmen versehen. 1741–44 übersetzte J. Ch. Gottsched dieses Werk mit leichten Abänderungen und brachte es unter dem Titel „Historisches und Critisches Wörterbuch" heraus. Die erste selbständige deutsche alphabetische Enzyklopädie, die durch ihre Ausführlichkeit und Genauigkeit besticht, war das „Große vollständige Universal-Lexikon aller Wissenschaften und Künste" (64 Bände, 1732–54), nach seinem Verleger auch „Zedlersches Lexikon" genannt. Wichtigstes englisches enzyklopädisches Werk dieser Zeit ist E. Chambers' zweibändige „Cyclopaedia: or an universal dictionary of arts and sciences" (1728). Zum programmatischen Standardwerk der französischen Aufklärung wurde Diderots und d'Alemberts „Encyclopédie ou Dictionnaire raisonné des sciences, des arts et des métiers" (35 Bände, 1751–80), an dem namhafte Philosophen und Wissenschaftler (↑ Enzyklopädisten) mitwirkten. Weltruf erlangte auch die 1771 in drei Bänden erschienene „Encyclopaedia Britannica", die bis heute immer wieder neu aufgelegt wurde (1987 bisher letzte Ausgabe der 15. Auflage in 32 Bänden). Unvollendet blieb die umfangreichste europäische Enzyklopädie, die „Allgemeine Encyclopädie der Wissenschaften und Künste" von J. S. Ersch und J. G. Gruber (167 Bände, 1818–89), deren Stichwörter nicht selten zu monographischen Abhandlungen ausgeweitet sind. Mit diesem Werk endete die Zeit der großen wissenschaftlichen Enzyklopädien; sie wurden im 19. Jahrhundert durch das *Konversationslexikon* abgelöst. Diese Art der Enzyklopädie wendete sich mit ihren gestrafften, auf sachliche Information zielenden Artikeln an ein breiteres interessiertes Publikum, das befähigt werden sollte, „an einer guten Conversation theilnehmen" zu können (K. G. Löbel). Zwei deutsche Verleger haben die Entwicklung des Konversationslexikons maßgebend bestimmt: F. A. Brockhaus und J. Meyer (Bibliographisches Institut). Den Anfang dieser Entwicklung markierte Löbels „Conversationslexikon mit vor-

züglicher Rücksicht auf die gegenwärtigen Zeiten" (6 Bände, 1796–1808), das 1808 von F. A. Brockhaus erworben und 1809–11, mit neuem Titelblatt und durch zwei Nachtragsbände ergänzt, neu herausgegeben wurde. Der „Brockhaus", zunächst „Allgemeine deutsche Real-Encyclopädie für die gebildeten Stände – Conversations-Lexikon" betitelt, erfuhr seit seinem ersten Erscheinen zahlreiche Neuauflagen (19. Auflage in 24 Bänden seit 1986 unter dem Titel „Brockhaus Enzyklopädie"). J. Meyers „Großes Conversations-Lexicon für die gebildeten Stände" (46 Bände, 6 Supplementbände, 1839–55) hatte nach der Absicht seines Herausgebers J. Meyer die intellektuelle Emanzipation breiter Volksschichten als Ziel. 1857–60 wurde eine Kurzfassung dieses Werkes unter dem Titel „Neues Konversations-Lexikon für alle Stände" herausgegeben. Die 9. Auflage erschien 1971–79 mit dem Titel „Meyers Enzyklopädisches Lexikon in 25 Bänden". Als dritte bedeutende alphabetische Enzyklopädie Deutschlands erschien 1854–57 erstmals „Herders Conversations-Lexikon", zunächst in fünf Bänden, seit der 4. Auflage (1931–35) unter dem Titel „Der Große Herder. Nachschlagewerk für Wissen und Leben" in 12 Bänden. – Weitere wichtige Enzyklopädien des 20. Jahrhunderts sind u. a.: in der Deutschen Demokratischen Republik „Meyers Neues Lexikon" (15 Bände, 2. Auflage 1972–77), in Frankreich „Grand dictionnaire encyclopédique Larousse" (10 Bände, 1982–85), in den USA „The encyclopedia Americana" (29 Bände, 1980), in Italien die „Enciclopedia italiana di scienze, lettere ed arti" (35 Bände, 1929–37) und die „Enciclopedia europea" (12 Bände, 1976–84), in Spanien der „Diccionario enciclopedico Salvat universal" (20 Bände, 1970–74), in den Niederlanden der „Grote Winkler Prins" (25 Bände, 8. Auflage 1979–85), in der Sowjetunion die „Bolschaja Sowetskaja Enziklopedija" (30 Bände, 3. Auflage 1970–77).

Enzyklopädisten [griechisch]: im weiteren Sinn die nahezu zweihundert Mitarbeiter der „Encyclopédie ou Dictionnaire raisonné des sciences, des arts et des métiers" (↑Enzyklopädie), deren 35 Bände von 1751–80 unter der Leitung von D. Diderot (bis 1757) und J. Le Rond d'Alembert erschienen. Im engeren Sinn die französischen Philosophen, die die „Encyclopédie" zum Sprachrohr der ↑Aufklärung machten. Neben Diderot, von dem eine Reihe programmatischer Artikel dieser Enzyklopädie stammen, arbeiteten weitere namhafte Autoren an diesem Werk mit, u. a. d'Alembert (Mathematik), J.-J. Rousseau (Philosophie, Musik), P. H. D. d'Holbach (Chemie), Voltaire, Ch. de Montesquieu und F. Quesnay.

Epanalepse [griechisch epanálepsis „Wiederaufnahme, Wiederholung"]: eine rhetorische Figur: die Wiederholung eines Wortes oder einer Wortgruppe am Satzanfang, z. B.: „Mein Vater, mein Vater, jetzt faßt er mich an" (Goethe, Ballade „Erlkönig"). Die Epanalepse dient der pathetischen Gefühlsäußerung.

epigonale Literatur [von griechisch epígonos „Nachgeborener"]: Bezeichnung für Dichtungen, die auf schöpferische Perioden der Literatur folgen und sich v. a. formal, aber auch geistig an deren Vorbild orientieren. Epigonale Literatur findet sich schon bei Rudolf von Ems, Konrad von Würzburg und anderen Dichtern des 13.–15. Jahrhunderts, die die Dichtung der Stauferzeit imitierten. Im besonderen Sinn werden jedoch die deutschen Dichtungen des 19. Jahrhunderts, die als Gegenströmung zum gleichzeitigen ↑Realismus im Banne der ↑Weimarer Klassik und der ↑Romantik blieben, als epigonale Literatur bezeichnet (A. von Platen, F. Rückert, E. Geibel, P. Heyse, der Münchner Dichterkreis u. a.).

Epigramm [von griechisch epígramma „Aufschrift"]: eine poetische Form, in der, gedanklich und formal konzentriert, meist in antithetischer Anordnung, eine geistreiche, überraschende oder auch nur zugespitzt formulierte Sinndeutung zu einem Gegenstand oder Sachverhalt gegeben wird (auch als „Sinngedicht" bezeichnet). Häufigste Form ist das elegische ↑Distichon.

Im *antiken Griechenland* war das Epigramm ursprünglich eine kurze, zweckbestimmte Aufschrift auf Weihegeschenken, Grab- und Denkmälern, Gebäuden u. a. Seit dem 6. Jahrhundert erfuhr es eine dichterische Ausweitung durch die Zufügung von Würdigungen, Wünschen u. a., meist in elegischen Distichen, ehe es im 4. Jahrhundert seine Aufschriftfunktion weitgehend verlor. Zur selbständigen Dichtungsgattung wurde das Epigramm v. a. durch Simonides von Keos, dessen wohl berühmteste Grabinschrift die gefallenen Thermopylenkämpfer des Jahres 480 ehrt („Wanderer, kommst du nach Sparta, verkündige dorten, du habest / uns hier liegen gesehn, wie das Gesetz es befahl"). War das ältere griechische Epigramm noch durch Sachlichkeit und Schlichtheit geprägt, so tendierte das um 450 aufkommende attische Epigramm zu rhetorischer Spitzfindigkeit und zu Übertreibung. In der in hellenistischer Zeit zusammengestellten „Anthologia Graeca" (↑„Anthologia Palatina") sind rund 3700 Epigramme verschiedener griechischer Autoren vereinigt. Seit Qu. Ennius bediente sich auch die römische Dichtung unter dem Einfluß der alexandrinischen Dichtung des Epigramms. Bei Catull und v. a. bei Martial dominierte das satirische Epigramm. – In der *deutschen Literatur* erschien das Epigramm zuerst als ↑Spruchdichtung, so etwa in der Form der ↑Priamel oder im volkstümlichen Schnaderhüpfl. Stark am Vorbild Martials war in der *Renaissance* in Frankreich die Epigrammdichtung von C. Marot sowie in England das neulateinische Epigramm von J. Owen orientiert. Das letztgenannte beeinflußte zusammen mit den klassischen Quellen auch das Epigramm des deutschen *Barock*, das in M. Opitz seinen ersten namhaften Vertreter fand. Das Barockzeitalter mit seiner Vorliebe für antithetische Formspielerei brachte eine Blütezeit des Epigramms, wobei thematisch alle Bereiche anzutreffen waren. Die zeitsatirischen Sinngedichte („Deutscher Sinn-Getichte Drey Tausend", 1654) von F. von Logau und die mystisch-religiösen Epigramme („Geistreiche Sinn- und Schlußreime", 1657, erweitert unter dem Titel „Cherubinischer Wandersmann", 1675) des Angelus Silesius gelten als wichtigste Beispiele. Bevorzugtes Versmaß war der ↑Alexandriner. In der deutschen Aufklärung wurde v. a. das satirische Epigramm nach dem Vorbild Martials gepflegt. A. G. Kästner und G. E. Lessing waren hier die namhaftesten Repräsentanten. Die ersten deutschen Epigramme in Distichen fanden sich (neben den üblichen reimenden) erst bei F. G. Klopstock. Lessing, der sich auch theoretisch mit dem Epigramm befaßte („Zerstreute Anmerkungen über das Epigramm", 1771), sah in der „Erwartung" (der Aufklärung eines Sachverhalts) und in der überraschenden Lösung („Aufschluß") die wesentlichen Elemente des Epigramms. J. G. von Herder („Über Geschichte und Theorie des Epigramms", 1785) vertrat dagegen die Auffassung, daß jeder dichterisch geformte Gedanke als Epigramm bezeichnet werden könne. Damit wurde die Grenze zwischen Epigramm und ↑Sinnspruch fließend. Das satirische Epigramm verwendeten Goethe und Schiller in ihren in Distichen verfaßten „Xenien" (1796), die, zusammen mit Goethes „Venetianischen Epigrammen" (1790), nachhaltigen Einfluß auf das Epigramm der Romantik und des Jungen Deutschland ausübten. Letzte Höhepunkte der Epigrammdichtung wurden bei E. Mörike und Ch. F. Hebbel erreicht, während die moderne Literatur Formen wie ↑Aphorismus, ↑Anekdote oder ↑Sentenz bevorzugt. Eine komisch-groteske Variante ist der ↑Limerick.

Epigraph [griechisch]: antike Inschrift.

Epigraphik [von griechisch epigráphein „daraufschreiben, einritzen"]: Inschriftenkunde; Disziplin der Altertumswissenschaft, die sich der Sammlung, Erforschung, Auswertung und Veröffentlichung von antiken Inschriften widmet, wie sie sich auf Tafeln, an

Grab- und Denkmälern, Gebäuden, Weihegeschenken, Gefäßen und Waffen finden. Häufig sind solche Inschriften die ältesten Sprachdenkmäler einer Kultur. Meist besitzen sie jedoch eher kulturgeschichtlichen oder historischen als literarischen Wert.

Epik [von griechisch epikós „zum Epos gehörig, episch"]: Sammelbezeichnung für jede Art erzählender Dichtung in Versen oder Prosa. Epik ist neben ↑Lyrik und Dramatik (↑Drama) eine der drei literarischen Grundgattungen. Die neuere Poetik im Anschluß an Goethe charakterisiert die Epik als die mittlere der drei „Naturformen der Poesie", als objektiver als die Lyrik und subjektiver als die Dramatik. In der Epik werden als vergangen angenommene Geschehnisse vergegenwärtigt, so daß als Erzähltempus vorwiegend das epische Präteritum, in Ausnahmefällen auch das historische Präsens verwendet wird. – Der ↑Erzähler tritt als Vermittler zwischen dem behandelten Ereignis und dem Zuhörer bzw. Leser auf. ↑Erzählhaltung und ↑Erzählsituation ändern sich je nach dem Verhältnis des Erzählers zum dargebotenen Stoff (↑Perspektive). Nimmt der Erzähler selbst an der Handlung teil, dann wird die ↑Ichform verwendet. Häufiger sind allerdings in der Epik der Er-Erzähler und Formen der epischen Einkleidung (z. B. ↑Rahmenerzählung, ↑Tagebuch, ↑Brief u. a.). Der Epiker sieht sich nicht durch Grenzen von Raum und Zeit eingeengt wie der Dramatiker. Er kann zeitdehnend, zeitraffend oder zeitdeckend erzählen, sich der Technik der Rückblende bedienen oder durch ↑Vorausdeutungen künftige Ereignisse vorwegnehmen. Auch in der Gliederung epischer Werke stehen viele Möglichkeiten offen (↑Gesang, ↑Kapitel, ↑Buch, ↑Aventiure usw.). Je nach Art der Darbietung ergeben sich verschiedene *epische Grundformen* (Erzählweisen), die meist vermischt auftreten: ↑Bericht (zeitraffend), ↑Beschreibung und Erörterung (zeitdehnend) und epische ↑Szene (etwa zeitdeckend). – Die Epik, die zum Teil erst nach längerer mündlicher Überlieferung niedergeschrieben wurde, in der Regel jedoch als literarische Buchepik entsteht, kann nach verschiedenen Gesichtspunkten untergliedert werden. So kann man ↑einfache Formen (wie ↑Legende, ↑Sage, ↑Märchen) und Kunstformen, Versepik und Erzählprosa, ernste und komische Epik unterscheiden. Am meisten hat sich jedoch die Untergliederung in Großepik und Kurzepik eingebürgert. Die Großepik ist dabei besonders gekennzeichnet durch Ausführlichkeit im Detail, die sogenannte ↑epische Breite. Zur Großepik zählen ↑Epos (in Versen), ↑Saga (in Prosa), ↑Roman, zur Klein- oder Kurzepik gehören ↑Novelle, ↑Erzählung, ↑Kurzgeschichte, ↑Fabel, ↑Anekdote, ↑Parabel, ↑Satire, ↑Parodie, ↑Ballade, ↑Romanze, ↑Idylle und allgemein die ↑Verserzählung. – Mit einer *Theorie der Epik* befaßten sich erstmals Platon und v. a. Aristoteles in seiner „Poetik". Bis ins 18. Jahrhundert blieb die Theorie der Poetik jedoch auf normative oder beschreibende Angaben zum ↑Epos beschränkt. Erst im Briefwechsel zwischen Goethe und Schiller sowie in der Abhandlung Goethes „Über epische und dramatische Dichtung" (1827) wurde z. B. eine Abgrenzung der Epik gegenüber anderen Grundgattungen (v. a. der Dramatik) versucht. Eine allgemeine bzw. umfassende Theorie der Epik gibt es bis heute noch nicht.

Epilog [von griechisch epílogos „Schluß, Nachrede"]: Schlußteil einer Rede oder Nachwort eines literarischen Werkes. Meist ersuchen Epiloge um Beifall oder Nachsicht oder sie ziehen ein moralisierendes Resümee. Epiloge, die sich direkt an die Zuhörer oder Leser wenden, finden sich in zahlreichen mittelalterlichen Epen, so z. B. in Wolfram von Eschenbachs „Parzival" (um 1200–1210). Auch in Chroniken des Mittelalters sowie in späteren Romanen (J. J. Ch. von Grimmelshausen, „Der Abentheurliche Simplicissimus Teutsch", 1669) findet sich der Epilog. V. a. aber hat er seinen Platz in Theaterstücken, wo er nach Beendigung der Handlung von einem der

Schauspieler vorgetragen wird. Plautus und Terenz führten im 3./2. Jahrhundert v. Chr. den Epilog in die römische Komödie ein, nachdem der Chor aus ihr verbannt worden war. Besonderer Beliebtheit erfreute sich der Epilog in den Dramen der Renaissance und des Barock. H. Sachs und W. Shakespeare schrieben Epiloge zu ihren Dramen. Auch im modernen Drama wurde auf den Epilog zurückgegriffen, so z. B. bei B. Brecht („Der gute Mensch von Sezuan", 1953). Das Gegenstück zum Epilog ist der ↑Prolog.

Epinikion [von griechisch níkē „Sieg"]: seit dem 6. Jahrhundert v. Chr. bekannte literarische Gattung des Preisliedes auf Sieger in einem der großen griechischen Sportwettkämpfe. Das Epinikion, meist in der Form der ↑Triade aus ↑Strophe, ↑Antistrophe und ↑Epode gestaltet, wurde in der Regel bei der Rückkehr des siegreichen Athleten in seine Heimat von einem Chor vorgetragen. Inhaltlich befassen sich die Epinikien außer mit der Person und der Heimat des Siegers auch mit mythologischen Motiven. Die bedeutendsten Epinikiendichter waren Simonides von Keos, Bakchylides und Pindar, dessen Dichtung (↑pindarische Ode) bis in die Neuzeit nachwirkte (P. de Ronsard, J. Ch. F. Hölderlin).

Epiphora (Epipher) [von griechisch epiphorá „das Hinzufügen"]: rhetorische Figur, bei der (in Umkehr der ↑Anapher) am Ende aufeinanderfolgender Verse, Sätze oder Abschnitte ein Wort bzw. mehrere Wörter wiederholt werden, um dadurch die Wirkung zu intensivieren, z. B.: „Doch alle Lust will Ewigkeit –, will tiefe, tiefe Ewigkeit!" (F. Nietzsche, „Also sprach Zarathustra", philosophische Dichtung, 1883–85).

Epiphrase [von griechisch epíphrasis „Nachsatz"]: rhetorische Figur, bei der an einen eigentlich abgeschlossenen Satz zum Zweck der Abrundung, Verdeutlichung, Richtigstellung oder emphatischen Steigerung noch ein Nachtrag angefügt wird, z. B.: „Dreist muß ich tun, und keck und zuversichtlich" (H. von Kleist, „Amphitryon", Lustspiel, 1807).

episch [von griechisch epikós „zum Epos gehörig, episch"]: Stilart, die vornehmlich in den sogenannten „epischen" Gattungen (↑Epik) anzutreffen ist, aber nicht nur auf diese beschränkt bleibt. Kennzeichen des Epischen sind das erzählende Vergegenwärtigen von Vergangenem, die Distanz zwischen Dichter und Handlung, das Ansprechen einer Zuhörer- oder Leserschaft und die ausführliche Darstellung. Typisch episch sind auch Phänomene wie die Wiederkehr formelhafter Wendungen bzw. bestimmter Motive sowie der im Vergleich zum Drama selbständige Charakter der Einzelteile epischer Werke.

epische Breite: stilistische Eigentümlichkeit, die besonders in der Großepik, also in umfangreichen Erzählwerken wie ↑Epos oder ↑Roman, anzutreffen ist. Sie äußert sich in der Freude an breiter, ausschmückender Darstellung von charakteristischen Einzelheiten, an Abschweifungen, am Einschieben von Episoden sowie an Rückgriffen und Wiederholungen. Ihre Grenze überschreitet die epische Breite dort, wo die Häufung von Einzelepisoden zum Bruch des Handlungsbogens, zum Verschwimmen des Gesamtzusammenhangs führt.

epische Grundformen ↑Epik.

episches Theater: Bezeichnung für eine v. a. von B. Brecht im Gegensatz zum klassischen ↑aristotelischen Drama formulierte und in der Praxis entwickelte Form des modernen Theaters und Dramas. Brecht geht es um eine Veränderung der gesellschaftlichen Verhältnisse im marxistischen Sinne. Der Zuschauer soll mit einer veränderlichen Welt konfrontiert werden und daraus Konsequenzen für die eigene politische Entscheidung ziehen. Diese „nichtaristotelische" Wirkungsästhetik bedingt eine dramatische Bauform, deren Strukturen Brecht als „episch" bezeichnet. Das epische Theater verzichtet auf dramatische Zuspitzung der Handlung, es entfallen die aristotelische ↑Katharsis, die Erregung von Furcht und Mitleid im Zuschauer. Stattdessen verfremdet (↑Verfremdung) Brecht die dramatische Handlung, indem er das unmittelbare Bühnengeschehen u. a. durch die Einführung eines kritisch kommentierenden Erzählers, durch den Einschub von Songs und Liedern oder durch den Einsatz von Spruchbändern und Textprojektionen ergänzt. Aus der streng gebauten Form des klassischen Dramas mit seinen drei oder fünf Akten wird eine lockere Reihung von selbständigen Einzelszenen. Durch dieses Vorgehen wird nach Brecht eine kritische Distanz zwischen Zuschauer und Handlung erreicht, die eine Identifizierung des Zuschauers mit den Bühnenfiguren verhindert. Ziel des epischen Theaters ist die gesellschaftliche Aktivierung des Zuschauers. Er soll mit dem Vorgang als aktiver Betrachter konfrontiert werden und kritisch Stellung nehmen. Gegenstand der „Lehrstücke" ist, daß Welt, Mensch und Gesellschaft veränderlich sind und verändert werden müssen. Nicht der Ausgang, sondern der Gang der Handlung ist deshalb für Brecht wichtig. Der Schluß des Dramas kann offen bleiben, der Zuschauer muß die Antwort auf die im Drama aufgeworfenen Fragen selbst finden (wie z. B. in dem Drama „Der gute Mensch von Sezuan", 1953). Erst durch seine (politische) Entscheidung kommt das Drama zu seinem eigentlichen Abschluß. Brechts ursprünglich nur auf seine eigenen Stücke bezogene Theorie findet in neuester Zeit vielfach Zustimmung und Nachahmung (u. a. durch Heiner Müller und P. Weiss).

Episode [von griechisch epeisódion „Hinzukommendes (das als unwesentlich empfunden wird)"]: in der griechischen Tragödie ist das „Epeisodion" eine zwischen zwei Chorlieder (↑Stasimon) eingeschobene Sprechpartie. Die davon abgeleitete Bezeichnung „Episode" kennzeichnet dagegen allgemein Nebenhandlungen (z. B. Max-und-Thekla-Episode in Schillers Tragödientrilogie „Wallenstein", 1800) bzw. in sich abgeschlossene, mit der Haupthandlung nur locker verbundene Einschübe, v. a. in ↑Roman, ↑Epos und ↑Drama (z. B. Helfenstein-Szene in Goethes Schauspiel „Götz von Berlichingen", 1773). Die Episoden sollen ein meist antithetisch angelegtes Kontrastbild zur Hauptgestalt oder zur Haupthandlung entwerfen. Als eigenständige Literaturform erscheint die Episode nicht selten in Gestalt der ↑Novelle.

Epistel [von griechisch epistolḗ „das Zugesandte"]: Bezeichnung für Brief, speziell für die im Neuen Testament enthaltenen Apostelbriefe, früher auch für die diesen Briefen oder anderen biblischen Schriften entnommenen Abschnitte (↑Perikopen), die in der katholischen Liturgie, d. h. in der Messe, als erste Lesung vorgetragen wurden. – In der Literatur ist die Epistel eine in Briefform abgefaßte und an eine bestimmte Person wirklich oder fiktiv adressierte Darstellung meist philosophischen, ästhetischen, moralischen oder belehrenden Inhalts (Horaz, „Epistula ad Pisones", 18 v. Chr., deutsch 1639, 1952 unter dem Titel „Die Dichtkunst"). Die Episteln sind in der Regel in Versen verfaßt, in plauderndem Ton gehalten oder satirisch gefärbt und damit der ↑Satire verwandt. Als Sonderformen finden sich die der ↑Elegie ähnelnde lyrische Epistel (Ovid, „Epistulae ex Ponto" 12–16, deutsch 1727, 1858 unter dem Titel „Briefe aus dem Pontus") oder die zur Darstellung von Ereignissen verwendete epische Epistel. Vom Humanismus bis zur Klassik wurde die Epistel als poetische Form gepflegt. Namhafte Autoren waren u. a. F. Petrarca, L. Ariosto, J. Donne, A. Pope, aber auch Goethe verfaßte noch Episteln.

Epitaph [von griechisch epitáphios „zum Begräbnis gehörig"]: Grabinschrift, wie sie in der Antike (dort meist in Form des ↑Epigramms) und in christlicher Zeit bis ins Hochmittelalter gebräuchlich war und dann wieder seit dem 15. Jahrhundert gepflegt wurde. Zur Zeit des Humanismus wurde der Begriff auch auf das Gedächtnismal als Ganzes übertragen.

Epitaphios [von griechisch epitáphios lógos „Leichenrede"]: feierliche öffentliche Leichenrede, wie sie in Athen v. a. für Kriegsgefallene im Auftrag des Staates gehalten wurde. Berühmtestes Beispiel ist der bei Thukydides überlieferte (und wohl auch von ihm verfaßte) Epitaphios des Perikles auf die im ersten Jahr des Peloponnesischen Krieges (431 v. Chr.) gefallenen Athener.

Epitheton [griechisch „das Hinzugefügte“]: ein attributiv gebrauchtes Adjektiv oder Partizip. Als *schmückendes Beiwort* (Epitheton ornans) hat es typisierende Funktion. Es wird, v. a. im antiken Epos, aber auch in späterer Zeit formelhaft benutzt und kehrt als stehendes Beiwort immer wieder, bisweilen sogar in sinnwidrigem Zusammenhang, z. B.: „göttlicher Sauhirt“ (Homer, „Odyssee“, 8. Jahrhundert v. Chr.). Beispiele für typisierende Epitheta sind: „der listenreiche Odysseus“ (Homer, „Odyssee“), „der treffliche Hauswirt“ (Goethe, „Hermann und Dorothea“, Epos, 1797); Beispiele aus der volkstümlichen Dichtung sind: „grüne Wiese“, „blauer Himmel“, „scharfes Schwert“. – Als *individualisierendes Beiwort* bezeichnet das Epitheton eine einmalige, unverwechselbare Eigenschaft, die häufig auch durch eine besonders ausgefallene Formulierung verstärkt wiedergegeben wird („gründämmerndes Gebiet“, „wilde Hoffnung“ [G. Britting], „plumpe Eilfertigkeit“ [Th. Mann]).

Epoche [griechisch „das Anhalten, Zurückhalten“, (übertragen:) „Haltepunkt in der Zeitrechnung (der in ein Neues hinüberleitet)“]: in der Literaturgeschichte Bezeichnung für einen bestimmten Zeitraum der literarischen bzw. geistesgeschichtlichen Entwicklung, der durch Gemeinsamkeiten oder verwandte Erscheinungen in Form und Idee zusammenhängt. Die genaue Abgrenzung der einzelnen Epochen gegeneinander sowie die Zuordnung einzelner Phänomene ist wegen der zahlreichen Überschneidungen, Verflechtungen sowie individueller Sonderformen und Tendenzen häufig problematisch.

Epode [von griechisch epōdós „Nachgesang“]: 1. ursprünglich Bezeichnung für den zweiten kürzeren Vers, der in einem ↑Distichon auf einen längeren folgt. Später wurde der Begriff auf die aus solchen Verspaaren bestehenden Gedichte übertragen, wie sie zuerst Archilochos von Paros schrieb (Epoda). Aus solchen Distichen bildete Horaz seine „Iambi“ (um 30 v. Chr.), die von den antiken Metrikern Epoden genannt wurden. – 2. Bezeichnung für die im griechischen triadischen (↑Triade) ↑Chorlied auf ↑Strophe und ↑Antistrophe folgende dritte Strophe, die sich im rhythmischen Bau von diesen unterscheidet und stets vom ganzen Chor vorgetragen wurde. Sie entspricht dem ↑Abgesang in der deutschen ↑Stollenstrophe. Epodische Dichtung verfaßte zuerst Stesichoros, häufig ist die Epode bei Pindar (↑pindarische Ode).

Epopöe [von griechisch epopoiía „epische Dichtung“]: veraltete Bezeichnung für ↑Epos, v. a. für Götter- und ↑Heldenepos.

Epos [griechisch „Wort, Rede, Erzählung, Lied, Gedicht“]: Großform erzählender Dichtung in gleichartig gebauten Versen oder Strophen, meist mehrere Teile (Gesänge, Bücher, Aventiuren usw.) umfassend. Im Zentrum des Epos steht meist eine bestimmte Person oder ein Leitgedanke. Kennzeichen sind die gehobene Sprache, die Distanz zum Geschehen, typisierende Gestaltungsmittel, eine Tendenz zur Monumentalität und Ausführlichkeit (↑epische Breite).
Vorläufer des Epos waren kultische Einzelgesänge (Götter-, Helden-, Preislieder usw.), die nach der heute vorherrschenden Auffassung nicht nur zu einem größeren literarischen Gebilde lose aneinandergereiht (↑Liedertheorie), sondern vielmehr von Dichtern zu eigengesetzlichen Großformen ausgestaltet wurden. Dieses sogenannte *Volksepos* war also keine Gemeinschaftsleistung, aus der Quelle heimischer Überlieferung geschöpft, sondern das Werk eines anonymen Dichters, das öffentlich durch ↑Rhapsoden, ↑Barden u. a. vorgetragen und verbreitet wurde. Es unterscheidet sich vom jüngeren Kunstepos durch die Anonymität seiner Verfasser, durch größere Allgemeingültigkeit und

die lange Vorgeschichte seiner Stoffe. Voraussetzung für Entstehung und Verbreitung war eine einheitlich gegliederte, meist aristokratische Gesellschaft. In einer späteren Entwicklungsstufe änderten sich diese Voraussetzungen. Aus dem Volksepos wurde das *Buchepos*. Hier trat die Individualität von Gestalten und Autoren deutlicher hervor; sein Publikum waren zunehmend private Hörer- und schließlich Leserkreise oder Einzelleser. Eine Differenzierung in *Einzelgattungen* trat zutage: das Nationalepos, das an das frühe Helden- und Volksepos anknüpfte, die religiöse oder philosophische ↑Lehrdichtung, das parodistische oder didaktische Tier- und Scherzepos. In seiner Spätform überschnitt sich das Epos mit ↑Verserzählung und Versroman, es kam zu Prosaauflösungen und schließlich zum Aufgehen in ↑Roman und ↑Novelle.

Geschichte: Früheste Zeugnisse des Epos sind das babylonische „Gilgamesch-Epos" (2. Jahrtausend v. Chr., deutsch 1970), die indischen Großepen „Mahabharata" (4. Jahrhundert v. Chr.–4. Jahrhundert n. Chr.?, deutsch „Das Mahābhā́rata", 1961) und „Ramajana" (4. Jahrhundert v. Chr.–2. Jahrhundert n. Chr.?, deutsch „Râmâyana", 1845) sowie später das für die weitere Entwicklung des Epos in Mittel- u. Vorderasien vorbildliche persische „Schahname" (= Königsbuch) des Ferdausi, das etwa um 1000 n. Chr. entstand (deutsch in „Heldensagen", 1851). In der Antike standen am Beginn einer reichen Entwicklung des Epos zwei Hexameterdichtungen aus der 2. Hälfte des 8. Jahrhunderts v. Chr.: die „Ilias" und die „Odyssee" (deutsch 1793 bzw. 1778), die mit einigen Einschränkungen beide Homer zugeschrieben werden. Diese Epen fanden in der griechischen und römischen Dichtung der Folgezeit zahlreiche Nachahmer. Seinen zweiten Höhepunkt erreichte das antike Epos in der „Äneis" (29?–19 v. Chr., deutsch 1515, 1952 unter dem Titel „Aeneis") des Vergil; sie war Vorbild für die vielen lateinischen Epen der Kaiserzeit. Neben dem Heldenepos hat auch das antike Lehrepos eine bedeutende Tradition. Es begann um 700 v. Chr. mit den beiden Hexameterdichtungen des Hesiod, „Theogonía" (um 700 v. Chr., deutsch „Theogonie", 1896) und „Érga kaì hēmérai" (um 700 v. Chr., deutsch 1568, 1965 unter dem Titel „Werke und Tage"), und erreichte einen Höhepunkt in den römischen Lehrepen der Kaiserzeit „De rerum natura" (1. Jahrhundert v. Chr., deutsch „Von der Natur der Dinge", 1784/85) von Lukrez, „Georgica" (39–29, deutsch 1572, 1789 unter dem Titel „Landbau") von Vergil und „Epistula ad Pisones" (= „Ars poetica", 18 v. Chr., deutsch 1639, 1952 unter dem Titel „Die Dichtkunst") von Horaz.

Im *Mittelalter* trat neben das Epos in lateinischer Sprache (z. B. Herrscher- und Heiligenviten) schon bald das volkssprachliche Epos, wie die althochdeutsche Evangelienharmonie Otfrids von Weißenburg (9. Jahrhundert) oder die frühmittelhochdeutsche „Kaiserchronik" (um 1150). Aus dem germanischen ↑Heldenlied entwickelte sich das mittelalterliche ↑Heldenepos, so der angelsächsiche „Beowulf" (1. schriftliche Fassung um 1000, deutsch „Beowulf", 1840) und das mittelhochdeutsche „Nibelungenlied" (um 1200), das zum Vorbild für eine umfangreiche ↑Heldendichtung wurde und bis in das 18. Jahrhundert als ↑Volksbuch lebendig blieb. Das romanische Heldenepos basierte v. a. auf den karolingischen Grenz- und Glaubenskämpfen gegen den Islam. Es entstand gegen 1100 mit dem altfranzösischen „Chanson de Roland" (um 1075–1100, deutsch „Rolandslied", 1839/40) und war neben dem altspanischen „Poema del Cid" (um 1140, deutsch „Das Gedicht vom Cid", 1850) v. a. in den ↑Chansons de geste vertreten. Bedeutend ist das altrussische „Igorlied" (um 1200, Erstdruck 1800). Neben diese Tradition der Volks- und Heldenepen trat im hohen Mittelalter der ↑höfische Roman in Versen, meist als ↑Artusdichtung, aber auch als Bearbeitung antiker Stoffe, wie der „Äneasroman". Weitere Spielarten des mittelalterlichen Epos sind die ↑Spielmannsdichtung, das satirische Tierepos (Reineke-Fuchs-Dichtungen, ab 1150), das Lehrepos („Der welsche Gast“, 1215, des Thomasin von Circlaere) und die epische Allegorie, wie der altfranzösische „Roman de la rose“ (entstanden 1230–80, deutsch 1839, 1956 unter dem Titel „Der Rosenroman“) von Guillaume de Lorris und Jean de Meung und als Höhepunkt Dantes Epos „La divina Commedia“ (entstanden nach 1313 bis 1321, gedruckt 1472, deutsch 1767–69, 1814–21 unter dem Titel „Die Göttliche Komödie“).

Vom *15. bis zum 18. Jahrhundert* trat das als bewußte Kunstschöpfung gestaltete Nationalepos hervor, das auf den Vorbildern der Antike und des Mittelalters aufbaute, so z. B. das italienische Epos „Orlando furioso“ (1516, deutsch „Die Historie vom rasenden Roland“, 1631–36) von L. Ariosto, in Portugal „Os Lusíadas“ (1572, deutsch „Die Lusiaden“, 1806) von L. de Camões, in England „The faerie queene“ (1590–96, deutsche Auswahl unter dem Titel „Fünf Gesänge der Feenkönigin“, 1854) von E. Spenser, oder in Deutschland das vaterländische Epos „Herrmann“ (1751) von Ch. O. von Schönaich. Ch. M. Wieland schuf mit seinem „Oberon“ (1780) das sogenannte romantische Epos. Eine deutsche Sonderform war die Hexameteridylle, die von J. H. Voß begründet und von Goethe in „Hermann und Dorothea“ (1797) fortgeführt wurde. Mit seinem „Reineke Fuchs“ (1794) stand Goethe in der Tradition des Tierepos. Das Lehrepos erhielt neue Impulse durch J. Miltons Blankversepos „Paradise lost“ (1667, 1674 erweitert, deutsch 1682, 1855 unter dem Titel „Das verlorene Paradies“), unter dessen Einfluß auch Klopstocks Epos „Der Messias“ (1748–73) stand.

Im *19. und 20. Jahrhundert* fanden sich zahlreiche Wiederbelebungsversuche für das sterbende Epos, doch trugen diese stark epigonale Züge und konnten sich neben der in dieser Zeit beherrschenden Gattung des Romans nur schwer behaupten. Eine Sonderform des Epos war die lyrisch-epische Versdichtung, die zuerst in England, und zwar in W. Scotts Versromanzen (1805–17), auftrat und in den Dichtungen der englischen Romantiker P. B. Shelley und v. a. J. Keats („Hyperion“, 1820, deutsch „Hyperion“, 1897), v. a. aber G. G. N. Lord Byron („Don Juan“, 1819–24, deutsch „Don Juan“, 1837) einen Höhepunkt erreichten. Diese englischen Epiker, v. a. Byron, übten einen besonderen Einfluß auf die Entwicklung der Spätform des Epos aus. In der 1. Hälfte des 20. Jahrhunderts gab es noch einige Versuche, das Epos neu zu beleben (R. Dehmel, „Zwei Menschen“, 1903; Th. Däubler, „Das Nordlicht“, 1910; A. Döblin, „Manas“, 1927; G. Hauptmann, „Der große Traum“, 1942), nach 1950 sind jedoch keine Epen mehr gedichtet worden.

Epyllion [griechisch]: Kleinepos in daktylischen Hexametern, gelegentlich auch in elegischen Distichen, etwa 100 bis 800 Verse umfassend, im weiteren Sinne jede ↑Verserzählung. Es wurde in der Spätantike von Kallimachos als Gegenstück zum damals nicht mehr zeitgemäßen großen heroischen Epos gefordert und erstmals von ihm in seinem Kleinepos „Hekale“ verwirklicht. Das Epyllion griff zunächst mythologische Stoffe auf; in der römischen Dichtung gelangte es in die Nähe der ↑bukolischen Dichtung und ↑Idylle. Bedeutende Dichter von Epyllien waren Catull, Vergil und Ovid. Im Mittelalter und in der Neuzeit ist eine klare Abgrenzung des Epyllions gegenüber anderen Arten der Verserzählung nicht mehr möglich.

Erbauungsliteratur: Schriften, die der Stärkung des Glaubens und der Frömmigkeit dienen sollen. Die Erbauungsliteratur ist gedacht als Hilfe zu einer christlichen Lebensgestaltung, als Anweisung für die häusliche Andacht und Trost in Anfechtungen. Im Mittelalter als dem Zeitalter des Glaubens gab es Erbauungsliteratur in vielen Formen: u. a. als Andachtsbuch, ↑Traktat, Predigtsammlung (↑Postille), Historienbibel, Trost- und Sterbebüchlein (↑Ars moriendi); oft wurden mehrere Arten in sogenannten Spiegeln (z. B.

„Speculum humanae salvationis", anonym, um 1324) oder seit der Reformation in Hausbüchern vereinigt. Von besonderer Wirkung waren die Schriften der Mystiker im 14. Jahrhundert (Meister Eckhart, J. Tauler) und die bis heute unter Katholiken verbreitete „De imitatione Christi" (entstanden 1410/20, gedruckt 1470, deutsch 1486, 1960 unter dem Titel „Nachfolge Christi") des Thomas a Kempis. M. Luther gab die „Theologia Deutsch" (1516) heraus und eröffnete mit seinen Schriften und auch seiner Bibelübersetzung eine neue Epoche der Erbauungsliteratur. Zu den meistgelesenen evangelischen Erbauungsbüchern gehört J. Arnds „Vier Bücher vom wahren Christentum" (1606–10). Barock und Pietismus waren eine Blütezeit der Erbauungsliteratur. Hier erschienen F. von Spees „Trutz-Nachtigall" (1649) und Angelus Silesius' „Geistreiche Sinn- und Schlußreime" (1657, erweitert unter dem Titel „Cherubinischer Wandersmann", 1675) sowie die Andachtsbücher von Ph. von Zesen, G. Ph. Harsdörffer, J. M. Moscherosch u. a. Vom 18. Jahrhundert ab schwand die Bedeutung der Erbauungsliteratur, ohne daß jedoch die Tradition unterbunden wurde.

Ereignislied: Typ des germanischen ↑Heldenliedes, in dem ein episches Geschehen (Ereignis) unmittelbar, d. h. ohne Rückblick auf eine bestimmte Situation der Vergangenheit, dargestellt wurde, z. B. das „Hildebrandslied" (9. Jahrhundert).

Eristik [von griechisch eristikḗ téchnē „zum Streit geneigte Kunst"]: die Kunst des Disputierens, bei der in einer durch die Sophisten ausgebildeten Technik des Dialogs alles bewiesen und alles widerlegt werden konnte. Beispiele finden sich in den frühen Dialogen Platons, z. B. im „Euthydemos".

Erlebnisdichtung: Dichtung, in der v. a. persönliche Erlebnisse des Dichters verarbeitet werden. Sie steht im Gegensatz zu der Dichtung, die vornehmlich bestimmte Form- und Gehaltstraditionen fortbildet, wie z. B. überwiegend die Dichtung vom Mittelalter bis zum Barock und die ↑Anakreontik. Voraussetzung für Erlebnisdichtung war die Entwicklung des Individualismus im Laufe des 18. Jahrhunderts. So kam es nach Ansätzen bei J. Ch. Günther erst bei Goethe zu einer vollendeten Ausprägung der Erlebnisdichtung.

erlebte Rede: Bezeichnung für ein episches Stilmittel. Die erlebte Rede steht zwischen der direkten und indirekten Rede, zwischen Rede und Bericht: Gedanken einer bestimmten Person werden statt in zu erwartender direkter Rede (Sie fragte: „Muß ich wirklich mit dem Zug fahren?") oder im zu erwartenden Konjunktiv der indirekten Rede (Sie fragte, ob sie wirklich mit dem Zug fahren müsse) im Indikativ der 3. Person und meist im Präteritum ausgedrückt (Mußte sie wirklich mit dem Zug fahren?). Hierbei gilt nicht die Perspektive des Erzählers, der aus der Position der Allwissenheit die inneren Vorgänge in einer Person direkt wiedergibt, die Vorgänge werden hier vielmehr in die sich selbst „erlebende" Person verlagert, so daß der Eindruck einer größeren Unmittelbarkeit entsteht. Die erlebte Rede fand sich in verschiedenen Formen schon in der antiken und mittelalterlichen Literatur; als Stilmittel wurde sie jedoch erst bewußt im Roman des 19. Jahrhunderts (J. Austen, G. Flaubert) und des 20. Jahrhunderts (A. Döblin, Th. Mann) eingesetzt. Sie ist nicht zu verwechseln mit dem ↑inneren Monolog und der Technik des ↑Stream of consciousness.

Ermetismo [italienisch] ↑Hermetismus.

erotische Literatur: Sammelbezeichnung für literarische Werke aller Gattungen, in denen die sexuelle Komponente der Liebe besonders oder ausschließlich betont wird. Sie steht etwa in der Mitte zwischen einer den seelisch-geistigen Bereich der Liebe betonenden Liebesdichtung und den Werken der ↑Pornographie. Allerdings ist eine scharfe Trennung dieser Arten von Literatur nicht möglich, fließende Übergänge sind die Regel. Nicht selten ist in erotischer Literatur Gesellschaftskritik

enthalten. Die Beurteilung dessen, was zur erotischen Literatur zählt, ist vom jeweiligen Zeitgeschmack und von der Toleranzschwelle verschiedener Gesellschaftsformen abhängig. Die immer wieder versuchte Unterdrückung der erotischen Literatur bewirkte das Ausweichen auf Liebhaberausgaben mit begrenzter Auflage bzw. den Handel unter dem Ladentisch.
Berühmte *Beispiele* der erotischen Literatur stammen aus Indien („Kamasutra", wahrscheinlich 4. Jahrhundert, deutsch „Das Kamasutram", 1897), dem Orient („Alf Laila Wa Laila", entstanden seit dem 8. Jahrhundert, endgültige Form vermutlich im 16. Jahrhundert, deutsch 1823, 1838–41 unter dem Titel „Tausendundeine Nacht") und Teilen des Alten Testaments („Hohes Lied"). Die abendländische Literatur bot seit der Antike eine Fülle erotischer Dichtung. Am Beginn standen die von Aristides von Milet verfaßten, nicht erhaltenen „Milesischen Geschichten" (um 100 v. Chr.), die eine reiche Nachfolge fanden; so etwa als Einlagen bei G. Petronius („Satyricon", 1. Jahrhundert, deutsch „Satyrica", 1923) und L. Apuleius („Metamorphoses", auch „Asinus aureus", nach 175, deutsch 1538, 1783 unter dem Titel „Der goldene Esel"). Hierher gehört auch der Typ des griechischen Liebes- und Abenteuerromans (Lógos erotikós) mit einer Liebesgeschichte, die nach Überwindung zahlreicher Hindernisse mit der glücklichen Vereinigung der Liebenden endet. Bekanntestes Beispiel hierfür ist „Poimenikà katà Dáphnin kaì Chlóēn" (3. Jahrhundert?, deutsch „Daphnis und Chloe", 1765) von Longos. Weitere Beispiele der erotischen Literatur in der Antike sind die „Hetairikoì diálogoi" (2. Jahrhundert, deutsch „Hetärengespräche", 1788) des Lukian, einige Werke der römischen Dichter Catull, Ovid („Ars amatoria", um 1 v. Chr., deutsch 1600, 1958 unter dem Titel „Liebeskunst") und Martial. Im Mittelalter gab es eine reichhaltige erotische Schwankliteratur mit nationalen Besonderheiten. Hauptwerke der erotischen Renaissanceliteratur sind G. Boccaccios Novellensammlung „Il Decamerone" (entstanden zwischen 1348 und 1353, deutsch 1472/73, 1843 unter dem Titel „Das Dekameron") und das in Anlehnung daran entstandene „Heptaméron" (1559, deutsch 1791, 1909 unter dem Titel „Das Heptameron") der Margarete von Navarra. Das sogenannte galante Zeitalter (18. Jahrhundert) verzeichnete eine reichhaltige erotische Literatur (in Frankreich C. de Crébillon, P. A. F. Choderlos de Laclos, N. Restif de La Bretonne, der Marquis de Sade u. a., in Italien v. a. G. G. Casanova, in England J. Cleland mit „Memoirs of a woman of pleasure", 1748/49, deutsch „Die Memoiren der Fanny Hill", 1963). In der deutschen Klassik gehören Goethes „Römische Elegien" (1795) und die „Venetianischen Epigramme" (1795) sowie Schillers „Venuswagen" (1782) zur erotischen Literatur. Nach H. de Balzac („Les contes drôlatiques", 1832–37, deutsch 1908, 1926 unter dem Titel „Die tolldreisten Geschichten") wurde in der sogenannten ↑Dekadenzdichtung die Erotik psychologisch begründet, u. a. bei Ch. Baudelaire, P. Verlaine, A. Schnitzler („Der Reigen", Dialogszenen, 1900), A. Sacher-Masoch. Im 20. Jahrhundert liegt eine Vielzahl v. a. von Romanen vor, die ganz oder teilweise der erotischen Literatur zuzurechnen sind, u. a. von J. Joyce, D. H. Lawrence, H. Miller, V. Nabokov, J. Genet, Ch. Rochefort, E. Arsan.

Errata [lateinisch „Irrtümer, Fehler"]: 1. Druckfehler, 2. Verzeichnis von Druckfehlern, die, während des Ausdruckens entdeckt, im letzten Bogen oder auf einem Beiblatt berichtigt werden.

erregendes Moment: dramaturgischer Begriff, geprägt von G. Freytag („Die Technik des Dramas", 1863) zur Bezeichnung der in der ↑Exposition aufgedeckten inneren oder äußeren Bedingung, die die „bewegte Handlung", d. h. den dramatischen Konflikt, auslöst. – ↑auch Drama.

Erstaufführung (Premiere): die erste Aufführung eines Bühnenwerkes, auch einer Übersetzung oder Neubearbeitung, an einem bestimmten Ort oder an einem bestimmten Theater; im Gegensatz zur ↑Uraufführung, der ersten Aufführung eines Bühnenwerkes überhaupt.

Erstauflage: die erste ↑Auflage, d.h. eine bestimmte Anzahl von Exemplaren eines Buches, zu deren Herausgabe ein Verleger berechtigt ist.

Erstausgabe: die erste selbständige Buchveröffentlichung eines literarischen Werkes. Da Erstausgaben bei weiteren Auflagen meistens in einer anderen Form herauskommen (geänderte Textgestalt, anderer Einband oder Druck, neue Illustrationen), sind sie ein wichtiges Forschungsobjekt der Textphilologie (↑Philologie) sowie ein begehrtes Sammelobjekt (↑Bibliophilie). Als Erstausgaben (lateinisch Editio princeps) bezeichnet man auch die durch die Humanisten und die späteren Philologen erstmals nach Handschriften hergestellten Drucke antiker und mittelalterlicher Autorentexte.

erweiterter Reim ↑Reim.

Erzähler: 1. der Verfasser von Werken erzählender Prosa; 2. eine fiktive Gestalt, die nur selten mit dem Autor identisch ist und in einem Werk erzählender Prosa als Vermittler zwischen den dargebotenen Vorgängen und den Zuhörern oder Lesern auftritt. In dieser Eigenschaft begründet der Erzähler von seinem jeweiligen Erzählerstandpunkt aus verschiedene ↑Erzählhaltungen.

Erzählhaltung: die Art, wie der ↑Erzähler Vorgänge und Gestalten sieht, wie er über ihr Äußeres (Außensicht) oder auch über ihr Inneres (Innensicht) Auskunft gibt, wie er über sie urteilt, bestimmt die (optische, psychologische, geistige) *Erzählperspektive* (↑Perspektive). Erzählhaltung und Erzählperspektive konstituieren die ↑Erzählsituation.

Erzählsituation: nach F.K. Stanzel („Typische Formen des Romans", 1964, 11. Aufl. 1987) lassen sich drei typische Erzählsituationen unterscheiden: 1. *die Ich-Erzählsituation.* Der fiktive Erzähler ist hier selbst Teil der dargestellten Welt, er erlebt das Geschehen mit oder er erfährt es unmittelbar von den beteiligten Personen. Dadurch ist der Standpunkt des Ich-Erzählers festgelegt, seine Perspektive ist im Gegensatz zum Er-Erzähler auf Erlebnisse, Beobachtungen und Gedanken einer einzelnen Person, nämlich seiner eigenen, beschränkt. Ausgangspunkt für diese Erzählsituation ist die ↑Autobiographie, klassische Gestalter sind die Vertreter des ↑Schelmenromans und des ↑Bildungsromans, aber auch moderne Autoren (z.B. G. Grass, „Die Blechtrommel", 1959). – 2. *die auktoriale Erzählsituation* (von lateinisch auctor, „Urheber, Berichterstatter"). Der Erzähler hat hier seinen Platz außerhalb der dargestellten Welt, er weiß schon im voraus, wie das Geschehen verlaufen wird und warum die Gestalten so und nicht anders handeln *(allwissender Erzähler).* Er kann sich in das Geschehen einschalten, indem er auf Zukünftiges vorausweist, Vergangenes oder Gegenwärtiges kommentiert, sich von der Handlungsweise der Figuren distanziert oder eigene Gedanken zum Geschehen beisteuert. Das kann im Extremfall dazu führen, daß dieser sogenannte Erzählerkommentar die fiktive Handlung fast völlig überwuchert (z.B. Jean Paul, „Blumen-, Frucht- und Dornenstücke oder Ehestand, Tod und Hochzeit des Armenadvokaten F. St. Siebenkäs", 1796/97). Im allgemeinen jedoch, v.a. in den epischen Werken des Realismus, hält sich der Erzähler im Hintergrund und beschränkt sich auf die Darstellung der fiktiven Wirklichkeit. – 3. *die personale Erzählsituation.* Hier fehlt der Erzähler als Vermittler zwischen Autor und Leser, so „öffnet sich dem Leser die Illusion, er befände sich auf dem Schauplatz des Geschehens, oder er betrachte die dargestellte Welt mit den Augen einer Romanfigur" (Stanzel). Dadurch wird der Eindruck der Unmittelbarkeit erweckt; so werden z.B. Gespräche fast ausschließlich in direkter Rede wiedergegeben, so wie sie eine am Geschehen teilnehmende Person aufnehmen würde. Damit tritt die szenische Darstellung an Stelle der berichtenden in den Vordergrund. Bewußtseinsprozesse der beteiligten Personen werden hier in Form von ↑erlebter Rede oder ↑innerem Monolog direkt, d. h. ohne das Medium des Erzählers, dem Leser vermittelt. Die personale Erzählsituation tritt selten in reiner Form auf, meist ist sie gekoppelt mit der auktorialen Erzählsituation, wie etwa in den Romanen von Th. Fontane.

erzählte Zeit: Bezeichnung für den Zeitumfang der erzählten Handlung; so umfaßt z. B. die erzählte Zeit in G. Kellers Roman „Der grüne Heinrich", (1854/55, 2. Fassung 1879/80) sieben Jahre.

Erzählung: im weiteren Sinne Bezeichnung für alle Arten epischer Gestaltung von realen oder fiktiven Geschehnisfolgen, meist in Prosa, aber auch in Versen (↑Verserzählung). Im engeren Sinne selbständige Einzelgattung der ↑Epik, die sich jedoch mit den übrigen epischen Gattungen häufig überschneidet und somit zum Sammelbegriff für alle weniger durch Gattungsmerkmale geprägten Formen der Erzählkunst geworden ist. Vom ↑Roman unterscheidet sie sich durch ihre Kürze und eine einfachere Handlung, andererseits ist sie länger und komplexer als ↑Skizze und ↑Anekdote. Im Unterschied zur ↑Novelle ist sie weniger scharf profiliert und weniger streng um ein oder zwei Hauptereignisse und Überraschungsmomente zentriert. Von der ↑Kurzgeschichte unterscheidet sie sich durch größere Breite, außerdem ist sie nicht wie ↑Märchen und ↑Legende auf Bereiche des Unwirklichen und Wunderbaren bezogen. Die Prosaerzählung findet sich in der Literatur des 19. und 20. Jahrhunderts (A. Stifter, W. Raabe, Th. Mann, H. Böll, S. Lenz, U. Widmer u. a.).

Erzählzeit: Bezeichnung für die Dauer des Lesens oder Hörens eines epischen Werkes. Nur in seltenen Fällen decken sich Erzählzeit und ↑erzählte Zeit, etwa bei der wörtlichen Wiedergabe eines Dialogs oder in einigen Fällen der ↑erlebten Rede und des ↑inneren Monologs.

Erziehungsroman: seltenere Form des ↑Entwicklungsromans und ↑Bildungsromans, wobei der Entwurf oder die exemplarische Veranschaulichung eines Erziehungsprogramms im Mittelpunkt des Geschehens steht. Allerdings ist die Abgrenzung zu den beiden genannten Romangattungen schwierig, die Übergänge sind fließend, zumal in allen dieselbe formale Struktur vorherrscht. Als Erziehungsromane gelten Xenophons Fürstenspiegel „Kýru paideía" (= Die Erziehung des Kyros, nach 366 v. Chr.), Fénelons „Les aventures de Télémaque", (1699, deutsch 1700, 1788 unter dem Titel „Die Begebenheiten des Telemach"), J.-J. Rousseaus „Émile ou de l'éducation" (1762, deutsch 1762, 1789–91 unter dem Titel „Emil, oder über die Erziehung"), J. H. Pestalozzis „Lienhard und Gertrud" (1781–87) und, mit Einschränkung, G. Kellers Roman „Der grüne Heinrich (1854/55, 2. Fassung 1879/80).

esoterisch [von griechisch esōterikós „innerlich"]: ein Beiwort für Lehren und Schriften, die nur für einen bestimmten Kreis von besonders Begabten und Würdigen bestimmt sind und dem Laien und Uneingeweihten unverständlich bleiben.

Essay ['ɛse; englisch 'ɛseɪ; eigentlich „Versuch", von lateinisch exagium „das Wägen"]: Bezeichnung für einen kürzeren, stilistisch anspruchsvollen Prosatext, in dem Fragen aus den verschiedensten geistig-kulturellen und gesellschaftlichen Bereichen behandelt werden. In mancher Hinsicht anderen literarischen Zweckformen wie Bericht, ↑Traktat, ↑Feuilleton verwandt, unterscheidet sich der Essay von ihnen durch die betonte Subjektivität der Auffassung und v. a. durch die lockere Art der Behandlung des Themas, für die eine assoziative, oft sprunghafte Gedankenführung, variationsartiges Umkreisen des Gegenstandes, Durchspielen von Denkmöglichkeiten, oft paradoxe und provokative Aussagen grundlegend sind. In seiner Abkehr von einer streng wissenschaftlich-objektiven Darstellung zählt der Essay zu den offenen, unabgeschlossenen Ausdrucksformen der Wahrheits-

suche, in denen es nicht auf konkrete Ergebnisse, sondern v.a. auf Denkanstöße für den Leser ankommt.
Geschichte: Den Essay gibt es seit der Ausbildung einer Kunstprosa (↑Prosa). Verwandte Darstellungsformen fanden sich schon in der Antike (Cicero, L. A. Seneca der Jüngere). Die eigentliche Gattung begründete in Anlehnung an römische Vorbilder jedoch erst M. Eyquem de Montaigne („Les essais", 1580–95, deutsch 1753/54, 1908–11 unter dem Titel „Essays"). F. Bacon übernahm 1597 den Begriff („Essayes", letzte Ausgabe 1625) und begründete damit die englische Tradition, die im 18. Jahrhundert durch die „Essayisten" der ↑moralischen Wochenschriften zu europäischer Wirkung gelangte und noch im 19. Jahrhundert nachwirkte (z. B. bei Ch. Lamb, Th. Macaulay, J. Ruskin, M. Arnold, W. Pater in England, F. Brunetière, Ch. A. Sainte-Beuve, H. Taine, Stendhal in Frankreich, R. W. Emerson in Amerika). Wichtig war ein weiterer Ansatz in der europäischen Philosophie des 17. und 18. Jahrhunderts: R. Descartes, B. Pascal, J. Locke, G. W. Leibniz u. a. benutzten den Essay, um den Fragmentcharakter ihrer Erkenntnisse zu betonen. In Deutschland fanden sich erstmals im 18. Jahrhundert essayähnliche Formen (G. E. Lessing, J. G. Herder, Ch. M. Wieland, Schiller, Goethe). Bedeutende deutsche Essayisten seit dem 19. Jahrhundert sind F. Nietzsche, J. Hofmiller, E. Bloch, R. Guardini, H. und Th. Mann, R. A. Schröder, G. Benn, Th. Adorno, W. Jens, C. F. von Weizsäcker, W. Heisenberg, H. M. Enzensberger. Weitere europäische Vertreter: A. Huxley, M. de Unamuno, J. Ortega y Gasset, G. Lukács, T. S. Eliot, P. Valéry, A. Gide, R. Barthes, U. Eco u. a.

Estilo culto [es'tilo 'kulto; spanisch] ↑Gongorismus.

Euphemismus [von griechisch euphēmeīn, „Unangenehmes mit angenehmen Worten sagen", eigentlich „gut zureden"]: die beschönigende Umschreibung von Unangenehmem, Unheildrohendem, politisch oder moralisch Anstößigem, von Tabus, z. B. „das Zeitliche segnen" für „sterben"; häufig verwendet in der Propagandasprache, z. B. „Frontbegradigung" für „Rückzug".

Euphuismus: nach dem Roman „Euphues" (1578–80) von J. Lyly benannte frühe literarische Ausprägung des ↑Manierismus in England, die durch besonders reiche Metaphorik, ungewöhnliche Vergleiche, preziöse Wortwahl usw. gekennzeichnet ist.

Evangelienharmonie: Bezeichnung für den Versuch, unter weitgehender Verwendung der Originaltexte der vier Evangelien einen einheitlichen Bericht von Leben und Wirken Jesu zusammenzustellen. Die erste Evangelienharmonie schuf um 170 n. Chr. der Syrer Tatian in seinem „Diatessaron", das in arabischen, lateinischen und auch althochdeutschen Übersetzungen noch im Mittelalter verbreitet war. Die um 830 in Fulda entstandene Übersetzung Tatians bildete die Hauptquelle für den etwa zur gleichen Zeit entstandenen altsächsischen „Heliand", die erste poetische Bearbeitung der Evangelien im Sinne

Evangelienharmonie. Einige Zeilen aus Otfrid von Weißenburgs „Evangelienharmonie" (Handschrift des 9. Jahrhunderts)

einer Evangelienharmonie. Dazu zählt auch das „Evangelienbuch" Otfrids von Weißenburg (um 870), das auf einer breiteren Quellenbasis aufbaut (Kommentare, Schriften der Kirchenväter u. a.). Die „Harmoniae evangelicae libri quattuor" (1537) des Reformators A. Osiander knüpft wieder an die spätantike Tradition an. Obwohl längst erwiesen ist, daß eine Evangelienharmonie wissenschaftlich nicht zu vertreten ist, weil es den vier Evangelisten nicht allein um die Darstellung historischer Sachverhalte, sondern um Glaubensaussagen ging, und deshalb die vielen Widersprüche wissenschaftlich nicht zu lösen sind, wurden solche Versuche bis in die jüngste Zeit immer wieder unternommen (z. B. A. Vezin, „Das Evangelium Jesu Christi", 1938, 4. Auflage 1958).

Exegese [von griechisch exḗgēsis „das Erklären"]: die Auslegung von Texten, insbesondere der biblischen Schriften.

Exempel [von lateinisch eximere „herausnehmen", eigentlich „(aus verschiedenen gleichartigen Dingen) als Muster Herausgenommenes"]: in der antiken Rhetorik eine kurze Erzählung von bestimmten positiv oder negativ einzuschätzenden Taten oder Leistungen, die zur Veranschaulichung oder vergleichenden Verdeutlichung in einen Text oder eine Rede eingeflochten ist. – Schon in der Antike gab es Sammlungen von Exempla (z. B. von Valerius Maximus, „Factorum et dictorum memorabilium libri IX", 1. Jahrhundert n. Chr.). Besondere Bedeutung erhielt das Exemplum im Mittelalter in didaktischen Werken und Predigten (Predigtmärlein), aber auch in epischen Dichtungen. Als Exempla zur moralischen und religiösen Belehrung wurden häufig Anekdoten, Fabeln, Legenden u. a. verwendet. Quellen waren die biblischen und sonstige religiöse Schriften, antike Autoren, volkstümliche Überlieferungen usw. Zahlreiche Exempelsammlungen weisen auf die Bedeutung der Exempla für das mittelalterliche Schrifttum hin (z. B. Cäsarius von Heisterbach, „Dialogus miraculorum", nach 1200). Auch die mittelalterlichen Predigtsammlungen, Chroniken und Geschichtenbücher sind Fundgruben für diese Erzählform, die bis ins Barock lebendig blieb (Exempelsammlungen von G. Ph. Harsdörffer, H. A. von Zigler und Kliphausen u. a.). Zu einer eigenen literarischen Gattung wurde das Exempel im mittelhochdeutschen ↑ Bispel ausgebildet.

Exilliteratur (Emigrantenliteratur): Schrifttum, das während eines meist aus politischen oder religiösen Gründen erzwungenen oder freiwilligen Exils entstand und das häufig von den Erfahrungen der Exilsituation, der Heimat- und Mittellosigkeit, aber auch der kritischen, oft polemischen Auseinandersetzung mit dem Land, das die Exilsituation erzwang, geprägt ist.

Im Exil verfaßte Literatur gibt es seit frühesten Zeiten (z. B. Ovid, Dante u. a.). Bedeutende Vertreter in neuerer Zeit sind G. Büchner, H. Heine, L. Börne (Zeitschrift „Die Wage", Paris 1836), A. Mickiewicz (Emigration nach dem Polenaufstand 1830/31), I. Bunin, D. S. Mereschkowski, V. Nabokov (Emigration nach der russischen Oktoberrevolution 1917), S. de Madariaga y Rojo (Emigration nach dem Ausbruch des Spanischen Bürgerkrieges 1936), I. Silone (Emigration aus dem faschistischen Italien). Die umfangreichste Gruppe in der Geschichte der Exilliteratur bildet die literarische Produktion der während der nationalsozialistischen Herrschaft in Deutschland wegen politischer und/oder rassistischer Verfolgung emigrierten Schriftsteller, Wissenschaftler, Politiker usw. Zentren dieser Emigranten waren zunächst Paris, Amsterdam, Stockholm, Zürich, Prag und Moskau, nach Ausbruch des 2. Weltkrieges auch die USA und lateinamerikanische Länder. – Die Situation der Emigranten spiegelte sich in zahlreichen Zeitungen (z. B. „Pariser Tageblatt", 1933–36; 1936–40 unter dem Titel „Pariser Tageszeitung") und Zeitschriften, die z. T. in ebenfalls aus Deutschland emigrierten Verlagen erschienen. Unter der Vielzahl von politisch, konfessionell, natur- und geisteswissenschaftlich ausgerichteten Zeitschriften nehmen die literari-

schen und kulturkritischen, an denen die bedeutendsten Schriftsteller der Zeit mitarbeiteten, einen besonderen Rang ein (u. a. „Die Sammlung“, herausgegeben von K. Mann, Amsterdam 1933–35; „Maß und Wert“, herausgegeben von Th. Mann und K. Falke, Zürich 1937–40; „Das Wort“, herausgegeben von B. Brecht u. a., Moskau 1936–39). Bei aller Verschiedenheit der geistigen Standpunkte und Unterschiedlichkeit der politischen Ziele war allen die Verpflichtung auf die Idee der Humanität und die Ablehnung des Nationalsozialismus gemeinsam. Die Autoren, die hier zu Wort kamen, galten in der freien Welt als die eigentlichen Repräsentanten des geistigen Deutschland, die das deutsche Kulturerbe fortsetzten. Das galt in gleichem Maße für die Vertreter der Literatur im engeren Sinn, die neben politischen Aufrufen, Dokumentationen, Analysen (z. B. Th. Manns Aufsätze zur Zeit „Achtung, Europa!“, 1938), wissenschaftlichen Werken und Autobiographien (z. B. St. Zweig, „Die Welt von gestern“, 1944) dichterische Werke umfaßte, in denen vielfältig die Zeiterfahrungen gestaltet wurden, sowohl in Lyrik (B. Brecht, E. Lasker-Schüler, F. Werfel, N. Sachs), als auch in Roman (L. Feuchtwanger, „Exil“, 1940; A. Seghers, „Das siebte Kreuz“, 1946) und Drama (B. Brecht, „Leben des Galilei“, entstanden 1938/39 und 1945–47, gedruckt 1955), „Furcht und Elend des Dritten Reiches“, entstanden 1934–38, gedruckt 1945; C. Zuckmayer, „Des Teufels General“, 1946). Auch viele Werke ohne unmittelbaren Zeitbezug entstanden in den Zeiten der Emigration: Th. Mann, „Lotte in Weimar“ (Roman, 1939), F. Werfel, „Der veruntreute Himmel“ (Roman, 1939), H. Broch, „Der Tod des Vergil“ (Roman, 1945), ferner Dramen von Brecht, G. Kaiser, E. Toller. Nur wenige Emigrationsschriftsteller konnten nach ihrer Rückkehr in die Bundesrepublik Deutschland an ihre früheren Erfolge anknüpfen (B. Brecht, Th. Mann, A. Seghers), anders als in der DDR, in der die Werke zurückgekehrter sozialistischer Autoren (J. R. Becher, B. Brecht, W. Bredel, H. Mann, A. Zweig u. a.) stärker aufgenommen wurden.
Dokumentation der Exilliteratur ist die 1948 gegründete Sammlung „Deutsche Exilliteratur“ innerhalb der Deutschen Bibliothek in Frankfurt am Main.
Ein besonderes Problemfeld bilden die Werke der sogenannten ↑„inneren Emigration“, Werke von oppositionellen Schriftstellern, die nach 1933 in Deutschland blieben und teilweise von den Machthabern geduldet wurden. Sie werden aus vielfältigen Gründen im allgemeinen nicht zur Exilliteratur gezählt.

existentialistische Literatur: allgemein Sammelbezeichnung für eine Literatur, die die sich selbst zum Problem gewordene menschliche Existenz zum Inhalt hat (u. a. schon bei G. Büchner, F. M. Dostojewski, dann bei R. M. Rilke und F. Kafka). Im engeren Sinn Bezeichnung für literarische Werke, die in der Nachfolge der Existenzphilosophie entstanden und v. a. deren Grunderfahrungen und philosophische Fragen literarisch exemplifizieren: das „Sein zum Tod“ (M. Heidegger), die Angst als Grunderfahrung des Menschen, der zur Freiheit verdammt ist und der die einzige Sinngebung seiner Existenz im totalen Engagement sieht. Hauptvertreter der existentialistischen Literatur sind J.-P. Sartre („Les mouches“, Drama, 1943, deutsch „Die Fliegen“, 1949; „Huis clos“, Drama, 1945, deutsch „Bei geschlossenen Türen“, 1949), S. de Beauvoir und A. Camus („La peste“, Drama, 1947, deutsch „Die Pest“, 1948).

Exkurs [von lateinisch excursus „Auslauf, Streifzug“]: in wissenschaftlichen oder epischen Werken die in den Text eingefügte oder am Schluß angehängte, in sich geschlossene Abschweifung, die keinen unmittelbaren Bezug zum Hauptthema hat, sich aber in den Gesamtzusammenhang der Darstellung einfügt. – ↑auch Digression.

Exodos [griechisch „Auszug“]: zunächst das Auszugslied des ↑Chors am Schluß der griechischen Tragödie. Von hier übertragen auf den ganzen, auf das letzte Standlied (↑Stasimon) des Chors folgenden Schlußteil der Tragödie, der in der ↑Katastrophe die Lösung des dramatischen Konflikts bringt.

exotische Literatur: Sammelbezeichnung für eine Literatur, in der bevorzugt exotische, fremdartige Landschaften, Kulturen und Sitten dargestellt werden. Diese Erscheinung findet sich schon in den Literaturen des Altertums und des Mittelalters, z. B. im Anschluß an die Kreuzzüge. Die Funktion des Exotischen kann sehr verschiedenartig sein: Die Skala reicht vom vordergründigen Leseanreiz im abenteuerlichen Unterhaltungsroman (↑Abenteuerroman) bis hin zur Idealisierung des naturhaft-naiven Lebens in der exotischen Wildnis. Dieser letzte Aspekt spielte im 17. und v. a. im 18. Jahrhundert (J.-J. Rousseau) eine überragende Rolle. Häufig wurde mit der exotischen Welt eine ideale Menschheitsidylle gestaltet, die der Gegenwart entgegengesetzt wurde, oft auch mit gesellschafts- und kulturkritischer Zielsetzung (↑Staatsroman, ↑Robinsonade, ↑Utopie). Seit der europäischen Romantik wurde v. a. die Welt des Orients erschlossen (Goethe, „West-östlicher Divan", Gedichtzyklus, 1819; A. von Platen, F. Rückert; ↑orientalisierende Dichtung). Die Entwicklung setzte sich fort über Neuromantik (M. Dauthendey), Expressionismus (A. Döblin, K. Edschmid) zu weiteren Strömungen des 20. Jahrhunderts (G. Hauptmann, „Der weiße Heiland", Drama, 1920; „Indipohdi", Drama, 1921; H. Hesse, „Siddharta", Dichtung, 1922), die sich aus einem gewissen Überdruß an der europäischen Zivilisation der fremdartigen fernöstlichen Welt zuwendeten. – Die weniger von philosophischen oder ästhetischen als von abenteuerlichen Aspekten bestimmte exotische Literatur des 19. Jahrhunderts begann mit den Romanen von Ch. Sealsfield, der als erster deutschsprachiger Schriftsteller den eigentümlichen Reiz der amerikanischen Landschaft und des amerikanischen Lebens schilderte. In seiner Nachfolge standen die Unterhaltungsromane F. Gerstäckers und v. a. K. Mays.

experimentelle Dichtung: primär an inhaltlichen und sprachlichen Experimenten, d. h. an der Erprobung neuer literarischer Ausdrucksmöglichkeiten, interessierte Dichtung. Erste Ansätze fanden sich schon in der Romantik bei Novalis und F. Schlegel. 1880 forderte É. Zola in seinem Manifest „Le roman expérimental" (deutsch „Der Experimentalroman", 1904) ausdrücklich das Vordringen des Dichters ins Unbekannte. Im 20. Jahrhundert gibt es eine Reihe von Strömungen und auch einzelne Autoren, die sich v. a. mit formalen Experimenten befassen, am radikalsten wohl im Umkreis M. Benses („Die Programmierung des Schönen", 1960), weiterhin H. M. Enzensberger, G. Grass, P. Hamm u. a. – ↑auch automatische Dichtung, ↑Computertexte, ↑konkrete Dichtung.

Exposition [von lateinisch exponere „heraussetzen, auseinandersetzen, darstellen"]: Einleitungsteil einer dramatischen Handlung (↑Drama), in dem in die Verhältnisse und Zustände, aus denen der dramatische Konflikt entspringt, eingeführt und die Vorgeschichte erklärt wird. – In der griechischen Tragödie wurde die Funktion der Exposition vom ↑Prolog übernommen, der dem Einzugslied des Chors (↑Parodos), mit dem die eigentliche Handlung begann, vorausging. Später wurde der Prolog nur noch selten verwendet (z. B. im ↑geistlichen Spiel, in den ↑Fastnachtsspielen und im ↑Humanistendrama). Im neuzeitlichen klassischen Drama ist die Exposition in der Regel in die dramatische Handlung integriert und umfaßt beim fünfaktigen Drama (↑Fünfakter) ungefähr den ersten Akt. Abschluß ist das ↑erregende Moment. Bekannte Ausnahmen sind Schillers „Wallenstein" (1800), wo der gesamte erste Teil der Trilogie („Wallensteins Lager") die Funktion der Exposition hat, und Goethes „Faust I" (1808), zu dem der „Prolog im Himmel" die „Vorgeschichte" darstellt. Das ↑analytische Drama kennt keine eigentliche Exposition, hier besteht das ganze Drama in der schrittweisen Enthüllung der „Vorfabel".

Expressionismus [von lateinisch expressio „Ausdruck“]: zunächst von der bildenden Kunst geprägter, dann von der Musik und v. a. von der Literatur übernommener Sammelbegriff für vielfältige Strömungen einer neuen „Ausdruckskunst“ im zweiten Jahrzehnt des 20. Jahrhunderts, die in radikalem Gegensatz stand zu vorangehenden Stilrichtungen wie ↑Naturalismus, ↑Impressionismus, ↑Jugendstil, ↑Neuromantik, ↑Symbolismus usw. Der Expressionismus wurde Anfang der 20er Jahre abgelöst von der ↑Neuen Sachlichkeit, einem kritischen Realismus. – Gemeinsam ist den meisten Vertretern des Expressionismus ein neues Lebensgefühl: der Protest gegen das in den alten Autoritätsstrukturen erstarrte Wilhelminische Bürgertum und gegen eine zunehmende Mechanisierung des Lebens, die Angst vor einer Bedrohung des Geistes, die Vorahnung einer apokalyptischen gesellschaftlichen Katastrophe. Aus diesem Protest heraus entwarf ein Teil der Expressionisten Bilder eines neuen „geistigen“ Zeitalters, einer erneuerten Menschheit in einem ekstatischen Bekenntnis zu individuellem Menschsein, teilweise mit stark religiösen (F. Werfel) und mystischen Zügen (R. J. Sorge, E. Barlach), und rief zu einer Revolution des Denkens auf, die eine politisch-gesellschaftliche Revolution nach sich ziehen sollte. An die Stelle des erbaulichen Kunstgenusses der impressionistischen und symbolistischen Ästhetik trat das „neue Pathos“ des Aufbegehrens, das „rasende Leben“, Aktivismus, Intensität des Gefühls. Typisch dafür sind die Titel bedeutender Zeitschriften expressionistischer Gruppen: „Der Sturm“ (1910–32, herausgegeben von H. Walden), „Die Aktion“ (1911–32, herausgegeben von F. Pfemfert), „Das neue Pathos“ (1913–19, herausgegeben von H. Ehrenbaum), „Revolution“ (1913, herausgegeben von H. Leybold). Neben diesen Zeitschriften gibt es eine Vielzahl kleinerer Publikationsorgane der zahlreichen Dichtergruppen, die sich in der Nachfolge des 1909 von K. Hiller in Berlin gegründeten „Neuen Clubs“ bildeten.

Die erste Phase des Expressionismus (1910–1914) ist von der Lyrik geprägt. Der Beginn des 1. Weltkriegs bildete einen tiefen Einschnitt, nicht zuletzt deshalb, weil viele Vertreter des Expressionismus den Tod fanden (G. Trakl, E. Stadler, R. J. Sorge, A. Lichtenstein, A. Stramm u. a.). In den folgenden Jahren trat das politische und gesellschaftliche Engagement immer stärker in den Vordergrund. Vor dem Hintergrund des Krieges wurde die Sehnsucht der Expressionisten, die in ihrer Mehrheit den Krieg leidenschaftlich ablehnten, nach einer neuen Menschheit, nach einer besseren Welt immer größer. Das manifestierte sich in der Lyrik, im Drama, aber auch im radikalen politischen Engagement (J. R. Becher, E. Toller, F. Pfemfert u. a.).

Die bedeutendsten Leistungen erbrachten die expressionistischen Dichter in der *Lyrik*. Nach G. Benn war diese Lyrik

Expressionismus. Titelseite der Nummer zum zehnjährigen Bestehen der Zeitschrift „Die Aktion“ (1911–32)

ein „Aufstand mit Eruptionen, Ekstasen, Haß, neuer Menschheitssehnsucht, mit Zerschleuderung der Sprache zur Zerschleuderung der Welt." Hauptthemen waren die Verkümmerung des Menschen, seine physische und psychische Verelendung (P. Zech, G. Benn, J. R. Becher), Einsamkeit, Leere, Orts- und Ziellosigkeit der menschlichen Existenz, Verfall, Verwesung, Trauer, Schwermut (v. a. in den Gedichten G. Trakls), die bedrohliche Umwelt, v. a. die Dämonie der Großstadt und die zerstörende Gewalt des Krieges (G. Heym). Religiöse Themen wurden besonders von jüdischen Dichtern gestaltet (E. Lasker-Schüler, „Hebräische Balladen", 1913; Y. Goll). Das Pathos und die ekstatischen Ausdrucksformen der expressionistischen Lyrik kippten schließlich um zu dadaistischem Gestammel (↑Dadaismus). Bekannteste Anthologie expressionistischer Lyrik ist der 1919 von K. Pinthus herausgegebene Band „Menschheitsdämmerung".
Die *Epik* des Expressionismus ist v. a. durch Kleinformen gekennzeichnet, durch Erzählungen und Prosaskizzen. Nach Ansätzen vor dem 1. Weltkrieg (A. Ehrenstein, „Tubutsch", Erzählung, 1911; A. Döblin, „Die Ermordung einer Butterblume", Erzählungen, 1913; G. Heym, „Der Dieb", Novellen, 1913) trat während des Krieges die erzählende Prosa stärker in den Vordergrund (Prosaerzählungen von C. Sternheim, K. Edschmid, G. Benn, F. Kafka). Das epische Werk F. Kafkas nimmt eine Ausnahmestellung ein. Obwohl die Hauptmotive seiner Dichtungen auch die übrigen Expressionisten bewegten (Einsamkeit und Leere der menschlichen Existenz, das Ausgeliefertsein an Kräfte der Gesellschaft und des Unbewußten) werden die meisten seiner Werke nicht dem Expressionismus zugeordnet.
Die wesentliche Leistung in der zweiten Phase des Expressionismus (seit etwa 1915) war das *Drama*. Bedeutende Vertreter waren G. Kaiser, C. Sternheim, R. J. Sorge, W. Hasenclever, E. Toller, Y. Goll, F. von Unruh und auch der frühe B. Brecht. Hauptthemen sind Gesellschaftskritik (z. B. C. Sternheims Komödienzyklus „Aus dem bürgerlichen Heldenleben", 1911–16), Auflehnung gegen die Autorität in Familie und Staat (W. Hasenclever, „Der Sohn", 1914; H. Johst, „Der junge Mensch", 1916), v. a. aber ethische Appelle, die Erweckung des „neuen Menschen" (G. Kaiser, „Die Bürger von Calais", 1914, „Die Koralle", 1917, „Gas I", 1918, und „Gas II", 1920; E. Toller, „Masse Mensch", 1921) und religiöse Motive (R. J. Sorge, „Der Bettler", 1912; M. Brod, „Die Arche Noah", 1912; Stücke E. Barlachs). Typisch für dieses Drama des Expressionismus war die Auflösung der traditionellen Formen in lose verknüpfte Bilderfolgen oder chorisch-oratorisches Stimmenspiel, wobei ausgedehnte Monologe, lyrisch-hymnische Einlagen, Tanz, Pantomime häufige Elemente sind. Der Versuch, das Innere sichtbar zu machen, verlangte ein abstraktes Bühnenbild, zeitlose Kostüme. Die Personen sind typisiert, allegosierende Träger von Ideen und dabei zugleich totale Ich-Projektionen.

Exzerpt [von lateinisch excerptum „Herausgehobenes"]: knapper wörtlicher oder zusammengefaßter Auszug aus einer Textvorlage mit Zusammenstellung der für den jeweiligen Zweck wichtigsten Gesichtspunkte.

F

Fabel [von lateinisch fabula „Erzählung, Sage"]: 1. Bezeichnung für das Stoff- und Handlungsgerüst, das einem epischen oder dramatischen Werk zugrundeliegt und in dem die wichtigsten Motive enthalten sind. – 2. Gattungsbezeichnung einer epischen Kurzform, eines Zweiges der ↑Tierdichtung. Die

Fabel ist eine in Vers oder Prosa abgefaßte, meist kurze Erzählung mit lehrhafter Tendenz, in der zumeist Tiere (aber auch Pflanzen usw.) menschliche Eigenschaften und Verhaltensweisen verkörpern. In ihrem antithetischen Aufbau (gegensätzliche Einstellungen oder Verhaltensweisen zweier oder mehrerer Tiere), in der Darstellung einer dramatischen Handlungsumkehr und in ihrer Ausrichtung auf eine wirkungsvolle Schlußpointe zielt die Fabel auf die Versinnbildlichung einer allgemein gültigen Sentenz, d.h. auf eine religiöse, moralische oder praktische Belehrung oder Kritik. Die der didaktischen Literatur zuzuordnende Fabel kann sich, wenn die Zweckausrichtung fehlt, dem Märchen, dem Schwank und der Verserzählung, oder, wenn ganz spezielle, nur durch die beigegebene Belehrung zu durchschauende Verhältnisse dargestellt werden, der Allegorie, der Parabel, dem Gleichnis oder auch der Satire annähern.

Geschichte: Am Anfang der europäischen Fabeldichtung steht Äsop, ein Sklave aus Phrygien (um 550 v. Chr.). Die sogenannte äsopische Fabel erfuhr durch die griechische Umdichtung des Babrios, später in den *lateinischen Sammlungen* des Phädrus, des Avianus und in der Sammlung „Romulus“ bzw. „Aesopus Latinus“ (zwischen 350 und 500 entstanden und im Gegensatz zu den vorher genannten Sammlungen in Prosa abgefaßt) ihre entscheidende inhaltliche und formale Ausprägung. Wegen ihrer lehrhaften Tendenz waren diese Fabeln im Mittelalter in ganz Europa verbreitete Schullektüre, wurden in immer wieder neuen Sammlungen herausgegeben und dabei um anderes Erzählgut bereichert. Während im 17. Jahrhundert die Fabel in Frankreich durch J. de La Fontaine ihre künstlerische Vollendung erfuhr, schwand ihre Beliebtheit in Deutschland, bis sie in der Zeit der *Aufklärung* von J. Ch. Gottsched, J. J. Bodmer und J. J. Breitinger als zu bevorzugende Gattung empfohlen wurde und eine letzte Blüte erreichte. An die Stelle der mittelalterlichen moralisch-ethischen Belehrung trat im 18. Jahrhundert die Betonung der bürgerlichen Lebensklugheit oder die plaudernde bzw. galante Ausgestaltung, wie z. B. die Fabeln F. von Hagedorns, Ch. F. Gellerts, M. G. Lichtwers und J. W. L. Gleims beweisen. Am Ende dieser Entwicklung stand G. E. Lessing, der sich in seiner Neudefinition der Fabel nicht mehr an La Fontaine, sondern an der antiken Äsoptradition orientierte und im Gegensatz zur Weitschweifigkeit der Versfabeln die geistreich-knappe Prosafabel forderte, für die er in seinen eigenen „Fabeln“ (1759) einprägsame Beispiele lieferte. Vorwiegend auf einen kindlichen und jugendlichen Leserkreis sind die Fabeln des 19. Jahrhunderts ausgerichtet (J. H. Pestalozzi, W. Hey). Abgesehen von einigen wenigen Autoren wird die literarische Gattung Fabel im 20. Jahrhundert bedeutungslos. Es gibt jedoch Theoretiker, die in gewissen Comic strips (z. B. Mickey Mouse) eine Weiterführung der sozialkritischen Fabel sehen.

Fabliau [fabli'o:; französisch, von altfranzösisch fablel „kleine Fabel“] (Plural: Fabliaux): zuerst Sammelbezeichnung für epische Kleinformen (↑Lais, ↑Fabeln, ↑Exempel, ↑Schwänke usw.) der französischen Literatur des 12.–14. Jahrhunderts. Im 16. Jahrhundert wurde der Gattungsbegriff eingeengt auf altfranzösische Schwankerzählungen in achtsilbigen Reimpaaren (meist etwa 300 Verse, aber auch länger). In den Fabliaux werden alle Stände, besonders der niedere Klerus sowie die Frauen derb verspottet, ohne daß jedoch Sozialkritik beabsichtigt wäre. Die Darstellung der komischen und erotischen Themen ist scharf pointiert und geht von realistischer Alltagsschilderung bis zu drastischer Zotenhaftigkeit. Erhalten sind etwa 150 Fabliaux. Verarbeitet wurden Stoffe und Motive aus der Antike, aus dem Orient (durch die Kreuzfahrer oder die Araber Spaniens vermittelt) oder aus dem mittelalterlichen französischen Erzählgut. Von Bedeutung wurden die Fabliaux z. B. für G. Boccaccio, G. Chaucer, F. Rabelais und Molière als unerschöpfliche Fundgrube für Stoffe. Als Verfasser von Fabliaux sind u. a. Huon le Roi sowie Philippe de Rémi, Sire de Beaumanoir, und Rutebeuf (alle 13. Jahrhundert) zu nennen.

Fabula [lateinisch]: Bezeichnung für das römische ↑Drama; folgende Erscheinungsformen werden unterschieden: *Fabula atellana* (volkstümlicher Schwank), *Fabula palliata* und *Fabula togata* (Komödien mit griechischen bzw. römischen Stoffen und Kostümen), *Fabula crepidata* und *Fabula praetexta* (Tragödien mit griechischen bzw. römischen Stoffen und Kostümen).

Facetiae (Facetie) ↑Fazetie.

Fahrende: mittelalterliche deutsche Bezeichnung für nichtseßhafte Gaukler, Spaßmacher, Musikanten, Sänger und Dichter, die von Stadt zu Stadt, von Jahrmarkt zu Jahrmarkt zogen und mit ihren Künsten ihren Lebensunterhalt verdienten. Dieses außerhalb der ständischen Gesellschaft stehende Volk wird in der Literatur seit dem 12. Jahrhundert, z. B. in der sogenannten ↑Spielmannsdichtung, aber auch im „Nibelungenlied" (1200), in Gottfried von Straßburgs „Tristan und Isolt" (nach 1200), in Wolfram von Eschenbachs „Parzival" (um 1200 bis 1210) und bei Walther von der Vogelweide erwähnt. Den Fahrenden sind die in der spätmittelalterlichen Literatur geläufigen Figuren des Bettelmönchs und des fahrenden Schülers zuzuordnen. – ↑auch Vagantendichtung.

Fahrt: als Terminus der Filmtechnik ↑Einstellung.

Faksimile [von lateinisch fac simile „mach ähnlich!"]: die Nachbildung bzw. Reproduktion einer Zeichnung, eines Holzschnitts, einer Schrift usw., die mit dem Original völlig übereinstimmt; heute meist auf photomechanischem Weg hergestellt.

Falkentheorie: eine Novellentheorie P. Heyses. Er erhob in der Einleitung zum „Deutschen Novellenschatz" (1871) in Anlehnung an G. Boccaccios Falkennovelle (9. Geschichte des 5. Tages von „Il Decamerone", entstanden zwischen 1348 und 1353, deutsch 1472/73, 1843 unter dem Titel „Das Dekameron") die Forderung, jede ↑Novelle benötige als organisierenden Mittelpunkt einen „Falken", d. h. ein klar abgegrenztes und an entscheindender Stelle stets wiederkehrendes Motiv, Bild oder Symbol von besonderer Prägnanz. Heute lehnt man die Falkentheorie wegen ihres normativ-formalistischen Charakters zumeist ab.

fallende Handlung: ein Begriff aus der Poetik des ↑Dramas zur Bezeichnung des Handlungsverlaufs von der ↑Peripetie zur ↑Katastrophe, auf die mit unentrinnbarer Notwendigkeit zugesteuert wird. Gegensatz ist die ↑steigende Handlung. – ↑auch Handlung.

Fallhöhe: ein für das ↑Drama des Barock und der Aufklärung (von J. Ch. Gottsched aus der Tragödientheorie der Renaissance übernommener) bedeutsamer dramaturgischer Begriff, dem die These zugrunde liegt, der tragische Fall eines Helden wirke umso nachhaltiger auf die Zuschauer, je höher dessen sozialer Rang und Ansehen seien. Die Forderung nach strikter Beachtung der angemessenen Fallhöhe begründet auch die sogenannte ↑Ständeklausel. Beides, Fallhöhe und Ständeklausel, wurde von G. E. Lessing, der das ↑bürgerliche Trauerspiel in Deutschland begründete, in seinen theoretischen Schriften zurückgewiesen.

Familienroman: Sammelbezeichnung für Romane, in denen die Geschicke einer Familie (oft über längere Zeiträume hinweg) gestaltet werden. In anspruchsvollen Romanen dient dabei der stoffliche Rahmen der Darstellung umfassender allgemeiner Probleme; so kann der Schwerpunkt z. B. auf Fragen der Ehe, auf Problemen zwischen den Generationen oder verschiedenen sozialen Schichten und auf Fragen der Erziehung liegen. Als Beispiele des Familienromans können angeführt werden: „Witiko" (1865–67) von A. Stifter, „Die Ahnen" (1873–81) von G. Freytag, „Buddenbrooks" (1901) von Th. Mann, „The Forsyte saga" (1906–21, deutsch „Die Forsyte Saga", 1925) von J. Galsworthy.

Die überwiegende Mehrzahl der Familienromane in reiner Ausprägung ist jedoch der Unterhaltungsliteratur zuzurechnen, u. a. „Die Barrings" (1937) von W. von Simpson.

Fantasy ['fæntəsɪ; englisch „Phantasie, Einbildungskraft"]: Bezeichnung für einen Nebenzweig der ↑Science-fiction, der mit dieser Elemente der ↑Reiseliteratur, der ↑Utopie, des ↑Abenteuerromans und gelegentlich auch des ↑Schauerromans gemeinsam hat, im Gegensatz zur Science-fiction jedoch von Technikfeindlichkeit und von der Sehnsucht nach einer magisch und mythisch verklärten Welt geprägt ist. Unter Fantasy, die sich in den letzten Jahren auch im Zusammenhang mit der New-Age-Bewegung (↑New Age) zu einer eigenständigen Literaturgattung entwikkelt hat, werden Romane, Erzählungen, Comic strips, Filme, aber auch Brett- oder Rollenspiele zusammengefaßt, die ihre Themen und Stoffe überwiegend der keltischen, skandinavischen, orientalischen und auch antiken Mythologie entnehmen; ihre Handlung spielt häufig in einer fiktiven archaischen oder ganz fernen zukünftigen Zeit (nach dem Untergang der bestehenden Welt), in einem idealisierten Mittelalter oder in nicht lokalisierbaren exotischen Bereichen. Häufige Motive sind Reisen in Alternativ- und Parallelwelten, magische Rituale, v. a. bei der abenteuerlichen Suche nach jemand oder etwas, die Begegnung mit fremden und rätselhaften Kulturen und der unablässige Kampf zwischen Gut und Böse.

Als Vorläufer der Fantasy gelten u. a. L. Carroll („Alice's adventures in wonderland", Roman, 1865, deutsch 1869, 1962 unter dem Titel „Alice im Wunderland") und W. Morris („The well at the world's end", Prosa, 1896, deutsch „Die Quelle am Ende der Welt", 1981). Eine erste Blüte erlebte die Fantasy als *Heroic Fantasy* in den von der Mitte der 20er Jahre an (bis in die 50er Jahre) in den USA weitverbreiteten Fantasy-Magazinen, in denen v. a. gewalttätige Helden verherrlicht wurden, die sich mit dem Schwert gegen Zauberei und Magie durchsetzten. Eine neue Welle der Begeisterung für Fantasy wurde Ende der 60er, Anfang der 70er Jahre bei der in ihrem Wunsch nach politischen Veränderungen gescheiterten Jugend Westeuropas und der USA ausgelöst durch J. R. R. Tolkiens Romantrilogie „The lord of the rings" (1954/55, deutsch „Der Herr der Ringe", 1969/70). Dieser Boom führte zur Herausbildung der sogenannten *High Fantasy,* einer literarisch anspruchsvolleren Fantasy, in der nicht selten Antihelden, z. B. Kinder oder Kranke, die Hauptpersonen sind. Besonderes Aufsehen erregten M. L. Peake („Gormenghast"-Romantrilogie, 1946–49, deutsch 1982/83), M. Ende („Momo", 1973; „Die unendliche Geschichte", 1979) und P. S. Beagle („The last unicorn", Roman, 1968, deutsch „Das letzte Einhorn", 1975). Ein Beispiel für die seit Beginn der 80er Jahre besonders intensive Auseinandersetzung mit keltischen Sagenstoffen (Artus, Gral) ist M. Zimmer Bradleys Roman „The mists of Avalon" (1982, deutsch „Die Nebel von Avalon", 1983). Fantasy-Literatur erfreut sich in Form von Kino- und Comic-strip-Adaptationen großer Beliebtheit. An Fantasy-Filmen sind u. a. zu nennen: J. Boormans „Excalibur" (1981; nach Th. Malory, „Le morte Darthur") und W. Petersens „Die unendliche Geschichte" (1984; nach M. Ende).

Farce ['farsə; französisch „Füllsel" (auf Grund einer Bedeutungsübertragung von Farce = Fleischfüllsel), von lateinisch farcire „hineinstopfen"]: seit dem 14. Jahrhundert belegte Bezeichnung für eine volkstümliche Einlage zwischen den Akten ernster Schauspiele (Mysterien- und Mirakelspiele), später Bezeichnung für ein selbständig aufgeführtes derb-komisches kurzes Stück, meist in Versen, in dem menschliche Unzulänglichkeiten verspottet werden. In Deutschland bürgerte sich die Bezeichnung Farce erst im 18. Jahrhundert ein; auch Goethe bediente sich dieser Form bei der spottgeladenen Auseinandersetzung mit literarischen Gegnern („Götter, Helden und Wieland", 1774). In der Gegenwartsliteratur wird Farce oft gleichbedeutend mit dem Begriff ↑Posse verwendet oder sie rückt – besonders im Umkreis des ↑absurden Theaters – in die Nähe der ↑Groteske. M. Frischs Stück „Die chinesische Mauer. Eine Farce" (1947) dagegen steht der ↑Satire nahe.

Fassung: die einem literarischen Text vom Verfasser bei der Niederschrift gegebene Form. Sie stimmt nicht unbedingt mit der Form des gedruckten Textes überein. Von vielen Werken der Weltliteratur gibt es zwei oder noch mehr Fassungen (z. B. von Goethes Tragödie „Faust", 1808–32, oder G. Kellers Roman „Der grüne Heinrich", 1854/55, 2. Fassung 1879/80), aus deren Vergleich sich wichtige Rückschlüsse auf den geistigen und künstlerischen Entwicklungsprozeß des Autors ergeben. In einer historisch-kritischen Textausgabe werden die verschiedenen Fassungen angemessen berücksichtigt.

Fastnachtsspiel: ältester Formtyp des weltlichen Dramas in deutscher Sprache. Das Fastnachtsspiel, das sich aus germanischen Frühlingsriten herleitet, wird etwa zwischen 1430 und 1600 im Rahmen städtischer Fastnachtsfeiern literarisch greifbar, freilich nur in einzelnen städtischen Zentren, wie z. B. Nürnberg, Lübeck oder Sterzing. Zunächst wurden bei kostümierten Umzügen oder bei abendlichen Zusammenkünften der vermummten Fastengesellschaft derb-komische Sprüche vorgetragen, dann wurden Einzelvorträge ohne inneren Zusammenhang aneinandergereiht, bis eine feste Spielgruppe diese Vorträge übernahm. Das so entstandene Reihenspiel ist die älteste Form des Fastnachtsspiels. Aus dem Reihenspiel entwickelte sich das Handlungsspiel; in ihm wurden einfache Handlungen im Anschluß an die mittelalterlichen Schwankdichtungen mit einer begrenzten Personenzahl dargestellt. Bedeutende Vertreter des Fastnachtsspiels waren H. Rosenplüt und H. Folz. Der Höhepunkt der Entwicklung des Fastnachtsspiels war mit H. Sachs erreicht.

Fastnachtsspiel.
Titelholzschnitt zu Hans Sachs' Fastnachtsspiel „Der bös Rauch" (1560)

Von ihm sind 85 Fastnachtsspiele erhalten, in denen menschliche Schwächen oder auch standestypische Unzulänglichkeiten volkstümlich-realistisch und witzig-satirisch, dabei aber auch moralisierend dargestellt werden. Mit J. Ayrers Fastnachtsspielen (um 1600) verschwand das Fastnachtsspiel als literarische Gattung mehr und mehr und ging seit etwa 1650 in anderen Formen satirischer Kritik auf.

Faustdichtung: die Lebensgeschichte des historisch bezeugten deutschen Arztes, Astrologen und Schwarzkünstlers Johannes (oder Georg) Faust (* um 1480, † 1536 oder kurz vor 1540) hat zahlreiche Schriftsteller zu literarischen Bearbeitungen angeregt. Faust studierte nach 1507 wohl Theologie in Heidelberg und war u. a. 1513 in Erfurt, 1520 in Bamberg, 1528 in Ingolstadt, 1532 in Nürnberg. Er stand in Verbindung mit humanistischen Gelehrtenkreisen und hatte anscheinend Kenntnisse auf dem Gebiet der Naturphilosophie („magia naturalis") der Renaissance. Schon zu seinen Lebzeiten setzte die Sagenbildung um ihn ein. Besonders wurden Zaubersagen auf ihn übertragen, in denen er v. a. als Totenbeschwörer auftritt. Sein plötzlicher, möglicherweise gewaltsamer Tod gab Anstöße zu der Sage, der Teufel habe ihn geholt. – Am Anfang der Faustliteratur steht das 1587 in Frankfurt gedruckte *Volksbuch* „Historia von D. Johann Fausten, dem weitbeschreyten Zauberer und Schwartzkünstler“ von einem unbekannten Autor. Seine weitgehend erfundenen Angaben zur Biographie Fausts sollten die Leser vor Spekulation und Naturwissenschaft warnen und zu einem intensiven Studium der Bibel motivieren. Die „Historia“ erfuhr bis ins 18. Jahrhundert eine Reihe von Neubearbeitungen. Das älteste bekannte *Faustdrama* ist Ch. Marlowes „The tragical history of Doctor Faustus“ (gedruckt 1604, entstanden wohl schon um 1592, deutsch „Doktor Faustus“, 1818). Die Tatsache, daß der Gang der Handlung in Marlowes Drama sich eng an die in der „Historia“ mitgeteilten Einzelheiten anlehnt, läßt vermuten, daß das Volksbuch dem Autor eventuell durch Vermittlung heimkehrender ↑englischer Komödianten bekannt war. Der einleitende nächtliche Monolog Fausts, der von da an fester Bestandteil der meisten späteren Faustdramen wird, enthält eine Abrechnung mit den einzelnen Universitätswissenschaften unter Einschluß der Theologie und begründet den Entschluß des Doktors, sich der Magie zu ergeben. Damit ist Faust als der typische Renaissancemensch gekennzeichnet, der beim Versuch, die Grenzen der Wirklichkeit zu sprengen, scheitert. Das *Faustspiel der englischen Komödianten* (ab 1608, nachweisbar zuerst in Graz) orientierte sich stark an Marlowe, bezog aber, wie in den Stücken solcher Gruppen üblich, eine Clownsfigur (↑Pickelhering) in das Spiel ein. Von den englischen Komödianten übernahmen *deutsche Wandertruppen* das Faustspiel. Sie ergänzten es teilweise durch neue Szenen. Seit 1746 ist das *Puppenspiel vom Doktor Faust* bezeugt, in dem Kasperle als Kontrastfigur zu Faust auftritt.

Das von G. E. Lessing geplante Faustdrama (er stellte nur ein kurzes Szenarium und eine Szene fertig) ist ein Wendepunkt in der literarischen Auseinandersetzung mit dem Stoff. Faust wird nicht verdammt, sondern gerettet, weil im Sinne der Aufklärung Streben nach Wissen nicht Maßlosigkeit und Aufbegehren gegen Gott bedeutet. Die Zeit des *Sturm und Drang* brachte eine Vielzahl von Faustdramen: F. Müller (genannt Maler Müller) sieht in seinen beiden Faustdramen „Situation aus Fausts Leben. Dramatischer Entwurf“ (1776) und „Fausts Leben dramatisiert“ (1778) den Titelhelden als einen Menschen, der „absolut über sich selbst hinaus begehrt“ hat, sein titanisches Wollen aber nicht durchhält und sich dem Teufel ausliefert. Als Weltverbesserer und Sozialrevolutionär erscheint Faust dagegen in F. Klingers Roman „Fausts Leben, Taten und Höllenfahrt“ (1791). Auch *Goethes* 1772–75 entstandener „Urfaust“ (erhalten in einer Abschrift des Fräuleins von Göchhausen; erschienen 1887), der die Gelehrtentragödie in lockerer Form mit der Gretchen-

HISTORIA
Von D. Johañ
Fausten/dem weitbeschreyten
Zauberer vnd Schwartzkünstler/
Wie er sich gegen dem Teuffel auff eine benandte zeit verschrieben / Was er hierzwischen für seltzame Abenthewr gesehen/ selbs angerichtet vnd getrieben / biß er endtlich seinen wol verdienten Lohn empfangen.
Mehrertheils auß seinen eygenen hinderlassenen Schrifften/ allen hochtragenden/fürwitzigen vnnd Gottlosen Menschen zum schrecklichen Beyspiel/abschewlichem Exempel/vnnd trewhertziger Warnung zusammen gezogen/ vnd in Druck verfertiget.
IACOBI IIII.
Seyt Gott vnderthänig/widerstehet dem Teuffel/so fleuhet er von euch.
CVM GRATIA ET PRIVILEGIO.
Gedruckt zu Franckfurt am Mayn/
durch Johann Spies.
M. D. LXXXVII.

Faustdichtung. Titelblatt der Erstausgabe des Faustbuchs (1587) tragödie verbindet, gehört noch ganz in das Umfeld der Zeit des Sturm und Drang. In der ersten von Goethe selbst veröffentlichten Fassung „Faust. Ein Fragment" (1790) sind die aus dem „Urfaust" übernommenen Teile stilistisch überarbeitet; außerdem ergibt sich aus den neu eingefügten Szenen ein erweiterter Gesamtplan des Geschehens: Um zu erfahren, was „der ganzen Menschheit zugeteilt ist", wünscht Faust von Mephistopheles zunächst durch die „kleine", später durch die „große" Welt geführt zu werden. In der Endfassung des „Faust" (Teil I, 1808; Teil II, 1832) wird diese Konzeption, in der das Faustdrama zum Menschheitsdrama wird, realisiert. Den Rahmen des Geschehens bilden die beiden Wetten Mephistopheles', mit dem „Herrn" und mit Faust, in denen Mephistopheles Fausts Streben nach Selbstverwirklichung als Selbsttäuschung zu erweisen hofft, die in Resignation und dumpfem Genuß enden muß. Tatsächlich scheitert Faust auf allen Stationen der Reise durch die „kleine" und die „große" Welt, bis er ganz am Ende in der sozialen Tat Erfüllung seines Strebens findet und gerettet werden kann. – Von den zahlreichen Faustdichtungen des *19. und 20. Jahrhunderts* sind folgende anzuführen: Ch. D. Grabbes Tragödie „Don Juan und Faust" (1829), N. Lenaus episch-dramatisches Gedicht „Faust" (1836), P. A. Valérys „Mon Faust" (zwei dramatische Skizzen, herausgegeben 1945, deutsch „Mein Faust", 1948) und Th. Manns Roman „Doktor Faustus. Das Leben des deutschen Tonsetzers Adrian Leverkühn, erzählt von einem Freunde" (1947). Mann überträgt Motive des Faustbuchs frei auf die Biographie Leverkühns, die zum Spiegel der gesellschaftlich-politischen und geistigen Krise Deutschlands in der ersten Hälfte des 20. Jahrhunderts wird.

Fazetie [von lateinisch facetia „Witz, Scherz", im Plural: „drollige Einfälle, Spottreden"]: eine von dem Florentiner G. F. Poggio Bracciolini durch sein 1438–52 entstandenes, 1471 herausgegebenes Werk „Liber facetiarum" (deutsch „Schwänke und Schnurren", 1905) in die Literatur eingeführte pointierte Kurzerzählung in lateinischer Sprache, getragen von Spott und Ironie und häufig erotisch gefärbt. In Deutschland und Frankreich wurde die Fazetie bald eifrig nachgeahmt. Ihrer bedienten sich u. a. S. Brant und N. Frischlin, die dabei aber leicht ins Moralisieren gerieten. Als Vollender der Fazetie innerhalb der Literatur des Humanismus in Deutschland gilt H. Bebel mit seinem dreibändigen Werk „Libri facetiarum iucundissimi" (1509–14). Inhalt und Form der Fazetien wirkten auf Predigten und auf die Schwankliteratur (↑Schwank) ein, so etwa auf J. Wickrams „Rollwagenbüchlin" (1555), in dem allerdings gröbere Töne an die Stelle des Spotts und der Ironie gelehrter Autoren traten.

Feature ['fi:tʃər; englisch „Aufmachung", von lateinisch factura „das Machen, die Bearbeitung"]: Bezeichnung für eine Art der Berichterstattung, die die wesentlichen Punkte eines Sachverhalts nur skizziert. Im *Zeitungswesen* geschieht dies mit den Mitteln der ↑Reportage, allerdings erweitert durch Hintergrundinformationen. Im *Hörfunk* ist das Feature ein Sendetyp, der unter Ausnutzung der medienspezifischen Möglichkeiten (Reportage, Tonzitat, Kommentar, Dialog, Interview, elektroakustische Effekte) Tagesereignisse oder aktuelle Sachverhalte ohne eine geschlossene Spielhandlung wirkungsvoll aufbereitet. Es kann deshalb vom ↑Hörspiel nicht immer genau abgegrenzt werden. Das Feature bei *Film* und *Fernsehen*, das undramatische Stoffe, Tatbestände und Sachverhalte gestaltet, hat v. a. dokumentarischen Charakter. Es gewinnt jedoch durch jeweils dem Stoff angepaßte Elemente und dramaturgische Mittel an Lebendigkeit und Eindringlichkeit und unterscheidet sich so von der reinen Dokumentation.

Feengeschichten [französisch, von vulgärlateinisch Fata „Schicksalsgöttin, Fee", zu lateinisch fatum „Schicksal"]: der Glaube an die Existenz von Feen, freundlichen (selten unheilbringenden)

Märchenfrauen, entstammt der keltischen Mythologie. Er verschmolz mit antiken Vorstellungen von Schicksalsgöttinnen (Fata, Parzen usw.). Zwar kennt der deutsche Volksglaube den Feen vergleichbare Wesen (z. B. „Frau Holle"), doch ist die Fee, anders als in der deutschen Literatur und im Kunstmärchen, im deutschen Volksmärchen nie recht heimisch geworden. In der Artussage (↑ Artusdichtung) erscheint die Fee Morgue, eine Schwester des Königs Artus, die die Helden entführt. Im Zuge der Ausbreitung der altfranzösischen Literatur gelangten Feenmotive in die mittelhochdeutsche, spanische und italienische Dichtung. Auch in der englischen Literatur lassen sich bis hin zu W. Shakespeares Komödie „A midsummer night's dream" (1600, deutsch 1762, 1775 unter dem Titel „Ein Sommernachtstraum") Feenmotive nachweisen. Ihre Beliebtheit ist schon daraus zu ersehen, daß im englischen „fairy tale" (wie im Französischen „conte de fées") zur Bezeichnung für das Märchen überhaupt wurde. In Frankreich kam es gegen Ende des 17. Jahrhunderts zu einer Neubelebung der Feengeschichten (Gräfin d'Aulnoy, Ch. Perrault), in Deutschland im 18. Jahrhundert (Ch. M. Wieland, „Oberon", Versepos, 1780).

Félibres [feli'br; französisch]: eine bislang nicht geklärte, wohl aus einem Volkslied stammende Bezeichnung für einen Kreis provenzalischer Autoren (J. Roumanille, F. Mistral, Th. Aubanel, A. Tavan, P. Giera, J. Brunet, A. Mathieu), die am 21. Mai 1854 auf Schloß Fontségugne bei Avignon den Bund „Félibrige" gründeten. Ihr Anliegen und Ziel war die Pflege der neuprovenzalischen Sprache und Literatur.

Fermate [von italienisch fermata „Halt, Aufenthalt"]: Bezeichnung für eine vom verwendeten metrischen Schema abweichende Dehnung der letzten oder vorletzten Silbe eines Verses oder einer rhythmischen Einheit.

Fernsehspiel: zugleich Sammelbezeichnung für unterschiedliche Sendeformen im Fernsehen wie auch Bezeichnung für ein spezifisch für das Fernsehen verfaßtes Stück. Eine Abgrenzung des Fernsehspiels gegenüber dem Bühnenstück oder dem Film bereitet Schwierigkeiten, da Elemente der Theater- und besonders der Filmdramaturgie vom Fernsehen frühzeitig übernommen worden sind, so daß die Erprobung eigengesetzlicher Möglichkeiten und Spielformen sehr erschwert worden ist. Die These, im Film sei das Wort der Funktion des Bildes untergeordnet, während im Fernsehspiel Wort und Bild als gleichwertig zu betrachten seien, läßt sich leicht durch Beispiele erschüttern, in denen auf das gesprochene Wort verzichtet wird. Weitere Unterscheidungsversuche beziehen sich mehr auf Regie und Aufnahmetechnik, nicht aber auf die literarische Gestaltung: verglichen mit dem Theater ergibt sich für das Fernsehspiel die Möglichkeit größerer Realitätsnähe, der flexibleren Handlungsführung, des unterbrechungsfreien Wechsels von Szenen und Einstellungen und der Verdeutlichung der Mimik in Großaufnahmen. Dagegen stehen die Nachteile des kleinen Bildformats, des Verlusts des unmittelbaren Kontakts zu den Darstellern, des Fehlens einer räumlichen Einstimmung, des Wegfalls einer direkten Reaktion des Publikums auf das dargestellte Geschehen und der Reduzierung der Raumtiefe auf ein flächenhaftes Bild, das eine klare Vorstellung von der räumlichen Zuordnung der handelnden Personen wesentlich erschwert. Verglichen mit dem Film ergibt sich für das Fernsehspiel der Nachteil der durch das kleine Bildformat notwendigen Einschränkung der optischen Wirkungsmöglichkeiten. – Folgende *Formen* des Fernsehspiels können unterschieden werden: Das *eigentliche Fernsehspiel* ist die „eigens für dieses Medium konzipierte Form eines Stoffes, der bisher weder in Drama, Epik und Lyrik noch im Hörspiel oder Spielfilm seinen Niederschlag fand" (T. Schwaegerl, „Das deutsche Fernsehspiel von 1936–1961", 1964). Die *Fernsehspieladaptation* (↑ Adaptation) ist die den besonderen Möglichkeiten des Mediums angepaßte Umarbeitung eines Theaterstücks, eines Hörspiels oder auch einer epischen Vorlage. Der *Fernsehfilm* ist zu definieren als ein „eigens für eine Wiedergabe auf dem Bildschirm gedrehter Filmstreifen, bei dessen Entstehung filmische Hilfsmittel verwendet werden" (T. Schwaegerl). Heute kaum noch im Programm erscheint das *Live-Spiel*, in dem auf besondere technische und ästhetische Möglichkeiten der Fernsehaufzeichnung verzichtet wird. Das zwischen dem *Fernsehfeature* (↑Feature) und dem eigentlichen Fernsehspiel einzuordnende *dokumentarische Fernsehspiel*, das Elemente der Dokumentation, des Berichts, der Reportage, des Interviews, des Kommentars usw. aufzunehmen vermag, wird gelegentlich als die medienspezifische Form des Fernsehspiels bezeichnet. – Als *Autoren* von Fernsehspielen sind bekannt: L. Ahlsen, J. Arden, S. Beckett, H. von Cramer, T. Dorst, R. W. Fassbinder, Ch. Geissler, W. Hall, F. von Hoerschelmann, C. Hubalek, E. Ionesco, H. Kipphardt, P. Lilienthal, D. Meichsner, D. Mercer, E. Monk, J. Mortimer, T. Mosel, G. Oelschlegel, K. Otsu, H. Pinter, T. Rattigan, R. Rose, Th. Schübel, R. Stemmle, O. Storz, Th. Valentin, A. Wesker, K. Wittlinger, T. Willis u. a.

Festspiel: 1. Bezeichnung für eine meist periodisch wiederkehrende Veranstaltung von festlichen Tagen oder Wochen zur Pflege von Theater, Musik, Oper, Tanz, Film u. a. (auch *Festival* genannt). Durch Verpflichtung bedeutender Interpreten („Starbesetzungen") wird versucht, exemplarische Aufführungen von hoher künstlerischer Qualität darzubieten. Zu den Vorläufern der heutigen Festspiele gehören die Dramenaufführungen während der Dionysien im antiken Athen, die ↑Passionsspiele, ↑Osterspiele und ↑Weihnachtsspiele des Mittelalters sowie die allegorischen höfischen Festspiele der Renaissance und des Barock. Festspiele modernen Stils sind im 18. Jahrhundert erstmals in Großbritannien nachzuweisen. Seit Beginn des 20. Jahrhunderts hat sich in zahlreichen europäischen Städten eine Festspieltradition gebildet (Bayreuther Festspiele, Ruhrfestspiele Recklinghausen, Salzburger Festspiele, Edinburgh International Festival usw.). – 2. Bezeichnung für Bühnenwerke, die eigens für Festspielaufführungen verfaßt werden. Besonders beliebt waren solche Festspiele in der Renaissance und im Barock, z. B. „Ludus Dianae" (1501) von K. Celtis, „Cleomedes" von S. Dach (1635) oder „Das friedejauchzende Teutschland" (1653) von J. Rist. Bemerkenswerte Festspiele verfaßten Schiller mit „Huldigung der Künste" (1804), Goethe u. a. mit „Des Epimenides Erwachen" (1814), G. Hauptmann (anläßlich der Jahrhundertfeier der Völkerschlacht bei Leipzig) mit dem „Festspiel in deutschen Reimen" (1913) oder H. von Hofmannsthal mit dem Festspiel „Das Salzburger große Welttheater" (1922).

Feuilleton [fœj(ə)'tõ:; französisch „Beiblättchen (einer Zeitung)", von feuille (zu vulgärlateinisch folia) „Blatt"]: von dem Abbé J. L. de Geoffroy gewählte Bezeichnung für seine 1800 dem „Journal des Débats" ursprünglich als loses Beiblatt beigefügten gelegentlichen Bühnenkritiken bzw. Bemerkungen zu Literatur, Kunst und sonstigem kulturellen Geschehen. Von 1801 an erschien das Beiblatt als integrierter Bestandteil dieser Zeitung, vom Hauptteil durch den dicken schwarzen Strich abgesetzt („unterm Strich"). Der „Nürnberger Correspondent" war 1831 die erste deutsche Zeitung, die diese Idee aufgriff. Seitdem hat sie sich in fast allen europäischen Zeitungen durchgesetzt. Heute umfaßt das Feuilleton einer Zeitung v. a. Nachrichten, Kommentare, Kritiken, Glossen usw. aus dem Kultur- und Geistesleben, aber auch populärwissenschaftliche Beiträge sowie einen Unterhaltungsteil, zu dem nicht selten ein Fortsetzungsroman zählt. – Als Feuilleton wird auch der einzelne Beitrag im Feuilletonteil der Zeitung bezeichnet. Er ähnelt dem Essay, ist allerdings kürzer und allgemeinverständlicher, aber auch subjektiver als dieser gehalten. Als bedeutende deutsche

Feuilletonisten gelten im 19. Jahrhundert u.a. L. Börne und H. Heine, im 20. Jahrhundert E. Friedell, A. Kerr, A. Polgar, K. Tucholsky, E. E. Kisch, F. Sieburg, D. Sternberger, M. Reich-Ranicki, P. Bamm, W. Jens, Hans Mayer, F. J. Raddatz u. a.

Fibel [kindersprachlich entstellt aus „Bibel" (da der Inhalt der Fibel früher der Bibel entnommen war)]: Lesebuch für den Anfangsunterricht; übertragen auch allgemein Bezeichnung für Lehrbücher, die der elementaren Einführung in ein bestimmtes Fachgebiet dienen (z.B. Gesundheitsfibel, Verkehrsfibel usw.). – Deutschsprachige Fibeln für den Leseunterricht gibt es seit dem 15. Jahrhundert (z.B. Ch. Huebers „Modus legendi" von 1477). V.a. die Erfindung des Buchdrucks sowie der Einfluß der Reformation sorgten für eine starke Verbreitung der unter den verschiedensten Titeln (Abc-Buch, Abecedarium, Grundtbiechel, Figurenbüchlein usw.) erscheinenden und oft reich illustrierten Fibeln. In den Fibeln dokumentiert sich häufig besonders deutlich das Weltbild der betreffenden Epoche.

Fiction ['fɪkʃən; englisch „Erfindung, Dichtung"]: englischer Sammelbegriff für auf Phantasie beruhende Erzählliteratur, Prosadichtungen, Romane, Science-fiction. – Gegensatz: ↑Non-fiction.

Figur [von lateinisch figura „Gebilde, Gestalt, Erscheinung"]: 1. Person, Gestalt, Charakter in einem literarischen Werk, v.a. in Epik und Drama. Bevorzugt wird diese Bezeichnung für eine Nebenrolle, so z.B. für eine komische Figur (↑lustige Person), verwendet. 2. Sammelbezeichnung für sprachliche Kunstformen, d.h. für erlaubte Abweichungen von der grammatischen Norm, die sogenannten grammatischen Figuren (z.B. historisches Präsens bei Erzählungen) sowie für besondere rhetorische Ausdrucksmittel, die sogenannten ↑rhetorischen Figuren.

Figura etymologica [lateinisch]: eine rhetorische Figur, bei der sich ein intransitives Verb mit einem Substantiv gleichen Stammes oder verwandter Bedeutung verbindet, wobei das Substantiv oft durch ein Attribut erläutert wird, z.B. „einen schweren Kampf kämpfen" oder „Gar schöne Spiele spiel' ich mit dir" (Goethe, Ballade „Erlkönig").

Figurengedicht (Bildgedicht, Bilderlyrik, Carmen figuratum, Technopägnion): ein Gedicht, das durch entsprechende metrische Gestaltung im Schrift- oder Druckbild einen Gegenstand im Umriß darstellt, der meist zum Inhalt in direkter oder symbolischer Beziehung steht. Figurengedichte gab es bereits in der griechischen und römischen Literatur (Gedichte in Form einer Vase, eines Beils, eines Eies usw.). Eine neue Blütezeit erfuhr das Figurengedicht in karolingischer Zeit (mit christlichen Figuren wie Kreuz, Kelch, Altar usw.) u.a. durch Alkuin und Hrabanus Maurus. In der Poetik („Poetices libri septem", herausgegeben 1561) von J. C. Scaliger wiederbelebt, erfreute sich das Figurengedicht in der Barockzeit besonderer Wertschätzung, meist als prunkvoller Rahmen für Gelegenheits- und Widmungsgedichte. In der neueren Lyrik griffen A. Holz (Sammlung „Dafnis", 1904) und Ch. Morgenstern („Trichter"-Gedicht, 1904) auf das Figurengedicht zurück. Eine Erneuerung erfuhr das Figurengedicht in jüngster Zeit durch die Ausdrucksformen der ↑konkreten Dichtung oder der ↑visuellen Dichtung.

DIE TRICHTER

Zwei Trichter wandeln durch die Nacht.
Durch ihres Rumpfs verengten Schacht
fließt weißes Mondlicht
still und heiter
auf ihren
Waldweg
u. s.
w.

Figurengedicht. Christian Morgensterns Gedicht „Die Trichter" (1904)

Fiktion [von lateinisch fictio „Einbildung, Annahme, Unterstellung"]: Bezeichnung für die Eigenschaft der Dichtung nichtwirkliche (erfundene) Sachverhalte so darzustellen, als seien sie real. Die Fiktion ist ein Grundelement epischer und dramatischer Dichtung. Die dort auftretenden Figuren sind *fiktiv*, d. h. sie sind Teile einer als wirklich erscheinenden, tatsächlich aber nichtwirklichen Welt, sie sind jedoch nicht *fingiert*, d. h. es wird nicht der Eindruck vorgetäuscht, als ob sie wirklich existierten.

Film [englisch, von altenglisch filmen „Häutchen"]: anfangs häufig geschmäht als billiges Mittel zur Unterhaltung der breiten Masse, ist der Film – natürlich nur in seiner Ausprägung als Kunstfilm – mittlerweile als Medium eigenständiger künstlerischer Gestaltung allgemein anerkannt, verfügt er doch über Ausdrucksmöglichkeiten, die es verbieten, einen Film einfach als photographiertes Theater oder als bloße Illustration zu einem erzählenden Text zu definieren. Seit der Stummfilmzeit wurden die filmischen Gestaltungsmittel, die auch Ausgangspunkt der Analyse zu sein haben, schrittweise erkannt: Mimik und Gestik können durch die Möglichkeiten der Aufnahmetechnik besser als im Theater das Wort oder gar den Dialog ersetzen, Räume und Stimmungen lassen sich schon durch die gezielte Verwendung von Licht und Schatten gestalten. Durch ↑Montage von ↑Einstellungen in ↑Sequenzen ist auch eine symbolisch zu verstehende Darstellung innerer Vorgänge, von Gefühlen, Gedanken und Urteilen möglich. Die im Gegensatz zum Theater freie Wahl der Bildgröße (von Detail bis Weit) steuert die Sicht des Geschehens durch den Zuschauer, provoziert Assoziationen oder lenkt seine Gefühle. Dazu kommen die Variationsmöglichkeiten in der Kameraperspektive und -bewegung: Es ist ein Unterschied, ob z. B. ein Mensch aus der Frosch- oder der Vogelperspektive gefilmt wird; ersteres kann ihn lächerlich, aber auch respekteinflößend wirken lassen, letzteres kann dem Betrachter das Gefühl der Überlegenheit vermitteln. Durch die Kamerabewegungen, die der Zuschauer gezwungen ist mitzuvollziehen, wird eine aktive Teilhabe am Geschehen suggeriert und so Spannung erregt. Aufnahmetricks (Zeitlupen, Verzerrungen, Vervielfältigungen, Negativaufnahmen) erzielen ganz besondere Effekte. Anders als im Theater gestaltet sich im Film auch die Kombination von Bild und Ton (Sprache, Geräusch, Musik): das Visuelle dominiert. Da der Film seinem Wesen nach vorwiegend erzählenden Charakters ist, muß im Gegensatz zum Schauspiel die Aufmerksamkeit des Zuschauers durch ständigen, oft schnellen Wechsel der Einstellungen, durch zeitraffende Schnitte, durch spannungssteigernde Montage und durch Rück- und Einblendungen wach gehalten werden. Verstärkt werden kann der epische Charakter des Films durch die Kommentierung des Geschehens durch einen Sprecher in „on" oder „off" (↑Tonpräsentation). Hingewiesen werden muß schließlich auf die im Film gegebene Möglichkeit der Darstellung von Phantastischem durch die Verwendung photographischer Tricks (Blue box).

Allerdings bleibt auch ein anspruchsvoller Film (im Gegensatz zu einer Theateraufführung) an eine industrielle Produktionsform gebunden, in der der wirtschaftliche den künstlerischen Aspekt völlig beherrschen kann; der gesamte Prozeß der Filmherstellung vom Exposé (kurzer Handlungsaufriß) über das Treatment, in dem Schauplätze und Charaktere festgelegt werden, das ↑Drehbuch, den Drehplan (Zusammenstellung der Vorgänge des Drehbuchs mit gleicher Szenerie; Einteilung der Drehtage), die Aufnahme bis zur Herstellung des Roh- und des Feinschnitts (↑Schnitt) wird maßgeblich vom Produzenten bestimmt.

Während wechselseitige Übernahmen von literarischen und filmischen Gestaltungsmitteln (z. B. von filmischen Montagetechniken im modernen Roman) sich längst als anregend bewährt haben, werden Möglichkeiten und Grenzen der filmischen Adaptation von Literatur immer noch kontrovers diskutiert.

Zweifel an der Verfilmbarkeit von Literatur sind v. a. in den erheblichen Schwierigkeiten der Umsetzung der Sprache der Literatur in den Bild-Ton-Code des Films begründet. Wenn allerdings Literatur als bloße Stoffvorlage einfach filmisch nacherzählt wird, wird sich selten mehr als billige, das Originalwerk stark verkürzende und damit grob verzeichnende Konsumware ergeben. Als interessanter erweisen sich Versuche der medienadäquaten Vermittlung einer individuellen Deutung eines Stücks Literatur (z. B. R. W. Fassbinders Verfilmung von Th. Fontanes Roman „Effi Briest", 1974). Trotz alledem kommt im Zuge der immer noch zunehmenden Wertschätzung der audiovisuellen Medien dem Kino-, Fernseh- und Videofilm eine ganz entscheidende Bedeutung für die Verbreitung von Literatur zu.

Fin de siècle [fɛ̃d'sjɛkl; französisch „Ende des Jahrhunderts"]: nach dem Titel eines Lustspiels von F. de Jouvenot und H. Micard (1888) gebildete Epochenbezeichnung für das ausgehende 19. Jahrhundert. In diesem Begriff spiegelt sich die pessimistische Selbsteinschätzung jener Zeit. – ↑auch Dekadenzdichtung.

Flagellantendichtung [von lateinisch flagellare „geißeln"] ↑Geißlerlieder.

Flickvers: inhaltlich und gedanklich überflüssiger Vers, der nur zur Strophenfüllung oder um des Reimes willen eingefügt ist.

Fliegende Blätter: illustrierte humoristisch-satirische Zeitschrift, die 1844–1944 in München erschien. Sie karikierte und glossierte mit bemerkenswertem Niveau in Graphiken und Texten zeittypische Verhaltensformen des deutschen Bürgertums. Bedeutende Mitarbeiter waren u. a. W. Busch, A. Oberländer, M. von Schwind, C. Spitzweg, F. Dahn, F. Freiligrath, E. Geibel und V. von Scheffel.

Florilegium [mittellateinisch „Blütenlese"]: 1. lateinische Übersetzung von ↑Anthologie mit gleicher Bedeutung; 2. eine v. a. im Mittelalter beliebte Zusammenstellung von meist lehrhaften Zitaten aus den Werken antiker Schriftsteller, aber auch aus der Bibel oder aus Werken späterer Autoren. Solche Florilegien wurden vorwiegend zu Unterrichtszwecken oder bei Reden bzw. Predigten verwendet.

Flugblatt: ein- oder zweiseitig bedrucktes, oft auch illustriertes Blatt, das aus aktuellem Anlaß hergestellt und (in der Regel kostenlos) vertrieben wird. Politische Propaganda, aber auch kommerzielle u. a. Hinweise, Aufrufe usw. können der Anlaß eines Flugblattes sein. Das älteste bekannte Flugblatt läßt sich auf 1488 datieren. Die ersten Flugblätter (zunächst Einblattdrucke) enthielten Sensationsmeldungen, später auch Wallfahrtsgebete, Kalender, zeitgeschichtliche Volkslieder usw. In den beiden Weltkriegen wurden Flugblätter als Kriegspropagandamittel eingesetzt. Hinsichtlich Verfasser, Adressaten, historischer Entwicklung und Stil entsprechen die Flugblätter den ↑Flugschriften.

Flugschriften: kleinere geheftete, meist anonym oder pseudonym verfaßte Schriften oder Gelegenheitsdrukke aktuellen bzw. sensationellen Inhalts, die auf möglichst rasche Verbreitung zielen. Flugschriften umfassen etwa 3–40 Seiten, meist kleineren Formats, sind mit Ausnahme des Titelblattes ohne Illustrationen und werden wie ↑Flugblätter unter Umgehung von Verlag oder Buchhandlung und Zensur verbreitet. Besonders beliebt sind Flugschriften in Zeiten politischer und militärischer Wirren und Auseinandersetzungen, für die sie häufig wertvolle Quellen darstellen. Bei der Behandlung politischer, religiöser, kultureller, sozialer oder wissenschaftlicher Streitfragen sind Flugschriften oft einseitig polemisch, tendenziös und propagandistisch gehalten, um die Adressaten, nämlich die breite Öffentlichkeit, nachhaltig zu beeinflussen und für die eigene Position zu gewinnen. Flugschriften kommen meist aus Kreisen, denen ein publizistisches Organ der Meinungsäußerung nicht zur Verfügung steht (z. B. Emigranten, Minoritäten). Oft bedienen sich Flugschriften fester literarischer Formen wie Lied, Gedicht, Satire, Exempel, Fabel usw. – Flugschriften gab es schon bald nach der Erfindung des Buchdrucks. Zunächst dienten sie der Nachrichtenverbreitung, so daß sie im Grunde als Vorläufer der Zeitung gelten können. Besondere Bedeutung erlangten sie in der Zeit der Reformation, wo sie zum wichtigen propagandistischen Organ in der religiösen und politischen Auseinandersetzung wurden. So waren z. B. M. Luthers bedeutende reformatorische Schriften „An den christlichen Adel deutscher Nation" (1520) und „Von der Freiheit eines Christenmenschen" (1520) als Flugschriften abgefaßt. Der Dreißigjährige Krieg brachte einen weiteren Höhepunkt der Flugschriftproduktion. Mit dem Aufkommen der Zeitung verlor die Flugschrift mehr und mehr an Gewicht, doch wurde sie auch später (z. B. zur Zeit der Französischen Revolution, in den Befreiungskriegen, während der Revolution von 1848, der Studentenbewegungen in der Bundesrepublik Deutschland seit 1967 und der Pariser Mairevolte von 1968) benutzt.

Folio [von lateinisch in folio „in einem Blatt"]: Abkürzung fol.; ↑Buchformat (Zeichen: 2°), wie es v. a. im 15./16. Jahrhundert verbreitet war (Höhe über 35 bis 45 cm). Dieses Format entsteht dadurch, daß der Papierbogen nur einmal gebrochen (= gefalzt) wird, wodurch sich zwei Blätter oder vier Seiten ergeben. Es wird heute z. B. für Atlanten oder Bildbände verwendet.

Form [von lateinisch forma „Form, Gestalt, Figur"]: in der Literaturwissenschaft nicht klar definierter Begriff für die äußere Erscheinung eines sprachlichen Kunstwerkes, für die Summe der sprachlichen Mittel, durch die ein Inhalt, ein Stoff gestaltet wird. Zu den Elementen der Form gehören z. B. ↑Rhythmus, ↑Metrum, ↑Reim, Versformen (↑Vers) und Strophenformen (↑Strophe), ↑rhetorische Figuren sowie Elemente der Gliederung wie ↑Szenen, ↑Akte, ↑Kapitel.

Formalismus: eine literaturwissenschaftliche Schule, die sich in den Jahren 1915–30 aus dem Zusammenschluß zweier literaturwissenschaftlich-linguistischer Gesellschaften in Moskau und Leningrad bildete. Der Formalismus lehnte biographische, psychologische, soziologische Methoden sowie religiöse und philosophische Tendenzen in der Literaturwissenschaft ab. Das literarische Werk wurde als „die Summe aller darin angewandten stilistischen Mittel" (W. B. Schklowski), die „Form des literarischen Kunstwerks" als „dynamisch" (J. N. Tynjanow) aufgefaßt. Der Formalismus entwickelte neue Methoden der Analyse eines dichterischen Werkes und schließlich auch eine Theorie der Literaturgeschichte. Bedeutende Vertreter des Formalismus waren u. a. W. B. Schklowski, R. Jakobson und J. N. Tynjanow). Nach der Unterdrückung des Formalismus in der Sowjetunion wurde dessen Gedankengut im sogenannten Prager Strukturalismus (B. Havránek, B. Trnka, R. Wellek, R. Jakobson u. a.) und in der polnischen „integralen Literaturbetrachtung" (M.

Warhafftige vnd gewise.
Newe zeytung, Wie die Röm. Key. Mey.
auff den xx. Octobris/deß xlj. Jars/mit einer treffenlichen Armada/ die Statt Algiero zů Erobern/ daselbst ankommen/ was auch Jr Meye. als ein hertzhaffter Kriegßherr/ vonn tag zů tag/ zů Eroberung bemelter Statt/ gehandelt/ vnd wie mannlich Jr Maye. sampt der selben Kriegßvolck/ sich daselbst/ so lang gehalten/ biß das Jr Maye. auß getrangter hungers not/ mit verlust etlicher schiff/ sich wyderumb dem vngestümen Meer/ sampt allem Kriegßvolck/ zum abzug/ befelhen müssen.

Flugschrift über den Kriegszug Kaiser Karls V. nach Algier (1541)

Kridl, R. Ingarden) weiter entwickelt und gelangte schließlich durch emigrierte Wissenschaftler in die USA (↑New criticism).

Fortsetzungsroman: 1. im engeren Sinn ein Roman, der für den regelmäßigen, in Abschnitten erfolgenden Abdruck in Zeitungen und Zeitschriften gedacht und oft eigens für diese Publikationsform verfaßt ist. Bis in die Gegenwart überwiegen hier mehr oder weniger der Unterhaltungs- und Trivialliteratur zugehörige Romane. Ausnahmen bilden v.a. Romane, die in literarischen Zeitschriften erscheinen; so wurden z. B. Ch. M. Wielands Roman „Die Abderiten" 1774–78 im „Teutschen Merkur" und Schillers Romanfragment „Der Geisterseher" 1787–89 in der „Thalia" erstmals in Fortsetzungen veröffentlicht. Eine Sonderform bildet der heutzutage nicht seltene Vorabdruck literarisch bedeutender Werke in Fortsetzungen (z. B. H. Bölls Erzählung „Die verlorene Ehre der Katharina Blum", 1974). – 2. im weiteren Sinn ein Roman, der in Wochen- oder Monatslieferungen erscheint (z. B. die Romane von Ch. Dickens oder auch von K. May). Verwandt sind die Zyklenromane (z. B. É. Zolas 20teiliger Zyklus „Les Rougon-Macquart", 1871–93, deutsch „Die Rougon-Macquart", 1892–99), die, zunächst einzeln veröffentlicht, jedoch erst als Serie ein künstlerisches Ganzes bilden.

Forum Stadtpark (Grazer Forum): Grazer Künstlergruppe, die sich 1958 zusammenschloß und 1960 das verfallene Grazer Stadtpark-Café in ein modernes Kulturzentrum umwandelte. Dort finden Dichterlesungen, Kunstausstellungen und andere kulturelle Veranstaltungen statt. Hier bildete sich ein Zentrum der jungen österreichischen Literatur (W. Bauer, B. Frischmuth, P. Handke, G. F. Jonke, M. Scharang u. a.), deren Publikationsorgan seit 1960 die Zeitschrift „manuskripte" (herausgegeben von A. Kolleritsch) ist.

Fragment [von lateinisch fragmentum „Bruchstück"]: Bezeichnung für unvollendet überlieferte oder gebliebene Werke. In der Literatur unterscheidet man: 1. unvollständig überlieferte Werke, besonders aus Antike und Mittelalter (z. B. Aristoteles, „Poetik"; „Hildebrandslied", 9. Jahrhundert); 2. unvollendet gebliebene oder aufgegebene Werke, z. B. Wolfram von Eschenbach, „Titurel" (entstanden vor 1219); Goethe, „Achilleis" (Epos, 1808); Schiller, „Demetrius" (Drama, herausgegeben 1915); Hölderlin, „Der Tod des Empedokles" (Trauerspiel, 1826); F. Kafkas sämtliche Romane); 3. die bewußt gewählte literarische Form mit der Bezeichnung Fragment, die ihre Wirkung aus der vorgeblichen Unfertigkeit gewinnt, z. B. das aphoristische Fragment als zentrales Ausdrucksmittel der Jenaer Frühromantik. Solche Fragmente erschienen in Zeitschriften (u. a. im „Athenäum" der Brüder F. und A. W. Schlegel). Erzählerische Fragmente verfaßten besonders die Romantiker F. Schlegel („Lucinde", Roman, 1799), Novalis („Heinrich von Ofterdingen", Roman, 1802), A. von Arnim („Die Kronenwächter", Roman, 1817).

Frankfurter Buchmesse ↑Buchmesse.

Frauendienst: fiktives, ins Geistige überhöhtes Dienstverhältnis zwischen einem Ritter und einer höfischen Dame (mittelhochdeutsch: frouwe), das sich in den Grenzen einer gesellschaftlichen Norm meist ohne die erstrebte Belohnung durch die Liebesgunst der Dame abspielt (auch: Minnedienst). Dichterisch gestaltet wurde der Frauendienst in der Liebeslyrik der ↑Troubadours und im mittelhochdeutschen ↑Minnesang sowie im ↑höfischen Epos.

Frauenliteratur: im weiteren Sinn die von Frauen verfaßte Literatur (früher meist „Frauendichtung" genannt), im engeren Sinn Sammelbegriff für die v. a. seit den 70er Jahren im Zusammenhang mit der Neuen Frauenbewegung entstandene Literatur von Frauen (für Frauen), in der eine Beschreibung des Rollenverständnisses der Frau in einer vom Mann geprägten Gesellschaft versucht und/oder für die Verwirklichung der Gleichberechtigung der Frau eingetreten wird. Der Begriff wird häufig synonym mit feministischer Literatur verwendet, obwohl sich die Zielvorstellungen der Autorinnen der Frauenliteratur keineswegs auf einen Nenner bringen lassen. Als wichtige Beiträge zur Frauenliteratur gelten u. a. V. Stefans „Häutungen. Autobiographische Aufzeichnungen, Gedichte, Träume, Analysen" (1975), B. Schwaigers Roman „Wie kommt das Salz ins Meer" (1977), I. Drewitz' Roman „Gestern war heute. Hundert Jahre Gegenwart" (1978) und E. Jelineks Romane „Die Klavierspielerin" (1983) und „Lust" (1989). Die in der DDR beheimatete Schriftstellerin Ch. Wolf, die schon mit ihren Romanen „Der geteilte Himmel" (1963) und v. a. „Nachdenken über Christa T." (1968) die Rolle der Frau in der Gesellschaft thematisiert, hat mit ihrer Erzählung „Kassandra" (1983) ein in der DDR wie in der Bundesrepublik Deutschland vielbeachtetes und -diskutiertes Werk der Frauenliteratur publiziert. Ch. Wolf kritisiert im Bewußtsein der Nutzlosigkeit jeglichen Protests gegen die Aufrüstung der Militärblöcke zu Beginn der 80er Jahre die bedenkenlose Gefährdung sowohl des Individuums wie der Gattung Mensch durch die Industriegesellschaft sozialistischer wie kapitalistischer Prägung und fordert in ihrer Schrift „Voraussetzungen einer Erzählung: Kassandra" (1983), gegenüber den Institutionen den „Primat der Person" geltend zu machen, sich von den Herrschenden geistig und physisch loszusagen, nicht mit ihnen übereinzustimmen. Dabei werden im Blick auf die Entwicklung der Menschheit (Übergang vom Matriarchat zur patriarchalen Gesellschaft) die Motive Krieg/Mann und Frieden/Frau gekoppelt, radikal feministische Standpunkte jedoch abgelehnt. – Die große Resonanz der feministischen Debatte veranlaßte viele Taschenbuchverlage zur Einrichtung von Reihen wie „neue frau" (seit 1977 bei Rowohlt), „Die Frau in der Gesellschaft" (seit 1978 bei Ullstein) oder „Im Jahrhundert der Frau" (seit 1987 bei Suhrkamp).

Freie Bühne: 1889 in Berlin von O. Brahm, P. Schlenther, M. Harden u. a. gegründeter Theaterverein. Die Freie Bühne führte in geschlossenen Vorstellungen v. a. (meist durch die Zensur verbotene) naturalistische Dramen auf (u. a. von H. Ibsen, G. Hauptmann, A. Holz/J. Schlaf, A. Strindberg). O. Brahm, der Vorsitzende des Vereins (bis 1894), war auch Herausgeber der 1890 begründeten Zeitschrift „Freie Bühne", die ab 1894 unter dem Namen „Neue deutsche Rundschau", ab 1904 als „Die neue Rundschau" weitergeführt wurde. Ähnliche Vereine entstanden in Berlin („Freie Volksbühne", 1890), München („Akademisch-dramatischer Verein", 1894), Leipzig, London, Wien und Kopenhagen.

Freie Künste ↑Artes liberales.

freie Rhythmen: metrisch ungebundene, reimlose Verse von beliebiger Zeilenlänge. Die Anzahl der unbetonten Silben zwischen den betonten ist beliebig groß. Im Gegensatz zur reinen Prosa folgen die Hebungen jedoch annähernd in gleichem Abstand. Eine feste Strophengliederung gibt es nicht, doch sind die Verszeilen meist zu Sinnabschnitten von unterschiedlicher Länge zusammengefaßt. – Freie Rhythmen entstanden unter dem Einfluß der Psalmen und der Dichtung der Antike, v. a. der dort entwickelten Form des ↑Dithyrambus. In der deutschen Literatur wurden sie erstmals von F. G. Klopstock („Frühlingsfeier", 1759), dann in der ↑Bardendichtung und besonders vom jungen Goethe („Ganymed", „Prometheus", „Wanderers Sturmlied") verwendet. Weitere Beispiele finden sich bei J. Ch. F. Hölderlin (Hymnen), Novalis („Hymnen an die Nacht"), H. Heine („Die Nordsee"), F. Nietzsche („Dionysos-Dithyramben"), R. M. Rilke („Duineser Elegien", 1923), F. Werfel, G. Trakl, G. Benn, B. Brecht und den meisten Lyrikern der Gegenwart. Auch in der modernen Lyrik des Auslands finden freie Rhythmen weite Verwendung (T. S. Eliot, P. Claudel, W. W. Majakowski u. a. – ↑auch freie Verse.

Freies Deutsches Hochstift – Frankfurter Goethe-Museum:

1859 gegründetes Institut zur Pflege von Wissenschaft, Kunst und Bildung, insbesondere zur Erforschung der Goethezeit. Zur Stiftung gehören u. a. das Goethehaus in Frankfurt am Main (Sitz des Instituts seit 1863), eine Spezialbibliothek für das 18. und 19. Jahrhundert und ein literarisches Archiv mit 25 000 Handschriften v. a. des Goethe-Kreises und der Romantiker. Wichtigste Veröffentlichung ist das seit 1861 erscheinende „Jahrbuch des Freien Deutschen Hochstifts".

freie Verse: gereimte, meist jambische oder trochäische Verse unterschiedlicher Länge und freier Hebungszahl. Da sie zuerst im italienischen ↑Madrigal verwendet wurden, werden sie auch Madrigalverse genannt. Sie treten auch in anderen mit Musik verbundenen literarischen Gattungen auf (z. B. in Oper, Singspiel, Kantate), ferner in französischen Fabeln (J. de La Fontaine) und Komödien (Molière) des 17. Jahrhunderts; später (im 18. Jahrhundert) in deutschen Fabeln (Ch. F. Gellert), in Lehrgedichten (B. H. Brockes, A. von Haller) und Verserzählungen (Ch. M. Wieland). Bei manchen französischen Symbolisten (A. Rimbaud) und deutschen Expressionisten (F. Werfel), wird das feste regelmäßige Versmaß aufgegeben, so daß sich die freien Verse nur noch durch den Reim von den ↑freien Rhythmen unterscheiden.

Freiheitsdichtung: im weiteren Sinn jede Dichtung, die gegen einen Zustand der Unfreiheit ankämpft (↑Revolutionsdichtung, ↑politische Dichtung). Im engeren Sinn die überwiegend lyrischen Dichtungen, die vom Kampf Europas (1809–14) gegen Napoleon I. starke Impulse erhielten und aus dem Freiheitspathos heraus einen teilweise bedeutenden Beitrag zur politischen Dichtung des 19. Jahrhunderts leisteten (M. von Schenkendorf mit dem Lied „Freiheit, die ich meine ..."; Th. Körner, „Leyer und Schwerdt", Gedichte, herausgegeben 1814; F. Rückert, „Geharnischte Sonette", 1814; ferner Lyrik von J. von Görres, H. von Kleist und v. a. von J. von Eichendorff).

Friedrichshagener Dichterkreis: eine Gruppe von Naturalisten (↑Naturalismus), die sich ab 1890 in den Häusern von W. Bölsche und B. Wille in Friedrichshagen am Müggelsee (heute zu Berlin), später im Haus der Brüder H. und J. Hart trafen. Zu diesem Kreis zählten zeitweise u. a. G. Hauptmann, M. Halbe, O. E. Hartleben, A. Strindberg, R. Dehmel und F. Wedekind.

Fronleichnamsspiel: eine Form des ↑geistlichen Spiels im späten Mittelalter: die dramatische Aufführung von einzelnen Stationen des christlichen Heilsgeschehens im Rahmen von Prozessionen während des Fronleichnamsfestes. Die einzelnen Szenen wurden ursprünglich auf mitgeführten Wagen gespielt, später wurden an den verschiedenen Stationen des Prozessionsweges hölzerne Gerüste aufgebaut, an jeder Station wurde nur noch eine Szene gespielt. Fronleichnamsspiele sind seit dem 14. Jahrhundert v. a. in England verbreitet (u. a. die „York plays", „Wakefield mysteries"). Auch aus dem deutschsprachigen Raum sind sie überliefert (Fronleichnamsspiele von Neustift/Tirol, 1391, Bozen, um 1470, Freiburg im Breisgau, 1516). Bedeutend ist das Fronleichnamsspiel von Künzelsau (1479). Die literarisch wichtigste Ausgestaltung hat das Fronleichnamsspiel im spanischen Auto sacramental (↑Auto) erfahren.

Fruchtbringende Gesellschaft (Palmenorden): älteste deutsche ↑Sprachgesellschaft, die nach dem Vorbild der ↑Accademia della Crusca auf Initiative des Fürsten Ludwig von Anhalt-Köthen 1617 in Weimar von einer Gruppe deutscher Adliger gegründet wurde. Nach dem „indianischen Palmbaum" [= Kokospalme] im Wappen wurde sie auch „Palmenorden" genannt. Hauptziel war die Pflege der deutschen Sprache. Zu den – später auch bürgerlichen – Mitgliedern, die alle einen eigenen Gesellschaftsnamen trugen (so hieß z. B. M. Opitz „der Gekrönte", A. Gryphius „der Unsterbliche") und einen Wahlspruch sowie ein Emblem hatten, zählten die führenden

Vertreter der deutschen Barockdichtung: M. Opitz, G. Ph. Harsdörffer, J. G. Schottel, J. M. Moscherosch, F. von Logau, Ph. von Zesen, A. Gryphius u. a. Die Fruchtbringende Gesellschaft bestand bis 1680.

Frühdruck: Bezeichnung für ein Erzeugnis aus der Frühzeit des Buchdrucks. Im allgemeinen werden Drucke, die zwischen 1450 und 1550 entstanden, als Frühdrucke bezeichnet, im engeren Sinn die Drucke aus der Zeit zwischen 1501 und etwa 1550. – ↑auch Inkunabel.

Frühneuhochdeutsch: durch die Sprach- und Literaturgeschichte festgelegte Entwicklungsperiode der deutschen Sprache, etwa von 1350 bis 1650. Diese Periode begann mit dem Auftauchen sprachlicher Neuerungen in den Urkunden der Reichskanzlei und endete mit dem Westfälischen Frieden und den kurz darauf einsetzenden grammatischen und sprachpflegerischen Bemühungen des 17. Jahrhunderts. Für die Verbreitung des in den reichsfürstlichen Kanzleien entwickelten Frühneuhochdeutschen war die Erfindung des Buchdrucks und die Bibelübersetzung M. Luthers von entscheidender Bedeutung.

Füllwort: ein Wort, das in einer Verszeile meist nur aus rhythmischen oder metrischen Gründen zur Füllung des Versmaßes eingefügt wird, für den Sinn des Ganzen aber ohne Bedeutung ist. Füllwörter sind häufig Zeichen minderer literarischer Qualität.

Fünfakter: ein Drama in fünf ↑Akten. Entgegen der von Aristoteles in seiner „Poetik" geforderten Dreiteilung der Handlung (↑Dreiakter) wurde von Horaz („Ars poetica") die Fünfteilung gefordert und u. a. in den Tragödien L. A. Senecas des Jüngeren verwirklicht. Nach diesem Vorbild erhob die Dramaturgie der Renaissance und des Humanismus die Gliederung des Dramas in fünf Akte zu einem poetischen Gesetz. Damit wurde der Fünfakter zur typischen Bauform des neuzeitlichen englischen, französischen und deutschen Dramas.

Funkerzählung: Bezeichnung für eine Erzählung, die speziell für den Vortrag im Rundfunk verfaßt ist. Sie entwickelte sich neben dem ↑Hörspiel als eigenständige Gattung, obwohl die Übergänge manchmal fließend sind (etwa bei Einblendung von Dialogen oder Geräuschen). Die Funkerzählung ist auf das technische Medium Rundfunk abgestimmt, v. a. durch stärkere Ausrichtung auf den mündlichen Vortrag und den engeren Kontakt zum Hörer, der sich z. B. in der direkten Ansprache äußert. Am Anfang standen für den Rundfunk eingerichtete epische Vorlagen (z. B. „Schwester Henriette" von H. Kesser, Ursendung 1929). Als eigene Gattung entwickelte sich die Funkerzählung erst seit den 50er Jahren.

Furcht und Mitleid: von G. E. Lessing in der „Hamburgischen Dramaturgie" (74.–83. Stück, 1768) verwendete Übersetzung der zentralen Begriffe in Aristoteles' „Poetik" („phóbos" und „éleos"), die sich auf die Wesensbestimmung der Tragödie beziehen und die ↑Katharsis beim Zuschauer bewirken (↑auch Drama).

Fruchtbringende Gesellschaft. Kupferstich aus dem 17. Jahrhundert

Fürstenspiegel: mittelalterliche Lehrschriften, in denen das Idealbild eines Fürsten entwickelt und ethische Grundsätze über seine Rechte und Pflichten, über Befugnisse und Begrenzungen fürstlicher Macht dargelegt werden. Auf die politischen Idealvorstellungen des Mittelalters wirkte neben einer Reihe antiker Quellen (z. B. Kaiser Mark Aurels Selbstbetrachtungen) v. a. A. Augustinus' „De civitate Dei" (413–426, deutsch 1666, 1951–53 unter dem Titel „Der Gottesstaat") ein. Eine neue Entwicklung wurde eingeleitet durch Johannes von Salisburys „Polycratius" (1159) und v. a. Thomas von Aquins „De regimine principum" (1265/66), weil hier nicht mehr ausschließlich theologisch-religiös argumentiert wird, sondern neben Aspekten des römischen Rechts auch der ethische Wert der Macht und des öffentlichen Wohls betont werden. Die klassischen Fürstenspiegel gipfelten in der „Institutio principis christiani" (1516) des Erasmus von Rotterdam und wirkten bis ins 17. Jahrhundert nach. Mit N. Machiavellis Traktat „Il principe" (entstanden 1513, herausgegeben 1532, deutsch „Der Fürst", 1804) begann die Tradition der *Fürstenlehren*, in denen nicht mehr der christliche Fürst („princeps christianus") im Mittelpunkt steht, sondern – auf humanistisch-aufklärerischer Basis – der beste Fürst („princeps optimus").

Fuß: verkürzte Form des metrischen Begriffs ↑Versfuß.

Fußnote: Erläuterung oder Ergänzung einer bestimmten Stelle im Text am unteren Rand der Druckseite, auf die durch ein Sternchen oder eine hochgestellte kleine Ziffer im Text hingewiesen wird. – ↑auch Marginalien.

Futurismus [von lateinisch futurum „Zukunft"]: zu Beginn des 20. Jahrhunderts von *Italien* ausgehende revolutionäre Bewegung v. a. in der Literatur und bildenden Kunst sowie in der Musik, als eine Erneuerungsbewegung auch mit politischer Betonung und außerordentlich radikale Form des Expressionismus. Sie forderte den totalen Bruch mit der Vergangenheit, die Zerstörung aller künstlerischen, philosophischen, auch moralischen und gesellschaftlichen Traditionen und leitete somit maßgeblich die Kunst der Moderne ein. Ihr betonter Anti-Intellektualismus, ihre Verherrlichung der Tat, der „aggressiven Bewegung", des Kampfes und des Krieges rücken den Futurismus schon früh in die Nähe des Faschismus, in den er schließlich mündet.
Ausgehend von der bildenden Kunst, wurde der Futurismus schon in F. T. Marinettis „Manifeste du futurisme" (erschienen in der Pariser Zeitung „Le Figaro" am 20. Februar 1909) und erneut 1912 („Manifesto tecnico della letteratura futurista") auf die Literatur übertragen. Die Bestrebungen dieses literarischen Futurismus richteten sich auf neue Themen (die Welt der Technik, die er als „Bewegung, als Dynamik" spiegeln will, und der Großstadt) und auf neue Formen der dichterischen Aussage im Zeitalter der Maschinen. Wesentliche Mittel waren revolutionäre sprachliche Formen, die sich aus der radikalen Abkehr von der üblichen Grammatik, Syntax, Wortwahl ergaben. Diese Sprache beeinflußte ↑Dadaismus und ↑Surrealismus. Wichtige Autoren waren neben Marinetti P. Buzzi, E. Cavacchioli, C. Govoni, A. Palazzeschi, A. Soffici u. a.
Der italienische Futurismus hatte v. a. auf *Rußland* bedeutende Auswirkungen. In dem grundlegenden Manifest des russischen Futurismus von 1912, „Eine Ohrfeige dem allgemeinen Geschmack", das von D. Burliuk, W. W. Chlebnikow, A. J. Krutschonych, W. W. Majakowski unterzeichnet wurde, ist vom „kompromißlosen Haß auf die bisher gebräuchliche Sprache" die Rede, es wird das Recht des Dichters auf Revolutionierung der dichterischen Stoffe und sprachlichen Mittel gefordert. Nach der Revolution von 1917 stellte sich die Bewegung der neuen Regierung zur Verfügung, war allerdings schon nach kurzer Zeit, als Majakowski die radikale Kunstzeitschrift „LEF" herausgab, massiver staatlicher Kritik ausgesetzt.

G

galante Dichtung [französisch galant „höfisch, artig, zuvorkommend“, von altfranzösisch galer „sich amüsieren“]: Moderichtung der europäischen Literatur in der Übergangszeit vom Barock zu Aufklärung und Rokoko (etwa 1680–1720). Die galante Dichtung war Gesellschaftsdichtung (neben Lyrik v. a. Romane) mit oft erotischer Thematik und in witzig-eleganter, verstandesbetonter Form zur Unterhaltung höfischer Kreise bestimmt; sie entstand in den französischen Salons (Hôtel de Rambouillet u. a.). In Deutschland war sie durch zwei Richtungen vertreten: 1. Durch die in der siebenbändigen Sammlung B. Neukirchs „Herrn von Hofmannswaldau und anderer Deutschen auserlesene und bisher ungedruckte Gedichte“ (1695–1727) vertretenen Autoren und in ihrem Gefolge durch die sogenannte 2. schlesische Dichterschule (z. B. Ch. F. Hunold, H. Mühlpfort, H. A. von Abschatz), die eine getreue Kopie französischer und italienischer Vorbilder versuchten (↑auch Manierismus, ↑Euphuismus, ↑Gongorismus, ↑Marinismus). 2. Durch eine stärker von der Frühaufklärung beeinflußte Gruppe (A. Gryphius, Ch. G. Burghart u. a.), von der aus über J. Ch. Günther eine Entwicklungslinie zur ↑Anakreontik und Erlebnislyrik führt.

Gallizismus [lateinisch]: Bezeichnung für eine auf eine nichtfranzösische Sprache übertragene französische Spracheigentümlichkeit.

Gartenbühne ↑Bühne.

Gasel ↑Ghasel.

Gattung: der Begriff dient 1. zur Bezeichnung der drei literarischen Grundformen ↑Lyrik, ↑Epik und Dramatik (↑Drama). Neben der seit dem 18. Jahrhundert (J. Ch. Gottsched) üblichen formalen Einteilung in diese drei Grundformen hat sich besonders im 20. Jahrhundert eine die jeweilige Einstellung eines Autors zur dargestellten Wirklichkeit bezeichnende Einteilung in ↑lyrisch, ↑episch und ↑dramatisch eingebürgert. Diese Grundhaltungen können in unterschiedlicher Intensität in Epos, Lyrik und Drama verwirklicht sein. Hinter beiden Einteilungen, der Einteilung in die drei Grundformen (von Goethe als „Naturformen“ bezeichnet) und der Einteilung in die „Grundbegriffe“ lyrisch, episch, dramatisch (E. Staiger, „Grundbegriffe der Poetik“, 1946, 8. Auflage 1968) steht die Erkenntnis, daß es in der Praxis die Gattungen in Reinform nicht gibt, sondern nur in Mischungen verschiedener Grundhaltungen. So gibt es lyrische Formen, die ins Epische oder gar Dramatische hinüberweisen (etwa die Ballade), es gibt u. a. das epische Drama und den lyrischen Roman. – Daneben kann der Begriff Gattung 2. auch die besonderen Ausprägungen der drei Grundformen bezeichnen, also im Bereich des Epischen die Fabel, die Kurzgeschichte, die Novelle, den Roman usw. Eine solche Einteilung kann nach formalen und/oder nach inhaltlichen Gesichtspunkten vorgenommen werden.

Gebände ↑Abgesang.

Gebet [von althochdeutsch bita „Bitte“]: das Gebet tritt als literarische Gattung v. a. in der mittelalterlichen Dichtung auf, und zwar entweder als Einschub in größere Werke oder als selbständige Form in Vers oder Prosa. Das älteste Beispiel der deutschen Literatur ist das stabgereimte (↑Stabreim) „Wessobrunner Gebet“ aus dem 9. Jahrhundert. Das frühmittelhochdeutsche „Rolandslied“ (12. Jahrhundert) des Pfaffen Konrad wird mit einem Fürbittgebet beschlossen, das „Willehalm“-Epos (um 1220) Wolframs von Eschenbach beginnt mit einem Gebet. In der hochmittelalterlichen Lyrik gibt es selbständige, gereimte Gebete von Walther von der Vogelweide, Reinmar von Zweter, dem Marner, Frauenlob und in Freidanks „Bescheidenheit" (1. Hälfte des 13. Jahrhunderts). Die erste große Gebetsammlung ist im Gebetbuch von Muri (12. Jh.) überliefert. Weitere bekannte und verbreitete Gebetsammlungen sind die Stundenbücher (Livres d'heures), die zur privaten Andacht meist hochgestellter Personen Verwendung fanden. Mit Erfindung des Buchdrucks nahm die Zahl solcher Sammlungen zu. Auch in der Literatur der Neuzeit gibt es vereinzelt Gebete, so als Einschübe im Drama (z. B. Gretchens Gebet in Goethes „Faust I", 1808) oder als Einzelgattung (z. B. E. Mörikes Gebet „Herr! schicke, was du willst").

geblümter Stil [von mittelhochdeutsch blüemen „mit Blumen schmükken", unter Einfluß von lateinisch flosculus „(Rede)blümchen"]: mit formalen Kunstmitteln angereicherte Stilform, die, ausgehend von bestimmten Ausdrucksformen in Wolfram von Eschenbachs „Parzival" (um 1200–10) von vielen Autoren der mittelhochdeutschen Literatur des 13. und 14. Jahrhunderts gepflegt wurde, z. B. von Albrecht (von Scharfenberg?), Verfasser des „Jüngeren Titurel" (13. Jahrhundert), Konrad von Würzburg, Heinrich von Meißen, genannt Frauenlob, sowie von Rudolf von Ems.

Gebrauchsliteratur: pauschale Bezeichnung für Literatur, die auf einen bestimmten Gebrauchszweck ausgerichtet ist. Gebrauchsliteratur umfaßt so u. a. Andachtsbücher und Reklametexte, Kirchenlieder und Schlagertexte, Flugblätter und Albumverse; auch der gesamte Bereich der ↑Gelegenheitsdichtung sowie der politisch ↑engagierten Literatur bis hin zu Agitproptheater und Agitproplyrik (↑Agitprop) ist der Gebrauchsliteratur zuzuordnen.

gebrochener Reim: Sonderform des ↑Enjambements: nur die erste Hälfte eines meist zusammengesetzten Substantivs bildet das Reimwort, während die zweite Hälfte am Anfang der folgenden Zeile steht, z. B.: „... und ein Wander-/vogel lautet, zu der Säule,/die in Majoran und Koriander/steht ..." (R. M. Rilke, Gedicht „Die Sonnenuhr"). Der gebrochene Reim kann oft auch eine komische Wirkung erzielen.

gebundene Rede: sprachliche Darstellungsform, die sich von der ↑Prosa, der ungebundenen Rede, durch die Verwendung gliedernder und ordnender Gestaltungsmittel (z. B. ↑Metrum, ↑Rhythmus, ↑Reim, ↑Strophe) deutlich abhebt und v. a. die Gestaltung lyrischer Dichtung, aber auch des Dramas und des [Vers]epos, prägt.

Gedankenfiguren ↑rhetorische Figuren.

Gedankenlyrik (Ideenlyrik, philosophische Lyrik): lyrische Dichtungen, in denen philosophische oder weltanschauliche Themen reflektiert und gestaltet werden. Diese Festlegung schließt aber keine Abwertung z. B. der ↑Erlebnisdichtung als gedankenarm und geistlos mit ein, sondern betont den unterschiedlichen Ausgangspunkt dieser beiden Erscheinungsformen von Lyrik: Erlebnisdichtung geht vom Erlebnis aus und umfaßt in der sprachlichen Gestaltung immer auch Gedankliches, in der Gedankenlyrik dagegen geht es nicht nur um geistige Inhalte (wie überwiegend in der ↑Lehrdichtung), sondern es wird auch das Ergriffensein von diesen Inhalten, die erlebnismäßige Betroffenheit sprachlich gestaltet. Die deutsche Lyrik ist reich an Beispielen für Gedankenlyrik mit philosophischer und theologischer Thematik, im Mittelalter und in der Zeit der Aufklärung oft mit didaktischer Tendenz. Aus der mittelhochdeutschen Literatur ist v. a. die politische Dichtung Walthers von der Vogelweide zu erwähnen. In der Barockzeit wurde besonders das Schwanken des Menschen zwischen Weltbejahung und Weltflucht, zwischen Diesseits und Jenseits, zwischen Vergänglichkeit und Unendlichkeit zum Gegenstand der Gedankenlyrik (Sonette und Epigramme von M. Opitz, A. Gryphius, P. Fleming und F. von Logau). In der Aufklärung hat Gedankenlyrik häufig den aus der

Beobachtung der Natur motivierten Lobpreis des Schöpfers zum Thema, z. B. bei B. H. Brockes („Irdisches Vergnügen in Gott“, 1721–48), A. von Haller und auch bei F. G. Klopstock. Aus Goethes lyrischem Werk sind als Beispiele von Gedankenlyrik zu nennen: „Geheimnisse“ (1784), „Metamorphose der Pflanzen“ (1798) und v. a. aus seiner späten Schaffensphase die Sammlungen „Gott und Welt“, „Parabolisch“, „Epigrammatisch“ und „West-östlicher Divan“ (1819). Ihren Höhepunkt erreichte die Gedankenlyrik in Schillers sogenannten philosophischen Gedichten, in denen das klassische Ideengut, hier v. a. die Bewältigung des Widerspruchs zwischen der sinnlichen und der geistigen Natur des Menschen in der Kunst, seine Ausprägung erfährt, so z. B. in „Die Götter Griechenlands“ (1788), „Die Künstler“ (1789), „Das Ideal und das Leben“ (1795), „Der Spaziergang“ (1795). J. Ch. F. Hölderlin, F. Grillparzer, Ch. F. Hebbel, F. Rückert, F. Nietzsche, St. George, R. M. Rilke u. a. führten die Tradition der Gedankenlyrik in der deutschen Literatur weiter. Im Ausland waren die Engländer G. G. N. Lord Byron, J. Keats, P. B. Shelley und T. S. Eliot, die Franzosen A. de Lamartine, A. de Vigny und P. A. Valéry als Vertreter der Gedankenlyrik bedeutsam.

Gedicht: dieser Begriff, mit dem ursprünglich alles schriftlich Abgefaßte bezeichnet wurde, erfuhr im Laufe des 18. Jahrhunderts eine Einengung auf die Ergebnisse dichterischen Schaffens. Er konnte zunächst alle literarischen Gattungen, auch epische und dramatische Werke, bezeichnen. So nannte z. B. G. E. Lessing sein Drama „Nathan der Weise“ (1779) ein „dramatisches Gedicht“. Heute ist der Begriff ausschließlich auf kürzere, von Prosa zu unterscheidende Formen beschränkt. – ↑ auch Lyrik.

geflügelte Worte: eine durch G. Büchmanns Sammlung „Geflügelte Worte. Der Citatenschatz des deutschen Volkes“ (1864, 32. Auflage 1972) populär gewordene Bezeichnung für allgemein bekannte und oft gebrauchte feste Redewendungen, deren Herkunft (meist Zitate aus literarischen Werken oder Aussprüche historischer Personen) eindeutig nachgewiesen werden kann. Der Begriff wurde von J. H. Voß geprägt, der in seiner Homerübersetzung (1781–93) die ständig wiederkehrende Formel „épea pteroénta“ (= die vom Mund des Redners zum Ohr des Angesprochenen fliegenden Worte) mit „geflügelte Worte“ eindeutschte. – Im Gegensatz zu geflügelten Worten, z. B. „Gut gebrüllt, Löwe“ (aus „A midsummer night's dream“, 1600, deutsch 1762, 1775 unter dem Titel „Ein Sommernachtstraum“, von W. Shakespeare), bleibt beim ↑ Sprichwort die Herkunft im dunkeln.

Gegenspieler: deutsche Übersetzung des aus dem Griechischen stammenden Begriffs Antagonist zur Bezeichnung einer oft negativ gezeichneten Person, die meist in einem Drama, aber auch in epischer Dichtung dem Hauptthelden gegenübersteht und durch ihr Handeln seine Katastrophe bedingt oder zumindest wesentlich auf sein Schicksal einwirkt. So ist in den beiden Teilen von Goethes „Faust“ (1808–32) Mephistopheles der Gegenspieler des Doktor Faust oder in Schillers Schauspiel „Die Räuber“ (1781) Franz Moor der Gegenspieler seines Bruders Karl. In weiterem Sinne können auch die Gesellschaft oder Naturgewalten (E. Hemingway, „The old man and the sea“, Erzählung, 1952, deutsch „Der alte Mann und das Meer“, 1952) die Rolle des Gegenspielers übernehmen.

gegenstandsloser Roman ↑ Nouveau roman.

Gegenstrophe ↑ Antistrophe.

Gegenwartsliteratur: unscharfer Begriff zur Bezeichnung der jüngsten deutschen (und ausländischen) Literatur, in weiterem Sinne seit dem Aufkommen des Naturalismus, hier im engeren Sinn der deutschsprachigen Literatur seit dem Ende des 2. Weltkrieges. Während über die Strömungen des ↑ Naturalismus, ↑ Impressionismus, ↑ Symbolismus, ↑ Expressionismus, ferner über ↑ Dekadenzdichtung, ↑ Futurismus, ↑ Dadaismus, ↑ Neue Sachlichkeit, Neuklassizismus, ↑Neuromantik, ↑Surrealismus, über die ↑existentialistische Literatur und über die ↑Exilliteratur eine ganze Reihe gesicherter Forschungsergebnisse vorliegt, ist für die deutschsprachige Literatur nach 1945 auf Grund des geringen zeitlichen Abstandes eine überzeugende Einteilung noch nicht geleistet. Allenfalls lassen sich gewisse Grundtendenzen nennen, die jeweils in engem Zusammenhang mit der gesellschaftlichen Entwicklung in der Bundesrepublik Deutschland, in Österreich und der Schweiz wie auch in der DDR zu sehen sind.

Nach dem Zusammenbruch Deutschlands im Jahre *1945*, dessen Bezeichnung als Jahr Null der deutschen Literatur umstritten ist, beherrschten in der heutigen *Bundesrepublik Deutschland* zunächst die Autoren, die im Lande verblieben waren, aber sich teilweise aus dem literarischen Leben zurückgezogen hatten oder mit Publikationsverbot belegt worden waren, die literarische Bühne (z. B. H. Carossa, G. Benn, E. Jünger, W. Bergengruen, G. von Le Fort). Daneben artikulierte sich eine junge Schriftstellergeneration in der sogenannten „Kahlschlagliteratur" (auch „Trümmerliteratur" oder „Neoverismus" genannt). Ihr Anliegen war die Bewältigung der Kriegserlebnisse (H. Böll, W. Borchert) mit Hilfe einer „nackten", bewußt verarmten, von der verlogenen Ideologie des Dritten Reiches entschlackten Sprache. Dabei kam der von dem Franzosen J.-P. Sartre geprägte Existentialismus dem Daseinsgefühl der Autoren entgegen, da diese philosophische Strömung jegliche metaphysische Bindung des Menschen verneinte und ihm auf Grund seiner Geworfenheit ins Nichts (nach M. Heidegger) und seiner Freiheit (Sartre: „Der Mensch ist dazu verurteilt, frei zu sein") die volle Selbstverantwortung für alles, was er tut, zusprach. Bevorzugte Gattungen dieser frühen Phase der deutschen Nachkriegsliteratur waren die naturmagische Lyrik (u. a. G. Eich, K. Krolow, P. Celan), deren durch O. Loerke und W. Lehmann getragene Tradition auch in den Kriegsjahren nicht abgerissen war, die ↑Kurzgeschichte und das ↑Hörspiel, beides besonders gepflegt von den in der ↑Gruppe 47 lose zusammengeschlossenen Autoren.

Mit dem Beginn des sogenannten Wirtschaftswunders und dem Aufkommen restaurativer Bestrebungen in den 50er Jahren, aber auch im Gefolge der intensiven Aufnahme ausländischer moderner Literatur und der Dichtung der Emigranten erfolgte eine Erweiterung der sprachlichen und gattungsspezifischen Möglichkeiten. Gestaltet wurde nun die Erfahrung der Unsicherheit des leidenden, bisweilen zur Resignation neigenden Ich. Diese Phase ist gekennzeichnet durch die Namen M. Frisch („Stiller", Roman, 1956), G. Grass („Die Blechtrommel", Roman, 1959), G. Benn (Lyrik), K. Krolow, G. Eich und F. Dürrenmatt („Der Besuch der alten Dame", Komödie, 1956).

Am Ausgang der 50er Jahre wurde eine gewisse Tendenz zur Objektivierung deutlich. Beobachtung und Beschreibung der Realität, der sich die Autoren gegenübersahen, traten an die Stelle der Bespiegelung der Ich-Problematik. Kennzeichnend für diese Entwicklung war der von der sogenannten Kölner Schule um D. Wellershoff proklamierte „neue Realismus". Gleichzeitig machte sich ein verstärkter Einfluß des Werks von B. Brecht bemerkbar, der z. B. durch das Einsetzen der politischen Lyrik (H. M. Enzensberger, „Die Verteidigung der Wölfe", 1957) oder durch die Ausschöpfung der Möglichkeiten von B. Brechts Konzeption des epischen Theaters (P. Weiss, „Die Verfolgung und Ermordung Jean Paul Marats dargestellt durch die Schauspielgruppe des Hospizes zu Charenton unter der Anleitung des Herrn de Sade", Drama, 1964) gekennzeichnet war. Parallel zur Zeit- und Gesellschaftskritik der realistischen Schreibweise verlief die Entwicklung experimenteller Dichtung: Teilweise vom ↑Dadaismus beeinflußt war die ↑konkrete Dichtung, u. a. vertreten von E. Gomringer („konstellationen", Gedichte, 1953) und von H. Heißenbüttel („Kom-

binationen", Gedichte, 1954). Amerikanische Einflüsse wurden in der sogenannten ↑Popliteratur wirksam.
Seit der Bildung der großen Koalition 1966, unter dem Eindruck des Vietnamkriegs und im Gefolge der Studentenunruhen (1968) lassen sich zwei entgegengesetzte Trends feststellen: Einerseits versuchte man theoretische Erkenntnisse der Soziologie politisch wirksam in die literarische Praxis umzusetzen, so etwa im Dokumentarstück (↑Dokumentarliteratur), im kritischen ↑Volksstück, in dem mit Stilelementen der Agitpropliteratur (↑Agitprop) arbeitenden ↑Straßentheater und in der Arbeiterdichtung (↑Gruppe 61). Als Autoren, die sich in praxisnaher politischer Literatur mit unmittelbarem Zeitbezug in der literarischen Form der Reportage, der Dokumentation usw. versuchten, sind zu nennen: P. Weiss u. a. mit seinen Arbeiten zum Thema Vietnam und mit den ersten zwei Bänden seiner Romantrilogie „Die Ästhetik des Widerstands" (1975–78), H. M. Enzensberger („Das Verhör von Habana", Drama, 1970; „Mausoleum", Gedichte, 1975) und G. Wallraff mit seinen Reportagen („Wir brauchen Dich", 1966, 1970 unter dem Titel „Industriereportagen"; „13 unerwünschte Reportagen", 1969). Die Demaskierung der Denk- und Verhaltensweisen von Leuten aus dem Volk, teilweise verbunden mit politischer Agitation, betrieb F. X. Kroetz in seinen Volksstücken („Stallerhof", 1972; „Münchner Kindl", 1974). Als politische Lyriker artikulierten sich u. a. E. Fried („Unter Nebenfeinden", 1970; „Die Freiheit, den Mund aufzutun", 1972), Y. Karsunke und F. C. Delius. Eine ganze Reihe von Autoren freilich verschloß sich diesem Trend zum politischen Engagement und suchte eine intellektuelle Abkapselung der Literatur, die nur noch für Eingeweihte verständlich war, weil sie beim Leser ein hohes Maß an Information über soziologische (H. Marcuse, „Onedimensional man", 1964, deutsch „Der eindimensionale Mensch", 1967) oder kommunikationstheoretische bzw. sprachphilosophische (L. Wittgenstein) Tatbestände voraussetzte, wie etwa in den Werken P. Handkes („Kaspar", 1968). Gleichzeitig bestimmte die Literatur einer neuen Subjektivität zunehmend die Szene der 70er Jahre mit sehr verschiedenen Ausprägungen. Hierher gehören so unterschiedliche Autoren wie M. Walser („Ein fliehendes Pferd", Novelle, 1978; „Seelenarbeit", Roman, 1979), M. Frisch („Montauk", Erzählung, 1975; „Der Mensch erscheint im Holozän", Erzählung, 1979), P. Handke, W. Kempowski, G. Wohmann und N. Born („Die erdabgewandte Seite der Geschichte", Roman, 1976; „Die Fälschung", Roman, 1979). F. Innerhofer („Schöne Tage", Roman, 1974), G. Wolfgruber („Herrenjahre", Roman, 1976) oder W. Genazino („Abschaffel", Roman, 1977) gestalteten Gesellschaftliches individuell. Innerhalb der autobiographischen Bekenntnisliteratur verdient die immer mehr anwachsende Frauenliteratur Erwähnung, z. B. K. Strucks „Klassenliebe" (Roman, 1973) oder V. Stefans „Häutungen" (1975). Das Streben nach möglichst ungebrochenen Vermittlungen eigenen sinnlichen Erlebens förderte eine, die Kluft zwischen Kunst und Alltag aufhebende, sprachlich entschlackte Lyrik (J. Theobaldy, N. Born, K. Kiwus), die sich aber auch der gesellschaftlichen und politischen Bedingtheit subjektiver Erfahrung bewußt sein konnte (P.-P. Zahl, F. C. Delius, L. Fels, Y. Karsunke). Keinerlei Zäsuren in der Werkentwicklung zeigen die neueren Publikationen von S. Lenz („Exerzierplatz", Roman, 1985) und G. Grass („Der Butt", Roman, 1977; „Das Treffen in Teltge", Erzählung, 1979).
Die Angst, nicht nur vor der Wiederaufrüstung der Militärblöcke, sondern auch vor einer drohenden ökologischen, technologischen und sozialen Katastrophe unschätzbaren Ausmaßes sowie die Einsicht in das Versagen aller politischen Ideologien haben spürbare Auswirkungen auf die Literatur der 80er Jahre: viele Autoren verbinden ihre Kritik am Zustand der Gesellschaft mit der besonderen Bemühung um eine Erwei-

terung der poetischen Ausdrucksmöglichkeiten. So wird in vielen Romanen Fiktion als Wirklichkeit ausgegeben, wie etwa in der 1981 abgeschlossenen Trilogie „Die Ästhetik des Widerstands“ von P. Weiss († 1982) oder auch in der 1983 vollendeten Tetralogie „Jahrestage“ (Band 1 war 1970 erschienen) von U. Johnson († 1984). Auch H. Böll († 1985) erreicht in seinem letzten Roman „Frauen vor Flußlandschaft“ (1985) durch Fiktion einen höheren Grad von Wirklichkeit. Nach dem Tod dieser Autoren bestimmt immer noch die ältere Garde das Romanschaffen. In seiner Endzeitvision „Die Rättin“ (1986) richtet G. Grass den Blick aus der Perspektive des eingetretenen atomaren Overkill auf die Gegenwart; M. Walser macht die „große Kunst des Erzählens von ganz Kleinem“ zu einer „eindringliche[n] Geschichtsschreibung des Alltags“ („Das Schwanenhaus“, 1980; „Brandung“, 1985), W. Hildesheimer präsentiert in „Marbot“ (1981) die Biographie einer fiktiven Gestalt. P. Handke („Kindergeschichten“, Erzählung, 1981) werden gelegentlich die Fiktionalisierung von Wirklichkeit und ein Hang zur Innerlichkeit angekreidet.

Als die bedeutendsten Bühnenautoren der 80er Jahre gelten (neben dem DDR-Dramatiker Heiner Müller) der 1989 verstorbene Th. Bernhard („Der Weltverbesserer“, 1979; „Der Theatermacher“, 1984; „Heldenplatz“, 1988) und B. Strauß („Groß und klein“, 1978; „Kalldewey, Farce“, 1981; „Die Fremdenführerin“, 1986). Gemeinsam ist beiden die tief pessimistische Weltsicht; Kommunikation im Dialog der handelnden Personen erweist sich als unmöglich.

Auch in der Lyrik der 80er Jahre dokumentieren sich v. a. bei den älteren Autoren das Bewußtsein des Verlusts früherer Überzeugungen (H. M. Enzensberger, „Der Untergang der Titanic“, Versepos, 1978; „Die Furie des Verschwindens“, 1980), die Gestaltung der Beschädigungen des Daseins (S. Kirsch, „Erdreich“, 1982; „Katzenleben“, 1984; „Schneewärme“, 1989), die Vision von Endzeit und Untergang (G. Kunert, „Abtötungsverfahren“, 1980; „Stilleben“, 1982; „Berlin beizeiten“, 1987), aber auch die kleine Hoffnung auf die Wahrung persönlicher Identität (R. Kunze, „auf eigene hoffnung“, 1981; „eines jeden einziges leben“, 1986).

Die Entwicklung der Nachkriegsliteratur der *DDR* ist weitgehend geprägt vom sozialistischen Realismus, der seit Beginn der 50er Jahre propagiert wurde und so nicht in erster Linie als literarische Strömung, sondern als literaturpolitisches Programm zu gelten hat: Mit den Darstellungsmitteln des bürgerlichen Realismus sollte das Leben der Arbeiter und Bauern geschildert, die Aufbauleistung der Werktätigen gefeiert und die Meisterung etwa auftauchender Konflikte durch den dominierenden positiven Helden vorgeführt werden. Dieses Ziel sollte dadurch erreicht werden, daß Arbeiter aufgefordert wurden, sich zur Selbstdarstellung des Mittels der Literatur zu bedienen oder daß man Schriftsteller dazu anhielt, die Realität der Arbeitswelt in Fabriken und Betrieben in eigener Anschauung kennenzulernen und dann erst ihre persönlichen Erfahrungen, Beobachtungen und Eindrücke niederzuschreiben. Auf den beiden Bitterfelder Konferenzen 1959 und 1964 wurde diese Grundlage des ↑ „Bitterfelder Weges“ offiziell festgelegt.

Ab etwa 1965 signalisierten jedoch gewisse Strömungen der DDR-Literatur eine Ablösung vom Dogma des sozialistischen Realismus, die ihren Grund in widersprüchlichen Einschätzungen des Zustandes der bestehenden sozialistischen Gesellschaft hatten. So entzündete sich die Kontroverse daran, ob gesellschaftliche Widersprüche, etwa Konflikte zwischen Individuum und Gesellschaft, im Sozialismus als bereits aufgehoben oder wenigstens als jederzeit aufhebbar zu gelten hatten oder nicht. Aus den beiden möglichen Antworten auf diese gesellschaftstheoretische Grundsatzfrage wurden unterschiedliche Beurteilungen der Funktion von Literatur abgeleitet: Einerseits begründete etwa

P. Hacks aus dem postrevolutionären Zustand in der DDR die Notwendigkeit einer postrevolutionären, d.h. widerspruchsfreien Literatur, da die klassenlose Gesellschaft schon verwirklicht sei und nur noch vervollkommnet werden müsse. Andererseits sprach z.B. V. Braun vom noch andauernden revolutionären Prozeß und folgerte daraus die Verpflichtung der Literatur, die in der Gesellschaft noch immer bestehenden Grundwidersprüche darzustellen. Eine weitere neuere Tendenz der DDR-Literatur war die Betonung subjektiven Erlebens und persönlicher Erfahrung, die sich formal in der Wiedereinführung des Ich-Erzählers zeigte und die am augenfälligsten in den Werken Ch. Wolfs („Nachdenken über Christa T.", Roman, 1968; „Kindheitsmuster", Roman, 1976; „Kein Ort. Nirgends", Erzählung, 1979) zutage trat. Die spürbare Liberalisierung der Kulturpolitik der DDR seit 1971, die auch auf die DDR-Literatur einen günstigen Einfluß nahm, wurde etwa Mitte der 70er Jahre wieder zurückgenommen. Namhafte Autoren verließen das Land oder wurden ausgebürgert, wie W. Biermann. 1977 gingen S. Kirsch („Rückenwind", Gedichte, 1976; „Musik auf dem Wasser", Gedichte, 1977) und R. Kunze („Zimmerlautstärke", Gedichte, 1972; „Die wunderbaren Jahre", Prosa, 1976) in den Westen, ferner J. Fuchs, H. J. Schädlich („Versuchte Nähe", Prosa, 1977) und Th. Brasch. Als die wichtigsten Dramatiker der DDR in den 70er Jahren sind P. Hacks und Heiner Müller zu nennen, außerordentliche Resonanz fand auch das Stück „Die neuen Leiden des jungen W." (1973) von U. Plenzdorf.

Die DDR-Literatur der 80er Jahre ist gekennzeichnet vom Versuch, Unrecht und Willkür in der sozialistischen Gesellschaftspraxis bloßzustellen, ohne daß sich die Autoren gleich als Oppositionelle verstünden. Um der immer noch sehr strengen Zensur zu entgehen, verwenden sie für ihre Kritik gerne ein historisches Kostüm (z.B. St. Heym in „Ahasver", Roman, 1981). Kritisch setzt sich G. de Bruyn in seinem Roman „Neue Herrlichkeit" (1984) mit den Abgrenzungsversuchen der Herrschenden in der DDR auseinander, während Ch. Hein in seinen Dramen „Cromwell" (1981) und „Die wahre Geschichte des Ah Q" (1984) die Diskrepanz zwischen Zielsetzung und Verwirklichung der Revolution erörtert. In ihrer in beiden Teilen Deutschlands gleich erfolgreichen Erzählung „Kassandra" (1983) artikuliert Ch. Wolf Kritik an der zerstörerischen Wirkung gesellschaftlicher und staatlicher Institutionen sozialistischer wie kapitalistischer Prägung und fordert die Aufkündigung der Loyalität zu den Herrschenden (↑auch Frauenliteratur). Als bedeutendster Dramatiker der 80er Jahre gilt weiterhin Heiner Müller. In der Lyrik wird zunehmend experimentiert, Kritik am System und Spott über die Repression wirken oft eher komisch als verbissen.

Gehalt: Bezeichnung des dichterisch gestalteten Inhalts, Stoffes, Ideengutes, also dessen, was (nach O. Walzel, „Gehalt und Gestalt im Kunstwerk des Dichters", 1925) eine Dichtung an Gedanken, Erkenntnis, an Wollen und Fühlen enthält oder bewirkt. Im Gegensatz zum Gehalt steht die äußere ↑Form oder ↑Gestalt eines literarischen Werkes.

Geißlerlieder (Flagellantendichtung): Lieder und Gesänge, die die Geißler (Angehörige schwärmerisch-frommer Laienbewegungen des 13.–15. Jahrhunderts, die morgens und abends zur Buße Selbstgeißelung übten; lateinisch auch als Flagellanten bezeichnet) auf ihren Zügen, in Deutschland besonders ab der Mitte des 14. Jahrhunderts, sangen. Bei den Geißlerliedern handelt es sich teils um Neuschöpfungen, teils um ↑Kontrafakturen zu älteren Liedern. Formal als ↑Leis oder ↑Leich gestaltet, gehören die Geißlerlieder dem geistlichen Volkslied an.

Geisterballade ↑Gespensterballade.

Geistergeschichte ↑Gespenstergeschichte.

geistliche Dichtung: von Angehörigen des geistlichen Standes, aber auch von Laien verfaßte Dichtung, in der es um die Vermittlung christlicher Glaubensinhalte und, damit meist verbunden, um die erlebnismäßige Hinführung zum rechten Glauben geht. – ↑auch geistliche Epik, ↑geistliches Lied, ↑geistliches Spiel, ↑Erbauungsliteratur, ↑Kirchenlied.

geistliche Epik: epische Darstellungen der christlichen Heilsgeschichte und der kirchlichen Tradition, v. a. in den Heiligenlegenden. Die geistliche Epik hatte v. a. im Mittelalter mit seinem geschlossenen Weltbild ihre große Blüte. Bereits am Beginn der deutschen Literatur stehen zwei große geistliche Epen, der altsächsische „Heliand" (um 830) und die „Evangelienharmonie" (vollendet zwischen 863 und 871) Otfrids von Weißenburg. Ab der Mitte des 11. Jahrhunderts folgten religiös-didaktische Geschichtsdichtungen („Annolied", wahrscheinlich zwischen 1080 und 1085; „Kaiserchronik", um 1150) und Nachdichtungen der Bibel wie die „Wiener Genesis" (2. Hälfte des 11. Jahrhunderts), die Werke der Frau Ava (12. Jahrhundert) und die Vorauer „Bücher Mosis" (um 1130–1140). In der Blütezeit der höfischen Epik entstanden Heiligenviten (= Beschreibungen des Lebens von Heiligen), Mariendichtungen und Legendendichtungen, so etwa „Sanct Servatius" (2. Hälfte des 12. Jahrhunderts) von Heinrich von Veldeke und „Gregorius" (um 1190) von Hartmann von Aue. Nach einer letzten Blüte in der ↑Deutschordensdichtung trat die geistliche Epik hinter die allgemein religiöse, persönlich bestimmte Erlebnisliteratur zurück und wurde als ↑Erbauungsliteratur Zweckdichtung für die Seelsorge oder die Bestärkung im christlichen Glauben. Jedoch entstanden auch noch in nachreformatorischer Zeit bedeutende Werke geistlicher Epik, wie J. Miltons Epos „Paradise lost" (1667, erweitert 1674, deutsch 1682, 1855 unter dem Titel „Das verlorene Paradies") und v. a. F. G. Klopstocks biblisches Epos „Der Messias" (1748–73), dessen Gegenstand das Martyrium Jesu ist, dargestellt im Geiste des Pietismus.

geistliches Drama ↑geistliches Spiel.

geistliches Lied: ein sangbares Lied, zumeist für den Gemeindegesang in der Kirche, in dem christlich-dogmatische Glaubensinhalte gestaltet werden. Durch diese Fixierung an die von der Kirche repräsentierten Heilswahrheiten unterscheidet sich das geistliche Lied – trotz fließender Grenzen – von religiöser Lyrik allgemein. Das geistliche Lied, v. a. der sogenannte ↑Leis, wurde seit dem frühen Mittelalter gepflegt. In der hohen Zeit des Minnesangs gab es, nicht selten von den gleichen Autoren, Marienhymnen und Kreuzzugslieder, so z. B. von Walther von der Vogelweide. Der von M. Luther fest in den Gottesdienst integrierte Gemeindegesang ließ die Tradition des vorreformatorischen geistlichen Liedes und zugleich die des ↑Kirchenlieds aufleben, bis es in der Zeit des Barock eine hohe Blüte erreichte: Auf protestantischer Seite sind die Lieder von A. Gryphius, P. Fleming und P. Gerhardt, auf katholischer die von D. Czepko, F. Spee von Langenfeld und Angelus Silesius zu nennen. Bedeutsam war auch das geistliche Lied des Pietismus (N. L. von Zinzendorf, G. Tersteegen), ferner die geistlichen Lieder von Ch. F. Gellert, F. G. Klopstock, Novalis, C. Brentano oder A. von Droste-Hülshoff.

geistliches Spiel (geistliches Drama): geistliche Dichtung in dramatischer Gestaltungsform. Sämtliche Dramen ernsten Inhalts waren im europäischen Mittelalter geistliche Spiele, in denen den Gläubigen auf der Bühne das Heilsgeschehen vorgeführt wurde. Das geistliche Spiel entwickelte sich seit dem 10. Jahrhundert im Rahmen kirchlicher Feiern, z. B. an Ostern oder Weihnachten, aus dem ↑Tropus. Ursprünglich in Kirchen aufgeführt, wurden die geistlichen Spiele seit dem 14. Jahrhundert auf Marktplätze oder in Säle verlegt. Gleichzeitig setzte sich die Volkssprache anstelle des Lateinischen durch. Das um 1250 entstandene „Osterspiel von Muri" ist das älteste erhaltene geistliche Spiel der deutschen Literatur. Das bereits um 1160 geschriebene lateinische Spiel „Ludus de Antichristo" (↑Antichristdichtung) verweist auf eine nationale Sonderentwicklung. Neben dem ↑Osterspiel und dem ↑Weihnachtsspiel, dem ↑Adventsspiel, Legenden- und ↑Mysterienspiel kommt dem ↑Passionsspiel die größte Bedeutung für die deutsche Literatur zu. Hauptgattung in England war das ↑Fronleichnamsspiel, während in Frankreich das Mysterienspiel, in Italien die Lauda drammatica (Prozessionsspiel) und die Sacra rappresentazione, in Spanien das Auto sacramental (↑Auto) bevorzugt wurden. In der Zeit des Humanismus und der Reformation wurde das geistliche Spiel allmählich durch das ↑Schuldrama bzw. das ↑Jesuitendrama abgelöst, einzig in den von strengem Katholizismus geprägten Gebieten, wie in Spanien, hatte es noch bis ins 18. Jahrhundert Bestand. Das Passionsspiel, z. B. das seit 1634 nachweisbare Oberammergauer Passionsspiel, ist vereinzelt bis in unsere Zeit erhalten geblieben.

gekreuzter Reim ↑Kreuzreim.

Gekrönter Blumenorden ↑Nürnberger Dichterkreis.

gekürzter Vergleich ↑Metapher.

Gelegenheitsdichtung: die zu einem bestimmten äußeren Anlaß (Abschied, Tod, Taufe, Geburtstag, Fest, Jubiläum usw.) verfaßten Dichtungen, wie sie seit dem Humanismus bis in die Zeit des Rokoko äußerst beliebt waren. In der Barockzeit wurde die Gelegenheitsdichtung (abweichend vom heutigen Literaturverständnis) der hohen Dichtung zugerechnet und u. a. von M. Opitz in seinem „Buch von der Deutschen Poeterey" (1624) theoretisch begründet. Der Formenreichtum der Gelegenheitsdichtung dieser Zeit reicht vom ↑Epigramm bis zum ↑Festspiel. Autoren von Gelegenheitsdichtung waren u. a. P. Fleming, J. Rist, G. R. Weckherlin, J. Ch. Günther. Das Interesse an Gelegenheitsdichtung schwand erst, als sich in der Goethezeit die Vorstellung vom Wesen der Dichtung und das Selbstverständnis des Dichters wandelte. Goethe, der selbst eine Reihe von Gelegenheitsdichtungen geschaffen hatte, bezog auch die sogenannte ↑Erlebnisdichtung in den Begriff Gelegenheitsdichtung mit ein. – ↑auch Gebrauchsliteratur, ↑Tendenzliteratur.

Gelehrtendichtung: eine Vielzahl sehr verschiedenartiger, meist didaktischer Dichtungen, die entweder einen gelehrten, gebildeten Verfasser (↑Poeta doctus) oder einen überwiegend gelehrten Inhalt haben oder das Ergebnis gelehrten Forschens sind und sich an ein informiertes, gebildetes Publikum wenden. Gelehrtendichtung war in der Zeit von Renaissance und Humanismus (z. B. F. Petrarca, Erasmus von Rotterdam, K. Celtis) verbreitet, sie begegnete im ↑Jesuitendrama und beherrschte die Barockdichtung, v. a. den historisch ausgerichteten Barockroman (Anton Ulrich Herzog von Braunschweig-Wolfenbüttel, D. C. von Lohenstein). Aus dem 19. Jahrhundert ist der sogenannte ↑Professorenroman zu erwähnen. Die Vorstellung vom Autor als eines Poeta doctus war zum Teil auch im 20. Jahrhundert lebendig (z. B. Th. Mann oder G. Benn), wird aber von der Mehrheit der zeitgenössischen Schriftsteller als elitär und arrogant zurückgewiesen.

Gemäldegedicht (Bildgedicht): lyrische Sonderform, bei der Inhalt, Stimmung, Gedankengehalt eines Gemäldes oder einer anderen bildlichen Darstellung in lyrische Sprache umgesetzt werden. Gemäldegedichte gibt es seit dem Barock (J. van den Vondel, G. Ph. Harsdörffer u. a.); besonders gepflegt wurden sie in der Romantik (A. W. Schlegel u. a.) und im Impressionismus (D. von Liliencron, M. Dauthendey).

Geminatio̱n [von lateinisch geminatio „Verdopplung"]: Bezeichnung 1. für die Verdopplung eines Konsonanten innerhalb eines Wortes, 2. für die rhetorische Figur der ↑Epanalepse; auch die mehrmalige nachdrückliche Wiederholung eines Wortes (Epizeuxis) wird als Gemination bezeichnet.

Ge̱nera dice̱ndi [lateinisch „die Arten des Ausdrucks"]: Bezeichnung für die drei Stilarten, die die lateinische Rhetorik unterscheidet: *Genus humile* (niederer Stil), *Genus mediocre* (mittlerer Stil), *Genus grande* (hoher Stil). Die antike

Theorie ordnet die drei Genera dicendi nach den potentiellen Absichten einer Rede: Das schmucklose Genus humile dient v. a. sachlicher Belehrung, das Genus mediocre in erster Linie der Unterhaltung, das hochpathetische Genus grande dagegen der emotionellen Rührung. In der mittelalterlichen Rhetorik wurden die drei Stilarten berufsständisch interpretiert: Genus grande (miles = Adelskrieger), Genus mediocre (agricola = Bauer), Genus humile (pastor = Schäfer) oder auch drei Ständen zugeordnet (der höfischen Oberschicht, dem städtischen Bürgertum und dem Landvolk). In dieser Verbindung spielte die Dreistillehre v. a. in der Poetologie der Renaissance und des Barock eine Rolle.

Generation von 98 (Generación del 98): 1913 von Azorín geprägte Bezeichnung für eine Gruppe junger spanischer Autoren, die im Zuge der heftigen politischen Kontroversen in Spanien nach dem Verlust der letzten überseeischen Kolonien im Spanisch-Amerikanischen Krieg 1898 eine nationale Erneuerung des Landes und zugleich eine stärkere geistige Bindung Spaniens an das übrige Europa anstrebten. In den Dichtungen der Hauptvertreter dieser Richtung (Azorín, M. de Unamuno y Jugo, P. Baroja y Nessi, A. Machado y Ruiz, R. Menéndez Pidal u. a.) wird ein realitätsnaher, nüchterner Stil bevorzugt.

Género chico ['xenero 'tʃiko; spanisch „kleine Gattung"]: spanische volkstümliche Komödie (mit Musik) in einem Akt. Der Género chico steht wie die ↑Zarzuela in der Tradition von ↑Entremés und ↑Sainete und war in der zweiten Hälfte des 19. Jahrhunderts bis etwa 1910 besonders beliebt.

Genie [ʒe'ni:; französisch, von lateinisch genius „Schutzgeist, Geist", eigentlich „Erzeuger"]: das Wort wurde im 18. Jahrhundert aus dem Französischen übernommen und zunächst gleichbedeutend mit „Geist" verwendet. In der sogenannten *Geniezeit* (↑Sturm und Drang) in der zweiten Hälfte des 18. Jahrhunderts diente der Begriff Genie zur Bezeichnung der Schöpferkraft und der Originalität des Künstlers und des Dichters und zugleich zur Benennung der Person, in der diese Fähigkeiten vereinigt sind und die damit die höchste Stufe menschlicher Selbstverwirklichung erreicht hat. Die Vorstellung von der Gottähnlichkeit des Genies (das sich nicht an vorgegebenen Regeln orientiert, sondern selbst Muster schafft) war dieser Zeit geläufig, Prometheus galt als die zentrale Symbolfigur. Daneben wurde die schöpferische Kraft des Genies in Entsprechung zu der der Natur gesehen. Das Genie wird nicht von den Kräften des Verstandes bestimmt, sondern von Herz, Gefühl und Trieb. – Von J. K. Lavater wurde das Genie als „Aussprecher unaussprechlicher Dinge", von J. G. Herder als „Urkraft", „Original" und „Erfinder" und von Goethe als „diejenige Kraft des Menschen, welche durch Handeln und Tun Gesetze und Regeln gibt" definiert. In diesem Sinne traten die Dichter der Zeit des Sturm und Drang als sogenannte *Originalgenies* auf. Eine Wiederbelebung erfuhr der Geniebegriff in F. Nietzsches Philosophie des „Übermenschen", allerdings in extremer Übersteigerung. Zeugnis einer künstlerischen Auseinandersetzung mit dem Geniebegriff gibt u. a. auch Th. Manns Roman „Doktor Faustus" (1947).

Geniezeit ↑Sturm und Drang.

Genre [ʒã:r; französisch, von lateinisch genus „Geschlecht, Art, Gattung"]: Bezeichnung eines Darstellungsbereichs der bildenden Kunst, in dem kleine Szenen aus dem alltäglichen Leben dargestellt werden. Die literarische Entsprechung ist das Genrebild, die Darstellung einer typischen, beschaulichen häuslichen oder ländlichen Szene, in der die kleine Alltagswelt bestimmter Personen geschildert wird (z. B. bei E. Mörike, Jean Paul oder A. Stifter).

Genus grande [lateinisch „hohe Art"] ↑Genera dicendi.

Genus humile [lateinisch „niedere Art"] ↑Genera dicendi.

Genus mediocre [lateinisch „mittlere Art"] ↑Genera dicendi.

Georg-Büchner-Preis: zur Erinnerung an den Dichter Georg Büchner 1923 vom Volksstaat Hessen gestifteter Kunstpreis für hessische Künstler. Nachdem 1933–44 keine Preisverleihung stattgefunden hatte und 1945 die Neubelebung erfolgt war, wurde der Georg-Büchner-Preis 1951 in einen Literaturpreis umgewandelt, der von der Deutschen Akademie für Sprache und Dichtung alljährlich an Schriftsteller verliehen wird, die in deutscher Sprache schreiben und durch ihre Arbeiten das deutsche Kulturleben maßgeblich geprägt haben. Ursprünglich mit 3000 DM, seit 1989 mit 60000 DM dotiert, gilt der Georg-Büchner-Preis als bedeutendster Literaturpreis der Bundesrepublik Deutschland. Unter den Preisträgern finden sich u.a. G. Benn (1951), E. Kästner (1957), M. Frisch (1958), I. Bachmann (1964), G. Grass (1965), H. Böll (1967), Th. Bernhard (1970), P. Handke (1973), R. Kunze (1977), H. Lenz (1978), Ch. Wolf (1980), Heiner Müller (1985), B. Strauß (1989).

George-Kreis: ein sich etwa ab 1890 um den Dichter St. George bildender Kreis von Dichtern, Künstlern und Wissenschaftlern, die George als zentrale Persönlichkeit anerkannten und seinen Anspruch, Führer einer neuen geistigen Elite zu sein, unterstützten. Publikationsorgan des George-Kreises waren die „Blätter für die Kunst" (1892–1919), an denen die dem Kreis angehörenden Dichter H. von Heiseler, E. Hardt, K. G. Vollmoeller und K. Wolfskehl, aber auch H. von Hofmannsthal, M. Dauthendey u.a. mitarbeiteten. Dem George-Kreis gehörten u.a. auch die Literaturwissenschaftler F. Gundolf und M. Kommerell an.

Georgian poetry ['dʒɔːdʒjən 'pouɪtrɪ; englisch]: Titel einer von E. Marsh 1912–22 herausgegebenen fünfbändigen Lyriksammlung und seitdem Bezeichnung für die literarische Richtung der darin vertretenen, zur Regierungszeit des britischen Königs Georg V. wirkenden Dichter, z.B. Ch. Brooke, W. H. Davies, J. Drinkwater, W. J. de la Mare, auch D. H. Lawrence, J. Masefield und R. Graves. Die Werke dieser Autoren zeichnen sich durch Traditionsverbundenheit (formal wie inhaltlich), Verherrlichung des Landlebens, Betonung des typisch Englischen und Abkehr von der Fin-de-siècle-Stimmung aus. Die Bezeichnung wird auch auf andere Dichter ausgeweitet, die in jener Zeit eine ähnliche Stil- oder Geisteshaltung zeigten, u.a. E. Ch. Blunden, A. E. Housman und W. Owen.

germanische Dichtung: die ausschließlich mündlich überlieferte und deshalb nur aus sekundären Quellen erschließbare Dichtung der germanischen Stämme vor der Christianisierung. Als *Quellen* kommen in Frage 1. die von lateinischen Schriftstellern seit P. C. Tacitus und die vereinzelt auch in volkssprachiger Literatur des Mittelalters überlieferten Zeugnisse; 2. der aus ↑Glossen und ↑Interlinearversionen erschließbare Wortschatz der einzelnen Stammesmundarten; 3. die in literarischer Zeit vereinzelt und zufällig aufgezeichneten mündlich überlieferten Texte („Hildebrandslied", Anfang des 9. Jahrhunderts; „Merseburger Zaubersprüche", 10. Jahrhundert), die aber oft Spuren einer christlichen Überarbeitung erkennen lassen. Gewisse Rückschlüsse lassen sich 4. aus der im 7.–10. Jahrhundert blühenden, aber erst im 10. Jahrhundert aufgezeichneten christlichen Stabreimdichtung der Angelsachsen u. 5. aus der altisländischen Dichtung gewinnen, die 1200–60 blühte u. auf ein bereits Jahrhunderte altes kulturelles Erbe aus heidnischer Zeit zurückgriff. Diese Quellen erlauben jedoch nur einen sehr ungenauen Einblick in die Gattungen und Formen der germanischen Dichtung. Zwei *Epochen* werden unterschieden: die Dichtung der bäuerlichen Urgesellschaft und die Dichtung der Kriegergesellschaft der Völkerwanderungszeit. Die Dichtung der bäuerlichen Urgesellschaft umfaßte als Gemeinschaftsdichtung u.a. Kulthymnen, Zaubersprüche („Merseburger Zaubersprüche"), Hochzeits-, Toten- und Schlachtgesänge, Spruchdichtung, Rätselpoesie und Merkdichtung, alles in der sprach-

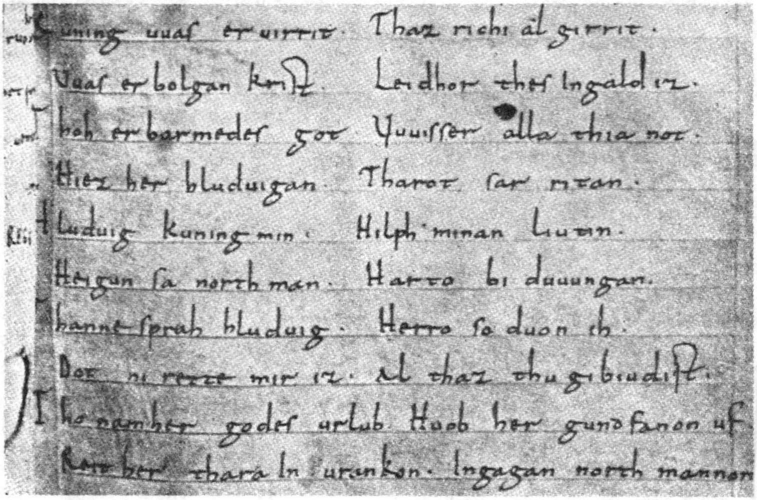

Germanische Dichtung. Bruchstück aus dem „Ludwigslied" (nach der einzigen erhaltenen Handschrift aus dem 9. Jahrhundert)

lichen Form des ↑Carmen. In der Völkerwanderungszeit, in der sich eine adelige Führerschicht herausbildete, entwickelten sich die an den Adelshöfen gepflegten Gattungen des ↑Heldenliedes und des Preisliedes, deren Autoren als Hofdichter dem Gefolge der Fürsten angehörten. Das „Hildebrandslied" und das altenglische „Finnsburglied" (8. Jahrhundert) als Beispiele für das Heldenlied und das „Ludwigslied" (Ende des 9. Jahrhunderts) als Beispiel für das Preislied zeigen rohe Ausprägungen des Stabreim- bzw. des Endreimverses. Die Christianisierung und die Anfänge einer Schriftliteratur bewirkten nicht bei allen germanischen Völkern einen ähnlich einschneidenden Bruch in der literarischen Tradition wie im deutschen Sprachraum. Im angelsächsischen Bereich wurden u. a. Stoffe älterer Heldenlieder zu einem Stabreimepos („Beowulf", 10. Jahrhundert) verarbeitet. Besonders reich war das Fortleben germanischer Dichtung in Skandinavien (↑Edda, ↑Saga, ↑Skaldendichtung).

Germanismus [neulateinisch]: die Übertragung einer für das Deutsche typischen idiomatischen Wendung oder einer Eigentümlichkeit der Wortstellung oder einer sonstigen syntaktischen Besonderheit auf eine andere Sprache, oft infolge eines Übersetzungsfehlers; wird als Stilmittel gelegentlich auch zur Erzielung eines besonderen Effekts verwendet.

Germanistik [neulateinisch]: die mit dem Begriff deutsche Philologie (gelegentlich auch germanische Philologie) bedeutungsgleich verwendete Bezeichnung der Wissenschaft von der geschichtlichen Entwicklung der deutschen Sprache und Literatur unter Einschluß der deutschen Volkskunde, der germanischen Altertumskunde und bisweilen auch der nordischen Philologie, der sog. Nordistik. Seit dem Ende des 19. Jahrhunderts hat sich die Einteilung in die ältere Germanistik (Forschungsgebiet: Sprache und Literatur der Vorzeit bis zum ausgehenden Mittelalter) und die neuere Germanistik (Literatur der Neuzeit) allgemein eingebürgert. Obwohl die Beschäftigung mit den Gegenständen der Germanistik sich bis in die Zeit des Humanismus (16. Jahrhundert) – oder sogar bis hin zu P. C. Tacitus („De origine et situ Germanorum“, bekannt unter dem Titel „Germania“, wahrscheinlich 98 erschienen, deutsch 1526, 1963 in „Die historischen Versuche. Agricola. Germania. Dialogus“) – zurückverfolgen läßt, wurde die Germanistik als Universitätsdisziplin erst in der 1. Hälfte des 19. Jahrhunderts durch J. und W. Grimm und K. Lachmann begründet. Während die Brüder Grimm durch ihre systematischen Forschungen zur Sprachwissenschaft („Deutsche Grammatik“ von J. Grimm, 1819; „Geschichte der deutschen Sprache“, 1848; „Deutsches Wörterbuch“, 1854–1961, 16 in 32 Bänden) durch ihre Arbeiten zur deutschen Rechtsgeschichte und v. a. durch ihre Sagen- und Märchenforschung („Kinder- und Hausmärchen“, 1812–15; „Deutsche Sagen“, 1816–18; „Deutsche Mythologie“, 1835) als Anreger und Förderer von überragender Bedeutung waren, wirkte Lachmann durch die Übertragung der textkritischen Methode der Altphilologie auf die Dichtungen des Mittelalters und durch seine bis heute als mustergültig angesehenen Textausgaben („Nibelungenlied“, 1826; Walther von der Vogelweide, 1827; Wolfram von Eschenbachs Werke, 1833) schulebildend. Aus dieser Phase der Grundlegung der Germanistik sind schließlich noch die Literaturgeschichten von W. Wackernagel („Geschichte der deutschen Literatur“, 1848–55) und von G. G. Gervinus („Geschichte der poetischen Nationalliteratur der Deutschen“, 1835–42) zu erwähnen. In der 2. Hälfte des 19. Jahrhunderts wurden die Methoden der zeitbestimmenden Naturwissenschaften auf die Germanistik übertragen und für die Erforschung der Gesetzmäßigkeiten der Sprachentwicklung nutzbar gemacht. In der Literaturwissenschaft führte diese Übernahme zur Ausbildung der positivistischen Methode, die sich einzig am Tatsächlichen, am empirisch Gegebenen orientiert und z. B. in der Biographie des Autors eine wichtige Voraussetzung für das Verständnis eines Werkes sieht. So unternahm W. Scherer in seiner „Geschichte der Deutschen Literatur“ (1883) den Versuch einer kausalen Erklärung von Gesetzmäßigkeiten im Wechsel von Verfalls- und Blütezeiten in der Literatur. Mit dem Beginn des 20. Jahrhunderts gewann im Anschluß an die Philosophie W. Diltheys („Das Erlebnis und die Dichtung“, 1905) die geistesgeschichtliche Methode die Oberhand, für die das Verstehen eines Kunstwerks aus dem Erlebnis seiner Ganzheit erwächst: das einzelne Werk wird auf dem Hintergrund geistesgeschichtlicher Entwicklungszusammenhänge gesehen, wie es z. B. H. A. Korff in seinem Buch „Geist der Goethezeit“ (1923–53) versuchte. Ab 1933 wurde die Germanistik als Wissenschaft von deutschem Geist und Wesen in den Dienst der nationalsozialistischen Ideo-

DEUTSCHES

WÖRTERBUCH

VON

JACOB GRIMM UND WILHELM GRIMM.

ERSTER BAND.

A — BIERMOLKE.

LEIPZIG

VERLAG VON S. HIRZEL.

1854.

Germanistik. Titelblatt des ersten Bandes von Jacob und Wilhelm Grimms „Deutschem Wörterbuch“ (1854)

logie gestellt. Nach 1945 dominierte die textimmanente Methode, die wesentlich von E. Staiger geprägt war: Das einzelne Werk wurde isoliert von allen über es hinausweisenden Bezügen (Biographie des Dichters, geschichtlicher oder gesellschaftlicher Hintergrund) betrachtet und als Einheit von Form und Gehalt zu begreifen gesucht. Heute ist die Germanistik durch einen Methodenpluralismus gekennzeichnet, nachdem weder die Anlehnung an die Soziologie (↑Literatursoziologie) noch die an die Linguistik zu einer vorherrschenden Methode geführt hat. – ↑auch Literaturwissenschaft.

gesammelte Werke: ein- oder mehrbändige Ausgabe, die im Gegensatz zur ↑Gesamtausgabe nur die wichtigen Werke eines Autors enthält. Bisweilen werden gesammelte Werke in Einzelausgaben veröffentlicht, so daß einzelne Bände auch separat erworben werden können.

Gesamtausgabe: ungekürzte Ausgabe sämtlicher Werke oder sämtlicher einer bestimmten Gattung angehörenden Werke (z. B. sämtlicher lyrischen Dichtungen oder aller Dramen) oder auch eines einzelnen vorher in Teilen veröffentlichten Werkes eines Autors. – ↑auch gesammelte Werke, ↑kritische Ausgabe.

Gesamtkunstwerk: ein Kunstwerk, in dem mehrere Künste (Dichtung, Musik, Tanz- und bildende Kunst) zu einem Werkganzen vereinigt sind. Die programmatische Forderung nach der Vereinigung aller Künste entstammt dem Gedankengut der Romantik. Daran anknüpfend hat R. Wagner die Idee des Gesamtkunstwerkes in seinen theoretischen Schriften entwickelt. Er strebte „das höchste gemeinsame Kunstwerk" an, in dem „jede Kunstart in ihrer höchsten Fülle vorhanden ist". Freilich ist diese Vorstellung von der Gleichrangigkeit aller Künste in R. Wagners Musikdramen nicht verwirklicht, da die Musik vorherrscht. Tendenzen zum Gesamtkunstwerk sind bereits im antiken Drama, in den aufwendig inszenierten geistlichen Spielen des Mittelalters und v. a. in den prunkvollen Festspielen der Barockzeit zu erkennen. In heutigen ↑Multimediaveranstaltungen ist die Idee eines Gesamtkunstwerks, wenngleich wesentlich verändert, wieder vorhanden.

Gesang: als deutsche Übersetzung des italienischen Canto die Bezeichnung eines längeren Abschnitts in einem Versepos; so ist F. G. Klopstocks Epos „Der Messias" (1748–73) in 20 Gesänge eingeteilt.

Gesangbuch: die für eine Glaubensgemeinschaft, hauptsächlich zur Feier des Gottesdienstes, bestimmte Sammlung kirchlicher oder auch nur geistlicher Lieder. Solche Sammlungen sind seit der Einführung des Buchdrucks weit verbreitet. Das erste (heute verschollene) Gesangbuch war das tschechische Gesangbuch der Böhmischen Brüder von 1501. Die Bedeutung, die M. Luther dem ↑Kirchenlied als Gemeindegesang zumaß, zeigt sich in seiner Beteiligung an der Veröffentlichung mehrerer Gesangbücher, so des Erfurter „Enchiridion" (1524) und des mehrstimmige Lieder enthaltenden „Geystlichen Gesangk Buchleyns" (1524), dann auch des Gesangbuches von J. Klug (1529). Auf katholischer Seite ist das „New Gesangbuchlin" (1537) von M. Vehe das älteste Gesangbuch, bedeutsam durch den Rückgriff auch auf ältere Traditionen sind J. Leisentritts „Geistliche Lieder und Psalmen" (1567). In der Folgezeit spiegelt die nahezu unübersehbare Zahl von Gesangbüchern in ihrem Inhalt den jeweils vorherrschenden Zeitgeschmack. Zu einer Vereinheitlichung der bislang regional verschiedenen Gesangbücher kam es in jüngster Zeit mit dem „Evangelischen Kirchengesangbuch" von 1950 und dem 1973 fertiggestellten „Einheitsgesangbuch" der katholischen Kirche (1975 ersetzt durch „Gotteslob").

Gesätz: Bezeichnung für die Strophe eines Meistersanglieds (↑Meistersangstrophe), die in zwei gleiche ↑Stollen und in einen davon abweichend gebauten ↑Abgesang gegliedert ist; statt Gesätz ist auch die Schreibung ↑Gesetz üblich.

Geschichtsdichtung: Sammelbezeichnung für Dichtungen, in denen die Darstellung von Geschehnissen oder von herausragenden Personen der Vergangenheit (manchmal auch der Gegenwart) nicht im Sinne der Geschichtswissenschaft nur der Ermittlung genauer Fakten dient, sondern vielmehr der Veranschaulichung bestimmter Auffassungen des jeweiligen Autors vom Wesen der Geschichte oder gewisser Tendenzen auf politischem, religiösem oder kulturellem Gebiet. Schon Aristoteles sah in seiner „Poetik" den Unterschied zwischen Geschichtsschreiber und Dichter darin, daß der eine erzählt, was geschehen ist, der andere, was geschehen könnte. Er stellte die Dichtung über die Geschichtsschreibung, weil die Dichtung vom Allgemeinen, die Geschichtsschreibung vom Besonderen redet. In diesem Sinne zielt Geschichtsdichtung auf eine den Ereignissen übergeordnete Sinndeutung. So versuchte mittelalterliche Geschichtsdichtung historische Entwicklungen in einen heilsgeschichtlichen Ablauf einzuordnen, während z. B. die Geschichtsdichtung des ↑Jungen Deutschland von nationalen und sozialen Ideen geprägt ist. – ↑auch historischer Roman, ↑historisches Drama.

Geschichtsklitterung [von frühneuhochdeutsch klittern „klecksen, schmieren"]: eine von J. Fischart 1582 in der 2. Ausgabe („Affentheurlich Naupengeheurlich Geschichtklitterung ...") seiner Bearbeitung von F. Rabelais' Roman „Gargantua et Pantagruel" (1532–64) geprägte Bezeichnung für eine unwissenschaftliche, sinnentstellende, parteiische Darstellung geschichtlicher Stoffe.

geschlossene Form: Begriff der Poetik für literarische Werke, die nach streng festgelegten Formprinzipien aufgebaut sind. Die geschlossene Form entspricht v. a. dem Kunstideal klassischer und klassizistischer Epochen. In literarischen Kunstwerken geht die geschlossene Form einher mit gehobener, oft typisierender Sprache und einheitlicher Thematik, wenigen Hauptgestalten und übersichtlicher, stets in sich geschlossener Handlung in Epik und Drama, in der Lyrik mit wenigen Hauptmotiven und normgerechter Ausfüllung der Vers- und Strophenformen. Von besonderer Bedeutung ist die geschlossene Form als Dramentypus mit festen Regeln, z. B. der Wahrung der ↑drei Einheiten, Einteilung in drei oder fünf Akte usw. Im Gegensatz zur geschlossenen Form steht die ↑offene Form.

geschweifter Reim ↑Schweifreim.

Gesellschaft der Blumenschäfer ↑Nürnberger Dichterkreis.

Gesellschaftsdichtung: eine auf die sozialen, geistigen, ethischen und ästhetischen Normen der jeweils herrschenden Gesellschaftsordnung ausgerichtete Dichtung, die von Angehörigen eines bestimmten Standes oder einer bestimmten (häufig einer führenden) Schicht verfaßt und für die Rezeption durch diesen bzw. diese bestimmt ist. Gesellschaftsdichtung ist im Gegensatz zur ↑Erlebnisdichtung thematisch nicht von individuellem Denken und Fühlen geprägt, sondern im Blick auf einen genau festgelegten Leser- oder Hörerkreis verfaßt. Dieser erwartet vom Autor, daß er die anerkannten gesellschaftlichen Verhaltensmuster durch die Darstellung typischer Gestalten oder typischer Situationen und Vorgänge bestätigt. So ist z. B. die Dichtung der ↑Anakreontik kultiviertes Gesellschaftsspiel, bei dem eine begrenzte Anzahl von Motiven nach einem weithin festgelegten Schema für einen eingeweihten Personenkreis gestaltet wird. Auch der ↑Minnesang, die höfische Epik, die höfische Dichtung des Barock, die ↑galante Dichtung und die ↑Schäferdichtung sind als Gesellschaftsdichtung zu bezeichnen, ferner die ↑Gelegenheitsdichtung und das ↑Gesellschaftslied.

Gesellschaftslied: eine von A. H. Hoffmann von Fallersleben 1844 geprägte Bezeichnung für ein Lied, das weder als ↑Volkslied noch als Kunstlied zu definieren ist, sondern das von vornherein für eine bestimmte Gesellschaftsschicht zum Gebrauch z. B. bei Fest- und Tanzveranstaltungen angelegt ist. Diesem Verwendungszweck entsprechend repräsentiert das Gesellschaftslied das Denken und Fühlen einer breiten Mittelschicht und beschränkt sich auf einige wenige geläufige Themenkreise, wie z. B. Liebe, Geselligkeit, Wein. Das Gesellschaftslied ist überwiegend schriftlich überliefert, und zwar in den Gesellschaftsliederbüchern des 16.–19. Jahrhunderts, deren Titel oft schon Rückschlüsse auf die soziale Zusammensetzung der Gruppe erlauben, für die diese Lieder bestimmt waren: „Studentengärtlein" (1613), „Musikalisches Convivium" (1621), „Amores musicales" (1633), „Augsburger Tafel-Confect" (1733–46, komponiert von V. Rathgeber und J. C. Seyfert). Während die Verfasser der Texte zumeist unbekannt bleiben, stammt die überwiegend mehrstimmige musikalische Bearbeitung nicht selten von namhaften Komponisten, wie M. Franck, G. Forster, H. L. Haßler, J. H. Schein, I. de Vento.

Gesellschaftsroman: Roman, der inhaltlich auf eine breite Darstellung des Gesellschaftslebens einer Epoche ausgerichtet ist und dessen Handlungsaufbau weniger nach dem Prinzip der Steigerung in der zeitlichen Abfolge der Ereignisse, sondern vielmehr nach dem der ausführlichen Darstellung vieler gleichzeitig ablaufender Handlungsstränge erfolgt. Gesellschaftsromane sind sehr oft bestimmt von einer gesellschaftskritischen Tendenz, die entweder direkt ausgesprochen wird oder die, wie in den Romanen des europäischen Realismus (Th. Fontane, Stendhal, H. de Balzac, G. Flaubert, Ch. Dickens, L. N. Tolstoi, F. M. Dostojewski), sich dem Leser aus der bewußt objektiv gehaltenen Schilderung und Analyse der Gesellschaft unschwer erschließt. Gesellschaftsromane setzen eine einheitlich gegliederte Struktur der Gesellschaft voraus, die sie sich zum Gegenstand nehmen. Ist eine solche Gliederung nicht gegeben, z. B. auf Grund der im 20. Jahrhundert zu beobachtenden sozialen Nivellierung, erweist sich der ↑Zeitroman als die geeignetere Möglichkeit der Artikulation allgemeiner Zeitkritik (G. Grass, M. Walser, H. Böll u. a.).

Gesellschaftsstück ↑Konversationskomödie.

Gesetz: als Übersetzung des griechischen Wortes nómos („Gesetz", daneben auch „Lied, Melodie") seit der Renaissance gleichbedeutend mit Lied oder mit Lied- bzw. Gedichtstrophe. Gesetz (oder ↑Gesätz) dient v. a. zur Bezeichnung der ↑Meistersangstrophe und hier speziell des ↑Aufgesangs.

gespaltener Reim: Bezeichnung für einen ↑Reim, bei dem die Reimsilben auf zwei oder mehr kurze Wörter verteilt sind; so reimt z. B. in H. Hesses Gedicht „Im Nebel" „licht war" auf „sichtbar".

Gespensterballade (Geisterballade): eine der stofflich fixierten Erscheinungsformen der ↑Ballade, inhaltlich gekennzeichnet durch das Auftreten übernatürlicher Gestalten und Mächte, die lockend und furchterregend zugleich wirken. Am Anfang der Tradition der Gespensterballade in der deutschen Literatur steht G. A. Bürger („Lenore", 1774), der durch die von Th. Percy 1765 herausgegebene Sammlung „Reliquies of ancient English poetry" wichtige Anregungen empfing. Der Typus der Gespensterballade kam den Autoren des Sturm und Drang mit ihrem Hang zum Irrationalen sehr entgegen: auch der junge Goethe schloß sich in seinen Gespensterballaden „Der untreue Knabe" und „Der Totentanz" dem herrschenden Trend an. Im 19. Jahrhundert konnte sich die Gespensterballade neben der vorherrschenden historischen Ballade behaupten, wie E. Mörikes Balladen „Die Geister am Mummelsee", „Der Feuerreiter" und „Die traurige Krönung" oder A. von Droste-Hülshoffs „Der Knabe im Moor" beweisen, bei denen es sich um Gespensterballaden mit fließenden Übergängen zur naturmagischen Ballade handelt.

Gespenstergeschichte: Bezeichnung für eine Dichtung, in der unheimliche Begebenheiten im Zusammenhang mit dem Auftreten von Dämonen und Gespenstern dargestellt werden. Gespenstergeschichten finden sich in allen Kulturen schon in ↑einfachen Formen, in den Literaturen gibt es sie von jeher als selbständige Gestaltungen oder in größere Werke eingeschoben. Sie sind oft im Umkreis der Trivialliteratur anzusiedeln, da ihre Stoffe den Bedürfnissen eines anspruchslosen Lesepublikums nach spannender und aufregender Unterhaltung entgegenkommen. Trotzdem finden sich einschlägige Motive in der gesamten deutschen Literatur seit der Barockzeit, z. B. im Drama „Cardenio und Celinde, Oder Unglücklich Verliebete" (1657) von A. Gryphius, in der ↑Gespensterballade und besonders in der erzählenden Literatur der Romantik, aus der v. a. E. T. A. Hoffmanns Roman „Die Elixiere des Teufels" (1815/16) und die Erzählung „Das Majorat" (1817) hervorzuheben sind. Aber auch Goethe mit Teilen aus der Novellendichtung „Unterhaltungen deutscher Ausgewanderten" (1795), Schiller mit dem Erzählungsfragment „Der Geisterseher" (1787), H. von Kleist mit der Erzählung „Das Bettelweib von Locarno" (1810) und Th. Storm mit der Novelle „Der Schimmelreiter" (1888) gehören in diese Tradition, die wesentlich von der englischen ↑Gothic novel (H. Walpole, A. Radcliffe, M. G. Lewis) beeinflußt wurde. Eine bedeutende Rolle bei der Entwicklung der modernen Gespenstergeschichte spielen u. a. E. G. Bulwer-Lytton, Ch. Dickens, E. A. Poe, O. Wilde, G. de Maupassant, N. W. Gogol, I. S. Turgenjew. Zu Beginn des 20. Jahrhunderts erwacht im Gefolge von Psychoanalyse und Okkultismus das Interesse am Übersinnlichen wieder (v. a. in der Neuromantik), z. B. bei G. Meyrink („Der Golem". Roman, 1915).

Gesprächsspiel: eine besonders in der Barockzeit gepflegte Sonderform des literarischen ↑Dialogs, in dem mehrere Personen in zwangloser galanter Unterhaltung Stoffe und Themen der Gelehrsamkeit der Zeit behandeln. Gesprächsspiele waren für ein adeliges Publikum bestimmt und dienten der kurzweiligen Belehrung. Nicht selten enthielten sie ein komplettes Bildungsprogramm in der Form eines Kompendiums (G. Ph. Harsdörffer, „Frauenzimmer Gesprechspiele" 1641–49).

Gestalt: eine zumeist mit dem Begriff ↑Form gleichbedeutend gebrauchte Bezeichnung der äußeren Erscheinungsform einer Dichtung. Im Gegensatz zu ↑Gehalt umfaßt Gestalt die äußeren und inneren Bauelemente (↑Stil, ↑Struktur usw.) eines literarischen Werkes.

Geste [ʒɛst; französisch] ↑Chanson de geste.

Gẹstus [lateinisch „Gebärdenspiel"]: eine mit dem Begriff „Gestik" gleichbedeutende Bezeichnung für eine Summe von Gesten, die in ihrem Zusammenspiel eine bestimmte einheitliche Verhaltensweise einer Person augenfällig machen. B. Brecht faßt den Begriff „Gestus" noch weiter und versteht darunter die durch verbale Äußerungen, Gestik und Mimik sich zeigende Gesamthaltung, die der Sprechende anderen Menschen gegenüber einnimmt.

Ghasel (Ghasele, Gasel) [von arabisch ḡazal „verliebte Worte, Liebespoesie"]: eine von den Arabern entwickelte und seit dem 8. Jahrhundert im islamischen Sprachraum beheimatete lyrische Gedichtform, die sich vollendet in den Werken des persischen Dichters Sch. M. Hafes (14. Jahrhundert) findet. Themen der Ghasele sind das Lob des beschaulichen Lebensgenusses, der Liebe und des Weins. Ein Ghasel umfaßt eine unbestimmte Anzahl von Langversen, die in je zwei Halbverse gegliedert sind. Der Reim der beiden Halbverse des Eingangsverses wird in allen folgenden Langversen beibehalten. In den deutschen Nachbildungen entsprechen Verspaare den zweiteiligen arabischen Langversen, so daß folgendes Reimschema entsteht: aa ba ca da ea usw. Das Ghasel wurde von F. Schlegel 1803 in die deutsche Literatur eingeführt und v. a. von F. Rückert und A. von Platen, aber auch von Goethe in seinem „West-östlichen Divan" (1819) gepflegt.

Ghostwriter [ˈgoʊstˌraitə; englisch „Geisterschreiber"]: namentlich nicht genannter Autor, der im Auftrag und unter dem Namen anderer Personen (z. B. von Politikern, Künstlern, Sportlern) Reden, Zeitungsartikel oder Bücher (v. a. Memoiren) verfaßt. Dabei können die Inhalte mit dem Auftraggeber genau abgesprochen sein, oder es wird dem Ghostwriter weitgehende Freiheit eingeräumt.

Gleichklang: Sammelbegriff für dichterische Schmuckformen, besonders für Versbindungen wie ↑Reim, ↑Assonanz oder ↑Alliteration. Im engeren Sinn bezeichnet Gleichklang lediglich den Bereich der lautlichen Übereinstimmung, z. B. die eigentliche Reimzone, also „ein" beim Reim „Schein – sein".

Gleichnis: Bezeichnung für die am breitesten ausgebaute Form des ↑Vergleichs in dichterischer Sprache, bei dem ein Vorgang, aber auch eine Vorstellung oder ein Zustand durch einen entsprechenden Sachverhalt aus einem anderen, sinnlich konkreten, oft der Alltagswirklichkeit oder dem Vorstellungsvermögen der Leser näherstehenden Bereich veranschaulicht wird. So wird in Homers „Odyssee" (8. Jahrhundert v. Chr., deutsch 1778) die Blendung des einäugigen Riesen Polyphem durch Odysseus und seine Gefährten so beschrieben: „Sie ergriffen den Ölbaumpfahl ... und stemmten ihn in das Auge, aber ich stemmte mich von oben her auf ihn und drehte. Wie wenn ein Mann einen Schiffsbalken anbohrt mit dem Bohrer, und die andern fassen zu auf beiden Seiten und wirbeln ihn unten herum mit dem Riemen ...: so faßten wir den Pfahl und drehten ihn in seinem Auge ..." („Die Odyssee", übersetzt von W. Schadewaldt, 1958). Bei einem Gleichnis werden der zu veranschaulichende Sachverhalt (= Sachsphäre) und das zur Veranschaulichung dienende Bild (= Bildsphäre) meist ausdrücklich durch die Vergleichspartikeln „so ... wie" miteinander verbunden. Die Entsprechungen zwischen Sach- und Bildsphäre erstrecken sich nicht (wie in der ↑Allegorie) auf mehrere Einzelheiten, sondern konzentrieren sich auf einen einzigen, für die Aussage wichtigen Vergleichspunkt, das sogenannte Tertium comparationis, im angeführten Beispiel also auf das Drehen des glühenden Pfahls im Auge des Kyklopen Polyphem. Vom bloßen Vergleich unterscheidet sich das Gleichnis durch die breitere Ausformung und durch eine relativ große Selbständigkeit des Bildes, wenn also bei Homer die Darstellung der Blendung durch eine sehr genaue Beschreibung eines Arbeitsgangs beim Schiffbau sozusagen unterbrochen wird. Der Unterschied zwischen Gleichnis und ↑Parabel besteht v. a. darin, daß bei der Parabel die Sachsphäre ausgespart bleibt und allein aus der Bildsphäre erschlossen werden muß (die Parabel setzt das Bild *statt* der Sache, das Gleichnis setzt es *neben* sie). – Gleichnisse finden sich v. a. in den Homerischen Epen und in der Bibel, wo sie v. a. für Jesus ein wichtiges Mittel der Verkündung und der Argumentation darstellen. In der Forschung wurden die biblischen Gleichnisse gelegentlich als Allegorien, Parabeln oder ethische ↑Maximen bezeichnet.

gleitender Reim ↑Reim.

Glọsa [spanisch] ↑Glosse.

Glossa̱r [von griechisch glōssárion, eigentlich Verkleinerung zu glõssa „Zunge, Sprache"]: Verzeichnis, das einem bestimmten Text meist im Anhang beigegeben ist und in dem schwer verständliche Wörter (↑Glossen) erklärt werden. Glossar bezeichnet auch ein selbständiges Wörterbuch zur Erläuterung ungebräuchlicher (z. B. fremdsprachiger oder altertümlicher) Ausdrücke oder in Einzelfällen generell ein Sprachwörterbuch oder ein Wörterverzeichnis.

Glọsse [von griechisch glõssa „Zunge, Sprache"]: 1. Bezeichnung sowohl für ein fremdes oder ungebräuchliches Wort wie auch für die Erklärung oder Übersetzung eines derartigen Wortes. In Handschriften unterscheidet man zwischen *Interlinearglossen* (Erklärungen zwischen den Textzeilen), *Marginalglossen* (Erklärungen in Form von Randnotizen) und den seltener vorkommenden *Kontextglossen*, die in den Text selbst eingefügt sind. Die Überlieferung der Glossen erfolgte teils in den Texten selbst, in die sie bei Abschriften mit aufgenommen wurden, teils unabhängig von den Bezugstexten in ↑Glossaren. Schon in der Antike gab es Glossen,

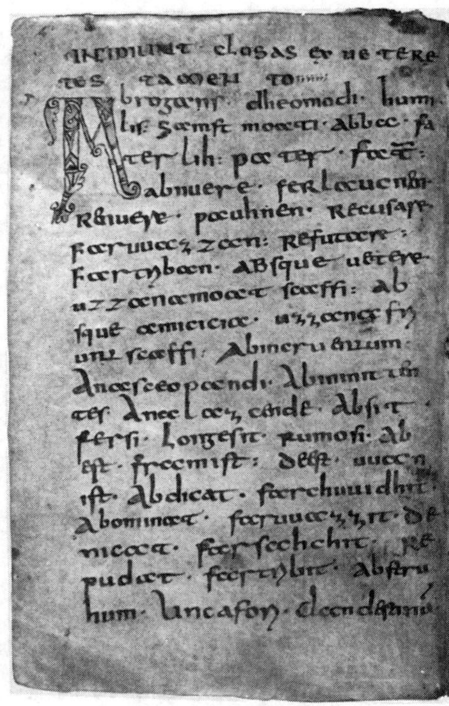

Glosse. „Deutscher Abrogans". Erste Seite aus Cod. 911, Sankt Gallen

z. B. zu Homer (seit dem 5. Jahrhundert v. Chr.). *Lateinische* Glossen zu antiken Autoren und zur Bibel finden sich seit dem 6. Jahrhundert. Sie überliefern z. T. vulgärlateinisches und frühromanisches Sprachgut. In der deutschen wie in den romanischen Sprachen stellen *volkssprachliche* Glossen die ältesten Schriftzeugnisse dar, z. B. Glossen in lateinisch abgefaßten Rechtstexten, in biblischen Schriften oder zur lateinischen Schullektüre, v. a. aber in selbständigen Glossaren als Übersetzungen lateinischer Stilwörterbücher oder als Sammlungen von Interlinearglossen. Das älteste zweisprachige Glossar der deutschen Sprachgeschichte ist der aus Freising stammende „Abrogans" (etwa 765–770), der nach seinem ersten Stichwort (= Lemma) benannt ist. Die Bedeutung dieser Glossen liegt darin, daß sie wichtige Anhaltspunkte für die Sprach- und Kulturgeschichte liefern, besonders für die Entwicklung der Ausdrucksmöglichkeiten der langsam aus dem Schatten des Lateinischen tretenden Volkssprachen. Besonders bedeutsam waren Glossen für die Rechtspflege, da sie im Lauf der Zeit den Charakter von Ausführungsbestimmungen zu den lateinischen Gesetzestexten bekamen. Die älteste Sammlung sind die „Malbergischen Glossen" zur „Lex Salica", die im 6. Jahrhundert entstanden. – 2. Glosse (bzw. Glosa) ist auch die Bezeichnung einer spanischen Gedichtform, die vom 15. bis 17. Jahrhundert weit verbreitet war. In der Glosse wird ein Thema, meist ein mehrzeiliges Zitat aus einem bekannten Gedicht (deutsch meist „Motto" genannt), variiert und kommentiert. Jeder Zeile des Zitats ist eine

↑Dezime gewidmet, an deren Ende der übernommene Vers steht. Die Glosse wurde in Deutschland durch die Romantiker (die Brüder Schlegel, L. Uhland u. a.), gelegentlich auch in parodistischer Absicht, nachgeahmt. – 3. In der Publizistik ist Glosse als journalistische Stilform ein häufig polemischer Kurzkommentar, der in der Presse oder in den audiovisuellen Medien auf aktuelle politische oder kulturelle Ereignisse Bezug nimmt. – 4. Schließlich bezeichnet Glosse ganz allgemein eine kurze spöttische Äußerung zu irgend einer Sache oder zu einem beliebigen Vorfall.

Glykoneus: ein in der griechischen und lateinischen Dichtung verbreitetes, nach einem sonst unbekannten hellenistischen Dichter Glykon benanntes Versmaß. Sein Grundschema ⏓́⏓–́◡◡–́◡–́ ist in der Lyrik in der Regel achtsilbig; es erscheint in der Chorlyrik in vielfachen Abwandlungen. Der Glykoneus ist eines der Grundmaße der äolischen Lyrik (↑äolische Versmaße). – ↑auch Choriambus, ↑asklepiadeische Strophe, ↑Pherekrateus.

Gnome [von griechisch gignṓskein „(er)kennen“]: ein in Versform oder Prosa gefaßter Erfahrungssatz oder kurzer Denkspruch lehrhaften Inhalts, weitgehend bedeutungsgleich mit ↑Sentenz und ↑Maxime. Gnomen als einfachste Form der Lehrdichtung sind in frühen Entwicklungsstufen nahezu aller Literaturen geläufig, besonders im Orient und in Griechenland. Sie waren oft in Sammlungen (Florilegien) vereinigt, z. B. in der unter dem Namen des Theognis von Megara im 6. Jahrhundert v. Chr. entstandenen Sammlung von Kurzelegien. Auch Freidanks „Bescheidenheit“ (13. Jahrhundert) gehört in diese Tradition. Im 14./15. Jahrhundert wurde die Gnome zur ↑Priamel weiterentwickelt.

Goethe- und Schiller-Archiv ↑Nationale Forschungs- und Gedenkstätten der klassischen deutschen Literatur in Weimar.

Goncourtpreis [gõ'ku:r; französisch] ↑Prix Goncourt.

Gongorismus [spanisch]: eine nach dem spanischen Dichter L. de Góngora y Argote benannte, auch als Culteranismo, Cultismo oder Estilo culto bezeichnete Ausprägung des ↑Manierismus in der spanischen Literatur (entsprechend dem ↑Euphuismus in der englischen und dem ↑Marinismus in der italienischen Literatur), als dessen bedeutendster Vertreter L. de Góngora y Argote gilt. Eine gewollt schwierige und dunkle Ausdrucksweise, gehäufte ↑Latinismen, der ungewohnte metaphorische Gebrauch geläufiger Wörter, die konzentrierte Verwendung rhetorischer Figuren und eine reiche Fülle mythologischer Anspielungen sind Kennzeichen dieser Spielform des Schwulststils (↑Schwulst). Für den Gongorismus empfand man erst wieder im 20. Jahrhundert Verständnis, nachdem er lange als zu gekünstelt verpönt gewesen war.

Gothic novel ['gɔθik 'nɔvəl; englisch „gotischer Roman“]: Bezeichnung für den englischen ↑Schauerroman, der in Phantasielandschaften spielt, sich ein [pseudo]historisches Kolorit gibt, düstere mittelalterliche Architektur mit unterirdischen Gängen, Verliesen und Schreckenskammern bevorzugt, von unerklärlichen Verbrechen erzählt, gerne unheimliche Gestalten, Gespenster oder Vampire auftreten läßt usw. H. Walpoles Roman „The castle of Otranto“ (1764, deutsch „Schloß Otranto“, 1768), A. Radcliffes Roman „The mysteries of Udolpho“ (1794) und M. G. Lewis' Roman „The monk“ (1796, deutsch „Der Mönch“, 1797/98) sind Beispiele für diese Modeströmung, die auch auf die deutsche Literatur des 18. Jahrhunderts ausstrahlte (↑Gespenstergeschichte) und von da wieder auf England zurückwirkte. Die spätere Gothic novel, z. B. M. W. Shelleys Roman „Frankenstein, or the modern Prometheus“ (1818, deutsch „Frankenstein oder Der moderne Prometheus“, 1912) oder Ch. R. Maturins Roman „Melmoth the wanderer“ (1820, deutsch „Melmoth der Wanderer“, 1822), ist daher gelegentlich in deutschem Milieu angesiedelt und verarbeitet deutsche Einflüsse.

gotische Sprache: die Sprache der Goten, eines zur Gruppe der Ostgermanen gehörenden Stammes. Als älteste in längeren Texten überlieferte germanische Sprache ist sie von besonderer Bedeutung für die Geschichte der aus dem Germanischen entstandenen Sprachen, also auch des Deutschen. Die Überlieferung der gotischen Sprache fußt v. a. auf den erhaltenen Fragmenten der im 4. Jahrhundert entstandenen Bibelübersetzung des Westgotenbischofs Ulfilas. Die gotische Sprache ist im 4./5. Jahrhundert durch die Wanderungen der Ost- und Westgoten über weite Teile Europas verbreitet worden, nach dem Fall der von diesen Völkern getragenen Reiche aber rasch untergegangen.

Göttersage ↑Mythos.

Göttinger Hain (Hainbund): am 12. September 1772 von J. H. Voß, L. Ch. H. Hölty und J. M. Miller zusammen mit weiteren Studenten der Universität Göttingen gegründeter deutscher Dichterkreis. Gefeiertes Leitbild war F. G. Klopstock, der mit seiner Ode „Der Hügel und der Hain" schon bei der Namengebung Pate gestanden hatte. Die Mitglieder des Göttinger Haines waren sich einig im Protest gegen den Rationalismus der Aufklärung und pflegten ganz im Geiste der ↑Empfindsamkeit einen Freundschaftskult, begeisterten sich für sittliche Ideale und huldigten schwärmerischer Natur- und Vaterlandsliebe. Die literarische Bedeutung des Göttinger Haines, dessen Mitglieder die spielerisch tändelnde Gesellschaftsdichtung des ↑Rokoko strikt ablehnten, lag in der Pflege der schlichten, subjektiven, gefühlsbetonten, manchmal auch volkstümlichen Aussage. für die lyrische Kleinformen bevorzugt wurden (z. B. Höltys Oden). Bedeutsamste Leistung der Dichter dieses Kreises war die Herausbildung der deutschen Kunstballade (G. A. Bürger, „Lenore", 1774). Wichtigstes Sprachrohr des Kreises war der seit 1770 von H. Ch. Boie herausgegebene „Göttinger Musenalmanach", in dem viele der Dichtungen der Mitglieder zuerst veröffentlicht wurden. Der Göttinger Hain löste sich schon bald (ab 1775) infolge des Studienabschlusses der Mitglieder wieder auf.

Göttinger Hain.
Gründung des Göttinger Hains.
Zeichnung von Eugen Klimsch

Gracioso [grasi'o:zo; spanisch]: die ↑lustige Person des spanischen Barockschauspiels (↑Comedia). Der Gracioso parodiert und relativiert (z. B. bei Lope F. de Vega Carpio) in der Rolle des Dieners als Kontrastfigur des idealistischen Helden die Taten und Erlebnisse seines Herrn oder tritt (wie bei P. Calderón de la Barca) als Ratgeber im Narrenkostüm auf.

Gradus ad Parnassum [lateinisch „Stufen zum Parnaß (dem Berg der Musen, dem Sitz der Dichtung)"]: Titelbezeichnung griechischer oder lateinischer Wörterbücher, in denen in alphabetischer Anordnung zu jedem Wort die metrischen Quantitäten (also Kürze und Länge der einzelnen Silben) sowie auch die passenden schmückenden Beiwörter und durch poetische Tradition bestätigte Wendungen und Satzkonstruktionen angegeben sind. Solche Werke sind gedacht als Anleitung zum Verfassen griechischer und lateinischer

Verse im Rahmen schulischer oder gelehrter Übungen. Der Jesuit P. Aler veröffentlichte 1702 in Köln den ersten „Gradus ad Parnassum".

grammatische Figuren ↑rhetorische Figuren.

grammatischer Reim: eine Reimform, bei der vom gleichen Stamm gebildete Wörter oder auch verschiedene Beugungsformen eines Verbums verbunden werden, ohne daß Gleichklang erstrebt würde. Diese sehr gekünstelt wirkende Reimform findet sich v. a. im ↑Minnesang (z. B. bei Reinmar dem Alten) und im ↑Meistersang.

Grazer Forum ↑Forum Stadtpark.

Musarion,

oder

die Philosophie der Grazien.

Ein Gedicht,

in drey Büchern.

Leipzig,

bey Weidmanns Erben und Reich, 1768.

Graziendichtung. Titelblatt der Erstausgabe von Christoph Martin Wielands „Musarion ..." (1768)

Graziendichtung: Bezeichnung für eine Strömung innerhalb der deutschen Literatur des ↑Rokoko und der ↑Anakreontik, in der die Grazien (Göttinnen der römischen Mythologie) entweder als Verkörperungen des sinnlich Schönen, der jugendlichen Anmut und des heiteren Lebensgenusses oder als Sinnbilder innerer, seelischer Schönheit neben anderen mythologischen Figuren eine Rolle spielten. Mit Ch. M. Wielands Verserzählung „Musarion, oder die Philosophie der Grazien. Ein Gedicht, in drey Büchern" (1768) erreichte die Graziendichtung ihren Höhepunkt.

grobianische Dichtung [von Grobian(us) (aus grob „bäurisch, unerzogen" und der Endung -ian, wie sie in Heiligennamen, z. B. Cyprian, erscheint)]: eine besonders im 16. Jahrhundert verbreitete Form didaktischer Literatur, in der grobianische Sitten beschrieben (H. Sachs, „Die verkert dischzuecht Grobiani", 1563) oder bloßgestellt (S. Brant, „Das Narrenschiff", 1494) werden. Das bekannteste Werk der grobianischen Dichtung ist F. Dedekinds „Grobianus, De morum simplicitate libri duo" (1549).

Groschenhefte (Groschenromane): Sammelbezeichnung für die in preisgünstiger Heftform jede Woche in hoher Auflage auf den Markt geworfenen Trivialromane, deren Autoren sich zumeist hinter einem Pseudonym verbergen. Groschenhefte sind schon von der Aufmachung her als billige literarische Konsumware gedacht. Sie erscheinen in Serien mit unterschiedlichen inhaltlichen Schwerpunkten (Fürstenromane, Arztromane, Schicksalsromane, Western, Frauenromane, Kriminalromane usw.), damit durch die fortlaufende Erscheinungsweise ein fester Leserstamm gewahrt bleibt. Groschenhefte sind die am meisten verbreitete Form der ↑Trivialliteratur.

Großaufnahme ↑Einstellung.

Große Heidelberger Liederhandschrift ↑Heidelberger Liederhandschriften.

Großepik: Sammelbezeichnung für Roman und Epos.

Alfred Döblin
BERLIN ALEXANDER-PLATZ
DIE GESCHICHTE VOM FRANZ BIBERKOPF
S. Fischer Verlag
Von einem einfachen MANN wird hier erzählt, der in BERLIN am ALEXANDERPLATZ als Strassenhändler steht. Der MANN hat vor anständig zu sein, da stellt ihm das Leben hinterlistig ein Bein. Er wird betrogen, er wird in Verbrechen reingezogen, zuletzt wird ihm seine BRAUT genommen und auf rohe Weise umgebracht. Ganz aus ist es mit dem MANN FRANZ BIBERKOPF. Am Schluss aber erhält er eine sehr klare Belehrung:
MAN FÄNGT NICHT SEIN LEBEN MIT GUTEN WORTEN UND VORSÄTZEN AN, MIT ERKENNEN UND VERSTEHEN FÄNGT MAN ES AN UND MIT DEM RICHTIGEN NEBENMANN.
Ramponiert steht er zuletzt wieder am ALEXANDERPLATZ, das Leben hat ihn mächtig angefasst.

Großstadtdichtung. Umschlag zu Alfred Döblins Roman „Berlin Alexanderplatz" (1929) von Georg Salter

Großstadtdichtung: inhaltsbezogene Sammelbezeichnung für Dichtungen, in denen Erlebnisse, Erfahrungen und Konflikte von Menschen in der als bedrohend empfundenen Unüberschaubarkeit und Anonymität der modernen Großstadt dargestellt werden. Dabei erweist sich der Roman mit seinen vielfältigen Gestaltungsmöglichkeiten zur Bewältigung der Stoffülle als die geeignetste literarische Form. Autoren von Großstadtromanen waren im 19. Jahrhundert u.a. E. Sue, V. Hugo, Ch. Dickens, É. Zola, im 20. Jahrhundert v.a. J. Dos Passos („Manhattan Transfer", 1925; deutsch „Manhattan Transfer", 1927) und A. Döblin („Berlin Alexanderplatz", 1929). Seit dem Expressionismus ist die Großstadt auch häufig Gegenstand der Lyrik, so bei G. Heym, G. Trakl und B. Brecht. Bevorzugt dargestellt wird das Erlebnis der Bedrohung und der Lebensangst allgemein. Auch nach dem 2. Weltkrieg wurde die Großstadt wiederholt zum literarischen Thema, z.B. in den Romanen „Die Erde ist unbewohnbar wie der Mond" (1973) von G. Zwerenz und „Das Hochhaus" (1975) von I. Drewitz.

Groteske [italienisch-französisch, von italienisch grotta „Grotte" (als Bezeichnung für grottenartige Räume in antiken Thermen und Palästen, deren Wände mit verschnörkelten ornamentalen, menschlichen, pflanzliche und tierische Elemente vereinigenden Malereien geschmückt waren)]: Bezeichnung für Dichtungen (Erzählungen, Gedichte, Dramen), in denen – ähnlich wie beim schwarzen Humor – Komisches und Grausiges, Lächerliches und Schreckliches eine enge Verbindung eingehen. So möchte man z.B. über die Erscheinung und die Aktivitäten der Claire Zachanassian in F. Dürrenmatts Komödie „Der Besuch der alten Dame" (1956) lachen, doch mischt sich in das Lachen auch Entsetzen über diese Ge-

Grobianus/
Von groben sitten / vnd vnhöflichen geberden / Erstmals in Latein beschriben / durch den wolgelerten M. Fridericum Dedekindum / vnd jetzund verteutschet durch Casparum Scheidt von Wormbs.
Hic nullus uerbis pudor, aut reuerentia mensæ,
Porcorum uiuit gens pecuina modo.

grobianische Dichtung. Titelblatt der Erstausgabe von Friedrich Dedekinds „Grobianus" (1549) stalt. Die Groteske als augenfälliger Ausdruck einer als paradox empfundenen Welt wird v. a. in Epochen gepflegt, in denen das überkommene Bild einer heilen Welt mit der veränderten Wirklichkeit nicht mehr vereinbar ist. Epochen, in deren Literatur das Groteske eine größere Rolle spielt, sind das 16. Jahrhundert (F. Rabelais, J. Fischart), der Sturm und Drang und v. a. die Spätromantik (E. T. A. Hoffmann, A. von Arnim, in Amerika E. A. Poe). Für moderne Autoren ist die Groteske die angemessene Form der Darstellung einer als grotesk erlebten Wirklichkeit, wie aus Werken u. a. von F. Kafka, G. Kaiser, B. Brecht, M. Frisch, F. Dürrenmatt, G. Grass, R. Rasp, G. Seuren oder G. Elsner, in Italien bei L. Pirandello, in Frankreich bei E. Ionesco oder bei S. Beckett zu ersehen ist.

Gruppe 47: am 10. September 1947 in München von H. W. Richter, A. Andersch, H. Friedrich, W. Kolbenhoff, W. Schnurre u. a. Herausgebern der von der amerikanischen Besatzungsmacht verbotenen Zeitschrift „Der Ruf" gegründeter Kreis von Schriftstellern und Publizisten, die sich die Sammlung und Förderung der Nachkriegsliteratur zum Ziel setzten. Der Ursprung der Gruppe 47 ist nach H. W. Richter „politisch-publizistischer Natur": Die häufig wechselnden Mitglieder dieser locker organisierten Gruppierung wollten für ein neues, demokratisches Deutschland wirken, vertraten aber dabei kein fest umrissenes politisches Programm. H. Heißenbüttel sieht in seinem „Nachruf auf die Gruppe 47" (1971) die politische Einstellung des Kreises eher durch negative Abgrenzungen bestimmt: „Sie war antifaschistisch, antimilitaristisch, antirassistisch, antiautoritär". Die Gruppe trat in stets fluktuierender Zusammensetzung jährlich einmal an wechselnden Orten zu einer Tagung zusammen, auf der Mitglieder oder geladene Gäste aus unveröffentlichten Werken lasen (über 200 Autoren trugen vor). An die Lesungen schloß sich jeweils eine Diskussion an, in der das Vorgetragene kritisiert wurde. Am Ende der Tagung erhielt der Autor des besten Beitrags den von Verlegern und Rundfunkanstalten gestifteten *Literaturpreis der Gruppe 47* (1. Preisträger war G. Eich, 1950). Aus den Preisträgern wie auch aus den Lesungen auf den Tagungen läßt sich ein genaues Bild der Entwicklung der Nachkriegsliteratur in der Bundesrepublik gewinnen. Auf diese Entwicklung hat die Gruppe 47 insofern wesentlichen Einfluß genommen, als sie Vertretern unterschiedlicher literarischer Richtungen nicht nur ein Diskussionsforum, sondern auch eine Möglichkeit des Einstiegs in das literarische Le-

Gruppe 47. Hermann Peter Piwitt liest auf der Tagung in Sigtuna (Schweden; 1964)

ben des Landes vermittelte. Die letzte Tagung im alten Stil fand 1968 statt, am 19. September 1977 wurde die Gruppe endgültig aufgelöst. Die politische Wirkung der Gruppe 47 ist verhältnismäßig gering geblieben, obwohl kleinere Mitgliedergruppen gelegentlich mit öffentlichen Stellungnahmen hervortraten, in denen die politische und soziale Lage der Bundesrepublik Deutschland kritisch durchleuchtet wurde. Folgende Autoren sind u. a. der Gruppe 47 zuzurechnen: G. Eich, H. Böll, I. Aichinger, I. Bachmann, M. Walser, G. Grass, P. Bichsel, J. Becker, H. M. Enzensberger, H. Heißenbüttel, W. Höllerer, W. Jens, U. Johnson, A. Kluge, W. Koeppen, S. Lenz, P. Rühmkorf, P. Weiss, W. Weyrauch, G. Wohmann.

Gruppe 61: am 17. Juni 1961 von F. Hüser in Dortmund ins Leben gerufener Arbeitskreis von Schriftstellern, Journalisten, Kritikern und Lektoren, die „sich frei von politischen und staatlichen Aufträgen und Richtlinien mit den sozialen und menschlichen Problemen der industriellen Arbeitswelt künstlerisch" auseinandersetzen wollten. In den mindestens zweimal jährlich stattfindenden Zusammenkünften mit Lesungen und Diskussionen setzte man sich die Förderung bzw. eine Art Erneuerung der ↑Arbeiterdichtung zum Ziel, in der weniger der Klassenkampf gefordert als vielmehr eine Hilfe bei der Bewältigung der modernen Industriearbeit mit ihren persönlichen menschlichen oder sozialen Problemen geleistet werden sollte. Die literarische Bedeutung der Gruppe 61 ist eher gering einzuschätzen: Den Ausdrucksmöglichkeiten der meisten, vorwiegend aus dem Arbeitermilieu stammenden Autoren waren zu enge Grenzen gesetzt. Als bedeutsam ist jedoch der von der Gruppe 61 unternommene Versuch zu werten, Arbeitnehmer zur Darstellung persönlicher Erfahrungen an ihren Arbeitsplätzen zu veranlassen und so eine Bewußtseinserweiterung oder auch eine Diskussion über die Gegebenheiten in der Industriearbeit in die Wege zu leiten. Ziele und Verfahrensweisen waren jedoch innerhalb der Gruppe stark umstritten. Mitte der 60er Jahre kam es zur Krise, die zur Abspaltung des ↑Werkkreises Literatur der Arbeitswelt führte. Zu den bekanntesten Mitgliedern der Gruppe 61 gehören M. von der Grün und E. Sylvanus.

Gruppo '63 ['gruppo ses'santa 'tre; italienisch]: nach dem Vorbild der ↑Gruppe 47 im Oktober 1963 in Palermo erfolgter Zusammenschluß italienischer Avantgardisten, die sich die Erprobung neuer Sprachformen und neuer literarischer Arbeitstechniken (z. B. Zitatmontagen, Collagetechniken, serielle Assoziationen statt einer fortlaufenden Handlung usw.) zum Ziel setzten, um eine der modernen Wirklichkeit entsprechende literarische Gestaltung zu erreichen. Die geläufigen Darstellungsmittel, z. B. des Realismus, wurden als untauglich verworfen, man propagierte das Experiment. Als die führenden Theoretiker der Gruppe gelten L. Anceschi und U. Eco, von den Schriftstellern v. a. sind A. Giuliani, E. Sanguineti und G. Manganelli zu nennen.

Guckkastenbühne ↑Bühne.

H

Hagiographi<u>**e**</u> [von griechisch hágios „heilig" und gráphein „schreiben"]: Bezeichnung für die Lebensbeschreibung christlicher Heiliger, aber auch für die wissenschaftliche Beschäftigung mit deren Geschichte, mit der Überlieferung über Heilige sowie mit dem Heiligenkult. – Die Hagiographie nahm ihren Ausgang bei den Märtyrerakten des 2. Jahrhunderts und erlebte im Mittelalter ihre Blütezeit. Auf Grund ihres erbaulichen Charakters, ihrer unkritischen Übernahme von Legenden und ihrer subjektiven, mitunter auch tendenziösen Gestaltung sind die Heiligenbeschreibungen historisch nicht sehr zuverlässig, doch geben sie oft wichtige Aufschlüsse über die Sozial-, Kultur- und Sprachgeschichte ihrer Abfassungszeit.

Haiku (Haikai) [japanisch „humoristischer Vers, Posse“]: lyrische Kurzform der japanischen Literatur, bestehend aus drei Zeilen zu 5–7–5 Silben. Die Kürze der Form verlangt äußerste Verdichtung der Gedanken und meisterhafte Beherrschung treffender Ausdrucksweise. Ursprünglich von mehr possenhaftem Charakter, öffnete sich diese Dichtungsgattung unter Bascho, dem bekanntesten Meister, auch für andere Thematik. Die Haiku-Dichtung wird heute noch gepflegt.

Hainbund ↑Göttinger Hain.

Hakenstil: im Gegensatz zum ↑Zeilenstil, bei dem das Satzende mit dem Versende zusammenfällt, greift beim Hakenstil der Satz über das Versende hinaus. In altsächsischen u. altenglischen Stabreimdichtungen („Hildebrandslied“, Anfang des 9. Jahrhunderts; „Heliand“, um 830; „Beowulf“, 1. schriftliche Fassung um 1000, deutsch „Beowulf“, 1840) wird durch den Hakenstil oft die ↑Langzeile in zwei Kurzzeilen geteilt. Durch diese Art der ↑Brechung ergibt sich eine „hakenförmige“ Verklammerung von jeweils einer Langzeile mit einer folgenden bzw. vorausgehenden halben Langzeile. Eine ähnliche Erscheinung ist das ↑Enjambement.

Halbreim: eine Reimform, bei der im Gegensatz zum Vollreim nur ein Teil der Laute übereinstimmt, z. B.: „... zu leisem brausen/ ... wenn in pausen“ (St. George, Gedicht „Wir schreiten auf und ab im reichen flitter“). – ↑auch Assonanz, ↑Reim.

Halbzeile: eine Hälfte (↑Anvers, ↑Abvers) der v. a. in der germanischen Stabreimdichtung anzutreffenden ↑Langzeile. – ↑auch Kurzzeile.

Hallescher Dichterkreis: Name zweier literarischer Vereinigungen des 18. Jahrhunderts in Halle/Saale. – 1. Älterer oder erster Hallescher Dichterkreis: er wurde 1733 von S. G. Lange und I. J. Pyra unter dem Namen „Gesellschaft zur Förderung der deutschen Sprache, Poesie und Beredsamkeit“ gegründet. Dieser Kreis versuchte den Geist des ↑Pietismus auch in der Dichtung zu verwirklichen. Seine Mitglieder griffen, oft unter Verzicht auf die Reimform, auf antike Versmaße und Dichtungsformen zurück. – 2. Jüngerer oder zweiter Hallescher Dichterkreis (Hallescher Freundeskreis): literarischer Zirkel um J. W. L. Gleim, J. P. Uz und J. N. Götz, der sich seit etwa 1739 in antipietistischer, weltlich-lebensfroher Grundhaltung v. a. anakreontischer Dichtung (↑Anakreontik) widmete.

Handbibliothek: Bezeichnung für eine Auswahl der wichtigsten Werke der ↑Primärliteratur und ↑Sekundärliteratur, die sich jemand zur Behandlung eines speziellen Themas zusammengestellt hat, um sie während der Arbeit ständig zur Hand zu haben.

Handlung: 1. Bezeichnung für den Ablauf der Geschehnisse in epischen, v. a. aber in dramatischen Dichtungen. Dieser Geschehensablauf wird getragen von den handelnden Personen. An die Handlung im Drama wurden zu verschiedenen Zeiten unterschiedliche Maßstäbe angelegt. War etwa im klassischen Drama getreu der aristotelischen Dramentheorie noch die Einheit der Handlung als eine der ↑drei Einheiten verlangt, so ist für romantische Werke eine Vielschichtigkeit der Handlung charakteristisch. Grundsätzlich werden unterschieden: Haupthandlung und Nebenhandlung (↑Episode), äußere Handlung (vordergründige stoffliche Zusammenhänge) und innere Handlung (geistig-seelische, ethisch-moralische Entwicklung). Führt die Handlung nach dem Prinzip der Steigerung zu einem Höhepunkt bzw. Wendepunkt hin (↑Peripetie), so spricht man von steigender Handlung, während die von dort auf eine ↑Katastrophe zutreibende Handlung als fallende Handlung bezeichnet wird. – 2. Bezeichnung für ↑Akt.

Handlungsdrama: Drama, dessen Geschehensablauf sich v. a. aus den situationsbedingten und auf Willensentscheidungen der beteiligten Personen beruhenden Handlungen ergibt. Damit steht das Handlungsdrama im Gegensatz zum ↑Charakterdrama, bei dem die Charakteranlagen der Personen die Handlung bestimmen.

Handpuppenspiel: volkstümliche Sonderform des ↑Puppenspiels. Es wird von einem oder mehreren hinter einer Paraventbühne verborgenen Spielern mit aus Kopf und Gewand bestehenden beweglichen Handpuppen, in die man mit der Hand schlüpft, gespielt. Die Hauptfigur des Kasperl hat diesem Puppenspiel auch seinen Namen ↑Kasperltheater gegeben. Im Mittelalter wurde das Handpuppenspiel vornehmlich von Wanderkomödianten auf Jahrmärkten vorgeführt. Da die Handlung meist improvisiert wurde, sind Textquellen nur sehr spärlich überliefert. Meist sind nur ungenaue Spielvorlagen vorhanden.

Handpuppenspiel. Kasperl (um 1930) der Hohnsteiner Puppenspiele

Zwei Arten des Handpuppenspiels lassen sich unterscheiden: 1. Das von nur einem Puppenspieler bestrittene traditionelle Handpuppenspiel, dessen komische Szenen von den Standardfiguren Kasperl, Gretel, Großmutter, Polizist, Räuber, Hexe, Krokodil, König und Prinzessin getragen werden, von denen immer nur zwei gleichzeitig auftreten können. Die Figuren werden dabei stets an der Spielleiste, der unteren Begrenzung des Bühnenausschnittes, entlang geführt. In einer losen Folge von Szenen muß der Kasperl dabei meist turbulente Abenteuer bestehen. – 2. Das moderne Handpuppenspiel, das eine deutliche Ausweitung des äußeren Rahmens brachte. Es hat zwei oder mehr Puppenspieler und damit auch mehr Puppen und Puppentypen, die nun auch in der Tiefe des Bühnenraumes spielen. So wird auch aus der losen Szenenfolge ein festeres Handlungsgefüge. – Publikum des Handpuppenspiels sind in erster Linie Kinder, die von den Spielern häufig durch Frage und Antwort in den Handlungsablauf einbezogen werden. Eine der bekanntesten modernen Handpuppenbühnen sind die 1922 gegründeten Hohnsteiner Puppenspiele.

Handschrift (Abkürzung Hs., Plural: Hss.): Bezeichnung für 1. das handgeschriebene Buch vor der Zeit des ↑Buchdrucks (nach 1450); 2. eine Niederschrift, die für den Druck bestimmt ist (↑Manuskript); 3. eine eigenhändige Niederschrift (↑Autograph).

Handschriften waren vor der Erfindung des Buchdrucks die Träger der literarischen Überlieferung und sind damit von unschätzbarem kulturgeschichtlichen Wert. Die Geschichte des Handschriftenwesens wird von der Handschriftenkunde untersucht, die Entzifferung und Datierung einzelner Handschriften ist Aufgabe der Paläographie.

Material für die Herstellung von Handschriften der Antike war der in Ägypten hergestellte ↑Papyrus, der ältere Materialien (Stein, Holz, Ton- und Wachstafeln usw.) ersetzte. Er wurde seit dem 2. Jahrtausend v. Chr. zu Rollen verarbeitet. Seit dem 4. Jahrhundert n. Chr. wurde der Papyrus mehr und mehr vom Pergament verdrängt. Pergament als vergleichsweise teurer Beschreibstoff wurde nicht selten nach Ausradieren eines ersten Textes erneut verwendet (↑Palimpsest). Die (oft wertvollere) ursprüngliche Beschriftung kann heute wieder sichtbar gemacht werden. Das von den Arabern nach Europa gebrachte Papier verdrängte seit dem 13. Jahrhundert das Pergament. Pergament und später Papier wurden meist gefaltet und in Kodexform (↑Kodex) gebunden. Die Handschriften waren häufig sehr kunstvoll ausgeführt. V.a. die Anfangsbuchstaben (Initialen) größerer Kapitel wurden gern besonders reich verziert, wie überhaupt die ↑Buchmalerei den Handschriften zu hohem künstlerischen Wert verhelfen konnte. Schriftbeschaffenheit, Schreibstoff und inhaltliche Hinweise erlauben eine Datierung der Handschriften.

Herstellung: In der Antike entstanden die Handschriften meist in Schreibbüros, in denen die Texte schreibkundigen Sklaven diktiert wurden. Im frühen und hohen Mittelalter wurden Handschriften fast ausschließlich von Mönchen in Klöstern erstellt. Klösterliche Schreibschulen von Rang gab es z. B. in Luxeuil, Bobbio, Sankt Gallen, auf der Reichenau, in Fulda und in Regensburg. Erst im späten Mittelalter entstanden auch gewerbsmäßige weltliche Schreibstuben. Nach der Erfindung des Buchdrucks endete sehr bald die Handschriftenerstellung.

Wertvolle Handschriften wurden von den Klöstern, seit der Renaissance von den Fürstenhäusern gesammelt. Die *Sammlung* alter Handschriften v.a. durch die Humanisten erschloß namentlich der klassischen Philologie wertvolle Quellen der Antike. Bedeutende Handschriftensammlungen bergen heute u.a. die Vaticana in Rom, die Biblioteca Medicea Laurenziana in Florenz, die Bibliothèque Nationale in Paris, die British Library in London, die Bayerische Staatsbibliothek in München, die Staatsbibliothek Preußischer Kulturbesitz in Berlin (West). Die älteste erhaltene germanische Handschrift ist der „Codex argenteus“ (um 500), die fragmentarisch erhaltene Abschrift der gotischen Bibelübersetzung des Bischofs Ulfilas. Weitere bedeutende Handschriften mit Werken der deutschen Literatur des Mittelalters sind die „Nibelungenlied“-Handschriften A (München), B (Sankt Gallen) und C (Donaueschingen), die „Kleine Heidelberger Liederhandschrift“ und die „Große Heidelberger Liederhandschrift“ oder „Manessische Handschrift“ (Heidelberg; ↑Heidelberger Liederhandschriften), die „Weingartner Liederhandschrift“ (Stuttgart) sowie das im Auftrag von Kaiser Maximilian I. geschriebene „Ambraser Heldenbuch“ (Wien).

Handwerkslied: ständisch gebundene Sonderform des ↑Volkslieds (↑Ständelied), die sich allgemein mit dem Handwerkerstand oder mit einem bestimmten Handwerk (v.a. Maurer, Schmied, Schneider, Zimmermann) befaßt.

Hans-Sachs-Bühne ↑Bühne.

Hanswurst: volkstümlich-komische Bühnenfigur, häufig als dickwanstiger Narr dargestellt, der mit derb-lustigen, meist aus dem Stegreif improvisierten Possen das Publikum erheiterte. Der Hanswurst entstand aus der Verschmelzung heimischer Figuren mit den von den ↑englischen Komödianten im 16. und 17. Jahrhundert populär gemachten Clowntypen (↑Pickelhering) und dem ↑Arlecchino der italienischen ↑Commedia dell'arte, der in der deutschen Version ↑Harlekin hieß. Als „Hans Worst“,

Hanswurst. Der Schauspieler Gottfried Prehaüser (* 1699, † 1769) als Hanswurst

im Aussehen einer Wurst ähnelnd, tauchte er 1519 erstmals in einer in Rostock entstandenen Bearbeitung von S. Brants Moralsatire „Das Narrenschiff" (1494) auf. Bei M. Luther findet sich der nun als tölpelhaft charakterisierte Hanswurst in der „Vermahnung an die Geistlichen" (1530) und in der Streitschrift „Wider Hans Worst" (1541). Der Hanswurst war besonders im ↑Fastnachtsspiel und in Stegreifspielen (Hanswurstspiel, Hanswurstiade) bis ins 18. Jahrhundert auf deutschen Bühnen beliebt. Von J. Ch. Gottsched wurde er bekämpft und 1737 von der Theatertruppe der Neuberin (F. C. Neuber) in einem allegorischen Spiel von der Bühne verbannt; G. E. Lessing verteidigte ihn. Durch J. A. Stranitzky wurde seit Anfang des 18. Jahrhunderts und später durch F. Raimund mit dem dummdreisten und gefräßigen Bauern „Hans Wurst", der in Salzburger Bauernkleidung auftrat und Salzburger Dialekt sprach, eine eigene Spielart auf die Bühne gebracht. Als Kasperl im ↑Handpuppenspiel, wo ihn der Schauspieler J. J. La Roche bereits im 18. Jahrhundert einführte, lebt der Hanswurst noch heute fort.

Happening ['hæpənɪŋ; von englisch to happen „geschehen, sich ereignen"]: Bezeichnung für provokative, aktionsreiche [Kunst]veranstaltungen (v. a. der 60er Jahre), ausgehend von den USA. Ihre Bandbreite reicht vom systematisch auf schockierende Effekte abzielenden Happening bis zur improvisierten, eher spontanen Darbietung, vom künstlerisch ernstzunehmenden Versuch bis zum vordergründigen Klamauk. Das Happening hat seine Wurzeln im ↑Dadaismus und im ↑Surrealismus. Es will, ursprünglich wohl verstanden als Protest gegen die zunehmende Mechanisierung des Menschen, häufig überkommene Strukturen in Frage stellen, will das Publikum zu kritischer Meinungsbildung provozieren und es neu sensibilisieren. Beim Happening werden die Zuschauer oft zur Beteiligung an den Handlungen aufgefordert. Diese Handlungen sollen Prozessen des täglichen Lebens möglichst nahe sein und diese zugleich in ihrer Fragwürdigkeit enthüllen. Zu den Hauptvertretern des Happening gehörten A. Kaprow in den USA und W. Vostell in Deutschland. In den 70er Jahren spricht man meist von „Aktionen" (J. Beuys, Christo).

Happy-End ['hæpɪ 'ɛnd; englisch „glückliches Ende"]: in Roman, Drama und Film der (unerwartet) glückliche Ausgang der Handlung.

Harlekin [italienisch, aus der altfranzösischen Fügung maisnie Hellequin „Hexenjagd; wilde, lustige Teufelsschar"]: von J. M. Moscherosch 1642 eingeführte und gleichbedeutend mit ↑Hanswurst verwendete Bezeichnung für französisch Harlequin. Vorbild war der ↑Arlecchino, eine der typischen komischen Figuren der italienischen ↑Commedia dell'arte, der zu Beginn des 17. Jahrhunderts als Harlequin auch in der französischen Komödie und komischen Oper Eingang fand.

Hartford wits ['hɑːtfəd 'wɪts; englisch „geistreiche Menschen von Hartford"] (Connecticut wits): nordamerikanischer Dichterkreis, der sich Ende des 18. Jahrhunderts in Hartford (Connecticut) aus ehemaligen Yale-Studenten bildete. Die namhaftesten Vertreter waren J. Trumbull, T. Dwight und J. Barlow. Mit ihren meist politisch-satirischen Werken wollten sie eine eigenständige nationale Dichtung schaffen, die formale Abhängigkeit ihrer Werke von englischen Vorbildern ist jedoch nicht zu übersehen.

Haufenreim (Reimhäufung): die Aufeinanderfolge von mehr als zwei gleichen Endreimen, etwa nach dem Schema aaaa bbbb cccc usw. – ↑auch Reim.

Haupt- und Staatsaktionen: von J. Ch. Gottsched geprägte, polemisch gemeinte Bezeichnung für die Theaterstücke der deutschen Wanderbühnen des ausgehenden 17. und frühen 18. Jahrhunderts. In diesen Aufführungen wurde ein Hauptstück (daher „Hauptaktionen") von komischen Zwischen- und Nachspielen umrahmt. Inhaltlich befaßten sich diese Stücke, die oft lediglich auf den Geschmack des breiten Publikums zugeschnittene Bearbeitungen älterer Dramen oder Opern waren und in höfischen Kreisen spielten, meist mit [pseudo-]historisch-politischen Stoffen (daher „Staatsaktionen"). Dabei wurde auf vordergründige Sensationseffekte und auf pompöse Szenen (Krönungsszenen, Festgelage usw.) mehr Wert gelegt als auf künstlerisches Niveau. In den possenhaften Zwischenspielen trat regelmäßig der ↑Hanswurst auf, der seine derb-komischen Einlagen meist improvisierte. Die Sprache der bei den einzelnen Bühnen nur handschriftlich überlieferten Repertoirestücke war Prosa und oft pathetisch-rührselig gefärbt.

Hauptwortstil ↑Nominalstil.

Haute tragédie [ottraʒe'di; französisch „hohe Tragödie"]: Bezeichnung für die klassische Form der französischen Tragödie der 2. Hälfte des 17. Jahrhunderts, wie sie insbesondere durch P. Corneille und J. Racine vertreten wurde. Kennzeichen sind u. a.: symmetrischer Aufbau der fünf Akte (↑geschlossene Form), Befolgung der ↑drei Einheiten, Beschränkung der Handlung auf das unbedingt Wesentliche, geringe Anzahl von Personen. Dem tragischen Konflikt der Haute tragédie liegt eine von der Vernunft diktierte verbindliche ethische Norm zugrunde, die getragen wird von der höfisch-aristokratischen Gesellschaft des Absolutismus. Der hohe Stand des Helden (↑Ständeklausel) ist notwendige Voraussetzung.

Hebung: Begriff aus der Verslehre, als wörtliche Übersetzung zurückzuführen auf die griechische Bezeichnung ↑Arsis. Arsis und ↑Thesis bezeichneten in der antiken Vers- und Rhythmustheorie zunächst das „Aufheben und Niedersetzen des Fußes beim Tanz". Danach sind Hebungen die leichten, Senkungen die schweren Taktteile. Lateinische Grammatiker deuteten beide Begriffe um, indem sie diese auf das „Heben und Senken der Stimme" bezogen. Von neuzeitlichen Theoretikern werden die Begriffe Arsis und Thesis im umgekehrten Sinne gebraucht (Hebung ist der schwere, Senkung der leichte Taktteil). Auf die nach dem akzentuierenden Versprinzip (↑akzentuierende Dichtung) gebauten Verse des Deutschen, Englischen usw. übertragen, bezeichnet Hebung stets die betonten, durch verstärkten Atemdruck hervorgehobenen Teile des Verses (andere Bezeichnung: ↑Iktus), während die druckschwachen Versteile „Senkungen" heißen. Für den germanischen Stabreimvers war nur die Zahl der Hebungen (z. B. ↑Vierheber) maßgeblich. In späteren Verstypen versuchte man, das Verhältnis der Hebungen und Senkungen zueinander zu regeln. Daraus ergab sich nicht selten eine Spannung zwischen Versschema und natürlicher Betonung.

Heckentheater: im 17. und 18. Jahrhundert, v. a. aber zur Zeit des Rokoko beliebte Sonderform des Natur- bzw. Freilichttheaters, bei der die Gartenanlagen (figürlich beschnittene Hecken, Lauben, Springbrunnen usw.) von Schloßparks die Kulisse bildeten. Meist verfügten die Heckentheater, in denen mit Vorliebe festlich-höfische Stücke, italienische Komödien, Schäferspiele u. a. zur Aufführung gelangten, über einen amphitheatralisch angelegten Zuschauerraum und einen Orchestergraben.

Heftromane: in ↑Groschenheften veröffentlichte Romane der ↑Trivialliteratur.

Heidelberger Liederhandschriften: 1. die „Große Heidelberger Liederhandschrift" (Sigle C), nach ihrem Aufbewahrungsort von 1657 bis 1888 auch „Pariser Handschrift", nach ihrem angeblichen Auftraggeber „Manessische Handschrift" genannt, die größte und schönste mittelhochdeutsche Liederhandschrift. Sie enthält 140 Gedichtsammlungen, die von der Mitte des 12. Jahrhunderts bis etwa 1300 zu datieren und nur hier überliefert sind. Sie sind nach Verfassern geordnet, die umfangreichste Sammlung gehört Walther von der Vogelweide (etwa 450 Strophen). Jeder Gedichtsammlung ist eine Miniatur vorangestellt. Die Miniaturen sind einfache, aber prägnante Idealbildnisse der Dichter, meist mit Wappen. Die „Große

Heidelberger Liederhandschrift" ist in der 1. Hälfte des 14. Jahrhunderts, wohl in Zürich, entstanden, mutmaßlich auf der Grundlage einer Sammlung von Liederbüchern, die der Züricher Patrizier Rüdiger Manesse angelegt hatte. – 2. die „Kleine Heidelberger Liederhandschrift" (Sigle A), wohl Ende des 13. Jahrhunderts im Elsaß entstanden. Sie enthält in 34 mit Autoren- (oder auch nur Sammler-)Namen bezeichneten fortlaufend eingetragenen Abschnitten mittelhochdeutsche Minnelyrik aus dem Ende des 12. und dem Anfang des 13. Jahrhunderts. – Beide Handschriften befinden sich heute in der Universitätsbibliothek Heidelberg.

Heidelberger Liederhandschriften. Johannes Hadloub in zwei von ihm geschilderten Szenen aus seinem Leben (Miniatur in der „Großen Heidelberger Liederhandschrift", 1. Hälfte des 14. Jahrhunderts)

Heidelberger Romantik ↑Romantik.

Heiligenlegende ↑Legende.

heilige Schriften: religionswissenschaftliche Bezeichnung, die von der Benennung der Bibel als „Heiliger Schrift" (Röm. 1, 2) abgeleitet ist und für religiöse Texte mit normativer Geltung in nichtchristlichen Religionen übernommen wurde. Ihr Inhalt, der Hymnen, Gebete, liturgische Texte und kultische Vorschriften, prophetische Offenbarungen, Mythen, historische Berichte, ethische Gebote und Rechtssatzungen enthalten kann, wird meist auf übernatürlichen Ursprung zurückgeführt. Der kanonische Wortlaut heiliger Schriften muß unverändert erhalten bleiben, die Sprache, in der sie abgefaßt sind, gilt oft als heilige Sprache. Heilige Schriften dienen der Begründung und Stärkung des individuellen Glaubens. Häufig sind sie Bestandteil der verschiedenen Gottesdienstformen. – Die wichtigsten heiligen Schriften sind neben der Bibel: 1. der „Talmud" für das orthodoxe Judentum, der neben das Alte Testament getreten ist; 2. der „Koran", die vom Erzengel Gabriel dem Propheten Mohammed übermittelte heilige Schrift des Islams; 3. das „Awesta", der kanonische Text des Parsismus, der in seinen ältesten Teilen auf den Religionsstifter Zarathustra zurückgeht; 4. der „Weda" des Brahmanismus und Hinduismus; für letzteren besitzt die „Bhagawadgita" (ein religiös-philosophisches Lehrgedicht) vorrangige Bedeutung; 5. der „Granth" (3 384 Hymnen), dem die indische Reformsekte der Sikhs göttliche Verehrung zukommen läßt; 6. das „Tripitaka" des südlichen Buddhismus; 7. die konfuzianischen Bücher Chinas

Heilige Schriften. Ausschnitt aus einer der ältesten Koranhandschriften (9. Jahrhundert)

(„Wu-ching"). Eine religiöse Neustiftung, die in betonter Weise auf den Besitz einer eigenen heiligen Schrift aufbaut, ist das Mormonentum mit seinem „Buch Mormon" (1830).

Heimatkunst: Ende des 19. Jahrhunderts entstandene Strömung der deutschen Literatur, die sich gegen die Gefahr der Verstädterung, gegen „Modernismus", Industrialisierung und Technisierung wandte, die gegen die seit dem ↑Naturalismus aufkommende, in der ↑Dekadenzdichtung am deutlichsten greifbare Intellektualisierung der Dichtung polemisierte und stattdessen eine „bodenständige" Literatur forderte, die sich wieder der „Urkräfte" Volkstum, Landschaft und Stammesart erinnern sollte. In der Heimatkunst, die kaum herausragende Dichterpersönlichkeiten hervorbrachte, aber auf starke Resonanz beim Publikum stieß, wurden Heimat" und dörflich-bäuerliches Leben stark idealisiert. – Das Schlagwort „Heimatkunst" wurde von F. Lienhard und A. Bartels, den Herausgebern der seit 1900 erscheinenden, für diese Strömung programmatischen Zeitschrift „Heimat", sowie durch E. Wachler, H. Sohnrey und die Zeitschrift „Der Türmer" (ab 1898) verbreitet. In zwei Phasen, unterbrochen durch den Ersten Weltkrieg, entstand eine Flut sogenannter Heimat-, Stammes-, Grenzland- oder Bauerndichtung, vorwiegend waren es Romane. ↑Heimatromane setzten die Tendenz der ↑Dorfgeschichte fort. Als Vorbilder betrachtete man J. Gotthelf, G. Keller, L. Anzengruber, W. Raabe, K. Groth, F. Reuter u. a., doch wurden diese, selbst in den Hauptwerken der Vertreter der Heimatkunst, kaum erreicht. Die bekanntesten, zu ihrer Zeit sehr erfolgreichen Vertreter der Heimatkunst waren u. a. T. Kröger (Schleswig-Holstein), G. Frenssen (Dithmarschen), H. Löns (Lüneburger Heide), R. Herzog (Niederrhein), L. von Strauß und Torney (Westfalen), W. Holzamer (Rheinhessen), in der Schweiz u. a. J. Ch. Heer, E. Zahn, in Österreich u. a. R. H. Bartsch, F. von Gagern. Die Idee einer bodenständigen Dichtung fand schließlich in der ↑Blut-und-Boden-Dichtung des Dritten Reiches eine tendenziös übersteigerte Fortsetzung.

Heimatliteratur: zusammenfassender Begriff für Werke, die vom Erlebnis der heimatlichen, vornehmlich ländlichen Landschaft und ihrer Menschen geprägt sind. Zwar ist die Heimatliteratur ihres provinziell-kleinbürgerlichen Zuschnitts wegen häufig – so v. a. in der Form des ↑Heimatromans – der ↑Trivialliteratur zuzurechnen, doch hat sie auch, v. a. bei Schriftstellern wie J. P. Hebel, J. Gotthelf, A. Stifter, Th. Storm, G. Keller, L. Anzengruber, W. Raabe, M. von Ebner-Eschenbach oder L. Thoma, hohes literarisches Niveau erreicht. Eine stark übersteigerte Ausprägung erfuhr die Heimatliteratur in der tendenziösen ↑Blut-und-Boden-Dichtung des Nationalsozialismus. – ↑auch Heimatkunst.

Heimatroman: Hauptform der ↑Heimatliteratur und ↑Heimatkunst, wie sie v. a. in der ↑Bauerndichtung und ↑Dorfgeschichte ihre Ausprägung findet. Als Form der ↑Trivialliteratur, in der er einen breiten Raum einnimmt, ist der Heimatroman v. a. durch seine in bewußtem Gegensatz zur Großstadtwelt idyllisch-idealisierende, einseitige Verherrlichung der Heimatliebe und des von Natur und Heimaterde geprägten dörflichen Menschen bestimmt. Beispielgebend wirkte v. a. L. Ganghofer (↑Bergroman).

Heimkehrerroman: Sonderform des ↑Zeitromans. Im Mittelpunkt des Geschehens steht dabei meist die Gestalt eines Heimkehrers aus Krieg oder Gefangenschaft, in dessen Auseinandersetzung mit seiner Umwelt die durch die Zeitereignisse bedingten Umwälzungen kritisch analysiert werden. Heimkehrerromane schrieben z. B. G. Gaiser („Eine Stimme hebt an", 1950) und J. M. Bauer („Soweit die Füße tragen", 1955). W. Borchert gestaltete die Heimkehrerproblematik in seinem Heimkehrerdrama „Draußen vor der Tür" (1947).

Heiti [altnordisch „Name, Benennung"]: in der altnordischen, besonders der skaldischen Dichtung altertümliche oder metaphorisch gebrauchte Wörter, die zusammen mit den zweigliedrigen Begriffsumschreibungen (↑Kenning) den spezifischen poetischen Wortschatz bilden.

Held: ursprünglich ein Mann, vornehmlich ein Krieger, der sich durch hervorragende Tapferkeit und besonders ruhmreiche Taten auszeichnete. In dieser Bedeutung erscheinen v.a. die Hauptpersonen in der ↑Heldensage. Als Held wird darüber hinaus auch eine Person betitelt, die im Mittelpunkt eines Geschehens steht oder durch vorbildliches Verhalten Bewunderung und Anerkennung hervorruft. – In epischen und dramatischen Dichtungen meint „Held" im allgemeinen die Hauptperson. War diese im Barockdrama bzw. -roman noch durch ihre soziale ↑Fallhöhe, Willenskraft und ihr vorbildhaftes heroisches Auftreten gekennzeichnet, so wird später auch die unheldisch auftretende Hauptfigur, die aus sozial niederen Schichten stammt, als Held bezeichnet. Als Verkörperung positiver Ideale (↑positiver Held) begegnet der Held seit etwa 1850 fast nur noch in der ↑Trivialliteratur und neuerdings in der Literatur des ↑sozialistischen Realismus. Im bürgerlichen Roman bzw. Drama tritt dagegen mehr der passive Held in Erscheinung, der durch seelische Labilität und Willensschwäche gekennzeichnet ist (↑negativer Held) und eher als Opfer denn als Handelnder in Erscheinung tritt. Im ↑Antihelden wird dann der traditionelle Heldenbegriff gänzlich ad absurdum geführt. – Aus der Barockdichtung fand der Begriff „Held" auch Eingang in die Bühnensprache, z.B. in der Rollenbezeichnung „jugendlicher Held".

Heldenbuch: seit dem 15./16. Jahrhundert gebräuchliche Bezeichnung für Sammlungen handschriftlicher oder gedruckter, zum Teil überarbeiteter ↑Heldenepen. Als wichtigste Heldenbücher haben sich erhalten: 1. Das „Dresdner Heldenbuch", das 1472 von Kaspar von der Rhön und einem anonymen Schreiber für Herzog Balthasar von Mecklenburg angefertigt wurde und heute in Dresden aufbewahrt wird. – 2. Das mit Holzschnitten ausgestattete sogenannte „Gedruckte Heldenbuch", auch „Straßburger Heldenbuch" genannt, das 1477 erstmals erschien und bis 1590 mehrmals nachgedruckt wurde. – 3. Das Ende des 15. Jahrhunderts angelegte „Heldenbuch Lienhart Scheubels". – 4. Das „Ambraser Heldenbuch" (früher im Schloß Ambras bei Innsbruck, heute in der Österreichischen Nationalbibliothek in Wien aufbewahrt). Dieses Heldenbuch wurde zwischen 1504 und 1516 in Bozen von H. Ried im Auftrag Kaiser Maximilians I. geschrieben. Es enthält neben Heldenepik (u.a. „Nibelungenlied") auch höfische Epen, Verserzählungen und Schwänke. Für 17 der 25 in dieser Sammlung überlieferten Texte ist das „Ambraser Heldenbuch" sogar die einzige Quelle, z.B. für „Erec" (bald nach 1180) von Hartmann von Aue, „Titurel" (vor 1219) von Wolfram von Eschenbach, „Kudrun" (13. Jahrhundert).

Heldendichtung: Sammelbezeichnung für alle Formen der Literatur, die Stoffe der ↑Heldensage dichterisch gestaltet haben, wie ↑Heldenlied, ↑Heldenepos, Heldenballade oder Heldenroman. Ein Charakteristikum der Heldendichtung ist die Tendenz, Einzelsagen zu größeren Zyklen zu verbinden (↑Chanson de geste). Der Niedergang der ständischen Gesellschaft und der Aufstieg des Bürgertums bedeutete das Ende der Heldendichtung. Dennoch haben auch spätere literarische Epochen in modernen Formen (v.a. im Drama) immer wieder auf Stoffe aus der Welt der Heldensage zurückgegriffen.

Heldenepos: Form der ↑Heldendichtung, in der Stoffe und Motive der ↑Heldensage verarbeitet sind. Das Heldenepos entstand in der Regel aus dem älteren ↑Heldenlied, indem dessen ursprünglich kurze, mündlich tradierte Form erweitert, ausgestaltet, mit anderen Liedern und Stoffen verknüpft und dann schließlich überliefert wurde. Das Verhältnis des Heldenepos zum älteren Heldenlied ist im Laufe der Forschungsgeschichte unterschiedlich beurteilt worden. Während die ↑Liedertheorie des 19. Jahrhunderts (vertreten von F.

A. Wolf, K. Lachmann, W. Grimm u. a.) im jeweiligen Umfang das maßgebliche Unterscheidungsmerkmal sah (das Heldenepos erzählt die ganze Fabel, das Heldenlied aber nur einzelne Episoden), setzten Literaturforscher wie W. P. Ker und A. Heusler unter Hinweis, daß die ältesten Heldenlieder nicht nur eine Episode, sondern die ganze Fabel gestalten, den Akzent auf die Unterschiede im Stil, also „liedhafte Knappheit" im Heldenlied gegenüber ↑epischer Breite im Heldenepos. – Lange vor dem germanischen Heldenepos gab es eine entsprechende Tradition bereits bei mehreren Kulturvölkern. Wichtigste Beispiele sind das babylonische „Gilgamesch-Epos" (Ende des 2. Jahrtausends v. Chr., deutsch 1970), die altindischen Epen „Mahabharata" (4. Jahrhundert v. Chr. bis 4. Jahrhundert n. Chr.?, deutsch „Das Mahābhārata", 1961), und „Ramajana" (4. Jahrhundert v. Chr. bis 2. Jahrhundert n. Chr.?, deutsch „Râmâyana", 1845), die homerischen Epen „Ilias" und „Odyssee" (beide 8. Jahrhundert v. Chr., deutsch 1793 bzw. 1781) sowie zahlreiche hellenistische und römische Epen (Vergil, P. P. Statius). Lateinische Epik gab im frühen Mittelalter den Anstoß zur epischen Gestaltung germanischer Heldenlieder. Auf diese Weise entstand der in lateinischen Hexametern verfaßte „Waltharius" (9. oder 10. Jahrhundert) als erstes bedeutendes Heldenepos aus einem germanischen Heldenlied. Gleichzeitig war in England mit dem „Beowulf" (1. schriftliche Fassung um 1000, deutsch „Beowulf", 1840) bereits ein erstes volkssprachliches Heldenepos nachweisbar. Die eigentliche Blütezeit des Heldenepos setzte allerdings erst im 11. Jahrhundert in Frankreich (↑Chanson de geste) und seit dem Ende des 12. Jahrhunderts in Deutschland ein. In Form, Überlieferung, Vortragsweise, Stoff und Ethos unterscheidet sich das Heldenepos deutlich vom gleichzeitigen ↑höfischen Epos. Das Heldenepos verwendet strophische Formen (mittelhochdeutsche Langzeilenstrophen, altfranzösische Laissenstrophen [↑Laisse] im Gegensatz zum Reimpaar der höfischen Epik). Der Vortrag erfolgte wahrscheinlich in Gesangsform. Die Überlieferung geschah v. a. in Sammelschriften (↑Heldenbuch). Die von meist anonymen Dichtern verfaßten Heldenepen sind stofflich als realistisch gehaltene Ereignisdichtung zu charakterisieren, während das höfische Epos in erster Linie Problemdichtung ist. Zu den wichtigsten mittelalterlichen Heldenepen gehören u. a. in Frankreich „La chanson de Roland" (um 1075–1109, deutsch „Rolandslied", 1839/40), in Spanien das „Poema del Cid" (um 1140, deutsch „Das Gedicht vom Cid", 1850), aus dem germanischen Sagenkreis das in mittelhochdeutscher Sprache erhaltene „Nibelungenlied" (um 1200) und die „Kudrun" (13. Jahrhundert).

Heldenlied: episch-balladenhafte Form der ↑Heldendichtung. Im 4.–8. Jahrhundert, zuerst bei den Goten, als mündliche Dichtung entstanden, verbreitete sich das Heldenlied von Süden nach Norden bei allen germanischen Stämmen bis nach Skandinavien. Im Gegensatz zur jüngeren literarischen Form des ↑Heldenepos sind im Heldenlied Stoffe der ↑Heldensage nicht in ihrer ganzen Breite verarbeitet, sondern nur einzelne Episoden oder tragische Höhepunkte aus dem Leben adliger Heldengestalten, v. a. der Völkerwanderungszeit herausgegriffen; die Personenzahl ist klein. Zentraler ethischer Begriff ist die Heldenehre, während christliche Vorstellungen noch keine Rolle spielen. – Heldenlieder waren zum mündlichen Vortrag bestimmt. Ihr Verfasser blieb meist anonym. Primitivste Formen haben sich v. a. in slawischen (↑Bylinen) und in den baltischen Ländern teils bis heute im Volk erhalten. Sie sind auch bei asiatischen und afrikanischen Stämmen und Völkern zahlreich nachweisbar. In seiner literarisch überlieferten Form besteht das Heldenlied aus bis zu 300 stabreimenden ↑Langzeilen, die meist im ↑Zeilenstil und ohne strenge strophische Gliederung gehalten sind. Aus dem Heldenlied gehen zwei spätere Formen hervor; das durch Ausweitung entstandene Heldenepos und die Volksballade (↑Ballade). – Einziges erhaltenes deutsches Heldenlied ist das Anfang des 9. Jahrhunderts in Fulda in einer althochdeutsch-altsächsischen Mischsprache niedergeschriebene „Hildebrandslied". Skandinavische Heldenlieder haben sich v. a. in der ↑„Edda" erhalten.

Heldensage: wichtige Stoffquelle für alle Formen der Heldendichtung, v. a. für das ↑Heldenepos. In der Heldensage werden, unter Mißachtung geographischer, chronologischer und historischer Prinzipien, Ereignisse aus der Vor- und Frühgeschichte eines Volkes verarbeitet, wobei das Geschehen auf herausragende Einzelpersönlichkeiten ausgerichtet ist. Meist sind ursprünglich selbständige Sagen zu ganzen Sagenzyklen geordnet, in deren Mittelpunkt jeweils eine überragende Heldengestalt bzw. ein ganzes Geschlecht steht. Solche Sagenkreise sind z. B. der sumerische Sagenkreis um Gilgamesch, der altpersische um Kyros, den Begründer des persischen Großreiches, die griechischen Zyklen um Herakles, Theseus, die Argonauten, die Labdakiden (Ödipus), die Atriden, die Belagerung und Zerstörung Trojas (Achilles, Odysseus) sowie die römischen Sagenkreise um Äneas, Romulus und Remus, die zentrale Stoffe der Geschichte Roms aufgreifen. Ereignisse aus der germanischen Völkerwanderung stehen im Mittelpunkt der Heldensagen der germanischen Stämme, so in den Sagenkreisen um Siegfried und die Nibelungen oder um Dietrich von Bern (Theoderich der Große). Auf historische Ereignisse sind u. a. auch die keltischen Sagenzyklen um König Artus (↑Artusdichtung), in Frankreich um Karl den Großen, in Skandinavien (Wikinger- und Normannenzüge) und in Spanien (Reconquista; Held ist der Cid) zurückzuführen.

Hemiepes [von griechisch hēmiepés „halber epischer Vers"]: Bezeichnung der Metrik für einen Halbvers der Form –́◡◡–́◡◡x́. Dabei handelt es sich um einen daktylischen ↑Trimeter, dessen dritter Versfuß unvollständig (↑katalektisch) ist. Die Bezeichnung geht auf die römischen Grammatiker zurück, die den Hemiepes wegen seiner Form als erste Hälfte des daktylischen ↑Hexameters deuteten.

Hendiadyoin [von griechisch hèn dià dyoĩn „eins durch zwei"]: v. a. in der Antike und im Barock bevorzugte rhetorische Figur, bei der zum Zweck der Verstärkung zwei synonyme Substantive statt eines einzigen gesetzt werden (z. B. „Hab und Gut", „Leib und Leben") oder zwei durch „und" verbundene Substantive ein Substantiv mit einem Genitiv- oder Adjektivattribut ersetzen (z. B. natura pudorque „Natur und Scham" statt „natürliche Scham").

Hephthemimeres [von griechisch heptá „sieben", hḗmisys „halb" und méros „Teil"]: in der griechischen und lateinischen Verslehre die ↑Zäsur nach dem siebten Halbfuß, also nach der vierten Hebung, wie sie im jambischen ↑Trimeter, v. a. aber im ↑Hexameter

–́◡◡–́◡◡–́◡◡–́|◡◡–́◡◡–́x

vorkommt.

Heptameter [von griechisch heptá „sieben" und métron „Maß"]: Bezeichnung für die aus sieben Metra bestehenden Verse, so den lateinischen ↑Septenar.

Hermeneutik [von griechisch hermēneúein „auslegen, erklären, übersetzen"]: 1. die Kunst der Auslegung, d. h. der sinngemäßen Interpretation eines Textes (besonders der Bibel) oder eines Kunst- oder Musikwerkes, aber auch von Handlungen und Institutionen. Die Hermeneutik bildete sich v. a. auf dem Gebiet der Theologie (Bibelexegese), aber auch der Rhetorik, Philologie, des Rechtswesens und der Kunst heraus. – 2. Philosophisch bezeichnet man als Hermeneutik die Theorie der Auslegung, die im Gegensatz zur mehr erklärenden naturwissenschaftlichen Methode die Bedingungen und Möglichkeiten des Verstehens und seiner sprachlichen Fixierung reflektiert. Zu diesen Bedingungen rechnet die Hermeneutik v. a. die historische Distanz zwischen Leser und Verfasser eines Textes. Nach Anfängen in der griechischen Stoa, bei Philon von Alexandria, Origines, Tertullian und A. Augustinus sowie verschiedenen kontroversen Tendenzen und Theorien entwickelte F. D. E. Schleiermacher im 19. Jahrhundert eine universale Theorie des Verstehens; daran orientiert erhob W. Dilthey die Hermeneutik zur methodologischen Grundlage der Geisteswissenschaften. M. Heidegger erweiterte die Hermeneutik zu einer allumfassenden „Hermeneutik des Daseins". Jedes Verstehen ist für Heidegger an ein diesem vorangehendes Vorverständnis gebunden, das den Rahmen der Auslegungsmöglichkeiten festlegt („hermeneutischer Zirkel"). E. Staigers immanente Textinterpretation fußt auf diesem Ansatz, den H.-G. Gadamer in seiner philosophischen Hermeneutik weiterentwickelte.

hermetische Literatur: philosophisch-okkultistisches Schrifttum einer spätantiken religiösen Offenbarungs- und Geheimlehre, als deren Verkünder und Verfasser Hermes Trismegistos (griechischer Name für den ägyptischen Gott Thot, den Gott der Weisheit und der Schreibkunst) angesehen wurde. Die hermetische Literatur findet sich v. a. im „Corpus Hermeticum" (nach dem Titel des ersten der 18 Teile auch „Poimandres" genannt). Im 2./3. Jahrhundert in Ägypten entstanden, besteht das „Corpus Hermeticum" aus Traktaten in Brief-, Dialog- oder Predigtform, die im Inhalt u. a. von griechischem, jüdischem, ägyptischem und neuplatonischem Gedankengut geprägt sind. Bevorzugte Themen sind Wiedergeburt, Ekstase, Opfer und Sühne, Erlösung usw. Im 3. und 4. Jahrhundert übte die hermetische Literatur Einfluß auf die christliche Gnosis aus. V. a. in der lateinischen Übersetzung durch M. Ficino (1471) wurde das „Corpus Hermeticum" für den europäischen Humanismus bedeutsam. Starken Einfluß hatte die hermetische Literatur auf Alchimie, Astrologie und verschiedene magisch-okkultistische Theorien und Strömungen der Literatur des 16. und 17. sowie auf die Freimaurerei des 18. Jahrhunderts.

Hermetismus [griechisch] (italienisch Ermetismo): Richtung der modernen italienischen Lyrik (besonders zwischen 1920 und 1950), die an den französischen ↑Symbolismus (A. Rimbaud, St. Mallarmé, P. Valéry) anknüpfte. Sie war gekennzeichnet durch geheimnisvoll-dunkle, vieldeutige, magisch-rätselhafte Ausdrucksweise. Zu den bedeutendsten Vertretern gehörten: E. Montale, G. Ungaretti, S. Quasimodo. Vielfach wird „Hermetismus" auch als Bezeichnung für entsprechende Richtungen der nichtitalienischen Literatur verwendet.

Heroic couplet [hɪ'roʊɪk 'kʌplɪt; englisch „heroisches Verspaar"]: bedeutendste metrische Form der englischen epischen und heroischen Versdichtung. Das Heroic couplet ist ein paarweise gereimter fünfhebiger jambischer Vers mit fester Zäsur nach der zweiten Hebung. Es wurde von G. Chaucer in seinem Erzählungszyklus „The Canterbury tales" (entstanden 1387–1400, gedruckt um 1478, deutsch „Canterburysche Erzählungen", 1827) in die englische Literatur eingeführt.

heroisch-galanter Roman: nach französischen Vorbildern (z. B. M. Le Roy de Gomberville, G. de Costes de La Calprenède, M. de Scudéry) gestaltete Sonderform des höfischen Romans der Barockzeit. Im Mittelpunkt der Handlung stehen aristokratische, zu Paaren von Liebenden geordnete Personen, die eine Fülle von Mißgeschicken erdulden müssen und sich dank ihrer stoischen Haltung bewähren. Das Geschehen entwickelt sich dabei vor einem pseudohistorischen Hintergrund. Hauptvertreter dieser Romanform, die sowohl unterhalten als auch belehren wollte, waren in Deutschland u. a. Ph. von Zesen, Herzog Anton Ulrich von Braunschweig-Wolffenbüttel („Die durchleuchtige Syrerin Aramena", 1669–73), auch J. J. Ch. von Grimmelshausen („Dietwalts und Amelinden anmuthige Liebes- und Leidsbeschreibung", 1670) und D. C. von Lohenstein („Großmüthiger Feldherr Arminius oder ...", 1689/90).

Hexameter [von griechisch hexámetros „aus sechs Maßen (Versfüßen) bestehend“]: ein aus sechs ↑Daktylen bestehender antiker Vers. Die ersten vier Daktylen können durch ↑Spondeen ersetzt werden; der fünfte Versfuß bleibt meist ein Daktylus. Der Hexameter ist ↑katalektisch, d. h. im letzten Metrum fehlt eine Silbe, so daß sich dort in der Regel ein Spondeus ergibt.

´⏓⏓|´⏓⏓|´⏓⏓|´⏓⏓|´◡◡|´×,

z. B.: „Also rief er betend; ihn hörete Phoibos Apollon. | Schnell von den Höhn des Olympos enteilet’ er zürnenden Herzens“ (Homer, „Ilias“, übersetzt von J. H. Voß, 1793).
Die wichtigsten Zäsuren sind die ↑Trithemimeres („Einschnitt nach dem dritten halben Metrum“), die ↑Penthemimeres („Einschnitt nach dem fünften halben Metrum“), die ↑Hephthemimeres („Einschnitt nach dem siebten halben Metrum“) und die Zäsur nach dem dritten Trochäus, d. h. nach der ersten Kürze des dritten Daktylus. Wegen des ziemlich freien Wechsels zwischen Daktylen und Spondeen und auf Grund der recht zahlreichen Zäsuren und „Brükken“ (d. h. Stellen, an denen die Zäsur vermieden wird) ist der Hexameter ein sehr beweglicher und deshalb vielseitig verwendbarer Vers. – Der Hexameter ist der Vers der homerischen Epen („Ilias“ und „Odyssee“, beide 8. Jahrhundert v. Chr., deutsch 1793 bzw. 1781). In die römische Dichtung führte Ennius den Hexameter ein. Seit Hesiod wurde er auch im antiken Lehrgedicht verwendet. In Verbindung mit dem Pentameter (elegisches ↑Distichon) ist er der Vers der ↑Elegie und des ↑Epigramms. Im Mittelalter hat sich mit dem ↑leoninischen Hexameter eine Sonderform des Hexameters herausgebildet. Bei diesen Hexametern, die vornehmlich in frühmittelalterlicher lateinischer Dichtung („Waltharius“, Epos, 9. oder 10. Jahrhundert; „Ruodlieb“, Roman, um 1040/50), aber auch vereinzelt in deutschen Werken (z. B. bei J. Fischart und J. Ch. Gottsched) vorkommen, reimen sich Mitte und Schluß jedes Verses. Nach einigen Versuchen im Humanismus konnte sich der Hexameter in der deutschen Dichtung erst seit F. G. Klopstocks Epos „Der Messias“ (1748–73) einen festen Platz sichern. Nach ihm schufen J. H. Voß (Homerübersetzungen), Goethe (mit den Epen „Reineke Fuchs“, 1794, und „Hermann und Dorothea“, 1797), Schiller (in seiner Gedankenlyrik), Ch. F. Hebbel, G. Hauptmann und im 20. Jahrhundert u. a. B. Brecht und R. A. Schröder Hexameterdichtungen.

Hia̱tus [lateinisch „Klaffen, Kluft, Öffnung, Schlund“]: Begriff aus der Sprachwissenschaft und Metrik, der das Zusammenstoßen zweier Vokale an der Silben- oder Wortgrenze bezeichnet. Zu unterscheiden sind der Binnenhiatus innerhalb eines Wortes (Frei-er) oder eines Kompositums (be-inhalten) und der äußere Hiatus, d. h. der Zusammenstoß des auslautenden Vokals oder Diphthongs eines Wortes mit dem anlautenden des folgenden Wortes (sage ich). Der äußere Hiatus galt in der antiken und in der romanischen Dichtung als verpönt und wurde u. a. durch ↑Synalöphe und ↑Elision umgangen. Lediglich an Satzenden oder bei der ↑Zäsur im Vers wurde er geduldet. In der althochdeutschen, frühmittelhochdeutschen und mittelhochdeutschen Dichtung vermied man den Hiatus ebenfalls weitgehend. Die neuere deutsche Lyrik kennt dagegen keine strenge Regelung. Seit M. Opitz wird der bei der Elision eintretende Wegfall des Auslautes durch den Apostroph („sag’ ich“) gekennzeichnet.

Hieroglyphen [hi-e...; von griechisch hierós „heilig“ und glýphein „einschneiden“]: auf den griechischen Theologen Klemens von Alexandria zurückgehende Bezeichnung für Schriftzeichen, die die Form von Bildern haben (↑Bilderschrift). Am bedeutendsten ist die auf altägyptischen Denkmälern erhaltene, kurz vor 3000 v. Chr. erfundene ägyptische Bilderschrift, mit der eine Fülle „heiliger“ Texte überliefert wurde. Später wurden auch die Zeichen anderer Schriftsysteme Hieroglyphen genannt, wenn sie aus der Bilderschrift hervorgegangen waren und noch deutliche Bildelemente aufwiesen. – Die erste Ent-

Hieroglyphen, von Jean-François Champollion 1822 entziffert

zifferung der ägyptischen Hieroglyphen, eines sehr komplizierten und bis ins 3. Jahrhundert n. Chr. gebräuchlichen Systems aus Laut-, Wort-, Symbol- und Deutezeichen gelang 1822 J.-F. Champollion.

Hinkjambus ↑Choliambus.

Hintertreppenroman: seit etwa 1880 übliche Bezeichnung für Romane von geringer literarischer Qualität (↑Trivialliteratur), die einem einfachen Lesepublikum (Dienstboten) an der Hintertreppe verkauft wurden. Der Hintertreppenroman löste die ↑Ritterromane und ↑Räuberromane des 18. Jahrhunderts ab; er banalisierte die bürgerlich-moralischen Ideen des anspruchsvollen Romans des 19. Jahrhunderts.

Hirtendichtung ↑bukolische Dichtung.

Hirtenspiel: 1. eine selbständige Szenengruppe des ↑Weihnachtsspiels, in der die Verkündigung an die Hirten auf dem Feld und die Anbetung des Kindes in der Krippe dargestellt wurde. Beliebt waren solche Hirtenspiele v. a. im mittelalterlichen ↑geistlichen Spiel. – 2. andere Bezeichnung für ↑Pastorale bzw. Schäferspiel (↑Schäferdichtung).

Historie [von griechisch historía, eigentlich „Wissen“]: 1. veraltete Bezeichnung für darstellende Geschichtsquellen (↑auch Annalen, ↑Chronik). – 2. Bezeichnung für im späten Mittelalter verbreitete phantastische Erzählungen, v. a. auch für ↑Volksbücher (z. B. „Historia von D. Johann Fausten ...“, 1587). In Umkehrung der ursprünglichen Bedeutung wird der Begriff „Historie“ verwendet, um stärkere Glaubwürdigkeit zu suggerieren. – 3. dramatische Gattung des englischen elisabethanischen Dramas, eine der frühesten Formen des ↑historischen Dramas; Blüte Ende des 16. Jahrhunderts.

Historiendrama ↑historisches Drama.

historische Erzählung: kürzere erzählende Dichtung in Prosa, seltener in Versform, in der sich das Geschehen in geschichtlicher Umgebung abspielt bzw. sich um historische Tatsachen oder Personen rankt. Meist beschränkt sie sich auf ein einziges Ereignis oder auf einen bestimmten Lebenslauf. Die dichterische Ausgestaltung dieses Themas braucht sich nicht immer streng an den historischen Fakten zu orientieren. Von der loser gefügten Erzählung unterscheidet sich die *historische Novelle* durch die straffere Handlungs- und Gedankenführung, der ↑historische Roman durch größeren Umfang und Figurenreichtum. – Erste Ansätze zu einer historischen Erzählung begegnen bei antiken Geschichtsschreibern wie Herodot, C. Nepos, Plutarch oder Sueton, in der Literatur des Mittelalters bei Einhard, in der Renaissancedichtung bei N. Machiavelli sowie v. a. in der volkstümlichen Überlieferung (in ↑Bispel, ↑Schwank, ↑Anekdote usw.). Die deutsche Romantik (H. von Kleist, C. Brentano, E. T. A. Hoffmann u. a.) brachte eine Blütezeit der historischen Erzählung. Über Autoren wie H. Zschokke, L. Tieck, G. Keller, C. F. Meyer, Th. Storm und W. Raabe reicht die Tradition der historischen Erzählung bis in die Gegenwartsliteratur (z. B. G. Grass, „Katz und Maus“, 1961; F. Fühmann, „Das Judenauto“ 1962).

historischer Roman (Geschichtsroman): Sonderform des ↑Romans; umfang- und figurenreiche Prosadichtung, in der geschichtliche Persönlichkeiten oder Geschehnisse im Mittelpunkt stehen oder die Handlung vor einem historisch-authentischen Hintergrund abläuft und auf einem bestimmten Geschichtsbild beruht. Der eigentliche historische Roman entwickelte sich erst zu Beginn des 19. Jahrhunderts. Ältere erzählende Dichtungen, die historische Stoffe verarbeiteten (so etwa die Schlüssel- und ↑Staatsromane des 17. und 18. Jahrhunderts) sind nur bedingt als Vorläufer des Geschichtsromans zu bezeichnen. Eigentlicher Begründer des historischen Romans war W. Scott, u.a. mit „Waverley" (1814, deutsch „Waverley", 1821) und „Ivanhoe" (1820, deutsch „Ivanhoe", 1820). In der Nachfolge Scotts standen die französischen Romanautoren P. Mérimée („La chronique du règne de Charles IX", 1829, deutsch „Die Bartholomäusnacht", 1845), V. Hugo („Notre-Dame de Paris", 1831, deutsch 1831, 1948 unter dem Titel „Der Glöckner von Notre Dame") und A. Dumas der Ältere („Les trois mousquetaires", 1844, deutsch „Die drei Musketiere", 1845) ebenso wie vergleichbare italienische (A. Manzoni, „I promessi sposi", 1827, deutsch „Die Verlobten", 1827), russische (A. S. Puschkin, N. W. Gogol), englische (E. Bulwer-Lytton) und deutsche Dichter, z. B. A. von Arnim („Die Kronenwächter", 1817), W. Hauff („Lichtenstein", 1826) und L. Tieck („Vittoria Accorombona", 1840). Unter dem Einfluß des Historismus und einer Verabsolutierung des Geschichtsdenkens sowie der konsequent wissenschaftlichen Geschichtsschreibung entwickelte sich nach 1850 eine zweite Phase des Geschichtsromans mit einer Fülle von Autoren, so etwa in Deutschland J. V. von Scheffel („Ekkehard", 1855), G. Freytag („Die Ahnen" 1873–81), A. Stifter („Witiko", 1865–67), C. F. Meyer („Georg Jenatsch", 1876, 1883 unter dem Titel „Jürg Jenatsch"), Th. Fontane („Vor dem Sturm", 1878) oder W. Raabe („Das Odfeld", 1889). Eine Sonderform bilden die von Fachwissenschaftlern verfaßten sogenannten Gelehrten- oder ↑Professorenromane, so etwa F. Dahns „Ein Kampf um Rom" (1876). Als Höhepunkte des historischen Romans außerhalb des deutschsprachigen Raums gelten u.a. in den USA N. Hawthornes „The scarlet letter" (1850, deutsch „Der scharlachrote Buchstabe", 1851) oder H. Beecher Stowes „Oldtown folks" (1869, deutsch „Die Leute von Oldtown", 1870), in England W. M. Thackerays „The Virginians" (1858/59, deutsch „Die Virginier", 1953), oder Ch. Dickens' „A tale of two cities" (1859, deutsch „Zwei Städte", 1859/60), in Rußland L. N. Tolstois „Vojna i mir" (1868/69, deutsch „Krieg und Frieden", 1885). Seit dem Ende des 19. Jahrhunderts sind historische Stoffe im Roman so verbreitet, daß eine weitere Abgrenzung von bestimmten Einzelphasen nicht mehr möglich ist. Aus der Vielzahl der Autoren ragen W. Faulkner, S. Undset, H. Sienkiewicz, R. Huch, A. Zweig, St. Zweig, R. Schneider, W. Bergengruen, G. von Le Fort, M. Brod, A. Döblin, F. Werfel, L. Feuchtwanger, B. Frank, A. France, Th. Wilder und M. Yourcenar hervor.

historisches Drama (Geschichtsdrama): Form der ↑Geschichtsdichtung, in der historische Stoffe dramatisch gestaltet werden. Die zugrunde gelegten geschichtlichen Vorgänge können dabei tatsachengetreu nachempfunden oder in künstlerischer Freiheit abgewandelt wiedergegeben werden. Von historischem Drama spricht man aber auch, wenn in einem Drama die Handlung weniger durch historische Tatsachen als vielmehr durch eine bestimmte Geschichtsauffassung geprägt ist. Als *Historiendrama* werden schließlich dramatische Werke bezeichnet, die den historischen Stoff dazu benutzen, um mit ihm politische, religiöse oder kulturelle Tendenzen auszudrücken. – Bis zum ↑bürgerlichen Trauerspiel war zwar die Geschichte nahezu die einzige Quelle der Tragödie, doch fehlt den Werken jener Zeit (z. B. bei W. Shakespeare, A. Gryphius, J. Racine) eine echte Geschichtsauffassung. Deshalb kann man vom eigentlichen historischen Drama erst seit der deutschen Klassik sprechen, als Goethe mit seinem „Götz von Berlichingen“ (1773) und Schiller mit „Don Carlos“ (1787), „Wallenstein“ (1800) und „Maria Stuart“ (1801) bedeutende Geschichtsdramen schrieben. Nach ihnen verfaßten im deutschsprachigen Raum u. a. G. Büchner („Dantons Tod“, 1835), F. Grillparzer, Ch. F. Hebbel und G. Hauptmann („Die Weber“, 1892; „Florian Geyer“, 1896) vielbeachtete Werke dieser Gattung. Historische Stoffe fanden schließlich auch in der modernen Dramatik anderer Länder Eingang, so etwa bei G. B. Shaw, T. S. Eliot, P. Claudel, R. Rolland oder J.-P. Sartre. Um 1960 einsetzend, ist die jüngste Phase des historischen Dramas geprägt vom ↑Dokumentartheater, daneben von Dramen wie Ch. Frys „Curtmantle“ (1961, deutsch „König Kurzrock“, 1961) oder J. Osbornes „Luther“ (1961, deutsch „Luther“, 1961), denen in der Bundesrepublik Deutschland W. Hildesheimers „Mary Stuart“ (1970) oder D. Fortes „Martin Luther und Thomas Münzer oder die Einführung der Buchhaltung“ (1971) oder in der DDR Dramen von P. Hacks und H. Müller entsprechen.

historisches Lied: ein Lied, das von zeitgenössisch-aktuellen geschichtlichen Ereignissen berichtet und dessen Verfasser meist anonym bleibt. Das historische Lied kann die Ereignisse chronistisch dokumentieren (Berichtslied), tendenziös Partei für sie ergreifen (Parteilied) oder sie zum historischen Mythos erhöhen (Preislied). Der Wert des historischen Liedes als Quelle für die Geschichtsforschung ist nur sehr beschränkt, da es häufig das Episodisch-Nebensächliche zu sehr in den Vordergrund rückt. Bereits P. C. Tacitus weiß von historischen Liedern der Germanen über den Cheruskerfürsten Arminius. Älteste erhaltene Zeugnisse dieser Gattung sind das althochdeutsche „Ludwigslied“ (Ende des 9. Jahrhunderts) auf König Ludwig III. von Frankreich und das Ende des 10. Jahrhunderts entstandene althochdeutsch-lateinische „Lied de Heinrico“. V. a. seit dem 14. Jahrhundert setzte eine breite Überlieferung zeitgeschichtlicher Lieder ein, die vereinzelt die Popularität von Volksliedern erreichen konnten. Bekannteste Beispiele sind Lieder über K. Störtebeker (1402), Agnes Bernauer (1435), die Schlacht von Pavia (1525), später über den Dreißigjährigen Krieg und den Türkenkrieg (Prinz Eugen).

historisch-kritische Ausgabe: Ausgabe eines Schriftwerkes, in der die verschiedenen authentischen Fassungen eines Textes von den frühesten Entwürfen bis zur ↑Ausgabe letzter Hand berücksichtigt sind.

Hochsprache (Standardsprache): die über Umgangssprache, Mundarten und Gruppensprachen stehende allgemeinverbindliche Form einer Sprache, wie sie im gesamten öffentlichen Leben verwendet wird und im wissenschaftlichen und literarischen Schrifttum ihren Niederschlag findet. V. a. die modernen Massenmedien haben für die feste Verankerung und für die große Verbreitung der Hochsprache gesorgt. Der Begriff „Hochsprache“ (dafür früher auch Nationalsprache, Landessprache, Literatursprache, Schriftsprache u. a.) wird seit den 70er Jahren allmählich von „Standardsprache“ abgelöst.

höfische Dichtung: Sammelbezeichnung für Dichtung, die an Fürstenhöfen entstand oder sich thematisch und formal an der höfisch-ritterlichen Kultur orientierte. In Deutschland erlebte sie v. a. vom letzten Drittel des 12. bis Mitte des 13. Jahrhunderts an den Höfen der Staufer sowie an den Fürstenhöfen in Thüringen und Österreich ihre Blütezeit. Thematisch befaßte sich diese mittelhochdeutsche höfische Dichtung mit den ritterlichen Idealen des Mittelalters (êre, triuwe, milte, staete, mâze, zuht, minne). Die wichtigsten Formen sind der ↑Minnesang und der ↑höfische Roman. Ihren Ausgang nahm die höfische Dichtung in Frankreich, von wo sie sich mit dem Aufstieg des Rittertums auch über Deutschland verbreitete. Mit dem Niedergang der Ritterkultur im 14.

Jahrhundert endete auch die höfische Dichtung des Mittelalters. – Als höfische Dichtung wird auch die an den Fürstenhöfen des Barock entstandene Gesellschaftsdichtung bezeichnet.

höfischer Roman (höfisches Epos): v. a. in Frankreich und Deutschland verbreitete erzählende Großform der mittelalterlichen ↑höfischen Dichtung des 12./13. Jahrhunderts. Im Mittelpunkt der Handlung steht ein stark idealisierter Held aus dem höfischen Ritterstand, der sich, oft im Dienste seiner Minnedame, auf Turnieren und in Zweikämpfen mit Rittern und Fabelwesen bewähren muß und seinen Platz in der höfischen Welt und vor Gott zu bestimmen lernt. Der auktoriale Erzähler des höfischen Romans bringt seine Gedanken und Anliegen in Exkursen, reflektierenden Partien und in direkter Anrede sowohl an seine Gestalten als auch an die Hörer zum Ausdruck. Die Abfassung in meist vierhebigen Reimpaaren (daher auch die Bezeichnung „höfischer Versroman") rückt den höfischen Roman formal in die Nähe des ↑Epos. Wie dieses war er ursprünglich zum mündlichen Vortrag vor einer höfisch-adligen Zuhörerschaft am Hofe bestimmt. Prosa kam erst mit den für ein lesendes Publikum geschriebenen chroniknahen Romanzyklen auf. Dem Publikum und der idealisierenden Darstellung entsprach eine stilisierte, von derben Redewendungen freie Sprache. – Die *Geschichte* des höfischen Romans beginnt um 1150 in Frankreich mit der Adaptierung antiker Stoffe. Einen ersten Höhepunkt bedeuten dabei die zwischen 1165 und 1190 entstandenen Werke des Chrétien de Troyes („Erec et Énide", „Cligès", „Yvain", „Perceval", „Lancelot"), die Stoffe aus dem Artussagenkreis (↑Artusdichtung) behandelten. Die ersten deutschen höfischen Romane schlossen sich an französische Vorlagen an, so etwa Heinrich von Veldekes um 1190 abgeschlossener Roman „Eneit". Besonders die Artusromane des Chrétien de Troyes regten zahlreiche deutsche Autoren zu Nachdichtungen an, v. a. Hartmann von Aue („Erec", bald nach 1180; „Iwein", um 1200), Ulrich von Zatzikhoven („Lanzelet", um 1200) und Wolfram von Eschenbach („Parzival", um 1200 bis 1210). Weitere Hauptwerke dieser Epoche sind die Legendenepen „Gregorius" (um 1190) und „Der arme Heinrich" (um 1195) von Hartmann von Aue, „Tristan und Isolt" (nach 1200) von Gottfried von Straßburg sowie „Willehalm" (um 1220) von Wolfram von Eschenbach. Eine Fülle von unbedeutenderen Nachahmern folgte auf diese Blütezeit des höfischen Romans. Mit Werken von bis zu 50 000 Versen Umfang suchten sie ihre Vorbilder zu übertreffen. Eine eigenständige Fortentwicklung bedeuteten lediglich die Werke des Rudolf von Ems und des Konrad von Würzburg, der in seinen größeren Epen zwar wieder an die Tradition seiner großen Vorgänger anknüpfte, mit der „Herzmære" (um 1260) aber die novellenartige Kurzform der erzählenden höfischen Dichtung einführte.

höfisches Epos: 1. Oberbegriff für die erzählenden Großformen der ↑höfischen Dichtung, namentlich für den höfischen Roman und die in höfisches Gewand gekleidete Heldenepik des Hochmittelalters, aber auch für Kleinformen wie ↑Bispel oder ↑Märe. – 2. auch soviel wie ↑höfischer Roman.

hohe Minne ↑Minnesang.

Homographe [von griechisch homós „gemeinsam, gleich" und gráphein „schreiben"] (Homogramme): Wörter oder Wortformen mit gleicher Schreibweise, aber verschiedener Aussprache und Bedeutung, z. B. modern (= faulen) und modern (= neuzeitlich), rasten (= ruhen) und rasten (= sie fuhren sehr schnell). – ↑auch Homonyme.

Homonyme [von griechisch homós „gemeinsam, gleich" und ónyma (äolische Form von ónoma) „Name, Wort"]: 1. in diachronischer (historischer) Sicht: gleichlautende Wörter, die unterschiedliche Bedeutung haben und verschiedenen etymologischen Ursprungs sind, z. B. „Kohl" als Gemüse (von althochdeutsch kōl) und „Kohl" als umgangssprachlicher Ausdruck für Unsinn (von jiddisch kol). – 2. in synchronischer (auf einen bestimmten Sprachzustand bezogener) Sicht: gleichlautende Wörter gleicher etymologischer Herkunft, die aber in ihrer Bedeutung sehr weit auseinandergehen, z. B. „Flügel" als Körperteil des Vogels oder als Musikinstrument. – Im Gegensatz zu den ↑Homographen werden Homonyme nicht nur gleich geschrieben, sondern auch gleich gesprochen. Besonders gern werden sie zu Wortspielen herangezogen.

Die Horen

eine Monatsschrift

herausgegeben von Schiller

Erster Band.

Tübingen
in der J. G. Cottaischen Buchhandlung
1795.

Die Horen. Titelblatt des ersten Bandes (1795)

Homöonyme (Homoionyme) [von griechisch hómoios „gleich, ähnlich" und ónyma (äolische Form von ónoma) „Name, Wort"]: 1. ähnlich lautende Wörter oder Namen, z. B. „mein Eid" und „Meineid". – 2. partielle Synonyme, also eigentlich gleichbedeutende Wörter, die jedoch nicht in jedem Fall austauschbar sind, z. B. „Zug" und „Bahn".

Homöoteleuton [von griechisch homoiotéleutos „mit ähnlicher, gleicher Endung"]: rhetorische Figur, bei der aufeinanderfolgende Wörter, Wortgruppen oder Satzteile gleich klingen, z. B. „wie gewonnen, so zerronnen".

Homophone [von griechisch homóphōnos „gleichklingend, übereinstimmend"]: Wörter oder Wortformen, die gleich lauten (in der Aussprache übereinstimmen), aber verschieden geschrieben werden, z. B. „Moor" und „Mohr", „Kuh" und „Coup", „ruhst" und „rußt". – ↑auch Homonyme.

horazische Ode ↑Ode.

Horen, Die: von den drei griechischen Göttinnen der Jahreszeiten („hōrai") abgeleiteter Name der 1795 von Schiller gegründeten und im Verlag Cotta in Tübingen herausgegebenen programmatischen Literaturzeitschrift der deutschen Klassik. Ihre Zielsetzung umriß Schiller wie folgt: in der Besinnung auf die „Ideale veredelter Menschheit ... die politisch getheilte Welt unter der Fahne der Wahrheit und Schönheit wieder zu vereinigen". Beiträge für „Die Horen" schrieben außer Schiller u. a. Goethe, J. G. Herder, A. und W. von Humboldt, K. Th. Körner, J. G. Fichte, A. W. Schlegel, J. H. Voß und J. Ch. F. Hölderlin. Obwohl die Zeitschrift bereits 1797 ihr Erscheinen einstellte, wurde sie zum Vorbild aller nachfolgenden literarischen Zeitschriften.

Horrorliteratur [von lateinisch horror „Entsetzen, Grausen"]: Sammelbezeichnung für literarische Werke aller Gattungen, in denen Abscheu oder Entsetzen erregende, unheimliche, grauenhafte oder verbrecherische Vorgänge gestaltet werden. Zum großen Teil sind solche Werke der ↑Trivialliteratur zuzurechnen. Motive und Zubehör der Horrorliteratur besitzen eine lange Tradition (↑Gothic novel, ↑Gespenstergeschichte, ↑Schauerroman). Das Interesse an Horrorgeschichten wird heute weitgehend von Horrorcomics (↑Comic strips), Horrorfilmen und [Fortsetzungs]reportagen der Sensationspresse befriedigt.

Hörspiel: dramatische Literaturgattung, die ihre Entstehung dem Medium Rundfunk verdankt. Das Hörspiel kann sich nur auf akustische Gestaltungsmittel stützen: auf das gesprochene Wort, auf Geräusche und Musik. Dagegen muß es auf alles Optische verzichten, namentlich auf Szene, Kulisse, Gestik und Mimik. Dafür stehen dem Hörspiel andere Hilfsmittel zu Gebote, so v. a. die Blende (Ein- und Ausblende, Überblenden, Rückblende), mit deren Hilfe Orts- und Szenenwechsel sowie Zeitsprünge ohne störenden Bruch vollzogen werden können. Technische Kunstgriffe ermöglichen auch die Darstellung von Irrealem (Träume, Visionen, innere Stimmen usw.). Das dank geringer Personenzahl, Konzentration der Handlung und kurzer Sendedauer möglichst überschaubar gehaltene Geschehen wird in Form von Dialogen, (inneren) Monologen und berichtenden Partien eines Erzählers dargeboten. Geräusche können als realistisch nachempfundener Rahmen oder Hintergrund des Geschehens die Kulisse ersetzen, werden aber oft auch nur noch stilisiert oder leitmotivisch eingesetzt. Musik kann als Überbrückung zweier Szenen, als Leitmotiv für bestimmte Personen oder Vorgänge sowie in lediglich untermalender Funktion vorkommen. – Vom Hörspiel sind zu unterscheiden die Funkbearbeitung, d. h. eine den Erfordernissen des Rundfunks angepaßte Umarbeitung ursprünglich nicht für den Hörfunk bestimmter Werke, ferner die ↑Funkerzählung und das ↑Feature. – *Geschichte:* Die ältesten, auch gedruckt erhaltenen Hörspiele sind u. a. „A comedy of danger" von R. A. W. Hughes und „Zauberei auf dem Sender" von H. Flesch, die beide 1924 gesendet wurden. In den ersten Jahren überwogen ↑Adaptationen von Dramenliteratur. Typisch war die Darstellung fingierter oder echter Katastrophen (z. B. Zugunglück), aber auch irrealen Geschehens (z. B. R. Gunold, „Spuk", gesendet 1925; nach E. T. A. Hoffmann). Schon bald jedoch reizte das Experimentieren mit den technischen Möglichkeiten der neuen Gattung, wobei man Anleihen an die beim Film entwickelten Techniken machte. Um 1930 entstanden die ersten bedeutenden Hörspieltheorien, u. a. von B. Brecht („Radiotheorie", 1927–32), H. Pongs („Das Hörspiel", 1931), R. Kolb („Das Horoskop des Hörspiels", 1932). Zu dieser Zeit reichte das Hörspiel formal von der lyrischen Montage, dem literarisch ambitionierten Hörspiel bis zu featureähnlichen Formen, ideologisch vom völkisch-nationalen Beitrag über das linksbürgerliche, bürgerlich-humanistische Zeithörspiel (A. Döblin, H. Kasack) bis zu einem sozialistischen Hörspiel (W. Benjamin, J. R. Becher, B. Brecht). Ab 1933 wurde das nationalsozialistische Hörspiel (A. Bronnen, K. Eggers, E. W. Möller, H. Johst u. a.) als „politisches Führungsmittel" eingesetzt. Nach 1945 knüpfte das Hörspiel in der DDR an das sozialistische Hörspiel vor 1933 an (W. Bräunig, R. Kirsch, R. Schneider u. a.), das Hörspiel in der Bundesrepublik Deutschland stand zunächst unter angelsächsischem Einfluß, entwickelte sich jedoch bald neben Unterhaltungsformen zum anspruchsvollen literarischen Wortkunstwerk, das Traumwelten im Hören aufbauen wollte („innere Bühne"), das Hörspiel entpolitisierte und zur Verinnerlichung beitrug. Wichtige Hörspielautoren: W. Borchert („Draußen vor der Tür", 1947), G. Eich („Träume", 1951), I. Aichinger („Knöpfe", 1953), M. Frisch („Herr Biedermann und die Brandstifter", 1956), ferner E. Schnabel, W. Hildesheimer, I. Bachmann, W. Jens, H. Böll, F. Dürrenmatt, S. Lenz, M. Walser, W. Weyrauch u. a. Im Ausland schrieben u. a. S. Beckett, M. Butor, R. Pinget, N. Sarraute Hörspiele. Noch in den 50er Jahren diente das Hörspiel einem breiten Publikum als Unterhaltungsmedium; besonders Kriminalhörspielserien (v. a. „Paul Temple" von F. Durbridge) waren populär. Nachdem der Hörfunk als bis dahin wichtigstes Abendunterhaltungsmedium sein Publikum größtenteils an das Fernsehen verloren hatte, konnten u. a. J. Becker, P. O. Chotjewitz, B. Frischmuth, P. Handke, E. Jandl, F. Mayröcker und G. Rühm für ein exklusives Publikum neue Spielformen und -typen erproben. Dabei war nicht so sehr die literarische Weiterentwicklung der Hörspieltexte, sondern vielmehr eine stärkere Ausnutzung medienspezifischer Möglichkeiten von Interesse. Zitate, Lautfetzen, Alltagsgeräusche werden zu einem „totalen Schallspiel" montiert, z. B. W. Wondratschecks „Paul oder die Zerstörung eines Hörbeispiels" (1971). Neben D. Kühn, Y. Karsunke, M. Scharang u. a. schreiben heute die meisten Autoren der 60er Jahre weiter für den Hörfunk.

Humanismus [von lateinisch humanus „menschlich"]: allgemein das Bemühen um Humanität, um eine der Menschenwürde und freien Persönlichkeitsentfaltung entsprechende Gestaltung des Lebens und der Gesellschaft durch Bildung und Erziehung und/oder Schaffung der dafür notwendigen Lebens- und Umweltbedingungen. – Im engeren Sinn dient der Begriff als Epochenbezeichnung für eine philologische, kulturelle und wissenschaftliche Bewegung des 14. bis 16. Jahrhunderts, die die europäische Geistesgeschichte entscheidend prägte. Obwohl die Begriffe Humanismus und Renaissance häufig synonym verwendet werden, ist eine Unterscheidung angebracht. Während die Renaissance annähernd alle Bereiche des Lebens beeinflußte, ist der Humanismus eher als die mehr wissenschaftlich orientierte Geistesströmung zu verstehen, die gekennzeichnet ist durch die Wiederentdeckung der griechischen und lateinischen Sprachen und durch die Wiederbelebung der literarischen, philosophischen und kulturellen Ideale der Antike, vornehmlich der römisch-lateinischen. Im Sinne dieser Ideale erstrebte der *Renaissance-Humanismus* (so genannt im Unterschied zum ↑Neuhumanismus, dem sogenannten „zweiten Humanismus", und dem „dritten Humanismus" zu Beginn des 20. Jahrhunderts) die geistige Erneuerung des Menschen, v. a. aber die persönliche Entfaltung des Individuums, das sich mehr und mehr von der mittelalterlichen Ordnung mit ihrer von kirchlich-religiösen Normen geprägten Lebensauffassung loslöste und zu einem neuen Selbstwertgefühl fand. Damit setzte sich der Humanismus in Opposition zur Philosophie der Scholastik. – Kritik an den politischen Auflösungserscheinungen der norditalienischen Staaten und am starken kirchlichen Dogmatismus führte bereits um 1350 in Italien zur Rückbesinnung auf die kulturellen Leistungen der römischen Antike, z. B. bei Dichtern wie F. Petrarca und G. Boccaccio. Besonders die Schriften M. T. Ciceros dienten einer neuen lateinischen Dichtung als Vorbild. Ab etwa 1400, v. a. aber nach der Zerstörung von Konstantinopel (1453) kam durch den Zustrom vieler byzantinischer Gelehrter, die zahlreiche Handschriften antiker Texte mitbrachten, die Beschäftigung mit der griechischen Literatur hinzu (G. Pico della Mirandola, M. Ficino). Große Bedeutung erlangte der Humanismus durch sein erfolgreiches Bestreben, die Schriften antiker Autoren aufzuspüren, zu übersetzen und durch kritische Ausgaben wissenschaftlich aufzuarbeiten. Die bewußte Nachahmung antiker Vorbilder, so v. a. im ↑Schuldrama, war typisch für diese Epoche. Die humanistische Bewegung in Italien wurde durch Fürstenhöfe (v. a. durch den Hof der Medici in Florenz) und durch die Päpste gefördert. Wichtigste Vertreter des italienischen Humanismus waren u. a. E. S. Piccolomini (später Papst Pius II.), L. Valla, G. Pontano, A. Poliziano. Durch die Konzile von Konstanz (1414–18) und Basel (1431–49) breitete sich die neue Strömung auch nach Frankreich (J. Faber) sowie England (Th. More, J. Colet) und Spanien (F. Jiménez de Cisneros, J. L. Vives) aus. Beziehungen zwischen F. Petrarca und dem Prager Hof Karls IV. sorgten für erste Einflüsse des Humanismus in Deutschland. Die deutschen Humanisten bedienten sich sowohl der lateinischen wie der deutschen Sprache. Neulateinische Dichtungen lyrischer, epischer und dramatischer Art nahmen einen breiten Raum ein. Städte und Universitäten wurden zu Zentren des Humanismus, z. B. Prag, Wien, Nürnberg, Bamberg, Augsburg, Heidelberg,

Straßburg, Ulm, Basel, Tübingen, Erfurt u.a. Namhafte Vertreter des deutschen Humanismus waren K. Celtis, J. Wimpfeling, J. Reuchlin, W. Pirckheimer, Nikolaus von Kues, U. von Hutten, Erasmus von Rotterdam, S. Brant, J. Geiler von Kaysersberg u.a. Obwohl die Reformation, besonders bei Ph. Melanchthon u. J. Calvin, unter starkem Einfluß humanistischer Ideen stand, löste sie sehr bald den Humanismus als dominierende religiös-geistige Strömung ab. Der *Neuhumanismus* des 18./19. Jahrhunderts, der auf den Gebieten der Literatur, der Ästhetik und der Pädagogik wieder antike bzw. humanistische Denkansätze aufnahm, hat in J. J. Winckelmann, J. G. Herder, Goethe, Schiller, W. von Humboldt seine namhaftesten Vertreter. Der sogenannte *dritte Humanismus* zu Beginn des 20. Jahrhunderts war der erfolglose Versuch, das Bildungsprogramm durch eine begrenzte Rückbesinnung auf die Antike neu zu beleben. – In der sozialistischen Tradition und Gesellschaft wurde zur Bestimmung von Humanismus der aktive Dienst zum Wohle der Menschen hinzugenommen. Die Kritik am bürgerlichen Humanismusbegriff richtet sich besonders gegen die Tendenz, eine humanistische Gesinnung nur dort zu sehen, wo einzelne sich auf Grund von Bildungsprivilegien bevorzugt mit der Kultur und dem Denken der römischen und griechischen Antike beschäftigen können. Demnach sind alle jene Humanisten, die sich kämpferisch in Wort und Tat gegen den Feudalismus und für die Gleichheit der Bildungschancen einsetzten (J. G. Herder, G. W. F. Hegel, L. Feuerbach, W. von Humboldt u.a.), Vorläufer der Aufklärung und damit der beiden Humanisten K. Marx und F. Engels. Bei diesen ist der Humanismus nicht mehr Protest und theoretischer Streit, sondern tätige Erkenntnis der Klassengegensätze in der bürgerlichen Gesellschaft. In diesem Sinne wird auch von einem *sozialistischen Humanismus* gesprochen, der in seiner Konsequenz revolutionär ist.

Humanistendrama: das in lateinischer Sprache geschriebene und auf antike römische Vorbilder zurückgehende Drama der niederländischen und deutschen Humanisten des 15. und 16. Jahrhunderts. Früheste Beispiele sind u.a. das 1465 an der Universität Padua aufgeführte sogenannte „Lustspiel deutscher Studenten in Padua" und „Stylpho" (1494) von J. Wimpfeling. Es handelt sich hierbei um „Schuldramen" mit pädagogisch-didaktischer Zielsetzung, die an den akademischen Rahmen der Universitäten und Lateinschulen gebunden waren. Während die frühen Stücke meist Prosadialoge waren, die das römische Vorbild kaum erkennen lassen, trat dieses um 1500 stärker in den Vordergrund: v.a. bei der Gliederung der Stücke in Akte mit Hilfe eingeschobener Chöre, bei Szeneneinteilung, Prolog und Epilog. Dabei wurden die Dialoge in Versen, die Chorlieder in Strophen abgefaßt. Tragödie und Komödie wurden, der Renaissancepoetik entsprechend, nach dem sozialen Stand der handelnden Personen unterschieden. Neben das römische Drama traten dann auch die italienische Renaissancekomödie, allegorische Festspiele und Maskenzüge als Vorbilder. Bedeutende Vertreter des Humanistendramas waren J. Reuchlin, K. Celtis, J. Locher. Zu Beginn des 16. Jahrhunderts trat das Humanistendrama in den Dienst der religiösen Auseinandersetzungen, eine Tradition, die in der 2. Hälfte des 16. Jahrhunderts im ↑Jesuitendrama fortgeführt wurde, das sich aber im Gegensatz zum Tendenzstück der Reformation wieder stärker an den antiken Vorbildern orientierte. Die Wirkung des Humanistendramas auf die deutschsprachige Theaterliteratur blieb gering, sie machte sich v.a. im protestantischen ↑Schuldrama und im Meistersingerdrama bemerkbar.

Humor [lateinisch „Feuchtigkeit"]: der Begriff leitet sich ab von den vier Körpersäften, den „humores", deren Mischung nach Auffassung der antiken und mittelalterlichen Medizin Temperament und Charakter des Menschen bestimmten. Erst seit den englischen

Humoristen des 18. Jahrhunderts wurde der Begriff in seiner heutigen Bedeutung entwickelt als eine Grundhaltung bzw. Gemütsverfassung, die trotz aller Widrigkeiten, Unzulänglichkeiten und menschlichen Schwächen von Gelassenheit, Heiterkeit, Wohlwollen und Versöhnlichkeit geprägt ist. Von Humor zu trennen sind die eher derbe ↑Komik, der mit Wortbedeutungen spielende und mit einer Pointe abschließende ↑Witz, die ↑Satire mit ihrem beißenden, oft verletzenden Spott und die ↑Ironie mit ihrer verschlüsselten Kritik. Mit Vorliebe befaßt sich der Humor mit Abgelegenem, mit komischen Käuzen, mit Menschen und Verhältnissen, deren Harmonie durch die Vorherrschaft eines besonderen Zuges gestört ist.

Humoristisches findet sich in der Literatur seit den frühesten Überlieferungen. Dabei ist zu unterscheiden: 1. Humoristisches als Stoff, d. h. die Schilderung komischer, amüsanter oder liebenswürdiger Geschehnisse aus der Sicht einer humoristischen Welthaltung des Autors, z. B. in idyllischen und realistischen Werken aller Gattungen (O. Goldsmith, J. von Voß, z. T. bei H. von Kleist [„Der zerbrochene Krug", Lustspiel, 1811], E. Mörike, W. Raabe u. a.). Hierzu gehören auch humoristische Einschübe in Werken, die nicht zur humoristischen Literatur zählen, z. B. bei J. J. Ch. von Grimmelshausen, G. E. Lessing (Just in dem Lustspiel „Minna von Barnhelm", 1767) oder Th. Mann (Tony und Permaneder in dem Roman „Buddenbrooks", 1901). – Daneben gibt es 2. Werke, die eine humoristische Wirkung durch eine besondere Darstellungstechnik erreichen, z. B. durch einen unangemessenen Erzählton, einen inkompetenten Erzähler, durch Stilmischungen, Selbstironie oder Dialekt (z. B. F. Reuter, L. Thoma). Dazu gehören u. a. auch kompositorische Kunstgriffe wie Wechsel der Perspektive und des Standortes, Abschweifungen, Reflexionen über die Handlung. Sie finden sich bei F. Rabelais, J. Fischart, den englischen Humoristen (J. Swift, L. Sterne, H. Fielding), v. a. aber bei Jean Paul, der den ersten Versuch einer Definition des Humors unternahm, und seinen Nachfolgern (E. T. A. Hoffmann und L. Tieck). – Eine 3. Gruppe von Werken benutzt den Humor als Gestaltungsprinzip: Humor, der aus dem Widerspruch von Idee und Erscheinung entsteht, gibt dem Dargestellten einen Sinn, z. B. bei M. de Cervantes Saavedra („El ingenioso hidalgo Don Quixote de la Mancha", Roman, 1605–15, deutsch 1621, 1965 unter dem Titel „Der sinnreiche Junker Don Quijote von la Mancha"), in Shakespeares Komödien, u. a. bei H. Fielding („The history of Tom Jones, a foundling", Roman, 1749, deutsch 1771, 1786–88 unter dem Titel „Tom Jones oder die Geschichte eines Findelkindes"), Jean Paul („Flegeljahre", Roman, 1804/05), Th. Mann („Jo-

THE
HISTORY
OF
TOM JONES,
A
FOUNDLING.

In SIX VOLUMES.

By HENRY FIELDING, Esq;

—*Mores hominum multorum vidit.*—

LONDON:
Printed for A. MILLAR, over-against *Catharine-street* in the *Strand.*
MDCCXLIX.

Humor. Titelblatt der Erstausgabe von Henry Fieldings Roman „The history of Tom Jones, a foundling" (1749) seph und seine Brüder", Roman, 1933–43). In jüngster Zeit wird u. a. infolge deprimierender Wirklichkeitserfahrung der Humor als literarisches Mittel von anderen Darstellungsmöglichkeiten (absurde, abstrakte, dokumentarische Formen) überlagert. Ausnahmen sind z. B. die Romane „Die Powenzbande" (1930) von E. Penzoldt oder „Der Herr Kortüm" (1938) von K. Kluge.

Humoreske [lateinisch]: literarische Gattungsbezeichnung für kurze, in Sprache, Charakteren und Handlung heiter-unbeschwerte und humorvolle Erzählungen. Der Begriff wurde kurz nach 1800 in Analogie zu ↑Arabeske, ↑Burleske oder ↑Groteske gebildet und ausschließlich auf Geschichten angewandt, die ihren Stoff dem bürgerlichen Alltag entnahmen. Seit den 20er Jahren des 19. Jahrhunderts wurden auch mehrbändige historische Romane ähnlichen Charakters als Humoresken bezeichnet. Bedeutende Humoresken verfaßten Jean Paul, F. Reuter, G. Keller, C. F. Meyer („Der Schuß von der Kanzel", 1877), W. Raabe, C. Sternheim u. a.

Hybris [griechisch „Übermut, Frevel"]: im griechischen Mythos und in der griechischen Ethik die Überheblichkeit, der frevelhafte Stolz gegenüber Göttern und Gesetzen. Die Hybris findet sich v. a. in der griechischen Tragödie als Schuld des Helden, die die tragische Katastrophe in Form der Bestrafung durch die Götter hervorruft.

Hymne (Hymnus) [von griechisch hýmnos „Gesang, Lied"]: feierlicher Lob- und Preisgesang, wie er in fast allen entwickelten Kulturen anzutreffen ist, so in *älterer Form* bereits in der sumerisch-akkadischen Epoche (3./2. Jahrtausend), in Ägypten („Sonnenhymnus" [„Hymnus auf Aton"] des Echnaton, 14. Jahrhundert v. Chr.) und in den hebräischen Psalmen des Alten Testamentes. Besondere Bedeutung erreichte die Hymnik im antiken *Griechenland.* An Götterfesten oder Kultfeiern wurden von einzelnen Sängern zur Kithara, von Chören oder im Wechselgesang Hymnen als Preislieder auf Götter oder Heroen vorgetragen. Von dieser reichen Dichtung ist nur ein geringer Teil erhalten, u. a. als älteste die sogenannten „Homerischen Hymnen", eine Sammlung von 33 epischen, in Hexametern abgefaßten Götterhymnen aus dem 7. bis 5. Jahrhundert v. Chr., die Homer zugeschrieben wurden, ferner aus dem 2. Jahrhundert v. Chr. zwei delphische Apollon-Hymnen mit der ältesten bekannten Aufzeichnung einer Melodie sowie die 87 ekstatischen „orphischen Hymnen" in einer Sammlung aus dem 2. Jahrhundert n. Chr. Die *römische* Literatur folgte seit dem 1. Jahrhundert v. Chr. in den Formen und Motiven der griechischen Hymnendichtung und ordnete sie in ihrem Bereich unter der Bezeichnung ↑Carmen ein. Bedeutendster Vertreter der lateinischen Hymnendichtung war Horaz („Carmen saeculare", 17 v. Chr., deutsch 1655/56, 1952 unter dem Titel „Der Saecular-Gesang").

Aus den verschiedenen frühen Quellen schöpfte auch das *Christentum* und schuf die Gattung des *Hymnus,* den Lobgesang der weströmischen Kirche, wie er sich in der Art der Psalmen schon in der Urgemeinde ausgebildet hatte. Während der Begriff Hymnus im Bereich der byzantinischen Liturgie nicht eindeutig definiert ist, versteht die lateinische Liturgie darunter im allgemeinen das seit dem 4. Jahrhundert entstandene religiöse, streng metrische bzw. rhythmische Strophenlied, das seinen liturgischen Ort im Stundengebet (Offizium) gefunden hat. Der von Hilarius von Poitiers (*um 315, † 367) unternommene Versuch einer Einführung des Hymnus in die westlichen Liturgien blieb ohne Erfolg. Eigentlicher Begründer des lateinischen Hymnus wurde Ambrosius von Mailand, von dessen Dichtungen mehrere noch heute im Stundengottesdienst gebraucht werden. Die römische Kirche widersetzte sich zunächst der Einführung des Hymnus und ließ ihn erst im 13. Jahrhundert offiziell in der Liturgie zu. Bedeutendste Hymnendichter waren neben Ambrosius in Spanien Prudentius und Isidor von Sevilla, in Gallien Venantius Fortunatus und in England

Beda Venerabilis. Die karolingische Renaissance brachte im Rückgriff auf hellenistisch-byzantinische Formen mit Autoren wie Paulus Diaconus und Alkuin eine Blütezeit kunstreicher Dichtung. Spätere Zentren im deutschsprachigen Raum waren Sankt Gallen, Fulda, Reichenau. Aus dem 12. und 13. Jahrhundert sind u. a. Petrus Venerabilis, Bernhard von Clairvaux, P. Abälard, Thomas von Aquin, Iacopone da Todi zu nennen. Viele dieser Hymnendichter verfaßten auch ↑Sequenzen. Da diese sich im 12. Jahrhundert in der Struktur der Texte (nicht aber in der Form der Melodien) häufig der Hymnenform anglichen, ist eine klare Unterscheidung nicht möglich. Die lateinischen Hymnen sind strophisch gebaut und haben Endreim; damit stellen sie die Vorform zum späteren ↑Lied dar. Im Spätmittelalter, spätestens jedoch seit dem Humanismus, der noch einmal den Versuch einer Wiederbelebung nach den Vorbildern der Antike unternahm, endete die lebendige Entwicklung der lateinischen Hymnik.

Die Hymne der *Neuzeit* löste sich aus dem liturgischen Bereich. Sie suchte wieder den Anschluß an die Antike und übernahm, bei strophischer Gestaltung, weitgehend die inhaltlichen Motive der Frühzeit. Nach einer Neubelebung unter dem Einfluß des ↑Pietismus entwikkelten im 18. Jahrhundert F. G. Klopstock und die Dichter des ↑Göttinger Hains einen neuen Stil der Hymne, der sich hier und auch in der Folgezeit nicht mehr eindeutig von der Ode trennen läßt. In ↑freien Rhythmen verfaßt, befaßten sich diese Hymnen vornehmlich mit den Themenbereichen Religion, Vaterland und Freundschaft. Die Epoche des Sturm und Drang brachte einen Höhepunkt mit den großen Hymnen Goethes („Wanderers Sturmlied", „Mahomets Gesang", „An Schwager Kronos", „Prometheus", „Ganymed") sowie den Hymnen von Schiller („Triumph der Liebe", „An die Freude"), Ch. F. D. Schubart, J. G. Herder, F. L. von Stolberg-Stolberg u. a. Die Romantik brachte nur einen bedeutenden Hymnendichter hervor, Novalis, dessen „Hymnen an die Nacht" (1800) überwiegend in rhythmischer Prosa abgefaßt sind. Eine Sonderstellung nehmen die Hymnen J. Ch. F. Hölderlins ein. Die Inhalte seiner frühen Hymnen sind Freiheit, Schönheit, Unsterblichkeit. Die Hymnen der Zeit von 1800–04 („Wie wenn am Feiertage", „Der Rhein", „Friedensfeier", „Patmos") entstanden als Ausdruck einer pantheistischen Ewigkeitssehnsucht. Hölderlins Hymnen wirkten auf den ↑George-Kreis, R. M. Rilke, G. Trakl, G. Heym und J. Weinheber. Unter dem Einfluß F. Nietzsches und W. Whitmans schrieben Autoren des Expressionismus (A. Mombert, Th. Däubler, F. Werfel, J. R. Becher) Hymnen. Bei G. von Le Fort („Hymnen an die Kirche", 1924) erfolgte eine Rückkehr zu religiösen Inhalten. Selbst in der neuesten Literatur ist die Hymnendichtung noch lebendig, wie I. Bachmann mit ihrem Hymnus „An die Sonne" beweist.

Hyperbaton [griechisch „das Umgestellte"]: rhetorische Figur, bei der (häufig aus metrischen Gründen) eine syntaktisch zusammengehörende Wortgruppe durch eingeschobene Satzteile künstlich getrennt („gesperrt") wird, z. B.: „Der Worte sind genug gewechselt" (Goethe, „Faust I", 1808). – ↑auch Anastrophe, ↑Inversion.

Hyperbel [von griechisch hyperbállein „über ein Ziel hinauswerfen, übertreffen, übersteigen"]: rhetorische Figur: eine extreme, im wörtlichen Sinne oft unglaubwürdige Übertreibung, die der Charakterisierung eines Objekts besonderen Nachdruck verleihen soll. Bevorzugte Verwendung fanden Hyperbeln in der Bibel („zahlreich wie Sand am Meer", „der Balken im Auge"). Oft wurden sie in die Umgangssprache übernommen, wo sie zu leeren und nichtssagenden Formeln („eine Ewigkeit dauern", „im Schneckentempo", „vor Neid platzen") verflachen können. Beliebt ist die Hyperbel v. a. in der volkstümlichen Sprache (z. B. in Schimpfwörtern), aber auch in komischer und pathetischer Dichtung hat sie ihren Platz.

hyperkatalektisch [von griechisch hypér „über – hinaus" und katalégein „aufhören"]: ein Vers wird hyperkatalektisch genannt, dessen letzter Fuß eine über das Metrum hinausgehende zusätzliche Silbe enthält. – ↑auch katalektisch.

Hypostase [von griechisch hypóstasis „Unterlage, Grundlage, Ablagerung"]: 1. die Vergegenständlichung oder ↑Personifikation eines Begriffes, namentlich einer Eigenschaft oder eines Beinamens, wie sie etwa in der Religion bei der Personifizierung göttlicher Attribute zu finden ist. – 2. die Verselbständigung eines Wortes infolge einer veränderten Verwendung im Satz, z. B. der Übergang eines Substantivs im Genitiv zum Adverb wie „des Abends" zu „abends".

Hypotaxe [von griechisch hypótaxis „Unterwerfung"]: grammatischer Begriff für die syntaktische Unterordnung von Sätzen, d. h. für die Aufteilung von Sätzen in Haupt- und Nebensätze, um einen komplexen Gedanken auszudrükken. Aus der Hypotaxe entstehen häufig sehr kunstvoll gegliederte und verklammerte Satzgefüge bzw. ↑Perioden, deren formale Kennzeichen Konjunktionen, Pronomina, Konjunktivkonstruktionen, besondere Wortstellungen und Intonationen sind. Im Gegensatz zur bloß beiordnenden, d. h. Hauptsätze aneinanderreihenden ↑Parataxe (z. B. in den älteren Sprachstufen des Deutschen oder in den Mundarten) kennzeichnet die Hypotaxe heute den fortgeschrittenen, anspruchsvollen Stil der Schriftsprache.

Hysteron-Proteron [griechisch „das Spätere als Früheres"]: rhetorische Figur, bei der die zeitliche oder logische Aufeinanderfolge umgekehrt wird, so daß z. B. der chronologisch spätere Vorgang vor dem tatsächlich früheren genannt wird, z. B.: „Ihr Mann ist tot und läßt Sie grüßen" (Goethe, „Faust I", 1808).

I

Ich-Erzählsituation ↑Erzählsituation.

Ichform: literarische Darstellungsform (Ich-Roman, Ich-Erzählung) mit einem von sich selbst in der 1. Person Singular sprechenden, aber nicht mit der Person des Autors identischen Ich. Die Erzählperspektive (↑Perspektive) ist dabei eingeengt, da das Geschehen nur von *einem* Standpunkt aus betrachtet wird. Andererseits bewirkt die Ichform eine gewisse Unmittelbarkeit der literarischen Kommunikation: sie erhöht auf Grund des scheinbar wahrheitsgetreuen Berichtes die Bereitschaft des Lesers, der literarischen Fiktion zu folgen. Die Ichform wird vorzugsweise im ↑Schelmenroman, im humoristischen Roman (z. B. bei H. Fielding, Ch. Dickens), im ↑Entwicklungsroman und ↑Bildungsroman, oft auch im psychologischen Roman verwendet.

Idealismus [von griechisch idéa „Erscheinung, Gestalt, Beschaffenheit, Form", zu ideīn „sehen, erkennen, wissen"]: allgemein [auch mit Selbstaufopferung verbundenes] Streben nach Verwirklichung von ethischen oder ästhetischen Idealen; durch Ideale bestimmte Lebensführung oder Weltanschauung. – In der Philosophie ein seit dem 18. Jahrhundert verwendeter Begriff zur Bezeichnung verschiedener philosophischer Grundhaltungen, die im Gegensatz zum Materialismus auf der Behauptung gründen, daß alle Dinge, insbesondere die materiellen, durch Nichtmaterielles (Ideelles, Geistiges, Psychisches) zur Existenz gebracht worden sind und werden. 1. Der *ontologische Idealismus* (Ontologie = die Lehre vom Sein) behauptet, daß alle materielle und geistige Wirklichkeit von einem ideellen Prinzip (absoluter Geist, absolutes Ich) abgeleitet sei; Platon und der Platonismus faßten diese Verursachung der Existenz als eine Teilhabebeziehung auf: Die materiellen Dinge existieren, insofern sie an den jeweiligen Ideen teilhaben. Nach dem Grad ihres Anteils an den Ideen richtet sich zudem der Grad ihrer Vollkommenheit. Diese Vorstellung ist insbesondere in der christlichen Theologie, in der an die Stelle der Ideen Gott bzw. Gottes Gedanken gesetzt werden, aufgenommen worden. – 2. Der *kulturelle Idealismus* behauptet die Autonomie der Kulturentwicklung, die nicht als ein Sonderfall der Naturgeschichte angesehen werden dürfe. Insbesondere in der an G. W. F. Hegels Geschichtsphilosophie anknüpfenden Geistesgeschichte werden Wertideen und Deutungsmodelle für die menschliche Welt als treibende Kräfte der Kulturentwicklung gesehen. – 3. Den *epistemologischen Idealismus* (Epistemologie = Wissenschaftslehre, Erkenntnistheorie) kennzeichnet die Annahme, daß die Wirklichkeit nicht unabhängig von der geistigen Leistung der erkennenden Subjekte, insbesondere von den bei der Erkenntnis verwendeten Unterscheidungen, existiert; je nachdem, ob die Unterscheidungsleistungen (die „Kategorien", unter denen man die Wirklichkeit zuerst erfaßt), für angeboren oder erworben, nicht empirisch oder empirisch (aus der Erfahrung erwachsen) erklärbar (transzendentaler bzw. empirischer Idealismus), für objektiv verbindlich oder für bloß subjektiv (objektiver bzw. subjektiver Idealismus) gehalten werden, können verschiedene Arten des epistemologischen Idealismus unterschieden werden. – 4. Dem *ethischen Idealismus* gelten im Gegensatz zu einem ethischen Materialismus nicht die Befriedigung materieller Bedürfnisse, sondern die sogenannten „geistigen" Werte („Würde", „Freiheit", „Einsicht") des Menschen als oberste Werte für jedes Werturteil. – Der Idealismus wirkte auf die deutsche Literatur vom Sturm und Drang bis zur Romantik, insbesondere auf die deutsche Klassik. Beispiele für das Menschenbild des Idealismus sind v. a. Goethes Iphigenie („Iphigenie auf Tauris", Schauspiel, 1787) und Faust („Faust", Tragödie, 1808–32).

Ideenballade [von griechisch idéa „Erscheinung, Gestalt, Beschaffenheit, Form", zu ideīn „sehen, erkennen, wissen"]: Sonderform der neuzeitlichen deutschen Kunstballade, formal und inhaltlich äußerster Gegensatz zur Volksballade (↑Ballade), von Goethe und Schiller im „Balladenjahr" 1797 entwickelt. Die Ideenballade folgt der Absicht der klassischen Ästhetik, das Individuelle zur überzeitlichen „idealischen Allgemeinheit" (Schiller) und zu einer „reineren Form" (Goethe) zu läutern. Goethes Ideenballaden („Der Schatzgräber", „Der Zauberlehrling", „Die Braut von Korinth", „Der Gott und die Bajadere") stellen den Menschen in naturmagische Bezüge. Schillers Ideenballaden („Der Ring des Polykrates", „Der Handschuh", „Der Taucher", „Die Bürgschaft") verkörpern den Typus in reiner Form.

Ideendrama [griechisch]: ein Drama, in dem Handlung, Charaktere, Stoff und

Nathan der Weise.

Ein

Dramatisches Gedicht,

in fünf Aufzügen.

Introite, nam et heic Dii sunt!

APVD GELLIVM.

Von

Gotthold Ephraim Lessing.

1779.

Ideendrama. Titelblatt der Erstausgabe von Gotthold Ephraim Lessings Drama „Nathan der Weise" (1779)

Sprache auf einen übergeordneten Leitgedanken, auf eine Idee oder Weltanschauung bezogen sind, die Allgemeingültigkeit beanspruchen können, z. B. G. E. Lessings Versdrama „Nathan der Weise" (1779; Idee der Toleranz), Goethes Schauspiel „Iphigenie auf Tauris" (1787; Idee der Humanität). Die Stoffe des Ideendramas stammen meist aus der Mythologie oder aus der Geschichte. Hervorgetreten ist das Ideendrama v. a. in der französischen Klassik (P. Corneille, J. Racine, Voltaire), bei G. E. Lessing und in der ↑Weimarer Klassik (Goethe, Schiller), problematisch geworden dann im 19. Jahrhundert (F. Grillparzer, Ch. F. Hebbel). Auch neuere Dramen mit philosophischer Tendenz gelten als Ideendramen, z. B. H. von Hofmannsthals „Jedermann" (1911) und „Der Turm" (1925), ferner die meisten Stücke von G. B. Shaw, T. S. Eliot, J.-P. Sartre, A. Camus.

Ideenlyrik [griechisch] ↑Gedankenlyrik.

Ideogramm [griechisch]: ein Schriftzeichen, das nicht eine bestimmte Lautung, sondern einen ganzen Begriff vertritt, z. B. bei ↑Hieroglyphen, ↑Keilschrift, chinesischer Schrift.

Idiom [von griechisch idíōma „Eigentümlichkeit, Besonderheit"]: 1. eigentümlicher Sprachgebrauch einer Gruppe, besonders einer regional oder sozial abgegrenzten Gruppierung (Mundart.). – 2. eigentümliche Wortprägung, Wortverbindung oder syntaktische Fügung, deren Gesamtbedeutung sich nicht aus den lexikalischen Einzelbedeutungen ableiten läßt und deren Bestandteile nicht oder nur sehr begrenzt austauschbar oder veränderbar sind. Z. B. „Angsthase" (= sehr ängstlicher Mensch), „durch und durch" (= völlig), „frieren wie ein Schneider" (= sehr frieren), „ins Gras beißen" (= sterben), „das ist kalter Kaffee" (= das ist längst bekannt und uninteressant).

Idylle [von griechisch eidýllion „Bildchen", dann „Hirtengedicht"]: im weiteren Sinn Bezeichnung für jede Dichtung, die friedvoll-glückliche, selbstgenügsame Geborgenheit darstellt. Im engeren Sinn ist die Idylle eine zwischen Lyrik und Epik schwankende literarische Gattung in der Nachfolge der Gedichte Theokrits. Der Begriff wurde seit der Renaissance gleichbedeutend mit Hirtendichtung (↑bukolische Dichtung), ↑Ekloge oder ↑Schäferdichtung gebraucht. Vorformen der Idylle finden sich im Alten Testament (Mythos vom Paradies u. a.). Hauptquellen der deutschen Idyllendichtung sind neben Theokrit und Vergil v. a. Horaz und Ovid. Die Dichter des Barock (M. Opitz, G. R. Weckherlin u. a.) schufen eine gesellschaftliche und religiöse Schäferdichtung. Während die geistliche Hirtendichtung (F. Spee von Langenfeld) mit dem Barock zu Ende ging, wurde die schäferliche Gelegenheitsdichtung und erotische Hirtenpoesie im 18. Jahrhundert fortgeführt (J. Ch. Gottsched). Sie hatte in der galanten und anakreontischen Idylle (↑Anakreontik) des Rokoko ihren Höhepunkt (F. von Hagedorn, Ch. F. Gellert, der junge Goethe). Eine Spielart war die religiöse Idylle, die in S. Geßner („Idyllen", 1756) ihren Hauptvertreter hatte. Er und seine Vorläufer (B. H. Brockes, A. von Haller, E. von Kleist) erhoben die Erkenntnis Gottes aus der Natur zum zentralen Motiv der Idylle. Goethe gestaltete sie zunehmend als Ausdruck notwendiger Entsagung angesichts der bedrohlichen Zerrissenheit der Geschichte („Hermann und Dorothea", Epos, 1797), Schiller forderte das Idyllische als Darstellung einer mündigen, mit der Kultur wie der Natur versöhnten zukünftigen Menschheit („Das Ideal und das Leben", 1795). In der Romantik lebte die Idylle nur vereinzelt fort, häufig in grotesker (E. T. A. Hoffmann) oder märchenhafter (L. Tieck) Gestaltung. Bei E. Mörike näherte sich die rein beschauliche Idylle („Idylle vom Bodensee", 1846) dem ↑Dinggedicht; ihre Möglichkeiten und Grenzen im 20. Jahrhundert zeigen Th. Manns selbstparodistische Idyllen („Herr und Hund", 1919; „Gesang vom Kindchen", 1919).

Iktus [von lateinisch ictus „Wurf, Stoß, Schlag", auch: „Taktschlag"]: Bezeichnung für die durch verstärkten Druckakzent ausgezeichnete ↑Hebung in den nach dem akzentuierenden Versprinzip (↑akzentuierende Dichtung) gebauten Versen.

Illusionsbühne ↑Bühne.

Illustriertenroman: teils abgeschlossener, teils regelmäßig in Fortsetzungen in illustrierten Zeitschriften erscheinender Unterhaltungsroman, der in Inhalt und Sprache auf den Geschmack und die Bedürfnisse der Leserschaft einer bestimmten Illustrierten zugeschnitten ist. Teilform der ↑Trivialliteratur.

Imagismus [englisch imagism, von lateinisch imago „Bild"]: angloamerikanische literarische Bewegung von etwa 1912 bis 1917; sie markierte den Beginn der modernen englischen Lyrik. Führende Vertreter waren E. Pound,

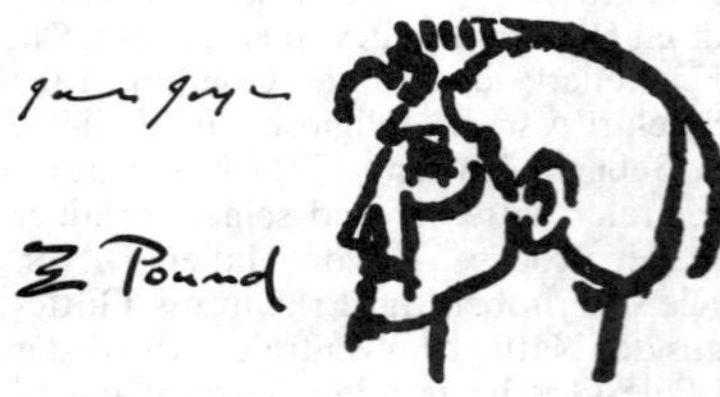

Imagismus. Selbstbildnis des Begründers Ezra Pound

später A. Lowell, daneben v.a. F. S. Flint, H. Doolittle, R. Aldington, die sich gegen eine im Konventionellen erstarrte lyrische Tradition (v.a. die ↑Georgian poetry und den ↑Symbolismus) wandten. Charakteristisch waren u.a. Konzentration auf ein Bild, Verzicht auf erzählende und reflektierende Elemente, Kürze und Präzision des Ausdrucks, Rückgriff auf die Umgangssprache.

Imitation [von lateinisch imitatio „Nachahmung"]: in der Literatur die Nachbildung literarischer Muster, im Unterschied zur Naturnachahmung, der ↑Mimesis.

Impressionismus [französisch impressionisme, von lateinisch impressio „Eindruck"] (Eindruckskunst): ursprünglich Bezeichnung für eine gegen 1870 entstandene Stilrichtung der französischen Malerei. Der Begriff wurde dann auf entsprechende Strömungen der Literaten von 1890 bis 1910 übertragen. Ausgangspunkt war die Abkehr vom ↑Naturalismus. Ins Zentrum rückte im Impressionismus der sinnlich-subjektive Eindruck, der einmalige, unverwechselbare Augenblick, der mit höchster Genauigkeit und Eindringlichkeit wiedergegeben werden sollte. Die Isolierung der subjektiven, nicht begrifflich analysierten Empfindung führte zur Auflösung der dinglichen Einheit in eine Folge von Reizwirkungen, zur Entmaterialisierung der nur noch in Stimmungen wahrnehmbaren Welt. Typisch für diese Literatur war das Zurücktreten der äußeren Handlung und eine lautmalerische Sprache. Bevorzugt wurden kurze und konzentrierte Dichtungstypen: Skizze und Novelle, später, wenn auch seltener, längere Romane, ferner (lyrische) Einakter, besonders aber Lyrik. Als Vorläufer des Impressionismus in Frankreich gelten Ch. Baudelaire, P. Verlaine, die Brüder E. und J. de Goncourt. Der französische Einfluß wirkte in der Folgezeit auf die gesamte europäische Literatur. Hauptvertreter in Frankreich waren A. France, M. Proust, in Belgien M. Maeterlinck, in Italien G. D'Annunzio, in England O. Wilde, in Dänemark J. P. Jacobsen, H. Bang, in Norwegen K. Hamsun, in Rußland A. P. Tschechow, in Deutschland die Lyriker D. von Liliencron, M. Dauthendey, R. Dehmel, mit Einschränkung A. Holz, der frühe R. M. Rilke, der frühe H. von Hofmannsthal (auch als Dramatiker), ebenso wie A. Schnitzler, O. E. Hartleben, die Romanschriftsteller E. von Keyserling, R. Beer-Hofmann, z. T. H. und Th. Mann; impressionistische Skizzen stammen von P. Altenberg und P. Hille.

Impressum [lateinisch „das Eingedrückte, Aufgedrückte" (also der „Aufdruck")] (Druckvermerk): der pressegesetzlich vorgeschriebene Vermerk (bei Büchern meist auf der Rückseite des Titelblattes) über Verleger, Verfasser bzw. Herausgeber, Drucker, Buchbinder, Erscheinungsjahr, Auflage, bei Zeitungen und Zeitschriften auch über (mindestens) einen verantwortlichen Redakteur.

Imprimatur [lateinisch „es werde gedruckt"] (Abkürzung impr., imp.): die vom Autor oder Verleger oder seinem Beauftragten nach Durchsicht der letzten Korrekturabzüge erteilte Genehmigung zum Druckbeginn. Im *katholischen Kirchenrecht* die erforderliche bischöfliche Druckerlaubnis für Bibelausgaben sowie Schriften religiösen und theologischen Inhalts.

Index [lateinisch „Anzeiger, Register, Verzeichnis"] (Plural: Indexe oder Indices): alphabetisches [Stichwort]-verzeichnis (Namen, Titel-, Schlagwortregister), v. a. bei Büchern.

Indianerbücher: sie entstanden seit dem 17. Jahrhundert, als sich Missionare und Forscher mit den Gebräuchen und Lebensbedingungen der Indianer befaßten. Im 19. Jahrhundert führte (besonders seit J. F. Coopers „Lederstrumpf"-Romanen, 1823–41, deutsch 1824–41) die Anteilnahme am Existenzkampf der Indianer gegen die weißen Eroberer zu einer Fülle von Indianerbüchern, in denen v.a. die Kämpfe zwischen weißen Siedlern und den Indianern Nordamerikas dargestellt wurden. Aus der Masse der meist unterhaltend-belehrenden Reise- und Abenteuerbücher (z. B. die Romane K. Mays) ragen die Romane von Ch. Sealsfield, F. Gerstäcker und B. Möllhausen heraus. Im 20. Jahrhundert finden sich Indianerbücher mit vorwiegend völkerkundlicher (P. Farb, „Man's rise to civilisation", 1968, deutsch „Die Indianer", 1971), völkerpsychologischer und historischer Ausrichtung, v.a. aber in der Jugendliteratur, wie F. Steubens „Tecumseh"-Serie (1930–51) oder „Die Söhne der großen Bärin" (1951–67) von E. Welskopf-Henrich. Moderne Indianerbücher stellen entweder die Erlebnisse einzelner Weißer im Existenzkampf der Indianer dar (C. Fisher, „No survivors", Roman, 1950, deutsch „Der letzte Mann", 1962; Th. Berger, „Little big man", Roman, 1964, deutsch „Der letzte Held", 1970) oder schildern das Schicksal einzelner Indianerstämme bzw. der nordamerikanischen Indianer insgesamt gegen Ende des 19. Jahrhunderts (D. Brown, „Bury my heart at Wounded Knee", 1970, deutsch „Begrabt mein Herz an der Biegung des Flusses", 1972; S. von Nostitz „Die Vernichtung des roten Mannes", 1970). Daneben treten in jüngster Zeit sozialpsychologische und politische Darstellungen, wie C. Huffakers Roman „Nobody loves a drunken Indian", 1967, deutsch „Nur ein toter Indianer ist ein guter Indianer", 1978).

indirekte Rede (Oratio obliqua): mittelbare, berichtete, nicht wörtliche Wiedergabe von Aussagen und Gedanken, z. B.: „Er sagte, er komme morgen" oder „Er glaubte, daß die Zahl falsch sei". Die indirekte Rede ist im allgemeinen abhängig von einem Ausdruck des Sagens, Denkens, Fragens u. a.; das Gesagte wird im Deutschen durch einen Gliedsatz ausgedrückt, dessen Verb meist im Konjunktiv steht.

Individualstil [von lateinisch individuum „das Unteilbare"]: im Gegensatz zum Epochenstil eine an die Persönlichkeit des einzelnen Dichters gebundene, durch typische Merkmale gekennzeichnete, unverwechselbare Schreibweise.

Industriedichtung: Spielart der ↑Arbeiterdichtung, in der das Verhältnis Mensch und Maschine im Mittelpunkt steht. In neuerer Zeit hat die Industriedichtung eine mehr sozialkritische Intention, sie orientiert sich an der Wirklichkeit und versucht, den Standort des Arbeitnehmers in der modernen Industriegesellschaft zu bestimmen, z. B.: G. Wallraff, „Wir brauchen Dich" (1966, 1970 unter dem Titel „Industriereportagen"), E. Runge, „Bottroper Protokolle" (1968) u. a. Schriftsteller der ↑Gruppe 61.

Inkunabeln [von lateinisch incunabula „Windeln, Wiege"] (Wiegendrucke): die ältesten (seit 1450 bis zum 31. Dezember 1500) mit metallenen Einzelletter gedruckten Bücher und Einblattdrucke. Sie werden so genannt, weil der

Buchdruck zu jener Zeit sozusagen noch in den Windeln lag. Die Auflagen betrugen meist einige hundert Exemplare. Inkunabeln sind oft von besonderer typographischer Schönheit (z. B. die 42zeilige „Gutenbergbibel“) und werden als bibliophile Kostbarkeiten bei Sammlern und Bibliotheken besonders geschätzt. – ↑auch Buchdruck.

Le mort
Cuidez voz de mort eschapper
Clerc esperdu pour reculer:
Il ne sen fault ia destripper.
Tel cuide souuent hault aler
Quon voit acop tost rauailer.
Prenez en gre: alons ensēble
Car rien ny vault le rebeller.
Dieu punit tout quāt bō luy sēble

Le clerc
Fault il quun ieusne clerc seruāt
Qui en seruice prent plesir
Pour cuider venir en auant
Meure si tost: cest desplaisir.
Je suis quitte de plus choisir
Autre estat. il fault quāsi dāse.
La mort ma pris a son loisir.
Moult remaīt de ce que fol pēse

Le mort
Clerc: point ne fault faire refus
De danser: faictes vous valoir.
Vous nestes pas seul: leuez sus:
Pour tāt moīs voz doit chaloir
Venes apres cest mon vouloir
Homme nourry en hermitage:
Ja ne vous en cōuient douloir.
Vie nest pas seur heritage

Le hermite
Pour vie dure ou solitaire
Mort ne donne de viure espace.
Chascun le voit: si sen fault taire
Or requier dieu quun don me face
Cest que tous mes pechies efface
Bien suis cōtens de tous ses biēs
Desquelz iay vse de sa grace.
Qui na souffisance il na riens

Le mort
Cest bien dit:
ainsi doit on dire
Il nest qui soit
de mort deliure.
Qui mal vit
il aura du pire:
Si pense chascun
de bien viure.
Dieu pesera
tout a la liure
Bon y fait penser
soir et main:
Meilleur science
na en liure.
Il nest qui ait
point de demain

Inkunabeln. Seite aus der ersten gedruckten Ausgabe des Werkes „La danse macabre“ (1485)

Innenreim ↑Inreim.

innere Emigrati<u>o</u>n: von F. Thieß 1933 geprägte Bezeichnung für die politisch-geistige Haltung derjenigen Schriftsteller, die während des Dritten Reiches in Deutschland ausharrten und mit den ihnen verbliebenen literarischen Möglichkeiten bewußt gegen den Nationalsozialismus Widerstand leisteten. Die Ausweitung der Bezeichnung auf die Haltung solcher Schriftsteller, die in dieser Zeit verstummten („Rückzug ins Schweigen“), sich in unverbindlich-ästhetische Bereiche flüchteten oder gar auf grundsätzlich unpolitische bürgerlich-restaurative Schriftsteller ist jedoch problematisch. Die innere Emigration wählten u. a. W. Bergengruen, R. Schneider, F. Thieß, J. Klepper, ferner die Lyriker R. A. Schröder, R. Hagelstange, D. Bonhoeffer. – ↑auch Exilliteratur.

innerer Monol<u>o</u>g: Erzähltechnik, die wie die verwandte ↑erlebte Rede den Bewußtseinszustand einer Person unmittelbar wiederzugeben versucht. Der innere Monolog als stummer Monolog ohne Hörer verwendet Ichform und Präsens. Sein besonderes Gepräge erhält er in der Wiedergabe des Bewußtseinsstroms (↑Stream of consciousness), einer zusammenhanglosen Folge von Bewußtseinsinhalten, in denen Wahrnehmung, Empfindung und subjektive Reaktion noch ungeschieden und vor ihrer gedanklichen Fixierung vorliegen. Diese versucht der innere Monolog zu gestalten durch lückenlose Darstellung (Erzählzeit länger als erzählte Zeit) sowie Lockerung der Syntax (einfachste, unverbundene Aussagesätze) bis hin zu deren Auflösung (in- und übereinandergeblendete Satzfragmente). Erste literarische Versuche mit dem inneren Monolog finden sich schon gegen Ende des 19. Jahrhunderts (É. Dujardin, „Les lauriers sont coupés“, Roman, 1888, deutsch „Geschnittener Lorbeer“, 1966; H. Conradi, „Adam Mensch“, Roman, 1889; A. Schnitzler, „Lieutenant Gustl“, Novelle, 1901), dann wurde er ein Bestandteil der Gesamtstruktur der großen Romane bei J. Joyce („Ulysses“ 1922, deutsch „Ulysses“, 1927), W. Faulkner, V. Woolf, M. Proust, Th. Mann, H. Broch, A. Döblin u. a.

Inreim (Innenreim): Reim eines Wortes im Versinnern mit dem Wort am Versende, z. B.: „O Sonne der Wonne“ (P. Fleming). Auch ↑Binnenreim genannt.

Inszen<u>ie</u>rung [lateinisch-griechisch]: die Einrichtung und Einstudierung eines Bühnenstückes. Sie umfaßt die Bearbeitung des Stückes (↑Bühnenbearbeitung, ↑Bühnenmanuskript) durch den Dramaturgen, die Besetzung der Rollen, die Herstellung von Bühnenbild und Kostümen sowie die Regie.

Intellig<u>e</u>nzblätter [von englisch in-

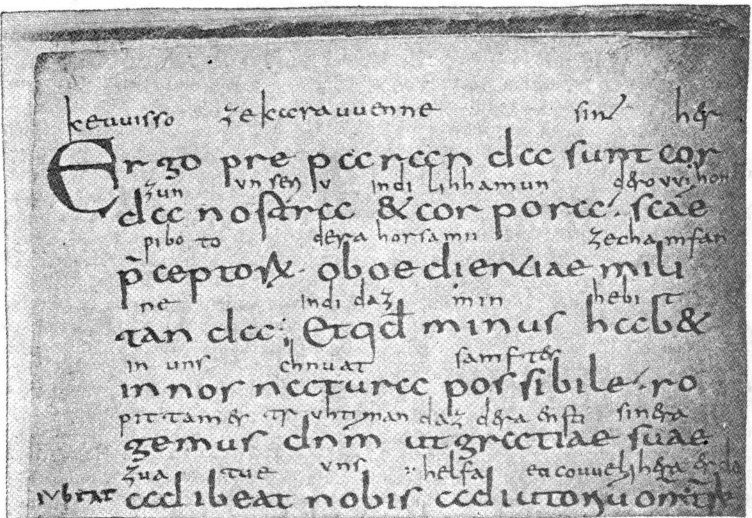

Interlinearversion. Einige Zeilen aus der Interlinearversion der Benediktregel (Anfang des 9. Jahrhunderts)

telligence „Nachricht, Auskunft“]: ursprünglich Bezeichnung für wöchentlich erscheinende Nachrichtenblätter, die hauptsächlich Verkaufs- und Kaufangebote enthielten. In der 1. Hälfte des 18. Jahrhunderts nach französischem Vorbild in Deutschland begründet, entwikkelten sie sich bald zu amtlichen Bekanntmachungsorganen und wurden so zum Vorläufer der Amtsblätter. Nach 1848 wurden sie abgeschafft oder als freie Anzeigenblätter bzw. Tageszeitungen weitergeführt.

Interlinea̲rversion [mittellateinisch]: zwischen die Zeilen eines fremdsprachigen Textes geschriebene Wort-für-Wort-Übersetzung ohne Rücksicht auf grammatische und idiomatische Unterschiede zwischen dem Grundtext und der Übersetzung. In althochdeutscher Zeit (8.–10. Jahrhundert) war die Interlinearversion erste und älteste Stufe der Übersetzung und Aneignung lateinischer Texte in der Volkssprache. – ↑auch Glosse.

Interlude ['ɪntəljud; englisch „Zwischenspiel“]: eine dramatische Form des englischen Theaters am Ende des 15. und im 16. Jahrhundert: vorwiegend ein kurzes Stück, oft von burlesker Komik.

Intermẹzzo [italienisch, von lateinisch intermedius „in der Mitte befindlich“] (Intermedium): ein im 15. Jahrhundert in Italien aufgekommenes Zwischenspiel als Einlage in einem Bühnenwerk zur Unterhaltung der Zuschauer in den Pausen ernster Schauspiele und Opern, meist ohne Bezug zu deren Handlung. Bevorzugt wurden Maskeraden, Pantomimen, Ballette, heitere Singspiele, burleske Stücke aus dem Volksleben. Sie bildeten oft das komische Gegenstück zum ernsten Inhalt der dramatischen Hauptwerke.

Interpolatio̲n [von lateinisch interpolatio „Veränderung, Umgestaltung“]: in Texten eine Einfügung oder Änderung, die von fremder Hand vorgenommen und nicht als solche kenntlich gemacht ist.

Interpretatio̲n [von lateinisch interpretatio „Erklärung, Auslegung“]: Akt und Ergebnis des Verstehens, im weitesten Sinn aller sinnhaltigen Strukturen, im engeren Sinn von theologischen, historischen, juristischen u.a. Quellen, von Kunstwerken allgemein und Dichtung im besonderen. Gegenüber dem naiven Verstehen, das Voraussetzung der Interpretation ist, zeichnet sich diese durch stete Reflexion ihrer Bedingungen, ihres Gegenstands und ihres Vorgehens aus (↑ Hermeneutik). In der *Literaturwissenschaft* ändern sich Rang und Bedeutung der Fragestellungen der Interpretation je nach dem beabsichtigten Erkenntnisgegenstand. Dieser kann 1. außerhalb des engen Gebietes der Literaturwissenschaft liegen, wenn z.B. Dichtung als historisch-soziologische Quelle benützt wird. Es können 2. z.B. Weltanschauungstypen oder umfassende Prinzipien wie Gattung, Stil, Idee oder der Geist eines zeitlich und räumlich begrenzten Kollektivs (z.B. einer Epoche oder Nation) sein, aber auch 3. der Autor und 4. das einzelne Werk. Unter der Vielfalt der Interpretationsansätze treten zwei unterschiedliche Positionen hervor: 1. die *werkimmanente Interpretation*, die versucht, eine weitestgehend voraussetzungsfreie, nicht über den Text hinausgehende Interpretation des einzelnen Werkes in den Mittelpunkt der literaturwissenschaftlichen Tätigkeit zu stellen. Ihr Ziel ist die Darstellung der gehaltlichen und formalen Elemente einer Dichtung in ihrer funktionalen Bezogenheit aufeinander, die Erhellung des Sinnes und seiner besonderen dichterischen Erscheinungsweise. Während die werkimmanente Interpretation die Einheit von Gehalt und Gestalt innerhalb des literarischen Kunstwerks nachzuweisen versucht, geht 2. die *soziologische Interpretation* von Gegebenheiten aus, die außerhalb der Literatur liegen, aber diese entscheidend beeinflussen. Dabei wird der Literaturbegriff auf jede Art von Text (Zeitung, Reklame, Flugblatt, Verordnung u.a.) erweitert. Die soziologische Interpretation fragt danach, wie sich Gesellschaft im Werk widerspiegelt und welche Funktionen Literatur hat. Ausgangspunkt ist die marxistische Literatursoziologie, wie sie von F. Mehring und G. Lukács entwickelt wurde. Die neuere Literaturwissenschaft neigt jedoch dazu, für die Interpretation literarischer Texte nicht nur eine der bestehenden Methoden (neben den beiden genannten die positivistische, geistesgeschichtliche, existentielle u.a.) anzuwenden, sondern nach dem Methodenpluralismus zu verfahren, der das Werk unter verschiedenen Perspektiven mit jeweils verschiedenen Methoden interpretiert.

Intrige [französisch intrigue „Ränkespiel", von italienisch intrigare „verwikkeln, verwirren"]: Verstrickung, Ränkespiel; hinterlistige Machenschaften. Im Drama Bezeichnung für das eine Handlung begründende Komplott, mit dem sich ein Teil der Dramenfiguren zur Durchsetzung seiner Ziele gegen einen anderen Teil verschwört. Als reine Intrigendramen gelten v.a. die spanischen ↑ Mantel-und-Degen-Stücke.

Intrigenkomödie: Bezeichnung für ein Lustspiel, dessen verwickelte, auf Komplikationen beruhende Handlung (↑ Intrige) den Gang des Geschehens bestimmt. Es steht somit im Gegensatz zur ↑ Charakterkomödie, z.B.: P. A. Caron de Beaumarchais, „La folle journée ou Le mariage de Figaro" (1785, deutsch „Der tolle Tag oder Figaro's Hochzeit", 1785).

Inversion [von lateinisch inversio „Umkehrung, Versetzung (der Wörter)"]: 1. in der Sprachwissenschaft Bezeichnung für die Umkehrung der „geraden", der als „normal" angesehenen Wortstellung Subjekt-Prädikat. Bei der „ungeraden" Wortstellung folgt das Subjekt der Personalform des Verbs, z.B. im Fragesatz und bei satzeinleitenden Adverbien: Er kommt : Kommt er? Sie war gestern im Theater : Gestern war sie im Theater. – 2. Als rhetorische Figur bedeutet Inversion eine emphatische Veränderung der üblichen Wortfolge (besonders des Subjekts) am Satzeingang, so daß das zu betonende Wort an die erste (oder letzte) Stelle kommt: „Unendlich ist die jugendliche Trauer..." (Novalis, „Heinrich von Ofterdingen", Roman, 1802).

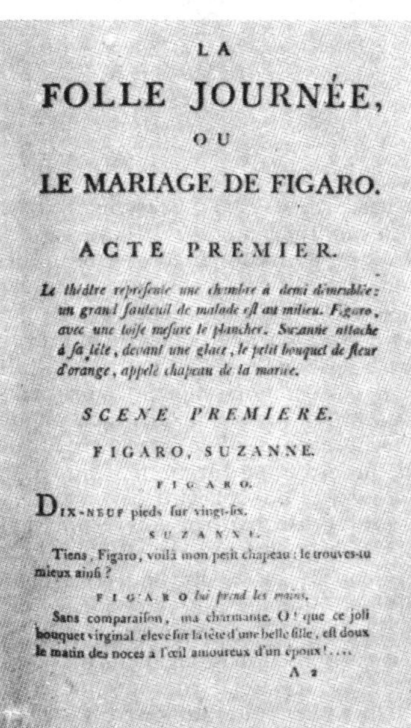
LA

FOLLE JOURNÉE,

OU

LE MARIAGE DE FIGARO.

ACTE PREMIER.

Le théâtre représente une chambre à demi démeublée: un grand fauteuil de malade est au milieu. Figaro, avec une toise mesure le plancher. Suzanne attache à sa tête, devant une glace, le petit bouquet de fleur d'orange, appelé chapeau de la mariée.

SCENE PREMIERE.

FIGARO, SUZANNE.

FIGARO.

Dix-neuf pieds sur vingt-six.

SUZANNE.

Tiens, Figaro, voilà mon petit chapeau: le trouves-tu mieux ainsi?

FIGARO *lui prend les mains.*

Sans comparaison, ma charmante. O! que ce joli bouquet virginal élevé sur la tête d'une belle fille, est doux le matin des noces à l'œil amoureux d'un époux!....

A 2

Intrigenkomödie. Titelblatt der Erstausgabe von Pierre Augustin Caron de Beaumarchais' „La folle journée ou Le mariage de Figaro" (1785)

Inzidenzmusik ↑Bühnenmusik.

irisch-keltische Renaissance ↑keltische Renaissance.

Ironie [von griechisch eirōneía „erheuchelte Unwissenheit, Verstellung"]: eine *Redeweise*, bei der das Gegenteil des eigentlichen Wortlauts gemeint ist, z. B. „Du bist mir ein schöner Freund". Diese Redeweise wurde zu einer *rhetorischen Figur*, durch die der Hörererwartung gemäße, vielfach nicht beweisbare negative Werturteile in der Form eines ironischen Lobs vorgetragen wurden, z. B. die stehende Wendung des Marcus Antonius in seiner Rede zur Leichenfeier des von Brutus und anderen Senatoren ermordeten Julius Cäsar: „Und Brutus ist ein ehrenwerter Mann" (W. Shakespeare, „Julius Caesar", 1623, deutsch „Julius Caesar", 1741). Dieses vermeintliche Lob hat, wie die Ironie meist, aggressiven Charakter. Mit diesem Ziel wird sie auch in literarischen Gattungen wie ↑Parodie, ↑Satire, ↑Travestie verwendet. Mit der rhetorischen Ironie verwandt ist die von Sokrates als Methode der Erkenntnisförderung angewandte und nach ihm benannte „sokratische Ironie", mit der Sokrates, indem er sich selbst fragend-unwissend stellte oder logische Fehlschlüsse zog, seine Schüler zum richtigen philosophischen Denken veranlassen wollte. Mit diesem Verfahren ist Ironie eine Möglichkeit pädagogischer Kommunikation, aber auch eine grundsätzliche menschliche Haltung. Ein *poetologischer Begriff* ist die „romantische Ironie", wie sie von F. und A. W. Schlegel diskutiert wurde. Sie bezeichnet „Das Gefühl von dem unauslöslichen Widerstreit des Unbedingten und des Bedingten, der Unmöglichkeit und der Notwendigkeit einer vollständigen Mittheilung" (F. Schlegel). In den Werken von L. Tieck, E. T. A. Hoffmann, C. Brentano, Ch. D. Grabbe, K. L. Immermann u. a. kommt die romantische Ironie zum Ausdruck. Als satirische Zerstörung der Empfindungen erscheint Ironie bei H. Heine, als bewußter Effekt der Illusionsstörung bei einigen Schriftstellern des 19. (Th. Fontane) und 20. (E. Kästner) Jahrhunderts. Ironie als *Bewußtseinshaltung* kennzeichnet die Werke von Th. Mann und R. Musil. Im ↑absurden Theater steigert sie sich bis zur konsequenten Ironisierung menschlichen Verhaltens.

ISBN: Abkürzung für **I**nternationale **S**tandard-**B**uch**n**ummer, eine aus vier Teilen bestehende zehnstellige Nummer, die zur Erleichterung von Buchbestellungen international eingeführt ist und verschlüsselt die wichtigsten Daten (Erscheinungsland, Verlag, Titel, Computer-Prüfziffer) zu jedem Buch enthält.

Isometrie [von griechisch isometría „gleiches Maß"]: Begriff der Verslehre; er wird angewendet auf das ↑Metrum von Versen, Strophen oder Gedichten, wenn dieses gleich ist, d. h., wenn die einzelnen Verse die gleiche Silbenzahl sowie die gleichen Hebungen und Senkungen haben.

J

Jahrmarktsspiel: Bezeichnung für das seit dem Mittelalter gepflegte ↑Puppenspiel, ↑Kasperltheater, ↑Marionettentheater sowie auch für Vorstellungen wandernder Schauspielertruppen zur Belustigung der Besucher eines Jahrmarktes. Eine Erneuerung wurde im modernen ↑Kinder- und Jugendtheater sowie im ↑Straßentheater versucht.

Jahrmarktsspiel. Früher übliche strenge Trennung von Bühne und Publikum

Jambendichtung [griechisch]: lyrische Gattung der antiken Dichtung ionischen Ursprungs, meist in jambischen Versmaßen. Es handelte sich dabei vorwiegend um Schmäh- und Spottgedichte, die Blütezeit war im 7./6. Jahrhundert. Hauptvertreter waren Archilochos von Paros, Semonides und Hipponax. Auch Solon schrieb solche Gedichte gegen seine politischen Gegner. Zu einer zweiten Blüte der Jambendichtung kam es in hellenistischer Zeit. Vertreter der römischen Jambendichtung waren Catull und Horaz.

Jambus [griechisch]: antiker Versfuß der Form ◡ –́, also aus einer kurzen und einer langen bzw. aus einer unbetonten und einer betonten Silbe bestehend. Je nach der Zahl der einzelnen Versfüße entstehen jambische ↑Dimeter, ↑Trimeter usw. Wichtigste jambische Verse der neueren deutschen Dichtung sind der ↑Alexandriner und der ↑Blankvers.

Jargon [ʒar'gõ; französisch, eigentlich „unverständliches Gemurmel, Kauderwelsch"]: Sondersprache bestimmter durch Beruf, Stand oder Milieu geprägter Kreise (Theater-, Mediziner-, Börsenjargon) mit besonderem Wortschatz. Der Jargon überschneidet sich oft mit den Berufs- oder Fachsprachen, für die die Bezeichnung Jargon manchmal abwertend gebraucht wird.

Jesuitendichtung: von Jesuiten insbesondere während der Blütezeit des Ordens (16.–18. Jahrhundert) in lateinischer Sprache verfaßte, meist dogmatisch-religiöse Zweckdichtung im Dienst der Ordensaufgaben. Insbesondere das ↑Jesuitendrama gewann größte Wirksamkeit. Literaturgeschichtlich bedeutsam sind die Gedichte J. Baldes und die deutschsprachigen, 1649 (nach seinem Tode) veröffentlichten Gedichtsammlungen von F. Spee von Langenfeld („Güldenes Tugend-Buch" und „Trutz-Nachtigall").

Jesuitendrama: das lateinische Drama der Jesuiten, Blütezeit etwa 1550–1650. Es lehnte sich zunächst an das ↑Humanistendrama an, in dessen Nachfolge es formal stand, von dem es sich jedoch im letzten Drittel des 16. Jahrhunderts löste. Als ein Mittel der Gegenreformation hatte es die Stärkung und Festigung des katholischen Glaubens zum Ziel. Von den geistlichen Lehrern an den Jesuitenschulen verfaßt, wurde es meist von den Schülern in der Schulaula aufgeführt. Das Jesuitendrama war in erster Linie Bildkunst, nicht Wortkunst. Da der lateinische Text für die meisten Zuschauer nicht verständlich war, lag der Hauptakzent auf der szenischen Darstellung, in der der Triumph der Kirche über ihre Feinde gestaltet wurde. Die Stoffe stammten meist aus der Bibel, Kirchengeschichte, aus Heiligen- und Märtyrerlegenden, später auch aus der antiken Geschichte. Hauptvertreter waren J. Pontanus, der auch die theoretische Grundlage schuf, N. Avancini („Pietas victrix", Uraufführung 1659) und v. a. J. Bidermann („Cenodoxus", Uraufführung 1602, herausgegeben 1666, deutsch „Cenodoxus, der Doctor von Pariß", 1635; „Belisar", Uraufführung 1607, herausgegeben 1666). Das Jesuitendrama ist auch durch seine Wirkung auf das dramatische Schaffen von A. Gryphius und D. C. von Lohenstein von Bedeutung.

Journal [ʒʊr...; französisch, eigentlich „jeden einzelnen Tag betreffend" (zu französisch jour, von vulgärlateinisch diurnum „Tag")]: 1. seit dem 17. Jahrhundert Bezeichnung für die täglich erscheinende Zeitung, später auch für Zeitschrift; 2. im Gegensatz zum persönlich gehaltenen Tagebuch die sachliche Aufzeichnung von Geschehnissen, z. B. Tagebuch bei der Buchführung; 3. Schiffstagebuch.

Jugendliteratur: zur Jugendliteratur müssen alle Texte und Bilder gerechnet werden, die einen Erlebnis- oder Belehrungseinfluß auf heranwachsende Zuhörer, Betrachter oder Leser entfalten. Ältere Darstellungen beschränken den Umkreis gern auf Texte und Bilder, die für Heranwachsende geschaffen und von Vermittlern als geeignet befunden wurden. Eine gegenteilige Auffassung sieht Jugendliteratur in dem, was Heranwachsende von sich aus wählen. *Entwicklung:* Schon in der griechischen und römischen Antike gab es didaktische Bearbeitungen von Homers „Ilias". Während des gesamten Mittelalters dienten Äsops Fabeln als Kinder- und Jugendliteratur, v.a. als Schulbücher. Die Jugendliteratur im engeren Sinne setzte erst im 18. Jahrhundert, in der Zeit der Aufklärung ein. Vorläufer waren im Bereich der Sachliteratur J. A. Comenius mit der Enzyklopädie „Orbis sensualium pictus" (1658) und für die Festlegung der Volksüberlieferung Ch. Perrault mit seinen Märchen in Versen und Prosa („Contes de ma mère l'oye", 1697, deutsch „Feenmärchen für die Jugend", 1822). In der Nachfolge der französischen Feenmärchen stand die Sammlung von J. K. A. Musäus „Volksmärchen der Deutschen" (1782–86). In dieser Zeit fand auch die Weltliteratur in Kürzungen und Bearbeitungen in die Jugendliteratur Einlaß, z.B. M. de Cervantes Saavedras „Don Quijote"

Jesuitendrama. Szenenstich einer Aufführung des Festspiels „Pietas victrix" von Nikolaus Avancini (1659)

Invitatio. Einleitung.

M. Veni, Puer! disce Sapere.	L. Komm her/ Knab! lerne Weißheit.
P. Quid hoc est, *Sapere?*	S. Was ist das/ Weißheit?
M. Omnia, quæ *necessaria*, rectè *intelligere*, rectè *agere*, rectè *eloqui*.	L. Alles/ was nöhtig ist/ recht verstehen/ recht thun/ recht ausreden.
P. Quis me hoc docebit?	S. Wer wird mich das lehren?
M. Ego, cum DEO.	L. Ich/ mit GOtt.
P. Quomodo?	S. Welcher gestalt?
	M. Du-

Jugendliteratur. Einleitung von Johann Amos Comenius' Bilderfibel „Orbis sensualium pictus" (1658)

(1605–15), D. Defoes „Robinson Crusoe" (1719/20), J. Swifts „Gullivers Reisen" (1726). Die Jugendliteratur der Romantik stand weitgehend in der Nachfolge der beiden berühmten Sammlungen von Volksdichtung von C. Brentano und A. von Arnim („Des Knaben Wunderhorn", 1806–08) und J. und W. Grimm („Kinder- und Hausmärchen", 1812–15). Volksüberlieferung und deutsche Geschichte wurden in dieser Zeit durch die Balladen und erzählerischen Bearbeitungen des schwäbischen Dichterbundes (↑ Romantik) für die Jugendliteratur erschlossen. Das gleiche gilt für den Sagenschatz der Antike (G. Schwab, „Die schönsten Sagen des klassischen Altertums", 1838–40). Historische (W. Scott, „Ivanhoe", Roman, 1820, deutsch „Ivanhoe", 1820) und phantastische Stoffe (A. von Chamisso, E. T. A. Hoffmann, H. Ch. Andersen) fanden damals in der Jugendliteratur zunehmende Verbreitung. 1845 erschien „Der Struwwelpeter" von H. Hofmann, eines der bekanntesten und beliebtesten Kinderbücher. In der 2. Hälfte des 19. Jahrhunderts nahmen Übersetzungen aus der angelsächsischen Literatur einen bedeutenden Platz ein, z. B. von Ch. Dickens („Oliver Twist", 1838, deutsch „Oliver Twist", 1838), H. Beecher Stowe („Uncle Tom's cabin", 1852, deutsch „Onkel Toms Hütte", 1852), Mark Twain („The adventures of Tom Sawyer", 1876, deutsch

„Die Abenteuer Tom Sawyers", 1876), R. L. Stevenson („Treasure island", 1883, deutsch „Die Schatzinsel", 1897) u. a. Der gesteigerte Bedarf der Jugendlichen an spannender Unterhaltungslektüre wurde in der Folgezeit u. a. durch die Massenproduktion der Autoren K. May (Abenteuerromane) und J. Verne (utopische Romane) gedeckt. Bahnbrechend für das Jugendbuch modernen Stils wurden die Werke E. Kästners („Emil und die Detektive", 1928, u. a.). Nach dem 2. Weltkrieg fanden die phantastisch-abenteuerliche, utopische Erzählung, das populärwissenschaftliche Sachbuch und die ↑Comic strips weite Verbreitung. Die Entwicklung der Jugendliteratur ist durch lebhaften internationalen Austausch und breites öffentliches Interesse gekennzeichnet; die Namen A. Lindgren, J. Krüss, O. Preußler seien stellvertretend für viele andere Autoren von internationalem Rang genannt. Zunehmende Bedeutung gewinnt neuerdings das realistisch-zeitgemäße Problembuch mit bisher gemiedenen Themen wie Sexualität, Umweltschutz, Drogenprobleme, Jugendstrafvollzug, körperlich und geistig Behinderte, Rocker, Wohngemeinschaft, Jugendarbeitslosigkeit, Arbeitswelt und Probleme der sogenannten „Dritten Welt".

Jugendliteratur. Umschlagbild von Erich Kästners „Emil und die Detektive" (1928)

Die gute Jugendliteratur wird u. a. gefördert durch den „Hans-Christian-Andersen-Preis" (internationaler Jugendbuchpreis [seit 1956] des Internationalen Kuratoriums für das Jugendbuch, Zürich) in Form einer Goldmedaille, in der Bundesrepublik Deutschland durch den „Deutschen Jugendliteraturpreis" (seit 1956).

Jugendstil: deutsche Bezeichnung für eine internationale Stilrichtung, die in Frankreich Art Nouveau, in England Modern Style, in Österreich Sezessionsstil genannt wird. Der Jugendstil ist als Bewegung gegen die historisierenden Stile des 19. Jahrhunderts entstanden. Er suchte nach neuen Formen, die alle Bereiche der Kunst und des Lebens durchdringen sollten. Zu den formalen Besonderheiten des Jugendstils zählen Flächenhaftigkeit, arabeskenhaft schwingende Formen (v. a. Pflanzenmotive) und dekorative Ornamentik. – In der Literatur bezieht sich der Begriff „Jugendstil" vorwiegend auf die literarische Kleinform, besonders die Lyrik (v. a. von O. J. Bierbaum, E. von Wolzogen, R. Dehmel, A. Mombert, E. Stucken) um die Jahrhundertwende, jedoch auch auf die Dichtungen von St. George, R. M. Rilke, H. von Hofmannsthal, E. Lasker-Schüler, G. Heym, soweit sie in dieser Zeit entstanden sind. Stilisiertes Naturgefühl sowie die Verwendung von Elementen des Mythologischen, Sagenhaft-Mittelalterlichen, ferner eine Vorliebe für das Feierlich-Symbolische sind die Hauptmerkmale dieser Literatur.

Junges Deutschland: seit 1834 Bezeichnung für eine uneinheitliche, nicht organisierte literarische Bewegung mit politisch-zeitkritischer Tendenz, die etwa 1830–50 bestand. Erst der Beschluß der Bundesversammlung vom 10. Februar 1835, die Schriften des Jungen Deutschland als staatsgefährdend zu verbieten, spricht von einer „literarischen Schule", der u. a. K. Gutzkow,

G. Kühne, H. Laube, Th. Mundt, L. Wienbarg, E. A. Willkomm (H. Heine und L. Börne nur bedingt) zuzurechnen sind. Für das Junge Deutschland war charakteristisch: die Ablehnung jeglichen Dogmatismus, insbesondere der moralischen und gesellschaftlichen Ordnung der Restauration, das Eintreten für Liberalismus, Individualismus, Meinungsfreiheit, für staatliche Einheit, Weltbürgertum, Emanzipation der Frau, die Verbreitung sozialistischer und kollektivistischer Ideen; im literarischen Bereich: die Forderung nach einer im aktuellen politisch-sozialen Leben stehenden Dichtkunst. Das Junge Deutschland stand damit in scharfem Gegensatz zu Klassik und Romantik, als deren (angefeindeter) Repräsentant Goethe galt. Der vergangenen ästhetisch-idealistischen Kunstrichtung sollte eine „Literatur der Bewegung" entgegengesetzt werden, die durch neue, politisch-gesellschaftlich wichtige Stoffe und kritische Reflexion die Wirklichkeit in ihrer Widersprüchlichkeit darstellen sollte. Diese Absicht erforderte ein großes Leserpublikum: Damit wurden Zeitungen und Zeitschriften erstmals zu einem wichtigen Forum für eine literarische Bewegung. Dies förderte wiederum die Ausbildung eines literarischen Journalismus, der sich in kleineren Prosaformen (↑Feuilleton) manifestierte, in denen trotz Zensur geschickt verhüllte Zeitkritik geübt wurde. Daneben gewann der umfangreiche Zeit- und Gesellschaftsroman (H. Laube, „Das junge Europa", 1833–37; die Romane von K. Gutzkow u. a.) sowie der emanzipatorische Frauenroman (I. von Hahn-Hahn, F. Lewald u. a.) als Wegbereiter des realistischen Romans große Bedeutung. Die Lyrik (G. Herwegh, F. Freiligrath, A. H. Hoffmann von Fallersleben) behandelte politisch-aktuelle und allgemeine freiheitliche Themen in traditionellen Formen. Das verhältnismäßig spät einsetzende Drama des Jungen Deutschland wählte die indirekte Behandlung zeitgenössischer Probleme am Beispiel historischer Situationen in Tendenz- und Geschichtsdramen (K. Gutzkow; H. Laube, „Die Karlsschüler", 1846; E. A. Willkomm, „Bernhard, Herzog von Weimar", 1833, u. a.). Die zukunftsweisende Stoßkraft der Ideen und das theoretische Programm des Jungen Deutschland wogen jedoch den Mangel an formal-ästhetischer Substanz nicht auf, so daß die meisten Werke des Jungen Deutschland nicht überdauerten.

K

Kabarẹtt [von französisch cabaret „Schenke, Trinkstube"]: Kleinkunstbühne, auf der von Schauspielern oder den Verfassern selbst Chansons, Gedichte, Songs, Sketchs humoristisch-satirischer Art (literarisches Kabarett), häufig mit entschieden politisch-gesellschaftskritischer Tendenz (politisches Kabarett), vorgetragen sowie Pantomimen, Singspiel- und Tanznummern, auch artistische Kunststücke vorgeführt werden. Charakteristisch ist das thematisch meist locker gefügte „Nummernprogramm". Bezeichnend ist die Stellung des Kabaretts zwischen Kunst und Unterhaltung und besonders die gegenüber den herrschenden Verhältnissen kritisch-oppositionelle Haltung. Inhalte und Themen sind witzig, pointiert, aktuell-politisch, auch erotisch. Die Gestaltung bedient sich eher der Andeutung als der breiten Ausführung.

Geschichte: Das Kabarett entwickelte sich aus den als Künstlerkneipen der Bohemiens, später als feste Bühnenunternehmungen in Paris entstandenen „Cabarets artistiques". 1881 wurde das erste, „Chat-Noir", von R. Salis auf dem Montmartre eröffnet, das A. Bruant ab 1885 unter dem Namen „Le Mirliton" weiterführte. Nach diesen Vorbildern gründete E. von Wolzogen 1901 in Berlin das „Überbrettl". Weitere Kabaretts waren in Berlin „Schall und Rauch" (gegründet 1901 von M. Reinhardt; 1919 Neueröffnung), in München „Elf Scharfrichter" (1901; mit F. Wedekind), „Simplizissimus" (1903; gegründet von Kathi Kobus). Kabarettexte stammten in diesen Jahren u. a. von F. Wedekind, L. Thoma, P. Altenberg, Ch. Morgenstern, E. Friedell, A. Polgar. 1916 entstand in Zürich das von H. Ball, H. Arp, T. Tzara u. a. gegründete und als Ausgangspunkt des ↑Dadaismus bekannt gewordene „Cabaret Voltaire" mit antimilitaristischer Tendenz. Die Blütezeit des Kabaretts in Deutschland waren die 20er und frühen 30er Jahre; es entstanden das „Kabarett der Komiker" (1924), „Katakombe" (1929; gegründet von W. Finck, H. Deppe und R. Platte), „Die Vier Nachrichter" (1931; gegründet von H. Käutner u. a.). Texte schrieben u. a. Klabund, K. Tucholsky, J. Ringelnatz, E. Kästner. Bedeutende Volkskomiker dieser Zeit waren K. Valentin, L. Karlstadt, O. Reutter, W. Reichert, Weiß Ferdl. In der Zeit des Nationalsozialismus wurden viele Kabarettisten verhaftet bzw. ins KZ gebracht, viele emigrierten. – Die bedeutendsten antifaschistisch orientierten Emigrantenkabaretts waren u. a. in Wien „Der liebe Augustin" (1931), in Zürich „Die Pfeffermühle" (1933).

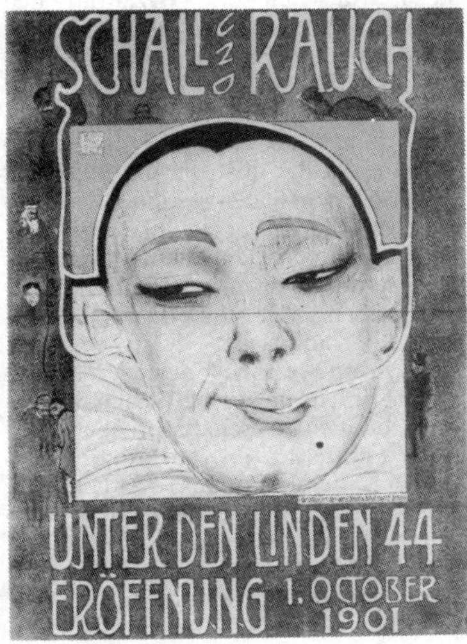

Kabarett. Eröffnungsblatt des Kabaretts „Schall und Rauch" (1901) von Emil Orlik

Nach dem 2. Weltkrieg entstanden zahlreiche neue Kabaretts, z. B. in Düsseldorf „Kom(m)ödchen" (1947; gegründet von K. und L. Lorentz), in Berlin (West) das Rundfunkkabarett „Insulaner" (1947) und „Die Stachelschweine" (1949; mit W. Neuss), in Stuttgart und Hamburg „Mausefalle" (1948; gegründet von W. Finck), in München „Münchner Lach- und Schießgesellschaft" (1955; gegründet von S. Drechsel und D. Hildebrandt), in der DDR „Die Distel" (1953) in Berlin (Ost), „Die Pfeffermühle" (1954) in Leipzig. In der Bundesrepublik Deutschland profilierten sich seit Mitte der 60er Jahre als Vertreter des Einmannkabaretts v. a. W. Finck, W. Neuss, J. von Manger, H. D. Hüsch, D. Hildebrandt, D. Hallervorden, O. Waalkes (genannt „Otto"). Bedeutende österreichische Kabarettisten sind G. Kreisler, H. Qualtinger, in der Schweiz F. Hohler und E. Steinberger (genannt „Emil").

Kadẹnz [von lateinisch cadere „fallen"]: in der Metrik die rhythmische Gestalt des Versschlusses beim akzentuierenden Versprinzip (↑akzentuierende Dichtung). Man unterscheidet zwischen männlicher Kadenz (auch stumpfe Kadenz; einsilbig, auf eine Hebung endend, z. B. Wut–Mut) und weiblicher Kadenz (auch klingende Kadenz; zweisilbige Folge von Hebung und Senkung, z. B. Steine–Beine). Hinzu kommt die dreisilbige klingende Kadenz mit Hebung, Senkung und Nebenhebung (z. B. Sterblichen–verderblichen).

Kaisersage: die Sage vom im Berg schlafenden Kaiser. Die deutsche Kaisersage nimmt ihren Ausgang von Friedrich II., dessen politische Ziele schon zu seinen Lebzeiten Anlaß zu Weissagungen gaben und dessen Tod sogleich zur Sagenbildung veranlaßte: Der Kaiser solle wiederkommen, sein Reformwerk vollenden und das Zeitalter eines dauernden Friedens einleiten. Mit diesen Prophezeiungen und Sagen haben sich in einer zweiten Phase mythische Vorstellungen von in Bergen fortlebenden Göttern, Herrschern und Helden verbunden. Der schlafende Kaiser wurde nun in verschiedenen Bergen lokalisiert, besonders im Kyffhäuser (Kyffhäusersage) und im Untersberg (Alpen); an die Stelle Friedrichs II. traten Friedrich I. Barbarossa, Karl der Große u. a. Herrscher. Weitere Verbreitung fand die deutsche Kaisersage v. a. in der Zeit der Bestrebungen nach nationaler Einheit (Romantiker).

Kakophonie [von griechisch kakós „schlecht, übel" und phōné „Klang"]: Mißklang einer Silben- oder Wortfolge in der Rede, einer Tonfolge in der Musik. – Gegensatz: Euphonie (griechisch „Wohlklang").

Kalauer: erstmals 1858 in Berlin bezeugte Bezeichnung für „billiger Wortwitz"; vermutlich Umformung von französisch calembour („Wortspiel") nach der Stadt Calau.

Kalendergeschichte: kurze volkstümliche Erzählung, oft unterhaltend und stets auf Belehrung ausgerichtet; sie vereinigt mit wechselnder Gewichtung Elemente aus ↑Anekdote, ↑Schwank, ↑Legende, ↑Sage, ↑Tatsachenbericht und ↑Satire. Sie entstand im Zusammenhang mit der Entwicklung des gedruckten Kalenders und der Lesebedürfnisse seines Publikums im 16. Jahrhundert und wird seither auch als eigenständige Gattung künstlerischer Erzählprosa anerkannt. Bis ins 19. Jahrhundert blieb sie an die Publikationsform des Kalenders gebunden. Bedeutende Verfasser von Kalendergeschichten in diesem Rahmen waren J. J. Ch. von Grimmelshausen und J. P. Hebel, im 19. Jahrhundert neben den Herausgebern wie A. Stolz, B. Auerbach und L. Anzengruber z. B. auch J. Gotthelf und P. Rosegger. Die erfolgreichsten Kalendergeschichten wurden schon im 19. Jahrhundert aus den Kalendern herausgelöst und in besonderen Sammelbänden publiziert (J. P. Hebel, „Schatzkästlein des rheinischen Hausfreundes", 1811). Im 20. Jahrhundert hat sich die Kalendergeschichte vielfach ganz von der Bindung an den Kalender befreit und tritt als selbständige Kunstform auf (z. B. B. Brecht, „Kalendergeschichten", 1949).

Kamerabewegung: Sammelbegriff für Stand, Schwenk und Fahrt (↑Einstellung).

Kameraeinstellung ↑Einstellung.

Kameraperspektive ↑Einstellung.

Kammerspiele: Bezeichnung für ein kleines, intimes Theater (Beschränkung auf wenige Sitzplätze, geringer bühnentechnischer Aufwand, spezielle Akustik). Ein dramatisches Werk, das ohne äußeren Aufwand in gleichnamigen Räumen gespielt wird, heißt Kammerspiel.

Kanon [von griechisch kanṓn „Maßstab, Regel"]: in der Literatur Bezeichnung für eine Liste als mustergültig angesehener Autoren und deren Werke, wie sie bereits in der Spätantike von alexandrinischen und byzantinischen Gelehrten zusammengestellt wurde. Die Auswahl als vorbildlich geltender Werke durch die Literaturwissenschaft wird Kanonbildung genannt. Diese kann dazu führen, daß auch aus nichtliterarischen (z. B. historisch-politischen) Gründen nicht in den Kanon aufgenommene Werke in Vergessenheit geraten. Diese geschichtliche Bedingtheit der Kanonbildung zwingt deshalb die Literaturwissenschaft zu stetiger Überprüfung des Kanons.

Kanzleisprachen: Formen der deutschen Sprache im geschäftlichen Schriftverkehr (auch „Geschäftssprachen") seit der 1. Hälfte des 13. Jahrhunderts, besonders in Urkunden, Akten und Rechtsvorschriften. Die Kanzleisprachen hatten maßgeblichen Einfluß auf das Mitteldeutsche (besonders durch die kursächsische Kanzleisprache), das, u. a. gefördert durch M. Luthers Bibelübersetzung, zur Grundlage der deutschen Schriftsprache wurde.

Kanzone [von italienisch canzone „Lied"]: 1. Bezeichnung für ein mehrstrophiges Lied oder rezitiertes Gedicht beliebigen, oft ernsten Inhalts (auch freie Kanzone genannt); 2. Bezeichnung für solche Lieder und Gedichte, deren formales Kennzeichen die sogenannte *Kanzonenstrophe* ist (Kanzone im engeren Sinn, klassische Kanzone), die in der 1. Hälfte des 12. Jahrhunderts vermutlich im provenzalischen Minnesang entstand. Die Kanzonenstrophe besteht aus zwei Perioden. Die erste Periode (Aufgesang, italienisch fronte) zerfällt stets in zwei symmetrisch gebaute Teile (Stollen, italienisch piedi), denen jeweils auch dieselbe Melodie zugeordnet ist, die zweite Periode (Abgesang, italienisch coda) kann dagegen frei gestaltet sein und einem neuen Melodienmodell folgen. Der Umfang des ↑Abgesangs kann von einem Reimpaar bis zu mehreren Versgruppen reichen. Variabel sind auch die Länge und die metrische Gestaltung der Verse, die Länge der Strophe (in der Regel sieben bis zwölf oft metrisch ungleiche Verse) und die Position der Reime. Lieder in dieser Form bestehen aus mehreren Kanzonenstrophen, die in der Regel beschlossen werden durch ein sogenanntes Geleit (provenzalisch tornada, altfranzösisch ↑Envoi), das oft dem Abgesang gleicht und in dem der Dichter in der Regel eine Widmung ausspricht. Solche Kanzonen finden sich bei den ↑Troubadours und in der nordfranzösischen Dichtung, frei variiert auch im deutschen ↑Minnesang, im ↑Meistersang und besonders in Italien, wo die Kanzone neben Ballata (einem volkstümlichen zweiteiligen Tanzlied) und ↑Sonett zur bedeutendsten lyrischen Form wurde, gepflegt insbesondere von den Vertretern des ↑Dolce stil nuovo, z. B. von Dante. Ihre vollendetste Ausprägung erfuhr die Kanzone durch F. Petrarca. Eine freirhythmische Strophenform schuf im 19. Jahrhundert v. a. G. Leopardi. In Deutschland wurde die klassische Kanzone seit der Romantik nachgeahmt, insbesondere von A. W. Schlegel, Z. Werner, A. von Platen und F. Rückert.

Kapitel [von lateinisch capitulum „Köpfchen“]: ursprünglich die einem Textabschnitt vorangestellte Überleitungsformel oder Inhaltsangabe (↑Lemma), dann Bezeichnung für den Abschnitt selbst.

Karikatur [italienisch caricatura, eigentlich „Überladung“, von caricare „überladen, übertrieben komisch darstellen“ (letztlich zu gallisch-lateinisch carrus „Wagen“)]: die verzerrende, übertreibende, dazu oft überraschend-witzige Darstellung einer Person, Gruppe oder Sache. Die Karikatur dient häufig als gesellschaftliche oder politische Kritik. Neben der Karikatur in der bildenden Kunst (v. a. in der Graphik) gibt es die literarische Karikatur, hier besonders in den Gattungen ↑Parodie und ↑Satire. Literarische Karikaturen finden sich schon in der Antike. Berühmte Karikaturen der Weltliteratur sind M. de Cervantes Saavedras Don Quijote („El ingenioso hidalgo Don Quixote de la Mancha“, Roman, 1605–15, deutsch 1621, 1965 unter dem Titel „Der sinnreiche Junker Don Quijote von la Mancha“), die Typenkarikaturen in den Charakterkomödien Molières (z. B. in „Tartuffe“, 1669, deutsch „Tartuffe“, 1752), ferner N. W. Gogols Karikatur des Provinzbeamtentums („Rewisor“, Komödie, 1836, deutsch „Der Revisor“, 1854) und C. Sternheims „bürgerliche Helden“ (z. B. Theobald Maske in der Komödie „Die Hose“, 1911) sowie Diederich Heßling in H. Manns Roman „Der Untertan“ (1916). Bei C. Sternheim und H. Mann wird die gesellschaftliche Tendenz der literarischen Karikatur besonders deutlich. Ähnliches gilt für die Karikaturen in der zeitgenössischen Literatur, z. B. in Kurzgeschichten von H. Böll (einige davon in „Doktor Murkes gesammeltes Schweigen“, Satiren, 1958).

Kasperltheater [nach dem Vornamen Kaspar, dem Namen eines der Heiligen Drei Könige in den mittelalterlichen Dreikönigsspielen, dessen Gestalt später zur Figur des lustigen, oft tölpelhaften Schelms wurde]: Puppenbühne, die mit Handpuppen (↑Handpuppenspiel) Stücke aufführt, in denen Kasperl die komische Hauptfigur ist. Die Figuren des Kasperltheaters sind typische

Vertreter einer dem Märchen verwandten Gesellschaftsordnung: König, Prinzessin, Polizist u. a. einerseits und andererseits Hexe, Teufel, Tod, Zauberer, Drache und andere Hüter und Störer einer hierarchischen Ordnung. Kasperl als ein mit Mutterwitz und derbem Humor begabter Außenseiter verhilft in einem Spiel mit einfacher Handlung und naiver Typik dem Guten zum Sieg und stellt die gestörte Gesellschaftsordnung wieder her. Die Gestalt des Kasperl war ursprünglich die ↑lustige Person des ↑Wiener Volkstheaters, u. a. in der Tradition des ↑Hanswurst.

Kasside [arabisch]: Form des Zweckgedichts in der arabischen Lyrik. Wie das ↑Ghasel ist die Kasside durch quantitierende Metren, stichische Anordnung der Zeilen und Monoreim charakterisiert, doch umfangreicher als das Ghasel (zwischen 25 und 100 Zeilenpaare). Die Kasside besteht aus drei Teilen: der Einleitung, dem Ritt durch die Wüste (dabei z. B. Preis der Vorzüge eines Pferdes, Jagddarstellungen, Schilderung von Wüstenstürmen usw.) und dem Hauptteil, meist ein Loblied, aber auch ein Schmähgedicht oder eine Totenklage. Die Kasside ist die bedeutendste dichterische Form der arabischen Wüstenstämme in den Jahren vor Mohammed. Deutscher Nachahmer waren A. von Platen und F. Rückert.

Katachrese [von griechisch katáchrēsis „Mißbrauch"]: ursprünglich uneigentlicher Gebrauch eines Wortes für eine fehlende Benennung einer Sache, (z. B. Tisch-*bein*) bzw. die unpräzise Verwendung eines Wortes, dessen ursprüngliche Bedeutung nicht mehr voll bewußt ist, z. B. lateinisch parricidium (eigentlich „Vatermord") für „Verwandtenmord". In der *Rhetorik* der sogenannte *Bildbruch*, d. h. die Vermengung nicht zueinander passender bildlicher Wendungen, z. B. „laß nicht des Neides Zügel umnebeln deinen Geist".

katalektisch [von griechisch katalēktikós „aufhörend, unvollständig"]: ein Vers wird katalektisch genannt, dessen letzter Fuß unvollständig ist; d. h. der Vers endet auf eine Hebung, ohne Beendigung der metrischen Reihe. – Gegensatz: ↑akatalektisch; ↑auch hyperkatalektisch.

Katalog [von griechisch katálogos „Aufzählung, Verzeichnis"]: allgemein systematisches Verzeichnis; insbesondere Übersicht über eine Sammlung von Gegenständen (u. a. Bücher, Bilder, Handschriften, Münzen). Im Bibliothekswesen sind Kataloge nach verschiedenen Gesichtspunkten (alphabetischer Katalog, Sachkatalog) geordnete Verzeichnisse des Bestandes.

Katalogdichtung ↑Merkdichtung.

Katastrophe [von griechisch katastrophḗ „Umkehr, Wendung"]: Begriff der Dramentheorie für den letzten Teil eines Dramas, in dem dessen dramatischer Konflikt seine Lösung findet. Die Bezeichnung geht zurück auf Aristoteles („Poetik"). In der auf Aristoteles basierenden Poetik des A. Donatus (Terenzkommentar) soll die Katastrophe in den dritten, in den auf Horaz und L. A. Seneca dem Jüngeren basierenden Poetiken (J. C. Scaliger u. a.) in den fünften Akt fallen (↑Dreiakter, ↑Fünfakter). Nach G. Freytags Dramentheorie fällt die Katastrophe immer in den Schlußakt, doch kann sich im ↑analytischen Drama die Katastrophe über den gesamten Verlauf der Handlung erstrekken, da sie dort bereits vor Beginn des Dramas einsetzt (z. B. „Oidípus týrannos", vor 425 v. Chr., deutsch 1759, 1968 unter dem Titel „König Ödipus", von Sophokles).

Katene (Catene) [von lateinisch catena „Kette"]: Bezeichnung für die kettenförmige Aneinanderreihung von Auszügen aus den Bibelkommentaren der Kirchenväter. Die Katenen sind teilweise für die Erschließung verlorener Lesarten des Bibeltextes wichtig.

Katharsis [griechisch „Reinigung"]: Zentralbegriff der Tragödientheorie des Aristoteles („Poetik"). Danach löst die Tragödie, indem sie „Jammer" und „Schaudern" (griechisch éleos und phóbos) bewirkt, eine „Reinigung" des Zuschauers „von eben derartigen Affekten" aus. „Jammer" und „Schaudern" waren bei Aristoteles in erster Linie als seelische Erregungszustände aufgefaßt, die sich in heftigen körperlichen Prozessen äußern. Die neuzeitliche Diskussion des Katharsisbegriffs setzte mit dem Humanismus ein. Die übliche Wiedergabe von griechisch éleos („Jammer") und phóbos („Schaudern") durch lateinisch misericordia („Mitleid") und lateinisch metus („Furcht"; neben terror „Schrecken") bedeutete dabei im Ansatz eine Neuinterpretation des Aristoteles. Der Begriff wurde ethisch gedeutet als Reinigung von den Leidenschaften, die in der Tragödie zur Darstellung kommen. Für G. E. Lessing („Hamburgische Dramaturgie", 1767 bis 1769, 73.–78. Stück) war der entscheidende Affekt, den die Tragödie beim Zuschauer auslöst, das Mitleid; Furcht wurde diesem untergeordnet; unter Katharsis verstand er die „Verwandlung" der durch die Tragödie erregten Affekte „in tugendhafte Fertigkeiten". Nach Goethes Aristotelesinterpretation war die Katharsis die alle Leidenschaften ausgleichende „aussöhnende Abrundung" der Tragödie. W. Schadewaldts Rückkehr zu einer psychologisch-psychotherapeutischen Auffassung der Katharsis (phóbos und éleos als „Schauder" und „Jammer") entspricht den Tendenzen in der zeitgenössischen Aufnahme der antiken Tragödie. B. Brechts Theorie des ↑epischen Theaters geht von der aristotelischen Katharsislehre in der Deutung G. E. Lessings aus. Er forderte die Ablösung der auf emotionaler Basis beruhenden Katharsis des einzelnen durch rationale und kritische Reaktionen, die an ein spezifisches Klasseninteresse gebunden sind.

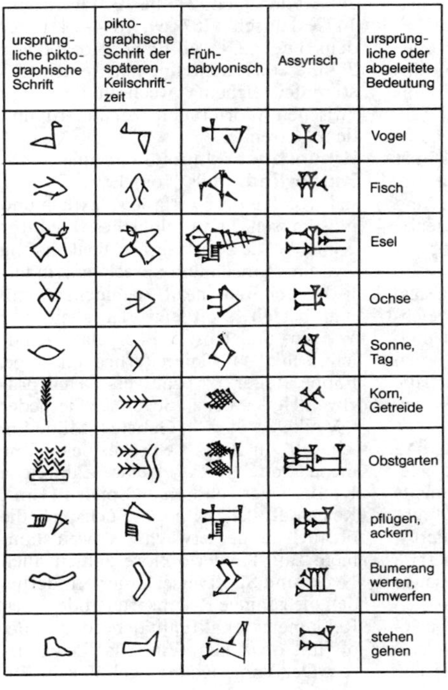
ursprüngliche piktographische Schrift
piktographische Schrift der späteren Keilschriftzeit
Frühbabylonisch
Assyrisch
ursprüngliche oder abgeleitete Bedeutung
Vogel
Fisch
Esel
Ochse
Sonne, Tag
Korn, Getreide
Obstgarten
pflügen, ackern
Bumerang werfen, umwerfen
stehen gehen

Keilschrift. Entwicklung von Bildzeichen zur Keilform

Kauderwelsch: verworrene, unverständliche Sprache; ursprünglich Bezeichnung für die rätoromanische („welsche") Sprache im Gebiet von Chur (mundartlich „Kauer").

Kehrreim: Übersetzung der französischen metrischen Bezeichnung ↑Refrain. Sie wurde von G. A. Bürger 1793 in die deutsche Sprache eingeführt. „Reim" wird hier noch im älteren Sinne von „Vers" gebraucht, also: „wiederkehrender Vers".

Keilschrift: aus einer um 3000 v. Chr. in Uruk (im südlichen Irak) entstandenen ↑Bilderschrift durch Vereinfachung und Abstraktion entwickelte Schriftform, die v. a. in Babylonien und Assyrien verwendet wurde. Sie wurde benannt nach dem keilförmigen Eindruck des schräg gehaltenen Rohrgriffels in zunächst weiche Tontafeln, die später getrocknet oder gebrannt wurden. Die Keilschrift ist eine Mischform aus Wortzeichen, silbischen Lautzeichen und Zeichen für Bedeutungsklassen oder Gattungen. Sie wurde in Assyrien bis ins 6. Jahrhundert, in Babylonien bis ins 1. Jahrhundert, in astronomischen Texten noch im 1. Jahrhundert nach Christus benutzt. Die Keilschrift fand über Mesopotamien hinaus Verbreitung, u. a. zur Schreibung des Hethitischen und des Altpersischen. Der entscheidende Durchbruch zu ihrer Entzifferung gelang G. F. Grotefend (1802).

keltische Renaissance [rənɛˈsɑ̃ːs; französisch „Wiedergeburt"]: Bezeichnung für zwei Bewegungen in der englischsprachigen Literatur im Rahmen einer nationalen Selbstbesinnung: 1. die keltische Renaissance im *18. Jahrhundert*, die im Gefolge einer vorromantischen Rückwendung zu Geschichte und Sage die altkeltische Dichtung zu beleben suchte (J. Macpherson, „Fragments of ancient poetry, collected in the highlands of Scotland", 1760; Th. Percy, „Reliques of ancient English poetry", 1765); 2. die keltische Renaissance (irisch-keltische Renaissance) als Teil der nationalen Unabhängigkeitsbewegung Irlands *Ende des 19. Jahrhunderts* mit Rückbesinnung auf die irische Volksdichtung und deren Erneuerung. Hauptvertreter: W. B. Yeats, J. M. Synge, S. O'Casey u. a.

Kenning [altnordisch „Kennzeichnung, poetische Umschreibung"] (Plural: Kenningar): in der altnordischen und angelsächsischen Dichtung die Technik, einen Begriff durch eine zweigliedrige nominale Verbindung (Nomen + Nomen im Genitiv, z. B. „Das Tosen der Pfeile" für „Kampf") oder ein zweigliedriges Kompositum (z. B. „Wogenroß" für „Schiff") zu umschreiben. Als poetisches Stilmittel ist die Kenning mit der ↑Metapher identisch.

Kettenreim: man unterscheidet zwischen äußerem und innerem Kettenreim: 1. äußerer Kettenreim (auch Terzinenreim; ↑Terzine): Endreim nach dem Schema aba/bcb/cdc/... (z. B. in Dantes Epos „La divina Commedia", entstanden nach 1313 bis 1321, gedruckt 1472, deutsch 1767–69, 1814–21 unter dem Titel „Die göttliche Komödie"); 2. innerer Kettenreim: nach einem bestimmten Schema wechselnder Reim zwischen Wörtern im Versinnern und dem Versende.

Kinderbuch ↑Jugendliteratur.

Kinderlied: teils von Erwachsenen, teils von Kindern verfaßtes, textlich und musikalisch meist einfaches Lied für Kinder. Die Vortragsart liegt häufig zwischen Singen und Sprechen. Kinderlieder gehören meist zu einem Anlaß und begleiten oft eine Tätigkeit, wie Wiegen- und Koselied („Schlaf', Kindlein, schlaf'"), Kniereiterlied („Hoppe, hoppe, Reiter"), Abzählverse, Heilsprüche („Heile, heile, Segen"), Tierlieder („Maikäfer, flieg'"), Gebete („Müde bin ich, geh' zur Ruh'"), Sprachspiele („Ene mene mopel"), Rätsel usw. Zahlreiche Kinderlieder gehören zu Spielen (Tanz, Reigen, Rollen-, Kampf-, Suchspiel), die oft auch aus der Erwachsenenwelt stammen. Zur Kinderfolklore zählen auch Neck- und Spottverse, ferner Kinderlieder, die gängige Redensarten (oder auch Reklametexte) aktualitätsbezogen und, oft mit obszönem Einschlag, parodieren. Der Vergangenheit gehören in Europa Kinderarbeitslieder (Hütebubenruf, Beerenlied) an; ein verhältnismäßig neuer Typus sind Kinderlieder sozialkritischen oder politischen Inhalts. Kinderlieder wenden sich oft an ein außermenschliches Du, so die allerdings nur teilweise von Kindern gesungenen Heischelieder (zum Erbitten von Gaben) des Jahresbrauchtums oder die beschwörenden Anrufe an Tiere, Sonne, Regen usw. Das volkstümliche Kinderlied knüpft ein Element an das andere. Der Reimklang und einmal gefundene Baumuster spielen eine große Rolle. Das Kinderlied ist überwiegend kurz (v.a. Vierzeiler) mit Reim und Assonanz. Mehrstrophigkeit kommt selten vor, außer bei Spielliedern und beim Kinderkunstlied. Dieses kann nicht scharf vom Volkslied getrennt werden.

Kinder- und Jugendtheater: Sammelbezeichnung für alle Formen der Bühnenkunst, bei der Text und Musik sowie mimisch-gestisches Geschehen unter Kindern, von Erwachsenen für Kinder oder mit Kindern zu spontanen oder geprobten Aufführungen gelangen. Das Kindertheater von Erwachsenen geht auf das ↑Schuldrama des 16./17. Jahrhunderts zurück; seine Entwicklung erreichte einen Höhepunkt in der Zeit der Aufklärung; im 19. Jahrhundert war es ohne große Bedeutung. Eine neue Blütezeit erfuhr es nach der Oktoberrevolution in Sowjetrußland, wo 1918 das erste Kinder- und Jugendtheater gegründet wurde. In den USA wurde 1921 das erste Kinder- und Jugendtheater eröffnet, in Deutschland 1923 das Berliner „Theater der höheren Schulen". In der Bundesrepublik Deutschland zählen zu den selbständigen Kinder- und Jugendtheatern u.a. „Münchner Märchen-Bühne", „Theater für Kinder" in Hamburg und München, „Theater der Jugend" in Bonn und Hannover, „Kinder- und Jugendtheater Frankfurt", „Grips Theater", „Rote Grütze", „Birne" und „Kreuz & Quer" in Berlin (West), „Schnawwl" in Mannheim. In der DDR gibt es zur Zeit vier Kinder- und Jugendtheater. – Je nach Thematik und Aufführungsstil sind unterschiedliche Stücktypen bekannt: das *Aufklärungstheater* will Einsicht in gesellschaftliche Verhältnisse vermitteln und zur politischen Kritik anregen; das v.a. in England entwickelte *Aufregungstheater* bietet besonders Spaß und Bewegung; das *Bildertheater* schafft Identifikations- und Projektionsmöglichkeiten v.a. in szenischen Bildern; im *Titeltheater* werden meist weitverbreitete Märchen, Kinder- und Jugendbücher dramatisiert.

Kirchenlied: das von der Gemeinde im christlichen Gottesdienst gesungene strophische volkssprachliche Lied mit zum Teil liturgischer Funktion. Seine Abgrenzung gegen das ↑geistliche Lied ist vielfach schwer zu bestimmen. Erhaltene Belege gehen bis in das 9. Jahrhundert zurück (Freisinger „Petruslied") und erweisen sich im frühen Mittelalter neben der eigenständigen Form der ↑Leisen vielfach als volkssprachliche Umdichtungen von lateinischen Hymnen und Sequenzen. Die enge Verbindung zu den lateinischen Vorlagen zeigt sich bei Kirchenliedern wie „Christ ist erstanden" (12. Jahrhundert, zu „Victimae paschali laudes") oder „Komm, heiliger Geist" (zu „Veni sancte spiritus"). Lieder aus ↑geistlichen Spielen fanden Verwendung als Kirchenlieder, ebenso deutsch-lateinische Mischpoesien (z.B. „In dulci jubilo"), die mit ihrer Dreiklangsmelodik dem Volkslied nahestehen.

Große Bedeutung erlangte auch eine an die Klöster gebundene mystische Kirchenliedpoesie, die bis zum Anfang des 16. Jahrhunderts lebendig war. In der Reformation wurde, zunächst bei Th. Müntzer, dann v.a. bei M. Luther, das Kirchenlied zu einem Träger des neuen Glaubensgutes. Die Übernahme, Ausweitung und Umdichtung bereits bekannter Kirchenlieder (z.B. „Wir glauben all an einen Gott") stand neben einer sich verstärkenden Neuschöpfung, die in die ↑Gesangbücher Eingang fand. Hierher gehören u.a. „Ein feste Burg ist unser Gott" und „Aus tiefer Not schrei ich zu dir" von M. Luther.

Das katholische Kirchenlied des 17.

Jahrhunderts war zunächst durch die auf mittelalterliche Leisen und Rufe stark zurückgreifenden Sammlungen von N. Beuttner und D. G. Corner, besonders jedoch durch das jesuitische Liedgut der Gegenreformation geprägt (seit 1607; u. a. „Trutz-Nachtigall“, herausgegeben 1649, von F. Spee von Langenfeld). Im evangelischen Kirchenlied setzte um 1600 eine mystische Verinnerlichung ein (Ph. Nicolai), die sich in einseitiger Betonung des religiösen Gefühls („Ich-Lieder“) zur Jesusfrömmigkeit des Pietismus wendete und Höhepunkte bei J. Heermann, J. Rist, J. Franck und v. a. P. Gerhardt erreichte („O Haupt voll Blut und Wunden“, „Befiehl' du deine Wege“). Für das Kirchenlied beider Konfessionen bedeutete sowohl die Aufklärung mit ihren nüchternen Aussagen als auch die Romantik einen Niedergang, dem die konfessionelle Singbewegung in der ersten Hälfte des 20. Jahrhunderts mit noch heute wirksamen Bemühungen und historisierenden Rückgriffen zu begegnen suchte. Nach den Einheitsgesangbüchern der evangelischen und der katholischen Kirche gehen neuere Bestrebungen dahin, ein für alle christlichen Religionen verbindliches Kirchenliederrepertoire zu erstellen.

Kitsch [wohl von mundartlich kitschen „streichen, schmieren, zusammenscharren“]: eine Erscheinungsform des Pseudokünstlerischen, massenhaft fabrizierter Kunstersatz; im weitesten Sinne gekennzeichnet durch eine ästhetisch unbegründete, unangemessene [formale] Bewältigung eines [Schein]-gehalts, einen Mangel an Originalität, durch billige Imitation und scheinbare Volkstümlichkeit. Der Begriff „Kitsch“ tauchte zur Gründerzeit (nach 1870) im Münchner Kunsthandel auf und bedeutete drittrangige Kunst, deren Entstehen sich aus dem schnellem Eingehen auf Käuferbedürfnisse erklärte. Ursprünglich auf Gegenstände der bildenden Kunst und des Kunsthandwerks beschränkt, wurde er bald auf die Gebiete der Musik (Schlager, Heimatlied) und der Literatur (↑Trivialliteratur, ↑Kolportageliteratur) übertragen. Der literarische Kitsch kolportiert Elemente der hohen Literatur zum Zweck der massenhaften Verbreitung. An die Stelle des sachlichen Gehalts tritt das Gefühl, der momentane Reiz. Dabei kommt es meist zu einer effekthascherischen Häufung der Eindrücke, die sich im ausgiebigen Gebrauch von Adjektiven und gewählten Vergleichen zeigt; eine Tendenz zur lyrischen Aussage ist dabei bezeichnend. Ein weiteres Merkmal des literarischen Kitsches ist die Schwarzweißmalerei (das liebe Mädchen und der unwürdige Liebhaber). Diese Eigenschaft hat die Trivialliteratur mit dem Märchen gemeinsam; doch handelt es sich im Märchen um die Auseinandersetzung dämonischer und lichter Mächte, so ist es hier der Gegensatz zwischen dem moralisch Guten und dem Bösen, an die Stelle der Magie tritt die bürgerliche Moral.

Klangfiguren ↑rhetorische Figuren.

Klangmalerei ↑Lautmalerei.

Klangsymbolik ↑Lautsymbolik.

Klapphornverse: Scherzverse nach dem angeblich von dem Göttinger Universitätsnotar F. Daniel stammenden Muster: „Zwei Knaben gingen durch das Korn, – der andere blies das Klappenhorn, – er konnt' es zwar nicht ordentlich blasen, – doch blies er's wenigstens einigermaßen“; erstmals erschienen 1878 in den Münchner „Fliegenden Blättern“. Dieses frühe Beispiel von ↑Nonsensversen fand zahlreiche Nachahmungen.

Klassik [von lateinisch classicus „die (ersten) Bürgerklassen betreffend“, übertragen: „ersten Ranges, mustergültig“]: Bezeichnung für eine geistesgeschichtliche Epoche, die von nachfolgenden, epigonalen Zeiten als vorbildhaft, normbildend, kanonisch anerkannt wird. In diesem normativen Sinne wurde schon in der römischen Antike die griechische Literatur und Kunst respektiert. In der Renaissance verstand man unter Klassik einerseits die gesamte griechisch-römische Antike (so auch heute noch: klassische Sprachen, klassische Philologie), andererseits deren Höhepunkte: im griechischen Altertum die Epoche des Perikles, im römischen Altertum die Zeit der Goldenen Latinität unter Augustus. In späterer Zeit wurde dieses Verständnis von Klassik auf andere Völker und Epochen übertragen, so z. B. auf die Zeit der Renaissance in Italien (von Dante bis T. Tasso), auf die Zeit von P. Calderón de la Barca und M. de Cervantes Saavedra in Spanien, auf das elisabethanische Zeitalter (W. Shakespeare) in England, in Frankreich auf die Epoche Ludwigs XIV. (von P. Corneille bis J. Racine) und in Deutschland auf die Zeit um 1800, die ↑Weimarer Klassik, die man entweder auf die gesamte Goethezeit zwischen Sturm und Drang und Romantik bezieht oder eingeengt auf die Werke Goethes und Schillers. Die Bezeichnung Klassik wurde auch auf andere Epochenhöhepunkte übertragen, die nicht primär an der Antike orientiert sind, so z. B. auf die mittelhochdeutsche Blütezeit um 1200 (staufische Klassik). Bei solchen von dem historischen Bezugspunkt der Antike gelösten Begriffsdefinitionen wird Klassik zum Synonym für Blütezeit, Höhepunkt.

Klassiker [lateinisch]: Verfasser oder Schöpfer eines als ↑klassisch angesehenen dichterischen, künstlerischen oder wissenschaftlichen Werkes.

klassisch [lateinisch]: entstanden aus „civis classicus", womit in Rom der Angehörige der höchsten Vermögensklasse („classis prima") bezeichnet wurde. Dabei nahm „classicus" die Bedeutung „erstklassig" an und wurde auch auf andere Bereiche übertragen. Der Begriff „klassisch" wird heute in folgenden z. T. sich überlagernden Bedeutungen gebraucht: 1. historisch im Sinne von antikisch, bezogen auf antike Autoren und Künstler, weiter auf die antiken Sprachen (Griechisch, Latein) und auf die Wissenschaft, die sich mit der Literatur der Antike beschäftigt, die klassische Philologie; 2. analog normativ für erstklassige, den antiken Künstlern gleichgestellte neuzeitliche Autoren und Künstler; 3. als Stilbegriff, in der Bedeutung von harmonisch, maßvoll, vollendet; 4. im allgemeinen Sinne von mustergültig, vorbildhaft, überragend, auch auf nichtliterarische Bereiche übertragen: z. B. klassische Physik.

Klassizismus [lateinisch]: auf die klassische Antike bezogener Stil- und Wertbegriff für Dichtung, die sich antiker Stilformen und Stoffe bedient. In der Neuzeit begegnet klassizistische Dichtung, orientiert an einem an der Antike gebildeten Regelkanon, erstmals in der italienischen Renaissance; diese Strömungen wirkten im Rahmen des europäischen Humanismus v. a. auf Frankreich (P. de Ronsard) und auf die im Französischen als „classicisme" bezeichnete Blütezeit der französischen Kultur (17. Jahrhundert). In der deutschen Literatur finden sich klassizistische Elemente bereits in der Zeit der Karolinger und der Ottonen (karolingische, ottonische Renaissance) oder in der staufischen Dichtung (Gottfried von Straßburg), dann unter dem Einfluß Frankreichs im 18. Jahrhundert (J. Ch. Gottsched, ↑Anakreontik, Ch. M. Wieland) und vereinzelt im 19. und 20. Jahrhundert (Gedichte von A. von Platen, E. Geibel, St. George).

Klausel [von lateinisch clausula „Schlußsatz, Schlußformel"]: in der antiken Rhetorik Bezeichnung für die durch Silbenquantitäten geregelten Satzschlüsse der Kunstprosa. Die wichtigsten Klauseln setzen sich aus einem Kretikus (–◡–) und einer Trochäuskadenz zusammen. In der deutschen Literatur hauptsächlich beim Abschluß eines Werkes gebraucht.

Klimax [griechisch „Leiter, Treppe"]: rhetorische Figur: eine sich steigernde Reihung von einzelnen Wörtern, Satzgliedern oder Sätzen, z. B. „veni, vidi, vici". – Gegensatz: ↑Antiklimax.

klingende Kadenz ↑Kadenz.

Knittelvers (Knüttel-, Knüppel-, Klüppel-, Klippelvers, Knittel): Bezeichnung für den in der frühneuhochdeutschen Dichtung (15. Jahrhundert bis M. Opitz) dominierenden, paarweise gereimten vierhebigen Vers, der entweder Füllungsfreiheit bei einer schwankenden Zahl von sechs bis fünfzehn Silben (freier Knittelvers) oder stets acht

Silben bei männlicher, neun Silben bei weiblicher ↑Kadenz hatte (strenger Knittelvers). Der Knittelvers war der Vers der epischen, satirisch-didaktischen und dramatischen Dichtung des 15. und 16. Jahrhunderts (u. a. H. Rosenplüt, H. Sachs, J. Fischart, S. Brant). Im 17. Jahrhundert wurde er aus der anspruchsvollen Literatur weitgehend verdrängt. Seine eigentliche Rehabilitierung erfolgte in der 2. Hälfte des 18. Jahrhunderts: Goethe verwendete ihn außer in parodistischen und satirischen Werken („Jahrmarktsfest zu Plundersweilern“, Spiel, 1774) auch in ernster Dichtung, so in Teilen des „Urfaust“ (entstanden 1772–75) und im Gedichtzyklus des „West-östlichen Divans“ (1819), Schiller im Drama „Wallensteins Lager“ (1800). Seit dem Ende des 19. Jahrhunderts wurde der Knittelvers v. a. im Drama verwendet (u. a. Prolog zu F. Wedekinds Drama „Der Erdgeist“, 1895; H. von Hofmannsthal, „Jedermann“, 1911; G. Hauptmann, „Festspiel in deutschen Reimen“, 1913).

Koda (Coda) [italienisch „Schwanz“]: 1. Bezeichnung für den Abgesang in der Stollenstrophe der provenzalischen (↑Kanzone) und italienischen Dichtung; 2. Bezeichnung für einen Zusatz zum italienischen ↑Sonett: ein meist auf die letzte Zeile des Gedichts reimender elfsilbiger, später siebensilbiger Vers mit folgendem Elfsilblerpaar.

Kodex (Codex) [lateinisch „Schreibtafel (aus gespaltetem Holz), Verzeichnis“] (Plural: Kodizes): Buchform der Spätantike und des Mittelalters (↑Buch, ↑Handschrift). Der Kodex, der aus den hölzernen Schreibtäfelchen der Antike entwickelt wurde, besteht aus mehreren gefalteten, ineinandergelegten und gehefteten Pergament- oder Papierblättern, die zwischen zwei mit Leder oder Metall überzogenen Holzdeckeln befestigt sind. Die moderne Buchform geht unmittelbar auf den Kodex zurück. Berühmte Kodizes sind u. a. der „Codex argenteus“ (um 500; eine Abschrift der gotischen Bibelübersetzung des Bischofs Ulfilas) und der mit Buchmalerei geschmückte „Codex aureus“ (870; ein Evangeliar aus dem Regensburger Kloster Sankt Emmeram). Da in einem Kodex oft mehrere inhaltlich zusammengehörige Texte enthalten waren, wurde der Name auf *Textsammlungen* selbst übertragen, z. B. „Codex Justinianus“ (Gesetzessammlung) und dann allgemein als Bezeichnung für ein Gesetzbuch oder eine Sammlung von Regeln gebraucht (z. B. übertragen: Ehrenkodex).

Kollation [von lateinisch collatio „das Zusammentragen, Zusammenbringen“]: 1. der Vergleich einer Abschrift mit der Urschrift zur Prüfung der Richtigkeit. In der Literaturwissenschaft findet die Kollation v. a. bei der Herausgabe von kritischen Ausgaben Anwendung. Mit ihrer Hilfe werden Varianten und ↑Lesarten festgestellt. – 2. (in Buchbinderei oder Antiquariat) das Prüfen von Seiten oder Bogen eines Buches auf Vollständigkeit.

Kolombine ↑Colombina.

Kolon [griechisch „(Körper)glied, gegliedertes Gebilde“] (Plural: Kola): 1. in der antiken Metrik und Rhetorik die auf einer Atem- oder Stimmpause beruhende rhythmische Spracheinheit in Vers und Prosa. Diese Einheit kann sowohl ein Wort als auch mehrere Wörter umfassen. Der Rhythmus eines Textes beruht also auf einer Reihe verschieden langer Kola. – 2. Bezeichnung für Doppelpunkt.

Kolportageliteratur [...'ta:ʒə; von französisch colporter „hausieren“]: literarisch wertlose Sensations- und Schundliteratur, Teilbereich der ↑Trivialliteratur (↑auch Hintertreppenroman). Die Kolportageliteratur wurde von Hausierern (daher die Bezeichnung) feilgeboten. Bereits im 15. Jahrhundert wurden Volksbücher, Kalender und religiöse Erbauungsliteratur im Haus oder auf Jahrmärkten verkauft. Im 18. Jahrhundert bildeten die ↑Ritterromane und ↑Schauerromane die Hauptmasse der Kolportageliteratur. Mit dem Abbau des Analphabetentums wuchsen Bedarf und Verbreitung des nun meist in Fortsetzungen erscheinenden *Kolportageromans.* Dieser setzte dem meist tristen Dasein in der werdenden Industriegesellschaft eine unrealistische und heile Wunschwelt entgegen. Heutige Vertreter der Kolportageliteratur sind die an Zeitungskiosken angebotenen, regelmäßig erscheinenden ↑Groschenhefte.

Kolumne [von lateinisch columna „Säule"]: allgemein eine senkrechte Reihe von Zahlen oder Buchstaben; im *graphischen Gewerbe* Bezeichnung für einen in einer bestimmten Breite gesetzten Schriftsatz; im *Pressewesen* Bezeichnung für einen stets von dem gleichen (meist prominenten) Journalisten *(Kolumnisten)* verfaßten, regelmäßig an einer bestimmten Stelle einer Zeitschrift oder Zeitung veröffentlichten ↑Kommentar.

Komik [französisch le comique „das Komische", von griechisch kõmos „fröhlicher Umzug, lärmende Schar, festlicher Gesang"]: jegliche Art übertreibender, Lachen erregender Kontrastierung, sei es mit den Mitteln des Wortes in Vers und Prosa, der Geste, der Bildnerei oder eine Handlung selbst. Trotz kontroverser Ansatzpunkte und Ergebnisse wird das Komische grundsätzlich wie das Tragische begriffen: als Konflikt widersprüchlicher Prinzipien. Hier ist es das Mißverhältnis zwischen Erstrebtem und Erreichtem, zwischen Schein und Sein; die dadurch entstehende Spannung löst sich im Lachen. Die Spott und Kritik einbeziehende Eigenschaft des komischen Lachens nützen z. B. ↑Satire, ↑Parodie, ↑Travestie, ↑Karikatur, ↑Witz. Dem Spannungscharakter des Komischen sind die dramatischen Gattungen besonders adäquat, insbesondere alle Ausprägungen der ↑Komödie von volkstümlichen, derbkomischen Arten (↑Mimus, ↑Fastnachtsspiele, ↑Possen, ↑Farcen usw.) bis zu den geistreichen Gestaltungen leiser, das Tragische berührender Komik. Dem spannungslösenden, komische Konflikte in höheren Aspekten aufhebenden ↑Humor sind dagegen die epischen Gattungen angemessen (z. B. der humoristische Roman), doch findet sich das Komische in allen Gattungen, wobei es stofflich (Gestaltung komischer Ereignisse, Personen usw.), formal-struktural (Unangemessenheit von Stil, Form und Inhalt) und intentional (als Selbstzweck oder metaphorisch) verwendet wird.

komische Person ↑lustige Person

Kommentar [lateinisch (liber) comentarius „Notizbuch, Niederschrift", von commentari „etwas überdenken, Betrachtungen anstellen, erläutern"]: Denkwürdigkeiten, Memoiren, Erklärung von [Gesetzes]texten. In der *Philologie* die Erklärung von Texten in Form von Anmerkungen, Sachinformationen sowie Erläuterungen. Im *Journalismus* ein Meinungsbeitrag, in dem ein Journalist *(Kommentator)* aktuelle Ereignisse bzw. Entwicklungen auf politischem, sozialem, wirtschaftlichem und kulturellem Gebiet interpretiert und bewertet.

Komödie [von griechisch kōmōdía, eigentlich „Gesang bei einem frohen Gelage"]: literarisches Bühnenwerk komischen oder heiteren Inhalts mit glücklichem Ausgang. Die Komödie entstand aus dem Zusammenwirken verbaler ↑Komik und vorliterarischen mimetischen Spieltraditionen (↑Pantomime, Tanz [damit auch musikalische Elemente]) und ist neben der ↑Tragödie die wichtigste Gattung des europäischen ↑Dramas. Die Unterscheidung der deutschen Literaturwissenschaft zwischen Komödie (aus der Komik entstanden) und Lustspiel (aus dem Humor entstanden; seit 1536 als Übersetzung von „Komödie" bekannt) ist problematisch, da beide Begriffe (auch von Autoren) weitgehend synonym gebraucht werden, die Bezeichnung Lustspiel nur im Deutschen üblich ist und eine Grenze nur unter subjektivem Aspekt gezogen werden kann. Die Komödie gestaltet einen scheinbaren Konflikt, der vermeintliche Werte entlarvt und menschliche Schwächen bloßlegt und dessen Lösung Lachen oder Schmunzeln bewirkt. Sie zeigt eine Fülle von Formtypen. Man unterscheidet formal die auf griechisch-römische Muster zurückgehende klassische Komödie (mit ↑geschlossener Form) und die romantische Komödie (mit ↑offener Form), nach Inhalt und Intention die Charakterkomödie (Molière, „L'avare", Uraufführung 1668, gedruckt 1682, deutsch „Der Geizige", 1670), die Situationskomödie (H. von Kleist, „Der zerbrochene Krug", 1811), die Intrigenkomödie (W. Shakespeare, „The merry wives of Windsor", 1602, deutsch „Die lustigen Weiber zu Windsor", 1778), die satirisch-gesellschaftskritische Komödie (C. Sternheim, „Die Hose", 1911), die didaktische (rührende) Komödie und die Unterhaltungs- bzw. Boulevardkomödie (C. Goetz, „Das Haus in Montevideo", 1953), wobei mancherlei Kombinationen und Grenzüberschreitungen sowohl zu derberen (↑Burleske, ↑Groteske, ↑Farce, ↑Schwank), ernsten (Traumspiel, ↑Tragikomödie) oder absurden dramatischen Gattungen als auch zu epischen, lyrischen und musikalischen Formen vorkommen.

Geschichte: Komödien sind seit 486 v. Chr. in *Athen* als Bestandteil der staatlichen Dionysosfeiern (neben den Tragödientrilogien) bezeugt. Herkunft und Ausbildung der Komödie sind umstritten. Die attische Komödie soll auf die Verbindung ritueller ausgelassener Maskenumzüge (kómos) mit volkstümlichen, derb-sinnlichen Spielimprovisationen (↑Mimus) zurückgehen. Im 5./4. Jahrhundert war die sogenannte *alte attische Komödie* voll ausgebildet. Vertreter war neben Kratinos und Eupolis v.a. Aristophanes mit 11 erhaltenen Komödien (u.a. „Lysistrátē", aufgeführt 411 v. Chr., deutsch „Lysistrata", 1806). In der sogenannten *mittleren attischen Komödie* (etwa 400–320 v. Chr.) wich die satirische Gesellschaftskritik eines Aristophanes einer ironischen Skepsis (ausgedrückt in ↑Parodien, Mythentravestien) und schließlich einer Gleichgültigkeit gegenüber der Polis. In der *neuen attischen Komödie* (3./2. Jahrhundert) wurde das Interesse für das typisch Menschliche, Private mit deutlich moralischer Tendenz vorherrschend. Sie bildete den Ausgangspunkt für die heute noch lebendige Konversationskomödie (Vertreter war v. a. Menander mit „Dýskolos", 317/316, deutsch „Der Menschenfeind", 1960). – Die *römische Komödie* baute auf der neuen attischen Komödie auf, von der sie Form, Stil und Themen übernahm (↑Fabula). Hauptvertreter waren T. M. Plautus („Amphitruo", deutsch „Amphitruo", 1608) und Terenz („Der Eunuch", aufgeführt 161 v. Chr., deutsch 1486, 1960 unter dem Titel „Der Eunuch", u.a.). – Im europäischen *Mittelalter* war die antike Komödientradition verschüttet, lediglich Terenz war als Schulautor in Klöstern bekannt (Hrotsvit von Gandersheim). In den aufblühenden Städten entstanden kurze derb-komische weltliche Spiele, wie die französischen ↑Sottien, die niederländischen Kluchten und die ↑Fastnachtsspiele in Deutschland, die unter Aufnahme neuer Stoff- und Spielelemente (↑englische Komödianten, ↑Hanswurst) bis ins 18. Jahrhundert lebendig blieben (↑Wiener Volkstheater). Die Wiederentdeckung und Neubelebung der antiken römischen Komödie erfolgte Ende des 15. Jahrhunderts in der italienischen *Renaissance* zunächst durch Übernahme der Komödien des T. M. Plautus und Terenz, dann durch Neuschöpfungen. Bedeutende Vertreter waren L. Ariosto, N. Machiavelli, P. Aretino, A. Beolco, genannt il Ruzzante, u.a. In dieser Zeit erfolgte eine theoretisch-normative Fixierung der Komödie in der Renaissancepoetik, derzufolge für die Komödie neben der Akteinteilung die Befolgung der ↑drei Einheiten, der ↑Ständeklausel und der ↑Genera dicendi gefordert wurde und z.T. bis ins 18. Jahrhundert verbindlich war. Neben dieser aus der klassisch-römischen Tradition stammenden Commedia erudita gelangten in der ↑Commedia dell'arte die volkstümlichen Stegreiftraditionen zu immer größerer Beliebtheit und beeinflußten auch die literarische Komödie, bis sie im 18. Jahrhundert durch C. Goldonis realistisch-natürliche Charakterkomödien entthront wurde.

Die Renaissancekomödie wurde in den verschiedenen europäischen Nationalliteraturen unterschiedlich aufgenommen. In *England* bildete sie die Voraussetzung für die Entstehung neuer Typen,

z. B. für die sogenannte romantische Komödie, die die normativen Vorschriften der Renaissancepoetik außer acht ließ und geistreiche, ironische Traum- und Identitätsspiele gestaltete. Ihr Begründer war J. Lyly, ihr bedeutendster Vertreter W. Shakespeare. Gleichzeitig schuf Ben Jonson in antiker Tradition die Comedy of humours, eine Art Typenkomödie, die menschliche Schwächen satirisch bloßstellte (weitere Vertreter waren J. Fletcher, F. Beaumont, Ph. Massinger, G. Chapman). Diese Spielart wurde nach der Restauration abgelöst von der sogenannten ↑Comedy of manners, in der die gesellschaftlichen Sitten der neu entstehenden Bürgerschicht kommentiert und kritisiert wurden. Bedeutende Vertreter waren J. Dryden, G. Etheredge, W. Congreve, im 18. Jahrhundert u. a. R. B. Sheridan und im 19. Jahrhundert O. Wilde. – In *Spanien* hatte die Komödie ihre Blütezeit im 17. Jahrhundert. Hier entwickelte sich unter italienischem Einfluß das sogenannte ↑Mantel-und-Degen-Stück, dessen Begründer Lope F. de Vega Carpio und dessen weitere Vertreter P. Calderón de la Barca, Tirso de Molina und J. Ruiz de Alarcón y Mendoza waren. – In *Frankreich* wurden zunächst italienische und später auch spanische Einflüsse verarbeitet (bei P. Corneille und Molière). Dabei führte Molière den Typus der ↑Charakterkomödie zu höchster Vollendung. Seine Komödien bestimmten in Sprache und Gestaltung (fünf Akte, symmetrischer Bau, drei Einheiten, Alexandriner) und verfeinerter Komik die Komödie seiner Zeit sowie der Folgezeit in Frankreich (J.-F. Regnard, Dancourt) und im übrigen Europa.

Im *18. Jahrhundert* kam es unter dem Einfluß der Aufklärung erstmals zur Ausbildung eines gesamteuropäischen Typs der Komödie. In deutlicher didaktischer Absicht propagierte sie bürgerliches Glück durch bürgerliche Tugenden. Die Komödie wurde zur Tugendlehre, an die Stelle des Lachens trat die Rührung. Diese Aufklärungskomödie entstand zuerst in England („sentimental comedy"; Vertreter C. Cibber, R. Steele, O. Goldsmith u. a.) und in ähnlicher Form als ↑Comédie larmoyante in Frankreich, vertreten durch P. de Marivaux, Ph. N. Destouches, P. C. Nivelle de La Chaussée. Unter französischem Einfluß gewann Deutschland Anschluß an die europäische Komödientradition, zunächst durch Übersetzungen (J. Ch. Gottsched), dann durch Nachahmung der französischen Formmuster. Vertreter waren Ch. F. Gellert, J. E. Schlegel und Ch. F. Weiße. Erst mit G. E. Lessings „Minna von Barnhelm" (1767) begann sich die deutsche Komödie aus dem Einfluß der englisch-französischen Aufklärungskomödie zu befreien. Bedeutend in der Folgezeit waren die Komödien von H. von Kleist („Amphitryon, ein Lustspiel nach Molière", 1807; „Der zerbrochene Krug", 1811), während die Komödien der Romantiker (L. Tieck, C. Brentano) und Nachromantiker (G. Büchner, Ch. D. Grabbe, F. Grillparzer) ihre englischen und spanischen Vorbilder nicht erreichten. Zu eigenständigen Formen gelangten nur F. Raimund und J. N. Nestroy. – Im *19. Jahrhundert* dominierte die Konversations- und Gesellschaftskomödie. Einen Höhepunkt erreichte dieser Komödientyp in Österreich mit den Komödien von H. Bahr, A. Schnitzler, H. von Hofmannsthal. Daneben entwickelte sich die soziale Komödie, die Gesellschaftskritik v. a. durch Milieuzeichnungen zu erreichen suchte und von der Bewegung des ↑Jungen Deutschland geprägt wurde. Bedeutendste Vertreter waren die Russen N. W. Gogol („Rewisor", 1836, deutsch „Der Revisor", 1854) und A. P. Tschechow, in Deutschland u. a. G. Hauptmann („Der Biberpelz", 1893), später C. Zuckmayer („Der Hauptmann von Köpenick", 1931). Seit dem Ende des 19. Jahrhunderts entwikkelte sich der Realismus der Milieuschilderung zu schärferer Aggression, wurde das Komische zu grellem Zynismus, die Komödie zur Groteske, zur Tragikomödie, zum sozialen Drama (C. Sternheim, F. Wedekind u. a.).

In der *modernen Entwicklung* macht sich das allgemeine Mißtrauen gegen die traditionelle Wirkungsästhetik der Komödie (ebenso wie auch der Tragödie) immer stärker bemerkbar. Komik und die in ihr enthaltene Kritik erscheinen angesichts des Zerfalls traditioneller Werte und der existentiellen Bindungslosigkeit unbrauchbar zur Erfassung der Wirklichkeit. Die Folge sind Grenzüberschreitungen nach vielerlei Richtungen, einerseits zur Groteske (B. Brecht, F. Dürrenmatt, M. Frisch, P. Weiss, M. Sperr), zur Tragikomödie, zur sarkastischen oder resignativen Bestandsaufnahme (Ö. von Horváth, P. Hacks), v. a. aber zur absurden Spiegelung der Wirklichkeit, die auch die Elemente der Farce und Groteske einbezieht (E. Ionesco, J. Audiberti), andererseits aber auch zum phantastischen, existentiellen oder auch philosophischen Problemstück (L. Pirandello, F. García Lorca, J. Giraudoux, J. Anouilh, W. B. Yeats u. a.). Die sogenannte Politkomödie entstand in Rußland seit 1920, vertreten u. a. durch M. A. Bulgakow und besonders W. W. Majakowski, in den USA (die bisher ohne nennenswerte Komödienproduktion geblieben waren) u. a. durch G. S. Kaufman, in Großbritannien durch P. Ustinov. In der Bundesrepublik Deutschland vertritt R. Hochhuth, in der DDR repräsentieren F. Wolf und E. Strittmatter diesen Typus.

Kompilation [von lateinisch compilatio „Plünderung“]: seit dem 16. Jahrhundert Bezeichnung für eine Zusammenstellung von Textausschnitten aus anderen Schriften zum Zwecke der Wissensvermittlung; auch negativ für literarische Werke gebraucht, in denen Material aus älteren Werken unverbunden aneinandergereiht wird, und für Schriften, die den Stoff wissenschaftlich unverarbeitet darbieten.

Komposition [von lateinisch compositio „Zusammenstellung, Zusammensetzung“]: der Aufbau eines Sprachkunstwerkes, heute meist mit ↑Struktur bezeichnet. Man unterscheidet eine äußere und eine innere Komposition. Die äußere Komposition, d. h. die Einteilung in Akte, Kapitel, Strophen, Gesänge usw., steht in Wechselbeziehung zur sogenannten inneren Komposition, die wiederum die äußere bedingt. In diesen Zusammenhang gehören Kategorien wie die Einheit eines Werkes und das Verhältnis seiner Teile zueinander.

Konflikt [von lateinisch confligere (2. Partizipium: conflictum) „zusammenschlagen, zusammenprallen“]: Wesenskern des ↑Dramas, in dem die Welt einem dualistischen Prinzip unterworfen zu sein scheint: Pflicht und Neigung, Wille und Aufgabe stehen im Widerstreit miteinander und drängen zu einer

Königsberger Dichterkreis. Titelkupfer zu Heinrich Alberts „Musicalischer Kürbs-Hütte“ (1641)

Lösung, die auf die ↑Katastrophe zuläuft und in der Tragödie mit dem Scheitern des Helden endet. In der Komödie und im Schauspiel handelt es sich um komisch-heitere, aber auch ernste Spannungen (z. B. Liebe und Ehre in G. E. Lessings Lustspiel „Minna von Barnhelm", 1767), die im guten Sinne gelöst werden.

Königsberger Dichterkreis: eine Vereinigung von Musikern (H. Albert, J. Stobaeus) und Dichtern (u. a. S. Dach, J. P. Titz), die Anfang des 17. Jahrhunderts von R. Roberthin in Königsberg gegründet wurde. Emblem des Kreises war der Kürbis (daher auch die Bezeichnung „Kürbishütte"). Die Mitglieder verfaßten Kirchenlieder und auch ↑Gesellschaftslieder sowie religiös getönte ↑Gelegenheitsdichtung, die in H. Alberts „Arien" (1638–50) und „Musicalischer Kürbs-Hütte" (1641) gesammelt und herausgegeben wurden. Das bekannteste hier entstandene Lied ist „Anke von Tharaw".

Konjektur [von lateinisch coniectura „Vermutung"]: in der ↑Textkritik der Eingriff des Herausgebers in den überlieferten Text. Im Gegensatz zur einfachen ↑Emendation handelt es sich bei Konjekturen um Eingriffe, die z. T. der Beseitigung von ↑Korruptelen dienen, darüber hinaus aber den überlieferten Text auch dort ändern, wo er – nach Ansicht des Herausgebers – dem Stil, dem Wortgebrauch usw. des Autors und seiner Zeit nicht entspricht.

Konkordanz [von lateinisch concordare „übereinstimmen"]: alphabetisches Verzeichnis aller in einem Buch vorkommenden Wörter und Begriffe mit Seitenzahlen oder Stellenangaben; dient dem Auffinden von Zitaten. Konkordanzen gibt es u. a. für die Bibel und Werke großer Dichter (Dante, W. Shakespeare, Goethe).

konkrete Dichtung [von lateinisch concretus, 2. Partizipium von concrescere „zusammenwachsen"]: eine von mehreren synonym oder nur geringfügig variiert gebrauchten Bezeichnungen (konkrete Poesie, konkrete Literatur, ↑visuelle Dichtung, ↑experimentelle

Konkrete Dichtung. Apfelgedicht von Reinhard Döhl (Apfel mit Wurm; 1965)

Dichtung, ↑absolute Dichtung, v. a. aber ↑abstrakte Dichtung), für die etwa seit 1950 international auftretenden Versuche in der modernen Literatur, aus dem sprachlichen „konkreten" Material visuell oder akustisch, unmittelbar und losgelöst von syntaktischen Zusammenhängen eine Aussage zu gestalten. Es handelt sich dabei „um nackte sprachliche struktur, und wie in der architektur gilt für die sichtbare form der konkreten dichtung, daß sie gleich deren struktur ist" (E. Gomringer, „konkrete poesie", 1972). Die konkrete Dichtung steht in der Tradition des italienischen ↑Futurismus und des ↑Dadaismus. Grundlegende theoretische Schriften zur konkreten Dichtung sind u. a. O. Fahlströms „Manifest für konkrete Poesie" (1953), E. Gomringers „Vom vers zur konstellation" (1955). E. Gomringers „konstellationen" (seit 1960 mehrfach erweitert, 1969 in dem Sammelband „worte sind schatten" zusammengefaßt) und E. Jandls „Lautgedichte" („Laut und Luise", 1966) gehören zu den bekanntesten Beispielen für konkrete Dichtung.

Konnotation [lateinisch]: die Bedeutungsgebung, die nicht durch im Text vorhandene Zeichen *(Denotation)*, sondern durch Assoziation vermittelt wird. Die Konnotation ist v. a. für die Lyrik charakteristisch.

Kontamination [von lateinisch contaminare „mit Fremdartigem in Verbindung bringen, verderben"]: in der Literaturwissenschaft die Verschmelzung von zwei oder mehreren Vorlagen zu einem neuen literarischen Werk. Das Verfahren wurde schon von den römischen Komödiendichtern (T. M. Plautus, Terenz), die für ihre Komödien griechische Vorlagen benutzten, angewandt.

Kontext [von lateinisch contextus „Zusammenhang", eigentlich „Zusammengewebtes"]: die Umgebung, in der eine sprachliche Einheit vorkommt bzw. verwendet wird, z. B. die Stellung eines Satzes im Textzusammenhang.

Kontrafaktur [von mittellateinisch contrafactura „Nachahmung"]: Bezeichnung für die seit dem Mittelalter übliche Übernahme und z. T. auch Bearbeitung beliebter, meist weltlicher Melodien für neue, meist geistliche Liedertexte, z. B. das Kirchenlied „O Welt, ich muß dich lassen" auf die Melodie des Volksliedes „Innsbruck, ich muß dich lassen". Kontrafakturen waren häufig in der Mystik, dann im 16. und 17. Jahrhundert (M. Luther, P. Gerhardt).

Konversationskomödie [französisch conversation „Unterhaltung, Gespräch", von lateinisch conversatio „Verkehr, Umgang"] (Gesellschaftsstück): Lustspielform seit dem 19. Jahrhundert, bei der der geistreiche oder spritzig-unverbindliche Dialog im Vordergrund steht. Bekannte Vertreter: O. Wilde, H. Bahr, C. Goetz und (mit Einschränkungen) H. von Hofmannsthal („Der Schwierige", 1921). – ↑auch Boulevardkomödie.

Korruptel [von lateinisch corruptela „der Verderb"]: verderbte Textstelle bei überlieferten Werken der Antike und des Mittelalters; sie wird in ↑kritischen Ausgaben entweder durch ein Kreuz markiert oder durch eine ↑Konjektur des Herausgebers „verbessert".

Kretikus (Creticus) [von griechisch krētikós (pús) „kretisch(er Versfuß)"]: vermutlich aus Kreta stammender antiker Versfuß der Form –◡–; war v. a. als Bestandteil der rhythmischen ↑Klauseln bedeutsam.

Kreuzreim (gekreuzter Reim, Wechselreim): Reimform, bei der die erste und dritte, zweite und vierte Zeile miteinander reimen; Schema: ab ab (z. B. Sonne : Herz; Wonne : Schmerz). Häufig im Volkslied.

Kreuzzugsdichtung: mittelalterliche Dichtung, die einen Kreuzzug zum Thema hat. Man unterscheidet Kreuzzugsepik und Kreuzzugslyrik (Kreuzlied). Beide propagieren den Kreuzzug, doch zeigt das *Kreuzlied* (u. a. von Bertran de Born, Friedrich von Hausen, Hartmann von Aue, Walther von der Vogelweide) meist im Stil des Minnesangs den Konflikt des Ritters zwischen Minne- und Kreuzzugspflicht. Die *Kreuzzugsepik* greift entweder auf einen historischen Stoff zurück und aktualisiert ihn auf die Kreuzzugsereignisse hin („Rolandslied" des Pfaffen Konrad, 12. Jahrhundert) oder sie hält die aktuellen Kreuzzugsereignisse (meist im Stil der ↑Reimchronik) unmittelbar aus der Perspektive des Kreuzzugsteilnehmers (u. a. Richard le Pèlerin, „Chanson d'Antioche", vor 1099; „Livländische Reimchronik", Ende des 13. Jahrhunderts) oder mittelbar (mit einer gewissen räumlichen und zeitlichen Distanz) fest („Kreuzfahrt Ludwigs des Frommen", Anfang des 14. Jahrhunderts). Zur Kreuzzugsepik gehören auch Epen, die den Kreuzzug als Hintergrunds- oder Rahmenhandlung literarisieren und in denen die orientalische Zauber- und Märchenwelt das Geschehen bestimmt (u. a. „König Rother", um 1150; „Herzog Ernst", vor 1186; „Orendel", um 1190).

Kriegsdichtung: der Krieg begegnet in zahlreichen Dichtungen der Weltliteratur in Epik, Lyrik und im Drama. Bis etwa 1900 erschien der Krieg meist als unabwendbares Menschenschicksal und damit weniger als zentrales Thema denn als Hintergrund für existentielle Probleme, z. B. in den germanischen ↑Heldenliedern, in der „Ilias" (8. Jahrhundert v. Chr., deutsch 1793) Homers, in den Tragödien von Aischylos („Persai", aufgeführt 472 v. Chr., deutsch „Perser", 1789) bis Schiller, H. von

Kleist, Ch. D. Grabbe u. a., als Grundlage einer Geschichtsauffassung (A. Stifter, „Witiko", Roman, 1865–67; L. N. Tolstoi, „Voina i mir", Roman, 1868/69, deutsch „Krieg und Frieden", 1885; É. Zola u. a.) oder als Bestandteil der ↑Geschichtsdichtungen im Gefolge W. Scotts (↑historischer Roman, ↑historisches Drama). Danach wurde das Thema stärker reflektiert, die menschliche Problematik rückte in den Vordergrund, eine Entwicklung, die nach den zwei Weltkriegen in eine verbreitete Antikriegsdichtung einmündete.

In einer bestimmten Gruppe von Kriegsdichtungen wird der Krieg mythisiert, idealisiert, oft auch sentimentalisiert, selten jedoch realistisch beschrieben. Dies gilt für die zahlreichen Kampf- und Schlachtgesänge, ↑Soldatenlieder und ↑Landsknechtslieder (Idealisierung des Kriegerlebens) und v. a. die kunstmäßige Kriegslyrik, die vielfältigen Emotionen, oft mit religiösem Einschlag, Ausdruck verleiht, z. B. bereits in der Antike bei Tyrtaios, Simonides, im Mittelalter die Kreuzlieder (↑Kreuzzugsdichtung) und besonders im Barock die Kriegs- und Trostgedichte (M. Opitz, J. Rist). Solche Kriegsdichtung entstand besonders zahlreich in der Zeit der Kriege Friedrichs II. von Preußen (E. von Kleist, J. W. L. Gleim, K. W. Ramler u. a.) und der Befreiungskriege 1813–15 (H. von Kleist, E. M. Arndt, K. Th. Körner, M. von Schenkendorf), die patriotische Gesinnung und Kriegsbegeisterung zu wecken suchten. In diese Richtung zielten auch die zahlreichen Kriegsdichtungen, die im Gefolge des Deutsch-Französischen Krieges 1870/71 entstanden, z. B. die Vertonung von M. Schneckenburgers „Wacht am Rhein" (entstanden 1840/41) und D. von Liliencrons „Adjutantenritte" (Gedichte, 1883) und „Kriegsnovellen" (1895). Einen letzten Aufschwung erfuhr die heroisierende oder apologetische Kriegsdichtung in den sich auf den 1. Weltkrieg beziehenden und danach von den Nationalsozialisten propagierten Werken von W. Flex, W. Beumelburg, E. Jünger und E. E. Dwinger.

Nach Vorläufern in der Barocklyrik (A. Gryphius) wurde Ende des 19. Jahrhunderts die inhumane Realität des Krieges Thema der Kriegsdichtung. Krasse Schilderungen moderner Kriegsführung traten an Stelle der Heroisierung und Idealisierung (St. Crane, „The red badge of courage", Roman, 1895, deutsch „Das Blutmal", 1954; R. Huch, „Der große Krieg in Deutschland", 1912–14, 1937 unter dem Titel „Der Dreißigjährige Krieg"). Einen Aufschwung erfuhr die Antikriegsdichtung in der Lyrik (G. Heym, A. Stramm, J. R. Becher, F. Werfel, H. Lersch u. a.) und im Drama (F. von Unruh, R. Goering, E. Toller u. a.) des Expressionismus, aber auch in den Romanen von A. Zweig, L. Renn („Krieg", 1928) und besonders von E. M. Remarque („Im Westen nichts Neues", 1929) u. a. Eine ähnliche Entwicklung verlief in Frankreich (H. Barbusse, „Le feu", Roman, 1916, deutsch „Das Feuer", 1918; R. Rolland, G. Du-

Kriegsdichtung. Szenenbild aus Bertolt Brechts „Mutter Courage und ihre Kinder" (1949)

hamel u. a.) und England (R. Aldington, „Death of a hero", Roman, 1929, deutsch „Heldentod", 1930; R. Brooke, W. Owens u. a.). Diese Antikriegsdichtung blieb im 20. Jahrhundert entsprechend den kriegerischen Ereignissen (Spanischer Bürgerkrieg, 2. Weltkrieg) dominierend (E. Hemingway, A. Malraux, B. Brecht, „Mutter Courage und ihre Kinder", Uraufführung 1941, gedruckt 1949) u. a. Eine Ausnahme bildete die nationalsozialistische kriegsverherrlichende Parteidichtung. Einen neuen Höhepunkt erreichte die Antikriegsdichtung nach 1945. Das Erlebnis des Krieges, des Widerstandes, der Gefangenschaft und Heimkehr bestimmten eine unübersehbare Flut von Romanen, Dramen und Hörspielen in traditionellen, aber auch experimentellen sprachlichen und gestalterischen Formen. Hierher gehören Autoren wie Th. Plievier („Stalingrad", Roman, 1945), W. Borchert („Draußen vor der Tür", Drama, 1947), H. Böll („Wo warst du, Adam?", Roman, 1951), P. Bamm, G. Gaiser, H. H. Kirst („Null-acht fünfzehn", Roman, 1954), A. Kluge („Schlachtbeschreibung", Roman, 1964), C. Zuckmayer, H. Kipphardt, R. Hochhuth, A. Andersch („Winterspelt", Roman, 1974). Aufsehen erregten auch die Antikriegsromane von C. Malaparte („Kaputt", 1944, deutsch „Kaputt", 1951), N. Mailer („The naked and the dead", 1948, deutsch „Die Nackten und die Toten", 1950) und J. Jones („From here to eternity", 1951, deutsch „Verdammt in alle Ewigkeit", 1951).

Kriminalroman [von lateinisch criminalis „ein Verbrechen betreffend"]: literarisches Prosawerk, das, ebenso wie die *Kriminalnovelle*, ein Verbrechen zum Thema hat, oft auch speziell die Geschichte der Aufhellung eines Verbrechens, meist durch einen Detektiv (z. B. die Sonderform des ↑Detektivromans). Der Umfang des Kriminalromans reicht vom „Kurzkrimi" in Zeitungen und Zeitschriften über die Kriminalnovelle (Th. Fontane, „Unterm Birnbaum", 1885) bis zu großen, oft mehrteiligen Romanwerken; die literarische Qualität erstreckt sich über ein breites Spektrum vom effektvollen Kolportageroman bis zur tiefsinnig philosophischen Dichtung (F. M. Dostojewski, „Prestuplenie i nakazanie", 1866, deutsch 1882 unter dem Titel „Raskolnikow", 1960 unter dem Titel „Schuld und Sühne"). Häufig überschneidet sich der Kriminalroman mit dem ↑Abenteuerroman und Agentenroman sowie mit dem ↑Schelmenroman, im 18. und 19. Jahrhundert auch mit dem ↑Ritterroman, ↑Räuberroman und ↑Schauerroman.

Die *Geschichte* des eigentlichen Kriminalromans beginnt im 18. Jahrhundert, wo Kriminalfälle auf Grund von Prozeßakten literarisch bearbeitet wurden, u. a. in England von D. Defoe und H. Fielding (insbesondere im „Newgate Calendar", 1773 ff.), in Frankreich besonders in den vielbändigen „Causes célèbres et intéressantes" (1734–43) von F. G. de Pitaval. In Deutschland entsprach dem im 19. Jahrhundert „Der neue Pitaval" (ab 1842 herausgegeben von W. Alexis und J. A. Hitzig, später von A. Vollert; bis 1890 60 Bände) und die Kriminalgeschichten von J. D. H. Temme. Schillers „Verbrecher aus verlorener Ehre" (1785), H. von Kleists Erzählung „Der Zweikampf" (1810) und E. T. A. Hoffmanns Erzählung „Das Fräulein von Scudéri" (1820) sind die frühesten Beispiele der anspruchsvollen Kriminalerzählung. Es folgten die großen Vertreter des realistischen Romans, bei denen nicht die Geschichte eines Verbrechens, sondern Fragen der menschlichen Existenz im Mittelpunkt der Handlung standen: H. de Balzac, V. Hugo („Les misérables", 1862; deutsch „Die Armen und die Elenden", 1862), Ch. Dickens („Oliver Twist", 1838; deutsch „Oliver Twist", 1838), F. M. Dostojewski, und in den Formen des experimentellen Romans des 20. Jahrhunderts A. Döblin („Berlin Alexanderplatz", 1929), W. Faulkner („Light in august", 1932, deutsch „Licht im August", 1935) u. a. Daneben entwickelte sich seit etwa 1841/42 (E. A. Poes erste Detektivgeschichten) der Kriminalroman zu einer massenhaft verbreiteten Unterhaltungs- bzw. ↑Trivialliteratur. Entscheidend geprägt ist der Kriminalroman von Autoren aus dem angelsächsischen Raum, z. B. A. C. Doyle, G. K. Chesterton, D. L. Sayers, E. Wallace, A. Christie, R. T. Chandler, D. Hammett, M. Allingham, P. Highsmith; ferner E. Ambler, C. Brown, J. D. Carr, T. Capote, E. St. Gardner, R. MacDonald, R. Stout, M. Spillane, Bedeutende französische Autoren sind u. a. É. Gaboriau, M. Leblanc, G. Leroux, G. Simenon. Zu den bedeutendsten deutschsprachigen Verfassern gehören: F. Arnau, F. Dürrenmatt, R. Hey, H. Martin, M. Molsner, G. Radtke, I. Rodrian.

Krippenspiel (Christgeburtsspiel): in deutscher Sprache seit dem 14. Jahrhundert bezeugte szenische Darstellung des Weihnachtsgeschehens, meist dreiteilig (Verkündigung, Herbergsuche/Geburt, Anbetung der Hirten), oft folgte noch die Anbetung der Drei Könige. Das Krippenspiel bildete den Kern des mittelalterlichen ↑Weihnachtsspiels.

kritische Ausgabe: die nach den Grundsätzen der ↑Textkritik hergestellte Ausgabe (Edition) eines im Original verschollenen, nur in Abschriften überlieferten literarischen Werkes der Antike oder des Mittelalters. Sie enthält neben dem Editionsbericht den kritischen Text, den ↑kritischen Apparat, eventuell einen Kommentar und ein Register. – ↑auch historisch-kritische Ausgabe.

kritischer Apparat: Bezeichnung für textkritische Anmerkungen am Fuß der Seiten, im Anhang oder in einem separaten Band. Zweck des kritischen Apparates ist es, die Textgeschichte wie auch die verschiedenen Lesarten (Varianten) eines überlieferten Textes vollständig darzustellen.

kritischer Realismus ↑Realismus, ↑sozialistischer Realismus.

Kryptogramm [griechisch „verborgene Schrift"]: in einem Text nach einem bestimmten System versteckte Buchstaben, die zusammen ein Wort oder einen Satz ergeben, z. B. den Namen des Verfassers oder eine Widmung. – ↑auch Akrostichon, ↑Akroteleuton, ↑Telestichon.

Voulez vous que verté vous die?
Il n'est jouer qu'en maladie,
Lettre vraie que tragédie,
Lâche homme que chevalereux,
Orrible son que mélodie,
Ne bien conseillé qu'amoureux.

Kryptogramm in Form eines Akrostichons von François Villon

Kudrunstrophe: altdeutsche epische Strophenform, Abwandlung der ↑Nibelungenstrophe; wegen ihrer Verwendung im Epos „Kudrun" (13. Jahrhundert) so benannt. Die Kudrunstrophe besteht aus vier paarweise gereimten ↑Langzeilen, von denen die beiden ersten der Nibelungenstrophe entsprechen; der ↑Abvers der dritten Langzeile hat dagegen eine vierhebige klingende, der der vierten Langzeile eine sechshebige klingende ↑Kadenz.

Kultlied [von lateinisch cultus „Pflege, Verehrung (einer Gottheit)"]: allgemein das religiösen Kulthandlungen zugeordnete Lied (Choral, Hymne). Im engeren Sinne Bezeichnung für vorliterarische poetische Formen, die archaische kultische Rituale begleiteten. – ↑auch Chorlied, ↑Dithyrambus, ↑Tragödie.

Kunstballade ↑Ballade.

Künstlerdrama: Bühnenstück, bei dem Leben und Schaffen eines Künstlers im Mittelpunkt der Handlung stehen. Das literarisch hochstehende Künstlerdrama gestaltet meist die Lebensproblematik eines Künstlers, wobei die Spannung zwischen der Sonderexistenz des Genies und einer oft verständnislosen Umwelt, zwischen Gefühlsüberschwang und Vernunft zum dramatischen Konflikt führt. Eines der frühesten Beispiele ist Goethes Schauspiel „Torquato Tasso" (1790), in dem der Widerstreit des genialen künstlerischen Menschen mit den Forderungen der Wirklichkeit dargestellt wird. Ein weiteres Künstlerdrama ist F. Grillparzers „Sappho" (1819). Andere Vertreter des Künstlerdramas im 19. Jahrhundert waren K. L. Immermann („Petrarca", 1822) und Ch. F. Hebbel („Michel Angelo“, 1855). Im Naturalismus wurde das Künstlerdrama besonders von G. Hauptmann gepflegt („College Crampton“ 1892; „Die versunkene Glocke“, 1897; „Michael Kramer“, 1900; „Gabriel Schillings Flucht“, 1912).

Künstlerroman: Prosawerk, das Schicksal und Schaffen von Künstlern behandelt. Der Künstlerroman setzte mit der Geniezeit (↑Sturm und Drang) des 18. Jahrhunderts ein. Als erstes Werk dieser Gattung gilt „Ardinghello und die glückseligen Inseln“ (1787) von J. J. W. Heinse. Weitere Beispiele sind u. a. „Franz Sternbalds Wanderungen“ (1798) von L. Tieck, „Lucinde“ (1799) von F. Schlegel, „Heinrich von Ofterdingen“ (herausgegeben 1802) von Novalis. Bevorzugen die Künstlerromane vielfach die Form des biographischen ↑Entwicklungsroman, so wird in der

Der

grüne Heinrich.

Roman

von

Gottfried Keller

In vier Banden

Erster Band

Braunschweig

Druck und Verlag von Friedrich Vieweg und Sohn

1854

Künstlerroman. Titelblatt des ersten Bandes der Erstausgabe von Gottfried Kellers Roman „Der grüne Heinrich“ (1854)

Künstlernovelle meist anhand einer charakteristischen Episode die Künstlerproblematik dargestellt (E. T. A. Hoffmann, „Das Fräulein von Scudéri“, 1820; E. Mörike, „Mozart auf der Reise nach Prag“, 1856). Bedeutendste Künstlerromane des 19. Jahrhunderts waren „Maler Nolten“ (1832) von E. Mörike und „Der grüne Heinrich“ (1854/55, 2. Fassung 1879/80) von G. Keller. Danach entstanden auch Künstlerbiographien in gehobener Prosa (R. Rolland, F. Werfel). Künstlerromane im 20. Jahrhundert stammen u. a. von G. Hauptmann, H. Hesse und v. a. Th. Mann („Doktor Faustus“, 1947); in den 70er Jahren erneut aufgegriffen u. a. von P. Härtling („Hölderlin“, 1976) und D. Kühn, „Ich Wolkenstein“ (1977).

Kunstmärchen ↑Märchen.

Kunstprosa ↑Prosa.

Kürbishütte ↑Königsberger Dichterkreis.

Kụ̈renbergstrophe ↑Nibelungenstrophe.

Kürze: in der quantitierenden ↑Metrik der mit einer kurzen Silbe gefüllte Versteil (Gegensatz ↑Länge); der Kürze entspricht in der akzentuierenden Metrik die ↑Senkung.

Kurzepik: Bezeichnung für die im Gegensatz zur Großepik (↑Epos und ↑Roman) weniger umfangreichen epischen Gattungen wie ↑Märchen, ↑Sage, ↑Legende, ↑Schwank, ↑Anekdote, ↑Novelle, ↑Erzählung, ↑Kurzgeschichte u. a. – ↑auch Epik.

Kurzgeschichte: Lehnübersetzung des amerikanischen Gattungsbegriffs ↑Short story, mit diesem jedoch nicht deckungsgleich, da im Unterschied zum Amerikanischen im Deutschen die Kurzgeschichte gegen andere Formen der Kurzprosa, insbesondere ↑Novelle, ↑Anekdote und ↑Skizze, abzugrenzen ist. Kennzeichen der Kurzgeschichte sind u. a. ihr geringer Umfang, der offene Schluß, der lineare Handlungsverlauf, die straffe Komposition (oft ↑Montage), die Typisierung der Personen und das Herausstellen eines entscheidenden Moments im Leben eines Menschen. Mit der Verwendung moderner Erzähltechniken, der Vorliebe für Außenseiter der Gesellschaft, dem Bestreben, den Leser zu provozieren und zu aktivieren, folgt die deutsche Kurzgeschichte allgemeinen Tendenzen der modernen Literatur. Die Kurzgeschichte im engeren Sinn entstand in Deutschland nach dem 2. Weltkrieg. Ihre Themen waren zunächst der Aufarbeitung der Vergangenheit gewidmet (W. Borchert, H. Böll, E. Langgässer), Nachkriegszeit und Wirtschaftswundermentalität bestimmten noch lange die Inhalte (G. Eich, I. Aichinger, M. L. Kaschnitz, W. Schnurre), dabei standen psychologisch-existentielle Handlungselemente im Mittelpunkt. Der große Erfolg der neuen Gattung hat neben soziologischen (neue Medien, Änderung des Leseverhaltens) literarische Gründe, etwa die Einfachheit, die Unverbindlichkeit des Erzählens, die Eignung als Experimentierfeld und nicht zuletzt die Scheu vor größeren Formen.

Kurzzeile (Kurzvers): ein Vers mit bis zu vier Hebungen (im Unterschied zum ↑Langvers). Kurzzeilen erscheinen in Form von ↑Reimpaaren oder Strophen, je zwei werden zu einer ↑Langzeile zusammengefaßt.

L

Lai [lɛ; altfranzösisch, von altirisch lôid, laid „Lied, Vers, Gedicht"]: altfranzösische Bezeichnung (seit dem 12. Jahrhundert) für 1. gereimte Kurzerzählungen („lais narratifs"), die v.a. Stoffe aus der ↑Artusdichtung behandelten. Bedeutendste Autorin war Marie de France (2. Hälfte des 12. Jahrhunderts); 2. eine der Hauptformen der altfranzösischen Liedkunst („lais lyriques"), deren formales Prinzip sich auch im deutschen ↑Leich findet. Eine späte Blüte dieser Liedform gab es im 14. Jahrhundert bei Guillaume de Machault, J. Froissart und Christine de Pisan.

Laienspiel: Theaterspiel, das nicht von Berufsschauspielern, sondern von Laien aufgeführt wird und unterhaltenden, pädagogischen, politisch-ideologischen, neuerdings auch psychotherapeutischen Zwecken dienen kann. Heute wird es v.a. von Schulen, Hochschulen und Vereinen aller Art gepflegt. Das Laienspiel ging als ältere vorkünstlerische Erscheinung dem kunstmäßigen Theater voraus und begleitete dieses von Anfang an, oft als Bestandteil weltlicher und religiöser Jahreszeitenfeste. Hierher gehören u.a. die ↑geistlichen Spiele und ↑Fastnachtsspiele des späten Mittelalters, deren Traditionen bis in die Gegenwart fortwirken (↑Bauerntheater, Oberammergauer Passionsspiel). Träger des Laienspiels waren Gemeinden, Berufsverbände (Gilden, Zünfte), [Kloster]schulen und Universitäten (↑Schuldrama, ↑Jesuitendrama) sowie andere Korporationen (Meistersinger [↑Meistersang], ↑Rederijkers, ↑Basoche). Das Laienspiel ersetzte oder überwog zeitweise das Berufstheater, z.B. im späten Mittelalter oder im 18. Jahrhundert. Seit etwa 1912 erwuchs aus der Jugendbewegung eine sogenannte *Laienspielbewegung*, die eine Erneuerung des Berufstheaters anstrebte. Durch Verzicht auf dessen bühnen- und darstellungstechnische Mittel, durch Rückgriff u.a. auf Volksstücke, den spätmittelalterlichen Aufführungsstil und durch festspielartige Freilichtaufführungen gaben jugendliche Laienspielgruppen trotz vieler Unzulänglichkeiten befruchtende Impulse. Hauptvertreter der Laienspielbewegung waren u.a. R. Mirbt und M. Luserke.

Laisse [lɛ:s; französisch, eigentlich „Leine, Schnur, Gürtel"]: Strophenform des altfranzösischen Heldenepos (↑Chanson de geste). Eine Laisse besteht aus einer wechselnden Anzahl isometrischer Verse (↑Isometrie), die durch gleichen Reim oder auch Assonanz zusammengehalten werden. Gängige Versformen sind der Zehnsilbler, der Zwölfsilbler und, seltener, der Achtsilbler.

Landsknechtslied: Sonderform des historischen Kriegs- und ↑Soldatenliedes, von den freiwilligen Söldnern Maximilians I. ab 1486 gepflegt, lebendig bis zur Einführung eines stehenden Heeres um 1620. Sein Inhalt spiegelt geschichtliche Ereignisse oder das Leben und die Gesinnung der Söldnertruppen wider: realistische Weltsicht, Genuß des Augenblicks, Standesbewußtsein. Die bekanntesten Landsknechtslieder behandeln die flandrischen Kriege Maximilians, die Fehden Ulrichs von Hutten und Franz' von Sickingen (1523), die Schlacht von Pavia (1525) und die Taten Georgs von Frundsberg. Die Autoren bleiben unbekannt oder nennen sich am Ende des Liedes selbst. In der Wandervogel- und Pfadfinderbewegung gewannen einige Landsknechtslieder neue Popularität.

Landstreicherroman (Vagabundenroman): Typus des Abenteuerromans (oft mit Nähe zum ↑Schelmenroman), in dem sich der (positive) Held als Landstreicher aus freiheitlich-vitalen, religiös-ethischen, gesellschaftskritischen oder anderen Motiven außerhalb der Gesellschaft stellt. Der Landstreicherroman entwickelte sich v. a. im Gefolge der antibürgerlichen Tendenzen zu Beginn des 20. Jahrhunderts; sein Höhepunkt war zwischen 1920 und 1930. Nach „O Mensch" (1910) von H. Bahr sind u. a. „Knulp" (1915) von H. Hesse, „Bracke" (1918) von Klabund und die Landstreicherromane von K. Hamsun, W. Bonsels, M. Hausmann und G. Weisenborn zu nennen.

Länge: in der antiken quantitierenden Metrik der mit einer langen Silbe gefüllte Versteil (Gegensatz ↑Kürze); die Länge entspricht in der akzentuierenden Metrik der ↑Hebung.

Langvers: ein Vers von fünf oder mehr Hebungen (Takten).

Langzeile: aus zwei ↑Kurzzeilen (*Halbzeilen;* ↑Anvers und ↑Abvers) bestehend, die zu einer höheren rhythmischen Einheit zusammengefaßt sind, wobei die Zahl der Silben oder Hebungen unterschiedlich sein kann. Langzeilen sind besonders beliebt als Verse der epischen Dichtung; sie finden sich in der germanischen Dichtung im Stabreimvers und in den alt- und mittelhochdeutschen epischen Strophenformen (↑Nibelungenstrophe, ↑Kudrunstrophe u. a.), die in den Anfängen des deutschen Minnesangs auch als lyrische Strophenmaße verwendet wurden. Langzeilen gab es u. a. auch in der altlateinischen, altindischen und akkadischen Dichtung (z. B. im „Gilgamesch-Epos", Ende des 2. Jahrtausends v. Chr., deutsch 1970).

Laokoontheorie [...koɔn]: nach der Laokoongruppe, der berühmten Plastik der rhodischen Bildhauer Hagesander, Polydoros und Athanodoros (wohl um 50 v. Chr., Datierung umstritten; Vatikanische Sammlungen) benannte Theorie über die unterschiedlichen Darstellungsweisen von bildender Kunst und Literatur. G. E. Lessing legte in seiner Schrift „Laokoon: oder über die Grenzen der Malerei und Poesie" (1766) anhand einer ästhetischen Analyse der Laokoongruppe dar, daß die Dichtung ihren Gegenstand nur in einem zeitlichen Nacheinander, in Handlungen, erfassen kann, die darstellende Kunst (Plastik, Malerei) dagegen in einem „fruchtbaren Moment" in räumlichem Nebeneinander von Figuren und Farben. Diese Theorie wurde maßgebend für die Kunstbetrachtung der ↑Aufklärung.

L'art pour l'art [larpur'la:r; französisch „die Kunst um der Kunst willen"]: Formel V. Cousins („Du vrai, du beau et du bien", 1836) für eine Kunsttheorie, die in Frankreich etwa 1830–70 verbreitet war und v. a. von Th. Gautier (zuerst in der Vorrede zu seinem Roman „Mademoiselle de Maupin", 1835, deutsch „Mademoiselle de Maupin", 1913) vertreten wurde. Danach ist Kunst Selbstzweck, unbeeinflußt von allen äußeren Zielen (z. B. der Moral, der Religion, der Politik, der Gesellschaft). Sie ist Gestaltung des „Schönen", das verstanden wird als das Nutzlose schlechthin, das Überflüssige, und damit als das über jede Art von Bedürfnis Hinausgehende. Kunst wirkt nur im Bereich der ästhetischen Gestaltung; das Inhaltliche ist nur deren Material (↑Poesie pure). Die Kunst gehorcht nur ihren eigenen Gesetzen, hat ihren ästhetischen Wert nur in sich selbst und darf daher nicht nach objektiven Kriterien beurteilt werden. Vertreter dieser dem ↑Ästhetizismus zuneigenden Dichtung waren in Frankreich besonders G. Flaubert, Ch. Baudelaire, die Brüder E. und J. de Goncourt, Ch. Leconte de Lisle, J.-K. Huysmans, in England O. Wilde und W. Pater, die Symbolisten und Parnassiens standen ihr nahe, in Deutschland der ↑George-Kreis, in Rußland der ↑Formalismus.

Latinismus [lateinisch]: die Übernahme stilistischer oder syntaktischer Eigenarten der lateinischen Sprache in eine andere. Im Deutschen gibt es Latinismen in der Wortstellung und bei Partizipialkonstruktionen. Mit Latinismus bezeichnet man auch aus dem Lateinischen stammende Lehn- und Fremdwörter.

Lautgedicht: ein Gedicht, das nur aus nicht sinntragenden Wörtern, aus rhythmischen, z. T. auch gereimten Lautfolgen besteht. Lautgedichte schrieben u. a. J. H. Voß („Lallgedicht" oder „Klingsonate"), Ch. Morgenstern („Das große Lalula"), P. Scheerbart („Kikakoku"). Im ↑Dadaismus wurde das Lautgedicht besonders gepflegt (H. Ball, K. Schwitters, R. Hausmann). In neuerer Zeit ist es zu einem wesentlichen Bestandteil der ↑akustischen Dichtung geworden, v. a. bei E. Jandl („Laut und Luise", 1966). – ↑auch abstrakte Dichtung, ↑konkrete Dichtung.

Lautmalerei (Onomatopöie, Klangmalerei, Lautnachahmung, Schallnachahmung): die Wiedergabe nichtsprachlicher akustischer Ereignisse (Tierlaute, Naturgeräusche, maschinelle Geräusche) mit Hilfe von Sprachlauten, z. B. „miau" (Katze), „Töff" (Motorrad).

Lautsymbolik (Klangsymbolik): der Versuch, bestimmte Gefühle, Vorstellungen und Eindrücke bestimmten Lauten zuzuordnen, so stehen im folgenden Beispiel die Laute „u" und „au" für das Unheimliche, Schreckliche, der Laut „e" für das Schnelle, Glatte: „Jagt j*e*tzt *u*nten am Gr*u*nde/gr*au*sam h*e*tzend der R*au*bfisch H*e*cht?" (G. Britting, Gedicht „Der See").

Legende [von lateinisch legenda, eigentlich „die zu lesenden (Stücke)"]: die Darstellung der Lebensgeschichte eines Heiligen oder Märtyrers oder exemplarische Geschehnisse daraus. Die Bezeichnung Legende stammt von dem mittelalterlichen kirchlichen Brauch, am Jahrestag eines Heiligen solche erbaulichen Erzählungen in Kirchen und Klöstern vorzulesen. Wesentlich dabei war nicht die Wiedergabe der historischen Wirklichkeit (wie in der ↑Hagiographie), sondern die Darstellung eines vorbildlichen, gottgefälligen Lebenswandels, in dem sich Wunderbares ereignete. Die Darbietungsformen der Legende sind 1. die volkstümliche Erzählung, die literarisch zu den ↑einfachen Formen gehört, und 2. die poetische Verarbeitung. Nach den jeweiligen Vorbildfiguren unterscheidet man Christus-, Marien- und Heiligenlegenden, von denen letztere die stärkste Verbreitung fanden. Legenden erscheinen jedoch nicht nur im christlichen, sondern auch im islamischen und buddhistischen Kulturbereich (z. B. die indische Buddhalegende).

Zu den Quellen der Legendendichtung zählen neben den ↑Apokryphen und der mündlichen Überlieferung auch orientalische Erzählungen. Die älteste erhaltene Prosasammlung stammt von Papst Gregor I., dem Großen („Dialogi de miraculis patrum Italicorum", 6. Jahrhundert); wichtigste mittelalterliche Sammlung ist die „Legenda aurea" (vor 1264, deutsch „Legenda aurea", 1917) des Jacobus a Voragine; die umfassendste katholische Sammlung, die „Acta sanctorum", stammt von den Bollandisten, einer Brüsseler Gruppe von Jesuiten (70 Bände, 1643–1894). Einen ersten breiteren Aufschwung nahm die Legende mit der Verbreitung der Heiligenverehrung im 6. Jahrhundert. Verfasser von Legenden in lateinischer Sprache aus dieser

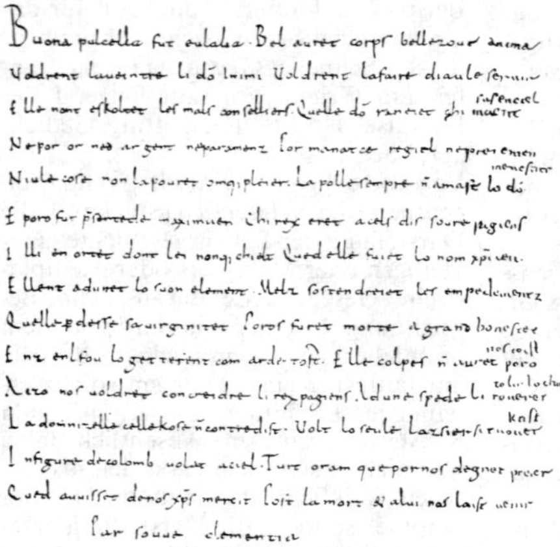

Legende. Handschrift der altfranzösischen „Eulaliasequenz" (9. Jahrhundert)

Zeit waren Gregor von Tours („Siebenschläferlegende") und Venantius Fortunatus. Eine zweite Blütezeit bildete die Karolingik (z. B. Walahfrid Strabos Gallusvita, 1. Hälfte des 9. Jahrhunderts). Im 10. Jahrhundert schuf die Nonne Hrotsvit von Gandersheim sechs Legendenerzählungen in lateinischer Reimprosa und acht Legendendramen in Hexametern. Die ersten volkssprachlichen Legendendichtungen stammen aus dem 9. Jahrhundert und sind ↑ Hymnen, so die altfranzösische „Eulaliasequenz", das althochdeutsche „Georgslied" und das „Petruslied". Legendenerzählungen folgten im 11. Jahrhundert: das altfranzösische „Alexiuslied", das mittelhochdeutsche „Annolied", der „Trierer Sylvester". Legenden finden sich auch eingestreut in der „Kaiserchronik" (Crescentia, Faustian; um 1150). Legendenstoffe wurden auch in der höfischen Epik verwendet, so von Heinrich von Veldeke („Sanct Servatius", 2. Hälfte des 12. Jahrhunderts), Hartmann von Aue („Gregorius", um 1190; „Der arme Heinrich", um 1195), im 13. Jahrhundert von Rudolf von Ems, Konrad von Würzburg und Heinrich von Freiberg. Vor 1300 entstanden die beiden großen gereimten Legendensammlungen des Deutschen Ordens (↑ Deutschordensdichtung): das „Passional" und das „Väterbuch", um 1340 auch die ersten deutschsprachigen Prosasammlungen, zu denen im 15. Jahrhundert Legendenspiele traten (z. B. D. Schernberg, „Das Spiel von Frau Jutten", 1480). Mit der Reformation trat das Interesse an der Legende, v. a. durch M. Luthers Kritik an der Heiligenverehrung, zurück, nahm aber im Zuge der Gegenreformation und im Barock wieder einen großen Aufschwung, wobei das ↑ Jesuitendrama eine bedeutende Rolle spielte. Das 18. Jahrhundert entdeckte dann auch den poetischen Reiz der Legende (J. G. Herder). Goethe schrieb z. B. mehrere Legendengedichte („Legende vom Hufeisen", „Der Gott und die Bajadere", „Paria", „Siebenschläfer"). Die Vorliebe der Romantik für Stoffe aus dem Leben der Heiligen wird sichtbar in den Legendendramen L. Tiecks, den Legendenballaden H. Heines, L. Uhlands, E. Mörikes („Erzengel Michaels Feder"). Mit G. Kellers Legendenzyklus „Sieben Legenden" (1872) begann die Phase der Legendendichtung, in der an Stelle naiver Gläubigkeit oder ästhetischer Faszination immer mehr die psychologische Fundierung oder die ironische Distanz traten. Im 20. Jahrhundert verfaßten Legendenerzählungen und -romane u. a. G. von Le Fort, R. G. Binding, H. Hesse, Th. Mann („Der Erwählte", Roman,

1951), Legendenspiele u. a. M. Mell und H. von Hofmannsthal. Etwa zur gleichen Zeit entstanden in Frankreich bzw. England die Legendendramen P. Claudels und T. S. Eliots.

Lehrdichtung (didaktische Dichtung): Wissensvermittlung und Belehrung in poetischer Form. Einige poetische Gattungen gehören ihrer Form und ihrem Inhalt nach zum Grenzbereich der Lehrdichtung: ↑Fabel, ↑Parabel, ↑Legende, ↑Spruchdichtung, ↑Bispel. In Lehrdichtungen werden alle Wissensgebiete von der Religion über Philosophie, Morallehre, Naturkunde, Landwirtschaft bis zu Dichtungstheorien behandelt. Die Lehrdichtung war in der Antike, im Mittelalter und in der frühen Neuzeit weit verbreitet; vom 19. Jahrhundert an trat sie mehr und mehr in den Hintergrund.

Die *ältesten* erhaltenen Lehrdichtungen (in Hexametern) sind Hesiods (um 700 v. Chr.) „Theogonía" (deutsch „Theogonie", 1896) und „Érga kaì hēmérai" (deutsch 1568, 1965 unter dem Titel „Werke und Tage"). Im 5. Jahrhundert folgten die philosophischen Lehrdichtungen der Vorsokratiker Xenophanes, Parmenides und Empedokles. – In der *hellenistischen Literatur* nahm die systematische wissenschaftliche Lehrdichtung einen breiten Raum ein; hier entstanden u. a. Werke über Himmelserscheinungen (Aratos von Soloi, „Phainómena", deutsch 1806/07, 1958 unter dem Titel „Sternbilder und Wetterzeichen") oder über Mittel gegen Gifte (Nikandros, „Alexiphármaka", Mitte des 2. Jahrhunderts v. Chr.). – Von großer Bedeutung und weitreichender Wirkung waren in der *römischen Literatur* im 1. Jahrhundert v. Chr. Lukrez' „De rerum natura" (deutsch „Von der Natur der Dinge", 1784/85), Vergils „Georgica" (39–29, deutsch 1572, 1789 unter dem Titel „Landbau") und Horaz' „Ars poetica" (18 v. Chr., deutsch 1639, 1952 unter dem Titel „Die Dichtkunst"). Die scherzhafte Lehrdichtung wurde v. a. von Ovid gepflegt („Ars amatoria", um 1 v. Chr., deutsch 1600, 1958 unter dem Titel „Liebeskunst"). In den volkssprachlichen Dichtungen des *Mittelalters* war die Lehrdichtung die populärste Form der Wissensvermittlung, z. B. die altnordische Spruchsammlung „Hávamál" (↑„Edda") oder die mittelhochdeutschen Morallehren („Der wälsche Gast", 1215/16, des Thomasin von Circlaere; Freidanks „Bescheidenheit", 1. Hälfte des 13. Jahrhunderts; „Der Renner", 1300, von Hugo von Trimberg). Neben diesen umfangreichen Werken fanden sich bis zum Spätmittelalter eine Fülle von gereimten Stände-, Minne- und Morallehren, von moralischen Spruchsammlungen, Sittenspiegeln, Kalendern, Koch-, Schach-, Wahrsage- und Traumbüchern, ferner von naturkundlichen Darstellungen. – Auch im Zeitalter des *Humanismus* hielt die Vorliebe für systematische, rhetorisch ausgeschmückte Lehrdichtungen an, z. B. M. G. Vidas einflußreiche Poetik (1527), der N. Boileau-Despréaux' „L'art poéti-

AN

ESSAY

ON

MAN

IN

EPISTLES to a *FRIEND*

EPISTLE I.

Corrected by the AUTHOR.

LONDON:

Printed for *J. Wilford*, at the *Three Flower-de-luces*, behind the *Chapter-house*, St. *Pauls*.

[Price One Shilling.]

Lehrdichtung. Titelblatt der Erstausgabe von Alexander Popes „An essay on man" (1733/34) que" (1674, deutsch 1745, 1899 unter dem Titel „Die Dichtkunst") folgte. – Die letzte fruchtbare Zeit für die Lehrdichtung war die *Aufklärung*. Weite Wirkung hatten die anthropologischen, philosophischen und religiösen Lehrdichtungen von A. Pope („An essay on man", 1733/34, deutsch „Versuch vom Menschen", 1740), J. Thomson („The seasons", 1726–30, endgültige Ausgabe 1746, deutsch 1745, 1803 unter dem Titel „Die Jahreszeiten") u. a., in der deutschen Literatur insbesondere B. H. Brockes („Irdisches Vergnügen in Gott", 1721–48), A. von Haller („Die Alpen", 1732). Schillers philosophisches Gedicht „Der Spaziergang" (1795) und Goethes „Metamorphose der Pflanzen" (1799) sind Höhepunkte der Lehrdichtung. Nachzügler ist u. a. noch F. Rückerts „Die Weisheit des Brahmanen" (1836–39). Eine gewisse Aufwertung erfuhr die Lehrdichtung erst wieder im 20. Jahrhundert (↑Lehrstück).

Lehrstück: Bezeichnung B. Brechts für einige kleinere Dramen der Jahre 1929/30, in denen im Sinne der marxistisch-leninistischen Gesellschaftslehre an Modellsituationen Mißstände der Gesellschaft aufgezeigt werden (u. a. „Der Jasager. – Der Neinsager", „Die Maßnahme", „Die Ausnahme und die Regel" und, als letztes und bedeutendstes, „Die heilige Johanna der Schlachthöfe").

Leich [von althochdeutsch leih „Spiel, Gesang"]: Großform der mittelhochdeutschen Sangverslyrik; vokales Musikstück, das sich aus formal verschiedenen Abschnitten zusammensetzt. Der Leich geht auf den französischen ↑Lai zurück und ist wie dieser formal mit der lateinischen ↑Sequenz verwandt. Die ältesten mittelhochdeutschen Leiche stammen von Heinrich von Rugge (Kreuzleich), Ulrich von Gutenberg (Minneleich) und Walther von der Vogelweide (Marienleich). Die Leiche der Blütezeit (13. Jahrhundert) zeichneten sich durch thematische und formale Vielfalt aus (Minne-, religiöse und politische Thematik; häufig waren Tanzleichs).

Leipziger Buchmesse ↑Buchmesse.

Leis [gekürzt aus: Kyrieleis, von griechisch kýrie eléison „Herr, erbarme dich"]: Bezeichnung für ein geistliches Volkslied des deutschen Mittelalters, das sich aus der Litanei entwickelt hatte und dessen einzelne Strophen, zu einer einprägsamen Melodie gesungen, mit dem Refrain „Kyrieleis" abgeschlossen wurden. Der älteste Leis ist das Freisinger „Petruslied" (um 885). Leise wurden an Festtagen, bei Prozessionen und Wallfahrten gesungen. Bekannteste Beispiele sind die Kirchenlieder „Christ ist erstanden" und „Nun bitten wir den heiligen Geist".

Leitmotiv: in der Literatur eine einprägsame, im selben oder doch annähernd gleichen Wortlaut wiederkehrende Aussage, die einer bestimmten Person, aber auch einer Situation, einem Gegenstand (↑Dingsymbol), einer Idee oder einem Sachverhalt zugeordnet ist und die durch ihr mehrfaches Auftreten gliedernd und akzentuierend wirkt. Das Leitmotiv ist besonders ausgeprägt in den Romanen und Erzählungen von Th. Mann.

Lemma [griechisch, eigentlich „alles, was man nimmt"]: Stichwort in einem Nachschlagewerk (Lexikon, Wörterbuch), aber auch der in einer Überschrift, in einem Motto angegebene Hauptinhalt eines Werkes.

leoninischer Hexameter (lateinisch versus leoninus): wohl nach dem von Papst Leo I. in seiner Kunstprosa gepflegten rhythmischen Satzschluß („cursus leoninus"; ↑Cursus) oder nach einem Dichter Leo (12. Jahrhundert) benannter ↑Hexameter mit einem Zäsurreim, d. h., ↑Penthemimeres und Versende sind durch meist zweisilbige Reime gebunden, z. B. „curia Romana/non curat ovem sine lana". Leoninische Hexameter finden sich v. a. in der lateinischen frühmittelalterlichen Dichtung (Legenden der Hrotsvit von Gandersheim; „Waltharius", Epos, 9. oder 10. Jahrhundert; „Ruodlieb", Roman, um 1040/50).

Lesart: unterschiedliche Fassung einer Textstelle in überlieferten Handschriften. In einer ↑kritischen Ausgabe versucht der Herausgeber, die Unterschiede durch ↑Kollation zu beseitigen. Die von der Lesart des Haupttextes abweichenden Lesarten (Varianten) werden im ↑kritischen Apparat zusammengestellt.

Lesebuch: Sammlung literarischer Texte (oft in Auszügen) aller Gattungen und Formen. Neben dem bekannten Schullesebuch gibt es das Lesebuch auch als ↑Anthologie für ein breiteres Lesepublikum (z. B. H. von Hofmannsthal, „Deutsches Lesebuch", 1922/23). Das Schullesebuch war in seinen frühesten Formen (↑Fibel) zunächst Leselernbuch (z. B. J. Buno „Neues und also eingerichtetes Abc-und Lesebüchlein", 1650), dann aber auch Beispielsammlung für die Aufsatzlehre an Gymnasien. Ende des 18. Jahrhunderts entwickelte sich das Lesebuch zum Sachbuch (z. B. J. G. Sulzer, „Vorübungen zur Erwekkung der Aufmerksamkeit und des Nachdenkens", 1768), daneben gab es das Lesebuch im Dienst der Morallehre durch Beispielgeschichten (z. B. F. E. Rochow, „Der Kinderfreund", 1776). Dieser Typ wurde bald abgelöst durch das Lesebuch im Dienst einer bürgerlichen Gesinnungsbildung durch Dichtung (z. B. Ph. Wackernagel, „Deutsches Lesebuch", 1843), wobei in der Folgezeit (seit etwa 1870) eine Verengung auf nationalistische Inhalte erfolgte. Dieses Gesinnungslesebuch blieb in groben Zügen bis 1945 vorbildhaft. Auch nach dem 2. Weltkrieg griff die Entwicklung auf alte Muster zurück, was in den 50er und 60er Jahren zu einer massiven Kritik am Provinzialismus, an der Antiquiertheit und Betulichkeit der deutschen Lesebücher führte (R. Minder, W. Killy; P. Glotz und W. R. Langenbucher, „Versäumte Lektionen. Entwurf eines Lesebuchs", 1965). Die neue Lesebuchgeneration der 70er Jahre ist gekennzeichnet durch vielfältige, z. T. widersprüchliche didaktische Konzeptionen. So steht z. B. das Lesebuch als literarisches Arbeitsbuch (nach literarischen Gattungen gegliedert) neben dem sozialkritischen und dem kommunikationstheoretisch begründeten Lesebuch. Unter diesen Neukonzeptionen gibt es Versuche, Lesebuch und Sprachbuch zu kombinieren und dabei Lernsequenzen anzubieten, in denen sich grammatische, literarische, kommunikations- und zeichentheoretische sowie andere Arbeitsweisen gegenseitig durchdringen.

Lesedrama (Buchdrama): literarisches Werk, das zwar die äußere Form eines ↑Dramas hat, das aber ohne Rücksicht auf die technischen und personellen Möglichkeiten einer Aufführung verfaßt wurde. Durch ein gewandeltes Dramaturgie- und Regieverständnis, eine verfeinerte Bühnentechnik und B. Brechts Bemühungen um eine vereinfachte Aufführungspraxis im Sinne des elisabethanischen Theaters sind viele Dramen, die nach früherem Verständnis als Lesedramen galten, für die theatralische Realisierung erschlossen worden, so Dramen von W. Shakespeare, Goethes „Götz von Berlichingen" (1773) und „Faust II" (1832), Ch. D. Grabbes „Napoleon oder Die hunder Tage" (1831), K. Kraus' „Die letzten Tage der Menschheit" (1919), P. Claudels „Le soulier de satin" (1929, deutsch „Der seidene Schuh", 1939). In neuerer Zeit hat v. a. R. Hochhuth einen Typ des Lesedramas geschaffen, der zwar spielbar ist, dessen Lesecharakter jedoch dadurch betont wird, daß die Geschehnisse nicht durch die Handlung selbst, sondern durch eine große beigefügte Dokumentation beglaubigt werden, z. B. „Der Stellvertreter" (1963) und „Die Soldaten" (1967).

Lesering ↑Buchgemeinschaft.

Lettrismus (französisch Lettrisme) [von französisch lettre „Buchstabe, Laut"]: literarische Bewegung, die 1945 von I. Isou in Paris begründet wurde und die in der Nachfolge der Futuristen und Dadaisten die Reduktion der Sprache auf sinnfreie Buchstaben- und Lautfolgen konsequent fortsetzte und systematisierte. Für den Lettrismus ist das Alphabet lediglich eine Summe akustischer Zeichen, über das der Dichter gewissermaßen als Spielmaterial kompositorisch verfügt. Als ↑akustische

Dichtung steht der Lettrismus gleichsam als Verbindungsglied zwischen den akustischen Experimenten der Literaturrevolution und den akustischen Arbeiten einer ↑konkreten Dichtung seit etwa 1950.

Lexikon [griechisch lexikón (biblíon) „das Wort betreffendes (Buch), Wörterbuch"]: nach Stichwörtern geordnetes Nachschlagewerk, das entweder ein oder mehrere Sach- und Wissensgebiete (↑auch Enzyklopädie) oder den Wortschatz einer oder mehrerer Sprachen, auch von Fach-, Sonder- oder Gruppensprachen usw., zu verschiedenen Zwekken auflistet.

Libretto [italienisch „kleines Buch"]: Textbuch von Opern, Operetten, Singspielen, Oratorien und Kantaten und für das Szenarium eines Balletts. Das Libretto, meist eine Auftragsarbeit, hat weniger literarischen Ansprüchen zu genügen als vielmehr dem Musiker Gelegenheit zum Ausspielen musikalischer Ausdrucksmöglichkeiten zu bieten. Allerdings gibt es auch Beispiele, in denen bekannte Autoren Libretti von Rang verfaßt haben, z. B. C. Goldoni, Molière, Ch. M. Wieland, J. W. Goethe, H. von Hofmannsthal. Seit R. Wagners eigenen Textdichtungen hat sich der Grundsatz immer stärker durchgesetzt, daß Musik und Sprache sich durchdringen. Seither verfaßten viele Komponisten ihre Texte selber (u. a. P. Cornelius, H. Pfitzner, A. Schönberg, A. Berg, C. Orff, W. Egk, G. Klebe) oder sie gelangten in enger Zusammenarbeit mit einem Dichter zu einem literarisch vollgültigen Textbuch (R. Strauss–H. von Hofmannsthal, H. W. Henze–I. Bachmann).

Liebesdichtung: Bezeichnung für literarische Werke, die v. a. den gefühlhaften, seelisch-geistigen Bereich einer Liebesbeziehung zum Thema haben (z. B. Goethes Roman „Die Leiden des jungen Werthers", 1774). Die Grenzen zur ↑erotischen Literatur sind dabei fließend, je nachdem welche Bedeutung die sinnlich-körperliche Komponente einnimmt.

Liebeslied ↑Lied.

Liebesroman: Roman, in dem die Liebe zentrales Thema des Geschehens ist. Der Liebesroman nimmt v. a. in der ↑Unterhaltungsliteratur (z. B. E. Segal, „Love story", 1970, deutsch „Love Story", 1971) oder in der ↑Trivialliteratur einen breiten Raum ein. Dazu gehören die meist in Einzelheften (↑Groschenhefte) oder in Illustrierten in Fortsetzungen erscheinenden Frauen- und Schicksalsromane, ↑Bergromane, ↑Heimatromane oder ↑Arztromane.

Liebhaberausgabe: besonders kostbare, in begrenzter Auflage und für einen bestimmten Interessentenkreis (↑Bibliophilie) hergestellte Ausgabe eines Buches.

Lied: sangbare lyrische Gattung, die meist aus mehreren gleichgebauten und gereimten Strophen besteht. Das *Wort* „Lied" stammt aus dem Germanischen und bedeutete ursprünglich [allgemein] Gesungenes. Bezeugt sind altnordisch „ljoð" (= gesungener Zauberspruch), ferner altenglische, althochdeutsche und mittelhochdeutsche Klage-, Zauber-, Spott-, Freundschafts-, Braut- und Arbeitslieder. Lied bezeichnet aber auch balladeske und epische, im Sprechgesang vorgetragene Dichtung (↑Heldenlied, ↑Heldendichtung). Die *Gattung* „Lied" umfaßt die verschiedensten Arten; so unterscheidet man zunächst nach der Entstehung ↑Volkslied und Kunstlied, nach seinem Inhalt geistlich-religiöse Lieder (Marien-, Kirchen-, Prozessionslied) und weltliche Lieder (Liebes-, Natur-, historisch-politisches Lied), nach seiner gesellschaftlichen Zuordnung höfisches, Stände-, Studenten-, Vaganten-, Soldaten-, Kinderlied oder nach der Art des Vortrags Gemeinschafts-, Chor-, Tanz-, Solo-, Klavierlied. Der heute geläufige (verengte) Liedbegriff war bis ins 17. Jahrhundert im wesentlichen mit der Melodie verbunden, wie jetzt noch beim anonymen Volkslied und dem ↑Gesellschaftslied, während das Kunstlied auch als eigenständiges literarisches Produkt auftritt, das gelegentlich vertont werden kann. *Geschichte:* Die ersten überlieferten deutschen Lieder waren religiösen Inhalts („Petruslied", „Galluslied", 9./10.

Jahrhundert; „Melker Marienlied“, 12. Jahrhundert), die aus der lateinischen Hymnentradition (↑Hymne) entstanden. Seit dem 12. Jahrhundert gab es daneben das Liebeslied, das v. a. im höfischen Minnesang gepflegt wurde. Das höfische Minnelied wiederum mündete seit dem 13. Jahrhundert gemäß der sich wandelnden sozialen Struktur in das ständisch-bürgerliche Gemeinschaftslied (Trink-, Scherz-, Schwank-, Handwerker-, Legendenlied), meist mit einfacher Struktur (↑aber Meistersang). Dieser weltliche Liedtypus wurde nach der Mitte des 16. Jahrhunderts zurückgedrängt, während das volkssprachliche ↑Kirchenlied und das Volkslied lebendig blieben. Unter dem Einfluß des Humanismus wurden die literarischen Traditionen der lateinischen humanistischen Kunstlyrik des 15. und 16. Jahrhunderts in die Lieddichtung aufgenommen, die sich allmählich als eigenständiger Text von der Musik trennte. Dieses humanistische Bildungsgut wurde im barocken Kunstlied verarbeitet (u. a. M. Opitz, P. Fleming). Eine Ausweitung ins Gefühlhafte erfuhr das barocke Lied in den weitverbreiteten ↑geistlichen Liedern (F. Spee von Langenfeld, J. Rist, P. Gerhardt u. a.), v. a. in denen des Pietismus. Im 18. Jahrhundert wirkten sowohl die Ausdrucksdichtungen F. G. Klopstocks wie auch gemüthaft-natürliche Volksliedtraditionen (verarbeitet u. a. bei M. Claudius, G. A. Bürger) auf die Liederdichtung ein. In Goethes sogenanntem klassisch-humanem Seelenlied sind die Echtheit individuellen Erlebens und gesetzhaft-klassische Form organisch verbunden. Die weitere Entwicklung des Liedes im 19. Jahrhundert stand weitgehend unter dem Einfluß des Goetheschen Liedtypus, so z. B. in der Romantik C. von Brentano, L. Tieck, Novalis, N. Lenau, mit einer Übersteigerung des Gefühls und neuen Klangreizen. Bei J. von Eichendorff, A. von Arnim, L. Uhland, J. Kerner trat das Volksliedhafte in den Vordergrund. Neue Themen (z. B. politisch-nationale Lieder) und Formen erweiterten die durch Goethe und die Romantiker vorgezeichnete Liedtradition. Seit dem Symbolismus und Impressionismus (C. F. Meyer, R. M. Rilke, St. George, D. von Liliencron) wurde das Lied immer weniger sangbar und trat seit dem Expressionismus hinter andere lyrische Ausdrucksformen zurück. Die Liedtradition scheint allerdings im literarischen ↑Chanson der Gegenwart eine Fortsetzung gefunden zu haben.

Liederbuch: Handschrift oder gedruckte Liedersammlung, die für bestimmte Personen (Fürsten) oder Personengruppen (Studenten, Handwerker, Soldaten) hergestellt war und meist städtische ↑Gesellschaftslieder enthielt, z. B. das „Lochamer Liederbuch“ (1452–60), das „Augsburger Liederbuch“ (1454), das „Ambraser Liederbuch“ (1582; mit zahlreichen Volksliedern).

Liederhandschriften: handschriftliche Lyriksammlungen des Mittelalters. Man unterscheidet drei verschiedene Arten: 1. Sammlungen anonymer Lieder in z. T. sachlicher Gruppierung, z. B. die ↑„Carmina Burana“ (13. Jahrhundert); 2. Sammlungen der Lieder mehrerer Dichter, z. B. die drei bekanntesten mittelhochdeutschen Liederhandschriften: die „Große Heidelber-

Minnesang. Miniatur Neidharts (von Reuental) in der „Großen Heidelberger Liederhandschrift“

ger Liederhandschrift" („Manessische Handschrift"; 1. Hälfte des 14. Jahrhunderts), die „Kleine Heidelberger Liederhandschrift" (Ende des 13. Jahrhunderts; ↑Heidelberger Liederhandschriften) und die „Weingartner Liederhandschrift" (entstanden 1310–20); 3. Sammlungen der Werke eines einzelnen Lyrikers, z. B. die Handschriften mit den Liedern Oswalds von Wolkenstein.

Liedertheorie: von K. Lachmann geprägte Bezeichnung für eine auf F. A. Wolf zurückgehende Theorie über die Entstehung der großen ↑Heldenepen der Antike und des Mittelalters. Danach waren die homerischen Epen ursprünglich viele Episodenlieder, die erst später zu den beiden großen Epen „Ilias" und „Odyssee" (beide 8. Jahrhundert v. Chr., deutsch 1793 bzw. 1781) zusammengestellt wurden. Lachmann, ein Schüler Wolfs, rekonstruierte für die „Ilias" 16 Lieder, die nach seiner Auffassung den Urbestand des Werkes darstellten. Diese Theorie übertrug er auf das „Nibelungenlied" (um 1200). Seit den Epikstudien von W. P. Ker und A. Heusler gilt die Liedertheorie als überholt.

Limerick ['lɪmərɪk; englisch, wohl nach dem Kehrreim eines Gesellschaftsliedes „Will you come up to Limerick?"]: seit etwa 1820 nachweisbare englische Gedichtform, meist mit komisch-groteskem Inhalt und deshalb den ↑Nonsensversen zuzurechnen. Der Limerick besteht aus fünf anapästischen Versen (zwei Dreiheber, zwei Zweiheber, ein abschließender Dreiheber nach dem Reimschema aabba: „There was a young lady of Riga/Who smiled as she rode on a tiger;/They came back from the ride,/with the lady inside/And a smile on the face of the tiger". Bekanntester Verfasser von Limericks war E. Lear. Neben klassischen Nonsensversen von A. Ch. Swinburne, D. G. Rossetti, R. Kipling u. a. gibt es zahllose anonyme, auch deutsch verfaßte Limericks wie: „Ein seltsamer Alter aus Aachen,/ der baute sich selbst einen Nachen;/ umschiffte die Welt,/kam heim ohne Geld,/beherrschte jedoch siebzehn Sprachen".

literarische Fälschungen: der in der Literatur nicht seltene Versuch, das Publikum durch die Angabe eines falschen Verfassers zu täuschen, kann aus verschiedenen Motiven erfolgen: aus gelehrter Eitelkeit oder auf Grund der Vorliebe für einen bestimmten Dichter oder eine bestimmte Zeit. So gab man besonders seit der Zeit des Humanismus die Auffindung angeblich bislang verschollener Handschriften oder ganzer Werke vergangener Epochen bekannt. Eine für die Literatur des Sturm und Drang bedeutsame Fälschung waren J. Macphersons „Fragments of ancient poetry, collected in the highlands of Scotland" (1760), die er als Dichtungen eines blinden Barden Ossian ausgab und mit denen er die Ossianbegeisterung auslöste. Ein weiteres Motiv ist die Absicht, Gegner zu parodieren oder zu verunglimpfen, und schließlich versuchen unbekannte Schriftsteller, ihren Werken größere Beachtung zu sichern, indem sie sie mit den Namen zugkräftiger Autoren in Verbindung bringen. Nicht als literarische Fälschung anzusehen ist die Wahl eines ↑Pseudonyms, die Angabe fingierter Quellen im Dienste der literarischen Fiktion und die Nennung eines falschen Autors aus Freude am literarischen Versteckspiel. – ↑auch Plagiat.

literarische Gesellschaften: Vereinigungen zur Pflege und Verbreitung von Literatur allgemein oder des Werkes eines bestimmten Dichters. Wichtige literarische Gesellschaften sind die Deutsche Shakespeare-Gesellschaft (gegründet 1864; Weimar) und die Deutsche Shakespeare-Gesellschaft West (gegründet 1963; Bochum), die Goethe-Gesellschaft (gegründet 1885; Weimar), die Deutsche Schillergesellschaft (gegründet 1895, Marbach am Neckar) u. a.

literarische Zeitschriften (Literaturzeitschriften): regelmäßig erscheinende Publikationen, die eingeteilt werden in 1. literarische Fachzeitschriften mit literaturwissenschaftlichen Forschungsergebnissen und Besprechungen literaturwissenschaftlicher Werke, 2. literarische Zeitschriften mit literarischen

Originalbeiträgen, 3. ausschließliche Berichts- und Besprechungsorgane literarischer Neuerscheinungen. Dem zweiten und dritten Typus gehören auch die ↑Feuilletons und die Literaturbeilagen der großen Tages- und Wochenzeitungen an.

Die *Geschichte* der literarischen Zeitschriften beginnt im frühen 18. Jahrhundert. Die erste deutsche literarische Zeitschrift, „Beyträge zur Critischen Historie der Deutschen Sprache, Poesie und Beredsamkeit" (1732–44), schuf J. Ch. Gottsched. Literarische Zeitschriften erfreuten sich im 18. Jahrhundert einer großen Beliebtheit (über 300). Durch G. E. Lessing entwickelten sie sich zu Trägern der ↑Literaturkritik. Einflußreich waren v. a. die noch heute bestehenden „Göttingischen Gelehrten Anzeigen" (seit 1739), ebenso die von F. Nicolai herausgegebenen Zeitschriften („Bibliothek der schönen Wissenschaften und der freyen Künste", 1757–60; „Allgemeine Deutsche Bibliothek", 1765 bis 1805, u. a.). Führende literarische Zeitschriften der Weimarer Klassik waren Ch. M. Wielands Monatsschrift „Der Teutsche Merkur" (1773–1810), die „Allgemeine Literatur-Zeitung" (1785–1849), an der u. a. Goethe, Schiller, I. Kant und W. von Humboldt mitarbeiteten, sowie Schillers „Horen" (1795–97). Das „Athenaeum" (1798 bis 1800) der Brüder A. W. und F. Schlegel wurde die programmatische Zeitschrift der romantischen Bewegung. Aus diesen Ansätzen entstanden im 19. Jahrhundert die wissenschaftlichen literarischen Zeitschriften: die erste noch heute existierende literarische Zeitschrift dieses Typs war die „Zeitschrift für deutsches Altertum" (seit 1841). Als Organ des poetischen Realismus gewann J. Rodenbergs „Deutsche Rundschau" (1874–1942; 1946–64) und die „Freie Bühne" (1890, ab 1894 „Neue deutsche Rundschau", seit 1904 „Die neue Rundschau") besondere Bedeutung. Teils von kurzer Lebensdauer waren die literarischen Zeitschriften des Naturalismus (z. B. „Die Gesellschaft", 1895–1902) und des Jugendstils (z. B. „Die Insel", 1899–1902; „Jugend", 1896–1940). Die bekannteste literarische Zeitschrift des Expressionismus war „Der Sturm" von H. Walden (1910–32). Daneben gab es einige progressive literarische Zeitschriften wie die „Süddeutschen Monatshefte" (1904–36) und die „Neue Bücherschau" (1919–29), aber auch konservative wie „Der Kunstwart" (1887–1932) und „Die schöne Literatur" (1900, 1931–43 unter dem Titel „Die neue Literatur"). Neutrale Blätter waren u. a. „Die Literatur" (1914–25) und „Der neue Merkur" (1914–25). Eine unabhängige progressive Zeitschrift blieb „Die literarische Welt" (1925–41; ab 1934 unter dem Titel „Das Deutsche Wort"). Gegenwärtig gibt es rund 120 deutschsprachige Literaturzeitschriften (u. a. in der Bundesrepublik Deutschland „Akzente" [seit 1954], in der DDR „Sinn und Form" [seit 1949]), die v. a. für junge Autoren von Bedeutung sind, da sie ihnen eine erste und oft einzige Publikationsmöglichkeit bieten.

Literatur [von lateinisch litteratura „Buchstabenschrift, Sprachkunst"]: im weitesten Sinne jede Form schriftlicher Aufzeichnung, im Unterschied zu ursprünglich nur mündlich überlieferten vorliterarischen sprachlichen Formen (z. B. Sage, Märchen usw.); im engeren Sinne aber nur für geistesgeschichtlich bedeutende oder stilistisch hochstehende Schriftwerke, oft auch speziell nur für Sprachkunstwerke (gleichbedeutend mit ↑Dichtung) gebraucht und dann meist unterteilt in Belletristik, Unterhaltungs-, Trivial-, Gebrauchs-, Tendenz- und Zweckliteratur sowie u. a. in wissenschaftliche, technische, medizinische und politische Literatur. Die Hauptwerke aller ↑Nationalliteraturen werden als ↑Weltliteratur zusammengefaßt.

Literaturarchiv: ein ↑Archiv, das der Sammlung, Erhaltung, Erschließung und z. T. auch Auswertung literarischer Dokumente wie Dichterhandschriften, Erstdrucke und Erstausgaben, Bilder usw. dient. Literaturarchive entwickelten sich im 19. Jahrhundert als Sonderabteilungen in großen Bibliotheken, im 20. Jahrhundert auch als Bestandteil eines Dichtermuseums oder als selbständige Institutionen. Bedeutende Literaturarchive sind das Goethe- und Schiller-Archiv (↑ Nationale Forschungs- und Gedenkstätten der klassischen deutschen Literatur in Weimar), das ↑ Deutsche Literaturarchiv im Schiller-Nationalmuseum (Marbach am Neckar), das Literaturarchiv des Freien Deutschen Hochstifts (Frankfurt am Main).

Literaturgeschichte: sie befaßt sich 1. mit der Literatur in ihren historischen Zusammenhängen und Entwicklungen, 2. mit der Darstellung der geschichtlichen Entwicklung einer ↑ Nationalliteratur oder der übernationalen ↑ Weltliteratur. Zur Literaturgeschichte gehören auch die Darstellungen einzelner Epochen (z. B. Barock) oder die Geschichte einzelner Gattungen (z. B. Roman). Literaturgeschichtsschreibung führt, sofern sie nicht bloße chronologische Faktenaufreihung sein will, auch zu einer Wertung des Dargestellten und ordnet sich in größere (theoretische oder ideologische) Bezugsrahmen ein.

Geschichte: In der Antike gab es Literaturgeschichte nur in Form von Katalogen kanonischer (d. h. als klassische Muster dienender) Werke (z. B. von Kallichamos, 3. Jahrhundert v. Chr.). Von weitreichender Bedeutung war die Vitensammlung Suetons „De viris illustribus" (etwa um 110). Hieronymus trennte in seinem gleichnamigen Werk (392) die „literatura" heidnischer Autoren von der „scriptura" der christlichen. Daneben schuf er die Voraussetzung für die christlichen Literaturgeschichten des Mittelalters. Die bedeutendste lateinische Schulliteraturgeschichte der Folgezeit war das „Registrum multorum auctorum" Hugos von Trimberg (1280). Als „Vater der deutschen Literaturgeschichte" gilt D. G. Morhof, der in seinem „Unterricht von der Teutschen Sprache und Poesie" (1682) außer der Aufzählung einzelner literarischer Werke bereits eine Erklärung des Gewordenen bot. In seinem „Polyhistor litterarius, philosophicus et practicus" (1688–92) legte er die bis dahin umfassendste Ge-

Geschichte

der poetischen

National-Literatur

der

Deutschen

von

Dr. G. G. Gervinus.

Erster Theil.

Von den ersten Spuren der deutschen Dichtung bis gegen das Ende des 13ten Jahrhunderts.

Leipzig.

Verlag von Wilhelm Engelmann.

1835.

Literaturgeschichte. Titelblatt der Erstausgabe des ersten Teils von Georg Gottfried Gervinus' „Geschichte der poetischen National-Literatur der Deutschen" (1835)

schichte der Weltliteratur vor. Die nächsten literaturgeschichtlichen Arbeiten entstanden in Deutschland erst wieder in der Romantik, so die zuerst als Vorlesungen gehaltenen Überblicke von F. Schlegel („Geschichte der alten und neuen Literatur. Vorlesungen gehalten in Wien im Jahre 1812", 1813) und A. W. Schlegel („Geschichte der deutschen Sprache und Poesie", herausgegeben 1913). Ein Standardwerk der deutschen Literaturgeschichte war der immer wieder erweiterte „Grundriß der Geschichte der deutschen Nationalliteratur" von A. Koberstein (1827, 5. Auflage von K. Bartsch, 1872–74). Ebenso bedeutend war die „Geschichte der poetischen Nationalliteratur der Deutschen" (1835 bis 1840) des Historikers G. G. Gervinus, der die Literatur in die politische Geschichte einordnete. Seit der Mitte des 19. Jahrhunderts nahm die Zahl der Literaturgeschichten, z.T. mit popularisierender Tendenz beträchtlich zu (z. B. die „Geschichte der deutschen Litteratur" von W. Wackernagel, 1851–55). K. Goedeke schuf mit seinem „Grundriß zur Geschichte der deutschen Dichtung. Aus den Quellen" (1857–81) das grundlegende Nachschlagewerk der deutschen Literatur. Die bedeutendste deutsche Literaturgeschichte dieser Zeit war W. Scherers „Geschichte der deutschen Literatur" (1883, 16. Auflage 1927), das Standardwerk positivistischer Literaturbetrachtung. Mit seiner „Literaturgeschichte der deutschen Stämme und Landschaften" (1912–18, 4. Auflage 1938–41), in der er Besonderheiten und Bedeutung literarischer Werke in Relation zu den sie hervorbringenden Stämmen und Landschaften setzte, leistete G. Nadler späteren nationalsozialistischen Interpretationen Vorschub. Gesamtdarstellungen eines einzigen Verfassers sind seitdem nur noch als Studien- und Handbücher erschienen (u. a. von F. Martini, 1949, 18. Auflage 1984). Die deutsche Literaturgeschichtsschreibung des 20. Jahrhunderts wird bestimmt durch Einzeldarstellungen bestimmter Epochen und Gattungen. Als Gemeinschaftsarbeiten entstanden die großen Sammelwerke „Reallexikon der deutschen Literaturgeschichte", begründet von P. Merker und W. Stammler, 1925–31 herausgegeben von W. Kohlschmidt und W. Mohr, 2. Auflage 1958–84) und „Deutsche Philologie im Aufriß", herausgegeben von W. Stammler (1952–59, 2. Auflage 1966–69). Gemeinschaftsarbeiten sind u. a. die „Deutsche Dichtung" von A. Heusler, J. Schwietering, G. Müller, O. Walzel (1923–25) im „Handbuch der Literaturwissenschaft", ferner die „Geschichte der deutschen Literatur" von H. de Boor und R. Newald (1949 ff.), die „Annalen der deutschen Literatur" (1952, 2. Auflage 1971), herausgegeben von H. O. Burger. Neben diesen Gesamtdarstellungen wurde eine Fülle von Werken über einzelne Epochen veröffentlicht, wobei u. a. H. Heines „Die romantische Schule" (1836) für das 19. Jahrhundert als vorbildlich galt. Im 20. Jahrhundert gibt es eine Reihe von bedeutenden Werken u. a. über die Literatur des Mittelalters (z. B. G. Ehrismann, „Geschichte der deutschen Literatur bis zum Ausgang des Mittelalters", 1918–35, Nachdruck 1959–66), der Weimarer Klassik (z. B. H. A. Korff, „Geist der Goethezeit", 1923–53, 6.–10. Auflage 1977) und die moderne Literatur. Daneben erschienen seit etwa 1900 zahlreiche Einzeldarstellungen der verschiedenen literarischen Gattungen. Außer diesen reinen Abhandlungen finden sich auch für ein breiteres Publikum gedachte Literaturgeschichten, z. B. „Kindlers Literaturgeschichte der Gegenwart in Einzelbänden" (1971–78) über die deutschsprachige Literatur seit 1945. In Tabellenwerken wurde in gewissem Sinne die Tradition mittelalterlicher Register wieder aufgegriffen (z. B. H. A. und E. Frenzel, „Daten deutscher Dichtung", 1953, 23. Auflage 1985/86).

Literaturkritik: die kritische Interpretation und Wertung literarischer Werke. Die Literaturkritik wendet sich v. a. der kritischen Erfassung der jeweils zeitgenössischen Literatur zu. Sie richtete sich bis zum 18. Jahrhundert meist nach bestimmten poetischen Normen- und Regelkatalogen literarischer Traditionen sowie nach anerkannten literarischen Autoritäten. Seit dem Ende des 18. Jahrhunderts entwickelte sich das Verständnis für den Eigenwert der sich überlagernden literarischen Strömungen der Zeit; die Maßstäbe der Literaturkritik wurden nun aus den Entstehungsbedingungen des Werkes (J. G. Herder), aber auch aus dem betreffenden Werk selbst abgeleitet (Literaturkritik des ↑Sturm und Drang). Die Gefahr der Einwirkung außerpoetischer Gesichtspunkte gerade auf die neuere Literaturkritik (z. B. moralische, ethische, religiöse, politische, gesellschaftliche) ist jedoch stets gegeben.

Geschichte: Literaturkritik gab es bereits in der Antike. In der römischen Literaturkritik unterschied man den „criticus" (Richter der Literatur) vom

„grammaticus“ (Kenner der Literatur), Maßstäbe lieferten Regeln der antiken Rhetorik und Poetik. Die erste Literaturkritik der mittelhochdeutschen Literatur nach ästhetischen und stilistischen Grundsätzen findet sich in Ansätzen bei Gottfried von Straßburg (Prolog und Literaturstelle des Versepos „Tristan und Isolt“, nach 1200). Als Höhepunkt der mittelalterlichen Literaturbetrachtung gilt Dantes Selbstinterpretation seines epischen Gedichts „La divina Commedia“ (entstanden nach 1313 bis 1321, deutsch 1767–69, 1814–21 unter dem Titel „Die Göttliche Komödie“) im 13. Brief. Eine kritische Auseinandersetzung mit überkommenen literarischen Traditionen gab es erst wieder im 17. Jahrhundert mit M. Opitz, doch blieb das ein Einzelfall. Literaturkritik auf breiterer Basis setzte erst mit der Aufklärung ein. Hauptvertreter waren J. Ch. Gottsched („Versuch einer Critischen Dichtkunst vor die Deutschen“, 1730) und der Berliner Literaturkreis um den Verleger F. Nicolai (J. G. Sulzer. K. W. Ramler, M. Mendelssohn, G. E. Lessing). In den Schriften der Schweizer J. J. Bodmer und J. J. Breitinger („Critische Dichtkunst“, 1740) zeichnete sich schon vor der Mitte des 18. Jahrhunderts eine Gegenbewegung gegen die rationalistische Grundlegung der Literaturkritik ab. G. E. Lessing versuchte in seiner Literaturkritik diese Gegensätze zu klären („Briefe, die neueste Literatur betreffend“, 1759/60; „Hamburgische Dramaturgie“, 1767–69). Die Weimarer Klassik suchte für ihre Literaturkritik objektive Wesensgesetze (z. B. Schillers an der Ästhetik Kants orientierte „Briefe über die ästhetische Erziehung des Menschen“, 1795; „Über naive und sentimentalische Dichtung“, 1795/96). Dagegen knüpfte die romantische Literaturkritik unter Auflösung der klassischen Normen mehr an die Tendenz der Literaturkritik des jede äußere Regel mißachtenden Sturm und Drang an (besonders F. und A. W. Schlegel, L. Tieck, Novalis; Organ: die Zeitschrift „Athenaeum“, 1798–1800). Die Literaturkritik des 19. Jahrhunderts war gekennzeichnet durch das Einwirken mannigfacher außerliterarischer Strömungen, etwa der Politik (↑Junges Deutschland). Sie wurde aber immer noch vornehmlich von Dichtern getragen (Ch. D. Grabbe, G. Keller, Ch. F. Hebbel, Th. Fontane). Im 20. Jahrhundert trat neben den Schriftsteller als Literaturkritiker (R. A. Schröder, B. Brecht, Arno Schmidt, M. Walser u. a.) mehr und mehr der berufsmäßige Kritiker (z. B. die Brüder H. und J. Hart, A. Kerr, K. Tucholsky, H. Bahr, K. Kraus, A. Polgar, oder in jüngster Zeit M. Rychner, M. Reich-Ranicki, H. Krüger, D. Wellershoff u. a.).

Die deutsche Literaturkritik wurde im-

Versuch
einer
Critischen Dichtkunst
vor die Deutschen;
Darinnen erstlich die allgemeinen Regeln der Poesie,
hernach alle besondere Gattungen der Gedichte,
abgehandelt und mit Exempeln erläutert werden:
Uberall aber gezeiget wird
Daß das innere Wesen der Poesie
in einer Nachahmung der Natur
bestehe.
Anstatt einer Einleitung ist Horatii Dichtkunst
in deutsche Verße übersetzt, und mit
Anmerckungen erläutert
von
M. Joh. Christoph Gottsched.

Leipzig 1730
Verlegts Bernhard Christoph Breitkopf.

Literaturkritik. Titelblatt der Erstausgabe von Johann Christoph Gottscheds „Versuch einer Critischen Dichtkunst vor die Deutschen“ (1730)

mer wieder von der französischen und englischen beeinflußt. Bedeutende Literaturkritiker in Frankreich: u.a. im 17. Jahrhundert N. Boileau-Despréaux, im 18. Jahrhundert D. Diderot, im 19. Jahrhundert Ch. A. Sainte-Beuve, F. Brunetière, J. Lemaître, É. Zola, im 20. Jahrhundert P. Valéry, J.-P. Sartre, R. Barthes, J. Derrida; in England: zur Zeit der Aufklärung J. Addison, A. Pope und E. Young, im 19. Jahrhundert S. T. Coleridge, M. Arnold, W. Pater, im 20. Jahrhundert E. K. Chambers, T. S. Eliot, T. E. Hulme, I. A. Richards, V. Woolf, F. R. Leavis. Vertreter der marxistischen Literaturkritik: u.a. G. Lukács, W. Benjamin, Hans Mayer, B. Brecht, J. R. Becher.

Literaturlexikon: alphabetisch geordnetes Nachschlagewerk zur Literatur als Ganzes oder zu deren Teilbereichen. Folgende Arten sind zu unterscheiden: 1. *Autorenlexika* zur Weltliteratur, zu einzelnen Nationalliteraturen und zu literarischen Epochen, die biographische Daten, Werkregister und meist bibliographische Angaben enthalten (z. B. „Die deutsche Literatur des Mittelalters. Verfasserlexikon", begründet von W. Stammler und K. Langosch, 1933–55, 2. Auflage herausgegeben von K. Ruh u.a., 1978 ff.; „Lexikon der Weltliteratur", herausgegeben von G. von Wilpert, 1963, 3. Auflage 1988; „Deutsches Literatur-Lexikon", begründet von W. Kosch, 1927–29, 3. Auflage herausgegeben von H. Rupp u. C. L. Lang, 1968 ff.; „Kritisches Lexikon der deutschsprachigen Gegenwartsliteratur", herausgegeben von H. L. Arnold, Loseblattausgabe, 1979 ff.); 2. *Werklexika,* die Inhaltsangaben, z.T. mit Interpretationen, Informationen über Entstehungszeit und Erscheinungsjahr sowie Spezialbibliographien der in ihnen vertretenen Titel bieten (z. B. „Kindlers Neues Literatur Lexikon", herausgegeben von W. Jens, 1988 ff.); 3. *Reallexika,* die u.a. über literarische Formen, Gattungen, Arten, Stile, Epochen, Metrik, Rhetorik handeln (z. B. „Reallexikon der deutschen Literaturgeschichte", herausgegeben von P. Merker und W. Stammler, 1925–31, 2. Auflage herausgegeben von W. Kohlschmidt und W. Mohr, 1958–84; „Sachwörterbuch der Literatur" von G. von Wilpert, 1955, 7. Auflage 1989; „Poetik in Stichworten" von I. Braak, 1965, 6. Auflage 1980); 4. *Stoff- und Motivlexika,* die Stoffe und Motive der Weltliteratur in ihren verschiedenen Ausformungen von ihrem ersten Auftreten bis in die Gegenwart verfolgen (z. B. „Stoffe der Weltliteratur" von E. Frenzel, 1962, 7. Auflage 1988); 5. *Mischformen,* die Autoren, Werk- und Reallexikon kombinieren (z. B. H. Pongs „Das kleine Lexikon der Weltliteratur", 1954, Neudruck 1976; „Kleines literarisches Lexikon", 1946–1948, 4. Auflage herausgegeben von H. Rüdiger und E. Koppen, 1966–73; „Knaurs Lexikon der Weltliteratur" von D. Krywalski, 1979; „Der Literatur-Brockhaus", herausgegeben von W. Habicht und W.-D. Lange, 1988).

Literaturpreis: regelmäßig vergebene, meist mit einem Geldpreis verbundene Auszeichnung eines Schriftstellers. Nach dem Kreis der Empfänger unterscheidet man nationale und internationale Literaturpreise, z. B. den ↑ Nobelpreis (für Literatur; seit 1901), den Friedenspreis des Börsenvereins des Deutschen Buchhandels (1950. Stifter sind 1. Staaten: z. B. der ↑ Deutsche Jugendliteraturpreis des Bundesministeriums für Jugend, Familie, Frauen und Gesundheit (1956); der Heinrich-Heine-Preis des Ministeriums für Kultur der DDR (1957); 2. Bundesländer: z. B. der Schiller-Gedächtnispreis des Landes Baden-Württemberg (1955); 3. Städte: z. B. der Frankfurter Goethe-Preis (1927); 4. Verbände: z. B. der Hörspielpreis der Kriegsblinden des Bundes der Kriegsblinden (1951); 5. Stiftungen: z. B. der Shakespeare-Preis der Stiftung F. V. S. zu Hamburg (1935); 6. Akademien: z. B. der ↑ Georg-Büchner-Preis (1923), seit 1951 verliehen von der Deutschen Akademie für Sprache und Dichtung; 7. Einzelpersönlichkeiten: z. B. der französische ↑ Prix Goncourt (1903), die amerikanischen ↑ Pulitzerpreise (1917).

Literaturrevolution: Sammelbezeichnung für die literarischen Umwälzungen zu Beginn des 20. Jahrhunderts, die sich in einer Vielzahl z. T. sehr unterschiedlicher literarischer Tendenzen und Gruppierungen in Europa herausbildeten: ↑Futurismus (Italien und Sowjetunion), ↑Expressionismus (Deutschland), ↑Dadaismus (Schweiz, Deutschland, Frankreich), Kubismus, ↑Surrealismus (Frankreich). Gemeinsam war diesen Gruppierungen die Ablehnung des Bildungsbürgertums und seines Literatur- (bzw. Dichtungs-)verständnisses, die Ablehnung der traditionellen Dichtungsformen und der bürgerlichen Ästhetik. Zielsetzungen waren die Suche nach neuen Ausdrucksmöglichkeiten, z. B. in ↑Collagen und in mit akustischen Experimenten verbundener ↑abstrakter Dichtung. Charakteristisch für die Anhänger der Literaturrevolution war ihre Radikalisierung der angewandten Methoden, ihr gesellschaftliches Engagement und ihre jeweilige ideologische Bindung.

Literatursatire: Sonderform der Literaturkritik, bei der in dichterischer Form (Epigramm, Gedicht, Komödie, komisches Epos, Roman u. a.) mit den sprachlichen Kunstmitteln der ↑Satire und der ↑Parodie literarische Werke, Persönlichkeiten und Stilrichtungen verspottet werden. So parodierte z. B. H. Wittenweiler in seinem Epos „Der Ring" (um 1400) das höfische Epos. Ein weiteres berühmtes Beispiel sind die u. a. von den Humanisten Crotus Rubianus und U. von Hutten verfaßten satirischen „Epistolae obscurorum virorum" (1515–17, deutsch „Briefe von Dunkelmännern...", 1876), in denen die Geisteshaltung der scholastischen Theologen verspottet wurde. Literatursatiren in der Weimarer Klassik waren Goethes Farce „Götter, Helden und Wieland" (1774) sowie die in den mit Schiller herausgegebenen „Xenien" (1796) vorgetragene Literaturkritik. Von der Romantik an wurde die Literatursatire vorwiegend in Form der Parodie verfaßt, im 20. Jahrhundert erscheint sie meist als Einzelzug in Werken (z. B. bei F. Wedekind, Th. Mann) oder als Parodie (R. Neumann).

Literatursoziologie: Wissenschaft, die die sozialen und ökonomischen Voraussetzungen der Produktion, Verbreitung, Aufnahme und Weiterverarbeitung der Literatur untersucht. Gegenstandsbestimmung, Theoriebildung und Untersuchungsverfahren der Literatursoziologie sind indes bis heute nicht eindeutig festgelegt. – Die empirische Literatursoziologie z. B. beschäftigt sich mit den Beziehungen, die sich zwischen Autor, Werk und Leser abspielen, d. h. mit den Wechselbeziehungen zwischen den an der Literatur beteiligten Personen und Institutionen. Beim Autor sind es z. B. soziale Herkunft und Verhaltensweisen, Alter, wirtschaftliche Situation, beim Medium Buch z. B. ökonomisch-gesellschaftlicher Status von Verlagen, Buchhandel, Bibliotheken, Presse, Rundfunk, beim Publikum z. B. ästhetische Geschmacks- und Urteilsbildung der verschiedenen sozialen Leserschichten. Die dialektische Literatursoziologie, die v. a. durch die Arbeiten von G. Lukaćs, W. Benjamin und Th. W. Adorno begründet und von L. Goldmann weiterentwickelt wurde, zielt nicht isoliert auf das soziale Fundament der Literatur, sondern untersucht, wie sich gesellschaftliche Strukturen in literarischen Werken darstellen. Nach den Hauptvertretern dieser Richtung leisten Werke der Literatur eine bestimmte Form gesellschaftlicher Wahrheit. – Das Bewußtsein der Verankerung literarischer Werke in der Gesellschaft war schon im 18. und 19. Jahrhundert zumindest latent vorhanden. 1921 proklamierte P. Merker die „sozialliterarische Methode", die sich in den 20er und 30er Jahren durchsetzte. Die materialistische Literaturbetrachtung (G. Lukács u. a.) führte diesen Ansatz weiter aus. In der Bundesrepublik Deutschland knüpfte man nach 1945 an die Literatursoziologie der 30er Jahre an (A. Hauser). Gegenwärtig verarbeitet die Literatursoziologie Anstöße aus dem französischen Strukturalismus und der marxistischen Literaturwissenschaft.

Literatursprache: weitgehend identisch mit Schriftsprache, oft jedoch von der ↑Hochsprache und Gemeinsprache abweichend (z. B. im Naturalismus). In bestimmten Epochen entfernt sich die Literatursprache von der Hochsprache durch extreme Stilisierung. Die Gesamtstruktur von Merkmalen der Literatursprache einer Epoche versucht man im Begriff des Epochenstils zu erfassen.

Literatur und Musik: daß seit dem Beginn der europäischen Literatur enge Beziehungen zwischen Literatur und Musik bestehen, dokumentiert bereits das griechische Wort „mousikḗ", mit dem bis zum Ende des 5. Jahrhunderts v. Chr. beide Bereiche als Einheit erfaßt waren, bis sich der Begriff dann auf die Bedeutung Musik oder Tonkunst verengte. Auch erfolgte der Vortrag etwa der Homerischen Epen ursprünglich durch ↑Rhapsoden unter Kitharabegleitung. Bei der ↑Lyrik verweist schon die Bezeichnung auf die enge Bindung an die Musik. Schließlich gelten die musikalisch gestalteten Chorpartien (↑Chor) als die Keimzelle des griechischen Dramas. Die Kombination des sinntragenden Charakters der Sprache mit der emotionsstiftenden Wirkung der Musik hat nicht nur zur Entwicklung von Oper und ↑Musikdrama geführt, sondern auch zu Versuchen, die sprachlichen Ausdrucksmöglichkeiten zu erweitern, so etwa in der Romantik, wenn L. Tieck es als möglich erachtet, „in Tönen zu denken und in Worten und Gedanken zu musizieren" („Die verkehrte Welt", 1800), oder wenn Musik als Totalität aller Künste und Konzentrat aller Sinneswahrnehmungen zum Metaphern- und Klangreservoir einer auf das Absolute gerichteten Dichtung wird. Eine besondere Weise der Annäherung von Sprachkunstwerk und Musik stellen die seit dem 19. Jahrhundert unternommenen Versuche dar, musikalische Formen in literarischen Werken nachzubilden; so versucht P. Celan in seinem Gedicht „Todesfuge" (entstanden 1945) die Kompositionsprinzipien einer Fuge in Worte umzusetzen.

Literaturvideo [aus englisch video, zu lateinisch videre „sehen"]: Bezeichnung für eine im Umfang begrenzte, mit einer Videokamera aufgenommene und über ein Fernsehgerät abspielbare filmische Umformung eines literarischen Textes, an der sich die Unterschiede literarischen und filmischen Gestaltens besonders augenfällig machen lassen; dementsprechend verlangt die Anfertigung eines Literaturvideos u. a. grundsätzliche Überlegungen zur Verfilmbarkeit von Textstellen, die Suche nach möglichen Ersatzlösungen für filmisch nicht umsetzbare Passagen (Erzähler, Schrift, Standbilder, Blenden usw.), die Wahl der richtigen Kameraperspektive und -einstellung (↑Einstellung), die nicht unbedingt mit der Erzählperspektive übereinstimmen muß, und die Bildung sinnvoller ↑Sequenzen. – ↑auch Film.

Literaturwissenschaft: 1. Bezeichnung für jede Art von wissenschaftlicher Beschäftigung mit Literatur, auch als Synonym für eine der nationalsprachlichen Philologien (Germanistik, Anglistik) oder als deren Oberbegriff gebraucht. – 2. Disziplin der Ästhetik; als solche steht sie im Gegensatz zu Methode und Praxis der Literaturgeschichte und Philologie. Sie untersucht u. a. die allgemeinen Prinzipien des Sprachschaffens, die inneren Gesetze der Formfindung, das Typologische, die Theorien der ↑Interpretation, d. h. der ↑Hermeneutik. Insofern sucht sie damit z. T. die althergebrachte ↑Poetik zu ersetzen, bzw. durch Methoden und Ergebnisse der ↑Stilistik, ↑Literatursoziologie, Literaturpsychologie und Literaturphilosophie zu erweitern. Das Interesse der Literaturwissenschaft gilt nicht nur der Dichtung, sondern allen Zweigen literarischen Schaffens, den Gebrauchstexten ebenso wie der Trivialliteratur usw. – Der Begriff „Literaturwissenschaft" tauchte erstmals in der Einleitung der „Geschichte der Literatur der Gegenwart" (1842) von Th. Mundt auf. Die Literaturwissenschaft orientierte sich zu dieser Zeit noch an der Literaturgeschichtsschreibung (W. Scherer), die sich bisweilen in einer beziehungslosen Faktenhäufung im Sinne des ↑Positivismus erschöpfte. Erst die Reaktion auf diese den Naturwissenschaften entlehnte Methode förderte die theoretischen Ansätze zu einer allgemeinen Literaturwissenschaft. So erhob Ende des 19. Jahrhunderts E. Elster („Prinzipien der Literaturwissenschaft", 1897) die Forderung, die Literaturgeschichte von der Philologie zu trennen und letztere zu einer allgemeinen Literaturwissenschaft auszuweiten. Ihm folgten zunächst die Vertreter der am Werk W. Diltheys („Das Erlebnis und die Dichtung", 1905) geschulten sogenannten geistesgeschichtlichen Richtung. An die Stelle der Methode des Erklärens und Beschreibens einzelner Erscheinungen setzten sie das „Verstehen" und die das Medium nachvollziehende „Einfühlung". Das literaturwissenschaftliche Interesse richtete sich nun nicht mehr so sehr auf das künstlerische Einzelwerk, sondern auf größere geistige Zusammenhänge und Strömungen. Als Gegenbewegung gegen diese spekulative Geisteswissenschaft und die Unterordnung der Literatur unter außerliterarische, insbesondere philosophische und psychologische Aspekte entstand eine Rückbesinnung auf die ästhetische Form des literarischen Werkes in der Methode der Stil- und Formanalyse (Morphologie [= Wissenschaft von den Gestalten und Formen]; Vertreter: M. Kommerell, K. May, G. Müller), die schließlich in die werkimmanente Interpretation mündete (E. Staiger). Diese Methode zielte auf ästhetische Kategorienbildung ebenso wie auf „Verinnerlichung" als grundlegende Voraussetzung jeglicher „Auslegung". Eine wissenschaftliche Interpretation als Kunst sollte den Nachweis der „Stimmigkeit" aller formalen Elemente des sprachlichen Kunstwerks erbringen. Der von Rußland ausgehende ↑Formalismus wandte sich dagegen ausschließlich der Formsprache literarischer Texte zu, und zwar unter Berücksichtigung linguistischer Methoden. Der mit ihm in vielem gleichstrebende amerikanische ↑New criticism fand sein Hauptinteressengebiet in der poetischen Sprache (T. S. Eliot, W. Empson, J. C. Ransom) mit Berücksichtigung der Ergebnisse der modernen Anthropologie, Psychologie und Soziologie (K. Burke, E. Wilson, R. Wellek, A. Warren). Eine weitere Richtung nahm ihren Ausgang vom anthropologischen Strukturalismus (C. Lévi-Strauss) unter Einbeziehung gesellschaftlicher Strukturen (L. Goldmann) oder der von N. Chomsky begründeten strukturalistischen Linguistik. Der historische Materialismus hat eine eigenständige, sich scharf gegenüber der bürgerlichen Literaturwissenschaft abgrenzende Literaturwissenschaft hervorgebracht (F. Mehring, G. Lukács), die v. a. auf Methoden der ↑Literatursoziologie und der Rezeptionsforschung einwirkte.

Litotes [griechisch, eigentlich „Einfachheit, Schlichtheit"]: rhetorische Figur, untertreibende Ausdrucksweise, bei der ein Begriff durch die Verneinung des Gegenteils hervorgehoben wird, z. B. „nicht unbekannt" = (sehr) berühmt. Ausdrucksmittel der ↑Emphase und der ↑Ironie.

Littérature engagée [litera'tyr ãga'ʒe; französisch „engagierte Literatur"]: von J.-P. Sartre im Zusammenhang mit seiner Existenzphilosophie vorgeschlagene Bezeichnung für eine von ihm geforderte „Literatur der Praxis", der „Stellungnahme" des „in der Literatur" stehenden Dichters im Gegensatz zu einer reinen „Seins-Literatur". – ↑auch existentialistische Literatur.

Living Theatre ['lɪvɪŋ 'θɪətə; englisch „lebendes Theater"]: 1951 von J. Beck und J. Malina, Schülern von E. Piscator, in New York gegründetes avantgardistisches Theaterkollektiv (meist Laienschauspieler). Es wurde bekannt sowohl durch seine Aufführungen in den USA wie auch 1964–68 in Europa, von 1970 an in Brasilien, Brooklyn u. Pittsburgh und seit 1975 wieder vorwiegend in Europa. Die vom Living Theatre entwickelten Stücke (z. B. „Mysteries", 1964; „Paradise now", 1968; „Prometheus", 1978) vermittelten das Programm des Living Theatre: Pazifismus, gewaltloser

Anarchismus und Entwicklung des einzelnen zum freien Individuum. Der Stil des Living Theatre zielt auf die Durchbrechung der Schranken zwischen Publikum und Darstellern und hat damit dem Theater der Avantgarde wesentliche Impulse gegeben.

Locus amoenus [a'mø:nʊs; lateinisch „lieblicher Ort"]: literarischer ↑Topos, v.a. der ↑Idylle; ein aus bestimmten stereotypen Elementen (Baum, Blumenwiese, Bach, Vogelgesang, linde Lüfte usw.) zusammengesetztes liebliches Landschaftsbild, das über die antike Dichtung in die literarische Tradition des Mittelalters gelangte und z.T. (als Paradieslandschaft) christlich umgedeutet wurde.

Longseller [englisch, von long „lang" und to sell „verkaufen"] ↑Bestseller.

Lost generation ['lɔst dʒɛnə'rɛɪʃən; englisch „verlorene Generation"]: von G. Stein geprägte Bezeichnung für eine Gruppe amerikanischer Schriftsteller der 20er Jahre, die das Erlebnis des 1. Weltkrieges pessimistisch gestimmt und desillusioniert hatte. E. Hemingways Roman „The sun also rises" (1926, deutsch „Fiesta", 1928) spiegelt diese Geisteshaltung wider. Zur Gruppe der Lost generation gehörten neben E. Hemingway E. E. Cummings, M. Cowley, J. Dos Passos, F. S. Fitzgerald.

Lügendichtung: Dichtung meist volkstümlicher Art, bei der im Gegensatz zu anderen phantastischen, märchenhaften oder symbolisch-allegorischen Dichtungen (Märchen, Legende usw.) die Fiktion als Lüge erkannt wird, wobei die Wirklichkeit und Wahrhaftigkeit durch ihre radikale Umkehrung ins Unglaubliche zugleich kritisiert und karikiert werden kann. Lügendichtung kann 1. das Lügen zum dichterischen Verfahren machen, wie es insbesondere im *Lügenroman* geschieht. Kennzeichnend sind die Perspektive der Ich-Erzählung, eine Episodenfolge nach Art des ↑Schelmenromans und oft das Handlungsschema des Reiseberichts, z.B. Lukians „Alēthē̃ dihēgḗmata" (2. Jahrhundert, deutsch 1603, 1911 unter dem Titel „Wahre Geschichten"), die orientalischen „Abenteuer Sindbad des Seefahrers", die Lügengeschichten des Freiherrn K. F. H. von Münchhausen (1781–83, 1785 von R. E. Raspe ins Englische übersetzt und erweitert, 1786 von G. A. Bürger unter dem Titel „Wunderbare Reisen zu Wasser und Lande ..." wieder ins Deutsche rückübersetzt, 1789 erweitert). Dieser Gattung des lügenden Erzählens stehen 2. zahlreiche Werke gegenüber, die in der Person des verlogenen Aufschneiders das Lügen als menschliches, moralisch defektes Verhalten mit satirischer oder komischer Absicht darstellen, z.B. T. M. Plautus' Komödie „Miles gloriosus" (vor 204 v.Chr., deutsch 1797, 1922 unter dem Titel „Miles gloriosus"), F. Rabelais' Roman „Gargantua et Pantagruel" (1532–64, deutsche Bearbeitung von J. Fischart, 1575; deutsch „Gargantua und Pantagruel", 1832–41), A. Gryphius' Komödie „Horribilicribrifax" (1663), Ch. Reuters „Schelmuffskys Warhafftig Curiöse und sehr gefährliche Reisebeschreibung zu Wasser und Lande" (1696/97).

Lullabies ['lʌləbaɪz; englisch, von lautmalendem to lull „einlullen"] (Singular: Lullaby): englische Bezeichnung für Wiegenlieder oder Refrains von solchen; sie werden meist den ↑Carols zugerechnet; Blütezeit 15.–16. Jahrhundert.

lustige Person (komische Person): komische Bühnenfigur, die in den einzelnen Nationen unter verschiedenen Namen und in verschiedener Ausprägung auftritt: in Italien als ↑Arlecchino (↑Commedia dell'arte), in Frankreich als Jean Potage oder Harlequin, in Spanien als ↑Gracioso, in England als ↑Pickelhering, in Deutschland als ↑Hanswurst. Ihre Funktion ist entweder, die Zuschauer durch Späße zu erheitern, oder als Kontrastfigur des Helden und durch direkte Anrede des Publikums das Bühnengeschehen zu relativieren. Typische Merkmale sind Gefräßigkeit, sexuelle Triebhaftigkeit, Possenreißerei, Tölpelhaftigkeit, Prahlsucht, Spottlust, Gerissenheit und Intrigantentum; häufig in der Rolle des Dieners oder Boten.

Lustspiel: deutsche Übersetzung des Wortes „Comedia“, erstmals 1536 im Titel eines anonymen Stückes, dann erst wieder im 17. Jahrhundert (A. Gryphius) gebraucht; seit dem 18. Jahrhundert allgemein üblich (J. Ch. Gottsched) und mit ↑Komödie synonym verwendet.

Lyrik [von griechisch lyrikós „zum Spiel der Lyra gehörend, mit Lyrabegleitung“]: eine der drei poetischen Gattungen (neben ↑Epik und ↑Drama); ursprünglich Gesänge, die mit Lyrabegleitung vorgetragen wurden. Im Abendland erstmals literarisch faßbar bei den Griechen, erwuchs die Lyrik dort, wie auch in anderen Kulturkreisen, aus dem Mythos. Sie entwickelte im Lauf ihrer Geschichte einen großen Formenreichtum, wobei die ursprüngliche Bindung an Gesang und Musik (↑Lied) nie gänzlich verlorenging. Lyrik wird heute verschiedentlich als Urform der Dichtung angesehen. Infolge ihrer unterschiedlich ausgeprägten Erscheinungsformen ist eine einheitliche und vollständige Begriffsbestimmung jedoch kaum möglich. Neue Deutungsversuche sehen drei durch Geschichte und Gesellschaft bedingte unterschiedliche Wesensmerkmale: 1. Lyrik als empfindsam-subjektiver Ausdruck von Unmittelbarkeit, Gemüt und Gefühl; 2. Lyrik als eine Kunstform, die von einer von der Antike bis ins 18. Jahrhundert reichenden Tradition abhängig ist (↑Poetik) und das Artifizielle gegenüber dem Liedhaften stärker betont (lyrischer ↑Manierismus); 3. die moderne Lyrik, die weitgehend durch neuartige weltanschauliche und gehaltliche Momente bedingt ist.

Relativ konstante *Elemente* der Lyrik in bezug auf die äußere Form sind ↑Rhythmus und ↑Vers, gegebenenfalls ↑Metrum, ↑Reim und ↑Strophe, ↑Bild. Dem entspricht hinsichtlich der inneren Form: Konzentration, Vereinfachung komplexer Verhältnisse, Sinnverdichtung und Bedeutungsintensität. *Arten* der Lyrik lassen sich unterscheiden nach dem Gegenstand (Liebeslyrik, politische Lyrik usw.), nach dem Grad der lyrischen Gestaltung (vom Lied bis zur höchst komplexen Kunstlyrik) und nach Umfang und Art des Anteils der dichterischen Subjektivität. Ein Höchstmaß davon besitzt die ↑absolute Dichtung (↑auch abstrakte Dichtung, ↑Poésie pure). Weniger radikal ist der Vorrang des Subjektiven in der Stimmungslyrik, in der die subjektive Empfindung das Objektive durchtränkt und auflöst, um so die Verschmelzung von Ich und Wirklichkeit zu gestalten. In der verwandten Erlebnislyrik erfolgt die bewußte Einstellung des Ich auf die erfahrene Wirklichkeit. Als ein jenseits des Subjekts Stehendes erscheint das Gegenständliche in der hymnischen Lyrik (↑Hymne, ↑Dithyrambus), bei der Subjektivität als Ergriffensein von einer höheren Lebensmacht, einer Idee, einem Objektiv-Allgemeingültigen erscheint. In der ↑Gedankenlyrik dagegen werden philosophisch-theoretische Gegenstände unter der Perspektive persönlicher Betroffenheit dargeboten. Je größer die kunstvolle Gestaltung, umso mehr tritt das dichterische Subjekt in den Hintergrund. Eine Sonderstellung nimmt das ↑Dinggedicht ein.

Geschichte: im alten *China* und in *Japan* war die Lyrik die höchstgeachtete Form der Dichtung, ebenso in *Indien*, wo sich zu der religiös-hymnischen Dichtung („Rigweda“, vermutlich um 1000 v. Chr. abgeschlossen) später lehrhafte Spruchdichtung und Lyrik mit erotischen Inhalten gesellten. Im alten *Ägypten* wurde ebenfalls hymnische Dichtung gepflegt (z. B. Echnatons Hymnus auf den Sonnengott Aton, 14. Jahrhundert v. Chr.). Die *hebräische Lyrik* war von religiösem Pathos erfüllt, aber auch dem Erotischen zugewandt (u. a. Psalmen, „Das Hohelied“). Die *arabische Lyrik* des Mittelalters enthielt Totenklagen, Kriegs- und Liebeslieder, z. T. in der Form des ↑Ghasels, das später von der persischen Lyrik übernommen wurde. – Die abendländische Lyrik begann bei den *Griechen* vorwiegend als Festdichtung zu den verschiedensten Anlässen. Zur Lyrik im engeren Sinne zählten nur das zur Leier gesungene Lied oder das ↑Chorlied (bedeutende Dichter: Pindar, Alkaios, Sappho, Anakreon u. a.). Heute rechnet man zur Lyrik auch die ↑Jambendichtung, die ↑Elegie und das ↑Epigramm. Unter dem Einfluß der hellenistischen stand die *römische Lyrik.* Catull, Tibull, Properz und Ovid übernahmen v.a. die Elegie, Horaz die ↑Ode, Martial das Epigramm. Die Lyrik des *Mittelalters* war zunächst lateinische Dichtung, die in antik-christlichen Bildungstraditionen stand. So wurden seit dem 9./10. Jahrhundert in den Klosterschulen geistliche Gesänge und Lehrdichtung gepflegt. Daneben gab es in der ↑Vagantendichtung auch weltliche Lyrik. Gleichzeitig entwickelte sich die nationalsprachliche Dichtung einerseits ebenfalls als geistliche Lyrik, andererseits unter dem Einfluß der höfischen Kultur des Rittertums (Höhepunkt: 1170–1270) als ↑Minnesang, der im Spätmittelalter unter den Einfluß der bürgerlichen Stadtkultur in den ↑Meistersang einmündete.

Die nationalsprachliche *italienische Lyrik* bereicherte den Formenschatz durch ↑Sonett und ↑Madrigal und erlebte einen ersten Höhepunkt mit den Dichtungen Dantes und F. Petrarcas. Bedeutende Lyriker der Folgezeit waren u.a. Michelangelo und T. Tasso (16. Jahrhundert), P. Metastasio (18. Jahrhundert), im 19. und 20. Jahrhundert G. Leopardi, G. D'Annunzio, G. Ungaretti, E. Montale u.a. – Die *französische Lyrik* geriet nach F. Villon (15. Jahrhundert) zunächst unter italienischen Einfluß (Margarete von Navarra, C. Marot) und wandte sich dann antiken Formen und Motiven zu (P. de Ronsard). Bedeutende Lyriker der Romantik waren A. de Lamartine, V. Hugo, A. de Vigny, A. de Musset. Einen neuen Höhepunkt erreichte die französische Lyrik in den die Moderne einleitenden Dichtungen Ch. Baudelaires und der Symbolisten A. Rimbaud, St. Mallarmé, P. Verlaine, im 20. Jahrhundert u.a. mit P. Valéry, G. Apollinaire, Saint-John Perse, R. Char sowie mit den Surrealisten L. Aragon, P. Éluard. – Auch die *englische Lyrik* stand zunächst unter italienischem Einfluß (englisches Sonett). Ihre Entwicklung ging über den ↑Euphuismus, über E. Spenser, W. Shakespeare J. Donne, J. Milton zur französisch beeinflußten Lyrik des 18. Jahrhunderts (A. Pope), zur empfindsamen (J. Thomson, Th. Gray), dann volkstümlichen (R. Burns) und romantischen Lyrik (W. Blake, Lord Byron, P. B. Shelley, J. Keats) und im späteren 19. Jahrhundert zur Lyrik A. Tennysons, R. Brownings, A. Ch. Swinburnes, F. Thompsons. Im 20. Jahrhundert gelten W. B. Yeats, T. S. Eliot und W. H. Auden als die bedeutendsten Lyriker.

Die Lyrik des Humanismus in *Deutschland* war ↑Gelehrtendichtung nach lateinischen Mustern. Neben ihr entstand im Zusammenhang mit der Reformation das protestantische ↑Kirchenlied (M. Luther). Die Lyrik des Barock war einerseits Gesellschaftsdichtung (M. Opitz, S. Dach, P. Fleming, G. Ph. Harsdörffer, Ph. von Zesen, Ch. Hofmann von Hofmannswaldau, D. C. von Lohenstein, F. von Logau) und andererseits religiöse Lyrik (A. Gryphius, F. Spee von Langenfeld, P. Gerhardt und, mit mystischen Einflüssen, Angelus Silesius). Das 18. Jahrhundert brachte eine durch das wachsende Leserpublikum, und größeres Interesse an Literatur bedingte stärkere Differenzierung. Gedankenlyrik und Lehrdichtung (B. H. Brokkes, A. von Haller, E. von Kleist) standen neben rokokohafter Gesellschaftslyrik (F. von Hagedorn, J. W. L. Gleim, Ch. M. Wieland) und der Lyrik der Empfindsamkeit mit pietistischen Einflüssen (Ch. F. Gellert). F. G. Klopstocks Lyrik (↑Göttinger Hain) wurde mit ihrer Befreiung des Gefühls zur Wegbereiterin des ↑Sturm und Drang (J. G. Herder: Volkslieder; der junge Goethe, J. M. R. Lenz, L. Ch. H. Hölty, G. A. Bürger). Die Zeit der Klassik war nur kurz (Goethes symbolische Lyrik, Schillers Gedankenlyrik; J. Ch. F. Hölderlins Lyrik besaß eine Sonderstellung). An die idealistisch-religiöse Lyrik der Frühromantik (Novalis, die Brüder A. W. und F. Schlegel) knüpften die Modernen an, nachdem die naturnahe Stimmungslyrik der Hoch- und Spätromantik (C. Brentano, J. von Eichendorff) abgelöst war durch eine teils eher gedanklich orientierte, teils ins Private gewendete (E. Mörike, F. Grillparzer, N. Lenau; ↑Biedermeier), dann realistische Lyrik (u. a. A. von Droste-Hülshoff, Ch. F. Hebbel, Th. Storm, G. Keller), durch formkünstlerische (A. von Platen, F. Rückert) und sozialkritisch-politische Lyrik (H. Heine; ↑Junges Deutschland). Neben der symbolischen (C. F. Meyer) stand die sogenannte Epigonenlyrik (↑Münchner Dichterkreis), gegen die der ↑Naturalismus antrat (H. Conradi, A. Holz) ebenso wie der ↑Symbolismus (St. George, z. T. H. von Hofmannsthal, R. M. Rilke). Um die Jahrhundertwende entstand impressionistische Lyrik (D. von Liliencron), später ↑Arbeiterdichtung unter dem Einfluß von Naturalismus und ↑Expressionismus. Letzterer zeigte sich in mannigfachen Richtungen: politischer Aktivismus (J. R. Becher), experimenteller ↑Dadaismus, Bürgerschreckslyrik (der frühe G. Benn, der frühe B. Brecht), melancholische Verinnerlichung, Magisches (G. Trakl, G. Heym, E. Lasker-Schüler). Der Expressionismus wurde abgelöst durch Naturlyrik (O. Loerke), religiöse Lyrik (R. A. Schröder), Gebrauchslyrik (B. Brecht), heroisierende nationalsozialistische Lyrik. Nach 1945 gab es in den westlichen Besatzungszonen neben einer sehr rückwärts gewandten Richtung (W. Bergengruen) die sogenannte Kahlschlaglyrik (G. Eich, W. Schnurre), in der sowjetischen Besatzungszone zunächst eine lyrische Verarbeitung der unmittelbaren Vergangenheit (J. R. Becher, St. Hermlin, P. Huchel). Nach 1949 wurde in der Bundesrepublik Deutschland die Lyrik von G. Benn und B. Brecht und in der Nachfolge des letzteren eine gesellschaftskritische Lyrik (H. M. Enzensberger, E. Fried, A. Reinfrank, F. Ch. Delius, A. Astel, Y. Karsunke), daneben Naturlyrik (G. Eich), sprachexperimentelle Lyrik (E. Gomringer, H. Heissenbüttel, F. Mon, E. Jandl, G. Rühm) und hermetische Lyrik (P. Celan, I. Bachmann; ↑Hermetismus) weiterentwickelt. Einflüsse der angloamerikanischen Poesie seit der Beat generation mit starker Betonung der subjektiven Erfahrung zeigten sich Anfang der 70er Jahre v. a. bei R. D. Brinkmann, N. Born u. a. Der um die Mitte der 70er Jahre einsetzende sogenannte lyrische Subjektivismus ist jedoch in dem Maße politischer als die nordamerikanische Popliteratur, als das lyrische Ich mehr an den gesellschaftlichen Verhältnissen als an seinen privaten Schwierigkeiten leidet (z. B. G. Wohmann, G. Herburger). – Nachdem in der DDR 1952 der sozialistische Realismus zur verbindlichen Literaturdoktrin erhoben worden war, mündete das Aufbruchspathos in dessen totale Ideologisierung, dem sogenannten Aufbruchgedicht (Kuba). Später entwickelte sich eine differenziertere politische Lyrik sowie das Naturgedicht (P. Huchel, J. Bobrowski, G. Kunert). Sprachexperimentelle Lyrik fehlt jedoch völlig. Bedeutende Lyriker der DDR wie W. Biermann, B. Jentzsch, S. Kirsch, R. Kunze und Ch. Reinig, die sich über sprachlich-ästhetische Form-Inhalt-Forderungen der SED hinwegsetzten und übergreifende Prozesse als hinsichtlich ihrer Wirkung auf den einzelnen hin befragten, wurden (nicht zuletzt wegen der daraus resultierenden Systemkritik) zur Publikation im Ausland und später zum Verlassen der DDR gezwungen.

lyrisch: bezeichnet 1. die Zugehörigkeit eines literarischen Werkes zur poetischen Gattung ↑Lyrik; 2. eine der drei poetischen Grundhaltungen oder der drei „Naturformen der Poesie" (Goethe). Als lyrisch gilt die stimmungshafte Verschmelzung von Subjekt und Objekt als Ergebnis der Verinnerlichung der gegenständlichen Wirklichkeit, wobei in der Dichtung die sprachliche Gestaltung v. a. auf musikalische Klangwirkungen abzielt. Das Lyrische ist nicht an eine bestimmte Darbietungsform gebunden, es kann auch im Drama (↑lyrisches Drama) und in der Epik begegnen (Goethe, „Die Leiden des jungen Werthers", Roman, 1774).

lyrischer Roman ↑lyrisches Epos.

lyrisches Drama: Dramentyp, in dem lyrische Elemente stark hervortreten und der durch Kürze (oft Einakter), Handlungs- und Figurenarmut gekennzeichnet ist. Im Zentrum des lyrischen Dramas steht meist ein dem ↑lyrischen Ich vergleichbarer Held und seine innere Welt. Ursprünglich (im 18. Jahrhundert) bezeichnete der Begriff „lyrisches Drama" die Textvorlage musikalischer Formen wie Oper, Singspiel, Kantate, Oratorium, später wurde er auf die mit Instrumentalmusik untermalten ↑Monodramen und ↑Duodramen des 18. Jahrhunderts (Goethe, „Proserpina", 1778) angewendet und schließlich auf die lyrisch-dramatischen Dichtungen des Symbolismus (z. B. H. von Hofmannsthal, „Der Thor und der Tod", 1900) und die lyrisch-ekstatischen Dramen des Expressionismus übertragen.

lyrisches Epos: Bezeichnung für Versepen und Romane v. a. des 18. und des frühen 19. Jahrhunderts, in denen das lyrische Element in den Vordergrund tritt, z. B. Goethes Roman „Die Leiden des jungen Werthers" (1774), J. Ch. F. Hölderlins Roman „Hyperion oder der Eremit in Griechenland" (1797–99 [4. Fassung]), J. von Eichendorffs Versepos „Julian" (1853).

lyrisches Ich: das in lyrischen Gedichten erscheinende dichterische Subjekt, das sich in der ersten Person nennt und das mit dem Autor identisch sein kann, aber nicht identisch sein muß; z. B.: „Ich ging im Walde / so für mich hin, / Und nichts zu suchen, / Das war mein Sinn." (Goethe, Gedicht „Gefunden", 1813).

M

maccaronische Dichtung ↑makkaronische Dichtung.

Mädchenlied: Bezeichnung für eine Sonderform des ↑Minnesangs: ein Lied in dem, im Gegensatz zum Ideal der „hohen Minne", die Erfüllung der Liebe zwischen einem (adeligen) Herrn und einem einfachen Mädchen aus dem Volke (wîp, maget) dargestellt wird. Die ersten Beispiele dieser Lieder der sogenannten „niederen Minne" finden sich bei Walther von der Vogelweide (z. B. „Under der linden"; „Nemt, frouwe, disen kranz!").

Madrigal [italienisch] (italienisch madrigale, madriale, mandriale): Bezeichnung für eine in Italien seit dem Anfang des 14. Jahrhunderts bezeugte volkssprachliche Gattung gesungener Lyrik meist satirischer und moralischer Art, die unter dem Einfluß F. Petrarcas zur bevorzugten Darstellungsform ländlich-idyllischer Liebesdichtung wurde. Während ältere Madrigale aus einer einzigen, zwei oder drei Terzette und ein oder zwei Reimpaare umfassenden Strophe nach dem Schema abbcbbddee bestanden, entwickelten sich im 16. Jahrhundert auch freiere Formen mit 6–13 sieben- bis elfsilbigen Versen und freier Reimstellung, die auch den Einbau reimloser Verse (↑Waisen) gestatte-te. Ende des 16., v. a. aber im 17. Jahrhundert setzte sich wieder die ältere Form (drei Terzette und zwei Reimpaare) als verbindlich durch. In der Oper und im Oratorium der Barockzeit war das Madrigal die wichtigste Textform. Auch die ↑Anakreontik (F. von Hagedorn, Ch. F. Gellert, Goethe in seinen „Leipziger Liedern") und die Romantik (L. Uhland, J. von Eichendorff) bedienten sich der Form des Madrigals.

Magazin [italienisch magazzino „Vorratshaus, Scheune", von arabisch machsan „Warenlager"]: Bezeichnung und Titel[bestandteil] von in regelmäßiger Folge erscheinenden Zeitschriften. Als Titel erschien „Magazin" 1731 in England, in Deutschland dient „Magazin" seit 1748 als Bezeichnung für Familienblätter, heute insbesondere für meist anspruchslosere, illustrierte Unterhaltungszeitschriften, die sich gelegentlich an eine feste Zielgruppe wenden (Hobby-, Sex-, Jugendmagazin usw.). Daneben wird heute der Begriff „Magazin" auch auf politische Zeitschriften (so führt z. B. „Der Spiegel", 1947ff., den Untertitel „Das deutsche Nachrichtenmagazin") und auf Hörfunk- oder Fernsehsendungen übertragen, in denen in lockerer Form Beiträge zu einem bestimmten Sachgebiet (Politik, Wirtschaft) zusammengefaßt werden.

magischer Realismus: Bezeichnung für eine v. a. für die westdeutsche Nachkriegsliteratur bedeutsame literarische Strömung, die dadurch gekennzeichnet ist, daß eine realistisch geschilderte Wirklichkeit als ↑Symbol oder ↑Chiffre für eine hinter ihr verborgene geheimnisvolle (= magische) andere Wirklichkeit erscheint. So wird bei der Lektüre von H. Kasacks Roman „Die Stadt hinter dem Strom" (1947) bald deutlich, daß diese Stadt nichts anderes ist als die Stadt der Toten, die nach Überschreitung des Flusses des Lebens betreten wird. In diesem Zusammenhang sind auch der Roman „Das unauslöschliche Siegel" (1946) von E. Langgässer sowie einzelne Werke von E. Jünger, F. G. Jünger und E. Kreuder zu sehen. Psychologen haben die Motive der Werke des magischen Realismus aus Angstträumen zu erklären versucht.

Makame [arabisch makama, eigentlich „Sitzung, Zusammenkunft", dann auch: die dort gehaltenen Reden]: eine Form arabischer Stegreifdichtung, die ihren Ursprung in den Unterhaltungen bei Gelehrtentreffen an arabischen Fürstenhöfen hatte. Sie wurde als rhetorisch-poetische Kunstform in metrisch freier Reimprosa mit Verseinlagen gestaltet sowie mit Sinnsprüchen, literarischen Zitaten usw. geschmückt. Die einzelnen Makamen wurden durch einen fiktiven Erzähler zusammengehalten, der durch sprachlichen Witz und außerordentliche Schlagfertigkeit glänzte. Durch die Gestalt des Erzählers, der von Ort zu Ort wandert und immer wieder neue Proben seines Witzes und seiner Beredsamkeit liefert, wirkten die Makamen prägend auf den späteren ↑Schelmenroman ein. Meister der Makame sind Al Hamadhani und Al Hariri.

makkaronische Dichtung (maccaronische Dichtung): eine besonders in der Zeit des Humanismus beliebte Sonderform komischer Dichtung, die ihre belustigende Wirkung durch die spielerische Verschmelzung zweier Sprachen erzielt, wobei die eine v. a. das grammatische und syntaktische Grundgerüst liefert, dem das Wortmaterial aus der anderen Sprache angepaßt wird, z. B. „Quisquis habet Schaden, pro Spott non sorgere debet". Makkaronische Dichtung, so benannt nach der Satire „Carmen Macaronicum de Patavinis quibusdam arte magica delusis" (um 1490) des T. Odasi aus Padua, setzt voraus, daß der Verfasser und der Leser die verwendeten Sprachen beherrschen, und ist deshalb reine ↑Gelehrtendichtung mit der beabsichtigten Wirkung einer ↑Satire oder einer ↑Parodie. In Deutschland finden sich bei S. Brant, Th. Murner, H. Sachs und v. a. bei J. Fischart Ansätze zu dieser Art von Dichtung, die in späterer Zeit nur noch in knappen Scherzworten fortlebt, wie z. B. in B. von Münchhausens Drohung: „Totschlago vos sofortissime, nisi vos benehmitis bene!"

Manessische Handschrift ↑Heidelberger Liederhandschriften.

Manier [französisch manière „Handhabung, Art, Weise", von lateinisch manus „Hand"]: eigentlich Art und Weise, Eigenart, der Stil eines Künstlers; dann in der Kunstkritik in abwertendem Sinne gleichbedeutend mit Künstelei, stereotyper Wiederholung oder sklavischer Nachahmung einer ursprünglich anerkannten künstlerischen Verfahrensweise.

Manierismus [lateinisch-französisch]: ein von der Kunstwissenschaft für den Kunststil der Spätrenaissance geprägter und in die Literaturwissenschaft übernommener Begriff zur Bezeichnung der Übergangsphase von der Renaissance zum Barock. Manierismus wird bisweilen als Epochenbegriff, bisweilen als Bezeichnung eines Kunststils verwendet, so besonders von E. R. Curtius, der einen klassischen und einen „antiklassischen" manieristischen

Kunststil unterschied und unter Manierismus das Beharren auf einer vorgegebenen Form verstand, die sich durch Auswahl, Abwandlung, Übertreibung und spielerische Handhabung verändern konnte. So ist z. B. der barocke Schwulststil (↑Schwulst), etwa bei G. Ph. Harsdörffer, bei D. C. von Lohenstein und Ch. Hofmann von Hofmannswaldau, als Stil des Manierismus gekennzeichnet durch eine dunkle Sprache, durch überreiche Verwendung von ↑Tropen, ↑Metaphern, Concetti (= kunstreiche Wortspiele) und gelehrten mythologischen Anspielungen. An der Wirklichkeit interessierte nicht das Naturhafte, sondern das Problematische, Bizarre, Monströse, das grotesk und phantastisch Verzerrte. Die wichtigsten Ausprägungen des Manierismus sind ferner der ↑Marinismus in Italien, der ↑Euphuismus in England und der ↑Gongorismus in Spanien, die französische ↑preziöse Literatur. – Außer in der Barockliteratur dominierte der Manierismus als Stilform (so E. R. Curtius und G. R. Hocke) in ganz verschiedenen Epochen, z. B. im Hellenismus, im späten Mittelalter, in der Romantik und in der Moderne zwischen 1880 und 1950 (↑Jugendstil, ↑Hermetismus). Durch den Nachweis von formalen und inhaltlichen Ähnlichkeiten zwischen manieristischer und moderner Lyrik ist der fast nur negativ bewertete literarische Manierismus als Gegenstand der Forschung wieder interessant geworden.

Manifest [von lateinisch manifestum „das Handgreifliche, Offenbare“]: öffentliche Grundsatzerklärung, Verkündung des Programms einer Kunst- oder Literaturrichtung, einer politischen Partei.

männlicher Reim: ein mit einer Hebung endender, einsilbiger ↑Reim, z.B. Herz–Schmerz. – Gegensatz: ↑weiblicher Reim.

männlicher Versschluß ↑Kadenz.

Mantel-und-Degen-Stück: deutsche Bezeichnung für die spanische „comedia de capa y espada“, eine im 17. Jahrhundert weit verbreitete Sonderform der spanischen ↑Comedia. Die Benennung dieser spanischen Variante des europäischen ↑Sittenstücks erfolgte unter Anspielung auf die Bekleidung der obersten Gesellschaftsschicht (der Caballeros), in der das Geschehen spielte. Komische oder satirische Wirkung dieser Stücke ergab sich durch die Einbeziehung der Kontrastfigur des ↑Gracioso, eines Dieners, in die Handlung.

Manuskript [von lateinisch manus „Hand“ und scribere (2. Partizip: scriptum) „schreiben“]: Bezeichnung für 1. Druckvorlagen jeder Art, gleichgültig, ob sie handschriftlich, maschinengeschrieben oder als frühere (meist korrigierte) Drucke vorliegen; 2. die handschriftlichen Bücher der Antike und des Mittelalters (häufig illuminiert, ↑Buchmalerei), die aber im allgemeinen als ↑Handschriften bezeichnet werden.

Märchen [Verkleinerungsform von mittelhochdeutsch mære „Erzählung, Geschichte, Bericht“ (von althochdeutsch māren „verkünden, rühmen“)]: eine in ihrem Umfang begrenzte unterhaltende Prosaerzählung, deren Inhalt frei erfunden, weder zeitlich noch räumlich festgelegt und von phantastisch-wunderbaren, den Naturgesetzen widersprechenden Gestalten und Begebenheiten wesentlich geprägt ist. Die beiden Hauptformen der Gattung sind Volksmärchen und Kunstmärchen. Die im *Volksmärchen* sichtbar werdende Weltordnung ist denkbar einfach: die aus dem totalen Gegensatz der Eigenschaften der handelnden Personen (gut–böse, schön–häßlich, tapfer–feige, dumm–schlau usw.) erwachsenden Konflikte finden eine glückliche Lösung, die dem Wunschdenken von Erzähler und Zuhörer entspricht, da sie im Unterschied zu den tatsächlichen Erfahrungen mit der sozialen Umwelt das Walten einer ausgleichenden Gerechtigkeit zeigt. *Formal* ist das Märchen gekennzeichnet durch einen realistischen, der alltäglichen, gesprochenen Sprache angenäherten Stil, der einen bruchlosen Übergang von einer vorstellbaren in eine magische, überwirkliche Welt gewährleistet. Formelhafte Wendungen finden sich am Anfang („Es war einmal...“) und am Schluß („und wenn sie nicht gestorben sind ...") oder in Zauber- bzw. Beschwörungsversen. Häufig spielt die Dreizahl (im Gesamtaufbau wie auch in einzelnen Handlungsabschnitten) eine Rolle, wenn etwa der Held drei Aufgaben zu bewältigen hat, um in den Genuß einer besonderen Vergünstigung zu kommen. Diese Aufgaben steigern sich in ihrer Schwierigkeit und erzeugen somit Spannung. – Max Lüthi („Das europäische Volksmärchen", 1947, 8. Auflage 1985) nennt vier wichtige *Merkmale* des Märchenstils: 1. Eindimensionalität, d. h. das Realistische und das Magische liegen in einer Ebene, das Magische wird nicht als plötzlicher Einbruch in die reale Welt dargestellt oder empfunden; 2. Flächenhaftigkeit, d. h. die auftretenden Personen sind Menschen ohne unverwechselbare Individualität, ohne Innenwelt, ohne differenzierte Umwelt; 3. Isolation und Allverbundenheit, d. h. die Handlungsträger des Märchens sind isoliert, ohne lebendige Beziehung zu Familie, Volk oder irgend einer anderen Gemeinschaft; isolierend ist auch die Darstellung der Handlung, der es nicht auf die Schilderung des jeweiligen Milieus, sondern auf die einsträngige Handlungslinie ankommt; Episoden werden ohne Beziehung aneinandergereiht, ohne daß der Held etwas dazulernt. Auf Grund ihrer Isolation sind Märchenfiguren jedoch jederzeit in der Lage, neue Verbindungen einzugehen oder alte zu lösen: so steht der sichtbaren Isolation die unsichtbare Allverbundenheit gegenüber; 4. Entwirklichung (Sublimation) und Welthaltigkeit, d. h. die Motive des Märchens sind wirklichkeitsfremd: Angst vor dem Übernatürlichen gibt es nicht, sexuellen Stoffkernen fehlt jede eigentliche Erotik, Mord und Gewalttat werden wie selbstverständlich berichtet; andererseits spiegeln sich im Märchen alle wesentlichen Charakteristika des menschlichen Daseins, es gewährt Einblick in „die kleine und die große Welt, private und öffentliche Geschehnisse, diesseitige und jenseitige Beziehungen." – Man unterscheidet verschiedene *Typen* des Märchens: u. a. Zauber- und Wundermärchen, Schwankmärchen, in denen das Komisch-Scherzhafte überwiegt, Tiermärchen, Schicksalsmärchen, die vom vorausgesagten Geschick des Helden handeln, Schreckmärchen mit vorrangig didaktischer Funktion. Eine besondere Gruppe bilden die Formelmärchen, die von der variierenden Wiederholung eines Motivs leben. Zu ihnen gehören das Frage- und Neckmärchen, das durch absurde Fragespiele meist der Unterhaltung von Kindern dient, und das ähnlich aufgebaute Kettenmärchen. Die Naturvölkermärchen, die Erzählstoffe schriftloser Kulturen überliefern, zeigen eine starke Bindung an Mythos und Religion und enden häufig tragisch.

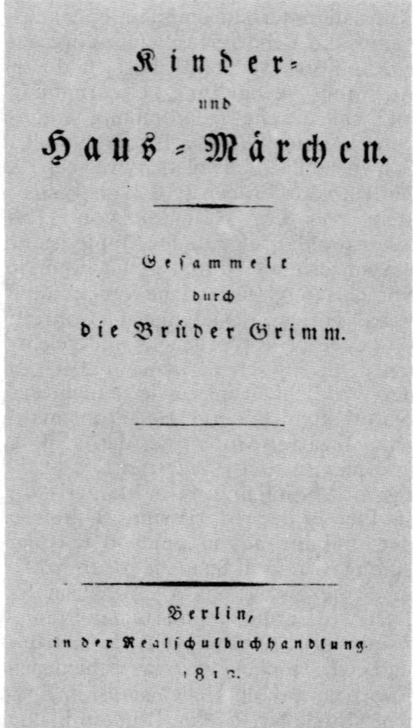
Kinder- und Haus-Märchen.

Gesammelt durch die Brüder Grimm.

Berlin, in der Realschulbuchhandlung. 1812.

Märchen. Titelblatt des ersten Bandes der Erstausgabe der „Kinder- und Hausmärchen" der Brüder Grimm (1812)

Im Gegensatz zu diesen Formen steht das *Kunstmärchen.* Es kann bisweilen auch eng am Volksmärchen orientiert sein, ist häufig aber betont artifiziell gebaut, psychologisch-philosophisch ausgerichtet und schriftlich festgehalten. In jedem Fall ist es das Werk eines namentlich bekannten Autors. Es geht auf die im Mittelalter in größeren epischen Werken verarbeiteten Märchenstoffe zurück und erfreute sich erstmals zur Zeit des Rokoko als geistreiche Unterhaltung großer Beliebtheit. Seit J. G. Herder äußerte sich die neue Wertschätzung des Naiven, Volksnahen in einer Angleichung des Kunstmärchens an das Volksmärchen. In der Romantik fanden sich neben satirischen Kunstmärchen (L. Tieck) auch solche, in denen, wie bei Novalis, philosophische Einsichten in allegorischer Verkleidung oder, wie bei E. T. A. Hoffmann, dämonische Elemente auftraten. Weitere bekannte Kunstmärchen stammen von C. Brentano, F. de la Motte Fouqué, W. Hauff, H. Ch. Andersen, Ch. Dickens, O. Wilde, H. von Hofmannsthal.

Die *Geschichte* des mündlich überlieferten und deshalb keinem bestimmten Verfasser zuzuordnenden Volksmärchens läßt sich bis in die Schriftzeugnisse aller frühen Hochkulturen zurückverfolgen; so finden sich märchenhafte Elemente in den Epen von Gilgamesch (überliefert seit etwa 1900 v. Chr.) und im babylonisch-assyrischen Bereich. Ägypten war reich an Zauber- und Tiergeschichten. Der griechische Geschichtsschreiber Herodot überlieferte die Erzählung vom „Schatzhaus des Rhampsinit". Wenn auch das Märchen weder in der griechischen noch in der römischen noch in der mittelalterlichen Literatur als gesonderte Gattung bekannt war, finden sich doch in größeren epischen Werken immer wieder Märchenstoffe, so etwa bei Homer (das Märchen von der Zauberin Kirke in der „Odyssee", 8. Jahrhundert v. Chr., deutsch 1781), bei Ovid, G. Petronius und Apuleius („Amor und Psyche") oder auch in mittelalterlichen Exempelbüchern, in denen Beispiele zur Veranschaulichung einer sittlichen Lehre aufgeführt waren. Eine vermittelnde Rolle zwischen den sehr alten Erzähltraditionen des Fernen Ostens und des Vorderen Orients wird Indien zugeschrieben. Außerordentlich bedeutsam für die Entwicklung des europäischen Märchens waren die teils über Byzanz, teils über Spanien und Nordafrika bestehenden Verbindungen zur orientalischen Geisteswelt, über die durch die Vermittlung von Seefahrern, Kaufleuten, Pilgern und Kreuzfahrern eine Fülle von Märchenstoffen nach Europa kam und von Spielleuten weiterverbreitet wurde. Die Reihe der Sammlungen wurde eröffnet von den „Gesta Romanorum" (14. Jahrhundert), es folgten im 16. bzw. 17. Jahrhundert die Sammlungen der Italiener G. Straparola („Le piacevoli notti", 1550–53, deutsch 1791, 1904 unter dem Titel „Die ergötzlichen Nächte") und G. Basile („Lo cunto de li cunti", herausgegeben 1634–36, 1674 unter dem Titel „Pentamerone", deutsch „Das Pentamerone", 1846), die neben Märchenzyklen z. T. aus mündlicher Tradition auch Fabeln, Schwänke usw. enthielten. Im Gefolge von A. Gallands französischer Übersetzung (1704–17) der arabischen Erzählungssammlung „Alf Laila Wa Laila" (entstanden seit dem 8. Jahrhundert, endgültige Form vermutlich im 16. Jahrhundert, deutsch 1823, 1838–41 unter dem Titel „Tausendundeine Nacht") erwachte in Frankreich und Deutschland großes Interesse am Märchen. Dabei wurde die deutsche Tradition stark von Frankreich beeinflußt: die bekanntesten deutschen Märchen wie etwa „Dornröschen", „Rotkäppchen" oder „Der gestiefelte Kater" gehen nachweislich auf Ch. Perraults „Contes de ma mère l'oye" (1697, deutsch „Feenmärchen für die Jugend", 1822) zurück, eine Sammlung, deren Stoffe aus dem überlieferten Volksgut stammten. Die „Volksmärchen der Deutschen" (1782 bis 1786) von J. K. A. Musäus enthielten nur zum Teil aus mündlicher Überlieferung geschöpfte Märchen, die rationalistisch behandelt und dem galanten Stil des 18. Jahrhunderts angepaßt wa-

ren. Das außergewöhnliche Interesse der Romantiker am Volksmärchen erklärt sich daraus, daß diese Gattung am vollkommensten den romantischen Vorstellungen von Ursprung und Wesen der Dichtung entsprach: man erkannte im Märchen die schöpferischen Kräfte des Volksgeistes und sah in der Verquickung des Realen mit dem Irrealen eine bewußte Poetisierung der Welt. Auf Grund dieser hohen Einschätzung des Märchens erscheint es nur konsequent, daß in dieser Zeit die systematische Sammlung von Volksmärchen betrieben wurde: Die „Kinder- und Hausmärchen" (1812–15) der Brüder Grimm gelten als die erste planmäßige und wissenschaftlich fundierte Sammlung, in die auch Tiergeschichten, Fabeln, Legenden, Novellen, Schwänke, Lügengeschichten usw. mit einbezogen wurden. Nach dem Vorbild der Brüder Grimm erschienen in der Folgezeit zahlreiche Märchensammlungen, in denen z. B. die Märchen einer bestimmten Region zusammengestellt wurden.
Forschung: Die wissenschaftliche Beschäftigung mit dem Märchen, zu der die Brüder Grimm im Anmerkungsband zu den „Kinder- und Hausmärchen" wichtige Anstöße gegeben hatten, führte zur Ausbildung einer Reihe verschiedener *Entstehungstheorien:* Die mythologische Theorie, vertreten von J. G. Herder und den Brüdern Grimm, sah im Volksmärchen Überreste von indogermanischen Mythen und germanischen Heldensagen. Th. Benfey, der die gesamte europäische Märchentradition auf indische Vorbilder zurückführen wollte, gilt als Begründer der sogenannten Wandertheorie. Die Auffassung der Polygenese (Vielfachursprungstheorie) wurde u. a. von dem Ethnologen A. Bastian vertreten, der die Theorie des Elementargedankens entwarf, wonach bei allen Völkern gleicher Veranlagung und vergleichbarer Erlebniswelt gleiche Erzählungen entstehen müssen. Auch die Tiefenpsychologie befaßte sich mit dem Märchen: so versuchten C. G. Jung und seine Schule aus Märchen und Mythos Einsichten in die seelische Grundkonzeption und in das „kollektive Unbewußte" des Menschen zu gewinnen. Die sogenannte Finnische Schule (K. Krohn, A. A. Aarne, W. Anderson) entwickelte die historisch-geographische Methode, mit deren Hilfe Urform, Herkunft und Verbreitungswege einzelner Märchentypen ermittelt werden. Dieser Einfachursprungstheorie (Monogenese) zufolge ist jedes Märchen einem bestimmten Herkunftsland zuzuordnen, von dem aus es weitergewandert ist und Änderungen erfahren hat. Die volkskundliche Märchenforschung befaßt sich v. a. mit den Wechselwirkungen zwischen mündlicher und literarischer Überlieferung, mit Erzählern und Erzählsituationen, Struktur-, Form- und Stilfragen sowie mit dem Realitätsbezug des Märchens.

Märchendrama: ein Bühnenstück, das Märchenstoffe oder märchenhafte Begebenheiten zum Gegenstand hat, wie etwa „Der gestiefelte Kater" (1797) von L. Tieck, H. von Kleists „Das Käthchen von Heilbronn" (1810) oder G. Hauptmanns Glashüttenmärchen „Und Pippa tanzt" (1906).

Märchenmotiv: ein ↑Motiv, das durch häufige Verwendung im ↑Märchen geläufig ist und besonders der Eigenart dieser Gattung entspricht: z. B. Begegnung bzw. Kampf mit Drachen und Fabelwesen aller Art, Heirat eines einfachen Mannes mit einer Königstochter, Erfüllung einer unlösbar scheinenden Aufgabe usw.

Märe (Mär) [mittelhochdeutsch mære „Erzählung, Geschichte, Bericht", von althochdeutsch māren „verkünden, rühmen"]: im Mittelalter Bezeichnung für Heldenepos, höfischen Roman sowie dessen Stoffe und Überlieferungen („Uns ist in alten mæren wunders vil geseit", Anfang des „Nibelungenliedes", um 1200), aber auch für andere Formen epischen Erzählens. In der neueren Forschung ist der Begriff „Maere" Gattungsbezeichnung für mittelhochdeutsche Schwankerzählungen der Zeit zwischen 1250 und 1500.

Marginalien [von lateinisch margo „Rand"]: Randbemerkungen: 1. handschriftliche ↑Glossen, kritische Anmerkungen usw. in Handschriften, Akten oder Büchern; 2. auf den Rand einer Buchseite *(marginal)* gedruckte Verweise (Angaben zu Quellen, zu Zahlen oder zum Inhalt eines Textes).

Marinismus [neulateinisch]: nach G. Marino benannte literarische Ausprägung des ↑Manierismus in Italien. Sie war gekennzeichnet durch eine irrationalistische Grundhaltung und gewollte Künstlichkeit, sprachlich durch die reiche Verwendung komplizierter Metaphern, Antithesen und dunkler Anspielungen sowie der Logik widersprechender Bilder. Die lyrischen und epischen Werke (z. B. „L'Adone", Epos, 1623) G. Marinos fanden eine große Zahl von Bewunderern und Nachahmern und waren v. a. für die deutsche Barockdichtung von Bedeutung.

Marionettentheater [von französisch marionette, eigentlich „kleine Marienstatue" (von Marion, Verkleinerungsform zu Marie)]: Puppenspiel mit beweglichen Gliederpuppen, die an Fäden (früher auch an Drähten) befestigt sind, wobei die einfachsten Figuren einen Führungsfaden im Rücken, zwei an den Kopfseiten, je einen an Hand- und Kniegelenken haben. Die Fäden sind an einem Führungskreuz befestigt. Im Gegensatz zum ↑Handpuppenspiel wird die Marionette mit Hilfe des Führungskreuzes von oben geführt. Der unsichtbare Spieler steht hinter bzw. über der Marionette. – Das Marionettentheater ist im asiatischen und europäischen Raum bereits sehr früh bezeugt. Es wurde im Mittelalter in Deutschland von Gauklern häufig auf Jahrmärkten dargeboten. Nach dem Dreißigjährigen Krieg nahmen sich die Wanderbühnen seiner an und führten Spektakel-, Rühr- und Heimatstücke, v. a. jedoch Komödien auf. Aber auch Opern und Operetten gehörten zum Repertoire (so komponierte z. B. J. Haydn mehrere Opern für die Puppenbühne). H. von Kleist („Über das Marionettentheater", Aufsatz, 1810) und auch die Romantiker zeigten aus theoretisch-ästhetischen Gründen reges Interesse am Marionettentheater. 1858 wurde in München durch J. L. Schmid und F. Graf Pocci das erste feststehende Marionettentheater gegründet. Im 19. und 20. Jahrhundert entstanden in vielen Städten Europas weitere Marionettentheater (Wien, Moskau, Rom, Salzburg, Augsburg). Während des 2. Weltkrieges war das Marionettentheater des Tschechen J. Skupa (mit den Figuren „Spejbl" und „Hurvínek") eine wirkungsvolle, mit den Möglichkeiten der Satire arbeitende Opposition gegen den Nationalsozialismus. In der Bundesrepublik Deutschland gibt es etwa 15 Marionettentheater, z. T. mit avantgardistischen Experimenten.

Maske [italienisch-französisch; wohl von arabisch maschara „Gegenstand des Spotts, lächerlich, drollig"]: sowohl Gesichtslarve wie auch Verkleidung oder kostümierte Person. Das Tragen von Masken, eine weltweit verbreitete Erscheinung, war ursprünglich religiös oder kultisch bedingt, es kann Zeichen der Identifikation des Trägers mit der durch die Maske dargestellten Gestalt sein oder der Abschreckung von Dämonen und Geistern dienen. – Im Bereich des Theaters gibt es zwei Arten von Masken: 1. die Schminkmaske, d. h. die Veränderung des Gesichts eines Schauspielers, Sängers, Tänzers usw. durch Schminke, Bart, Perücke usw. entsprechend seiner Rolle oder den Bühnenbedingungen (Fernwirkung, Scheinwerferlicht); 2. die abnehmbare Hohlformmaske, wie sie v. a. in der griechischen Tragödie und Komödie Verwendung fand (das griechische Wort „prósōpon" bedeutet sowohl Maske wie auch Person des dramatischen Spiels). Die Verwendung von Masken deutete auf die Wurzeln des griechischen Theaters im Dionysoskult und hob zugleich das dargestellte mythische Geschehen aus dem Bereich des Alltäglichen heraus. Die Masken, vermutlich von Aischylos eingeführt, bestanden aus stuckierter, helmartig geformter, bemalter Leinwand (möglicherweise auch aus Kork oder Holz), hatten Augen- und Mundöffnungen und waren mit einer fest angefügten

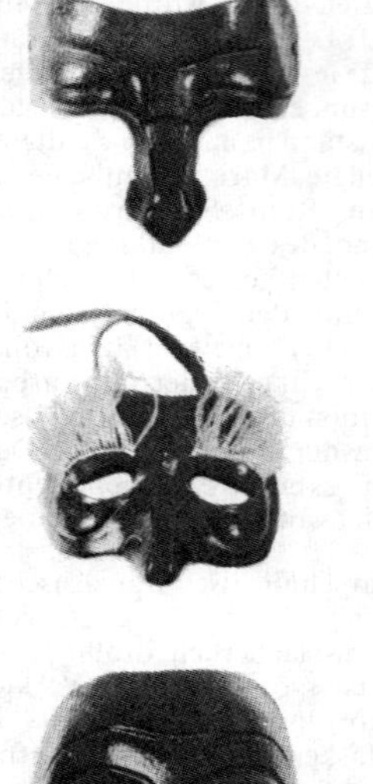

Maske. Typisierte Masken von Arlecchino, Pantalone und Brighella aus der Commedia dell'arte

Perücke versehen. Die Masken der Tragödie wiesen ernste, gleichförmige Züge auf, die der Komödie waren asymmetrisch und komisch verzerrt. Bei der beschränkten Anzahl der Schauspieler (eins bis drei), die zudem auch die Frauenrollen zu übernehmen hatten (weibliche Akteure waren nicht zugelassen), erwiesen sich Masken als praktische Einrichtung zur Ermöglichung eines raschen Rollenwechsels. Im Rom bürgerten sich Schauspielermasken erst im 1. Jahrhundert v. Chr. ein. Zuvor waren Masken nur in der von freien Bürgern aufgeführten ↑Atellane zugelassen, während den Schauspielern als Unfreien das Tragen von Masken verboten war. Seit dem Mittelalter wurde, abgesehen von der ↑Commedia dell'arte (deren feststehende Figuren durch typisierende dunkle Lederhalbmasken kenntlich gemacht waren), von ↑Maskenspielen, Balletten und ↑Pantomimen der Renaissance- und der Barockzeit, die Gesichtsmaske von der Schminkmaske verdrängt. Heute finden Masken gelegentlich Verwendung in historisierenden Aufführungen antiker Dramen oder – zur Erzielung eines besonderen Effekts (z. B. zur Verfremdung) – in modernen Bühnenstücken (B. Brechts Inszenierung seines „Kaukasischen Kreidekreises", 1954).

Maskenspiel: eine (wie auch der Maskenzug) aus alten Karnevalsbräuchen erwachsene und als theatralische Unterhaltung zur Zeit der Renaissance in ganz Europa verbreitete Sonderform des gestaltenden Spiels. Maskenspiele (Masques) waren in Frankreich und England im 17. Jahrhundert eine geläufige Gestaltungsform höfischer Feste, bei denen mythologische Stoffe durch entsprechende Kostümierung der Teilnehmer unter Einbeziehung von Pantomime, Tanz und Musik gestaltet wurden. In diesen Maskenspielen vereinigten sich Anregungen durch heimische Traditionen des Mummenschanzes mit solchen aus den prunkvollen Umzügen maskierter Gestalten der italienischen Frührenaissance.

materialer Text: Bezeichnung für Dichtung, in der Sprache nicht der Mitteilung realer Sachverhalte dient, sondern auf ihre Materialität reduziert ist, d. h. das Wort, die Silbe, der Buchstabe, der Laut werden nicht als Bedeutungsträger, sondern als Baumaterialien verwendet. In diesem Sinne kann Sprache auf akustische (z. B. ↑Lautgedichte) oder visuelle Elemente (Ideogramme, Konstellationen usw.) reduziert werden. Als Beispiel eines materialen Textes kann E. Gomringers Text „schweigen" angeführt werden:

„schweigen schweigen schweigen
schweigen schweigen schweigen
schweigen   schweigen
schweigen schweigen schweigen
schweigen schweigen schweigen."

In ihm wird das, was das Wort „schweigen“ besagt, durch die Lücke markiert, während (durch die Anordnung bedingt) das gedruckte Wort „schweigen“ eigentlich ins Gegenteil verkehrt wird. Materiale Texte finden sich v. a. in der ↑konkreten Dichtung. – ↑auch experimentelle Dichtung, ↑abstrakte Dichtung.

Mauerschau ↑Teichoskopie.

Maxime [französisch maxime, von mittellateinisch maxima (regula) „höchste (Regel)“]: oberste Regel oder oberster Grundsatz; zunächst bezogen auf die Logik zur Bezeichnung einer obersten Regel, die weder zu beweisen noch beweisbar ist; bereits im lateinischen Mittelalter auch übertragen auf Lebensregeln; auch literarische Kunstform, die oft eine ironische Kritik an allgemein verbreiteten Meinungen und Gepflogenheiten enthält und sich so in Inhalt und Form dem ↑Aphorismus annähert, etwa bei den französischen Moralisten (z. B. F. de La Rochefoucauld) oder bei Goethe („Maximen und Reflexionen“, 1833).

Meininger: Hoftheatergruppe Herzog Georgs II. von Sachsen-Meiningen (* 1826, † 1914), die in ganz Europa als Musterensemble (geleitet vom „Theaterherzog“ persönlich) galt und durch ihre Aufführungen prägend auf das europäische Theater des Realismus einwirkte: man bemühte sich um strenge historische Genauigkeit (Kostümierung, Bühnenbild, ungekürzter Originaltext), einheitliche, suggestive Atmosphäre (u. a. durch erste Ansätze einer Lichtregie), sorgfältige Ausgestaltung der Massenszenen und stimmte Ensemble- und Einzeldarstellung aufeinander ab. In vielen Gastspielreisen durch Deutschland, Europa und Amerika (1874–90) machten die Meininger ihre Aufführungspraktiken weltweit bekannt.

Meistersang: von bürgerlichen, meist in Städten ansässigen Dichter-Handwerkern zunftmäßig gepflegte Liedkunst des 15. und 16. Jahrhunderts, die sich formal wie inhaltlich an den ↑Minnesang und die ↑Spruchdichtung des höfischen Mittelalters anlehnte. Bevorzugt wurden lehrhafte und erbauliche Stoffe mit biblischer oder geistlicher Thematik, seit dem 16. Jahrhundert gab es auch Liebeslieder, erzählende Gedichte, Schwänke oder Spottverse im Repertoire der Meistersinger. Insgesamt bemühten sich die biederen Handwerker in erster Linie um eine getreue Erfüllung der strengen, selbstgesetzten Normen, das dichterische, kreative Element kam weitgehend zu kurz. Bedeutsame formale Neuerungen gegenüber dem Minnesang waren die Beachtung des Prinzips der Silbenzählung, die strenge Alternation (regelmäßiger Wechsel von einsilbiger Hebung und einsilbiger Senkung) und der jambische Gang der Verse. – Die Meistersinger verehrten als die „vier gekrönten Meister“ Frauenlob (Heinrich von Meißen), der um 1315 in Mainz die erste Meistersingerschule gegründet haben soll, Barthel Regenbogen, Konrad Marner und Heinrich von Mügeln. Sie organisierten sich in einzelnen Städten in der Vereinigung der *Singschule;* Singveranstaltungen (auch Singschulen genannt) waren einmal das Hauptsingen, das in der Kirche stattfand und bei dem religiöse oder auch ernste weltliche Stoffe vorgetragen wurden, und außerdem das Zechsingen, das

Meistersang. Meistersinger beim Vortrag. Aus Georg Hagers Meistersangbuch (16./17. Jahrhundert)

der geselligen Unterhaltung im Wirtshaus diente. Die Lieder wurden durchwegs solistisch und ohne Instrumentalbegleitung vorgetragen. Die Darbietung der Lieder unterlag ebenso strengen Regeln und Gesetzen wie die Komposition von Text und Melodie. Die in der ↑Tabulatur zusammengefaßten Vorschriften wurden von den Merkern genauestens überwacht. Festgelegt war auch die *Terminologie:* Ein Lied bestand zumeist aus drei gleichen, dreiteiligen Strophen (↑Meistersangstrophe), die als „Bare" (Einzahl Bar; daneben auch Par) bezeichnet wurden; Text und Melodie zusammen hießen „Ton", der Text allein wurde als „Gesetz" bezeichnet, für die Melodie allein sagte man „Weise"; die Weisen wurden durch seltsam anmutende Benennungen (z. B. „abgeschiedene Vielfraßweis" oder „traurige Semmelweis") charakterisiert. Die Zunft der Meistersinger war streng hierarchisch gegliedert: auf der untersten Stufe standen der „Schüler" (der bloße Teilnehmer), der „Schulfreund" (der die Regeln beherrschte) und der „Singer" (der sich auf die Reproduktion vorgefertigter Töne beschränkte). Bereits auf einer höheren Stufe standen der „Dichter", der zu einer vorgegebenen Weise der „12 alten Meister" (neben den „gekrönten" u. a. auch Wolfram von Eschenbach und Walther von der Vogelweide) einen eigenen Text verfassen konnte. Wer schließlich einen neuen Ton schuf, galt als „Meister". An der Spitze der Pyramide standen die Merker. Bekannte Meistersinger waren u. a. Muskatplüt, M. Beheim, H. Folz. Zentren des Meistersangs, der fast ausschließlich in Süd- und Südwestdeutschland gepflegt wurde, waren Mainz und v. a. Nürnberg, die Heimatstadt des wohl bekanntesten Meistersingers, H. Sachs, nach dessen Tod (1576) der Niedergang des Meistersangs einsetzte. Vereinzelt bestanden Meistersingerschulen bis ins 19. Jahrhundert. Als bedeutendste erhaltene Sammlung von Meisterliedern gilt die sogenannte „Colmarer Liederhandschrift" (um 1460).

Meistersangstrophe: die Strophenform des ↑Meistersangs, die geläufigste Strophenform des Mittelalters (↑Kanzone, ↑Stollenstrophe) und der frühen Neuzeit. Die Meistersangstrophe ist dreiteilig und besteht aus zwei gleichgebauten ↑Stollen, die zusammen den ↑Aufgesang bilden und jeweils zur gleichen Melodie gesungen werden, und einem ↑Abgesang, der sich in Metrum, Reim und Melodie von den Stollen des Aufgesangs unterscheidet. Die erste Strophe aus H. Sachsens Lied „Der fuchs mit dem han" mag diesen Aufbau verdeutlichen (1. Stollen des Aufgesangs):

„Ein hungriger fuchs thet außgon
Und fand bei einem dorf ein hon
Auf einem zaun, den ret er on:"
(2. Stollen des Aufgesangs):
„Ein gute stim dein vater het;
Drum kum ich her an dise stet,
Ob im dein stim auch gleichen thet."
(Abgesang):
„Die hoffart trang
Den hon, der schwang
Sein flügel, hub laut an und sang
Mit pschlossnen augen, das es klang."

Meistersingerbühne ↑Bühne.

Melodrama [von griechisch mélos „Lied, Singweise"]: 1. eine musikalische Bühnengattung, in der das gesprochene Wort von Begleitmusik untermalt wird. So wurde das von J.-J. Rousseau („Pygmalion", 1770) und G. A. Benda („Medea", 1775) entwickelte Melodrama in der Romantik als Konzertmelodrama, d. h. als Gedichtrezitation zu Klavier- oder Orchesterbegleitung, gepflegt (z. B. R. Schumanns „Balladen", 1852). Das Melodrama erfuhr im 20. Jahrhundert mit der Distanzierung von dem ausschließlich auf gesanglichen Ausdruck festgelegten Musikdrama eine Wiederbelebung meist in Verbindung mit Ballett und Singstimmen (I. Strawinski, „Perséphone", 1934). – 2. Daneben bezeichnet Melodrama auch eine aus dem älteren Melodrama entstandene Dramenform, die in der Romantik besonders populär war und die nicht mehr durch die musikalische Untermalung, sondern durch Inhalt und Aufführungsform geprägt wurde: Handlungen mit rührenden oder schaurigen Effekten, mittelalterlichen oder orientalischen Schauplätzen wurden aufwendig und pathetisch inszeniert, die Glaubwürdigkeit des Dargestellten war zweitrangig. Diese Art von Dramen, die Anregungen aus Schillers Schauspiel „Die Räuber" (1781) verarbeiteten, blieb mit wenigen Ausnahmen (z. B. F. Grillparzer, „Die Ahnfrau", 1818) literarische Massenware.

Memoiren [memo'a:rən; französisch, von lateinisch memoria „Gedächtnis, Gedanken, Erinnerung"]: literarische Darstellung von „Denkwürdigkeiten" des eigenen Lebens oder bedeutsamer Lebensabschnitte, wobei die Schilderung selbsterlebter politischer oder zeitgeschichtlicher Ereignisse, die Erinnerung an berühmte Zeitgenossen oder die Rechtfertigung des eigenen politischen, kulturellen oder gesellschaftlichen Wirkens im Vordergrund stehen. Dadurch unterscheiden sich Memoiren von der ↑Chronik, die mehr auf die Darstellung objektiv gegebener Sachverhalte zielt, und von der ↑Autobiographie, deren Gegenstand der Prozeß der persönlichen geistig-seelischen Entwicklung ist; genaue Grenzen sind jedoch nicht zu ziehen. Als Verfasser von Memoiren treten v. a. Politiker und andere Persönlichkeiten des öffentlichen Lebens in Erscheinung. So gelten Memoiren als wichtige, wenn auch kritisch zu wertende Zeitdokumente, da sie nicht selten bislang unbekanntes Material enthalten. – Die Tradition der Memoirenliteratur reicht bis in die Antike: so stellte Xenophon in seinen „Apomnēmoneúmata Sōkrátus" (deutsch 1593, 1953 unter dem Titel „Erinnerungen an Sokrates") aus persönlicher Sicht Leben und Wirken des Sokrates dar, Cäsar versuchte in seinen „Commentarii de bello Gallico" (52/51, deutsch 1507, 1957 unter dem Titel „Der Gallische Krieg") und „Commentarii de bello civili" (etwa 45 v. Chr., deutsch 1507, 1957 u. d. T. „Der Bürgerkrieg") eine Rechtfertigung seines militärischen und politischen Vorgehens in Gallien und im Bürgerkrieg. Am frühesten und reichsten entwickelte sich die Memoirenliteratur in Frankreich, wo sie im Zeitalter Ludwigs XIII. (17. Jahrhundert; Herzog von Richelieu, Kardinal von Retz usw.) und dann v. a. im Zusammenhang mit der Französischen Revolution eine bedeutende Höhe erreichte. In Deutschland entstand erst im 19. Jahrhundert eine eigentliche Memoirenliteratur (K. A. Varnhagen von Ense, K. L. Immermann, K. W. von Metternich, O. von Bismarck). Auch heute besteht ein lebhaftes Interesse an den Memoiren von Politikern (u. a. von W. Churchill, Ch. de Gaulle, K. Adenauer, H. Kissinger, C. Schmid) Schauspielern, Sängern usw.

Memorialdichtung ↑Merkdichtung.

Menestrel [provenzalisch-französisch, von lateinisch ministerialis „im (kaiserlichen) Dienst Stehender, Beamter"]: in der französischen Literatur des Mittelalters Bezeichnung für den im Dienst eines Hofes stehenden Spielmann; seit dem 13. Jahrhundert für den Spielmann überhaupt. – ↑auch Minstrel.

Merkdichtung: germanische Dichtungsgattung, die auch als Katalog- oder Memorialdichtung bezeichnet wird. In Versen, in denen meist Stabreime als Gedächtnisstütze dienten, wurde Wissenswertes aufgezählt, v. a. aus der Mythologie oder der Helden- und Fürstengeschichte. Die Merkdichtung wurde besonders in Island, Norwegen und England gepflegt.

Merker [mittelhochdeutsch merkære]: Aufpasser, der 1. meist als Neider oder böser Verwandter im ↑Minnesang die Begegnung der Liebenden verhinderte oder überwachte, oder der 2. im ↑Meistersang als Zensor und Schiedsrichter die Liedvorträge nach den Regeln der Tabulatur überwachte und Verstöße registrierte. Zumeist waren vier Merker mit dieser Aufgabe betraut.

Mesostichon [von griechisch mésos „mitten" und stíchos „Vers"]: eine schmückende Figur in Gedichten, bei der die in der Mitte der Verszeilen stehenden Buchstaben, der Reihe nach gelesen, ein Wort oder einen kurzen Satz ergeben. – ↑auch Akrostichon, ↑Telestichon.

Metabole [griechisch „Veränderung, Wechsel"]: Bezeichnung für einen unerwarteten Wechsel in der Syntax (auch *Inkonzinnität* genannt), in der Wortwahl oder im Rhythmus.

Metamorphose [von griechisch metamórphōsis „Umgestaltung, Verwandlung"]: in der Mythologie, im Märchen, in aitiologischen Sagen oder auch in Dichtungen die Verwandlung eines Menschen in ein Tier (Froschkönig), eine Pflanze (Daphne) oder in einen unbelebten Gegenstand. Metamorphosen tauchten bereits in Homers „Odyssee" (8. Jahrhundert v. Chr.) auf (die Verwandlung der Gefährten des Odysseus in Schweine durch die Zauberin Kirke). Sie waren besonders häufig in der römischen Dichtung (z. B. Ovids Sagenzyklus „Metamorphoses", entstanden 1–10, deutsch 1545, 1958 unter dem Titel „Metamorphosen") oder L. Apuleius' Roman „Metamorphoses" (auch „Asinus aureus", entstanden wohl nach 175, deutsch 1538, 1783 unter dem Titel „Der goldene Esel") und finden sich auch in der Gegenwartsliteratur, so in F. Kafkas Erzählung „Die Verwandlung" (1915) oder in E. Ionescos Stück „Les rhinocéros" (1959, deutsch „Die Nashörner", 1960).

Metapher [von griechisch metaphorá „die Übertragung"]: eine sehr häufige rhetorische Figur uneigentlichen, bildhaften Sprechens, bei der die Wörter nicht in der eigentlichen, sondern in übertragener Bedeutung verwendet werden. Die Sprache springt dabei, im Unterschied zur ↑Metonymie, gleichsam von einem Vorstellungsbereich in einen anderen. Die Metapher wurde vom römischen Rhetoriklehrer Quintilian als ein gekürzter Vergleich, d. h. als ein Vergleich ohne Vergleichswörter (so–wie), definiert: aus der Vorstellung z. B., daß Gedanken sich so schnell und leicht bewegen, als ob sie fliegen könnten, wird die Metapher „der Flug der Gedanken". Dabei ist das Wort „Flug" nicht in seiner eigentlichen, sondern in übertragener Bedeutung gebraucht, das Gemeinte, die rasche, leichte Bewegung, wird durch das eingängige Bild des Flugs veranschaulicht. – Man unterscheidet unbewußt verwendete Metaphern und bewußte Metaphern. In der Alltagssprache gibt es eine nahezu unübersehbare Fülle *unbewußter Metaphern*. Man unterscheidet hier zwischen den verblaßten, selbstverständlichen Metaphern, auch Ex-Metaphern oder tote Metaphern genannt (z. B. schreiende Farben, faule Ausrede), und den notwendigen Metaphern, die zur Bezeichnung von Sachverhalten oder Gegenständen dienen, für die es in einer Sprache keine eigentliche Benennung gibt, z. B. der Arm eines Flusses, der Fuß eines Berges, das Stuhlbein usw. (↑Katachrese). Zur Benennung neuer Sachen und Phänomene werden stets neue notwendige Metaphern geprägt, z. B. die Glühbirne, die Motorhaube, der elektrische Strom, der Atomkern usw. Besonders großen Erfindungsreichtum entwickelt die Werbesprache. – Von den unbewußten Metaphern sind die *bewußten (akzidentiellen) Metaphern* zu trennen, die ihrer poetischen, stilistischen Wirkung wegen gesetzt werden und besonders den Bedeutungsraum der dichterischen Sprache erweitern können. – Nach heute vorherrschender Auffassung ist die Leistung einer Metapher in dichterischer Sprache, besonders in der Lyrik, die aus der Bildhaftigkeit ihrer Metaphern lebt, mit dem Begriff „gekürzter Vergleich" nicht genau genug beschrieben. Dadurch, daß in einer Metapher ein Wort (oder eine Wortgruppe) aus dem Wirklichkeitsbereich, in dem es (oder sie) gewöhnlich verwendet wird, auf einen anderen übertragen wird, werden diese beiden Wirklichkeitsbereiche, die nichts miteinander zu tun haben, in einen engen Zusammenhang gebracht; es entsteht aus dieser Verbindung gewissermaßen eine neue Wirklichkeit. Wenn R. M. Rilke z. B. die Metapher „ein letztes Gehöft von Gefühl" verwendet, wird die Bedeutung dieser bildhaften Aussage unmittelbar sinnlich erfaßbar, ohne daß intellektuell nachvollzogen werden müßte, welche Wirklichkeitsbereiche verbunden werden und worin der Vergleichspunkt, das

Tertium comparationis, zu sehen ist. So kann die Metapher zum Ausdruck einer neuen Wirklichkeit jenseits der alltäglichen Realität werden. Dadurch, daß Wörter in einem Kontext verwendet werden, der vom gewohnten abweicht, gewinnt die Sprache Ausdrucksmöglichkeiten für Erfahrungen, Erlebnisse, Erkenntnisse, die in herkömmlicher Sprache nicht oder nur unzureichend formuliert werden können. Freilich können sich Metaphern, besonders in der modernen Lyrik, in derart extreme Bilder steigern, daß ein Realitätsbezug als nicht mehr erkennbar und die vom Dichter gestaltete Erfahrung als nicht mehr nachvollziehbar erscheint, so etwa in den Gedichten P. Celans. Damit nähert sich die Metapher der ↑Chiffre an. Überhaupt erschwert die Vielfalt, in der Metaphern in der Dichtung und in der Alltagssprache auftreten, im Einzelfall oft eine genaue Abgrenzung der Metapher von der ↑Allegorie, dem ↑Symbol oder der ↑Personifikation.

Metaphysical poets [mɛtəˈfɪzɪkəl ˈpoʊits; englisch „metaphysische Dichter“]: eine von J. Dryden geprägte Sammelbezeichnung für eine Gruppe englischer Lyriker des 17. Jahrhunderts (J. Donne, G. Herbert, R. Crashaw, H. Vaughan, A. Marvell u. a.), deren religiöse oder auch mystische Gedichte mit dem thematischen Schwerpunkt auf metaphysischen Problemen durch ihre Vorliebe für paradoxe Formulierungen, durch die Verbindung des Emotionalen mit dem Intellektuellen und durch die gelehrte Bildersprache als Beispiele manieristischer Lyrik gelten. – ↑auch Manierismus, ↑Euphuismus.

Metonymie [von griechisch metōnymía „Namensvertauschung, Umbenennung“]: eine rhetorische Figur, bei der im Gegensatz zur ↑Metapher ein Begriff durch einen anderen ersetzt wird, der in unmittelbarem zeitlichen, räumlichen oder ursächlichen Zusammenhang mit ihm steht, z. B. „Mars“ (der Gott des Krieges) für „Krieg“, „Eisen“ statt „Schwert“, „der Adel“ für „die Adligen“, „Lorbeer“ statt „Ruhm“ oder „Siegespreis“.

Metrik [von griechisch metrikḗ téchnē „Kunst des Messens“]: Verslehre im Sinne einer systematischen Erfassung der in verschiedenen Literaturen jeweils bindenden Regeln der Verssprache und des Versbaus. Metrik umfaßt also sowohl die rhetorisch-stilistischen Einzelerscheinungen des Verses (Lautwiederholungen, z. B. in der Form der ↑Alliteration oder des ↑Reims) als auch die Regelung der Silbenfolge in ↑akzentuierender Dichtung oder ↑quantitierender Dichtung (also das ↑Metrum; im eigentlichen Sinn der Gegenstand der Metrik) oder in Versen, die nicht durch ein bestimmtes Metrum geordnet sind (↑freie Verse oder eigenrhythmische Verse). Metrische Grundeinheiten sind der Versfuß (das Metrum) sowie der ↑Vers als rhythmische Einheit. Dieser kann Teil einer ungegliederten Folge von gleich gebauten Versen (↑stichisch) oder Teil einer größeren Einheit, der ↑Strophe, sein. Baustein des Verses ist die Silbe. In den rein silbenzählenden Versen liegt nur die Anzahl der Silben in jedem Vers fest (z. B. in der französischen Metrik), in anderen Versen wird die Abfolge von quantitativ (lang–kurz) oder qualitativ (betont–unbetont) unterschiedlichen Silben geregelt: die griechische und die lateinische Metrik verfährt nach dem quantitierenden Prinzip (Länge oder Kürze einer Silbe), die deutsche und die englische Metrik orientieren sich am dynamischen Akzent (betonte oder unbetonte Silbe) und die klassische chinesische Metrik (ein freilich umstrittenes Beispiel) nimmt den Ton zur Grundlage. Außerdem kann ein Vers durch festgelegte ↑Zäsuren unterteilt und in kleinere Einheiten (Metren; ↑Takte) zerlegbar sein. Eine Hervorhebung bestimmter Silben kann durch Klangwiederholungen (Alliteration, ↑Binnenreim) erfolgen. Welches der vier genannten metrischen Grundprinzipien verwendet wird, hängt v. a. von der phonologischen Struktur einer Sprache, aber auch von der Tradition oder von den Vorbildern ab. Die Übertragung der Metrik einer Sprache auf eine andere, also etwa die Nachbildung antiker Metren in der deutschen Sprache, ist oft nur durch eine Umdeutung spezifischer Merkmale möglich, indem also z. B. betonte Silben an die Stelle der langen, unbetonte an die Stelle der kurzen treten. – Für alle Sprachen und Literaturen gültige Aussagen über die ästhetische Wirkung metrischer Bauformen, über die Entstehung und Entfaltung von Vers-, Strophen- und Gedichtformen und über das Auftreten dieser Formen in der Dichtung sind nicht Gegenstand der Metrik überhaupt, sondern der speziellen Metriken der einzelnen Sprachen und Literaturen.

Metrum [von griechisch métron „Maß, Versmaß"] (Plural: Metren und [älter] Metra): es bezeichnet in weiterem Sinn in der Bedeutung *Versmaß* das metrische Schema eines Verses, d. h. die mehr oder weniger fest geregelte Anzahl und Abfolge der in Quantität oder Qualität unterschiedlichen Silben, z. B. im ↑Dimeter, ↑Trimeter, ↑Hexameter, ↑Blankvers, ↑Vierheber, ↑Endecasillabo. Dabei ergibt sich in ↑akzentuierender Dichtung auf Grund der Variationsmöglichkeiten bei der sprachlichen Ausgestaltung der metrischen Schemata aus dem Widerstreit zwischen Sprache und metrischer Organisation (also aus den sprachlich bedingten Abweichungen vom metrischen Schema) der ↑Rhythmus. – Im engeren Sinn bezeichnet Metrum in der Bedeutung *Versfuß* die kleinste feste Einheit des metrischen Baus eines Verses. Ein Versfuß (↑Jambus, ↑Trochäus, ↑Daktylus usw.) besteht aus einer festgelegten Anzahl und einer bestimmten Abfolge von langen oder kurzen, bzw. betonten oder unbetonten Silben. In der deutschen Metrik verwendet man gelegentlich die der Musik entlehnte Bezeichnung ↑Takt anstelle von Metrum oder Versfuß, um dem Unterschied zwischen der antiken quantitierenden und der deutschen akzentuierenden Metrik gerecht zu werden. Im Zusammenhang damit werden die Symbole – für eine lange Silbe und ◡ für eine kurze Silbe durch die Zeichen x́ (= betont) und x (= unbetont) ersetzt.

Milieudrama [mili'ø:; französisch „Mitte, Umgebung"]: ein inhaltlich bestimmtes Bühnenwerk, in dem das Schicksal des Helden und damit die gestaltete tragische oder auch komische Handlung als Folge von sozialen Bindungen, Moralvorstellungen oder Verhaltensnormen einer gesellschaftlichen Schicht dargestellt wird. Der Held gerät also nicht durch eigene Aktivität in dramatische Verwicklungen, sondern durch den unentrinnbaren Zwang seiner Lebensumstände. Das Milieudrama ist die beherrschende Dramenform des ↑Naturalismus (z. B. G. Hauptmann, „Vor Sonnenaufgang", 1889).

Mime [von griechisch mĩmos „Schauspieler"]: in der Antike der Darsteller eines ↑Mimus; heute [veraltet] gleichbedeutend mit Schauspieler, gelegentlich scherzhaft oder auch abschätzig im Sinne von Komödiant gebraucht.

Mimesis [griechisch „Nachahmung"]: zunächst Bezeichnung für den Text, Gestus, Rhythmik und Musik vereinigenden kultischen Tanz; dann Begriff der antiken Philosophie, Kunsttheorie und Rhetorik zur Charakterisierung des künstlerischen Schaffens als einer Nachahmung der Natur (d. h. als Wirklichkeit). Für Platon und die Platoniker war die Kunst, weil sie die wahrnehmbare Welt darstellt (die ihrerseits als Abbild der Ideenwelt verstanden wurde), Nachahmung von Nachahmung. Aristoteles verstand Mimesis als Nachahmung und zugleich als vorwegnehmende Darstellung (Präsentation) idealer Situationen, Lebensweisen und -haltungen. In der Renaissance gewann der Mimesisbegriff wieder an Bedeutung, in der Aufklärung und v. a. in der Klassik spielte er in den poetologischen Auseinandersetzungen eine große Rolle. So widerlegte G. E. Lessing in seiner Schrift „Laokoon: oder über die Grenzen der Malerei und Poesie" (1766) die als gültig erachtete Meinung des Horaz „ut pictura poesis" (= wie ein Bild sei das Gedicht), indem er die durch die technischen Mittel bedingten unterschiedlichen Formen der Nachahmung der Natur in Dichtung und bildender Kunst darlegte (↑auch Laokoontheorie).

E. Auerbach nahm den Begriff „Mimesis" wieder auf („Mimesis. Dargestellte Wirklichkeit in der abendländischen Literatur", 7. Auflage 1982) in der eingeschränkten Bedeutung einer Interpretation der Wirklichkeit in literarischer Darstellung.

Mimus [von griechisch mīmos „Schauspieler"]: eine im antiken Griechenland beheimatete, zunächst unliterarische Form der Darstellung derb-komischer Szenen aus dem Alltagsleben zur Belustigung einer anspruchslosen Zuschauerschaft bei besonderen öffentlichen oder privaten Gelegenheiten (Volksfesten oder Gastmählern). Sie entwickelte sich neben der antiken Komödie als eigene komische Gattung. Diese auf mündlichem Weg überlieferten Possenspiele wurden gegen Ende des 5. Jahrhunderts v. Chr. von Epicharmos und besonders von Sophron aus Syrakus, der auch die Bezeichnung prägte, in eine feste dichterische Form gefaßt. Die bei Sophron in umgangssprachlicher Prosa gestalteten Kurzdramen wurden im 3. Jahrhundert v. Chr. von Theokrit und von Herodas von Kos (Mimiamben) formal weiterentwickelt. Der weiterhin lebendige unliterarische Mimus erfreute sich im Rom der Kaiserzeit als Volkskomödie größter Beliebtheit. Gespielt wurde (im Gegensatz zur Aufführungspraxis von Tragödie und Komödie) auch mit weiblichen Schauspielern, ohne Maske und ohne Kothurn. Die Stoffe, deftige, derb-erotische bis obszöne Alltagsszenen, wie „Der ertappte Dieb", „Der ausgesperrte Liebhaber", „Die Kupplerin", teilweise auch bezogen auf politische oder soziale Mißstände, wurden in einem lockeren Handlungszusammenhang dargeboten, der viele Möglichkeiten der Improvisation bot. – Anklänge an den antiken Mimus finden sich in einer ganzen Reihe von späteren volkstümlichen dramatischen Darbietungsformen, wie etwa im ↑Fastnachtsspiel, in der ↑Commedia dell'arte oder im Spiel der ↑englischen Komödianten.

Miniaturmalerei ↑Buchmalerei.

Ministerialen [von lateinisch ministerialis „in (kaiserlichem) Dienst Stehender, Beamter"]: im Fränkischen Reich Bezeichnung der Oberschicht der unfreien Dienstmannen bzw. Dienstleute im Hof-, Verwaltungs- und Kriegsdienst; seit dem 11. Jahrhundert Bezeichnung des Standes unfreier, gegen Gewährung eines „Dienstlehens" ritterliche Dienste leistender Dienstleute, der im 13./14. Jahrhundert im niederen Adel aufging. Zahlreiche Dichter des Mittelalters waren Ministerialen, so z. B. Hartmann von Aue, Wolfram von Eschenbach, Walther von der Vogelweide.

Minneallegorie: eine seit dem 13. Jahrhundert beliebte Form der Minnelehre oder der Erörterung über die Minne, in der eine Darstellung des Wesens der Minne (also der Beziehung zwischen dem Ritter und der von ihm als Idealbild einer Frau verehrten adeligen Dame) mit der Erteilung konkreter Anweisungen und nützlicher Ratschläge verbunden war. In der Minneallegorie wurden Betrachtung und Lehre in eine Handlung oder in ein Bild eingekleidet, denen im Sinne einer ↑Allegorie eine tiefere Bedeutung unterlegt war. Häufig traten allegorische Figuren, wie etwa „Frau Minne" oder die „Triuwe" (Treue), in einem für sich verständlichen Geschehen auf und erteilten ihre Lehren. Neben diesen Personifikationsdichtungen gab es aber auch reine Allegorien, in denen ein allegorisch zu verstehendes Geschehen an allegorisch gemeinten Orten (Grotte, Garten usw.) allegorisch eingekleidete Reflexionen und Lehren vermittelte. Minneallegorien waren zunächst Teil größerer Werke; am bekanntesten ist wohl die Minnegrottenszene in Gottfried von Straßburgs Versepos „Tristan und Isolt" (nach 1200). Seit dem 13. Jahrhundert begegneten Minneallegorien auch als selbständige Werke, z. B. der „Roman de la rose" (entstanden zwischen 1230 und 1280, deutsch 1839, 1956 unter dem Titel „Der Rosenroman") von Guillaume de Lorris und Jean de Meung, „Die Jagd" (1335) von Hadamar von Laber, „Das Kloster der Minne" und „Die Minneburg", beide in der Mitte des 14. Jahr-

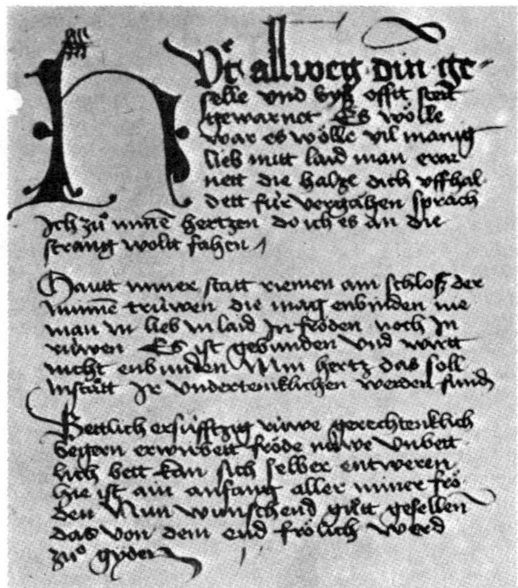

Minneallegorie. Anfang der Minneallegorie „Die Jagd" (1335) Hadamars von Laber (Handschrift von 1493)

hunderts von unbekannten Autoren verfaßt.

Minnesang: Sammelbezeichnung für die verschiedenen Formen mittelhochdeutscher Liebeslyrik, der neben der ↑Vagantendichtung und dem ↑Volkslied wichtigsten Erscheinungsform weltlicher mittelalterlicher Lyrik. Über *Ursprung und Herkunft* des sich seit der 2. Hälfte des 12. Jahrhunderts entwikkelnden Minnesangs besteht in der wissenschaftlichen Forschung keine Einigkeit: so versuchte man eine Herleitung des Minnesangs aus unterliterarischen heimischen Lyriktraditionen, teilweise sah man Einflüsse der lateinischen Vagantendichtung. Zahlreiche Forscher erblickten in der bereits seit 1100 in der Provence blühenden Liebeslyrik der ↑Troubadours das bestimmende Vorbild, das unter Vermittlung durch die nordfranzösischen ↑Trouvères auch in den deutschen Sprachraum ausstrahlte. Man nahm auch an, daß die Lieder der Troubadours und der Trouvères wiederum von der seit dem 8. Jahrhundert an arabischen Höfen in Spanien gepflegten Lyrik beeinflußt wurden. Schließlich vermutete man Anregungen durch die antike Liebeslyrik (Ovid) oder auch durch die Vorstellungswelt der christlichen Marienverehrung. Es darf als sicher gelten, daß die Entwicklung des Minnesangs durch die genannten Vorbilder wichtige Impulse erhielt, jedoch sind Anteil und Gewicht dieser Einflüsse umstritten.

Der Minnesang war höfische Dichtung und als solche eng mit der Entwicklung einer höfisch-ritterlichen Kultur unter den Stauferkaisern verbunden. Er wurde besonders an kulturellen Zentren vorgetragen (z. B. bei Reichstagen, an Fürstenhöfen oder in Städten), in der Regel von den *Minnesängern* (Minnesingern) selbst, die auch die Dichter und Komponisten waren. Unter ihnen befanden sich Vertreter aller Stände: Angehörige des höchsten Adels, Geistliche, Ministerialen, Bürger und Fahrende. Über ihre Lebensläufe liegen meist nur wenige oder keine Informationen vor. Der Minnesänger war an die Vorstellungen, Normen und Konventionen der höfischen Gesellschaft gebunden: der Minnesang war im strengen Sinn des Wortes ↑Gesellschaftsdichtung; in seinem Zentrum stand die Verpflichtung des Ritters zum ↑Frauendienst. Der *Begriff* „Minne", der sich von seiner ursprünglichen Bedeutung „liebendes Gedenken" in Richtung auf „Zuneigung, Liebe" weiterentwickelte, meint die Beziehung zwischen dem Ritter bzw. dem Sänger des Lieds und der von ihm verehrten, im Kreise der Hofgesellschaft persönlich anwesenden, verheirateten adeligen Dame. Die dem Minnesang zugrundeliegende Situation erscheint insofern als paradox, als der Sänger im Angesicht seines Publikums seine heimliche, werbende, ehebrecherische Neigung zu einer verheirateten Frau aus eben diesem Kreis offen aussprach; damit war jede Aussicht auf eine Erfüllung dieser Liebe ausgeschlossen. Der Minnedienst entbehrte also jeglichen erlebnishaften Hintergrunds, entscheidend war vielmehr die sittlich erhöhende Wirkung, die der Sänger aus der Kundgabe seiner aussichtslosen Liebe gewann und die durchaus religiöse Dimensionen annehmen konnte. Außerdem spiegelten sich in diesem Frauendienst die im Lehenswesen der Zeit gegebenen sozialen Abhängigkeiten: der Mann begab sich freiwillig der Frau gegenüber in Lehensdienste, da eine freie Begegnung der Geschlechter innerhalb der höfischen Gesellschaft unmöglich war. – *Formal* verwendete der Minnesang, beginnend mit einfachen Reimpaarstrophen oder durchgereimten Strophen nach romanischem Vorbild, v. a. die Kanzonenstrophe (↑Kanzone) oder ↑Stollenstrophe, die zu immer kunstvolleren Vers- und Reimkombinationen ausgestaltet wurde. Neben dem eigentlichen Minne- oder Werbelied wurde die Minneklage besonders gepflegt, deren Grundmotiv die Klage des Liebenden über die Unerfüllbarkeit seiner Liebe ist. Daneben gibt es ↑Wechselgesang, Frauenklagen, Frauenpreislieder, ↑Tagelieder, im 13. Jahrhundert ↑Tanzlieder und ↑Mädchenlieder. Ebenfalls im 13. Jahrhundert begegnet nach vereinzelten Anfängen im 12. Jahrhundert die Form des ↑Leichs. – Untrennbar mit der sprachlichen Form des Minnelieds („wort") verbunden war seine musikalische Gestaltung („wise"), beides vom Minnesänger selbst geschaffen und als „dôn" bezeichnet.

In der *Geschichte* des Minnesangs unterscheidet man gewöhnlich vier Phasen: Die 1. Phase bildete der sogenannte „donauländische Minnesang" (etwa (1150–70), der hauptsächlich von Dichtern aus dem Donauraum (z. B. der von Kürenberg, der als erster Minnesänger gilt, der Burggraf von Regensburg, Meinloh von Sevelingen und Dietmar von Aist) getragen wurde. Die Lieder dieser Autoren waren noch weithin geprägt von einer natürlichen und ungekünstelten Auffassung von Liebe, aber auch schon durchsetzt mit standesgebundenen Formen und Symbolen. Formales Kennzeichen der Lieder war die der epischen Dichtung angenäherte ↑Langzeile. – Die 2. Phase (etwa 1170–90), der „hohe Minnesang", mit dem Schwerpunkt im Ober- und Mittelrheingebiet war bereits voll auf die Konventionen des Frauendienstes festgelegt, wie die Lieder Friedrichs von Hausen und Heinrichs von Veldeke beweisen. Deutlich erkennbar wird hier die Übernahme provenzalischer Vorbilder v. a. in formaler (Ablösung der Langzeile durch den Vierheber oder den Zehn- bzw. Elfsilbler), aber auch in inhaltlicher Hinsicht. Trotz dieser Anleihen bewahrten diese Dichter ihre Eigenständigkeit: ihre Lieder waren nicht, wie die ihrer französischen Vorbilder, von galanter Sinnlichkeit bestimmt, sondern vom Gedanken der sittlichen Erhöhung des Mannes durch den Minnedienst. Zentralbegriffe waren „triuwe" (Treue) und „mâze" (maßvolle Bescheidenheit). Bei Friedrich von Hausen z. B. verband sich der Frauendienst mit dem Dienst für die religiöse Idee des Kreuzzugs. Weitere Autoren dieser Entwicklungsphase waren Rudolf von Fenis, Kaiser Heinrich VI., Bligger von Steinach und Albrecht von Johansdorf, der (in Passau beheimatet) in Verbindung zum donauländischen Minnesang stand. – Der Höhepunkt des Minnesangs wurde in der 3. Phase (um 1190) in den Werken Heinrichs von Morungen, Reinmars des Alten und Walthers von der Vogelweide erreicht. Heinrich von Morungen, ein Meister in der Gestaltung seelischen Erlebens, stellte die Minne als geradezu magische Kraft dar, die ihn völlig in ihren Bann zieht, dennoch aber gottgewollt ist und als Seelenminne über den Tod hinaus besteht. Reinmars ständig wiederkehrendes Thema war die klagende Darstellung der gnadenlosen Härte der Geliebten, die sein Werben nicht erhört. Damit war eine äußerste Grenze der Möglichkeiten des Minnesangs erreicht, bis Walther von der Vogelweide die drohende Gefahr der Erstarrung bannte, indem er, zum Teil in einer Dichterfehde mit Reinmars Minneprogramm, sich gegen die übertriebene Stilisierung des Frauenbildes wandte und in seinen ↑Mädchenliedern die sogenannte „niedere Minne“, d. h. die erfüllte, beglückende Liebe zu einem Mädchen aus einfachem Stand („wîp“ oder „maget“) pries. Ebenfalls gegen die etablierten Normen der „hohen Minne“ verstieß Wolfram von Eschenbach mit seinem Preis der ehelichen Liebe in seinen Tageliedern. – Die letzte Entwicklungsphase des Minnesangs wurde durch die auch in gesellschaftlichen Veränderungen begründete Abkehr vom Ideal der hohen Minne bestimmt. In den Sommer- und Winterliedern Neidharts (von Reuental) wurden die Inhalte des Minnesangs parodiert und persifliert und in ↑dörperliche Poesie verfremdet. Die Minnesänger des 13. und 14. Jahrhunderts begnügten sich mit der Variation und Spezifikation vorgegebener Form- und Themenmuster, indem sie teilweise die Tradition des „hohen Minnesangs“ weiterführten (Burkhard von Hohenfels, Gottfried von Neifen), teilweise sich in überladenem formalistischen Raffinement verloren (Konrad von Würzburg) und teilweise Neidharts dörperliche Dichtung nachahmten. Als im 14. Jahrhundert das Bürgertum das höfische Rittertum als kulturtragende Schicht abzulösen begann, trat der ↑Meistersang die Nachfolge des Minnesangs an. Dichter wie Heinrich von Meißen (genannt Frauenlob) und Heinrich von Mügeln markieren diesen Übergang. Der bisweilen als der letzte Minnesänger bezeichnete Oswald von Wolkenstein nimmt eine individuelle Sonderstellung ein; seine Lieder sind zumeist von persönlichen Erlebnissen geprägt.

Die wichtigsten *Handschriften*, in denen der Minnesang überliefert ist und die aus dem ausgehenden 13. und dem 14. Jahrhundert stammen, sind die „Kleine Heidelberger Liederhandschrift“, die „Große Heidelberger Liederhandschrift“ (auch „Manessische Handschrift“ genannt; ↑Heidelberger Liederhandschriften), die „Weingartner Liederhandschrift“, die „Jenaer Liederhandschrift“ und die „Würzburger Handschrift“. Melodieaufzeichnungen zum Minnesang liegen erst seit dem 14. Jahrhundert vor, in größerer Zahl zu Texten von Neidhart (von Reuental), Hugo von Montfort und Oswald von Wolkenstein. – Die *wissenschaftliche Beschäftigung* mit dem Minnesang setzte im 18. Jahrhundert mit der von J. J. Bodmer besorgten Ausgabe einer Liedersammlung, v. a. aber mit der kritischen Ausgabe der Werke Walthers von der Vogelweide durch K. Lachmann (1827) ein.

Minnesänger (Minnesinger) ↑Minnesang.

Minstrel [ˈmɪnstrəl; englisch, von altfranzösisch menestrel „Dienstmann“]: Bezeichnung für den berufsmäßigen Sänger und Rezitator im mittelalterlichen England; oft mit Spielmann gleichbedeutend gebraucht. – ↑auch Menestrel.

Mirakelspiel (Mirakel) [von lateinisch miraculum „Wunder“]: ↑geistliches Spiel des Mittelalters, in dem Leben und Wundertaten von Heiligen oder der Jungfrau Maria gestaltet wurden. Die Grenzen zum Legendenspiel (↑Legende), in dem das Moralische gegenüber dem Wunderbaren stärker hervortritt, sind fließend. Das Mirakelspiel war seit dem 12. und 13. Jahrhundert besonders in Frankreich verbreitet („Le jeu de Saint Nicolas“ von J. Bodel, um

1200; „Le miracle de Théophile" von Rutebeuf, um 1260, deutsch „Das Mirakelspiel von Theophilus", 1955), dann auch in England, in den Niederlanden und in Deutschland. Wichtig für die Entwicklung des Dramas war die Einführung komischer Elemente (↑ Farce). – ↑ auch Mysterienspiel.

Mischprosa: eine in Übersetzungen oder in gelehrten Kommentaren v. a. des 11. Jahrhunderts verwendete Prosaform, in der lateinische und deutsche Wörter, Satzteile oder auch ganze Sätze vermengt wurden (z. B. bei Notker Labeo oder Williram von Ebersberg). – ↑ auch makkaronische Dichtung.

Miszellen (Miszellaneen) [von lateinisch miscere „mischen"]: Vermischtes, Sammelbezeichnung für meist kleinere Arbeiten oder Aufsätze über unterschiedliche Gegenstände, v. a. aber für kleinere Beiträge in wissenschaftlichen Zeitschriften.

Mittelhochdeutsch: die etwa 1050 bis 1350 zu datierende Entwicklungsstufe der deutschen Sprache vom ↑ Althochdeutschen zum ↑ Frühneuhochdeutschen. Die wesentliche sprachgeschichtliche Leistung des Mittelhochdeutschen liegt in der Ausgestaltung der deutschen Sprache zu einer Kultursprache, die den Anforderungen der verschiedenen Literaturgattungen und den Bedürfnissen der sozialen Schichten gerecht wurde.

Mittelreim: Bezeichnung für einen Reim zwischen Wörtern im Innern aufeinanderfolgender Verse, nicht aber vor Zäsuren (↑ Zäsurreim).

Mittenreim: ein Reim, bei dem das letzte Wort eines Verses mit einem Wort im Innern der vorausgehenden oder der folgenden Zeile reimt, z. B. „Leg deinen Schatten auf die Sonnen*uhren* / und auf den *Fluren* laß die Winde los." (R. M. Rilke, Gedicht „Herbsttag").

Mixed-media-Veranstaltung [mɪkst; von englisch mixed „gemischt" und lateinisch medium „das in der Mitte Befindliche"] ↑ Multimediaveranstaltung.

Modernismo [spanisch, von lateinisch modernus, von modo „eben (erst), gerade eben"]: Bezeichnung für eine 1890–1910 lebendige Strömung in der lateinamerikanischen und spanischen Literatur, die von dem nicaraguanischen Dichter R. Darío begründet wurde und sich um eine Erneuerung der Literatur bemühte. Man forderte eine Abkehr von der nüchternen, realistischen Schreibweise des 19. Jahrhunderts und die Hinwendung zu einer rein ästhetisch bestimmten Kunst im Sinne des Grundsatzes des ↑ L'art pour l'art. Die Ziele des Modernismo deckten sich teilweise mit denen der ↑ Generation von 98, teilweise widersprachen sie sich.

Monodie [von griechisch monǭdía „Einzel-, Sologesang"]: in der altgriechischen Lyrik das mit Instrumentalbegleitung vorgetragene Sololied (Gegensatz ↑ Chorlied). In der griechischen Tragödie ist Monodie die Bezeichnung für eine von einem Schauspieler zu Aulos (Flöte), Lyra oder Kithara gesungene Partie größeren Umfangs (zumeist Bekundungen der Trauer oder [seltener] der Freude). Eine neue Art der Monodie entstand Ende des 16. Jahrhunderts in Italien: ein instrumental begleiteter Sologesang, bei dem die Musik ganz dem Sinn- und Affektgehalt des Textes untergeordnet wurde. Sie gilt als Grundlage der Entwicklung von Rezitativ und Arie und damit auch der auf ihr beruhenden Gattungen von Kantate, Oper und Oratorium.

Monodrama [von griechisch mónos „allein"]: Einpersonenstück, eine Sonderform des ↑ lyrischen Dramas (↑ auch Duodrama). Als Monodrama wurde im 18. Jahrhundert ein von Instrumentalmusik untermalter heroisch-sentimentaler oder lyrischer Monolog einer (meist weiblichen) Gestalt bezeichnet (↑ Melodrama). Beispiele moderner Einpersonenstücke sind „Krapp's last tape" (1959, deutsch „Das letzte Band", 1960) von S. Beckett oder „Der Herr Karl" (1962) von H. Qualtinger und C. Merz.

Monographie [von griechisch mónos „allein" und gráphein „schreiben"]: größere wissenschaftliche Darstellung eines einzelnen Gegenstandes, eines bestimmten Problems oder einer einzelnen

Persönlichkeit (z. B. eine Monographie über den Expressionismus, über Goethe usw.) mit dem Ziel einer möglichst gründlichen und abschließenden Analyse und Beurteilung.

Monolog [von griechisch monológos „allein, mit sich selbst redend"]: Selbstgespräch einer einzelnen Person im Gegensatz zum ↑Dialog; Kunstform bestimmter Arten der Lyrik und Epik (Tagebuchaufzeichnungen, ↑innerer Monolog), v. a. aber der Dramatik. Hauptformen des Dialogs im Drama sind der *epische Monolog*, der zu Mitteilung auf der Bühne nicht dargestellter oder nicht darstellbarer Vorgänge dient, der *lyrische Monolog*, der die seelischen Gefühle und Stimmungen einer Person ausdrückt, der *Reflexionsmonolog*, in dem die Dramengestalt über bestimmte Situationen, den Gang der Handlung usw. Betrachtungen anstellt und der eigentliche *dramatische Monolog (Konfliktmonolog)*, der zu Entscheidungen in Konfliktsituationen führt und für den Fortgang der Handlung grundlegend ist. – Der Monolog gewann im klassischen griechischen Drama mit dem Zurücktreten des ↑Chores an Bedeutung. Im Drama der Renaissance und des Barock wurde er v. a. zur Entfaltung prunkvoller Rhetorik benutzt. G. E. Lessing verwendete besonders den Reflexionsmonolog. Im Sturm und Drang diente er in erster Linie der Selbstanalyse und der Darstellung von Stimmungen und Affekten. Besonders bedeutsam war er im Drama der Klassik, wo er (z. B. bei Goethe) Mittel der Seelenanalyse war („Iphigenie auf Tauris", 1787) oder, wie bei Schiller, vorwiegend dramatisches Element in Entscheidungssituationen („Wallenstein", 1800). Im 19. Jahrhundert trat der Monolog immer mehr zurück, v. a. im Naturalismus wurde er als unnatürlich weitgehend abgelehnt. Erst im Drama des Expressionismus spielte er wieder eine bedeutende Rolle. Im modernen Drama wird er gelegentlich in der ursprünglichen Bedeutung des Begriffes verwendet: Monolog als Ausdruck der Unmöglichkeit des Dialogs, des echten Gesprächs.

Monopodie [von griechisch mónos „allein" und pũs „Fuß"]: Maßeinheit für Versfüße, die als ↑Metren einzeln gewertet und nicht, wie bei der ↑Dipodie, zusammengefaßt werden, z. B. ↑Daktylus, ↑Choriambus u. a. Da die Hebungen in monopodischen Versen gleichwertig sind, wird ein ernster, getragener Rhythmus erzielt.

Montage [mɔn'ta:ʒə; französisch, von monter „hinaufbringen, aufstellen" (eigentlich „aufwärtssteigen")]: in der *Filmtechnik* Bezeichnung für die Verbindung zweier oder mehrerer ↑Einstellungen durch einen ↑Schnitt oder eine ↑Blende. Durch die Montage bekommt jede Einstellung erst ihre eigene Bedeutung im Gesamtzusammenhang der filmischen Aussage, wenn z. B. bei S. M. Eisenstein die Montage bewußt als Ausdrucksmittel eingesetzt wird: Durch die Kollision von Bildern aus unterschiedlichen Wirklichkeitsbereichen (Tötung aufständischer Arbeiter – Schlachtung eines Ochsen im Film „Streik", 1925) wird der Zuschauer schockartig zu der vom Regisseur beabsichtigten Deutung des Geschehens geführt. Dagegen wird besonders in Unterhaltungsfilmen der sogenannte „unsichtbare Schnitt", d. h. der möglichst unauffällige Übergang von einer Einstellung zur anderen, bevorzugt, damit der Fluß der Erzählung nicht durch reflexionsauslösende Bildkombinationen gestört wird. Der Begriff „Montage", aus der Filmtechnik übertragen auf die *Literatur*, bezeichnet die bewußte Zusammenfügung von sprachlich, stilistisch und auch inhaltlich unterschiedlichen Textteilen. Die Funktionen der Montage sind vielfältig: die Spannbreite reicht von der Erzielung vordergründiger Überraschungseffekte über die ästhetische Provokation (z. B. im ↑Dadaismus) bis zum Versuch in Romanen, die verschiedenen Bereiche und Ebenen der Wirklichkeit unter sich durchsichtig und durchlässig zu machen. Die Montagetechnik findet sich in allen Gattungen der modernen Literatur, in der Lyrik (G. Benn, H. M. Enzensberger), in der

Erzählprosa (A. Döblin, „Berlin Alexanderplatz", Roman, 1929), im Drama (P. Weiss, „Die Verfolgung und Ermordung Jean Paul Marats ...", 1964) und im Hörspiel. Bis Mitte der 60er Jahre wurden Montage und ↑Collage etwa synonym verwendet, seither setzte sich zunehmend die Bezeichnung Collage durch.

Mora (More) [lateinisch „Verzögerung"]: von G. Hermann für die antike Metrik eingeführte Bezeichnung für die kleinste metrische Zeiteinheit (Aussprachedauer einer kurzen Silbe; ◡). Eine metrische ↑Länge besteht demnach aus zwei Moren. Der Begriff wurde von A. Heusler in die deutsche Verslehre übernommen.

moralische Wochenschriften: in England im 18. Jahrhundert aus bürgerlich-puritanischem Protest gegen die freizügigen Sitten der Aristokratie entstandener Zeitungstyp der ↑Aufklärung. Vorbildlich für ganz Europa wurden die von den Essayisten R. Steele und J. Addison herausgegebenen moralischen Wochenschriften „The Tatler" (1707–11), „The Spectator" (1711/12) und „The Guardian" (1713). Die moralischen Wochenschriften verarbeiteten das rationalistische, später auch pietistisch-empfindsame Gedankengut der Zeit mit dem Ziel der Bildung und geistig-sittlichen Erziehung des Bürgertums. Sie enthielten Beiträge zur praktischen Lebensgestaltung und Geschmacksbildung, behandelten moralische, religiöse, in Deutschland v. a. literarische und ästhetische, in England auch politische Fragen. Verbreitete Darstellungsformen waren Briefe, Tagebuchaufzeichnungen, Essays, aber auch Satiren, Parabeln, Allegorien usw. – Die moralischen Wochenschriften fanden in Deutschland großen Anklang. Ihre Blütezeit war um 1750–80. Für das 18. Jahrhundert sind 511 Titel nachgewiesen. Trotz der großen Beliebtheit waren sie allerdings meist kurzlebig. Durch Originalität und literarische Qualität ragte „Der Wandsbecker Bote" (1771–75; herausgegeben von M. Claudius) heraus. – Die moralischen Wochenschriften waren ein bedeutsamer Faktor für die Entwicklung des bürgerlichen Selbstverständnisses im 18. Jahrhundert und trugen nicht wenig dazu bei, weite Kreise des Bürgertums zur Literatur hinzuführen.

Moralisten [lateinisch]: im allgemeinen Sinn Philosophen und Schriftsteller, die in ihren Werken das menschliche Tun und Verhalten unter bestimmten Moralgesetzen behandeln; im engeren Sinn Bezeichnung v. a. für französische Schriftsteller des 17. und auch 18. Jahrhunderts (F. de La Rochefoucauld, J. de La Bruyère, der Marquis de Vauvenargues, Chamfort u. a.), die im Anschluß an M. Eyquem de Montaigne in Essays, Maximen, Aphorismen u. a. literarischen Formen ihre Erkenntnisse

Moralische Wochenschriften. Erste Seite der ersten Ausgabe der englischen Zeitschrift „The Spectator" (1711)

The SPECTATOR.

Non fumum ex fulgore, ſed ex fumo dare lucem
Cogitat, ut ſpecioſa dehinc miracula promat. Hor.

To be Continued every Day.

Thurſday, March 1. 1711.

I Have obſerved, that a Reader ſeldom peruſes a Book with Pleaſure 'till he knows whether the Writer of it be a black or a fair Man, of a mild or cholerick Diſpoſition, Married or a Batchelor, with other Particulars of the like nature, that conduce very much to the right Underſtanding of an Author. To gratify this Curioſity, which is ſo natural to a Reader, I deſign this Paper, and my next, as Prefatory Diſcourſes to my following Writings, and ſhall give ſome Account in them of the ſeveral Perſons that are engaged in this Work. As the chief Trouble of Compiling, Digeſting and Correcting will fall to my Share, I muſt do my ſelf the Juſtice to open the Work with my own Hiſtory.

I was born to a ſmall Hereditary Eſtate, which I find, by the Writings of the Family, was bounded by the ſame Hedges and Ditches in *William* the Conqueror's Time that it is at preſent, and has been delivered down from Father to Son whole and entire, without the Loſs or Acquiſition of a ſingle Field or Meadow, during the Space of ſix hundred Years. There goes a Story in the Family, that when my Mother was gone with Child of me about three Months, ſhe dreamt that ſhe was brought to Bed of a Judge: Whether this might proceed from a Law-Suit which was then depending in the Family, or my Father's being a Juſtice of the Peace, I cannot determine; for I am not ſo vain as to think it preſaged any Dignity that I ſhould arrive at in my future Life, though that was the Interpretation which the Neighbourhood put upon it. The Gravity of my Behaviour at my very firſt Appearance in the World, and all the Time that I ſucked, ſeemed to favour my Mother's Dream: For, as ſhe has often told me, I threw away my Rattle before I was two Months old, and would not make uſe of my Coral 'till they had taken away the Bells from it.

As for the reſt of my Infancy, there being nothing in it remarkable, I ſhall paſs it over in Silence. I find, that, during my Nonage, I had the Reputation of a very ſullen Youth, but was always a Favourite of my School-Maſter, who uſed to ſay, *that my Parts were ſolid and would wear well.* I had not been long at the Univerſity, before I diſtinguiſhed my ſelf by a moſt profound Silence: For during the Space of eight Years, excepting in the publick Exerciſes of the College, I ſcarce uttered the Quantity of an hundred Words; and indeed do not remember that I ever ſpoke three Sentences together in my whole Life. Whilſt I was in this Learned Body I applied my ſelf with ſo much Diligence to my Studies, that there are very few celebrated Books, either in the Learned or the Modern Tongues, which I am not acquainted with.

Upon the Death of my Father I was reſolved to travel into Foreign Countries, and therefore left the Univerſity, with the Character of an odd unaccountable Fellow, that had a great deal of Learning, if I would but ſhow it. An inſatiable Thirſt after Knowledge carried me into all the Countries of *Europe*, where there was any thing new or ſtrange to be ſeen; nay, to ſuch a Degree was my Curioſity raiſed, that having read the Controverſies of ſome great Men concerning the Antiquities of *Egypt*, I made a Voyage to *Grand Cairo*, on purpoſe to take the Meaſure of a Pyramid; and as ſoon as I had ſet my ſelf right in that Particular, returned to my Native Country with great Satisfaction.

I have paſſed my latter Years in this City, where I am frequently ſeen in moſt publick Places, tho' there are not above half a dozen of my ſelect Friends that know me; of whom my next Paper ſhall give a more particular Account. There is no Place of Publick Reſort, wherein I do not often make my Appearance; ſometimes I am ſeen thruſting my Head into a Round of Politicians at *Will's*, and liſtning with great Attention to the Narratives that are made in thoſe little Circular Audiences. Sometimes I ſmoak a Pipe at *Child's*; and whilſt I ſeem attentive to nothing but the *Poſt-Man*, over-hear the Converſation of every Table in the Room. I appear on *Sunday* Nights at St. *James's* Coffee-Houſe, and ſometimes join the little Committee of Politicks in the Inner-Room, as one who comes there to hear and improve. My Face is likewiſe very well known at the *Grecian*, the *Cocoa-Tree*, and in the Theaters both of *Drury-Lane*, and the *Hay-Market*. I have been taken for a Merchant

upon

über die menschliche Seele und das sittliche Verhalten des Menschen niederlegten.

Moralität [französisch moralité, von spätlateinisch moralitas]: religiöses Drama des späten Mittelalters mit betont lehrhafter Tendenz, Personifizierung und Allegorisierung abstrakter Begriffe und Eigenschaften (Tugenden und Laster, Leben und Tod usw.), die sich meist im Kampf um die Seele des Menschen befinden.

Moritat: eine Sonderform des ↑Bänkelsangs; auf bekannte Melodien gesungenes Lied, das eine schauerliche oder rührselige Geschichte zum Inhalt hatte und von berufsmäßigen Moritatensängern auf Jahrmärkten mit Drehorgelbegleitung vorgetragen wurde. Die entsprechenden Szenen wurden dabei durch Bilder einer Leinwandtafel, auf die mit dem Zeigestock hingewiesen wurde, erläutert. Die ersten Belege für Sache und Wort stammen aus dem 17. Jahrhundert, Blütezeit des Moritatensangs war das 19. Jahrhundert, im 20. Jahrhundert starb er aus. Die Hauptthemen der Moritaten waren sensationelle Tagesereignisse, aufsehenerregende Verbrechen und deren Bestrafung. Die moralische Grundhaltung kam im Sieg des Guten zum Ausdruck, was gleichbedeutend war mit dem Sieg der Obrigkeit. Insofern vertraten die Moritaten eine ausgesprochen gesellschaftsaffirmative Haltung. Motive der Moritaten fanden seit dem 18. Jahrhundert auch Eingang in die Literatur. Für die Worterklärung kommt in Frage: 1. lateinisch moritas („erbauliche Geschichte, Moralität"), 2. rotwelsch moores, jiddisch mora („Lärm, Schrecken"), 3. die Verballhornung von „Mordtat".

Motiv [mittellateinisch, von lateinisch movere (2. Partizip: motum) „bewegen"]: stofflich-thematisches, situationsgebundenes literarisches Element, dessen inhaltliche Grundform schematisiert beschrieben werden kann. 1. Inhaltlich unterscheidet man *Situationsmotive*, z. B. das Motiv des Mannes zwischen zwei Frauen (Goethe, „Stella", Drama, 1776), der feindlichen Brüder

Eine entsetzliche

Mordgeschichte

von dem

jungen Werther,

wie sich derselbe

den 21 December

durch einen Pistolenschuß

eigenmächtig ums Leben gebracht.

Allen jungen Leuten zur Warnung, in ein Lied gebracht, auch den Alten fast nützlich zu lesen.

Im Ton:

Hört zu ihr lieben Christen ꝛc.

Das Stück kostet 4 Kreutzer.
Ist ja nur ein geringes Geld.

Moritat. Titelblatt eines Bänkelsängerliedes nach Goethes Briefroman „Die Leiden des jungen Werthers" im Jahr von dessen Ersterscheinung (1774)

(Schiller, „Die Räuber", Schauspiel, 1781), der Liebe der Kinder verfeindeter Familien (W. Shakespeare, „Romeo and Juliet", 1597, deutsch „Romeo und Julia", 1766) und *Typenmotive* (Einzelgänger, Bohemien, böse Frau), deren Kontinuität bei allem Wandel der literarischen Gestaltung auf menschlichen Verhaltenskonstanten beruht. Dagegen sind *Raum- und Zeitmotive* (Schlösser, Ruinen, Dämmerung, Wettlauf mit der Zeit) in stärkerem Maße vom geschichtlichen Standort abhängig. – 2. Nach der formalen Funktion unterscheidet man *primäre* oder *Kernmotive*, *sekundäre* oder *Rahmenmotive* und *detailbildende* oder *Füllmotive* (zu letzteren gehören auch die sogenannten *blinden* oder *ornamentalen Motive*). – 3. Nach der vorherrschenden Gattungszugehörigkeit unterscheidet man spezifische *Dramenmotive* (Bruderzwist), *lyrische Motive* (Liebesleid, Waldeinsamkeit), *Volkslied-*, *Märchenmotive* u. a. Durch Th. Mann wurde das ↑Leitmotiv in die Literatur eingeführt.

Motto [italienisch, von vulgärlateinisch muttum „Wort" (eigentlich „leiser, halb unterdrückter Laut, ‚Muckser'")]: Denk-, Leit-, Wahlspruch; v. a. der einer Schrift oder ihren Einzelteilen (Kapitel, Akte, Bücher) vorangestellte Leitspruch (häufig in Zitatform), z. B.: „Gott schreibt gerade auch auf krumme Zeilen" (portugiesisches Sprichwort als Motto zu P. Claudels Schauspiel „Le soulier de satin", 1929, deutsch „Der seidene Schuh", 1939).

Multimediaveranstaltung [von lateinisch multus „viel" und medium „das in der Mitte Befindliche"] (Mixed-media-Veranstaltung): Bezeichnung für Versuche seit den 60er Jahren, die verschiedenen Kunstarten unter Einbeziehung der verschiedensten technischen (audiovisuellen) Medien (Film, Projektion, Lichtorgel, Tonband usw.) in Abfolge, aber auch simultan vorzustellen. Mit Multimediaveranstaltungen experimentierten z. B. F. Kriwet (Graphik und Dichtung) und D. Schönbach (kinetische Kunst und Musikcollage). ↑Happenings und Environments (Kunstformen, bei denen räumlich angeordnete Materialien den Betrachter zu aktiver Teilnahme anregen sollen) können Multimediaveranstaltungen sein. Gegen ein traditionelles Kunstverständnis, eine traditionelle Kunstdarstellung gerichtet, stellen die Multimediaveranstaltungen eine moderne Form des ↑Gesamtkunstwerks dar, wobei der besondere Akzent nicht nur auf eine Aufhebung der Kunstgattungen, sondern auch auf eine Aufhebung der Diskrepanz von Leben und Kunst gelegt wird. Vorläuferstadien hat es insbesondere im ↑Dadaismus gegeben. Die Unterhaltungsindustrie (Pop-Shows, Pop-Festivals u. a.) setzt auf ihren Veranstaltungen erprobte Multimedia-Effekte gezielt ein.

Münchhausiade (Münchhauseniade): seit der 2. Hälfte des 18. Jahrhunderts gebräuchlicher Begriff für eine spezielle Form der ↑Lügendichtungen (meist Reise-, Kriegs- oder Jagderlebnisse), die sich mit der Person des ersten Erzählers dieses Typus, des Freiherrn K. F. H. von Münchhausen verbinden. Die ersten 16 Erzählungen erschienen 1781 (von einem anonymen Autor herausgegeben), zwei weitere 1783 im „Vade Mecum für lustige Leute". Sie wurden 1785 von R. E. Raspe ins Englische übersetzt und erweitert, 1786 von G. A. Bürger unter dem Titel „Wunderbare Reisen zu Wasser und Lande, Feldzüge und lustige Abentheuer des Freyherrn von Münchhausen" ins Deutsche rückübersetzt, 1789 erweitert.

Münchner Dichterkreis: von König Maximilian II. von Bayern ab 1852 geförderte Vereinigung v. a. norddeutscher Schriftsteller in München, die sich auf offiziellen königlichen „Symposien" sowie im privaten Kreise, der literarischen „Gesellschaft der Krokodile" (1856–63) trafen. Dem Kreis gehörten u. a. an: E. Geibel, P. Heyse, F. Dahn, W. H. Riehl, A. F. von Schack, H. von Lingg, J. V. von Scheffel. Die literarische Bedeutung des Kreises lag in der Pflege nichtpolitischer, klassizistischer Dichtung, die zuerst gegen das Junge Deutschland, später gegen Realismus und Naturalismus gerichtet war.

Mundartdichtung (Dialektdichtung): Dichtung, die im Gegensatz zur überregionalen hochsprachlichen Dichtung in einer bestimmten Mundart verfaßt ist. Mundartdichtung umfaßt alle traditionellen Gattungen volkstümlicher Erzähl- und Dichtkunst wie Märchen, Sage, Anekdote, Sprichwort, Lyrik. Grenzfälle stellen solche Dichtungen dar, in denen vor einem hochsprachlichen Hintergrund mundartliche Elemente zur milieugetreuen Charakterisierung verwendet werden, v. a. in Dialogen im Roman oder Drama (L. Thoma, G. Hauptmann). Mundartdichtung begegnet meist in mündlich vorzutragenden Literaturformen (Lyrik, Drama). – Eine Differenzierung zwischen Mundartdichtung und hochsprachlicher Dichtung ist in der deutschen Literatur erst seit dem Vordringen der neuhochdeutschen Schriftsprache etwa seit M. Luther möglich. Größere Breitenwirkung erlangte die Mundartdichtung erst seit der 2. Hälfte des 18. Jahrhunderts (S. Sailer, „Schwäbische Schöpfung", gedruckt nach 1777; J. K. Grübel, „Gedichte in Nürnberger Mundart", 1798–1812). Wichtige Impulse erhielt sie vom ↑Wiener Volkstheater (J. A. Stranitzky) und den Volksstücken von F. Raimund und J. N. Nestroy sowie von der Romantik im Gefolge der Entdeckung und Wertschätzung vor- und unterliterarischer Volksdichtung. Von literarischem Rang waren im 19. Jahrhundert die „Alemannischen Gedichte" (1803–20) von J. P. Hebel, das erzählerische Werk F. Reuters in mecklemburgischem Dialekt („Ut mine Stromtid", 1862–64) sowie das lyrische Werk K. Groths. Programmatisch eingesetzt wurde die Mundartdichtung im Naturalismus (G. Hauptmann, „Die Weber", Drama, 1892, daneben schlesische Dialektfassung „De Waber", 1892) und wieder seit etwa 1960 in den Experimenten literarischer Gruppen, die mit der akustisch-visuellen Verwendung der Dialektdichtung Aussageweisen zu erschließen suchen (insbesondere die ↑Wiener Gruppe um H. C. Artmann). In neuere Zeit tragen [Freilicht]aufführungen mundartlicher Stücke und v. a. Fernsehübertragungen (Hamburger Ohnsorg-Theater, Münchner Komödienstadel) stark zur Verbreitung der Mundartdichtung bei. Im Gegensatz zu deren Lustspielen stehen die Mundartstücke von M. Sperr, R. W. Fassbinder und F. X. Kroetz, die in ihrer zeitnahen, kritischen Aussage die etwa um 1970 einsetzende Dialektwelle einleiteten.

Musenalmanach: seit der Mitte des 18. Jahrhunderts beim gebildeten Bürgertum beliebtes belletristisches Publikationsorgan nach dem Vorbild des Pariser „Almanach des Muses" (1764–1833): jährlich erscheinende Anthologien meist noch unveröffentlichter Dichtungen, vorwiegend Lyrik und epische Kleinformen, aber auch Dramen und Epen[auszüge], Übersetzungen, Kompositionen, oft mit Kalendarium und Illustrationen. Aus vielen unbedeutenden reinen Unterhaltungsmagazinen ragen einige Almanache von besonderem literarischem Rang heraus, weil sich in ihnen bestimmte literarische Strömungen manifestierten oder weil bedeutende literarische Werke erstmals in ihnen publiziert wurden, z. B. der „Göttinger Musenalmanach" (1770–1802) als Publikationsorgan des ↑Göttinger Hains oder die nur in einem Jahrgang erschienene und fast nur von Schiller bestrittene „Anthologie auf das Jahr 1782", in der die meisten seiner Frühgedichte erschienen, v. a. aber der 1796 bis 1800 von Schiller herausgegebene „Musenalmanach", an dem u. a. Goethe, J. G. Herder, A. W. Schlegel, J. Ch.

Musenalmanach. Titelblatt der Erstausgabe des „Göttinger Musenalmanachs" (1770)

F. Hölderlin und L. Tieck mitarbeiteten und in dem u. a. die „Xenien" (Jahrgang 1797) erschienen. Musenalmanache waren noch bei den Romantikern beliebt, erschienen aber dann nicht mehr. Erst gegen Ende des 19. Jahrhunderts setzten Wiederbelebungsversuche ein („Cotta'scher Musenalmanach", 1891). Heute wird die Tradition v. a. von Verlagen (mit Proben von Neuerscheinungen) fortgesetzt.

Musikdrama: Bezeichnung für ein musikalisches Bühnenwerk, bei dem im Unterschied zur traditionellen Oper die Vorherrschaft des Gesangs aufgegeben und Singstimme wie Orchester allein in den Dienst des Ausdrucks eines inhaltlich und sprachlich dem Wortdrama nachgebildeten Textes gestellt werden. Konzipiert und verwirklicht wurde die Idee der geistigen Einheit von dichterischer und musikalischer Absicht durch R. Wagner (↑ Gesamtkunstwerk).

Mysterienspiel: seit dem 14. Jahrhundert v. a. in Frankreich (französisch mystère) und England (englisch mystery play) gepflegtes ↑ geistliches Spiel des Mittelalters, das sich aus der kirchlichen Liturgie entwickelte und Stoffe aus dem biblischen Bereich gestaltete. Die Mysterienspiele waren z. T. extrem umfangreich (62 000 Verse), ihre Aufführung konnte mitunter Tage und Wochen dauern. In England gab es ganze Mysterienspielzyklen, z. B. der „York cycle" mit 48 erhaltenen Stücken.

Mystik [von griechisch mýein „sich schließen (von Lippen und Augen gesagt)"]: in der Religionsgeschichte weitverbreitete Sonderform religiösen Denkens und Verhaltens, das von einer erfahrbaren unmittelbaren Verbindung mit einer Gottheit ausgeht, die mit Hilfe verschiedener Praktiken (Kontemplation, Meditation, Askese usw.) erreicht werden kann. – Im *Christentum* begegnet Mystik bereits im Neuen Testament v. a. bei Paulus und Johannes als *Christusmystik*, deren Ziel die unmittelbare Einheit mit Christus als dem göttlichen Logos oder dem Menschen Jesus ist. Die Christusmystik ist (seit dem Mittelalter oft in der Form der *Passionsmystik* als Mitleiden mit Jesus Christus) in der gesamten christlichen Frömmigkeitsgeschichte anzutreffen. Die von den Kirchenvätern aufgegriffene [manchmal gnostisch gefärbte] Mystik wurde v. a. in den Klöstern weitergepflegt, wobei sich besonders der Einfluß der Schriften des Pseudo-Dionysios bemerkbar machte, der dann durch die Vermittlung von Hugo und Richard von Sankt Viktor für die Blüte der Mystik bis ins 14. Jahrhundert bestimmend war. Durch Bernhard von Clairvaux kam im Anschluß an das Hohelied das Moment einer religiösen Erotik (Beziehung der Seele zu ihrem Bräutigam Christus) in die Mystik, das mit den anderen Elementen v. a. die Frömmigkeit in den Frauenklöstern und der *deutschen Mystik* des 13.–15. Jahrhunderts (David von Augsburg, Berthold von Regensburg, Meister Eckhart, J. Tauler, H. Seuse, Mechthild von Magdeburg u. a.) prägte, die über die Frömmigkeitsgeschichte hinaus eine allgemein geistesgeschichtliche Bedeutung durch ihren Einfluß auf die Entwicklung der deutschen Sprache gewann. Insgesamt erfuhr die deutsche Sprache durch die Mystiker eine außerordentliche Bereicherung des Wortschatzes auf dem Gebiet des Geistig-Seelischen, v. a. aber eine Verfeinerung der Ausdrucksmöglichkeiten seelischen Erlebens. Von Thomas a Kempis, J. van Ruusbroec u. a. gingen wichtige Impulse auf die ekstatische Barocksprache in den romanischen Ländern, v. a. in Spanien (Theresia von Ávila, Ignatius von Loyola) aus. Auch in Deutschland brachte die Barockzeit eine neue Blüte einer mystisch geprägten Sprache (u. a. J. Böhme, Angelus Silesius).

Mythos [griechisch „Wort, Rede, Erzählung, Fabel"]: in der Frühzeit der Völker Erzählung vom Wirken der Götter, Dämonen, Helden als sinnenhafte Verdichtung menschlicher Urerlebnisse und religiöser Weltdeutung. Im Mythos, der auf dem Boden des Polytheismus erwächst, werden die religiösen Phänomene meist anthropomorphisiert, die Beziehungen der Gottheiten zueinander werden nach Analogie menschlicher Verhältnisse dargestellt (Götterfamilien, einander ablösende Göttergeschlechter).

Der Mythos ist meist ↑ aitiologisch und

weist eine enge Beziehung zum Kult auf: zentrale mythische Themen, v.a. die Kämpfe der Mächte des Lichts und der Ordnung gegen die Gewalten der Finsternis und des Chaos, wurden an bestimmten Einschnitten des Jahres als kultische Feiern rituell nachgestaltet. Im Laufe der Zeit entwickelten sich daraus feste Formen, die einen festen Platz im kulturellen Leben eines Volkes einnahmen: Aus kultischen Frühjahrsfeiern, in denen Leben und Kampf des Gottes Dionysos in Umzügen und Chören rituell nachvollzogen wurde, erwuchs das griechische ↑Drama (↑auch Tragödie), das sich im Verlauf seiner Entwicklung immer neu mit dem Mythos auseinandersetzte. Mythen wurden schon früh auch außerhalb des dramatischen Bereichs ästhetisch geformt, in Dichtung gestaltet. Im sumerisch-babylonischen „Gilgamesch-Epos" (Ende des 2. Jahrtausends v.Chr., deutsch 1970), in den Epen Homers (8. Jahrhundert v.Chr.) und in der „Theogonía" (um 700 v.Chr., deutsch „Theogonie", 1896) Hesiods u.a. spielte der Mythos eine zentrale Rolle. In der literarischen Tradition der mythischen Überlieferung wurden die alten Kerne immer wieder abgewandelt und kombiniert, traten neue Motiv- und Themenkreise hinzu. Seit der Rezeption der Antike in der Renaissance hat der griechische Mythos in der europäischen Literatur einen festen Platz. Im 18. Jahrhundert trat (v.a. in der deutschen Literatur) neben die griechische die nordische Mythologie (↑Bardendichtung), die noch im Werk R. Wagners eine zentrale Rolle spielte. In der rationalen Weltauffassung der Aufklärung hatte der Mythos keinen Platz, doch schon mit G. B. Vicos „Principi di una scienza nuova ..." (1725, deutsch 1822, 1924 unter dem Titel „Die neue Wissenschaft über die gemeinschaftliche Natur der Völker") trat der Mythos als eine Weise der Wahrheitsfindung gleichberechtigt neben die wissenschaftlich-theoretische. Diese Sicht bestimmte über J. G. Herder stark das Mythosverständnis der Romantik. Die Ästhetisierung des Mythos in der Klassik schlug in der Romantik um in eine Mythologisierung der Ästhetik: Mythos als Urdichtung und unerschöpfliche Quelle der Poesie. Die romantische Mythisierung z.B. des Volks- und Volkstumsbegriffs mit ihrem irrationalen Weltverständnis prägte Kultur- und Staatsauffassungen bis ins 20. Jahrhundert. Für die Dichtung des 20. Jahrhunderts ist v.a. die psychoanalytische Deutung des Mythos durch S. Freud und C. G. Jung von Bedeutung. Die Aktualisierung archaischer Mythen in der modernen Literatur erhebt von hier aus den Anspruch, die Wirklichkeit durch den Mythos zu deuten (Th. Mann, H. Broch).

N

Nachahmung ↑Imitation, ↑Mimesis.

Nachdichtung: freiere Übersetzung einer Dichtung als Versuch einer möglichst gleichwertigen Neuschöpfung, z.B. die mittelhochdeutschen Artusromane nach französischen Vorbildern

Nachdruck: 1. regelmäßiger unveränderter Neudruck eines Schriftwerkes durch den berechtigten Verleger, v.a. der Neudruck (Reprint) eines urheberrechtsfreien Werkes, in der Regel als Stereotyp- oder Faksimiledruck. Durch Nachdrucke dieser Art werden häufig ältere Standardwerke wieder allgemein zugänglich gemacht. – 2. Widerrechtlicher Druck eines schon zuvor gedruckten Werkes (Raubdruck).

nachgelassene Werke: die vor dem Tod eines Künstlers oder Wissenschaftlers nicht veröffentlichten oder unvollendeten Werke, Briefe sowie sonstige Schriften und Dokumente.

Nachtstück: in der Literatur der Romantik Bezeichnung für die literarische Gestaltung einer nächtlichen Szene. Der Begriff wurde um 1800 in Anlehnung an die Malerei und an die Musik gewählt. In den Nachtstücken wurden v. a. schaurige, gespenstische Themen sowie die „Nachtseiten" der menschlichen Natur dargestellt. Musterbeispiele sind der pseudonym veröffentlichte Roman „Nachtwachen. Von Bonaventura" (1804) und der Novellenzyklus „Nachtstücke" (1817) von E. T. A. Hoffmann.

Nah ↑Einstellung.

naiv und sentimentalisch: typologisches Begriffspaar, von F. Schiller in der Abhandlung „Über naive und sentimentalische Dichtung" (erschienen in der Zeitschrift „Die Horen", 1795/96) für zwei aufeinander bezogene schöpferische Grundhaltungen aus der Gegenüberstellung seiner Dichtungsauffassung mit der Goethes entwickelt. Der naive Dichter steht im Einklang mit der Natur, er sucht eine anschauliche Nachahmung des Wirklichen (↑Mimesis). Seine Grundeinstellung ist realistisch, unreflektiert. Als repräsentativ für diese Dichtung gelten Homer, W. Shakespeare, Goethe. Der sentimentalische Dichter schafft aus einem Zwiespalt zwischen sich und der Natur heraus und sucht diesen Zwiespalt spekulativ, in der Reflexion und der Idee durch die Darstellung des Ideals zu überwinden. Hierzu zählte Schiller sich selbst und die neueren Dichter.

Nänie [ˈnɛːni̯ə; von lateinisch naenia „Leichengesang, Totenlied"]: ursprünglich die literarisch nicht fixierte Totenklage der Frühzeit der römischen Antike, die von Verwandten des Toten oder bezahlten Klageweibern beim Leichenbegängnis zur Flöte gesungen wurde. Später Bezeichnung für die an ihre Stelle tretende förmliche Laudatio funebris (Grabrede), auch für den Trauergesang. In dieser Tradition steht noch Schillers Gedicht „Nänie".

Narrenliteratur: satirische, meist in Versen verfaßte Dichtung mit moralisch-didaktischem Anspruch, in der

Narrenliteratur. Illustration zu Sebastian Brants „Narrenschiff" (1494)

Zeit- und Moralkritik begründet wird mit der allgemein-menschlichen Narrheit. Belehrung und Besserung sollen durch Polemik und Karikatur erreicht werden. – Narrenliteratur ist international verbreitet und findet sich seit der Antike. Besonders im späten Mittelalter wurde der Narr zu einer beliebten Figur in ↑Schwänken und ↑Fastnachtsspielen. Gipfelpunkt der Narrenliteratur dieser Zeit war S. Brants „Narrenschiff" (1494), eine Ständesatire, in der zeitgenössische Mißstände und Laster angeprangert wurden; sie wurde bestimmend für die ↑Satire des 16. Jahrhunderts. Bedeutende Vertreter dieses Literaturtypus im 16. Jahrhundert waren Th. Murner, der mit seinen Satiren „Narrenbeschwörung" und „Schelmenzunft" (beide 1512) an S. Brant anknüpfte, ferner Erasmus von Rotterdam („Encomion moriae", 1511, deutsch 1534, 1960 unter dem Titel „Das Lob der Torheit"),

P. Gengenbach und H. Sachs. Die Narrenliteratur blühte auch im 17. und 18. Jahrhundert (Abraham a Sancta Clara, Ch. Weise u. a.).

Nationalbibliographie: Verzeichnis des Schrifttums eines Landes, das meist nur Bücher umfaßt, während für Zeitschriften, Hochschulschriften, amtliche Druckschriften, Karten, Musikalien usw. eigene Verzeichnisse herausgegeben werden. Eine Nationalbibliographie kann von einer ↑Nationalbibliothek, einem nationalen Buchhandelsverband oder von Verlagen erstellt und betreut werden. In Deutschland waren von Anfang an Buchhandel und Verlage führend, zunächst mit Einzelleistungen (Bücherverzeichnisse von W. Heinsius über die Jahre 1700–1892, von C. G. Kayser über die Jahre 1834–1911, von J. C. Hinrichs über die Jahre 1875–1913, von C. Georg [und L. Ost] über die Jahre 1883–1912). 1916 erwarb der Börsenverein der Deutschen Buchhändler mit der Gründung der ↑Deutschen Bücherei in Leipzig als zentralem Archiv das Monopol für die deutsche Allgemeinbibliographie. Auch die Gründung der ↑Deutschen Bibliothek in Frankfurt am Main (1947), die seit 1947 die „Deutsche Bibliographie" herausgibt, geht auf die Initiative von Verlegern und Buchhändlern zurück. Da es in der DDR eigene Verzeichnisse gibt (u. a. „Deutsche Nationalbibliographie. Reihe A. B.", 1946 ff.), existieren seit 1947 zwei deutsche Nationalbibliographien, die (jede für sich) das Schrifttum des gesamtdeutschen Bereichs verzeichnen.

Nationalbibliothek: Zentralbibliothek, deren Aufgabe es ist, das in einer Nationalsprache im In- und Ausland erschienene Schrifttum zu sammeln und bibliographisch zu erfassen. Nationalbibliotheken sind zumeist aus älteren Fürstenbibliotheken hervorgegangen, z. B. die Bibliothèque Nationale in Paris (heutiger Name seit 1792), deren Grundstock die Bibliothek Ludwigs XII. war, oder die Österreichische Nationalbibliothek (heutiger Name seit 1920), die 1526 von Kaiser Ferdinand I. als „Hofbibliothek" gegründet wurde. Eine deutsche Nationalbibliothek bildete sich infolge der föderalistischen Struktur des Deutschen Reiches nicht heraus. Die Funktion einer Nationalbibliothek erfüllt für die Bundesrepublik Deutschland die ↑Deutsche Bibliothek in Frankfurt am Main, für die DDR die ↑Deutsche Bücherei in Leipzig.

Nationale Forschungs- und Gedenkstätten der klassischen deutschen Literatur in Weimar (Abkürzung NFG): 1953 vom Ministerrat der DDR gegründete Institution zur zentralen Verwaltung, Pflege und wissenschaftlichen Organisation der in und um Weimar gelegenen historischen Erinnerungsstätten und Archive der Epoche 1750–1850. In den NFG sind zusammengeschlossen: 1. das Goethe- und Schiller-Archiv, 2. das Goethe-Nationalmuseum und über 30 weitere Gedenkstätten, Museen und Parkanlagen der klassischen Epoche 1750–1850, 3. das 1954 gegründete Institut für deutsche Literatur und 4. die Zentralbibliothek der deutschen Klassik.

Nationalepos: Bezeichnung für ein [Helden]epos, das im Bewußtsein oder im Bildungskanon einer Nation eine besondere Bedeutung hat, entweder weil die darin aufgenommenen Mythen für die nationale Frühgeschichte als bestimmend angesehen werden, oder weil man dem Stoff oder Werk für das historische Selbstverständnis einen besonderen Stellenwert zuspricht, oder weil in ihm die nationale Eigenart am reinsten ausgeprägt zu sein scheint. Als Nationalepen gelten u. a. das „Gilgamesch-Epos" (Ende des 2. Jahrtausends v. Chr., deutsch 1970) für Sumer, Babylonien und Assyrien, Homers „Ilias" und „Odyssee" (beide 8. Jahrhundert v. Chr., deutsch 1793 bzw. 1781) für Griechenland, Vergils „Äneis" (29 ?–19 v. Chr., deutsch 1515, 1952 unter dem Titel „Aeneis") für Rom, „La chanson de Roland" (um 1075–1100, deutsch „Rolandslied", 1839/40) für Frankreich, das „Poema del Cid" (um 1140, deutsch „Das Gedicht vom Cid", 1850) für Spanien, der „Beowulf" (1. schriftliche Fassung um 1000, deutsch „Beowulf", 1840) für England und das „Nibelungenlied“ (um 1200) für Deutschland.

Nationalliteratur: Bezeichnung für das in einer bestimmten Nationalsprache verfaßte Schrifttum. Der Begriff begegnet in Deutschland zum ersten Mal 1780 bei L. Meister („Beiträge zur Geschichte der deutschen Sprache und Nationalliteratur“) und wurde zunächst im Rahmen der bürgerlichen Selbstbesinnung auf die eigene nationale Vergangenheit gegen die geistige Vorherrschaft v. a. der französischen Kultur verwendet. Im erwachenden Nationalismus des 19. Jahrhunderts wurde der Begriff dann Bezeichnung für die gesamte dichterische und schriftstellerische Leistung eines Volkes, besonders auch in bezug auf die als typisch angesehenen Wesenszüge der muttersprachlichen Literatur, weiter auch nur im Unterschied zu einer die nationalen Grenzen überschreitenden ↑Weltliteratur.

Nationaltheater: Bezeichnung für ein Theater, das für eine Nation vorbildlich ist und das sich die Pflege der nationalen Schauspielkunst und die Darstellung des eigenen nationalen Wesens zum Ziel setzt (z. B. die ↑Comédie-Française in Paris). In Deutschland wurde die Idee eines Nationaltheaters im 18. Jahrhundert zum einen im Zusammenhang mit den gegen die Vorherrschaft der französischen Kultur gerichteten Bemühungen um ein die nationale, d. h. deutsche Eigenart und deutsches Wesen widerspiegelndes Drama entwickelt; zum anderen sollte das Nationaltheater im Sinne des aufstrebenden Bürgertums der gesamten Nation, nicht – wie bisher im Hoftheater – nur der adligen Gesellschaftsschicht dienen. G. E. Lessing versuchte 1767, in Zusammenarbeit mit J. F. Löwen in Hamburg ein (privat finanziertes) Nationaltheater zu verwirklichen, das jedoch schon 1769 scheiterte. In der Folgezeit wurden einige Hoftheater in Nationaltheater umbenannt, z. B. in Wien (1776), Mannheim (1779; berühmt durch die Aufführung der Jugenddramen Schillers), Berlin (1786), die jedoch der Entwicklung einer nationalen deutschen Dramatik nicht die entscheidenden Impulse zu geben vermochten. Größere Bedeutung hatte in diesem Zusammenhang das unter Goethe (1791–1817) zu europäischem Rang aufgestiegene Hoftheater Weimar oder die ↑Meininger (1870–90). Im 19. Jahrhundert gab es in Deutschland, aber auch in anderen Ländern (z. B. Skandinaviens und Osteuropas), verstärkte Bemühungen um ein Nationaltheater. Persönlichkeiten wie R. Wagner und G. Keller setzten sich dafür ein. Das 1919 in Weimar eingerichtete Deutsche Nationaltheater blieb vorläufig der letzte Versuch in Deutschland.

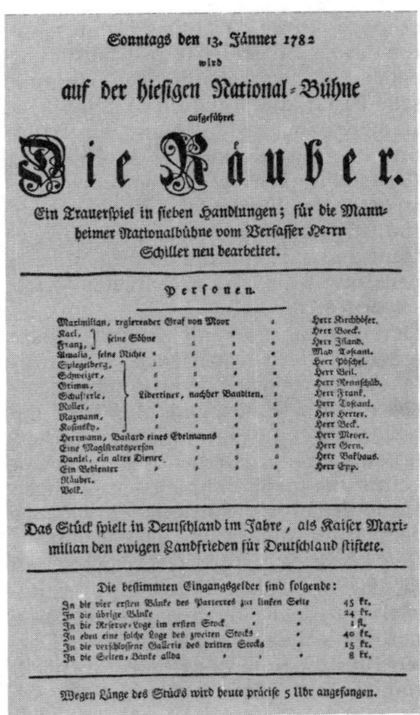

Sonntags den 13. Jänner 1782
wird
auf der hiesigen National-Bühne
aufgeführet
Die Räuber.
Ein Trauerspiel in sieben Handlungen; für die Mannheimer Nationalbühne vom Verfasser Herrn Schiller neu bearbeitet.

Personen.

Maximilian, regierender Graf von Moor	Herr Kirchhöfer.
Karl, seine Söhne	Herr Boeck.
Franz, seine Söhne	Herr Iffland.
Amalia, seine Nichte	Mad. Toscani.
Spiegelberg, Libertiner, nachher Banditen.	Herr Pöschel.
Schweizer,	Herr Beil.
Grimm,	Herr Rennschüb.
Schufterle,	Herr Frank.
Roller,	Herr Toscani.
Razmann,	Herr Herter.
Kosinsky,	Herr Beck.
Herrmann, Bastard eines Edelmanns	Herr Meyer.
Eine Magistratsperson	Herr Gern.
Daniel, ein alter Diener	Herr Bakhaus.
Ein Bedienter	Herr Epp.
Räuber.	
Volk.	

Das Stück spielt in Deutschland im Jahre, als Kaiser Maximilian den ewigen Landfrieden für Deutschland stiftete.

Die bestimmten Eingangsgelder sind folgende:

In die vier ersten Bänke des Parterres zur linken Seite	45 kr.
In die übrige Bänke	24 kr.
In die Reserve-Loge im ersten Stock	1 fl.
In eben eine solche Loge des zweiten Stocks	40 kr.
In die verschlossene Gallerie des dritten Stocks	15 kr.
In die Seiten-Bänke allda	8 kr.

Wegen Länge des Stücks wird heute präcise 5 Uhr angefangen.

Nationaltheater. Theaterzettel zur Uraufführung von Schillers Drama „Die Räuber“ am 13. Januar 1782 am Nationaltheater in Mannheim

Naturalismus: Richtung der europäischen Literatur (etwa 1870–1900), in der die genaue Beschreibung der „Natur“, d. h. der mit den Sinnen erfahrbaren Wirklichkeit, zum ästhetischen Prinzip erhoben wurde. Wichtige Themen waren das als Folge der Industrialisierung entstandene wirtschaftliche und moralische Elend, die Situation in den Großstädten, daneben Kritik am Bürgertum und dessen doppelter Moral und Gleichgültigkeit gegenüber den ungelösten Problemen der entstehenden Industriegesellschaft. Soziales Engagement und z. T. sozialrevolutionärer Erneuerungswille kennzeichneten viele seiner Vertreter.

Der Naturalismus gilt als erste Phase innerhalb der europäischen ↑ Literaturrevolution; er wurzelte geistesgeschichtlich im ↑ Realismus, ging aber über ihn hinaus, da er die Natur nicht „poetisierte“, sondern die getreue Wiedergabe der Natur, die für ihn ohne jeden geistigen Hintergrund war, forderte. *Grundlagen* des Naturalismus waren die Erkenntnisse der exakten Naturwissenschaften und die darauf fußende Philosophie des Positivismus sowie die Physiologie C. Bernards, v. a. die Evolutionslehre Ch. Darwins und die Vererbungslehre, die materialistisch aufgefaßt wurde: der Mensch ist Glied in einer Kette biologischer Vorgänge. Wesentlichen Einfluß hatte ferner die Milieutheorie H. Taines, die Auffassung vom Menschen als eines von Milieu und Erbanlagen bestimmten Wesens. Außerdem hatten die Arbeiten von K. Marx und F. Engels der literarischen Auseinandersetzung mit der sogenannten sozialen Frage den Boden bereitet. Konsequenzen aus diesen Lehren für eine literarische Theorie zogen erstmals die Brüder E. und J. de Goncourt.

Eigentlicher Programmatiker und unbestrittenes Haupt des europäischen Naturalismus wurde É. Zola. In seiner naturalistischen Ästhetik („Le roman expérimental“, 1880, deutsch „Der Experimentalroman“, 1904) wurde Kunst definiert als literarisches Experiment mit naturwissenschaftlichen Methoden, das lückenlos die ursächlichen Zusammenhänge des determinierten menschlichen Daseins beweisen müsse. Nur Auswahl und Ordnungsprinzipien des Stoffes sind dem Dichter überlassen: „Kunst ist ein Stück Natur, gesehen durch ein Temperament.“ Dieses Programm wurde verwirklicht in Zolas 20bändigem Romanwerk „Les Rougon-Macquart“ (1871–93, deutsch „Die Rougon-Macquart“, 1892–98). Neben Zola sind in Frankreich v. a. noch G. de Maupassant (Novellen) und H. Becque (Dramen) zu nennen. – Eine ähnliche Entwicklung vollzog sich seit etwa 1870 in Skandinavien. Hier entstanden die gesellschaftkritischen Dramen H. Ibsens (u. a. „Samfundets støtter“, 1877, deutsch „Stützen der Gesellschaft“, 1878; „Et dukkehjem“, 1879, deutsch 1880, 1961 unter dem Titel „Nora oder Ein Puppenheim“) und die epischen und dramatischen Werke A. Strindbergs. Ähnlich starke Impulse kamen aus Rußland von F. M. Dostojewski und v. a. L. N. Tolstoi (besonders vorbildhaft war sein Bauerndrama „Wlast tmy“, 1886, deutsch „Macht der Finsternis“, 1890).

Der *deutsche Naturalismus* stand zunächst ganz unter dem Einfluß É. Zolas, seit etwa 1887 auch unter dem H. Ibsens, L. N. Tolstois und F. M. Dostojewskis. Seine frühe Phase (etwa 1880–1886) war bestimmt von programmatischen Diskussionen. Zentren waren München (M. G. Conrad, D. von Liliencron, O. E. Hartleben u. a.) und Berlin (↑ Friedrichshagener Dichterkreis). Die geforderte literarische Neubesinnung und polit. Erneuerung ging einher mit aggressiver Ablehnung der Literatur der Gründerzeit. Wichtige Zeitschriften waren die „Kritischen Waffengänge“ (1882–84) der Brüder H. und J. Hart und „Die Gesellschaft“ (1885–1902) von M. C. Conrad. Wichtige Programmschriften entstanden im Berliner Verein ↑ Durch, u. a. von W. Bölsche „Die naturwissenschaftlichen Grundlagen der Poesie“ (1887) und von A. Holz „Die Kunst, ihr Wesen und ihre Gesetze“ (1891). A. Holz entwickelt hier erstmals eine neue naturalistische Darstellungstechnik, das photographisch getreue Schildern eines Geschehens in zeitlich genauem Ablauf, den sogenannten ↑ Sekundenstil. Dabei lehnte er die Freiheit der Erfindung, Auswahl oder Anord-

nung des Stoffes ab. Er formuliert diesen über Zola hinausgehenden „konsequenten Naturalismus" folgendermaßen: „Kunst hat das Bestreben, wieder die Natur zu sein. Sie wird sie nach Maßgabe ihrer jeweiligen Reproduktionsbedingungen und deren Handhabung ... Kunst = Natur – x."
Die Hauptepoche des deutschen Naturalismus (etwa 1886–1895) war bestimmt durch das dramatische Werk G. Hauptmanns, der die Anregungen É. Zolas (Milieuschilderung, Bloßlegung der sozialen und psychischen Mechanismen), A. Holz' (minutiöse Beschreibungstechnik) und H. Ibsens (analytische Dramenstruktur, offener Schluß) eigenständig zu eindringlichen sozialen Dramen verarbeitete (u. a. „Vor Sonnenaufgang", 1889; „Die Weber", 1892; „Der Biberpelz", 1893). Daneben sind als Dramatiker u. a. zu nennen: A. Holz, J. Schlaf, M. Halbe, O. E. Hartleben, H. Sudermann. Die einen Skandal entfesselnde Aufführung von H. Ibsens Drama „Gespenster", 1887, führte 1889 zur Gründung des Theatervereins ↑Freie Bühne. – Während das deutsche naturalistische Drama europäischen Rang erreichte, blieb die naturalistische Prosa hinter derjenigen Frankreichs und Rußlands zurück. Größere Bedeutung erlangten nur die Prosaskizzen von J. Schlaf/A. Holz und G. Hauptmanns Novelle „Bahnwärter Thiel" (1892). – Die Lyrik blieb formal zumeist in traditionellen Bahnen, nur A. Holz beschritt in seinen „Phantasus"-Heften (2 Teile, 1898/99) neue Wege.
Nach 1895 verlor der Naturalismus an Nachdruck, er wirkte jedoch auf die gesamte folgende literarische Entwicklung durch die Erschließung neuer Stoffbereiche, durch neue dramatische Strukturen, durch die Präzisierung der beschreibenden Darstellungsmittel und durch Verwendung von Umgangssprache und Dialekt im literarischen Text. Naturalistische, von É. Zola u. a. beeinflußte Phasen kennzeichnen auch die meisten anderen europäischen und amerikanischen Literaturen.

Natureingang: die im ↑Minnesang und in der (daran anknüpfenden) Volksliedtradition häufige Naturdarstellung im Einleitungsteil von Liebesgedichten. Der Natureingang ist eine toposhafte, stereotype Aufreihung der wichtigsten Requisiten v. a. der Frühlings- oder Winterlandschaft (Bäume, Blumen, Vögel, Schnee und Eis usw.). Entscheidend ist der parallele oder gegensätzliche Bezug zur Minnethematik des Gedichts. – Volksliedbeispiel aus dem 16. Jahrhundert:
„Der Mai tritt ein mit Freuden,
hin fährt der Winter kalt,
die Blümlein auf der Heiden
blühen gar mannigfalt.
Ein edles Röslein zarte
von roter Farben schön
blüht in meins Herzens Garten
für alle Blümlein ich's krön."

Naturlyrik: Sammelbegriff für alle Formen der ↑Lyrik, deren zentrale Motive Naturerscheinungen (Landschaft, Wetter, Tier- und Pflanzenwelt) sind und die das Erlebnis der Natur, das Naturgefühl zur Grundlage haben. Schon die Antike kannte das Naturgefühl als inneres Beteiligtsein des Dichters an Naturerscheinungen (besonders in den Formen der ↑Idylle und ↑Elegie). Im Mittelalter trat es nur vereinzelt im ↑Minnesang (Walther von der Vogelweide) und ↑Volkslied auf; im Barock ist es gelegentlich, v. a. in der religiösen Lyrik anzutreffen (P. Gerhardt, „Geh aus, mein Herz und suche Freud"). Der eigentliche Durchbruch zu intensivem Naturgefühl gelang erst im 18. Jahrhundert (F. G. Klopstock, „Der Zürchersee"; ↑Göttinger Hain; Goethe, „Über allen Gipfeln ist Ruh", „Dämmrung senkte sich von oben"). Auch in der Romantik (J. von Eichendorff), im Realismus (Th. Storm, G. Keller) und Impressionismus (D. von Liliencron) spielte das Naturgefühl in der Lyrik eine bedeutende Rolle. Vertreter der Naturlyrik in der Gegenwartsliteratur sind u. a. K. Krolow, G. Eich.

Nebenrechte ↑Verlag.

negativer Held: Bezeichnung für die Hauptfigur eines epischen oder dramatischen Werkes, die aus der Perspektive der bestehenden Gesellschaft versagt, die nicht aktiv das Geschehen bestimmt, sondern passiv die Übermacht der Gesellschaft erfährt. Im wesentlichen ist der Begriff identisch mit dem des „passiven Helden". Dieser scheitert zumeist in selbstzerstörerischer Weise an den Normen der Gesellschaft, weil er nicht zur Anpassung bereit (H. Böll, „Ansichten eines Clowns", Roman, 1963) oder auch auf Grund einer niederen sozialen Stellung nicht zu aktiver Gegenwehr in der Lage ist (G. Büchner, „Woyzeck", Drama, entstanden 1836, herausgegeben 1879).

Nekrolog [von griechisch nekrós „tot" und lógos „Wort, Rede"]: Nachruf auf einen Verstorbenen, der sein Leben und seine Werke würdigt; auch Bezeichnung für eine Sammlung solcher Nachrufe.

Nemesis ['ne:mezis, 'nεm...; von griechisch némesis „Unwille", eigentlich „das (rechte) Zuteilen"]: in der griechischen Mythologie die vergöttlichte Personifikation des sittlichen Rechtsgefühls und der gerechten Vergeltung, die die Hybris, die Selbstüberschätzung im Glück, bestraft. Der Begriff der Nemesis spielte in der Tragödie, u. a. in den Dramen Schillers („Die Verschwörung des Fiesco zu Genua", 1783; „Wallenstein", 1800) eine bedeutende Rolle.

Neologismus [französisch néologisme, von griechisch néos „neu" und logos „Wort"] (Neubildung): in den allgemeinen Gebrauch übergegangene sprachliche Neuschöpfung.

Neorealismus [von griechisch néos „neu"] (Neorealismo, Neoverismo): italienische literarische Richtung, die nach 1945 bis Anfang der 50er Jahre insbesondere die erzählende Prosa bestimmte. Durch Rückgriff auf Realismus und Naturalismus (italienisch verismo), anknüpfend an die Werke von G. Verga und unter dem Einfluß von Schriftstellern wie W. Faulkner, J. Dos Passos, J. Steinbeck, E. Hemingway zielte sie auf eine Bloßlegung der sozialen und politischen Wirklichkeit des Faschismus, der Widerstandsbewegung, der Kriegs- und v. a. der Nachkriegszeit ab. Wichtige Vertreter waren u. a. I. Calvino, F. Jovine, C. Levi, C. Pavese, V. Pratolini, I. Silone, E. Vittorini. – Weltweite Wirkung erzielte der Neorealismus v. a. durch die denselben Tendenzen verpflichteten Filmkunstwerke u. a. von R. Rossellini („Rom – offene Stadt", 1945), V. De Sica („Fahrraddiebe", 1948), L. Visconti („Die Erde zittert", 1948).

Neoteriker [griechisch-lateinisch „die Neueren, die ‚Modernen'"]: römischer Dichterkreis (Mitte des 1. Jahrhunderts v. Chr.), dessen Vorbild die alexandrinische Kunst aus dem Umkreis des Kallimachos war und der eine artistische Kunstauffassung mit nuanciert-sensibler, ausgefeilter Schreibweise pflegte. Wichtige Vertreter waren P. Valerius Cato, G. L. Calvus, M. Furius Bibaculus und v. a. Catull.

Neoverismo [italienisch] ↑Neorealismus.

Neubildung ↑Neologismus.

Neudruck: im Unterschied zum unveränderten ↑Nachdruck eines Werkes meist Bezeichnung für einen z. T. mit Textverbesserungen und mit einer neuen Einleitung versehenen photomechanischen Abdruck eines älteren Werkes.

Neue Sachlichkeit: von G. F. Hartlaub 1925 geprägter Begriff für eine seit etwa 1920 spürbare Gegenbewegung zum ↑Expressionismus. Im Gegensatz zum Pathos und der utopisch-idealisierenden Geisteshaltung des [Spät]expressionismus erstrebten die Vertreter der Neuen Sachlichkeit eine stärkere Hinwendung zur Realität (zur „objektiven" Wirklichkeit) und eine nüchternere und exaktere künstlerische Aussage. Die Darstellung der zeitgenössischen Umwelt mit ihren sozialen und wirtschaftlichen Problemen war bevorzugtes Thema. Im Bereich der Literatur standen tatsachenorientierte Darstellungsformen im Vordergrund: das dokumentarische Theater (E. Piscator), spezielle Formen des Rundfunks (Hörbericht, Hörfolge), die Reportage (E. E. Kisch), die Biographie, der desillusionierende Geschichtsroman (L. Feuchtwanger). Im Drama dominierte das Zeit- und

Lehrstück (B. Brecht, F. Bruckner, Ö. von Horváth) und das Volksstück (C. Zuckmayer), im epischen Bereich wurde eine besondere Form des Gegenwartsromans gepflegt (A. Döblin, H. Fallada, E. Kästner, L. Renn, A. Seghers). Es entstand auch eine neusachliche Gebrauchslyrik, deren wichtigste Vertreter B. Brecht, E. Kästner, W. Mehring und J. Ringelnatz waren.

Neuhochdeutsch: die letzte der vier Perioden in der Entwicklung der deutschen Sprache: ↑Althochdeutsch, ↑Mittelhochdeutsch, ↑Frühneuhochdeutsch, Neuhochdeutsch. Die neuhochdeutsche Sprachperiode beginnt nach dem 30jährigen Krieg, also um 1650. In diesen Jahren entstand die erste bedeutende deutsche Grammatik (J. G. Schottel, „Ausführliche Arbeit von der Teutschen Haubt-Sprache", 1663) und eine Literatur, die von einem einheitlichen Formwillen zeugt. Die Grammatiker und die Dichter schufen in den letzten drei Jahrhunderten die heutige deutsche Hochsprache, die über den Mundarten, lokalen Umgangssprachen und Gruppensprachen steht.

Neuhumanismus: von dem Pädagogen J. M. Gesner und dem klassischen Philologen Ch. G. Heyne durch die Reform des Studiums der klassischen lateinischen und v. a. der griechischen Sprache und der Interpretationsmethoden der antiken Literaturen und Kultur vorbereitete, von den Schriftstellern und Dichtern der deutschen Klassik (J. J. Winckelmann, J. G. Herder, W. von Humboldt, Goethe, Schiller) getragene, auf Erneuerung des ↑Humanismus zielende Bildungsbewegung. Sie entwickelte – beeinflußt insbesondere von der Kulturkritik J.-J. Rousseaus – in kritischer Auseinandersetzung mit der Aufklärung ein Humanitätsideal, das an ihrem idealisierten Bild des griechischen Menschen und dessen Kultur orientiert war. Einer der Leitbegriffe und eines der Ziele des Programms des Neuhumanismus, das sich v. a. in geschichtsphilosophischen und kunsttheoretischen Werken äußerte, war die „Totalität", die Ganzheit der menschlichen Existenz von Leib und Seele, Gefühl und Verstand, Natur und Vernunft bzw. Natur und Geist, die – im Zuge der neuzeitlichen Kulturentwicklung zerstört – wiederzugewinnen sei in der Bildung der in sich ruhenden, alle Anlagen und Kräfte frei und harmonisch entfaltenden Persönlichkeit. Dabei wurde der Kunst, die in enger Verbindung zur Ethik gesehen wurde, als zentralem Moment der Kultur grundlegende Bedeutung zugemessen. Als bedeutsamste literarische Gestaltung des Humanitätsideals des Neuhumanismus gilt Goethes Schauspiel „Iphigenie auf Tauris" (1787).

Neuromantik: Ende des 19. Jahrhunderts geprägte umstrittene Sammelbezeichnung für eine literarische Strömung, die als Reaktion auf den ↑Naturalismus im Rahmen einer breiteren geistigen Auseinandersetzung mit der ↑Romantik um 1890 entstand. Neben wissenschaftlicher Beschäftigung mit der Romantik (R. Huch, „Blütezeit der Romantik", 1899; „Ausbreitung und Verfall der Romantik", 1902) und der Edition von Neuausgaben und Anthologien spielt auch die literarische Gestaltung von Themen und Motiven der Romantik eine wichtige Rolle. Bedeutsam waren kunsttheoretische und ästhetische Einflüsse und Anregungen aus französischen Literaturströmungen wie ↑Impressionismus, ↑Dekadenzdichtung und besonders ↑Symbolismus. Nach Art und Grad der Umsetzung entstanden verschiedene sehr uneinheitliche Richtungen (z. B. ↑George-Kreis). Da die Bezeichnung Neuromantik die vielen Differenzierungen nicht erfaßt, werden heute meist die Begriffe „Symbolismus", „Stilkunst um 1900" oder „literarischer ↑Jugendstil" verwendet. Neuromantische Zielsetzungen im engeren Sinn (Gestaltung typisch romantischer Stoffe in traditionellen Formen, Darstellung des Geheimnisvoll-Magischen, Rückwendung zur Geschichte, besonders des Mittelalters, Erneuerung von Märchen, Sagen, Mythen usw.) verfolgten die Balladen A. Miegels und B. von Münchhausens, die epischen und dramatischen Werke von R. Huch, auch einzelne Stükke von G. Hauptmann („Hanneles Himmelfahrt“, 1896, ursprünglich 1894 unter dem Titel „Hannele“) und frühe Werke von H. Hesse („Romantische Lieder“, 1899), St. Zweig und J. Wassermann.

New Age ['nju: 'eidʒ; englisch „neues Zeitalter“]: unscharfer Sammelbegriff für die seit den 70er Jahren dieses Jahrhunderts auf zunehmendes Interesse stoßenden Bestrebungen, eine neue Weltbetrachtung zu entwickeln, in der der Mensch ganzheitlich, d. h. in seiner körperlichen, seelischen und geistigen Gesamtheit, oder gar kosmisch, d. h. in Abhängigkeit und Wechselbeziehung zu den im Weltall wirkenden Kräften, erfaßt werden soll. Abgelehnt werden die einseitige Ausrichtung auf Verstand und Vernunft, der feste Glaube an den technischen Fortschritt, ein einseitiges politisches Engagement und die Orientierung an institutionalisierten Autoritäten; stattdessen wird das neue Lebensgefühl bestimmt durch die Beschäftigung mit dem Irrationalen, mit Magie, Mythos, Zauberei, und durch das Bestreben, in Übereinstimmung mit den Naturkräften zu leben. So sieht einer der Programmatiker des New Age, der österreichische Physiker und Futurologe F. Capra („The Tao of physics“, 1975, deutsch „Der kosmische Reigen“, 1977, 1984 erweitert unter dem Titel „Das Tao der Physik“; „The turning point“, 1982, deutsch „Wendezeit. Bausteine für ein neues Weltbild“, 1983) in der Ökobewegung, im Feminismus, in der Friedensbewegung und im Interesse für unterschiedliche meditative Praktiken wichtige Neuansätze. – ↑auch Postmodernismus.

New criticism ['nju: 'krɪtɪsɪzm; englisch „neue Kritik“]: angloamerikanische, von B. Croce beeinflußte Richtung der Literaturwissenschaft, die zu Beginn des 20. Jahrhunderts als Gegenbewegung gegen eine zu positivistisch und soziologisch orientierte Literaturwissenschaft (↑Positivismus) entstand. Der New criticism versuchte das Kunstwerk wieder als organische Einheit zu fassen; er verzichtete bei der Interpretation weitgehend auf historische und biographische Hintergründe und beschäftigte sich vorwiegend mit Fragen der Stil- und Strukturanalyse, der Metaphorik und des Symbolcharakters der Dichtung. Der Name der Bewegung stammt von der programmatischen Schrift „The new criticism“ (1911) von J. E. Springarn.

New Wave ['nju: 'wɛɪv; englisch „neue Welle“] ↑Science-fiction.

Nibelungenstrophe: Hauptstrophenform des deutschen Heldenepos, benannt nach der Strophenform des mittelhochdeutschen „Nibelungenliedes“ (um 1200). Sie besteht aus vier paarweise reimenden ↑Langzeilen. Die ↑Anverse haben meist klingende ↑Kadenz; die drei ersten ↑Abverse bestehen aus drei Hebungen mit stumpfer Kadenz, der letzte aus vier Hebungen mit voller Kadenz. Schema:

Vers 1–3: (x)/x́x/x́x/–́/x̀// (x)/x́x/x́x/x́/
(„uns ist in alten maeren/wunders vil geseit“)

Vers 4: (x)/x́x/x́x/–́/x̀// (x)/x́x/–́/x̀x/x́
(„darumbe muosen degene/vil verliesen den lîp“).

Die Syntax überspielt die Gliederung der Reimordnung (2 + 2) oder die rhythmische Gliederung (3 + 1) durch häufige Verwendung des Zeilensprungs (↑Enjambement) auch über die Strophengrenzen hinaus (Strophensprung). Die Nibelungenstrophe findet sich auch in der Lyrik des von Kürenberg, in der Elegie Walthers von der Vogelweide, in etwa 6% der Strophen des Epos' „Kudrun“ (13. Jahrhundert) und in abgewandelter Form in den jüngeren Heldenepen (z. B. Hildebrandston [benannt nach dem „Jüngeren Hildebrandslied“, Anfang des 13. Jahrhunderts]: vier gleichgebaute, paarweise reimende Langzeilen). Einflüsse weisen auch das ↑Kirchenlied auf (P. Gerhardt, „O Haupt voll Blut und Wunden“, 1656). Im 19. Jahrhundert wurde die Nibelungenstrophe in der Form des Hildebrandstons seit der Romantik wieder besonders gepflegt, v. a. in der Balladendichtung L. Uhlands („Des Sängers Fluch“) und A. von Chamissos („Das Riesenspielzeug“).

niedere Minne ↑Minnesang.

Nobelpreis für Literatur: auf die Stiftung des schwedischen Chemikers und Industriellen A. Nobel zurückgehende, seit 1901 verliehene internationale Auszeichnung für besondere Leistungen auf dem Gebiet der Literatur. Nach der Verfügung Nobels soll die Schwedische Akademie (der schönen Künste) in Stockholm jährlich die Preisträger ermitteln. Der Preis wird am Todestag Nobels (10. Dezember) durch den schwedischen König überreicht. Die Höhe des (ungeteilten) Preises (1901: 150800 schwedische Kronen) betrug 1988 2500000 Kronen (umgerechnet etwa 750000 DM). Deutsche Preisträger waren bisher: Th. Mommsen (1902), R. Eucken (1908), P. Heyse (1910), G. Hauptmann (1912), Th. Mann (1929), H. Hesse (1946), N. Sachs (1966) und H. Böll (1972).

Nominalstil (Hauptwortstil): Stilform, die im Unterschied zum ↑Verbalstil Nomina und nominale Wendungen bevorzugt (z. B. „zur Ausführung bringen" statt „ausführen"). Der Nominalstil kann Kennzeichen eines trockenen Papierstils oder eines phrasenhaften Sprechstils, aber auch bewußt gewähltes stilistisches Kunstmittel sein, z. B. bei G. Benn: „... Das Abendland! Aus dem westlichen Mittelmeer geboren, dann terrestrisch angereichert – ein Bug in Amalfi, ein Kohlenmeiler in den Ardennen –, amphibisch: Schuppen, aber gleichzeitig Füße –: ein Drachen! Festländische Schwere und Dränge zum Meer. Uralte Tempeltraditionen, Welteimotive, Überschneidungen von Symbolreihen, Überklirren von Themenketten; syrische Apokalypsen, indopazifische Sagen, Samoa und Persien, Olymp und Golgatha, Leda und Maria; große Kulturretorte." („Der Ptolemäer", Erzählungen, 1949).

Non-fiction ['nɔn'fɪkʃən; englisch „Nicht-Erfindung"] ↑Fiction, ↑Sachbuch.

Nonsensverse [von englisch nonsense „Unsinn"]: nicht abwertend zu verstehende Bezeichnung für Dichtungen, die, unter dem Aspekt der Logik oder des Bedeutungsgehaltes betrachtet, unsinnig sind. Nonsensverse spielen mit paradoxen Vorstellungen, mit Klängen, Wörtern und mit deren oft doppeltem Sinn. Sie sind Schöpfungen grotesker Phantasie und führen in den Bereich des Traumes oder einer verkehrten Welt. Einzelne Elemente begegneten schon in alten Kinderreimen oder in den Reden der Narrengestalten W. Shakespeares. Doch erst seit der Mitte des 19. Jahrhunderts kann man von eigentlichen Nonsensversen sprechen, die v. a. ein Phänomen der englischen Literatur sind, z. B. E. Lears „Book of nonsense" (1846, Ergänzungen 1861 und 1863, vollständige Ausgabe 1947 unter dem Titel „The complete nonsense", deutsch „Edward Lear's Nonsense Verse", 1964), woher der Begriff stammt, L. Carrolls „Alice's adventures in wonderland" (1865, deutsch 1869, 1962 unter dem Titel „Alice im Wunderland"). Dazu gehören auch die bis in die Gegenwart gepflegten ↑Limericks. Vertreter in Deutschland waren v. a. Ch. Morgenstern, J. Ringelnatz und P. Scheerbart. Verbindungslinien bestehen auch zu neueren Kunstrichtungen wie ↑Dadaismus (H. Arp) und ↑Surrealismus sowie zu neueren Tendenzen der ↑abstrakten Dichtung, z. B. zu H. C. Artmann.

Nordistik ↑Skandinavistik.

No-Spiel [von japanisch nō, eigentlich „Fähigkeit, Talent"]: Gattung des klassischen japanischen Theaters, die im 14. Jahrhundert u. a. aus kultischen Aufführungen der Samuraikaste mit Gesang, Chor und Tanz entstand. Sie gilt als Schöpfung von Kanami Kijotsugu und seinem Sohn Seami Motokijo. Dessen Dramen und theoretischen Schriften verdankt das No-Spiel seine bis heute überlieferte Gestalt als „Einheit von Wort, Tanz, Musik, Darstellung und mystischer Erfahrung" (P. Weber-Schäfer, „Vierundzwanzig No-Spiele", 1961). Im 16. Jahrhundert bildete sich die bis heute erhaltene Standardisierung aus: die Bühne auf drei Seiten in den Zuschauerraum vorspringend, hinten links in einen Auftrittsteg auslaufend; das Orchester mit Flöte und verschiedenen

Trommeln; der Chor mit 8–12 Personen; Maskentypen und stilisierte Requisiten. Im 16. Jahrhundert wurde auch die Zusammenstellung von fünf in sich abgeschlossenen No-Spielen zu einem Programm üblich. Seine typisierten und auch im Rang festgelegten Tänzerrollen werden traditionell nur von Männern getanzt. Der Hauptdarsteller tritt in einer kunstvollen Maske auf. Possenspiele (Kiogen) zwischen den Stücken karikieren menschliche Schwächen, sie werden als reines Worttheater dargeboten. Charakteristisch für das No-Spiel ist der Verzicht auf dramatische Konflikte: Es ist eine episch-lyrische Spielform, in der sich alles auf die seelische Stimmung konzentriert. Die Dramaturgie des No-Spiels wirkte stark auf das abendländische Drama des 20. Jahrhunderts (B. Brecht, P. Claudel, Th. Wilder u. a.).

Nouveau roman [nuvorɔ'mã; französisch „neuer Roman"]: Sammelbezeichnung für eine nach 1945 in Frankreich entstandene experimentelle Form des Romans (auch Dingroman, gegenstandsloser Roman oder Antiroman), die sich aus den Strukturen des herkömmlichen Romans löste. Die Bezeichnung wurde 1955 während der kritischen Auseinandersetzungen um A. Robbe-Grillets Roman „Le voyeur" (1955, deutsch „Der Augenzeuge", 1957) geprägt. Zu den Autoren des Nouveau roman werden v. a. M. Blanchot, M. Butor, F. Ponge, R. Pinget, A. Robbe-Grillet, N. Sarraute und C. Simon gezählt; sie bilden jedoch keine einheitliche Gruppe. Hauptkennzeichen des Nouveau roman, der v. a. an M. Proust und J. Joyce anknüpft, sind der Verzicht auf den allwissenden Erzähler, auf einen realitätsorientierten, folgerichtigen Handlungsverlauf und Geschehniszusammenhang, einen genau charakterisierten Helden und dessen Biographie, ein Engagement gesellschaftlicher oder ideologischer Tendenz. Die Kategorien von Raum und Zeit werden überspielt; durch die Auflösung der Chronologie, des Geschehens und des Raumes entsteht eine Verrätselung, für deren Auflösung die Mitarbeit des Lesers gefordert wird. Die schöpferische Leistung des Lesers am fiktiven Geschehen ersetzt die Illusion. Die Dinge erhalten ein isoliertes, von der Kausalität befreites Gewicht. Die Darstellung wird bestimmt durch umständlich genaue, betont kühle und sachliche Beschreibung von Menschen und Dingen, die nur in Hinsicht auf ihre visuelle Oberfläche wahrgenommen werden. Hinter allem steht der Versuch, die Sprache, das Bewußtsein von Klischees und Schablonen zu befreien und die Umwelt authentisch und objektiv wiederzugeben. In dem Roman „La jalousie" (1957, deutsch „Die Jalousie oder Die Eifersucht", 1959) von A. Robbe-Grillet z. B. wird das ganze Geschehen (vermutete Beziehungen der Frau zu einem anderen Mann) aus der Perspektive des Ehemanns dargestellt, der aber selbst nie in Erscheinung tritt und als Person ungreifbar bleibt. Die überwachen, fast schmerzhaft präzisen Beobachtungen, die, unter Vernachlässigung der realen Chronologie, in der Anordnung wiederkehren, wie sie ein menschliches Bewußtsein unter dem Zwang der Eifersucht zu reproduzieren vermag, spiegeln das Wahnhafte der Eifersucht unmittelbar wider, ohne „einfühlende" Beschreibung wie im traditionellen psychologischen Roman. Im deutschsprachigen Roman werden seit den 60er Jahren Anregungen des Nouvean roman aufgenommen (z. B. Jürgen Becker, D. Wellershoff, P. Handke).

Novelle [italienisch novella, eigentlich „(kleine) Neuigkeit, gedrängte Erzählung einer neuen Begebenheit", von lateinisch novus „neu"]: Erzählung in Prosa (selten in Versform). Die verschiedenen Formen der Novelle sind nur schwer auf einen Nenner zu bringen. Inhaltlich wird meist ein real vorstellbares Ereignis oder eine Folge von Ereignissen, die aufeinander bezogen sind, gestaltet. Die Ereignisfolge beruht auf einem zentralen Konflikt. Formal ist die straffe, meist einsträngige Handlungsführung wesentlich, das pointierte Hervortreten eines Höhe- und Wendepunktes sowie die Tendenz zur ↑geschlossenen Form, bei der ein Konflikt bis zur

Novelle. Holzschnitt in der Erstausgabe der französischen Novellensammlung „Les cent nouvelles nouvelles" (1486)

Entscheidung durchgeführt wird. Dementsprechend treten ausführliche Schilderungen von äußeren Umständen oder psychischen Zuständen zurück. Dieser strenge Aufbau mit geraffter Exposition und klar herausgearbeitetem Wendepunkt zum Unerwarteten rückt die Novelle in die Nähe des Dramas (nach Th. Storm ist sie die „epische Schwester des Dramas"). Weitere typische Merkmale sind bestimmte Vorausdeutungstechniken wie ↑Leitmotive und ↑Dingsymbole. Von der jüngeren ↑Kurzgeschichte unterscheidet sich die Novelle v. a. durch ihre geschlossene Form, von ↑Legende, ↑Fabel und ↑Märchen durch ihren Realitätsbezug, von ↑Anekdote, ↑Schwank und ↑Kalendergeschichte durch bewußt kunstvollen Aufbau und gehaltliches Gewicht, vom ↑Roman durch die Konzentration auf Ereignis und Einzelkonflikt. Häufig sind Novellen zu einem Zyklus vereint (Novellenkranz), der oft nicht nur den äußeren Rahmen für die Erzählsituationen, sondern auch den gesellschaftlichen und geschichtlichen Bezugsrahmen für die Einzeltexte abgeben kann (↑Rahmenerzählung).

Seit der Romantik mehrten sich die Versuche, eine *Theorie* der Novelle zu entwickeln. Nach Goethe ist die Novelle „eine sich ereignete unerhörte Begebenheit". Hier wird der inhaltliche Aspekt in den Vordergrund gerückt. L. Tieck und A. W. Schlegel hoben eine Eigenart der Komposition, den Wendepunkt in der Handlungsführung, als wesentliches Merkmal hervor. Von hier aus kam P. Heyse zu seiner ↑Falkentheorie.

Ansätze zu novellenartigen Formen finden sich schon in der Antike bei Historikern und Erzählern (z. B. Aristides von Milet, „Milesische Geschichten", um 100 v. Chr.) und in persischen, indischen und arabischen Sammelwerken („Alf Laila Wa Laila", entstanden seit dem 8. Jahrhundert, endgültige Form vermutlich im 16. Jahrhundert, deutsch 1823, 1838–41 unter dem Titel „Tausendundeine Nacht"), zuletzt in den kürzeren Verserzählungen des Mittelalters wie ↑Fabliaux oder ↑Lais. Die eigentliche abendländische Novelle entstand im 13. Jahrhundert in der Toskana als Kunstform einer Gesellschaftsschicht, die die pointierte, gedrängte Erzählform besonders schätzte. Die älteste volkssprachliche anonyme Novellensammlung, „Il novellino“, entstand am Ende des 13. Jahrhunderts (gedruckt 1476, deutsch „Der Novellino“, 1918) im Umkreis von Florenz, ihr folgte G. Boccaccio mit seinem Novellenzyklus „Il Decamerone“ (entstanden 1348–53, deutsch 1472/73, 1843 unter dem Titel „Das Dekameron“), der die Zyklenform für lange Zeit verbindlich machte. Boccaccios Werk wurde Vorbild: in England für G. Chaucer („The Canterbury tales“, entstanden 1387–1400, gedruckt um 1478, deutsch „Canterburysche Erzählungen“, 1827), in Frankreich für „Les cent nouvelles nouvelles“ (anonym; entstanden um 1462, gedruckt 1486, deutsch 1862, 1965 unter dem Titel „Die hundert neuen Novellen“) und Margarete von Navarra („Heptaméron“, 1559, deutsch 1791, 1909 unter dem Titel „Das Heptameron“), in Spanien für M. de Cervantes Saavedra („Novelas ejemplares“, 1613, deutsch 1779, 1961 unter dem Titel „Exemplarische Novellen“; ohne Rahmenform). Neue Ansätze brachte erst das 19. Jahrhundert. In seinen „Unterhaltungen deutscher Ausgewanderten“ (1795) bezog Goethe die Rahmenhandlung des Novellenzyklus auf die Französische Revolution, auf den Zusammenbruch der alten Gesellschaft, und gewann so einen neuen inhaltlichen Ansatz. Wichtigste Errungenschaft der modernen Novelle im 19. Jahrhundert war jedoch die psychologische Vertiefung, z.T. auf Kosten einer weniger straffen Handlungsführung. Als Höhepunkte gelten die Novellen der Franzosen P. Mérimée, G. de Maupassant und H. de Balzac. Nicht weniger bedeutend waren die Novellisten der angelsächsischen (R. L. Stevenson, E. A. Poe, N. Hawthorne, H. Melville, St. Crane, H. James u.a.) und russischen Literatur (A. S. Puschkin, N. W. Gogol, A. P. Tschechow, I. Turgenjew). Meister der deutschen Novelle des 19. Jahrhunderts waren H. von Kleist („Michael Kohlhaas“, 1810; „Die Marquise von O ...“, 1810), C. F. Meyer („Die Versuchung des Pescara“, 1887), Th. Storm („Aquis submersus“, 1877; „Der Schimmelreiter“, 1888), G. Keller („Die Leute von Seldwyla“, 1856–74; „Züricher Novellen“, 1878) und A. Stifter („Bunte Steine“, 1853). Bedeutende deutsche Novellisten des 20. Jahrhunderts sind Th. Mann, A. Döblin, F. Kafka, R. Musil, H. Hesse, St. Andres, G. Grass, A. Seghers u.a.

Nụrnberger Dichterkreis: Nürnberger literarische Gesellschaft des 17. Jahrhunderts, gegründet 1644 von G. Ph. Harsdörffer und J. Klaj. Der ursprüngliche Name war „Löblicher Hirten- und Blumenorden an der Pegnitz“, auch „Pegnesischer Blumenorden“, „Pegnitzer Hirtengesellschaft“, „Gesellschaft der Blumenschäfer“ u.a. Sinnbild des Ordens war die siebenfache Panpfeife, seit 1669 die Passionsblume. Im Mittelpunkt stand nicht (wie bei vergleichbaren zeitgenössischen ↑Sprachgesellschaften) die Sprachpflege, sondern gesellig-virtuose Gesellschaftsdichtung, die eine für das vornehme Bürgertum bestimmte (G. Ph. Harsdörffer, „Frauenzimmer Gesprechsspiele“, 1641 bis 1649) Verbindung von Poesie und Malerei anstrebte (↑ut pictura poesis). Besonders gepflegt wurden Natur- und Liebesgedichte sowie heitere Schäferspiele. Weitere Mitglieder neben G. Ph. Harsdörffer und J. Klaj waren u.a. M. D. Omeis, J. M. Moscherosch, S. von Birken, J. Rist und J. G. Schottel.

Nỵlandgruppe (Nylandkreis): eigentlich „Bund der Werkleute auf Haus Nyland“, von J. Winckler, W. Vershofen und J. Kneip 1912 in Bonn gegründeter, sprachlich dem Expressionismus nahestehender rheinischer Dichterkreis, dessen Mitglieder (neben den Gründern u.a. H. Lersch, G. Engelke, M. Barthel) der technischen Entwicklung aufgeschlossen gegenüberstanden und mit ihrer Zeitschrift „Nyland“ (ursprünglich „Quadriga“) eine politisch gemäßigte ↑Arbeiterdichtung förderten.

O

obszöne Literatur [von lateinisch obscenus „unanständig, schamlos"]: unter dem umstrittenen Begriff versteht man allgemein Literaturwerke mit erotischen, besonders sexuellen Darstellungen, die als unanständig, als schamverletzend empfunden werden. Dabei wird zwischen obszöner Literatur und ↑Pornographie häufig nicht unterschieden. Auch die Grenzen zwischen obszöner und ↑erotischer Literatur sind fließend. Da das sogenannte „normale" Empfinden wesentlich von den Normen und Wertvorstellungen der jeweiligen Zeit abhängig ist, ändern sich die Vorstellungen von dem, was als obszön zu gelten hat, mit dem Wandel der Zeiten. Unbestritten kann das Obszöne legitimes Element der Literatur, z. B. der Satire, sein.

Ode [von griechisch aeídein „singen"]: in der griechischen Antike Sammelbezeichnung für alle zur Musik vorgetragene strophische Dichtung, z. B. die ↑Chorlieder in der Tragödie und die Chorlyrik. Später wurde der Begriff zu einer Gattungsbezeichnung verengt. Kennzeichend für die Ode im engeren Sinn ist die klare Gliederung in Strophen, die im Gegensatz zum Lied meist anspruchsvollere Stilhöhe und strengere Form. Gestaltet werden v. a. „erhabene" Themen wie Liebe, Freundschaft, Natur, Vaterland. Vorherrschend ist der Eindruck des Festlichen der Würde und Gefühlstiefe.

Geschichte: Die griechische Odendichtung begann im 7. Jahrhundert v. Chr. (Alkaios, Sappho) und erreichte ihren Höhepunkt bei Pindar („Olympien", „Pythien", „Nemeen", „Isthmien"; insgesamt 44 Oden). Bei der *pindarischen Ode* war der streng dreiteilige Aufbau in Strophe, Gegenstrophe und Nachstrophe (↑Epode) grundlegend. Schon früh bildeten sich im lyrischen Einzelgesang (↑Monodie) eigene Strophenformen heraus. Die wichtigsten *Odenmaße* waren die ↑alkäische Strophe, die ↑asklepiadeischen Strophen, die ↑sapphische Strophe. Von der griechischen wurde die Ode in die römische Literatur übernommen: v. a. Horaz pflegte die monodische Gattung *(horazische Ode)*, auch wenn er sie selbst ↑Carmen nannte. – Als Bezeichnung für das neulateinische Kunstlied führte K. Celtis die Ode in die neuere Literatur ein. Die neulateinischen Gelegenheitsgedichte der Humanisten (S. Brant, U. von Hutten) und die geistliche Odendichtung der Jesuiten (J. Balde) trugen zur Verbreitung bei. Auch in anderen Ländern wurde die Ode nach dem Vorbild Pindars und Horaz' gepflegt. In Frankreich z. B. verfaßte P. de Ronsard ein französisches Odenwerk in fünf Büchern (1550–52). Der deutsche Barock gestaltete die Ode nach französischem Vorbild als streng strophisches, sangbares Lied (G. R. Weckherlin, P. Fleming, Ch. Günther). Den ersten Höhepunkt der deutschen Odendichtung bildete F. G. Klopstock, der den entscheidenden Schritt in der Assimilierung der antiken Odenmaße ging, indem er die Rhythmisierung des deutschen Verses nach dem Wortakzent mit der des antiken Verses nach Quantitäten in Einklang zu bringen suchte. Daneben schuf er aus dem antiken Versmaterial neue Strophenformen bis hin zu den in ↑freien Rhythmen gehaltenen Odenformen („Die Frühlingsfeier", „Der Zürchersee"). Typisch für ihn war die Wandlung ins Enthusiastisch-Pathetische, die Erhabenheit des Stils, die Nähe zum Hymnischen. Stark von F. G. Klopstock beeinflußt war die Odendichtung des ↑Göttinger Hains und die Lyrik des jungen Goethe, für den Sturm und Drang war Pindar eines der Vorbilder. Einen zweiten Höhepunkt erreichte die deutsche Ode in streng antiken Formen bei J. Ch. F. Hölderlin. Für ihn

Oden

Hamburg. 1771.

Bey Johann Joachim Christoph Bode.

An

Bernstorff.

Ode. Titelblatt und Widmung der ersten Ausgabe von Friedrich Gottlieb Klopstocks „Oden" (1771)

war sie Ausdruck seines mythischen Weltbildes, seiner Griechenlandsehnsucht („An die Parzen", „Abendphantasie", „Die Heimat"). Mit ihm war der Gipfelpunkt der deutschen Odendichtung im 19. Jahrhundert überschritten. Versuche des ↑Münchner Dichterkreises (A. von Platen, E. Geibel) waren nur ein Nachklang. Erst im 20. Jahrhundert erlebte die Ode eine Erneuerung (R. A. Schröder, „Deutsche Oden", 1913; J. Weinheber, „Ode an die Buchstaben"; F. Werfel). – Die Odendichtung fand sich in Renaissance und Barock außer in Frankreich und Deutschland auch in England (A. Cowley, J. Dryden, A. Pope), Italien (T. Tasso, L. Alamanni, G. Chiabrera), Spanien (Fray Luis de León), im 19. Jahrhundert verwendeten V. Hugo und A. de Musset in Frankreich die Odenform.

ọff [englisch] ↑Tonpräsentation.

offene Form: Begriff der Poetik für literarische Werke, die im Gegensatz zur ↑geschlossenen Form keinen streng gesetzmäßigen Aufbau zeigen. Solche Kunstwerke finden sich v. a. in Epochen und Stilrichtungen, die sich in Opposition zu Formenstrenge und normativer Poetik stellen, etwa ↑Sturm und Drang, ↑Romantik, ↑Expressionismus. Charakteristische Stilform ist die ↑Parataxe, das lockere Aneinanderfügen von Einzelaussagen, fragmentarischen Aussagen, Ausrufen, das freie Strömen der Gedanken. Die Sprache sprengt oft die Regeln klassischen Maßes und erhält eine stark individuelle Färbung. In der Lyrik wird der Rhythmus wichtiger als Versmaß und Strophenform (Bedeutung der ↑freien Rhythmen). Die offene (auch: nichtaristotelische) Form des Dramas ist gekennzeichnet durch stärkere Betonung der Einzelszenen, die häufig nur locker aneinandergereiht werden, wobei die Schauplätze oft wechseln. Die ↑drei Einheiten verlieren ihre Bedeutung. Die Ganzheit wird nicht mehr sichtbar, sie stellt sich nur in Ausschnitten und Bruchstücken dar. Typisch für die offene Form des Dramas sind die Stücke W. Shakespeares, die Dramen des Sturm und Drang, die in ihrer Form wesentlich von Shakespeare beeinflußt sind (Goethe, „Götz von Berlichingen", 1773; J. M. R. Lenz, „Die Soldaten", 1776), im 19. Jahrhundert v. a. G. Büchners „Dantons Tod" (1835) und „Woyzeck" (entstanden 1836, herausgegeben 1879), im 20. Jahrhundert die Dramen des Expressionismus, das ↑epische Theater B. Brechts sowie das absurde Theater S. Becketts.

o. J.: Abkürzung für: **o**hne **J**ahr (in Druckwerken: keine Angabe des Erscheinungsjahres).

Oktav [von lateinisch octavus „der achte"] ↑Buchformat.

Oktave [lateinisch] ↑Stanze.

Oktobergruppe ↑Vorpostler.

on [englisch] ↑Tonpräsentation.

onomatopoetische Dichtung (onomatopöetische Dichtung) [von griechisch onomatopoiía, eigentlich „das Namenmachen"]: literarische Texte, in denen versucht wird, durch Onomatopöie (↑Lautmalerei) akustisch-sinnenhafte Eindrücke, die das Bezeichnete in der Realität besitzt oder auslöst, in der Sprache nachzubilden, entweder durch herkömmliche oder in der Kunstpoesie immer wieder neu erfundene onomatopoetische (lautmalende) Wörter oder durch entsprechende rhythmisch-metrische Zusammenstellung ursprünglich nicht schallimitierender Wörter. Begriff und Sache waren schon in der Antike bekannt (Vergil, Ovid). In der deutschen Literatur wurde diese Art von Dichtung v. a. in der manieristischen Lyrik des Barock gepflegt, in häufig übersteigerter Form vom ↑Nürnberger Dichterkreis. Ein Beispiel für die klangliche Veranschaulichung des Dargestellten aus klassischer Zeit ist eine Stelle aus G. A. Bürgers Ballade „Lenore" (1774):

„Und das Gesindel, husch, husch, husch,
kam hinten nachgeprasselt,
wie Wirbelwind im Haselbusch
durch dürre Blätter rasselt.
Und weiter, weiter, hop, hop, hop,
ging's fort in sausendem Galopp,
daß Roß und Reiter schnoben
und Kies und Funken stoben."

In der Romantik nahm die Onomatopöie mehr den Charakter einer ↑Lautsymbolik an. Im 20. Jahrhundert findet sie sich v. a. in Lautgedichten des ↑Dadaismus, neuerdings auch in den mit Klangassoziationen arbeitenden Gedichten E. Jandls.

Onomatopöie (Onomatopoesie) [griechisch] ↑Lautmalerei.

Opus [lateinisch „Werk"]: Bezeichnung für ein künstlerisches, v. a. musikalisches oder literarisches Werk.

Oratio obliqua [von lateinisch oratio „Rede, Gebet" und obliquus „seitwärts gerichtet, schräg, abhängig"] ↑indirekte Rede.

Orchestra [ɔr'çɛstra; griechisch „Tanzplatz"]: ursprünglich der kultische Tanzplatz vor dem Tempel des Dionysos mit dem Altar des Gottes als Mittelpunkt. Mit dem Übergang der kultischen Feiern von chorischen zu dramatischen Formen und deren Verlegung in ein eigenes Theater wurde die Orchestra von Tempel und Altar getrennt. Im klassischen griechischen Theater war sie der runde Platz zwischen dem Bühnenhaus (↑Skene) und den aufsteigenden Zuschauerrängen, in dem der Chor während der Aufführung seine Gesänge vortrug und seine Tänze aufführte. Wahrscheinlich saßen dort auch die Musiker. In dem Maße, in dem der Chor seit Euripides an Bedeutung verlor, verlor auch die Orchestra ihre eigentliche Funktion. Spielfläche war jetzt das ↑Proskenion. In der Folgezeit wurde die Orchestra auf einen Halbkreis reduziert. In dieser Form erschien sie v. a. im römischen Theater. Sie nahm dort die Magistratssitze auf, in den Nachbildungen der Renaissance die Hofgesellschaft. Mit der Entwicklung der perspektivischen Schaubühne seit dem 17. Jahrhundert wurden die Instrumentalisten aus dem hinteren Bühnenraum in den Halbkreis zwischen Bühne und Zuschauerraum, die ehemalige Orchestra, verlegt. Die Bezeichnung des Ortes ging dann auf die Gruppe der Musiker selbst über.

orientalisierende Dichtung [von lateinisch (sol) oriens (Genitiv: orientis) „aufgehend(e Sonne), Osten"]: Bezeichnung für Dichtung, die orientalische Themen, Stoffe und Dichtformen (z. B. ↑Ghasel) aufgreift und auch Wesen und Geist des Orients zu erfassen sucht. Den Versuch, in den Geist anderer, v. a. auch fernöstlicher Kulturen einzudringen, machte erstmals die Romantik. Frühe Zeugnisse waren J. G. Herders Sammlung „Volkslieder" (1778/79, 1807 unter dem Titel „Stimmen der Völker in Liedern") und F. Schlegels Schrift „Über die Sprache und Weisheit der Indier" (1808). Wesentliche Impulse erhielt die orientalisierende Dichtung von Goethes Gedichtsammlung „West-östlicher Divan" (1819). Weitere bedeutende Vertreter seit dem frühen 19. Jahrhundert waren F. Rückert („Östliche Rosen", Gedichte, 1822; „Sieben Bücher morgenländischer Sagen und Geschichten", 1837), A. von Platen („Ghaselen", 1821), später u. a. M. Dauthendey („Die acht Gesichter am Biwasee", Novellen, 1911) und H. Hesse („Siddharta", Dichtung, 1922). – ↑auch exotische Literatur.

Originalgenie ↑Genie.

ossianische Dichtung: episch-lyrische Dichtung, die aus der Begeisterung für die 1760 von J. Macpherson veröffentlichten „Fragments of ancient poetry, collected in the highlands of Scotland" entstand. Macpherson gab sie als von ihm gefundene und übersetzte gälische Dichtungen eines blinden Barden Ossian aus dem 3. Jahrhundert aus; tatsächlich waren es jedoch Fälschungen. Übersetzungen erschienen u. a. von J. G. Herder (1782) und Goethe in seinem Roman „Die Leiden des jungen Werthers" (1774). V. a. im Sturm und Drang und noch in der Frühromantik wurde Macphersons Werk häufig nachgeahmt. Zentrale Themen waren Kampf, Treue, Heldentod. Im Gegensatz zur zeitgleichen ↑Anakreontik war die ossianische Dichtung u. a. durch düstere Natur- und Landschaftsschilderungen gekennzeichnet.

Osterspiel: älteste und für die Entwicklungsgeschichte des ↑geistlichen Spiels bedeutendste Form des mittelalterlichen Dramas, das den Osterbericht der Bibel dramatisch vorführte. Am Anfang stand der *Ostertropus*, der den Gang der Marien zum Grab und ihren Dialog mit dem Engel gestaltete (älteste Texte aus Limoges und Sankt Gallen, 10. Jahrhundert). Noch im 10. Jahrhundert wurde dieser Tropus in die kirchliche Liturgie übernommen. Auf dieser Grundlage entstand zunächst die lateinische *Osterfeier*, bei der der Text des Tropus zur Grundlage einer dramatischen Gestaltung gemacht wurde. Bald kam es zu Erweiterungen des Textes, deren wichtigste die Aufnahme der Ostersequenz „Victimae paschali laudes" (um 1040) von Wipo von Burgund darstellte. Im 12. Jahrhundert wurde die Osterfeier um eine zweite Szene erweitert, den Wettlauf der Apostel Petrus und Johannes zum Grab. Mit dem Anfügen einer dritten Szene, in der Christus Maria Magdalena als Gärtner erscheint, war der entscheidende Schritt von der kirchlichen Liturgie zum dramatischen *Osterspiel* getan, in dem in zahlreichen weiteren Szenen (Christi Höllenfahrt und Auferstehung, die Wächter am Grab usw.) das Ostergeschehen dargestellt wurde. – Neben lateinischen Osterspielen sind seit dem 13. Jahrhundert auch zahlreiche deutsche (außerdem auch zweisprachige lateinisch-deutsche) überliefert, die aus verschiedenen deutschen Sprachlandschaften stammen und eine Vielzahl von Spieltypen repräsentieren. Das älteste, das „Osterspiel von Muri" (Mitte des 13. Jahrhunderts) zeigt noch den Einfluß ritterlich-höfischer Dichtung. Im späten

Mittelalter löste sich das Osterspiel teilweise vom Evangelientext, volkstümliche, häufig derb-komische und groteske Elemente nahmen immer breiteren Raum ein. Im 16. Jahrhundert brach mit der Reformation die Tradition des Osterspiels ab. Von den Versuchen einer Erneuerung im 20. Jahrhundert hatte nur C. Orffs „Ludus de resurrectione Christi" (1956) Erfolg.

Ottaverime [italienisch] ↑Stanze.

Oxymoron [griechisch „scharfsinnige Dummheit"]: als rhetorische Figur die pointierte Verbindung zweier sich dem Wortsinn nach widersprechender oder gegenseitig ausschließender Begriffe, sei es in einem Kompositum („bittersüß"; „traurigfroh", J. Ch. F. Hölderlin; „Riesenzwerge", G. Elsner) oder als ↑Contradictio in adjecto („kalte Glut"; „jauchzender Schmerz", H. Heine; „schwarze Milch", P. Celan). Das Oxymoron war schon in der Antike verbreitet als Ausdruck des Bestrebens, Komplexes auszudrücken oder Gegensätzliches zu vereinen. Besonders typisch ist es für manieristische Stilhaltungen (Mystik, Barock, Expressionismus).

P

Päan [von griechisch paián „Helfer, Heiler, Retter, Arzt"]: altgriechische ↑Hymne, insbesondere chorisches Bitt-, Dank- oder Sühnelied, auch Schlacht- und Siegesgesang; ursprünglich zu Ehren Apollons gesungen und wohl aus kultischen Chorrufen seines Beinamens „Päan" entstanden; später auch anderen Göttern gewidmet.

Paarreim ↑Reim.

Palimpsest [von griechisch palímpsēstos, eigentlich „wieder abgekratzt"]: ein Schriftstück, von dem der ursprüngliche Text abgewaschen (bei Papyrushandschriften) oder abgeschabt (bei Pergamenthandschriften) wurde und das danach neu beschrieben worden ist. Die Palimpsesttechnik war schon in der Antike, besonders aber bei den Mönchen des frühen Mittelalters die übliche Art der Wiederverwendung der kostbaren Beschreibstoffe. V. a. Pergamenthandschriften wurden, wegen des beständigeren Materials, häufig als Palimpseste verwendet. Die Mehrzahl der erhaltenen Palimpseste sind Stücke des 4.–7. Jahrhunderts, die im 8./9. Jahrhundert überschrieben wurden. Bei diesen Palimpsesten sind die getilgten Texte teils Werke der heidnischen Antike, teils christliche, wenn sie mehrfach vorhanden waren oder als unwichtig angesehen wurden. Mittel, die überschriebenen Texte wieder lesbar zu machen, waren zunächst chemische Reagenzien, die jedoch das Material angriffen. Seit 1920 wird ein mit ultravioletten Strahlen arbeitendes photographisches Verfahren angewandt. Ein 1912 gegründetes deutsches Palimpsest-Institut befindet sich in Beuron.

Palindrom [von griechisch palíndromos „rückläufig"]: sinnvolle Folge von Buchstaben, Wörtern oder Versen, die rückwärts gelesen denselben oder einen anderen Sinn ergibt. Man unterscheidet *Wortpalindrome* (Anna, Reliefpfeiler), *Satzpalindrome* (Ein Neger mit Gazelle zagt im Regen nie), *Sinnspielpalindrome*, bei denen die Umkehrung eine andere, aber sinnvolle Zusammensetzung ergibt (Roma–Amor; Regen–Neger; Gras–Sarg) und *Verspalindrome*, bei denen nach der Strophenmitte die einzelnen Teile des ersten Teils spiegelverkehrt wiederholt werden. Das Palindrom war zunächst ein Mittel ritueller Sprachmagie. Seit der Antike gilt es jedoch v. a. als sprachartistisches Spiel. Gelegentlich (so z. B. bei J. H. Riese, † 1669) finden sich sogar ganze Gedichte als Palindrome.

Palmenorden ↑Fruchtbringende Gesellschaft.

Pamphlet [französisch pamphlet, von englisch pamphlet „Broschüre, kleine

Abhandlung"]: Form der publizistischen Angriffsliteratur; Bezeichnung nach der im Mittelalter weitverbreiteten Dichtung „Pamphilus de amore" aus dem 12. Jahrhundert. Das Pamphlet ist eine Streit- und Schmähschrift, in der die meist auf Einzelereignisse des politischen, gesellschaftlichen oder auch literarischen Lebens bezogene Polemik persönlich attackierend, weniger sachbezogen argumentierend vorgebracht wird. Als Pamphlete wurden zunächst Einzelschriften geringen Umfangs (in England seit dem 14. Jahrhundert), dann gedruckte ↑Flugschriften (besonders in den Niederlanden im 16. und 17. Jahrhundert) bezeichnet. Über Frankreich gelangten Wort und Sache um 1760 nach Deutschland. Im 19. Jahrhundert bezeichnete französisch „pamphlétaire" einen engagierten Schriftsteller, der seine Pamphlete weitgehend außerhalb der institutionalisierten Medien verbreitete. Heute wird das Wort für jede als ungerecht oder unbegründet angesehene Form der essayistischen Polemik verwendet.

Panegyrikus [von griechisch panēgyrikós, eigentlich „zur Versammlung, zum Fest gehörig"]: im antiken Griechenland ursprünglich eine Gattung der Rhetorik: die öffentlich gehaltene Festrede; seit der römischen Kaiserzeit eine besondere Form der poetischen Huldigung v. a. an den Herrscher. Von hier wurde die erweiterte Bedeutung abgeleitet: feierlich lobendes, auch überschwenglich prahlendes Werk der Dichtung oder Redekunst, in dem bedeutende Einrichtungen oder Persönlichkeiten und ihre Taten gepriesen werden. In der Renaissance- und Barockliteratur lebte die panegyrische Dichtung wieder auf.

Pantalone [italienisch]: eine der vier typischen komischen Figuren der ↑Commedia dell'arte: der alte, geizig-geschäftstüchtige, liebeverblendete Kaufmann aus Venedig, der als Gegenspieler des Liebespaares von diesem gefoppt wird. Er trat auf in Halbmaske mit dünner Hakennase, Spitzbart, Brille, rotem (später schwarzem) Mantel und in langen, nach ihm benannten roten Hosen, roten Strümpfen und gelben türkischen Schnabelschuhen.

Pantomime [von griechisch pantómimos „alles nachahmend"]: die künstlerische Darstellung einer Szene oder Handlung ausschließlich durch Mienenspiel, Gebärdenspiel oder tänzerische Bewegung. Maske, Kostüm, sparsame Requisiten sowie musikalische Begleitung sind möglich. Pantomime heißt auch der Ausübende dieser Kunst. – Die Pantomime ist bereits 400 v. Chr. in Griechenland nachgewiesen. Sie entwickelte sich einerseits aus kultischen und gymnastischen Tänzen (z. B. Waffentanz), andererseits aus dem griechischen Drama, auch hier verbunden mit Musik und Tanz. Im Unterschied zum Mimus (Schauspieler) sprach und musizierten die Darsteller der Pantomime nicht selbst, sondern stellten episch-dramatische Szenen aus der Mythologie ausschließlich in stummem Gebärdenspiel dar. In Rom war die Pantomime als Tragödien- oder Komödienpantomime von etwa 20 v. Chr. bis 500 n. Chr. eine sehr beliebte Kunstgattung. Danach überlebte sie als Bestandteil besonders von Vorführungen der ↑Fahrenden sowie von volkstümlichen Theaterformen (z. B. im mittelalterlichen Mysterienspiel, in der ↑Commedia dell'arte, im ↑Wiener Volkstheater). Ein zweiter Entwicklungsstrang ist die Verwendung von musikbegleiteter Pantomime (meist mit allegorischen Themen) als Bestandteil der vom Italien der Renaissance ausgehenden Trionfi (festliche Umzüge) sowie der Intermedien bei höfischen Festen und im weltlichen und geistlichen Theater. In England und Frankreich entwickelte sich eine eigenständige, oft sozialkritische Form der Pantomime, meist mit Harlekin bzw. Pierrot im Mittelpunkt. Elemente der Harlekinpantomime überlebten in Zirkus und Varieté, ferner im Stummfilm (Ch. Chaplin) und Musikfilm (F. Astaire, G. Kelly). Die moderne Form der Pantomime wurde durch É. Decroux und seine Schüler (J.-L. Barrault, M. Marceau, S. Molcho) geprägt. Auch im modernen Theater spielt die Pantomime eine Rolle, etwa in Stücken von P. Weiss („Die Verfolgung und Ermordung Jean Paul Marats ...", 1964), B. Strauß („Groß und klein", 1978) oder im ↑absurden Theater.

Pantragismus [griechisch]: die Vorstellung von der tragischen Grundverfassung der Welt und des Menschlichen, v. a. ausgeprägt bei Ch. F. Hebbel. In seinen Dramen geht es nicht um Schuld oder Unschuld des Menschen, das Geschehen vollzieht sich vielmehr zwangsläufig in einem unüberwindbaren tragischen Konflikt zwischen Welt (Weltgeist) und Individuum, z. B. Staat–Individuum in „Agnes Bernauer" (1852), Gesellschaft–Individuum in „Maria Magdalene" (1844).

Paperback ['pɛɪpəbæk; englisch „Papierrücken"]: Bezeichnung für Bücher mit klebegeheftetem Karton- oder Halbkartonumschlag. Sie haben meist etwas größeres Format als die ↑Taschenbücher. Paperbackausgaben sind v. a. verbilligte Ausgaben von wissenschaftlichen Werken.

Papyrus [von griechisch pápyros „Papyrusstaude"]: Beschreibstoff der Antike, der aus dem Mark der Stengel der Papyrusstaude gewonnen (in Ägypten seit Beginn des 3. Jahrtausends v. Chr.) und in Ägypten mit einer tuscheähnlichen Flüssigkeit, später in Griechenland mit sogenannter Sepiatinte (aus dem Tintenbeutelsekret von Tintenfischen) beschrieben wurde. Je 20 Blätter wurden zu Rollen zusammengeklebt, die v. a. in Tonkrügen aufbewahrt wurden. Papyrus diente schon im alten Ägypten als „Papier", z. B. für amtliche Dokumente, wissenschaftliche, religiöse und literarische Schriften; die griechischen und lateinischen Papyri enthalten Texte aus allen Lebensbereichen. Der älteste literarische griechische Papyrustext ist das Werk „Pérsai" (= Die Per-

Pantomime. Marcel Marceau (1968)

ser) von Timotheos von Milet (4. Jahrhundert v. Chr.). Große Bedeutung haben die Papyri für die Kenntnis der Bibelüberlieferung, besonders für die frühe Textgeschichte des Neuen Testamentes. Ältestes Zeugnis ist der Papyrus Ryland 457, der maximal 50 Jahre nach Entstehung des Johannesevangeliums abgefaßt wurde. Papyri in arabischer Sprache finden sich von 643 bis ins 14. Jahrhundert.

Parabase [von griechisch parábasis „das Hervortreten (des Chors)"]: eines der Elemente der attischen ↑Komödie: Unterbrechung der Handlung am Ende des ersten Teils durch ↑Chor und Chorführer, die sich (in streng festgelegten Formen; die Parabase bestand meistens aus sieben Teilen) unmittelbar an das Publikum wandten, um zu aktuellen politischen, gesellschaftlichen oder kulturellen Ereignissen Stellung zu beziehen oder die Absicht des Dichters zu interpretieren.

Parabel [von griechisch parabolḗ „Gleichnis", eigentlich „das Nebeneinanderwerfen"]: ein zu einer selbständigen Erzählung erweiterter Vergleich, der durch Analogieschluß auf den gemeinten Sachverhalt (von der Bildebene auf die Gedankenebene) zu übertragen ist. Der Begriff wird oft synonym mit ↑Gleichnis verwendet. Doch im Gegensatz zum Gleichnis enthält die Parabel keine direkte Verknüpfung (verdeutlicht durch so–wie) mit dem zu erläuternden Sachverhalt. Auch wird im Gleichnis meist ein allgemeingültiger Regelfall gestaltet (Erzählzeit: Präsens), in der Parabel jedoch meist ein prägnanter Einzelfall (Erzählzeit: Präteritum). Wesentlich ist die lehrhafte Tendenz der Parabel. – In der antiken Rhetorik wurde die Parabel wie die ↑Fabel zu den erdichteten ↑Paradigmen gezählt, die als anschauliche, in die Rede eingefügte Geschichten die Argumentation verstärken sollten (z. B. Geschichte des Agrippa Menenius Lanatus [5./4. Jahrhundert] vom Magen und den Gliedern). – Aus dem Zusammenhang gelöst, kann die Parabel auch auf eine allgemeine Wahrheit abzielen. Hierzu gehört z. B. G. Boccaccios Ringparabel in seiner Novellensammlung „Il Decamerone" (entstanden 1348–53, deutsch 1472/73, 1843 unter dem Titel „Das Dekameron"), die G. E. Lessing in seinem Versdrama „Nathan der Weise" (1779) ausbaute und in einen neuen Zusammenhang stellte. Goethes „Buch der Parabeln" in seinem Gedichtzyklus „West-östlicher Divan" (1819) weist auf die bedeutende Tradition der Parabeldichtungen im Orient, v. a. im Buddhismus und im Judentum. Eine besondere Rolle spielt die Parabel v. a. im Neuen Testament (z. B. die Parabel vom verlorenen Sohn). In der Literatur des 20. Jahrhunderts nimmt die Parabel einen bedeutenden Raum ein. Die meisten Erzählungen F. Kafkas z. B. sind Parabeln („Die Verwandlung", 1915). Selbst seine Romane („Der Prozeß", entstanden 1914/15, herausgegeben 1925) sind nichts anderes als ausgeweitete Parabeln. Für B. Brecht war das Parabelstück die dramatische Form, in der er die Funktionen Unterhaltung und Belehrung verschmelzen konnte. Auch M. Frisch schuf mit „Biedermann und die Brandstifter" (Drama, 1958) und mit „Andorra" (Drama, 1961) dramatische Parabelstücke. Häufig werden auch die Stücke des ↑absurden Theaters den Parabeln zugerechnet, doch fehlt ihnen die lehrhafte Tendenz und damit ein Wesensmerkmal der Parabel.

Paradiesspiel (Paradeisspiel) [von griechisch parádeisos „(Tier)park, Paradies", aus dem Persischen]: Spätform des mittelalterlichen ↑geistlichen Spiels, das sich allerdings erst im 16. Jahrhundert zu einer selbständigen Form ausbildete. Thema war die Erschaffung des Menschen, Sündenfall und Vertreibung aus dem Paradies (z. B. H. Sachs, „Tragedia von schepfung, fal vnd austreibung Ade aus dem paradeyss", 1548).

Paradigma [von griechisch parádeigma „Beweis"]: in der antiken Rhetorik eine als positiver oder negativer Beleg für eine Argumentation angeführte typische Begebenheit (↑auch Exempel). Zu den Paradigmen zählen u. a. ↑Fabel und ↑Parabel.

Paradoxon [griechisch „Unerwartetes“]: Bezeichnung für eine scheinbar alogische, unsinnige Behauptung, oft in der Form einer ↑Sentenz oder eines ↑Aphorismus („Das Leben ist der Tod, der Tod ist das Leben“), die aber bei genauerer gedanklicher Analyse auf eine höhere Wahrheit hinweist. Ursprünglich Bezeichnung für eine vieldeutige Formulierungsweise der Stoiker, dient das Paradoxon v.a. als Mittel der Verfremdung, des emphatischen Nachdrucks oder der absichtlichen Verrätselung einer Aussage (↑auch Oxymoron). Es ist wesentliches Kennzeichen manieristischer Stilhaltungen und findet sich v.a. im ↑Manierismus, im ↑Barock, in der ↑Mystik, aber auch im ↑Expressionismus und ↑Hermetismus.

Paragramm [von griechisch parágramma „Danebengeschriebenes“]: meist scherzhaft-ironische Änderung von Buchstaben in einem Namen oder Wort. Berühmt ist Suetons Verunstaltung des Namens von Kaiser Claudius Tiberius Nero in Caldius Biberius Mero („der vom Wein glühende Trunkenbold“).

Paralipomena [griechisch „Ausgelassenes“]: Bezeichnung für Textvarianten, Fragmente, Ergänzungen, die bei der endgültigen Fassung eines literarischen Werkes nicht berücksichtigt oder für die Veröffentlichung (zunächst) ausgeschieden wurden. Paralipomena sind wichtig für textkritische und textgenetische Untersuchungen.

Paralipse [von griechisch paráleipsis „Unterlassung“]: rhetorische Figur: die Hervorhebung eines Themas oder Gegenstandes durch die nachdrückliche Erklärung, daß darauf aus bestimmten Gründen nicht näher eingegangen werden könne.

Parallelismus [von griechisch parállēlos „nebeneinanderstehend“]: 1. im engeren Sinn eine rhetorische Figur. In syntaktischer Hinsicht Wiederholung derselben Wortreihenfolge bzw. übereinstimmende Konstruktion in zwei oder mehreren aufeinanderfolgenden Sätzen, Satzgliedern oder Versen, meist zwei- oder dreigliedrig (↑Trikolon): „Als ich noch ein Kind war, redete ich wie ein Kind, dachte ich wie ein Kind, urteilte ich wie ein Kind“ (1. Kor. 13, 11). Besonders eindringlich wirkt diese Figur in Verbindung mit anderen Stilmitteln wie ↑Antithese, ↑Klimax, v.a. ↑Anapher, da der parallele Bau durch die Wiederholung syntaktisch beherrschender Wörter unterstrichen wird. In bezug auf den Bedeutungsgehalt meint Parallelismus die Wiederholung und Umschreibung desselben Gedankens durch Spaltung in mehrere Aussageeinheiten gleichen oder auch gegensätzlichen Inhalts. Besonders ausgeprägt ist der Parallelismus in den Sakralsprachen der Antike – in ausgesprochenen Hör-, nicht Lesekulturen –, v.a. in den Psalmen der hebräischen Literatur: „Fallen Böse über mich her, mich zu verschlingen,
meine Feinde, sie stürzen zu Boden.
Und steht wider mich ein Kriegsheer,
so wird mein Herz nicht verzagen;
entbrennt ein Kampf wider mich,
so bin ich dennoch getrost“ (Psalm 27).
Eine große Rolle spielt der Parallelismus auch in der antiken Rhetorik, in der mittelhochdeutschen Dichtung, in der Literatur der Renaissance und des Barock sowie im Volkslied. – 2. in einem weiteren Sinn bildet der Parallelismus ein bedeutsames literarisches Kompositionselement: die Wiederholung gleichrangiger Teile im Aufbau der Fabel eines literarischen Werkes. Typisch dafür sind das dreimalige Wiederholen von Wünschen, Aufgaben, Begegnungen im ↑Märchen oder die parallel strukturierten Abenteuer im ↑Abenteuerroman. Parallelismus ist auch die Wiederholung bestimmter Personengruppierungen auf anderer Ebene im Roman oder im klassischen Drama.

Paraphrase [von griechisch paráphrasis „Umschreibung“]: die Umschreibung eines sprachlichen Ausdrucks mit anderen sprachlichen Mitteln. In der Lexikographie dienen Paraphrasen zur Bedeutungsbeschreibung, z.B. Schimmel = weißes Pferd. Im weiteren Sinn bedeutet Paraphrase eine freie, nur sinngemäße Übertragung in eine andere Sprache oder auch die erweiternde und erläuternde Umschreibung eines Textes, z. B. einer Versvorlage in Prosa.

Parataxe [von griechisch parátaxis „das Nebeneinanderstellen"]: grammatikalische Bezeichnung für die syntaktische Beiordnung von Satzgliedern oder Sätzen im Gegensatz zur syntaktischen Unterordnung (↑Hypotaxe). Die Parataxe ist kennzeichnend für einen einfachen, volkstümlichen Stil. Doch nicht immer ist sie Merkmal anspruchsloser Literatur, sondern wird oft bewußt als Stilmittel in Epik und Lyrik verwendet, um Gedanken klar und übersichtlich darzulegen.

Parenthese [von griechisch paréntheesis, zu pará „neben" und énthesis „das Einfügen"]: grammatisch selbständiger, mehr oder weniger umfangreicher Einschub in einen Satz, der dessen Zusammenhang unterbricht, ohne jedoch dessen syntaktische Ordnung zu verändern. Äußerlich wird der eingeschobene Gedanke durch Gedankenstriche oder Klammern gekennzeichnet: „Meister, sagte sie – noch niemals als diesen Abend hatte sie ihm diesen Namen gegeben; denn anfangs pflegte sie ihn Herr und nachher Vater zu nennen – Meister! wir sind einer großen Gefahr entronnen" (Goethe, „Wilhelm Meisters Lehrjahre", Roman, 1795/96).

Parnaß: Gebirge im östlichen Zentralgriechenland. In der griechischen Mythologie dem Apollon geweiht und Sitz der Musen; daher in übertragener Bedeutung auch: Reich der Dichtkunst.

Parnassiens [parna'sjɛ̃:; französisch] (Parnasse, École parnassienne): französischer Dichterkreis der zweiten Hälfte des 19. Jahrhunderts, benannt nach der Anthologie „Le parnasse contemporain" (erschienen in drei Lieferungen 1866, 1871, 1876), in der die Gedichte der Mitglieder gesammelt wurden. Die Parnassiens vertraten eine Dichtung von äußerster formaler Strenge, besonders von vers- und reimtechnischer Perfektion und objektiv-gegenstandsbezogener unpersönlicher Darstellung. Bestimmend waren die ästhetischen Prinzipien des ↑L'art pour l'art (Th. Gautier). Bedeutende Vertreter waren u. a. Ch. M. Leconte de Lisle, J.-M. de Heredia; Ch. Baudelaire, P. Verlaine und St. Mallarmé hatten mit dem Kreis nur kurzen Kontakt.

Parodie [von griechisch parodía, eigentlich „Nebengesang"]: literarisches Werk, das in satirischer, kritischer oder polemischer Absicht ein vorhandenes, bei den Adressaten der Parodie als bekannt vorausgesetztes Werk oder Teile davon unter Beibehaltung kennzeichnender Formmerkmale, aber mit gegenteiliger Absicht nachahmt. Der durch das so entstandene Auseinanderfallen von Form und Aussageanspruch gewonnene Reiz des Komischen ist dabei

EL INGENIOSO
HIDALGO DON QVI-
xote de la Mancha.
Compuesto por Miguel de Ceruantes
Saauedra.
DIRIGIDO AL DVQVE DE
Bejar, Marques de Gibraleon, Conde de Benalcaçar, y
Bañares, Vizconde de la Puebla de Alcozer, Señor
de las villas de Capilla, Curiel,
y Burguillos.

Impresso con licencia, en Valencia, en casa de
Pedro Patricio Mey, 1605.
A costa de Iusepe Ferrer mercader de libros,
delante la Diputacion.

Parodie. Titelblatt der Erstausgabe von Miguel de Cervantes Saavedras Roman „El ingenioso hidalgo Don Quixote de la Mancha" (1605)

um so wirkungsvoller, je größer die Fallhöhe von der Vorlage zur Parodie ist. Daher zehren auch die bedeutendsten Parodien der Literatur weithin von der Prominenz ihrer Vorbilder (z. B. F. Th. Vischers „Faust. Der Tragödie dritter Theil", 1862, eine Parodie auf Goethes „Faust") oder von der meist standesgebundenen Wertschätzung eines literarischen Genres (z. B. M. de Cervantes Saavedras Roman „El ingenioso hidalgo Don Quixote de la Mancha", 1605–15, deutsch 1621, 1965 unter dem Titel „Der sinnreiche Junker Don Quijote von la Mancha", als Parodie der beliebten Ritterromane). Da die Parodie auch die Bildungskonventionen, für die ein Werk repräsentativ wurde, in die kritische Absicht einbezieht, ist sie meist nicht nur eine Form der innerliterarischen Auseinandersetzung, sondern oft noch mehr literarische Zeitkritik. Durch ihren höheren Kunstanspruch, ihre formalen Übernahmen und ihre umfassendere kritische Absicht unterscheidet sich die Parodie von der ↑Travestie und der ↑Literatursatire.

Geschichte: Parodien erschienen in allen Literaturen und zu allen Zeiten. Aus der Antike sind Parodien Homers bekannt; Höhepunkte waren die Komödien des Aristophanes, die Tragödien des Euripides parodierten. Blütezeiten der deutschen Parodie: Humanismus („Epistolae obscurorum virorum", 1515–17, deutsch „Briefe von Dunkelmännern ...", 1876, von Crotus Rubianus, U. von Hutten u. a.), Reformation (Th. Murner, „Narrenbeschwörung", 1512) und Barock (besonders die ↑Alamodeliteratur: J. M. Moscherosch, „Les visiones de Don Francesco de Quevedo Villegas oder wunderbahre satyrische Gesichte", 1640, 1650 unter dem Titel „Wunderliche und wahrhafftige Gesichte Philanders von Sittewald"). Die Spätaufklärung polemisierte mit Parodien gegen den aufsteigenden Sturm und Drang (F. Nicolai, „Freuden des jungen Werthers", 1775). Goethe und Schiller waren Zielobjekte der Parodie z. T. bis in die Gegenwart (z. B. die mehrfachen Parodien auf Goethes Gedicht „Mignon": F. Dingelstedt, „Kennst du das Land, wo Einheitsphrasen blühen?", 1848; E. Kästner, „Kennst du das Land, wo die Kanonen blühen?", 1928). Dabei spielt eine Rolle, daß Parodien häufig im Gefolge jener Werke und Gattungen entstanden, die bei den Zeitgenossen etabliert waren und vielfach mit dem Prädikat des „Klassischen" versehen wurden. Literarisch bedeutungsvoll waren im 19. Jahrhundert J. N. Nestroys Wagner- und Hebbel-Parodien („Judith und Holofernes", 1849), im 20. Jahrhundert R. Neumanns Parodien „Mit fremden Federn" (1927), neuerdings P. Rühmkorfs „Irdisches Vergnügen in g" (1959) und die Heidegger-Parodie in „Hundejahre" (1963) von G. Grass.

Parodos [griechisch „Durchgang"]: im altgriechischen Drama das Einzugslied des ↑Chores bei Betreten der ↑Orchestra (benannt nach dem seitlichen Durchgang, durch den der Chor einzog), im weiteren Sinne überhaupt die ganze erste Chorpartie einer Tragödie oder Komödie.

Paronomasie [von griechisch paronomasía „Wortumbildung"]: rhetorische Figur: Wortspiel durch Zusammenstellen von Wörtern desselben Stammes („betrogener Betrüger"; „wer sich auf den verläßt, der ist verlassen"; ↑auch Figura etymologica) oder von Wörtern ähnlichen Klanges, z. B.: „Der Rheinstrom ist worden zu einem Peinstrom, die Bistümer sind verwandelt in Wüsttümer" (F. Schiller, „Wallensteins Lager", Drama, 1800, Kapuzinerpredigt).

Pars pro toto [lateinisch „ein Teil für das Ganze"]: Redefigur, bei der ein Teil einer Sache das Ganze bezeichnet, z. B. „Lenze" statt „Jahre"; „unter meinem Dach" statt „in meinem Haus". – ↑auch Metonymie.

Passionar [lateinisch] ↑Legendar.

Passionsspiel (Passion) [von lateinisch passio „Leiden"]: Leiden und Sterben Jesu Christi in dramatischer Gestaltung; neben dem ↑Osterspiel bedeutendster Typus des mittelalterlichen ↑geistlichen Spiels. Die Tradition des Passionsspiels läßt sich, im Gegensatz zum Osterspiel, nicht über das 13. Jahrhundert zurückführen. Das Passionsspiel entstand aus dem Osterspiel durch Einbeziehung der gesamten Leidensgeschichte Christi, doch hat es sich im Gegensatz zum Osterspiel nicht im liturgischen Rahmen herausgebildet. Die meisten Passionsspiele beschränkten sich nicht auf die Darstellung der eigentlichen Leidensgeschichte, sondern bezogen in ihre Handlung das ganze Geschehen der Heilsgeschichte des Alten und Neuen Testaments mit ein. Daher erstreckte sich eine Aufführung dieser umfangreichen Spiele oft über mehrere Tage, wobei nicht selten Tausende mitwirkten. – Die Blütezeit des Passionsspiels fiel in das 15. und frühe 16. Jahrhundert. Besonderer Beliebtheit erfreute es sich im deutschen Raum, in dem drei große Spielkreise festzustellen sind: 1. Der westmitteldeutsche (Frankfurter) Spielkreis; er weist eine besonders lange Tradition auf (13.–16. Jahrhundert). – 2. Der alemannische Spielkreis; er umfaßte Schwaben und das Elsaß. – 3. Der Tiroler Spielkreis; er zeigt eine besonders reiche und geschlossene Tradition. In seinen weiteren Umkreis gehört ein Passionsspiel aus Augsburg (um 1460), das seinerseits die Vorlage für den ältesten Text des Oberammergauer Passionsspiels (1634) bildete. Das Vordringen des Protestantismus führte weithin zum Erlöschen der Passionsspieltradition. Nur in katholischen Gegenden blieb die alte Spieltradition teilweise bis heute lebendig (Oberammergau, Erl).

Pastiche [pas'ti:ʃ; französisch, von italienisch pasticcio „Pastete"]: Bezeichnung für die Imitation des literarischen Stils eines Autors oder einer Epoche, meist zum Zweck der ↑Karikatur oder der ↑Parodie.

Pastorelle (Pastourelle, Pastoreta) [lateinisch-romanisch]: in der europäischen Literatur des Mittelalters weitverbreitete lyrische Gedichtform, in der ein Ritter versucht, eine ländliche Schöne zu verführen. Charakteristisch ist eine dialogische Darstellungsweise. Nach Anfängen im 11. Jahrhundert fällt die Blütezeit der provenzalischen, altfranzösischen und mittelhochdeutschen Pastorellen in das 13. Jahrhundert (J. Bodel und J. Froissart; Gottfried von Neifen, der Tannhäuser, später Oswald von Wolkenstein). In der französischen Dichtung wurde die Pastorelle gelegentlich zum Singspiel ausgebaut (Adam de la Halle, „Le jeu de Robin et de Marion", 1283).

Pathos [von griechisch páthos „Leid, Leidenschaft"]: 1. in der „Poetik" des Aristoteles der Teil der Tragödie, der im Zuschauer die Affekte éleos und phóbos („Jammer" und „Schaudern") erzeugt (↑Katharsis). – 2. in der antiken Rhetorik dem Genus grande (↑Genera dicendi) zugeordneter Affekt momentaner seelischer Erschütterung, der beim Publikum durch die theatralische Vorführung furchtbarer und grausiger Gegenstände hervorgerufen wird. – 3. in der neuzeitlichen Ästhetik eine Stilform, die die leidenschaftliche Darstellung ihrer Gegenstände mit dem Ausdruck hohen sittlichen Anspruchs verbindet. Kennzeichnend ist meist eine getragene, feierliche, emotionsgeladene Sprache, im Schauspiel meist verbunden mit einem entsprechenden theatralischen Darstellungsstil. In der französischen Dichtung ist das Drama der Klassiker (J. Racine, P. Corneille) von hohem Pathos getragen. In der deutschen Literatur ist das Pathos v. a. kennzeichnend für F. Schiller, der es in seiner Schrift „Über das Pathetische" (1793) auch theoretisch begründete. Schon in der Romantik wurde die Gefahr des Abgleitens in die affektierte Emphase erkannt und ironisch kritisiert. Erst recht geriet die pathetische Aussageweise als „hohles Pathos" durch den Wilhelminismus und das Dritte Reich in Mißkredit.

Pegasus (Pegasos): in der griechischen Mythologie das geflügelte Pferd des Bellerophon, von Poseidon mit Medusa gezeugt. Die Vorstellung vom „Musenroß", das den Dichter gleich Bellerophon himmelwärts trägt, entstand erst in der Neuzeit.

Pegnitzschäfer: Bezeichnung für den ↑Nürnberger Dichterkreis, der sich selbst u. a. als Pegnitzer Hirtengesellschaft oder Pegnesischer Blumenorden bezeichnete.

P. E. N. (PEN, PEN-Club) [pɛn; in Anlehnung an englisch pen „Schreibfeder“]: Abkürzung für englisch **p**oets („Lyriker“), **p**laywrights („Dramatiker“), **e**ssayists („Essayisten“), **e**ditors („Herausgeber“), **n**ovelists („Romanschriftsteller“), 1921 von der englischen Schriftstellerin C. A. Dawson-Scott gegründete internationale Schriftstellervereinigung mit Sitz in London, die sich für weltweiten freien Gedankenaustausch einsetzt; die Mitglieder verpflichten sich zur Bekämpfung von Rassen-, Klassen- und Völkerhaß und zum aktiven Eintreten für Pressefreiheit und Meinungsvielfalt. 1989 gibt es rund 90 Zentren mit etwa 10000 Mitgliedern in 65 Staaten. Jährlich finden Kongresse auf nationaler und internationaler Ebene statt. Unter der Präsidentschaft H. Bölls (1971–74) setzte sich der P. E. N. verstärkt für politisch verfolgte Schriftsteller ein; seit 1989 ist der Franzose R. Tavernier Präsident. – Das deutsche Zentrum, 1933 ausgeschlossen (ab 1934 bestand in London ein durch deutsche Emigranten gebildeter „PEN-Klub deutscher Autoren“), wurde 1949 als „Deutsches P. E. N.-Zentrum“ neu gegründet. 1951 spaltete er sich in ein „Deutsches P. E. N.-Zentrum der Bundesrepublik“ (1952 anerkannt; seit 1972 „P.E.N.-Zentrum Bundesrepublik Deutschland“) mit Sitz in Darmstadt (Präsidenten: E. Kästner, D. Sternberger, H. Böll, H. Kesten, W. Jens, M. Gregor-Dellin, seit 1989 C. Amery) u. ein „Deutsches P.E.N.-Zentrum Ost und West“ (seit 1967 „P.E.N.-Zentrum Deutsche Demokratische Republik“), Berlin (Ost) (Präsident H. Kamnitzer).

Pentameter [griechisch]: ein aus fünf metrischen Einheiten bestehender Vers. Hauptform ist der daktylische Pentameter, der, trotz seines Namens, aus sechs ↑Daktylen besteht (wegen des Fehlens der dritten und sechsten Senkung wurden im Griechischen nur fünf Längen gezählt):

–́ ⏕ | –́ ⏕ | –́ || – ⏕ | –́ ⏑⏑ | –́.

Wesentliches Kennzeichen ist die unveränderliche ↑Diärese nach der dritten Hebung: „Sei mir, Sonne, gegrüßt, die ihn so lieblich bescheint“ (F. Schiller, Gedicht „Der Spaziergang“). Durch den abreißenden Rhythmus erhält der Pentameter eine größere innere Spannung als z. B. der ↑Hexameter, daher ist er besonders zum Ausdruck starker Gemütsbewegungen und v. a. von ↑Antithesen geeignet. Der Pentameter tritt fast immer in Verbindung mit einem vorausgehenden Hexameter im sogenannten elegischen ↑Distichon auf.

Penthemimeres [von griechisch pénte „fünf“, hḗmisys „halb“ und méros „Teil“]: in der griechischen Metrik die ↑Zäsur nach dem fünften halben Fuß eines Verses (nach der dritten Hebung), v. a. im jambischen ↑Trimeter und im daktylischen ↑Hexameter. – ↑auch leoninischer Hexameter.

Perikope [von griechisch perikopḗ „Abschnitt“]: 1. in der antiken Lyrik ein System von mehreren in geregelter Abfolge aufeinanderfolgenden Strophen, z. B. das System von Strophe, Antistrophe und Epode in der Chorlyrik (↑auch Ode). – 2. Bezeichnung für biblische Textabschnitte, die zu Lesungen im Gottesdienst oder als Textgrundlage für die Predigt verwendet werden.

Periode [von griechisch períodos „das Herumgehen, der Umlauf“]: in der *Metrik* eine aus mehreren Kola (↑Kolon) bestehende Einheit, deren Ende in der antiken Dichtung durch eine Pause (Zeichen ||) markiert ist. In der *Rhetorik* eine oft kunstvoll gegliederte Satzeinheit, die aus meheren Kola besteht. Auch eine Folge von inhaltlich eng aufeinander bezogenen Sätzen wird Periode genannt. In einer zweigliedrigen Periode können Vordersatz und Nachsatz entweder koordiniert (zwar ... aber) oder subordiniert (wenn ... dann) sein.

Peripetie [von griechisch peripéteia „Wendung“]: Begriff aus der Tragödientheorie des Aristoteles („Poetik“). Die Peripetie gehört zu den Strukturelementen der ↑Tragödie und bezeichnet den meist plötzlich eintretenden Umschlag der dramatischen Handlung, von dem aus die Handlung (in ihrem „fallenden“ Teil) notwendig der ↑Katastrophe zutreibt. Kennzeichen der Peripetie ist die Krisis (der Wendepunkt), an der die Glücksumstände plötzlich umschlagen, dem Helden die Möglichkeit zum freien Handeln entzogen wird. Besonders wirkungsvoll ist die Peripetie, wenn sie mit einer Anagnorisis (dem plötzlichen Erkennen einer Person oder eines Tatbestandes) verbunden ist. Im streng gebauten fünfaktigen Drama tritt die Peripetie am Ende des dritten oder zu Beginn des vierten Aktes ein, im dreiaktigen Drama am Ende des zweiten oder zu Beginn des dritten Aktes.

Periphrase [von griechisch períphrasis „Umschreibung"] (lateinisch circumlocutio): rhetorisches Stilmittel; die Umschreibung einer Person, einer Sache oder eines Begriffs durch kennzeichnende Tätigkeiten, Eigenschaften oder Wirkungen (z. B. „Auge des Gesetzes", „der Allmächtige" für Gott), eine Form der ↑Amplifikation. Die Periphrase dient der poetischen und rhetorischen Ausschmückung eines Textes, der Vermeidung allzu alltäglicher Ausdrücke, aber auch der verhüllenden Nennung tabuisierter Worte (↑Euphemismus), schließlich der ↑Anspielung in uneigentlicher Redeweise.

Persiflage [...'fla:ʒə; französisch, von lateinisch sibilare „pfeifen"]: eine Form der literarischen Polemik, die darauf abzielt (vielfach durch nachahmende Übertreibung bestimmter Stilmanieren), den Gegenstand oder die Person ihres Angriffs lächerlich zu machen.

personale Erzählsituation ↑Erzählsituation.

Personalstil ↑Individualstil.

Personifikation [lateinisch]: häufige rhetorische Figur; die Vermenschlichung (Personifizierung) von Naturerscheinungen („Gelassen stieg die Nacht ans Land", E. Mörike, Gedicht „Um Mitternacht"), von Gegenständen (im Märchen handeln Bohne, Strohhalm usw. wie Personen) oder abstrakten Begriffen („Mutter Natur"). – ↑auch Allegorie.

Perspektive [von lateinisch perspicere „mit dem Blick durchdringen, deutlich sehen"]: der Standpunkt, von dem aus ein Geschehen in der Literatur dargestellt wird. Die verschiedenen Erzählperspektiven sind wichtige Darstellungsformen in der erzählenden Prosa, aber auch in der Lyrik. Nach F. K. Stanzel („Typische Formen des Romans", 1964, 11. Auflage 1987) sind zu unterscheiden: eine Perspektive der allwissenden Überschau (auktoriale Erzählsituation; ↑Erzählsituation), die Ich-Erzählsituation und eine in eine Person der Handlung versetzte Perspektive des beschränkten Blickwinkels (personale Erzählsituation).

Petrarkismus [neulateinisch]: Stilrichtung der europäischen Liebeslyrik vom 14. bis zum 17./18. Jahrhundert, die indirekt auf die Dichtung F. Petrarcas zurückging, indem sie aus ihr charakteristische Motive, Formen und Stilelemente entlehnte. Die Hauptmotive waren Frauenpreis, Sehnsucht und Liebesschmerz des sich im Dienst um die unnahbare, tyrannische Frau verzehrenden Mannes. In der Form entwickelte sich eine feste Schematik mit stereotypen Formulierungen, rhetorischen Figuren usw. Auf diese Weise erstarrte der Petrarkismus bald in formal-ästhetischer Virtuosität, in der äußerer Wohllaut oft mehr galt als Tiefe der Gedanken und des Gefühls. Hauptvertreter waren in den verschiedenen Ländern zunächst die neulateinischen humanistischen Dichter (v. a. J. C. Scaliger, D. Heinsius, H. Grotius), durch die der Petrarkismus auch in die Volkssprachen vermittelt wurde. Bedeutende Vertreter waren in Italien L. Ariosto, Michelangelo, T. Tasso, P. Bembo, G. B. Guarini u. a., in England Th. Wyatt, E. Spenser, W. Shakespeare, in Frankreich die Dichter der ↑Pléiade und der École lyonnaise (Lyoner Dichter des 16. Jahrhunderts; Hauptvertreter: M. Scève, L. Labé), in Deutschland v. a. M. Opitz und P. Fleming, der gleichzeitig jedoch den Petrarkismus überwand. Parallel lief schon früh eine mit Mitteln der ↑Satire und ↑Parodie arbeitende Gegenbewegung, der Antipetrarkismus.

Philologie [von griechisch phílos „liebend, Freund" und lógos „Rede, Wort",

etwa: „das Wort, die Sprache liebend“]: Wissenschaft von der Erforschung von Texten, von der Behandlung von Kulturen auf Grund ihrer sprachlichen Eigenheiten und ihrer mündlich oder schriftlich überlieferten literarischen Texte. In einem weiteren Sinn ist die Philologie Bestandteil zahlreicher Einzelwissenschaften wie Geschichte, Theologie, Archäologie. Als eigene Wissenschaft umfaßt sie die alten Sprachen (Altphilologie, klassische Philologie) und die modernen Sprachen (Neuphilologie).
Ihre *Hauptaufgabe* ist die Herstellung eines einwandfreien Textes, dessen sie als Grundlage der sprachlichen und literarischen Interpretation bedarf: Entweder wird dabei selektiv verfahren, d. h. aus einer Reihe von Handschriften oder Drucken eines Einzeltextes wird der qualitativ beste Text ausgesucht, oder es wird textkritisch die gesamte handschriftliche oder gedruckte Überlieferung eines Einzeltextes, im günstigsten Fall auch das ↑Autograph, herangezogen. Sind mehrere Quellen verfügbar, wird nach den methodischen Grundsätzen der ↑Textkritik eine ↑kritische Ausgabe erstellt. Ein weiteres wichtiges Gebiet der Philologie ist die Interpretation von Texten, die auf drei Ebenen vorgenommen wird: den Ebenen der Lautgestalt, der Sprachstruktur (morphologisch-syntaktische Ebene) und des Bedeutungsgehaltes (semantische Ebene). Ergänzt wird diese Beschreibung der Textstruktur durch historisch-politische, literaturtheoretische und literaturgeschichtliche Aspekte.
Geschichte: Die klassische Philologie erlebte ihre erste Blüte im 3./2. Jahrhundert an der Alexandrinischen Bibliothek. Die von dort beeinflußten lateinischen Philologen (u. a. A. Gellius und M. T. Varro) konzentrierten sich v. a. auf grammatische Fragen. Im Humanismus schufen u. a. Erasmus von Rotterdam und J. J. Scaliger bedeutende Editionen. Die Philologie im modernen Sinn bildete sich im Zusammenhang mit der Klassik, dem Neuhumanismus und der Romantik in Deutschland heraus. Rückbesinnung auf antike und nationale (besonders mittelalterliche) Traditionen und die Entwicklung einer sprachwissenschaftlichen Systematik förderten die methodologisch-inhaltliche Entwicklung der Philologie ebenso wie der Historismus und der Positivismus. Textkritik, Grammatik und Interpretation erhielten damit eine neue Grundlage. Dies beweisen die klassischen Studien u. a. von A. Böckh und K. O. Müller, F. G. Welcker, K. Lachmann und U. von Wilamowitz-Moellendorff ebenso wie die ersten wissenschaftlichen Grammatiken und Wörterbücher der modernen Fremdsprachen und die zahlreichen Literaturgeschichten, die v. a. seit dem 19. Jahrhundert entstanden sind. Dabei gingen die philologischen Wissenschaften bis ins 20. Jahrhundert hinein überwiegend historisch vor und förderten die Kenntnis über spezielle Epochen (Hellenismus, Mittelalter, Renaissance usw.) und Einzelgebiete (Inschriften, Fragmente, Religion, Medizin, Philologie usw.). Erst allmählich emanzipierten sich die Neuphilologen von den Vorstellungen der klassischen Philologie und bezogen in immer stärkerem Maße synchronische Verfahrensweisen (d. h. Verfahrensweisen, die die Sprachzustände innerhalb eines bestimmten Zeitraumes untersuchen) ein. Die intensive Berücksichtigung moderner und zeitgenössischer Autoren im Rahmen neuphilologischer Analysen spiegelt dieses veränderte Selbstverständnis ebenfalls wider. Gegenwärtig kennzeichnen Überlegungen zur Kultur- und Landeskunde und zur Fachdidaktik neben den herkömmlichen philologischen Tätigkeiten den Stand der Philologien.

Phrase [von griechisch phrásis „das Sprechen, der Ausdruck“]: in der antiken Rhetorik im weiteren Sinne die sprachlich-stilistische Ausformulierung der in einem Text formulierten Gedanken; im engeren Sinn eine einzelne Wortgruppe, ein Satz. Im 16. Jahrhundert in dieser Bedeutung ins Deutsche übernommen, bekam der Begriff später abwertenden Sinn: inhaltsleere, nichtssagende Redensart („hohle Phrase“, „Phrasen dreschen“).

Pickelhering (englisch pickle-herring) [von englisch pickle „Pökel" und herring „Hering"]: ↑lustige Person in den Stücken der ↑englischen Komödianten und der niederländischen Komödianten. Pickelheringspiele waren bis zum Ende des 17. Jahrhunderts weit verbreitet. In Deutschland wurde das Wort später durch ↑Harlekin und ↑Hanswurst verdrängt.

Pietismus [pi-e...; von lateinisch pietas, zu pius „pflichtbewußt, fromm"]: gegen Ende des 17. Jahrhunderts entstandene, bis ins 18. Jahrhundert wirksame religiöse Bewegung des deutschen Protestantismus, die aus einem sich in der Praxis des christlichen Lebens und Handelns bewährenden Glauben eine auf Vollkommenheit hin orientierte, individualistisch-subjektive Frömmigkeit entwickelte und eine Erneuerung der Kirche, eine „neue Reformation" anstrebte. Im Mittelpunkt der pietistischen Vorstellungen stand nicht mehr, wie in der Reformation des 16. Jahrhunderts, die Rechtfertigungslehre, sondern – wie bei den Mystikern – das persönliche Heilserlebnis durch Verwandlung des eigenen Innern, die Wiedergeburt (Bekehrung) jedes einzelnen Menschen. Mit anderen „Wiedergeborenen" schlossen sich die Anhänger in Konventikeln (collegia pietatis), der typischen Gemeinschaftsform des Pietismus, zusammen. – Einfluß auf den Pietismus hatten neben dem frühen Luther v. a. der Spiritualismus, das Täufertum, die Mystik und der englische Kalvinismus und Puritanismus. Richtungweisend war die Schrift „Pia Desideria" (1675) von Ph. J. Spener. Neben Spener und A. H. Francke war N. L. von Zinzendorf einer der Exponenten des lutherisch orientierten Pietismus (Gründer der Herrnhuter Brüdergemeine). Der reformierte Pietismus hatte seinen Hauptvertreter in G. Tersteegen. Von gewisser Eigenständigkeit war der schwäbische Pietismus.
Der Pietismus prägte die geistesgeschichtliche, gesellschaftliche, politische und pädagogische Entwicklung im Deutschland des 18. Jahrhunderts wesentlich mit. Seine direkte (↑Hallescher Dichterkreis) und indirekte Einwirkung auf die deutsche Literatur war bedeutend: G. E. Lessing, I. Kant, Schiller, J. H. Jung-Stilling, teilweise J. Ch. F. Hölderlin und F. D. E. Schleiermacher waren durch eine pietistische Erziehung beeinflußt. Auch bei Goethe, F. G. Klopstock, J. G. Herder, J. G. Hamann, J. K. Lavater u. a. sind Einflüsse festzustellen. Die Pietisten griffen auf den alten Wortschatz der Mystik zurück; sie pflegten eine schlichte Sprache der Innerlichkeit und überwanden dadurch die überladene Barocksprache. Von den bekenntnishaften Autobiographien Ph. J. Speners, A. H. Franckes und J. H. Jung-Stillings gingen wichtige Einflüsse auf die Entwicklung moderner psychologischer Darstellungstechniken v. a. in ↑Autobiographie und ↑Bildungsroman aus. Die von einem persönlichen Gefühlston getragenen Kirchenlieder N. L. von Zinzendorfs, G. Tersteegens und J. Neanders bereiteten die weltliche Erlebnislyrik vor. Bedeutsam war auch der Einfluß des Pietismus auf die literarische Strömung der ↑Empfindsamkeit.

pikaresker Roman (pikarischer Roman, Pikareske) [von spanisch pícaro „Schelm, Gauner"]: Bezeichnung für den im Spanien des 16. Jahrhunderts entstandenen ↑Schelmenroman, der im

Gefolge des anonymen Romans „La vida de Lazarillo de Tormes y de sus fortunas y adversidades" (1554, deutsch „Lazarillo de Tormes", 1617) entstand und in ganz Europa erfolgreich war.

Piktographie [von lateinisch pictum (2. Partizip von pingere „malen") und gráphein „schreiben"] ↑Bilderschrift.

pindarische Ode: Form des altgriechischen Chorliedes, die aus zwei gleich gebauten Strophen (Strophe und Antistrophe) und einer metrisch abweichenden dritten Strophe (↑Epode) besteht, benannt nach Pindar, dem bedeutendsten antiken Vertreter. Die dreigliedrige Struktur (seit 600 v. Chr. üblich), die Thematik (↑Epinikion), aber auch die pathetische Feierlichkeit wurden in der römischen Literatur (Horaz) und seit dem Humanismus (K. Celtis) über die italienischen Pindaristen (G. G. Trissino, L. Alamanni) und die französische ↑Pléiade bis ins 19. Jahrhundert (J. Ch. F. Hölderlin) nachgeahmt. – ↑auch Ode, ↑Perikope.

Plagiat [von lateinisch plagium „Menschenraub"]: widerrechtliche Übernahme und Verbreitung von fremdem geistigem Eigentum. Der Plagiatsvorwurf wird in allen Sparten der Kunst und Wissenschaft erhoben, wenn ein Verfasser Werke, Werkteile, Motive usw. eines anderen als eigene Produkte ausgibt, in wissenschaftlichen Werken Passagen aus fremden Arbeiten ohne Zitatkennzeichnung und Quellenangabe übernimmt oder auch fälschlich das Recht der Priorität eines Gedankens für sich beansprucht. Plagiatvorwürfe wurden schon in der Antike erhoben z. B. von Aristophanes, doch erst mit dem Eigentumsbegriff des 18. und 19. Jahrhunderts begann das Plagiat ein rechtsfähiger Tatbestand zu werden. Rechtlich schwer zu fassen und noch schwerer zu beurteilen ist jedoch die unbewußte Übernahme von Gedanken, Wendungen, Anregungen anderer oder auch die bewußte, wenn durch bedeutende Künstler fremdes Geistesgut erst aufgewertet wird.

Pléiade [ple'ja:də; französisch]: nach der Pleias (Gruppe von sieben Tragödiendichtern, die im 3. Jahrhundert v. Chr. am Hofe des Ptolemaios II. Philadelphos in Alexandria gewirkt haben sollen) benannte bedeutendste französische Dichterschule der französischen Renaissance um P. de Ronsard und J. Du Bellay. In wechselnder Zusammensetzung gehörten der Pléiade jeweils sieben Dichter an, neben P. de Ronsard und J. Du Bellay u. a. É. Jodelle, J. Dorat, J. A. de Baïf, P. de Tyard. Gemeinsam war den Mitgliedern die Bewunderung antiker und italienischer Literatur, deren Gattungen und Formen normative Muster für die eigene Produktion darstellten. Durch bewußte Bereicherung (z. B. Gebrauch altfranzösischer Wörter oder Neologismen) sollte das Französische zu einem dem klassischen Griechisch und Latein ebenbürtigen sprachlichen System ausgebaut und dadurch „literaturfähig" gemacht werden. Das Programm der Pléiade, das sich von den Traditionen mittelalterlicher französischer Dichtung radikal löste, hatte starken Einfluß auf die spätere französische Literatur.

Pleonasmus [griechisch pleonasmós „Überfluß, Übermaß"]: meist überflüssiger erklärender Zusatz zu einem Wort oder einer Redewendung. Pleonasmus kann ein Stilfehler sein („weißer Schimmel", „neu renoviert"), aber auch ein Stilmittel zur nachdrücklichen Betonung („mit meinen eigenen Augen").

Plot [englisch]: poetologische Bezeichnung für die Handlung in einem epischen oder dramatischen Werk, im Unterschied zum vergleichbaren allgemeineren Begriff der ↑Fabel jedoch v. a. auf kausale und logische Verknüpfung der Handlung und Charaktere bezogen.

Poem [von griechisch poíēma „Gedicht"]: Bezeichnung für ein (meist längeres) Gedicht (z. B. H. Heine, „Der Doktor Faust. Ein Tanzpoem", 1847); oft abwertend gebraucht.

Poesie [po-e'zi:; von griechisch poíēsis „das Dichten, Dichtkunst", eigentlich „das Verfertigen"]: Bezeichnung für ↑Dichtung, besonders für Versdichtung im Gegensatz zur Prosa.

Poésie pure [pɔezi'py:r; französisch

„reine Dichtung"]: im Gegensatz zur ↑engagierten Literatur die Dichtung, die sich autonom, als Selbstzweck im tendenz- und ideologiefreien Raum entfaltet, die sich aber auch weder den Gesetzen der Logik noch denen der Realität unterwirft. Eine Póesie pure wurde programmatisch gefordert und verwirklicht von den Vertretern des ↑L'art pour l'art, besonders von Ch. Baudelaire und St. Mallarmé. Als Poesie pure gelten z.T. auch die Dichtungen R. M. Rilkes, St. Georges, G. Benns, E. Pounds, die verbalen Konstruktionen der modernen Lyrik (I. Bachmann, P. Celan u.a.) sowie die ↑abstrakte Dichtung.

Poet [von griechisch poiētḗs „Dichter, schöpferischer Mensch"]: Dichter (heute meist mit spöttischem Unterton).

Poeta doctus [lateinisch „gelehrter Dichter"]: Bezeichnung für den gelehrten, gebildeten Dichter, der in seinen Werken früheres und gegenwärtiges Bildungsgut verarbeitet und sich an ein gebildetes Publikum wendet. Er war das Ideal der hellenistischen Epoche der griechischen Literatur, der römischen ↑Neoteriker und begegnet auch im Humanismus, im Barock, in der Frühaufklärung und wieder im 20. Jahrhundert in Th. Mann, R. Musil, H. Broch, G. Benn, T. S. Eliot, E. Pound u.a.

Poeta laureatus [lateinisch „lorbeergekrönter Dichter"] ↑Dichterkrönung.

Poetik [von griechisch poiētikḗ (téchnē) „Dichtkunst", zu poiētikós „dichterisch"]: die Lehre von der Dichtkunst. Sie wurde zunächst verstanden 1. als normative, praktische Anweisung zum „richtigen" Dichten, 2. seit dem Sturm und Drang als Theorie der Dichtung (d.h. als theoretische Auseinandersetzung mit dem Wesen der Dichtung und der literarischen Gattungen, ihren Funktionen und spezifischen Ausdrucksmitteln) und schließlich 3. als Dichtungskritik. Alle drei Ansätze beeinflußten die Geschichte der europäischen Poetik.

Bestimmenden Einfluß auf die europäische Poetik bis zur Zeit der Aufklärung hatten die antiken Poetiken des Aristoteles und des Horaz. Am Anfang stand die nur fragmentarisch erhaltene Schrift des Aristoteles „Perì poiētikḗs". Sie war im wesentlichen Gattungspoetik und befaßte sich v.a. mit der Tragödie, z.T. mit dem Epos und mit der Komödie sowie mit dem Begriff der ↑Mimesis. Die Poetik des Horaz („Epistula ad Pisones", 18 v.Chr., später ↑„Ars poetica" genannt) enthält v.a. die wirkungsgeschichtlich bedeutsame Definition von der Aufgabe des Dichters, die in „prodesse" (= nützen) und „delectare" (= erfreuen) besteht. Auf die spätere Entwicklung der Poetik wirkten weiterhin u.a. die rhetorischen Lehrbücher von M. T. Cicero und Quintilian. Seit der Spätantike wurden ↑Rhetorik und Poetik immer mehr verschmolzen. Gestützt auf einen normativen Regelkanon, wurde die Dichtkunst zu einer erlernbaren Kunstfertigkeit. – Im Mittelalter blieb die Poetik der Rhetorik, einem Teil der ↑Artes liberales, untergeordnet. Die mittelalterliche Literatur kannte keine ausgesprochenen Dichtungslehren, erst der Meistersang entwickelte in seinen ↑Tabulaturen wieder eine Theorie einer erlernbaren Dichtkunst. Durch die Wiederentdeckung der „Poetik" des Aristoteles im 14. Jahrhundert und die Neubeschäftigung mit der des Horaz entstanden in Italien, Frankreich und Spanien seit der Renaissance zahlreiche Poetiken. Die bedeutendsten und einflußreichsten Verfasser von Poetiken waren in Italien J. C. Scaliger („Poetices libri septem", 1561) und A. Minturno („De poeta", 1559). – Die französischen Vertreter folgten der in Italien eingeleiteten Entwicklung (J. Du Bellay, „Défense et illustration de la langue française", 1549; P. de Ronsard u.a.). Erst im 17. Jahrhundert wurde die klassizistische französische Poetik unter dem Einfluß der italienischen Dichtungstheorien ausgebaut. Hauptvertreter war N. Boileau-Despréaux („L'art poétique", 1674, deutsch 1745, 1899 unter dem Titel „Die Dichtkunst"), der eine doktrinäre Zusammenfassung der klassischen normativen Poetik bot: Die Dichtung soll sich an den Geboten der „raison" (= Vernunft), „vraisemblance"

(= Wahrscheinlichkeit) und der „bienséance“ (= Angemessenheit) orientieren. Am Ende des 17. Jahrhunderts wurde die absolute Mustergültigkeit der Antike v. a. von Ch. Perrault („Parallèle des anciens et des modernes“, 1688–97) bestritten und der Streit zwischen Modernen und Traditionalisten ausgelöst. Die englische Poetik bezog im 16. und 17. Jahrhundert (v. a. auf Grund der Shakespeareschen Dramen) einen zwischen klassizistischem Regelkanon und der These von der Einmaligkeit eines Kunstwerkes vermittelnden Standpunkt (J. Dryden, A. Pope).
Die italienischen und französischen Poetiken der Renaissance gaben den Anstoß für die ersten deutschen Poetiken im 17. Jahrhundert. Am Anfang stand das „Buch von der Deutschen Poeterey“ (1624) von M. Opitz, das (ganz in der klassischen Tradition) die humanistischen Dichtungsanschauungen ins Deutsche übertrug und auch Anweisungen zur Technik des Dichtens gab. In seiner Nachfolge erschien in der Zeit des Barock eine Fülle von Poetiken mit meist vordergründigen Gebrauchsanleitungen (bekannt wurde v. a. der „Poetische Trichter“ 1647–53 von G. Ph. Harsdörffer). In der Aufklärung wurden, ausgehend von Frankreich, „bon goût“ (= Geschmack) und „bel esprit“ (= Scharfsinn) zu Maßstäben der Poetik. In der Folge entbrannte ein Literaturstreit, ob Gefühl oder Vernunft zum Geschmacksurteil befähigten. Gegner waren J. Ch. Gottsched, letzter Vertreter einer normativen und klassizistischen Poetik, die den gesamten Bereich der Poesie von der Vernunft her zu regeln suchte („Versuch einer kritischen Dichtkunst vor die Deutschen“, 1730), und die Schweizer J. J. Bodmer und J. J. Breitinger, die unter dem Einfluß des englischen Sensualismus die schöpferische Einbildungskraft und das Wunderbare betonten. Zu einer die Poe-

MARTINI
OPITII
Buch von der Deutschen
Poeterey.
In welchem alle jhre eigenschafft vnd zugehör gründtlich erzehlet/vnd mit exempeln außgeführet wird.

Gedruckt in der Fürstlichen
Stadt Brieg/bey Augustino
Gründern.
In Verlegung David Müllers Buchhändlers in Breßlaw. 1624.

Poetik. Titelblatt der Erstausgabe von Martin Opitz' „Buch von der Deutschen Poeterey“ (1624)

tik der Klassik vorbereitenden Relativierung des klassizistischen Aristoteles-Verständnisses kam es bei G. E. Lessing (17. Literaturbrief, 1759; „Hamburgische Dramaturgie“, 1767–69).
Der Sturm und Drang leitete eine grundsätzliche Wende in der Geschichte der Dichtungstheorie ein: In seinem radikalen Subjektivismus lehnte er jede regelsetzende und vom Verstand bestimmte Poetik ab; das „Originalgenie“ (↑Genie) ist nicht an Regeln gebunden, sondern schafft aus einem unbewußten, naturhaften Drang (J. G. Herder, H. W. von Gerstenberg u. a.). Poetische Vorbilder waren W. Shakespeare mit seinem als nichtaristotelisch verstandenen Drama der ↑offenen Form und J. Macphersons „Fragments of ancient poetry, collected in the highlands of Scotland“ (1760) (↑auch ossianische Dichtung). Gleichzeitig erfolgte eine endgültige Abkehr von der aristotelischen Mimesistheorie: Der Künstler ahmt in der Dichtung die Welt nicht nach, sondern schafft eine eigene, einmalige Welt. Die Dichtungsanschauungen der Klassik griffen nicht auf die klassizistische Poetik zurück, sondern waren von J. J. Winckelmanns Auffassung von der Antike bestimmt mit ihrer idealisierenden Sicht der antiken Kunst (Maß, Harmonie). Die Poetik wurde in den Rahmen der ↑Ästhetik des Idealismus einbezogen. Um poetologische Fragen in der Gattungstheorie bemühten sich Goethe und Schiller, die Epik, Lyrik und Dramatik zum Kernpunkt ihrer Betrachtungen machten und deren Ergebnis Goethes Lehre von den drei Naturformen der Dichtung (Lyrik, Epik, Dramatik) war. Im Gegensatz zur strengen Trennung der Gattungen in der Klassik erstrebte die Romantik eine „progressive Universalpoesie“ (F. Schlegel, Novalis), in der die Grenzen der Dichtungsarten aufgehoben sind. Romantik und Symbolismus vertraten die vom Manierismus des 16. Jahrhunderts eingeleitete Trennung von Sprache und Gegenstand. Realismus und vor allem Naturalismus tendierten zur wissenschaftlich-theoretischen Untermauerung der verschiedenen Gattungen. Die französische Bewegung des L'art pour l'art und der Expressionismus entwickelten ihre eigene Poetik. Für die Dramatik des 20. Jahrhunderts bedeutsam ist die Abkehr B. Brechts vom aristotelischen Theater (↑episches Theater). – Im 20. Jahrhundert werden neben Literaturtheorien und Fragen nach der Funktion der Literatur auch das Gattungsproblem und das Mimesisproblem (z. B. im ↑sozialistischen Realismus, wo Mimesis als „überhöhende Widerspiegelung“ gesellschaftlicher Wirklichkeit verstanden wird) behandelt.

politische Dichtung: Dichtung, die politische Ideen oder Vorgänge zum Thema hat. Im engeren Sinn Werke, die literarische Formen in den Dienst einer politischen Auseinandersetzung stellen (↑Tendenzliteratur, ↑engagierte Literatur). Nach Art der politischen Ziele und Absichten wird politische Dichtung unter Bezeichnungen wie vaterländische, Freiheits-, ↑Kriegsdichtung, gesellschaftskritische, ↑soziale Dichtung, ↑Arbeiterdichtung usw. aufgeführt. Die politische Dichtung kann der Information oder der Analyse von Zuständen dienen, sie kann sich auf Bloßstellung und Entlarvung beschränken oder auch Veränderungen erstreben. Die Skala der Darstellungsmöglichkeiten reicht von panegyrischer Zustimmung und Verherrlichung bestehender Zustände und Systeme bis zu scharfer Kritik. Bevorzugt werden lyrische, lyrisch-didaktische und epische Kleinformen, aber auch dramatische Formen sind nicht selten. Epische Großformen (z. B. Romane) eignen sich weniger. Dennoch wurden viele Romane in mehr oder weniger ausgeprägter politischer Absicht verfaßt und haben oft auf lange Sicht das politische Bewußtsein beeinflußt, so z. B. die utopischen ↑Staatsromane des 17. und 18. Jahrhunderts. Ähnliches gilt für das Drama. Seine Aufführung auf der Bühne kann einer bewußt oder unbewußt mit einbezogenen politischen Aussage Nachdruck verleihen, wie z. B. das Echo auf Schillers Schauspiel „Die

Räuber" (1781) zeigt. Das Theater wurde auch immer wieder zur ideologischen Beeinflussung und Propagierung von politischen Ideen eingesetzt (konsequent seit E. Piscator in der Weimarer Zeit), z. B. das ↑Lehrstück B. Brechts, das ↑Thesenstück oder das Dokumentarstück (↑Dokumentartheater) oder Sonderformen wie das Agitproptheater (↑Agitprop), das ↑Straßentheater und ↑Kabarett.

Das Lied der Deutschen.

Deutschland, Deutschland über Alles,
über Alles in der Welt,
Wenn es stets zu Schutz und Trutze
brüderlich zusammenhält,
Von der Maas bis an die Memel,
Von der Etsch bis an den Belt –
Deutschland, Deutschland über Alles,
Über Alles in der Welt!

Hoffmann von Fallersleben

Politische Dichtung. Eigenhändige Niederschrift des „Deutschlandliedes" von August Heinrich Hoffmann von Fallersleben (1841)

Geschichte: Politische Dichtung gab es zu allen Zeiten, besonders ausgeprägt jedoch in Umbruch- und Krisenzeiten. Bedeutendste Beispiele der Antike sind die Tragödie „Pérsai" (aufgeführt 472 v. Chr., deutsch „Perser", 1789) des Aischylos, die Komödien des Aristophanes oder auch Tragödien wie die „Antigónē" (aufgeführt 442 v. Chr., deutsch „Antigone", 1646) des Sophokles, die zweifellos auf politische Wirkung angelegt waren. Im Mittelalter brachte v. a. die staufische Politik zur Verwirklichung einer Reichsidee politische Dichtung hervor. Markanteste Beispiele sind die Werke des Archipoeta und die Spruchdichtung Walthers von der Vogelweide. Einen Höhepunkt erreichte die politische Dichtung in den religiösen und politischen Kämpfen des 16. Jahrhunderts (U. von Hutten, Th. Murner), einen weiteren im 18. Jahrhundert, als sich das erwachende bürgerliche Selbstbewußtsein in ↑Aufklärung und ↑Sturm und Drang in politischen Schriften und literarischen Werken mit politischer Tendenz (Dramen des Sturm und Drang, Staatsromane) äußerte und gegen Fürstenwillkür wandte (G. E. Lessing, Ch. F. D. Schubart, Schiller, J. M. R. Lenz). Auf der anderen Seite wurden die friderizianischen Kriege ebenso gefeiert (J. W. L. Gleim, „Preußische Kriegslieder von einem Grenadier", 1758) wie der Freiheitskampf gegen Napoleon I. (H. von Kleist, K. Th. Körner, E. M. Arndt u. a.). Die politische Dichtung des Vormärz stellte sich in den Dienst des Kampfes für Liberalismus, teilweise auch für sozialen Fortschritt. Eine erste Phase war die Freiheitsdichtung für Griechenland und Polen (N. Lenau, A. von Chamisso, A. von Platen), als der Druck der Restauration die politische Publizistik zur Verschlüsselung zwang. Bedeutender war die Dichtung des ↑Jungen Deutschland. Hier hatte neben der politischen Publizistik (L. Börne, H. Heine) v. a. die politische Lyrik große Breitenwirkung (H. Heine, G. Herwegh, F. Freiligrath, A. H. Hoffmann von Fallersleben). Auch die meisten Zeit- und Gesellschaftsromane und historischen Dramen des Jungen Deutschland (K. Gutzkow, H. Laube) wurden politisch verstanden. In den realistischen Romanen Th. Fontanes, in der sich seit Mitte des 19. Jahrhunderts entwickelnden proletarischen Arbeiterliteratur sowie im Naturalismus (z. B. in den Dramen H. Ibsens, G. Hauptmanns) spielten sozial- und gesellschaftskritische Themen eine große Rolle. V. a. das Bürgertum der Wilhelminischen Zeit war das Angriffsziel (H. Mann). Der 1. Weltkrieg brachte erneut eine Polarisierung in eine hymnische nationale Kriegsdichtung und die pazifistische Antikriegsdichtung des Expressionismus, neben einer verstärkten sozialkritischen, antibürgerlichen Dichtung (F. von Unruh, E. Toller, B. Brecht, L. Frank, J. R. Becher, H. Mann). Eine radikale Politisierung erzwang die Kulturpolitik des Nationalsozialismus. Der parteiamtlich geförderten ↑Blut-und-Boden-Dichtung stand eine total verschlüsselte politische Dichtung der sogenannten ↑inneren Emigration und die im Ausland sich offen artikulierende hauptsächlich human-ethisch ausgerichtete politische Dichtung gegenüber (Th. Mann, B. Brecht u. a.; ↑Exilliteratur). Seit 1945 ist in der heutigen DDR die Rolle der Literatur im Rahmen des parteiamtlichen ↑sozialistischen Realismus vorwiegend politisch affirmativ und systemstabilisierend. Kritische Töne sind erst seit Beginn der 70er Jahre zu vernehmen (W. Biermann, St. Heym, R. Kunze, H. J. Schädlich u. a.). In der heutigen Bundesrepublik Deutschland ist die politische Dichtung seit 1945 – zunächst meist als Antikriegsdichtung und Auseinandersetzung mit der unmittelbaren Vergangenheit des Dritten Reiches und der Nachkriegszeit (↑Gruppe 47), später als Kritik an der gesellschaftlichen und wirtschaftlichen Entwicklung – ein Teilbereich neben anderen literarischen Äußerungen (H. Böll, F. J. Degenhardt, H. M. Enzensberger, E. Fried, G. Grass, R. Hochhuth, H. Kipphardt, D. Lattmann, D. Süverkrüp, M. Walser, P. Weiss, G. Wallraff, D. Wellershoff, G. Zwerenz u. a.). Häufig stand sie im Mittelpunkt literarischer Auseinandersetzungen, wozu nicht zuletzt das parteipolitische Engagement von Schriftstellern beitrug (G. Grass). Immer mehr aber gehört das – im weitesten Sinne – politische Engagement zum Selbstverständnis des Schriftstellers.

Polymetrie [griechisch polymetría „Vielheit des Maßes"]: die Verwendung verschiedener Versmaße in einem Gedicht, einer Strophe usw., z. B. in antiken oder mittelalterlichen Strophen oder im ↑Leich.

Polyptoton [griechisch]: rhetorische Figur: Wiederholung desselben Wortes in verschiedenen Flexionsformen, z. B. „Aug um Auge", „homo homini lupus".

Polysyndeton [griechisch „vielfach Verbundenes"]: rhetorische Figur: die Verknüpfung mehrerer Wörter, Wortgruppen oder Sätze durch dieselbe Konjunktion, z. B.: „Und es wallet und siedet und brauset und zischt" (Schiller, Ballade „Der Taucher"), „Und wiegen und tanzen und singen dich ein" (Goethe, Ballade „Erlkönig"). – Gegensatz: ↑Asyndeton.

Popliteratur: eine an Pop-art (wahrscheinlich abgeleitet von englisch pop „Stoß, Knall", seit den 60er Jahren v. a. im Sinne einer Verkürzung von popular art „volkstümliche Kunst" verstanden) angelehnte Bezeichnung für eine Richtung der modernen Literatur, die sich als Un-Kunst, als Gegen-Kunst begreift (T. Wolfe, „The kandy-colored tangerine-flake streamline baby", 1965, deutsch „Das bonbonfarbene tangerinrotgespritzte Stromlinienbaby", 1968). Dabei ist zu unterscheiden zwischen einer populären Unterhaltungsliteratur (auch Kommerzpop), wie sie verschiedene Zeitschriften anbieten, und einer Popliteratur, die mit provozierender Exzentrik, Obszönität, Unsinnigkeit und Primitivität ebenso gegen eine derartige Unterhaltungsliteratur gerichtet ist wie gegen eine Elitekunst und gegen etablierte ästhetische Normen. Die Popliteratur bedient sich der Elemente, Techniken und Muster des trivialen Literaturgenres, des Krimis, des Westerns, der Science-fiction-Literatur, der Comic strips, der Reklametexte, von Film und Fernsehen, wie allgemein fast aller Objekte des Massenkonsums. Je nach dem Maß des verwendeten Materials und seiner Verarbeitung läßt sich unterscheiden zwischen einer rigorosen Popliteratur und einer Literatur, die Popelemente lediglich neben anderen für ästhetische Zwecke verwendet (z. B. E. Jandl, „Sprechblasen", Gedichte, 1966). Rigorose Popliteratur findet sich in dieser seit den 60er Jahren von den USA ausgehenden Strömung in fast allen literarischen Gattungen. Vertreter in der Bundesrepublik Deutschland sind u. a. P. O. Chotjewitz, H. von Cramer („Der Paralleldenker", Roman, 1968), R. D. Brinkmann („Die Piloten", Gedichte, 1969), F. Kriwet („Apollo Amerika", Hörspiel, 1969), U. Becker.

Populismus [lateinisch] (französisch

populisme): 1929 von L. Lemonnier und A. Thérive begründete französische literarische Richtung, die eine Darstellung des Lebens des einfachen Volkes für das Volk in natürlichem, realistischem Stil, ohne idealisierende oder abwertende Verzerrung anstrebte. Der Populismus wandte sich ebenso gegen die realitätsferne bürgerliche Literatur wie gegen den sozialen Extremismus des ↑Naturalismus. Hauptvertreter waren neben den beiden Begründern J. Prévost und E. Dabit.

Pornographie [von griechisch pornográphos „über Huren schreibend", zu pórnē „Hure"]: die sprachliche und/ oder bildliche Darstellung sexueller Handlungen unter einseitiger Betonung des genitalen Bereichs. In diesem Sinne wurde der Begriff „Pornographie" erst im letzten Viertel des 19. Jahrhunderts verwendet; ursprünglich bezeichnete Pornographie die Darstellung der Prostitution und die Literatur zur Prostituiertenfrage (N. Restif de La Bretonne, „Le pornographe ...", 1769, deutsch „Der Pornograph", 1918). Im Gegensatz zur erotischen Kunst und ↑erotischen Literatur, die v. a. eine andeutende, metaphorische, die Phantasie des Betrachters bzw. Lesers anregende Darstellung kennt, konzentriert sich Pornographie im heutigen Sinn allein auf die prägnante, unmißverständliche Darstellung des Sexuellen und auf die Kombination unterschiedlicher Partner und Sexualpraktiken. Als Begründer dieser pornographischen Kombinatorik gilt der Marquis de Sade.

positiver Held: Bezeichnung für den vom ↑sozialistischen Realismus den bürgerlichen Roman- und Dramenfiguren entgegengestellten vorbildlichen Charakter, der gekennzeichnet ist durch Klassenbewußtsein, Treue zur Partei und unbeirrbaren Kampf für den Sozialismus. – ↑auch Held, ↑Antiheld.

Positivismus [lateinisch]: in der Literaturwissenschaft Bezeichnung für eine Literaturbetrachtung, die in der 2. Hälfte des 19. Jahrhunderts im Anschluß an den philosophischen Positivismus von A. Comte entwickelt wurde. Kennzeichnend war die Tendenz, sich stärker an Gegebenem, positiv Faßbarem zu orientieren, nach naturwissenschaftlichen Gesetzmäßigkeiten in der Literatur zu forschen. Vorbild für den literarhistorischen Positivismus wurde H. Taines „Histoire de la littérature anglaise" (1864, deutsch „Geschichte der englischen Literatur", 1877–80). Haupt des deutschen literaturwissenschaftlichen Positivismus wurde W. Scherer. Sein Schüler E. Schmidt propagierte die sogenannte historisch-genetische Methode. – Der literarhistorische Positivismus wandte sich gegen alle Spekulation, gegen Metaphysik und vermeintliche Scheinfragen. Kennzeichnend für seine Methode war das Sammeln, Beschreiben, Klassifizieren. Seine Bedeutung lag in seinen Impulsen für die Ursachen- und Motivforschung, für die Darstellung des geschichtlichen Werdens von Literatur auf der Basis des empirisch Erfaßbaren. Vertreter des Positivismus schufen bedeutende Dichterbiographien, grundlegende Klassikerausgaben, begründeten wichtige Editionsreihen. Überwunden wurde der Positivismus um die Jahrhundertwende durch die geisteswissenschaftliche Methode W. Diltheys. Neopositivistische Züge tragen manche Sparten der modernen Literaturwissenschaft, v. a. die Versuche, literatur- und sprachwissenschaftliche Fragestellungen mit Hilfe von Computern zu lösen.

Posse [frühneuhochdeutsch, eigentlich „Zierrat, Scherzfigur", von französisch ouvrage a bosse „Bildhauerarbeit"]: Bezeichnung für verschiedene Formen des volkstümlichen komischen Theaters in der neuzeitlichen Literatur, die in der Tradition von ↑Mimus, ↑Fastnachtsspiel und ↑Commedia dell'arte stehen. Hauptkennzeichen sind das (oft improvisierte) einfache Handlungsgefüge, die vordergründige Situations- und Charakterkomik und der Verzicht auf Belehrung. Im Mittelpunkt steht meist die ↑lustige Person in verschiedenen historischen Ausprägungen (z. B. ↑Hanswurst, ↑Pickelhering). Der Begriff begegnet erstmals im 17. Jahrhundert als

Bezeichnung für die derb-komischen Nachspiele der Wanderbühnen, später für die aus dem Französischen übersetzten komischen Einakter, in deren Nachfolge auch einzelne deutsche Produktionen um und nach 1800 standen (A. von Kotzebue). Eine Sonderstellung nimmt das Volkstheater ein, das auf Grund lokaler Traditionen an der lustigen Person festhielt, die durch J. Ch. Gottscheds Theaterreform im 18. Jahrhundert von den deutschen Bühnen verbannt worden war. Seit der 2. Hälfte des 18. Jahrhunderts entwickelte sich besonders die Wiener Lokalposse mit verschiedenen lustigen Personen (Hans Wurst, Kasperl, Dummer Anton, Rochus Pumpernickel, Thaddädl, Staberl u. a.). Höhepunkte waren die Possen von J. N. Nestroy („Einen Jux will er sich machen", 1844). Eine Sonderform stellte die Zauberposse dar (J. N. Nestroy, „Der böse Geist Lumpazivagabundus", 1835). – ↑auch Farce.

Postịlle [mittellateinisch, von lateinisch postilla (verba) „nach jenen (Worten)"]: Bezeichnung für die Auslegung eines Bibeltextes, die als Kommentar den jeweils abschnittweise aufgeführten Texten nachfolgte, sodann für die Erklärung biblischer Bücher überhaupt, schließlich auch für den auslegenden Teil einer Predigt oder für die ganze Predigt, wenn sie der Schriftauslegung diente. Die Postille wurde im Gottesdienst verlesen (Kirchenpostille) oder diente zur häuslichen Erbauung (Hauspostille). Von großer Bedeutung waren M. Luthers Kirchenpostille (1527) und die „Hauspostille" (1690) von L. Goffiné. Ironisch-verfremdend nannte B. Brecht eine seiner Gedichtsammlungen „Hauspostille" (1927).

Postmodernịsmus [von lateinisch post „nach, hinten" und französisch moderne, aus lateinisch modernus, von modo „eben (erst), gerade eben"]: unscharfe Bezeichnung für eine in der 2. Hälfte des 20. Jahrhunderts zuerst in Amerika einsetzende Bewegung, die zunächst in Kunst und Architektur eine Abkehr von den avantgardistischen Errungenschaften des Modernismus und eine Öffnung der Kunst hin zu Pop-art und Massenkultur propagierte und dann auch auf die Literatur ausgeweitet wurde. In den 80er Jahren beschäftigt der Postmodernismus, nach U. Eco („Postille a ‚Il nome della rosa'", 1983, deutsch „Nachschrift zum ‚Namen der Rose'", 1986) ein „Passepartoutbegriff" ohne Erkenntniswert, auch die Diskussion über die neueste deutsche Literatur und dient als Sammelbegriff für sehr unterschiedliche Phänomene, z. B. die Abkehr von einer formstrengen, dem Bewußtsein der Massen verschlossenen modernen Literatur, die Verwischung der Unterschiede zwischen hoher und volkstümlicher Kunst (aus der sich auch die große Beliebtheit der Werke lateinamerikanischer Autoren, wie des Romans „La casa de los espíritus", 1982, deutsch „Das Geisterhaus", 1984, von I. Allende, erklärt), die im Zusammenhang mit den Ideen des ↑New Age zu beobachtende Abkehr von starrer Vernunft und die Zuwendung zum Irrationalen. – ↑auch Fantasy.

Präạmbel [von lateinisch prae „vor(an)" und ambulare „gehen"]: allgemein soviel wie Einleitung, v. a. feierliche Erklärung als Einleitung von Urkunden, Vertragstexten, nationalen Verfassungen (z. B. Präambel des Grundgesetzes der Bundesrepublik Deutschland). Die Präambel nennt und erläutert Bedeutung und Zielsetzung sowie die Beweggründe für die getroffenen Regelungen.

Predigt [von lateinisch praedicare „öffentlich ausrufen, verkünden"]: im gegenwärtigen Sprachgebrauch in erster Linie die im Gottesdienst der christlichen Kirchen übliche Kanzelrede. Sie setzt eine Zuhörerschaft voraus, hat also kommunikative Funktion. – Literaturgeschichtlich bedeutsam ist die Fortsetzung der Tradition der antiken Rede durch die mittelalterliche Predigt. V. a. die kunstvollen lateinischen Predigten *(Sermones)* der Scholastik und Mystik waren von der antiken Rhetorik beeinflußt. Schon seit dem frühen Mittelalter war auch eine einfachere, volkssprachliche Form der Predigt *(Homilie)* ausgeprägt, die sich an die des Lateins nicht kundigen unteren Schichten wandte und v. a. volksnahe Anschaulichkeit und Lebendigkeit der Rede pflegte; sie war nicht selten von Elementen des Humors oder der Satire durchsetzt. Bedeutsam waren die Predigten der Bettelorden im 13. Jahrhundert (Berthold von Regensburg), die deutschen Predigten der Mystik (H. Seuse, J. Tauler) sowie die Predigten von J. Geiler von Kaysersberg, M. Luther und Abraham a Sancta Clara. Insgesamt war die volkssprachliche Predigt, je mehr sie sich vom lateinischen Vorbild löste, von großer Bedeutung für die Herausbildung eines deutschen Prosastils.

Preisgedicht: der Begriff wird oft allgemein für ↑Eloge, ↑Enkomion, ↑Hymne, ↑Laudatio, ↑Panegyrikus verwendet; im weiteren Sinn lyrischer oder epischer Text als Lob von Personen (u. a. Gott oder Götter, Heilige, Fürsten), Städten und Ländern, Sachen (u. a. Wein, Natur, Jahreszeiten) und Idealen (u. a. Freundschaft, Freiheit), im engeren Sinn soviel wie ↑Preislied.

Preislied: panegyrisch-episches Einzellied der germanischen Dichtung, das z. T. im Wechselgesang von zwei Berufssängern an Fürstenhöfen vorgetragen wurde; vermutlich idealisierend-übersteigerndes Preis- und Totenlied. Preislieder sind nur in späten nordgermanischen Quellen der Wikingerzeit überliefert (↑Skaldendichtung), jedoch auch für die Frühzeit bezeugt. Neben dem ↑Heldenlied ist das Preislied die zweite Hauptform der germanischen Dichtung. Die weltliche mittelalterliche Lyrik kannte vorwiegend den Fürstenpreis (Walther von der Vogelweide) und den Frauenpreis des ↑Minnesangs.

Predigt. Berthold von Regensburg (Miniatur; 1447)

preziöse Literatur [von französisch précieux „kostbar, wertvoll"]: 1. allgemein Bezeichnung für manieristische Stilformen mit antiklassischer Tendenz, vorwiegend in der französischen Literatur, die in verschiedenen Stilepochen dominierten (↑Manierismus), aber auch kennzeichnend sind für Werke einzelner Dichter, z. B. von J. Giraudoux. – 2. Preziöse Literatur im engeren Sinn bezeichnet die in der 1. Hälfte des 17. Jahrhunderts in Frankreich entstandenen Werke, die dem manieristischen (barocken) Stilideal verpflichtet sind. Kennzeichen sind formale Artistik, esoterische Künstlichkeit und metaphorische Verrätselung der Sprache. Gepflegt wurden neben dem heroisch-galanten Roman v. a. Lyrik und andere poetische Kleinformen wie ↑Epigramm, ↑Rätsel und insbesondere das literarische Porträt. Dichter preziöser Literatur waren u. a. V. Voiture, J.-L. Guez de Balzac, G. de La Calprenède, M. de Scudéry. „Préciosité" bezeichnete damals außerdem auch eine exklusive Verfeinerung und Reglementierung der Lebens- und Ausdrucksformen überhaupt. Gepflegt wurde dieses Ideal im Umkreis der aristokratischen Pariser Salons.

Priamel [von lateinisch praeambulus „vorangehend"]: einstrophiger, metrisch weitgehend freier, meist paarweise gereimter Spruch. Die Priamel beginnt mit der Aufzählung von Dingen, Handlungen oder Geschehnissen, die miteinander nicht in unmittelbarer Beziehung stehen und mündet in eine pointierte Schlußwendung, in der eine überraschende Gemeinsamkeit aufgezeigt wird. Die Priamel war v. a. im 15. Jahrhundert verbreitet (H. Rosenplüt, H.

Folz u. a.), wurde aber bis in die Barockzeit gepflegt. Gelegentlich findet sie sich auch in ↑Fastnachtsspielen. – Ein spätes Beispiel aus der Barockzeit von G. Stolle:

„An der Hunde Hinken,
An der Huren Winken,
An der Narren Dünken,
An der Weiber Zähren,
An der Krämer Schweren,
Muß sich niemand kehren."

Primärliteratur [französisch primaire, von lateinisch primarius „einer der ersten"]: Bezeichnung für dichterische oder philosophische Werke im Gegensatz zur wissenschaftlichen ↑Sekundärliteratur.

Prix Goncourt [prigõ'ku:r; französisch „Goncourtpreis"]: angesehenster französischer Literaturpreis, der seit 1903 jährlich von der Académie Goncourt (einer von dem Schriftsteller E. de Goncourt gestifteten Akademie von 10 Schriftstellern, die nicht der Académie française angehören dürfen) für ein während des Jahres erschienenes Werk der erzählenden Literatur in französischer Sprache (bevorzugt für einen Roman) vergeben wird.

Professorenroman: Bezeichnung für Romane, die von Wissenschaftlern, v. a. von Historikern, verfaßt wurden. Der Begriff wird in erster Linie für eine Reihe von ↑historischen Romanen aus der 2. Hälfte des 19. Jahrhunderts verwendet, die Anspruch auf historisch getreue Darstellung vergangener Epochen oder fremder Kulturen erhoben. Da die Fachgelehrsamkeit die literarische Qualität häufig beeinträchtigte, enthält der Begriff „Professorenroman" meist eine negative Wertung. Hauptvertreter in Deutschland waren u. a. F. Dahn („Ein Kampf um Rom", 1876), G. Freytag, W. H. Riehl.

Prolegomena [griechisch „das im voraus Gesagte"] (Singular: Prolegomenon): Vorrede, Vorbemerkungen, Einführung[en] zu größeren wissenschaftlichen Werken.

Proletkult [prəlɪt'kuljt; russisch; Kurzwort aus **Prolet**arskaja **kult**ura „proletarische Kultur"]: kulturrevolutionäre Organisation der russischen Oktoberrevolution (1917–25), die nach Abschaffung aller bürgerlicher Traditionen eine spezifisch proletarische Massenkultur entwickeln wollte. Voraussetzung für die Aufhebung der Klassenschranken war für die Theoretiker (v. a. A. A. Bogdanow) die geistig-kulturelle Umerziehung des Proletariats, die man u. a. durch Massenschauspiele und Straßentheater, in denen kollektive Improvisationen der Kreativitätsförderung und Bildung eines richtigen proletarischen Bewußtseins dienen sollen, zu erreichen suchte. Im Willen zum Experiment standen die literarischen Vertreter dem ↑Futurismus nahe. Da Lenin experimentelle Kunst für die Massen ablehnte, die erst den Anschluß an den tradierten Kenntnisstand gewinnen sollten, kam es zum Konflikt mit ihm. 1923 wurde die Organisation zur „gefährlichen Abweichung" erklärt und aufgelöst. In Abänderung der ursprünglichen Absicht wurde die Arbeit zur Entwicklung einer proletarischen Kultur von der Russischen Assoziation Proletarischer Schriftsteller (RAPP) weitergeführt. Spätestens seit Stalin war proletarische Kunst die Kunst- und Kulturform, die Themen aus dem Alltag für die Massen propagandistisch inszenierte. – ↑auch sozialistischer Realismus.

Prolog [von griechisch prólogos „Vorrede, Vorspruch"]: Einleitung meist eines dramatischen Werkes (Gegensatz: ↑Epilog), die von einer oder mehreren Personen szenisch dargestellt oder erzählend vorgetragen wird. Der Prolog dient u. a. der Begrüßung des Publikums, der Ankündigung des folgenden Schauspiels mit Informationen über Personen und Inhalt oder auch der Rechtfertigung der Absicht des Dichters. – Nach Aristoteles soll Thespis (um 500 v. Chr.) den Prolog eingeführt haben. Die den griechischen Tragödien (Aischylos, „Pérsai", aufgeführt 472 v. Chr., deutsch „Perser", 1789) und Komödien (Aristophanes, „Lysistrátē", aufgeführt 411 v. Chr., deutsch „Lysistrate", 1806) vorangestellten Prologe wiesen bereits vielfältige Prologfunktionen auf. Im Mittelalter fand sich der Prolog auch in den höfischen Epen (z. B. im „Parzival" Wolframs von Eschenbach, um 1200 bis 1210). Das ↑ geistliche Spiel des späten Mittelalters sowie die ↑ Fastnachtsspiele verwendeten ihn häufig. Im neulateinischen Drama des Humanismus wurde der antike Prolog wiederbelebt. Danach wurden Prologformen u. a. im englischen (W. Shakespeare, Ch. Marlowe) und französischen Drama (Molière), im deutschen protestantischen ↑ Schuldrama, im ↑ Jesuitendrama und im ↑ Volksschauspiel verwendet. Aus der Klassik ist v. a. der „Prolog im Himmel" aus Goethes „Faust I" (1808) bekannt. In der Romantik spielte er noch eine bedeutende Rolle (L. Tieck), verschwand jedoch im Verlauf des 19. Jahrhunderts fast ganz. Erst im 20. Jahrhundert finden sich wieder Neuansätze (B. Brecht, „Herr Puntila und sein Knecht Matti", entstanden 1940, erschienen 1950).

Proömium (Prooimion) [griechisch „Vorrede"]: 1. in der Rhetorik die Eröffnung einer Rede mit der Anrede an den Hörer, mit allgemeinen und persönlichen Hinweisen usw.; 2. in der antiken Literatur die Vorrede zu Epen mit Musenanruf und Themenangabe in knapper Form.

Propemptikon [von griechisch propémpein „geleiten"] ↑ Apopemptikon.

Prosa [von lateinisch prosa (oratio), eigentlich „geradeaus gerichtete (= schlichte) Rede"]: die ungebundene, d. h. nicht durch besondere formale Mittel (Metrum, Reim) gekennzeichnete Schreib- und Redeweise. Sie umfaßt die auf schlichte Kommunikation beschränkte Alltagsrede ebenso wie kunstvoll ausgestaltete Sprach- und Redeformen. Sie kann Ausdruck sachlich-zweckgebundener (z. B. wissenschaftlicher) aber auch dichterischer Aussage sein und sich durch besondere Wortwahl und Syntax, durch Bilder und Metaphern, durch einen ausgeprägten Rhythmus der ↑ gebundenen Rede, der Verssprache, annähern (↑ Prosagedicht, ↑ Prosarhythmus, ↑ Reimprosa).

Geschichte: Der Gegensatz zwischen zweckorientiert-sachlicher und künstlerischer Prosa bestimmt die Prosasprache im Abendland seit der Antike. Sie wurde erstmals in Ionien als Darstellungsform für die im 6. Jahrhundert v. Chr. einsetzende philosophisch-wissenschaftliche Welterfassung (Vorsokratiker) benutzt und entwickelte sich in den folgenden Jahrhunderten zu einem variationsreichen Ausdrucksmedium der Geschichtsschreibung (Herodot, Thukydides), der Philosophie (Platon, Aristoteles) und der Naturwissenschaften (Hippokrates). Diese Prosa war der älteren Versdichtung ebenbürtig. Mit Hilfe der ↑ Rhetorik konnte v. a. die politische Rede (Lysias, Demosthenes) durch bestimmte rhythmisch-stilistische Regeln (↑ rhetorische Figuren, Perioden- und Satzschlüsse [↑ Klauseln]) ihre Wirkungsmöglichkeiten steigern. Die so entstandene griechische Kunstprosa wirkte jahrhundertelang vorbildhaft, zunächst auf die historische (Cäsar, T. Livius, P. C. Tacitus) und philosophisch-rhetorische Prosa (M. T. Cicero) der Römer, dann auf die philosophisch-theologische und historische Prosa des Mittelalters (A. Augustinus, Thomas von Aquin, Einhard, Otto von Freising) bis hin zu den Humanisten (Th. More, Erasmus von Rotterdam) und zur Sprache der Kanzleien. Besonders im Umkreis der Kanzlei Karls IV. in Prag bildete sich eine an der neulateinischen Kunstprosa der Humanisten orientierte Prosa aus.

In den dichterischen (fiktionalen) Bereich drang die Prosa zunächst nur zögernd ein. Erst in der Spätantike ist sie für satirische Formen belegt (G. Petronius, Lukian). Im Mittelalter herrschte die Versdichtung vor. Eine Ausnahme bildeten die eigenständigen, aus dem 13. Jahrhundert überlieferten isländischen ↑ Sagas (Sögur) in realistisch-sachlicher Prosa. Die deutschsprachige Prosa war im Mittelalter vorwiegend auf die Sprache des Rechts (Eike von Repgow, „Sachsenspiegel", um 1224–31), der Chroniken und der Predigten (Berthold von Regensburg) beschränkt und erreichte einen ersten Höhepunkt in den Schriften der Mystiker (Meister Eckhart, J. Tauler, H. Seuse). M. Luthers Bibelübersetzung gab der weiteren Entwicklung entscheidende Impulse. Erster Ansatz zu einer Prosa im dichterischen Bereich war im Spätmittelalter die Prosaliteratur, die die Stoffe der sinnentleert gewordenen höfischen Dichtung und der gereimten Schwänke und Fabeln in Prosafassungen einem neuen Lesepublikum bekannt machte (↑Volksbücher). Durch eigenständige Verarbeitung antiker Vorbilder schuf die italienische Renaissance eine neuzeitliche Prosa: neben Erzählprosa (G. Boccaccio, „Il Decamerone", entstanden 1348–53, deutsch 1472/73, 1843 unter dem Titel „Das Dekameron") entstand auch wissenschaftlich-politische, historische und biographische Prosa (G. Pico della Mirandola, N. Machiavelli, P. Bembo, B. Cellini, G. Vasari u. a.). Ebenbürtig waren seit dem 16. Jahrhundert die Prosaisten in Spanien. Hier entstand der neuzeitliche Prosaroman (M. de Cervantes Saavedra, „El ingenioso hidalgo Don Quixote de la Mancha", 1605–15, deutsch 1621, 1965 unter dem Titel „Der sinnreiche Junker Don Quijote von la Mancha"), aber auch religiöse (Ignatius von Loyola, Theresia von Ávila), satirische und didaktisch-historische Prosa. Parallel dazu entwickelte sich die französische Prosa (F. Rabelais, „Gargantua et Pantagruel", Roman, 1532–64, deutsche Bearbeitung von J. Fischart, 1575; 1832 bis 1841 unter dem Titel „Gargantua und Pantagruel"; M. Eyquem de Montaigne, „Les essais", 1580–95, deutsch 1753/54, 1908–11 unter dem Titel „Essays"; im 17. Jahrhundert B. Pascal, J. B. Bossuet, F. de La Rochefoucauld, J. de La Bruyère). In Nachahmung v. a. der spanischen und französischen Leistungen erreichte die deutsche Prosa im Barock den Anschluß an den europäischen Standard (J. J. Ch. von Grimmelshausen, Abraham a Sancta Clara).

Von nun an war in Deutschland wie im übrigen Europa die Prosa in zweckgerichteten wie in fiktionalen Darstellungen ein den antiken Mustern ebenbürtiges Medium aller Aussageformen, aller Gattungen und Epochenstile: In der Epik gewann sie die überragende Stellung und verdrängte in ↑Roman und ↑Novelle die entsprechenden gebundenen Formen. Aber auch in die Dramatik fand sie im 18. Jahrhundert Eingang (G. E. Lessing) und wurde im 19. Jahrhundert zur vorherrschenden dramatischen Sprachform. Seit der Romantik drang sie auch in den Bereich der Lyrik vor (↑freie Rhythmen, ↑Prosagedicht), ohne jedoch hier jemals eine dominierende Stellung zu erreichen. Die Geschichte des ↑Essays, des ↑Feuilletons, der Memoirenliteratur (↑Memoiren), der ↑Biographie und ↑Autobiographie und vielfältiger geisteswissenschaftlicher Disziplinen ist die Geschichte hervorragender Prosaschriftsteller. Zu nennen sind unter vielen anderen: G. E. Lessing, H. Heine, Th. B. Macauley, L. von Ranke, C. J. Burckhardt, A. Schopenhauer, F. Nietzsche, S. Freud, O. von Bismarck, W. Churchill.

Prosagedicht: französische literarische Gattung; lyrische Aussage in Prosa, die durch kunstvolle klanglich-rhythmische Gestaltung, durch Stilfiguren, Bilder und strophenähnliche Gliederung Gedanklich-Stimmungshaftes ungebrochener wiedergeben soll als ausgesprochen lyrische Formen. Das Prosagedicht steht zwischen rhythmischer Prosa und der Verssprache in ↑freien Rhythmen. Schöpfer des Prosagedichts war A. Bertrand („Gaspard de la nuit, fantaisies à la manière de Rembrandt et de Callot", herausgegeben 1842, deutsch „Junker Voland. Phantasien in der Art von Rembrandt und Callot", 1911). Einem breiteren Publikum wurde das Prosagedicht erst durch Ch. Baudelaires „Petits poèmes en prose" (1869, deutsch „Kleine Prosagedichte", 1920) bekannt; es wurde u. a. auch von Lautréamont („Les chants de Maldoror", 1869, deutsch „Die Gesänge des Maldoror", 1954), F. Ponge und Saint-John Perse gepflegt.

Prosarhythmus: Gliederung der ungebundenen Rede durch bestimmte Akzentuierungen und rhythmische Effekte.

Vom Versrhythmus unterscheidet sich der Prosarhythmus durch Verzicht auf metrische Regelmäßigkeit, von der Alltagssprache durch seine spezifische Form, die er durch die Art des Wechsels von betonten und unbetonten Silben, von langen und kurzen Wörtern, durch bestimmte Klangfolgen, durch Wortstellung und Satzgliederung erhält. Sprachmelodie und Sprechgeschwindigkeit können beim Vortrag bestimmende Elemente sein. Schon die antike Kunstprosa entwickelte bestimmte Regeln v. a. zur Gestaltung von syntaktischen Einschnitten der Satzschlüsse und Sinnabschnitte (↑Klausel); im Mittelalter traten an deren Stelle bestimmte Akzentfolgen (↑Cursus). Bei einzelnen Dichtern kann der Prosarhythmus unterschiedliche Formen annehmen, so bei E. Mörike und auch bei R. M. Rilke einen lyrisch-fließenden, bei Th. Mann einen episch-ausladenden, bei H. von Kleist einen dramatisch-gespannten Rhythmus.

Proskenion [griechisch proskḗnion „Vorbühne"]: im griechischen Theater der Platz vor dem Bühnenhaus (↑Skene), die Hauptspielfläche des antiken Dramas (im römischen Theater *Proscaenium*).

Prosodie [von griechisch prosōdía „Zugesang, Nebengesang"]: in der Antike die Lehre vom ↑Akzent und den Silbenquantitäten (↑Quantität); heute als Hilfsdisziplin der ↑Metrik die Lehre von den Elementen einer Sprache, die die Versstruktur (Quantität, Akzent, Tonhöhe und Wortgrenze) bestimmen.

Proszenium [griechisch]: heute der vordere Teil der ↑Bühne zwischen Vorhang und Orchestergraben. – ↑auch Proskenion.

Protagonist [von griechisch prōtagōnistḗs „erster Kämpfer"]: Hauptdarsteller, erster Schauspieler im altgriechischen Theater. – ↑auch Deuteragonist, ↑Tritagonist.

Protestsong [lateinisch-englisch]: Form der ↑politischen Dichtung, Gebrauchslyrik in Liedform, in der ein gesellschaftlicher oder politischer Mißstand angeklagt wird. Wesentliche formale Kennzeichen sind volkstümlicher Text und einprägsame Melodie. Der moderne Protestsong entstand nach dem 2. Weltkrieg in der Bürgerrechtsbewegung für die gesellschaftliche Gleichstellung der Schwarzen in den USA als Mittel der Agitation und Solidarisierung, unter Anknüpfung an Liedtraditionen der Schwarzen (Gospelsong, Blues) sowie an Arbeiterlieder. Er wurde zum weltweiten Ausdrucksmittel gewaltlosen Widerstandes in der Demonstrationswelle der 60er und beginnenden 70er Jahre, in der Bundesrepublik Deutschland z. B. durch die „Ostermarschierer" (Atomwaffengegner) vertreten. Aus der Bundesrepublik Deutschland wurden v. a. die „Liedermacher" F. J. Degenhardt, W. Biermann, H. D. Hüsch, W. Mossmann, D. Süverkrüp, H. Wader, aus den USA P. Seeger, B. Dylan, Ph. Ochs, T. Paxton, J. Baez bekannt.

Pseudonym [von griechisch pseudónymos „mit falschem Namen (auftretend)"]: fingierter Name, Deckname, besonders bei Künstlern und Schriftstellern. Gründe für die Wahl eines Pseudonyms sind Furcht vor Verfolgung (v. a. bei politischen, aber auch religiösen, satirischen und erotischen Schriften), Familien- oder Standesrücksichten (z. B. bei adligen Künstlern: Carmen Sylva für Königin Elisabeth von Rumänien) oder Vermeidung zu häufig vorkommender (G. Meyrink für Gustav Meyer) oder als zu schwierig empfundener Namen (J. Conrad für J. T. C. Korzeniowski); auch Freude an originellen Namen kann mitspielen (J. Ringelnatz für H. Bötticher). – Es gibt eine Vielzahl pseudonymer Formen; am häufigsten ist die Wahl eines Phantasienamens, wobei Frauen (wegen ihrer gesellschaftlichen Unterprivilegierung) häufiger Männernamen wählen (*Pseudandronym;* z. B. George Sand für Aurore Dudevant) als Männer Frauennamen (*Pseudogynym);* gelegentlich kommen Zusätze zum Namen (F. Müller-Partenkirchen für Fritz Müller) oder Verkürzungen auf den Vornamen (Jean Paul für Jean Paul Richter) oder auf das Namensende vor (N. Lenau für N. F. Niembsch,

Edler von Strehlenau). Eigene Formen sind das ↑Anagramm und ↑Kryptogramm. – Wichtige Sonderformen sind das *Aristonym*, das eine gesellschaftliche Aufwertung des Verfassers vorgibt (Philander von Sittewald für J. M. Moscherosch), das *Hagionym*, das einen Heiligennamen als Pseudonym wählt (Angelus Silesius für J. Scheffler), das *Allonym*, bei dem der Name einer bekannten Persönlichkeit oder eines erfolgreichen Autors gewählt wird, das *Geonym*, bei dem der Deckname einen geographischen Hinweis enthält (Regiomontanus für Johannes Müller aus Königsberg in Unterfranken [aus der lateinischen Form des Stadtnamens]) und das *Phraseonym*, bei dem statt des Verfassernamens eine Redewendung steht (z. B. „Christlich Meynender" für den Herausgeber des Faustbuches von 1725). Grenzfälle des Pseudonyms sind (da wörtlich übersetzbar) die im Humanismus beliebten Latinisierungen und Gräzisierungen von Namen (z. B. Ph. Melanchthon für Ph. Schwarzerd[t], ferner die ↑literarische Fälschung. Es gibt Pseudonyme, die nur für eine bestimmte Phase oder für einzelne Werke benutzt werden (z. B. Loris für den jungen H. von Hofmannsthal) und solche, die völlig an die Stelle des eigenen Namens treten (z. B. Molière für J. B. Poquelin; Novalis für F. L. von Hardenberg). Manchmal bleiben die Träger des Pseudonyms auch unbekannt (z. B. Bonaventura [Verfasser eines bedeutenden Werkes des Romantik, der „Nachtwachen. Von Bonaventura", 1804] oder B. Traven). Pseudonyme spielen bis in die Gegenwart eine Rolle (z. B. Loriot für V. von Bülow). Heute sind Pseudonyme namensrechtlich geschützt. – Im Unterschied zu den pseudonymen Werken erscheinen die ↑anonymen ohne jede Verfasserangabe oder mit *Asteronym* (***) oder *Stigmonym* (...). – Der Entschlüsselung von Pseudonymen dienen die *Pseudonymenlexika*, z. B. E. Weller, „Lexicon pseudonymorum" (2. Auflage 1886, Nachdruck 1963); M. Holzmann und H. Bohatta, „Deutsches Pseudonymen-Lexikon" (1906, Nachdruck 1961).

psychologischer Roman: Romantyp, in dem weniger die äußere Handlung betont wird als vielmehr Vorgänge, die sich im Innern der dargestellten Personen abspielen. Der Autor ist v. a. an der Darstellung innerer Zusammenhänge und dem Aufdecken seelischer Regungen und Reaktionen interessiert. Häufig hat der psychologische Roman die Form des ↑Entwicklungsromans, in dem der Werdegang einer Persönlichkeit verfolgt und aufgezeigt wird. Die Entwicklung des psychologischen Romans begann mit J.-J. Rousseaus Briefroman „Lettres de deux amans ..." (1761, 1764 unter dem Titel „La nouvelle Héloïse", deutsch „Die neue Heloise oder Briefe zweier Liebenden", 1761–66) und der englischen Epik der ↑Empfindsamkeit. Bedeutende deutsche Beispiele vom Ende des 18. und Beginn des 19. Jahrhunderts sind „Die Leiden des jungen Werthers" (1774) und „Die Wahlverwandtschaften" (1809) von Goethe. In der Romantik wurde das Spektrum durch die Dimension des Unterbewußten erweitert. Die eigentliche Blüte brachte das Romanschaffen des ↑Realismus, zunächst in Frankreich (Stendhal, H. de Balzac), später auch in England (W. M. Thackeray) und Deutschland (O. Ludwig, „Zwischen Himmel und Erde", 1856; G. Keller, „Der grüne Heinrich", 1854/55, 2. Fassung 1879/80; C. F. Meyer). Seit der zweiten Hälfte des 19. Jahrhunderts gelangen immer subtilere Seelenanalysen, v. a. in den Romanen G. Flauberts („Madame Bovary", 1857, deutsch „Madame Bovary", 1892) und F. M. Dostojewskis („Prestuplenie i nakazanie", 1866, deutsch 1882 unter dem Titel „Raskolnikow", 1960 unter dem Titel „Schuld und Sühne"). Seit der Jahrhundertwende wurde v. a. unter dem Einfluß von S. Freuds Psychoanalyse eine bis dahin nicht gekannte Verfeinerung der psychologischen Charakterisierung und Seelendeutung erreicht, wobei neue Erzählformen (↑innerer Monolog, ↑Stream of consciousness) ausgebildet wurden. Hauptvertreter waren J. Joyce, A. Gide, M. Proust, R. Musil, F. Kafka, H. Broch, Th. Mann.

Pulcinella [pʊltʃiˈnɛla; italienisch]: aus dem neapolitanischen Volkstheater stammende komische Figur der ↑Commedia dell'arte: der schlaue Diener im weißen Kittel und weißer Hose mit vogelnasiger Halbmaske und kegelförmigem hohem Hut. Die Figur wurde seit dem 17. Jahrhundert in ganz Europa beliebt, besonders als zentrale ↑lustige Person des ↑Puppenspiels, in Frankreich als Polichinelle, in England als Punch, in Rußland als Petruschka.

Pulitzerpreise [ˈpʊlɪtsə; englisch]: von dem amerikanischen Journalisten und Verleger ungarischer Herkunft J. Pulitzer gestiftete Preise, die seit 1917 jährlich von der School of Journalism der Columbia University in New York für hervorragende Leistungen auf dem Gebiet des Journalismus (acht Preise), der Literatur (fünf Preise) und der Musik (ein Preis) verliehen werden.

Puppenspiel (Puppentheater, Figurentheater): Spiel mit Puppen oder anderen mechanisch bewegten Figuren auf einer fiktiven Bühne mit unterlegten menschlichen Stimmen, seltener von einem Kommentator begleitet (asiatisches Puppenspiel). Meist werden plastische Figuren verwendet (↑Handpuppenspiel, ↑Marionettentheater, Stabpuppen, ↑Stockpuppen), seltener Flachpuppen (z. B. Schattenspiel). Die Möglichkeit, das Publikum einzubeziehen (↑Kasperltheater) und zu aktivieren (Frage-Antwort usw.) und auf Aktuelles anzuspielen, machen das Puppenspiel besonders für pädagogische Zwecke geeignet: Es findet sich als Spielzeug für Kinder und ist heute integrierter Bestandteil der Vorschul- und Schulerziehung. Von Anfang an diente es aber auch zur Unterhaltung Erwachsener. Dabei tendiert es meist zu starker Vereinfachung der Stoffe, der Dialoge und Probleme (z. B. die Puppenspielfassung des Fauststoffes [↑Faustdichtung]). Im Laufe der Zeit wurde eine Fülle von feststehenden, meist lustigen Figuren ausgebildet, die v. a. aus der ↑Commedia dell'arte übernommen wurden und nationale Färbung erhielten, in Deutschland besonders der ↑Hanswurst oder der Kasperl, in Italien ↑Pulcinella usw.

Geschichte: Nachweise für bewegliche Puppen bei kultischen Feiern gibt es bereits aus dem alten Ägypten. In der griechischen Antike sind Puppenspiele bezeugt. Seit dem späten Mittelalter wurden sie im Abendland v. a. auf Jahrmärkten aufgeführt, aber auch in Bürgerhäusern und an Adelshöfen. Feste Puppentheater, die den eigentlichen Theatern oft Konkurrenz machten, entstanden in England schon seit dem Ende des 16. Jahrhunderts, in Frankreich im 17., in Deutschland erst zu Beginn des 19. Jahrhunderts (1802 Hänneschen-Theater in Köln). Die Romantiker, deren Interesse besonders der Volkskunst galt, beschäftigten sich theoretisch (A. Arnim, H. von Kleist) und schöpferisch mit dem Puppenspiel (L. Tieck, C. Brentano u. a. verfaßten Stücke ausdrücklich für das Puppenspiel). Um die Mitte des 19. Jahrhunderts versuchte F. Graf Pocci das Puppenspiel für pädagogische Zwecke zu erneuern; grundlegende Bestrebungen hierzu setzten allerdings erst um 1910 ein, als – z. T. angeregt durch das hohe künstlerische Niveau des asiatischen Puppenspiels – bildende Künstler (z. B. P. Klee und W. Kandinsky) und Bühnenbildner (u. a. A. Appia, E. G. Craig) eigenständige Figuren und Bühnenformen entwickelten. Bedeutende Puppentheater entstanden u. a. in München, Salzburg und Wien, aber auch in der Tschechoslowakei, wo sie seit der Jahrhundertwende eine wichtige politische Funktion haben (am bekanntesten sind die Figuren des Spejbl und Hurvínek von J. Skupa). Auch nach 1945 wurden die Versuche um das Puppenspiel fortgesetzt, besonders hinsichtlich Stilisierungstendenzen, neuer Formen und Materialien. Seit 1949 besteht in Bochum das „Deutsche Institut für Puppenspiel". Das neue Medium Fernsehen erweiterte die technischen Möglichkeiten und erschloß ein neues Publikum. Neue Formen wurden v. a. durch das Fernsehen populär gemacht, z. B. die aus den USA stammende „Muppets-Show".

Purịsmus [von lateinisch purus „rein"]: Bezeichnung für die Bestrebungen, eine Nationalsprache von fremden Einflüssen „rein" zu erhalten, besonders Fremdwörter oder fremde Wortformen und Sprachweisen zu bekämpfen. Der Purismus ist oft eine Gegenbewegung gegen modische Überfremdungen einer Sprache, z. B. die puristischen Bestrebungen seit dem 16. Jahrhundert in Italien (↑Accademia della Crusca), in Frankreich (↑Académie française) und auch in Deutschland, wo die ↑Sprachgesellschaften sich um die Reinerhaltung der deutschen Sprache bemühten, v. a. durch Verdeutschungsvorschläge. Seit dem 17. Jahrhundert wurde in der Alamode-Gegenbewegung (↑Alamodeliteratur) die Befreiung von der französischen Überfremdung gefordert. Im 19. Jahrhundert wurden solche Bestrebungen meist im Rahmen des nationalen Gedankens wieder aufgegriffen. V. a. nach der Gründung des Deutschen Reiches (1871) erfolgte eine Welle von Eindeutschungen, z. T. in der Form amtlicher Sprachregelung (seit 1874 Verdeutschung von über 700 Fremdwörtern im Bereich des Postwesens). 1885 wurde der Allgemeine Deutsche Sprachverein gegründet, der sich in besonderer Weise für die Pflege und Reinerhaltung der deutschen Sprache einsetzte. – Unstreitig hat der Purismus Verdienste um die Reinerhaltung und damit um den ursprünglichen Bestand einer Volkssprache. Andererseits neigt er häufig in seinem Kampf gegen Fremdwörter zu Übertreibungen. Schon die Puristen des 17. Jahrhunderts wurden von den Zeitgenossen, oft mit Recht, belächelt. Radikale Puristen übersehen meist ein linguistisches Grundgesetz, daß nämlich Fremdwörter in einer Volkssprache wichtige Funktionen haben: „Präzisierung, Bedeutungsdifferenzierungen, Internationalisierung, Terminologisierung, aber auch Ironie, Wohlklang, Zeitmode, Arroganz, Ablenkung, Tarnung oder Täuschung." (P. von Polenz, „Geschichte der deutschen Sprache", 1970, 9. Auflage 1978). Es hat eine tiefere Bedeutung, wenn sich Schriftsteller wie Th. Fontane und G. Freytag gegen die Aktivitäten des Allgemeinen Deutschen Sprachvereins heftig zur Wehr setzten, v. a. hinsichtlich der Fremdwortfrage, weil sie sich ihre dichterische Freiheit nicht rauben lassen wollten.

Quadri̱vium [lateinisch „Ort, an dem vier Wege zusammentreffen, Kreuzweg"]: Teilbereich der ↑Artes liberales.

Qualitä̱t [von lateinisch qualitas „Beschaffenheit, Eigenschaft"]: die (im Unterschied zur Quantität schwieriger meßbare) Klangfarbe eines Lautes, z. B bei offenen und geschlossenen Vokalen.

Quantitä̱t [von lateinisch quantitas „Größe, Menge, Zahl"]: Bezeichnung der Silbenlänge bzw. -dauer in der antiken Metrik, in der die Länge und Kürze einer Silbe nicht nach Betonung, sondern nach dem Umfang der Sprachsilben (nicht der Vokale) gemessen wurde. Unter den langen Silben gibt es naturlange (langer Vokal) und positionslange (auf kurzen Vokal folgen ein oder mehrere Konsonanten). – ↑auch Prosodie.

quantitierende Dichtung: versgebundene Dichtung, deren Metrik auf dem quantitierenden Versprinzip beruht, d. h., der geregelten Abfolge kurzer und langer Silben gemäß den antiken Vorstellungen von ↑Quantität. Quantitierende Dichtung waren v. a. die griechische und lateinische Dichtung der Antike sowie in deren Nachfolge die lateinische Gelehrtendichtung des Mittelalters und der frühen Neuzeit. In spätantiker Zeit (3./4. Jahrhundert) setzte sich im Griechischen wie im Lateinischen ein starker dynamischer Akzent durch, unter dessen Einfluß die Bedeutung des quantitierenden Prinzips immer mehr schwand. Seit dieser Zeit finden sich neben den nach wie vor quantitierend gebauten Versen der Gelehrtenpoesie v. a. im kirchlichen Bereich und in der Vaganten- und Volksdichtung neue, akzentuierend-silbenzählend gebaute Verse. – ↑auch akzentuierende Dichtung, ↑alternierende Dichtung.

Quart [von lateinisch quartus „der vierte"] ↑Buchformat.

Quartett [italienisch quartetto, von lateinisch quartus „der vierte"]: jede der beiden vierzeiligen Strophen, die das ↑Sonett einleiten. Auf die beiden Quartette folgen die ↑Terzette.

Quelle: in der Literaturwissenschaft die stoffliche Basis eines literarischen Werkes, der ein Autor den Geschehnisablauf, die Figuren- und Motivkonstellationen entnimmt, die er dann nach eigenen Vorstellungen schöpferisch verarbeitet. Man unterscheidet schriftliche Vorlagen (z. B. ältere literarische Bearbeitungen desselben Stoffes, historische oder biographische Schriften, Tagebücher usw.) und mündliche Überlieferungen wie Sagen, volkstümliches Erzählgut usw. Auch Bilder (z. B. Gemälde) können Anregungen geben. Die Quelle wird gelegentlich vom Autor angegeben (z. B. die Quellenberufungen in mittelhochdeutschen Epen), sie ist manchmal auch fingiert, z. B. um ein Werk durch eine Autorität abzusichern oder aufzuwerten. Die Quellenforschung untersucht das Verhältnis eines Werkes zu seiner stofflichen Vorlage und deutet durch Vergleich von Quelle und dichterischem Ergebnis die Eigenart des dichterischen Schaffensprozesses.

R

Rahmenerzählung: Erzählform, bei der eine oder mehrere Erzählungen (Binnenerzählungen) in eine umrahmende Erzählung eingebettet sind, meist in der Form, daß die Erzählsituation des Rahmens Anlaß für die Binnenerzählung ist. Man unterscheidet 1. die gerahmte Einzelerzählung, deren Rahmen oft als fingierte Quelle (Chronik, Tagebuch, Bericht) Authentizität vortäuschen soll (z. B. Th. Storm, „Aquis submersus", 1876; „Der Schimmelreiter", 1888, hier sogar mit zweifacher Rahmung); 2. die zyklische Rahmenerzählung, in der mehrere thematisch mehr oder weniger zusammengehörende Einzelerzählungen zu einer Einheit zusammengefaßt sind. Bekanntestes orientalisches Beispiel ist die Märchensammlung „Alf Laila wa Laila" (entstanden seit dem 8. Jahrhundert, endgültige Form vermutlich im 16. Jahrhundert, deutsch 1823, 1838–41 unter dem Titel „Tausendundeine Nacht"). Eine der bedeutendsten zyklischen Rahmenerzählungen der abendländischen Literatur ist „Il Decamerone" (entstanden 1348 bis 1353, deutsch 1472/73, 1843 unter dem Titel „Das Dekameron") von G. Boccaccio, ein Zyklus von 100 Novellen, der durch eine Rahmenhandlung zusammengehalten wird: Eine Gruppe junger adliger Damen und Herren flieht vor der Pest aus Florenz aufs Land. Um sich die Zeit zu vertreiben, erzählen sie sich zehn Tage lang Geschichten. Die erste zyklische Rahmenerzählung der deutschen Literatur schuf Goethe mit seinen „Unterhaltungen deutscher Ausgewanderten" (1795). Weitere Beispiele: L. Tieck, „Phantasus" (1812–16), W. Hauffs Märchenzyklen, E. T. A. Hoffmann, „Die Serapionsbrüder" (1819–21), G. Keller, „Züricher Novellen" (1878).

Rätsel: Denkaufgabe, meist bildhaft-konkrete Umschreibung eines Gegenstandes, eines Sachverhaltes, einer Person u. a., die es zu erraten gilt. Das Rätsel ist eine frühe Form literarischer Gestaltung. Als ↑einfache Form gehört es in fast allen Kulturkreisen zu den ältesten Volksdichtungen. Nicht selten ist es Bestandteil von Sage und Mythos. Der Ursprung des Rätsels liegt im Orient. Zu den ältesten überlieferten Rätseln zählen die Sanskriträtsel des „Rigweda" (vermutlich um 1000 v. Chr. abgeschlossen), des ältesten indischen Literaturdenkmals, die die abendländische Rätselüberlieferung stark beeinflußten. Weitere frühe Zeugnisse für Rätselspiele und -dichtungen gab es bei den Arabern, in der hebräischen und griechischen Literatur. Die Rätselsammlung des Römers Symphosius (4./5. Jahrhundert) mit Themen aus dem Alltagsleben beeinflußte die mittelalterliche Tradition bis zu den Humanisten (Zusammenfassung der humanistischen Rätseldichtung in der „Aenigmatographia" von N. Reusner, 1599). Die deutschsprachige Tradition setzte mit den Rätseln mittelhochdeutscher Spruchdichter (Reinmar von Zweter) ein und wurde von den Meistersingern fortgeführt. Der Buchdruck ermöglichte die rasche Verbreitung billiger Rätselhefte (z. B. das um 1500 erschienene „Straßburger Rätselbuch" mit 336 Rätseln und Scherzfragen aus den verschiedensten Bereichen des Alltags). Die Romantik entdeckte die Volksrätsel und sammelte sie (J. G. Herder, J. von Görres). In der Folgezeit wurden in aller Welt Rätsel aus mündlicher Überlieferung aufgezeichnet, die sich meist mit Objekten und Gegebenheiten der Umwelt befassen. Das Rätsel als literarische Kunstform, das im 18. und frühen 19. Jahrhundert eine Blüte erlebte (Schiller, „Parabeln und Rätsel"; C. Brentano, J. P. Hebel, W. Hauff, A. Schopenhauer) ist stilistisch ausgeformter und inhaltlich abstrakter. Die Formen reichen von der einfachen Frage in Prosaform bis zur mehrzeiligen Strophe.

Raubdruck: widerrechtlicher Nachdruck von literarischen oder wissenschaftlichen Werken, für die keine Verlagsrechte erworben wurden und die deshalb erheblich preisgünstiger angeboten werden können.

Räuberballade: Typ der Volksballade (↑Ballade), in der der „edle Räuber" besungen wird. Frühe Beispiele sind die zahlreichen englischen Volksballaden aus dem 14./15. Jahrhundert, die sich mit dem abenteuerlichen Leben Robin Hoods befaßten, der mit einer Schar von Getreuen im Wald von Sherwood lebte, reiche Adlige und Kleriker beraubte und Arme beschenkte.

Räuberroman: Romantypus, dessen Zentralfigur der „edle Räuber" ist, der sich mit seinen Verbrechen wohl außerhalb der geltenden Gesetze stellt und oft als Verbrecher endet, der aber auch als Helfer und Beschützer der Rechtlosen und Armen auftritt. Früheste Ausprägung des Themas waren die Überlieferungen um Robin Hood (↑auch Räuberballade). Eine neue Komponente erhielt das Thema im 18. Jahrhundert im Zusammenhang mit der bürgerlichen Auflehnung gegen das absolutistische Staats- und Gesellschaftsgefüge. Protesthaltung des Sturm und Drang, Freiheitspathos und die Auffassung vom edlen Wilden (nach J.-J. Rousseau) prägten das Bild des „edlen Räubers". Sie fanden ihren adäquaten Ausdruck in F. Schillers Schauspiel „Die Räuber" (1781), das zum Vorbild auch für den neueren Räuberroman wurde. Dieser

Romantypus wird durch zwei Grundrichtungen gekennzeichnet: einerseits die künstlerisch anspruchsvolle Erzählung, die sich um psychologische Vertiefung, Sozial- und Zeitkritik bemüht, und andererseits die Erzählung, die von Anfang an auf massenhafte Verbreitung ausgerichtet ist. Zur ersteren gehören u. a. F. Schillers Erzählung „Der Verbrecher aus verlorener Ehre" (1786), H. von Kleists Erzählung „Michael Kohlhaas" (1810) und H. Kurz' Roman „Der Sonnenwirt" (1854). Wichtige Beispiele und Vorbilder für die triviale Richtung sind „Rinaldo Rinaldini, der Räuberhauptmann" (1798) von Goethes Schwager Ch. A. Vulpius und „Der Domschütz und seine Gesellen" (1803) von K. G. Cramer. Auch formal gaben diese Romane ein Muster ab, das bis heute in der trivialen Literatur vorherrscht und bei dem die Erzählstruktur gekennzeichnet ist durch starke Kontraste, durch häufigen Wechsel von Aktion (meist Kampfszenen) und emotionalen Ruhepunkten (Liebesidyllen, Naturbilder). Dadurch ergeben sich enge Berührungspunkte mit dem ↑Abenteuerroman, durch Rückgriff auf die Geschichte Überschneidungen mit dem ↑Ritterroman, im 20. Jahrhundert auch mit dem ↑Kriminalroman.

Räubersagen: Sagentyp, in dem Räuber die zentralen Gestalten sind, entweder als „edle Räuber" (↑auch Räuberroman) wie Robin Hood in England, Fra Diavolo in Italien, K. Störtebeker und Schinderhannes in Deutschland, oder als Verbrecher, die ihre gerechte Strafe finden (Pape Döne in Holstein u. a.).

Realenzyklopädie: ↑Enzyklopädie in lexikalischer Form.

Realismus [mittellateinisch]: zunächst ein Begriff der Philosophie, dann – an ihr orientiert – der Literatur- und Kunstwissenschaft sowie -geschichte und anderer Wissenschaftsbereiche. Realismus bedeutet allgemein eine an der mit den Sinnen erfahrbaren Wirklichkeit orientierte Geisteshaltung im Gegensatz zu der des ↑Idealismus. In der Literatur wird Realismus als Stilmerkmal und als Periodenbegriff gebraucht. Realismus als *Stilmerkmal* bezeichnet eine Einstellung, die die wirklichkeitsgetreue Darstellung der gegebenen Tatsachen und Verhältnisse zum Ziel hat im Gegensatz zu einer Darstellungsweise, die die Gegenstände entweder idealisierend verklärt oder von vornherein irrationale Themen wählt. In diesem Sinn spricht man von einem Realismus der spätattischen Tragödie (Euripides) und Komödie (Aristophanes) und von einem spätrömischen Realismus (G. Petronius), besonders aber von einem Realismus des Spätmittelalters, der gattungsgebunden ist und sich am deutlichsten in den ↑Schwänken, ↑Fabliaux, ↑Novellen (G. Boccaccio), ↑Fazetien (G. F. Poggio Bracciolini), ↑Satiren (F. Rabelais, S. Brant) zeigt. Als realistisch gilt v. a. die epische Literatur des 17. Jahrhunderts, die detailgetreue Schilderungen des Alltagslebens der mittleren und niederen Stände enthält (J. J. Ch. von Grimmelshausen, J. Beer, Ch. Reuter). Im 18. Jahrhundert beschrieben H. Fielding und S. Richardson „Innerlichkeitsrealität". Schiller erörterte die Weltanschauungen des Realismus und Idealismus in bezug auf die Literatur („Über naive und sentimentalische Dichtung", 1795/96) und verwendete „Realismus" bereits als stilistischen Begriff. In Abgrenzungen zum „bürgerlichen Realismus" des 19. Jahrhunderts entwickelte sich im 20. Jahrhundert der „kritische Realismus" (A. Döblin. L. Feuchtwanger, E. Hemingway, H. Mann) und der ↑sozialistische Realismus.

Als *Periodenbegriff* bezeichnet Realismus für nahezu alle europäischen Literaturen die Zeit zwischen 1830 und 1880, und zwar die Epoche zwischen dem Ende des spätromantischen Idealismus und der Radikalisierung der Kunstauffassungen, die dann in den ↑Naturalismus mündeten. Zugrunde liegt dem Realismus ein gegenüber der klassisch-humanistischen und romantischen Weltsicht völlig verändertes Verständnis von Wirklichkeit und damit von den Aufgaben der Kunst: Kunst soll ein wahres Bild des menschlichen

Lebens bieten, das auf genauer Beobachtung und exakter Analyse der Lebensformen aufbaut. Formale Kennzeichen sind Beschreibungen mit realistischer Genauigkeit, exakte Milieuschilderungen und Charakteristiken der Personen. – Grundlegend in Theorie und Praxis war der französische Realismus, der durch eine stark sozialkritische und antibürgerliche Haltung gekennzeichnet war. Hauptvertreter waren neben G. Flaubert („Madame Bovary", Roman, 1857, deutsch „Madame Bovary", 1892), Stendhal („Le rouge et le noir", Roman, 1830, deutsch „Rot und Schwarz", 1901), H. de Balzac (Romanzyklus „La comédie humaine", 1829–54, deutsch „Die menschliche Komödie", 1923–26) und die Brüder E. und J. de Goncourt. Einflußreich für die Festlegung des Stil- und Epochenbegriffs war J. Champfleury mit seinen Aufsätzen unter dem Titel „Le réalisme" (1857). Er erhielt seinerseits wesentliche Anregungen von der programmatischen Ausstellung „Le réalisme" (1855) des Malers G. Courbet. – Im Bereich der deutschen Literatur befaßten sich zwar schon früh einige Vorläufer wie G. Büchner („Woyzeck", Drama, entstanden 1836, herausgegeben 1870), Ch. D. Grabbe, K. L. Immermann, A. von Droste-Hülshoff („Die Judenbuche", Novelle, 1842) und Dichter des Vormärz wie H. Heine (der sich nach einer frühen romantischen Phase konsequent einer realistischen Grundhaltung zuwendete), K. Gutzkow u. a. mit realistischen Themen und Formen. Doch erst nach der Revolution von 1848 wurde der Realismus zur bestimmenden Stilrichtung. Für die deutsche Variante des Realismus wurde von O. Ludwig der Begriff „poetischer Realismus" geprägt. Er unterschied sich vom französischen Realismus wesentlich durch die viel schwächere Ausprägung der gesellschaftskritischen Haltung, durch eine – bei aller Exaktheit der Darstellung – „poetische" Verklärung der Wirklichkeit, in der extreme Seiten der Realität, wie das Häßliche, weitgehend ausgeklammert wurden, und durch die Subjektivität der Erzählperspektive. Die Erzählweise war häufig von distanzierendem Humor geprägt. Obwohl der „poetische Realismus" bedeutende Romane hervorbrachte (G. Keller, „Der grüne Heinrich", 1854/55, 2. Fassung 1879/80; A. Stifter, „Der Nachsommer", 1857) überwogen die kleineren Erzählformen, v. a. die Novelle. Zu den bedeutendsten Novellisten gehörten A. Stifter („Bunte Steine", 1853), G. Keller („Die Leute von Seldwyla", 1856–74), C. F. Meyer („Die Versuchung des Pescara", 1887) und Th. Storm („Der Schimmelreiter", 1888). Für die Romane Th. Fontanes („Effi Briest", 1895) und Th. Manns wurde die Bezeichnung „bürgerlicher Realismus" geprägt; in mancher Hinsicht wird Fontane jedoch auch schon zum Naturalismus gerechnet. In der Dramatik stand Ch. F. Hebbel im Mittelpunkt; v. a. mit seinen bürgerlichen Stücken („Maria Magdalene", 1844) reihte er sich in die Gesamtbewegung ein. Als Lyriker ragten Th. Storm und C. F. Meyer heraus. – Daß der Realismus eine übernationale Erscheinung war, belegen die Werke des englischen Realismus (Ch. Dickens, W. M. Thackeray), die sich durch Humor und eine sozialkritische, auf Mitleid abzielende Haltung auszeichnen, die sozialutopisch engagierten Werke des russischen Realismus (I. S. Turgenjew, F. M. Dostojewski, L. N. Tolstoi, letztere jedoch schon im Grenzbereich zum Naturalismus) sowie die dem sogenannten „symbolischen Realismus" zugeordneten Dichtungen der amerikanischen Literatur des 19. Jahrhunderts (H. Melville, N. Hawthorne).

Rebus [französisch rébus (de Picardie), von lateinisch (de) rebus (quae geruntur) „(von) Sachen (die sich ereignen)"]; Bezeichnung für Figuren- oder ↑ Bilderrätsel, v. a. für solche, bei denen Zeichen, Zahlen, Buchstaben, Silben oder Wörter so angeordnet und kombiniert werden, daß die Wiedergabe ihrer Laute und die sprachliche Umsetzung ihrer Anordnung eine sinnvolle Aussage ergibt, z. B. 2g = Zweige.

Redaktion [französisch rédaction,

von lateinisch redigere „in Ordnung bringen"]: 1. Gesamtheit der journalistischen Mitarbeiter einer Zeitung oder Zeitschrift, einer Rundfunk- oder Fernsehhauptabteilung (auch eines Verlages), die das Material für die Aussagen der jeweiligen Medien beschafft und bearbeitet und die Ereignisse im Rahmen gegebener (z.T. verlegerischer) Richtlinien kommentiert; 2. Tätigkeit des Redakteurs (das Redigieren): die Vorbereitung des Textes oder der Bilder für Druck oder Sendung; 3. Gesamtheit der Arbeitsräume der Redaktion.
Begriff der altphilologischen und mediävistischen ↑Textkritik für unterschiedliche handschriftlich überlieferte Textfassungen, die auf Grund eigenständiger Lesarten nicht ohne Schwierigkeit auf einen gemeinsamen Grundtext zurückgeführt werden können.

Rede: 1. zum mündlichen Vortrag bestimmter didaktischer, je nach Situation und Zweck meist stilistisch ausgearbeiteter Gebrauchstext überredenden (bzw. überzeugenden) Charakters. Im gesellschaftlichen und politischen Bereich sind von großer Bedeutung die politische Rede, die Gerichtsrede, die Preisrede oder Laudatio, die Fest-, Grab- und Gedenkrede, die Kanzelrede oder ↑Predigt (↑auch Rhetorik). – 2. mittelhochdeutsche Bezeichnung für kürzere lehrhafte Reimpaardichtung, die besonders im Spätmittelalter verbreitet war *(Reimrede)*. – 3. in der Sprachwissenschaft die Wiedergabeform einer Aussage bzw. Äußerung, und zwar als ↑direkte Rede, ↑indirekte Rede, ↑erlebte Rede.

Redefiguren ↑rhetorische Figuren.

Redekunst ↑Rhetorik.

Rederijkerbühne ↑Bühne.

Rederijkers ['re'dərɛikərs; niederländisch; volksetymologische Umbildung von französisch rhétoriqueurs („Redner, Dichter")]: in städtischen Vereinen (Rederijkerskamers) organisierte Dichter und Literaturliebhaber des niederländischen Sprachraums im 15. und 16. Jahrhundert (vereinzelt auch noch später), die v. a. Lyrik und Drama pflegten. Neben Mysterienspielen und biblischen Dramen führten sie auch Komödien und v. a. die von ihnen verfaßten Moralitäten (↑Zinnespelen) auf, z. B. „Elckerlyc" von P. Dorlandus. Hauptform ihrer Lyrik war der Refrain („referein"), ein strophisches Gedicht mit einem sich wiederholenden Endvers („stock"). Bedeutendste Refraindichter waren A. de Roovere und A. Bijns. Die Sprache der Rederijkers wirkte gekünstelt und war mit Fremdwörtern durchsetzt. Im 16. Jahrhundert wurde von den Rederijkers reformatorisches Gedankengut verbreitet.

reduzierter Text: Bezeichnung für einen experimentellen, auf syntaktisch ungebundene Wortfolgen, auf ein Wort oder auf eine Buchstabenfolge verkürzten, doch zumeist visuell bewußt gestalteten Text v.a. aus dem Bereich der ↑konkreten Dichtung, z. B. für den folgenden Text von E. Gomringer (aus „worte sind schatten. Die Konstellationen 1951–1968", 1969):

„baum
baum kind
kind
kind hund
hund
hund haus
haus
haus baum
baum kind hund haus."

Referat [von lateinisch referre „zurückführen, beurteilen, mitteilen, berichten"]: mündliche oder schriftliche Berichterstattung über ein Fachgebiet, über neue wissenschaftliche Ergebnisse usw. durch einen Referenten ohne persönliche, wertende Stellungnahme.

Refrain [rəˈfrɛ̃ː; französisch, von lateinisch refringere „brechend zurückwerfen"] (Kehrreim): in strophischer Dichtung regelmäßig wiederkehrende Laut- oder Wortgruppe. Der Umfang reicht von einem Wort bis zu mehreren Versen, manchmal bis zu einer ganzen Strophe. Der Refrain steht meist am Strophenende, begegnet aber auch als Anfangs- und Binnenrefrain. Weitverbreitet ist er in den Volksliedern (Kinder-, Tanzlieder) vieler Völker, findet sich aber seit der Antike auch in der Kunstlyrik sowie heute in Schlager und Chanson. In Goethes Gedicht „Nachtgesang" wird der Binnen- und Endkehrreim verwendet:

„O gib, vom weichen Pfühle
Träumend, ein halb Gehör!
Bei meinem Saitenspiele
Schlafe! was willst du mehr?
Bei meinem Saitenspiele
Segnet der Sterne Heer
Die ewigen Gefühle;
Schlafe! was willst du mehr? ..."

Regie [re'ʒiː; französisch régie „Leitung", von lateinisch regere „herrschen"]: Bezeichnung für die Spieleinrichtung, -einstudierung und -leitung in Schauspiel, Oper, Film, Fernsehen und Hörspiel. Der Aufgabenbereich eines *Regisseurs* umfaßt 1. die Werkdeutung (Interpretation) in Zusammenarbeit mit dem Dramaturgen, 2. die Arbeit mit den Schauspielern, 3. die Wahl des Bühnenbildes, der Kostüme, Requisiten usw. (zusammen mit dem Bühnenbildner), 4. den Einsatz der Technik (Licht, Geräusche, Musik usw.), 5. die Zusammenarbeit mit Chorleiter und Dirigenten (bei Opern), 6. die Gestaltung der einzelnen Szenen von den Proben bis zur Premiere und die Überwachung der Aufführung während der Spielzeit. – Ausschlaggebend für die Regie ist die Werkvorstellung des Regisseurs: Seine Möglichkeiten reichen von der einfachen Wiedergabe der Spielvorlage des Autors bis zur eigenen phantasievollen Neuinterpretation eines Werkes nach bestimmten sozialen, ästhetischen oder ideologischen Gesichtspunkten *(Regietheater)*. – In der antiken Tragödie wurde von den Choregen Regie geführt, später von Geistlichen (Mysterienspiele des Mittelalters), Theaterdirektoren, Lehrern, häufig auch von prominenten Schauspielern, aber auch von Autoren selbst (P. Calderón de la Barca, W. Shakespeare, Molière, J. N. Nestroy, R. Wagner, B. Brecht, F. Dürrenmatt u. a.). Mit der Gründung fester Theater wurde die Regie immer mehr zu einer eigenen Gestaltungsinstanz (z. B. durch Goethe in Weimar, K. L. Immermann in Berlin). Seit 1900 bildet sich die Eigenständigkeit der Regie gegenüber den anderen Theaterfunktionen immer stärker heraus, auch wenn Regisseure (z. B. J. Grotowski, G. Strehler, P. Palitzsch, P. Stein) heute die Schauspieler häufig als gleichberechtigte Mitglieder eines die Inszenierungen gemeinsam mit dem Regisseur erarbeitenden Teams ansehen.

reicher Reim ↑Reim.

Reihung: die gehäufte Aneinanderreihung von mehr als zwei Begriffen oder Aussagen, wobei die einzelnen Glieder ihre Selbständigkeit verlieren und nur die Funktion haben, aus einer Vielzahl von Einzeleindrücken einen Gesamteindruck zu bilden, z. B.: „Trommelfeuer, Sperrfeuer, Gardinenfeuer, Minen, Gas, Tanks, Maschinengewehre, Handgranaten – Worte, Worte, aber sie umfassen das Grauen der Welt. Wir löffeln die Nahrung in uns hinein, wir laufen, wir werfen, wir schießen, wir töten, wir liegen herum, wir sind schwach und stumpf, und nur das hält uns, daß noch Schwächere, noch Stumpfere, noch Hilflosere da sind ..." (E. M. Remarque, „Im Westen nichts Neues", Roman, 1929). Der Text weist eine asyndetische Reihung auf, bei der die einzelnen Glieder unverbunden bleiben. Bei der syndetischen Reihung werden sie durch Bindewörter verknüpft. – ↑auch Akkumulation, ↑Asyndeton, ↑Parataxe, ↑Polysyndeton.

Reim [mittelhochdeutsch rīm „Reim, Verszeile, Verspaar", von altfranzösisch rime „Reim", das seinerseits aus dem Germanischen stammt (aus einer altfränkischen Entsprechung von althochdeutsch rīm „Reihe, Reihenfolge, Zahl")]: die ursprüngliche Bedeutung „Vers" hat sich u. a. noch erhalten in „Kinderreim" und „Kehrreim". Erst seit dem 17. Jahrhundert wird der Begriff in der heutigen Bedeutung verwendet: Gleichklang zweier oder mehrerer Wörter vom letzten betonten Vokal an (z. B. singen: klingen). Als Versprinzip ist der Reim ausdrucksstarkes Mittel zur inneren Verbindung von Versen zu Klang- und Sinneinheiten, zur melodischen Gliederung der Strophen, darüber hinaus kann er Schmuckfunktion haben oder Symbolträger sein.

Einteilung der wichtigsten Reimarten. I. Einteilung nach den *Reimformen* (Art und Zahl der gebundenen Silben). Man unterscheidet:
1. nach der Qualität, der Art des Reims: *reiner Reim* (Vollreim): vollständige lautliche Übereinstimmung zweier Wörter in Vokalen und Konsonanten vom letzten betonten Vokal an (mein: dein; Bäume : Träume); *Assonanz:* lautliche Übereinstimmung lediglich der Vokale der Reimsilbe[n]:
„Ritterspiel und frohe Tafel
Wechseln unter lautem *Jubel;*
Rauschend schnell entfliehn die Stunden,
Bis die Nacht herabge*sunken.*"
(H. Heine, Gedicht „Don Ramiro"); *unreiner Reim* (ungenauer Reim, Halbreim): Reimverbindung mit nur annähernder Gleichheit der Konsonanten (Haus : schaust) und besonders der Vokale (kühn : hin; fließen : grüßen). Unreine Reime finden sich auch bei den bedeutendsten Lyrikern verhältnismäßig häufig:
„Uralte Wasser *steigen*
Verjüngt um deine Hüften, Kind!
Vor deiner Gottheit *beugen*
Sich Könige, die deine Wärter sind."
(E. Mörike, Gedicht „Gesang Weylas"). Manchmal sind unreine Reime auch mundartlich bedingt und können durch mundartliche Aussprache wieder ausgeglichen werden:
„Wie Himmelskräfte auf und nieder steigen
Und sich die goldnen Eimer reichen."
„Ach neige, Du Schmerzensreiche ..."
(beides Goethe, „Faust I", 1808).
2. nach der Quantität, der Länge des Reims: *männlicher Reim:* einsilbig, auf einer Hebung endend (Tor : Ohr); *weiblicher Reim:* zweisilbig mit Betonung auf der vorletzten Silbe (sagen: klagen); verschiedene Formen des *erweiterten,* d. h. aus zwei oder mehr Silben bestehenden Reims, sind: *gleitender Reim:* Reim auf dreisilbige Wörter (z. B. schallende: wallende), häufig in Goethes „Faust":
„Das leicht Errungene,
Das widert mir,
Nur das Erzwungene
Ergetzt mich schier."
(„Faust II", 1832);
Doppelreim: Reimbindung aus zwei aufeinanderfolgenden, selbständig reimenden Wortpaaren:
„Nun wird dir das Meer nicht mehr bitter sein,
Auf stiller und wilder Flut
Wirst du der seligste Ritter sein."
(C. Brentano, „Märchen vom Schulmeister Klopfstock", 1814);
reicher Reim: erweiterter Reim, in dem die Silben- oder Wortgruppe bei der Wiederholung leicht verändert wird:
„Wenn steigend sich der Wasserstrahl entfaltet,
Allspielende, wie froh erkenn ich dich;
Wenn Wolke sich gestaltend umgestaltet,
Allmannigfaltge, dort erkenn ich dich."
(Goethe, „West-östlicher Divan", Gedichtzyklus, 1819);
rührender Reim: Gleichklang auch des Konsonanten vor der betonten Reimsilbe bei bedeutungsverschiedenen Wörtern (Graben : Raben). Der rührende Reim war in der mittelhochdeutschen Dichtung häufig, seit M. Opitz gilt er im Deutschen als Formfehler. Im Französischen ist er als „rime riche" gesucht; *gespaltener Reim:* Reim, in dem eines der Reimwörter, meist das zweite, aus zwei Wörtern besteht:
„... wie ein Blumenstrauß,
... sehn die Wolken aus."
(M. Dauthendey, Gedicht „Drinnen im Strauß").
Nicht selten wird diese Reimform zur Erzielung komischer Effekte oder in satirischer Absicht verwendet:
„Das ist so ritterlich und mahnt
An der Vorzeit holde Romantik ...
An den Freiherrn Fouqué, Uhland, Tieck."
(H. Heine, „Deutschland. Ein Wintermärchen", Versepos, 1844).
3. nach grammatikalischen Aspekten: *Haupttonreim; Endsilbenreim; grammatischer Reim:* er entsteht durch die Verwendung verschiedener Beugungsformen eines Wortes.
II. Einteilung nach der *Reimstellung:*

Man unterscheidet:
1. Reime am Versende:
a) *Paarreim* (Schema: aa bb cc):
„Sie hielt den Becher in der Hand,
Ihr Kinn und Mund glich seinem Rand."
(H. von Hofmannsthal, Gedicht „Die Beiden");
eine Sonderform ist die *Reimhäufung* (z. B. aaaa bbbb usw.):
„Augen, meine lieben Fensterlein
Gebt mir schon so lange holden Schein,
Lasset freundlich Bild um Bild herein,
Einmal werdet ihr verdunkelt sein."
(G. Keller, „Abendlied");
b) *Kreuzreim* (gekreuzter Reim, Wechselreim) (abab):
„Schläft ein Lied in allen Dingen,
Die da träumen fort und fort.
Und die Welt hebt an zu singen,
triffst du nur das Zauberwort."
(J. von Eichendorff, Gedicht „Wünschelrute");
c) *umarmender Reim* (umschließender Reim) (abba):
„Laß, o Welt, o laß mich sein!
Locket nicht mit Liebesgaben,
Laßt dies Herz alleine haben
Seine Wonne, seine Pein."
(E. Mörike, Gedicht „Verborgenheit");
d) *Schweifreim* (aab ccb), häufig im Volkslied und in verwandten Gedichtformen:
„Nun ruhen alle Wälder,
Vieh, Menschen, Städt und Felder,
Es schläfft die gantze Welt;
Ihr aber meine Sinnen
Auf, auf ihr solt beginnen
Was eurem Schöpffer wol gefällt."
(P. Gerhardt, „Abend-Lied").
2. Reime am Versanfang:
Anfangsreim: seltener Reim der ersten Wörter zweier aufeinanderfolgender Verse:
„Krieg! ist das Losungswort.
Sieg! und so klingt es fort."
(Goethe, „Faust II", 1832);
3. Reime im Versinnern:
a) *Schlagreim:* Reim zweier im Vers aufeinanderfolgender Wörter: „Quellende, schwellende Nacht ..." (Ch. F. Hebbel, „Nachtlied");
b) *Binnenreim:* allgemein ein Reim innerhalb eines Verses, auch für Reime gebraucht, bei denen nur ein Reimwort im Versinnern steht:
„Denn beide bebten sie so sehr,
Daß keine *Hand* die andre *fand* ..."
(H. von Hofmannsthal, Gedicht „Die Beiden").
Besondere Formen des Binnenreims sind: *Zäsurreim:* Reimbindung des ersten durch die ↑Zäsur entstandenen Versabschnittes mit dem Versende:
„Bei stiller Nacht | zur ersten Wacht"
(F. Spee von Langenfeld);
Mittenreim: Reim des Versendes mit einem Wort im Innern der folgenden oder vorangehenden Verszeile:
„Ist einer, der nimmt alle in die *Hand*,
daß sie wie *Sand* durch seine Finger rinnen".
(R. M. Rilke, Gedicht „Strophen");
Mittelreim: Reimbindung zweier Wörter im Innern aufeinanderfolgender Verse, jedoch nicht an einer Zäsur.

Das Prinzip des Reimes findet sich in sehr vielen Sprachen (z. B. im Chinesischen und in den semitischen Sprachen), Ansätze auch im klassischen Latein (wahrscheinlich Einfluß aus dem Vorderen Orient). Doch erst in der spätlateinisch-christlichen Hymnendichtung wurde der Reim zum vorherrschenden Prinzip. In der deutschen Literatur begegnet der Reim seit ihren Anfängen in althochdeutscher Zeit. Schon Otfrid von Weißenburg („Evangelienharmonie", um 870) verwendete ihn an Stelle des bis dahin herrschenden ↑Stabreims. Die Auffassung, daß der Reim als christliches Formelement im Zuge der Christianisierung den germanisch-heidnischen Stabreim verdrängt habe, übersieht jedoch die umfangreiche angelsächsische und altnordische christliche Stabreimdichtung. Wie schon W. Grimm vermutete, hängt die verschiedene Entwicklung möglicherweise mit verschiedenen Sprachstrukturen zusammen (im Angelsächsischen und Altnordischen findet sich ein stärkerer Anfangsakzent als im Althochdeutschen). Der Reim in der deutschen Dichtung war nicht von Anfang an „rein". Zu Beginn genügte der Gleichklang von (noch vollvokalischen) Endsilben oder nur teilweise Übereinstimmung der Laute (Assonanz). In der hochmittelalterlichen Literatur wurden dann nur noch reine oder rührende Reime verwendet (↑Reimpaar des höfischen Epos; höchste Vollendung des Reims im ↑Minnesang). Seither herrschte der Reim uneingeschränkt. Erst im 18. Jahrhundert kam es teilweise zu einer Abkehr vom Reim als Reaktion auf die oft übertriebenen Reimspielereien der Barockdichtung. Im Rückgriff auf antike Versmaße (F. G. Klopstock) gewannen reimlose Gedichte an Bedeutung (↑Ode, ↑Hymne, ↑freie Rhythmen), aus dem Englischen wurde der ↑Blankvers übernommen. V. a. das Drama war seither durchweg reimlos, während in der Lyrik der Reim im 19. Jahrhundert seine alte Position zurückeroberte. Der zunehmenden Abnutzung des Reims begegnete die Dichtung seit dem Naturalismus und Expressionismus erneut mit verstärkter Hinwendung zu reimlosen Formen. Das gilt v. a. für die Zeit nach 1945. In volkstümlicher Dichtung behauptet der Reim jedoch noch seine alte Position.

Reimbrechung (Reimpaarbrechung): Sonderform der ↑Brechung: ein ↑Reimpaar wird so aufgeteilt, daß der erste Vers syntaktisch zum vorhergehenden, der zweite Vers zum folgenden Reimpaar gehört. Die Reimbrechung war ein wichtiges Stilmittel der mittelhochdeutschen Dichtung, das v. a. dazu diente, Reimpaarfolgen beweglicher zu machen und spannungsreicher zu gestalten. Besonders ausgeprägt war sie bei Gottfried von Straßburg („Tristan und Isolt", Versepos, nach 1200):
„Swem nie von liebe leit geschach
dem geschach ouch liep von liebe nie.
liep unde leit diu wāren ie
an minnen ungescheiden.
man muoz mit disen beiden
ēr' unde lop erwerben ...". –
↑auch Enjambement, ↑Hakenstil.

Reimchronik: mittelalterliche Geschichtsdarstellung, im Gegensatz zur lateinischen Prosachronik in der Volkssprache und in Reimpaarversen abgefaßt. Meist wird in den Reimchroniken historisches Schulwissen mit heilsgeschichtlichen Aspekten, sagen- und legendenhaften Erzähltraditionen, Anekdoten usw. verbunden. Bis ins 14. Jahrhundert waren die Reimchroniken die vorherrschende Form der volkstümlichen Geschichtsdarstellung. Die älteste Reimchronik ist die sogenannte „Kaiserchronik" (um 1150), die die Geschichte von der Gründung Roms bis Konrad III. (1147) in 54 Kaiser- und parallelen Papstbiographien darstellt. Bedeutend ist daneben u. a. die „Weltchronik" des Rudolf von Ems (um 1250).

Reimhäufung ↑Reim.

Reimpaar: zwei durch Paarreim (aa bb cc; ↑Reim) verbundene Verse. Das Reimpaar ist die Grundform der althochdeutschen und mittelhochdeutschen Dichtung, sowohl in der Epik als auch in der – v.a. frühen – mittelhochdeutschen Lyrik und im Volkslied. Es ist bis heute in volkstümlicher Dichtung verbreitet. Um Einförmigkeit zu vermeiden, die durch Übereinstimmung des Reimpaares mit der syntaktischen Gliederung des Textes entstehen kann, wurde seit dem 12. Jahrhundert vielfach die ↑Reimbrechung angewandt.

Reimprosa: 1. rhetorische Prosa oder Kunstprosa, die besonders rhetorische Figuren verwendet; 2. von W. Wackernagel geprägte Bezeichnung für die unregelmäßig gefüllten Reimverse der frühmittelhochdeutschen geistlichen Lehrdichtung; 3. mit Reimen durchsetzte Prosa (z. B. R. M. Rilke, „Die Weise von Liebe und Tod des Cornets Christoph Rilke", 1906) oder Gedichte in rhythmischer Prosa (z. B. von E. Stadler, J. Ringelnatz).

Reimschema: schematische Darstellung der Reimfolge einer Strophe oder eines Gedichts, meist mit Kleinbuchstaben bezeichnet, wobei gleiche Buchstaben für sich entsprechende Reime stehen, z. B. das Reimschema für eine der häufigsten Formen des ↑Sonetts: abba abba cdc dcd. Für wörtlich wiederkehrende Vers- oder Refrainzeilen werden auch Großbuchstaben verwendet, z. B. im ↑Triolett: ABaAabAB.

reiner Reim ↑Reim.

Reiseliteratur: der Begriff weist eine große Vielfalt und Variationsbreite auf, angefangen von Reiseführern und sachlichen Informationen für Reisende über wissenschaftliche Reisebeschreibungen (A. von Humboldt) bis zu dichterisch ausgestalteten Reiseschilderungen, entweder in Form der Wiedergabe tatsächlicher Reiseerlebnisse oder in fiktionalen Formen (Reiseroman).

Alle Formen finden sich bereits in der Antike. Antike *Reiseberichte* stammen u. a. von Skylax von Karyanda (um 500 v. Chr.), Poseidonios und C. Ptolemäus. Seit dem 3. Jahrhundert v. Chr. verfaßten die Periegeten (antike Fremdenführer) Beschreibungen von Städten, Ländern, Sehenswürdigkeiten usw. Ihre Werke sind die Vorläufer der modernen Reisehandbücher. Im Hochmittelalter berichteten v. a. arabische Reisende wie Al Idrisi und Ibn Battuta von Fahrten durch Afrika und den Fernen Osten. Die großen Entdeckungsfahrten seit Beginn der Neuzeit brachten eine Fülle von *wissenschaftlich exakten Reisebeschreibungen* hervor, z. B. G. Forsters Reisebericht über die zweite Weltumseglung J. Cooks („A voyage towards the South Pole and round the world", 1777, deutsch „Reise um die Welt", 1778–80). – Auch die *literarischen Reisebeschreibungen* haben ihren Ursprung in der Antike. Frühestes Beispiel aus dem Mittelalter ist der Bericht Marco Polos „Il milione" (niedergeschrieben 1298/99, deutsch 1477, 1963 unter dem Titel „Die Reisen des Venezianers Marco Polo") über seine Reise in die Mongolei 1271–95, der bis ins späte Mittelalter die europäischen Vorstellungen vom Fernen Osten prägte. Im 15. und 16. Jahrhundert entstanden zahlreiche Reiseschilderungen von Pilgern, z. B. die „Beschreibung der Reyß ins Heylig Land" (1482) von H. Tucher aus Nürnberg oder B. von Breydenbachs „Peregrinationes in Terram Sanct m" (lateinisch 1486, deutsch ebenfalls 1486 unter dem Titel „Die heyligen reyssen gen Jherusalem"). Einen Höhepunkt des Typus der literarischen Reisebe-

Reiseliteratur. Holzschnittillustration in „Die heyligen reyssen gen Jherusalem" (1486) des Bernhard von Breydenbach

schreibung stellt Goethes „Italienische Reise" dar, die 1829 aus Briefen und Tagebuchaufzeichnungen Goethes zusammengestellt wurde. Die Reiseberichte des Jungen Deutschland, v. a. H. Heines „Harzreise" (1826), verbanden Natur- und Landesschilderung mit Gesellschaftssatire und wurden damit richtungsweisend für den unterhaltsamen feuilletonistischen Reisebericht. Weitere bedeutende Beispiele aus dem 19. Jahrhundert sind die „Wanderjahre in Italien" (1856–80) von F. Gregorovius und Th. Fontanes „Wanderungen durch die Mark Brandenburg" (1862–82).

Der fiktionale Typus des Reiseberichts ist v. a. im *Reiseroman* ausgeprägt, der kein nach formalen Kriterien definierter Gattungsbegriff, sondern nur inhaltlich zu bestimmen ist. Ein besonders ausgeprägter Typus ist der *abenteuerliche Reiseroman*, der sich vielfach mit dem ↑Abenteuerroman überschneidet. Frühestes episches Muster ist Homers „Odyssee" (8. Jahrhundert v. Chr., deutsch 1781) mit ihrer Verbindung von

Reiseschilderungen und Abenteuern. Im Mittelalter setzten v. a. die ↑Spielmannsdichtungen (u. a. „Herzog Ernst“, Epos, um 1180) diese Tradition fort. Vielfältig sind die inhaltlichen Bezüge des Reiseromans zum ↑Ritterroman und v. a. zum ↑Schelmenroman, der am Ende des 17. Jahrhunderts von Ch. Reuter in seiner Satire „Schelmuffskys Warhafftig Curiöse und sehr gefährliche Reisebeschreibung zu Wasser und Lande“ (1696/97) parodiert wurde. Eine besonders erfolgreiche Form des abenteuerlichen Reiseromans waren die im Gefolge von D. Defoes Roman „The life and strange surprizing adventures of Robinson Crusoe, of York, mariner“ (1719/20, deutsch 1720/21, 1947 unter dem Titel „Robinson Crusoe“) erschienenen ↑Robinsonaden. Im 19. Jahrhundert schufen Ch. Sealsfield, F. Gerstäcker und K. May als Repräsentanten einer aufblühenden Unterhaltungsliteratur einen neuen Typus. Struktural verwandt mit dem abenteuerlichen Reiseroman ist der *Lügenroman* (↑Lügendichtung). Urtyp sind die phantastischen Geschichten um die Person des Freiherrn K. F. H. von Münchhausen (↑Münchhausiaden). Einen Sondertypus stellt der sogenannte *phantastische Reiseroman* dar, der mit J. J. Ch. von Grimmelshausens Erzählungen „Der fliegende Wandersmann nach dem Mond ...“ (1650) einsetzte und in J. Vernes utopischen Raum- und Unterwasserfahrten gipfelte („De la terre à la lune“, 1865, deutsch „Von der Erde zum Mond“, 1873). Eine Abart dieses Typus stellt der *utopisch-satirische Reiseroman* dar. Bereits Lukian parodierte in „Alēthē̃ dihēgḗmata“ (2. Jahrhundert, deutsch 1603, 1911 unter dem Titel „Wahre Geschichten“) die pseudogeographischen und -historischen Augenzeugenberichte des Ktesias, Iambulos und sogar Herodots und schuf damit die Gattung der satirischen Reiseerzählung. Zu den bekanntesten Beispielen gehört „Travels into several remote nations of the world ...“ (1726, deutsch 1727/28, 1788 unter dem Titel „Gullivers sämtliche Reisen“) von J. Swift. Mit dem *empfindsamen Reiseroman* (↑Empfindsamkeit) entwickelte sich im 18. Jahrhundert nach dem Vorbild von L. Sternes „A sentimental journey through France and Italy“ (1768, deutsch „Yoricks empfindsame Reise durch Frankreich und Italien“, 1768), ein Typus (vertreten durch J. Th. Hermes, J. K. A. Musäus, M. A. von Thümmel), der aus der Spätaufklärung erwuchs und bereits in die frühe Romantik verweist. Die gegenständliche Welt war nur insofern bedeutsam, als sie im Reisenden Reflexionen u. Empfindungen auslöste. Novalis’ „Heinrich von Ofterdingen“ (1802) kann als Musterbeispiel des frühromantischen Reiseromans gelten. Auch sonst liebte die Romantik das Reisemotiv gemäß der romantischen Sehnsucht in die Ferne (J. von Eichendorff, „Aus dem Leben eines Taugenichts“, Novelle, 1826). – In der Reiseliteratur nach 1945 läßt sich eine Wendung zu nichtfiktionalen, reflektierenden, autobiographischen Formen erkennen, z. B. H. Bölls Reiseminiaturen „Irisches Tagebuch“ (1957), andererseits spiegelt das Motiv der Reise die rastlose Suche nach neuen Idealen und neuen Formen gesellschaftlichen Zusammenlebens wider: J. Kerouac „On the road“ (1957, deutsch „Unterwegs“, 1959).

Renouveau catholique [rənuvokatɔ'lik; französisch „katholische Erneuerung“]: um 1900 in Frankreich einsetzende, auf andere Länder übergreifende Bewegung zur Erneuerung der Literatur aus christlich-katholischen Glaubensvorstellungen. Die frühen Vertreter, oft Konvertiten, wendeten sich v. a. gegen den modernen Materialismus, besonders im literarischen Naturalismus, aber auch gegen die autoritäre Starrheit der Kirche. Bedeutende Vertreter in Frankreich: Ch. Péguy, P. Claudel („Le soulier de satin“, Drama, 1929, deutsch „Der seidene Schuh“, 1939), L. Bloy, G. Bernanos, F. Mauriac, J. Green, L. Estang; in Großbritannien T. S. Eliot („Murder in the cathedral“, Drama, 1935, deutsch „Mord im Dom, 1946), G. Greene, B. Marshall; in Deutschland G. von Le Fort („Die Magdeburgische Hochzeit“, Roman, 1938), W. Bergengruen („Der Großtyrann und das Gericht", Roman, 1935), R. Schneider, F. Werfel, E. Schaper, E. Langgässer, St. Andres.

Reportage [repɔr'ta:ʒə; französisch „Berichterstattung"]: ein aus der unmittelbaren Situation erwachsener, die Atmosphäre einbeziehender, meist kurzer sachlicher Augenzeugenbericht. Die Reportage als literarische Gebrauchsform setzt – nach einigen Vorläufern – erst gegen Ende des 19. Jahrhunderts mit der Entstehung des modernen Journalismus ein. Einen Höhepunkt bedeuteten die literarisch anspruchsvollen Reportagen von E. E. Kisch (↑auch Neue Sachlichkeit), die sich allerdings dem ↑Feuilleton annäherten. Heute umfaßt die Reportage alle Gebiete des öffentlichen Lebens und nimmt in den Massenmedien breiten Raum ein. Während bei der Reportage in Tagespresse und Hörfunk der Text ganz im Vordergrund steht, ergänzen sich in den Illustrierten und besonders im Film und im Fernsehen Text und Bild, wobei der Text oft nur das Bild kommentiert. – ↑auch Feature.

Reprint [ri...; englisch] ↑Nachdruck.

Resistanceliteratur [rezis'tã:s; französisch résistance „Widerstand", von lateinisch resistere „stehenbleiben, widerstehen"]: Literatur, die Geschehnisse und Probleme der französischen Résistance im 2. Weltkrieg in den verschiedenen Literaturgattungen behandelt, teils aus dem Geiste des aktiven Widerstands selbst, teils aus der Rückschau. Bedeutende Vertreter, deren Werke vor 1945 meist unter Decknamen erschienen, sind u. a. L. Aragon, P. Éluard („Poesie et vérité", Gedichte, 1942), Vercors („Le silence de la mer", Erzählung, 1942, deutsch „Das Schweigen des Meeres", 1945), A. Camus („Lettres à un ami allemand", 1944, deutsch „Briefe an einen deutschen Freund", 1961), J.-P. Sartre („Morts sans sépulture", Drama, 1946, deutsch „Tote ohne Begräbnis", 1949).

retardierendes Moment: Verzögerung im Handlungsablauf eines Dramas, die die Spannung steigert, weil sich scheinbar noch Lösungsmöglichkeiten für den dramatischen Konflikt ergeben. In der klassischen Tragödie meist im vierten Akt, bevor die Handlung endgültig auf die Katastrophe zutreibt. – ↑auch Peripetie.

Revolutionsdichtung: Sonderform der ↑politischen Dichtung, literarische Unterstützung einer politischen Umwälzung durch Schriftsteller, die sich für die Sache der Revolution meist begeistert einsetzen. Im Vordergrund stehen neben Aufrufen, Proklamationen u. a. dramatische und v. a. lyrische Formen. Große Wirkung hatte z. B. in der Französischen Revolution die „Marseillaise" (1792) von C. J. Rouget de Lisle. Auch in der deutschen Revolution von 1848 stand die Revolutionslyrik im Vordergrund (F. Freiligrath, „Schwarz-Rot-Gold", 1848; H. Hoffmann von Fallersleben, „Zum oktroyierenden 5. Dezember 1848"; G. Herwegh u. a.). Durch vielfältige Formen ist die Revolutionsdichtung der russischen Revolution von 1917 gekennzeichnet. Aus der Vielzahl von Schriftstellern ragen heraus: A. A. Blok, S. A. Jessenin und v. a. W. W. Majakowski.

Reyen [von neuhochdeutsch „Reigen"]: im schlesischen Kunstdrama (↑schlesische Dichterschule) des 17. Jahrhunderts Bezeichnung für den ↑Chor. Der Reyen hatte zunächst nur die Funktion, die Aktpausen zu füllen, gleichzeitig aber auch die Aufgabe, das individuelle Geschehen der Dramenhandlung zu deuten und auf die Ebene der allgemeinen Bedeutung zu heben. Bei A. Gryphius war der Reyen meist noch Chor im engeren Sinn, später (D. C. von Lohenstein) erhielt er die Form eines Intermezzos, d. h. eines oft umfangreichen Zwischenspiels.

Rezension [von lateinisch recensio „Musterung"]: 1. in der ↑Textkritik der Versuch, aus verschiedenen überlieferten ↑Lesarten (Varianten) eines antiken oder mittelalterlichen Textes durch ↑Kontamination die Fassung herzustellen, die nach Meinung des Editors dem Original am nächsten kommt; 2. kritisch wertende Besprechung dichterischer und wissenschaftlicher Werke

(Buchbesprechung), von Theater-, Film-, Fernsehaufführungen, Konzerten in Zeitungen (↑Feuilleton) u. Fachzeitschriften. – ↑auch Literaturkritik.

Rezeption [von lateinisch receptio „Aufnahme"]: 1. allgemein die Aufnahme, Übernahme von fremdem Gedanken- und Kulturgut, fremden Normen und Wertvorstellungen bzw. Verhaltensweisen. Man spricht z. B. von der Rezeption der Antike in der Renaissance oder von der Shakespeare-Rezeption im Sturm und Drang. – 2. Im engeren Sinn ein seit der Mitte der 60er Jahre in der Literatur-, Kunst- und Musikwissenschaft gebräuchlicher Begriff, der Vorgang und Probleme der kommunikativen Aneignung von Literatur, Kunst und Musik durch den Rezipienten (= Leser, Hörer, Betrachter) bezeichnet. Die rezeptionsästhetische Fragestellung geht davon aus, daß Sinn und Bedeutung eines Kunstwerks nicht von vornherein festliegen, sondern grundsätzlich offen sind und sich erst durch Verschmelzung mit dem Erwartungshorizont sowie der Verständnisbereitschaft des Rezipienten, die z. B. von seiner Bildung, von seinem Geschmack abhängig sind, konkret ausformen. Die *Rezeptionsästhetik* beschäftigt sich daher mit der Erforschung der Wirkungsgeschichte eines Werkes, der geschichtlichen Veränderungen der Erwartungshaltungen des Publikums (Geschmackswandel mit dem Wandel der Zeit), der verschiedenen Empfänglichkeit sozialer Schichten, der Steuerung der Leserinteressen durch Organisationsformen (Buchhandel, Buchgemeinschaften) und Werbestrategien der Medien.

Rezeptionsästhetik ↑Rezeption.

Rhapsoden [von griechisch rhapsōdós, eigentlich „Zusammenfüger von Liedern"]: im alten Griechenland wandernde Sänger, die ursprünglich in der Fürstenhalle, später bei Festen und Leichenfeiern epische Gedichte (↑Rhapsodie) vortrugen, in älterer Zeit mit Kitharabegleitung. Bis ins 5. Jahrhundert v. Chr. waren die Rhapsoden die wichtigsten Vermittler der epischen Überlieferung. Als Rezitatoren fremder Dichtungen (Homer, Hesiod) waren sie in sogenannten *Rhapsodenschulen* zusammengeschlossen. Den griechischen Rhapsoden vergleichbar sind ↑Skalden und ↑Skop.

Rhapsodie [von griechisch rhapsōdía]: ursprünglich Bezeichnung für die von den altgriechischen ↑Rhapsoden vorgetragenen Dichtungen, später auch für freirhythmische, ekstatische Gedichte, wie sie v. a. für die Lyrik des Sturm und Drang typisch sind.

Rhetorik [von griechisch rhētorikḗ (téchnē) „Redekunst")]: 1. die Fähigkeit, durch öffentliche Rede einen Standpunkt überzeugend zu vertreten und so Denken und Handeln anderer zu beeinflussen, darüber hinaus 2. die Theorie bzw. Wissenschaft von dieser Kunst. Als Form der sprachlichen Kommunikation ist die Rhetorik auf Überredung angelegt; sie ist persuasive (= überzeugende) Kommunikation. – Außerordentliche Bedeutung erlangte die Rhetorik im öffentlichen Leben der Antike, wobei drei Formen unterschieden wurden: die *Rede vor Gericht* (genus iuridiciale), die *politische Rede* vor der Volksversammlung oder einer anderen politischen Körperschaft (genus deliberativum) und die *Festrede auf eine Person* (genus demonstrativum). Die Rhetorik stellte dem Redner ein Repertoire von Anweisungen und Regeln zur Verfügung, mit deren Hilfe er seinen Stoff formen konnte. In Rhetorikschulen wurden die verschiedenen Redetechniken gelehrt. Dazu gehörten u. a. die fünf Phasen der Vorbereitung einer Rede: 1. Die Sammlung von Stoff und Argumenten (inventio), wobei als Leitfaden die „loci" oder „tópoi" dienten. 2. Die Auswahl und Gliederung des Materials nach Redezweck und Situationsangemessenheit (dispositio). 3. Die stilistische Ausformung (elocutio). Wichtig waren Reinheit und Klarheit der Sprache sowie die Angemessenheit von Gedanken und Sprache. Die Lehre von der Angemessenheit wurde als die Lehre von den drei Stilarten (↑Genera dicendi) systematisiert. Hinzu kamen die ↑rhetorischen Figuren, die Abwechslung bringen und als Schmuck und Mittel der Affekterzeugung dienen sollten. 4. Das Einprägen (memoria) und 5. der wirkungsvolle Vortrag der Rede (pronuntio). Von ihrem Anwendungsbereich her ergaben sich vielfach Überschneidungen der Rhetorik mit der ↑Poetik.

Die Rhetorik ist eine der eindrucksvollsten geistigen Leistungen der Antike. Ihre ersten Höhepunkte erreichte sie im antiken Griechenland in Praxis (Lysias, Demosthenes, Isokrates) und Theorie (Georgias von Leontinoi, Aristoteles, Theophrast). In Rom wurde die griechische Tradition fortgesetzt (M. T. Cicero, Quintilian). Das Mittelalter knüpfte an die antiken Traditionen an (die Rhetorik war eine der sieben ↑Artes liberales), die auch im Humanismus und in den folgenden Jahrhunderten bis zur Aufklärung weiterwirkten. V. a. die Theologie entwickelte seit A. Augustinus die Rhetorik zu einer Predigtlehre, der Homiletik, weiter. Platon war der erste bedeutende Vertreter einer ablehnenden Position. I. Kant sah die Rhetorik als „die Kunst, sich der Schwäche der Menschen zu seiner Absicht zu bedienen", also bewußt zu manipulieren. Diese kritische Einstellung ist nach den Erfahrungen mit dem Mißbrauch der Redekunst für die Propaganda der modernen Ideologien in der Gegenwart besonders ausgeprägt.

rhetorische Figuren (Redefiguren): Stilmittel zur Verdeutlichung, Veranschaulichung oder auch Ausschmükkung einer sprachlichen Aussage, im Unterschied zu den bildhaften metaphorischen ↑Tropen. Rhetorische Figuren begegnen v. a. in der emotional gesteigerten Sprache, aber auch in der Dichtung und in der Alltagssprache. Wesentliches Merkmal ist, daß sie „um der Wirksamkeit willen gegen grammatische oder idiomatische Regeln verstoßen" (H. Schlüter, „Grundkurs der Rhetorik", 1974). Die rhetorischen Figuren wurden im Rahmen der antiken ↑Rhetorik ausgebaut und systematisiert. Die lateinischen und griechischen Bezeichnungen werden bis heute verwendet. Unterschieden werden Wortfiguren und Gedanken-[Sinn-]Figuren, ferner grammatische und Klangfiguren.

1. Als *Wortfiguren* werden diejenigen rhetorischen Figuren bezeichnet, die durch Abweichung vom normalen Wortgebrauch gewonnen werden: a) die Wiederholung eines Wortes oder einer Wortfolge (z. B. ↑Gemination, ↑Anapher, ↑Epiphora, ↑Epanalepse, ↑Polyptoton, ↑Figura etymologica, ↑Paronomasie); b) die Häufung von Wörtern desselben Bedeutungsbereiches (z. B. ↑Akkumulation, ↑Epiphrase, ↑Asyndeton, ↑Polysyndeton, ↑Klimax). – 2. *Sinnfiguren* ordnen den Gedankengang einer Aussage mit dem Ziel einer Verdeutlichung oder Erweiterung der Bedeutung (z. B. ↑Antithese, ↑Apostrophe, ↑Hysteron-Proteron, ↑Chiasmus, ↑Parenthese). – 3. Als *grammatische Figuren* gelten a) die Änderungen des üblichen Wortlauts (z. B. ↑Apokope, ↑Elision); b) die Abweichungen vom grammatisch korrekten Sprachgebrauch (z. B. ↑Aposiopese, ↑Ellipse, ↑Enallage, ↑Hendiadyoin); c) die Abweichung von der üblichen Vorstellung (z. B. ↑Hyperbaton, ↑Inversion). – 4. *Klangfiguren* prägen die besondere klangliche Gestalt eines Satzes; sie dienen der klanglichen Gliederung einer Periode (z. B. ↑Homöoteleuton, ↑Reim, ↑Alliteration, ↑Cursus, ↑Klausel).

rhetorische Frage: eine Frage, die keine Antwort erwartet, sondern die eigene Aussage nachdrücklich betont, häufig mit dem Ziel, einen Partner zur Zustimmung zu bewegen. Die rhetorische Frage „Machen wir nicht alle Fehler?" ist eigentlich eine verstärkte, Zustimmung fordernde Behauptung: „Ja, wir machen alle Fehler!" Als rhetorische Gedankenfigur findet sich die rhetorische Frage häufig in der antiken Rhetorik, in der mittelalterlichen Predigt, aber auch in dichterischen Texten.

Rhythmus [von griechisch rhythmós „geregelte Bewegung, Gleichmaß", eigentlich „das Fließen", von rheīn „fließen"]: allgemein Bezeichnung für eine gleichmäßig gegliederte Bewegung, für die Strukturierung eines zeitlichen

Bewegungsablaufs. Das Phänomen des Rhythmus ist wohl aus dem Naturbereich (Atmung, Herzschlag) in den Bereich der Kunst (Musik, Tanz, Literatur) übernommen worden. In der Dichtung werden Sprachrhythmus und Versrhythmus unterschieden. Mit *Sprachrhythmus* wird der zur Sprache als Schallform gehörende Wechsel betonter und unbetonter, langer und kurzer Silben, periodenöffnender und periodenschließender Satzmelodien usw. bezeichnet. Im *Versrhythmus* werden die rhythmischen Eigenschaften der Sprache gesteigert. Dies resultiert v. a. aus der Spannung zwischen dem Versschema und der sprachlichen Realisierung, also der Spannung zwischen Hebung und Senkung, Versfuß, Vers, Strophe einerseits und betonten und unbetonten, langen und kurzen Silben, Kolon, Satz, Satzgefüge andererseits. Das schon in der Antike diskutierte Problem der Abgrenzung von ↑Metrum und Rhythmus wird in der neueren Literaturtheorie so gesehen, daß unter Metrum meist das Versschema als abstraktes Organisationsmuster des Verses verstanden wird, unter Versrhythmus aber die sprachliche Realisierung, die Verlebendigung dieses Schemas. Man hat den Rhythmus den „Pulsschlag der Sprache" genannt. Das irrationale Wesen des Rhythmus entzieht sich einer strengen Systematisierung. Dennoch lassen sich gewisse Grundformen unterscheiden, etwa: vorandrängender – ruhiger, zurückgestauter, tänzerisch leichter – schwerer, steigender – fallender Rhythmus. Der Rhythmus ist nicht isolierbar, sondern wird von vielen Elementen beeinflußt: inhaltliche und klangliche Elemente spielen eine Rolle, entscheidend wird er vom Sinn einer Aussage bestimmt. Daher ist es durchaus möglich, daß derselbe Vers – je nach Deutung – verschieden gelesen oder musikalisch vertont werden kann.

Ein Beispiel für gegensätzlichen Rhythmus bietet Goethes Gedichtpaar „Meeresstille" und „Glückliche Fahrt": Das erste Gedicht ist gekennzeichnet durch einen schweren, schleppenden Rhythmus, der v. a. durch das trochäische Metrum, die langen Vokale und die Abwärtsbewegung der Verse bewirkt wird:
„Tiefe Stille herrscht im Wasser,
Ohne Regung ruht das Meer ...".
Das zweite Gedicht hat einen völlig anderen rhythmischen Charakter: Der jambische Auftakt, die daktylische Auflockerung, die hellen Vokale und die steigende Sprachbewegung bewirken einen gelösten, leichten Rhythmus:
„Die Nebel zerreißen,
Der Himmel ist helle,
Und Äolus löset
Das ängstliche Band ...".

Rime riche [rim'riʃ; französisch] ↑Reim.

Ritornẹll [von italienisch ritorno „Wiederkehr"]: italienische Gedichtform volkstümlichen Ursprungs, die aus einer beliebigen Anzahl von Strophen zu je drei Zeilen besteht, von denen jeweils zwei Zeilen durch Reim (oder Assonanz) verbunden sind. Häufigstes Reimschema: axa; seltener aax oder xaa. Bevorzugte Versform ist der Elfsilbler (↑Endecasillabo). Gelegentliche Nachdichtungen in der deutschen Lyrik finden sich u. a. bei F. Rückert, P. Heyse, Th. Storm.

Ritterballade: Typus der ↑Ballade, die ihre Stoffe aus der Welt des Rittertums nimmt. Frühe Beispiele sind die Umformungen älterer Heldenlieder und -epen im ausgehenden Mittelalter.

Ritterdichtung: 1. soviel wie ↑höfische Dichtung; Dichtung des Mittelalters, in der in Epos (↑höfisches Epos) und Lyrik (↑Minnesang) die Ideale des mittelalterlichen Rittertums gestaltet werden. – 2. Form der Literatur, die (auch nach dem Mittelalter) die ritterliche Welt und deren Lebensformen zum Inhalt hat, in der Gestalten von Rittern und ihre Taten im Mittelpunkt stehen. Die gängigsten Formen sind ↑Ritterballade, ↑Ritterdrama, ↑Ritterroman.

Ritterdrama: allgemein ein Drama, dessen Held eine Ritterfigur ist (z. B. P. Corneille, „Le Cid", 1637, deutsch 1650, 1811 unter dem Titel „Der Cid"). Im engeren Sinn ein Typus des Dramas des ausgehenden 18. Jahrhunderts, das unter dem Einfluß von Goethes „Götz von Berlichingen" (1773) Stoffe und Figuren dem mittelalterlichen Rittertum entnahm, z.B. F. M. Klingers „Otto" (1775), J. A. von Törrings „Agnes Bernauerin" (1780). Die Renaissance der mittelalterlichen Ritterthematik steht im Zusammenhang mit der Genieperiode des Sturm und Drang, aber auch mit dem im Sturm und Drang erwachenden, in der Romantik verstärkten historischen Interesse, das häufig zu einer Glorifizierung des Mittelalters und des Rittertums führte. Markante Beispiele des romantischen Ritterdramas sind H. von Kleists „Die Familie Schroffenstein" (1803) und besonders „Das Käthchen von Heilbronn" (1810) sowie L. Uhlands „Ernst, Herzog von Schwaben" (1818). Teilweise hat sich das Ritterdrama in trivialisierter Form bis heute gehalten (Kiefersfeldener Ritterspiele).

Ritterroman: seit dem Ausgang des Mittelalters beliebter Romantypus, in dem sich das Identifikationsangebot einer Vorbildfigur, historisches Interesse und Abenteuerelemente vereinen. Dem kamen seit dem späten Mittelalter die Prosaauflösungen der Werke der höfischen Epik entgegen. Dabei weist der frühe Ritterroman zwei Grundformen auf: 1. die zahlreichen Versionen des ↑„Amadisromans", die im heroisch-galanten Roman des Barock weiterwirkten, und 2. die Ritterpartien in den ↑Volksbüchern, die bis ins 18. Jahrhundert lebendig blieben. Neue Impulse erhielt der Ritterroman als weitverbreitete Form des Trivial- und Unterhaltungsromans im ausgehenden 18. Jahrhundert durch die Ausbildung eines historischen Bewußtseins und damit eines verstärkten historischen Interesses seit dem Sturm und Drang und besonders in der Romantik (L. Wächter, „Männerschwur und Weibertreue", 1785). Von Anfang an kam es zu Überschneidungen mit anderen trivialen Gattungen, besonders mit dem ↑Räuberroman, der ↑Gothic novel und dem ↑Schauerroman.

Robinsonade: Form des ↑Abenteuerromans, in dem ein auf eine einsame Insel verschlagener Schiffbrüchiger zur Isolation verurteilt ist. Das Motiv erschien schon im Mittelalter im Orient, in Ansätzen auch in der abendländischen Literatur, besonders seit den großen Entdeckungsreisen. Durchschlagenden Erfolg hatte allerdings erst D. Defoe mit seinem Roman „The life and strange surprizing adventures of Robinson Crusoe, of York, mariner" (1719/20, deutsch 1720/21, 1947 unter dem Titel „Robinson Crusoe"), in dem ein Schiffbrüchiger 28 Jahre lang fern der europäischen Zivilisation auf einer Insel verbringt, wo er die kulturelle Entwicklung der Menschheit nachvollzieht und in der Freundschaft zu einem Eingeborenen Mittler europäischer Kultur und Humanität wird. In der Folgezeit erschienen zahlreiche Nachahmungen, die sich jedoch meist auf eine vordergründige Imitation des Abenteuermotivs beschränkten. Eine Sonderstellung nimmt J. G. Schnabels Roman „Wunderliche Fata einiger Seefahrer ..." (1731–43, 1828 neu herausgegeben von L. Tieck unter dem Titel „Die Insel Felsenburg") ein. Schnabel weitete die Thematik des Originals zur ↑Utopie aus, indem er die Gründung eines auf den sozialen und moralischen Prinzipien der Aufklärung beruhenden Gemeinwesens durch ein auf eine Insel verschlagenes Paar darstellte. Häufig hatte die Robinsonade auch erzieherische Zielsetzung, v.a. „Robinson der Jüngere" von J. H. Campe (1779/80, 120 Auflagen, Übersetzungen in 25 Sprachen) und „Der schweizerische Robinson" des Pfarrers J. D. Wyß (1812–27).

Rokoko [von französisch rocaille „Geröll, Muschelwerk"]: in der Kunst die Stilphase zwischen Barock und Klassizismus (etwa 1720–1780). Ähnlich wie in der Kunst schließt sich auch in der Literatur das Rokoko an die Epoche des Barock an. Bestimmend für das literarische Rokoko (etwa zwischen 1740 und 1780) sind Züge der ↑Aufklärung und der ↑Empfindsamkeit, doch weist es durchaus einen eigenen Charakter auf. Oberstes Prinzip ist „Grazie" als das moralisch Schöne. Im Gegensatz zum Barock, das, von hohem Pathos getragen, mit Vorliebe das Heroisch-Pompöse, Repräsentative gestaltete, bevorzugte das Rokoko das Kleine, Intime, das Ironisch-Scherzhafte und schuf eine spielerisch-heitere, galante Poesie. Zum starren sittlichen Ernst des Rationalismus der Aufklärung stand die sinnenfrohe Genuß- und Lebensfreude des Rokoko in starkem Kontrast. Die wichtigsten Themenkreise waren Lieben, Trinken, Singen, Freundschaft, Geselligkeit, Natur. Das Natürliche wurde zum Ideal, das sich jedoch nicht an der Natur, sondern an literarischen Vorbildern orientierte: am antiken Arkadien der überlieferten ↑Schäferdichtung und an der ↑Anakreontik. Horaz und Catull wurden zu Leitbildern.

Das deutsche Rokoko (↑auch Graziendichtung) als Gesellschaftskunst war Teil einer europäischen Strömung und stand v.a. unter dem Einfluß Frankreichs. Doch wurde die französische höfisch-galante Dichtung dem Geschmack und der Mentalität des deutschen Bürgertums, das seit dem 18. Jahrhundert bestimmender Bildungsträger in Deutschland war und auch das literarische Rokoko trug, angepaßt. Bevorzugt wurden Kurzformen wie Lyrik, Verserzählung mit Übergängen zum Kleinepos (↑Epyllion), Singspiel und Schäferspiel, Idylle. Hauptvertreter des literarischen Rokoko in Deutschland waren Ch. M. Wieland („Musarion, oder die Philosophie der Grazien", Kleinepos, 1768; „Der Neue Amadis", Epos, 1771; „Oberon", Epos, 1780), der junge Goethe (Schäferspiel „Die Laune des Verliebten", Uraufführung 1779, erschienen 1806), der junge Lessing, F. von Hagedorn, J. W. L. Gleim, J. P. Uz, Ch. F. Weiße, Ch. F. Gellert, S. Geßner („Idyllen", 1756), H. W. von Gerstenberg.

Rollengedicht: Bezeichnung 1. für einen lyrischen Monolog, der einer meist zeittypischen Gestalt (Liebender, Schäfer, Wanderer) in den Mund gelegt ist (z. B. C. Brentano, „Der Spinnerin Lied"; J. W. von Goethe, „Wanderers Nachtlied"). Das Rollengedicht war besonders ausgeprägt im ↑Minnesang und im ↑Volkslied, ist aber bis zur Gegenwart in der Dichtung lebendig; 2. für einen lyrischen Dialog zwischen Schäfer und Schäferin (Hirt und Hirtin) in den ↑Eklogen und anderen Hirten- oder Schäferdichtungen in Renaissance und Barock.

Roman: Großform der Erzählkunst in Prosa, durch die sich der Roman schon äußerlich vom ↑Epos und vom ↑Versroman unterscheidet. Von anderen Prosaformen wie ↑Novelle und ↑Kurzgeschichte hebt er sich durch den größeren Umfang, v. a. aber durch die Vielschichtigkeit der Form und des Inhalts ab. Der Roman gestaltet keine Einzelereignisse, sondern Zusammenhänge, meist breite Ausschnitte aus dem Leben einer oder mehrerer Personen, nicht selten umfaßt er den ganzen Lebenslauf oder sogar mehrere Generationen. Die *Hauptfunktionen* des Romans sind einerseits Unterhaltung im weitesten Sinne, andererseits „eine Lehre, eine Analyse eines Menschen, einer Weltsituation, eine Schilderung mit sozialer, mit psychologischer Akzentuierung" (K. Migner, „Theorie des Romans", 1970). – Das *Wort* „Roman" geht auf die in Frankreich seit dem 12. Jahrhundert geläufige Bezeichnung „romanz" für volkstümliche Schriften in Vers oder Prosa zurück, die nicht in der gelehrten „lingua latina", dem Latein, sondern in der allgemeinverständlichen „lingua romana", der romanischen Volkssprache, verfaßt waren. – Die Erfindung des Buchdrucks und der steigende Bedarf an Lektüre trugen entscheidend zur Verbreitung der Prosalektüre bei, wenngleich der Prosaroman, gemäß den damaligen Dichtungstheorien, bis zum 18. Jahrhundert noch negativ beurteilt wurde. Erst im Laufe des 18. Jahrhunderts setzte der Roman seine Anerkennung durch, zunächst als Medium zur Unterhaltung und Belehrung, später auch als Kunstform. Er hatte die Erwartungen soziologisch weit auseinanderliegender Leserschichten zu erfüllen. Wegen der unterschiedlichen, oft gegensätzlichen Zielsetzungen und Formen, die z.B. von einer Aufeinanderfolge mehr oder weniger breit ausgestalteter Episoden im älteren Roman bis zu komplizierten Strukturen im experimentierfreudigen modernen Roman reichen, entzieht sich der Roman insgesamt und in seinen Unterarten einer eindeutigen und verbindlichen Definition. Die Vielfalt der Stoffe, Formen und Gehalte oder Ziele lassen sich vielleicht beschreiben, jedoch haben alle Versuche einer klaren Erfassung mit Überschneidungen zu rechnen. Nach verschiedenen Gesichtspunkten wurden Romangliederungen und Einteilungskategorien entworfen, z.B. 1. nach Stoffen und dargestelltem Personal (z.B. ↑Abenteuerroman, ↑Ritterroman, ↑Räuberroman, ↑Schelmenroman, ↑Kriminalroman, Bauernroman (↑Bauerndichtung), ↑Heimatroman, Großstadtroman (↑Großstadtdichtung), ↑Familienroman, Reiseroman (↑Reiseliteratur); 2. nach Themen und behandelten Problemen (z.B. ↑Liebesroman, Eheroman, Tendenzroman, ↑Zeitroman, ↑Staatsroman, ↑Erziehungsroman, ↑Entwicklungsroman, ↑Bildungsroman und ↑Gesellschaftsroman); 3. nach dem Erzählverfahren, d.h. entweder nach der äußeren Form (Ich-Roman, Er-Roman, ↑Briefroman), nach der ↑Erzählsituation (z.B. auktorialer, personaler Roman) oder nach der erzählerischen Grundhaltung und Zielsetzung (z.B. religiöser, didaktischer, satirischer, empfindsamer Roman); 4. nach dem Adressaten (z.B. Schlüsselroman, Frauenroman, Jungmädchenroman), 5. nach Anspruch und Verfahrensweise (z.B. Trivialroman [↑Trivialliteratur], Kolportageroman [↑Kolportageliteratur], Unterhaltungsroman [↑Unterhaltungsliteratur], Problemroman, Experimentalroman).

Roman. Illustration der Erstausgabe von F. Rabelais' Roman „Gargantua et Pantagruel" (1532)

Geschichte: Vor der Entwicklung des Romans in Europa hatten sich in Indien, Persien, in den arabischen Ländern und in Japan romanhafte Erzählformen herausgebildet, die nicht ohne Einfluß auf die europäische Entwicklung waren. In Europa finden sich Vorstufen des Romans in der Prosaliteratur der griechischen Geschichtsschreiber (Herodot), in den historisch-geographischen und phantastischen Berichten des Ktesias und in der verlorenen Urfassung des „Alexanderromans" (↑Alexanderdichtung), der zur Grundlage zahlreicher Versionen im Vorderen Orient und in Europa wurde. Der *antike Roman* im engeren Sinn entfaltete sich etwa vom 1. Jahrhundert v.Chr. bis gegen 400 n.Chr. Der älteste erhaltene griechische Roman ist „Chairéas kaì Kallirrhóē" (1. oder 2. Jahrhundert, deutsch „Liebesgeschichte des Chäreas und der Callirrhoe", 1753) des Chariton von Aphrodisias. Typische Merkmale dieser antiken Romane sind exotische, meist orientalische Schauplätze, die Verbindung von phantastischen Reiseabenteuern mit pathetischen Liebeshandlungen. Zahlreiche Romane erschienen im 2. Jahrhundert n. Chr. Das Hauptwerk dieser Gattung in lateinischer Sprache, die „Metamorphoses" (auch „Asinus aureus", nach 175, deutsch 1538, 1783 unter dem Titel „Der goldene Esel") des L. Apuleius, hat den für die römische Literatur typischen satirischen Einschlag, den schon das zeit- und literaturkritische „Satyricon" (1. Jahrhundert, deutsch „Satyrica", 1965) von G. Petronius kennzeichnete. Ein Sonderfall wegen seines ländlich-bukolischen Realismus und seiner Beschränkung auf den einzigen Schauplatz Lesbos ist der griechische Hirtenroman „Poimenikà katà Dáphnin kaì Chlóēn" (3. Jahrhundert, deutsch „Daphnis und Chloe", 1765) des Longos, ein Meisterwerk des frühen Romans.

Das europäische *Mittelalter* kannte keinen Prosaroman, doch wurden ↑Heldenepen, ↑Chansons de geste, die höfischen Artusromane (↑Artusdichtung) und die ↑Spielmannsdichtung Quellen für zahlreiche Prosaauflösungen, zunächst in Frankreich, seit dem 15. Jahrhundert auch in Deutschland. Mit dem Buchdruck wurden diese Werke im *15. und 16. Jahrhundert* weit verbreitet, ebenso die neuen Versionen antiker und orientalischer Stoffe sowie die Volksbuchfassungen anderer Sagenkreise („Die schöne Magelone"). In diesen Zusammenhang fügten sich Neuschöpfungen ein wie das Buch von „Eulenspiegel" (1515) oder das „Faustbuch" (1587) sowie auch die um 1500 aufkommenden ↑Ritterromane. Dem ↑Volksbuch verpflichtet, aber angereichert mit humanistischer Bildung und v. a. satirischen Zügen waren Romane wie „Gargantua et Pantagruel" (1532–64, deutsche Bearbeitung von J. Fischart, 1575; 1832–41 unter dem Titel „Gargantua und Pantagruel") von F. Rabelais. Insgesamt blieb bis weit ins 16. Jahrhundert hinein das Romanschaffen ohne Breitenwirkung. Erst die Übersetzungen des von der Iberischen Halbinsel kommenden, in der höfischen Welt spielenden ↑„Amadisromans" in zahlreichen Sprachen waren ein großer europäischer Erfolg. Das *17. Jahrhundert* brachte erste Höhepunkte des Romanschaffens: Neben dem auf überlieferten Elementen aufbauenden Schäferroman (↑Schäferdichtung) und dem besonders in Frankreich entwickelten ↑heroisch-galanten Roman, der in Deutschland u. a. durch Ph. von Zesen und D. C. von Lohenstein aufgegriffen und weitergeführt wurde, war der ↑Schelmenroman eine echte Neuschöpfung. Schon im anonymen spanischen Schelmenroman „La vida de Lazarillo de Tormes y de sus fortunas y adversidades" (1554, deutsch „Lazarillo de Tormes", 1617) wurde mit der Parodie auf die herrschende Literatur Sozialkritik aus der Sicht der Nichtprivilegierten betrieben. Zentrales Werk dieser ersten Phase des neueren Romans ist der Abenteuerroman „El ingenioso hidalgo Don Quixote de la Mancha" (1605–15, deutsch 1621, 1965 unter dem Titel „Der sinnreiche Junker Don Quijote von la Mancha") von M. de Cervantes Saavedra, eine Parodie auf die herrschenden Ritterromane. Überragendes Werk in der deutschen Literatur dieser Zeit ist „Der Abentheurliche Simplicissimus Teutsch" (1669) von J. J. Chr. von Grimmelshausen. Seit dem Übergang zum *18. Jahrhundert* wurde der Roman immer mehr zur wichtigsten literarischen Ausdrucksform des Bürgertums. Das Schema des höfischen heroischen Romans wurde auf bürgerliche Lebensläufe übertragen, entweder mit aufklärerisch-didaktischer Zielsetzung (Ch. Weise) oder philosophisch oder psychologisch vertieft (A. F. Prévost d'Exiles, „Histoire du Chevalier Des Grieux et de Manon Lescaut", 1731, deutsch „Geschichte der Manon Lescaut und des Ritters Desgrieux", 1756; J.-J. Rousseau, „Lettres de deux amans ...", 1761, 1764 unter dem Titel „La nouvelle Héloïse", deutsch „Die neue Heloise oder Briefe zweier Liebenden", 1761–66). Neue Gehalte und Formen entstan-

den v. a. in England mit den ↑Robinsonaden im Anschluß an D. Defoe, dem empfindsamen Roman (S. Richardson), dem komisch-realistischen Roman (H. Fielding) und dem humoristischen Roman (L. Sterne).
Der deutsche Roman folgte dem englischen Vorbild zunächst nach mit Robinsonaden (J. G. Schnabel) und dem empfindsamen Roman (Ch. F. Gellert, S. von La Roche), fand aber dann bald eigene Wege, besonders im Bildungsroman, der schon mit Goethes „Wilhelm Meisters Lehrjahre" (1795/96) einen ersten Höhepunkt erreichte. Er wurde fortgeführt in den Romanen der *Romantiker*, die häufig um das Problem der Künstlerexistenz kreisen (L. Tieck, „Franz Sternbalds Wanderungen", 1798; Novalis, „Heinrich von Ofterdingen", herausgegeben 1802; E. Mörike, „Maler Nolten", 1832, 2. Fassung unvollendet, herausgegeben 1877), und des *poetischen Realismus* (G. Keller, „Der grüne Heinrich", 1854/55, 2. Fassung 1879/80; A. Stifter, „Der Nachsommer", 1857) und reicht bis ins 20. Jahrhundert (Th. Mann, „Doktor Faustus", 1947). Ebenfalls eine Neuschöpfung war seit der europäischen Romantik der ↑historische Roman. Begründer war W. Scott mit seinen Romanen „Waverley" (1814, deutsch „Waverley", 1821), „Ivanhoe" (1820, deutsch „Ivanhoe", 1820) u. a. In Deutschland prägte A. von Arnim die neue Form („Die Kronenwächter", 1817). Immer stärker kristallisierte sich im *bürgerlichen Realismus* des 19. Jahrhunderts der kritische Gesellschaftsroman (H. de Balzac, „La comédie humaine", 1829–54, deutsch „Die menschliche Komödie", 1923–26; Th. Fontane, „Frau Jenny Treibel", 1892; die Romane L. N. Tolstois) und v. a. in Frankreich der desillusionierende Entwicklungsroman (Stendhal, G. Flaubert) heraus, die in England zur „novel of character and manners" verbunden wurden (bei J. Austen, Ch. Dickens, W. M. Thackeray, den Schwestern A., Ch. und E. J. Brontë u. a.). Ch. Dickens bezog mit dem Milieu der Großstadt und ihrer Bewohner neue Bereiche ein. In Deutschland dominierte um die Mitte des 19. Jahrhunderts der Entwicklungsroman (G. Freytag, „Soll und Haben", 1855; W. Raabe, „Der Hungerpastor", 1864; G. Keller, A. Stifter). Wichtige Impulse gingen von den russischen Romanen aus, v. a. von den psychologischen Romanen F. M. Dostojweskis. Im letzten Viertel des 19. Jahrhunderts mündete das Romanschaffen in den sozialkritischen Experimentalroman des *Naturalismus*, der wesentlich von É. Zola („Germinal", 1885, deutsch „Germinal", 1885, u. a.) beeinflußt wurde. Deutsche Sonderformen waren der Zeitroman des ↑Jungen Deutschland (K. L. Immermann, F. Spielhagen) und der Dorfroman (J. Gotthelf), den im 20. Jahrhundert der Heimat- und Bauernroman fortsetzte (H. Löns, G. Frenssen). Er stand im ausdrücklichen Gegensatz zum Großstadtroman (A. Döblin, „Berlin Alexanderplatz", 1929).
Der Roman des *20. Jahrhunderts* wird in den Grundzügen von formalen Experimenten bestimmt. Die unterschiedlichsten Darstellungsmittel, Stilelemente und Sprachformen werden verwendet. Neue Erzählweisen wie ↑Stream of consciousness, ↑innerer Monolog, ↑Simultantechnik, ↑Montage, Sprachspiele sowie oft auch zyklische Großformen werden verwendet. Die gesamte Entwicklung wurde maßgeblich von J. Joyce bestimmt, der in seinem Roman „Ulysses" (1922, deutsch „Ulysses", 1927) den Zeitablauf von 24 Stunden im Unterbewußtsein eines Menschen erleben läßt. Den modernen Roman prägten weiterhin die Franzosen M. Proust und A. Gide, die Amerikaner W. Faulkner, J. Steinbeck, Th. Wolfe, E. Hemingway, J. Dos Passos, die Engländerin V. Woolf u. a. Bedeutende Vertreter des modernen deutschen Romans vor 1945 waren Th. Mann („Der Zauberberg", 1924; „Doktor Faustus", 1947), H. Hesse („Der Steppenwolf", 1927; „Das Glasperlenspiel", 1943), F. Kafka („Der Prozeß", herausgegeben 1925; „Das Schloß", herausgegeben 1926), A. Döblin („Berlin Alexanderplatz", 1929), R. Musil („Der Mann ohne Eigenschaf-

ten", 1930–52), H. Broch („Der Tod des Vergil", 1947) u. a. Für den deutschen Roman *nach 1945* waren zunächst weniger formale Experimente als inhaltliche Aspekte maßgeblich. Die Aufarbeitung der jüngsten Vergangenheit bestimmte weithin die Thematik, z. B. H. Böll, „Wo warst du, Adam?" (1951), „Und sagte kein einziges Wort" (1953); G. Grass, „Die Blechtrommel" (1959). Später erweiterte sich die Thematik zur Gesellschaftskritik, z. B. H. Böll, „Ansichten eines Clowns" (1963), „Gruppenbild mit Dame" (1971), „Fürsorgliche Belagerung" (1979). Eigene Wege (Problem der Identität) ging M. Frisch: „Stiller" (1954), „Homo faber" (1957). Stärker formalen Experimenten zugewandt waren U. Johnson: „Mutmaßungen über Jakob" (1959), „Das dritte Buch über Achim" (1961), und v. a. Arno Schmidt („Zettels Traum", 1970). Weitere bedeutende Romane erschienen u. a. von S. Lenz („Deutschstunde", 1968; „Heimatmuseum", 1978), P. Handke („Der kurze Brief zum langen Abschied", 1975), G. Grass („Der Butt", 1977), M. Walser („Seelenarbeit", 1979). In der *DDR* dominiert auch im Romanschaffen das Konzept des ↑ sozialistischen Realismus. Bedeutende Romanschriftsteller sind u. a. A. Seghers, H. Kant („Die Aula", 1965; „Das Impressum", 1969), Ch. Wolf („Der geteilte Himmel", 1963; „Kindheitsmuster", 1977), R. Schneider („November", 1978), St. Heym („Collin", 1979). Neue Wege versucht seit der Jahrhundertmitte in Frankreich der ↑ Nouveau roman.

Romantheorie: Da der Roman weder von der antiken noch von der normativen Poetik in Renaissance und Barock zur Kenntnis genommen wurde, setzten Bemühungen um seine Theorie relativ spät ein. P. D. Huet, der früheste Theoretiker, definierte in seinem „Traité de l'origine des romans" (1670) den Roman als „erdichtete Liebesabenteuer, kunstvoll in Prosa zum Vergnügen und zur Belehrung des Lesers geschrieben". Erst seit dem ausgehenden 18. Jahrhundert, als das Bürgertum den Roman als die ihm gemäße Ausdrucksform erkannte, entwickelten Romanautoren häufiger theoretische Vorstellungen vom Wesen des Romans, z. B. Goethe in „Wilhelm Meisters Lehrjahre" (1795/96), Jean Paul in seiner „Vorschule der Ästhetik" (1804), F. Schlegel („Brief über den Roman"), É. Zola („Le roman expérimental", 1880, deutsch „Der Experimentalroman", 1904), Th. Fontane, A. Gide, Th. Mann, R. Musil, A. Döblin, v. a. A. Robbe-Grillet, der um die Mitte des 20. Jahrhunderts eine letzte relativ geschlossene Theorie dieser Kunstform entwickelte. Seit F. W. J. von Schelling und A. Schopenhauer versuchten auch die Philosophie und später v. a. die Literaturwissenschaft eine Theorie des Romans zu entwickeln. Eine umfassende, an G. W. F. Hegel orientierte Romantheorie mit geschichtsphilosophischem Aspekt legte 1920 G. Lukács vor („Die Theorie des Romans"). Trotz kritischer und selbstkritischer Einwände ist sie immer noch der gedanklich konsequenteste Beitrag zur Theorie des Romans.

Romanistik (romanische Philologie) [lateinisch]: die Wissenschaft von den romanischen Sprachen (Portugiesisch, Spanisch, Katalanisch, Französisch, Provenzalisch, Sardisch, Italienisch, Rätoromanisch, Dalmatinisch, Rumänisch), Literaturen und Kulturen. Der wissenschaftliche Begründer der romanischen Philologie war der Deutsche F. Ch. Diez, der die romanischen Sprachen als Abkömmlinge des Lateinischen erkannte („Grammatik der romanischen Sprachen", 1836–44). F. Ch. Diez begründete auch die romanische Literaturwissenschaft und gab der Romanistik ihre bis ans Ende des 19. Jahrhunderts wirkende Ausrichtung. Nach 1850 erhielt die Romanistik neuen Antrieb von der Schule der Junggrammatiker, deren Hauptinteresse der Sprachentwicklung und der Rekonstruktion der sprachlichen Urformen der Wörter und Formelemente galt. Hauptvertreter war W. Meyer-Lübke. Eine Abkehr von der reinen Sprachwissenschaft der Junggrammatiker brachte die sogenannte idealistische Sprachwissenschaft, deren Hauptvertreter K. Voßler war, mit der

Forderung nach der Beschäftigung mit den Sprachen als Literatursprachen und als Ausdruck einer Kultur. Im 20. Jahrhundert differenzierten sich die Aufgaben der Romanistik in die der sogenannten synchronischen Sprachwissenschaft, d.h. der Betrachtung der Sprache als eines zu einem bestimmten Zeitpunkt gegebenen Phänomens (begründet von F. de Saussure) und in eine Richtung, die für eine Verselbständigung der Literaturwissenschaft gegenüber der Sprachwissenschaft eintrat und die sich v. a. mit der neuen und neuesten Literatur, der Darstellung literarischer Epochen und der Veröffentlichung von Monographien über einzelne Schriftsteller beschäftigte (G. Gröber, E. R. Curtius, E. Auerbach u. a.).

Romantik: eine vielschichtige geistige und künstlerische, insbesondere literarische Strömung in Europa zwischen 1790 und 1830, Exponent des geistigen Umbruchs in Europa um 1800. Als Gegenbewegung zum Rationalismus der Aufklärung und zur Formenwelt der Klassik war sie stark irrational ausgerichtet: Sie versuchte die Kräfte des Gefühls, der Phantasie, des Unbewußten zu wekken; grundlegend war ein radikaler Subjektivismus. Darüber hinaus kennzeichnete sie ein stark emanzipatorischer Zug: Ihr Ausbruch aus der bürgerlichen Welt reichte bis zur Absage an bürgerlich-konventionelle Gesellschafts- und Moralvorstellungen. Der Begriff „romantisch" (von altfranzösisch romanz „in der Volkssprache") ist als englisch „romantic" seit 1650, deutsch „romantisch" seit 1700 nachgewiesen. Es bedeutete ursprünglich „übertrieben zügellos, phantastisch", im Sprachgebrauch der Romantik selbst: „nicht klassisch, romanhaft, modern, interessant".

Die Romantik suchte alle geistig-literarischen Strömungen aufzunehmen, die im 18. Jahrhundert in Widerspruch zum absolutistischen Staat und zum Rationalismus der Aufklärung, v. a. zum französischen Klassizismus gestanden hatten. *Vorläufer* der Romantik waren daher die gefühlsbetonte Literatur (S. Richardson, J.-J. Rousseau; ↑Empfindsamkeit) und die volkstümliche Literatur (G. A. Bürger; ↑Göttinger Hain), die neue Naturdichtung (A. von Haller, E. Young, Th. Gray, v. a. F. G. Klopstock), eine Ästhetik des genialen Subjekts (Shaftesbury, J. G. Hamann; v. a. der ↑Sturm und Drang), die theoretische Befreiung vom klassizistischen Regelzwang (D. Diderot, G. E. Lessing), die Wiederentdeckung der germanisch-mittelalterlichen Literatur (J. und Th. Warton, Th. Percy) die ↑ossianische Dichtung und besonders die Rezeption W. Shakespeares im Sturm und Drang. Vorweggenommen waren viele Bestrebungen der Romantik bei J.-J. Rousseau (Verbindung von Vernunft und Gefühl, naturhaftes Lebensideal) und J. G. Herder (Organismusdenken, historischer Individualitätssinn). Wesentliche Anregungen kamen vom ↑Pietismus und v. a. vom deutschen ↑Idealismus (Ästhetik I. Kants, J. G. Fichtes und F. Schillers). In Deutschland kann der *Beginn* der literarischen Romantik mit 1793 angesetzt werden, dem Jahr, in dem L. Tieck und W. H. Wackenroder in Nürnberg die mittelalterliche Kunst und Religion als Gegen- und Vorbild der Gegenwart entdeckten. Eine erste Gruppe von Romantikern bildete sich 1798 in Jena *(Jenaer* oder *Frühromantik)* mit F. L. von Hardenberg (= Novalis), F. und A. W. Schlegel, L. Tieck, dem Theologen F. D. E. Schleiermacher, den Philosophen J. G. Fichte, J. W. F. von Schelling; Publikationsorgan war die Zeitschrift „Athenaeum" (1798–1800). Kennzeichen der Frühromantik war ihre starke theoretisch-spekulative Ausrichtung, ihr Streben nach einer geistigen Totalität. Ihre bedeutendsten Theoretiker waren F. und A. W. Schlegel. In Heidelberg trat nach 1805 und insbesondere 1808/09 eine zweite Gruppe hervor *(Heidelberger* oder *Hochromantik)*, der A. von Arnim, C. Brentano, J. von Eichendorff, J. Görres, J. und W. Grimm angehörten. Sie wandten sich gegen französische Einflüsse sowie gegen Aufklärung und Klassizismus. Ihnen ging es stärker darum, die schöpferischen Kräfte des deutschen „Volksgeistes" zu wecken. Wichtigster Ertrag waren ihre Sammlungen der (nach romantischem Verständnis) Äußerungen dieses „Volksgeistes“: die Volkslieder, Volksmärchen, Volkssagen und Volksbücher. Ein weiterer Zirkel bildete sich 1808/09 in *Dresden*. Wiederholt wurde Berlin nach 1801 Mittelpunkt romantischer Gruppierungen *(Berliner Romantik):* die Brüder Schlegel, der Salon der Rahel Varnhagen von Ense, A. von Chamisso, F. de la Motte Fouqué, Z. Werner, ab 1814 E. T. A. Hoffmann, um 1810/11 A. von Arnim, C. Brentano, H. von Kleist. Zur *süddeutschen* oder *schwäbischen Romantik* (auch schwäbische Schule oder schwäbischer Dichterbund; nach 1810) zählten v. a. L. Uhland, J. Kerner, G. Schwab, W. Hauff. Eine letzte Blüte romantischen Dichtens stellt die *Spätromantik* dar mit den nach 1820 gedichteten Werken J. von Eichendorffs, E. Mörikes, N. Lenaus und des jungen H. Heine.

Geistige Grundlagen und Tendenzen: Grundlegende Bedeutung hatten für die Romantik die Bestrebungen, die dem Bewußtsein noch nicht zugänglichen Bereiche der menschlichen Seele, der Geschichte, der Natur zu erfassen und so eine Einheit von Bewußtem und Unterbewußtem, von Geist und Natur, Religion und Kunst, Wissenschaft und Poesie, Leben und Tod (Novalis) zu erreichen. Novalis faßte dieses Programm in die Formel: „Die Welt muß romantisiert werden. So findet man den ursprünglichen Sinn wieder ... Indem ich dem Endlichen einen unendlichen Schein gebe, romantisiere ich es ...“. Zentraler Begriff, mit dem sich das romantische Denken unaufhörlich beschäftigte, war das Unendliche, die Entgrenzung des Irdisch-Bedingten in Raum und Zeit. Zugrunde lag die Vorstellung, daß das Ich an der Unendlichkeit einer geistbestimmten Welt teilhat und dabei an der Bindung an das Endliche leidet. Immer wieder versuchte der Romantiker in die Bereiche des „Unendlichen“ vorzudringen oder Begrenzungen zu überwinden. Bevorzugte Themen waren daher der Blick in die Rätsel und unauslotbaren Abgründe der menschlichen Psyche, die Nachtseiten des Lebens (L. Tieck, „Der Runenberg“, Erzählung, 1804), in das Unergründlich-Geheimnisvolle der Natur (symbolisiert in Novalis' ↑„blauer Blume“), der Ausbruch aus der Begrenzung der bürgerlichen Gesellschaft, häufig dargestellt an der Problematik der künstlerischen Existenz (↑Künstlerroman) in einer Welt der „Philister“ oder des poetischen Menschen, der die reine Kunst in einer Welt verwirklichen will, in der die rationale Zweckhaftigkeit dominiert, und der daran zerbricht. Aus alledem resultierte eine Grundverfassung des Romantikers: die Sehnsucht in die Ferne von Raum (Italien, Orient, das Erdinnere) und Zeit (Verklärung des Mittelalters).

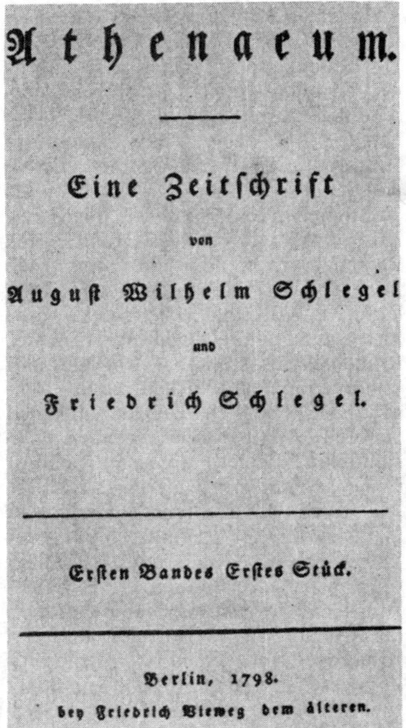
Athenaeum.

Eine Zeitschrift

von

August Wilhelm Schlegel

und

Friedrich Schlegel.

Ersten Bandes Erstes Stück.

Berlin, 1798.
bey Friedrich Vieweg dem älteren.

Romantik. Titelblatt der ersten Ausgabe der programmatischen Zeitschrift „Athenaeum“ (1798)

Der rastlose Wanderer wurde zum Symbol romantischen Selbstverständnisses. Fast alle romantischen Romanhelden sind ohne feste gesellschaftliche Bindungen, immer auf Reisen, auf der Wanderschaft, voll unerfüllter Sehnsucht. Erlebt wurde die Entgrenzung des Irdischen v.a. in der unbegrenzt schweifenden Phantasie, im Traum, im Wahnsinn, im Magisch-Gespenstischen, im pantheistischen Aufgehen in der Natur: Wolken, rauschende Wälder, ferne Gebirge wurden zu Chiffren der Entgrenzung. In J. von Eichendorffs Gedicht „Mondnacht" wird der Gegensatz von Nacht und Licht überwunden und die Einheit des Alls im Gefühl erlebt. Von hier aus ist auch die starke religiöse Komponente der Romantik zu verstehen. Die „Neigung der Romantiker zum katholischen Glauben entwuchs ... der religiösen Überzeugung, daß sich in (ihm) die Unendlichkeit Gottes im Irdischen öffne und offenbare" (F. Martini, „Deutsche Literaturgeschichte", 1957). A. W. Schlegel faßte das poetische Programm der Romantik in der klassischen Formel von der „progressiven Universalpoesie" zusammen. Diese Poesie ist „fortschreitend", immer „unterwegs", kennt keine Begrenzung irgendwelcher Art, jede Form von normativer Poetik wird abgelehnt, die Willkür des Dichters ist absolut. Daher fehlt vielen Werken der Romantik die strenge Form, sie sind oft nur Fragmente, wirken wie Improvisationen. Aber auch die Grenzen zu den anderen Künsten sollten fallen. Die ständige Beschäftigung der romantischen Dichter mit Malerei und Musik war Ausdruck des Strebens nach dieser „Universalpoesie". Freilich wurde der „unauflösliche Widerstreit des Unbedingten und des Bedingten" (F. Schlegel), der Zwiespalt zwischen dem Reich der romantischen Sehnsucht und der Alltagswelt von den meisten Romantikern gesehen und erlebt. Die Spannung suchten viele mit Hilfe der „romantischen Ironie" auszuhalten, einem mutwilligen Spiel mit Stoffen, Stimmungen, dem eigenen Ich und den Erwartungen des Publikums. In souveräner Freiheit hebt der Künstler in der ironischen Desillusionierung seine eigenen Schöpfungen wieder auf, indem er dem Publikum bewußt macht, daß sie nur Phantasiegebilde sind. Noch deutlicher zeigt das Thema des „poetischen Nihilismus", daß die Romantik sich auch der Möglichkeit des Scheiterns ihrer dichterischen Vermittlungen, d.h. ihres Umschlagens in Vereinsamung und Kommunikationslosigkeit bewußt war („Nachtwachen. Von Bonaventura", 1804; ↑auch Nachtstück). Letztlich mußte der Versuch der „Poetisierung der Welt" Utopie bleiben, weil die Literatur sich zumeist zur sich selbst genügsamen Kunstwelt verflüchtigte.

Romantik und Geschichte: Mit der Entdeckung der altdeutschen Kunst durch L. Tieck und W. H. Wackenroder begann eine schwärmerische Verehrung des Mittelalters, die vielfach zu einer Verklärung und Mythisierung wurde. Der zerrissenen, verhaßten Gegenwart wurde mit dem Mittelalter das Idealbild einer als geschlossen angesehenen Wert- und Gefühlswelt gegenübergestellt. In der Beschäftigung mit dem Mittelalter wurde die Romantik zum Schöpfer des modernen Geschichtsbewußtseins. Bleibendes Ergebnis ist die Entstehung der modernen Geschichtswissenschaft (L. von Ranke, F. K. von Savigny). In engem Zusammenhang mit dem Geschichtsdenken stand die romantische Vorstellung von Volkstum und „Volksgeist". Ausgehend vom Organismusgedanken J. G. Herders entwickelte die Romantik einen mythischen Volkstumsbegriff, die Vorstellung eines schöpferisch tätigen „Volksgeistes" der v.a. in den ursprünglichen Schöpfungen des Volkes, im Volkslied und Volksmärchen, in den Volkssagen usw. in seinem innersten Wesen zu fassen ist. Bleibende Erträge dieses Bemühens sind die großen Sammlungen der Romantiker: der Volkslieder (A. von Arnim und C. Brentano, „Des Knaben Wunderhorn", 1805–08), der Volksmärchen (J. und W. Grimm, „Kinder- und Hausmärchen", 1812–15), der Volkssagen (J. und W. Grimm, „Deutsche Sagen", 1816–18), der Volksbücher (J. Görres, „Die teutschen Volksbücher", 1807). Die wissenschaftliche Beschäftigung mit den Literaturdenkmälern v. a. durch die Brüder Grimm (J. Grimm, „Deutsche Grammatik", 1819; J. und W. Grimm, „Deutsches Wörterbuch", 1854–1961) führte zur Begründung der ↑Germanistik. Ziel v. a. der Vertreter der Hochromantik war es, den ursprünglichen, echten Volkscharakter wiederherzustellen, den „Volksgeist" wieder zum Leben zu erwecken, d. h. das Volk wieder zu dem Geist zurückzuführen, aus dem die echte Volksdichtung entstanden war. Aus dieser Zielsetzung erwuchs die sogenannte „politische Romantik" (E. M. Arndt u. a.), die wesentlichen Anteil an der Schaffung eines deutschen Nationalbewußtseins hatte und mit ihrem mythischen Volkstumsbegriff und ihrer organischen Gemeinschaftsidee zur Grundlage für reaktionäre Strömungen bis ins 20. Jahrhundert wurde.

Literarische Gattungen: Das *Märchen* war die dem Romantiker am meisten angemessene Ausdrucksform, weil es in ihm gelang, das Bewußte und Unbewußte nahtlos zu einer Einheit zu verschmelzen, die reale mit der magischen Welt zu vereinen. Das gilt für die Volksmärchen, die in der überlieferten Form allerdings fast Neuschöpfungen v. a. W. Grimms waren, wie für die phantastisch-unheimlichen, oft grotesken oder auch symbolisch verschlüsselten Kunstmärchen (L. Tieck, C. Brentano, E. T. A. Hoffmann u. a.). Eine zentrale Stellung hatte für das literarische Schaffen der Romantik die *Lyrik*. Das Volkslied in seiner Einfachheit und Ursprünglichkeit war für den Romantiker die den Volksgeist am reinsten darstellende Poesie und damit vorbildlich auch für das individuelle Schaffen. Insbesondere die Lyrik von Novalis, C. Brentano, J. von Eichendorff und E. Mörike erreichte eine virtuos-einfache Bedeutungsfülle und bis dahin nicht gekannte Musikalität in einem verwirrenden Spiel von Klangreizen, ↑Assonanzen und ↑Synästhesien. Die *Romane* der Romantik waren v. a. von der Freude am formalen Experiment geprägt (F. Schlegel, „Lucinde", 1799; E. T. A. Hoffmann, „Die Lebensansichten des Katers Murr ...", 1819–21). Auch das romantische Lustspiel (L. Tieck, „Der gestiefelte Kater", 1797) ging neue Wege (Pantomime, Improvisation, Spiel auf mehreren Ebenen, lyrische Einlagen, Einbeziehung eines fiktiven Publikums). In mancher Hinsicht nahm es Elemente des modernen Antiillusionstheaters vorweg.

Die romantische Bewegung erfaßte v. a. Mittel- und West-, teilweise auch Nordeuropa. In Süd- und Osteuropa war sie wenig ausgeprägt. In England sind ihr u. a. S. T. Coleridge, W. Wordsworth, R. Southey, W. Scott, P. B. Shelley, J. Keats und G. G. N. Lord Byron zuzurechnen. In Frankreich wurden die romantischen Ideen u. a. von F. R. de Chateaubriand, B. Constant und Madame de Staël verbreitet, deren Buch „De l'Allemagne" (1810, deutsch „Deutschland", 1814) wesentlich das Bild des Auslandes vom deutschen Geistesleben um 1800 bestimmte.

Wirkung der Romantik: In der Nachwirkung auf die geistige Kultur des 19. und 20. Jahrhunderts übertrifft die Romantik die Klassik bei weitem. Die Idee des ↑Gesamtkunstwerks wurde von R. Wagner wieder aufgegriffen, die Vieldeutigkeit der Literatur, die Gestaltung des Unbewußten, die Tendenz zur Erweiterung der Sprachmöglichkeiten prägten entscheidend den französischen ↑Symbolismus und seine europäischen Folgen, v. a. den ↑Expressionismus und ↑Surrealismus. Die „romantische Ironie" und Romantheorie wurden z. T. erst von Th. Mann und R. Musil verwirklicht, die moderne Ästhetik der ↑Verfremdung hat romantische Wurzeln, zum „poetischen Nihilismus" finden sich Entsprechungen bis in die Literatur der Gegenwart, z. B. im ↑absurden Theater und im ↑Nouveau roman. Die Erforschung von Sprache und Literatur (A. W. Schlegels Vorlesungen 1801–04 und 1808; die Arbeiten der Brüder Grimm) führte zur Ausbildung der modernen Literaturkritik und der germanistischen Wissenschaft, im romantischen

Geschichtsdenken gründet die moderne Geschichtswissenschaft.

Romanze [romanisch]: episch-lyrische Gattung der spanischen Literatur: kürzeres volkstümliches Erzähllied, das Stoffe der altspanischen Sage und Geschichte gestaltet. Die frühesten Romanzen sind im 14./15. Jahrhundert faßbar. In die deutsche Literatur wurden Begriff und Gattung durch J. W. L. Gleim eingeführt (1756) und zunächst synonym für Kunstballade verwendet (G. A. Bürger, Schiller, Goethe). J. G. Herders Übersetzung des Romanzenzyklus „Cid" (1805) leitete eine Blüte der Romanzendichtung in der Romantik ein. Bedeutend sind die Romanzen und Romanzenübersetzungen von A. W. und F. Schlegel, L. Tieck, J. von Eichendorff, L. Uhland und C. Brentano („Romanzen vom Rosenkranz", entstanden 1804–12, herausgegeben 1852). Parodistisch verwendete H. Heine die Romanzenform in „Atta Troll" (1847).

Romanzero (spanisch romancero): Sammlung von ↑Romanzen.

Rondeau [rõ'do:; französisch]: ein vom 13. bis ins 15. Jahrhundert verbreitetes französisches Rundtanz- oder Reigenlied mit Refrain, das wahrscheinlich im Wechsel von Vorsänger und Chor gesungen wurde. Es war einstrophig und bestand aus mindestens acht, meist jedoch 13 Zeilen. Das Lied wies nur zwei Reime auf; eine ungereimte Refrainzeile, gewonnen aus den Anfangsworten der ersten Verszeile, wurde in der Mitte und am Ende des Gedichtes wiederholt. Die dichterische Form wurde im 16. und 17. Jahrhundert u. a. von J. Fischart, G. R. Weckherlin, Ph. von Zesen, im 19. Jahrhundert u. a. von A. de Musset und St. Mallarmé wieder aufgegriffen.

rührender Reim ↑Reim.

Rührstück: dramatische Gattung, die als gesamteuropäische Erscheinung in der Zeit der ↑Empfindsamkeit (etwa 1740 bis 1800) entstand. Das Rührstück enthält meist Scheinkonflikte zwischen Moral und Laster, Demonstrationen unerschütterlicher Tugend usw.; die Handlung spielt meist im Kreis der bürgerlichen Familie, Konflikte werden im rührenden Versöhnungsschluß wieder aufgehoben. Das deutsche Rührstück war beeinflußt von der englischen „sentimental comedy" und der „domestic tragedy" sowie von der französischen ↑Comédie larmoyante. Bedeutende deutsche Vertreter waren A. W. Iffland und A. von Kotzebue. Figuren des Rührstücks, Situationsklischees und Handlungselemente finden sich in der Trivialdramatik des 19. und 20., auch im Familienfilm des 20. Jahrhunderts.

Runen [von althochdeutsch runa „Geheimnis, geheime Beratung, Geflüster"]: Bezeichnung für die graphischen Zeichen der Runenschrift, der ältesten Schrift der Germanen, die mit der Christianisierung der germanischen Stämme der lateinischen Schrift wich. Die Form der Runen aus vertikalen und diagonalen Strichen geht auf die Technik der Runenritzung auf Holz und Metall zurück; daran erinnert noch das englische *to write* („schreiben", eigentlich „ritzen") und Buch*stabe* (Stab = der senkrechte Hauptstrich der Rune). Die Runen besitzen nicht nur einen Lautwert, sondern repräsentieren außerdem auch einen Begriff, der mit dem jedem Zeichen eigenen Runennamen identisch ist, z. B. Pferd, Mensch, Tag. Die Zahl der Runenzeichen wechselte im Lauf der Entwicklung der Runenschrift. Die ältesten Inschriften stammen aus dem 2./3. Jahrhundert. Die älteren Quellen haben einen Zeichenvorrat von 24 Runen, das „Futhark", so benannt nach den ersten sechs Zeichen. Seit etwa 500 wurde im anglofriesischen Bereich das Runeninventar auf 28–30 Zeichen vermehrt. Es gibt rund 5000 bekannte Runeninschriften.

Runen. Futhark

S

Sachbuch: im weiteren Sinn Bezeichnung für jede Art von Literatur, die nicht der ↑Belletristik zugerechnet wird, im Angloamerikanischen mit Non-fiction bezeichnet (also Fach- und Wörterbücher, Lexika usw.) im Gegensatz zu ↑Fiction. Im engeren Sinn seit den 30er Jahren gebräuchlicher Begriff für eine populärwissenschaftliche Darstellung von [neuen] Fakten und Erkenntnissen auf wissenschaftlichem, sozialem, politischem, wirtschaftlichem, kulturellem und kulturhistorischem Gebiet, die sich in erster Linie an interessierte Laien wendet. Von der Belletristik unterscheidet das Sachbuch die Beschränkung auf Tatsachen, vom wissenschaftlichen Fachbuch die allgemeinverständliche, oft fesselnde Darstellung. – Ansätze zu Sachbüchern lassen sich schon in der Antike feststellen (z. B. bei Thukydides und Herodot). Gesellschaftliche Wandlungen wie der Aufstieg des Bürgertums im 17. und 18. Jahrhundert und der Arbeiterschaft im 19. Jahrhundert haben das Entstehen von Sachbüchern gefördert. Aber erst im 20. Jahrhundert, v. a. nach dem 2. Weltkrieg, erlebte das Sachbuch weltweite Verbreitung. Bekannte deutsche Beiträge sind „Götter, Gräber und Gelehrte" (1949) von C. W. Ceram, „Und die Bibel hat doch recht" (1956) von W. Keller, „Mit dem Fahrstuhl in die Römerzeit" (1959) von P. Pörtner, „Die Gruppe" (1972) von H.-E. Richter, „Ein Planet wird geplündert" (1975) von H. Gruhl.

Saga [isländisch „Bericht, Erzählung"] (Plural: Sögur): Sammelbegriff für die skandinavischen, insbesondere isländischen Prosaerzählungen des Mittelalters (12.–14. Jahrhundert) in realistischem, knappem Stil. Die Sögur sind keine festumrissene Gattung: sie umfassen eine Reihe von epischen Formen und werden nach ihren Inhalten verschiedenen Gruppen zugeordnet. Die literarisch bedeutendsten Sögur gehören zur Gruppe der *Islendinga sögur* (Isländergeschichten; 36 Prosaerzählungen), die (meist fiktive) Stoffe aus der isländischen Landnahmezeit (900–1050) gestalten. Wichtigste Typen sind die romanartige Biographie und der isländische Familienroman. Im Gegensatz zu älteren Theorien ist die Literaturwissenschaft heute der Meinung, daß die Islendinga sögur nicht mehr Zeugnisse des germanischen Altertums, sondern literarische Leistungen des skandinavischen Hochmittelalters sind, unter den besonderen historischen und gesellschaftlichen Bedingungen Islands entstandene Gegenstücke zur höfischen Epik West- und Mitteleuropas. Eine weitere Gruppe sind die *Konunga sögur* (Königsgeschichten), die v. a. das historische Schrifttum, Werke zur norwegisch-dänischen Königsgeschichte usw. umfaßt. Sie stellen die älteste Gruppe der Sögur dar. Im Gegensatz zu den anderen Gruppen sind ihre Verfasser z. T. namentlich bekannt, so z. B. Snorri Sturluson. In den *Biskupa sögur* (Bischofserzählungen) finden sich Darstellungen der Geschichte der isländischen Kirche seit der Christianisierung (um 1000) und ihrer Bischöfe. Die *Fornaldar sögur* (Vorzeitgeschichten) gestalten Stoffe aus den Heldensagen südgermanischer Herkunft, aber auch skandinavischen Ursprungs und sagenhafte Überlieferungen aus der Wikingerzeit.

Sage [von althochdeutsch saga „Gesagtes"]: auf volkstümlicher, ursprünglich mündlicher Überlieferung beruhende, meist kurze Erzählung, die – ähnlich wie das Märchen – oft im Überwirklichen, Wunderbaren gründet, jedoch stärkeren Realitätsbezug besitzt, da sie sich auf einen bestimmten Ort (Ortssage) und/oder eine bestimmte historische

Zeit bezieht. Die Sage ist sprachlich und stilistisch anspruchslos, meist einepisodisch, oft mundartlich gefaßt. Sagen können u. a. unterschieden werden nach der Funktion (z. B. aitiologische oder namendeutende Erklärungssagen), nach dem Inhalt (Toten-, Riesen-, Hexensagen), nach Motivketten (z. B. ↑Natursagen, Geistersagen, ↑Kaisersagen), nach formalen Aspekten (Schwanksagen). Nach der Grundstruktur der Erzählung kann man zwei große Gruppen unterscheiden: mythische und historische Sagen. Erstere sind gekennzeichnet durch das Vorherrschen numinoser, dämonischer Elemente (häufig in Natursagen; z. B. die Sage vom König Watzmann), in den letzteren stehen historische Persönlichkeiten oder Ereignisse im Vordergrund (z. B. die Sagen um Kaiser Barbarossa). Nicht selten werden beide Bereiche verknüpft (z. B. Faustsage). V. a. die mythische Sage versucht in ihrer ursprünglichen Form, ein einzelnes unbegreifliches Ereignis oder Phänomen (z. B. Naturphänomen) zu deuten. Meist bricht dabei das Jenseits, das als fremd und bedrohlich empfunden wird, in die irdische Welt ein. Dabei bleiben – im Gegensatz zum Märchen – die Bereiche der diesseitigen und der jenseitigen Welt scharf getrennt. Ebenfalls im Gegensatz zum Märchen ist die zentrale Sagenfigur meist passiv und unterliegt den von außen einbrechenden unbegreiflichen Mächten. Die Sage verewigt im Bild die Ohnmacht des Menschen. Die Sammlung und Erforschung der Sagen wurden in der Romantik begründet (J. und W. Grimm, „Deutsche Volkssagen“, 1816–18). Von den eigentlichen *Volkssagen* zu unterscheiden sind die nordischen ↑Sagas sowie die Götter- und ↑Heldensagen, die als Gegenstand der Hochdichtung meist literarisch fixiert sind.

Sainẹte [spanisch, eigentlich „Würze, Wohlgeschmack“]: Einakter, der sich im spanischen Barocktheater als Nach- oder ↑Zwischenspiel entwickelte und sich – vergleichbar mit dem ↑Entremés – wie dieses verselbständigte. Kennzeichen der meist witzigen, realistischen Alltagsskizzen sind volkstümliche Figuren und musikalische und tänzerische Einlagen.

Samisdạt-Literatur [Kurzwort aus russisch samoisdatelstwo, eigentlich „Selbstverlag“]: Anfang 1966 in der Sowjetunion entstandene Bezeichnung für maschinen-, seltener handschriftlich verbreitete literarische und publizistische Werke, die (aus Zensurgründen) nicht in einem offiziellen Verlag, sondern im „Selbstverlag“ erscheinen. Herausgeber und Autoren der Samisdat-Literatur werden verfolgt. *Tamisdat-Literatur* bezeichnet das zuerst im Westen veröffentlichte Schrifttum sowjetischer Autoren.

sapphische Strọphe ['zafɪʃə, 'zapfɪʃə]: nach der griechischen Dichterin Sappho (um 600 v. Chr.) benannte antike vierzeilige Odenstrophe aus drei gleichgebauten elfsilbigen „sapphischen Versen“ und einem abschließenden fünfsilbigen ↑Adoneus. Versschema:

–́ ⏑ –́ ⏓ | –́ ⏑ ⏑ –́ | ⏑ –́ ⏒
–́ ⏑ –́ ⏓ | –́ ⏑ ⏑ –́ | ⏑ –́ ⏒
–̀ ⏑ –́ ⏓ | –́ ⏑ ⏑ –́ | ⏑ –́ ⏒
–́ ⏑ ⏑ –́ ⏓.

Die sapphische Strophe findet sich erstmals in den Liebesliedern der Sappho und bei Alkaios, in der römischen Literatur z. B. bei Catull und Horaz. Im 16. und 17. Jahrhundert war sie in der deutschen Literatur beliebt und wurde u. a. für Kirchenlieder verwendet. Die sapphische Strophe wurde v. a. von F. G. Klopstock, von J. Ch. F. Hölderlin, L. Ch. H. Hölty, A. von Platen und N. Lenau gepflegt.

Sarkạsmus [von griechisch sarkázein „verhöhnen“, eigentlich „zerfleischen“]: beißender Spott, ins Extrem gesteigerte Form der ↑Ironie; auch Stilfigur, v. a. in der Antike (u. a. bei Demosthenes), aber auch in der Moderne (u. a. bei K. Kraus).

Satanịsmus: wenig differenzierender, meist polemisch verwendeter Begriff für Literatur, die das Böse, Teuflische feiert und das Grausam-Gewalttätige, Perverse, Brutal-Sinnliche darstellt. Erstmals 1821 von R. Southey im Vorwort zu seinem Gedicht „A vision of judgement" gegenüber den zeitgenössischen englischen Romantikern G. G. N. Lord Byron, P. B. Shelley, J. Keats u. a. gebraucht, die er als „Satanic school" bezeichnete. Auf Grund bestimmter motivlicher Gemeinsamkeiten werden in diesem Zusammenhang in der französischen Literatur der Marquis de Sade, V. Hugo, Ch. Baudelaire u. a., in der deutschen u. a. E. T. A. Hoffmann („Die Elixiere des Teufels", Roman, 1815/16) genannt.

Satire [wahrscheinlich von lateinisch satura (lanx) „mit Früchten gefüllte (Opfer)schale" (übertragen im Sinne von „bunte Mischung")]: in allen literarischen Gattungen mögliche Darstellungsform, die durch Übertreibung, Ironie und [beißenden] Spott an Personen und Ereignissen Kritik übt, sie der Lächerlichkeit preisgibt, Zustände anprangert und mit scharfem Witz geißelt. Der an einer bestimmten Norm orientierte Spott über Erscheinungen der Wirklichkeit wird dabei nicht direkt, sondern indirekt durch die ästhetische Nachahmung eben dieser Wirklichkeit ausgedrückt.

Geschichte: Elemente der Satire finden sich schon in *Ägypten* und im alten *Griechenland.* Ein für die Folgezeit wirksames Muster gaben die *Prosasatiren* des griechischen Kynikers Menippos (später als „Saturae Menippeae" bezeichnet), die von Lukian und auch in der *römischen Literatur* nachgeahmt wurden (M. T. Varro, „Saturae Menippeae", 1. Jahrhundert v. Chr.; G. Petronius, „Satyricon", 1. Jahrhundert, deutsch „Satyrica", 1965). Römisch-italischen Ursprungs waren dagegen die *Verssatiren.* Als Erfinder der aggressiven Satire gilt G. Lucilius. Ihre abgeklärte Hochform erreichte sie mit Horaz, dem es darum ging, „lächelnd die Wahrheit zu sagen". Aggressiver in seiner Kritik der Verfallserscheinungen der Zeit war Juvenal.

Im *Mittelalter* sind satirische Elemente v. a. in dem aus der Fabeldichtung erwachsenen Tierepos zu finden, das meist als Ständesatire angelegt war („Ecbasis captivi", 11. Jahrhundert; „Roman de Renart", entstanden 1175–1250, deutsch 1965; „Reinke de Vos", 1498). Elemente der Verssatire finden sich auch in der politischen Sangspruchdichtung Walthers von der Vogelweide und in den Liedern Neidharts (von Reuental). Bedeutende Satiren des ausgehenden Mittelalters schufen Hugo von Trimberg mit seinem Lehrgedicht „Der Renner" (1300) und H. Wittenwiler mit dem komischen Epos „Der Ring" (um 1400). Die Tradition wurde in *Renaissance* u. *Humanismus* fortgesetzt mit S. Brants „Narrenschiff" (1494; ↑Narrenliteratur) und den „Epistolae obscurorum virorum" (1515–17, deutsch „Briefe von Dunkelmännern ...", 1876) von Crotus Rubianus, U. von Hutten u. a. In den geistigen Kämpfen der Reformationszeit spielte die Satire eine bedeutende Rolle. Das satirische Spiel realisierte sich v. a. in den ↑Fastnachtsspielen. In der Tradition der Saturae Menippeae standen F. Rabelais' Roman

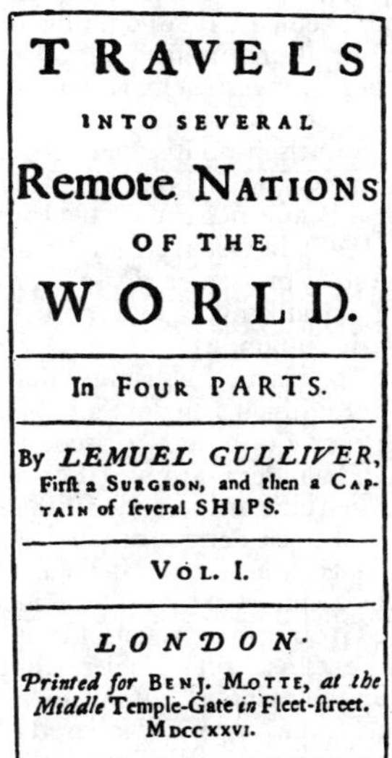
TRAVELS
INTO SEVERAL
Remote NATIONS
OF THE
WORLD.

In FOUR PARTS.

By LEMUEL GULLIVER,
First a SURGEON, and then a CAPTAIN of several SHIPS.

VOL. I.

LONDON:
Printed for BENJ. MOTTE, at the Middle Temple-Gate in Fleet-street.
MDCCXXVI.

Satire. Titelblatt der Erstausgabe von Jonathan Swifts Roman „Travels into several remote nations of the world" (1726).

„Gargantua et Pantagruel" (1532–64, deutsche Bearbeitung von J. Fischart, 1575; 1832–41 unter dem Titel „Gargantua und Pantagruel") und M. de Cervantes Saavedras Roman „El ingenioso hidalgo Don Quixote de La Mancha", 1605–15, deutsch 1621, 1965 unter dem Titel „Der sinnreiche Junker Don Quijote von La Mancha"), im *Barock* die Romane von Ch. Weise und Ch. Reuter sowie J. M. Moscheroschs Zeitsatiren. Gegen den Optimismus einer nur oberflächlich aufklärerischen Geisteshaltung wendeten sich die Vertreter der menippeischen Satire des *18. Jahrhunderts:* J. Swift („Travels into several remote nations of the world ...", 1726, deutsch 1727/28, 1788 unter dem Titel „Gullivers sämtliche Reisen"), Voltaire („Candide ou l'optimisme", 1759, deutsch „Candide oder Die beste Welt", 1776) u. a. Eine mehr ironische Spielform des satirischen Romans pflegte Ch. M. Wieland („Die Abderiten", 1774). *Klassik* und *Romantik* kannten fast nur die epigrammatische (Schiller/Goethe, „Xenien", 1796) oder die dialogische und dramatische Literatursatire (L. Tieck, „Der gestiefelte Kater", 1797). Erst H. Heine führte die Gattung mit seinen literarisch-politischen Satiren zu einem neuen Höhepunkt („Deutschland. Ein Wintermärchen", 1844; „Atta Troll", 1847). In Österreich näherte sich J. N. Nestroy mit seinen Possen der satirischen Sozialkritik („Der böse Geist Lumpazivagabundus", 1835). Der resignative „poetische Realismus" der Zeit nach 1848 enthielt sich der Satire. Allein in der neuen Form der satirischen Zeitschrift („Kladderadatsch", 1848–1944) konnte sich ein karikierender Witz betätigen. Erst nach der Jahrhundertwende erweckte H. Mann v. a. mit seinem Roman „Der Untertan" (1916) die menippeische Großform zu neuem Leben. Als satirische Zeitschrift erschien ab 1896 der „Simplicissimus", und um 1900 eröffneten die ersten ↑Kabaretts, die auch *nach dem 1. Weltkrieg* blühten. Meister der satirischen Kleinformen waren K. Tucholsky und E. Kästner. Bedeutendster satirischer Dramatiker der ersten Hälfte des 20. Jahrhunderts war G. B. Shaw. Gegen den Nationalsozialismus richtete sich B. Brechts dramatische Satire „Der aufhaltsame Aufstieg des Arturo Ui" (entstanden 1941, gedruckt 1957).

Der Zusammenbruch Deutschlands im *2. Weltkrieg* sowie der rasche Aufbau der Bundesrepublik Deutschland seit 1948 hinterließ ein oft empfundenes Defizit an verbindlichen Normen und Werten des gesellschaftlichen Lebens, wodurch ein für die Satire günstiges Klima entstand. Bedeutende deutschsprachige Satiriker sind M. Walser, H. Böll („Dr. Murkes gesammeltes Schweigen", Satiren, 1958), M. Frisch („Herr Biedermann und die Brandstifter", Hörspiel 1956, Drama 1958) und F. Dürrenmatt („Der Besuch der alten Dame", Komödie, 1956), im Bereich der englischsprachigen Literatur u. a. A. Huxley („Brave new world", 1932, deutsch 1932, 1953 unter dem Titel „Schöne neue Welt") und G. Orwell („1984", 1949, deutsch „1984", 1950).

Satyrspiel: heiteres, ausgelassenes szenisches Nachspiel der klassischen griechischen Tragödientrilogie (↑Tragödie) und damit vierter Teil der Tetralogie. Mitwirkende waren ein Chor von Satyrn bzw. Silenen in Ziegenfellen, mit Pferdeschwanz und -ohren, Phallus und Maske sowie ein bis drei als Heroen bzw. Götter kostümierte Darsteller. Die Themen entstammten meist den Göttersagen, ihre Behandlung reichte vom Komisch-Grotesken bis zum Derben und Obszönen. Das Satyrspiel travestierte die Stoffe und die Aufführung der drei vorangegangenen Tragödien mit witzigen, oft aggressiven Texten, lustigen Liedern und ausgelassenen Tänzen. Auf diese Weise bildete es den heiteren, ironisch-kontrastierenden Ausklang der gesamten, sieben bis acht Stunden dauernden Theatervorstellung im Rahmen des ↑Agon. Der Ursprung des Satyrspiels liegt wie der der Tragödie im kultischen Bereich, v. a. im Dionysoskult (entstanden um 600 v. Chr.). Als Erfinder gilt Pratinas von Phleius. Überliefert sind nur wenige, zudem atypische Texte, so z. B. das Satyrspiel „Kyklops" (deutsch 1791/92, 1958 unter dem Titel „Der Kyklop") von Euripides.

Schäferdichtung: Gattung der europäischen Literatur der Renaissance und des Barock, die in der Tradition der antiken ↑bukolischen Dichtung mit ihrem Preis des einfachen Hirtenlebens steht (Vergil, „Bucolica" [auch „Eclogae" genannt], entstanden 42–39, deutsch „Bucolica", 1568). Soziologischer Hintergrund war die im 16. und 17. Jahrhundert zuerst in der europäischen Aristokratie verbreitete, später auch vom Bürgertum übernommene Mode der „Schäferei", ein Gesellschaftsspiel (ländliche Kostümfeste, Schäfereien und Meiereien in ländlichen Schlössern, Schäfernamen, die meist der antiken Bukolik entlehnt waren wie Phyllis, Flavia u. a.), in dem nicht eine echte Rückkehr zum einfachen Leben erstrebt wurde, sondern das sich mit der manieristisch gestalteten konventionellen Fiktion begnügte. Auch die Schäferliteratur war nur ein Spiegel des schäferlich kostümierten höfischen Lebens einer überfeinerten Gesellschaftsschicht. Sie war Rollendichtung: in einer stilisierten Natur mit stereotypen Szenerien, die der antiken Bukolik entlehnt waren (↑Locus amoenus), spielten Menschen im Schäferkostüm; Liebe und Liebesleid, Sehnsucht, Freundschaft waren die Hauptthemen. Es ging nicht um persönliches Erleben, sondern um die immer raffiniertere Gestaltung überlieferter Themen. Die literarische Entwicklung, deren erste Ansätze bei F. Petrarca und G. Boccaccio anzutreffen sind, mündete schließlich in die erotische Schäferpoesie des ↑Rokoko. Die deutsche Schäferdichtung setzte erst im 17. Jahrhundert ein und blieb weitgehend von den romanischen Vorbildern abhängig. Die Beliebtheit der gesellschaftlichen und literarischen Schäfermode auch in bürgerlichen Kreisen bezeugt u. a. der 1644 von G. Ph. Harsdörffer und J. Klaj gegründete Löbliche Hirten- und Blumenorden an der Pegnitz (↑Nürnberger Dichterkreis). Formal ist die Schäferdichtung durch die Vermischung der Gattungen gekennzeichnet, besonders durch das Vorherrschen des lyrisch-musikalischen Elements, z. B. in ↑Eklogen, in denen Prosa, Dialoge und Verse gemischt sind. Bevorzugte Gattung war die *Lyrik.* Besonders die Rokokolyrik gestaltete Motive der ↑Anakreontik in vielen Variationen. Im *Schäferspiel* und schäferlichen Singspiel wurde in melodischen Versen mit Lied- und Gedichteinlagen die lyrische Situation dramatisiert. Richtungweisend war T. Tassos „Aminta" (1580, deutsch „Aminta", 1742), von europäischer Wirkung G. B. Guarinis „Il pastor fido" (1590, deutsch „Der treue Schäfer", 1619). Noch Goethes Schäferspiel „Die Laune des Verliebten" (Uraufführung 1779, erschienen 1806) stand in dieser Tradition. Neu entstand im Barock, beeinflußt vom ↑„Amadisroman", der *Schäferroman.* Auch er war durch obligatorische lyrische Einlagen aufgelockert, auch hier bestimmte eine weitgehend normierte Liebeshandlung die innere Struktur. Der Schäferroman wurde begründet durch I. Sannazaros Roman „Arcadia" (vollständig 1504) und zu europäischer Wirkung gebracht durch J. de Montemayors Roman „Los siete libros de la Diana" (1559, deutsch „Diana", 1646), als Höhepunkt gilt H. d'Urfés Schäferroman „L'Astrée" (1607–27, deutsch „Von der Lieb Astreae und Celadonis", 1619). Die Gattung wurde schließlich durch die realistische ↑Idylle, im 19. Jahrhundert durch den schon z. T. sozialkritischen Land- und Bauernroman abgelöst.

Schallnachahmung ↑Lautmalerei.

Schauerroman: in der 2. Hälfte des 18. Jahrhunderts entstandener, bewußt auf Schauereffekte angelegter Typ des erfolgreichen Trivial- und Unterhaltungsromans. Der Schauerroman wurzelt in der Aufklärung, indem er entweder das Unheimliche als erklärbare Mystifikation enthüllt und damit zum Vorläufer des ↑Detektivromans wird oder das Irrationale als eine nicht kausal zu erklärende Wirklichkeit darstellt. Die zweite Art des Schauerromans erzielte den größeren Publikumserfolg. Seine frühe Ausprägung erfuhr der Schauerroman in England als ↑Gothic novel (H. Walpole, Ann Radcliffe, Ch. R. Maturin, v. a. M. G. Lewis' Roman „The monk", 1796, deutsch „Der Mönch", 1797/98), von wo aus er bald rasche Verbreitung in ganz Europa fand. Bedeutende deutsche Autoren von Schauerromanen waren u. a. L. Tieck, E. T. A. Hoffmann („Die Elixiere des Teufels", 1815/16), W. Hauff. Im Verlauf des 19. Jahrhunderts sank die Gattung ab zu trivialen Gruselgeschichten, die meist durch Leihbibliotheken verbreitet wurden.

Schauspiel: Begriff, der sich zum ersten Mal im 16. Jahrhundert für die Aufführung von Dramen nachweisen läßt und unterschiedlich verwendet wird: 1. allgemein als Oberbegriff für ↑Tragödie und ↑Komödie, auch für ↑Drama; 2. als Bezeichnung für eine – im Gegensatz zum streng gebauten Drama – „offene", breiter angelegte Dramenform, z. B. für das religiöse (↑Mysterienspiel) oder patriotische Festspiel (Ritter-, Volksschauspiel), weiterhin für das expressionistische Drama und das ↑epische Theater B. Brechts; 3. für ein Drama, in dem das Tragische wohl enthalten ist, aber durch rechtzeitige Besinnung, Läuterung des Helden usw. die Katastrophe vermieden wird („Lösungsdrama"), z. B. G. E. Lessings „Nathan der Weise" (1779) oder Goethes „Iphigenie auf Tauris" (1787).

Schelmenroman (pikarischer Roman, pikaresker Roman): Sonderform des ↑Abenteuerromans, in dessen Mittelpunkt die Gestalt des Picaro (Schelms) steht, der in der Ichform seine mannigfaltigen Schicksale und Abenteuer aus der Perspektive des sozial Unterprivilegierten erzählt, der sich im Dienst verschiedener Herren mit List und oft unerlaubten Machenschaften durchs Leben schlägt. Dabei werden meist die verschiedenen Gesellschaftsschichten, mit denen er in Berührung kommt, kritisch betrachtet, so daß der Schelmenroman auch als Gesellschaftssatire verstanden werden kann. Typisch sind das Erzählprinzip der additiven Reihung, bei der die verschiedenen Episoden nur durch den Helden verbunden sind, die Fülle der Geschehnisse, Figuren und Schauplätze sowie die realistische Beschreibung von Details.
Der europäische Schelmenroman entstand in der 2. Hälfte des 16. Jahrhunderts in Spanien. Als frühestes Beispiel gilt der anonym erschienene Roman „La vida de Lazarillo de Tormes y de sus fortunas y adversidades" (1554, deutsch „Lazarillo de Tormes", 1617). Aus der Fülle der spanischen Schelmenromane des 16. und 17. Jahrhunderts ragen u. a. heraus: „Vida del pícaro Guzmán de Alfarache" (1599–1604, deutsch „Der Landstörtzer Gusman von Alfarache", 1615) von M. Alemán, die Novelle „Rinconete y Cortadillo" (1613, deutsch 1617, 1963 unter dem Titel „Rinconete und Cortadillo") von M. de Cervantes Saavedra, die „Historia de la vida del Buscón ..." (1626, deutsch „Der Abentheuerliche Buscon", 1671). Literarischer Höhepunkt des Schelmenromans in Frankreich war „Histoire de Gil Blas de Santillane" (1715–35, deutsch „Gil Blas von Santillana", 1774) von A. R. Lesage. Die deutsche Tradition begann mit der Übersetzung und Nachahmung spanischer Werke. Bedeutendste eigene Schöpfungen waren „Der Abentheurliche Simplicissimus Teutsch" (1669) von J. J. Ch. von Grimmelshausen und seine sogenannten Simplizianischen Schriften („Trutz Simplex: Oder ... Lebensbeschreibung Der Ertzbetrügerin und Landstörtzerin Courasche", 1670; „Das wunderbarliche Vogel-Nest", 1672) sowie Ch. Reuters Roman „Schelmuffskys Warhafftig Curiöse und sehr gefährliche Reisebeschreibung zu Wasser und Lande" (1696/97), eine Parodie des Reise- und Schelmenromans. Das Schelmenmotiv blieb bis in die Literatur der Gegenwart lebendig. Bedeutende Gestaltungen in neuerer Zeit sind „Osudy dobrého vojáka Švejka za světové války" (1921–23, deutsch „Die Abenteuer des braven Soldaten Schwejk während des Weltkrieges", 1926/27) von J. Hašek, „Bekenntnisse des Hochstaplers Felix Krull" (1954) von Th. Mann, „Die

Blechtrommel" (1959) von G. Grass oder „Leben und Abenteuer der Trobadora Beatriz ..." (1974) von I. Morgner.

Schicksalsdrama (Schicksalstragödie): allgemein ein Drama, in dem die Handlung durch den Kampf des Helden mit einem von außen hereinbrechenden, unabwendbaren Schicksal bestimmt wird. Diese Grundkonstellation spielte schon in der antiken Tragödie eine maßgebliche Rolle: der Mensch ist dem als göttlich verehrten Schicksal ausgeliefert (Sophokles, „Oidípus týrannos", entstanden vor 425 v. Chr., deutsch 1759, 1968 unter dem Titel „König Ödipus"). Die deutsche Klassik formte den antiken Schicksalsgedanken um: der Mensch als freie sittliche Persönlichkeit überwindet das Schicksal, gerade auch im äußeren Scheitern (Schiller, „Wallenstein", 1800). Die Vorstellung eines unheimlichen, dämonischen Schicksals, das den Menschen vernichtet, entstand erst in der Romantik. Mit Z. Werners Stück „Der 24. Februar" (1810) begann das romantische Schicksalsdrama als literarische Modegattung, in der mit einer Häufung schrecklicher Zufälle, mit unheilvollen Weissagungen, Familienfluch, blutrünstigen Szenen usw. eine grausige Stimmung beschworen wurde. Auch F. Grillparzers Tragödie „Die Ahnfrau" (1818) steht in dieser Tradition. Die Schwächen dieser Dramengattung riefen schon bald Parodien hervor (z. B. A. von Platens Komödie „Die verhängnisvolle Gabel", 1826).

Schildbürger (Die Schildbürger): Titel einer Sammlung von Schwänken und Streichen der törichten Kleinbürger des fingierten Städtchens Schilda (dem heutigen Schildau, bei Torgau, zugeschrieben). Das Volksbuch „Die Schildbürger" (1598) ist eine Bearbeitung des 1597 erschienenen „Lalebuches", das u. a. von dem Entschluß der weisen Lalen handelt, sich närrisch zu stellen, um von der großen Welt fortan unbehelligt zu sein.

Schlager, ein Musikstück, das Erfolg hat, das „einschlägt" (die Bezeichnung tauchte erstmals in Wien um 1880 auf). In dieser Bedeutung wird heute meist der Begriff „Hit" verwendet und „Schlager" im Sinn eines deutschsprachigen, liednahen Typs der Unterhaltungsmusik gebraucht. Er ist das meist kurzlebige, strophische Erfolgslied mit einprägsamer Titelzeile und – oft wirkungsentscheidendem – Refrain. – Trotz der engen Begrenzung von Grundthemen (Liebe, Glücksverlangen, Fern- und Heimweh) und musikalischer Substanz sind neben Kitsch (↑Schnulze) und zweideutigem Humor auch anspruchsvollere, chansonartige satirische und sozialkritische Schlager entstanden.

Schlager waren ursprünglich v. a. Couplets, Chansons, Tanz- und Marschlieder aus Oper und Operette, die gesondert populär wurden. Bald entstanden jedoch auch eigenständige als „Schlager" vorgesehene Stücke. Seit 1900 wird der Schlager in wachsendem Maß nicht mehr durch Vorführung von Kapellen und Sängern oder Notenverkauf, sondern v. a. durch die Massenmedien Schallplatte, Hörfunk, Fernsehen und Tonfilm verbreitet. Der Popularität hilft ein straffes vielgliedriges Marketing- und Reklamesystem (Hitparaden in Hörfunk und Fernsehen, Schlagerfestivals, Musikbox u. a.) nach. Dies und die Allgegenwart im Alltag fördern die Verbreitung des Schlagers und intensivieren seine Wirkungen. Sie bestehen vorwiegend darin, daß die Welt, so wie sie ist, bestätigt oder jedenfalls erträglich gemacht wird. Angeboten werden Scheinrealität, Trost und Gefühlsersatz.

Schlagreim ↑Reim.

Schlagwort: ursprünglich svw. schlagendes (treffendes) Wort, heute gebraucht für: kurze, prägnant formulierte, inhaltlich jedoch verschwommene, sinnentleerte, meist an Emotionen appellierende Wörter und Redewendungen, die vorwiegend als Mittel der Propaganda („gelbe Gefahr", „Volk ohne Raum") und der Werbung eingesetzt werden. – ↑auch Slogan.

schlesische Dichterschule: Bezeichnung für die aus Schlesien stammenden meist bürgerlichen Dichter der Barockzeit (↑Barock), die an den meisten literarischen Entwicklungen des 17.

Jahrhunderts führend beteiligt waren und seit der bahnbrechenden Dichtungslehre von M. Opitz („Buch von der Deutschen Poeterey", 1624) im ganzen deutschen Sprachraum Anklang fanden. Es werden zwei schlesische Dichterschulen unterschieden, die zwei Richtungen innerhalb der Barockliteratur verkörpern: eine *erste schlesische Schule,* der die Dichter der Generation von M. Opitz zugerechnet werden (P. Fleming, F. von Logau, S. Dach, A. Tscherning, J.P. Titz, D. Czepko u.a.; meist auch A. Gryphius) und die maßvolle, klassizistische Formen verwendeten, und eine *zweite schlesische Schule* mit den Hauptvertretern D.C. von Lohenstein und Ch. Hofmann von Hofmannswaldau, deren Sprache vom Schwulststil des Spätbarock gekennzeichnet ist.

Schlüsselliteratur: Bezeichnung für literarische Werke, in denen wirkliche, meist zeitgenössische Personen, Zustände, Ereignisse unter fiktiven oder historischen Namen und Bezeichnungen mehr oder weniger „verschlüsselt" erscheinen. Entscheidend ist jedoch nicht die bloße Übereinstimmung der literarischen Personen usw. mit der Wirklichkeit, sondern die bewußte Verschlüsselung durch den Autor, die darauf angelegt ist, vom Leser durchschaut zu werden. Das Verständnis des Werkes setzt daher beim Leser die Kenntnis des „Schlüssels" oder der verschlüsselten Verhältnisse voraus. Gründe für die Verschlüsselung können Angst vor Zensur, rechtliche Bedenken (Eindringen in die Privatsphäre anderer) oder auch rein ästhetische Erwägungen sein: Spiel mit der Wirklichkeit. – Es lassen sich verschiedene Typen unterscheiden: 1. die Verschlüsselung zeitgeschichtlicher politischer Ereignisse (z. B. B. Brecht, „Der aufhaltsame Aufstieg des Arturo Ui", Drama, entstanden 1941, gedruckt 1957: Aufstieg A. Hitlers); 2. die Verschlüsselung von gesellschaftlichen und politischen Konflikten, von Skandalen, hauptsächlich von Liebesverhältnissen (O.J. Bierbaum, „Prinz Kuckuck", Roman, 1907/08); 3. die Verschlüsselung von Kontroversen literarischer Gruppen (z. B. L. Tieck, „Der gestiefelte Kater", Drama, 1797).
Für die Verschlüsselungstechniken besonders geeignet sind Dramen, Fabeln und [biographische] Romane (sogenannte *Schlüsselromane).* – Die Anfänge der Schlüsselliteratur in Deutschland sind schwer festzulegen. Als erste Beispiele gelten Augustin von Hamerstettens „Hystori vom Hirs mit den guldin ghurn und der Fürstin vom pronnen" (1496) und das Versepos „Theuerdank" (1517), ein Schlüsselgedicht auf die Brautfahrt Kaiser Maximilians I., zu dem Stoff und Verschlüsselungsplan von Maximilian selbst stammten. In Mode kam die Verschlüsselung in der ↑Schäferdichtung der Renaissance und des Barock sowie in der höfischen Barockdichtung (v.a. im ↑heroisch-galanten Roman). Beispiele aus neuerer Zeit sind u.a. „Der Mann ohne Eigenschaften" (Roman, 1930–52) von R. Musil, „Die Plebejer proben den Aufstand" (Drama, 1966) von G. Grass, „Juristen" (Drama, 1979) von R. Hochhuth.

Schlüsselwörter: zentrale Begriffe in literarischen Texten, v.a. in der Lyrik (aber auch in Gebrauchstexten), deren „Entschlüsselung" und Deutung wesentlich dazu beitragen, den Sinn des Textes zu erhellen.

Schmähschrift ↑Pamphlet.

Schmiere: abwertende Bezeichnung für eine schlechte Theatertruppe, vorwiegend für Wanderbühnen gebraucht.

Schmöker [aus der Studentensprache, von niederdeutsch smöken „rauchen"]: ursprünglich altes oder schlechtes Buch, aus dem man einen Fidibus herausriß, um seine Pfeife zu „schmöken". Heute v.a. in der Umgangssprache verwendeter Begriff für ein literarisch anspruchsloses [dickes] Buch.

Schnitt: als Terminus der Filmsprache 1. das neben der ↑Blende wichtigste Verfahren bei Bild- und Tonaufzeichnungen, von einer ↑Einstellung zur folgenden überzugehen; man unterscheidet zwischen hartem und weichem Schnitt (auch „unsichtbarer Schnitt" genannt), je nachdem, ob der Übergang plötzlich und unvermittelt oder eher unmerklich vollzogen wird (↑Montage). Schnitt bezeichnet 2. aber auch eine Phase der Filmgestaltung: die Rohschnittfassung, in der die gefilmten ↑Sequenzen aneinandergeklebt und mit den entsprechenden Tonaufnahmen belegt werden. Seine endgültige Fassung erhält der Film im folgenden Feinschnitt, wenn über die Länge und die Plazierung der Einstellungen entschieden und die genaue Synchronität von Bild und Ton hergestellt wird. Bei Live-Sendungen erfolgt der Schnitt durch Umschaltung von einer Aufnahmekamera zur anderen auf Anweisung des Regisseurs.

Schnulze [vielleicht durch Versprechen für „Schmalz" oder in Anlehnung an niederdeutsch snulten „gefühlvoll daherreden"]: seit etwa 1950 verbreitete umgangssprachliche Bezeichnung für ein rührseliges Kino- oder Theaterstück oder auch Lied (hier v. a. auf ↑Schlager angewendet).

Scholien [von griechisch schólion „kleiner Kommentar"]: schulmäßige, kurze kommentierende, oft stichwortartige Erläuterungen von sprachlich oder inhaltlich schwierigen Textstellen in Schriften griechischer und römischer Autoren. Im Gegensatz zu den einfacheren ↑Glossen enthalten die schon in der Antike verwendeten Scholien mehr Information; von den selbständigen Kommentaren unterscheiden sie sich dadurch, daß sie in die zu kommentierenden Texte eingefügt wurden, wobei meist das Stichwort (Lemma) oder auch ein kurzer Text am Rand wiederholt wurden, danach folgte die Erläuterung (Interpretament). Die Tradition der antiken *Scholiastik* wurde im Mittelalter fortgesetzt und von den Humanisten des 15. und 16. Jahrhunderts für ihre philologischen Arbeiten übernommen.

schöne Literatur ↑Belletristik.

Schriftsprache: seit dem Ende des 18. Jahrhunderts gebräuchliche Bezeichnung für die überregionale genormte ↑Hochsprache in Abgrenzung von den regionalen Mundarten und Schriftdialekten. Nach ersten Ansätzen in althochdeutscher Zeit führten die Bemühungen um eine Normierung der Sprache im hohen Mittelalter zu ersten Vereinheitlichungen der Literatursprachen und Verkehrssprachen (z. B. im Bereich der Hanse). Von den sich im 15. Jahrhundert festigenden ↑Kanzleisprachen setzte sich die kursächsische, dem ostmitteldeutschen Dialekt verpflichtete (nicht zuletzt infolge ihrer Verwendung durch M. Luther) im ganzen hochdeutschen Sprachraum als Schriftsprache durch. Heute hat sich die Erkenntnis durchgesetzt, daß eine Schriftsprache keine geschichtsunabhängige Größe darstellt, sondern die zeitbedingte Ausprägung eines mittleren Sprachpotentials ist, das immer neuen Einflüssen ausgesetzt ist und nur durch fortwährende Veränderungen und Anpassung an die Sprechgewohnheiten in einem Sprachraum seine Funktion als überregionales Kommunikationsmittel erfüllt.

Schriftsteller: seit dem 18. Jahrhundert übliche Verdeutschung von „Autor" (Verfasser) oder „Skribent" (Schreiber). Die ursprüngliche Ableitung des Wortes „Schriftsteller" im 17. Jahrhundert aus der Wendung „eine Schrift stellen" (z. B. eine Bitt- oder Rechtsschrift) bestimmte die Verwendung des Wortes bis ins 20. Jahrhundert: als Schriftsteller galten die Verfasser von Prosaschriften ohne künstlerischen Anspruch im Gegensatz zu den ↑Dichtern (Poeten), den Verfassern höher eingeschätzter poetischer Werke. Im 20. Jahrhundert, als sich der Begriff von Dichtung änderte, setzte sich zunehmend eine wertfreie Verwendung des Begriffes durch: als Schriftsteller werden heute die Produzenten aller Arten von Literatur bezeichnet, soweit sie nicht eng an aktuelle Berichterstattung gebunden ist (für diesen Bereich ist die Bezeichnung „Journalist" üblich). Die Berufsbezeichnung lautet meist „freier Schriftsteller". Die Organisationen der Schriftsteller sind die ↑Schriftstellerverbände.

Schriftstellerverbände: Organisationen von Schriftstellern zur Wahrung ihrer Berufs- und Standesinteressen, im Gegensatz zu den programmatisch ausgerichteten oder v. a. geistig-geselligen Austausch pflegenden ↑Dichterkreisen. – Die ersten Schriftstellerverbände, die das Ziel hatten, durch Lesungen, Aufführungen usw. notleidenden Mitgliedern zu helfen, entstanden in Deutschland gegen Ende des 19. Jahrhunderts (z. B. 1887 der „Deutsche Schriftstellerverband“); sie schlossen sich u. a. im „Verband Deutscher Journalisten- u. Schriftstellervereine“ (1895) zusammen. Von den Einzelverbänden war der 1909 gegründete „Schutzverband Deutscher Schriftsteller“ (SDS; 1920 umbenannt in „Gewerkschaft Deutscher Schriftsteller“) in den 20er Jahren der größte und erfolgreichste Interessenverband der deutschen Schriftsteller. Er wurde 1933 im „Reichsverband Deutscher Schriftsteller e. V.“ in der Reichsschrifttumskammer (einer Abteilung der Reichskulturkammer) gleichgeschaltet und 1935 wie alle übrigen Verbände aufgelöst, die seit 1927 in der Dachorganisation „Reichsverband des Deutschen Schrifttums“ zusammengeschlossen waren. Ein 1933 von Emigranten in Paris gegründeter „Schutzverband Deutscher Schriftsteller“ (SDS) bestand bis zum 2. Weltkrieg. – Nach dem Krieg wurde bereits am 9. November 1945 in Berlin der „Schutzverband Deutscher Autoren“ (SDA) gegründet. In der *Bundesrepublik Deutschland* entstanden zahlreiche regionale und auch nach Gattungen getrennte Verbände, die sich 1952 in Berlin zur “Bundesvereinigung Deutscher Schriftsteller e. V.“ (BDS) zusammenschlossen. Verstärktes politisches Engagement führte 1969 zur Neuorientierung als „Verband deutscher Schriftsteller e. V.“ (VS) mit Sitz in Stuttgart und 1974 zum Eintritt in die IG Druck und Papier (seit 1989 in der IG Medien), um die sozialpolitischen Forderungen der Autoren durchzusetzen. So waren laut „Autorenreport“ (1972) von 1700 befragten Autoren in der Bundesrepublik Deutschland nur 40% hauptberuflich als Schriftsteller tätig, nur ein kleiner Teil konnte von seinem Buchhonoraren (Durchschnittshonorar 10% vom Ladenpreis) leben. Neben oft geringen Verkaufsauflagen sind ein weiteres Erschwernis v. a. die Konzentrations- und Rationalisierungstendenzen im Verlagswesen. Um die schlechte wirtschaftliche und soziale Lage der freien Schriftsteller (nach „Autorenreport“ in der Bundesrepublik Deutschland rund 7200, einschließlich Publizisten und literarischen Übersetzern, wovon fast die Hälfte unter dem Durchschnittseinkommen liegt) zu verbessern, wurde durch eine Novellierung des Urheberrechts (6. 10. 1972) das Entleihen von Büchern („Bibliotheksgroschen“) sowie der Abdruck in Schulbüchern tantiemenpflichtig; aus dem entstandenen Fonds der „Verwertungsgesellschaft Wort“ werden durch das „Autorenversorgungswerk“ Beihilfen zur Altersversorgung vergeben; im Mai 1980 wurde der Gesetzentwurf einer Versicherungspflicht in der gesetzlichen Renten- und Krankenversicherung vom Deutschen Bundestag verabschiedet.

Im Gegensatz dazu lehnt der 1973 in München gegründete „Freie Deutsche Autorenverband e. V.“ (F.D.A.) ein politisches Engagement ab. Daneben bestehen in der Bundesrepublik Deutschland noch eine Reihe weiterer Schriftstellerverbände. – In der *DDR* konstituierte sich 1952 der „Deutsche Schriftstellerverband“ (DSV) mit Sitz in Berlin (Ost). – Auch in *Österreich* gibt es zahlreiche Schriftstellerverbände, z. B. der „Schutzverband österreichischer Schriftsteller“ (gegründet 1952). – In der *Schweiz* besteht seit 1912 der „Schweizerische Schriftsteller-Verband“ (SSV). – Von den internationalen Schriftstellervereinigungen, die neben den Berufsinteressen v. a. übergreifende Ziele verfolgen (Erhaltung der Geistes- und Meinungsfreiheit, Schutz der Autorenrechte, Kampf gegen Zensur usw.), ist der ↑P.E.N. am bekanntesten.

Schuldrama: das an den Humanistenschulen des 15.–17. Jahrhunderts gepflegte, von den Schülern selbst aufgeführte lateinische (seit dem 2. Drittel des 16. Jahrhunderts auch deutschsprachige) Drama, das in erster Linie pädagogische Ziele verfolgte: gewandte Handhabung der rhetorischen Mittel der lateinischen (später auch deutschen) Sprache und Einübung in die ethischen Grundsätze des Christentums und des Humanismus. Eine erste Phase des Schuldramas wurde durch das lateinische ↑Humanistendrama repräsentiert, das im Verlauf der 1. Hälfte des 16. Jahrhunderts in den Dienst der Reformation trat und dann die reformatorischen Ziele und Grundsätze propagierte. Da überwiegend die deutsche Sprache verwendet wurde, entwickelte sich aus diesem in Form und Aufführungspraxis weiterhin dem Humanistendrama verpflichteten Reformationsdrama im Verlaufe des 16. Jahrhunderts das deutsche Schuldrama. Bedeutende Vertreter waren u. a. P. Rebhun, G. Rollenhagen, J. Agricola, N. Frischlin, S. Birck, J. Wickram. Die Stoffe des reformatorischen Schuldramas stammten v. a. aus der Bibel, daneben wurden auch allegorische Themen gestaltet. In der 2. Hälfte des 16. Jahrhunderts entwickelte sich aus dem lateinischen Schuldrama der Humanisten das gegenreformatorische lateinische ↑Jesuitendrama. Einen zweiten Höhepunkt erlebte das deutschsprachige Schuldrama im Kunstdrama der ↑schlesischen Dichterschule (etwa 1650–90; Hauptvertreter A. Gryphius, D. C. von Lohenstein, A. A. von Haugwitz), dessen Lehrgehalt von staatspolitischen Vorstellungen bestimmt wurde und das den entstehenden Absolutismus verklärte. Am Ende der Entwicklung steht gegen Ende des 17. Jahrhunderts das Schuldrama des Zittauer Schulrektors Ch. Weise, das die primär pädagogische Zielsetzung des Schuldramas erneut herausstellte.

Schundliteratur: abwertende Bezeichnung für v. a. erzählende Texte der ↑Trivialliteratur, die nicht nur literarisch anspruchslos, sondern auch moralisch minderwertig sind. Da die Beurteilung im Sinne der [bürgerlichen] Moral je nach dem Standpunkt sehr verschieden sein kann, entzieht sich der Begriff einer klaren Definition. Die Grenzen zum ↑Kitsch und zur ↑Pornographie sind fließend, doch wird mit der Bezeichnung „Schund“ weniger die sexuelle als vielmehr die Gewaltkomponente angesprochen. Im allgemeinen zählen zur Schundliteratur die vornehmlich an Kiosken vertriebenen Heftromane (↑Groschenhefte), aber auch diesen inhaltlich entsprechende Romane aus Leihbüchereien sowie Fortsetzungsromane. Auswüchse der Schundliteratur versucht das Gesetz über die Verbreitung jugendgefährdender Schriften rechtlich einzudämmen. – ↑auch Kolportageliteratur.

Schüttelreim: spielerische Form des Doppelreims (↑Reim), bei dem die Anfangskonsonanten der am Reim beteiligten Wörter oder Silben ausgetauscht werden, so daß eine neue sinnvolle Wortfolge entsteht, z. B. „Was macht dies kleine *Mückentier*/doch für verflixte *Tücken mir*.“

schwābische Romạntik ↑Romantik.

Schwank [von mittelhochdeutsch swanc „lustiger Einfall“]: seit dem 15. Jahrhundert Bezeichnung für eine scherzhafte Erzählung in Vers oder Prosa, seit dem Ende des 19. Jahrhunderts auch für ein lustiges volkstümliches Schauspiel in Nachbarschaft zu ↑Posse, ↑Farce, ↑Burleske. Hauptkennzeichen sind Situations- und Typenkomik sowie ein derber, oft obszöner Witz. Gegenstand des Schwanks ist meist der Alltag der verschiedensten Lebensbereiche mit seinen Tücken, die Verspottung eines Dummen durch einen Schlauen, Listigen. Schwankhaftes erscheint in allen literarischen Gattungen, z. B. in den *Schwankerzählungen*, epischen Kleinformen, die lustige, meist erotische oder obszöne Streiche zum Inhalt haben, in den *Schwankmärchen*, in denen das Scherzhafte dominiert, und in den *Schwankspielen.*

Schwänke waren bereits in der Antike und in den orientalischen Literaturen verbreitet. Die mittellateinischen Schwänke erschienen teils selbständig, teils eingelagert in andere Werke, z. B. der Schwank vom Bauern Einochs („Unibos“, 10./11. Jahrhundert). Seit dem 13. Jahrhundert wurden Schwänke für Unterricht und Predigt (Predigtmärlein) beliebt. Die deutschen Schwankdichtungen des Hoch- und Spätmittelalters wurden durch die lateinischen Schwänke und die französischen ↑Fabliaux beeinflußt. Berühmt sind aus dieser Zeit v.a. die sogenannten *Schwankmären* von H. Rosenplüt, dem Stricker und H. Sachs. Unter dem Einfluß des italienischen Humanisten G.F. Poggio Bracciolini erfuhr der Schwank eine besondere Ausprägung in der ↑Fazetie. Auslösung für eine Flut von *Schwanksammlungen* war das „Rollwagenbüchlin" (1555) von J. Wickram. Die von hier ausgehende Tradition reicht bis zu J.P. Hebels „Schatzkästlein des rheinischen Hausfreundes" (1811). Schwankromane und schwankhafte Biographien sind repräsentiert durch die Volksbücher von Till Eulenspiegel (1515) und den ↑Schildbürgern (1598). Schwankhafte Elemente gab es in der Posse des Wiener Volkstheaters, selbständige *dramatische Schwänke* bei F. und P. Schönthan („Der Raub der Sabinerinnen", 1885), L. Thoma („Die Lokalbahn", 1902), C. Zuckmayer („Der fröhliche Weinberg", 1926) u.a.

schwarzer Humor: Sonderform des ↑Humors: ein hintergründiges Spiel mit dem Makabren, Grotesken, v.a. mit Tabubereichen (Verbrechen, Krankheit, Tod), die in unsinnigen oder paradoxen Bezügen in unangemessener Weise verharmlost und als normal dargestellt werden. Die komische Wirkung entsteht aus der Diskrepanz zwischen dem Stoff und seiner Behandlung. Vertreter des schwarzen Humors sind u.a. J. Swift, E.A. Poe, E. Ionesco, S. Mrożek, R. Dahl.

schwebende Betonung: beim Vortrag von Versen der Versuch, bei Auseinanderfallen von natürlicher Sprechweise und metrischer Skandierung einen Ausgleich durch annähernd gleichstarkes Betonen der metrisch gedrückten und erhobenen Silben zu erreichen.

Schweifreim (geschweifter Reim): Bezeichnung für die Reimstellung aabccb; es reimen sich also jeweils der 1. und 2., der 4. und 5. sowie der 3. und 6. Vers. Die Variante aabaab wird auch als *Zwischenreim* bezeichnet. – ↑auch Reim.

Schwellvers: v.a. in der germanischen Stabreimdichtung durch erhöhte Silbenzahl „aufgeschwellter" Vers mit Innentakten und Auftakten bis zu 11 Silben, der sich einzeln oder in Blöcken von bis zu zehn Langzeilen findet. Wegen seines deklamatorisch-breiten Charakters und seiner Eignung für lehrhafte Dichtung wurde der Schwellvers v.a. von Verfassern geistlicher Werke verwendet, z.B. in der altenglischen und altsächsischen Bibelepik.

Schwenk ↑Einstellung.

Schwulst: seit dem letzten Drittel des 17. Jahrhunderts in abwertendem Sinne gebrauchte Bezeichnung für den gehäuften Einsatz ↑rhetorischer Figuren, dunkler Metaphern und ↑Tropen. Als stilistische Eigenart Kennzeichen der Literatur v.a. des Spätbarock (↑Barock); dem ↑Manierismus nahestehend.

Science-fiction ['saiəns 'fikʃən; englisch „Wissenschaftsdichtung, wissenschaftliche Erzählung"]: Bezeichnung für Romane, Erzählungen, Hörspiele, Comic strips und Filme, deren Gegenstand die Darstellung einer zumeist in kosmischen Dimensionen gesehenen, zukünftigen Welt ist, in der den Menschen durch den Fortschritt der wissenschaftlich-technischen Entwicklung ungeahnte, zum Teil aber den physikalischen Grundgesetzen widersprechende Möglichkeiten eröffnet sind: Weltraumfahrten bis an die Grenzen des Kosmos, Reisen in zukünftige oder vergangene Zeiten, Entdeckung und Besiedlung ferner Sterne, eine völlige Umgestaltung der Lebensbedingungen auf der Erde usw.; oft gestaltetes Thema ist die Invasion der Erde durch außerirdische Wesen. Definition und Geltungsbereich des Begriffes sind umstritten. Die Wurzeln der Science-fiction lassen sich bis in die Antike zurückverfolgen: von phantastischen Reiseabenteuern (↑Reiseliteratur) berichteten bereits Homer („Odyssee", 8. Jahrhundert v.Chr., deutsch 1781) und Lukian („Alēthē̂ dihēgḗmata", 2. Jahrhundert, deutsch 1603, 1911 unter dem Titel „Wahre Geschichten"). Auch der in den ↑Utopien der Renaissance und der Aufklärung vorgenommene Entwurf einer Gegenwelt, die sich scharf von der erlebten Realität abhebt, mag als Vorprägung der Grundkonzeption von Science-fiction-Literatur gesehen werden, in die darüber hinaus u. a. Elemente des ↑Abenteuerromans, des ↑Kriminalromans und des ↑Schauerromans eingegangen sind. Als Väter der Science-fiction gelten J. Verne („De la terre à la lune", 1865, deutsch „Reise von der Erde zum Mond", 1873) und H. G. Wells („The time machine", 1895, deutsch „Die Zeitmaschine", 1904; „The war of the worlds", 1898, deutsch „Der Krieg der Welten", 1901). In Deutschland wurde diese Gattung von K. Laßwitz („Auf zwei Planeten", 1897, u. a.), später von H. Dominik („Atlantis", 1925; „Atomgewicht 500", 1935, u. a.) gepflegt.

Die Entwicklung der Science-fiction zur literarischen Massenware, als die sie heute, in der Bundesrepublik Deutschland z. B. durch die Heftchenserie „Perry Rodan, der Erbe des Universums" (seit 1961), verbreitet ist, wurde durch die seit Mitte der 20er Jahre in den USA erscheinenden Science-fiction-Magazine ausgelöst, v. a. durch „Amazing Stories", das erste, 1926 von H. Gernsback gegründete Magazin. Gernsback wird auch die Prägung der Bezeichnung „Science-fiction" zugeschrieben. Die in diesen Magazinen versammelten Romane und Erzählungen (u. a. von I. Asimov, A. C. Clarke, L. Sprague de Camp, R. A. Heinlein, Th. Sturgeon) sind als „positive Utopien" zu werten, da sie vom unerschütterlichen Glauben an eine segenbringende Allmacht zukünftiger Entwicklungen getragen sind. Den „positiven Utopien" ist ein großer Teil der heutigen Science-fiction zuzurechnen, der es einzig auf die Darstellung des märchenhaften technologischen Fortschritts ankommt, während das in die Zukunft transponierte Bild des Menschen und der Gesellschaft reaktionäre Züge trägt oder sogar von rassistischen oder faschistischen Tendenzen beherrscht ist. Im Gegensatz dazu wendeten seit dem Beginn der 60er Jahre die Autoren der sogenannten „New Wave" in Großbritannien (M. Moorcock, J. G. Ballard u. a.) und in den USA (Th. M. Disch, J. Sladek u. a.) ihr Interesse mehr der „künftigen Psychologie, sozialen Ordnung und Metaphysik" (M. Moorcock) zu. Sie arbeiteten u. a. mit experimenteller Prosa, stellten Raumfahrtmotive oft als Wahnvorstellungen dar oder thematisierten die Veränderung des Menschen und seines Bewußtseins durch Drogeneinfluß und Technik. Die Handlungen der Science-fiction-Literatur in den osteuropäischen Ländern spielen überwiegend in einer kommunistischen Zukunftsgesellschaft oder schildern deren Entstehung. Bedeutende Vertreter sind: A. N. Tolstoi, J. I. Samjatin, I. A. Jefremow, die Brüder A. N. Strugazki und B. N. Strugazki. Der Pole St. Lem, gegenwärtig der wohl namhafteste Vertreter dieser Literaturgattung, betrachtet die Science-fiction als eine Möglichkeit der literarischen Erkundung zukünftiger Entwicklungen. – Uneingeschränkt düstere Zukunftsvisionen beherrschen dagegen die sogenannten „negativen Utopien" z. B. von A. Huxley („Brave new world", 1932, deutsch 1932, 1953 unter dem Titel „Schöne neue Welt") oder G. Orwell („1984", 1949, deutsch „1984", 1950): Fehlentwicklungen der Gesellschaft wurden konsequent weitergedacht und ergeben ein beängstigend negatives Bild der Zukunft.

Das Interesse eines breiten Publikums an der Science-fiction hat zu zahlreichen Rundfunk-, Film- und Fernsehadaptionen literarischer Vorlagen geführt. Als bemerkenswertestes Hörspielereignis gilt bis heute O. Welles' Rundfunkfassung (1938) von H. G. Wells' Roman „Der Krieg der Welten", die einen Schock auslöste, der zu einer Massenflucht der Bevölkerung aus den Städten führte, da man an eine tatsächliche Invasion außerirdischer Wesen glaubte. Einer der ersten Spielfilme überhaupt war „Die Reise zum Mond" (1902) von G. Méliès; bedeutend waren u. a. auch „Metropolis" (1927) von F. Lang, „2001: Odyssee im Weltraum" (1968; nach

A.C. Clarke) von St. Kubrick und „Solaris" (1972; nach St. Lem) von A. Tarkowski, ferner „Krieg der Sterne" (1977) von G. Lucas und „E.T. – Der Außerirdische" (1982) von St. Spielberg. – Seit der Mitte der 60er Jahre werden auch im Fernsehen S.-f.-Serien ausgestrahlt.
Eine ganz anders geartete Möglichkeit der Flucht aus der Gegenwart in eine außergeschichtliche Gegenwelt eröffnet sich in der ↑Fantasy, die sich von einem Nebenzweig der Science-fiction zu einer eigenständigen literarischen Gattung entwickelt hat.

Scop ↑Skop.

Scuola siciliana [italienisch 'skuɔ:la sitʃi'lia:na] ↑Sizilianische Dichterschule.

Sedez [von lateinisch sedecim „sechzehn"] ↑Buchformat.

Sekundärliteratur [französisch secondaire, von lateinisch secundarius „(der Reihe nach) folgend, an zweiter Stelle (stehend)"] (Forschungsliteratur): wissenschaftliche Untersuchungen, Interpretationen und Kommentare zu Werken aus den verschiedensten Gebieten literarischen Schaffens (zur sogenannten ↑Primärliteratur). Der Begriff umfaßt aber auch Biographien von Autoren und Darstellungen der geistesgeschichtlichen Zusammenhänge, in denen Dichtungen zu sehen sind. Eine Zusammenstellung der Sekundärliteratur erfolgt in der ↑Bibliographie.

Sekundenstil: von A. von Hanstein in seiner Literaturgeschichte „Das jüngste Deutschland" (1900) geprägte Bezeichnung für eine v.a. von A. Holz entwickelte literarische Technik, deren Ziel die volle Deckungsgleichheit von ↑Erzählzeit und ↑erzählter Zeit (↑Epik) ist: entsprechend dem Ablauf der Zeit werden gewissermaßen sekundenweise kleinste Sinneswahrnehmungen (Gesten, Geräusche, optische Eindrücke usw.) registriert, ein ordnender Eingriff des Erzählers erfolgt nicht, wie ein kurzer Ausschnitt aus der Erzählung „Ein Tod" (1889) von A. Holz und J. Schlaf zeigt: „Schwer kam es jetzt die Treppe in die Höhe gestapft. Am Geländer hielt es sich. Manchmal polterte es wieder ein paar Stufen zurück. Es schnaufte und prustete. Eine tiefe, heisere Baßstimme brummte ...". Der Sekundenstil, erstmals realisiert in der Dichtung des ↑Naturalismus (z.B. „Die Familie Selicke", Drama, 1890, von A. Holz und J. Schlaf), findet sich in weiterentwickelter Form auch in der Gegenwartsliteratur: P. Weiss („Der Schatten des Körpers des Kutschers", Erzählung, 1960) und G. Elsner („Die Riesenzwerge", eine Folge von Erzählungen, 1964) nutzten z.B. die groteske Wirkung einer übergenauen Darstellung von Vorgängen.

Selbstbiographie ↑Autobiographie.

Selbstgespräch ↑Monolog.

Semantik [von griechisch semantikós „bezeichnend"] (Bedeutungslehre): Teilgebiet der Sprachwissenschaft, dessen Gegenstand die Untersuchung der durch sprachliche Zeichen bezeichneten Inhalte, also der Bedeutung von Wörtern, Sätzen und Texten ist.

Senar [von lateinisch senarius „sechsgliedrig"]: der dem griechischen jambischen ↑Trimeter entsprechende lateinische Sprechvers, der jedoch nicht aus drei ↑Dipodien (◡–◡–), sondern aus sechs einfachen jambischen Versfüßen (◡–́) besteht und vielfach variiert werden kann.

Senkung: in der Verslehre die Bezeichnung für eine nicht betonte, druckschwache Silbe eines Verses in ↑akzentuierender Dichtung. Senkung ist die Übersetzung des griechischen Begriffs ↑Thesis. – Gegensatz: ↑Hebung.

Sentenz [von lateinisch sententia „Satz, Sinnspruch, Gedanke"]: ein in den größeren Zusammenhang eines literarischen Werkes eingebauter allgemeiner Satz, der durch die Geschlossenheit seiner Aussage über den jeweiligen Kontext hinausweist und Allgemeingültigkeit beansprucht. Sentenzen finden sich in erzählender Prosa, in Balladen, Gedankenlyrik und anderen Texten, besonders häufig in den Dramen der Klassik. Wenn z.B. in der Schülerszene in Goethes „Faust I" (1808) Mephisto erklärt: „Grau, teurer Freund, ist alle Theorie, /Und grün des Lebens goldner Baum", so ist dieser Satz einerseits fester

Bestandteil der Unterweisung des ratsuchenden Schülers, wodurch er sich vom ↑Sprichwort, vom ↑Aphorismus, von der ↑Maxime und der ↑Gnome unterscheidet, andererseits kann er unabhängig vom Handlungszusammenhang verstanden werden und allgemeine Gültigkeit beanspruchen.

sentimentalisch ↑naiv und sentimentalisch.

Septem artes liberales [lateinisch „sieben freie Künste"] ↑Artes liberales.

Septenar [von lateinisch septenarius „aus sieben bestehend"]: der dem griechischen katalektischen ↑Tetrameter entsprechende lateinische Sprechvers, der aus sieben (vollständigen) Füßen (Trochäen oder Jamben, seltener Anapästen) gebaut ist. Der trochäische Septenar weist folgendes Grundschema auf:

–́ ⏑ –́ ⏑ –́ ⏑ –́ ⏑ | –́ ⏑ –́ ⏑ –́ ⏑ ⏓.

Die Zäsur nach dem vierten Metrum ist fest, jedoch kann jede Länge durch zwei Kürzen und jede Kürze (jeweils mit Ausnahme der letzten) durch eine Länge (bzw. durch zwei Kürzen) ersetzt werden. Der Septenar, eines der volkstümlichsten Versmaße der römischen Dichtung, wurde v.a. in der Komödie und in der volkstümlichen Literatur verwendet. Er findet sich z.B. auch in Goethes „Faust II" (1832): „Denn um neuen Most zu bergen, leert man rasch den alten Schlauch."

Septett [von lateinisch septem „sieben"]: Bezeichnung für eine siebenzeilige Strophe oder ein siebenzeiliges Gedicht.

Sequenz [von lateinisch sequentia „Folge"]: *liturgischer Chorgesang,* der im 9. Jahrhundert entstand und mit dem ↑Tropus von entscheidendem Einfluß auf Dichtungs- und Gesangsformen des Mittelalters (↑Lai, ↑Leich) wurde. Die Sequenz schloß sich im Rahmen der Meßliturgie an das Alleluja und dessen Schlußjubilus an, der ursprünglich rein musikalisch in komplizierten Koloraturen gestaltet war und dem später Prosatexte unterlegt wurden. Seit dem 11. Jahrhundert gab es auch gereimte und rhythmisch gegliederte Sequenzen, womit sich die Sequenz als selbständige Dichtungsform durchsetzte und nach der Ablösung des Lateinischen durch die Volkssprachen auch zur Gestaltung weltlicher Stoffe herangezogen wurde. Das im späten Mittelalter mehrere Tausend umfassende Sequenzrepertoire wurde durch das Konzil von Trient (1545–63) im „Missale Romanum" Pius' V. auf die Sequenzen zu Ostern („Victimae paschali laudes"), Pfingsten („Veni sancte spiritus"), Fronleichnam („Lauda Sion salvatorem") und zur Totenmesse („Dies irae") reduziert. Ihnen wurde 1727 das „Stabat mater dolorosa" zum Fest der Sieben Schmerzen Mariä hinzugefügt. Das vom 2. Vatikanischen Konzil 1970 beschlossene neue römische Meßbuch berücksichtigt nur noch die Sequenzen zu Ostern und Pfingsten. – 2. Fachausdruck der *Filmsprache* zur Bezeichnung einer inhaltlich zusammenhängenden und in sich abgeschlossenen Folge von ↑Einstellungen, im Drama etwa der ↑Szene vergleichbar, auch wenn die Einheit von Raum, Zeit und Handlung in einer Sequenz durchbrochen werden kann. Man unterscheidet eine Vielzahl von Ausgestaltungsmöglichkeiten einer Sequenz, die sich aus der Variation in der ↑Montage von Einstellungen ergeben.

Serapionsbrüder: 1. romantischer Berliner Dichterkreis (1814–18) um E.T.A. Hoffmann, zu dem die Schriftsteller J.E. Hitzig, J.F. Koreff, C.W. Contessa, zeitweilig auch A. von Chamisso und F. de la Motte Fouqué gehörten. In der Rahmenhandlung von E.T.A. Hoffmanns Erzählzyklus „Die Serapionsbrüder" (1819–21) erscheint der Kreis der Serapionsbrüder verschlüsselt nachgebildet. – 2. (russisch Serapionowy bratja [sɪrɐpiˈɔnɐvi ˈbratjjɐ]): eine nach dem Vorbild des Berliner Dichterkreises 1921 in Petrograd gegründete Vereinigung junger sowjetischer Literaten (J.I. Samjatin, M.M. Soschtschenko, K.A. Fedin, W. W. Iwanow, W.B. Schklowski u.a.), die eine unpolitische Dichtung proklamierten und in ihren Werken verwirklichten. Wegen ihres Nonkonformismus wurden sie offiziell stark kritisiert, trotzdem behielten sie bis in die Mitte der 20er Jahre großen Einfluß auf die sowjetische Literatur.

Sestine [italienisch sestina, von lateinisch sextus „der sechste"]: allgemein Bezeichnung für eine sechszeilige Strophe, im besonderen für eine aus der Provence stammende, aus sechs sechszeiligen Strophen und einer dreizeiligen Geleitstrophe bestehende Liedform, die im 12. Jahrhundert von Arnaut Daniel erfunden wurde. Die Einzelstrophe ist in sich ungereimt, doch wiederholen sich die am Schluß der sechs Zeilen der ersten Strophe stehenden Wörter in jeder Strophe so, daß das Endwort des ersten Verses einer Strophe dem Endwort des letzten Verses der vorausgehenden Strophe entspricht. So ergibt sich bei einer Durchnumerierung der Endwörter folgendes Schema:
1. Strophe: 1 2 3 4 5 6;
2. Strophe: 6 1 2 3 4 5;
3. Strophe: 5 6 1 2 3 4 usw.
Es finden sich aber auch noch kompliziertere Variationen. In der am Schluß angefügten Geleitstrophe kehren die Reimwörter in der Ordnung der ersten Strophe wieder und stehen jeweils in der Mitte und am Schluß der Verse. Die Sestine findet sich v. a. bei den provenzalischen Troubadours und in der europäischen Literatur der Renaissance, in Deutschland u. a. bei M. Opitz, A. Gryphius und F. Rückert.

Sextett [relatinisiert aus italienisch sestetto, von lateinisch sex „sechs"]: Bezeichnung für eine sechszeilige Strophe oder ein sechszeiliges Gedicht, auch für die beiden Terzette eines ↑Sonetts.

Shakespearebühne ['ʃe:kspi:r]: der etwa zwischen 1576 und 1642 in den öffentlichen Theatern Londons (z. B. dem „Swan Theatre", erbaut um 1593 [siehe Abbildung Seite 81]; „Globe Theatre", 1599; „Fortune Theatre", 1600) gebräuchliche, nicht mehr bis in alle Einzelheiten rekonstruierbare Bühnentyp, bestehend aus einer ungefähr 13 m breiten, über 8 m in den Zuschauerhof hineinragenden offenen Bühnenplattform (die also von drei Seiten her einsehbar war), hinten mit säulengestütztem Dach und der Fassade des Garderobenhauses mit zwei oder drei Auftrittstüren und einer Balustrade als Abschluß. Während man früher eine szenenweise abwechselnd bespielte Dreiteilbühne (Vorder-, Hinter- und Oberbühne) annahm, neigt die Forschung heute zu der Vorstellung, die Shakespearebühne als Einheitsbühne zu sehen: die dekorationslose Bühnenplattform verlangte ein raumgestaltendes, die Phantasie der Zuschauer anregendes Spiel, für kurze Zusatzauftritte waren eine verhängbare Tür oder Nische und die obere Balustrade gedacht. – ↑auch Bühne.

Shanty ['ʃaentɪ; englisch] (chanty ['tʃa:ntɪ]): im engeren Sinn das ↑Arbeitslied der Seeleute zur Zeit der Segelschiffe, bei dem der Arbeitsvorgang (z. B. Ankerhieven) Rhythmus und Tempo vorgab. Im weiteren Sinn das Seemannslied, bei dem die Mannschaft mit einem Refrain auf den nicht selten improvisierten Sologesang des *Shantyman* (Vorsänger) antwortete. Die meisten heute bekannten Shanties stammen aus dem 19. Jahrhundert und sind wegen der damaligen Vormachtstellung Englands englischsprachig. Bekannte Shanties sind u. a. „The banks of Sacramento" und „What shall we do with the drunken sailor".

Short story ['ʃɔ:t 'stɔ:ri; englisch „Kurzgeschichte"]: eine formal und inhaltlich weniger eng als die deutsche ↑Kurzgeschichte definierte Gattung der amerikanischen und englischen Literatur, die sich im 19. Jahrhundert teils aus den älteren Erzählformen des Kurzromans, der ↑Novelle und des ↑Märchens (tale), teils aus den mehr tatsachenbezogenen Darstellungsformen der ↑Anekdote und der ↑Skizze (sketch) herausbildete und zwischen diesen heute eingeordnet wird. Sie gelangte besonders in den USA auf Grund des hohen Entwicklungsstandes des Zeitschriftenwesens rasch zu großer Beliebtheit. Als Begründer der amerikanischen Short story gelten W. Irving („Rip Van Winkle", in „The sketch book of Geoffrey Crayon", 1819/20, deutsch „Gottfried

Crayon's Skizzenbuch", 1825) und J. K. Paulding. Die erste Theorie der neuen Gattung lieferte E. A. Poe, der forderte, daß die Short story von einem besonderen, einzigartigen Effekt auszugehen habe, der die ganze Geschichte beherrschen müsse; dabei solle das Ungewöhnliche das Alltägliche erhellen. Aber auch in der Praxis wurde die Short story durch E. A. Poe in seinen „Tales of the grotesque und arabesque" (1840) zur Kunstform ausgebildet. Nahezu alle bedeutenden amerikanischen Autoren, wie z. B. N. Hawthorne, H. Melville, Mark Twain, A. Bierce, pflegten die neue Gattung, als deren Meister H. James und O. Henry gelten. Im 20. Jahrhundert wurden entgegen Poes Forderung auch weniger spektakuläre Ereignisse in der Short story gestaltet. Autoren wie E. Hemingway, W. Faulkner, J. Steinbeck oder K. A. Porter, in England u. a. D. H. Lawrence, K. Mansfield, entwickelten größere Sensibilität für die formalen Eigengesetzlichkeiten der Gattung, z. B. für die Technik der Anspielung in harter, realistischer Darstellung oder für die Technik der Gestaltung einer Atmosphäre. Die Short story wurde in Europa nicht nur in England, sondern auch in Frankreich, Rußland und Italien nachgeahmt.

Sieben Freie Künste ↑Artes liberales.

Sigel (Sigle) [von lateinisch sigillum „Abdruck des Siegelrings, Siegel":]: Bezeichnung für eine feststehende Abkürzung eines Wortes (§ = Paragraph), einer Wortgruppe (usw. = und so weiter), eines Namens (P. = Publius) oder einer Silbe durch Buchstaben oder graphische Zeichen; im ↑kritischen Apparat wissenschaftlicher Textausgaben zur Kennzeichnung der Handschriften oder Drucke verwendet. – ↑auch Abbreviaturen.

Siglo de oro ['zi:glo de 'o:ro, spanisch 'siɣlo ðe 'oro]: das einen großen Teil des 16. sowie fast das ganze 17. Jahrhundert (im allgemeinen bis zum Tod von P. Calderón de la Barca, 1681) umfassende „goldene Zeitalter" der spanischen Literatur.

Silbenschrift: eine Schrift, deren Zeichen nicht Einzellaute oder ganze Wörter, sondern Silben bezeichnen. Meist kommen allerdings Mischformen vor, z. B. die Wort-Silben-Schrift (↑Keilschrift, japanische Schrift).

silbenzählendes Versprinzip: in der Metrik eine Versstruktur, in der lediglich die Anzahl der Silben festgelegt ist. Das silbenzählende Versprinzip begegnet schon in der mittellateinischen rhythmisch-akzentuierenden christlichen Dichtung und Vagantenpoesie. Es wurde bestimmend für den französischen Vers und findet sich schon in den ersten literarischen Zeugnissen französischer Dichtung. Dabei gilt es als nicht völlig klar erwiesen, ob der Versrhythmus durch den regelmäßigen Wechsel betonter und unbetonter Silben oder durch eine unregelmäßige Akzentuierung bestimmt ist. In der deutschen Dichtung begegnete das silbenzählende Versprinzip, bevor es im 17. Jahrhundert von M. Opitz als mit dem Charakter der deutschen Sprache unvereinbar endgültig verbannt wurde, im ↑Meistersang, im ↑Knittelvers und im ↑Kirchenlied des 16. Jahrhunderts. – ↑auch alternierende Dichtung.

Silvae [lateinisch „Wälder"]: eine besonders in der Antike und in der Renaissance verwendete Bezeichnung für Sammelwerke, v. a. für Gedichtsammlungen bunt gemischten Inhalts, eingedeutscht als „Poetische Wälder" (von Ch. Gryphius, 1698) oder als „Kritische Wälder" (Essays, Kritiken und Glossen von H. Ch. Buch, 1972).

Simpliziade: eine nach der Hauptgestalt des Romans „Der Abentheurliche Simplicissimus Teutsch" (1669) von J. J. Ch. von Grimmelshausen benannte Sonderform des ↑Schelmenromans, in der sich ein arglos-naiver Mensch ins Weltgetriebe begibt, um sich am Ende nach vielen Enttäuschungen als Einsiedler Gott zuzuwenden.

Simultanbühne [von lateinisch simul „zugleich, zusammen"]: im Mittelalter gebräuchliche Bühnenform, bei der mehrere Spielplätze vor der Kirche auf dem Marktplatz gleichzeitig aufgebaut waren. Dabei befanden sich die einzelnen Spielplätze (loca) entweder nebeneinander auf einem Podium (*Simultan-Flächenbühne*, in Frankreich üblich) oder sie waren meist um den Marktplatz herum aufgebaut (*Simultan-Raumbühne*), so daß die Schauspieler (teilweise auch die Zuschauer) von einem Schauplatz zum anderen ziehen mußten. Die alljährlichen Aufführungen (seit 1920) des „Jedermann" (1911) von H. von Hofmannsthal auf dem Salzburger Domplatz vermögen heute noch einen lebendigen Eindruck vom Spiel auf der Simultanbühne zu vermitteln. Auch im modernen Theater wird die Simultanbühne gelegentlich (z. B. von B. Brecht und E. Piscator) zu besonderen dramaturgischen Effekten eingesetzt.

Simultantechnik: Bezeichnung für eine moderne literarische Verfahrensweise, mit deren Hilfe ein Wirklichkeitsausschnitt in seiner Mehrschichtigkeit oder ein Handlungsablauf in seiner Verflochtenheit mit gleichzeitig zu beobachtenden, aber völlig andersartigen Vorgängen dargestellt werden soll. Dazu bedient man sich der ↑Montage, der collageähnlichen Reihung (↑Collage) oder der Einblendung von Gesprächsfetzen, Werbespots, Zitaten (auch Schlagern), von Schlagzeilen, Geräuschen, Radioansagen usw. Die Simultantechnik, bereits im ↑Dadaismus erprobt, wird besonders als Möglichkeit der Darstellung der Vielschichtigkeit des Großstadtlebens genutzt, wie etwa in dem Roman „Manhattan Transfer" (1925, deutsch „Manhattan Transfer", 1927) von J. Dos Passos oder in A. Döblins Roman „Berlin Alexanderplatz" (1929).

Sinnbild ↑Emblem, ↑Symbol.

Sinnfiguren ↑rhetorische Figuren.

Sinngedicht: eine im Barock geprägte Bezeichnung für das ↑Epigramm, z. B. verwendet von F. von Logau für seine Epigrammsammlung „Deutscher Sinn-Getichte Drey Tausend" (1654).

Sinnspiele ↑Zinnespelen.

Sinnspruch: kurzer Satz allgemeinverbindlichen Inhalts, prägnante Formulierung einer Lebensweisheit, ↑Sentenz, ↑Denkspruch.

Sirventes [provenzalisch „Dienstlied"]: als eine der Hauptgattungen der Troubadourlyrik eine bezahlte Auftragsdichtung, die zunächst weder inhaltlich noch formal festgelegt war. Etwa ab der 2. Hälfte des 12. Jahrhunderts diente sie als *Rügesirventes*, *Kriegssirventes* oder *Moralsirventes* der Verspottung oder der satirischen Darstellung gesellschaftlicher, politischer oder allgemein moralischer Mißstände. In erster Linie richtete sich die Kritik gegen alles, was sich der höfischen Idealwelt entgegenstellte. Als Autoren sind u. a. Bertran de Born, Giraut de Borneil, Marcabru und Peire Cardenal zu nennen.

Sittenroman: eine Nebenform des ↑Zeitromans, in der die Moralvorstellungen einer bestimmten Zeit sehr oft anhand von Ausschnitten aus der Alltagsrealität dargestellt werden.

Sittenstück: Bezeichnung für ein Drama, meist eine Komödie, das Gebräuche, Moden, sinnentleerte Sitten der Zeit in kritischer, z. T. moralisierender Absicht darstellt. Die Kritik richtet sich oft nur gegen einzelne Stände oder Gesellschaftsschichten, indem sie bestimmte Typen, Situationen und Zustände daraus in karikierender Weise vorstellt und so dem Spott ausliefert. Das Sittenstück ist oft ein Ventil für Gesellschaftskritik in Zeiten der politischen und gesellschaftlichen Repression. Es entstand im 3./2. Jahrhundert v. Chr. während des Niedergangs der demokratischen Polis in Athen (Menander) und fand sich dann v. a. im Spanien des 17. Jahrhunderts als ↑Mantel-und-Degen-Stück (Lope F. de Vega Carpio) sowie im Frankreich Ludwigs XIV. (Molière) und im England der Restaurationszeit als ↑Comedy of manners (G. Etherege, W. Congreve). Einen zweiten Aufschwung erfuhr das Sittenstück im 19. Jahrhundert in Frankreich entweder als ernstes Sitten- und Thesenstück (A. Dumas der Jüngere, É. Augier) oder als witzig-ironische Boulevard- oder Konversationskomödie (E. Scribe, V. Sardou, E. Labiche, G. Feydeau), die auch auf die englische Komödie einwirkte (O. Wilde, S. Maugham). In

Deutschland findet sich das Sittenstück als Tendenz- und Zeitstück oder als Lokalstück in der literarischen Produktion des ↑Jungen Deutschland (H. Laube), im Naturalismus und, besonders ausgeprägt, bei C. Sternheim. – ↑auch Komödie.

Situationskomik [französisch situation, von lateinisch situs „Lage, Stellung"]: die neben der Charakterkomik und der Wortkomik geläufigste Ausprägung des Komischen (↑Komik)

Situationskomödie: eine v.a. von der Situationskomik bestimmte Form der Komödie, in der die Verwicklungen der Handlungsstränge, meist verursacht durch Verwechslungen, Verkettungen überraschender Umstände oder durch Intrigen (daher auch die Bezeichnung *Intrigenkomödie)*, und nicht (wie in der ↑Charakterkomödie) die Darstellung eines komischen Charakters die komische Wirkung ausmachen. Diese Wirkung kommt dadurch zustande, daß der Zuschauer die den mitspielenden Personen zunächst verborgenen Zusammenhänge durchschaut. Situationskomödien finden sich schon bei Plautus und Terenz, später bei Molière. Situationskomödien sind z.B. die spanischen ↑Mantel-und-Degen-Stücke, die Sittenstücke von E. Scribe und E. Labiche und die modernen Kriminalkomödien.

Siziliane [von italienisch siciliana „(die) aus Sizilien stammend(e)"]: eine Sonderform der ↑Stanze, die aus Sizilien stammt und nur zwei Reimklänge nach dem Schema a b a b/a b a b (also einen doppelten Kreuzreim) aufweist. Die im Italienischen aus acht ↑Endecasillabi bestehende Strophe setzt sich in der deutschen Nachbildung (z.B. bei F. Rückert) aus fünffüßigen Jamben mit wechselnd männlichem und weiblichem Ausgang zusammen.

Sizilianische Dichterschule (Scuola siciliana): eine auf Dante zurückzuführende Bezeichnung für einen Dichterkreis (v.a. Hofbeamte, Richter, Notare), der am Hofe Kaiser Friedrichs II. in Palermo provenzalische Minnedichtung erstmals in der sizilianischen Landessprache nachahmte; dabei waren der Kaiser selbst und seine Söhne Manfred und Enzio beispielgebend. Die sizilianische Grundlage blieb erkennbar, besonders in den Reimen. Die metrischen Formen (Hauptform ↑Kanzone) der provenzalischen Dichter wurden beibehalten; aus der provenzalischen Einzelstrophe (cobla esparsa) entwikkelte Giacomo da Lentini das ↑Sonett. Nach dem Niedergang der staufischen Macht in Italien (ab 1250) wurde die Minnedichtung sizilianischer Prägung in der Toskana u.a. durch Guittone d' Arezzo gepflegt.

Skalden [altnordisch skáld „Dichter"]: norwegische und isländische Dichter des 9.–14. Jahrhunderts, die als Hofdichter der norwegischen Königshöfe hohes Ansehen genossen und von denen etwa 250 namentlich bekannt sind. – ↑auch Skaldendichtung.

Skaldendichtung: die neben der ↑Saga und den Götter- und Heldenliedern der ↑„Edda" bedeutendste Gattung der altnordischen Literatur, eine lyrische Dichtung, die von den Skalden im 9. und 10. Jahrhundert an den norwegischen Königshöfen gepflegt wurde und ihre Blüte durch isländische Skalden im 11. Jahrhundert erreichte. Die Gegenstände der Skaldendichtung entsprachen den engen Bindungen der Skalden an Königs- oder Fürstenhöfe: in umfangreichen Preisgedichten wurden kriegerische Taten, der Ruhm der Ahnen, die Freigebigkeit eines Fürsten verherrlicht, die in der Regel einstrophigen Gelegenheitsgedichte beinhalteten häufig eine Verspottung und Schmähung unliebsamer Personen, und schließlich wurde auch die Liebesdichtung gepflegt. Die Skaldendichtung verwendete eine syntaktisch verschachtelte, gewählte Ausdrucksweise mit eigenem dichterischen Vokabular (↑Heiti) und mit vielen metaphorischen Umschreibungen und Bildern (↑Kenning). Sie ist in den Königs- und Skaldensagas, so in der „Heimskringla" des Snorri Sturluson (um 1230) überliefert.

Skamander [polnisch]: eine Gruppe polnischer Dichter, die sich um die gleichnamige Zeitschrift (1920–28 und

1935–39) gebildet hatte und sich in ihrer zunehmend pessimistischen Dichtung (u. a. beeinflußt von W. Whitman, Ch. Baudelaire, A. Rimbaud) den Problemen des gewöhnlichen Menschen im Alltag widmete (Einführung der Großstadtdichtung). Die wichtigsten Vertreter dieser Gruppe waren: J. Iwaskiewicz, J. Lechoń, A. Słonimski, J. Tuwim und K. Wierzyński.

Skandinavistik [neulateinisch] (Nordistik, skandinavische Philologie, nordische Philologie): Wissenschaft von den skandinavischen Sprachen (Dänisch, Färöisch, Isländisch, Norwegisch, Schwedisch) und Literaturen. Die *ältere Skandinavistik*, die u. a. die altnordischen Literaturen des Mittelalters erforschte, läßt sich bis ins 16. Jahrhundert zurückverfolgen. Vom 17. bis 19. Jahrhundert weitete sich die Sprach- und Literaturforschung ständig aus, bis sie in der vergleichenden Sprachforschung des Dänen R. Rask Grundlage einer modernen Wissenschaft wurde. Die ältere Skandinavistik wird als Teilbereich der germanischen Philologie heute auch an zahlreichen Universitäten der Bundesrepublik Deutschland gelehrt. In Skandinavien entwickelte sich im 19. und 20. Jahrhundert neben der älteren Skandinavistik (S. Bugge, A. Noreen, S. J. Nordal, E. A. Kock, M. B. Olsen, E. O. Sveinsson u. a.) die *neuere Skandinavistik* als jeweilige Nationalphilologie.

Skene [griechisch]: im altgriechischen Theater im weiteren Sinn das ganze [hölzerne] Bühnenhaus mit den Ankleideräumen, im engeren Sinn die Bühnenwand, vor der die Schauspieler auftraten. – ↑auch Bühne.

Sketch [skɛtʃ; englisch, eigentlich „Entwurf", von italienisch schizzo „das Spritzen, der Spritzer, Skizze"]: eine kurze dramatische Szene, meist in ironisch-witziger Form, bezogen auf aktuelle Sachverhalte und mit einer effektvollen Schlußpointe; deshalb besonders häufig im ↑Kabarett.

Skizze [von italienisch schizzo, „das Spritzen, der Spritzer, Skizze"]: ein aus der Kunst auf die Literaturwissenschaft übertragener Begriff zur Bezeichnung 1. für den ersten Entwurf eines literarischen Werks, dessen Idee oder Handlungsgerüst in groben Zügen festgehalten wird; 2. für einen kurzen, bewußt nicht ausgeformten Prosatext verschiedensten Inhalts, eine Darstellungsform, die besonders im ↑Naturalismus (als Möglichkeit einer objektiven Erfassung eines bestimmten Ausschnitts aus der Wirklichkeit) und im ↑Impressionismus (als Mittel der Widerspiegelung der Innenwelt) gepflegt wurde.

Skolion [griechisch skólion „Trinklied, Rundgesang"]: das im antiken Griechenland von den einzelnen Gästen eines Gelages in bunter Reihe zur Lyra vorgetragene, häufig satirische zwei- oder vierzeilige Lied, das entweder improvisiert oder einem festen Schatz vorgeformter Skolien entnommen wurde.

Skop (Scop) [skɔp, sko:p; altenglisch]: Bezeichnung für den an westgermanischen Fürstenhöfen dienenden Hofdichter und berufsmäßigen Sänger von ↑Heldenliedern und ↑Preisliedern.

Slawistik [neulateinisch] (slawische Philologie): philologische Wissenschaft, die sich mit den slawischen Sprachen und Literaturen beschäftigt. Die slawischen Sprachen werden gewöhnlich in drei Gruppen gegliedert: das Ostslawische mit der russischen, ukrainischen und weißrussischen Sprache, das Westslawische mit der polnischen, tschechischen und slowakischen Sprache sowie dem Ober- und Niedersorbischen, das Südslawische mit der slowenischen, serbokroatischen, bulgarischen und makedonischen Sprache. Die Anfänge der Slawistik gehen bis ins 18. Jahrhundert zurück; als ihre wissenschaftlichen Begründer am Anfang des 19. Jahrhunderts gelten J. Dobrovský, J. Kopitar und A. Ch. Wostokow. Mit der Gründung slawistischer Lehrstühle in Breslau (1842), Prag (1848) und Wien (1848/49) machte die Slawistik schnelle Fortschritte in der Edition und Erforschung slawischer Sprachdenkmäler, in der vergleichenden Grammatik und der Lexikologie. Bis in die 20er Jahre wurde diese Tradition fortgesetzt; schon während des 1. Weltkrieges und verstärkt in den 20er und 30er Jahren begannen neue, allgemein-literaturwissenschaftliche Methodendiskussionen (russischer Formalismus, Prager Schule), die jedoch erst in den 60er Jahren von der deutschen Slawistik aufgenommen wurden.

Slogan ['sloʊgən; englisch, von gälisch sluagh ghairm „Kriegsgeschrei, Schlachtruf"]: ↑Schlagwort, Parole, einprägsame Formulierung im Dienst der kommerziellen oder politischen Werbung, z. B. die Wahlslogans der SPD („Wir sind Europa") und der CDU („Deutschlands Zukunft heißt Europa") zur Wahl des Europäischen Parlaments 1989.

Soffitte [italienisch, von lateinisch suffigere „anheften"]: vom Schnürboden herabhängendes, entsprechend der Bühnendekoration bemaltes, die Kulissenbühne nach oben abschließendes Dekorationsstück, auf dem z. B. der Himmel dargestellt ist.

Soldatenlied: das hauptsächlich von Soldaten während des Marsches oder bei sonstigen Anlässen gesungene Gemeinschaftslied. Von der Funktion her unterscheidet man Marsch- und Ruhelieder. Während das Repertoire der Marschlieder meist in offiziellen Liederbüchern staatlich festgelegt ist und im Dienste der Ideologisierung des Soldaten dessen Solidaritätsgefühl, Kampfbereitschaft und Vaterlandsliebe aktivieren soll, werden Ruhelieder eher spontan gesungen; sentimentale Liebeslieder, Heimatlieder oder Volkslieder bestimmen das Repertoire. Gegenstände des Soldatenliedes sind das soldatische Leben, Kriegserlebnisse und die Klage über die Isolation von Heimat und Familie. Formal sind Soldatenlieder, deren Vorgänger die frühneuzeitlichen ↑Landsknechtslieder und Reiterlieder sind, häufig durch ausgeprägte Kehrreime gekennzeichnet. Bekannte Soldatenlieder sind u. a. „Wilhelmus von Nassawe" (1626), „Prinz Eugen", „Lützows wilde, verwegene Jagd" (Befreiungskriege), ferner L. Uhlands „Ich hatt' einen Kameraden" oder K. Th. Körners „Die blauen Dragoner, sie reiten".

Solözismus [von griechisch soloikismós]: eine unter Bezug auf das vorgeblich fehlerhafte Griechisch der Bewohner von Soloi in Kilikien geprägte Bezeichnung für Verstöße gegen die Sprachrichtigkeit, v. a. gegen die Regeln der Syntax (z. B. „weil ich habe gemeint", „du darfst nicht mit ohne Schuhe in den Hof"). Solözismen werden, außer in Parodien, sehr selten als Stilmittel verwendet.

Sonett [italienisch sonetto, eigentlich „Klinggedicht", von lateinisch sonare „tönen, klingen"]: eine der bedeutendsten in Italien entwickelten Gedichtformen mit Nachbildungen in nahezu allen europäischen Literaturen. In seiner *Grundform* besteht das Sonett aus 14 Zeilen, die in zwei vierzeilige (= Quartette) und zwei dreizeilige Strophen (= Terzette) eingeteilt sind. Der gängige Vers ist im italienischen Sonett der ↑Endecasillabo, in den französischen Nachbildungen der ↑Alexandriner, im deutschen und englischen Sonett der fünffüßige Jambus. Das v. a. von F. Petrarca grundgelegte Reimschema abba abba cdc dcd wurde schon früh auf mannig-

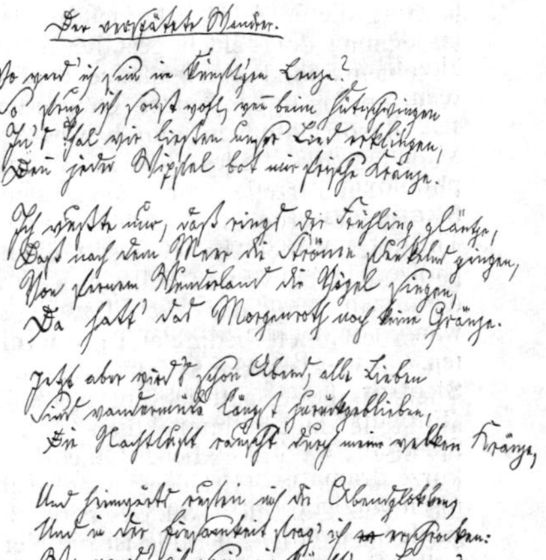

Sonett. Eigenhändige Niederschrift des Sonetts „Der verspätete Wandrer" von Joseph von Eichendorff faltige Weise in den verschiedenen Literaturen variiert. So ist das sogenannte „englische Sonett“ (z. B. die Sonette W. Shakespeares) nicht durchgereimt und aus drei Vierzeilern (mit Kreuzreim) und einem abschließenden Reimpaar, also nach dem Schema abab cdcd efef gg gebaut. – Der strengen äußeren Form eines Sonetts entsprechen sein *syntaktischer Bau* und sein überlegter *inhaltlicher Aufbau*, bei dem jedem Teil eine bestimmte Funktion zukommt: so können die beiden Quartette als eine Art Exposition entweder in These und Antithese oder in der Darstellung gleichzuordnender Aussagen das Thema des Gedichts aufstellen, das nach der strengen Zäsur zwischen der achten und neunten Zeile in den beiden Terzetten durchgeführt wird, indem die Gegensätze zu einer Synthese vereinigt werden oder eine zusammenfassende Auswertung des gleichartigen Inhalts der Quartette erfolgt. So dienen z. B. in Hugo von Hofmannsthals Sonett „Die Beiden“ die Quartette der Darstellung der Selbstsicherheit der Frau (1. Quartett) und des Mannes (2. Quartett), während in den beiden Terzetten die völlige Zerstörung dieser Selbstsicherheit in der Begegnung der beiden gestaltet wird. In seinem Sonett „Es ist alles eitel“ reiht A. Gryphius in den beiden Quartetten Einzelbeobachtungen zum Erweis der Vergänglichkeit alles irdischen Tuns, die in den Terzetten zur Frage zusammengefaßt werden, wie der Mensch dieses „Spiel der Zeit“ bestehen soll, solange er nicht betrachten will, „was ewig ist“. – Auf Grund der durch die strenge Form des Sonetts bedingten Erfordernis eines gedanklich klaren Aufbaus ist die Thematik der Sonettdichtung begrenzt auf Stoffe, die eine intellektuelle Verarbeitung, eine gedankliche Objektivierung subjektiven Erlebens nahelegen: die Liebe, Gott, der Tod, das persönliche Schicksal usw. Häufig ist die Verknüpfung einer Anzahl von Sonetten zu einem Zyklus (↑Sonettenkranz).

Das *italienische* Sonett wurde in der 1. Hälfte des 13. Jahrhunderts von Vertretern der ↑sizilianischen Dichterschule am Hof Kaiser Friedrichs II. in Palermo entwickelt. Die toskanischen Dichter des ↑Dolce stil nouvo (u. a. Dante) übernahmen die Form. Einen Höhepunkt der Sonettdichtung im 14. Jahrhundert stellt F. Petrarcas „Canzoniere“ (herausgegeben 1470, deutsch „Italienische Gedichte“, 1818/19) dar. M. M. Boiardo, Lorenzo de' Medici, Michelangelo, V. Colonna u. a. setzten die Linie fort. In der *spanischen* und *portugiesischen* Literatur wurde das italienische Sonett seit dem 15. Jahrhundert nachgebildet: als Meister des Sonetts gelten v. a. der Spanier Lope F. de Vega Carpio und der Portugiese L. de Camões. *Französische* Nachbildungen entstanden seit dem 16. Jahrhundert (C. Marot, P. de Ronsard, J. Du Bellay; ↑Pléiade). Die französischen Symbolisten (↑Symbolismus) griffen im 19. Jahrhundert die Form des Sonetts wieder auf. Die ersten *englischen* Nachbildungen des italienischen Sonetts entstanden zu Beginn des 16. Jahrhunderts: Th. Wyatt und H. Howard, Earl of Surrey entwickelten die englische Sonderform des Sonetts, dessen Blütezeit in die 2. Hälfte des 16. Jahrhunderts (E. Spenser, Ph. Sidney, W. Shakespeare) fällt. Eine Erneuerung erfolgte in der englischen Romantik (J. Keats, W. Wordsworth). Die *deutschen* Nachbildungen des italienischen und französischen Sonetts entstanden im 16. Jahrhundert. Besonders in der Dichtung des Barock (M. Opitz, A. Gryphius, Ch. Hofmann von Hofmannswaldau, P. Fleming, u. a.) erfreute sich das Sonett außerordentlicher Beliebtheit: der dualistischen Weltsicht dieser Zeit kamen nicht nur die im formalen Aufbau des Sonetts, sondern auch die im fast ausnahmslos verwendeten Alexandriner angelegten Möglichkeiten antithetischer Aussagen entgegen. Zu einer erneuten Blüte kam es erst wieder im 19. Jahrhundert: Goethe, der der Form des Sonetts lange sehr zurückhaltend gegenübergestanden hatte, publizierte 1815 Sonette, v. a. aber pflegten die Romantiker (J. von Eichendorff, A. W. Schlegel u. a.) das Sonett. Schließlich wendete sich die deutsche Lyrik des ausgehenden

19. und beginnenden 20. Jahrhunderts (R. M. Rilke, St. George, G. Heym, G. Trakl), teilweise in äußerster Formstrenge, wieder dem Sonett zu.

Sonettenkranz: ein Sonettenzyklus, der in seiner strengen Form aus 15 Sonetten besteht. Die ersten 14 Sonette übernehmen jeweils die Schlußzeile des vorhergehenden Sonetts (das 1. Sonett die Schlußzeile des 14. Sonetts) als Anfangszeile und bilden so eine Ringkomposition. Das 15. Sonett, das sogenannte „Meistersonett", ist aus den Eingangszeilen der 14 Sonette zusammengesetzt und weist sich dadurch schon von der Form her als die gedankliche Summe des gesamten Zyklus aus. Ein Beispiel ist J. Weinhebers „Heroische Trilogie", veröffentlicht in dem Gedichtband „Adel und Untergang" (1934).

Song [englisch]: 1. allgemein nach dem angloamerikanischen Sprachgebrauch svw. Lied (Folksong, Protestsong usw.). – 2. im engeren Sinn ist Song eine dem neueren ↑Chanson und ↑Couplet verwandte Liedgattung. In Deutschland bezeichnet der Begriff seit dem 1. Weltkrieg und besonders seit der „Dreigroschenoper" (Uraufführung 1928) von B. Brecht und K. Weill eine Liedgattung satirisch-zeitkritischen, politisch-aktuellen oder auch lehrhaften Inhalts. Formal kennzeichnend ist der Aufbau aus [Vor]strophe und Refrain; musikalisch werden Elemente des Music-Hall-, Kabarett- und Varietéliedes, von Bänkelsang und Moritat, Schlager und anderen volkstümlichen Liedtypen sowie von Jazz und zeitgenössischer Tanzmusik verwendet.

Sottie (Sotie) [von französisch sot „Narr"]: in einfachen Versen gehaltenes französisches Possenspiel, das seinen Namen von der zentralen Figur des Narren ableitet. Seit etwa 1450 in Nordfrankreich nachweisbar, erlebte die dem deutschen ↑Fastnachtsspiel verwandte Sottie ihre Blütezeit v. a. im 15./16. Jahrhundert, wo sie besonders durch die ↑Basoche gepflegt wurde. Die Sottie nahm in satirischer Absicht lokale, politische, soziale oder kirchliche Mißstände aufs Korn und parodierte sie in derbvolkstümlicher Weise. Die bekanntesten erhaltenen Sotties stammen von P. Gringore (z. B. „Le jeu du prince des sotz et de mère sotte", 1511).

SOTTIE,
A DIX PERSONNAGES
Jouée à Genêve, en la place du Molard, le Dimanche des Bordes, l'an 1523.

A LYON,
Par Pierre Riguaud.

Sottie. Titelblatt einer Ausgabe der Werke von Pierre Gringore (1523)

soziale Dichtung: unscharfe Sammelbezeichnung für jede Art von gesellschaftlich und humanitär engagierter Literatur, die soziale Mißstände kritisch aufgreift und sich dabei für die sogenannten unteren bzw. unterprivilegierten Schichten einsetzt. Dieses Engagement kann vom Appell zu Mitleid bis zur Sozialkritik und politischen Anklage (↑politische Dichtung) reichen. Soziale Dichtung findet sich in allen literarischen Epochen. Die Industrialisierung seit dem 19. Jahrhundert und die in ihrem Gefolge auftretende Herausbildung eines Arbeiterproletariats haben in Lyrik (H. Heine, „Die schlesischen Weber"; Gedichte von F. Freiligrath, H. Hart und R. Dehmel; später B. Brecht, „Wiegenlied"), Drama (G. Hauptmann, „Vor Sonnenaufgang", 1889; „Die Weber", 1892) und Roman (R. Huch, „Aus der Triumphgasse", 1902; H. Fallada, „Kleiner Mann – was nun?", 1932), namentlich im Naturalismus und im Expressionismus, für eine besondere Ausprägung der sozialen Dichtung gesorgt. Beispiele sozialer Dichtung aus dem Ausland sind die Romane von Ch. Dickens, N. W. Gogol, F. M. Dostojewski und É. Zola. – ↑ auch Arbeiterdichtung.

sozialistischer Realismus: Bezeichnung für die mit Beschluß des Zentralkomitees der KPdSU vom 23. April 1932 in der Sowjetunion und nach 1945 auch in den Ostblockstaaten festgesetzte offizielle Kunstdoktrin für Literatur, bildende Kunst und Musik. Der erste Allunionskongreß sowjetischer Schriftsteller 1934 definierte diese Doktrin wie folgt: „Der sozialistische Realismus als grundlegende Methode der sowjetischen künstlerischen Literatur und Literaturkritik fordert vom Künstler eine wahrhafte, historisch-konkrete Darstellung der Wirklichkeit in ihrer revolutionären Entwicklung. Hierbei müssen Wahrheit und historische Konkretheit der künstlerischen Darstellung der Wirklichkeit in Abstimmung mit der Aufgabe der ideellen Umformung und Erziehung der Werktätigen im Geiste des Sozialismus gebracht werden." Entscheidende Kriterien des künstlerischen Schaffens sind demzufolge die ideologisch-politische Position des *Sozialismus* und der ↑ *Realismus* als künstlerisches Prinzip der Wirklichkeitsdarstellung. Durch die Verbindung dieser beiden Kriterien unterscheidet sich der sozialistische Realismus vom bürgerlichen Realismus (aus der Sicht des sozialistischen Realismus auch *kritischer Realismus* genannt), in dem die bürgerliche Gesellschaft zwar kritisiert, nicht aber der Weg in den Sozialismus aufgezeigt wird. *Literatur* und *Literaturkritik* werden als parteiliche Mittel ideologischer Beeinflussung im Sinne des historischen Materialismus („Parteilichkeit" der Literatur) eingesetzt, so daß für eine subjektiv realistische oder gesellschaftskritische Literatur kein Platz bleibt. Typisch für literarische Werke des sozialistischen Realismus sind der ↑ positive Held als kommunistische Idealgestalt und der Optimismus hinsichtlich der Erreichung des kommunistischen Idealzustands. Die Forderung der inhaltlichen und sprachlich-stilistischen „Volksverbundenheit" führte zur Ablehnung aller Formexperimente. V. a. in der stalinistischen Epoche wurde der sozialistische Realismus, als dessen Begründer u. a. M. Gorki gilt, so hartnäkkig verfochten, daß opponierende Schriftsteller massiv verfolgt wurden. Nach Stalins Tod erfolgte eine erste kritische Auseinandersetzung mit den Dogmen des sozialistischen Realismus. Obwohl diese Diskussionen von den kommunistischen Parteien bald unterbunden wurden, bestehen heute in den einzelnen kommunistischen Staaten Unterschiede in der Auslegung dieser Literaturtheorie.

Soziolekt [von lateinisch socius „teilnehmend" und griechisch légein „sagen"]: Sprachform, die durch bestimmte Merkmale die Zugehörigkeit zu einer gesellschaftlichen Gruppe, Schicht oder Klasse signalisiert. So kennzeichnet z. B. niedere Umgangssprache mit starkem Dialekteinschlag den Soziolekt einer niederen gesellschaftlichen Schicht. Im Gegensatz dazu bezeichnet *Idiolekt* die Sprache eines Individuums. Der Idiolekt umfaßt sowohl den Sprachbesitz als auch die sprachlichen Äußerungen, die das Individuum auf Grund der Kenntnis des Sprachsystems macht.

Spannung: Bezeichnung für die Erregung von Neugier, Interesse oder Mitgefühl des Lesers bzw. Hörers in epischen und dramatischen Werken. Wenn Spannung nicht bereits im Geschehen selbst begründet ist, kann sie durch Kunstgriffe wie ↑ Vorausdeutung, absichtliche Irreführung des Publikums oder ähnliche Effekte erzeugt werden. In gehobener Literatur dient Spannung lediglich als Mittel, während sie in der ↑Trivialliteratur häufig zum Selbstzweck erhoben wird.

Spenserstanze ['spɛnsə; englisch]: von E. Spenser zuerst verwendete Sonderform der ↑Stanze, die v.a. in der englischen Hochromantik (J. Keats, G. G. N. Lord Byron, P. B. Shelley, W. Scott) beliebt war. Die Spenserstanze besteht aus neun Zeilen, wobei ein sechshebiger ↑Alexandriner auf acht jambische Fünfheber folgt. Reimschema: ab ab bc bc c. Vorbild war die seit dem 14. Jahrhundert in Frankreich bekannte achtzeilige Balladenstrophe.

Spiel im Spiel (Theater auf dem Theater): in ein Bühnenwerk eingefügte und integrierte dramatische, auch dramatisch-musikalische oder pantomimische Handlung oder Szene, z. B. in W. Shakespeares „Hamlet" (1603, deutsch „Hamlet", 1766), in L. Tiecks „Der gestiefelte Kater" (1797) oder in L. Pirandellos „Sei personaggi in cerca d'autore" (1921, deutsch „Sechs Personen suchen einen Autor", 1925).

Spielmannsdichtung: im weiteren Sinn Sammelbezeichnung für jede Art von mündlich überlieferter, nicht-höfischer und nicht-geistlicher epischer oder lyrischer Kleindichtung (volkstümliche Lyrik, heroische oder historische Balladen, Spruchdichtung), die man dem fahrenden Spielmann glaubt zuschreiben zu können. Ihre Stoffe entnahmen die Spielleute, recht- und ehrlose fahrende Sänger des Mittelalters, die keinem bestimmten Stand angehörten und ihren Lebensunterhalt durch artistische und musikalische Darbietungen und wohl auch durch den Vortrag literarischer Kleinkunst bestritten (↑auch Fahrende), meist dem Schatz der Heldenepik, bisweilen schöpften sie jedoch auch aus der zeitgenössischen Geschichte. Die Spielmannsdichtung ist gekennzeichnet durch formelhafte und typisierende Wendungen, Motivwiederholungen, märchenhafte Züge und publikumswirksame Stoffe. Sie zielte v.a. auf vordergründige Unterhaltung. – Im engeren Sinn bezeichnet Spielmannsdichtung eine Gruppe von fünf anonymen Epen des 12. Jahrhunderts: „König Rother", „Herzog Ernst", „Sankt Oswald", „Orendel" und „Salman und Morolf", deren gemeinsames zentrales Motiv die Brautwerbung ist. Letztlich ungeklärt ist jedoch, ob diese Epen tatsächlich auf Spielleute als Autoren zurückgehen. Vom literarischen Niveau her sind sie jedenfalls dem Heldenepos und dem höfischen Epos deutlich unterlegen.

Spondeus [lateinisch spondeus (pes) von gleichbedeutend griechisch spondeĩos (pũs), zu griechisch spondḗ „Trankopfer"]: nach seiner Verwendung im Lied zum Trankopfer oder zu ähnlichen festlichen Anlässen benannter, aus zwei langen Silben (– –) bestehender antiker Versfuß. In der Dichtung taucht er meist nur als Ergebnis der Veränderung anderer Versfüße auf, so etwa nach der Zusammenziehung zweier Kürzen im ↑Daktylus (–́ ⏑⏑) oder im ↑Anapäst (⏑⏑ –́). Im Deutschen ist der Spondeus kaum möglich, da die Akzentuierung selbst bei zwei aufeinanderfolgenden Längen eher einen ↑Trochäus (–́ ⏑) entstehen läßt. J. H. Voß versuchte allerdings in seinen Homer-Nachdichtungen dennoch, den Spondeus einzusetzen.

Spondiakus [lateinisch spondiacus, von griechisch spondeiakós „spondeisch"] (bei Cicero auch: Spondeiazon): ↑Hexameter, bei dem der ↑Daktylus im fünften Versfuß durch einen ↑Spondeus (– –) ersetzt ist, um dem Vers einen schwerfälligeren oder getragen-feierlichen Charakter zu verleihen. Der Spondiakus findet sich schon bei Homer. Weit häufiger machten jedoch die Alexandriner (Kallimachos) und ihre Nachfolger, die römischen Neoteriker (Catull), von ihm Gebrauch.

Sprachgesellschaften: im 17. Jahrhundert entstandene gelehrte Vereinigungen, die sich die Pflege der deutschen Sprache zum Ziel setzten. Ihre Mitglieder entstammten dem Adel oder dem literarisch interessierten und engagierten Bürgertum. Fast alle Dichter und Literaturtheoretiker dieser Zeit gehörten einer solchen Vereinigung an. Die Sprachgesellschaften bemühten sich in Opposition zur ↑Alamodeliteratur und zur ↑grobianischen Dichtung um die Reinigung der Sprache von Fremdeinflüssen (↑Purismus) bzw. von Verrohungen (etwa durch Dialekteinflüsse) ebenso wie um die Förderung einer einheitlichen Orthographie. Auch mit sprachwissenschaftlichen, poetologischen und ästhetischen Problemen setzten sie sich auseinander. Nach dem Vorbild der 1582 in Florenz gegründeten ↑Accademia della Crusca wurde 1617 in Weimar die erste und wohl bedeutendste deutsche Sprachgesellschaft, die ↑Fruchtbringende Gesellschaft, ins Leben gerufen, die in ihrer Blütezeit 1640–80 über 500 Mitglieder zählte. Weitere namhafte Sprachgesellschaften waren die Aufrichtige Tannengesellschaft in Straßburg (seit 1633), die Teutschgesinnete Genossenschaft, 1643 von Ph. von Zesen in Hamburg gegründet, der ↑Nürnberger Dichterkreis (auch Pegnesischer Blumenorden u.a.) in Nürnberg (seit 1644), der Elbschwanenorden in Lübeck (seit 1658) und die Poetische Gesellschaft in Leipzig (seit 1717). Gegen Ende des 17. Jahrhunderts büßten die Sprachgesellschaften ihre Bedeutung größtenteils ein. In den im frühen 18. Jahrhundert entstandenen Deutschen Gesellschaften und im Allgemeinen Deutschen Sprachverein (gegründet 1885; Neugründung 1947 unter der Bezeichnung Gesellschaft für deutsche Sprache) lebte ihre Zielsetzung noch einmal neu auf.

Sprachkunstwerk ↑Dichtung.

Sprachzertrümmerung: Bezeichnung für eine v. a. seit ↑Expressionismus und ↑Dadaismus beliebte Besonderheit moderner Dichtung, bei der ohne Rücksicht auf Wortbedeutung und grammatische Regeln mit der Sprache gespielt wird, bis sie zur unverständlichen und sinnlosen Lautfolge zerbrochen ist.

Sprechstück: von P. Handke geprägte Bezeichnung für seine ohne Handlung angelegten, nur durch Aneinanderreihung von rhythmischen Texten aufgebauten Theaterstücke (z.B. „Publikumsbeschimpfung“, 1966).

Sprichwort (Proverb): bündig und einprägsam formulierter volkstümlicher Erfahrungsgrundsatz mit häufig lehrhafter Tendenz, der den Anspruch auf Allgemeingültigkeit erhebt. Durch die Formulierung einer kollektiven und allgemeingültigen Erfahrung hebt sich das Sprichwort vom ↑Aphorismus ab, der mehr individuellen Charakter zeigt. Durch seine syntaktisch abgeschlossene Form unterscheidet es sich von der Redensart, die erst in einen Satz eingepaßt werden muß, um sich mit Inhalt zu füllen. Die mit dem Sprichwort verwandte ↑Sentenz schließlich, die nicht selten sogar zum Sprichwort wird, läßt sich im Gegensatz zum anonymen Sprichwort meist auf einen konkreten, in der Regel dichterischen Situationskontext zurückführen, das heißt, sie hat Zitatcharakter. – Das Sammeln von Sprichwörtern hat eine lange Tradition. Im antiken Griechenland besorgten dies die sogenannten Parömiographen. Aristoteles und Chrysippos von Soloi befaßten sich aus philosophischem Interesse mit Sprichwörtern, während die Alexandriner (z.B. Aristophanes von Byzanz) sie literarisch auswerteten. Die ersten deutschsprachigen Sprichwörter verzeichnete Notker Labeo. Große, z.T. gelehrte *Sprichwörtersammlungen* entstanden im Humanismus, so die „Adagia“ (1500) des Erasmus von Rotterdam oder die „Proverbia Germanica“ (1508) von H. Bebel, auf die die deutschen Sammlungen von J. Agricola (mehrere Ausgaben seit 1528), S. Franck (1541), E. Eyring (1601) und Ch. Lehmann (1630) folgten. Unter den Kompendien, die den Sprichwörterschatz wissenschaftlich aufarbeiteten, sind v.a. J. M. Sailers „Weisheit auf der Gasse“ (1810) und die Sammlungen von W. Körte (1837) und J. Eiselein (1840) zu nennen. In K. W. F. Wanders fünfbändigem „Deutschem Sprichwörterlexikon“ (1867–80) sind schließlich mehr als 300 000 Sprichwörter und Redensarten zusammengetragen und nach Stichwörtern geordnet. – Bekannte Sprichwörter sind z.B.: „Morgenstund hat Gold im Mund“, „Hunger ist der beste Koch“,

„Viele Hunde sind des Hasen Tod", „Wer andern eine Grube gräbt, fällt selbst hinein".

Spruchdichtung: 1. von K. Simrock in seiner Ausgabe der Werke Walthers von der Vogelweide (1833) eingeführte Bezeichnung für mittelhochdeutsche Lieder und Gedichte, die sich thematisch und z. T. auch formal vom Minnesang unterscheiden. Nach der Art des Vortrags werden Sprechspruch und Sangspruch unterschieden. Meist in vierhebigen Reimpaaren ohne Stropheneinteilung verfaßt und zum Sprechvortrag bestimmt war der *Sprechspruch*, der durch lehrhaft-moralisierende Tendenz geprägt war und oft eine zugespitzte, sprichwörtliche Weisheit vermittelte. Solche Spruchdichtung begegnet bereits im 12. Jahrhundert. Um 1230 schuf Freidank eine Sammlung von meist zwei- bis vierzeiligen Reimpaarsprüchen mit dem Titel „Bescheidenheit" (= Bescheidwissen, Einsicht), die große Popularität erlangte. V. a. im 14. und 15. Jahrhundert fand der Sprechspruch in der ↑Priamel seine besondere Ausprägung. Seine bereits dem Meistersang zuzurechnenden Hauptvertreter waren im 14. Jahrhundert Heinrich der Teichner, im 15. Jahrhundert H. Folz und H. Rosenplüt. – Der gesungene *Sangspruch*, dem Lied verwandt und strophisch gegliedert, nahm seine Themen aus nahezu allen Bereichen. Da die Spruchdichter größtenteils fahrende Sänger bürgerlichen Standes und von der Gunst reicher Herren abhängig waren, wandten sich ihre Sprüche oft direkt an diese reichen Gönner. Ihren inhaltlichen und künstlerischen Höhepunkt erreichte die Spruchdichtung mit Walther von der Vogelweide. Von 1200 bis etwa 1230 erhob er in seinen Spruchdichtungen mahnend und warnend seine Stimme und setzte sich kritisch mit dem aktuellen Zeitgeschehen auseinander, so v. a. mit dem Kampf zwischen Kaiser und Papst, in dem er die Partei des Kaisers ergriff. Unter Walthers Nachfolgern verdienen u. a. Reinmar von Zweter, Bruder Wernher, der Marner und Frauenlob Erwähnung. – 2. Zur Spruchdichtung rechnet man auch die in formelhafter Sprache verfaßte stab- oder silbenreimende germanische gnomische Dichtung, die, dem ↑Sprichwort verwandt, Lebensweisheiten, Rätsel- und Zaubersprüche überlieferte.

Staatsroman: Bezeichnung für Romane, die sich mit sozialen, wirtschaftlichen oder politischen Themen auseinandersetzen und dabei meist einen mit den tatsächlichen Gegebenheiten kontrastierenden Idealstaat entwerfen, um auf diese Weise erzieherisch zu wirken. Der Begriff „Staatsroman" wurde zunächst synonym mit ↑Utopie verwendet. Heute wird er als nur teilweise mit der in Umfang und Bedeutung weiteren Utopie übereinstimmend angesehen. Der Staatsroman steht in der Tradition der ↑Fürstenspiegel und v. a. der großen philosophischen Staats- und Gesellschaftsentwürfe von Th. More („De optimo statu reipublicae deque nova insula Utopia", 1516, englisch 1551, deutsch 1612, 1922 unter dem Titel „Utopia"), T. Campanella („La città del sole", entstanden 1602, lateinisch 1623 unter dem Titel „Civitas solis idea republicae philosophicae", deutsch 1789, 1900 unter dem Titel „Der Sonnenstaat") und F. Bacon („Nova Atlantis", herausgegeben 1627, deutsch „Neu-Atlantis", 1890) mit ihren Wunschbildern von Staat und Gesellschaft. Utopische Modelle enthalten nicht selten auch die ↑Robinsonaden. Staatsromane schrieben im Zeitalter des Barock u. a. Herzog Anton Ulrich von Braunschweig-Wolfenbüttel, H. A. von Zigler und Kliphausen, D. C. von Lohenstein. Die Zeit der Aufklärung brachte eine Vielzahl von Staatsromanen (z. B. A. von Haller, „Alfred, König der Angel-Sachsen", 1773; Ch. M. Wieland, „Der goldene Spiegel, oder die Könige von Scheschian", 1772). Im 19. Jahrhundert trat unter dem Eindruck der entstehenden Industriegesellschaft die soziale Problematik in den Vordergrund (É. Cabet, E. Bellamy). Bei den Staatsromanen des 20. Jahrhunderts, die ihrer futuristischen Ausrichtung wegen meist als utopische Zukunftsromane bezeichnet oder der ↑Science-fiction zugerechnet werden, überwiegt (häufig unter dem Eindruck des technischen Fortschritts und seiner Gefahren) die pessimistische Tendenz (H. G. Wells, „A modern Utopia", 1905, deutsch „Jenseits des Sirius", 1911; A. Huxley, „Brave new world", 1932, deutsch 1932, 1953 „Schöne neue Welt"; G. Orwell, „1984", 1949, deutsch „1984", 1950).

Stabreim: besondere Form der ↑Alliteration in der germanischen Dichtung. Der Stabreim beruht auf dem Gleichklang im Anlaut von betonten, bedeutungstragenden Haupt- und Zeitwörtern und ist Lautreim, im Unterschied zum ↑Endreim, der meist Silbenreim ist. Alle Vokale können dabei untereinander staben (= alliterieren); Konsonanten jedoch nur bei gleichem Laut. Außerdem reimen in der Regel die Konsonantengruppen sk, sp und st nur untereinander. Der Stabreim begegnet sowohl in Kurz- wie in Langzeilen, die zwei (höchstens drei) Stäbe tragen. Er ist in der altenglischen („Beowulf", erste schriftliche Fassung um 1000, deutsch „Beowulf", 1840), altnordischen (↑„Edda") und altsächsischen („Heliand", um 830) Dichtung verbreitet und tritt vereinzelt auch in althochdeutschen Werken („Hildebrandslied", Anfang des 9. Jahrhunderts) auf. Die Durchsetzung des Endreims seit dem 9. Jahrhundert verdrängte den Stabreim aus der europäischen Dichtung. Er lebt aber in festen Fügungen der Alltagssprache weiter („Bei *W*ind und *W*etter"; „*H*aus und *H*of"). R. Wagner verwendete ihn (z. B. in der Oper „Die Walküre", 1870: „*W*interstürme *w*ichen dem *W*onnemond – in mildem *L*ichte *l*euchtet der *L*enz").

Stand: als Terminus der Filmsprache ↑Einstellung.

Standardsprache ↑Hochsprache.

Ständeklausel: in den Poetiken der Renaissance und des Barock erhobene, in einseitiger Deutung aus den Dramentheorien der Antike (Aristoteles, Horaz) abgeleitete Forderung, nach der in der Tragödie die Hauptpersonen von hohem Stand sein mußten, während in der Komödie nur Personen niederer, d. h. bürgerlicher Herkunft das Geschehen tragen sollten. Mit der Ständeklausel sollte erreicht werden, daß durch die höhere Stellung der Handlungsträger der im Trauerspiel erfolgende Fall tiefer und damit erschütternder wirkte (↑Fallhöhe). Noch J. Ch. Gottsched vertrat die Ständeklausel, obwohl sie bereits von A. Gryphius in seinem Drama „Cardenio und Celinde, oder Unglücklich Verliebete" (1657) durchbrochen worden war. Endgültig überwunden wurde sie jedoch erst im ↑bürgerlichen Trauerspiel.

Ständelied: mit bestimmten Berufsständen verbundenes und von diesen gepflegtes Lied, z. B. Bergmannslied, ↑Handwerkslied, ↑Soldatenlied, ↑Landsknechtslied, ↑Studentenlied.

Stanze [von italienisch stanza „Strophe", eigentlich „Wohnraum" (die Stanze wird als Wohnraum für poetische Gedanken gesehen), von lateinisch stare „stehen, sich aufhalten"]: ursprünglich italienische Strophenform, bestehend aus acht weiblichen Elfsilblern (↑Endecasillabo) mit dem Reimschema ab ab ab cc. Die auch als *Oktave* oder *Ottaverime* bezeichnete Stanze wurde Ende des 13. Jahrhunderts erstmals als Versmaß in der italienischen erzählenden Dichtung gebraucht, dann auch von G. Boccaccio. Bei M. M. Boiardo, L. Ariosto und T. Tasso wurde sie zur herrschenden Strophenform des italienischen Epos. Im 14. und besonders im 15. Jahrhundert fand sie auch Eingang in Drama und Lyrik. Sie wurde auch in andere romanische Sprachen übernommen, v. a. ins Spanische (Lope F. de Vega Carpio) und Portugiesische (L. de Camões). In Deutschland bürgerte sich die Stanze erst im 17. Jahrhundert ein, und zwar zunächst in Übersetzungen und in der Lyrik. J. J. W. Heinse änderte die Regelung der Endungen, indem er den a- und c-Reim weiblich, den b-Reim männlich enden ließ. Diese Strophenform wurde von vielen anderen Dichtern, so auch von Goethe („Zueignung"), Schiller (in den klassischen Tragödien, in Prologen und Epilogen), A. W. Schlegel und A. von Platen übernommen.

Ch. M. Wieland handhabte die Stanze dagegen freier, so etwa in seinem Epos „Oberon" (1780). In jüngerer Zeit griffen Dichter wie D. von Liliencron und R. M. Rilke auf die Stanzenstrophe zurück. Sonderformen sind die ↑Siziliane und die ↑Spenserstanze.

Stasimon [griechisch „Standlied"]: das Chorlied der griechischen Tragödie, das im Gegensatz zum Einzugslied des ↑Chores (↑Parodos) erst gesungen wurde, nachdem der Chor seinen Platz in der ↑Orchestra eingenommen hatte. Solche Stasima, die bei leerer Bühne vorgetragen wurden, umrahmten die Schauspieler- bzw. Schauspieler-Chor-Partien (↑Episode) der meisten griechischen Dramen. In ihnen kommentierte der Chor das Bühnengeschehen. Seit Agathon (2. Hälfte des 5. Jahrhunderts v. Chr.) hatten diese Chorlieder keine Beziehung mehr zur Handlung, sondern wurden als sogenannte *Embolima* zu lyrischen Liedern zum Zweck der Akttrennung. Das metrisch sehr variationsfähige Stasimon war in der Regel strophisch gegliedert.

Stationendrama: Bezeichnung für eine ↑offene Form des Dramas, das im Gegensatz zu dem streng aufgebauten, meist in Akte gegliederten ↑aristotelischen Drama steht und durch eine lokkere Reihung von Einzelszenen (Stationen) gekennzeichnet ist. Diese Form begegnet zuerst im geistlichen Spiel des Mittelalters. Wegbereiter des modernen Dramas wie G. Büchner, F. Wedekind und A. Strindberg („Till Damaskus", 1898–1904, deutsch „Nach Damaskus", 1912) griffen diese Form wieder auf. Im Expressionismus (W. Hasenclever, E. Toller) wurde das Stationendrama vorherrschend. Eine Weiterentwicklung bedeutete das ↑epische Theater B. Brechts.

Stegreif: früher Bezeichnung für Steigbügel; *aus dem Stegreif* bedeutete ursprünglich „ohne vom Pferd zu steigen, unvorbereitet"; heute Bezeichnung für die Improvisation von Reden, Trink- und Tischsprüchen (↑Skolion u. a.) oder für das Spielprinzip des ↑Mimus und die aus diesem gespeisten Komödientypen (↑Stegreifkomödie).

Stegreifkomödie: Bezeichnung für Komödien, bei denen zwar die Szenenfolge, meist auch die Typen der auftretenden Personen, nicht aber der Text festgelegt sind. Vorform der Stegreifkomödie war das sogenannte *Stegreifspiel*, die aus dem Stegreif gestaltete possenhafte Einzelszene, bei der nur das Thema und der grobe Handlungsablauf vorgegeben waren, während der Wortlaut der Monologe bzw. Dialoge, die Mimik und alle übrigen Einzelheiten von den Schauspielern improvisiert werden mußten. Dieses Stegreifspiel kann als eine Vorstufe des europäischen Dramas gelten. Stegreifspiele waren der vorliterarische ↑Mimus und die altitalische ↑Atellane; auch die komischen Einlagen des mittelalterlichen ↑geistlichen Spiels oder die Aufführungen der ↑englischen Komödianten wurden zum großen Teil aus dem Stegreif gestaltet. Die wichtigste Form der Stegreifkomödie ist jedoch die italienische ↑Commedia dell'arte, die kein ausgearbeitetes Textbuch, sondern nur ein ↑Szenarium kannte. Seit J. Ch. Gottsched, der im 18. Jahrhundert in seiner Theaterreform den ↑Hanswurst und mit ihm den Hauptakteur des Stegreifspiels von der Bühne verbannte, erlebte die Stegreifkomödie nur noch einzelne Erneuerungsversuche, so etwa im ↑Wiener Volkstheater, in dem literarische Komödien zu Stegreifkomödien umgearbeitet wurden.

steigende Handlung: im fünfaktigen klassischen ↑Drama übliche Bezeichnung für die sich entfaltende dramatische Handlung des zweiten ↑Aktes. – Gegensatz: ↑fallende Handlung.

Steigerung ↑Klimax.

Stemma [lateinisch stemma „Stammbaum, Ahnentafel", eigentlich „Kranz als Schmuck der Ahnenbilder", von griechisch stémma „Kranz"]: stammbaumförmige Aufschlüsselung des Überlieferungsweges eines literarischen Werkes, meist in graphischer Form. Die Stemmata, wichtige Hilfsmittel der ↑Textkritik, erleichtern die Rekonstruktion der Textgeschichte, indem sie Auskunft über die verschiedenen Handschriften und ihre Abhängigkeit untereinander geben. Außerdem erlauben sie Rückschlüsse auf die Zuverlässigkeit einzelner Überlieferungsstränge und -träger.

Sterbebüchlein ↑Ars moriendi.

stichisch [von griechisch stíchos „Vers", eigentlich „Reihe, Ordnung"]: in der Metrik Bezeichnung für die fortlaufende Aneinanderreihung formal gleicher Verse (auch *monostichisch* genannt), im Gegensatz zur paarweisen Zusammenfassung verschieden gebauter Verse *(distichisch)*.

Stichometrie [von griechisch stíchos „Vers", eigentlich „Reihe, Ordnung", und métron „Maß"]: 1. in der Antike praktizierte Methode der Verszählung. Bei der Ermittlung des Umfangs eines literarischen Werkes ging man dabei vom Normalmaß einer daktylischen Hexameterzeile aus, die mit rund 16 Silben bzw. 36 Buchstaben veranschlagt wurde. Die Stichometrie, die z. T. auch bei Prosatexten vorgenommen wurde, diente dem Schutz vor unerlaubten ↑Interpolationen und wurde zudem der Berechnung des Schreiberlohns zugrundegelegt. Die Summe der Verse wurde am Schluß der Papyrusrollen vermerkt. – 2. antithetische Form eines Dialogs (v. a. im Drama), bei dem Behauptung und Entgegnung Gegensätze darstellen, z. B.: Wallenstein: „Den Admiralshut rißt ihr mir vom Haupt." – Wrangel: „Ich komme, eine Krone draufzusetzen." (Schiller, „Wallensteins Tod", 1800).

Stichomythie [von griechisch stíchos „Reihe, Ordnung" und mỹthos „Wort, Rede"]: im ↑Versdrama besonders zur Darstellung erregter Auseinandersetzungen zwischen zwei Personen verwendete Dialogform, bei der Rede und Gegenrede Zeile auf Zeile bzw. Vers auf Vers folgen. Möglich ist auch der Wechsel von Rede und Antwort in Doppelversen *(Distichomythie)* oder in Halbversen *(Hemistichomythie)*, je nachdem, ob eine Verminderung oder Zuspitzung der Erregung im dramatischen Wortwechsel signalisiert werden soll. Im antiken griechischen Drama verwendete Sophokles nur vereinzelt, Euripides dagegen häufiger die Stichomythie. Auch L. A. Seneca der Jüngere griff in seinen Tragödien gerne auf diese Dialogform zurück. Sein Vorbild beeinflußte die Dramendichter des Barock, während sich die deutsche Klassik mehr an den griechischen Beispielen orientierte. Spätere Dramatiker bevorzugten dagegen die formal freiere ↑Antilabe, bei der der Einzelvers auf verschiedene Personen aufgeteilt wird.

Stil [von lateinisch stilus „Stiel, Griffel, Schreibart"]: die jeweils besondere Art und Weise der Formung und Gestaltung, in der Haltungen, Verhalten, Vorstellungen von sozialen Gruppen oder Individuen erscheinen (z. B. „Lebensstil"). Der Stilbegriff wird jedoch hauptsächlich in der Literatur, der bildenden Kunst und der Musik angewandt. Er bezeichnet dort typische, wiederkehrende, relativ gleichbleibende und allgemeine Merkmale der Art und Weise, wie das künstlerische Material ausgewählt und behandelt wird und Gedanken, Inhalte formuliert werden. Man kann von Werk-, Persönlichkeits- oder Individualstil, Gruppen-, Gattungs-, Epochen-, Regional- und Nationalstil sprechen. Stil kann immer nur als Abweichung von einer Norm beschrieben werden. Die Stilforschung muß sich deshalb über anzuwendende Normen und Vergleichsgrößen verständigen. – Der Stil *sprachlicher Kunstwerke* kann nach der Wahl, Mischung oder Verwendungsintensität bestimmter grammatischer oder rhetorischer Mittel sowie bestimmter sprachlicher Bilder charakterisiert werden. Auf Grund der verwendeten Sprachfiguren ist eine Unterscheidung in einen *rhetorischen* und einen *poetischen Stil* möglich, die jeweils weiter klassifiziert werden können nach der Auswahl der Wortarten *(Nominal-* oder *Verbalstil)* und syntaktischen Verbindungen *(parataktischer* [= beiordnend] oder *hypotaktischer* [= unterordnend] *Stil)*. Es kann auch unterschieden werden zwischen einem „objektiven" Stil mit vorwiegend Informationselementen und einem „subjektiven" Stil, bei dem Ausdruck und (lyrische) Selbstaussage überwiegen. Werden Stile historisch untersucht, so kann bei den geläufigen Epocheneinteilungen der europäischen Kulturgeschichte (z. B. Renaissance, Klassik) zwar der Stil in einer bestimmten Kunstgattung durch einzelne Charakteristika bestimmt werden, es ist jedoch nicht nur schwierig, Gemeinsamkeiten zwischen den Stilen der verschiedenen Kunstgattungen einer Epoche herauszuarbeiten, schon die zeitliche und räumliche Begrenzung der Stile bietet Schwierigkeiten. So gilt z. B. der Klassikbegriff, bei dem sich Epochenbezeichnung und Werturteil schon früh verbunden haben, in Frankreich für die Dichtung des 17. Jahrhunderts, in Deutschland für die Kunstperiode um 1800. Solche Phasenverschiebungen machen es äußerst schwierig, allgemeinverbindliche Stilbestimmungen aus grundlegenden Geistesströmungen oder aus den jeweils herrschenden ökonomischen Zuständen abzuleiten und zu begründen. – ↑auch Stilistik.

Stilarten ↑Genera dicendi.

Stilblüte: durch einen Denkfehler oder durch Unachtsamkeit entstandene doppelsinnige sprachliche Äußerung, die durch das Weglassen eines Wortes, eines Relativsatzes, falsche oder ungewöhnliche Wortstellung und Wortwahl eine unbeabsichtigte komische oder lächerliche Wirkung auslöst.

Stilbruch: die Durchbrechung einer Stilebene, z. B. durch Einmischung von Wörtern aus einer anderen, höheren oder tieferen Stilschicht oder durch unpassende Bildlichkeit.

Stilbühne ↑Bühne.

Stilfiguren ↑rhetorische Figuren.

Stilisierung [lateinisch]: allgemein 1. abstrahierende, auf wesentliche Grundzüge reduzierte Darstellung, 2. Nachahmung eines Stilideals oder -musters. In der Literatur sind Elemente der Stilisierung: u. a. über die Normalsprache sich erhebende Wortwahl und Syntax, meist ausgerichtet auf ein klassisches Stilideal (z. B. bei A. von Platen, St. George), formelhafte Sprache, reduzierter oder symmetrischer Satzbau, strenge Vers- und Strophenformen.

Stilistik [lateinisch]: die Wissenschaft vom [literarischen] Stil. Man unterscheidet 1. Stilistik als Theorie des literarischen Stils; 2. Stilistik als Analyse und Beschreibung gleichzeitig oder nacheinander auftretender Stile (deskriptive Stilistik bzw. historisch-deskriptive Stilistik bzw. Stilanalyse); 3. Stilistik als Anleitung zu einem vorbildlichen Schreibstil (normative Stilistik). Letztere spielt im Rahmen der Stilistik nur eine geringe, zumeist auf Zweckprosa eingeschränkte Rolle. – Die Stilistik ist Nachfolgerin der ↑Rhetorik, deren literarische Theorie bis ins 18. Jahrhundert Bestand hatte.

Stockpuppe: Puppenspielfigur, die an einem Stock, der zwischen Rumpf und Beinen befestigt ist, von unten geführt wird und deren Glieder bis auf den mit Hilfe eines Führungsstabes beweglichen rechten Arm unbeweglich sind. Das bekannteste Stockpuppentheater in der Bundesrepublik Deutschland ist das Hänneschen-Theater in Köln. – ↑auch Puppenspiel.

Stoff: die literaturwissenschaftliche Bezeichnung „Stoff" entzieht sich einer eindeutigen Definition, weil Stoff einmal als Kontrastbegriff zu ↑Form, dann wieder als Konkurrenzbegriff zu ↑Thema, Idee und ↑Motiv auftritt. Als Gegenbegriff zu Form kann Stoff verstanden werden als die aus dem formgeprägten literarischen Kunstwerk herauslösbare Handlung, die ↑Fabel; er ist damit eine Abfolge von Ereignissen, die mit bestimmten Personen in spezifischen historischen oder mythologischen Situationen verwirklicht wird. Doch ist eine Trennung von Stoff und Form – im weiteren Sinne auch mit den Begriffen „Gehalt und Gestalt" umschrieben – nicht möglich, da im Kunstwerk immer nur geformter Stoff und stofflich gebundene Form erscheinen, wenn auch die einzelnen Gattungen unterschiedliche Stoffdichte erkennen lassen.

Stoffgeschichte: Teilgebiet der vergleichenden Literaturwissenschaft (Komparatistik), auf dem weniger die Herkunft oder Entstehung eines literaturgeschichtlichen, vielfach überlieferten und verarbeiteten Stoffes oder Themas als vielmehr deren Veränderungen im Lauf der Geschichte erforscht wird.

Stollen: 1. Bezeichnung der Meistersinger für einen der beiden Teile, die den ↑Aufgesang der Stollenstrophe bilden; beide Stollen sind durch Kreuzreim miteinander verbunden; 2. Bezeichnung für die beiden Stäbe im Anvers der germanischen ↑Langzeile.

Stollenstrophe: Bezeichnung für eine Strophenform, die im deutschen Minnesang vermutlich aus der Kanzonenstrophe (↑Kanzone) der provenzalischen Troubadourlyrik übernommen wurde. Sie besteht aus dem in zwei musikalisch und metrisch gleichgebaute ↑Stollen gegliederten Aufgesang und dem metrisch und musikalisch abweichenden Abgesang. Die Stollenstrophe wurde die gängige Strophenform des Mittelalters und der frühen Neuzeit; sie tritt in der deutschsprachigen Lyrik in vielfältigen, teils einfachen, teils kunstvollen Formen auf. Im Meistersang wurde die Grundstruktur der Stollenstrophe vielfach erweitert zur sogenannten ↑Meistersangstrophe.

Story ['stɔːrɪ; englisch, von griechisch historía, eigentlich „Wissen"]: Geschichte, Erzählung; z. T. auch im Sinne von Handlung, Inhalt gebraucht.

Straßentheater: auf Straßen oder Plätzen von [Laien]gruppen aufgeführtes Theaterspiel, das häufig politisch engagiert ist und agitatorischen Charakter hat. Das Straßentheater hat in der Theatergeschichte zahlreiche Vorläufer (↑Theater); es hat sich parallel zur studentischen Protestbewegung um 1968 aus dem ↑Happening neu entwickelt.

Stream of consciousness ['striːm əv 'kɔnʃəsnɪs; englisch „Bewußtseinsstrom"]: Erzähltechnik im Roman, Weiterentwicklung des ↑inneren Monologs im zeitgenössischen Ich-Roman: an die Stelle einer äußeren, in sich geschlossenen Handlung oder deren Wiedergabe durch einen Ich-Erzähler tritt die scheinbar unmittelbare und unkontrollierbare Ausbreitung des Bewußtseins einer Romanfigur, das nicht auf einen bestimmten Handlungszusammenhang ausgerichtet ist, sondern von freien, durch äußere oder innere Einwirkung bedingten Assoziationen gesteuert wird. Die Bezeichnung wurde geprägt von W. James für die erstmals von É. Dujardin in seinem Roman „Les lauriers sont coupés" (1888, deutsch „Geschnittener Lorbeer", 1966) angewandte Darstellungstechnik, die dann von J. Joyce („Ulysses", 1922, deutsch „Ulysses", 1927), V. Woolf, W. Faulkner, A. Döblin u. a. weiterentwickelt wurde.

Streitgedicht: Gedicht, in dem verschiedene (meist zwei) Personen, personifizierte Gegenstände oder Abstraktionen einen Streit führen: entweder über die eigenen Vorzüge und die Schwächen oder Fehler des Gegners (Rangstreit) oder um eine bestimmte Frage zu entscheiden. Wegen der Dialogform wird für das Streitgedicht oft auch die Bezeichnung *Streitgespräch* gebraucht. Die Tradition des Streitgedichts reicht von der Antike (Einflüsse u. a. der

Streitgedicht. Zusammenfassung des Inhalts und kolorierter Holzschnitt von Johannes von Tepls „Ackermann aus Böhmen" (Ausgabe von 1474)

↑Ekloge) über die mittellateinische Literatur (Einflüsse der scholastischen ↑Disputation) bis in die volkssprachlichen Dichtungen. In der mittelhochdeutschen Literatur erfreute sich das Streitgedicht besonderer Beliebtheit (z. B. Streitgespräche zwischen Sommer und Winter, Leib und Seele, Liebe und Schönheit, Frau Minne und Frau Welt). Einen Höhepunkt bildet das frühneuhochdeutsche Streitgespräch „Der Akkermann aus Böhmen" (um 1400) des Johannes von Tepl. Auch der Orient (besonders die persische und arabische Literatur) kennt Streitgedichte. Formen und Bezeichnungen im lateinischen Bereich sind u. a. Altercatio, Conflictus, in der romanischen Literatur Debat, Contrasto, ↑Tenzone u. a.

Streitschrift (Kampfschrift): Form der publizistischen Angriffsliteratur, mit der in eine aktuelle Auseinandersetzung engagiert eingegriffen wird. Im Gegensatz zum ↑Pamphlet ist die Streitschrift mehr sachbezogen und vermeidet persönliche Angriffe.

Strophe [von griechisch strophḗ, eigentlich „das Drehen, die Wendung"]: ursprünglich im griechischen Drama der Wechsel der Bewegungsrichtung bei einem profanen Rundtanz oder die kultische Hinwendung des tanzenden Chores zum Altar und das dabei gesungene Lied (↑auch Antistrophe). Der Begriff „Strophe" der griechischen Chorlyrik wurde in Deutschland erst im 17. Jahrhundert eingeführt. In der mittelhochdeutschen Dichtung wurde dafür die Bezeichnung „daz liet" verwendet; die Meistersinger gebrauchten Bezeichnungen wie „Stück", „Gebände", „Gesätz". Im Kirchenlied wird z. T. bis heute die Bezeichnung „Vers" (von mittellateinisch versus „Abschnitt eines gesungenen Psalms") gebraucht. Heute versteht man unter Strophe die Zusammenfassung von Versen oder Langzeilen zu einer metrischen Einheit, die thematisch selbständig sein kann oder mit anderen Strophen zusammen eine thematisch mehr oder weniger geschlossene Strophenreihe, einen Zyklus oder ein Gedicht bilden kann. Die Strophe wird seit dem Mittelalter durch bestimmte Reimschemata und Reimformen gebildet. Die Syntax kann gelegentlich eine Strophengrenze überspringen (↑Strophensprung). Strophen finden sich v. a. in der Lyrik, auch in der Epik, selten im Drama.

Strophensprung: das Überspielen der metrischen Stropheneinheit durch die syntaktische Gliederung: Der Satz reicht über das Strophenende in die folgende Strophe hinein (↑auch Enjambement); häufig z. B. bei R. M. Rilke.

Struktur [von lateinisch structura „ordentliche Zusammenfügung, Ordnung, Gefüge, Bau(werk)"]: aus der Philosophie u. den Naturwissenschaften auf die Sprache und die Literatur übertragener Begriff, der weitgehend mit „Aufbau", „Gefüge" identisch ist. Hier bedeutet er das Zusammenwirken von ↑Komposition und ↑Stil, die sich in der ↑Form manifestieren, mit dem Inhalt. Struktur ist also die Summe der einzelnen Komponenten und insofern mehr als die das sprachliche Kunstwerk konstituierenden Teile.

Strukturalismus [französisch structuralisme, von lateinisch structura „ordentliche Zusammenfügung, Ordnung, Gefüge, Bau(werk)"]: eine Sprachtheorie, die die moderne Linguistik als eigenständige Wissenschaft begründet, indem sie Sprachen als strukturierte Systeme von Zeichen auffaßt und exakte Methoden zu ihrer Beschreibung entwickelt. – Die *europäische Richtung des Strukturalismus* geht auf F. de Saussure zurück, der den Gegenstandsbereich der Linguistik mittels Gegensatzpaaren *(Dichotomien)* neu definierte: Sprache wird nicht mehr als Ergebnis historischer Entwicklung *(Diachronie)* gesehen, sondern als Zusammenwirken gleichzeitiger Einheiten *(Synchronie)*. Sie ist nicht zu fassen im konkreten individuellen Sprechen *(Parole)*, sondern als überindividuelles System von Werten, das als soziale Institution in einer Sprachgemeinschaft gilt *(Langue)*. Die Struktur der Langue wird bestimmt durch die willkürliche und konventionelle Beziehung zwischen Ausdruck (Bezeichnendes) und Inhalt

(Bezeichnetes), die das sprachliche Zeichen konstituiert, durch paradigmatische Beziehungen zwischen Zeichen, die gegeneinander austauschbar sind (z. B. *er, sie, es* in *er kommt, sie kommt, es kommt)* und durch syntagmatische Beziehungen zwischen Zeichen, die nebeneinander vorkommen (z. B. zwischen *er* und *kommt* in *er kommt).* Auch der von L. Bloomfield in den 20er Jahren begründete *amerikanische Strukturalismus* beschreibt Sprache als synchrones System. Sein Gegenstand ist jedoch nicht die Langue, sondern die beobachtbare gesprochene Sprache, v. a. die noch unerforschten Sprachen der Indianer und anderer Völker ohne schriftliche Überlieferung. Er entwickelt exakte Analysemethoden, um aus einer begrenzten Beispielsammlung von Äußerungen ohne Rückgriff auf die Bedeutung dieser Äußerungen die Grammatik einer Sprache zu ermitteln. Diese Methoden haben zum Ziel, Äußerungen in sich wiederholende gleiche Teile zu segmentieren, die Teile nach ihrer Distribution, d. h. ihren möglichen Umgebungen zu klassifizieren. Segmentierung und Klassifikation haben eine Grammatik zum Ergebnis, die die Formen struktural, d. h. nach ihrer Klassenzugehörigkeit und ihrer Distribution, beschreibt, ihre Bedeutung jedoch als nicht beobachtbar unberücksichtigt läßt. Die Verdienste des Strukturalismus liegen v. a. in der Erkenntnis der Systemhaftigkeit der Sprachen und in der Entwicklung theoretisch fundierter Analysemethoden. Er vernachlässigt jedoch den sprechenden Menschen, seine Sprachfähigkeit und sein kommunikatives Handeln. – In jüngster Zeit ist auch versucht worden, strukturalistische Methoden in der ↑ Literaturwissenschaft anzuwenden.

Strukturanalyse: die Beschreibung und Untersuchung des Aufbaus (↑ Struktur) eines literarischen Kunstwerkes. Teilgebiet der ↑ Literaturwissenschaft.

Studentenlied: Gruppenlied der Studenten und Studentenverbindungen; als besondere Untergattung des Ständeliedes gehört es dem Volksgesang an. Die Geschichte des Studentenliedes beginnt mit den Sammlungen der ↑ Vagantendichtung aus dem 13. Jahrhundert (z. B. ↑ „Carmina Burana"). Vom 16. Jahrhundert an erschienen Studentenlieder in einer Reihe von handschriftlichen Liederbüchern, z. B. die der Studenten P. Fabricius und Ch. Clodius. 1781 wurde die erste gedruckte Sammlung von dem Magister Ch. W. Kindleben aus Halle herausgebracht. Die Studentenlieder waren zunächst mehr derben Inhalts, seit Kindleben weisen sie ein anspruchsvolleres Niveau auf. Das Repertoire der Studentenliederbücher (Kommersbücher) umfaßt neben den eigentlichen, z. T. in Vulgärlatein abgefaßten Studentenliedern zum Lobpreis studentisch-burschenschaftlicher Lebensweise (Burschen-, Kneip- oder Bummellieder) und von Universitätsorten und -festen u. a. auch Balladen, Trinklieder, Liebeslieder, Heimat- und Wanderlieder sowie Vaterlands- und Kriegslieder. Bekannte, heute noch gesungene Studentenlie-

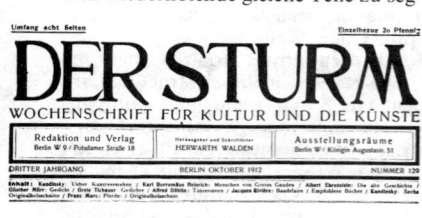

Umfang acht Seiten | Einzelbezug 2o Pfennig

DER STURM

WOCHENSCHRIFT FÜR KULTUR UND DIE KÜNSTE

Redaktion und Verlag
Berlin W 9 / Potsdamer Straße 18

Herausgeber und Schriftleiter
HERWARTH WALDEN

Ausstellungsräume
Berlin W / Königin Augustastr. 51

DRITTER JAHRGANG | BERLIN OKTOBER 1912 | NUMMER 129

Inhalt: **Kandinsky**: Ueber Kunstverstehen / **Karl Borromäus Heinrich**: Menschen von Gottes Gnaden / **Albert Ehrenstein**: Die alte Geschichte / **Günther Mürr**: Gedicht / **Grete Tichauer**: Gedichte / **Alfred Döblin**: Tänzerinnen / **Jacques Rivière**: Baudelaire / Empfohlene Bücher / **Kandinsky**: Sechs Originalholzschnitte / **Franz Marc**: Pferde / Originalholzschnitt

W. Kandinsky: Originalholzschnitt / 1910

Ueber Kunstverstehen

Von Kandinsky

Zu großen Zeiten ist die geistige Atmosphäre von einem präcisen Wunsch, von einer bestimmten Notwendigkeit dermaßen erfüllt, daß man leicht zum Propheten werden kann.

So sind überhaupt die Wendungsperioden, die Zeiten, in welchen die innere, vor dem oberflächlichen Auge versteckte i n n e r e Reife dem geistigen Pendel unsichtbar einen unüberwindlichen Stoß gibt.

Das ist der Pendel, welcher demselben oberflächlichen Auge als ein immer an derselben Stelle hin und her wackelnder Gegenstand erscheint.

Er steigt diesen gesetzmäßigen Berg auf. Bleibt einen Augenblick, einen unaussprechlich kurzen Augenblick, da oben stehen und nimmt den neuen Weg, die neue Richtung an.

In dem unglaublich kurzen Augenblick des Stillstandes kann jeder leicht die neue Richtung prophezeien.

Es ist nur merkwürdig, fast unerklärlich, daß „die große Menge" diesem „Propheten" nicht glaubt.

Alles „Präcise", Analytische, Scharfkantige, Hartbestimmende, im Harten Gesetzliche, das durch Jahrhunderte ging und im neunzehnten Jahrhundert allumfassend uns heute zum Entsetzen sich „entwickelt" hat, ist heute „plötzlich" so fremd, so abgeschlossen, und wie es manchem heute scheint „unnötig" geworden, daß man sich beinahe mit Gewalt den Gedanken, die Erinnerung aufzwingen muß „es war erst gestern". Und „in mir sind noch manche Ueberreste dieser Zeit zu finden". Diesen letzten Gedanken glaubt jeder von uns ebenso wenig, wie den uns persönlich bevorstehenden Tod. Aber auch das Wissen ist hier nicht leicht.

Ich glaube nicht, daß es heute einen einzigen Kritiker gibt, der nicht weiß, daß „der Impressionismus aus ist". Manche wissen auch, daß er der natürliche Abschluß des naturellen Wollens in der Kunst war.

Es scheint, daß auch die äußeren Ereignisse die „verlorene Zeit" nachholen wollen.

„Die Entwicklung" spielt sich mit einer in Verzweiflung bringenden Geschwindigkeit ab.

V o r d r e i J a h r e n wurde jedes neue Bild vom großen Publikum, vom Kunstkenner, vom Kunstfreund, vom Kunstkritiker beschimpft.

Sturmkreis. Titelblatt der Zeitschrift „Der Sturm", Nr. 129 (1912) der sind u. a. „Gaudeamus igitur“, „O alte Burschenherrlichkeit“, „Ich bin der Doktor Eisenbart“.

Studiobühne [von italienisch studio „Arbeitszimmer, Werkstatt“]: Versuchsbühne zur Einstudierung und Aufführung moderner, meist avantgardistischer Theaterstücke vor einem kleineren, oft ausgesuchten Publikum; auch als Werkstattheater bezeichnet.

stumme Szene ↑Dumb show.

Sturmkreis: Berliner Kreis von Künstlern, speziell Dichtern (v. a. des Expressionismus) um die von H. Walden herausgegebene Zeitschrift „Der Sturm“. Der Sturmkreis wurde v. a. beeinflußt vom italienischen ↑Futurismus, dessen Malerei Walden zum ersten Mal in seiner „Sturm-Galerie“ (ab 1910) vorstellte. Ab 1913 veranstaltete der Sturmkreis Vortragsabende, ab 1916 sogenannte „Sturm-Abende“, an denen expressionistische Literatur vorgetragen wurde. 1914 wurde ein eigener Verlag und 1917 die sogenannte Sturm-Bühne gegründet (bis 1921).

Sturm und Drang (Geniezeit, Genieperiode): eine nach dem Schauspiel „Sturm und Drang“ (1776, ursprünglicher Titel „Wirrwarr“, von Ch. Kaufmann umbenannt) von F. M. Klinger bezeichnete geistige Strömung in Deutschland, die von der Mitte der 60er bis zur Mitte der 80er Jahre des 18. Jahrhunderts zu datieren ist. Ausgelöst wurde diese vorwiegend von 20- bis 30jährigen getragene Bewegung durch den Protest gegen die Denk- und Lebensformen der ↑Aufklärung, z. B. gegen den einseitigen Rationalismus, gegen die Regel- und Normengläubigkeit und gegen das verflachte, blutleere Menschenbild dieser Zeit, aber auch gegen die erstarrten Konventionen der ständischen Gesellschaftsordnung. Diese jugendliche Revolte blieb politisch völlig wirkungslos, dagegen erwiesen sich die Gedanken und Vorstellungen der zur politischen Inaktivität verurteilten Hauptvertreter dieser Richtung als sehr wirkungsvoll für die Literatur der späteren Epochen, für die Klassik ebenso wie für die Romantik, für G. Büchner, für

Sturm und Drang.

Ein Schauspiel

von

Klinger

1776

Sturm und Drang. Titelblatt der Erstausgabe von Friedrich Maximilian Klingers Schauspiel „Sturm und Drang“ (1776)

Naturalismus und Expressionismus bis hin zu B. Brecht. – Der Widerspruch des Sturm und Drang zum Geist der Aufklärung wird v. a. darin sichtbar, daß der Wert des Gefühls, des Triebs und der Spontaneität höher eingeschätzt wurde als Verstand und Vernunft. Daraus ergab sich eine neue Erfahrung und Wertung der Natur, die als Urquell alles Lebendigen und Schöpferischen, auch im Menschen selbst, vergöttert wurde. Die Vollendung des naturhaften Individuums war für den Sturm und Drang das Genie, der Inbegriff der schöpferischen Kraft: das Genie bedarf als *Originalgenie* der Regeln nicht, es trägt alle Regeln in sich und erweist sich als gottähnlich. Als Prototyp des Dichters als eines Originalgenies galt der schwärmerisch verehrte W. Shakespeare, aber auch Homer, Pindar, F. G. Klopstock und, aus den eigenen Reihen, dem jungen Goethe brachte man besondere Bewunderung entgegen. Die Hochschätzung der Individualität wirkte sich auch auf das Geschichtsverständnis aus: man bemühte sich um eine Erfassung der unverwechselbaren Eigenart der einzelnen Völker, Kulturen und Sprachen vom Ursprung her und zeigte im Zusammenhang damit besonderes Interesse für frühe Dichtung und Volksdichtung. Wichtige *Anregungen* gewann der Sturm und Drang durch J.-J. Rousseaus

Kulturkritik, die von der Behauptung ausging, daß die Kultur das Glück der Menschen zerstöre und Unordnung und Verwirrung schaffe. In seinem „Zurück zur Natur!“ forderte Rousseau die Rückkehr zu einem vom persönlichen Fühlen und Wollen bestimmten Leben, in dem Standesgrenzen, Vorurteile, Konventionen usw. keine Rolle spielen. Anregungen zur Reflexion über das Genie kamen aus England (z. B. E. Youngs „Conjectures on original composition“, Essay, 1759, deutsch „Gedanken über die Originalwerke“, 1761), als bedeutsam aber erwies sich auch die Tradition des ↑Pietismus und der ↑Empfindsamkeit in Deutschland. Als Wegbereiter des Sturm und Drang haben J.G. Hamann („Sokratische Denkwürdigkeiten“, 1759; „Kreuzzüge des Philologen“, 1762, daraus besonders die „Aesthetica in nuce“) und v. a. J. G. Herder zu gelten. Herder entwickelte in seinen zahlreichen Schriften („Über die neuere deutsche Litteratur“, 1766/67; „Journal meiner Reise im Jahre 1769“, herausgegeben 1846; „Abhandlung über den Ursprung der Sprache“, 1772) eine Fülle von Ideen, die wegweisend wurden: so forderte er für die deutsche Literatur u. a. die Befreiung vom gesetzgebenden Muster und die Betonung ihrer Eigenständigkeit, er verwies auf das Volkslied, das Naturpoesie, nicht Letternpoesie sei, er sammelte selbst Volkslieder, pries das Genie W. Shakespeares und begeisterte sich für die von J. Macpherson herausgegebenen „Fragments of ancient poetry, collected in the highlands of Scotland“ (1760), eine Sammlung, die sich als Fälschung erwies (↑auch ossianische Dichtung).

Die *Dichtung* des Sturm und Drang begann unter dem Eindruck der epochemachenden Werke Goethes, der durch die Begegnung mit Herder 1770 in Straßburg sich von dessen Ideen stark beeinflußt zeigte: im lyrischen Bereich waren dies die Sesenheimer Lieder (1771), im dramatischen „Götz von Berlichingen“ (1773) und im epischen „Die Leiden des jungen Werthers“ (1774). Bevorzugte Gattung des Sturm und Drang war das *Drama* (und zwar besonders Tragödie und Tragikomödie, gelegentlich auch die Farce), in dem sich das leidenschaftliche Engagement der Autoren am besten entfaltete. Die festen Regeln der klassizistischen Tragödie wurden ignoriert, die ↑drei Einheiten wurden durchbrochen zugunsten eines häufigen Ortswechsels, eines lockeren, oft nur durch den Helden zusammengehaltenen Handlungsgefüges und eines großzügigen Umgangs mit der Zeit, ein Verfahren, das in Auseinandersetzung mit der Poetik des Aristoteles von J. M. R. Lenz in der theoretischen Schrift „Anmerkungen übers Theater“ (1774) begründet wurde. Man schrieb in Prosa und in einer alltagsnahen, affektbetonten Sprache. Bevorzugte Themen waren die Selbstverwirklichung eines genialen Menschen (Faust, Prometheus), der Zusammenstoß des einzelnen mit der gesellschaftlichen Wirklichkeit (Goethe, „Götz von Berlichingen“, 1773; Schiller, „Die Räuber“, 1781), der Konflikt zwischen Moralkodex und Leidenschaft (F.M. Klinger, „Das leidende Weib“, 1775), der Protest gegen ständische Schranken oder die Korruption der Herrschenden (J.M.R. Lenz, „Der Hofmeister“, 1774, „Die Soldaten“, 1776; Schiller, „Kabale und Liebe“, 1784) und das Motiv der Kindsmörderin (H. L. Wagner, „Die Kindermörderin“, 1776; Goethe, „Faust I“, 1808). Der *epischen Dichtung* des Sturm und Drang eignete ein Hang zur autobiographischen Darstellung, der im gesteigerten Interesse am Individuum seine Erklärung findet. Der biographische Ansatz findet sich auch in Goethes Roman „Die Leiden des jungen Werthers“, der seine nahezu weltweite sensationelle Wirkung der Verbindung einer äußerst subjektiven Erzählweise mit der Darstellung einer engen Naturverbundenheit und deutlicher Gesellschaftskritik verdankte. Als reine ↑Autobiographien zu bezeichnen sind „Henrich Stillings Jugend“ (1777) von J. H. Jung-Stilling, „Anton Reiser“ (1785–94) von K.Ph. Moritz u.a. J.J.W. Heinses Roman „Ardinghello und die glückseligen Inseln“ (1787) kann in seiner Betonung des Rechts auf Leidenschaft und in seinem Preis der Sinnlichkeit als der für die Ideenwelt des Sturm und Drang bezeichnendste Roman angesehen werden. In der *Lyrik* des Sturm und Drang wurde erstmals der gesellschaftliche Bezug ignoriert: gestaltet wurde, wie etwa in Goethes Sesenheimer Liedern, in einer scheinbar einfachen, dem Volkslied nahestehenden Sprache persönliches Erleben; dabei verband sich das Erlebnis der Natur mit dem Erlebnis der Liebe. Unter dem Einfluß von Th. Percys „Reliques of ancient English poetry“ (1756), einer Sammlung alter Balladen, wurde auch die ↑Ballade gepflegt, da sie die Möglichkeit der Darstellung des Wirkens irrationaler Kräfte bot. Die Hochschätzung der Dichtungen F. G. Klopstocks mag als Erklärung dafür herangezogen werden, daß sich die Formen der ↑Hymne und ↑Ode bei den Lyrikern des Sturm und Drang einer großen Beliebtheit erfreuten, besonders bei den Autoren des 1772 gegründeten ↑Göttinger Hains, dessen Umkreis G. A. Bürger, Ch. F. D. Schubart und M. Claudius zuzurechnen sind. Neben Deutschtum, Freiheit und einem etwas abstrakten Tyrannenhaß klangen hier auch gesellschaftskritische und revolutionäre Themen in der Lyrik an.

Subliteratur [von lateinisch sub „unter, unterhalb“] ↑Untergrundliteratur.

Subskription [von lateinisch subscriptio „Unterschrift“]: die Vorbestellung eines meist teureren, mehrbändigen oder nur für einen beschränkten Kundenkreis interessanten Druckwerks beim Buchhandel, Verlag oder Autor; die Einladung zur Subskription, die dem Käufer einen deutlichen Preisnachlaß gewährt und durch die die Finanzierung der Herstellungskosten gesichert und die Auflagenhöhe ermittelt wird, muß genaue Angaben über Inhalt, Umfang, Ausstattung, Erscheinungstermin und den voraussichtlichen Kaufpreis enthalten.

Surrealismus [zʊ..., zy...; französisch surréalisme, von lateinisch super „oben, darüber, über–hinaus“ und Realismus]: Bezeichnung für eine nach dem 1. Weltkrieg in Paris entstandene avantgardistische Richtung moderner Literatur und Kunst, die (insbesondere beeinflußt von der Psychoanalyse S. Freuds) die eigentliche Wirklichkeit und damit die Einheit allen menschlichen Seins im nichtrationalen, sich den traditionellen Erkenntnismitteln entziehenden Unbewußten suchte. Daher galten Träume, wahnhafte Visionen, spontane Assoziationen, hypnotische Mechanismen, Bewußtseinszustände nach dem Genuß von Drogen als die einzig mögliche Ausgangsbasis künstlerischer Produktion. Die surrealistische Literatur lehnte jede logisch-rationale „bürgerliche“ Konzeption von Kunst provokativ ab; sie wollte, unter völligem oder teilweisem Verzicht auf Logik, Syntax und ästhetische Gestaltung nur „passiv“ die von psychischen Mechanismen gesteuerten Bildfolgen aus vorrationalen Bewußtseinsschichten festhalten (↑automatische Dichtung). Aus der Dichtung der Vergangenheit nahm sie Elemente der barocken Mystik, der deutschen Romantik und orientalischen Kultur auf. Besonders beeinflußt war sie vom ↑Symbolismus, ↑Expressionismus, ↑Futurismus, ↑Dadaismus und von den Schriften Lautréamonts. Unter Berufung auf verborgene Inspirationsquellen stellte sie eine feste Grenze zwischen Traum und Wirklichkeit in Frage. Die Bezeichnung „Surrealismus“ findet sich erstmals bei G. Apollinaire, der seinem Drama „Les mamelles de Tirésias“ (Uraufführung 1917, herausgegeben 1918) den Untertitel „drame surrealiste“ gab. Eine gewisse Führerrolle in der surrealistischen Bewegung fiel neben L. Aragon und Ph. Soupault v. a. A. Breton zu, der in seinem „Manifeste du surréalisme“ (1924, deutsch in „Die Manifeste des Surrealismus“, 1968) eine theoretische Begründung der neuen Kunstrichtung lieferte. Breton war 1924–29 Mitherausgeber der Zeitschrift „La Révolution surréaliste“, an der die wichtigsten Künstler des Surrealismus beteiligt waren und in der auch sein „Second manifeste du surréalisme“ (1930, deutsch in

„Die Manifeste des Surrealismus", 1968) erstmals publiziert wurde. Weitere Vertreter des Surrealismus waren A. Artaud, G. Bataille, R. Desnos, P. Éluard, J. Prévert, P. Reverdy, R. Vitrac. Gewisse Tendenzen der Auflösung wurden bereits nach 1928 bzw. 1929 (Verhältnis zur KP) deutlich. Die Résistance 1940–44 brachte eine gewisse Neubelebung; nach 1945 kann jedoch von einer surrealistischen Bewegung kaum noch gesprochen werden.

Symbol [von griechisch sýmbolon „Kennzeichen, Zeichen", eigentlich „Zusammengefügtes"]: allgemein ein wahrnehmbares Zeichen oder Sinnbild (ein Gegenstand [z. B. ↑Dingsymbol], eine Handlung, ein Vorgang), das stellvertretend für etwas nicht Wahrnehmbares (auch Gedachtes bzw. Geglaubtes) steht, in dem also Wahrnehmbares und Nichtwahrnehmbares zusammentreffen. So ist z. B. in der Dichtung das Symbol die Manifestation existentieller Grunderfahrungen in mehrschichtigen bedeutungstiefen Bildern und Vorgängen. Nach Goethe kann alle Dichtung als im weitesten Sinne symbolhaft verstanden werden, als Veranschaulichung geistiger Komplexe im Wort. Goethe sieht im Symbol eine aufschließende Kraft, die das Allgemeine im Besonderen, das Besondere im Allgemeinen offenbart. In diesem Sinne erscheinen Kunst und Dichtung als symbolische Umwandlung der Welt. Während der Symbolbegriff Goethes ganzheitlich angelegt ist, kann er in der Romantik einseitig durch philosophische Reflexion befrachtet sein, so daß sich das Gleichgewicht von Sinn und Bild zugunsten eines verästelten Sinnes verschiebt. Im Verlauf des 19. Jahrhunderts erscheint das Symbol wieder mehr auf Einzelzüge begrenzt. Manche dichterischen Werke sind um ein bestimmtes Dingsymbol zentriert (z. B. „Die Judenbuche", Erzählung, 1842, von A. von Droste-Hülshoff; „Der Ring des Nibelungen" musikdramatische Tetralogie, Uraufführung 1876, von R. Wagner; ↑auch Falkentheorie) oder spielen in bestimmten Symbolbereichen (u. a. „Der Zauberberg", Roman, 1924, von Th. Mann; „Berlin Alexanderplatz", Roman, 1929, von A. Döblin). Auch Personen stehen oft für existentielle Wesenheiten, werden zu Symbolen, z. B. Odysseus, die Sirenen, Faust und Mephisto.

Symbolik [griechisch]: Sinnbildgehalt einer Darstellung; durch ↑Symbole dargestellter Sinngehalt; Art und Weise der Symbolverwendung.

Symbolismus [französisch symbolisme, von griechisch sýmbolon „Kennzeichen, Zeichen, eigentlich „Zusammengefügtes"]: von J. Moréas 1886 geprägte Bezeichnung für eine literarische Richtung insbesondere der europäischen Lyrik seit etwa 1860. Der Symbolismus entstand in Frankreich nach dem Vorbild Ch. Baudelaires, der seinerseits seine Dichtungstheorie unter dem Einfluß der deutschen Romantik (Novalis), der englischen Präraffaeliten (J. Ruskin) und E. A. Poes entwickelt hatte; hinzu kamen Elemente des Platonismus, der Philosophie A. Schopenhauers, F. Nietzsches und H. Bergsons, ferner die Musik R. Wagners. Der symbolistische Dichter lehnte die gesellschaftsbezogene Wirklichkeit der spätbürgerlichen Welt ab (↑Boheme). Er verzichtete – im Gegensatz zum ↑Naturalismus – prinzipiell auf Zweckhaftigkeit oder Wirkabsichten in politisch-moralischer, weltanschaulicher oder sozialer Hinsicht, ebenso wie auf die Wiedergabe der Wirklichkeit, auf konkrete Inhalte oder die Vorstellung objektiver Gegenstände, persönlicher Empfindungen oder äußerer Stimmungseindrücke. Seine dichterische Phantasie zerlegte vielmehr die Elemente der realen Welt in Bildzeichen, Symbole und erzeugte eine autonome Welt der Schönheit, die symbolhaft die geheimnisvollen Zusammenhänge zwischen den Dingen, die hinter allem Sein liegende Idee erahnbar machen sollte. Diese Tendenz der Entdinglichung, der Abstraktion wurde erreicht durch Verabsolutierung der Kunstmittel, durch reine Wortkunst, ↑Poésie pure (↑absolute Dichtung), durch Sprachmagie, die bewußt alle klanglichen und rhythmischen Mittel einsetzte: u. a.

↑Reim, ↑Assonanz, ↑Lautmalerei, ↑Synästhesie, besondere syntaktische Fügungen, wobei der Sinn dem Sprachklang untergeordnet erscheint. Metrische Formen wurden von einzelnen Vertretern des Symbolismus zugunsten freier Verse oder von Prosagedichten aufgegeben. Hauptvertreter des französischen Symbolismus waren St. Mallarmé, der auch theoretisch am weitesten wirkte, P. Verlaine und A. Rimbaud. Die Werke dieser Lyriker enthielten bereits mehr oder weniger ausgeprägt die Merkmale der nachfolgenden irrationalen lyrischen Strömungen bis zur Gegenwart (↑Futurismus, ↑Dadaismus, ↑Surrealismus, ↑Hermetismus, ↑konkrete Dichtung). Der Symbolismus beeinflußte die Entwicklung der gesamten europäischen Lyrik, z. T. auch die des Dramas und Romans, in Frankreich selbst noch P. Valéry, P. Claudel, A. Gide, Saint-John Perse u. a., in Belgien É. Verhaeren, M. Maeterlinck, J.-K. Huysmans u. a., in England A. Ch. Swinburne, O. Wilde, W. B. Yeats u. a., in Italien G. D'Annunzio, in Spanien J. R. Jiménez, in Rußland K. D. Balmont, W. J. Brjussow, F. Sologub, A. A. Blok und A. Bely. In Deutschland wurde St. George zum Wegbereiter (↑George-Kreis). Ihm folgten in ihren Frühwerken H. von Hofmannsthal und R. M. Rilke; auch die Lyrik einzelner Vertreter der ↑Neuromantik und des literarischen ↑Jugendstils sowie G. Trakls oder G. Benns steht in der Tradition der Symbolisten.

Synalọ̈phe [von griechisch synaloiphḗ „Verschmelzung"], in gebundener, insbesondere metrischer Sprache (z. B. in lateinischer und romanischer Dichtung) im ↑Hiatus Verschleifung eines auslautenden Vokals mit dem anlautenden des Folgewortes zu einem (metrisch einsilbig gewerteten) Diphthong.

Synästhesi̱e [von griechisch synaísthēsis „Mitempfindung"]: die [Mit]erregung eines Sinnesorgans durch einen

Nº 5 — Première année 15 Octobre 1925

LA RÉVOLUTION SURRÉALISTE

LE PASSÉ

SOMMAIRE

Une lettre : E. Gengenbach.
TEXTES SURRÉALISTES :
Pierre Brasseur, Raymond Queneau, Paul Éluard, Dédé Sunbeam, Monny de Boully.
POÈMES :
Giorgio de Chirico, Michel Leiris, Paul Éluard, Robert Desnos, Marco Ristitch, Pierre Brasseur.
RÊVES :
Michel Leiris, Max Morise.
Décadence de la Vie : Jacques Baron.
Le Vampire : F. N.
Lettre aux voyantes : André Breton.
Nouvelle lettre sur moi-même : Antonin Artaud.
Ces animaux de la famille : Benjamin Péret.
CHRONIQUES :
Au bout du quai les arts décoratifs : Louis Aragon.
Le Paradis perdu : Robert Desnos.
Léon Trotsky : Lénine : André Breton.
Pierre de Massot : Saint-Just : Paul Éluard.
Revue de la Presse : P. Éluard et B. Péret.
Correspondance, etc.
ILLUSTRATIONS :
Giorgio de Chirico, Max Ernst, André Masson, Joan Miró, Picasso, etc.

ADMINISTRATION : 42, Rue Fontaine, PARIS (IXe)

ABONNEMENT, les 12 Numéros : France : 45 francs Etranger : 55 francs

Dépositaire général : Librairie GALLIMARD 15, Boulevard Raspail, 15 PARIS (VIIe)

LE NUMÉRO : France : 4 francs Étranger : 5 francs

Surrealismus.
Titelblatt des 5. Heftes von „La Révolution surréaliste" (1925)

nichtspezifischen Reiz, z. B. subjektives Wahrnehmen optischer Erscheinungen (Farben) bei akustischer und mechanischer Reizwirkung. In der Literatur wird die psychische Fähigkeit der Reizverschmelzung zur metaphorischen Beschreibung verwendet (z. B. „duftige Farben", „farbige Klänge", „der Töne Licht" [C. Brentano]). Synästhesie ist als Stilmittel bereits in der Antike belegt und findet sich in der Dichtung der Renaissance, des Barock, der Romantik und im Symbolismus. Bei Ch. Baudelaire, A. Rimbaud, P. Verlaine, in der deutschsprachigen Lyrik u. a. bei J. Weinheber und E. Jünger wurde die synästhetische Metaphorik zum Stilprinzip.

Synẹkdoche [von griechisch synekdochḗ „das Mitverstehen"]: ↑Trope, bei der ein Begriff durch einen engeren oder weiteren Begriff ersetzt wird, z. B. Vertauschung von Teil und Ganzem („unter einem Dach" für „in einem Haus" [↑Pars pro toto]), Art und Gattung „Brot" für „Nahrungsmittel") u. a. Die Grenzen zur ↑Metonymie sind fließend.

Szena̲rium (Szenar, Szenario) [von lateinisch scaenarium „Ort, wo die Bühne errichtet wird", zu scaenarius „zur Bühne gehörig, szenisch"]: Szenenfolge eines Dramas; v. a. im Stegreifspiel (z. B. in der ↑Commedia dell'arte) eine der Überblicksorientierung dienende Skizze des Handlungsablaufs. Seit dem 18. Jahrhundert wird das Szenarium als Übersichtsplan für die Regie und das technische Personal eines Theaters gebraucht. Auch Bezeichnung für den Rohentwurf eines Dramas.

Sze̲ne [französisch scène, von griechisch skēnḗ „Zelt, Hütte, Laube, Bühne"]: 1. Gliederungseinheit des ↑Dramas, im mehraktigen Drama Untereinheit des ↑Aktes (↑auch Auftritt). Ursprünglich waren Szenen die an verschiedenen Orten spielenden Teile eines Dramas bzw. Aktes (Szene = Bild). Zumeist meint Szene jedoch die durch das Auf- bzw. Abtreten einer oder mehrerer Personen begrenzte kleinste Untereinheit des Dramas oder Aktes (Szene = Auftritt). – 2. episches Kompositionselement, Erzähleinheit, in der eine konzentrierte meist „dramatische" Krise, Wendung oder Entscheidung des Geschehens wiedergegeben wird, in der Bericht oder Beschreibung zugunsten des Dialogs stark zurücktreten. In der epischen Szene sind fiktive und reale Zeit (↑erzählte Zeit, ↑Erzählzeit) annähernd deckungsgleich. – 3. svw. ↑Skene.

T

Tableau [ta'blo:; französisch; von lateinisch tabula „Tafel, Bild"]: 1. Schaubild, wirkungsvolles Gesamtbild, das durch die Gruppierung der Schauspieler z. B. am Schluß eines Aktes oder eines Dramas, zustande kommt; 2. episches Kompositionselement: breit ausgeführte Schilderung mit zahlreichen Personen, die sich durch Symbolhaftigkeit dem epischen Bild oder durch den Dialog der epischen ↑Szene annähert.

Tabulatu̲r [von lateinisch tabula „Tafel"]: Bezeichnung für das Normenbuch des ↑Meistersangs, die satzungsmäßig festgelegte Poetik, die für die Komposition und für die Beurteilung der Meistersingerlieder durch die ↑Merker verbindlich war. Die Tabulatur enthielt Regeln zur Form, zum Inhalt und zur Vortragspraxis. Tabulaturen gab es seit dem Ende des 15. Jahrhunderts.

Tagebuch: täglich oder zumindest in regelmäßigen Abständen in chronologischer Abfolge niedergeschriebene Aufzeichnungen eines Autors, in denen Lebenserfahrungen, Anmerkungen zu Zeitereignissen, Hinweise auf die eigene literarische Produktion (z. B. die Planung neuer Werke, die Auseinandersetzung mit Stoffen, die zur Bearbeitung reizen, Bemerkungen zu verschiedenen Phasen der Ausarbeitung) usw. aus subjektiver Sicht in monologischer Form aneinandergereiht werden. Schon in der Antike gab es tagebuchähnliche Formen. In Deutschland wurde das Tagebuch (Diarium) seit der Zeit des ↑ Pietismus im Zuge der Entdeckung der subjektiven Perspektive auf Grund des lebhaften Interesses an der Beobachtung und Analyse eigener seelischer Regungen ein fester Bestandteil des literarischen und kulturellen Lebens (↑ Autobiographie, ↑ Memoiren). So bringt man den Tagebüchern vieler Autoren besonders des 20. Jahrhunderts (F. Kafka, R. Musil, A. Camus, G. Benn) das gleiche Interesse entgegen wie ihrem sonstigen Werk. – Eine Sonderform ist das mit der Absicht einer späteren Veröffentlichung verfaßte Tagebuch, in dem das rein Private zugunsten einer übergeordneten Thematik (z. B. Kriegstagebuch, Reisetagebuch oder literarisches Tagebuch) zurückgedrängt wird (z. B. H. Carossa, „Rumänisches Tagebuch", 1924; E. Jünger, „Strahlungen", 1949; M. Frisch, „Tagebücher 1946–49", 1950). – Häufig sind fingierte Tagebücher als Bauelemente epischer Texte, entweder als Erzähleinlagen, z. B. in D. Defoes Roman „The life and strange surprizing adventures of Robinson Crusoe, of York, mariner" (1719/20, deutsch 1720/21, 1947 unter dem Titel „Robinson Crusoe") oder in Goethes Roman „Die Wahlverwandtschaften" (1809) oder als bestimmendes Kompositionselement im sogenannten *Tagebuchroman,* z. B. bei W. Raabe („Die Chronik der Sperlingsgasse", 1857), R. M. Rilke („Die Aufzeichnungen des Malte Laurids Brigge", 1910), G. Bernanos („Tagebuch eines Landpfarrers", 1936, deutsch 1936) oder M. Frisch („Stiller", 1954).

Tagelied: eine schon frühzeitig, zuerst um 1170 von Dietmar von Aist, aus dem Provenzalischen (dort als ↑ Alba bezeichnet) übernommene Liedgattung der mittelhochdeutschen Lyrik, die den Abschied eines Ritters von der Dame seines Herzens nach einer Liebesnacht

THE

LIFE

AND

STRANGE SURPRIZING

ADVENTURES

OF

ROBINSON CRUSOE,

Of *YORK,* MARINER:

Who lived Eight and Twenty Years, all alone in an un-inhabited Iſland on the Coaſt of AMERICA, near the Mouth of the Great River of OROONOQUE;

Having been caſt on Shore by Shipwreck, wherein all the Men periſhed but himſelf.

WITH

An Account how he was at laſt as ſtrangely deliver'd by PYRATES.

Written by Himſelf.

LONDON:

Printed for W. TAYLOR at the *Ship* in *Pater-Noſter-Row.* MDCCXIX.

Tagebuch. Titelblatt der Erstausgabe von Daniel Defoes Roman „Robinson Crusoe" (1719)

zum Gegenstand hat. Gewöhnlich ist ein Tagelied in drei Strophen aufgebaut, von denen die erste zumeist das Erwachen der Liebenden im Morgengrauen schildert. Im *Wächterlied,* einer Spielform des Tagelieds, drängt ein in das Geheimnis der Liebenden eingeweihter Wächter den Ritter bei Anbruch des Tages (deswegen die Bezeichnung „Tagelied") zum Aufbruch. In den folgenden Strophen wird, nicht selten in der Form einer Wechselrede der Liebenden, die von letzten Zärtlichkeiten begleitete Klage über die bevorstehende Trennung gestaltet: die Dame gewährt dem Ritter „urloup" (mittelhochdeutsch „Gewährung"), d. h. eine letzte Hingabe als Verabschiedung. Obwohl dieser Inhalt im Widerspruch zum Ideal der „hohen Minne" (↑ Minnesang) steht, erfreute sich das Tagelied großer Beliebtheit, wie die Tagelieder Heinrichs von Morungen, Wolframs von Eschenbach, Walthers von der Vogelweide, Ulrichs von Winterstetten und später Oswalds von Wolkenstein beweisen. Im Spätmittelalter entwickelte sich als Sonderform das *geistliche Tagelied*, ein an die christliche Gemeinde gerichteter Weck- und Mahnruf. Schließlich findet sich die im Tagelied gestaltete Situation, auf ein bürgerliches Milieu übertragen, auch im Volkslied.

Takt [von lateinisch tactus „das Berühren, das Spüren, der Gefühlssinn"]: in der ↑akzentuierenden Dichtung die Bezeichnung der metrischen Gliederungseinheit (↑Metrik), bestehend aus einer geregelten Folge von Hebung und einer oder mehreren Senkungen, d. h. druckstarken und druckschwachen Silben.

Tamisdat-Literatur ↑Samisdat-Literatur.

Tanka [japanisch]: eine etwa im 8. Jahrhundert entstandene japanische Gedichtform, bestehend aus 31 Silben, die in einer dreireihigen Oberstrophe zu 5-7-5 Silben (↑Haiku) und einer zweireihigen Unterstrophe zu je 7 Silben angeordnet sind. Diese Gedichtform eignet sich auf Grund ihres strengen (etwa dem ↑Sonett vergleichbaren) Aufbaus besonders für eine antithetische Gestaltung seelischer Zustände (Glück-Trauer), die auf eine Schlußpointe ausgerichtet ist.

Tanzlied: Bezeichnung für ein lyrisches oder auch erzählendes Lied, das besonders im ausgehenden Mittelalter zum Tanz gesungen wurde; der Gattung Tanzlied sind [strophische] Refrainlieder (↑Ballade, ↑Rondeau, ↑Virelai) ebenso zuzurechnen wie der [nichtstrophische] Tanzleich (↑Leich).

Taschenbuch: 1. Bezeichnung für ein preisgünstiges, in hohen Auflagen meist im Rotationsdruck und mit Klebebindung (im sogenannten Lumbeckverfahren) hergestelltes und in Reihen erscheinendes Buch in Taschenformat. Taschenbücher nach dem Vorbild der englisch-amerikanischen *Pocket books* gibt es in der Bundesrepublik Deutschland seit 1950. – 2. Bezeichnung für eine seit dem Ende des 18. Jahrhunderts erscheinende spezielle Form des ↑Almanachs, von diesem nur dadurch unterschieden, daß Taschenbücher eine Sammlung unterschiedlicher literarischer (Lyrik, Novellen u. a.) und nichtliterarischer Texte enthielten, die mit Rücksicht auf das breitgestreute Publikum allgemein verständlich gehalten waren. Manche dieser Taschenbücher wendeten sich auch an eine bestimmte Zielgruppe (z. B. „Taschenbuch für Frauenzimmer von Bildung", 1800). Nicht selten lieferten namhafte Autoren (z. B. Schiller) Beiträge, oder sie beteiligten sich an der Herausgabe von Taschenbüchern, z. B. Goethe und Ch. M. Wieland am „Taschenbuch auf das Jahr 1804".

Tatsachenbericht: literarische Gebrauchsform: die Darstellung eines Geschehens oder eines Sachverhalts, die sich allein auf dokumentarisch gesichertes Material (nachprüfbare Fakten, Angaben, Protokolle, Zitate) stützt, frei von subjektiven Meinungsäußerungen des Autors (Reflexion, Analyse oder Deutung) ist und sich als objektive Information oder als Anreiz zur selbständigen Meinungsbildung des Lesers versteht. Diesem hohen Anspruch des Tatsachenberichts versuchen die ↑Dokumentarliteratur und die ↑Reportage gerecht zu werden, während die sogenannte Regenbogenpresse ihre Sensationsberichte gerne mißbräuchlich als Tatsachenberichte ausgibt.

Tatsachenroman: Sammelbezeichnung für Romane, deren Stoffe nicht der freien Erfindung der Autoren entstammen, sondern auf nachprüfbarem Tatsachenmaterial beruhen; diese Materialien können den verschiedensten Bereichen entnommen sein, z. B. der Geschichte, der wissenschaftlichen Forschung, der Biographie berühmter oder berüchtigter Persönlichkeiten, der Kriminalistik usw. So erreichte C. W. Cerams „Götter, Gräber und Gelehrte" (1949), vom Verfasser als „Roman der Archäologie" bezeichnet, ein Millionenpublikum. Der im Tatsachenroman gegebene Zwang, das Material in einen geschlossenen Zusammenhang zu fügen, birgt die Gefahr einer Trivialisierung der verarbeiteten Fakten und das Risiko einer vereinfachenden Verfälschung in sich. Im Bereich der ↑Trivialliteratur werden Sensationsromane bisweilen als Tatsachenromane deklariert.

Tautologie [von griechisch tautología, zu tautó, zusammengezogen aus tò autó „dasselbe", und lógos „Wort"]: eine Stilfigur, bei der ein Begriff durch zwei oder mehr Wörter gleicher oder ähnlicher Bedeutung wiedergegeben wird; die beabsichtigte Wirkung besteht in einer Steigerung der Eindringlichkeit eines Ausdrucks. Geläufig sind die sogenannten Zwillingsformeln, z. B.: „ganz und gar", „angst und bange", „Schloß und Riegel". Die Tautologie wird nicht immer scharf vom ↑Pleonasmus unterschieden, der im Gegensatz zur Zwei- oder Mehrgliedrigkeit der Tautologie eingliedrig ist.

Tauwetter: die nach I. Ehrenburgs Kurzroman „Ottepel" (1956, deutsch „Tauwetter", 1957) benannte Phase der sowjetischen Kulturpolitik nach Stalins Tod (1953), in der das Kulturleben in der Sowjetunion und in den übrigen Ostblockstaaten ideologisch weniger streng reglementiert war. – ↑auch sozialistischer Realismus.

Technopägnion (Technopaignion) [griechisch] ↑Figurengedicht.

Teichoskopie [von griechisch teichoskopía „Mauerschau"]: ursprünglich die Bezeichnung für eine Szene im 3. Buch von Homers Epos „Ilias" (8. Jahrhundert v. Chr., deutsch 1793), in der Helena von der Stadtmauer Trojas aus König Priamos die Helden der Griechen zeigt; später ist Teichoskopie oder Mauerschau Bezeichnung für ein dramentechnisches Mittel, das zur Vergegenwärtigung eines auf der Bühne nicht oder nur unter erheblichem Aufwand darstellbaren Geschehens dient. So wird z. B. der Verlauf einer Schlacht von einer (oder mehreren) auf einem Aussichtspunkt postierten Person(en) in einer Art Reportage geschildert. Im Gegensatz zum ↑Botenbericht, mit dem bereits abgeschlossene Vorgänge in das dramatische Geschehen einbezogen werden, wird durch die v. a. im antiken und im klassischen Drama der Neuzeit häufige Teichoskopie die Spannung auf die Entwicklung eines synchron ablaufenden Ereignisses gewahrt, so z. B. mehrmals in H. von Kleists Tragödie „Penthesilea" (1808).

Tektonik [von griechisch tektonikḗ (téchnē) „Baukunst"]: der formstrenge, kunstvolle Aufbau einer Dichtung; er zeigt sich z. B. in der Lyrik in einer strengen Wahrung der Vers- und Strophenform, im Drama in einer genauen Beachtung der ↑drei Einheiten, in einem epischen Werk in der überlegten Einordnung der einzelnen Kapitel in einen großen Gesamtzusammenhang. Das tektonische Bauprinzip ist v. a. für die sogenannte klassische Dichtung die Regel. In Gegensatz dazu (↑auch geschlossene Form) steht die atektonische, die ↑offene Form.

Telaribühne [mittellateinisch] ↑Bühne.

Telegrammstil: eine Ausdrucksform, bei der ein Text auf die zum Verständnis einer Aussage unbedingt notwendigen Wörter reduziert ist; sie erweckt den Eindruck hektischer Aufgeregtheit. Der Telegrammstil findet sich häufig in den Dichtungen des Sturm und Drang und des Expressionismus, z. B. in G. Kaisers Drama „Gas I" (1918): „Heraus aus der Halle -- hin vor das Haus -- der Schrei zu ihm hoch -- ins Gehör ihm, der den Ingenieur hält!! -- Rottet den Zug – über die Schutthalde – hin zu ihm ...".

Telestichon [von griechisch télos „Ende" und stíchos „Vers"]: ein Gedicht, bei dem die letzten Buchstaben der Zeilen, von oben nach unten gelesen, ein bestimmtes Wort oder einen Satz ergeben. – ↑auch Akrostichon, ↑Mesostichon, ↑Akroteleuton.

Tendenzliteratur [französisch tendance, von lateinisch tendere „spannen, auf etwas zielen"]: Sammelbezeichnung für Dichtungen, deren eigentliches Anliegen in der politisch-ideologischen

Zielsetzung des Autors zu sehen ist, während künstlerische Werte eine untergeordnete Rolle spielen. Im Grunde ist jede Dichtung, sofern sie sich nicht im Sinne des ↑L'art pour l'art (Kunst um ihrer selbst willen) in einen von der jeweils gegebenen historischen Realität völlig geschiedenen, autonomen Bereich zurückzieht, als Tendenzliteratur im weitesten Sinn zu bezeichnen, da sich aus den jeweils gestalteten Stoffen gewisse Tendenzen politischer, religiöser oder weltanschaulicher Art entnehmen lassen, wie etwa der Appell zur Übung der Toleranz aus G. E. Lessings Drama „Nathan der Weise" (1779). Freilich bietet sich für solche Literatur, in der die formale Gestaltung keineswegs gegenüber der Propagierung einer Idee vernachlässigt wird, eher die Bezeichnung ↑engagierte Literatur an. Reine Tendenzliteratur dagegen, wie etwa Agitpropliteratur (↑Agitprop), stellt die gestalterischen Mittel völlig in den Dienst der Werbung für eine bestimmte Meinung oder des Aufrufs zur Veränderung bestehender Verhältnisse. Zur schwierigen Frage der literarischen Wertung von Tendenzliteratur sei aus H. M. Enzensbergers Aufsatz „Poesie und Politik" (1962) zitiert: „Der politische Aspekt der Poesie muß ihr selber immanent sein", und (später vom Gedicht gesagt): „Sein politischer Auftrag ist, sich jedem politischen Auftrag zu verweigern ...". Eine entgegengesetzte Position nimmt das im ↑Bitterfelder Weg festgelegte Kulturprogramm der DDR ein. Abgesehen von der mit diesem Hinweis angesprochenen Literatur des ↑sozialistischen Realismus findet sich Tendenzliteratur v. a. zur Zeit der Reformation und des ↑Jungen Deutschland. – ↑auch politische Dichtung, ↑Littérature engagée.

Tenzone [provenzalisch, von lateinisch contentio „Streit"]: das v. a. von den provenzalischen ↑Troubadours gepflegte ↑Streitgedicht, eine Form des Dichterstreits, der von zwei Sprechern ausgetragen wird und der einen beliebigen Gegenstand aufgreift.

Terenzbühne ↑Bühne.

Terminologie [von lateinisch terminus „Ziel, Grenze" und griechisch lógos „Wort"]: allgemein svw. Fachsprache, speziell Bezeichnung für die Gesamtheit der in einem wissenschaftlichen Fachgebiet verwendeten Fachausdrücke (= Termini [Einzahl: Terminus]).

Tertium comparationis [lateinisch]: Vergleichspunkt, das Gemeinsame („Dritte"), in dem die zu vergleichenden Gegenstände oder Sachverhalte untereinander übereinstimmen.

Terzett [italienisch terzetto, von lateinisch tertius „der dritte"]: Bezeichnung für eine dreizeilige Gedichtstrophe, besonders für die beiden Schlußstrophen des ↑Sonetts.

Terzine [italienisch terzina, von lateinisch tertius „der dritte"]: dreizeilige italienische Strophenform mit durchgehender Reimverkettung nach dem Schema aba bcb cdc usw.; ein abschließender Einzelvers reimt mit der Mittelzeile der letzten Strophe. In der italienischen Literatur wird als Vers der ↑Endecasillabo verwendet, im Französischen der ↑Vers commun, im Deutschen der fünfhebige ↑Jambus. Die theoretisch unbegrenzte Weiterführung der Reimverkettung, durch die die Einzelstrophen schon rein formal in einen größeren Zusammenhang gefügt werden, macht die Terzine zur geeigneten Darstellungsform für umfassende Themen. So wählte der junge H. von Hofmannsthal die Terzine zur Gestaltung des für ihn zentralen Themas Vergänglichkeit („Terzinen über Vergänglichkeit", 1894; „Ballade des äußeren Lebens"). – Die Terzine wurde von Dante für sein Epos „La divina Commedia" (entstanden nach 1313 bis 1321, gedruckt 1472, deutsch 1767–69, 1814–21 unter dem Titel „Die Göttliche Komödie") entwickelt. Im 14. Jahrhundert pflegten sie F. Petrarca und G. Boccaccio. Französische, englische und deutsche Nachbildungen der italienischen Terzine finden sich zunächst im 16. Jahrhundert. In der deutschen Literatur erfreute sie sich bei den Romantikern einer größeren Beliebtheit, aber auch Goethe bediente sich ihrer z. B. in seinem Gedicht „Bei Betrachtung von

CANTO PRIMO 236

LA GLORIA di colui che tutto moue
Per luniuerſo penetra & riſplende
In una parte piu & meno altroue.
Nel ciel che piu della ſua luce prende
fu io & uidi coſe che ridire
ne ſa ne po chi dilaſſu diſcende.
Per chapreſſando ſe al ſuo diſire
noſtro intellecto ſi profunda tanto
che la memoria drieto non po ire.
Veramente quanto del regno ſancto
nella mia mente potei far theſoro
ſara hora materia del mio canto.

P Er che cõe habbião dicto nela pria cãtica tutti e poeti heroici diuidono lopera in tre pti: in ppoſitiõe. inuocatione. & narratione. Queſti qttro ternarii cõtegono la

Terzine. Illustration zu Dantes „Divina Commedia" (1. Gesang; Ausgabe von 1491)

Schillers Schädel" und in „Faust II" (1832). Später verwendeten sie u. a. St. George, H. von Hofmannsthal, R. Borchardt, J. Weinheber.

Tetralogie [von griechisch tetralogía]: eine Folge von vier Dichtungen, die eine innere Einheit bilden, wie sie die Aufführungspraxis der attischen griechischen Tragödie erforderte: auf drei Tragödien (↑Trilogie) folgte ein abschließendes Satyrspiel. Ein Beispiel für eine Tetralogie der modernen Literatur ist G. Hauptmanns „Atriden-Tetralogie" (1941–48); eine Romantetralogie liegt in Th. Manns „Joseph und seine Brüder" (1933–43) vor.

Tetrameter [von griechisch tetrámetros „aus vier Metren bestehend"]: Bezeichnung der griechisch-römischen Metrik für einen aus vier metrischen Einheiten zusammengesetzten Vers. Die zugrundeliegenden Metren können jambische, trochäische oder anapästische ↑Dipodien sein, wobei jedoch der katalektische trochäische Tetrameter (der dem lateinischen ↑Septenar entspricht) die gebräuchlichste Form ist. Dieser besteht aus zwei durch ↑Diärese getrennten ↑Dimetern, deren zweiter ↑katalektisch ist. Damit ergibt sich folgendes Versschema:

−́ ◡ −́ × −́ ◡ −́ × | −́ ◡ −́ × −́ ◡ × .

Im griechischen Drama findet sich der Tetrameter v. a. als Sprechvers im Dialog, wurde dort jedoch später durch den ↑Trimeter ersetzt. In der lateinischen Dichtung war er in den Komödien des T. M. Plautus und Terenz sowie bei M. T. Varro und bei L. A. Seneca dem Jüngeren anzutreffen. Bedeutende Nachbildungen in der deutschen Dichtung schufen u. a. M. Opitz, A. Gryphius, Goethe (Helenaszene in „Faust II", 1832) und A. von Platen (Gedicht „Das Grab am Busento").

Text [von lateinisch textus „Gewebe, Geflecht", zu texere „weben, flechten"]: 1. der eigentliche Wortlaut einer Schrift im Gegensatz zu den Anmerkungen (↑Glossen, ↑Marginalien, ↑Kommentare) Registern oder Illustrationen; 2. bei Liedern, Singspielen oder Opern Bezeichnung für den Wortlaut im Gegensatz zur Melodie; 3. Bibelstelle, auf der eine Predigt aufbaut; 4. im heutigen literarischen Sprachgebrauch häufig als Synonym für „Werk" verwendet.

Textanalyse ↑Analyse.

Textbuch ↑Libretto.

Textkritik: philologische Methode

der Geistes-, Rechts- und Bibelwissenschaft, um den ursprünglichen Wortlaut eines in der Regel antiken oder mittelalterlichen Textes, dessen vorliegende Fassungen den Originaltext nur fehlerhaft und verfälscht wiedergeben, möglichst genau zu erschließen. Die Herstellung des Textes vollzieht sich in folgenden Schritten: 1. Sammlung und kritische Bestandsaufnahme aller überlieferten Textzeugnisse bzw. Quellen (Handschriften, Drucke, Textauszüge, Zitate, Übersetzungen). 2. ↑Kollation: der philologische Vergleich des Wortlautes und der Orthographie der Textzeugnisse, wobei anhand von Gemeinsamkeiten, v. a. von bestimmten Fehlern, die gegenseitige Abhängigkeit der einzelnen Zeugnisse ermittelt, ihre Qualität beurteilt und ihre Autornähe festgestellt wird. Wenn dieses Bemühen von Erfolg gekrönt ist, kann 3. die Text- bzw. Überlieferungsgeschichte anhand eines ↑Stemmas graphisch dargestellt werden. 4. ↑Rezension: sie hat das Ziel, auf der Basis eines als Leithandschrift herausgefundenen Textzeugen und unter kritischer Berücksichtigung auch der in anderen Handschriften überlieferten ↑Lesarten (Varianten) den ↑Archetypus, d. h. eine nach Meinung des Herausgebers dem Original möglichst nahestehende Textfassung (den gemeinsamen „Stammvater" aller vorhandenen Handschriften) zu rekonstruieren. Bei der Wahl der richtigen Lesart erhält in der Regel die schwierigste Variante (lectio difficilior) den Vorzug. 5. ↑Emendation: der Herausgeber versucht, durch bessernde Eingriffe über einen Text, der sich aus den überlieferten Lesarten gewinnen läßt, hinauszugelangen: durch Verbesserungen offenkundiger Fehler, Beseitigung von ↑Korruptelen durch ↑Konjekturen, Tilgung (Athetese) von späteren Zusätzen zum Originaltext (↑Interpolationen). Nicht zu klärende Stellen werden schließlich durch eine ↑Crux kenntlich gemacht. 6. Echtheitsdiagnose: sie versucht auf Grund stilistisch-formaler oder inhaltlicher Kriterien ein Werk einem Autor zu- oder abzusprechen. – Das Ergebnis dieses Bemühens ist die *Edition*, eine ↑kritische Ausgabe oder ↑historisch-kritische Ausgabe, die einen dem Original nahestehenden Text oder eine den ursprünglichen Vorstellungen des Autors möglichst entsprechende Fassung liefert, wobei die abweichenden Lesarten der einzelnen Handschriften, die Eingriffe des Herausgebers und sonstige Anmerkungen im ↑kritischen Apparat kenntlich gemacht werden. – ↑auch Philologie.

Thalia [griechisch „die Blühende"]: 1. eine der drei griechischen Göttinnen der Anmut (Chariten, Grazien); 2. bei den Griechen die Muse der komischen Dichtung. Seit dem 18. Jahrhundert gilt sie allgemein als Symbolfigur der Theaterwelt; 3. von Schiller zuerst (1785) unter dem Namen „Rheinische Thalia", dann bis 1791 als „Thalia" und 1792/93 als „Neue Thalia" herausgegebene literarische Zeitschrift, die überwiegend von ihm selbst verfaßte Beiträge enthielt.

Theater [von griechisch théatron „Schaustätte"]: Bezeichnung 1. für alle Arten szenischer Darstellung eines Geschehens mit Hilfe künstlicher Figuren (↑Puppenspiel) oder (wie etwa in den Formen Schauspiel, Pantomime, Oper, Operette, Musical, Ballett) durch Schauspieler, Sänger bzw. Tänzer; 2. für die Gesamtheit aller für diese szenischen Darstellungen erforderlichen organisatorischen, technischen und künstlerischen Einrichtungen.

In einer *Theateraufführung* vereinigen sich die verschiedensten Künste (darstellende und bildende Kunst, Literatur, Musik, Tanz) zu einem harmonischen Ganzen. Maßgebliche Funktionen bei solchen Aufführungen bekleiden neben den Künstlern der Dramaturg, der Regisseur (↑Regie) und der Bühnenbildner (↑Bühnenbild). In der Hand des Intendanten liegt die Gesamtverantwortung für den künstlerischen Betrieb.

Der *Theaterbau* besteht in der Regel aus zwei Hauptteilen, dem Bühnen- und dem Zuschauerhaus, die beide durch brandsichere Wände und den eisernen Vorhang voneinander getrennt sind.

Zum Bühnenhaus gehören die ↑Bühne als eigentliche Spielfläche mit der dazugehörigen Bühnentechnik, Künstlergarderoben, Proberäume, Chor- und Ballettsaal, technische Betriebsräume, Werkstätten, meist auch die Verwaltungsräume. Zum Zuschauerhaus gehört als Mittelpunkt der Zuschauerraum, der von Foyers, Zuschauergarderoben, Eingangs- und Kassenhallen umgeben ist.
Am Anfang der *Theatergeschichte* stehen kultische Darbietungen wie Fruchtbarkeits- und Initiationsriten, Beschwörungen oder kultische Tänze und Gesänge. Die Wurzeln des europäischen Theaters sind im *griechischen* Dionysoskult zu suchen. Aus den bei den Festen zu Ehren des Gottes Dionysos üblichen Tänzen, Festgesängen und Wechselreden entwickelten sich nach und nach die klassischen Formen von ↑Komödie, ↑Tragödie und ↑Satyrspiel, in denen die Schauspieler mit Masken auftraten. Seit dem 5. Jahrhundert v. Chr. fanden in Athen die Aufführungen im Dionysostheater statt, das die klassische Aufteilung in halbkreisförmig ansteigenden Zuschauerraum (Theatron), kreisförmige ↑Orchestra, ↑Proskenion und ↑Skene aufwies (↑auch Bühne). Schon sehr früh wurden die Aufführungen an den Dionysosfesten („Dionysien" und „Lenäen") in Form des ↑Agons bestritten. Dabei wurden an einem Tag fünf Komödien und an den drei darauffolgenden Tagen jeweils eine tragische Tetralogie, bestehend aus drei Tragödien und einem Satyrspiel, vorgeführt. Die Aufführungen wurden vom Staat betreut, die Auswahl der Stücke lag in den Händen von städtischen Beamten. Die Einstudierung der Inszenierung besorgte der Dichter; Schauspieler und ein ↑Chorege wurden vom Ausrichter gestellt. Eine Jury von zehn Richtern bewertete die Stücke und ermittelte die Preisträger. Mit der Loslösung vom Dionysoskult verlor der ↑Chor, bis dahin ein wichtiger Bestandteil des Dramas, immer mehr an Bedeutung, ehe er in hellenistischer Zeit ganz wegfiel. Im *römischen* Theater erlebte v. a. die neue attische Komödie (Menander) zahlreiche Nachdichtungen (v. a. Terenz). Daneben hatten sich schon früh Sonderformen wie die ↑Atellane entwikkelt. Im römischen Theaterbau rückte das Bühnengebäude in den Mittelpunkt, während die Orchestra zum Halbkreis reduziert wurde.
Im *Mittelalter* wurde das weltliche Theater, das nur noch in den Formen des ↑Fastnachtsspiels, der niederländischen ↑Abele spelen und Kluchten sowie in Frankreich in der Form der ↑Farce eine gewisse Bedeutung erlangte, durch das ↑geistliche Spiel weitgehend zurückgedrängt. ↑Osterspiel und ↑Passionsspiel wurden hier zu den wichtigsten Formen. Fand die Aufführung geistlicher Spiele ursprünglich noch in Kirchen statt, so verlangte der äußere Aufwand schon bald die Verlagerung auf Plätze. Den Anforderungen entsprechende Bühnenformen wie Simultanbühne oder Wagenbühne waren die notwendige Konsequenz.
In der *Neuzeit* entstanden zuerst in Italien bemerkenswerte theatralische Formen, so die ↑Commedia dell'arte, die großen Einfluß auf das gesamte europäische Theater ausübte, sowie die Tragödien und Komödien der Renaissance. Für ihre Nachdichtungen von Komödien des Terenz und T. M. Plautus entwickelten die Humanisten in Anlehnung an das antike Bühnenhaus die Terenz- bzw. Badezellenbühne. Neue szenische Möglichkeiten brachte u. a. die Erfindung der Guckkastenbühne. Nationale Sonderformen des Theaters kristallisierten sich auch in Frankreich (↑Comédie-Française), in den Niederlanden und in Deutschland (↑Schuldrama, ↑Meistersang, ↑Rederijkers, ↑Jesuitendrama) sowie in England (↑Shakespearebühne, ↑elisabethanisches Drama) heraus. Nachhaltigen Einfluß auf die Entwicklung des Theaters übten die in Wandertruppen auftretenden ↑englischen Komödianten aus. Schon bald bildeten sich auch in Deutschland eigene Wandertruppen (↑Wanderbühne), deren bekannteste im 17. Jahrhundert die des „Magister Velten" war. Setzte

sich das Repertoire dieser Bühnen meist aus ↑Haupt- und Staatsaktionen mit dem ↑Hanswurst als ↑lustiger Person zusammen, so verbannte die von J. Ch. Gottsched und F. C. Neuber („Neuberin") durchgeführte Theaterreform zugunsten vom französisch-klassizistischen Stil beeinflußter Dramen den Harlekin von der Bühne. Fruchtbar für die weitere Entwicklung des Theaters wirkten sich die miteinander konkurrierenden stabilen Hof- und ↑Nationaltheater aus, so die Nationaltheater in Hamburg, Mannheim und Berlin sowie z. B. das Hoftheater von Weimar. Wichtige Impulse brachte im 19. Jahrhundert auch die Reform der ↑Meininger. Die ↑Freie Bühne (Berlin) war maßgeblich beteiligt an der Blütezeit des naturalistischen Dramas auf deutschen Bühnen, die erst unter M. Reinhardt, der verstärkt neue technische Möglichkeiten zu nutzen verstand, überwunden wurde. Als Wegbereiter des politischen Theaters, das sich im Gegensatz zum Illusionstheater mit aktuellen sozialen und politischen Problemen auseinandersetzt (z. B. ↑Dokumentartheater, ↑Agitprop), wirkte v. a. E. Piscator, der auch die theatralische Form der Revue aufgriff. Ebenfalls politisch-sozial motiviert, aber auf formal ganz anderer Basis, präsentierte sich das von B. Brecht entwikkelte ↑epische Theater, wie es v. a. in den Aufführungen des ↑Berliner Ensembles authentisch verwirklicht wird. Weitere wichtige Formen des 20. Jahrhunderts sind das Theater des Existentialismus und das ↑absurde Theater. In jüngster Zeit schließlich fanden Entwicklungen wie das kollektive Theater (↑Living Theatre) oder das ↑Straßentheater Beachtung.

Theater auf dem Theater ↑Spiel im Spiel.

Theaterdichter (Bühnendichter): im 18. und 19. Jahrhundert Autoren, die (in der Regel gegen ein festes Honorar) Theaterstücke, aber auch Prologe, Epiloge und Übersetzungen exklusiv für ein Theater verfaßten. So war z. B. Schiller 1783/84 am Mannheimer Nationaltheater als Theaterdichter verpflichtet.

Theaterkritik: meist am Tag nach der Premiere in den Massenmedien (Zeitungen, Zeitschriften, Funk, Fernsehen) veröffentlichte kritische Stellungnahme zu Theateraufführungen, in der die literarische (↑Literaturkritik) bzw. musikalische Qualität ebenso beurteilt wird wie die szenische Realisierung und die Leistung der an ihr Beteiligten (Schauspieler, Regisseur, Bühnenbildner usw.). Obwohl die Theaterkritiken von fachlich bewanderten Journalisten verfaßt werden, sind sie doch oft entsprechend der geistigen bzw. politischen Einstellung ihres Autors subjektiv gefärbt. Ihr Urteil kann über Erfolg oder Mißerfolg einer Inszenierung entscheiden.
Geschichte: Obwohl in poetologischen Werken seit dem 16. Jahrhundert bereits einzelne Aufführungskritiken Aufnahme gefunden hatten, beginnt die eigentliche Theaterkritik erst mit der Entwicklung des Zeitungswesens. In Großbritannien hatte sie sich bereits zu Beginn des 18. Jahrhunderts einen festen Platz in Zeitschriften gesichert. Starken Einfluß auf die Theaterkritik des 18. Jahrhunderts übte die französische Literaturtheorie aus (D. Diderot, L. S. Mercier). J. Ch. Gottsched und C. Ekhof schrieben die ersten namhaften deutschen Theaterkritiken. Beispielgebend wurden jedoch die Kritiken G. E. Lessings in der „Hamburgischen Dramaturgie" (1767–69). Besondere Bedeutung erlangten sodann v. a. die Theaterkritiken, die neuen literarischen Strömungen zum Durchbruch verhalfen, so etwa die Kritiken der Romantiker (A. W. Schlegel, L. Tieck, C. Brentano) oder des Jungen Deutschland (L. Börne, K. Gutzkow, H. Heine). Nicht zuletzt den Kritikern A. Kerr und J. Hart verdankt z. B. der Naturalismus seinen Siegeszug auf deutschen Bühnen. Weitere namhafte Theaterkritiker des 20. Jahrhunderts: u. a. H. Ihering, A. Polgar, K. H. Ruppel, F. Luft, J. Kaiser.

Theaterwissenschaft: Wissenschaft, die sich der Erforschung von Wesen, Wirkung und Geschichte des ↑Theaters widmet. Sie wurde erst Anfang des 20. Jahrhunderts als selbständige Disziplin ausgebildet. 1902 erfolgte die Gründung der ersten theaterwissenschaftlichen Gesellschaft, der „Gesellschaft für Theatergeschichte e. V." in Berlin. Als Begründer der Theaterwissenschaft als Hochschuldisziplin gelten A. Kutscher, der seit 1909 in München, und M. Herrmann, der seit 1900 in Berlin theaterwissenschaftliche Vorlesungen hielt und 1923 an der Universität Berlin das erste theaterwissenschaftliche Institut gründete.

Theaterzettel: seit dem 15. Jahrhundert bezeugte Einzelblätter (erster handschriftlicher Theaterzettel 1466, erster gedruckter Theaterzettel 1520) mit Angaben des Theaters über eine angekündigte Theateraufführung. Auf den Theaterzetteln waren Titel sowie Ort und Zeit der Aufführung, ab Mitte des 18. Jahrhunderts auch der Verfasser des Stückes und die Darsteller genannt. Im 20. Jahrhundert lösten Programmhefte den Theaterzettel ab.

Theatrum mundi [lateinisch „Welttheater"] ↑Welttheater.

Thema [von griechisch théma „Satz, abzuhandelnder Gegenstand", eigentlich „das Gesetzte, Aufgestellte"]: Hauptgedanke eines [literarischen] Werkes bzw. Gegenstand, mit dem sich eine Abhandlung befaßt; wird auch als Synonym für ↑Motiv verwendet.

Thesenstück [französisch thèse, von griechisch thésis „das Setzen, Aufstellen, aufgestellter Satz, Behauptung"] (auch Tendenzstück): den sozialkritischen ↑Sittenstücken verwandtes, stark tendenziös gefärbtes Drama (bzw. Hörspiel, Sketch usw.), bei dem die Handlung, die sich meist zwischen typisierten Personen abspielt, lediglich den äußeren Rahmen, den Vorwand für die Diskussion einer im Mittelpunkt stehenden ideologischen These liefert. Diese These tritt dann häufig in der Schlußszene besonders deutlich zutage. Thesenstücke sind z. B. L. Anzengrubers „Das vierte Gebot" (1878), einige Dramen G. B. Shaws, v. a. aber B. Brechts ↑Lehrstücke sowie Werke des ↑sozialistischen Realismus oder des Agitproptheaters (↑Agitprop). – ↑auch politische Dichtung.

Thesis [griechisch „das Setzen"]: Begriff aus der griechischen Metrik, der ursprünglich die dem schweren Textteil entsprechende Senkung des Fußes bei der Taktmarkierung und damit die Betonung einer Silbe bezeichnete (Gegensatz: ↑Arsis). Damit entspricht Thesis in seiner Bedeutung dem deutschen Begriff ↑Hebung. Bei den spätlateinischen Grammatikern bezeichnete Thesis die Senkung der Stimme und, in Umkehrung der ursprünglichen Bedeutung, damit die unbetonte, kurze Silbe. In diesem Sinne wird der Begriff ↑Senkung in der deutschen Verslehre gebraucht.

Thriller ['θrɪlə; englisch-amerikanisch; von to thrill „durchbohren, zittern machen, erschauern lassen"]: Romane, Theaterstücke, besonders aber Filme, Hör- und Fernsehspiele, die v. a. auf äußerliche, reißerische Spannungseffekte und Nervenkitzel abzielen. Thematisch befassen sie sich meist mit Kriminalfällen, vereinzelt auch mit Horror- bzw. ↑Gespenstergeschichten. – ↑auch Kriminalroman, ↑Schauerroman.

Tierdichtung: Sammelbezeichnung für literarische Werke, in denen Tiere im Mittelpunkt stehen. Unter Beibehaltung der tierischen Erscheinungsform werden ihnen meist menschliche Charakterzüge verliehen, wobei die aus didaktisch-satirischen Motiven beabsichtigte Widerspiegelung menschlicher Verhältnisse und Verhaltensweisen augenfällig ist. Tierdichtung ist bei nahezu allen Völkern anzutreffen. Am häufigsten begegnet sie in epischer Form (Tiermärchen, Tiersage, Tierfabel, Tierepos). Im *Tiermärchen* wird besonders gern das Motiv der dankbaren und hilfreichen Tiere gestaltet. Aitiologische *Tiersagen* versuchen, die Eigentümlichkeit der Tiere, die Tiersprache oder die Erschaffung der Tiere zu erklären. Populärste Form der Tierdichtung ist die *Tierfabel* (↑Fabel), die bereits im alten Indien und Ägypten verbreitet war. Im antiken Griechenland prägten v. a. die stark belehrend wirkenden Fabeln Äsops (um 550 v. Ch.) die Gattung. Äsops Fabeln wurden im Lateinischen von Phädrus und später u. a. von Gregor von Tours

Tierdichtung. Kampf zwischen Fuchs und Wolf aus einer französischen Handschrift (Ende des 13. Jahrhunderts)

aufgenommen und weiterentwickelt. Der griechische „Physiólogos" (entstanden vermutlich im 2. Jahrhundert, deutsch „Der Physiologus", 1921) schließlich, ein Sammelbuch mit 48 kurzen Erzählungen über wirkliche oder phantastische Tiere, die eine Ausdeutung im christlichen Sinne erfahren, beeinflußte nachhaltig die mittelalterlichen ↑Bestiarien. – Ältestes bekanntes *Tierepos* ist die fälschlicherweise Homer zugeschriebene „Batrachomyomachía" (= Froschmäusekrieg, 3. oder 6./5. Jahrhundert v. Chr.), eine Parodie auf das griechische Heldenepos, wie überhaupt die meisten Tierepen eine satirisch-parodistische Note haben. Das erste mittelalterliche Tierepos war die im 10. oder 11. Jahrhundert entstandene satirische „Ecbasis cuiusdam captivi per tropologiam" (deutsch 1858, 1964 unter dem Titel „Die Flucht eines Gefangenen"). Der Fuchs Renart (Reineke, Reinhart) wurde dann zur zentralen Figur der traditionsreichsten Tierdichtung, des anonymen altfranzösischen „Roman de Renart" (entstanden zwischen 1175 und 1250, deutsch 1965). Auf ihm beruhen u. a. das erste deutschsprachige Tierepos „Reinhard Fuchs" (1180) des Elsässers Heinrich der Glichesaere und der ostflämische „Reinaert" (1250). Die satirische Tendenz der 3. Fassung dieses Werkes durch Hinrek van Alkmar („Reinaerde", Druck um 1487), auf dem die mittelniederdeutsche Übertragung „Reinke de Vos" (1498) beruht, bestimmte die weitere Überlieferung. Ihr ist u. a. Goethes Hexameterepos „Reineke Fuchs" (1794) verpflichtet. – Die Tierfabel erlebte im 17. Jahrhundert bei J. de La Fontaine in Frankreich, später in Deutschland bei Autoren wie J. W. L. Gleim, Ch. F. Gellert, G. E. Lessing oder J. G. Herder eine neue Blütezeit. Die Tradition der Tierdichtung setzte sich fort in Werken wie E. T. A. Hoffmanns Romanfragment „Die Lebensansichten des Katers Murr ..." (1819–21), H. Heines Versepos „Atta Troll" (1847) oder G. Orwells Roman „Animal farm" (1945, deutsch „Farm der Tiere", 1946). - Als besonderer Zweig der Tierdichtung entwickelten sich seit dem 19. Jahrhundert der *Tierroman* bzw. die *Tiererzählung*, in denen das Tier erstmals in seinem Eigenleben und seinen Umweltbedingungen dargestellt wird (z. B. von M. Maeterlinck, H. Löns, M. Kyber, S. Fleuron, E. Th. Seton, B. Berg). Trotzdem entstanden auch jetzt noch Tierdichtungen, die menschliche Züge auf Tiere übertrugen oder von Mitleid und dem Gefühl der Verwandtschaft mit dem Tier geprägt sind (u. a. R. Kipling,

„The jungle books", Erzählungen, 1894/95, deutsch 1898, 1950 unter dem Titel „Die Dschungelbücher"; J. London, „White fang", Roman, 1905, deutsch „Wolfsblut", 1912; W. Bonsels, „Die Biene Maja und ihre Abenteuer", Erzählung, 1912). - Eine Sonderform der Tierdichtung stellen schließlich Werke dar, in denen ein Tierschicksal eng verknüpft ist mit dem Schicksal eines Menschen (z. B. H. Melville, „Moby Dick, or, the whale", Roman, 1851, deutsch „Moby Dick oder Der weiße Wal", 1927; M. von Ebner-Eschenbach, „Krambambuli", Erzählung, 1893; Th. Mann, „Herr und Hund", Novelle, 1920; E. Hemingway, „The old man and the sea", Erzählung, 1952, deutsch „Der alte Mann und das Meer", 1952); Rückgriffe auf das Tiermärchen im Roman „Der Butt" (1977) von G. Grass.

Tischzuchten: im hohen und späten Mittelalter dichterisch gestaltete Lehrschriften über das rechte Verhalten bei den Mahlzeiten; spezifische Gattung der ↑Anstandsliteratur. Ursprünglich an ein höfisches Publikum adressiert, richteten sich die Tischzuchten im ausgehenden Mittelalter vorwiegend an das Bürgertum und erlangten dadurch weite Verbreitung. Die ältesten Tischzuchten waren lateinische Werke aus dem klösterlichen Bereich, die erste volkssprachige höfische Tischzucht wird dem Minnesänger Tannhäuser zugeschrieben. – ↑auch grobianische Dichtung.

Tmesis [von grieschisch tmẽsis „das Schneiden, Abschneiden"]: die Trennung eines zusammengesetzten Wortes durch dazwischengeschobene Worte oder Satzglieder, z. B. die Konjugationsformen von Komposita, deren Präfixe ursprünglich Ortsadverbien waren (entgegenkommen: kam ... entgegen).

Ton: in der mittelalterlichen strophischen Dichtung (↑Minnesang, Sangspruch [↑Spruchdichtung], ↑Meistersang) ein „Strophenmodell", die Einheit von Strophenform und Melodie, von metrischer Gestalt und melodisch-rhythmischer Struktur des vertonten Textes. In der hochmittelalterlichen Dichtung gab es einen großen Reichtum an Tönen. Die Übernahme bereits verwendeter Töne war verpönt, außer in parodistischer Absicht. Im Meistersang beschränkte man sich zunächst auf die Töne der „zwölf alten Meister" (u. a. Walther von der Vogelweide, Wolfram von Eschenbach), denen neue Texte unterlegt wurden. Seit dem ausgehenden 15. Jahrhunderts (H. Folz) war das Erfinden neuer Töne (Texte und Melodien), die meist mit sehr phantasievollen Namen belegt wurden, Voraussetzung für die Erlangung der Meisterwürde.

Tonpräsentation: Bezeichnung für die Art und Weise der Darbietung des Tons, speziell des gesprochenen Textes oder Kommentars im Film und im Fernsehen; bei „off (the screen)" ist die Tonquelle (z. B. der berichtende Reporter) nicht im Bild zu sehen, bei „on (screen)" ist im Gegensatz dazu die Tonquelle sichtbar.

Topik [von griechisch topikḗ (téchnē) „Lehre von den Topoi"] ↑Topos.

Topos [von griechisch tópos „Redensart, Gemeinplatz", eigentlich „Ort, Stelle"] (Plural: Topoi): in der antiken Rhetorik svw. „Ort" (Locus), „Gemeinplatz" im Sinn eines anerkannten Begriffs, einer allgemein bekannten Vorstellung, die in die Rede eingeflochten werden sollten. In der neueren Sprach- und Literaturwissenschaft bedeutet Topos ein festes Klischee, eine formelhafte Wendung, die in der literarischen Tradition fortlebt. – Die moderne *Toposforschung* wurde von E. R. Curtius begründet („Europäische Literatur und lateinisches Mittelalter", 1948, 9. Auflage 1978), der aufzeigte, in welch starkem Maße als Originalschöpfungen verstandene Aussagen und Bilder einzelner Autoren der abendländischen Literatur Topoi sind, „feste Denk- oder Ausdrucksschemata", die in der Mehrzahl aus der antiken Literatur stammen, über die mittellateinische Literatur in die verschiedenen volkssprachlichen Literaturen eindrangen und sich bis zur Barockzeit hielten. Bekanntes Beispiel eines Topos ist der ↑Locus amoenus, der in der ↑Schäferdichtung von der Renaissance bis zum Rokoko eine bedeutende Rolle spielte. - Die Frage nach der jeweiligen Funktion des Topos im Textzusammenhang gewinnt zunehmend an Bedeutung für die Interpretation der Topoi in der Literatur wie im Gebrauchstext.

Totale ↑Einstellung.

Totengespräche: in Prosa verfaßte fiktive Gespräche zwichen historischen oder mythologischen Figuren im Totenreich, in denen in satirischer Form Menschheits- und Zeitkritik geübt wird. Vorbild waren die „Nekrikoì diálogoi" (um 165 v. Chr., deutsch „Totengespräche") Lukians, die seit dem Humanismus auf die abendländische Literatur einwirkten, v. a. nach den Übersetzungen Lukians durch J. Ch. Gottsched (1745) und Ch. M. Wieland (1788/89), der auch selbst Werke dieser Gattung verfaßte, u. a. „Neue Götter-Gespräche", 1791).

Totenklage: Gedicht, das Trauer um einen Toten, Trost und Totenpreis zum Inhalt hat. Totenklagen finden sich in allen Kulturen als vorliterarisches ↑Kultlied (z. B. Totenlieder der Germanen). Als eigenständige literarische Form erscheinen sie u. a. in der griechischen Chorlyrik als ↑Nänie, in der antiken Tragödie als Kommos, als integrierter Bestandteil des Epos, z. B. in Homers „Ilias" (8. Jahrhundert v. Chr., deutsch 1793; Klage der Trojaner um Hektor). Auch die biblischen „Klagelieder Jeremias" sind zu dieser Gattung zu rechnen. Häufige Form der Totenklage seit der klassischen Zeit ist die ↑Elegie.

Tragik [von griechisch tragikós, eigentlich „bocksartig"]: allgemein eine Situation, in der sich der Mensch in einen Widerstreit gegensätzlicher Kräfte, Verpflichtungen und innerer Antriebe gestellt sieht, ohne daß ihm ein Ausweg oder eine Lösungsmöglichkeit erscheint. Im Bereich der Literatur ist diese Grundsituation Wesenselement der ↑Tragödie, am vollkommensten schon entwickelt in ihrer frühesten Ausprägung, der griechischen Tragödie: grundlegendes Merkmal ist dort die unvermeidliche Verstrickung des Menschen in Schuld (tragische Schuld), die die Bestrafung durch die Götter nach sich zieht (Sophokles „Oidípus týrannos", vor 425 v. Chr., deutsch 1759, 1968 unter dem Titel „König Ödipus"), doch kann der Mensch gerade in seinem Sturz zu innerer Größe wachsen. Das Erlebnis des Tragischen bewirkte nach griechischer Auffassung nicht nur „Jammer" und „Schaudern" sondern auch eine seelische Erschütterung (↑Katharsis).
Der Begriff des Tragischen hat in der Entwicklung der abendländischen Kultur mancherlei Wandlungen erfahren, er verband sich mit verschiedenen philosophischen Systemen und Weltauslegungen, so daß er vom Ästhetischen allein aus nicht zu fassen ist. B. von Wiese („Die deutsche Tragödie von Lessing bis Hebbel", 1958) kennzeichnet das Tragische als „Grenzsituation", deren Struktur sich nur auf paradoxe Weise erfassen läßt: „Alles Tragische beruht auf dem Widerspruch, auf dem Wissen um das Unverhältnis zwischen menschlicher Größe und Freiheit zu einem im Kern unbegriffenen Leid und schicksalhaft erfahrenen Untergang". Mit am konsequentesten hat die deutsche Klassik die aus diesem Widerspruch resultierende innere Spannung erfaßt: Nach Schiller („Über den Grund des Vergnügens an tragischen Gegenständen", 1792) tritt die tragische Wirkung ein, „wenn eine moralische Pflicht übertreten werden muß, um einer höheren und allgemeineren desto gemäßer zu handeln." Der Mensch gerät letztlich in einen Widerspruch zweier für ihn absoluter Werte (etwa Neigung und Pflicht bei Max Piccolomini in Schillers Dramentrilogie „Wallenstein", 1800), der ausweglos ist. Das Tragische erwächst aus einem unauflöslichen Ineinander von Notwendigkeit und Freiheit, dem Zusammenstoß des übermächtigen Schicksals mit der Freiheit des einzelnen, in dem der tragische Held sich scheiternd behauptet und im Untergang zu einer „erhabenen" Gestalt wird. Nach Schiller ist es Aufgabe der „tragischen Kunst", geschichtliche Beispiele für solche erhabene Charaktere „nachahmend vor unsere Augen" zu bringen

(„Über das Erhabene", 1802). – Eine besondere Ausprägung hat die Idee des Tragischen – in Anknüpfung an G. W. F. Hegel – bei Ch. F. Hebbel gefunden (↑Pantragismus). Hebbel griff die griechische Vorstellung der tragischen Schuld wieder auf. Für ihn war der Grund der Welt, der Weltzustand selbst tragisch. „Alles Leben ist Kampf des Individuellen mit dem Universum" (Tagebücher), und in diesem Kampf wird der Mensch notwendig schuldig auf Grund seiner bloßen Existenz (Existenzschuld). – In der modernen Literatur fehlen – nach allgemeiner Auffassung – die Voraussetzungen für Tragik im klassischen Sinn, obwohl sie noch echte tragische Gestalten kennt, wie z. B. die Mutter Courage in B. Brechts Stück „Mutter Courage und ihre Kinder" (Uraufführung 1941, gedruckt 1949), deren Tragik nach Brecht in dem „entsetzlichen Widerspruch" der Gesellschaft begründet liegt. Allgemein wird aber in den modernen dramatischen Formen (↑episches Theater, groteskes, ↑absurdes Theater) „die endgültige geschichtliche Auflösung des Tragischen" gesehen (A. Heidsieck, „Die Travestie des Tragischen im deutschen Drama", in „Tragik und Tragödie", herausgegeben von V. Sander, 1971).

Tragikomödie [von lateinisch tragicomoedia]: dramatische Gattung, in der sich tragische und komische Elemente wechselseitig durchdringen, häufig zur Darstellung eines Geschehens, das sich im Grenzbereich zwischen Komik und Tragik bewegt, so daß jederzeit das Komische ins Tragische umschlagen kann, oder in dem das Tragische durch die tragisch gebrochene Komik noch vertieft wird. Die Grenzen der Tragikomödie zur satirischen ↑Komödie, zum ↑Rührstück, zum ↑weinerlichen Lustspiel und v. a. zur ↑Groteske sind fließend. Erst in der Renaissance wurde die Tragikomödie als Gattung definiert. Danach galt sie bis ins 18. Jahrhundert als dramatische Form, die durch zwei Freiheiten von dem klassischen Regelkanon der ↑Tragödie abgesetzt wird: 1. die Aufhebung der ↑Ständeklausel und 2. der heiter-versöhnliche Ausgang einer tragisch angelegten Begebenheit. Diese Tragikomödie erlebte eine erste Blüte vom ausgehendem 16. bis zum Ende des 17. Jahrhunderts. Abgesehen von den sentimentalen schäferlichen Tragikomödien handelte es sich um Tragödien mit heiterem Ausgang (z. B. in Frankreich die Tragikomödien von R. Garnier, A. Hardy, J. de Rotrou, G. de Scudéry). Die in modernem Sinn bedeutendsten Tragikomödien dieser Zeit sind „Le misanthrope" (1667, deutsch 1742, 1912 unter dem Titel „Der Misanthrop") und „Tartuffe" (1669, deutsch „Tartuffe", 1752) von Molière sowie einige Komödien W. Shakespeares („Troilus and Dressida", 1609, deutsch „Troilus und Cressida", 1777). Weitere englische Vertreter der Tragikomödie waren F. Beaumont, J. Fletcher, Th. Dekker, Th. Heywood. – Die deutsche klassizistische Poetik von M. Opitz bis J. Ch. Gottsched lehnte die Tragikomödie als „Bastardgattung" ab. Erst seit dem Ende des 18. Jahrhunderts beschäftigte man sich wieder intensiver theoretisch mit ihr (R. M. Lenz, A. W. Schlegel, V. Hugo, G. B. Shaw u. a.). In der neueren Literatur wird die Tragikomödie, v. a. in der Annäherung an die Groteske, als eine dem modernen Bewußtsein adäquate dramatische Form empfunden. Bedeutende Vertreter: u. a. H. Ibsen („Vildanden", 1884, deutsch „Die Wildente", 1888), G. Hauptmann („Die Ratten", 1911), später F. Dürrenmatt („Der Besuch der alten Dame. Eine tragische Komödie", 1956), M. Frisch („Herr Biedermann und die Brandstifter", Hörpsiel 1956, Drama 1958), ferner S. Beckett, E. Ionesco, B. Behan, H. Pinter, W. Hildesheimer, Th. Bernhard.

tragische Ironie: eine besondere Form der ↑Ironie in der Tragödie, die zur Steigerung der tragischen Wirkung beiträgt, wenn z. B. der Zuschauer bereits das Verhängnis sieht, während sich der Held noch völlig in Sicherheit wiegt (Schiller, „Wallenstein", 1800) oder wenn Ödipus (Sophokles „Oidípus týrannos", vor 425 v. Chr., deutsch 1759,

1968 unter dem Titel „König Ödipus") dem Mörder des Laios schwere Strafen androht, ohne zu wissen, daß er selbst dieser Mörder ist.

tragische Weltsicht ↑Pantragismus.

Tragödie [von griechisch tragōidía „tragisches Drama, Trauerspiel", eigentlich „Bocksgesang"]: Form des ↑Dramas, für die das Tragische (↑Tragik) konstituierendes Element ist. – Die gesamte abendländische literarische Entwicklung der Tragödie wird von der *griechischen (attischen) Tragödie* bestimmt, die für das europäische Drama der Antike (römische Tragödie) und erneut seit der Renaissance (neuzeitliche Tragödie) die entscheidenden stofflichen, formalen und z. T. auch ethischen Grundmuster lieferte. Die Anfänge der griechischen Tragödie liegen im Dionysoskult; sie ging wahrscheinlich aus dem ↑Dithyrambus, dem chorlyrischen Kultlied auf Dionysos, den Gott des Weines, des Rausches und der Ekstase, hervor. Der Name deutet darauf hin, daß am Ausgangspunkt der Entwicklung die musikalisch untermalten Gesänge und Tänze eines ↑Chores standen, dessen Mitglieder anläßlich der Feierlichkeiten zu Ehren des Gottes Dionysos als Böcke verkleidet auftraten. Der zunächst improvisierte Dithyrambus wurde bald kunstmäßig gestaltet (zuerst wohl um 600 v. Chr. durch Arion aus Methymna in Korinth) und an einen festen poetischen Text gebunden. Gleichzeitig vollzog sich auch ein inhaltlicher Wandel, als epische Stoffe aus der Heldensage allmählich die Darstellung der Taten und Leiden des Dionysos ersetzten. Der entscheidende Schritt zur Ausbildung der griechischen Tragödie erfolgte in der 2. Hälfte des 6. Jahrhunderts in Athen zur Zeit des Tyrannen Peisistratos, wo dem Chor ein einzelner Sprecher, ein Hypokrites (= Antworter; Vorläufer des Schauspielers, des ↑Protagonisten) gegenübergestellt wurde. Diese Neuerung geht vermutlich auf Thespis zurück. Thespis studierte im Jahre 534 v. Chr. anläßlich der großen Dionysien, des Frühlingsfestes zu Ehren des Gottes Dionysos in Athen, die erste bezeugte Tragödie ein und führte sie auf. In der weiteren Entwicklung der Tragödie nahmen die Partien des Sprechers bzw. Schauspielers, die zumeist in jambischen Trimetern verfaßt waren, gegenüber den lyrischen Chorpartien an Umfang immer mehr zu, v. a. als Aischylos einen zweiten Schauspieler (↑Deuteragonist) einführte: damit wurde der ↑Dialog, die Grundvoraussetzung jeden dramatischen Spiels, und ein vom Chor unabhängiges Agieren möglich. Sophokles schließlich fügte noch einen dritten Schauspieler (↑Tritagonist) hinzu und gab so der Tragödie ihre endgültige Form.

Die *Aufführung* von Tragödien blieb fest an den Termin der großen Dionysien gebunden und erfolgte nach dem Prinzip eines ↑Agon, also eines Wettbewerbs, an dem sich jedes Jahr drei Dichter mit je drei, meist zu einer ↑Trilogie zusammengeschlossenen Tragödien und je einem abschließenden ↑Satyrspiel (das die Trilogie zur ↑Tetralogie ergänzte) beteiligen durften. Der Sieger dieses als Gottesdienst verstandenen Agons erhielt einen Preis. – Der *Aufbau* der griechischen Tragödie unterlag einer strengen Gesetzmäßigkeit: In einem monologisch oder dialogisch gehaltenen ↑Prolog erfolgte die Exposition der Handlung. In dem nachfolgenden ↑Parodos (dem Einzugslied des Chors) betrat der aus 12–15 Mitgliedern bestehende Chor die ↑Orchestra. Daran schlossen sich drei bis fünf Epeisodia, d. h. Dialogszenen, an, die von Stasima (↑Stasimon), d. h. Standliedern des Chores, unterbrochen wurden, bis in dem ↑Exodos (Auszugslied) der Chor die Orchestra wieder verließ.

Die theoretischen Äußerungen des Aristoteles, der in seiner „Poetik" Wesen und Wirkung der Tragödie beschrieb, sind von herausragender Bedeutung für die *Poetik* der Tragödie überhaupt: die Tragödie wird definiert als die Nachahmung einer ernsten, in sich abgeschlossenen Handlung, die nicht berichtet, sondern im dramatischen Spiel vergegenwärtigt wird. Die Wirkung der Tragödie besteht darin, daß sie „éleos"

(= Jammer) und „phóbos“ (= Schaudern) erregt und am Ende zur ↑Katharsis (= Reinigung) von diesen zuvor erregten Affekten führt. „Éleos“ und „phóbos“ können aber nur aufkommen, wenn dargestellt wird, wie das Glück eines edlen Charakters durch einen Fehler in Unglück umschlägt.
Die *Stoffe* der griechischen Tragödie stammten anfangs teilweise auch aus der Zeitgeschichte. So nahm Aischylos den Sieg der Griechen über die Perser bei Salamis (480 v. Chr.) zum Gegenstand seiner „Pérsai“ (aufgeführt 472 v. Chr., deutsch „Perser“, 1789). Vorwiegend wurden jedoch Stoffe aus der mythischen Überlieferung bearbeitet. Dabei ging es nicht um die genaue Nachzeichnung eines Mythos, sondern um seine freie Ausgestaltung. Der Dichter konnte Ereignisse weglassen oder hinzufügen, verschiedene Mythen miteinander verbinden oder Kontrastfiguren einbauen. Die im Mythos gestaltete Verbindung von Menschlichem und Göttlichem schlug auch auf das Menschenbild und damit den Gehalt der Tragödie durch. Die Frage nach den Verhältnis des Menschen zu den Göttern bestimmte das Werk der drei bedeutendsten griechischen Tragödiendichter Aischylos, Sophokles und Euripides. Bei Aischylos ist der Mensch noch in eine gottgewollte Ordnung eingebunden. Freilich geraten besonders die herausragenden Menschen in Gefahr, in ihrem Handeln der ↑Hybris, d. h. der Selbstüberschätzung, der Überschreitung der den Menschen gesetzten Grenzen, zu verfallen. Leid oder Vernichtung sind die Folgen solcher Überheblichkeit, eine Erfahrung, die z. B. der Perserkönig Xerxes in den „Persern“ machen muß, bis er durch das Leid zur Erkenntnis des über allem waltenden Gesetzes der Gerechtigkeit des Zeus gelangt. „Es lernt erst, wer leidet“ heißt es in der Trilogie „Orésteia“ (aufgeführt 458 v. Chr., deutsch „Orestie“, 1901), dem berühmtesten Werk des Aischylos. Bei Sophokles kann der Mensch einen Sinn seines Leidens zumeist nicht mehr erkennen. So geht Antigone im gleichnamigen Drama („Antigónē“, aufgeführt 442 v. Chr., deutsch „Antigone“, 1646) unter, weil sie gegen das Verbot des Tyrannen Kreon den „ungeschriebenen Gesetzen“ folgt und den Leichnam ihres Bruders bestattet. So blendet sich Ödipus im Drama „Oidípus týrannos“ (vor 425 v. Chr., deutsch 1759, 1968 unter dem Titel „König Ödipus“), als er die schreckliche Wahrheit erkennt: wie das Orakel des delphischen Apollon vorhergesagt hatte, wurde er zum Mörder seines Vaters und zum Ehegatten seiner Mutter. Er ahnt nicht, wie sehr er dem Schein verfallen ist, bis er am Ende einsieht, daß er den Willen der Götter gerade dadurch erfüllt hat, daß er sich ihm entziehen wollte. Ein Sinn des Leids, das dennoch als göttliche Fügung akzeptiert wird, scheint also nicht mehr gegeben. Euripides schließlich stellt den von den Göttern verlassenen, völlig auf sich angewiesenen Menschen dar. Der Mythos wird seiner religiösen Komponente entkleidet, an die Stelle einer göttlichen Ordnung tritt das Spiel des Zufalls. Tragik entsteht nicht mehr aus dem Gegensatz zwischen menschlichem Wollen und göttlicher Fügung, sie bricht im Innern des Individuums auf, etwa als Konflikt zwischen Leidenschaft und Einsicht, wie er in „Mḗdeia“ (431 v. Chr., deutsch „Medeia“, 1841) gestaltet wird. Die Darstellung solcher Konflikte verlangte vom Autor ein hohes Maß an psychologischer Einfühlung, ein verfeinertes psychologisches Instrumentarium, über das Euripides auch verfügte.
Auch die *römische Tragödie*, 240 v. Chr. durch Senatsbeschluß eingeführt, war stofflich und formal von den griechischen Vorbildern abhängig. Begründer der römischen Tragödie waren L. Livius Andronicus und C. Naevius, deren Werke allerdings nur in einzelnen Zitaten überliefert sind. Erhalten sind neun Tragödien L. A. Senecas des Jüngeren, die v. a. für das ↑Humanistendrama vorbildhaft wurden (fünf Akte, Aktgliederung durch Chöre oder Zwischenspiele, stark rhetorischer Charakter der Dialoge).

Die frühesten Ausprägungen der Tragödie der *Neuzeit* waren neben dem lateinischen Humanistendrama das italienische, französische und besonders englische Renaissancedrama (↑elisabethanisches Drama), das ↑Schuldrama des 16. Jahrhunderts, das ↑Jesuitendrama, die französische ↑Haute tragédie des 17. Jahrhunderts und das schlesische Kunstdrama (↑schlesische Dichterschule). In Fehlinterpretation der „Poetik" des Aristoteles wurden ↑Ständeklausel und ↑Fallhöhe als grundlegende Elemente der Tragödie eingeführt. Die aristotelische Katharsis wurde im Sinn einer Erziehung zum stoischen Lebensideal der Ataraxie (innere Ausgeglichenheit) umgedeutet. Die Entwicklung gipfelte in der Tragödie des ↑Barock (A. Gryphius, D. C. von Lohenstein). Eine Sonderstellung nahmen die Charaktertragödien W. Shakespeares ein, bei denen der tragische Konflikt im widersprüchlichen Charakter des Helden angelegt ist („Hamlet", 1603, deutsch „Hamlet", 1766). Nach ersten Ansätzen bei A. Gryphius durchbrach G. E. Lessing im ↑bürgerlichen Trauerspiel den strengen Regelkanon (Mißachtung der Ständeklausel, Blankvers, Neudeutung des Aristoteles), so daß von nun an der Weg frei war für vielfältige formale, stoffliche und auch weltanschauliche Neuansätze (Tragödien des Sturm und Drang, der Romantik; G. Büchner). Besonders bedeutend war die Geschichtstragödie des deutschen Idealismus, in der der Konflikt von Individuum und Gesellschaft, Freiheit und Notwendigkeit (Schicksal), Mensch und Gott vorherrschte (Schiller, „Wallenstein", 1800; F. Grillparzer, „Ein Bruderzwist in Habsburg", beendet 1848, herausgegeben 1872; Ch. F. Hebbel, „Herodes und Mariamne", 1850).

In der *modernen Literatur* scheint die Tragödie nicht mehr möglich, weil die in ihr vorausgesetzten Werte nicht mehr als unabänderlich, für alle Menschen in gleicher Weise gültig akzeptiert werden. Schon der Determinismus des ↑Naturalismus schloß echte Tragik aus. Andererseits gibt es auch im modernen Drama noch tragische Gestalten, so bei B. Brecht (Mutter Courage in „Mutter Courage und ihre Kinder" Uraufführung 1941, gedruckt 1949), A. Miller (Willy Loman in „Death of a salesman", 1949, deutsch „Der Tod des Handlungsreisenden", 1950), E. O'Neill u. a. Zunehmend treten neue Formen an die Stelle der Tragödie: die ↑Tragikomödie, die ↑Groteske, das ↑absurde Theater.

Traktat [von lateinisch tractatus „Abhandlung"]: Abhandlung über religiöse, moralische, wissenschaftliche Themen in Prosa. Im engeren Sinn im Deutschen eine Form der ↑Erbauungsliteratur, auch Bezeichnung für ↑Flugschrift, ↑Streitschrift.

Trauerspiel: deutsche Bezeichnung für ↑Tragödie.

Travestie [englisch travesty, eigentlich „Umkleidung", dies substantiviert aus französisch travesti „verkleidet"]: komisch-satirische literarische Gattung: die Verspottung eines bekannten literarischen Werkes (häufig auch mit allgemeiner gesellschafts- und zeitkritischer Tendenz) durch Wiedergabe seines Inhalts in unangemessener, grob veränderter sprachlich-stilischer Form. Der komische Effekt beruht auf dem Mißverhältnis von altem Inhalt und neuer Stilebene. Die Travestie ist in mancherlei Hinsicht der ↑Parodie verwandt, besonders bei reinen Literaturtravestien gibt es fließende Übergänge. Bekannt ist z. B. A. Blumauers „Äneis" (1783).

Triade [von griechisch triás „Dreizahl, Dreiheit"]: in der griechischen Dichtung eine Einheit von drei Strophen, von denen die beiden ersten (↑Strophe und ↑Antistrophe) das gleiche metrische Schema aufweisen, während die dritte (↑Epode) im metrischen Schema abweicht. Strophenschema: AAB; verwendet u. a. in der ↑pindarischen Ode. Dasselbe Schema findet sich auch in der deutschen Literatur, z. B. in der ↑Meistersangstrophe.

Trikolon [von griechisch tría „drei" und kõlon „(Körper)glied, gegliedertes Gebilde"]: dreigliedriger Ausdruck, häufig als ↑Klimax, oder ein Satzgefüge aus drei gereihten Kola (↑Kolon). Schon in der griechisch-römischen Kunstprosa und Lyrik (v. a. bei Horaz) häufig verwendetes Stilmittel; besonders beliebt als Stilfigur in der Lyrik des Barock („Laß Leben, Leib und Kraft noch etwas blühn", J. Ch. Günther, Gedicht „An Gott um Hülfe"), aber auch noch in späterer Zeit bis ins 19. Jahrhundert als ausdrucksstarkes lyrisch-musikalisches Mittel verwendet („Und wiegen und tanzen und singen dich ein", Goethe, Gedicht „Erlkönig". – „Lust und Leid und Liebesklagen", J. von Eichendorff, Gedicht „Die Nacht"). Das Grundmuster findet sich auch außerhalb der Lyrik als rhythmisch-prägnante Formel, z. B. in Buchtiteln (schon von Goethes Literaturparodie „Götter, Helden und Wieland" 1774; in neuerer Zeit etwa von C. W. Cerams Sachbuch „Götter, Gräber und Gelehrte", 1949) oder anderen plakativen Formulierungen (z. B. das Fernsehmagazin „Titel, Thesen, Temperamente").

Trilogie [von griechisch gleichbedeutend trilogía]: 1. im engeren Sinn die drei bei den Dionysosfeiern in Athen an einem Tag nacheinander aufgeführten Tragödien in der antiken ↑Tetralogie, deren Stoffe ursprünglich aus demselben Mythenkreis genommen wurden. – 2. Später in erweiterter Bedeutung jedes dreiteilige literarische (auch musikalische) Werk, z. B. Schiller, „Wallenstein"-Trilogie (Dramen, 1800), Goethe, „Trilogie der Leidenschaft" (Gedichte, 1827), Ch. F. Hebbel, „Nibelungen"-Trilogie (Dramen, 1862).

Trimeter [von griechisch-lateinisch trímetros „drei Takte enthaltend"]: in der antiken Metrik ein aus drei metrischen Einheiten bestehender Vers. Am verbreitetsten ist der *jambische Trimeter*, der aus drei jambischen ↑Dipodien besteht, also aus sechs jambischen Versfüßen. Grundschema:

◡–́◡–́◡|–́◡–́◡–́◡–́.

Die ↑Zäsur erfolgt meist nach der fünften (↑Penthemimeres), seltener nach der siebten Silbe (↑Hephthemimeres) und teilt somit den Vers in zwei ungleiche Hälften (im Gegensatz zum ebenfalls sechshebigen ↑Alexandriner). Der jambische Trimeter ist der klassische Vers des attischen Dramas, in der römischen Literatur findet er sich u. a. bei Horaz („Epodon liber", 30 v. Chr., deutsch 1671, 1952 unter dem Titel „Epoden") und L. A. Seneca dem Jüngeren (Tragödien). Sonderformen sind u. a. der um eine Silbe verkürzte katalektische jambische Trimeter mit regelmäßiger Hephthemimeres sowie der ↑Choliambus oder Hinkjambus. In der deutschen Literatur hat sich der sechshebige jambische Trimeter nicht durchgesetzt; er findet sich nur vereinzelt (z. B. „Was aber schön ist, selig scheint es in ihm selbst", E. Mörike, Gedicht „Auf eine Lampe").

Trinklied: schon in der Antike (↑Skolion; Horaz) gepflegter Liedtyp, in dem das Trinken oder bestimmte Getränke, v. a. der Wein, gepriesen werden. Im Mittelalter waren Trinklieder ein wichtiger Bestandteil der ↑Vagantendichtung; einen letzten Höhepunkt erlebten sie in der ↑Anakreontik in der Verbindung von Liebe und Wein. Seit dem 19. Jahrhundert gehören sie zum festen Themenkreis des ↑Studentenliedes.

Triolett [französisch triolet, von italienisch trio „drei"]: französische Gedichtform aus acht Verszeilen mit zwei Reimklängen, von denen die erste als vierte und siebente, die zweite als achte wiederkehrt. Reimschema: ABaAabAB. In der französischen Lyrik wird diese Form seit dem 13. Jahrhundert (Adenet le Roi) gepflegt. In der deutschen Lyrik finden sich Nachbildungen in der Anakreontik (F. von Hagedorn) und im 19. Jahrhundert (A. von Platen, F. Rückert, A. von Chamisso, E. Geibel). - Triolett „Der erste Mai" von F. von Hagedorn:
„Der erste Tag im Monat Mai
Ist mir der glücklichste von allen.
Dich sah ich und gestand dir frei,
Den ersten Tag im Monat Mai,
Daß dir mein Herz ergeben sei.
Wenn mein Geständnis dir gefallen,
So ist der erste Tag im Mai
Für mich der glücklichste von allen."

Tripodie [von griechisch trís „dreifach" und pũs „Fuß"]: in der antiken

Metrik eine rhythmische Einheit von drei Versfüßen.

Tritagonist [griechisch von tritagonistḗs „der dritte Kämpfer"]: auf der altgriechischen Bühne der von Sophokles eingeführte dritte Schauspieler, der zum ↑Protagonisten und ↑Deuteragonisten hinzukam.

Trithemimeres [von griechisch trítos „dritter", hḗmisys „halb" und méros „Teil"]: in der antiken Metrik die ↑Zäsur nach dem dritten halben Fuß eines Verses, meist mit der ↑Hephthemimeres verbunden, z. B. im daktylischen ↑Hexameter.

Trivialliteratur [französisch trivial „abgedroschen, alltäglich, gemein, platt", von lateinisch trivialis „zum Dreiweg gehörend, jedermann zugänglich"]: umstrittene Bezeichnung für eine umstrittene Form der Literatur. Im herkömmlichen Sinn werden mit Trivialliteratur literarische Erzeugnisse bezeichnet, die inhaltlich und sprachlich-stilistisch nicht den geltenden Normen der sogenannten „hohen" oder wenigstens „gehobenen" Literatur entsprechen: inhaltlich, weil sie nur vorgeprägte Themen (Liebe, Abenteuer, Kriminalfälle usw.) klischeehaft wiederholen, sprachlich-stilistisch, weil auch Aufbau und Erzählstruktur, Zeichnung der Personen, Wortwahl und Satzbau von wenigen Grundmustern und Schablonen geprägt sind. In diesem Sinn wird die meist in Heftform (↑Groschenhefte) erscheinende sogenannte ↑Schundliteratur ebenso zur Trivialliteratur gerechnet wie die seichte Kitschliteratur (↑Kitsch) der vielfältigen Adels-, Liebes-, Frauen-, Schicksals-, Arztromane usw., die ↑Comic strips, Fortsetzungsromane, Trivialdramen (Volksstücke u. a.), Triviallyrik (Gelegenheitsgedichte u. a.) und Schlagertexte. V. a. die historische Trivialliteraturforschung bezieht in weiten Teilen auch Erbauungsschriften, religiöse ↑Traktate, ↑Bildergeschichten, ↑Flugschriften, Kalender, ↑Almanache und Einblattdrucke in den Bereich der Trivialliteratur mit ein. Nicht nur die Tatsache, daß die Trivialliteratur in denselben Gattungen wie die „hohe" Literatur existiert, daß sich „triviale" Elemente auch in der „hohen" (v. a. zeitgenössischen) Literatur finden und eine Vielzahl literarischer Elemente und Techniken in beiden Bereichen gleichermaßen benutzt werden, hat eine modellhafte Aufteilung in separate Literaturschichten (sogenanntes Zweischichtenmodell: „hohe" Literatur – Trivialliteratur; sogenanntes Dreischichtenmodell: „hohe" Literatur – Unterhaltungsliteratur – Trivialliteratur) fragwürdig erscheinen lassen. Da auch die Klassifizierung der Trivialliteratur als „minderwertiges" Schrifttum ein Werturteil enthält, ist für eine sachbezogene begriffliche Definition nichts gewonnen. Man rückt daher heute ein zweites, aus soziologischen Befunden gewonnenes konstitutives Merkmal – neben der „Minderwertigkeit" – in den Vordergrund und spricht von „massenhaft verbreiteter Literatur". Man sieht in der Trivialliteratur in erster Linie literarische Zeugnisse einer Massenkultur, die bedeutend mehr Menschen erreicht als die „hohe" Literatur.

Trivialliteratur ist „Konformliteratur", die nicht von sich aus auf die Gesellschaft wirkt, sondern sich ihr anpaßt. Ihre Verfasser wollen nicht Auseinandersetzung mit Problemen, erstreben keine Veränderung des Bewußtseins, sondern richten sich völlig nach dem Geschmack breiter Leserschichten. Sie bieten eine „Welt nach Wunsch", eine Ersatzbefriedigung in der Form einer heilen, unproblematischen Welt, ermöglichen dem Leser die Flucht aus dem Alltag in eine Traumwelt. Daher erscheint das Bedürfnis nach trivialer Literatur als immer stärker werdende Reaktion auf die Entfremdung am Arbeitsplatz oder überhaupt in der modernen Gesellschaft. So gesehen ist Trivialliteratur weniger ein literarisches als ein gesellschaftliches Phänomen: sie dokumentiert die nicht gestillten Bedürfnisse einer Gesellschaft. Problematisch bleibt in jedem Fall ihr stark gesellschaftsbejahender Charakter. Trivialliteratur vermittelt nicht kritische Distanz zur Gesellschaft, sondern leistet in erster Linie

Anpassung der Leser an ihre soziale Situation.
Trivialliteratur wird erst in neuerer Zeit durch die technischen Mittel der modernen Massenkomunikation „massenhaft verbreitet'. Das Phänomen der Trivialliteratur selbst ist älter. Mit dem Anwachsen des Lesebedürfnisses breiterer Bürgerschichten im 18. Jahrhundert wuchs auch das Verlangen nach trivialer Unterhaltungsliteratur. Trivialromane erlebten schon im 18. Jahrhundert große Auflagen und weite Verbreitung (z. B. der Roman „Rinaldo Rinaldini, der Räuberhauptmann" von Goethes Schwager Ch. A. Vulpius, 1798; ↑Räuberroman). Beispiele aus neuerer Zeit sind die Romane von H. Courths-Mahler am Beginn des 20. Jahrhunderts. - Für die Produktion von Trivialliteratur in der Gegenwart ist die Serienanfertigung grundlegendes Merkmal. Die Verfasser (fast immer ↑Pseudonyme) erhalten vom Verlag genaue Auflagen, die sich häufig auch auf den Inhalt erstrekken. Teamarbeit mit Arbeitsteilung ist nicht selten.
Die Anfänge der literaturwissenschaftlichen Beschäftigung mit der Trivialliteratur reichen zwar bis in die 20er Jahre dieses Jahrhunderts zurück (M. Thalmann), zu einem anerkannten Forschungsgebiet hat sie sich jedoch erst in den späten 60er und frühen 70er Jahren entwickelt.

Trivium [lateinisch „Dreiweg"]: Bezeichnung für die ersten drei der sieben ↑Artes liberales (Grammatik, Rhetorik, Dialektik), die auf den Lateinschulen des Mittelalters von grundlegender Bedeutung waren. Lateinschulen, an denen nur das Trivium gelehrt wurde, hießen *Trivialschulen.* Später ging diese Bezeichnung auf alle niederen [Elementar]schulen über.

Trochäus [von griechisch trochaĩos „laufend, schnell"]: griechisch-römischer Versfuß, der aus einer langen und einer kurzen Silbe (–́ ◡) besteht. Als metrische Einheit (↑Metrum) gilt nicht der einzelne Versfuß, sondern die ↑Dipodie in der Form –́ ◡ –́x. Wichtigstes trochäisches Versmaß der Antike ist der nach trochäischen Dipodien gemessene trochäische ↑Tetrameter. In den akzentuierenden europäischen Sprachen (↑akzentuierende Dichtung) gilt als Trochäus die Folge einer betonten und einer unbetonten Silbe (x́ x: „Liebe", „leben"); trochäische Verse sind also alternierende Verse ohne Eingangssenkung (x́ x x́ x x́ x x́ ...). Wichtige trochäische Verse der deutschen Dichtung sind: 1. die vierhebigen Trochäen („Freude, schöner Götterfunken", Schiller, „An die Freude"), die in Anlehnung an den antiken trochäischen Tetrameter entstanden; 2. die vierhebigen *spanischen Trochäen* als deutsche Nachbildungen der achtsilbigen Verse der spanischen Romanzendichtung (↑Romanze), die u. a. von C. Brentano und H. Heine („Traum der Sommernacht! Phantastisch/Zwecklos ist mein Lied, ja zwecklos ...", Versepos „Atta Troll", 1847) verwendet wurde; 3. die *serbischen Trochäen*, stets reim- und zäsurlose trochäische Fünfheber als deutsche Nachbildungen serbischer Volksballaden, die sich u. a. bei J. G. Herder, G. A. Bürger, Goethe, F. Rückert, C. F. Meyer finden (z. B. „Meine eingelegten Ruder triefen,/Tropfen fallen langsam in die Tiefen ...", C. F. Meyer, Gedicht „Eingelegte Ruder").

Tropen [von griechisch tropḗ, eigentlich „Wendung"] (Singular: Trope oder Tropus): in der ↑Rhetorik und ↑Stilistik zusammenfassende Bezeichnung für die sprachlichen Ausdrucksmittel der uneigentlichen, bildlichen Rede. Zu den wichtigsten Tropen gehören u. a. ↑Antonomasie, ↑Metapher, ↑Metonymie, ↑Synekdoche, ↑Ironie, ↑Litotes.

Tropus [von griechisch trópos „Wendung, Weise"]: in der Liturgie des Mittelalters die textliche oder textliche und musikalische Erweiterung eines liturgischen Gesanges durch vorangestellte, eingeschaltete oder angehängte Zusätze. Als Eigenform des Tropus gilt, wenigstens in ihren Anfängen, die ↑Sequenz. Die Entstehung des Tropus wird in der 1. Hälfte des 9. Jahrhunderts in westfränkischen Klöstern angenommen. Ausgangspunkt für den deutschsprachigen Raum war das Kloster Sankt Gallen

(Mönch Tutilo). Durch Einführung von Vers und Reim wurde der Tropus zu einem eigenen Zweig mittelalterlicher Dichtung. Aus dem dialogisierenden Ostertropus „Quem queritis in sepulchro“ ging das ↑Osterspiel und damit das mittelalterliche ↑geistliche Spiel hervor.

Troubadour [truba'du:r; französisch; eigentlich „Erfinder (von Versen)“] (provenzalisch trobador): Dichter-Komponisten des 12. und 13. Jahrhunderts; ihre einstimmigen Lieder, die sie meist selbst vortrugen, sind die ersten volkssprachlichen Kunstlieder in Europa. Überliefert sind Texte von rund 450 namentlich bekannten und zahlreichen anonymen Troubadours sowie 260 erhaltene Melodien. - Die Sprache ist die südfranzösische Langue d'oc (auch Okzitanisch; nach dem provenzalischen Bejahungswort oc) im Unterschied zur französischen Langue d'oïl der ↑Trouvères. Die Troubadourkunst war in den Grafschaften Poitou und Toulouse, im Herzogtum Aquitanien und im Gebiet der heutigen Provence verbreitet. Die Troubadours stammten aus allen Ständen: aus dem Hochadel, dem Ministerialenstand, dem Klerus, dem Bürgertum und der Unterschicht. Als ältester Troubadour gilt Wilhelm IX., Herzog von Aquitanien. In der zweiten Generation folgten u. a. Jaufré Rudel und Marcabru, in der dritten Generation Bernart de Ventadour, in der vierten Bertran de Born, Peire Vidal, Gaucelm Faidit, Arnaut Daniel und Folquet de Marseille; im 13. Jahrhundert dann Peire Cardenal und als einer der letzten Guiraut Riquier de Narbonne. Gegen Ende des 13. Jahrhunderts ging die Troubadourkunst von Berufsdichtern, Spielleuten und adligen Dilettanten auf Bürger und Studenten über, vergleichbar dem Übergang des mittelhochdeutschen ↑Minnesangs in den ↑Meistersang. – Im Mittelpunkt der von den Troubadours entwickelten Lyrik stand der Minnekult, die stilisierte Form der Verehrung einer unerreichbaren höfischen Herrin, die in den reich mit Naturbildern ausgestatteten Liedern besungen wurde. In dieser Lyrik wurden keine persönlichen Aussagen gestaltet, sie war – wie der deutsche Minnesang – eine aristokratische Gesellschaftskunst, in der im Rahmen fester Formen und Grundmuster die Thematik einer sublimierten Erotik immer neu variiert wurde. Zu den Hauptgattungen gehörten u. a. die Canso (die ↑Kanzone), ferner ↑Sirventes, ↑Tenzone, Pastoreta (↑Pastorelle), ↑Alba. Die Kunst der Troubadours verbreitete sich rasch nach Nordfrankreich; sie fand ihre Fortsetzung im italienischen ↑Dolce stil nuovo und wurde zum Vorbild für den deutschen Minnesang.

Trouvère [tru'vɛ:r; französisch; eigentlich „Erfinder (von Versen)“]: mittelalterlicher französischer Dichter-Komponist, der seit der 2. Hälfte des 12. Jahrhunderts an nordfranzösischen Höfen begegnet. Die Kunst der Trouvères entwickelte sich unter dem Einfluß der ↑Troubadours, deren nordfranzösische Entsprechung sie sind. In Thematik, Gattungen und Formen herrschte weitgehende Übereinstimmung mit der Troubadourkunst; weiter spielten Tanzlieder mit Refrain (↑Ballade, ↑Rondeau, ↑Virelai) eine Rolle. Hauptvertreter: Chrétien de Troyes, Conon de Béthune, Gace Brulé, Blondel de Nesle, Thibaut IV de Champagne, Adam de la Halle.

Trümmerliteratur: die Literatur der Generation, die 1945 nach der „Stunde Null“ aus den Trümmern, die das Dritte Reich hinterlassen hatte, einen neuen Anfang suchte. Zu den Hauptvertretern gehörten u. a. W. Borchert („Draußen vor der Tür“, Drama, 1947), H. Böll („Der Zug war pünktlich“, Erzählung, 1949), W. Schnurre. Die meisten sammelten sich 1947 um H. W. Richter in der ↑Gruppe 47.

Tunnel über der Spree: 1827 von M. G. Saphir in Berlin gegründeter gesellig-literarischer Kreis von Literaten und Malern, der bis 1897 bestand. Ihm gehörten u. a. der Maler A. Menzel sowie die Schriftsteller M. von Strachwitz, Th. Fontane, Th. Storm, E. Geibel, P. Heyse und F. Dahn an.

U

Überbrettl: in Anlehnung an F. Nietzsches „Übermenschen" geprägter Beiname des von E. von Wolzogen 1901 eröffneten „Bunten Theaters" in Berlin, von dem entscheidende Wirkungen auf die Entwicklung des ↑Kabaretts und des literarischen Varietés ausgingen; es existierte bis 1903.

übergehender Reim (überschlagender Reim): eine Sonderform des Schlagreims (↑Reim), bei der das letzte Wort eines Verses mit dem ersten des folgenden reimt, so z. B. bei Gottfried von Neifen: „nû hat aber diu liebe *heide/ beide* ...".

Übersetzung: die Wiedergabe eines Textes in einer anderen Sprache, gelegentlich eingeengt auf die Bedeutung: möglichst wortgetreue Wiedergabe in engem Anschluß an das Original, während eine freiere, auf die Erfassung des Sinns eines Textes ausgerichtete und den sprachlichen und stilistischen Besonderheiten der Zielsprache Rechnung tragende Übersetzung als *Übertragung*, eine Nachschöpfung nicht nur des Gehalts, sondern auch der Form eines Originals (häufig bei poetischen Texten) als *Nachdichtung* bezeichnet wird.
Übersetzungen aus zeitgenössischen Sprachen, aus älteren Sprachen (Griechisch, Latein) oder aus älteren Sprachstufen (Althochdeutsch, Mittelhochdeutsch) und nicht allgemein verständlichen Mundarten (Plattdeutsch) haben zu allen Zeiten wesentliche Einflüsse auf die Entwicklung von Sprache und Literatur ausgeübt oder gar erst zur Ausbildung einer eigenständigen Literatur geführt. So steht am Anfang der römischen Literatur die Rezeption der griechischen. Die germanische Literatur bildete sich in der Aneignung lateinischen Schrifttums heraus; dabei führte in der althochdeutschen Literatur der Weg von der Übersetzung einzelner Wörter, den ↑Glossen, über ↑Interlinearversionen zur Wiedergabe zusammenhängender Texte. Die mittelhochdeutsche Lyrik und Epik rezipierte französische Vorbilder in freien Nachdichtungen (Heinrich von Veldeke, Hartmann von Aue). M. Luthers Bibelübersetzung (1522–34) war von entscheidendem Einfluß auf die Entstehung der neuhochdeutschen Schriftsprache. Im 17. Jahrhundert wurden Übersetzungen aus dem Französischen und Italienischen v. a. von den ↑Sprachgesellschaften gefördert. In der Folgezeit betätigten sich neben vielen anderen auch Ch. M. Wieland, Goethe, J. G. Herder, Schiller, J. Ch. F. Hölderlin und E. Mörike als Übersetzer zumeist antiker Literatur. An literarisch anspruchsvollen Übersetzungen von Werken der Weltliteratur läßt sich sehr gut der Wandel des literarischen Geschmacks ablesen, so z. B. an den Homerübersetzungen von J. Ch. Gottsched, Ch. M. Wieland, G. A. Bürger, J. H. Voß, Th. von Scheffer, R. A. Schröder und W. Schadewaldt oder auch an den zahlreichen Übersetzungen der Werke W. Shakespeares. An diesen Beispielen wird aber auch die Grundproblematik einer jeden Übersetzung deutlich, die darin besteht, daß Wörter in zwei Sprachen kaum einmal dasselbe Bedeutungsfeld umfassen, sondern andere Bedeutungsschwerpunkte haben. Eine Übersetzung greift notwendigerweise aus diesem mehrschichtigen Spektrum, in dem jede sprachliche Äußerung zu sehen ist, meist nur bestimmte Sinngehalte heraus. Je höher das sprachliche Niveau eines Originaltextes ist, desto schwerer fällt seine Wiedergabe in der Zielsprache. Schließlich gibt es in jeder Sprache Wörter, die im Grunde unübersetzbar sind. Abgesehen von diesen Schwierigkeiten der angemessenen Vermittlung des Sinns eines Originaltextes ergeben sich bei der Wiedergabe von Stilnuancen (z. B. mundartliche Färbung, Wortspiele usw.) und bei der Verdeutlichung von Sachverhalten, die dem

Kulturkreis der Zielsprache fremd sind, besondere Probleme, v. a. bei der Übersetzung dichterischer Werke, bei der auch Formales (Metrum, Strophenform, Rhythmus usw.) Berücksichtigung finden muß. Dem Inhalt und der Form gleichermaßen gerecht zu werden, setzt ein kongeniales Einfühlungs- und Sprachvermögen (in der Original- und in der Zielsprache) voraus.
Die ↑Deutsche Akademie für Sprache und Dichtung hat für herausragende Übersetzungsleistungen einen gesonderten Preis ausgesetzt. Seit 1954 sind die Übersetzer im „Verband deutscher Übersetzer literarischer und wissenschaftlicher Werke e. V." organisiert. – Eine moderne Sonderform der Übersetzung ist die Neutextung (Synchronisation) von Kino- und Fernsehfilmen.

Ultraismo [spanisch; von lateinisch ultra „jenseits von, über - hinaus"]: eine 1919 in Madrid begründete literarische Bewegung, die in Spanien und Lateinamerika, z. T. in Auseinandersetzung mit den Bestrebungen des ↑Modernismo, eine Erneuerung der Lyrik erstrebte: traditionelle formale und rhetorische Elemente wurden abgelehnt, gefordert wurde eine auch die moderne Technik umfassende Metaphern- und Bildersprache. Hauptvertreter des Ultraismo, der etwa um 1923 im ↑Surrealismus aufging, waren G. de Torre, G. Diego Cendoya, J. L. Borges und J. Torres Bodet.

umarmender Reim ↑Reim.

Umgangssprache: unscharfe Bezeichnung für die in der täglichen mündlichen Kommunikation verwendete Sprachform, die zwischen den Mundarten und der überregionalen ↑Hochsprache (Standardsprache) steht. Umgangssprache orientiert sich zwar an den Grundstrukturen (z. B. Wortwahl, Satzbau) der Hochsprache, wendet deren Normen aber nicht streng an. Andererseits geht die Bedeutung der Umgangssprache häufig auf Grund ihrer Gruppen- oder Situationsbezogenheit über die regionale Begrenzung von Dialektgebieten hinaus, z. B. die Umgangssprache Jugendlicher, die Sprache des Sports usw. Kennzeichen der Umgangssprache sind: kurze Sätze, Neigung zur ↑Parataxe, Verkürzung, aber auch Ausdehnung der Rede zur Überbrückung, großer Reichtum an festen bildhaften Ausdrükken und Wendungen.

umschließender Reim ↑Reim.

Umschreibung ↑Periphrase.

Unanimismus [französisch unanimisme, von lateinisch una anima „eine Seele"]: eine zu Beginn des 20. Jahrhunderts von J. Romains in Frankreich begründete philosophisch-ästhetische Bewegung, die von der Vorstellung ausging, daß der Kosmos beseelt ist und sich v. a. in der Gruppenseele manifestiert, d. h. in einem kollektiven Bewußtsein und in kollektiven emotionalen Kräften, die das Individuum als Teil des beseelten Kollektivs tragen. Einflüsse des Unanimismus finden sich u. a. bei G. Duhamel, Ch. Vildrac, L. Durtain.

Understatement [ˈʌndəˈsteɪtmənt; englisch; von to understate „zu gering angeben"]: die Untertreibung, das Unterspielen; eine Bezeichnung für die unpathetische, andeutende Ausdrucksform sowohl in der modernen Schauspielkunst wie in der modernen Literatur. Besonders E. Hemingway gilt als Meister der Stilform des Understatements. Als Beispiel sei ein Gedicht von B. Brecht angeführt: „Auf der Mauer stand mit Kreide:/Sie wollen den Krieg./Der das geschrieben hat/ist schon gefallen." Der Brutalität des Krieges wird hier nur in ihren Auswirkungen, d. h. in der Erwähnung des Todes des Warners, dargestellt.

uneigentliche Sprache: Bezeichnung für eine Ausdrucksweise, die nicht wörtlich, sondern in übertragenem Sinn zu verstehen ist. – ↑auch Tropen.

ungebundene Rede ↑Prosa.

ungenauer Reim ↑Reim.

unreiner Reim ↑Reim.

unterbrochener Reim: ein durch reimlose Verse (↑Waisen) unterbrochener Reim, v. a. in der Form eines regelmäßigen Wechsels von nicht reimenden und reimenden Versen nach dem Schema abcb; findet sich häufig im Volkslied („Am Brunnen vor dem Tore ...") und in der Volksballade.

Untergrundliteratur (Subliteratur): 1. grundsätzlich jede Literatur, deren Verfasser aus politischen und/oder ideologischen Gründen in den Untergrund gehen müssen, die heimlich erscheinen muß und die heimlich vertrieben wird; 2. Sammelbezeichnung für unterschiedliche, seit etwa 1960 von den USA ausgehende literarische Strömungen und Formen, in denen sich eine zum offiziellen Kulturbetrieb (und zu den herrschenden politischen Anschauungen) in Gegensatz stehende sogenannte Subkultur zu artikulieren versuchte. Anliegen dieser Untergrundliteratur war die Zertrümmerung kultureller Tabus, indem man z. B. sexuelle Freizügigkeit forderte, neue Formen des Zusammenlebens in Kommunen propagierte, einem radikalen Pazifismus huldigte und zu gewaltloser Anarchie aufrief. Zur Verbreitung solcher Ideen bediente sich die Untergrundliteratur u. a. in Agitations-Comics neuer oder weiterentwickelter Techniken (z. B. der ↑Collage) und geeigneter Umschlagplätze (z. B. Kleinstverlage, ↑Straßentheater, ↑Living Theatre, ↑Happenings, ↑Multimediaveranstaltungen). Die Untergrundliteratur wurde bereits seit dem Ende der 60er Jahre in den kommerzialisierten Kulturbetrieb integriert: teilweise ging sie in die offizielle Literatur ein (↑Beat generation, ↑Popliteratur), teilweise machte sich diese die Techniken der Untergrundliteratur zunutze. Einflüsse der Untergrundliteratur in der deutschen Literatur lassen sich z. B. bei R. D. Brinkmann, bedingt auch bei P. O. Chotjewitz oder D. Roth feststellen.

Unterhaltungsliteratur: unscharfe Bezeichnung für alle auf die Befriedigung des Unterhaltungsbedürfnisses eines breiten Publikums ausgerichteten literarischen Texte. Von der ↑Trivialliteratur unterscheidet sich die Unterhaltungsliteratur durch eine größere Vielfalt in der Themenwahl und höhere Ansprüche in sprachlicher und formaler Hinsicht; doch sind die Grenzen fließend. Andererseits verzichtet die Unterhaltungsliteratur im Unterschied zur gehobenen Literatur auf eine gründliche Auseinandersetzung mit den angesprochenen Problemen (die den konventionellen Vorstellungen entsprechend gelöst werden) ebenso wie auf das Beschreiten neuer Wege in Stil und Darstellung, um dem Lesepublikum den Zugang nicht unnötig zu erschweren. Aufschlußreiche Beispiele für die zwischen Trivialliteratur und gehobener Literatur anzusiedelnde Unterhaltungsliteratur sind die ↑Bestseller. Bekannte Autoren von Unterhaltungsliteratur sind u. a. L. Ganghofer, E. Marlitt, K. May, J. M. Simmel und E. Kishon.

Uraufführung: die erste Aufführung eines Bühnenstücks, Films oder Musikstücks. Die Uraufführung erfolgt meist in der Sprache und im Herkunftsland des Originaltextes. Mitunter wird auch die erste Aufführung eines übersetzten Textes zu Unrecht als Uraufführung bezeichnet. – ↑auch Erstaufführung.

Urheberrecht: Bezeichnung für das dem Urheber (Autor, Verfasser) eines Werkes der Literatur, Wissenschaft oder Kunst zustehende, gegen jedermann wirkende Recht an seinem „geistigen Eigentum", u. a. zu dessen wirtschaftlicher Nutzung. – ↑auch Verlag.

Urtext: die vom Verfasser selbst stammende erste Fassung (Urfassung) oder von ihm überarbeitete oder redigierte (↑Redaktion) Niederschrift eines Textes, im Gegensatz zur oft nicht authentischen oder autorisierten Abschrift.

Utopie [von griechisch u „nicht" und tópos „Ort"]: eine in Anlehnung an Th. Mores Staatsroman „De optimo statu reipublicae deque nova insula Utopia" (1516, englisch 1551, deutsch 1612, 1922 unter dem Titel „Utopia") geprägte Bezeichnung für die literarische Darstellung eines an einem zeitlich und/oder räumlich entrückten Ort (z. B. im Lande „Utopia", d. h. im Lande „Nirgendwo") angesiedelten idealen Staatswesens und Gesellschaftssystems, häufig in Form eines fiktiven Reiseberichts. Bevorzugte Gattung ist der *utopische Roman*, in dem in der Regel ein in den Augen des Verfassers ideales Gegenbild zu den sozialen, politischen und wirtschaftlichen Verhältnissen der jeweiligen Gegenwart

Utopie. Illustration zu „Utopia" von Sir Thomas More (1516)

entworfen wird. Die Wahl eines nicht lokalisierbaren Landes und einer unbestimmten Zeit soll einerseits die Möglichkeit der Existenz solcher idealer Gemeinwesen als denkbar erscheinen lassen, zum anderen die direkte oder indirekte Kritik an den gegenwärtigen Zuständen so verpacken, daß dem Kritiker Konflikte mit den politischen Machthabern erspart bleiben.
Als Vorbild einer literarischen Utopie gilt Platons Entwurf eines Idealstaates in seiner „Politeía" (etwa 374 v. Chr., deutsch 1780, 1958 unter dem Titel „Der Staat"). Eine erste Blüte utopischer Staatsromane setzte vor dem Hintergrund politisch-gesellschaftlicher Umbrüche im Gefolge von Th. Mores „Utopia" ein. Wie Mores Werk zeigte auch T. Campanellas „La città del sole" (entstanden 1602, lateinisch 1623, deutsch 1789, 1900 unter dem Titel „Der Sonnenstaat") „kommunistische" Züge. Im 18. Jahrhundert verschmolzen Utopien mit populären zeitgenössischen Romanformen: von den ↑Robinsonaden beeinflußt war J. G. Schnabels „Wunderliche Fata einiger Seefahrer ..." (1731–43, 1828 neu herausgegeben von L. Tieck unter dem Titel „Die Insel Felsenburg"). J. Swifts Roman „Travels into several remote nations of the world ..." (1726, deutsch 1727/28, 1788 unter dem Titel „Gullivers sämtliche Reisen") verband utopische Züge mit schärfster politischer Satire. Die zunehmende Erforschung der Erde führte dazu, daß man außerirdische Räume oder das Erdinnere als utopische Schauplätze wählte. Die sich daraus ergebenden Reiseprobleme wurden im Laufe des 18. und 19. Jahrhunderts durch eine immer stärkere Berücksichtigung technisch-naturwissenschaftlicher Möglichkeiten gelöst, in die man in der Zeit der industriellen Revolution uneingeschränktes Vertrauen setzte (z. B. in den Romanen von J. Verne). Damit war der Weg zur ↑Sciencefiction gewiesen.
Als Gegenreaktion auf den ungetrübten Fortschrittsglauben sind die sogenannten *Anti-Utopien* zu sehen, in denen die Gefahren einer Überbetonung von Technik und Naturwissenschaft in Schreckensvisionen von einer total industrialisierten Welt und einer totalitär beherrschten Massengesellschaft beschworen werden, so etwa in J. I. Samjatins Roman „My" (französisch 1924, russische Kurzfassung 1927, vollständig russisch 1952, deutsch „Wir", 1958), in A. Huxleys Roman „Brave new world" (1932, deutsch 1932, 1953 unter dem Titel „Schöne neue Welt"), in G. Orwells Roman „1984" (1949, deutsch „1984", 1950), in W. Jens' Roman „Nein. Die Welt der Angeklagten" (1950) und in St. Lems Roman „Kongres futurologiczny" (1972, deutsch „Der futurologische Kongreß: aus Ijon Tichys Erinnerungen", 1972). Eines der bevorzugten Themen in diesem Zusammenhang ist die Darstellung der Situation nach einem atomaren Schlag, z. B. Arno Schmidt, „Kaff auch Mare Crisium" (1960); J. Rehn, „Die Kinder des Saturn" (1959); C. Amery, „Der Untergang der Stadt Passau" (1975). Auch H. Hesse („Das Glasperlenspiel", 1943), F. Werfel („Stern der Ungeborenen, 1946) und E. Jünger („Heliopolis", 1949) entwarfen eine letztlich negative Utopie.

ut pictura poesis [lateinisch „wie ein Bild (sei) das Gedicht"]: ein Zitat aus der Poetik des Horaz („Epistula ad

Pisones", 18 v. Chr., deutsch 1639, 1952 unter dem Titel „Die Dichtkunst"), das von der Spätantike bis ins 18. Jahrhundert als programmatische Aussage über das Wesen von Dichtung und Malerei allgemein anerkannt wurde. In Anlehnung an Aristoteles („Poetik"), der in der Nachahmung der Natur (↑ Mimesis) das Wesen von Dichtung und Malerei sah, deutete man die Aussage des Horaz, mit der die Wichtigkeit des Betrachter- bzw. Leserstandpunktes betont wurde, fälschlicherweise dahingehend, daß Dichtung und Malerei denselben Grundgesetzen unterworfen seien. In Anlehnung an diese Formel neigte bes. die Dichtung bis zum 18. Jahrhundert zum beschreibenden poetischen Gemälde (↑ Nürnberger Dichterkreis, ↑ Figurengedicht, ↑ Gemäldegedicht). G. E. Lessing revidierte in seiner kunsttheoretischen Schrift „Laokoon: oder über die Grenzen der Malerei und Poesie" (1766) diesen Standpunkt, indem er die unterschiedlichen Möglichkeiten der beiden Künste aus dem Unterschied des verwendeten Materials (Stein, Farbe bzw. das Wort) und aus den unterschiedlichen Bezügen zu Raum und Zeit begründete.

Vademekum (Vademecum) [lateinisch „geh mit mir!"]: ein Handbuch im Taschenformat, gedacht als Ratgeber oder Leitfaden in einem bestimmten Sachgebiet, das im Titel genannt wird.

Vagabundenroman ↑ Landstreicherroman.

Vagantendichtung [von lateinisch vagari „umherschweifen"]: umstrittene Bezeichnung für weltliche lyrische Dichtung v. a. des 12. und 13. Jahrhunderts, besonders für mittellateinische Lyrik verschiedenster Gattungen wie Trink-, Spiel-, Buhl-, Liebes- und Tanzlieder, Bettel- und Scheltlieder, Parodien, Satiren und Schwänke. Sie wurde wohl nur z. T. von den sogenannten Vaganten geschaffen, einer schwer zu erfassenden Schicht der ↑ Fahrenden im Hochmittelalter, die als Studierende oder nach dem Abschluß ihrer Studien durch die Lande zogen und ihr Auskommen bei dem Teil der Bevölkerung suchten, der des Lateinischen mächtig war. Als Autoren dieser meist anonym überlieferten Dichtung kommen durchaus auch Vertreter der höheren Geistlichkeit in Frage. Teilweise betrachtet man die Vagantenlieder sogar als Ergebnisse der lateinischen Schulpoesie, als Übungsstücke nach antiken Vorbildern (Ovid, Horaz, Vergil), die im Rahmen der schulischen Ausbildung entstanden. – Die gesamte Vagantendichtung ist von einer gemeinsamen Grundeinstellung beherrscht: jugendlich-unbekümmerter, sinnenhafter Lebensgenuß, eine von Skrupeln unbeschwerte Daseinsfreude und eine scharfe, satirische Opposition gegen Autoritäten jeder Art, besonders gegen kirchliche und weltliche Würdenträger, bestimmen den Geist dieser Dichtung. So gesteht der Sprecher der Vagantenbeichte des Archipoeta (aus der Handschrift der ↑ „Carmina Burana", in der ein Großteil der Lieder gesammelt ist), er sei aus leichtem Stoff gemacht, gleiche einem Blatt, mit dem die Winde spielen, denke mehr an sein Vergnügen als an sein Seelenheil und könne sich den Verlockungen der Venus (d. h. der sinnlichen Liebe zu einem einfachen Mädchen), des Würfelspiels und des Wirtshauses nicht entziehen. Damit sind zugleich die Hauptthemen der Vagantendichtung genannt, die formal durch einen realistischen, naturzugewandten, witzigen und anspielungsreichen Stil mit gelegentlichen volkssprachlichen (altfranzösischen bzw. mittelhochdeutschen) Einsprengseln und durch eine Fülle verschiedener Vers- und Strophenformen gekennzeichnet ist. Die in den „Carmina Burana" häufig verwendete sogenannte *Vagantenstrophe* besteht aus vier paarweise gereimten *Vagantenzeilen* (siebenhebigen trochäischen Langzeilen mit einer Zäsur nach der vierten Hebung), z. B. „Méum ést propósitúm/ín tabérna móri" (aus der Vagantenbeichte des Archipoeta). In der Regel wurden die Lieder gesungen vorgetragen, die Tanz- und Chorlieder enthalten einen Refrain; die Melodien sind bis auf schwer deutbare Neumenaufzeichnungen meist verloren. Einige der anonymen Texte werden u. a. Hugo von Orléans, Walther von Châtillon und dem Archipoeta, der im Umkreis von Kaiser Barbarossas Kanzler Rainald von Dassel anzusiedeln sein dürfte, zugeschrieben.

Vampirroman [slawisch]: Sonderform des ↑ Schauerromans und zugleich letzter Ausläufer der ↑ Gothic novel. Der Vampirroman knüpft an Vorstellungen des südslawischen, rumänischen und griechischen Volksglaubens an, nach denen Verstorbene nachts unverwest ihren Gräbern entsteigen, um Lebenden das Blut auszusaugen. Diese „untoten Toten" setzen die Menschen in Angst und Schrecken. Das Vampirmotiv wurde seit dem Ende des 18. Jahrhunderts in den verschiedenen literarischen Gattungen ausgeformt. Eine erste literarische Gestaltung findet sich in Goethes Ballade „Die Braut von Korinth" (1797). Ausgehend von England, setzte sich zu Beginn des 19. Jahrhunderts die Prosaform durch (z. B. W. Polidori, „The Vampyre", Erzählung, 1819; J. S. Le Fanu, „Carmilla", Erzählung, 1872, dt. „Carmilla", 1968). Als bekanntestes Beispiel dieser Gattung ist B. Stokers Roman „Dracula" (1897, deutsch „Dracula", 1908) zu nennen, der in zahlreichen Bearbeitungen und Nachahmungen, v. a. in Verfilmungen, ein breites Publikum fand.

Variante [französisch variante, von lateinisch variare „verändern"]: in der ↑ Textkritik die Bezeichnung für Abweichungen im Text zweier oder mehrerer Fassungen eines literarischen Werks (↑ Lesart).

Variation [von lateinisch variatio „Veränderung, Abwandlung"]: ein Stilprinzip der Rhetorik, nach dem ein Begriff oder Gedanke in abgewandelter sprachlicher oder grammatikalischer Form, meist unter Verwendung bestimmter rhetorischer Figuren (z. B. ↑ Parallelismus, ↑ Amplifikation) wiederholt wird, um seine Eindringlichkeit zu steigern. Die Variation ist ein kennzeichnendes Stilmittel der altgermanischen epischen Stabreimdichtung.

vaterländische Dichtung (patriotische Dichtung): eine Sonderform der ↑ politischen Dichtung (bzw. der ↑ Kriegsdichtung), besonders gepflegt in Zeiten äußerer Bedrohung zur Stärkung der Opferbereitschaft (Zeit der Befreiungskriege gegen Napoleon I.) und nach der erfolgreichen Beendigung von Kriegen (z. B. im Gefolge des Krieges mit Frankreich 1870/71) zur Weckung patriotischer Begeisterung oder zur Stärkung des Sendungsbewußtseins. In der Lyrik herrscht der Appell an die emotionalen Kräfte, im Drama die Verherrlichung glanzvoller Leistungen der historischen Vergangenheit vor, so z. B. in H. von Kleists Drama „Die Hermannsschlacht" (entstanden 1808, herausgegeben 1821), das an die siegreiche Schlacht im Teutoburger Wald erinnerte und daraus Konsequenzen für den Kampf gegen Napoleon I. nahelegte.

Verbalstil: im Gegensatz zum ↑ Nominalstil ein Sprachstil, bei dem das Schwergewicht der Aussagen auf den Verben liegt. Nominale Wendungen werden, soweit möglich, vermieden, Abstrakta werden verbal umschrieben (z. B. „weil er arm war" statt „aus Armut"). Die durch den Verbalstil erzielte gesteigerte Anschaulichkeit ist ein Kennzeichen früher Sprachstufen und der Mundarten oder eines besonders affektgeladenen Stils, etwa des Sturm und Drang. Die gegenwärtige Sprachentwicklung geht eindeutig in Richtung auf eine Bevorzugung des Nominalstils.

Verfremdung: ein Begriff der Literaturtheorie für die künstlerisch bewußt gesetzte grundlegende Distanz der poetischen Realität zur Alltagsrealität, v. a. der poetischen Sprache zur Alltagssprache: gewohnte und vertraute Erscheinungen und Zusammenhänge verändern sich plötzlich ins Unverständliche, Unbegreifliche, Beunruhigende (z. B. im ↑Manierismus, im ↑Wiener Volkstheater, im ↑absurden Theater, im ↑Formalismus). Besonders B. Brecht bediente sich in seinem ↑epischen Theater der Verfremdung, um das Publikum durch den Schock des Nicht-Verstehens des scheinbar Selbstverständlichen zum wirklichen Verstehen im Sinne der marxistischen Gesellschaftstheorie zu führen. Verfremdung steht also im Dienst der didaktischen Absicht. – ↑auch Verfremdungseffekt.

Verfremdungseffekt: eine von B. Brecht in seiner Theorie des ↑epischen Theaters geprägte Bezeichnung für die technischen Mittel, durch die verhindert werden soll, daß der Zuschauer der Illusion des Spiels erliegt, also sich völlig in die auf der Bühne dargestellte Wirklichkeit hineinversetzt oder sich mit den Personen des Spiels identifiziert. Eine Zerstörung der Illusion und damit die Schaffung einer kritischen Distanz des Zuschauers zum Geschehen kann nach Brecht erreicht werden durch Verfremdungseffekte im Dramenbau (z. B. die bloße Reihung von Bildern statt einer geschlossenen, konsequenten Entwicklung der Handlung, der Einbau von Songs, Anreden der Schauspieler an das Publikum), im Bühnenbild (Verzicht auf illusionsfördernde Requisiten, sichtbare Bühnentechnik, Einsatz von Medien, z. B. von Transparenten) und in der Schauspielweise (indem sich der Schauspieler nicht restlos in die zu verkörpernde Person verwandelt, sondern gewissermaßen die Leute zeigt, die er darzustellen hat und damit mögliche Alternativen des Verhaltens erkennen läßt; Einfluß des chinesischen Theaters). Es obliegt dann dem Zuschauer, aus den gezeigten Widersprüchen die richtigen Konsequenzen zu ziehen.

Vergleich: eine rhetorische Figur zur Steigerung der Anschaulichkeit einer Aussage. Zumeist mit Hilfe von Vergleichswörtern (so–wie) wird zwischen zwei Wirklichkeitsbereichen, die in einem Punkt, dem sogenannten ↑Tertium comparationis, eine Übereinstimmung aufweisen müssen, eine verdeutlichende Beziehung hergestellt. Damit kann zugleich eine Vertiefung des Gehalts und eine Erweiterung der Bedeutung einer Aussage erreicht werden, eine Möglichkeit, die sich besonders die Lyrik und die Epik zunutze machen. So dienen die Vergleiche „sein Gesicht leuchtete wie die Sonne" oder „Und Träume schlagen so die Augen auf/wie kleine Kinder unter Kirschenbäumen" (H. von Hofmannsthal, Gedicht „Terzinen über Vergänglichkeit", 1894) oder „rauscht die Erde wie in Träumen" (J. von Eichendorff, Gedicht „Der Abend") nicht nur der Veranschaulichung von Eigenschaften oder Vorgängen, sie schaffen auch neue Ausdruckswerte und eröffnen neue Dimensionen einer Aussage. Wird ein Vergleich – besonders im Epos – breiter ausgeführt, so spricht man von einem ↑Gleichnis, während eine ↑Parabel als selbständig ausgemalter Vergleich zu definieren ist.

vergleichende Literaturwissenschaft (komparative Literaturwissenschaft, Komparatistik): eine Spezialdisziplin der ↑Literaturwissenschaft, deren Aufgabenfeld im Vergleich der einzelnen ↑Nationalliteraturen im Rahmen der ↑Weltliteratur liegt. Erforscht werden die Wechselbeziehungen, Gemeinsamkeiten und Unterschiede zwischen den Nationalliteraturen. Außerdem widmet sich die vergleichende Literaturwissenschaft u. a. der Stoff- und Motivgeschichte, der Ermittlung von Einflüssen und Nachwirkungen in Einzeldichtungen und bei bestimmten Dichtern, sie beschäftigt sich mit der Form- und Gattungsgeschichte, mit Epochenparallelen und internationalen Stilströmungen, mit der internationalen Literaturkritik und mit Fragen der ↑Rezeption. - Schon in der Antike wurde vergleichende Literaturwissenschaft betrieben, z. B. bei der Rezeption der griechischen Literatur durch die Römer. In Deutschland entwickelte sich diese Wissenschaft ansatzweise zur Zeit der Romantik. Lehrstühle für vergleichende Literaturwissenschaft wurden erst nach dem 2. Weltkrieg eingerichtet.

Verismus [von lateinisch verus „wahr, wirklich"]: Bezeichnung für die ungeschminkte Wiedergabe einer harten, häßlichen und brutalen Wirklichkeit in der Literatur, in der Schauspielkunst, in der bildenden Kunst, in der Photographie und im Film. In schonungslosem Naturalismus werden menschliche Leidenschaften oder Katastrophen bis ins schockierende Detail gestaltet. Beabsichtigt ist zumeist eine soziale Anklage. Veristische Tendenzen finden sich v.a. im zeitgenössischen Film (R. W. Fassbinder) und im neuen gesellschaftskritischen Volksstück (z. B. F. X. Kroetz u.a.). – In der italienischen Literatur wird die dem Naturalismus entsprechende Stilrichtung als *Verismo* bezeichnet. Hauptvertreter waren G. Verga und L. Capuana. Nach dem 2. Weltkrieg knüpfte der italienische ↑Neorealismus an die naturalistischen (veristischen) Tendenzen an.

Verlag: ein Wirtschaftsunternehmen, das Bücher, Kunstblätter, Landkarten, Noten, Zeitschriften, Zeitungen usw. herstellt und gewerbsmäßig vertreiben läßt (↑Buchhandel). Die Verlagsleitung oder die von ihr Beauftragten wählen unter den von den Autoren angebotenen Manuskripten aus, was sie für veröffentlichenswert, marktgerecht, erfolgsträchtig oder förderungswürdig halten oder sie regen, v.a. für Sachbücher in wachsendem Maß, mögliche Autoren zur Manuskripterstellung an. Der Verlag erwirbt durch einen Vertrag mit dem Autor das Recht zur wirtschaftlichen Nutzung des „geistigen Eigentums" des Urhebers. Der Autor erhält vom Verlag ein Honorar in Form eines prozentualen (oft nach verkaufter Auflage gestaffelten) Anteils vom Preis des verkauften Buches oder eine Pauschale. Damit stehen dem Verlag außer dem Recht zur Buchveröffentlichung auch die sogenannten *Nebenrechte*, d.h. das Recht zur Verbreitung des Werkes durch Presse, Hörfunk, Fernsehen, ferner das Aufführungs-, Verfilmungs- und Übersetzungsrecht zu. Die technische Herstellung des Buches wird vom Verlag eigenen oder fremden Betrieben des graphischen Gewerbes übertragen. Der Verlag bestimmt ferner die Buchgestalt (Satz, Druck, Papier, Einband, Bebilderung usw.), er setzt die Auflagenhöhe, den Verkaufspreis, zu dessen Einhaltung der Endverkäufer verpflichtet ist, und den Händlerrabatt fest.

Verlagsalmanach ↑Almanach, ↑Musenalmanach.

verlorene Generation ↑Lost generation.

Vers [von lateinisch versus, eigentlich „das Umwenden (des Pfluges), die gepflügte Furche, die Reihe"]: rhythmische Wortreihe als Grundeinheit der Verssprache, gekennzeichnet durch eine mehr oder minder feste Binnenstruktur und eine Endpause. Die Binnenstruktur kann je nach den phonetischen Voraussetzungen der zugrundeliegenden Sprachen (↑Metrik) 1. durch die bloße Silbenzahl, 2. durch die Zahl der betonten Silben bei freier Umgebung, 3. durch die geregelte Abfolge qualitativ unterschiedener Silbenfolgen (lang–kurz, betont–unbetont) definiert werden. Dazu können als zusätzliche Strukturmerkmale auf eine oder mehrere Stellen festgelegte Binnenpausen (↑Zäsur) kommen, die den Vers in z. T. gegensätzlich gestaltete rhythmische Einheiten (↑Kolon) teilen. Das Ende des Verses ist die Pause, die heute allgemein typographisch durch das Zeilenende dargestellt wird. Sie fällt in der Regel mit einer syntaktischen Pause zusammen und kann durch Klangsignale (↑Reim, ↑Assonanz, ↑Kadenz) verstärkt werden. Die Parallelität der Versstruktur kann und soll gelegentlich durch den Zeilensprung (↑Enjambement) durchbrochen werden. Extreme sind einerseits der ↑Zeilenstil, andererseits die völlige Verwischung der Versstruktur. Je nach Anlage des Verses genügt also zur Beschreibung der Struktur die Angabe der Silben (z. B. ↑Endecasillabo), eventuell mit fester Zäsur (↑Alexandriner, ↑Vers commun) bzw. der Takte und Kadenzen (d.h. die Zahl der betonten Silben, um die sich die unbetonten gruppieren), oder der ↑Versfüße als Grundeinheiten eines Schemas der Silbenabfolge (u.a. jambischer ↑Trimeter, ↑Hexameter, ↑Blankvers).

Die *Geschichte* des Verses beginnt mit dem griechischen Vers, der auf der Silbendauer beruhte (↑quantitierende Dichtung). Die Nachfolgesprachen des Lateinischen gaben die Unterscheidung von Silbentypen im wesentlichen auf, da sie das Gefühl für die Quantität verloren hatten, und gelangten zum ↑silbenzählenden Versprinzip. Die germanischen Sprachen zeigten von Anfang an das akzentuierende Versprinzip (↑akzentuierende Dichtung), wobei die Zahl der Hebungen fest, die der Senkungen frei war. Grundriß scheint allgemein der ↑Vierheber gewesen zu sein. Bewahrt im Volks- und Kirchenlied, bilden diese alten Bauformen einen bis in die neueste Versgeschichte reichenden Impuls. Seit dem im 17. Jahrhundert erfolgten Einfluß des antiken Versbaus (wobei Hebung für Länge steht) wurde im letzten Drittel des 18. Jahrhunderts die breiteste metrische Vielfalt erreicht: Neben den dominierenden alternierenden Metren (↑alternierende Dichtung) stehen das neu belebte Lied, die Nachahmung antiker Verse (Hexameter, ↑Distichon, Odenmaße [↑Ode]) und die ↑freien Rhythmen. Im 20. Jahrhundert erfolgt dann durch sehr persönliche Diktion eine Erweiterung der rhythmischen und expressiven Möglichkeiten.

Versbrechung: syntaktisches Überschreiten der Versgrenze (↑auch Enjambement); begegnet bereits in der altsächsischen und altnordischen Stabreimdichtung. - ↑auch Reimbrechung.

verschränkter Reim: Bezeichnung für drei Reime, die in Kreuzstellung zueinander stehen: abc abc oder abc bac.

Vers commun [vɛrkɔ'mœ̃; französisch „gewöhnlicher Vers"]: jambischer gereimter Zehnsilbler oder (bei weiblichem Reim) Elfsilbler mit fester Zäsur nach der vierten Silbe. In Frankreich beliebtester Vers der ↑Chanson de geste und der höfischen Lyrik; im 16./17. Jahrhundert vom ↑Alexandriner verdrängt. Wurde in Deutschland im 17. Jahrhundert durch M. Opitz eingeführt; nach der Mitte des 18. Jahrhunderts findet er sich kaum mehr. Freiere Abwandlungen sind der italienische ↑Endecasillabo oder der englische Heroic verse (↑Heroic couplet).

Versdrama: Drama, das im Gegensatz zu dem seit dem Ende des 19. Jahrhunderts vorherrschenden Prosadrama noch in Versen verfaßt ist (z.B. G. Hauptmann, „Die versunkene Glocke", 1897; H. von Hofmannsthal, „Der Abenteurer und die Sängerin", 1899; F. Werfel, „Die Troerinnen", 1915).

Verserzählung: Sammelbegriff für kürzere epische Dichtungen in Versform. Im *weiteren Sinn* rechnen zu ihnen das antike Kurzepos (↑Epyllion), die mittelalterliche Versnovelle (Hartmann von Aue, „Der arme Heinrich", um 1195; Wernher der Gartenaere, „Meier Helmbrecht", 2. Hälfte des 13. Jahrhunderts) und Verslegende, das altgermanische ↑Heldenlied und in dessen Nachfolge balladenartige Erzählgedichte des späten Mittelalters (↑Ballade) sowie die Reimversdichtungen der Renaissance (H. Sachs) und Sonderformen im 17. und 18. Jahrhundert, z.B. die ↑Fabel in Versen (J. de La Fontaine, Ch. F. Gellert), die ↑Idylle in deutschen Hexametern (J. H. Voß, Goethe) und die Kleinepik des Rokoko (Ch. F. Gellert, J. W. L. Gleim). - Als erste Verserzählung im *engeren Sinn* gilt Ch. M. Wielands „Oberon" (1780). Zu einer eigenen Gattung erhoben wurde die Verserzählung von den englischen Romantikern wie W. Scott, W. Wordsworth, P. B. Shelley, J. Keats und v.a. G. G. N. Lord Byron („Childe Harold's pilgrimage", 1812–18, deutsch „Ritter Harold's Pilgerfahrt", 1836). Diesen Vorbildern z.T. verpflichtet sind die Verserzählungen von A. S. Puschkin, M. J. Lermontow, N. Lenau. Eigenständiger sind die Verserzählungen von E. Mörike („Idylle vom Bodensee", 1846), A. von Droste-Hülshoff („Das Hospiz auf dem großen Sankt Bernhard", 1838–79) und P. Heyse („Gesammelte Novellen in Versen", 1864). Eigene Wege ging H. Heine mit seinen satirischen Verserzählungen

(„Deutschland. Ein Wintermärchen", 1844). Herausragendes Werk des 19. Jahrhunderts war C. F. Meyers Verserzählung „Huttens letzte Tage" (1871), die allerdings im Grenzbereich zum ↑Epos anzusiedeln ist.

Versfuß ↑Metrum.

Verslehre ↑Metrik.

Vers libre [vɛr'libr; französisch „freier Vers"]: 1. Bezeichnung für einen im 17. Jahrhundert in Frankreich entwickelten metrischen, reimenden Vers von beliebiger Silbenzahl und mit freier Hiat- und Zäsurgestaltung. Im 17. und 18. Jahrhundert beliebt in Lyrik, Drama und erzählender Dichtung; auch in Deutschland nachgeahmt (↑freie Verse). – 2. Bezeichnung für den im ↑Symbolismus im Rahmen der konsequenten Ablehnung der Tradition entwickelten Vers, der sich ohne Zwänge durch Prosodie und Metrik den Eigenbewegungen des dichterischen Wortes anpassen sollte. Im Gegensatz zu den Vers libres des 17./18. Jahrhunderts sind die symbolistischen Vers libres beliebige Reihungen freirhythmischer, metrisch ungebundener Verse verschiedenster Länge ohne Reimbindung oder geregelte Abschnittsgliederung (u. a. bei A. Rimbaud, G. Khan, J. Laforgue, J. Moréas). Die symbolistischen Vers libres beeinflußten nachhaltig die Verssprache der europäischen und angloamerikanischen Lyrik.

Versmaß ↑Metrum.

Versnovelle ↑Verserzählung.

Versroman ↑höfischer Roman.

Versschluß ↑Kadenz.

Video ↑Literaturvideo.

Vierheber: Vers mit vier ↑Hebungen (bzw. vier ↑Takten), entweder mit freier Füllung der Senkungen oder alternierendem Wechsel von Hebung und ↑Senkung; Basisvers der ↑akzentuierenden Dichtung.

Vierzeiler: Strophe aus vier Verszeilen. Häufigste Form ist der regelmäßig gebaute, isometrische (↑Isometrie) vierhebige (bzw. achtsilbige) Vierzeiler mit Paar- oder Kreuzreim (↑Reim) als Strophe v. a. volkstümlicher Dichtung und der an volkstümlichen Formen orientierten Lyrik der Romantik:

„Schläft ein Lied in allen Dingen,
Die da träumen fort und fort.
Und die Welt hebt an zu singen,
Triffst du nur das Zauberwort."

(J. von Eichendorff, Gedicht „Wünschelrute").

Der unregelmäßig gebaute (heterometrische) Vierzeiler besteht aus Vier- und Dreihebern, häufiges Reimschema ist abab, besonders aber abcd, die sogenannte ↑Chevy-Chase-Strophe.

Villanelle (Villanella) [italienisch, von mittellateinisch villanus „bäuerlich"]: am Ende des 15. Jahrhunderts in Italien (Neapel) aufgekommenes mehrstimmiges Lied im „ländlichen Stil", dessen Texte dem Themenbereich des bäuerlich-ländlichen Lebens entstammten. Die Textform bestand häufig in einer achtzeiligen Strophe mit dem Reimschema ab ab ab cc, seit dem frühen 17. Jahrhundert erweitert durch eine jedem Verspaar angehängte Refrainzeile. Im 16. Jahrhundert drang die Villanelle in die französische Hirtendichtung ein, in Deutschland wurde sie durch J. Regnart eingeführt.

Virelai [vir'lɛ; französisch] (Chanson baladée): französische Liedform des 13.–15. Jahrhunderts, eine Variante des Tanzliedes mit ↑Refrain: ein vierzeiliger (später meist einzeiliger) Refrain rahmt eine dreiteilige Strophe ein, deren letzter Teil dem Refrain formal entspricht (Schema: ABBA cd cd abba ABBA), wobei Vers- und Reimformen frei sind. Bedeutende Verfasser von Virelais waren im 14. und 15. Jahrhundert Guillaume de Machault, J. Froissart, E. Deschamps und Christine de Pisan.

visuelle Dichtung [französisch visuel, von lateinisch visus „Anblick, Gesicht"]: neben der ↑akustischen Dichtung wesentlichste Spielart der ↑konkreten Dichtung. Die visuelle Dichtung hat eine lange Geschichte, die von den Technopägnien des Hellenismus über die ↑Figurengedichte des Barock zu einer neuen Blüte im 20. Jahrhundert führte. Frühe Ausprägungen im 20. Jahrhundert waren die Achsenkompositionen von A. Holz' naturalistischen Gedichten sowie Gedichte von St. Mallarmé und

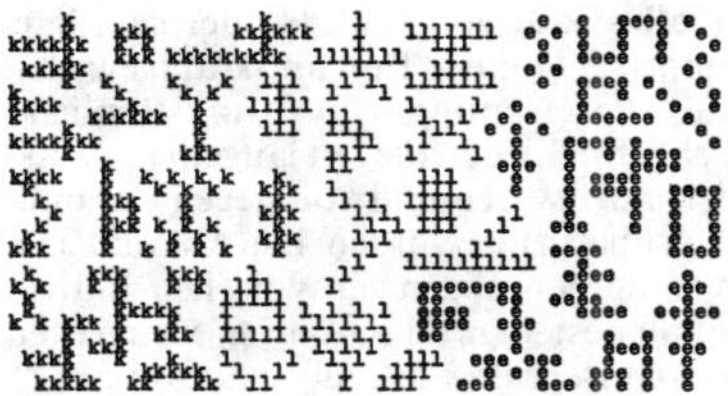

Visuelle Dichtung. Jiří Kolář, „Klee" (1961)

G. Apollinaire („Calligrammes", herausgegeben 1918). Die weitere Entwicklung markierten die Dadaisten (K. Schwitters) und Futuristen (F. T. Marinetti), die die Texte aus ihren gewohnten Bezügen, ihrer traditionellen Von-links-nach-rechts-Abfolge lösten und damit die Möglichkeit schufen, Buchstaben, Silben, Laute, Wörter und Wortgruppen frei oder zu Figurenmustern geordnet über eine Fläche zu verteilen. Wichtigste deutschsprachige Vertreter sind u. a. E. Gomringer, E. Jandl, F. Mon, die Autoren der ↑Wiener Gruppe.

Vi̱ta [lateinisch „Leben"]: Lebensbeschreibung, ↑Biographie; besonders Abriß der äußeren aktenmäßigen Lebensdaten (Curriculum vitae), v. a. Bezeichnung der antiken (C. Nepos, „De viris illustribus", um 35/34, deutsch 1658, 1952 unter dem Titel „Kurzbiographien und Fragmente"; Sueton, „De vita Caesarum", um 120, deutsch 1536, 1951 unter dem Titel „Caesarenleben") und mittelalterlichen (Einhard, „Vita Caroli magni", um 830, deutsch 1728, 1968 unter dem Titel „Leben Karls des Großen") Biographien. Die klassischen Viten folgten meist dem Schema der Reihung exemplarischer, der philosophischen Ethik entnommener Tugenden; neben überlieferten historischen Fakten finden sich auch anekdotische Ausschmückungen, so daß sie nur einen bedingten historischen Wert besitzen.

Volksballade ↑Ballade.

Volksbuch: Bezeichnung für frühneuhochdeutsche Prosanacherzählungen mittelalterlicher Epik sowie für volkstümliche Schwanksammlungen der beginnenden Neuzeit. Stoffliche Grundlagen waren u. a. mittelhochdeutsche Epen (z. B. für „Die Historie von Herrn Tristrant und der schönen Isalde", 1484), aber auch altfranzösische Chansons de geste und höfische Romane, Liebes- und Abenteuererzählungen (z. B. für „Melusine", 1474), sowie lateinische Vorlagen (z. B. für „Apollonius", 1471). Ein eigener Typus sind die Sammlungen von schwankartigen Geschichten, die sich um volkstümliche Gestalten ranken („Till Eulenspiegel", 1515; „Historia von D. Johann Fausten, dem weitbeschreyten Zauberer und Schwartzkünstler", 1587; „Die Schildbürger", 1598). Die Volksbücher waren romanhafte Unterhaltungsprosa, die zunächst weitgehend von Adligen verfaßt wurde und für die Kreise des Adels und der Geistlichkeit bestimmt war. Erst zu Beginn des 16. Jahrhunderts erreichte sie auch breitere Bürgerschichten. Die Bearbeiter sind z. T. bekannt (Elisabeth von Nassau-Saarbrücken, Eleonore von Österreich, Antonius von Pforr u. a.). All dies spricht gegen die romantische Auffassung von den Volksbüchern als

Volksbuch. Holzschnitt aus der Straßburger Ausgabe des „Till Eulenspiegel" (1515)

Schöpfungen des „produktiv sich äußernden“ Volksgeistes (J. Görres, „Die teutschen Volksbücher“, 1807). In Wirklichkeit handelt es sich bei den Volksbüchern um „abgesunkenes Kulturgut“. Die im hohen Mittelalter zunächst einer kleinen Elite vorbehaltenen literarischen Gestaltungen wurden am Ende des Mittelalters dem gewandelten Geschmack der gleichen Führungsschichten und schließlich mit dem Einsetzen der durch den Buchdruck ermöglichten billigen Massenproduktion in der Mitte des 16. Jahrhunderts dem Lesehunger noch breiterer Schichten angepaßt. Als Volksbuch im Sinn der Romantiker kann man bestenfalls das „Lalebuch“ von 1597 (die Vorlage für das 1598 erschienene Volksbuch von den Schildbürgern) ansehen, da es bis dahin im Volk nur mündlich verbreitete Schwankerzählungen literarisch zusammenfaßte. – Mit der übrigen volkstümlichen Literatur wurde auch das Volksbuch in der Romantik neu entdeckt. Neben den theoretischen Arbeiten (J. Görres) sind die Dramatisierungen (L. Tieck, „Leben und Tod der heiligen Genoveva“, 1799; „Kaiser Octavianus“, 1804) und v. a. die Neufassungen durch K. Simrock, G. Schwab u. a. bedeutsam.

Volksdichtung (Volkspoesie): auf J. G. Herder zurückgehende Sammelbezeichnung für Dichtungen, die auf der v. a. in der Romantik verbreiteten Vorstellung vom schöpferischen, „dichtenden Volksgeist“ beruhen, der sich am reinsten in Volksliedern, Volksmärchen, Volkssagen, Volksbüchern usw. verkörpere.

Volksepos: von der Romantik geprägte Bezeichnung für das ↑Epos, v. a. für das ↑Heldenepos, z. B. Homers „Ilias“ (8. Jahrhundert v. Chr., deutsch 1793), den altenglischen „Beowulf“ (1. schriftliche Fassung um 1000, deutsch „Beowulf“, 1840) oder das mittelhochdeutsche „Nibelungenlied“ (um 1200). Grundlage ist die romantische Vorstellung vom „dichtenden Volksgeist“, der die Volksepen aus Einzelliedern (↑Liedertheorie) ohne schöpferisches Zutun eines Autors geschaffen haben soll.

Volkslied: von J. G. Herder geprägte und v. a. von der Romantik aufgegriffene Bezeichnung für volkstümlich-schlichte Lieder, die seit langem im Volk lebendig waren und vorwiegend mündlich überliefert wurden. Die Abgrenzung von der jeweiligen zeittypischen Individualpoesie wurde schon im Mittelalter durch Begriffe wie „vulgares cantiones“ oder „rustica carmina“ markiert, später waren Bezeichnungen wie Bauernlied, Gassenhauer, Straßenlied, Reuterliedlein u. a. üblich. Erst Herder („Volkslieder“, 1778/79, 1807 unter dem Titel „Stimmen der Völker in Liedern“) schuf als Lehnübersetzung aus dem Englischen (popular song) den Sammelbegriff „Volkslied“ für die allerdings höchst unterschiedliche Gruppen von Liedern, die bis heute als Volkslieder bezeichnet werden.

Nach *stofflich-inhaltlichen* Kriterien lassen sich unterscheiden: geistliche und weltliche Lieder, erzählende Lieder (Volksballaden [↑Ballade], historisch-politische Ereignislieder, die in früheren Zeiten oft die Funktion einer Berichterstattung hatten), Liebes-, Heimatlieder usw. Die Gruppierung nach *Liedträgern* führt zur Unterscheidung nach Geschlecht und Altersstufen (Kinder-, Burschen-, Mädchenlieder) oder sozialen Gruppen (Landsknechts-, Studenten-, Bergmannslieder, berufsständische, v. a. Handwerkerlieder). Die Unterscheidung nach *Anlässen* des Singens führt zur Einteilung in Brauchtumslieder (Geburtstags-, Hochzeits-, Totenlieder; Advents-, Weihnachts-, Dreikönigs-, Osterlieder), Lieder, die sich am Tageslauf oder Jahreskreis orientieren (Morgen-, Abendlieder; Frühlings-, Sommer-, Winterlieder), weiterhin Wander-, Wallfahrtslieder u. a. Kennzeichnend für viele dieser Volkslieder ist der elementare Gefühlsausdruck: vom einfachen Naturempfinden (Sehnsucht nach dem Frühling, Freude über den Sommer) bis zum Ausdruck existentieller menschlicher Grunderfahrung (Liebe und Leid, Schmerz und Freude, Trennung und Tod).

Ähnlich groß wie die stoffliche ist auch

die *formale* Vielfalt. Die neuere Forschung hat die oft unterstellte Einfachheit der metrischen und strophischen Bauformen widerlegt. Dennoch dominieren einige Formen, z.B. die sogenannte Volksliedstrophe. Sie ist meist vierzeilig und vier- oder dreihebig, häufig ist auch der Wechsel von Vier- und Dreihebern mit abwechselnd weiblichem und männlichem Reim:

„Es ist ein schne gefallen
Und ist es doch nit zeit
Man wirft mich mit den ballen
Der Weg ist mir verschneit."

Grundlegende sprachlich-stilistische Merkmale des Volkslieds sind Formelhaftigkeit sowie weitgehender Verzicht auf Individualität.

Die erste *theoretische Beschäftigung* mit den Volksliedern finden wir bei J. G. Herder. Er sah in ihnen „die bedeutendsten Grundgesänge einer Nation", gleichzeitig Dokumente humaner und sittlicher Grundnormen und Zeugnisse einer natürlichen und damit auch verbindlichen ästhetischen Qualität. Von besonders nachhaltiger Wirkung war die Ansicht der ↑Romantik, daß das Volkslied kollektives Produkt eines schöpferischen Volksgeistes sei, urtümliche Dichtung aus der Zeit vor der Entstehung der Kunstdichtung, anonym und spontan, ohne Zutun eines individuellen Dichters im Volk entstanden. Diese bis ins 20. Jahrhundert hinein nachwirkende Theorie ist heute widerlegt. Die Forschung konnte für viele Volkslieder individuelle Verfasser nachweisen und aufzeigen, daß ihnen meist vom Volk nur aufgegriffene Kunstlieder zugrunde liegen. Das Volk ist an diesen kollektiv rezipierten Liedern nur insofern schöpferisch beteiligt, als es sie bei der mündlichen Überlieferung durch Erweiterung, Anpassung, Umprägung veränderte, sie „zersang".

Erste handschriftliche und später gedruckte *Sammlungen* von Volksliedern gab es bereits im späten Mittelalter. Dem 15. Jahrhundert gehören das Liederbuch von Sankt Blasien, das Lochamer Liederbuch, das Liederbuch der Clara Hätzlerin an. Geistliche Volkslieder beider Konfessionen erschienen seit der Reformation in großer Zahl in Gesangbüchern. Doch erst die großen Sammlungen der Romantik im 19. Jahrhundert verbreiteten das Volkslied in allen Volksschichten: A. von Arnim und C. Brentano, „Des Knaben Wunderhorn", 1806–08; F. K. von Erlach, „Die Volkslieder der Deutschen", 1834–36; L. Uhland, „Alte hoch- und niederdeutsche Volkslieder", 1844/45 u.a. Für die Romantik war das Volkslied in formaler wie in stofflicher Hinsicht das Grundmodell der lyrischen Aussage, daher wurde es vielfach nachgeahmt (C. Brentano, J. von Eichendorff u.a.), z.T. so erfolgreich, daß manche romantische Schöpfungen zu echten Volksliedern wurden (W. Müller, „Am Brunnen vor dem Tore"; J. von Eichendorff, „In einem kühlen Grunde"; M. Claudius, „Der Mond ist aufgegangen"; H. Heine, „Ich weiß nicht, was soll es bedeuten"). Eine neue Blüte erlebte das Volkslied zu Beginn des 20. Jahrhunderts in der „Wandervogel"-Bewegung; auch in der Gegenwart erfreut es sich, unterstützt von den Massenmedien, erneuter Wertschätzung. – Die wissenschaftliche Pflege von Volksliedern aus der ganzen Welt hat sich das „Deutsche Volkslied-Archiv" (DVA) in Freiburg im Breisgau zum Ziel gesetzt.

Volksmärchen ↑Märchen.

Volkssage ↑Sage.

Volksschauspiel: Sammelbegriff für alle Arten volkstümlicher Stücke, die von Laienorganisationen mit großem Personenaufwand (z.T. auch Ausstattungsaufwand) aufgeführt und meist auch verfaßt werden. Volksschauspiele waren schon im Mittelalter verbreitet (z.B. ↑Mysterienspiele, ↑Osterspiele; auch ↑Fastnachtsspiele) und fanden ihre Fortsetzung im Barock (z.B. ↑Jesuitendrama). Die barocke Tradition wurde in den ↑Passionsspielen Süddeutschlands (Oberammergauer Passionsspiel) fortgesetzt. Besonders im 19. Jahrhundert erfaßte eine neue Welle des Laienspiels vorwiegend den ländlichen Bereich (↑Bauerntheater).

Volksstück: im süddeutsch-österreichischen Raum, v. a. in Wien, seit Beginn des 18. Jahrhunderts von Berufsschauspielern teils auf Wanderbühnen, teils an festen Vorstadtbühnen aufgeführtes volkstümliches Theaterstück. Der inhaltliche und formale Rückgriff auf die barocke Bühnentradition (Schema der ↑ Haupt- und Staatsaktionen), auf Darbietungsformen der ↑ Commedia dell'arte, der italienischen und französischen Oper u. a. schuf eine Theaterform, in der literarische, sinnenhaft-theatralische, volkstümliche und auch banale Elemente zu einer Einheit verschmolzen. Hauptvertreter waren J. A. Stranitzky, G. Prehauser, Ph. Hafner, J. A. Gleich, A. Bäuerle, im 19. Jahrhundert v. a. F. Raimund und J. N. Nestroy (↑ Wiener Volkstheater, ↑ Posse), für deren Volksstücke die Verbindung von Realismus, Sprachwitz, Zeit- und Gesellschaftskritik mit Phantastisch-Skurrilem kennzeichnend ist. Bis in die Gegenwart diente das Volksstück als Modell, wann immer ein vitales Volkstheater aus künstlerischen, politischen oder sozialen Motiven angestrebt wurde (G. Hauptmann, L. Anzengruber, L. Thoma, B. Brecht). Wichtigste Vertreter des modernen Volksstücks im 20. Jahrhundert sind Ö. von Horváth, M. Fleißer, F. X. Kroetz, W. Bauer, P. Turrini und M. Sperr, die an alte Traditionen anknüpfen, um Klischees des kleinbürgerlichen Alltags anzuprangern.

Vollreim ↑ Reim.

Vorausdeutung: ein Gestaltungsprinzip epischer, dramatischer und auch filmischer Texte: der allwissende Erzähler weist auf später eintretende Ereignisse und Vorgänge voraus. Durch die Vorausdeutung wird zwar die zeitliche Abfolge des dargestellten Geschehens momentan unterbrochen, jedoch kann sie auch zur Erhöhung der Spannung beitragen.

Vormärz: unscharfe Epochenbezeichnung für die Periode der deutschen Literatur im Übergang von der ↑ Romantik zum ↑ Realismus zwischen 1815, dem Ende der Befreiungskriege gegen Napoleon I., und der Märzrevolution 1848 in Deutschland. Trotz aller Unterschiede der literarischen Bestrebungen, die sich auch im Wirrwarr der Benennungen (↑ Biedermeier, Frührealismus, Restaurationszeit, ↑ Junges Deutschland) zeigen, lassen sich doch Gemeinsamkeiten ausmachen: Bei fast allen Autoren dieser Zeit trifft man auf das Empfinden einer existentiellen Krise, geboren aus dem Widerspruch zwischen dem vor allem an der Philosophie des deutschen Idealismus geschulten Bildungs- und Bewußtseinsniveau und der als schmerzlich empfundenen politischen und sozialen Lebenswirklichkeit; dazu kommt die feste Überzeugung, daß es ein Zurück in die klassische oder romantische Vergangenheit nicht gibt. Von dem in der Märzrevolution 1848 unternommenen und gescheiterten Versuch, diese Krise zu bewältigen, gewinnt die Dichtung des Vormärz doch so etwas wie eine einheitliche Perspektive. Einheit, d. h. die Forderung nach einem Nationalstaat, und Freiheit, im Sinne von Gedankenfreiheit (unterlagen doch alle Druckschriften unter 20 Bogen – das sind in Oktavformat 320 Seiten – einer strengen Vorzensur), waren die zentralen Schlagworte der Vormärzperiode, gelegentlich ergänzt durch den Ruf nach der Emanzipation der Frau oder der Sexualität.

Im Vormärz begann sich der sogenannte freie, d. h. der weder von einem fürstlichen Gönner noch von einem Brotberuf abhängige Schriftsteller zu etablieren, da die technischen und die institutionellen Voraussetzungen (Schnelldruckpresse; Verlage, eine rasch wachsende Anzahl von Zeitschriften) gegeben waren und die verbesserte Schulbildung das Lesebedürfnis spürbar steigerte. Viele Journalisten und Schriftsteller wurden freilich im Gefolge der Karlsbader Beschlüsse (1819) oder im Zusammenhang mit den 1835 vom Bundestag beschlossenen Maßnahmen gegen das Junge Deutschland gezwungen, ins Exil zu gehen oder unterzutauchen, da sie revolutionärer Umtriebe oder der Demagogie beschuldigt wurden, wie z. B. G. Büchner, G. Herwegh, F. Freiligrath u. a. Im Vormärz schlägt die Geburtsstunde der politischen Lyrik im eigentlichen Sinn. Großes Aufsehen erregte Freiligraths 1846 erschienene Gedichtsammlung „Ça ira!" („So wird es sein!"), die unter dem Einfluß der Begegnung mit K. Marx der Revolution von unten das Wort redet. Auch in den publizistischen Schriften von G. Weerth („Humoristische Skizzen aus dem deutschen Handelsleben", 1845–48) zeigen sich Verbindungen zum frühen Kommunismus.

Diejenigen Autoren des Vormärz, die sich mit den Aktivitäten der Liberalen und revolutionären Opposition nicht identifizieren wollten, jedoch auch eine Rückkehr zu den Vorstellungen und Ideen von Klassik und Romantik ausschlossen, von denen ihr Schaffen formal meist entscheidend geprägt war, werden gewöhnlich unter der nicht unumstrittenen Bezeichnung „Biedermeier" zusammengefaßt; dieser Teil der Literatur des Vormärz ist geprägt von Resignation, Entsagung und Rückzug in einen umhegten privaten Bereich.

Vorpostler (russisch Napostowzy): nach ihrer Zeitschrift „Na postu" (= Auf Posten, 1923–25) benannte Vereinigung von sowjetischen Schriftstellern der 20er Jahre, die für eine proletarische, von allen bürgerlichen und klassischen Elementen gereinigte Literatur eintraten und die ideologische Kontrolle über alle Druckerzeugnisse forderten; nach ihrer zweiten Zeitschrift „Oktjabr" (1924 ff.) auch „Oktobergruppe" genannt. Die Literatur der Vorpostler, deren wichtigste Vertreter A. I. Besymenski, A. A. Fadejew, A. S. Serafimowitsch waren, lösten den ↑Proletkult ab.

Vorspiel: Szene, Szenenfolge, gelegentlich auch ein einaktiges Stück als Einleitungsteil eines Dramas. Das Vorspiel gehört thematisch eng zur Haupthandlung und enthält z. B. die Vorgeschichte des dramatischen Geschehens, eine Charakterisierung des Milieus oder des Hauptheiden oder die Bedingungen der Haupthandlung (Goethe, „Faust I", 1808). Es hat die Funktion, den Zuschauer auf das eigentliche Stück einzustimmen und ihm Hinweise zum Verständnis zu geben.

Vorwort: einleitende Bemerkungen zu einem Schriftwerk, die dem Benutzer Aufschluß geben sollen über Anlaß, Entstehung, Sinn und Zweck des Werkes, häufig auch über Anlage und Gliederung. Gelegentlich enthalten sie auch eine Rechtfertigung des Verfassers oder eine Erwiderung auf frühere Kritiken.

Wächterlied ↑Tagelied.

Wagenbühne ↑Bühne.

Waise: Begriff aus der Terminologie des ↑Meistersangs: reimlose Zeile innerhalb einer gereimten Strophe.

Wanderbühne: Bezeichnung für eine umherziehende Theatertruppe, die im allgemeinen kein eigenes Haus benutzt und an verschiedenen Orten Vorstellungen gibt. Bedeutend für die Entwicklung der abendländischen Schauspielkunst und v. a. des Berufsschauspielertums waren die Wanderbühnen der englischen sowie der niederländischen Komödianten. – ↑auch Theater.

Wandermotiv: ein ↑Motiv, das in literarischen Werken verschiedener Epochen und Kulturen wiederholt auftaucht.

Wechselgesang: Gesang in dialogischer Form, als Wechsel von Frage und Antwort, Rede und Gegenrede usw. Er findet sich schon im griechischen Drama. Verbreitet in der Volksdichtung, z. B. im Volkslied, Weihnachtslied u. a., besonders häufig in der Liebesdichtung. Frühe bedeutende Ausprägung war das ↑Tagelied des Minnesangs (Wechsel von Männer- und Frauenstrophen; v. a. bei Dietmar von Aist und dem von Kürenberg), Höhepunkt der Entwicklung der Wechselgesang von Hatem und Suleika in Goethes Gedichtzyklus „West-östlicher Divan" (1819). Mit dem Abklingen der Romantik trat diese Literaturform in den Hintergrund.

Wechselreim ↑Reim.

weiblicher Reim: ein zweisilbiger ↑Reim mit Betonung auf der vorletzten Silbe, z. B. klingen-singen. – Gegensatz: ↑männlicher Reim.

weiblicher Versschluß ↑Kadenz.

Weihnachtslied: Lied, das brauchmäßig an die Weihnachtszeit gebunden ist; seit dem 11./12. Jahrhundert v. a. als Krippen- und Hirtenlied bezeugt; oft dem ↑Weihnachtsspiel entnommen. Entstanden aus lateinischen Hymnen („Puer natus in Bethlehem", 14. Jahrhundert), manchmal in deutsch-lateinischer Mischpoesie („In dulci jubilo, nun singet und seid froh", 13. Jahrhundert); daneben sind schon früh volkssprachliche Beispiele bezeugt. Neue Impulse erhielt das Weihnachtslied in der Reformation (M. Luther, „Vom Himmel hoch") und in der nachreformatorischen Zeit (M. Praetorius, „Es ist ein Ros entsprungen"). Die gebräuchlichsten Weihnachtslieder stammen aus dem 18. und 19. Jahrhundert, u. a. „Stille Nacht, heilige Nacht", „O du fröhliche, o du selige", „Alle Jahre wieder", „Ihr Kinderlein kommet". – ↑auch Carol.

Weihnachtsspiel: Form des mittelalterlichen ↑geistlichen Spiels, das, ähnlich wie das nur wenig ältere ↑Osterspiel, im frühen Mittelalter aus dem ↑Tropus und der szenisch darstellenden Erweiterung der Festtagsliturgie hervorging. Den Kern bildeten im 10. Jahrhundert ↑Krippenspiele am Altar, seit dem 11. Jahrhundert schlossen sich ↑Hirtenspiele und schließlich Dreikönigsspiele an. Das erste volkssprachliche Weihnachtsspiel ist das „Sankt Galler Spiel von der Kindheit Jesu" (Ende des 13. Jahrhunderts).

Weimarer Klassik: eine Richtung (nicht Epoche) der deutschen Literatur- und Geistesgeschichte im Übergang vom 18. zum 19. Jahrhundert, die besonders von Goethe und Schiller geprägt wurde. Die lokale Zentrierung auf die damalige Residenzstadt Weimar ergab sich durch den von der Herzogin Anna Amalia gegründeten und später von ihrem Sohn Herzog Karl August fortgeführten sogenannten „Weimarer Musenhof", als dessen prominenteste Vertreter Ch. M. Wieland, Goethe und J. G. Herder gelten. – Als Reaktion auf die von Aufbruch und Unruhe gekennzeichnete zeitgeschichtliche Situation propagierte die Weimarer Klassik Harmonie und Humanität als Leitideen. Die Ausrichtung am Ideal der griechisch-römischen Klassik ist von daher ebenso verständlich wie die Abkehr vom ↑Sturm und Drang. Mit der Philosophie des deutschen ↑Idealismus verband die Weimarer Klassik ihre Betonung des Humanitätsideals, das in Werten wie Menschlichkeit, Toleranz, Ausgleich, Maß, Vollendung, Reinheit, Übereinstimmung von Geist und Gemüt, Mensch und Natur, Individuum und Gesellschaft usw. seinen Ausdruck fand. – Erste Ansätze zu einer deutschen Klassik, wie sie bei den Humanisten des 16. Jahrhunderts, später bei M. Opitz und J. Ch. Gottsched zu beobachten sind, verdichteten sich seit der Mitte des 18. Jahrhunderts zur *Vorklassik*, die die eigentlichen Grundlagen für die Weimarer Klassik schuf. In G. E. Lessing, J. J. Winckelmann, F. G. Klopstock, Ch. M. Wieland und J. H. Voß fand die Vorklassik ihre namhaftesten Repräsentanten. Auch Goethes erstes Jahrzehnt in Weimar fällt in diese Epoche.

Der Beginn der eigentlichen Weimarer Klassik ist mit Goethes erster Italienreise (1786–88) anzusetzen. Die endgültigen Fassungen der Dramen „Iphigenie auf Tauris" (1787) und „Torquato Tasso" (1790) waren neben anderen Veröffentlichungen Goethes Hauptwerke dieser Jahre der *Frühklassik*. In ihnen traten die Leitideen der Weimarer Klassik besonders deutlich hervor. Auch Schiller, der 1787 nach Weimar übersiedelte, suchte in dieser Zeit die Begegnung mit der Antike. Die Eindeutschung zweier Dramen des Euripides und das Gedicht

„Die Götter Griechenlands" (1788) geben davon Zeugnis. Die theoretischen, ästhetischen und philosophischen Grundlagen der Weimarer Klassik brachte er in Briefen, Rezensionen, Abhandlungen und Einzelschriften zum Ausdruck. Insgesamt war die Weimarer Klassik in ihrer Anfangsphase offen für andere in ihrer Geisteshaltung verwandte oder auch abweichende Konzeptionen neben denen Goethes und Schillers, so die von K. Ph. Moritz, Herder, Wieland oder A. G. Meißner. Um 1790 herrschte für einige Jahre bei aller Vielfalt eine gemeinsame Geistes- und Ausdruckshaltung, die dazu berechtigt, von einer *Hochklassik* zu sprechen.

Bald jedoch wurde die Weimarer Klassik auf Goethe und Schiller eingeengt, die 1794 ihre Freundschaft und Zusammenarbeit besiegelten. Allenfalls W. von Humboldt kann noch zu beiden in nähere Beziehung gebracht werden, während es auf Grund der unterschiedlichen Einschätzung der Französischen Revolution zum Bruch mit Herder kam. Angesichts der Entwicklung in Frankreich empfahl Schiller (in einem Brief an Herder, 1795) dem „poetischen Geist", daß er sich „aus dem Gebiet der wirklichen Welt zurückzieht" und „durch die griechischen Mythen der Verwandte ... eines idealischen Zeitalters bleibt." Programmatischen Niederschlag fand diese Haltung in seiner Schrift „Über naive und sentimentalische Dichtung" (1795/96). Organe dieser um Goethe und Schiller zentrierten Ansichten der *Spätklassik* waren v. a. die Zeitschriften, so „Die Horen" und der „Musenalmanach" Schillers, Goethes Kunstzeitschrift „Propyläen" (1797–1800), schließlich die auf Anregung Goethes 1804 gegründete „Jenaische Allgemeine Literatur-Zeitung". Ihre Gegner formierten sich in Zeitschriften wie Wielands „Attischem Museum" (1796–1803 und 1805–09) oder im „Athenäum" (1798–1800) der Brüder A. W. und F. Schlegel. Höhepunkte des Streits der Weimarer Klassik mit anderen Richtungen waren die aggressiven „Xenien" Goethes und Schillers. Am deutlichsten verwirklichte Schiller die Konzeption der Spätklassik in seiner Gedankenlyrik von 1795/96, im „Lied von der Glocke" (1799) und in den großen Geschichtsdramen „Wallenstein" (1800), „Maria Stuart" (1801), „Die Jungfrau von Orleans" (1801) und „Wilhelm Tell" (1804). Bei den Aufführungen an seinem Weimarer Hoftheater griff Goethe gezielt auf Stücke zurück, die den Prinzipien der Weimarer Klassik entsprachen. Nach dem Tod Schillers (1805), seit dem Jahr 1807, in das z. B. der Beginn seines Romans „Wilhelm Meisters Wanderjahre" fällt, ja eigentlich schon seit der Vollendung des „Faust I" im Jahre 1806 entfernte sich Goethe mehr und mehr von den Idealen der Weimarer Klassik. Bei J. Ch. F. Hölderlin, Jean Paul und v. a. bei H. von Kleist trat dann endgültig der Verlust des klassisch-harmonischen Menschenbildes offen zutage. – Trotz aller Kontroversen und Gegenströmungen gilt die Weimarer Klassik im deutschen Kulturbewußtsein als vorbildlich und mustergültig. Bis ins 20. Jahrhundert hinein übte sie große Wirkung auf Literatur, Bildung, Geistesleben und Politik aus. Schwierigkeiten bereitet jedoch nach wie vor die historische und literaturgeschichtliche Eingrenzung dieser Richtung. Bis heute ist deshalb die Diskussion über die Weimarer Klassik noch nicht abgeschlossen.

weinerliches Lustspiel: Lustspieltyp zur Zeit der deutschen Aufklärung, in dem die komischen Elemente zugunsten der empfindsamen zurückgedrängt wurden. Die Bezeichnung wurde von G. E. Lessing nach der französischen ↑Comédie larmoyante geprägt. Hauptvertreter und gleichzeitig Theoretiker war Ch. F. Gellert („Die Betschwester", 1745). Auch Lessings „Miß Sara Sampson" (1755), das erste deutsche ↑bürgerliche Trauerspiel, zeigt einen „rührenden" Einschlag.

Weltchronik: Gattung der mittelalterlichen Geschichtsschreibung bzw. Geschichtsdichtung, die die gesamte für sie aus literarischen Vorlagen erreichbare Weltgeschichte darstellte, wobei sie meist mit der biblischen Urgeschichte begann. Vorbildhaft für die mittelalterliche Weltchronistik wurden Eusebios von Caesarea, S. E. Hieronymus, Isidor von Sevilla und Beda Venerabilis; Verfasser lateinischer Weltchroniken waren u. a. Regino von Prüm und Otto von Freising; bedeutende volkssprachliche Beispiele sind die „Sächsische Weltchronik“ (um 1230; die Verfasserschaft des Eike von Repgow wird neuerdings angezweifelt) und die gereimte „Weltchronik“ des Rudolf von Ems (um 1250). – ↑auch Chronik, ↑Reimchronik.

Weltliteratur: 1. allgemein die gesamte Literatur aller Völker und Zeiten; 2. im besonderen: der ↑Kanon der nach den jeweiligen ästhetischen Normen als überzeitlich und allgemeingültig angesehenen literarischen Werke aus dieser Gesamtliteratur; 3. von Goethe geprägter Begriff; er bezeichnete mit Weltliteratur, deren Epoche er erwartete (Gespräch mit Eckermann am 1. Jan. 1827: „Ich sehe immer mehr, daß die Poesie ein Gemeingut der Menschheit ist ... Nationalliteratur will jetzt nicht viel besagen, Weltliteratur ist an der Zeit“), eine Funktionsform der Literatur: ↑Nationalliteratur werde zur Weltliteratur, insofern sie über die für ihn selbstverständliche Forderung gegenseitigen Kennenlernens und Bezugnehmens hinaus die großen Aufgaben einer gemeinsamen Welt, d. h. das naturwissenschaftliche, gesellschaftliche und historische Wissen der Zeit, umfassend und erhellend darzustellen vermöge.

Weltschmerz: von Jean Paul in „Selina, oder über die Unsterblichkeit der Seele“ (1827) geprägter Begriff für ein pessimistisches Lebensgefühl, das aus der Diskrepanz zwischen seelischen Bedürfnissen und Wünschen und einer als kalt und abweisend erfahrenen Wirklichkeit erwächst und zu einer inneren Zerrissenheit oder auch zu melancholischer Resignation führt. Symptome dieses Lebensgefühls traten häufig auf im Zeitalter der ↑Empfindsamkeit (Goethe, „Die Leiden des jungen Werthers“, Roman, 1774) und in der ↑Romantik (den Typ des „Zerrissenen“ verkörperten C. Brentanos Godwi in seinem Roman „Godwi“, 1801, und Jean Pauls Roquairol in seinem Roman „Titan“, 1800–03). Zu einer regelrechten, in ganz Europa verbreiteten Zeitkrankheit wurde der Weltschmerz in der ersten Hälfte des 19. Jahrhunderts. Hauptvertreter waren in England G. G. N. Lord Byron (in dessen Nachfolge der „Byronismus“ entstand, eine von Kulturmüdigkeit und Nihilismus geprägte Strömung), in Frankreich A. de Musset, in Italien G. Leopardi, in Deutschland H. Heine und insbesondere Ch. D. Grabbe, A. von Platen und N. Lenau. Um 1850/60 galt der Weltschmerz als überwunden.

Welttheater (Theatrum mundi): seit der Antike geläufiges, v. a. in der Dichtung des Barock beliebtes Bild von der Welt als einem Theater, auf dem jeder Mensch seine ihm von Gott zugedachte Rolle zu spielen hat. P. Calderón de la Barca machte das Welttheater erstmals zum Gegenstand eines Auto sacramental (↑Auto): „El gran teatro del mundo“ (entstanden um 1635?, gedruckt 1675, deutsch „Das große Welttheater“, 1846), wieder aufgegriffen in H. von Hofmannsthals Spiel „Das Salzburger große Welttheater“ (1922).

Wendepunkt ↑Peripetie.

werkimmanente Interpretation ↑Interpretation, ↑Literaturwissenschaft.

Werkkreis Literatur der Arbeitswelt (auch Werkkreis 70): locker organisierte Vereinigung von Schriftstellern u. a. literarisch Interessierten, gegründet 1970 in Köln nach Abspaltung von der ↑Gruppe 61. Der Werkkreis Literatur der Arbeitswelt versteht sich allerdings nicht als Gegengründung zur Gruppe 61, sondern als „fortschrittliche, praxisbezogene Ergänzung zu deren literarischer Arbeitsweise.“ Nach seinem Selbstverständnis ist er (laut Programm) „eine Vereinigung von Arbeitern und Angestellten, die in örtlichen Werkstätten mit Schriftstellern, Journalisten und Wissenschaftlern zusammenarbeiten. Seine Aufgabe ist die Darstellung der Situation abhängig Arbeitender, vornehmlich mit sprachlichen Mitteln ... Er will dazu beitragen, die gesellschaftlichen Verhältnisse im

Interesse der Arbeitenden zu verändern." Der Werkkreis Literatur der Arbeitswelt will die Arbeiter zum Schreiben über ihre Probleme motivieren. Die Werkstätten sind an der endgültigen Ausformung der Texte oft kollektiv beteiligt und mitverantwortlich. Die Ergebnisse der literarischen Produktion werden außer in „Werkstatt-Heften" für den Kreis selbst v. a. in einer „Werkstatt-Reihe" in Anthologieform veröffentlicht. Bekannte Vertreter des Werkkreises Literatur der Arbeitswelt sind u. a. G. Wallraff und E. Runge.

Werkleute auf Haus Nyland (Bund der Werkleute auf Haus Nyland) ↑Nylandgruppe.

Wertung: Fragen der literarischen Wertung gehören zu den Hauptproblemen der ↑Literaturwissenschaft. Jede Beurteilung des künstlerischen Wertes eines literarischen Werkes setzt ein bestimmtes Wertesystem voraus, das jedoch immer relativ bleiben wird, schon weil ein Rezipient immer geneigt ist, subjektive Wertmaßstäbe an das Werk anzulegen, aber auch, weil ein Werk nie isoliert betrachtet werden darf. In Zeiten einer normativen ↑Poetik, also bis zur Mitte des 18. Jahrhunderts, war die Beurteilung des künstlerischen Ranges einer Dichtung relativ leicht, da sie nur an den vorgegebenen Normen gemessen zu werden brauchte. Als sich spätestens mit dem ↑Sturm und Drang die Auffassung vom Eigenwert und der Eigengesetzlichkeit des Kunstwerkes durchsetzte, war die Frage objektiver Maßstäbe immer schwieriger zu beantworten. Nicht zuletzt die Vielfalt der Stilrichtungen und Formen der Literatur der Moderne macht die Forderung nach einem festen Wertesystem illusorisch. Dennoch besteht weitgehende Übereinstimmung darin, daß es einzelne formale Kriterien gibt, die – in verschiedener Intensität und teilweise in wechselseitiger Verflechtung – für die möglichst objektive Bewertung literarischer Werke von Bedeutung sind (↑Literaturkritik). – Die Frage der literarischen Wertung spielt eine große Rolle bei der Problematik der Unterscheidung von „hoher" Literatur, ↑Unterhaltungsliteratur und ↑Trivialliteratur. Auch wenn für die Begriffsbestimmung und soziologische Funktion der Trivialliteratur Aspekte der literarischen Wertung in zunehmendem Maße ausgeklammert werden, wird die ästhetische Kritik am Phänomen des Trivialen nicht auf literarische Wertmaßstäbe verzichten können. Dasselbe gilt in z. T. noch stärkerem Maße, wenn (wie etwa im marxistisch geprägten Raum) ein Werk nur nach seiner gesellschaftlich-politischen Funktion und Bedeutung beurteilt wird.

Wiegendrucke ↑Inkunabeln.

Wiener Gruppe: seit 1958 Bezeichnung für eine avantgardistische Wiener Schriftstellergruppe, die die gemeinsame Opposition gegen die Erstarrung des literarischen Lebens verband. Die Wiener Gruppe entwickelte sich 1952–55 aus dem 1946 gegründeten „artclub", zu ihr gehörten die Autoren F. Achleitner, H. C. Artmann (bis 1958), K. Bayer, G. Rühm und O. Wiener, die am Dadaismus und Surrealismus anknüpften. Ihr literarisches Konzept zielte bewußt auf Provokation ab; wichtige Ausdrucksformen der oft in Teamarbeit entstandene Werke waren ↑Montage, Laut- und Dialektgedichte, Chansons usw., in denen sich häufig Groteskes mit Makabrem und Komischem mischte. Höhepunkte waren zwei literarische Kabaretts (1958 und 1959) und der Band Dialektgedichte „hosn, rosn, baa" (1959). Nach dem Tode von Bayer (1964) löste sich die Gruppe auf.

Wiener Volkstheater: Bezeichnung für das spezifische Wiener Vorstadttheater im 18. bis zur Mitte des 19. Jahrhunderts (begründet von J. A. Stranitzky mit einer eigenen Theatertruppe), das barocke Traditionen fortsetzte und noch stark von der ↑Commedia dell'arte beeinflußt war. Sein Repertoire umfaßte v. a. heitere oder satirische [Lokal]possen, Zauberstücke und Singspiele (↑Volksstück). Zentrale komische Figur war der von Stranitzky geschaffene „Hans Wurst" (↑Hanswurst). Die wichtigsten Repräsentanten neben Stranitzky waren G. Prehauser, Ph. Hafner, in der Blütezeit Ende des 18. und Anfang des 19. Jahrhunderts J. A. Gleich, K. Meisl, A. Bäuerle, F. Raimund („Das Mädchen aus der Feenwelt oder Der Bauer als Millionär", 1826) und J. N. Nestroy („Der böse Geist Lumpazivagabundus", 1835).

Wildwestroman (Western): amerikanischer Romantypus; Form des ↑Abenteuerromans, der im „Wilden Westen" der USA zur Zeit der Landerschließung spielt und die Kämpfe der Pioniere mit den Indianern, bzw. der Siedler, Goldsucher, Cowboys usw. untereinander oder auch mit Gesetzlosen zum Inhalt hat. Grundzug dieses Romantyps, der schon bald außerhalb Amerikas Verbreitung fand, ist die Mythisierung des amerikanischen Pioniergeistes, die Verherrlichung der Leistungen des heldenhaften autonomen Einzelnen, seiner Freiheit und Selbstbestimmung, nicht selten die Verklärung der Outlaws, die sich selber Gesetz und Recht schufen. Die Problematik dieses Genres besteht nicht nur in der häufigen Kollision der Darstellung mit der historischen Wirklichkeit, sondern auch in der Übertragung der dem Wildwestroman zugrundeliegenden reaktionären Ordnungsvorstellungen auf eine demokratische Gesellschaft. – Vorläufer des Wildwestromans sind die Werke von J. F. Cooper, B. Harte, Mark Twain. Die ersten eigentlichen Wildwestromane schrieben E. Z. C. Judson (u. a. um die legendäre Gestalt des Buffalo Bill). Seine erste Blütezeit erlebte der Wildwestroman um die Jahrhundertwende mit O. Wister („The Virginian", 1902, deutsch „Der Virginier", 1955), A. Adams, A. H. Lewis, später Z. Grey, M. Brand, E. Haycox und vielen anderen. Wildwestromane fanden schon frühzeitig massenhafte Verbreitung z. B. als Heftromane (↑Groschenhefte, ↑Trivialliteratur), in denen in klischeehafter Schwarz-Weiß-Malerei gute und böse Figuren in Konflikt geraten und die mit wenigen stereotypen Requisiten (Prärie, Pferde, Saloon, Sheriff usw.) auskommen. Auch im Bereich der gehobenen Unterhaltungsliteratur wurden sie nachgeahmt (in Deutschland durch Ch. Sealsfield, B. Möllhausen und v. a. K. May).

Witz: die ursprüngliche Bedeutung „Verstand, Wissen, Klugheit" (von althochdeutsch wizzī) hat sich noch in Begriffen wie Mutterwitz erhalten; dazu kam im 17. Jahrhundert die Bedeutung „Esprit, Talent zum geistreichen Formulieren" als Übersetzung von französisch „esprit". Als 2. Bedeutung trat im 18. Jahrhundert „Scherz, spezifische sprachliche Form des Komischen" hinzu, die seit dem 19. Jahrhundert zur Hauptbedeutung wurde. Der Witz gehört zu den ↑einfachen Formen. Wie sehr die prägnante, knappe Form für den Witz konstituierend ist, erweist sich beim Vortrag, bei dem es auf die exakte Wiedergabe der sprachlichen Fassung ankommt. – Wesentlichstes Formmerkmal des Witzes ist die Pointe, in der sich die während des Erzählens bewußt erzeugte Spannung durch plötzliches Umschlagen in eine unvermutete Richtung löst, so daß ein komischer, überraschender Effekt erzielt wird. Die eigentliche Wirkung des Witzes beruht somit auf der Diskrepanz zwischen bewußt in eine bestimmte Richtung gelenkter Erwartung und dem unerwarteten Ergebnis. Daher bleibt die Wirkung aus, wenn der Witz z. B. schon bekannt ist, und somit diese Diskrepanz nicht mehr besteht. Ein weiteres wesentliches Formelement des Witzes ist das ↑Wortspiel, das seine Wirkung aus der Doppeldeutigkeit oder Klangähnlichkeit bzw. Klanggleichheit bezieht. – Verschiedene Typen des Witzes sind der ↑Kalauer, die Zote, der absurde Witz, der auf Irreführung der Logik abzielt, der politische Witz, der v. a. in totalitären Systemen ein wichtiges Ventil für die aufgestaute Unzufriedenheit der Bevölkerung und gleichzeitig eine gefährliche geistige Waffe ist, der jüdische Witz, der durch ironische Distanz zum eigenen Geschick geistige Souveränität beweist, der Witz über einzelne Nationen (Schottenwitze), Stämme oder Städte (meist Mundartwitze), über Stände (Professorenwitze), menschliche Schwächen und Verhaltensmuster (besonders im erotischen Bereich vielfach als Tierwitze) oder die Witze über aktuelle Zeiterscheinungen. Dem Witz inhaltlich und formal verwandt sind ↑Anekdote und ↑Epigramm.

Wortfiguren ↑rhetorische Figuren.

Worthäufung: Aufzählung, ↑Akkumulation, auch Wiederholung von bedeutungsgleichen oder bedeutungsähnlichen Wörtern. V.a. in der Literatur des Barock (M. Opitz, Ph. von Zesen, v.a. A. Gryphius) beliebtes Stilmittel zur Intensivierung des Ausdrucks: „Ein Brandpfahl und ein Rad, Pech, Folter, Blei und Zangen, / Strick, Messer, Hacken, Beil, ein Holzstoß und ein Schwert / Und siedend Öl und Blei, ein Spieß, ein glühend Pferd / Sind den'n nicht schrecklich, die, was schrecklich, nicht begangen" (A. Gryphius, Gedicht „An einen unschuldig Leidenden").

Wortspiel: geistreiches Spiel mit der Doppelbedeutung von Wörtern oder dem Gleichklang bzw. der Klangähnlichkeit verschiedener Wörter zur Erzielung überraschender oder auch witziger Effekte: „Kümmert sich mehr um dem *Krug* als den *Krieg*, / Wetzt lieber den *Schnabel* als den *Sabel* ... / Und das römische *Reich* – daß Gott erbarm! / Sollte heißen römisch *Arm*" (Schiller, „Wallensteins Lager", Drama 1800, Kapuzinerpredigt). – Wortspiele sind seit der Antike ein beliebtes Stilmittel der Literatur. Eine größere Rolle spielen sie in der höfischen Epik, bei W. Shakespeare, im Barock (J. Fischart, Abraham a Sancta Clara), bei Goethe und Schiller in den „Xenien" (1796), in der Romantik (C. Brentano, H. Heine), in der neueren Literatur v.a. bei Satirikern (K. Kraus, Ch. Morgenstern, E. Kästner) und Komikern. – Wortspiele sind in allen Literaturgattungen verbreitet, besonders häufig sind sie in pointierten epischen Kurzformen, z.B. im ↑Witz oder im ↑Aphorismus. – ↑auch Amphibolie, ↑Paronomasie, ↑Calembourg, ↑Kalauer.

Xẹnien [von griechisch xénion „Gastgeschenk"]: ursprünglich die Bezeichnung für kleine, vom Gastgeber nach der Mahlzeit verteilte Geschenke. Bei dem römischen Dichter Martial Titel des 13. Buches seiner Epigramme, das vorwiegend freundschaftliche Begleitverse zu (Saturnalien-)Geschenken enthielt. Später bei Goethe und Schiller (im Rückgriff auf Martial), der ironisch gemeinte Titel von Sammlungen hauptsächlich satirischer ↑Epigramme in der Form des ↑Distichons. Bekanntestes Beispiel sind die in Schillers „Musenalmanach für das Jahr 1797" (Oktober 1796) veröffentlichten insgesamt 926 „Xenien", ein Gemeinschaftswerk Goethes und Schillers, in dem sich die beiden in scharfer Polemik mit den Kritikern der ↑„Horen" auseinandersetzten. So erwiderte z.B. Goethe den Kritikern seines in den „Horen" erschienenen „Märchens": „Mehr als zwanzig Personen sind in dem Märchen geschäftig./ ‚Nun, was machen sie denn alle?' Das Märchen, mein Freund."

Z

Zạnni (Zani): Dienerfiguren, die zusammen mit ↑Dottore und ↑Pantalone zu den ältesten typischen Gestalten der Commedia dell'arte gehören. Man unterscheidet die Rollen des verschlagenen „ersten Zanni" (auch ↑Brighella genannt) und des tölpelhaften ↑Arlecchino (auch ↑Pulcinella), der, obwohl stets als

„zweiter Zanni“ bezeichnet, als eigentlicher König der Commedia dell'arte gilt.

Zarzuela [sarsu'e:la; spanisch]: eine nach dem in El Pardo gelegenen Lustschloß Philipps IV. La Zarzuela geprägte Bezeichnung für die spanische Ausprägung des Singspiels, in dem gesungene mit gesprochenen Szenen wechselten und das v.a. im 17. Jahrhundert blühte.

Zäsur [von lateinisch caesura, eigentlich „das Hauen, Hieb, Einschnitt“]: in der Metrik die Bezeichnung für einen Sinneinschnitt im Vers, durch den ein Metrum getrennt und auf zwei Wörter verteilt und eine Verszeile in zwei oder mehr Teile, sogenannte Kola (↑Kolon), gegliedert werden kann. Dagegen wird ein Einschnitt am Ende eines Versfußes als ↑Diärese bezeichnet. In der neueren Metrik werden die beiden Begriffe oft unterschiedslos verwendet. Feste Zäsuren finden sich als Mittel der rhythmischen Gliederung v.a. in längeren Versen: so liegen die gewöhnlichen Zäsuren beim Hexameter nach der dritten Hebung (bzw. nach dem fünften Halbmetrum) als sogenannte ↑Penthemimeres, nach der vierten Hebung bzw. dem siebten Halbmetrum als ↑Hephthemimeres und nach der ersten Kürze des dritten Metrums, während eine Zäsur nach dem vierten Metrum als bukolische Diärese bezeichnet wird. Die feste Zäsur des ↑Alexandriners findet sich nach der dritten Hebung, z.B.: „Fallen verzeih' ich dir gern, / nur strebe immer nach oben!“ (Goethe: ein Hexameter, der durch eine Penthemimeres in zwei Kola gegliedert ist) oder „Der schnelle Tag ist hin / die Nacht schwingt ihre Fahn“ (ein Alexandriner aus A. Gryphius' Gedicht „Abend“ mit der festen Zäsur nach der dritten Hebung).

Zäsurreim ↑Reim.

Zauberformel: Bezeichnung für die mit dichterischen Mitteln ausgestalteten Wendungen, durch die man sich eine Einwirkung auf magische Kräfte versprach. Beispiele finden sich in den ↑Zaubersprüchen, z.B. in den Merseburger Zaubersprüchen (10. Jahrhundert) oder auch in Goethes Ballade „Der Zauberlehrling“: „Walle! walle / Manche Strecke, / Daß zum Zwecke / Wasser fließe, / Und mit reichem, vollem Schwalle / Zu dem Bade sich ergieße!“.

Zauberliteratur: Sammelbezeichnung für Gebrauchsliteratur zur Ausführung magisch-zauberischer Handlungen mit verschiedenen Zielsetzungen. Schon aus der Antike sind Zusammenstellungen von Beschwörungen (z.B. Liebeszauber), von Anleitungen zur Anfertigung magisch wirksamer Gegenstände (z.B. Amulette) und von ↑Zaubersprüchen bekannt. Das Mittelalter kannte eine Fülle von Zauberbüchern, die u.a. detaillierte Hinweise enthielten, mit welchen Mitteln Dämonen gezwungen werden können, geheime Dinge zu offenbaren oder den Menschen ihren Beistand zu gewähren. Als Autor einer Reihe von einschlägigen Schriften wird u.a. Faust (↑Faustdichtung) geführt, dem auch die von Goethe verwendete „Magia naturalis et innaturalis“ (angeblich aus dem Jahre 1612) zugeschrieben wurde. – Das Motiv der Zauberei ist in der gesamten Literatur

Zauberspruch. Der erste Merseburger Zauberspruch (Handschrift des 10. Jahrhunderts)

seit der Antike, besonders in der Gattung Märchen, häufig anzutreffen.

Zauberposse ↑Zauberstück, ↑Posse.

Zaubersprüche: Sprüche oder Formeln, deren Aufsagen eine bestimmte zauberische Wirkung hervorrufen sollen. Solche Zaubersprüche, die ihre Wurzeln in der indogermanischen Vergangenheit haben dürften, zählen zu den ältesten Zeugnissen der deutschen, angelsächsischen und finnischen Dichtung. Auch nach der Christianisierung konnten sich diese ursprünglich heidnischen Beschwörungsformeln noch im Volksmund behaupten oder sie wurden im christlichen Sinn umgedichtet. Zu unterscheiden sind *Abwehrsprüche*, denen man schützende bzw. heilende Wirkung für Mensch und Tier zutraute, und *Schadenssprüche* zur Verfluchung. In jedem Falle maß man bestimmten Worten, Lautfolgen, Zahlen oder Sätzen magisch-beschwörende Kraft bei, so z. B. gegen Krankheiten („Heilzauber"), Gefangenschaft („Lösezauber") und Unwetter, oder für gutes Wetter, reiche Ernte und ähnliche gewünschte Wirkungen. Die gebräuchlichsten Formen waren der eingliedrige Zauberspruch, der lediglich die Zauberformel zitierte, und der zweigliedrige Zauberspruch, der in einer der Zauberformel vorangestellten Zeile auf den Anlaß oder auf einen früheren Erfolg des Spruches einging. – Bekanntestes Beispiel in der deutschen Literatur sind die in althochdeutschen Stabreimversen verfaßten Merseburger Zaubersprüche aus dem 10. Jahrhundert.

Zauberstück: Form des ↑Volksstücks, in der Zauberer, Geister, Dämonen, Feen u. a. maßgeblich in die Handlung eingreifen. Die italienische ↑Commedia dell'arte, das Barockdrama und die Bühnenfassungen französischer Feenmärchen (↑Feengeschichten) beeinflußten die Entwicklung des Zauberstücks, das im 19. Jahrhundert in den Aufführungen der Wiener Vorstadtbühnen eine Blütezeit erlebte. Die wohl bekanntesten Zauberstücke verfaßten F. Raimund („Das Mädchen aus der Feenwelt oder Der Bauer als Millionär", 1826; „Der Alpenkönig und der Menschenfeind", 1828; „Der Verschwender", 1834) und J. N. Nestroy („Der böse Geist Lumpazivagabundus", 1835). Elemente des Zauberstücks finden sich u. a. auch im romantischen Drama, im Surrealismus und v. a. im Film.

Zeilensprung ↑Enjambement.

Zeilenstil: Form v. a. der germanischen Stabreimdichtung, bei der das Ende einer syntaktischen Einheit mit dem Ende einer ↑Langzeile zusammenfällt, so daß also Vers- und Satzende sich decken. Der Zeilenstil ist v. a. bei kleineren Werken anzutreffen, vereinzelt auch im „Hildebrandslied" (Anfang des 9. Jahrhunderts) und im Gedicht „Muspilli" (entstanden wahrscheinlich im 9. Jahrhundert). Z. T. wird der Ausdruck „Zeilenstil" auch auf moderne Versdichtung übertragen, sofern diese den Zeilensprung (↑Enjambement) bewußt umgeht. – Gegensatz: ↑Hakenstil.

Zeit: wichtiges Element jeder Dichtung, namentlich aber der dramatischen und epischen Dichtung, in der Erlebnis und Gestaltung der Zeit grundlegende und tragende Bedeutung erlangen, teils sogar zum eigentlichen Gestaltungselement werden. Im Drama wird im Normalfall die Gleichzeitigkeit von Geschehen, Wort und Erlebnis gesucht. Allerdings kann in Form von zeitlichen Sprüngen nach vorn oder durch gezielte Verzögerung eines sich schon abzeichnenden Geschehens (↑retardierendes Moment) auch im Drama mit der Zeit experimentiert werden. In der Epik, bei der Ereignisse nur sprachlich darstellbar sind, werden zeitgestaltende Mittel und Kunstgriffe wie Zeitraffung, Zeitsprung, Rückblende, ↑Vorausdeutung oder ↑Simultantechnik eingesetzt. Zu unterscheiden sind ↑Erzählzeit, d. h. die Dauer des Erzählens, und ↑erzählte Zeit als die Dauer des erzählten Ereignisses. Bei der Technik des ↑Stream of consciousness entsprechen sich beide fast vollständig.

Zeitroman: im 19. Jahrhundert in der deutschen Literatur entwickelter Romantypus; weitgehend identisch mit dem ↑Gesellschaftsroman, doch geht der Zeitroman im Unterschied zu diesem über die Darstellung und Deutung gesellschaftlicher Zustände hinaus und versucht, ein möglichst umfassendes und anschauliches Bild der jeweiligen Gegenwart zu entwerfen, wodurch er sich vom ↑historischen Roman unterscheidet, der sich mit Epochen der Vergangenheit befaßt. Einige Zeitromane enthalten über die Zeitanalyse hinaus auch Zeitkritik, z. T. auch utopische Programme, so daß sie auch der ↑politischen Dichtung oder der ↑Tendenzliteratur zuzurechnen sind. Frühestes Beispiel des Zeitromans in der deutschen Literatur ist K. L. Immermanns Roman „Die Epigonen" (1836). Besondere Bedeutung kommt dem Zeitroman im Jungen Deutschland zu (H. Laube, „Das junge Europa", 1833–37; K. Gutzkow, „Wally, die Zweiflerin", 1835). Weitere Zeitromane im 19. Jahrhundert waren z. B. G. Freytags „Soll und Haben" (1855) sowie die meisten Romane Th. Fontanes (z. B. „Der Stechlin", 1899). Im 20. Jahrhundert ist der Zeitroman zumeist mit Gesellschaftskritik verbunden, so z. B. H. Manns Roman „Der Untertan" (1916) oder nach 1945 die Romane von H. Böll („Ansichten eines Clowns", 1963; „Gruppenbild mit Dame", 1973), M. Walser („Halbzeit", 1960). G. Grass („Hundejahre", 1963). Seit den 60er Jahren wird der Zeitroman von einer Mischung von Dokumentation und Fiktion abgelöst (↑Dokumentarliteratur).

Zeitroman. Schutzumschlag zu Günter Grass' Roman „Hundejahre" (1963)

Zeitungsroman ↑Fortsetzungsroman.

Zensur [von lateinisch censura „Prüfung, Beurteilung"]: behördliche Prüfung und gegebenenfalls Verbot von Büchern und Theaterstücken durch Organe des Staates oder der Kirche. Die Zensur wird dann wirksam, wenn das jeweilige literarische Werk mit der herrschenden politischen Richtung, einer offiziellen Lehrmeinung oder den Geboten der Sitte in Konflikt gerät. Literarische Zensur gibt es seit der Antike; in Rom war sie Aufgabe der Zensoren, die durch sie Verstöße gegen die sittlichen Normen und Kritik an Personen des öffentlichen Lebens zu verhindern hatten. Im Mittelalter übte v. a. die Kirche eine bis in die Neuzeit reichende Sitten- und Lehrenzensur aus. Durch die Erfindung des Buchdrucks und die damit verbundene weite Verbreitung literarischer Erzeugnisse kam der Zensur eine stärkere Bedeutung zu. Zur bestehenden kirchlichen trat 1529 in Deutschland die allgemein eingeführte weltliche Zensur, die 1569 durch die Einrichtung des kaiserlichen Bücherkommissariats in Frankfurt am Main institutionalisiert wurde. Die Karlsbader Beschlüsse (1819) brachten eine Verschärfung der durch den Einfluß der Französischen Revolution gelockerten Zensurbestimmungen. Eine teilweise Aufhebung der staatlichen Zensur brachte erst das Revolutionsjahr 1848, doch wurden auch danach noch literarische Werke, v. a. Theaterstücke, verboten (z. B. „Die Weber", 1892, von G. Hauptmann; „Der Reigen", 1897, von A. Schnitzler). Die staatliche Zensur wurde, zumindest in den westlichen Demokratien, schrittweise aufgehoben; heute gibt es in der Bundesrepublik Deutschland gesetzliche Einschränkungen nur zum Schutze der Jugend und der persönlichen Ehre.

Zeugma [griechisch „Verbindung, Joch"]: rhetorische Figur der Worteinsparung, Sonderform der ↑Ellipse: unpassende oder falsche Zuordnung desselben Satzgliedes (meist des Prädikats) zu zwei oder mehreren anderen Satzgliedern, z. B. „Er schlug die Stühl' und Vögel tot" (H. Hoffmann, „Der Struwwelpeter", 1845).

Zieldrama: Form des ↑Dramas, in der – im Gegensatz zum ↑analytischen Drama – die Bühnenhandlung mit den konfliktauslösenden Ereignissen einsetzt und „zielstrebig", in geradliniger Entwicklung auf das Ende (in der Tragödie auf die ↑Katastrophe) hingeführt wird (z. B. F. Schiller, „Kabale und Liebe", 1784).

Zinnespelen ['zɪnəspe:lə; niederländisch] (Sinnspiele): Bezeichnung für die niederländischen ↑Moralitäten, die im 15. und 16. Jahrhundert die ↑Abele spelen ablösten. Charakteristisch sind die Verbindung frühhumanistischer Gelehrsamkeit mit volkstümlichen Elementen und integrierte Schaubilder. Die Aufführungen fanden zur Fastnachtszeit im Freien auf mehrteiligen Etagen- und Wagenbühnen statt, sie wurden von den ↑Rederijkers organisiert und inszeniert, zum größten Teil auch von ihren Theaterdichtern verfaßt.

Zitat: die wörtliche Übernahme einer Wendung, eines Satzes, Verses oder längeren Abschnittes, auch eines mündlichen Ausspruchs eines anderen Autors in ein literarisches Werk (bzw. in die mündliche Rede), zur Erläuterung oder Bestätigung der eigenen Gedanken oder Feststellungen. Im Druck wird das Zitat durch Anführungszeichen oder Kursive kenntlich gemacht, mit Nennung des Verfassers und, falls erforderlich, mit einer Quellenangabe, entweder durch besondere Hinweise im Text, durch ↑Fußnoten oder durch Anmerkungen. Die Verfasserangabe kann eventuell entfallen bei Zitaten mit breitem Bekanntheitsgrad, sogenannten ↑geflügelten Worten. Bei einigen Schriftstellern (z. B. bei F. Rabelais, Ch. M. Wieland, E. T. A. Hoffmann, Th. Mann) wurde es zu einem bewußten epischen Stilmittel entwickelt.

Zornige junge Männer ↑Angry young men.

Zukunftsroman: Form des utopischen Romans (↑Utopie) und der ↑Science-fiction, der in einer für den Autor zukünftigen Zeit spielt.

Zwischenreim ↑Schweifreim.

Zwischenspiel: kleine dramatische, meist komische Einlage vor, nach oder v. a. zwischen den Akten eines Schauspiels zur Ablenkung und Erheiterung der Zuschauer während des Szenenwechsels. Zwischenspiele gibt es seit der Antike; im Lauf der Entwicklung des Dramas bildeten sich die verschiedensten Formen heraus. In einigen Fällen entwickelten die Zwischenspiele eine zusammenhängende, meist zum Hauptdrama kontrastierende Handlung, die sich auch zu einem eigenen Schauspiel verselbständigen konnte. Die Quellen des neueren Zwischenspiels sind vielfältiger Art: teils die im Renaissancedrama wiederauflebenden antiken Chöre, teils die englischen ↑Interludes, teils die aus Volkslied- und Balletteinlagen entwickelten italienischen ↑Intermezzi, teils die in England beliebten und auf den Kontinent übertragenen Hanswurst- und Clownszenen (↑auch Dumb show, ↑Pantomime), teils die spanischen ↑Entremeses und ↑Sainetes. Seit dem 18. Jahrhundert wurden die Zwischenspiele oft durch eine Zwischenaktmusik abgelöst.

Zyklus [griechisch kýklos „Kreis"]: eine Reihe von inhaltlich und meist auch formal zusammengehörigen literarischen Werken (Gedichte, Novellen, Romane, Dramen usw.), deren einzelne Teile zwar selbständig sind, die jedoch in ihrer Gesamtheit zu einer größeren Einheit zusammengeschlossen sind, z. B. Goethes Gedichtzyklus „West-östlicher Divan" (1819), H. de Balzacs Romanzyklus „La comédie humaine" (1829–54, deutsch „Die menschliche Komödie, 1923–26), G. Kellers Novellenzyklus „Das Sinngedicht" (1881), A. Döblins Romantrilogie „November 1918" (1948–50).

Literatur

Sachstichwörter

Bantel, O./Schaefer, D: Grundbegriffe der Literatur. Frankfurt am Main 1962, [11]1984.

Best, O. F.: Handbuch literarischer Fachbegriffe. Frankfurt am Main 1972, Neuausgabe 1987.

Braak, I.: Poetik in Stichworten. Literaturwissenschaftliche Grundbegriffe. Kiel 1965, [6]1980.

Das Fischer-Lexikon. Literatur. Herausgegeben von W.-H. Friedrich und W. Killy. Frankfurt am Main 1964–65, Neuauflage 1977–79. 3 Bände.

Handlexikon zur Literaturwissenschaft. Herausgegeben von D. Krywalski. München 1974, Neuauflage Reinbek 1978.

Herder Lexikon Literatur. Sachwörterbuch. Bearbeitet von U. Müller. Freiburg u. a. 1974, [5]1981.

Wilpert, G. von: Sachwörterbuch der Literatur. Stuttgart 1955, [7]1989.

Grundlagen der Literaturwissenschaft

Auerbach, E.: Mimesis. Dargestellte Wirklichkeit in der abendländischen Literatur. Bern 1946, [7]1982.

Curtius, E. R.: Europäische Literatur und lateinisches Mittelalter. Bern 1948, [9]1978.

Funk-Kolleg Literatur. Herausgegeben von H. Brackert und E. Lämmert. Frankfurt am Main 1976–77, Neuauflage 1981–82.

Grundkurs der Rhetorik. Herausgegeben von H. Schlüter: München 1974, [11]1988.

Grundzüge der Literatur- und Sprachwissenschaft. Herausgegeben von H. L. Arnold und V. Sinemus. München 1973–74. 2 Bände (Band 1: [8]1986).

Kayser, W.: Das sprachliche Kunstwerk. Eine Einführung in die Literaturwissenschaft. Bern und München 1948, [19]1983.

Krauss, W.: Grundprobleme der Literaturwissenschaft. Reinbeck 1968, [5]1976.

Lausberg, H.: Handbuch der literarischen Rhetorik. München 1960, [2]1973. 2 Bände.

Link, J.: Literaturwissenschaftliche Grundbegriffe. München 1974, [3]1985.

Literaturkritik. Herausgegeben von H. U. Gumbrecht. München 1973.

Staiger, E.: Grundbegriffe der Poetik. Zürich und Freiburg 1946, [8]1968. Taschenbuchausgabe [5]1983.

Staiger, E.: Musik und Dichtung. Zürich und Freiburg 1947, [4]1980.

Ueding, G.: Einführung in die Rhetorik. Geschichte – Technik – Methode. Stuttgart 1976.

Wellek, R. und Warren, A.: Theorie der Literatur. Deutsche Übersetzung. Bad Homburg 1959, Neuauflage 1985.

Wiegmann, H.: Geschichte der Poetik. Stuttgart 1977.

Literaturgeschichte

1. Gesamtdarstellungen

Bieler, L.: Geschichte der römischen Literatur. Berlin 1961, ^{4}1980. 2 Bände.

Boor, H. de/Newald, R.: Geschichte der deutschen Literatur von den Anfängen bis zur Gegenwart. München $^{1-10}$1949 ff. Bisher sind 7 Bände in 9 Teilen erschienen.

Büchner, K.: Römische Literaturgeschichte. Stuttgart 1957, ^{5}1980.

Die deutsche Literatur. Herausgegeben von O. F. Best und H.-J. Schmitt. Stuttgart 1974–77. 16 Bände.

Deutsche Literatur. Eine Sozialgeschichte. Herausgegeben von H. A. Glaser. Reinbek 1980 ff. Auf 10 Bände berechnet. Bisher sind 8 Bände erschienen.

Deutsches Literatur-Lexikon. Begründet von W. Kosch, 1927–29, 3. völlig neubearbeite Auflage herausgegeben von H. Rupp und C. L. Lang. Bern und München 1968 ff. Auf 15 Bände angelegt. Bisher sind 10 Bände erschienen.

Drescher, H. W., u. a.: Lexikon der englischen Literatur. Stuttgart 1979.

dtv-Lexikon der Antike, Teil 1: Philosophie, Literatur, Wissenschaft. München $^{2-3}$1976–78. 4 Bände.

Engler, W.: Lexikon der französischen Literatur. Stuttgart 1974, ^{2}1984.

Frenzel, E.: Motive der Weltliteratur. Ein Lexikon dichtungsgeschichtlicher Längsschnitte. Stuttgart 1976, ^{3}1988.

Frenzel, E.: Stoffe der Weltliteratur. Ein Lexikon dichtungsgeschichtlicher Längsschnitte. Stuttgart 1962, ^{7}1988.

Frenzel, H. A. und Frenzel, E.: Daten deutscher Dichtung. Chronologischer Abriß der deutschen Literaturgeschichte. München 1962, ^{18}1981. 2 Bände.

Geschichte der deutschen Literatur. Herausgegeben von J. Bark, D. Steinbach und H. Wittenberg. Stuttgart 1983–85. 6 Bände.

Glaser, H. u. a.: Wege der deutschen Literatur. Band 1: Eine geschichtliche Darstellung. Frankfurt am Main 1961, Neuausgabe 1989.

Haas, R.: Amerikanische Literaturgeschichte. Heidelberg 1973–74, ^{2}1982. 2 Bände.

Kindlers Neues Literatur Lexikon. Herausgegeben von W. Jens. München 1988 ff. Auf 20 Bände angelegt. Bisher sind 4 Bände erschienen.

Lesky, A.: Geschichte der griechischen Literatur. Bern und München 1958, ^{3}1971.

Lexikon der Kinder- und Jugendliteratur. Herausgegeben von K. Doderer. Weinheim $^{1-2}$1977–82. 4 Bände. Sonderausgabe 1984.

Lexikon der Weltliteratur. Herausgegeben von G. von Wilpert. Band 1: Autoren. – Band 2: Werke. Stuttgart 1963–68 (Band 1: ^{2}1980, Band 2: ^{3}1988).

Der Literatur-Brockhaus. Herausgegeben von W. Habicht und W.-D. Lange. Mannheim 1988. 3 Bände.

Literatur Lexikon. Autoren und Werke deutscher Sprache. Herausgegeben von W. Killy. Gütersloh 1988 ff. Auf 15 Bände angelegt. Bisher sind 3 Bände erschienen.

Lope, H.-J.: Französische Literaturgeschichte. Heidelberg 1978, ^{2}1984.

Martini, F.: Deutsche Literaturgeschichte. Stuttgart 1949, ^{18}1984.

Neues Handbuch der Literaturwissenschaft. Herausgegeben von K. von See. Frankfurt am Main und Wiesbaden 1972ff. Auf 25 Bände angelegt. Bisher sind 21 Bände erschienen.
Pollmann, L.: Geschichte der französischen Literatur. Frankfurt am Main; Wiesbaden 1974–81. 4 Bände.
Schirmer, W. F./Esch, A.: Geschichte der englischen und amerikanischen Literatur. Tübingen 1937, [6]1983. 4 Bände.
Standop, E. und Mertner, E.: Englische Literaturgeschichte. Heidelberg 1967, [4]1983.
Theisen, J.: Geschichte der französischen Literatur. Stuttgart 1964, [6]1982.
Tusculum-Lexikon griechischer und lateinischer Autoren des Altertums und des Mittelalters. Herausgegeben von W. Buchwald u. a. München 1963, [3]1982.
Wittschier, H. W.: Die italienische Literatur. Einführung und Studienführer. München 1977, Tübingen [3]1985.

2. Einzelne Epochen

Amerikanische Literatur der Gegenwart. Herausgegeben von M. Christadler. Stuttgart 1973.
Bungert, H.: Amerikanische Literatur der Gegenwart. Aspekte und Tendenzen. Stuttgart 1977.
Die deutsche Literatur der Gegenwart. Herausgegeben von M. Durzak. Stuttgart 1971, [3]1976.
Deutsche Literatur der Gegenwart in Einzeldarstellungen. Herausgegeben von D. Weber. Stuttgart [1–3]1976–77. 2 Bände.
Die deutsche Romantik. Herausgegeben von H. Steffen. Göttingen 1967, [3]1978.
Englische Literatur der Gegenwart in Einzeldarstellungen. Herausgegeben von H. W. Drescher. Stuttgart 1970.
Französische Literatur der Gegenwart in Einzeldarstellungen. Herausgegeben von W.-D. Lange. Stuttgart 1971.
Französische Literatur des 19. Jahrhunderts. Herausgegeben von W.-D. Lange. Heidelberg 1979–80. 3 Bände.
Hassan, I.: Die moderne amerikanische Literatur. Deutsche Übersetzung Stuttgart 1974.
Hoffmeister, G.: Deutsche und europäische Romantik. Stuttgart 1978.
Kaiser, G.: Aufklärung, Empfindsamkeit, Sturm und Drang. München [3]1979. (Geschichte der deutschen Literatur, Band 3).
Kindlers Literaturgeschichte der Gegenwart in Einzelbänden. Autoren, Werke, Themen und Tendenzen seit 1945. München und Zürich 1973–77. 5 Bände. Neuausgabe Frankfurt am Main 1980. 12 Bände.
Krauss, W.: Literatur der französischen Aufklärung. Darmstadt 1972.
Kritisches Lexikon der romanischen Gegenwartsliteraturen. Loseblattausgabe. Herausgegeben von W.-D. Lange. Tübingen 1984ff.
Kritisches Lexikon zur deutschsprachigen Gegenwartsliteratur. Loseblattausgabe. Herausgegeben von H. L. Arnold. München 1978ff.
Kritisches Lexikon zur fremdsprachigen Gegenwartsliteratur. Loseblattausgabe. Herausgegeben von H. L. Arnold. München 1983ff.

Krömer, W.: Die französische Romantik. Darmstadt 1975.
Kukenheim, L. und Roussel, H.: Führer durch die französische Literatur des Mittelalters. Deutsche Übersetzung. München 1968, Nachdruck 1973.
Kurz, P. K.: Zwischen Widerstand und Wohlstand - Zur Literatur der frühen 80er Jahre. Frankfurt am Main 1986.
Kurz, P. K.: Apokalyptische Zeit - Zur Literatur der mittleren 80er Jahre. Frankfurt am Main 1987.
Literatur der Deutschen Demokratischen Republik. Herausgegeben von H. J. Geerdts. Berlin 1976–87. 3 Bände.
Reich-Ranicki, M.: Deutsche Literatur in West und Ost. München 1965, Neuausgabe 1985.
Romantik. Herausgegeben von E. Ribbat. Königstein/Ts. 1979.
Schnell, R.: Die Literatur der Bundesrepublik. Stuttgart 1986.
Stein, P.: Epochenproblem „Vormärz“ (1815–1848). Stuttgart 1974.
Sturm und Drang. Herausgegeben von W. Hinck. Kronberg/Ts. 1978, Neuauflage Frankfurt am Main 1989.
Szyrocki, M.: Die deutsche Literatur des Barock. Stuttgart 1979, Nachdruck 1987.
Theorie des Expressionismus. Herausgegeben von O. F. Best. Stuttgart 1976, Nachdruck 1985.
Urbanek, W.: Deutsche Literatur. Das 19. und 20. Jahrhundert. Bamberg 1969, [4]1978.
Wapnewski, P.: Deutsche Literatur des Mittelalters. Ein Abriß von den Anfängen bis zum Ende der Blütezeit. Göttingen 1960, [4]1980.
Das zeitgenössische englische Drama. Einführung, Interpretation, Dokumentation. Herausgegeben von K.-D. Fehse und N. H. Platz. Wiesbaden 1975.

Literarische Gattungen

1. Lyrik

Friedrich, H.: Die Struktur der modernen Lyrik. Reinbek 1956, Neuausgabe 1988.
Gedichte und Interpretationen. Herausgegeben von V. Meid u. a. Stuttgart 1982 ff. Auf 6 Bände angelegt. Bisher sind 5 Bände erschienen.
Hartung, H.: Experimentelle Literatur und konkrete Poesie. Göttingen 1975.
Hinck, W.: Die deutsche Ballade von Bürger bis Brecht. Göttingen 1968, [3]1978.
Kayser, W.: Kleine deutsche Versschule. Bern 1946, [18]1977.
Killy, W.: Wandlungen des lyrischen Bildes. Göttingen 1956, [7]1978.
Knörrich, O.: Die deutsche Lyrik seit 1945. Stuttgart 1971, [2]1978.
Raible, W.: Moderne Lyrik in Frankreich. Darstellung und Interpretation. Stuttgart 1972.
Riha, K.: Moritat, Bänkelsong, Protestballade: Kabarett-Lyrik und engagiertes Lied in Deutschland. Königstein/Ts. 1975, [2]1979.
Schlütter, H.-J. u. a.: Das Sonett. Stuttgart 1979.
Storz, G.: Der Vers in der neueren deutschen Dichtung. Stuttgart 1970, Nachdruck 1987.

2. Epik

Comics. Herausgegeben von R. Greiner. Stuttgart 1974, Nachdruck 1983.

Die deutsche Novelle von Goethe bis Kafka. Herausgegeben von B. von Wiese. Düsseldorf 1956. 2 Bände. Neuauflage 1986–87.

Der deutsche Roman im 20. Jahrhundert. Herausgegeben von M. Brauneck. Bamberg 1976. 2 Bände.

Der deutsche Roman. Vom Barock bis zur Gegenwart. Herausgegeben von B. von Wiese. Düsseldorf 1963, ^{4}1979. 2 Bände.

Dithmar, R.: Die Fabel. Geschichte, Struktur, Didaktik. Paderborn 1971, ^{4}1980.

Fabeln. Herausgegeben von Th. Poser. Stuttgart 1975, Nachdruck 1987.

Der französische Roman. Vom Mittelalter bis zur Gegenwart. Herausgegeben von K. Heitmann. Düsseldorf 1975. 2 Bände.

Greiner, M.: Die Entstehung der modernen Unterhaltungsliteratur. Reinbek 1964.

Grothe, H.: Anekdote. Stuttgart 1971, ^{2}1984.

Hillebrand, B.: Theorie des Romans. München 1972, ^{2}1980. 2 Bände.

Karrer, W.: Parodie, Travestie, Pastiche. München 1977.

Kinder- und Jugendliteratur. Herausgegeben von M. Gorschenek und A. Rucktäschel. Stuttgart 1979, ^{3}1984.

Der Kriminalroman. Herausgegeben von J. Vogt. München 1971. 2 Bände.

Lämmert, E.: Bauformen des Erzählens. Stuttgart 1955, ^{8}1983.

Lüthi, M.: Das europäische Volksmärchen. Bern und München 1947, ^{7}1981. Taschenbuchausgabe ^{8}1985.

Migner, K.: Theorie des modernen Romans. Stuttgart 1970.

Parabeln. Herausgegeben von Th. Poser. Stuttgart 1979, Nachdruck 1986.

Parodie. Herausgegeben von W. Ast. Stuttgart 1975.

Pollmann, L.: Der französische Roman im 20. Jahrhundert. Stuttgart 1970.

Positionen des Erzählens. Analysen und Theorien zur Literatur der Bundesrepublik. Herausgegeben von H. L. Arnold und Th. Buck. München 1976.

Reclams Kriminalromanführer. Herausgegeben von A. Arnold und Josef Schmidt. Stuttgart 1978.

Reclams Science-fiction-Führer. Herausgegeben von H. J. Alpers, W. Fuchs und R. M. Hahn. Stuttgart 1982.

Rohner, L.: Theorie der Kurzgeschichte. Frankfurt am Main 1973, Wiesbaden ^{2}1976.

Science-fiction. Theorie und Geschichte. Herausgegeben von E. Barmeyer. München 1972.

Stanzel, F. K.: Typische Formen des Romans. Göttingen 1964, ^{11}1987.

Stanzel, F. K.: Theorie des Erzählens. Göttingen 1979, ^{4}1989.

Texte zur Romantheorie. Herausgegeben von D. Mayer. Frankfurt am Main 1976, ^{2}1980.

Theorie der Kurzgeschichte. Herausgegeben von H.-Ch. von Nayhauss. Stuttgart 1977, Nachdruck 1987.

Theorie der Novelle. Herausgegeben von H. Krämer. Stuttgart 1976, Nachdruck 1988.

Theorie des Kriminalromans. Herausgegeben von E. Finckh. Stuttgart 1974, Nachdruck 1988.
Theorie des Romans. Herausgegeben von H. U. Lindken. Stuttgart 1977, Nachdruck 1987.
Theorie und Technik des Romans im 17. und 18. Jahrundert. Herausgegeben von D. Kimpel und C. Wiedemann. Tübingen ²1972–79. 2 Bände.
Trivialliteratur. Herausgegeben von A. Rucktäschel und H. D. Zimmermann. München 1976.
Unterhaltungsliteratur. Zu ihrer Theorie und Verteidigung. Herausgegeben von J. Hienger. Göttingen 1976.
Welzig, W.: Der deutsche Roman im 20. Jahrhundert. Stuttgart 1967, ²1970.
Wiese, B. von: Novelle. Stuttgart 1963, ⁸1982.

3. Dramatik

Das deutsche Drama. Vom Barock bis zur Gegenwart. Interpretationen. Herausgegeben von B. von Wiese. Düsseldorf 1958, ⁷1980. 2 Bände.
Das deutsche Drama vom Expressionismus bis zur Gegenwart. Herausgegeben von M. Brauneck. Bamberg 1970, ³1977.
Deutsche Dramen von Gryphius bis Brecht. Interpretationen. Herausgegeben von J. Schillemeit. Frankfurt am Main 1965, Neuausgabe 1979.
Das deutsche Lustspiel. Herausgegeben von H. Steffen. Göttingen 1969, Neuausgabe 1982.
Fernsehsendungen und ihre Formen. Herausgegeben von H. Kreuzer und K. Prümm. Stuttgart 1979.
Franzen, E.: Formen des modernen Dramas. Von der Illusionsbühne zum Antitheater. München 1961, ³1974.
Frenzel, H. A.: Geschichte des Theaters. Daten und Dokumente 1470–1890. München 1978, ²1984.
Grimm, R.: Nach dem Naturalismus. Essays zur modernen Dramatik. Kronberg/Ts. 1978.
Hinck, W.: Das moderne Drama in Deutschland. Vom expressionistischen zum dokumentarischen Theater. Göttingen 1973.
Keckeis, H.: Das deutsche Hörspiel 1923–73. Frankfurt am Main 1973.
Kienzle, S.: Schauspielführer der Gegenwart. Stuttgart 1973, ⁴1984.
Mann, O.: Geschichte des deutschen Dramas. Stuttgart 1960, ³1969.
Mennemeier, F. N.: Modernes deutsches Drama. München ¹⁻²1975–79. 2 Bände.
Pfister, M.: Das Drama. Theorie und Analyse. München 1977, ³1982.
Positionen des Dramas. Analysen und Theorien zur deutschen Gegenwartsliteratur. Herausgegeben von H. L. Arnold und Th. Buck. München 1977.
Schoell, K.: Das französische Drama seit dem Zweiten Weltkrieg. Göttingen 1970. 2 Bände.
Theorie des Dramas. Herausgegeben von U. Staehle. Stuttgart 1973, Nachdruck 1989.
Würffel, St. B.: Das deutsche Hörspiel. Stuttgart 1978.
Zur Interpretation des modernen Dramas. Brecht, Dürrenmatt, Frisch. Herausgegeben von R. Geissler. Frankfurt am Main 1960, ¹⁰1981.

Abendländische Literatur

(Auswahl)

Die Abkürzungen sind, wie folgt, aufzulösen: B = Belgier[in], D = Drama, Dramen, E = Erzählung[en], F = Flame, Flämin, G = Gedicht[e], K = Komödie[n], L = Lyrik, N = Novelle[n], Ö = Österreicher[in], R = Roman[e], S = Schweizer[in], Schr = Schrift[en].
* = geboren, † = gestorben, Jh. = Jahrhundert, v. Chr. = vor Christi Geburt, n. Chr. = nach Christi Geburt, zw. = zwischen, d. Ä. = der Ältere, d. J. = der Jüngere. Bei der Datierung entfällt der Zusatz „v. Chr." dann, wenn die Abfolge von zwei Jahreszahlen diese Tatsache deutlich erkennen läßt (z. B. * um 620, † um 580). Bei einzeln stehenden Daten nach Christus steht der Zusatz „n. Chr." nur dann, wenn es sich um das erste Jahrhundert nach Christus handelt. In den altnordischen und isländischen Namen bedeuten Þ = [θ], ð = [ð], in den dänischen und norwegischen Namen ø = [ø] (↑ Ausspracheangaben in Lautschrift, S. 10).

Altnordische Literatur (Altnorwegische und altisländische Literatur)

Eddische Dichtung

„Edda" (auch „Lieder-Edda", „Ältere Edda", 2. Hälfte des 13. Jh., mit Eingangslied „Völuspá")

Skaldische Dichtung

Bragi (9. Jh.): G („Ragnarsdrápa") ~ Egill Skallagrímsson (* um 910, † um 990): „Höfuðlausn" („Haupteslösung") ~ Snorri Sturluson (* 1178 oder 1179, † 1241): sog. „Jüngere Edda" (Skaldenlehrbuch; ab 1220) ~ Eysteinn Ásgrímsson († 1361): G („Lilja"; um 1340)

Sögur (Sagadichtung)

Isländergeschichten: „Sturlunga saga" ~ „Egils saga" (Anfang des 13. Jh.) ~ „Laxdæla saga" (zw. 1230 und 1260) ~ „Njals saga" (Ende des 13. Jh.). – *Königsgeschichten:* „Landnámabók" (Besiedlungsbuch Islands) ~ Sämund (* 1056, † 1133): Geschichtsschreibung ~ Snorri Sturluson (* 1178/79, † 1241): „Heimskringla" (um 1230) ~ „Ágrip" (1. Hälfte des 13. Jh.; kurze Geschichte der norwegischen Könige und Jarle) ~ „Fagrskinna" (1. Hälfte des 13. Jh.). – *Vorzeitgeschichten:* „Ragnars saga loðbrókar" ~ „Hrólfs saga kraka" (14. Jh.) ~ „Völsunga saga" (um 1400)

Gelehrt-mittelalterliche Literatur

„Parcevals saga" ~ „Erex saga" ~ „Tristrams saga" ~ „Þiðreks saga" ~ „Karlamagnus saga" ~ „Kristni saga" ~ „Járnsiða" (1273) ~ „Jónsbók" (1281)

Dänische Literatur

Mittelalter (1150–1550)

Saxo Grammaticus (* um 1150, † um 1220): „Gesta Danorum" ~ Anders Sunesøn (* 1164, † 1228): geistliches Lehrgedicht „Heksaëmeron" ~ Gesetzeswerke (Jütisches Recht von 1241) ~ Reimchronik (15. Jh.; älteste Inkunabel des Nordens)

Reformation, Renaissance und Barock (1550–1720)

Christian Pedersen (* um 1480, † 1554): Bibelübersetzung ~ Anders Christensen Arrebo (* 1587, † 1637): „Hexaëmeron" ~ Thomas Kingo (* 1634, † 1703): L

Aufklärung, Empfindsamkeit und Romantik (1720–1830)

Ludvig Baron von Holberg (* 1684, † 1754): K, Geschichtsschreibung, Satiren, R ~ Johannes Ewald (* 1743, † 1781): D, L ~ Henrik Steffens (* 1773, † 1845): philosophische Schr, N, R ~ Adam Gottlob Oehlenschläger (* 1779, † 1850): D, E, L, Märchen ~ Nicolai Frederik Severin Grundtvig (* 1783, † 1872): L, Schr

Realismus, Naturalismus und Impressionismus (ab 1830)

Johan Ludvig Heiberg (* 1791, † 1860): D, K, L ~ Henrik Hertz (* 1798, † 1870): K, D ~ Hans Christian Andersen (* 1805, † 1875): Märchen, R („Der Improvisator"), Reisebeschreibungen ~ Frederik Paludan-Müller (* 1809, † 1876): D, G („Adam Homo") ~ Sören Kierkegaard (* 1813, † 1855): philosophische Schr ~ Georg Brandes (* 1842, † 1927): literaturästhetische Schr, Essays, Reisebücher ~ Holger Drachmann (* 1846, † 1908): E, L ~ Edvard Brandes (* 1847, † 1931): Essays, Kritiken, D ~ Jens Peter Jacobsen (* 1847, † 1885): L, N, R („Niels Lyhne") ~ Herman Joachim Bang (* 1857, † 1912): E, N („Am Wege"), R, Essays

20. Jahrhundert

Karl Adolph Gjellerup (* 1857, † 1919; Nobelpreis 1917 [mit H. Pontoppidan]): D, N, R ~ Henrik Pontoppidan (* 1857, † 1943; Nobelpreis 1917 [mit K. A. Gjellerup]): E, R („Das gelobte Land") ~ Johannes Jørgensen (* 1866, † 1956): L, R ~ Martin Andersen-Nexø (* 1869, † 1954): L, N, R („Stine Menschenkind") ~ Karin Michaëlis (* 1872, † 1950): L, R ~ Johannes Vilhelm Jensen (* 1873, † 1950; Nobelpreis 1944): Essays, N, R („Die lange Reise") ~ Tania Blixen (* 1885, † 1962): E, Prosa („Afrika, dunkel lockende Welt") ~ Emil Bønnelycke (* 1893, † 1953): L, R ~ Tom Kristensen (* 1893, † 1974): L, R ~ Jacob Paludan (* 1896, † 1975): E, Essays, N, R ~ Nis Johan Petersen (* 1897, † 1943): L, N, R („Die Sandalenmachergasse") ~ Hans Kirk (* 1898, † 1962): R ~ Kaj Munk (* 1898, † 1944): D, Essays, L, Reisebeschreibungen ~ Kjeld Abell (* 1901, † 1961): D ~ Paul la Cour (* 1902, † 1956): L ~ Hans Christian Branner (* 1903, † 1966): Hörspiele, N, R ~ Hans Scherfig (* 1905, † 1979): L, Essays, Kinder- und Reisebücher ~ Martin Alfred Hansen (* 1909, † 1955): N, R ~ Ole Wivel (* 1921): L, Essays ~ Cecil Bødker (* 1927): L, E, R ~ Klaus Rifbjerg (* 1931): L, R ~ Poul Villiam Borum (* 1934): L ~ Inger Christensen (* 1935): L („Det"), R ~Knud Holst (* 1936): L ~ Herdis Møllehave (* 1936): R ~ Anders Bodelsen (* 1937): N, R ~ Christian Kampmann (* 1939, † 1988): E, R ~ Dea Trier Mørch (* 1941): R („Winterkinder") ~ Jette Drewsen (* 1943): R ~ Dan Turèll (* 1946): L, R

Deutsche Literatur

Voralthochdeutsche Zeit

Mythen- und Heldenlieder, Preislieder und Schlachtgesänge, kultische Gesänge (nicht schriftlich überliefert) ~ Gotische Bibelübersetzung des Bischofs Ulfilas (* um 311, † 383)

Althochdeutsche Zeit (750–1050)

„Merseburger Zaubersprüche" ~ „Abrogans" (Glossar; etwa 765 bis 770) ~ Einhard (* um 770, † 840): „Vita Caroli magni" (um 830; lateinisch ~ Otfrid von Weißenburg (9. Jh.): „Evangelienharmonie" ~ „Genesis" (um 830; altsächsisch) ~ „Heliand" (wahrscheinlich um 830; altsächsisches Epos) ~ Notker Balbulus (* um 840, † 912) ~ „Hildebrandslied" (Anfang des 9. Jh. aufgezeichnet) ~ „Muspilli" (wahrscheinlich 9. Jh.) ~ „Wessobrunner Schöpfungsgedicht" (9. Jh.) ~ „Ludwigslied“ (Ende des 9. Jh.) ~ Ekkehart I. (* um 909, † 973; zugeschrieben): Epos „Waltharius“ (lateinisch) ~ Hrotsvit von Gandersheim (10. Jh.): lateinische Heiligenlegenden und Märtyrerdramen ~ Tierepos „Ecbasis captivi“ (10. Jh.; lateinisch) ~ „Ruodlieb“ (höfischer R, 1. Hälfte des 11. Jh.; lateinisch)

Frühmittelhochdeutsche Zeit (1050 bis 1150)

Vorauer Handschrift (Ende des 12. Jh.), darin „Ezzolied“ (um 1060) ~ „Annolied“ (wahrscheinlich zw. 1080 und 1085) ~ „Kaiserchronik“ (um 1150) ~ „Alexanderlied“ des Pfaffen Lamprecht (12. Jh.) ~ Frau Ava (11./12. Jh.): biblische Verserzählungen ~ „Rolandslied“ des Pfaffen Konrad (12. Jh.) ~ Heinrich von Melk (12. Jh.): G

Mittelhochdeutsche Zeit (1150–1300)

Höfischer Minnesang: der von Kürenberg (12. Jh.) ~ Heinrich von Veldeke (* um 1140, † vor 1210): L, E „Eneit“ ~ Friedrich von Hausen (* um 1150, † 1190) ~ Heinrich von Morungen (* um 1150, † 1222) ~ Reinmar der Alte (* zw. 1160 und 1170, † vor 1210) ~ Walther von der Vogelweide (* um 1170, † um 1230) ~ Neidhart (von Reuenthal; * um 1180, † vor 1246) ~ Albrecht von Johannsdorf (um 1200) ~ Dietmar von Aist (12. Jh.). – ***Höfische Epik:*** Eilhart von Oberg[e] (2. Hälfte des 12. Jh.): „Tristrant und Isalde“ ~ Hartmann von Aue (* um 1168, † nach 1210): „Erec“, „Iwein“, „Der arme Heinrich“ ~ „Nibelungenlied“ (um 1200) ~ Wolfram von Eschenbach (* um 1170/80, † um 1220): „Parzival“ ~ Gottfried von Straßburg († um 1215): „Tristan und Isolt“ ~ Rudolf von Ems (* um 1200, † vor 1254) ~ Konrad von Würzburg (* zw. 1220 und 1230, † 1287): Verserzählungen, Legenden, Epen. – ***13. Jahrhundert:*** Ulrich von Türheim (* um 1200, † nach 1250): Epos „Rennewart“ ~ Ulrich von Lichtenstein (* um 1200, † um 1275): R „Frauendienst“ ~ Mechthild von Magdeburg (* um 1210, † 1282 oder 1294): mystische Schr ~ Heinrich von Meißen, genannt Frauenlob (* um 1250/60, † 1318) ~ Wernher der Gartenaere (2. Hälfte des 13. Jh.): „Meier Helmbrecht“ ~ der Stricker († um 1250) ~ Freidank († um 1233): „Bescheidenheit“ ~ Heldenepos „Kudrun“ (um 1230/40) ~ „Osterspiel von Muri“ (13. Jh.) ~ „Carmina Burana“ (13. Jh.)

Spätmittelhochdeutsche Zeit (1300 bis 1500)

Meister Eckhart (* um 1260, † vor 1328): Predigten, lateinische Schr ~ Heinrich Seuse (* 1295 [1300 ?], † 1366): mystische Dichtung, Predigten, Autobiographie ~ Johannes Tauler (* um 1300, † 1361) ~ Ulrich Boner (14. Jh.): Fabeln ~ Oster-, Weihnachts- und Passionsspiele ~ Johannes von Tepl (* um 1350, † 1414): Streitgespräch „Der Ackermann aus Böhmen“ ~ Oswald von Wolkenstein (* 1377, † 1445): L ~ Fastnachtsspiele und Schwänke v. a. von Hans Rosenplüt (* zw. 1400 und 1405, † nach 1460) und Hans Folz (* um 1450, † um 1515) ~ Hans Sachs (* 1494, † 1576): Meisterlieder, Schwänke, Fastnachtsspiele, Schauspiele, Prosadialoge

Humanismus, Renaissance und Reformation (16. Jahrhundert)

Johannes Reuchlin (* 1455, † 1522) ~ Sebastian Brant (* 1457 oder 1458, † 1521): „Narrenschiff“ ~ Martin Luther (* 1483, † 1546): Bibelübersetzung, Predigten Schr ~ Ulrich von Hutten (* 1488, † 1523) ~ Jörg Wickram (* um 1505, † vor 1562): Schwanksammlung „Rollwagenbüchlin“ ~ Georg Rollenhagen (* 1542, † 1609): Schuldramen, Tierepos „Froschmeuseler“ ~ Johann Fischart (* 1546, † um 1590): „...Geschichtklitterung“, Satiren ~ Volksbücher ~ Schwankzyklen: „Eulenspiegel", „Die Schildbürger" ~ „Historia von D. Johann Fausten"

Barock (17. Jahrhundert)

Jakob Böhme (* 1575, † 1624): Schr ~ Friedrich Spee von Langenfeld (* 1591, † 1635): L („Trutz-Nachtigall...") ~ Martin Opitz (* 1597, † 1639): „Buch von der Deutschen Poeterey", L ~ Friedrich Freiherr von Logau (* 1604, † 1655): L ~ Simon Dach (* 1605, † 1659): Lieder, Gedichte ~ Paul Gerhardt (* 1607, † 1676): geistliche Lieder ~ Andreas Gryphius (* 1616, † 1664): D („Peter Squentz"), L ~ Christian Hofmann von Hofmannswaldau (* 1617, † 1679): L ~ Johann Jakob Christoffel von Grimmelshausen (* 1622, † 1676): R („Der Abentheurliche Simplicissimus Teutsch") ~ Angelus Silesius (* 1624, † 1677): „Cherubinischer Wandersmann" ~ Abraham a San[c]ta Clara (* 1644, † 1709): Predigten ~ Christian Reuter (* 1665, †um 1712): K, R

Aufklärung (1720–1785)

Barthold Hinrich Brockes (* 1680, † 1747): L ~ Johann Jakob Bodmer (S; * 1698, † 1783): Literaturkritik, zusammen mit Johann Jakob Breitinger (S; * 1701, † 1776) ~ Johann Christoph Gottsched (* 1700, † 1766): D, Schr ~ Luise Adelgunde Gottsched (* 1713, † 1762): K ~ Christian Fürchtegott Gellert (* 1715, † 1769): Fabeln, L, K, R ~ Johann Wilhelm Ludwig Gleim (* 1719, † 1803): L ~ Friedrich Gottlieb Klopstock (* 1724, † 1803): „Der Messias", „Oden"

Vorklassik (ab 1750)

Gotthold Ephraim Lessing (* 1729, † 1781): Lustspiel „Minna von Barnhelm", D („Nathan der Weise"), Schr ~ Salomon Geßner (S; * 1730, † 1788): L ~ Christoph Martin Wieland (* 1733, † 1813): R („Geschichte des Agathon", „Die Abderiten"), Epen, E

Sturm und Drang (ab 1770)

Matthias Claudius (* 1740, † 1815): „Der Wandsbecker Bote" ~ Johann Gottfried von Herder (* 1744, † 1803): Schr, Volksliedsammlung ~ Gottfried August Bürger (* 1747, † 1794): L („Lenore") ~ Jakob Michael Reinhold Lenz (* 1751, † 1792): D („Die Soldaten") ~ Johann Heinrich Voß (* 1751, † 1826): „Idyllen", Nachdichtungen ~ Johann Peter Hebel (* 1760, † 1826): E („Schatzkästlein des rhein. Hausfreundes") ~ Johann Wolfgang von Goethe (* 1749, † 1832): D („Götz von Berlichingen", „Urfaust"), G, R „Die Leiden des jungen Werthers" ~ Karl Philipp Moritz (* 1756, † 1793): R („Anton Reiser") ~ Friedrich von Schiller (* 1759, † 1805): D („Die Räuber", „Kabale und Liebe"), G

Weimarer Klassik (ab 1786)

Johann Wolfgang von Goethe: D („Iphigenie auf Tauris", „Torquato Tasso", „Faust"), L („West-östlicher Divan"), R („Wilhelm Meister", „Die Wahlverwandtschaften"), „Aus meinem Leben. Dichtung und Wahrheit", „Italienische Reise" ~ Friedrich von Schiller: D („Don Carlos, Infant von Spanien", „Wallenstein", „Maria Stuart", „Die Jungfrau von Orleans", „Wilhelm Tell"), L, Schr

Zwischen Klassik und Romantik

Jean Paul (* 1763, † 1825): Idylle, R („Titan"), Schr ~ Johann Christian Friedrich Hölderlin (* 1770, † 1843): L, R („Hyperion oder der Eremit in Griechenland"), D („Der Tod des Empedokles") ~ Heinrich von Kleist (* 1777, † 1811): D („Der zerbrochene Krug", „Prinz Friedrich von Homburg"), N („Michael Kohlhaas")

Romantik (etwa 1790–1830)

Frühromantik: Wilhelm Heinrich Wackenroder (* 1773, † 1795): „Herzensergießungen eines kunstliebenden Klosterbruders" ~ Jenaer Kreis:

August Wilhelm von Schlegel (* 1767, † 1845): Übersetzungen, v. a. von Shakespeare ~ Friedrich von Schlegel (* 1772, † 1829): R („Lucinde"), Schr ~ Novalis (* 1772, † 1801): L, R („Heinrich von Ofterdingen") ~ Ludwig Tieck (* 1773, † 1853): L, Kunstmärchen, R. – ***Hochromantik:*** Joseph von Görres (* 1776, † 1848): Schr („Die teutschen Volksbücher") ~ E. T. A. Hoffmann (* 1776, † 1822): E, Kunstmärchen, R („Die Elixiere des Teufels") ~ Friedrich Baron de la Motte-Fouqué (* 1777, † 1843): G, Kunstmärchen („Undine") ~ Clemens Brentano (* 1778, † 1842): Kunstmärchen, L; zusammen mit Achim von Arnim (* 1781, † 1831): Volksliedersammlung „Des Knaben Wunderhorn", N, R ~ Adelbert von Chamisso (* 1781, † 1838): L, N („Peter Schlemihls wundersame Geschichte") ~ Jacob (* 1785, † 1863) und Wilhelm Grimm (* 1786, † 1859): „Kinder- und Hausmärchen", „Deutsche Sagen". – ***Spätromantik:*** Ludwig Uhland (* 1787, † 1862): L ~ Joseph Freiherr von Eichendorff (* 1788, † 1857): L, N („Aus dem Leben eines Taugenichts") ~ Wilhelm Hauff (* 1802, † 1827): Märchen, R („Lichtenstein")

Biedermeier (1815–1848)

Wiener Volkskomödie: Ferdinand Raimund (Ö; * 1790, † 1836) und Johann Nepomuk Nestroy (Ö; * 1801, † 1862) ~ Franz Grillparzer (Ö; * 1791, † 1872): D („König Ottokars Glück und Ende", „Weh dem, der lügt") ~ Karl Leberecht Immermann (* 1796, † 1840): D, G, R („Münchhausen") ~ Annette von Droste-Hülshoff (* 1797, † 1848): L, N („Die Judenbuche") ~ Jeremias Gotthelf (S; * 1797, † 1854): Dorfgeschichten, N („Die schwarze Spinne") ~ Eduard Mörike (* 1804, † 1875): L, G, N, R („Maler Nolten") ~ Adalbert Stifter (Ö; * 1805, † 1868): E („Bunte Steine"), R („Der Nachsommer")

Junges Deutschland (etwa 1830 bis 1850)

Heinrich Heine (* 1797, † 1856): L („Buch der Lieder", „Deutschland. Ein Wintermärchen"), Schr ~ Christian Dietrich Grabbe (* 1801, † 1836): K („Scherz, Satire, Ironie und tiefere Bedeutung") ~ Heinrich Laube (* 1806, † 1884): Schr, R, D ~ Ferdinand Freiligrath (* 1810, † 1876): L ~ Karl Gutzkow (* 1811, † 1878): R („Wally, die Zweiflerin"), D ~ Georg Büchner (* 1813, † 1837): D („Dantons Tod", „Woyzeck") ~ Christian Friedrich Hebbel (* 1813, † 1863): D („Maria Magdalene")

Realismus (ab 1850)

Otto Ludwig (* 1813, † 1865): E („Zwischen Himmel und Erde") ~ Gustav Freytag (* 1816, † 1895): R („Soll und Haben") ~ Theodor Storm (* 1817, † 1888): G, N („Der Schimmelreiter") ~ Theodor Fontane (* 1819, † 1898): N, R („Effi Briest", „Der Stechlin") ~ Gottfried Keller (S; * 1819, † 1890): R („Der grüne Heinrich"), N („Die Leute von Seldwyla") ~ Conrad Ferdinand Meyer (S; * 1825, † 1898): N, R („Jürg Jenatsch") ~ Wilhelm Raabe (* 1831, † 1910): R („Der Hungerpastor")

Naturalismus (ab 1880)

Detlev von Liliencron (* 1844, † 1909): L ~ Hermann Sudermann (* 1857, † 1928): D, R, E ~ Gerhart Hauptmann (* 1862, † 1946; Nobelpreis 1912): D („Vor Sonnenaufgang", „Die Weber", „Der Biberpelz"), Sagen-, Mythen- und Märchenspiele, R, E, Essays ~ Arno Holz (* 1863, † 1929): L, E („Papa Hamlet"), D („Die Familie Selicke"), in Zusammenarbeit mit Johannes Schlaf (* 1862, † 1941)

Ende des 19. und 20. Jahrhundert

Paul Heyse (* 1830, † 1914; Nobelpreis 1910): L, N ~ Richard Dehmel (* 1863, † 1920): G, L, R ~ Ricarda Huch (* 1864, † 1947): R („Erinnerungen von Ludolf Ursleu dem Jüngeren"), Schr ~ Frank Wedekind (* 1864, † 1918): D („Der Erdgeist", „Lulu"), L ~ Stefan George (* 1868, † 1933): L ~ Heinrich Mann (* 1871, † 1950): R („Professor Unrat") ~ Christian Morgenstern (* 1871, † 1914): L („Galgenlieder") ~ Thomas Mann (* 1875, † 1955; Nobelpreis 1929): R („Buddenbrooks", „Doktor Faustus"), N, Essays ~ Hermann Hesse (* 1877, † 1962; Nobelpreis 1946): R („Das Glasperlenspiel"), E, L ~ Alfred Döblin (* 1878, † 1957): R („Berlin Alexanderplatz"), E, Essays ~ Georg Kaiser (* 1878, † 1945): D ~ Carl Sternheim (* 1878, † 1942): K („Bürger Schippel") ~ Joachim Ringelnatz (* 1883, † 1934): L ~ Lion Feuchtwanger (* 1884, † 1958): R („Jud Süß") ~ Gottfried Benn (* 1886, † 1956): L, Essays ~ Georg Heym (* 1887, † 1912): L ~ Kurt Schwitters (* 1887, † 1940): L („Anna Blume") ~ Arnold Zweig (* 1887, † 1968): R ~ Kurt Tucholsky (* 1890, † 1935): Kurzprosa, L, Skizzen ~ Nelly Sachs (* 1891, † 1970; Nobelpreis 1966 [mit S. J. Agnon]): L („Fahrt ins Staublose"), dramatische Dichtungen ~ Werner Bergengruen (* 1892, † 1964): G, N, R ~ Hans Fallada (* 1893, † 1947): R ~ Ernst Jünger (*1895): Tagebücher, R, E, Essays ~ Hermann Kasack (* 1896, † 1966): R („Die Stadt hinter dem Strom"), E ~ Carl Zuckmayer (* 1896, † 1977): D („Des Teufels General"), E, L ~ Peter Bamm (* 1897, † 1975): Berichte, Essays ~ Bertolt Brecht (DDR; * 1898, † 1956): L, D („Die Dreigroschenoper", „Mutter Courage und ihre Kinder"), Schr, R, Kurzgeschichten ~ Erich Maria Remarque (* 1898, † 1970): R („Im Westen nichts Neues") ~ Erich Kästner (* 1899, † 1974): G, R („Fabian") ~ Elisabeth Langgässer (* 1899, † 1950): L, E, R ~ Anna Seghers (DDR; * 1900, † 1983): R („Das siebte Kreuz"), E ~ Marie Luise Kaschnitz (* 1901, † 1974), L, E, Essays ~ Peter Huchel (* 1903, † 1981): L, Hörspiele ~ Elias Canetti (* 1905; Nobelpreis 1981): R („Die Blendung"), D, Essays, Schr, Autobiographie ~ Wolfgang Koeppen (* 1906): R ~ Günter Eich (* 1907, † 1972): L, Hörspiele ~ Hans Werner Richter (* 1908): R ~ Hilde Domin (* 1912): L, Prosa ~ Erwin Strittmatter (DDR; * 1912): R („Ole Bienkopp"), E, D ~ Stefan Heym (DDR; * 1913): R („Collin"), Essays, Reportagen ~ Alfred Andersch (* 1914, † 1980): E, R („Winterspelt"), Hörspiele ~ Arno Schmidt (* 1914, † 1979): R („Zettels Traum"), E ~ Karl Krolow (* 1915): L ~ Stephan Hermlin (DDR; * 1915): L, E, Hörspiele, Schr ~ Wolfgang Hildesheimer (* 1916): Stücke, Hörspiele, R, E, Prosa („Mozart") ~ Peter Weiss (* 1916, † 1982): „Die Ermittlung. Oratorium in 11 Gesängen", D, R, E, Essays ~ Heinrich Böll (* 1917, † 1985; Nobelpreis 1972): R („Gruppenbild mit Dame"), E, Essays ~ Johannes Bobrowski (DDR; * 1917, † 1965): L, E, R („Levins Mühle") ~ Paul Celan (* 1920, † 1970): L, Übersetzungen ~ Wolfdietrich Schnurre (* 1920, † 1989): E, R, L, Essays, Hör- und Fernsehspiele ~ Erich Fried (* 1921, † 1988): L („Lebensschatten"), E, R ~ Helmut Heißenbüttel (* 1921): L ~ Franz Fühmann (DDR; * 1922, † 1984): R, E, L, Kinderbücher ~ Heinar Kipphardt (* 1922, † 1982): D, R ~ Max von der Grün (* 1926): R („Flächenbrand") ~ Siegfried Lenz (* 1926): R („Deutschstunde"), E, Hörspiele ~ Hermann Kant (DDR; * 1926): R („Die Aula"), E ~ Erich Loest (* 1926): E, R, Essays, Hör- und Fernsehspiele ~ Günter de Bruyn (DDR; * 1926): R („Buridans Esel"), E ~ Christa Reinig (* 1926): L, Prosa, Hörspiele ~ Günter Grass (* 1927): R („Die Blechtrommel"), E, Schr ~ Martin Walser (* 1927): R, E, Hörspiele, Essays ~ Peter Hacks (DDR; * 1928): D ~ Hans Magnus Enzensberger (* 1929): L, Schr, Hörspiele ~ Christa Wolf (DDR; * 1929): R („Nachdenken über Christa T."), E („Kassandra") ~ Heiner Müller (DDR; * 1929): D ~ Günter Kunert

(* 1929): L, E („Zurück ins Paradies"), Essays, Hör- und Fernsehspiele ~ Karl-Heinz Jakobs (DDR; * 1929): L, R, E, Reportagen ~ Walter Kempowski (* 1929): R, E ~ Adolf Endler (DDR; * 1930): L, Prosa, Essays, Stükke für Kinder ~ Horst Bieneck (* 1930): L, E, R (Gleiwitzer Tetralogie) ~ Erik Neutsch (DDR; * 1931): E, R (Trilogie „Der Friede im Osten"), D, Hörspiele ~ Rolf Hochhuth (* 1931): D („Der Stellvertreter"), E ~ Gabriele Wohmann (* 1932): R, E ~ Reiner Kunze (* 1933): L ~ Peter Härtling (* 1933): R („Hölderlin"), Kinder- und Jugendbücher ~ Irmtraut Morgner (DDR; * 1933): R („Amanda") ~ Wulf Kirsten (DDR; * 1934): L ~ Manfred Bieler (* 1934): R, Hör- und Fernsehspiele ~ Uwe Johnson (* 1934, † 1984): R („Jahrestage. Aus dem Leben von Gesine Cresspahl") ~ Ulrich Plenzdorf (DDR; * 1934): D ~ Sarah Kirsch (* 1935): L ~ Dieter Kühn (* 1935): R, E („Herr Neidhart"), Essays, Hörspiele ~ Fritz Rudolf Fries (DDR; * 1935): R („Der Weg nach Oobliadooh"), E, Hörspiele ~ Wolf Biermann (* 1936): L, Lieder, Prosa ~ Hartmut Lange (* 1937): D, Hörspiele ~ Jurek Becker (DDR; * 1937): R („Jakob der Lügner"), Fernsehspiele ~ Herbert Achternbusch (* 1938): E, R („Land in Sicht"), Stücke, autobiographische Prosa ~ Volker Braun (DDR; * 1939): L, E („Unvollendete Geschichte"), D ~ Botho Strauß (* 1944): Stücke („Groß und klein. Szenen"), Prosa ~ Christoph Hein (DDR; * 1944): D („Cromwell"), N ~ Jürgen Theobaldy (* 1944): L, R ~ Martin Sperr (* 1944): Stücke („Jagdszenen aus Niederbayern") ~ Einar Schleef (* 1944): R, E, D, Hörspiele ~ Thomas Brasch (* 1945): L, E, D, Filme ~ Ludwig Fels (* 1946): L, R, D ~ Ulla Hahn (* 1946): L ~ Richard Pietraß (DDR; * 1946): L ~ Franz Xaver Kroetz (* 1946): Stücke („Stallerhof"), R ~ Karin Struck (* 1947): R („Klassenliebe") ~ Gerhard Köpf (* 1948): R ~ Jürgen Fuchs (* 1950): L, Prosaskizzen, D, Essays, R ~ Bert Papenfuß-Gorek (DDR; * 1956): L

Österreich: Arthur Schnitzler (* 1862, † 1931): D („Liebelei), N ~ Hermann Bahr (* 1863, † 1934): D („Das Konzert"), R, Essays ~ Hugo von Hofmannsthal (* 1874, † 1929): D („Jedermann"), Libretti („Der Rosenkavalier"), L ~ Karl Kraus (* 1874, † 1936): Essays, L, D ~ Rainer Maria Rilke (* 1875, † 1926): L („Duineser Elegien"), R, E ~ Robert Musil (* 1880, † 1942): R („Der Mann ohne Eigenschaften"), N, D ~ Stefan Zweig (* 1881, † 1942): R, E, Essays („Sternstunden der Menschheit") ~ Franz Kafka (* 1883, † 1924): R („Der Prozeß"), E ~ Hermann Broch (* 1886, † 1951): R („Der Tod des Vergil") ~ Georg Trakl (* 1887, † 1914): L ~ Albert Paris Gütersloh (* 1887, † 1973): R, L, Essays ~ Franz Werfel (* 1890, † 1945): D, R, L ~ Joseph Roth (* 1894, † 1939): R („Radetzkymarsch"), E ~ Heimito von Doderer (* 1896, † 1966): R („Die Strudlhofstiege") ~ Ödön von Horváth (* 1901, † 1938): D, Volksstücke („Geschichten aus dem Wienerwald"), E, R ~ H[ans] C[arl] Artmann (* 1921): L, Prosa, Stücke ~ Ilse Aichinger (* 1921): E, Hörspiele, L ~ Friederike Mayröcker (* 1924): L, Prosa, Hörspiele ~ Ernst Jandl (* 1925): L, Hörspiele ~ Ingeborg Bachmann (* 1926, † 1973): L, Hörspiele, R („Malina"), Schr ~ Gerhard Amanshauser (* 1928): Essays, Satiren, E, R ~ Gerhard Rühm (* 1930): L, Texte, Hörspiele, Stükke ~ Andreas Okopenko (* 1930): L, E, Hörspiele ~ Thomas Bernhard (* 1931, † 1989): L, R, D („Die Jagdgesellschaft", „Minetti") ~ Alfred Kolleritsch (* 1931): R, L ~ Julian (früher Jutta) Schutting (* 1937): L, E, Prosa, Hörspiele ~ Alois Brandstetter (* 1938): R, E ~ Helmut Eisendle (* 1939): R, E, Essays ~ Wolfgang Bauer (* 1941): Stücke („Magic afternoon"), L, R ~ Barbara Frischmuth (* 1941): R, E ~Michael Scharang (* 1941): Kurzprosa, dokumentarische Literatur, Hörspiele, R („Charley Traktor") ~ Klaus Hoffer (* 1942): R ~ Gerhard

Roth (* 1942): experimentelle Prosa, R, D, E ~ Peter Handke (* 1942): E, R („Der kurze Brief zum langen Abschied"), Stücke, Prosa ~ Peter Turrini (* 1944): Volksstücke („Sauschlachten") ~ Franz Innerhofer (* 1944): R ~ Ernst Nowak (* 1944): Hörspiele, E, R ~ Gernot Wolfgruber (* 1944): R („Herrenjahre"), E ~ Peter Rosei (* 1946): E, R, Essays, L ~ Elfriede Jelinek (* 1946): L, Prosa, Hörspiele ~ Gert Friedrich Jonke (* 1946): E, R ~ Brigitte Schwaiger (* 1949): R, E ~ Helmut Zenker (* 1949): R, L, Fernsehspiele ~ Josef Winkler (* 1953): R (Trilogie „Das wilde Kärnten")

Schweiz: Carl von Spitteler (* 1845, † 1924; Nobelpreis 1919): Epen („Olympischer Frühling"), N, R, K, L, Essays ~ Meinrad Inglin (* 1893, † 1971): R ~ Rudolf Jakob Humm (* 1895, † 1977): R, E ~ Friedrich Glauser (* 1896, † 1938): R („Wachtmeister Studer") ~ Ludwig Hohl (* 1904, † 1980): Essays, E, Aphorismen ~ Urs Martin Strub (* 1910): L ~ Max Frisch (* 1911): R („Homo Faber"), D („Herr Biedermann und die Brandstifter"), Tagebücher, E ~ Gerhard Meier (* 1917): L, R ~ Silja Walter (* 1919): L, Volksspiele, R, E ~ Kurt Marti (* 1921): L, Prosa ~ Friedrich Dürrenmatt (* 1921): D („Die Physiker"), R, Hörspiele, Essays ~ Erika Burkart (* 1922): Prosa, R („Die Spiele der Erkenntnis"), L ~ Eugen Gomringer(* 1925): L, Prosa ~ Hans Boesch (* 1926): L, R ~ Walter Vogt (* 1927): R, E ~ Walter Matthias Diggelmann (* 1927, † 1979): R, E, Hör- und Fernsehspiele ~ Otto F[riedrich] Walter (* 1928): R, D ~ Paul Nizon (* 1929): Essays, R, Kurzprosa ~ Hugo Loetscher (* 1929): R ~ Jörg Steiner (* 1930): R, E ~ Erica Pedretti (* 1930): R, Kurzprosa ~ Jürg Federspiel (* 1931): R, E ~ Adolf Muschg (* 1934): R („Albissers Grund"), E, D, Hörspiele, Schr ~ Rudolf von Tavel (* 1934): E, D ~ Peter Bichsel (* 1935): R, E ~ Gerold Späth (* 1939): R („Sindbadland"), E ~ Beat Brechbühl (* 1939): L, R ~ Werner Schmidli (* 1939): R ~ Hermann Burger (* 1942, † 1989): R („Die künstliche Mutter"), L, E ~ Walter Schenker (* 1943): E, R („Gudrun") ~ E. Y. Meyer (* 1946): R („Die Rückfahrt"), E, Essays ~ Silvio Blatter (* 1946): R, E ~ Gertrud Leutenegger (* 1948): L, R

Englische Literatur

Altenglische Periode (7.–11. Jahrhundert)

Caedmon († um 680) ~ Beda, genannt B. Venerabilis (* 672/673, † 735) ~ Cynewulf (2. Hälfte des 8. Jh.) ~ „Beowulf" (etwa 8. Jh., Textüberlieferung um 1000) ~ Ælfric (* um 955, † um 1022)

Mittelenglische Periode (12.–15. Jahrhundert)

Geoffrey of Monmouth (* um 1100, † 1154) ~ Layamon (um 1200): „Roman de Brut" ~ John Wyclif (* um 1320, † 1384): Bibelübersetzung ~ John Gower (* um 1330, † 1408) ~ William Langland (* um 1332, † um 1400): Versepos ~ Geoffrey Chaucer (* um 1340, † 1400): E („The Canterbury tales"), G ~ William Dunbar (* um 1460, † um 1525): L, Satiren ~ Thomas Malory (* 1408, † 1471): R („Le morte Darthur") ~ Volksballaden (z. B. über Robin Hood, 14./15. Jh.) ~ Zyklen biblischer Mysterienspiele ~ Moralitäten

Renaissance (1500–1630)

Thomas More (* 1478, † 1535): R („Utopia") ~ Sir Thomas Wyatt (* 1503, † 1542): L ~ Henry Howard, Earl of Surrey (* 1517[?], † 1547): L ~ Edmund Spenser (* 1552[?], † 1599): „The faerie queene" ~ Sir Philip Sidney (* 1554, † 1586): R („Arcadia") ~ John Lyly (* um 1553 oder 1554, † 1606): R („Euphues") ~ Robert Greene (* 1558, † 1592): D ~ Thomas Kyd (* 1558, † 1594): D ~ George Chapman (* 1559, † 1634): D, Übersetzung Homers ~ Christopher Marlowe (* 1564, † 1593): D („Doctor Faustus") ~ William Shakespeare (* 1564, † 1616): D („Romeo und Julia", „Hamlet", „Othello", „König Lear", „Macbeth"), Königsdramen, K ~ Ben Jonson (* 1572, † 1637): D ~ Thomas Dekker (* 1572, † 1632): D ~ John Fletcher (* 1579, † 1625): D ~ John Webster (* um 1580, † um 1625): D ~ Philip Massinger (* 1583, † 1640): D ~ Francis Beaumont (* 1584, † 1616): D

Puritanismus und Restauration (1630–1700)

John Donne (* 1572 oder 1573, † 1631): L ~ George Herbert (* 1593, † 1623): L ~ John Milton (* 1608, † 1674): Epen („Das verlorene Paradies"), D, L, Schr ~ Samuel Butler (* 1612, † 1680): Verssatire „Hudibras" ~ John Bunyan (* 1628, † 1688): „The pilgrim's progress" ~ John Dryden (* 1631, † 1700): Literaturkritik, Satiren, L, D ~ George Etheredge (* 1635, † 1691): K ~ Thomas Otway (* 1652, † 1685): D ~ William Congreve (* 1670, † 1729): K („Der Lauf der Welt")

Klassizismus und Aufklärung (18. Jahrhundert)

Daniel Defoe (* 1659 oder 1660, † 1731): R („Robinson Crusoe"), Schr ~ Jonathan Swift (* 1667, † 1745): Satiren („Gullivers Reisen") ~ Richard Steele (* 1672, † 1729): Essays, K ~ Joseph Addison (* 1672, † 1719): Essays ~ Edward Young (* 1683, † 1765): Dichtung „Klagen oder Nachtgedanken über Leben, Tod und Unsterblichkeit...", Essays ~ John Gay (* 1685, † 1732): K („Die Bettleroper") ~ Alexander Pope (* 1688, † 1744): Epos „Der Lockenraub" ~ Samuel Richardson (* 1689, † 1761): R („Clarissa Harlowe") ~ James Thomson (* 1700, † 1748): G („Die Jahreszeiten") ~ Henry Fielding (* 1707, † 1754): R („Tom Jones") ~ Samuel Johnson (* 1709, † 1784): Schr, Wörterbuch, L, Reisebericht ~ Laurence Sterne (* 1713, † 1768): R („Tristram Shandy") ~ Horace Walpole (* 1717, † 1797): R („Schloß Otranto") ~ Tobias George Smollett (* 1721, † 1771): R ~ Oliver Goldsmith (* 1728, † 1774): R („Der Landprediger von Wakefield"), K, Essays, L ~ James Macpherson (* 1736, † 1796): Ossianische Gesänge ~ Richard B. Sheridan (* 1751, † 1816): K („Die Lästerschule") ~ Robert Burns (* 1759, † 1796): L ~ Ann Radcliffe (* 1764, † 1823): R ~ Jane Austen (* 1775, † 1817): R („Stolz und Vorurteil")

Romantik (1780–1840)

William Blake (* 1757, † 1827): L ~ William Wordsworth (* 1770, † 1850): „Lyrical ballads", zusammen mit Samuel Taylor Coleridge (* 1772, † 1834) ~ Walter Scott (* 1771, † 1832): R („Ivanhoe") ~ Thomas Moore (* 1779, † 1852): E, L („Irische Melodien") ~ Thomas De Quincey (* 1785, † 1859): „Bekenntnisse eines Opiumessers" ~ George Gordon Noel Lord Byron (* 1788, † 1824): D, E, Epos „Don Juan", L ~ Percy Bysshe Shelley (* 1792, † 1822): L („Der entfesselte Prometheus") ~ John Keats (* 1795, † 1821): L

Viktorianisches Zeitalter (1840 bis 1900)

Edward George Bulwer-Lytton (* 1803, † 1873): R („Die letzten Tage von Pompeji") ~ Elizabeth Barrett Browning (* 1806, † 1861): L ~ Alfred Lord Tennyson (* 1809, † 1892): L ~ William Makepeace Thackeray (* 1811, † 1863): R („Jahrmarkt der Eitelkeit") ~ Robert Browning (* 1812, † 1889): D, L ~ Charles Dickens (* 1812, † 1870): R („David Copperfield", „Oliver Twist") ~ Charlotte (* 1816, † 1855), Emily Jane (* 1818, † 1848) und Anne Brontë (* 1820, † 1849): R, L ~ George Eliot (* 1819, † 1880): R („Die Mühle am Floss") ~ Dante Gabriel Rossetti (* 1828, † 1882): L ~ George Meredith (* 1828, † 1909): R („Der Egoist"), L ~ Algernon Charles Swinburne (* 1837, † 1909): L, D ~ Thomas Hardy (* 1840, † 1928): R („Tess von d'Urbervilles") ~ Gerard Manley Hopkins (* 1844, † 1889): L ~ Robert Louis Stevenson (* 1850, † 1894): R („Die Schatzinsel") ~ Oscar Wilde (* 1854, † 1900): R („Das Bildnis des Dorian Gray"), K („Ein idealer Gatte"), Märchen ~ Sir Arthur Conan Doyle (* 1859, † 1930): Sherlock-Holmes-Romane ~ Rudyard Kipling (* 1865, † 1936; Nobelpreis 1907): R, E („Das Dschungelbuch")

20. Jahrhundert

George Bernard Shaw (* 1856, † 1950; Nobelpreis 1925): D („Die heilige Johanna"), Schr ~ Joseph Conrad (* 1857, † 1924): R („Lord Jim"), E ~ William Butler Yeats (* 1865, † 1939; Nobelpreis 1923): D ~ Herbert George Wells (* 1866, † 1946): R („Die Zeitmaschine") ~ John Galsworthy (* 1867, † 1933; Nobelpreis 1932): R („Die Forsyte Saga") ~ John Millington Synge (* 1871, † 1909): D, Prosa ~ Gilbert Keith Chesterton (* 1874, † 1936): R (Pater-Brown-Geschichten), Essays ~ William Somerset Maugham (* 1874, † 1965): Kurzgeschichten, R, K ~ Edward Morgan Forster (* 1879, † 1970): R, Essays ~ Sean O'Casey (* 1880, † 1964): D ~ James Joyce (* 1882, † 1941): R („Ulysses") ~ Virginia Woolf (* 1882, † 1941): R („Orlando") ~ David Herbert Lawrence (* 1885, † 1930): R („Söhne und Liebhaber"), N, D, Essays ~ Thomas Stearns Eliot (* 1888, † 1965; Nobelpreis 1948): L („Vier Quartette") ~ Thomas Edward Lawrence (* 1888, † 1935): „Die sieben Säulen der Weisheit" ~ Katherine Mansfield (* 1888, † 1923): Kurzgeschichten („Das Gartenfest") ~ Agatha Christie (* 1890, † 1976): R ~ John Ronald Reuel Tolkien (* 1892, † 1973): R („Der Herr der Ringe") ~ Dorothy L. Sayers (* 1893, † 1957): R, Schr, L, D ~ Aldous Huxley (* 1894, † 1963): R („Schöne neue Welt") ~ John Boynton Priestley (* 1894, † 1984): D („Ein Inspektor kommt"), R ~ Archibald Joseph Cronin (* 1896, † 1981): R („Die Zitadelle") ~ Noël Coward (* 1899, † 1973): D, K, R ~ George Orwell (* 1903, † 1950): R („1984"), Reportagen ~ Evelyn Waugh (* 1903, † 1966): R ~ Graham Greene (* 1904): R („Das Herz aller Dinge"), D, Essays ~ Samuel Beckett (* 1906; Nobelpreis 1969): D („Warten auf Godot"), R, Prosa ~ Wystan Hugh Auden (* 1907, † 1973): L, D ~ Christopher Fry (* 1907): D („Die Dame ist nicht fürs Feuer") ~ Terence Rattigan (* 1911, † 1977): D ~ William Golding (* 1911; Nobelpreis 1983): R („Der Herr der Fliegen") ~ Lawrence Durrell (* 1912): R („Alexandria Quartet") ~ Dylan Thomas (* 1914, † 1953): L, Hörspiel „Unter dem Milchwald", E ~ Anthony Burgess (* 1917): R („Uhrwerk Orange") ~ Muriel Spark (* 1918): R, E, L, Schr ~ Doris Lessing (* 1919): R („Das goldene Notizbuch"), E, L, D ~ Iris Murdoch (* 1919): R („Die Wasser der Sünde") ~ Philip Larkin (* 1922, † 1985): L, R, Essays ~ Kingsley Amis (* 1922): R ~ Brendan Behan (* 1923, † 1964): D („Die Geisel"), L ~ John Fowles (* 1926): R („Die Geliebte des französischen Leutnants") ~ Peter Shaffer (* 1926): D („Equus") ~ Ann Jellicoe (* 1927): D ~ Alan Sillitoe (* 1928): R ~ John Osborne (* 1929): D („Blick zurück im Zorn") ~ Thom Gunn (* 1929): L ~ Brian Friel (* 1929): D, Hörspiele, Kurzgeschichten ~ Keith Waterhouse (* 1929): R („Billy der Lügner"), D ~ Ted Hughes (* 1930): L ~ Harold Pinter (* 1930): D („Der Hausmeister") ~ John Arden (* 1930): D ~ Peter Barnes (* 1931): D ~ Malcolm Bradbury (* 1932): R ~ Eva Figes (* 1932): R, Essays ~ Arnold Wesker (* 1932): D ~

Michael Frayn (* 1933): Satiren, R, Stücke ~ David Malcolm Storey (* 1933): D, R ~ Edward Bond (* 1934): D („Die See“) ~ David Lodge (* 1935): R („Schnitzeljagd“) ~ Tom Stoppard (* 1937): D ~ Caryl Churchill (* 1938): D („Top girls“) ~ Seamus Justin Heaney (* 1939): L ~ Margaret Drabble (* 1939): R („Porträt einer Tüchtigen“) ~ Alan Ayckbourn (* 1939): K („Einer für alles“) ~ Angela Carter (* 1940): R („Nächte im Zirkus“)

Finnische Literatur

16. bis 19. Jahrhundert

Mikael Agricola (* um 1509, † 1557): Übersetzungen ~ Elias Lönnrot (* 1802, † 1884): „Kalevala“ (Sammlung epischer Heldenlieder) ~ Aleksis Kivi (* 1834, † 1872): K, L, R („Die sieben Brüder“) ~ Minna Canth (* 1844, † 1897): D, E ~ Arvid Järnefelt (* 1861, † 1932): R, D

20. Jahrhundert

Juhani Aho (* 1861, † 1921): D, Memoiren, R, Reisebücher ~ Otto Manninen (* 1872, † 1950): L, Übersetzungen ~ Volter Adalbert Kilpi (* 1874, † 1939): E, N, R ~ Eino Leino (* 1878, † 1926): D, Essays, L, R, Übersetzungen ~ Aino Kallas (* 1878, † 1956): L, R, Reisebeschreibungen ~ Hella Wuolijoki (* 1886, † 1954): D, R ~ Frans Eemil Sillanpää (* 1888, † 1964; Nobelpreis 1939): R („Silja, die Magd“) ~ Aaro Antti Hellaakoski (* 1893, † 1952): L ~ P. Mustapää (* 1899, † 1973): L ~ Pentti Haanpää (* 1905, † 1955): R, N ~ Mika Waltari (* 1908, † 1979): L, R („Sinuhe, der Ägypter“) ~ Väinö Linna (* 1920): R („Kreuze in Karelien“) ~ Eeva Joenpelto (* 1921): R ~ Kirsi Kunnas (* 1924): L ~ Veijo Meri (* 1928): R („Das Manilaseil“), E ~ Lassi Nummi (* 1928): L ~ Paavo Rintala (* 1930): R, D ~ Paavo Haavikko (* 1931): L, R, D, N, Hörspiele, Essays ~ Antti Hyry (* 1931): E, N, R ~ Jörn Donner (* 1933): Prosa ~ Eino Säisä (* 1935): R, N ~ Hannu Salama (* 1936): R, E ~ Pentti Saarikoski (* 1937): L ~ Marja-Leena Mikkola (* 1939): R, E, Kinderbücher ~ Jyrki Pellinen (* 1940): L, R ~ Juhani Peltonen (* 1941): L, R ~ Hannu Mäkelä (* 1943): L ~ Alpo Ruuth (* 1943): R, N ~ Matti Pulkkinen (* 1944): R ~ Antti Tuuri (* 1944): N, R ~ Caj Westerberg (* 1946): L

Französische Literatur

Altfranzösische Literatur (Früh- und Hochmittelalter)

„Eulaliasequenz“ (um 880) ~ „Alexiuslied“ (um 1040) ~ Chansons de geste (u. a. „Rolandslied“, um 1100; „Haimonskinder“, 12. Jh.) ~ Chrétien de Troyes (* vor 1150, † vor 1190): Minnelieder, R („Érec et Énide“, „Lancelot“, „Yvain“, „Perceval“) ~ Wace (* um 1100, † um 1174): Reimchroniken („Le roman de Brut“) ~ Benoît de Sainte-More (12. Jh.): Trojaroman ~ Marie de France (2. Hälfte des 12. Jh.): Verserzählungen (sog. „Lais“) ~ Robert de Boron (12./13. Jh.): „Die Geschichte des Hl. Gral“ ~ „Floire et Blancheflor“ (R; um 1160) ~ „Aucassin et Nicolette“ (sog. „chantefable“ [Verse und Prosa]; Anfang des 13. Jh.) ~ Thibault IV de Champagne, König von Navarra (* 1201, † 1253): L ~ Guillaume de Lorris (* zw. 1200 und 1210; † nach 1240): „Rosenroman“ (1. Teil) ~ Jean de Meun[g] (* um 1240, † um 1305): „Rosenroman“ (2. Teil)

Mittelfranzösische Literatur (Spätmittelalter)

Adam de la Halle (* um 1238, † um 1287): L, „Le jeu de Robin et de Marion“ ~ Rutebeuf (* vor 1250, † um 1285): religiöse und satirische Gedichte ~ Guillaume de Machau[l]t

(* um 1300, † 1377): L ~ Jean Froissart (* 1337 [?], † um 1410): Geschichtsschreibung ~ Eustache Deschamps (* um 1346, † um 1406): Fabeln, L, Satiren, Schr („L'art de dictier et de fere chansons") ~ Christine de Pisan (* um 1365, † nach 1429): L, Verserzählungen, Traktate ~ François Villon (* um 1431, † nach 1463): L („Das große Testament", „Das kleine Testament") ~ „La farce de Maistre Pierre Pathelin" (etwa 1465)

Renaissance (16. Jahrhundert)

Jean Lemaire de Belges (* 1473, † vor 1525 [?]): L ~ Pierre Gringore (* um 1475, † um 1538): D, G ~ Margarete von Navarra (* 1492, † 1549): N („Das Heptameron") ~ François Rabelais (* um 1494 [?], † 1553): R („Gargantua und Pantagruel") ~ Clément Marot (* 1496, † 1544): Psalmenübersetzung ~ Johannes Calvin (* 1509, † 1564): „Christianae religionis institutio", Bibelkommentar ~ Joachim Du Bellay (* um 1522, † 1560): L, Manifest der „Pléiade" ~ Pierre de Ronsard (* 1524 oder 1525, † 1585): L ~ Étienne Jodelle (* 1532, † 1573): Tragödie „Cléopatre captive" ~ Michel Eyquem de Montaigne (* 1533, † 1592): Essays ~ Guillaume de Salluste, Seigneur Du Bartas (* 1544, † 1590): Schöpfungsepos

Barock, Klassik (17. Jahrhundert)

François de Malherbe (* 1555, † 1628): literaturtheoretische Schr, L ~ Honoré d'Urfé (* 1568 [?], † 1625): R („L'Astrée"), L ~ Pierre Corneille (* 1606, † 1684): D („Der Cid") ~ Madeleine de Scudéry (* 1607, † 1701): R ~ François IV, Herzog von La Rochefoucauld (* 1613, † 1680): „Betrachtungen oder moralische Sentenzen und Maximen", „Mémoires" ~ Savinien de Cyrano de Bergerac (* 1619, † 1655): G, R, Satiren ~ Jean de La Fontaine (* 1621, † 1695): Fabeln, E, R ~ Molière (* 1622, † 1673): K („Tartuffe", „Der Menschenfeind", „Der Geizige") ~ Blaise Pascal (* 1623, † 1662): Schr ~ Marie Marquise de Sévigné (* 1626, † 1696): Briefe ~ Charles Perrault (* 1628, † 1703): Märchen, G ~ Marie-Madeleine Gräfin von La Fayette (* 1634, † 1693): R („Die Prinzessin von Cleves") ~ Nicolas Boileau-Despréaux (* 1636, † 1711): Lehrgedicht „Die Dichtkunst", L, Satiren ~ Jean Racine (* 1639, † 1699): D („Andromache", „Phädra"), Oden ~ Jean de La Bruyère (* 1645, † 1696): „Die Charaktere oder die Sitten im Zeitalter Ludwigs XIV." ~ Fénelon (* 1651, † 1715): R „Die Abenteuer des Telemach", Schr

Rokoko und Aufklärung (18. Jahrhundert)

Alain René Lesage (* 1668, † 1747): R („Der hinkende Teufel", „Gil Blas von Santillana") ~ Pierre Carlet de Chamblain de Marivaux (* 1688, † 1763): K („Das Spiel von Liebe und Zufall"), R ~ Charles de Secondat, Baron de La Brède et de Montesquieu (* 1689, † 1755): R („Persische Briefe"), „Vom Geist der Gesetze" ~ Voltaire (* 1694, † 1778): philosophische Schr, D („Mahomet der Lügenprophet"), L, R („Candide oder Die beste Welt"), E ~ Antoine François Prévost d'Exiles (* 1697, † 1763): R ~ Jean-Jacques Rousseau (* 1712, † 1778): R („Emil oder über die Erziehung"), Schr („Der gesellschaftliche Vertrag..."), Autobiographie „Bekenntnisse" ~ Denis Diderot (* 1713, † 1784): D, R, Schr, zusammen mit Jean Le Rond d'Alembert (* 1717, † 1783): Hg. der „Encyclopédie" ~ Pierre Augustin Caron de Beaumarchais (* 1732, † 1799): D, K („Der Barbier von Sevilla", „Der tolle Tag oder Figaros Hochzeit") ~ Jacques Henri Bernardin de Saint-Pierre (* 1737, † 1814): Schr, E („Paul und Virginie"), Reiseberichte ~ Pierre Ambroise François Choderlos de Laclos (* 1741, † 1803): R („Gefährliche Liebschaften")

Romantik (1815–1830)

André Chénier (* 1762, † 1794): L („Jamben", „La jeune captive") ~ Madame de Staël (* 1766, † 1817): Essays („Deutschland"), R („Delphine") ~ Benjamin Henri Constant de Rebecque (* 1767, † 1830): Schr, R („Adolphe") ~ François René Vicomte de Chateaubriand (* 1768, † 1848): Essays, L, N („René") ~ Alphonse de Lamartine (* 1790, † 1869): „Poetische Meditationen", L, Schr ~ Alfred Comte de Vigny (* 1797, † 1863): D („Chatterton"), L, N, R („Cinq-Mars") ~ Alexandre Dumas d. Ä. (* 1802, † 1870): D, R („Die drei Musketiere", „Der Graf von Monte Christo") ~ Victor Hugo (* 1802, † 1885): D („Cromwell", „Hernani"), L, R („Notre Dame von Paris") ~ Prosper Mérimée (* 1803, † 1870): D, R, N („Carmen"), Schr ~ Gérard de Nerval (* 1808, † 1855): L, E ~ Alfred de Musset (* 1810, † 1857): R, N, L („Die Nächte"), D ~ Théophile Gautier (* 1811, † 1872): L, R, Schr

Realismus und Naturalismus

Stendhal (* 1783, † 1842): Essays, N, R („Rot und Schwarz"), Reiseberichte, Tagebücher ~ Eugène Scribe (* 1791, † 1861): K („Das Glas Wasser"), Libretti ~ Honoré de Balzac (* 1799, † 1850): R („Die menschliche Komödie") ~ George Sand (* 1804, † 1876): R ~ Charles Marie Leconte de Lisle (* 1818, † 1894): L, Übersetzungen ~ Émile Augier (* 1820, † 1889): D ~ Gustave Flaubert (* 1821, † 1880): R („Madame Bovary") ~ Edmond (* 1822, † 1896) und Jules de Goncourt (* 1830, † 1870): R („Germinie Lacerteux. Der Roman eines Dienstmädchens"), Tagebuch ~ Alexandre Dumas d. J. (* 1824, † 1895): D („Die Kameliendame"), K ~ Alphonse Daudet (* 1840, † 1897): E, R ~ Émile Zola (* 1840, † 1902): R („Die Rougon-Macquart"), Schr ~ Guy de Maupassant (* 1850, † 1893): N, R („Bel ami"), Reiseberichte, L, D

Symbolismus (ab 1860)

Charles Baudelaire (* 1821, † 1867): L („Die Blumen des Bösen") ~ Charles De Coster (B; * 1827, † 1879): R („Tyll Ulenspiegel und Lamm Goedzak"), E ~ Stéphane Mallarmé (* 1842, † 1898): L („Der Nachmittag eines Fauns") ~ Paul Verlaine (* 1844, † 1896): L („L'art poétique", „Saturnische Gedichte") ~ Comte de Lautréamont (* 1846, † 1870): Prosagedichte „Die Gesänge des Maldoror" ~ Arthur Rimbaud (* 1854, † 1891): L („Erleuchtungen") ~ Émile Verhaeren (B; * 1855, † 1916): L, D ~ Maurice Maeterlinck (B; * 1862, † 1949; Nobelpreis 1911): L, D („Pelleas und Melisande"), Schr

Ende des 19. und 20. Jahrhundert

Sully Prudhomme (* 1839, † 1907; Nobelpreis 1901): L ~ Anatole France (* 1844, † 1924; Nobelpreis 1921): R („Die Götter dürsten") ~ Pierre Loti (* 1850, † 1923): R, N, Reisebeschreibungen ~ Georges Eekhoud (B; * 1854, † 1927): E, R ~ Albert Giraud (B; * 1860, † 1929): G ~ Marcel Prévost (* 1862, † 1941): R ~ Romain Rolland (* 1866, † 1944; Nobelpreis 1915): D, R („Johann Christof"), Biographien ~ Paul Claudel (* 1868, † 1955): D („Der seidene Schuh"), Essays, L, Schr ~ Edmond Rostand (* 1868, † 1918): D („Cyrano de Bergerac") ~ André Gide (* 1869, † 1951; Nobelpreis 1947): D, E, G, R („Die Falschmünzer"), Biographien ~ Marcel Proust (* 1871, † 1922): R („Auf der Suche nach der verlorenen Zeit") ~ Paul Ambroise Valéry (* 1871, † 1945): Essays, L ~ Colette (* 1873, † 1954): R („Cheri", „Claudine"-Romane) ~ Guillaume Apollinaire (* 1880, † 1918): L („Alkohol"), R ~ Roger Martin du Gard (* 1881, † 1958; Nobelpreis 1937): R („Die Thibaults") ~ Jean Giraudoux (* 1882, † 1944): D („Der trojanische Krieg findet nicht statt"), K, R ~ Georges Duhamel (* 1884, † 1966): D, E, R

(„Die Chronik der Familie Pasquier“), Reisebeschreibungen ~ François Mauriac (* 1885, † 1970; Nobelpreis 1952): E, R, Schr ~ André Maurois (* 1885, † 1967): sog. „biographies romancées“ („Ariel oder das Leben Shelleys“), R, E ~ Jules Romains (* 1885, † 1972): R („Die guten Willens sind“) ~ Fernand Crommelynck (B; * 1886, † 1970): D, lyrische Farce „Der Hahnrei“ ~ Saint-John Perse (* 1887, † 1975; Nobelpreis 1960): L ~ Georges Bernanos (* 1888, † 1948): D, R („Tagebuch eines Landpfarrers“), Schr ~ Marcel Jouhandeau (* 1888, † 1979): E, Essays, R ~ Jean Cocteau (* 1889, † 1963): D („Orpheus“, „Die Höllenmaschine“), L, Libretti, R ~ Paul Éluard (* 1895, † 1952): L ~ André Breton (* 1896, † 1966): „Die Manifeste des Surrealismus“, L, Prosa, Essays ~ Charles Plisnier (B; * 1896, † 1952): N, R, L ~ Tristan Tzara (* 1896, † 1963): L ~ Henry de Montherlant (* 1896, † 1972): D, R („Erbarmen mit den Frauen“) ~ Louis Aragon (* 1897, † 1982): Prosa („Pariser Landleben“), L, R ~ Michel de Ghelderode (B; * 1898, † 1962): D ~ Henri Michaux (B; * 1899, † 1984): Essays, L, Reiseschilderungen ~ Jacques Prévert (* 1900, † 1977): L ~ Antoine de Saint-Exupéry (* 1900, † 1944): Märchen „Der kleine Prinz“, R („Wind, Sand und Sterne“) ~ André Malraux (* 1901, † 1976): R („So lebt der Mensch“), Essays ~ Marcel Aymé (* 1902, † 1967): D, N, R („Die grüne Stute“) ~ Nathalie Sarraute (* 1902): R („Tropismen“) ~ Raymond Queneau (* 1903, † 1976): „Stilübungen“, Essays, G, R ~ Georges Simenon (B; * 1903): R ~ Marguerite Yourcenar (* 1903, † 1987): R („Ich zähmte die Wölfin“), Essays, D, L ~ Jean-Paul Sartre (* 1905, † 1980; Nobelpreis 1964 [nahm den Preis nicht an]): D („Die schmutzigen Hände“), R („Der Ekel“), Schr ~ Simone de Beauvoir (* 1908, † 1986): „Das andere Geschlecht“, Schr, R ~ Jean Anouilh (* 1910, † 1987): D („Antigone“), K ~ Julien Gracq (* 1910): R („Das Ufer der Syrten“) ~ Jean Genet (* 1910, † 1986): D („Notre-Dame-des-fleurs“, „Unter Aufsicht“) ~ Hervé Bazin (* 1911): R ~ Eugène Ionesco (* 1912): D („Die Nashörner“), E, Essays, Theaterkritiken ~ Albert Camus (* 1913, † 1960; Nobelpreis 1957): D, Essays, R („Die Pest“, „Der Fremde“) ~ Félicien Marceau (B; * 1913): D, R ~ Claude Simon (* 1913; Nobelpreis 1985): R („Das Gras“, „Der Palast“) ~ Marguerite Duras (* 1914): D, R („Moderato Cantabile“, „Der Liebhaber“), E ~ Roland Barthes (* 1915, † 1980): literaturkritische Schr ~ Andrée Chedid (* 1920): L ~ Benoîte Groult (* 1920): R ~ Alain Robbe-Grillet (* 1922): R („Der Augenzeuge“), Essays ~ Claude Ollier (* 1922): R ~ Michel Tournier (* 1924): R ~ Michel Butor (* 1926): R, Essays ~ Marie Cardinal (* 1929): R ~ Dominique Fernandez (* 1929): R, Essays ~ Françoise Mallet-Joris (B; * 1930): R, E, Essays ~ Fernando Arrabal (* 1932): R („Baal Babylon“), D ~ Françoise Sagan (* 1935): R („Bonjour tristesse“) ~ Philippe Sollers (* 1936): R ~ Georges Perec (* 1936, † 1982): D, L, R ~ Hélène Cixous (* 1937): R, D, Schr ~ Jean-Marie Gustave Le Clézio ~ (* 1940): R („Der Goldsucher“), N ~ François Weyergans (B; * 1941): R, Fernsehbeiträge, Drehbücher ~ Pascal Lainé (* 1942): R („Die Spitzenklöpplerin“) ~ Chantal Chawaf (* 1943): R ~ Patrick Modiano (* 1947): R („Die Gasse der dunklen Läden“) ~ Patrick Grainville (* 1947): R

Griechische Literatur

Archaische Zeit (etwa 750–500)

Epik: Homer (zw. 750 und 650[?]): „Ilias“, „Odyssee“ ~ Hesiod (um 700): „Theogonie“ ~ verschiedenen Dichtern (Kyklikern) zugeschriebene Epen (7./6. Jh.). – Solon (* um 640, † um 560): Elegien. – Äsop (um 550): Fabeln. – *Lyrik:* Archilochos von Paros (7. Jh.) ~ Sappho (um 600) ~ Alkman (2. Hälfte des 7. Jh.) ~ Stesichoros (* um 630, † 555) ~ Alkaios (* um 620, † um 580) ~ Hipponax (6. Jh.) ~ Anakreon (* um 580, † nach 495). – Theognis (6./5. Jh.): Sprüchesammlung. – Thespis (6. Jh.): erste Tragödie

Klassik (etwa 500–300)

Chorlyrik: Pindar (* 522 oder 518, † nach 446) ~ Bakchylides von Keos (1. Hälfte des 5. Jh.) – *Tragödie:* Aischylos (* 525/524, † 456/455): „Die Perser", „Orestie" ~ Sophokles (* um 496, † um 406): „Antigone", „König Ödipus", „Elektra" ~ Euripides (* 485/484, † 407/406): „Medea", „Iphigenie bei den Taurern", „Andromache", „Elektra", „Orest". – *Komödie:* Aristophanes (* vor 445, † 385): „Die Wolken", „Lysistrate", „Die Frösche" ~ Philemon (* zw. 365 und 360, † 264 oder 263) ~ Menander (* 342/341, † 291/290). – *Geschichtsschreibung:* Herodot (* nach 490, † nach 430) ~ Thukydides (* zw. 460 und 455, † um 400) ~ Xenophon (* um 430, † um 354). – *Rhetorik:* Antiphon (* um 480, † 411) ~ Lysias (* zw. 450 und 440, † um 380) ~ Isokrates (* 436, † 338) ~ Demosthenes (* 384, † 322). – *Philosophie:* Platon (* 427, † 348/347) ~ Aristoteles (* 384, † 322)

Hellenismus (ab 300 v. Chr.)

Theokrit (* um 310, † um 250): bukolische Dichtung ~ Kallimachos (* Ende des 4. Jh., † um 240): L, enzyklopädische Schr, Bibliographie („Pinakes") ~ Apollonios von Rhodos (3. Jh.): Epos „Argonautika" ~ Aratos von Soloi (* 315, † 235): Lehrgedicht „Phainomena" ~ Meleagros (* um 140, † um 70): Epigramme („Stéphanos" [= Kranz]). ~ Herodas von Kos (3. Jh.): Mimiamben. – *Philologie:* Eratosthenes von Kyrene (* um 284 [oder 274], † um 202 [oder um 194]): philosophische, lexikographische, grammatische, geographische Schr, D ~ Aristarchos von Samothrake (* um 217, † um 145) ~ Didymos (Mitte des 1. Jh. v. Chr.). – *Philosophie:* Sokrates (* um 470, † 399)

Römische Zeit (ab 30 v. Chr.)

Geschichtsschreibung: Theophanes von Mytilene († nach 44 v. Chr.) ~ Diodor (1. Jh. v. Chr.) ~ Dionysios von Halikarnassos (1. Jh. v. Chr.) ~ Flavius Josephus (* 37 oder 38, † um 100) ~ Arrian (* um 95, † 175) ~ Cassius Dio Cocceianus (* um 155, † um 235). – Philon von Alexandria (* 15/10 v. Chr., † um 45/50): philosophische Schr ~ Plutarch (* um 46, † um 125): historische, rhetorische, literarhistorische, naturwissenschaftliche, biographische, philosophische Schr ~ Plotin (* 205, † 270): philosophische Schr. – *Geographie:* Strabon (* um 53 v. Chr., † um 20 n. Chr.). – Lukian von Samosata (* zw. 120 und 125, † Ende des 2. Jh.): Satiren. – Kaiser Mark Aurel (* 121, † 180): „Selbstbetrachtungen". – *Christlich-theologische Literatur:* Origenes (* um 185, † um 254) ~ Athanasios (* um 295, † 373) ~ Gregor von Nazianz (* 330, † 390) ~ Basilius der Große (* um 330, † 379) ~ Johannes I. Chrysostomos (* 354, † 407). – *Roman:* Longos (3. Jh.[?]): „Daphnis und Chloe" ~ Heliodor von Emesa (3. Jh.): „Aithiopika" ~ Nonnos (5. Jh.)

Isländische Literatur

14. und 15. Jahrhundert

Kompilationen und Sammelhandschriften („Hauksbók", „Flateyjarbók") ~ Lygisögur (= Lügensagas) ~ erzählende Lieder (Rímur) ~ geistliche Dichtung

Reformation bis 18. Jahrhundert

Guðbrandur Þorláksson (* 1541 oder 1542, † 1627): Bibelübersetzung, G ~ Jon Ólafsson (* 1593, † 1679): Reisebeschreibung ~ Hallgrímur Pétursson (* 1614, † 1674): geistliche L ~

Stefán Ólafsson (* um 1620, † 1688): Satiren, L ~ Árni Magnússon (* 1663, † 1770; Sammler von Handschriften) ~ Eggert Ólafsson (* 1726, † 1768): L, Schr ~ Magnús Stephensen (* 1762, † 1833): Fabeln, Essays

19. Jahrhundert

Jónas Hallgrímsson (* 1807, † 1845): L ~ Jón Sigurðsson (* 1811, † 1879): Schr ~ Benedikt Sveinbjarnarson Gröndal (* 1826, † 1907): L, R ~ Steingrímur Thorsteinsson (* 1831, † 1913): L, Übersetzungen

20. Jahrhundert

Jón Svensson (* 1857, † 1944): E, Essays ~ Guðmundur Magnússon (* 1873, † 1918): L, R ~ Jóhann Sigurjónsson (* 1880, † 1919): D, L ~ Sigurður Jóhannesson Nordal (* 1886, † 1974): Schr, N, L, D ~ Guðmundur Kamban (* 1888, † 1945): D, R ~ Gunnar Gunnarsson (* 1889, † 1975): D, Essays, L, N, R („Die Leute auf Borg") ~ Þorbergur Þorðarson (* 1889, † 1974): Essays, L ~ Davið Stefánsson (* 1895, † 1964): D, L, R ~ Kristmann Guðmundsson (* 1902, † 1983): R ~ Halldór Kiljan Laxness (* 1902; Nobelpreis 1955): R („Islandglocke"), D, E, Essays, L ~ Stein Steinarr (* 1908, † 1958): L ~ Svava Jakobsdóttir (* 1930): R ~ Hannes Pétursson (* 1931): L Jens Pauli Heinesen (* 1932): R ~ Guđbergr Bergsson (* 1932): L, R

Italienische Literatur

12.–14. Jahrhundert

Franz von Assisi (* 1181 oder 1182, † 1226): „Sonnengesang" ~ Giacomo da Lentini (* wahrscheinlich Ende des 12. Jh., † vor 1250): L (Sonette) ~ Guittone d'Arezzo (* um 1225, † um 1294): L ~ Jacobus a Voragine (* zw. 1228 und 1230, † 1298): Heiligenleben („Legenda aurea"; lateinisch) ~ Guido Guinizelli (* zw. 1230 und 1240, † um 1276): L ~ Iacopone da Todi (* um 1230, † 1306): Satiren, geistliche Lobgesänge („Lauden"), Marienklagen ~ Marco Polo (* um 1254, † 1324): Reisebericht „Il milione" (französisch) ~ Guido Cavalcanti (* um 1255, † 1300): L ~ Dante Alighieri (* 1265, † 1321): Epos „Die Göttliche Komödie", L, Schr ~ Francesco Petrarca (* 1304, † 1374): L („Italienische Gedichte"), allegorische Dichtung „Die Triumphe", lateinische Schr und Briefe ~ Giovanni Boccaccio (* 1313, † 1375): N („Das Dekameron"), Schr, R, Versepen, E, Biographien

Humanismus und Renaissance (15. und 16. Jahrhundert)

Gian Francesco Poggio Bracciolini (* 1380, † 1459): Briefe, „Schwänke und Schnurren" ~ Leon Battista Alberti (* 1404, † 1472): kunsttheoretische Schr, Traktate („Über das Hauswesen") ~ Cristoforo Landino (* 1424, † 1498): Schr, Briefe, lateinische Elegien ~ Matteo Maria Boiardo (* um 1440, † 1494): Versepos „Verliebter Roland", Übersetzungen, G ~ Girolamo Savonarola (* 1452, † 1498): Predigten, Briefe, L ~ Angelo Poliziano (* 1454, † 1494): D („Die Tragödie des Orpheus"), G ~ Iacopo Sannazaro (* 1456, † 1530): G, R „Arcadia" ~ Giovanni Pico della Mirandola (* 1463, † 1494): Schr, G ~ Niccolò Machiavelli (* 1469, † 1527): K, historische und staatspolitische Schr („Der Fürst") ~ Ludovico Ariosto (* 1474, † 1533): Epos „Der rasende Roland", K, Satiren, Episteln ~ Michelangelo (* 1475, † 1564): L, Briefe ~ Baldassarre Graf Castiglione (* 1478, † 1529): Bildungslehre „Der Hofmann", G ~ Gian Giorgio Trissino (* 1478, † 1550): D „Sophonisbe" (erste Tragödie der neueren Literatur) ~ Gianfrancesco Straparola (* um 1480, † 1557): Märchen, N ~ Matteo Bandello (* um 1485, † 1562): „Novellen" (u. a. „Romeo und Julia") ~ Pietro Aretino (* 1492,

† 1556): Briefe, Tragödie „L'Orazia", K, Satiren ~ Vittoria Colonna (* um 1492, † 1547): L („Rime") ~ Teofilo Folengo (* 1491 oder 1496, † 1544): Epen („Baldus"), G ~ Benvenuto Cellini (* 1500, † 1571): „Vita" (Autobiographie) ~ Angelo Beolco, genannt Ruzzante (* um 1502, † 1542): K ~ Giovanni Battista Guarini (* 1538, † 1612): Drama „Der treue Schäfer" ~ Torquato Tasso (* 1544, † 1595): Epen („Das befreite Jerusalem"), Schäferspiel „Aminta", Dialoge, Schr

Barock, Manierismus, Klassizismus und Aufklärung (17. und 18. Jahrhundert)

Alessandro Tassoni (* 1565, † 1635): Epos „Der geraubte Eimer" ~ Giambattista Marino (* 1569, † 1625): Epos „Adone", L ~ Giovanni Battista Basile (* 1575, † 1632): Märchensammlung „Das Pentamerone" ~ Francesco Scipione Marchese Maffei (* 1675, † 1755): Tragödie „Merope" ~ Pietro Metastasio (* 1698, † 1782): L, Schr ~ Carlo Goldoni (* 1707, † 1793): K („Der Diener zweier Herren") ~ Carlo Gozzi (* 1720, † 1806): Fabeln („Turandot"), Märchen („Fiabe"), Schr, Epos ~ Giuseppe Parini (* 1729, † 1799): satirisch-didaktische G („Der Tag"), Oden ~ Vittorio Alfieri (* 1749, † 1803): Tragödien („Saul"), K, L, Satiren, Schr

Romantik, Risorgimento, Verismus und Symbolismus (19. Jahrhundert)

Ugo Foscolo (* 1778, † 1827): D, L, R („Die letzten Briefe des Jacopo Ortis") ~ Giovanni Berchet (* 1783, † 1851): L, Essays, Übersetzungen ~ Alessandro Manzoni (* 1785, † 1873): Roman „Die Verlobten", Hymnen, D, Schr ~ Silvio Pellico (* 1789, † 1854): Autobiographie „Meine Gefängnisse", D, L ~ Giacomo Leopardi (* 1798, † 1837): L ~ Giosuè Carducci (* 1835, † 1907; Nobelpreis 1906): L („Odi barbare") ~ Giovanni Verga (* 1840, † 1922): R („Die Malavoglia"), N ~ Antonio Fogazzaro (* 1842, † 1911): R ~ Edmondo De Amicis (* 1846, † 1908): N, Erzählung „Herz" ~ Giovanni Pascoli (* 1855, † 1912): L („Canti di Castelvecchio"), Essays

Futurismus, Moderne und Gegenwart (20. Jahrhundert)

Matilde Serao (* 1856, † 1927): N, R ~ Italo Svevo (* 1861, † 1928): E, N, R („Zeno Cosini") ~ Gabriele D'Annunzio (* 1863, † 1938): D, L („Laudi"), R („Lust") ~ Luigi Pirandello (* 1867, † 1936; Nobelpreis 1934): D („Sechs Personen suchen einen Autor"), N, R ~ Grazia Deledda (* 1871, † 1936; Nobelpreis 1926): R, N ~ Filippo Tommaso Marinetti (* 1876, † 1944): futuristische Manifeste, Schr, R, L, D, E ~ Giovanni Papini (* 1881, † 1956): Biographien, autobiographische Schr („Ein fertiger Mensch"), Essays ~ Guido Gozzano (* 1883, † 1916): G ~ Pier Luigi Maria Rosso di San Secondo (* 1887, † 1956): D, K ~ Giuseppe Ungaretti (* 1888, † 1970): L ~ Riccardo Bacchelli (* 1891, † 1985): R („Die Mühle am Po"), E ~ Ugo Betti (* 1892, † 1953): D („Korruption im Justizpalast"), L, N, R ~ Carlo Emilio Gadda (* 1893, † 1973): R, N ~ Eugenio Montale (* 1896, † 1981; Nobelpreis 1975): L („Satura") ~ Giuseppe Tomasi di Lampedusa (* 1896, † 1957): E, R („Der Leopard") ~ Curzio Malaparte (* 1898, † 1957): R („Die Haut", „Kaputt") ~ Ignazio Silone (* 1900, † 1978): E, R („Fontamara") ~ Carlo Levi (* 1902, † 1975): R („Christus kam nur bis Eboli"), Essays, Reiseberichte ~ Salvatore Quasimodo (* 1901, † 1968; Nobelpreis 1959): L ~ Dino Buzzati (* 1906, † 1972): R („Die Festung"), E ~ Guido Piovene (* 1907, † 1974): R, N, Reiseberichte ~ Alberto Moravia (* 1907): E, R („Der Konformist"), Essays ~ Giovanni Guareschi (* 1908, † 1968): R („Don Camillo und Peppone"), E ~ Cesare Pavese

(* 1908, † 1950): L, R („Der schöne Sommer"), Essays ~ Elio Vittorini (* 1908, † 1966): R („Tränen im Wein") ~ Giuseppe Dessì (* 1909, † 1977): E, R ~ Elsa Morante (* 1912, † 1985): R („La Storia"), E ~ Vasco Pratolini (* 1913): R ~ Mario Luzi (* 1914): L ~ Giorgio Bassani (* 1916): R, E ~ Natalia Ginzburg (* 1916): R, E, Essays, D ~ Carlo Cassola (* 1917, † 1987): R, E ~ Primo Levi (* 1919, † 1987): autobiographische Werke, E, R („Wann, wenn nicht jetzt?") ~ Leonardo Sciascia (* 1921): R, E, Schr ~ Giorgio Manganelli (* 1922): Prosa („Niederauffahrt"), Essays ~ Pier Paolo Pasolini (* 1922, † 1975): Essays, L, R ~ Italo Calvino (* 1923, † 1985): R („Der Baron auf den Bäumen") ~ Giovanni Testori (* 1923): Roman- und Dramenzyklus „I segreti di Milano" ~ Giovanni Giudici (* 1924): L ~ Paolo Volponi (* 1924): G, R („Ich, der Unterzeichnete") ~ Dario Fo (* 1926): D („Mistero buffo") ~ Luigi Malerba (* 1927): R, E, Hör- und Fernsehspiele ~ Luciano De Crescenzo (* 1928): philosophisch-erzählerische Werke („Also sprach Bellavista") ~ Edoardo Sanguineti (* 1930): Essays, L, D, R („Gänsespiel") ~ Alberto Bevilacqua (* 1934): R ~ Umberto Eco (* 1932): R („Der Name der Rose), Schr ~ Fulvio Tomizza (* 1935): R ~ Ferdinando Camon (* 1935): Essays, R ~ Dacia Maraini (* 1936): R, E, D, Essays ~ Antonio Tabucchi (* 1943): E, R („Der Rand des Horizonts") ~ Daniele Del Giudice (* 1949): R ~ Andrea De Carlo (* 1955): R ~ Pier Vittorio Tondelli (* 1955): R

Neugriechische Literatur

10.–18. Jahrhundert

Epos „Digenis Akritas" (10./11. Jh.) ~ Michael Glykas (12. Jh.): Weltchronik, Kerkergedicht ~ Theodoros Podromos (1. Hälfte des 12. Jh.): L (u.a. Bettelgedichte), Versroman ~ Jeorjios Chortadsis (* Ende des 16. Jh., † Anfang des 17. Jh.): D „Erophile" ~ Wikendios Kornaros († 1677): Versepen, D ~ Volksdichtung (15.–18. Jh.)

18. und 19. Jahrhundert

Konstandinos Rigas (* 1757[?], † 1798): L ~ Dionisios Solomos (* 1798, † 1857): L ~ Arjiris Eftaliotis (* 1849, † 1923): E ~ Alexandros Papadiamandis (* 1851, † 1911): R, E

20. Jahrhundert

Jannis Psicharis (* 1854, † 1929): R, Essays, E ~ Kostis Palamas (* 1859, † 1943): D, Epen, L, E, Schr ~ Konstandinos Kawafis (* 1863, † 1933): L ~ Grigorios Xenopulos (* 1867, † 1951): D, E, R ~ Kostas Chadsopulos (* 1868, † 1920): E, L, R, Übersetzungen ~ Spiros Melas (* 1883, † 1966): D, E, Essays, Biographien ~ Angelos Sikelianos (* 1884, † 1951): D, L ~ Nikos Kasandsakis (* 1887, † 1957): D, Epos, L, R („Griechische Passion") ~ Stratis Miriwilis (* 1892, † 1969): E, R („Die Madonna mit dem Fischleib") ~ Jeorjios Seferis (* 1900, † 1971; Nobelpreis 1963): L ~ I[oannis] M. Panajiotopulos (* 1901, † 1982): E, Essays, L, Literaturkritik, R ~ Ilias Wenesis (* 1904, † 1973): R („Äolische Erde"); E, D ~ Pandelis Prewelakis (* 1909, † 1986): R ~ Jannis Ritsos (* 1909): („Gragandа") ~ Odisseas Elitis (* 1911; Nobelpreis 1979): L („To axion esti – Gepriesen sei") ~ Nikiforos Wrettakos (* 1912): L, Prosa ~ Tasos Athanasiadis (* 1913): R, E, Biographien, Essays ~ Antonis Samarakis (* 1919): R („Der Fehler"), E ~ Menelaos Lundemis (* 1919, † 1977): R, E ~ Wassilis Wassilikos (* 1933): R („Griechische Trilogie"), E, L, Essays, D

Niederländische und flämische Literatur

Alt- und mittelniederländische Literatur (9. Jahrhundert bis um 1500)

Wachtendonckscher Psalmen (9./10. Jh.) ~ Westflämisches und limburgisches Verspaar (beides um 1100). – Heinrich von Veldeke

(2. Hälfte des 12. Jh.) ~ Hadewych (F; 1. Hälfte des 13. Jh.): L ~ Jacob van Maerlant (* um 1235, † nach 1291): G, R ~ Tierepik („Van den vos Rainaerde", um 1250) ~ geistliche Epik („Beatrijs", 13. Jh.) ~ Ritterepik (13.–15. Jh.) ~ Abelespiele (14. Jh.) ~ Jan van Ruusbroec (F; * 1293, † 1381): Schr ~ Petrus Dorlandus (* 1454, † 1507): Volksstück „Elckerlijk" ~ Anna Bijns (F; * 1493, † 1575): G ~ dramatisiertes Marienmirakel „Marieken von Nimwegen" (gedruckt 1514 oder 1515)

Reformation (1. Hälfte des 16. Jahrhunderts)

Erasmus von Rotterdam (* 1469[?], † 1536): griechische und lateinische Schr („Lob der Torheit"), Bibelübersetzungen, Sprichwörtersammlung ~ Philips van Marnix (* 1540, † 1598): Satiren

Renaissance, Barock, Klassizismus (2. Hälfte des 16. Jahrhunderts bis 1770)

Jan Baptista van der Noot (F; * um 1540, † um 1595): Epen, G ~ Jacob Cats (* 1577, † 1660): G ~ Pieter Cornelisz. Hooft (* 1581, † 1647): D, G, historische Schr ~ Justus de Harduyn (* 1582, † 1636): L ~ Gerbrand Adriaenszoon Bredero (* 1585, † 1618): G, K ~ Joost van den Vondel (* 1587, † 1679): D („Lucifer"), G ~ Constantijn Huygens (* 1596, † 1687): G, D („Trijntje Cornelis") ~ Adrianus Poirters (F; * 1605, † 1674): G ~ Pieter Langendijk (* 1683, † 1756): G, K ~ Justus van Effen (* 1684, † 1735): Schr

Romantik (ab 1770) und 19. Jahrhundert

Rhijnvis Feith (* 1753, † 1824): D, G, R ~ Willem Bilderdijk (* 1756, † 1831): G, D ~ Jan Frans Willems (F; * 1793, † 1846): D, L ~ Jacob van Lennep (* 1802, † 1868): N, R ~ Everhardus Johannes Potgieter (* 1808, † 1875): Essays, G, L, D ~ Anna Louisa Geertruida Bosboom-Toussaint (* 1812, † 1886): R ~ Hendrik Conscience (F; * 1812, † 1883): R („Der Löwe von Flandern"), E ~ Nicolaas Beets (* 1814, † 1903): L, E ~ Multatuli (* 1820, † 1887): R („Max Havelaar oder Die Holländer auf Java"), Autobiographie ~ Guido Pierre Gezelle (F; * 1830, † 1899): L („Im Kranz der Gezeiten"), Prosa ~ Albrecht Rodenbach (F; * 1856, † 1880): D („Gudrun"), L

20. Jahrhundert

Cyriel Buysse (F; * 1859, † 1932): E, R ~ Willem Johan Theodoor Kloos (* 1859, † 1938): L ~ Frederik Willem van Eeden (* 1860, † 1932): R („Der kleine Johannes"), L, D ~ Louis Couperus (* 1863, † 1923): E, G, R („Iskander") ~ Herman Gorter (* 1864, † 1927): G ~ Herman Heijermans (* 1864, † 1924): D, R („Trinette") ~ Albert Verwey (* 1865, † 1937): G ~ Stijn Streuvels (F; * 1871, † 1969): R („Der Flachsacker"), N, Autobiographien ~ August Vermeylen (F; * 1872, † 1945): Essays, E („Der ewige Jude"), R, Schr ~ Arthur van Schendel (* 1874, † 1946): E, R ~ Karel van de Woestijne (F; * 1878, † 1929): L, Essays, N ~ Herman Teirlinck (F; * 1879, † 1967): D, R („Das Elfenbeinäffchen") ~ Willem Elsschot (F; * 1882, † 1960): R ~ Ferdinand Bordewijk (* 1884, † 1965): G, R ~ August van Cauwelaert (F; * 1885, † 1945): E, R („Der Gang auf den Hügel") ~ Ernest Claes (F; * 1885, † 1968): E, R ~ Felix Timmermans (F; * 1886, † 1947): E, R („Pallieter"), D, L ~ Jakobus Cornelis Bloem (* 1887, † 1966): L ~ Pieter Nicolaas van Eyck (* 1887, † 1954): L ~ Jan Greshoff (* 1888, † 1971): L ~ Adriaan Roland Holst (* 1888, † 1976): L ~ Richard Minne (F; * 1891, † 1965): L ~ Filip de Pillecyn (F; * 1891, † 1962): R ~ Martinus Nijhoff (* 1894, † 1953): L ~ Maurice Roelants (F; * 1895, † 1966): L, R („Gebet um ein gutes Ende") ~ Paul André van Ostaijen (F; * 1896, † 1928): Essays, L ~ Wies Moens (F; * 1898, † 1982): Essays, L ~ Simon Vestdijk (* 1898, † 1971): R ~ Gerard Walschap (F; * 1898): R ~ Hendrik Marsman (* 1899, † 1940): Essays, L, R ~ Marcel Matthijs (F; * 1899, † 1964): N, R ~ Marnix Gijsen (F; * 1899, † 1984): L, R ~ Maurice Gilliams (F; * 1900, † 1982): E, G, R ~ Albe (F; * 1902, † 1973): L, R ~ Pieter Geert Buckinx (F; * 1903, † 1987): L ~ Gerrit Achterberg (* 1905, † 1962): L („Cryptogamen") ~ André Demedts (F; * 1906): R, G ~ Louis-Paul Albert Boon (F; * 1912, † 1979): R („Eine Straße in Ter-Muren") ~ Johan Daisne (F; * 1912, † 1978): R, N, Reportagen L, D ~ Fred Jan Eugeen Germonprez (F; * 1914): R ~ Hubert van Herreweghen (F; * 1920): L ~ Willem Frederik Hermans (* 1921): R, N, L, D, Essays ~ Bernard Kemp (F; * 1926, † 1980): R („Das letzte Spiel") ~ Ivo Michiels (F; * 1923): L, R ~ Lubertus Jacobus Swaanswijk (* 1924): L ~ Harry Mulisch (* 1927): R („Das steinerne Brautbett") ~ Jan Veulemans (F; * 1928): L ~ Paul de Wispelaere (F; * 1928): R ~ Hugo Maurice Julien Claus (F; * 1929): R, L, D ~ Luc ter Elst (F; * 1929): R („Es nimmt kein gutes Ende") ~ Jos Weverbergh (F; * 1930): E ~ Judith Herzberg (* 1934): L ~ Jacques Hamelink (* 1939): L ~ Jeroen Godfred Maria Browwers (* 1940): R, E ~ Jan Cremer (* 1940): R ~ Louis Ferron (* 1942): R ~ Marten 't Hart (* 1944): R, E ~ Gerrit Komrij (* 1944): L, Essays ~ Jacq Firmin Vogelaar: (* 1944): L, N, R, Essays ~ Patrick Conrad (F; * 1945): L ~ Walter Cruyssaert (F; * 1945): L ~ Monika van Paemel (F; * 1945): R ~ Léo Bruynincx (F; * 1948): L

Norwegische Literatur

Mittelalter

Neben eddischer Dichtung, Skaldendichtung, Sagaliteratur († Altnordische Literatur) und lateinischen Geschichtswerken zahlreiche Werke in der Landessprache („Königsspiegel", um 1250) ~ Anfänge der Volksballaden und Volksmärchen

Reformation, Barock und Aufklärung (16.–18. Jahrhundert)

Petter Dass (* 1647, † 1707): G ~ Niels Krog Bredal (* 1733, † 1778): D ~ Johan Herman Wessel (* 1742, † 1785): Satiren, D ~ Johan Nordal Brun (* 1745, † 1816): D

Nationalromantik, Realismus, Naturalismus, Symbolismus (19. Jahrhundert)

Johan Sebastian Welhaven (* 1807, † 1873): L ~ Henrik Arnold Wergeland (* 1808, † 1845): Epos, L ~ Andreas Munch (* 1811, † 1884): L, D ~ Peter Christen Asbjørnsen (* 1812, † 1880): Herausgeber von Volksmärchen ~ Jacobine Camilla Collett (* 1813, † 1895): R („Die Amtmanns-Töchter") ~ Jørgen Ingebretsen Moe (* 1813, † 1882): L, Herausgeber von Volksmärchen ~ Henrik Ibsen (* 1828, † 1906): D („Stützen der Gesellschaft", „Peer Gynt", „Nora oder Ein Puppenheim") ~ Bjørnstjerne Bjørnson (* 1832, † 1910; Nobelpreis 1903): D („Ein Fallissement", „Über die Kraft"), L, R, E („Synnöve Solbakken") ~ Jonas Lie (* 1833, † 1908): R ~ Bertha Amalie Skram (* 1846, † 1905): R ~ Alexander L[ange] Kielland (* 1849, † 1906): R ~ Arne Garborg (* 1851, † 1924): R, L ~ Sigbjørn Obstfelder (* 1866, † 1900): D, G, N

20. Jahrhundert

Gunnar Edvard Rode Heiberg (* 1857, † 1929): D, K, Essays ~ Knut Hamsun (* 1859, † 1952; Nobelpreis 1920): D, R („Hunger", „Mysterien", „Segen der Erde") ~ Nils Kjaer (* 1870, † 1924): D, Essays, K ~ Johan Bojer (* 1872, † 1959): R („Die Lofotfischer") ~ Olav Duun (* 1876, † 1939): Epos „Die Juwikinger", R ~ Johan Petter Falkberget (* 1879, † 1967): R („Im Zeichen des

Hammers") ~ Sigrid Undset (* 1882, † 1949; Nobelpreis 1928): N, R („Kristin Lavranstochter") ~ Olaf Bull (* 1883, † 1933): L ~ Olav Gullvaag (* 1885, † 1961): R („Es begann in einer Mittsommernacht") ~ Tore Ørjasæter (* 1886, † 1968): D, L ~ Arnulf Øverland (* 1889, † 1968): L ~ Sigurd Hoel (* 1890, † 1960): R, D ~ Trygve Gulbranssen (* 1894, † 1962): R („Und ewig singen die Wälder") ~ Tarjei Vesaas (* 1897, † 1970): R ~ Nordahl Grieg (* 1902, † 1943): D („Barrabas"), R ~ Jarl André Bjerke (* 1918, † 1985): L ~ Tor Obrestad (* 1938): L, R ~ Einar Andreas Økland (* 1940): D, L ~ Knut Faldbakken (* 1941): R („Unjahre") ~ Dag Solstad (* 1941): N, R ~ Herbjørg Wassmo (* 1942): L, R ~ Jon Bing (* 1944): R ~ Kjartan Fløgstad (* 1944): L, R, E ~ Gunnar Lunde (* 1944): R, N ~ Paal-Helge Haugen (* 1945): L, R ~ Edvard Hoem (* 1949): L, R ~ Cecilie Løveid (* 1951): R („Sog oder das Meer unter den Brettern"), L, Prosa, Hörspiele ~ Jan Kjærstad (* 1953): N, R

Polnische Literatur

Mittelalter

In lateinischer Sprache: Heiligenviten, Gebete, Chroniken (Gallus Anonymus [11./12. Jh.]; Wincenty Kadłubek [* um 1160 oder 1150, † 1223]; Jan Długosz [* 1415, † 1480]) ~ Jan Ostroróg (* um 1436, † 1501): politische Schr. – *In polnischer Sprache:* Bibelübersetzungen ~ Predigten ~ Lied „Bogurodzica" (14. Jh.) ~ Übersetzungen („Alexandreis")

Humanismus und Renaissance (1500 bis 1620), Barock (1620–1764)

Andrzej Frycz Modrzewski (* 1503, † 1572): politisch-didaktische Prosa ~ Mikołaj Rejz Nagłowic (* 1505, † 1569): G, Verssatire, Prosa ~ Klemens Janicki (* 1516, † 1542 oder 1543) ~ Jan Kochanowski (* 1530, † 1584): D („Die Abfertigung der griechischen Gesandten"), L (Klagelieder „Treny"), Übersetzungen ~ Andrzey Morsztyn (* 1613, † 1693): L, Übersetzungen ~ Wacław Potocki (* 1621, † 1696): historisches Epos, R, Epigramme, Schr, Übersetzungen ~ Wespazjan Kochowski (* 1633, † 1700): G, religiöse Werke ~ Stanisław Hieronym Konarski (* 1700, † 1733): Schr, D, L

Aufklärung (1764–1795), Klassizismus und Empfindsamkeit (1795 bis 1822)

Ignacy Krasicki (* 1735, † 1801): Epos „Die Mäuseade", Fabeln, R, Satiren ~ Franciszek Karpiński (* 1741, † 1825): L ~ Wojciech Bogusławski (* 1757, † 1829): D ~ Julian Ursyn Niemcewicz (* 1757, † 1841): R, D, Balladen ~ Alojzy Feliński (* 1771, † 1820): D ~ Kazimierz Brodziński (* 1791, † 1835): Schr, L

Romantik (1822–etwa 1863) und Positivismus (etwa 1863–etwa 1900)

Adam Mickiewicz (* 1798, † 1855): „Balladen und Romanzen", Epos „Herr Thaddäus oder der letzte Einfall in Litauen", G („Dziady") ~ Juliusz Słowacki (* 1809, † 1849): Epen, L, D („Balladyna") ~ Zygmunt Graf Krasiński (* 1812, † 1859): D („Die ungöttliche Komödie"), G ~ Cyprian Kamil Norwid (* 1821, † 1883): L, D, Schr ~ Eliza Orzeszkowa (* 1841, † 1910): R ~ Henryk Sienkiewicz (* 1846, † 1916; Nobelpreis 1905): R („Quo vadis?") ~ Bolesław Prus (* 1847, † 1912): R („Die Puppe", „Der Pharao") ~ Gabriela Zapolska (* 1857, † 1921): R, N, D („Die Moral der Frau Dulska")

20. Jahrhundert

Jan Kasprowicz (* 1860, † 1926): L ~

Stefan Zeromski (* 1864, † 1925): R („Die Heimatlosen"), E ~ Kazimierz Tetmajer-Przerwa (* 1865, † 1940): D, L, R ~ Władysław Stanisław Reymont (* 1867, † 1925; Nobelpreis 1924): R („Die Bauern") ~ Stanisław Przybyszewski (* 1868, † 1927): D, R ~ Stanisław Wyspiański (* 1869, † 1907): D („Novembernacht") ~ Tadeusz Miciński (* 1873, † 1918): L, D, R ~ Wacław Berent (* 1873, † 1940): R („Edelfäule") ~ Bolesław Leśmian (* 1878, † 1937): L ~ Leopold Staff (* 1878, † 1957): L, D, Übersetzungen ~ Stanisław Ignacy Witkiewicz (* 1885, † 1939): D („Das Wasserhuhn"), R („Unersättlichkeit"), Schr ~ Maria Dabrowska (* 1889, † 1965): R („Nächte und Tage") ~ Bruno Schulz (* 1892, † 1942): E („Die Zimtläden") ~ Julian Tuwim (* 1894, † 1953): L, Versepen, Satiren, Kinderbücher ~ Jarosław Iwaszkiewicz (* 1894, † 1980): L, R („Ruhm und Ehre") ~ Antoni Słonimski (* 1895, † 1976): L, R ~ Julian Przyboś (* 1901, † 1970): L ~ Witold Gombrowicz (* 1904, † 1969): R („Verführung"), D, E, Tagebücher ~ Jerzy Andrzejewski (* 1909, † 1983): D, R („Asche und Diamant") ~ Czesław Miłosz (* 1911; Nobelpreis 1980): L, R („Tal der Issa"), Essays, Übersetzungen ~ Kazimierz Brandys (* 1916): R ~ Stanisław Lem (* 1921): R (Science-fiction), E, Essays, Hör- und Fernsehspiele ~ Tadeusz Różewicz (* 1921): D („Die Laokoon-Gruppe"), L ~ Jerzy Broszkiewicz (* 1922): R, D ~ Zbigniew Herbert (* 1924): D, L („Herr Cogito"), Hörspiele ~ Leszek Kołakowski (* 1927): E, philosophische Schr, Essays ~ Włodzimierz Odojewski (* 1930): E, R ~ Sławomir Mrożek (* 1930): D („Tango", „Der Botschafter"), Satiren ~ Marek Hłasko (* 1934, † 1969): E, R ~ Ireneusz Iredyński (* 1939, † 1985): L, D ~ Ewa Lipska (* 1945): L ~ Adam Zagajeski (* 1945): L ~ Stanisław Barańczak (* 1946): L, Essays, literaturwissenschaftliche Werke

Portugiesische Literatur

Mittelalter (13.–15. Jahrhundert)

Galicisch-portugiesische Lyrik (Liederhandschriften „Cancioneiro da Ajuda", „Cancioneiro da Biblioteca Nacional", „Cancioneiro da Vaticana"): Minnelyrik, Spott- und Rügelieder, Klagelieder der Frau ~ Alfons X., der Weise, König von Kastilien (* 1221, † 1284): Marienlieder ~ Chroniken („Cronica geral de Espanha de 1344") ~ Fernão Lopes (* um 1380, † 1460[?]): „Cronica de D. João I" ~ höfische Gelegenheitsdichtung (seit etwa 1450)

Renaissance (bis 1580)

Gil Vicente (* 1470, † 1536): Mysterienspiele, Moralitäten, Farcen („Inês Pereira") ~ Francisco de Sá de Miranda (* 1485, † 1558): K ~ Francisco de Morais (* um 1500, † 1572): Ritterroman „Palmeirim de Inglaterra" ~ Jorge Ferreira de Vasconcelos (* um 1515, † um 1585): K („Eufrósina"), R ~ Luís Vaz de Camões (* 1524 oder 1525, † 1580): historisches Epos „Die Lusiaden", K ~ António Ferreira (* 1528, † 1569): D („Inês de Castro"), L

Barock (1580–1756), Aufklärung und Klassizismus (1756–1825)

Francisco Rodrigues Lobo (* um 1580, † 1622): L, R ~ Francisco Manuel de Melo (* 1608, † 1666): historische Schr, L, K ~ Domingos dos Reis Quita (* 1728, † 1770): L, D („A Castro") ~ Dinis da Cruz e Silva (* 1731, † 1799): K, L ~ Alcipe (* 1750, † 1839): L, Übersetzungen ~ Manuel Maria Barbosa du Bocage (* 1765, † 1805): L

Romantik, Realismus und Naturalismus (ab 1825)

João Baptista da Silva Leitão de Almeida Garrett (* 1799, † 1854): D („Manuel de Sousa"), E, L, R ~ Alexandre Herculano de Carvalho e Araújo (* 1810, † 1877): Geschichtsschreibung, R, L ~ Camilo Castelo Branco (* 1825, † 1890): R, N, L, Schr ~ Francisco Gomes de Amorim (* 1827, † 1891): D, L, R ~ Antero Tarquínio de Quental (* 1842, † 1891): L ~ José Maria Eça de Queiróz (* 1845, † 1900): R („Das Verbrechen des Paters Amaro", „Der Vetter Basilio") ~ Abilio Manuel de Guerra Junqueiro (* 1850, † 1923): L

20. Jahrhundert

António Nobre (* 1867, † 1900): L („Só") ~ Camilo Pessanha (* 1867, † 1926): L, Essays ~ Raul Brandâo (* 1867, † 1930): N, D, R ~ Eugénio de Castro (* 1869, † 1944): D, L ~ Júlio Dantas (* 1876, † 1962): D („Das Nachtmahl der Kardinäle") ~ Teixeira de Pascoaes (* 1877, † 1952): L, Essays, Biographien, R ~ António Correia de Oliveira (* 1879, † 1960): D, L ~ Aquilino Ribeiro (* 1885, † 1963): R („Wenn die Wölfe heulen"), N, Essays ~ Fernando António Nogueira de Seabra Pessoa (* 1888, † 1935): L ~ Mário de Sá-Carneiro (* 1890, † 1916): L, N, D ~ José Maria Ferreira de Castro (* 1898, † 1974): R („Die Auswanderer") ~ Miguel Torga (* 1907): L, R, E, D, Tagebücher ~ Vitorino Mendes Pinheiro da Silva Nemésio (* 1901, † 1978): R, L, Essays ~ Jorge Fernando Namora (* 1919, † 1989): R, E ~ José Saramago (* 1922): R („Das Memorial") ~ Agustina Bessa Luis (* 1922): R, E, Essays ~ José Cardoso Pires (* 1925): R („Der Dauphin"), E, D, Essays ~ David Mourão-Ferreira (* 1927): L, R, Essays ~ Nuno Bragança (* 1929): R ~ Herberto Helder (* 1930): L, Prosa ~ António Osório (* 1933): L ~ Maria Velho da Costa (* 1938): R ~ Teolinda Gersão (* 1940): E, Tagebuch ~ António Lobo Antunes (* 1942): R („Die Vögel kommen zurück") ~ Benigno José de Almeida Faria (* 1943): R („Passionstag") ~ Lídia Jorge (* 1946): R

Römische Literatur

Vorklassik (etwa 240–100)

Drama: Livius Andronicus (* um 284, † 204): Bearbeitungen griechischer Tragödien und Komödien, Übersetzung der „Odyssee" ~ G. Naevius (3. Jh.): Komödien (Bearbeitungen griechischer Stücke). – *Epos:* G. Naevius: „Bellum Poenicum" ~ Qu. Ennius (* 239, † 169): „Annales" (Geschichte Roms in 18 Büchern). – *Komödie:* T. M. Plautus (* um 250, † um 184): „Amphitruo", „Miles gloriosus" ~ Terenz (* 185, † 159): „Andria", „Eunuchus", „Phormio", „Adelphae". – *Prosa:* M. Porcius Cato Censorius (* 234, † 149): „Origines" (annalistisches Geschichtswerk in 7 Büchern). – *Satire:* G. Lucilius (* um 180 [?], † 102/101): „Saturae"

Klassik (etwa 100 v. Chr. – 14 n. Chr.)

Elegie: Properz (* um 50 v. Chr., † nach 16 n. Chr.) ~ Tibull (* um 50 v. Chr., † um 17 n. Chr.) ~ Ovid (* 43 v. Chr., † 17 oder 18 n. Chr.): „Amores". – *Enzyklopädie:* M. T. Varro (* 116, † 27): „Antiquitates rerum humanarum et divinarum" (41 Bücher), „Disciplinarum libri IX". – *Epos:* Vergil (* 70, † 19 v. Chr.): „Äneis" (Heldenepos in 12 Büchern) ~ Ovid: „Metamorphosen". – *Geschichtsschreibung:* Sallust (* 86, † 35 v. Chr.): „Historiae" (5 Bücher über die Zeit von 78 bis 67) ~ Cäsar (* 100 [oder 102], † 44 v. Chr.): „De bello Gallico" (7 Bücher über den Gallischen Krieg), „De bello civili" (3 Bücher über den Bürgerkrieg) ~ T. Livius (* 59 v. Chr., † 17 n. Chr.): „Ab urbe condita libri" (143 Bücher). – *Lehrgedicht:* Lukrez (* zw. 99 und 94, † 55 [?] v. Chr.): „De rerum natura" ~ Vergil: „Georgica". – *Lyrik:* Catull (* um 84, † um 54 v. Chr.) ~ Horaz (* 65, † 8 v. Chr.): „Carmina". – *Rhetorik:* M. T. Cicero (* 106, † 43 v. Chr.): „De oratore" (Theorie und Praxis der Rhetorik),

„De re publica". – *Satire:* Horaz: „Sermones"

Nachklassik (14 n. Chr.–etwa 240)

Biographie: Sueton (* um 70, † um 140): „De vita Caesarum" (Kaiserbiographien). – *Briefe:* Plinius d. J. (* 61 oder 62, † um 113). – *Epos:* Lukan (* 39, † 65): „Bellum civile" (10 Bücher, unvollendet) ~ P. P. Statius (* um 40, † um 96): „Thebais" (12 Bücher). – *Epigramm:* Martial (* um 40, † 103): „Epigrammata" (12 Bücher). – *Geschichtsschreibung:* C. Tacitus (* um 55, † nach 115): „Germania", „Annales", „Historiae". – *Lyrik:* P. P. Statius: „Silvae" (5 Bücher). – *Roman:* G. Petronius († 66 n. Chr.): „Satyricon" ~ L. Apuleius (* um 125, † um 180): „Der goldene Esel" (darin: „Amor und Psyche"). – *Rhetorik:* Quintilian (* um 35, † 100): „Institutio oratoria" (12 Bücher). – *Satire:* Juvenal (* zw. 58 und 67, † nach 127). – *Tragödie:* Seneca (* um 4 v. Chr., † 65 n. Chr.): „Oedipus", „Agamemno"

Spätantike (etwa 200–650)

Christliche Dichtung: A. Prudentius (* 348, † nach 405): „Psychomachia" ~ Paulinus von Nola (* 453, † 431): G. – *Christlich-theologische Literatur:* Tertullian (* um 160, † nach 220): apologetische und dogmatische Schr ~ Ambrosius von Mailand (* 339, † 397): Predigten, Schr, Hymnen ~ S. E. Hieronymus (* um 347, † 420[419 ?]): „Vulgata" (lateinische Bibelübersetzung) ~ A. Augustinus (* 354, † 430): Schrift „De civitate Dei". – *Geschichtsschreibung:* Ammianus Marcellinus (* um 330, † 395): „Res gestae" (31 Bücher, letztes bedeutendes Geschichtswerk der Antike, Fortsetzung von Tacitus' „Historiae" ~ Sulpicius Severus (* um 360, † um 420): „Chronica" (Abriß der Weltgeschichte). – A. M. S. Boethius (* um 480, † 524): „De consolatione philosophiae", theologische Traktate ~ Cassiodor (* um 490, † um 580): Geschichte der Goten ~ Venantius Fortunatus (* nach 530, † um 600): G, Hymnen ~ Isidor von Sevilla (* um 560, † 636): Enzyklopädie, historische und literarische Schr

Russische Literatur

Kiewer Literatur (11.–13. Jahrhundert)

Übersetzungsliteratur: „Ostromir-Evangelium" (1056/1057) ~ Psalter ~ „Alexandreis", „Izborniki" (1073 und 1076; Sammelbände v. a. von Werken der Kirchenväter). – „Nestorchronik" (11./12. Jh.) ~ Predigten ~ Heiligenlegenden ~ Fürst Wladimir II. Monomach (* 1053, † 1125): „Belehrung" ~ „Igorlied" (um 1185–87)

Moskauer Literatur (14.–17. Jahrhundert)

Maxim Grek (* um 1475, † 1556): Übersetzungen aus dem Griechischen, theologische Werke ~ Makari (* um 1483, † 1563): „Velikije minei četi" (Sammlung von Heiligenlegenden und religiöser Literatur) ~ „Stufenbuch" (1560–63; Darstellung der russischen Geschichte) ~ „Stoglaw" (16. Jh.; Kirchenordnung) ~ „Domostroi" (16. Jh.; bürgerliche Verhaltenslehre) ~ Petrowitsch Awwakum (* um 1621, † 1682): religiöse Werke, Autobiographie ~ Simeon Polozki (* 1629, † 1680): D, G

Klassizismus und Sentimentalismus (18. Jahrhundert)

Antioch Dmitrijewitsch Fürst Kantemir (* 1708, † 1744): Satiren, Fabeln ~ Michail Wassiljewitsch Lomonossow (* 1711, † 1765): D, L, Schr ~ Alexandr Petrowitsch Sumarokow (* 1717, † 1777): D, L, Fabeln ~ Gawrila Romanowitsch (* 1743, † 1816): Oden („Gott") ~ Nikolai Michailowitsch Karamsin (* 1766, † 1826): Balladen, E („Die arme Lisa"), Geschichte Rußlands

Romantik (etwa 1820–etwa 1850)

Iwan Andrejewitsch Krylow (* 1769, † 1844): D, Fabeln, Satiren ~ Wassili Andrejewitsch Schukowski (* 1783, † 1852): Balladen, L, Übersetzungen ~ Alexandr Sergejewitsch Gribojedow (* 1799, † 1829): D, K ~ Alexandr Sergejewitsch Puschkin (* 1799, † 1837): D („Boris Godunow"), L, R („Eugen Onegin"), E ~ Wladimir Fjodorowitsch Odojewski (* 1803, † 1869): L ~ Fjodor Iwanowitsch Tjuttschew (* 1803, † 1873): L ~ Karolina Karlowna Pawlowa (* 1807, † 1893): L ~ Nikolai Wassiljewitsch Gogol (* 1809, † 1852): K („Der Revisor"), R („Die toten Seelen") ~ Michail Jurjewitsch Lermontow (* 1814, † 1841): L, R („Ein Held unserer Zeit")

Realismus (etwa 1850–etwa 1890)

Wissarion Grigorjewitsch Belinski (* 1811, † 1848): Literaturkritik ~ Iwan Alexandrowitsch Gontscharow (* 1812, † 1891): R („Oblomow") ~ Alexei Konstantinowitsch Tolstoi (* 1817, † 1875): D („Don Juan"), L, R, Satiren ~ Iwan Turgenjew (* 1818, † 1883): E („Aufzeichnungen eines Jägers"), R, L ~ Fjodor Michailowitsch Dostojewski (* 1821, † 1881): R („Schuld und Sühne", „Die Brüder Karamasow") ~ Nikolai Alexejewitsch Nekrassow (* 1821, † 1878): Epos, L, Verserzählungen ~ Alexandr Nikolajewitsch Ostrowski (* 1823, † 1886): D, K ~ Michail Jewgrafowitsch Saltykow (* 1826, † 1889): Satiren, Märchen, R („Die Herren Golowljow") ~ Lew Nikolajewitsch Tolstoi (* 1828, † 1910): R („Krieg und Frieden", „Anna Karenina"), E, D ~ Anton Pawlowitsch Tschechow (* 1860, † 1904): D („Der Kirschgarten"), E („Die Steppe")

20. Jahrhundert

Fjodor Sologub (* 1863, † 1927): L, R, D ~ Dimitri Sergejewitsch Mereschkowski (* 1865, † 1941): histor. R ~ Maxim Gorki (* 1868, † 1936): D („Nachtasyl"), E, R („Die Mutter"), Autobiographie ~ Iwan Alexejewitsch Bunin (* 1870, † 1953; Nobelpreis 1933): L, N, R („Suchodol") ~ Alexandr Iwanowitsch Kuprin (* 1870, † 1938): R ~ Leonid Nikolajewitsch Andrejew (* 1871, † 1919): N, D ~ Waleri Jakowlewitsch Brjussow (* 1873, † 1924): L, R, Übersetzungen ~ Andrei Bely (* 1880, † 1934): L, R ~ Alexandr Alexandrowitsch Blok (* 1880, † 1921): L („Die Zwölf"), D, Schr ~ Alexei Nikolajewitsch Tolstoi (* 1883, † 1945): D, L, N, R („Der Leidensweg") ~ Jewgeni Iwanowitsch Samjatin (* 1884, † 1937): D, E, Essays, R („Wir"), Satiren ~ Anna Andrejewna Achmatowa (* 1889, † 1966): L ~ Boris Leonidowitsch Pasternak (* 1890, † 1960; Nobelpreis 1958 [mußte den Preis ablehnen]): L, R („Doktor Schiwago"), E ~ Ilja Ehrenburg (* 1891, † 1967): R („Tauwetter") ~ Konstantin Georgijewitsch Paustowski (* 1892, † 1968): E, R, D, Autobiographie ~ Konstantin Alexandrowitsch Fedin (* 1892, † 1977): R („Frühe Freuden"), E, D ~ Wladimir Wladimirowitsch Majakowski (* 1893, † 1930): L, D („Mysterium buffo") ~ Issaak Emmanuilowitsch Babel (* 1894, † 1941 [?]): D, E („Budjonnys Reiterarmee") ~ Sergej Alexandrowitsch Jessenin (* 1895, † 1925): L ~ Michail Michailowitsch Soschtschenko (* 1895, † 1958): Satiren („Schlaf schneller, Genosse"), R, D ~ Alexandr Alexandrowitsch Fadejew (* 1901, † 1956): R („Die junge Garde") ~ Weniamin Alexandrowitsch Kawerin (* 1902, † 1989): R ~ Michail Alexandrowitsch Scholochow (* 1905, † 1984; Nobelpreis 1965): R („Der stille Don"), E ~ Wiktor Platonowitsch Nekrassow (* 1911, † 1987): Essays, Schr, R, E ~ Lew Sinowjewitsch Kopelew (* 1912): Essays, Schr, Berichte, E ~ Konstantin Michailowitsch Simonow (* 1915, † 1979): L, R („Tage und Nächte") ~ Wladimir Dmitrijewitsch Dudinzew (* 1918): R („Der Mensch lebt nicht vom Brot allein"), E ~ Alexandr Issajewitsch Solschenizyn (* 1918; Nobelpreis 1970): E, R („Krebsstation"), Bericht „Der Archipel GULAG" ~ Bulat Schalwowitsch Okudschawa (* 1924): L, Chansons, R („Die Frau meiner Träume"), E ~ Juri Walentinowitsch Trifonow (* 1925, † 1981): R („Das Haus an der Moskwa") ~ Andrei Donatowitsch Sinjawski (* 1925): E, R („Eine Stimme im Chor") ~ Wladimir Jemeljanowitsch Maximow (* 1930): E, R („Die sieben Tage der Schöpfung") ~ Wassili Pawlowitsch Axjonow (* 1932): R („Die Liebe zur Elektrizität") ~ Jewgeni Alexandrowitsch Jewtuschenko (* 1933): L ~ Andrei Andrejewitsch Wosnessenski (* 1933): L ~ Walentin Grigorjewitsch Rasputin (* 1937): R, E ~ Wladimir Semjonowitsch Makanin (* 1937): R, E ~ Andrei Alexejewitsch Amalrik (* 1938, † 1980): D, Berichte, Schr ~ Iossif Alexandrowitsch Brodski (* 1940; Nobelpreis 1987): L

Schwedische Literatur

Mittelalter

Hl. Birgitta (* um 1303, † 1373): mystische Visionen ~ Reimchroniken („Erikskrönika", um 1325; „Karlskrönika", um 1450) ~ Ritterepen ~ Volksballaden ~ Olaus Magnus (* 1490, † 1558): Geschichtsschreibung

Reformation (1526–1600) und Großmachtzeit (1611–1718)

Olaus Petri (* 1493 [?], † 1552): Bibelübersetzung, Schr ~ Georg Stiernhielm (* 1598, † 1672): Versepos „Herkules", G ~ Lars Wivallius (* 1605, † 1669): L ~ Skogekär Bärgbo (Pseudonym, 17. Jh.): L ~ Lars Johansson (* 1638, † 1674): L ~ Urban Hiärne (* 1641, † 1724): R, D ~ Gunno Dahlstierna (* 1661, † 1709): L ~ Johan Runius (* 1679, † 1713): L

Aufklärung und Klassizismus (18. Jahrhundert)

Olof von Dalin (* 1708, † 1763): D, L, Geschichtsschreibung ~ Hedvig Charlotta Nordenflycht (* 1718, † 1763): L ~ Gustav Philip Graf Creutz (* 1731, † 1785): L ~ Carl Mikael Bellman (* 1740, † 1795): L („Fredmans Episteln") ~ Jacob Wallenberg (* 1746, † 1778): Reiseberichte, D ~ König Gustav III. (* 1746, † 1792): D ~ Johan Henrik Kellgren (* 1751, † 1795): L ~ Carl Gustaf af Leopold (* 1756, † 1829): D, L, Satiren

Romantik (1810–1830) und Liberalismus (1830–1880)

Esaias Tegnér (* 1782, † 1846): Epos („Die Frithiofssage"), L ~ Erik Gustaf Geijer (* 1783, † 1847): L, historische Schr ~ Per Daniel Amadeus Atterbom (* 1790, † 1855): L, Märchenspiel „Die Insel der Glückseligkeit" ~ Erik Johan Stagnelius (* 1793, † 1823): D, L ~ Carl Jonas Love Almqvist (* 1793, † 1866): D, L, N, R ~ Fredrika Bremer (* 1801, † 1865), R ~ Viktor Rydberg (* 1828, † 1895): L, R ~ Carl Johan Gustaf Graf Snoilsky (* 1841, † 1903): L ~ Carl David af Wirsén (* 1842, † 1912): Kritiken, Schr, L

Naturalismus und Symbolismus (1880–1900)

August Strindberg (* 1849, † 1912): D („Fräulein Julie"), R („Das rote Zimmer") ~ Anne Charlotte Leffler (* 1849, † 1892): R, E, D ~ Victoria Benedictsson (* 1850, † 1888): N, R ~ Gustaf af Geijerstam (* 1858, † 1909): E, R, D ~ Verner von Heidenstam (* 1859, † 1940; Nobelpreis 1916): Essays, L, N („Karl der Zwölfte und seine Krieger"), R ~ Gustaf Fröding (* 1860, † 1911): L ~ Oscar Levertin (* 1862, † 1906): G, N, Essays ~ Erik Axel Karlfeldt (* 1864, † 1931; Nobelpreis 1931): L

20. Jahrhundert

Selma Lagerlöf (* 1858, † 1940; Nobelpreis 1909): R („Gösta Berling"), N ~ Bo Hjalmar Bergman (* 1869,

† 1967): L, N ~ Vilhelm Ekelund (* 1880, † 1949): L, Essays, Aphorismen ~ Hjalmar Fredrik Elgérus Bergman (* 1883, † 1931): R ~ Birger Sjöberg (* 1883, † 1929): L, R ~ Anders Johan Österling (* 1884, † 1981): L, Schr, Übersetzungen ~ Dan Andersson (* 1888, † 1920): L, N, R ~ Pär Fabian Lagerkvist (* 1891, † 1974; Nobelpreis 1951): L, R („Barabbas") ~ Frans Gunnar Bengtsson (* 1894, † 1954): Essays, L R („Die Abenteuer des Röde Orm") ~ Eyvind Johnson (* 1900, † 1976; Nobelpreis 1974 [mit H. Martinson]): N, R ~ Karin Maria Boye (* 1900, † 1941): L ~ Harry Martinson (* 1904, † 1978; Nobelpreis 1974 [mit E. Johnson]): R, Epos „Aniara", L ~ Erik Lindegren (* 1910, † 1968): L ~ Karl Gunnar Vennberg (* 1910): L ~ Lars Gustav Ahlin (* 1915): L, N, R ~ Elsa Grave (* 1918): L, D ~ Lars Johan Wictor Gyllensten (* 1921): R ~ Per Olof Sundman (* 1922): R („Ingenieur Andrées Luftfahrt"), E, Reiseberichte ~ Stig Halvard Dagerman (* 1923, † 1954): D, R ~ Per Gunnar Evander (* 1923): R, Hörspiele, Literaturkritik ~ Sara Lidman (* 1923): R („Ich und mein Sohn"), D, Reportagen ~ Stig Claesson (* 1928): R, E ~ Birgitta Trotzig (* 1929): N, E, R ~ Tomas Göran Tranströmer (* 1931): L („Nachtschicht") ~ Per Wästberg (* 1933): R, L, Reportagen ~ Per Olof Enquist (* 1934): R („Die Ausgelieferten"), D ~ Per Christian Jersild (* 1935): R („Das Stielauge") ~ Lars Gustafsson (* 1936): R (Pentalogie „Die Risse in der Mauer"), E, L ~ Göran Sonnevi (* 1939): L ~ Inger Alfvén (* 1940): E, R ~ Åke Leijonhufvud (* 1945): L, R ~ Ann-Charlotte Alverfors (* 1947): L, R ~ Ulf Lundell (* 1949): L, R ~ Lars Gunnar Andersson (* 1954): R („Schneelicht") ~ Klas Östergren (* 1955): R („Gentlemen")

Finnlandschwedische Literatur (19. und 20. Jahrhundert)

Frans Michael Franzén (* 1772, † 1847): L ~ Adolf Ivar Arwidsson (* 1791, † 1858): Schr ~ Johan Ludvig Runeberg (* 1804, † 1877): L (Gedichtzyklus „Fähnrich Stahls Erzählungen"), Epen, D, Prosa ~ Karl August Tavaststjerna (* 1860, † 1898): L, R ~ Karl Mikael Lybeck (* 1864, † 1925): R, L, D ~ Bertel Johan Sebastian Baron von Gripenberg (* 1878, † 1947): L ~ Edith Irene Södergran (* 1892, † 1923): L ~ Jarl Hemmer (* 1893, † 1944): L, R ~ Hagar Olsson (* 1893, † 1978): R, N, D, Essays ~ Rabbe Enckell (* 1903, † 1974): L, E, D ~ Tito Colliander (* 1904): R ~ Sally Salminen (* 1906, † 1976): R („Katrina") ~ Bo Carpelan (* 1926): L, R ~ Christer Alfred Kihlman (* 1930): R, Essays

Spanische Literatur

Mittelalter (12.–15. Jahrhundert)

Heldenepos: „Poema del Cid" (um 1140) ~ Gonzalo de Berceo (* um 1195, † 1264): Marienlegenden, Heiligenviten ~ Alfons X., der Weise, König von Kastilien (* 1221, † 1284): „Crónica general", Übersetzungen, G ~ Don Juan Manuel (* 1282, † 1348): E, G, Novellensammlung „Der Graf von Lucanor" ~ Juan Ruiz (* 1283 [?], † 1350): Traktat „Aus dem Buch der guten Liebe" ~ Iñigo López de Mendoza, Marqués de Santillana (* 1398, † 1458): G, Poetik ~ Fernando de Rojas (* 1465, † 1541): Lesedrama „Celestina" ~ Romanzen (15. Jh.)

Goldenes Zeitalter (Renaissance und Barock; 16. und 17. Jahrhundert)

Ritterroman: „Amadisroman" (1508) ~ Schelmenroman: „Lazarillo de Tormes" (1554) ~ Juan del Encina (* 1468 oder 1469, † 1529 oder 1530): D ~ Garcilaso de la Vega (* 1503, † 1536): L ~ Jorge de Montemayor (* 1520, † 1561): L, Schäferroman „Diana" ~ Fray Luis de León (* 1527 oder 1528, † 1591): Bibelkommentare, L ~ Ginés Pérez de Hita (* um 1544, † nach 1619): R ~ Miguel de Cervantes Saavedra (* 1547, † 1616): R („Der sinnreiche Junker Don Quijote von der Mancha"), N, D ~ Mateo Alemán (* 1547, † 1614): R „Der Landstörtzer Gusman von Alfarache" ~ Luis de Góngora y Argote (* 1561, † 1627): L („Die Soledades ...") ~ Lope Félix de Vega Carpio (* 1562, † 1635): Comedias („Der Richter von Zalamea"), Autos sacramentales, L, R („Dorothea") ~ Francisco Gómez de Quevedo y Villegas (* 1580, † 1645): L, Satiren („Quevedos wunderliche Träume"), R, Schr ~ Tirso de Molina (* vielleicht 1584, † 1648): D („Don Juan, der Wüstling", „Don Gil von den grünen Hosen") ~ Pedro Calderón de la Barca (* 1600, † 1681): D („Das Leben ist Traum", „Das große Welttheater") ~ Baltasar Gracián y Morales (* 1601, † 1658): R „Criticón", Sentenzen („Handorakel"), Schr ~ Francisco de Rojas Zorrilla (* 1607, † 1648): D ~ Don Agustín Moreto y Cavana (* 1618, † 1669): D

18. Jahrhundert

José Francisco de Isla y Rojo (* 1703, † 1781): R („Geschichte des berühmten Predigers Bruder Gerundio von Campazas ...") ~ Ramón de la Cruz Cano y Olmedilla (* 1731, † 1794): D ~ Leandro Fernández de Moratín (* 1760, † 1828): G, K, Schr ~ Vicente García de la Huerta (* 1734, † 1787): D („La Raquel"), G ~ Manuel José Quintana (* 1772, † 1857): L, D

19. Jahrhundert

Ángel de Saavedra, Herzog von Rivas (* 1791, † 1865): D ~ Juan Eugenio Hartzenbusch (* 1806, † 1880): D („Die Liebenden von Teruel"), Fabeln, L ~ José Leonardo de Espronceda y Delgado (* 1808, † 1842): L, R, E ~ Mariano José de Larra (* 1809, † 1897): Essays, D, R ~ Gertrudis Gómez de Avellaneda (* 1814, † 1873): D, L, R ~ José Zorrilla y Moral (* 1817, † 1893): D („Don Juan Tenorio"), L, Legenden ~ Juan Valera y Alcalá Galiano (* 1824, † 1905): Märchen, R („Pepita Jiménez"), Kritiken, „Faust"-Übersetzung ~ José Echegaray y Eizaguirre (* 1832, † 1916; Nobelpreis 1904 [mit F. Mistral]): D ~ Pedro Antonio de Alarcón y Ariza (* 1833, † 1891): L, N, Reiseberichte, R („Der Skandal") ~ Gustavo Adolfo Bécquer (* 1836, † 1870): L, N ~ Benito Pérez Galdós (* 1843, † 1920): R („Episodios nacionales"), D, Reiseberichte ~ Emilia Gräfin von Pardo Bazán (* 1851, † 1921): R, Essays, literaturkritische Schr, N ~ Vicente Blasco Ibáñez (* 1867, † 1928): R, E

20. Jahrhundert

Miguel de Unamuno y Jugo (* 1864, † 1936): Essays, L, R, D ~ Jacinto Benavente (* 1866, † 1954; Nobelpreis 1922): D, K („Der tugendhafte Glücksritter ...") ~ Ramón María del Valle-Inclán (* 1866, † 1936): R („Der Karlistenkrieg"), D, L ~ Pío Baroja y Nessi (* 1872, † 1956): R ~ Antonio Machado y Ruiz (* 1875, † 1939): Essays, L („Soledades") ~ Juan Ramón Jiménez (* 1881, † 1958; Nobelpreis 1956): L, Prosa ~ Ramón Pérez de Ayala (* 1881, † 1962): Essays, L, N, R ~ José Ortega y Gasset (* 1883, † 1955): Essays ~ Ramón Gomez de la Serna (* 1891, † 1963): Aphorismen, Essays, R ~ Pedro Salinas (* 1892, † 1951): L, D, R, Essays, Schr ~ Gerardo Diego Cendoya (* 1896, † 1987): L ~ Vicente Aleixandre ~ 1898, † 1984; Nobelpreis 1977): L („Gesicht hinter Glas") ~ Federico García Lorca (* 1898, † 1936): L („Zigeunerromanzen"), D („Bernarda Albas Haus") ~ Ramón José Sender (* 1902, † 1982): D, E, Essays, Kritiken, R ~ Rafael Alberti (* 1902): L („Über die Engel"), D ~ Max Aub (* 1903, † 1973): R („Die bitteren Träume"), L, D, Essays ~ Gonzalo Torrente Ballester (* 1910): R, E ~ Rafael Múgica Celaya (* 1911): L ~ Camilo

José Cela (* 1916): L, R („Der Bienenkorb") ~ José María Gironella (* 1917): R („Die Zypressen glauben an Gott") ~ Miguel Delibes (* 1920): R („Die heiligen Narren"), E ~ Carmen Laforet (* 1921): R, E ~ Carmen Martín Gaite (* 1925): R ~ Ana María Matute (* 1926): R, E ~ Alfonso Sastre (* 1926): Essays, Literaturkritik, D („Im Netz") ~ Juan Benet (* 1927): R ~ José Ángel Valente (* 1929): L ~ Juan Goytisolo (* 1931): R, Essays ~ Javier Tomeo (* 1932): R ~ Juan Marsé Carbo (* 1933): R

Tschechische Literatur

Alttschechische Literatur

„Dalimilchronik" (14. Jh.; historische Reimchronik) ~ Übersetzungen ~ Ständesatiren ~ Tomáš Štítný (* 1331 [1335?], † 1401 [1405?]): religiöse Traktate ~ Smil Flaška z Pardubic (* 1349, † 1403): Fürstenspiegel, Standeslehre

15.–18. Jahrhundert

Jan Hus (* um 1370 [?], † 1415): „De ecclesia", Predigten, Schr ~ Václav Hájek z Libočan (* Ende des 15. Jh., † 1553): „Kronika česká" ~ „Kralitzer Bibel" (Bibelübersetzung, 1579 bis 1593) ~ Johann Amos Comenius (* 1592, † 1670): religiöse Traktate, Schr

19. Jahrhundert

Josef Dobrovský (* 1753, † 1829): Schr ~ Josef Jungmann (* 1773, † 1847): Schr, Übersetzungen ~ Václav Kliment Klicpera (* 1792, † 1859): D, N, L (Sonettenzyklus „Slávy dcera" [= Die Tochter der Slawa]) ~ Ján Kollár (* 1793, † 1852): L ~ František Ladislav Čelakovský (* 1799, † 1852): L ~ Karel Hynek Mácha (* 1810, † 1836): Epen („Mai"), L, R, D ~ Božena Němcová (* 1820, † 1862): E, R („Großmutter") ~ Jan Neruda (* 1834, † 1891): D, N („Kleinseitner Geschichten"), L, Reiseberichte ~ Vitězslav Hálek (* 1835, † 1874): L, D, Balladen, N ~ Julius Zeyer (* 1841, † 1901): D, L, R ~ Svatopluk Čech (* 1846, † 1908): L, Vers-E ~ Tomáš Garrigue Masaryk (* 1850, † 1937): Schr ~ Alois Jirásek (* 1851, † 1930): D, R („Die Hundsköpfe") ~ Jaroslav Vrchlický (* 1853, † 1912): L, Essays, D, N, Übersetzungen ~ Jaroslav Kvapil (* 1868, † 1950): L, Märchendramen, Libretti

20. Jahrhundert

František Xaver Šalda (* 1867, † 1937): D, Essays, R ~ Otokar Březina (* 1868, † 1929): Essays, L ~ Fráňa Šrámek (* 1877, † 1952): L, E, R, D („Der Mond über dem Fluß") ~ Jaroslav Hašek (* 1883, † 1923): R („Die Abenteuer des braven Soldaten Schwejk während des Weltkrieges") ~ Karel Čapek (* 1890, † 1938): R („Der Krieg mit den Molchen"), E, Reiseberichte, Feuilletons ~ Jiři Wolker (* 1900, † 1924): L („Die schwere Stunde") ~ Vitězslav Nezval (* 1900, † 1958): L, D, Prosa, Kinderbücher ~ Jaroslav Seifert (* 1901, † 1986; Nobelpreis 1984): L („Was einmal Liebe war"), Reportagen, Kinderbücher, Übersetzungen ~ Bohumil Hrabal (* 1914): E ~ Jiři Kolář (* 1914): Collagen, Kinderbücher, Übersetzungen ~ Josef Škvorecký (* 1924): E, L, R („Feiglinge"), Übersetzungen ~ Jiři Šotola (* 1924): L, R ~ Jan Otčenášek (* 1924, † 1979): R ~ Ludvík Vaculík (* 1926): R („Das Beil"), „Manifest der 2000 Worte" ~ Pavel Kohout (* 1928): D („Armer Mörder"), R („Die Einfälle der hl. Klara"), Hörspiele ~ Milan Kundera (* 1929): D, R („Der Scherz"), E, Essays, L ~ Ivan Klíma (* 1931): R („Der Gnadenrichter") ~ Vladimír Páral (* 1932): R („Freude bis zum Morgen") ~ Václav Havel (* 1936): D („Die Benachrichtigung"), Essays ~ Věra Linhartová (* 1938): Prosa („Chimäre")

Ungarische Literatur

Mittelalter

In ungarischer Sprache: „Omagyar Máriasiralom“ (= Altungarische Marienklage, um 1300). – *In lateinischer Sprache:* Legenden, religiöse Dichtung, Chroniken ~ Janus Pannonius (* 1434, † 1472): weltliche L, Hymnen

Reformation, Renaissance, Barock, Aufklärung (16.–18. Jahrhundert)

Bálint Baron Balassi (* 1554, † 1594): L ~ Péter Pazmány (* 1570, † 1637): theologische Schr, Predigten ~ Miklós Graf Zrínyi (* 1620, † 1664): Heldenepos „Obsidio Szigetiana“, L, Prosa ~ György Bessenyei (* 1747, † 1811): D, R, Schr ~ Ferenc Kazinczy (* 1759, † 1831): Kritiken, Übersetzungen ~ Sándor Kisfaludy (* 1772, † 1844): D, L ~ József Katona (* 1791, † 1830): D ~ Miklos Jósika (* 1794, † 1865): R

Romantik und Realismus (19. Jahrhundert)

Károly Kisfaludy (* 1788, † 1830): D, L, N ~ Mihály Vörösmarty (* 1800, † 1855): D, Epos, L, Märchenspiel ~ Zsigmond Baron Kemény (* 1814, † 1875): Essays, R ~ János Arany (* 1817, † 1882): L ~ Sándor Petőfi (* 1823, † 1849): L ~ Imre Madách (* 1823, † 1864): G („Die Tragödie des Menschen“) ~ Mór Jókai (* 1825, † 1904): R ~ Pál Gyulai (* 1826, † 1909): E, Schr ~ Sándor Bródy (* 1863, † 1924): D, R ~ Géza Gárdonyi (* 1863, † 1922): E, R

20. Jahrhundert

Ferenc Herczeg (* 1863, † 1954): N, R, D ~ Endre Ady (* 1877, † 1919): L, N, Essays ~ Ferenc Molnár (* 1878, † 1952): D („Liliom“), R, N ~ Zsigmond Móricz (* 1879, † 1942): R („Siebenbürgen“), E, D ~ Ferenc Móra (* 1879, † 1934): R, N, L, Jugendbücher ~ Mihály Babits (* 1883, † 1941): L, Essays, N, R ~ Dezső Kosztolányi (* 1885, † 1936): L, N, R, Essays, Übersetzungen ~ Milán Füst (* 1888, † 1967): Schr, L, R, N, D ~ Tibor Déry (* 1894, † 1977): E, L, N, R („Der unvollendete Satz“) ~ Sándor Márai (* 1900): D, E, Essays, R ~ Gyula Háy (* 1900, † 1975): D („Haben“) ~ László Németh (* 1901, † 1975): Essays, R („Esther Egetö“), D ~ Gyula Illyés (* 1902, † 1983): L, Prosa („Pußtavolk“), D, R ~ István Örkény (* 1912, † 1979): R, E, D („Familie Tót“) ~ Sándor Weöres (* 1913, † 1989): L („Psyché“), Übersetzungen ~ Magda Szabó (* 1917): R („Die andere Esther“), E, L, D, Hörspiele ~ János Pilinszky (* 1921, † 1981): L, Essays ~ Miklós Mészöly (* 1921): E, R, D, Essays, Märchen ~ Ferenc Juhász (* 1928): L ~ Erzsébet Galgóczy (* 1930, † 1989): R, E, D ~ György Konrád (* 1933): Essays, R („Der Komplize“) ~ György Moldova (* 1934): R, E, Reportagen ~ József Balázs (* 1944): R („Tausend Jahre wie ein Tag“) ~ Péter Esterházy (* 1950): R („Agnes“)

Literatur der USA

Kolonialzeit (1607–1763)

Anne Bradstreet (* 1612[?], † 1672): L ~ Cotton Mather (* 1663, † 1728): Schr ~ Benjamin Franklin (* 1706, † 1790): „Autobiographie“

Zeit der Unabhängigkeitskämpfe, Aufklärung und Anfänge der Romantik (1763–etwa 1820)

Philip Morin Freneau (* 1752, † 1832): L ~ Charles Brockden Brown (* 1771, † 1810): R („Wieland oder die Verwandlung“)

Romantik (etwa 1820–1865)

Washington Irving (* 1783, † 1859): E („Gottfried Crayon's Skizzenbuch“), Essays, Biographien ~ James Fenimore Cooper (* 1789, † 1851): E („Lederstrumpf“) ~ William Gilmore Simms (* 1806, † 1870):

R, L, D ~ Edgar Allan Poe (* 1809, † 1849): Kriminalerzählungen („Der Doppelmord in der Rue Morgue“), Kurzgeschichten, L, Essays

Neuenglischer Transzendentalismus (1836–1860)

Ralph Waldo Emerson (* 1803, † 1882): Schr ~ Nathaniel Hawthorne (* 1804, † 1864): R („Der scharlachrote Buchstabe“) ~ Margaret Fuller (* 1810, † 1850): Essays ~ Henry David Thoreau (* 1817, † 1862): Schr, „Walden“, Tagebücher ~ Herman Melville (* 1819, † 1891): L, R („Moby Dick“), E, L ~ Walt[er] Whitman (* 1819, † 1892): L („Grashalme“), Essays

Realismus, Naturalismus und Neuromantik (1860–1900)

William Cullen Bryant (* 1794, † 1878): L ~ Henry Wadsworth Longfellow (* 1807, † 1882): L, Epen, D ~ Harriet Beecher Stowe (* 1811, † 1896): R („Onkel Toms Hütte“) ~ James Russell Lowell (* 1819, † 1891): Essays, L ~ Lew[is] Wallace (* 1827, † 1905): R („Ben Hur“) ~ Emily Dickinson (* 1830, † 1886): L ~ Mark Twain (* 1835, † 1910): R („Die Abenteuer Tom Sawyers“, „Abenteuer und Fahrten des Huckleberry Finn“) ~ William Dean Howells (* 1837, † 1920): R, Kurzgeschichten ~ Henry James (* 1843, † 1916): R („Bildnis einer Dame“) ~ O. Henry (* 1862, † 1910): Kurzgeschichten, R ~ Frank Norris (* 1870, † 1902): R ~ Jack London (* 1876, † 1916): Tiergeschichten, R („Der Seewolf“)

20. Jahrhundert

Edwin Arlington Robinson (* 1869, † 1935): L, Epen ~ Theodore Dreiser (* 1871, † 1945): R („Eine amerikanische Tragödie“) ~ Robert Lee Frost (* 1874, † 1963): L ~ Gertrude Stein (* 1874, † 1946): E, R ~ Sherwood Anderson (* 1876, † 1941): R, N, Kurzgeschichten ~ Upton Sinclair (* 1878, † 1968): R („Der Sumpf“) ~ William Carlos Williams (* 1883, † 1963): D, L ~ Sinclair Lewis (* 1885, † 1951; Nobelpreis 1930): R („Babbitt“), E ~ Ezra Pound (* 1885, † 1972): L („Cantos“), Essays ~ Hilda Doolittle (* 1886, † 1961): L ~ Maxwell Anderson (* 1888, † 1967): D („Johanna aus Lothringen“) ~ Eugene O'Neill (* 1888, † 1953; Nobelpreis 1936): D („Trauer muß Elektra tragen“) ~ Henry Miller (* 1891, † 1980): Essays, R („Wendekreis des Krebses“) ~ Pearl S. Buck (* 1892, † 1973; Nobelpreis 1938): R („Die gute Erde“) ~ Katherine Anne Porter (* 1894, † 1980): Kurzgeschichten, R („Das Narrenschiff“) ~ Louis Bromfield (* 1896, † 1956): R („Der große Regen“) ~ John Dos Passos (* 1896, † 1970): R („Drei Soldaten“, „Manhattan Transfer“) ~ F[rancis] Scott Fitzgerald (* 1896, † 1940): Kurzgeschichten, R („Der große Gatsby“) ~ William Faulkner (* 1897, † 1962; Nobelpreis 1949): R („Die Freistatt“) ~ Thornton Wilder (* 1897, † 1975): D, N, R („Die Brükke von San Luis Rey“) ~ Ernest Hemingway (* 1899, † 1961; Nobelpreis 1954): R („Wem die Stunde schlägt“), Kurzgeschichten ~ Thomas Wolfe (* 1900, † 1938): R („Schau heimwärts, Engel!“) ~ Margaret Mitchell (* 1900, † 1949): R „Vom Winde verweht“ ~ John Steinbeck (* 1902, † 1968; Nobelpreis 1962): D, R („Früchte des Zorns“) ~ Erskine Caldwell (* 1903, † 1987): R ~ Robert Penn Warren (* 1905): L, R ~ Richard Wright (* 1908, † 1960): E („Onkel Toms Kinder“), R ~ Mary McCarthy (* 1912): Kurzgeschichten, R („Die Clique“), Essays ~ Tennessee Williams (* 1914, † 1983): D („Endstation Sehnsucht“, „Die Glasmenagerie“) ~ Bernard Malamud (* 1914, † 1986): R ~ Saul Bellow (* 1915; Nobelpreis 1976): R („Humboldts Vermächtnis“), N ~ Arthur Miller (* 1915): D („Hexenjagd“, „Der Tod des Handlungsreisenden“), R ~ Carson McCullers (* 1917, † 1967): N, R („Das Herz ist ein einsamer Jäger“) ~

Robert Lowell (* 1917): L ~ J[erome] D[avid] Salinger (* 1919): R („Der Fänger im Roggen") ~ James Jones (* 1921, † 1977): R („Verdammt in alle Ewigkeit") ~ Kurt Vonnegut (* 1922): R, E, Essays ~ Joseph Heller (* 1923): R ~ Norman Mailer (* 1923): R („Die Nackten und die Toten") ~ James Baldwin (* 1924, † 1987): R („Beale street blues"), E, Essays, D ~ Truman Capote (* 1924, † 1984): Kurzgeschichten, R („Die Grasharfe", „Kaltblütig") ~ William Styron (* 1925): R ~ Gore Vidal (* 1925): R, D, L, Kurzgeschichten ~ James Merrill (* 1926): L, D, R ~ Allen Ginsberg (* 1926): L („Das Geheul") ~ John Ashberry (* 1927): L („Selbstporträt im konvexen Spiegel"), D, Kritiken ~ Edward Albee (* 1928): D („Wer hat Angst vor Virginia Woolf?") ~ Gregory Corso (* 1930): L ~ John Barth (* 1930): R („Der Tabakhändler") ~ Tom Wolfe (* 1931): Reportagen, Essays ~ Donald Barthelme (* 1931, † 1989): Kurzgeschichten, R ~ Edgar Laurence Doctorow (* 1931): R („Ragtime"), Kurzgeschichten ~ Toni Morrison (* 1931): R („Teerbaby") ~ John Updike (* 1932): R ~ Philip Roth (* 1933): R ~ Jerzy Kosinski (* 1933): R („Der bemalte Vogel") ~ Susan Sontag (* 1933): Essays, R, E ~ Navarre Scott Momaday (* 1934): R („Haus aus Dämmerung"), L ~ Joan Didion (* 1934): R, Essays ~ Kate Millett (* 1934): Essays, Studien, R ~ Arthur Lee Kopit (* 1937): D ~ Thomas Pynchon (* 1937): Kurzgeschichten, R ~ Joyce Carol Oates (* 1938): R („Ein Garten irdischer Freuden"), E, D, Essays ~ David Rabe (* 1940): D ~ Anne Tyler (* 1941): R („Die Touren des Mr. Leary") ~ Sam Shepard (* 1943): D („Vergrabenes Kind") ~ Robert Wilson (* 1944): D („the CIVIL warS") ~ David Mamet (* 1947): D („Hanglage, Meerblick")

Bildquellenverzeichnis

Archiv für Kunst und Geschichte, Berlin (West); August Bagel Verlag, Düsseldorf; Bastei Verlag, G. H. Lübbe, Bergisch-Gladbach; Bavaria-Verlag Bildagentur, Gauting; Bayerische Staatsbibliothek, München; Bibliographisches Institut, Mannheim; Bildarchiv Foto Marburg, Marburg; Bildarchiv Preußischer Kulturbesitz, Berlin (West); Brüder Grimm-Museum, Kassel; I. Buhs, Berlin (West); Deutsche Fotothek, Dresden; Harenberg Kommunikation, Dortmund; R. v. Mangold, Berlin (West); Max Niemeyer Verlag, Tübingen; W. Saeger, Berlin (West); Theater-Museum, München; Ullstein Bilderdienst, Berlin (West); Zauberkreis-Verlag, Rastatt.

Register

Die Abkürzungen im Register sind, wie folgt, aufzulösen: * = geboren, † = gestorben, Jh. = Jahrhundert, v. Chr. = vor Christi Geburt, n. Chr. = nach Christi Geburt, zw. = zwischen, d. Ä. = der Ältere, d. J. = der Jüngere. Bei der Datierung entfällt der Zusatz „v. Chr." dann, wenn die Abfolge von zwei Jahreszahlen diese Tatsache deutlich erkennen läßt (z. B. * um 620, † um 580). Bei einzeln stehenden Daten nach Christus steht der Zusatz „n. Chr." nur dann, wenn es sich um das erste Jahrhundert nach Christus handelt.

B

Burgkmair, Hans, d. Ä. (* 1473, † 1531) 78
Burke, Kenneth (* 1897) 262, 300
Burns, Robert (* 1759, † 1796) 265
Burliuk, David (* 1882, † 1967) 161
Burroughs, William S[eward] (* 1914) 57
Busch, Wilhelm (* 1832, † 1908) 65, 94, 156
Butor, Michel (* 1926) 205, 302
Buzzi, Paolo (* 1874, † 1956) 161
Byron, George Gordon Noel Lord (* 1788, † 1824) 99, 135, 165, 265, 361, 365, 387, 431, 440

C

Cabet, Étienne (* 1788, † 1856) 389
Calderón de la Barca, Pedro (* 1600, † 1681) 21, 48, 54, 183, 233, 237, 342, 379, 440
Callot, Jacques (* 1592, † 1635) 86
Calvin, Johannes (* 1509, † 1564) 207
Calvino, Italo (* 1923, † 1985) 298
Calvus (Gajus Licinius Calvus Macer) (* 82, † 47) 298
Camöes, Luis de (* 1524 oder 1525, † 1580) 135, 384, 390
Campanella, Tommaso (* 1568, † 1639) 389, 426
Campe, Joachim Heinrich (* 1746, † 1818) 352
Camus, Albert (* 1913, † 1960) 15, 72, 142, 213, 348, 403
Capote, Truman (* 1924, † 1984) 110, 243
Capra, Fritjof (* 1939) 300
Capuana, Luigi (* 1839, † 1915) 430
Carigiet, Alois (* 1902, † 1985) 65
Carle, Eric (* 1929) 65
Carlyle, Thomas (* 1795, † 1881) 67
Carmen Sylva (* 1843, † 1916) 333
Carossa, Hans (* 1878, † 1956) 166, 403
Carr, John Dickson (* 1906, † 1977) 243
Carroll, Lewis (* 1832, † 1898) 148, 301
Casanova, Giacomo Girolamo (* 1725, † 1798) 137
Cäsar, Gajus Julius (* 100 oder 102, † 44) 71, 219, 277, 331
Cäsarius von Heisterbach (* um 1180, † nach 1240) 141
Cassiodor (Flavius Magnus Aurelius Cassiodorus) (* um 490, † um 583) 70, 126
Castelvetro, Lodovico (* 1505, † 1571) 114
Cato, Marcus Porcius (* 234, † 149) 35, 125
Cato, Publius Valerius (* um 95 v. Chr.) 298
Catull (Gajus Valerius Catullus) (* um 84, † um 54) 26, 42, 90, 119, 129, 135, 137, 220, 265, 298, 353, 364, 387
Cavacchioli, Enrico (* 1884, † 1954) 161
Cavalcanti, Guido (* 1255, † 1300) 110
Celan, Paul (* 1920, † 1970) 26, 96, 166, 261, 266, 279, 309, 322
Cellini, Benvenuto (* 1500, † 1571) 49, 332
Celsus, Aulus Cornelius († Mitte des 1. Jh. n. Chr.) 125
Celtis, Konrad (* 1459, † 1508) 71, 106, 119, 153, 171, 207, 305, 321
Ceram, C. W. (* 1915, † 1972) 60, 363, 404, 419
Cervantes Saavedra, Miguel de (* 1547, † 1616) 14, 54, 124, 208, 221, 227, 233, 304, 315, 332, 355, 366, 368
Chambers, Ephraim (* 1680, † 1740) 127
Chambers, Sir Edmund Kerchever (* 1866, † 1954) 259
Chamfort (* 1741, † 1794) 34, 287
Chamisso, Adelbert von (* 1781, † 1838) 51, 222, 300, 325, 359, 377, 419
Champfleury, Jules (* 1821, † 1889) 340
Champollion, Jean-François (* 1790, † 1832) 200
Chandler, Raymond Thornton (* 1888, † 1959) 100, 243
Chaplin, Charlie (* 1889, † 1977) 311
Chapman, George (* 1559, † 1634) 237
Char, René (* 1907, † 1988) 265
Chariton von Aphrodisias (1. oder 2. Jh.) 354
Chateaubriand, François René Vicomte de (* 1768, † 1848) 43, 49, 361
Chaucer, Geoffrey (* um 1340, † 1400) 146, 198, 304
Cheyney, Peter (* 1896, † 1951) 100
Chesterton, Gilbert Keith (* 1874, † 1936) 100, 243
Chevalier, Maurice (* 1888, † 1972) 88
Chiabrera, Gabriello (* 1552, † 1638) 54, 306
Chiaves, Carlo (* 1883, † 1919) 97
Chlebnikow, Welemir Wladimirowitsch (* 1885, † 1922) 161
Choderlos de Laclos, Pierre Ambroise François (* 1741, † 1803) 72, 137
Chomsky, Noam (* 1928) 262
Chotjewitz, Peter O. (* 1934) 205, 326, 425
Chrétien de Troyes (* vor 1150, † vor 1190) 41, 152, 203, 422
Christie, Agatha (* 1890, † 1976) 100, 243
Christine de Pisan (* um 1365, † nach 1429) 245, 432
Christo (* 1935) 191
Chrysippos von Soloi (* 281/277, † 208/204) 388
Churchill, Sir Winston (* 1874, † 1965) 277, 332
Cibber, Colley (* 1671, † 1757) 237
Cicero, Marcus Tullius (* 106, † 43) 35, 70, 71, 103, 140, 206, 322, 331, 350, 387
Clarke, Arthur Charles (* 1917) 376
Claudel, Paul (* 1868, † 1955) 103, 159, 202,

249, 251, 289, 302, 347, 401
Claudius, Matthias (* 1740, † 1815) 253, 287, 399
Cleland, John (* 1709, † 1789) 137
Clemen, Wolfgang (* 1909) 29
Clodius, Christian (* 1647, † 1717) 396
Cochin, Charles Nicolas d. J. (* 1715, † 1790) 79
Cocteau, Jean (* 1889, † 1963) 42
Coleridge, Samuel Taylor (* 1772, † 1834) 259, 361
Colet, John (* 1467, † 1519) 206
Collins, Wilkie (* 1824, † 1889) 100
Colonna, Vittoria (* um 1492, † 1547) 384
Comenius, Johann Amos (* 1592, † 1670) 64, 221
Cante, Auguste (* 1789, † 1857) 327
Congreve, William (* 1670, † 1729) 68, 93, 237, 380
Conon de Béthune (* um 1150, † 1219 oder 1220) 422
Conrad, Joseph (* 1857, † 1924) 333
Conrad, Michael Georg (* 1846, † 1927) 296
Conradi, Hermann (* 1862, † 1890) 216, 266
Constant, Benjamin (* 1767, † 1830) 361
Contessa, Karl Wilhelm (* 1777, † 1825) 377
Cooper, James Fenimore (* 1789, † 1851) 215, 442
Corazzini, Sergio (* 1887, † 1907) 97
Corinth, Lovis (* 1858, † 1925) 79
Corneille, Pierre (* 1606, † 1684) 54, 93, 113, 114, 192, 213, 233, 237, 316, 351
Cornelius, Peter (* 1824, † 1874) 252
Corner, David Gregor (* 1587, † 1648) 232
Corso, Gregory (* 1930) 57
Courbet, Gustave (* 1819, † 1877) 340
Courteline, Georges (* 1858, † 1929) 69
Courths-Mahler, Hedwig (* 1867, † 1950) 421
Cousin, Victor (* 1792, † 1867) 246
Coward, Sir Noël (* 1899, † 1973) 69
Cowley, Abraham (* 1618, † 1667) 306
Cowley, Malcolm (* 1898, † 1989) 263
Craig, Edward Gordon (* 1872, † 1966) 84, 336
Cramer, Carl Gottlob (* 1758, † 1817) 339
Cramer, Heinz von (* 1924) 153, 326
Cramer, Johann Andreas (* 1723, † 1788) 70
Cranach, Lucas, d. Ä. (* 1472, † 1553) 78, 117
Crane, Stephen (* 1871, † 1900) 241, 304
Crashaw, Richard (* 1613, † 1649) 279
Crébillon, Claude Prosper Jolyot de (* 1707, † 1777) 137
Croce, Benedetto (* 1866, † 1952) 300
Crotus, Rubianus (* 1480, † 1545) 30, 260, 315, 365
Cruikshank, George (* 1792, † 1878) 79
Cummings, Edward Estlin (* 1894, † 1962) 263
Curtius, Ernst Robert (* 1886, † 1956) 269, 358
Czepko, Daniel (* 1605, † 1660) 170, 370

D

Dabit, Eugène (* 1898, † 1936) 327
Dach, Simon (* 1605, † 1659) 55, 153, 239, 265, 370
Dahl, Roald (* 1916) 374
Dahn, Felix (* 1834, † 1912) 155, 201, 289, 330, 422
Dancourt (* 1661, † 1725) 237
Daniel, Friedrich (* 1809, † 1899) 232
D'Annunzio, Gabriele (* 1863, † 1938) 43, 97, 99, 214, 265, 401
Dante Alighieri (* 1265, † 1321) 35, 95, 110, 118, 122, 135, 141, 227, 230, 233, 239, 258, 265, 406
Darío, Rubén (* 1867, † 1916) 285
Darwin, Charles Robert (* 1809, † 1882) 296
Däubler, Theodor (* 1876, † 1934) 135, 210
Daumier, Honoré (* 1808, † 1879) 79
Dauthendey, Max (* 1867, † 1918) 143, 171, 173, 214, 308, 343
David (etwa 1000 – 970) 70
David von Augsburg (* um 1200, † 1272) 291
Davies, William Henry (* 1871, † 1940) 173
Dawson-Scott, Catherine Amy (* 1865, † 1934) 317
Decroux, Étienne (* 1898) 311
Dedekind, Friedrich (* 1524, † 1598) 59
Defoe, Daniel (* 1659 oder 1660, † 1731) 14, 17, 222, 242, 347, 352, 356, 403
Degenhardt, Franz Josef (* 1931) 88, 326, 333
Dehmel, Richard (* 1863, † 1920) 65, 135, 160, 214, 223, 386
Dekker, Thomas (* 1572, † 1632[?]) 120, 415
Delacroix, Henri Edmond (* 1856, † 1910) 79
Delany, Shelagh (* 1938) 29
Delius, Friedrich Christian (* 1943) 167, 266
Demosthenes (* 384, † 322) 331, 350, 364
Denzinger, Heinrich (* 1819, † 1883) 122
Deppe, Hans (* 1897, † 1969) 225
Derrida, Jacques (* 1930) 259
Descartes, René (* 1596, † 1650) 45, 140
Deschamps, Eustache (* 1346, † 1406) 50, 432
De Sica, Vittorio (* 1902, † 1974) 298
Desnos, Robert (* 1900, † 1945) 400
Destouches, Philippe (* 1680, † 1754) 93, 237
Deutschbein, Max (* 1876, † 1949) 29
Deval, Jacques (* 1890, † 1972) 69
Dickens, Charles (* 1812, † 1870) 38, 100, 158, 178, 179, 185, 201, 211, 222, 242, 271, 340, 356, 386

E

F

G

Alexandrowitsch (* 1812, † 1891) 32
Gorgias (* um 485, † um 380) 124
Gorki, Maxim (* 1868, † 1936) 57, 386
Görres, Joseph von (* 1776, † 1848) 160, 338, 358, 361, 434
Goscinny, René (* 1926, † 1977) 94
Gottfried von Neifen (13. Jh.) 111, 284, 316, 423
Gottfried von Straßburg (12./13. Jh.) 42, 43, 104, 147, 203, 233, 258, 281, 345
Gotthelf, Jeremias (* 1797, † 1854) 56, 64, 110, 194, 226, 356
Gottsched, Johann Christoph (* 1700, † 1766) 18, 19, 20, 32, 45, 46, 70, 71, 84, 107, 109, 113, 115, 119, 122, 123, 127, 146, 147, 162, 191, 199, 213, 233, 237, 255, 258, 264, 287, 323, 328, 390, 391, 410, 414, 415, 423, 438
Götz, Johann Nikolaus (* 1721, † 1781) 26, 188
Govoni, Corrado (* 1884, † 1965) 97, 161
Gozzano, Guido (* 1883, † 1916) 97
Grabbe, Christian Dietrich (* 1801, † 1836) 151, 219, 237, 241, 251, 258, 340, 440
Gracián y Morales, Baltasar (* 1601, † 1658) 54
Grandville (* 1803, † 1847) 79
Grass, Günter (* 1927) 14, 16, 138, 166, 167, 168, 173, 178, 186, 187, 200, 304, 315, 326, 357, 370, 371, 413, 446
Gravelot, Hubert François (* 1699, † 1773) 79
Graves, Robert (* 1895, † 1985) 173
Gray, Thomas (* 1716, † 1771) 265, 358
Green, Julien (* 1900) 347
Greene, Graham (* 1904) 347
Gregor von Tours (* 538 oder 39, † 594) 248, 412
Gregor I., Papst (* um 540, † 604) 247
Gregorovius, Ferdinand (* 1821, † 1891) 346
Grey, Zane (* 1875, † 1939) 442
Grieg, Edvard (* 1843, † 1907) 84
Grieshaber, HAP (Helmut Andreas Paul) (* 1909, † 1981) 79
Grillparzer, Franz (* 1791, † 1872) 64, 68, 79, 93, 119, 165, 202, 213, 237, 243, 266, 277, 369, 418
Grimm, Jakob (* 1785, † 1863) 175, 222, 272, 358, 360, 361, 364
Grimm, Wilhelm (* 1786, † 1859) 175, 196, 222, 272, 344, 358, 360, 361, 364
Grimmelshausen, Johann Jakob Christoffel von (* um 1622, † 1676) 14, 20, 26, 55, 56, 130, 198, 208, 226, 332, 339, 347, 355, 368 379
Gringore, Pierre (* um 1475, † um 1538) 385
Gröber, Gustav (* 1844, † 1911) 358
Grosz, George (* 1893, † 1959) 98
Grotefend, Georg Friedrich (* 1775, † 1853) 230
Groth, Klaus (* 1819, † 1899) 194, 290
Grotius, Hugo (* 1583, † 1645) 318
Grotowski, Jerzy (* 1933) 342
Grübel, Johann Konrad (* 1736, † 1809) 290
Gruber, Johann Gottfried (* 1774, † 1851) 127
Grün, Max von der (* 1926) 38, 187
Gryphius, Andreas (* 1616, † 1664) 14, 21, 44, 55, 69, 85, 95, 161, 163, 164, 170, 179, 201, 221, 241, 263, 264, 265, 348, 370, 372, 378, 384, 390, 407, 418, 443, 444
Gryphius, Christian (* 1649, † 1706) 379
Guardini, Romano (* 1885, † 1968) 140
Guarini, Giovanni Batista (* 1538, † 1612) 318, 367
Guillaume de Lorris (* zw. 1200 und 1210, † nach 1240) 135, 281
Guillaume de Machault (* zw. 1300 und 1305, † 1377) 245, 432
Guillaume le Clerc (13. Jh.) 59
Guinizelli, Guido (* 1230/40, † 1276) 110
Guiraut Riquier de Narbonne (2. Hälfte des 13. Jh.) 422
Guitry, Sacha (* 1885, † 1957) 69
Gundolf, Friedrich (* 1880, † 1931) 173
Günther, Johann Christian (* 1695, † 1723) 18, 136, 163, 171, 305, 419
Gutenberg, Johannes (* zw. 1397 und 1400, † 1468) 74, 75
Gutzkow, Karl (* 1811, † 1878) 224, 325, 340, 410, 445

H

Habicht, Werner (* 1930) 259
Hacks, Peter (* 1928) 25, 169, 202, 238
Hadamar von Laber (14. Jh.) 281
Hafes, Schamsoddin Mohammad (* 1325, † 1390) 109, 179
Hafner, Philipp (* 1731, † 1764) 436, 441
Haffner, Sebastian (* 1907) 160
Hagedorn, Friedrich von (* 1708, † 1754) 27, 46, 70, 146, 213, 265, 267, 353, 419
Hagesander (1. Jh. v. Chr.) 246
Hagelstange, Rudolf (* 1912, † 1984) 216
Hahn-Hahn, Ida von (* 1805, † 1880) 224
Halbe, Max (* 1865, † 1944) 160, 297
Hall, Willis (* 1929) 153
Haller, Albrecht von (* 1708, † 1777) 70, 160, 165, 213, 250, 265, 358, 389
Hallervorden, Dieter (* 1935) 225
Hamadhani, Al, Badi As Saman (* 969, † 1008) 268
Hamann, Johann Georg (* 1730, † 1788) 35, 49, 320, 358, 398, 436
Hammett, Dashiell (* 1894, † 1961) 243

I

J

K

M

Mark Aurel, Kaiser (* 121, † 180) 34, 49, 162
Mark Twain (* 1835, † 1910) 222, 379, 442
Marlitt, E[ugenie] (* 1825, † 1887) 425
Marlowe, Christopher (* 1564, † 1593) 120, 123, 149, 150, 331
Marmontel, Jean-Francois (* 1723, † 1799) 96
Marner, der († um 1270) 164, 275, 389
Marot, Clément (* 1496, † 1544) 119, 129, 265, 384
Marsh, Edward (* 1872, † 1953) 173
Marshall, Bruce (* 1899, † 1987) 347
Martial (Marcus Valerius Martialis) (* um 40, † um 103) 129, 137, 265, 443
Martianus Capella (5. Jh.) 40, 126
Martin, Hansjörg (* 1920) 243
Martini, Fausto Maria (* 1886, † 1931) 97, 257
Martini, Fritz (* 1909) 360
Marvell, Andrew (* 1621, † 1678) 279
Marx, Karl (* 1818, † 1883) 207, 296, 437
Masefield, John (* 1878, † 1967) 173
Massinger, Philip (* 1583, † 1640) 120, 237
Mathieu, Anselme (* 1828, † 1895) 152
Mattheson, Johann (* 1681, † 1764) 287
Maturin, Charles Robert (* 1782, † 1824) 182, 368
Maugham, William Somerset (* 1874, † 1965) 69, 380
Maupassant, Guy de (* 1850, † 1893) 173, 296, 304
Mauriac, François (* 1885, † 1970) 347
Maximilian I., Kaiser (* 1459, † 1519) 106, 190, 195, 246
Maximilian II., König von Bayern (* 1811, † 1864) 289
May, Karl (* 1842, † 1912) 13, 60, 143, 158, 215, 223, 347, 425, 442
May, Kurt (* 1892, † 1959) 262
Mayer, Hans (* 1907) 154, 259
Mayröcker, Friederike (* 1924) 168, 205
McCay, Winsor (* 1869, † 1934) 94
Mechthild von Magdeburg (* um 1210, † 1282) 291
Medici, Lorenzo de' (* 1514, † 1548) 384
Mehring, Franz (* 1846, † 1919) 218, 262
Mehring, Walter (* 1896, † 1981) 76, 98, 299
Meichsner, Dieter (* 1928) 153
Meinhold, Wilhelm (* 1797, † 1851) 92
Meinloh von Sevelingen (2. Hälfte des 12. Jh.) 283
Meisl, Karl (* 1775, † 1853) 442
Meißner, August Gottlieb (* 1753, † 1807) 439
Melanchthon, Philipp (* 1497, † 1560) 207, 334
Melanippides (5. Jh. v. Chr.) 109
Méliès, Georges (* 1861, † 1938) 375
Mell, Max (* 1882, † 1971) 249
Melville, Herman (* 1819, † 1891) 304, 340, 379, 413
Menander (* 342/341, † 291/290) 90, 236, 380
Mendelssohn, Moses (* 1729, † 1786) 103, 258
Mendelssohn Bartholdy, Felix (* 1809, † 1847) 84
Menéndez Pidal, Ramón (* 1869, † 1968) 172
Menenius Lanatus, Agrippa (um 500 v. Chr.) 312
Menge, Hermann (* 1841, † 1939) 61
Menippos (1. Hälfte des 3. Jh. v. Chr.) 365
Menzel, Adolph von (* 1815, † 1905) 79, 422
Menzel, Herybert (* 1906, † 1945) 69
Mercer, David (* 1928, † 1980) 153
Mercier, Louis Sébastien (* 1740, † 1814) 410
Merck, Johann Heinrich (* 1741, † 1791) 98
Mereschkowski, Dmitri Sergejewitsch (* 1865, † 1941) 141
Mérimée, Prosper (* 1803, † 1870) 201, 304
Merker, Paul (* 1881, † 1945) 257, 259, 260
Merz, Carl (* 1906, † 1979) 285
Messalla, Marcus Valerius Corvinus (* 64 v. Chr., † 13 n. Chr.) 105
Metastasio, Pietro (* 1698, † 1782) 265
Metellus von Tegernsee (Mitte des 12. Jh.) 87
Metternich, Klemens Wenzel Fürst von (* 1773, † 1859) 277
Mey, Reinhard (* 1942) 86
Meyer, Conrad Ferdinand (* 1825, † 1898) 51, 92, 108, 200, 201, 209, 253, 266, 304, 334, 340, 421, 432
Meyer, Joseph (* 1796, † 1856) 127, 128
Meyerbeer, Giacomo (* 1791, † 1864) 47
Meyer-Lübke, Wilhelm (* 1861, † 1936) 357
Meyr, Melchior (* 1810, † 1871) 111
Meyrink, Gustav (* 1868, † 1932) 179
Michelangelo (* 1475, † 1564) 265, 318, 384
Mickiewicz, Adam (* 1798, † 1855) 141
Miegel, Agnes (* 1879, † 1964) 51, 299
Miller, Arthur (* 1915) 418
Miller, Henry (* 1891, † 1980) 69, 137
Miller, Johann Martin (* 1750, † 1814) 183
Milton, John (* 1608, † 1674) 39, 68, 135, 170, 265
Mimnermos von Kolophon (um 600 v. Chr.) 118
Minder, Robert (* 1902, † 1980) 251
Minturno, Antonio (* 1500, † 1574) 322
Minucius Felix, Marcus (um 200) 103
Mirandola, Giovanni Pico della (* 1463, † 1494) 206
Mirbt, Rudolf (* 1896, † 1974) 245
Mistral, Frédéric (* 1830, † 1914) 152
Mitchell, Margaret (* 1900, † 1949) 60
Mitgutsch, Ali (* 1935) 65
Mohammed (* um 570, † 632) 193, 228

Mohr, Wolfgang (* 1907) 257, 259
Molcho, Samy (* 1936) 311
Molière (* 1622, † 1673) 54, 83, 89, 93, 95, 147, 160, 227, 236, 237, 252, 331, 334, 342, 380, 381, 415
Möller, Eberhard Wolfgang (* 1906, † 1972) 205
Möllhausen, Balduin (* 1825, † 1905) 215, 442
Molsner, Michael (* 1939) 243
Mombert, Alfred (* 1872, † 1942) 210, 223
Mommsen, Theodor (* 1817, † 1903) 301
Mon, Franz (* 1926) 15, 266, 433
Monk, Egon (* 1927) 153
Montaigne, Michel Eyquem de (* 1533, † 1592) 140, 287, 332
Montale, Eugenio (* 1896, † 1981) 198, 265
Montand, Yves (* 1921) 88
Montemayor, Jorge de (* um 1520, † 1561) 367
Montesquieu, Charles de Secondat, Baron de La Brède et de (* 1689, † 1755) 45, 128
Moorcock, Michael (* 1940) 375
More, Sir Thomas (* 1478, † 1535) 206, 331, 389, 426
Moréas, Jean (* 1856, † 1910) 400, 432
Moreau, Jean-Michel (* 1741, † 1814) 79
Moréri, Louis (* 1643, † 1680) 127
Moretti, Marino (* 1885, † 1979) 97
Morgenstern, Christian (* 1871, † 1914) 19, 52, 154, 224, 247, 301, 443
Morgner, Irmtraud (* 1933) 369
Morhof, Daniel Georg (* 1639, † 1691) 256
Mörike, Eduard (* 1804, † 1875) 27, 51, 64, 66, 108, 119, 129, 163, 172, 178, 208, 213, 244, 248, 266, 318, 333, 343, 344, 356, 359, 361, 419, 423, 431
Moritz, Karl Philipp (* 1756, † 1793) 398, 439
Morris, William (* 1834, † 1896) 148
Mortimer, John (* 1923) 153
Moscherosch, Johann Michael (* 1601, † 1669) 20, 55, 56, 136, 161, 191, 294, 304, 315, 334, 366
Mosel, Tad (* 1922) 153
Mossmann, Walter (* 1941) 333
Mozart, Wolfgang Amadeus (* 1756, † 1791) 84, 114
Mrożek, Sławomir (* 1930) 16, 374
Mühlpfort, Heinrich (* 1639, † 1681) 163
Mühsam, Erich (* 1878, † 1934) 69
Müller, Friedrich, genannt Maler Müller (* 1749, † 1825) 150
Müller, Günther (* 1890, † 1957) 257, 262
Müller, Heiner (* 1929) 132, 168, 169, 173, 202
Müller, Karl Otfried (* 1797, † 1840) 319
Müller, Wilhelm, genannt Griechen-Müller (* 1794, † 1827) 435
Münchhausen, Börries von (* 1874, † 1945) 51, 268, 299
Münchhausen, Karl Hieronymus Freiherr von (* 1720, † 1797) 263, 289, 347
Mundt, Theodor (* 1808, † 1861) 224, 261
Müntzer, Thomas (* 1490, † 1525) 231
Murger, Henri (* 1822, † 1861) 69
Murner, Thomas (* 1475, † 1537) 268, 293, 315, 325
Musäus, Johann Karl August (* 1735, † 1787) 65, 72, 221, 271, 347
Musil, Robert (* 1880, † 1942) 78, 219, 304, 322, 334, 356, 357, 361, 370, 403
Muskatplüt (* um 1375, † nach 1438) 276
Mussato, Albertino (* 1261, † 1329) 106
Musset, Alfred de (* 1810, † 1857) 99, 265, 306, 362, 440

N

Nabokov, Vladimir (* 1899, † 1977) 137, 141
Nadler, Josef (* 1884, † 1963) 257
Naevius, Gnaeus (3. Jh. v. Chr.) 417
Naogeorgus, Thomas (* 1511, † 1563) 288
Napoleon I. (* 1769, † 1821) 31, 93, 160, 325, 428
Neander, Joachim (* 1650, † 1680) 320
Neidhart (von Reuental) (1. Hälfte des 13. Jh.) 111, 284, 365
Nepos, Cornelius (* um 100, † um 25) 67, 200, 433
Nestroy, Johann Nepomuk (* 1801, † 1862) 64, 96, 237, 290, 315, 328, 342, 366, 436, 441, 445
Neuber, Friederike Caroline (* 1697, † 1760) 191, 410
Neukirch, Benjamin (* 1665, † 1729) 163
Neumann, Robert (* 1897, † 1975) 260, 315
Neuss, Wolfgang (* 1923, † 1989) 225
Newald, Richard (* 1894, † 1954) 257
Nicolai, Friedrich (* 1733, † 1811) 255, 258, 315
Nicolai, Philipp (* 1556, † 1608) 232
Nietzsche, Friedrich (* 1844, † 1900) 32, 34, 35, 99, 109, 131, 140, 159, 165, 172, 210, 332, 400
Nikandros (2. Jh. v. Chr.) 249
Nikolaus von Jeroschin (1. Hälfte des 14. Jh.) 102
Nikolaus von Kues (* 1401, † 1464) 207
Nobel, Alfred (* 1833, † 1896) 301
Nordal, Sigurður Jóhannesson (* 1886, † 1974) 382
Noreen, Adolf (* 1854, † 1925) 382
Norton, Thomas (* 1532, † 1584 [1583?]) 68
Notker Balbulus (* um 840, † 912) 377
Notker Labeo (* um 950, † 1022) 285, 388
Novalis (* 1772, † 1801) 23, 33, 43, 66, 68, 143, 158, 159, 170, 210, 218, 244, 253, 258, 265, 324, 334, 347, 356, 358, 359, 361, 400
Novius (1. Jh. v. Chr.) 44

O

P

118, 122, 128, 143, 179, 227, 228, 233, 266, 306, 308, 325, 364, 369, 390, 393, 407, 419, 440
Platon (* 428 oder 427, † 348/47) 18, 35, 91, 103, 125, 130, 136, 211, 331, 350, 426
Platte, Rudolf (* 1904, † 1984) 225
Plautus, Titus Maccius (* um 250, † um 184) 58, 81, 108, 112, 131, 236, 240, 263, 381, 407, 409
Plenzdorf, Ulrich (* 1934) 169
Plievier, Theodor (* 1892, † 1955) 242
Plinius der Ältere (Gajus Plinius Secundus) (* 23 oder 24, † 79) 125
Plinius der Jüngere (Gajus Plinius Caecilius Secundus) (* 61 oder 62, † um 113) 70
Plutarch (* um 46, † um 125) 67, 104, 200
Pocci, Franz Graf von (* 1807, † 1876) 273, 335
Poe, Edgar Allan (* 1809, † 1849) 15, 37, 99, 100, 179, 186, 242, 304, 374, 379, 400
Poggio Bracciolini, Gian Francesco (* 1380, † 1459) 151, 339, 374
Polenz, Peter von (* 1928) 336
Polgar, Alfred (* 1873, † 1955) 154, 225, 258, 410
Poliziano, Angelo (* 1454, † 1494) 206
Polo, Marco (* 1254, † 1324) 346
Polydoros (1. Jh. v. Chr.) 246
Pomponius, Lucius (1. Jh. v. Chr.) 44
Pongs, Hermann (* 1899, † 1979) 205, 259
Ponge, Francis (* 1899, † 1988) 302, 332
Pontano, Giovanni (* 1426, † 1503) 206
Pontanus, Jacobus (* 1542, † 1626) 220
Pope, Alexander (* 1688, † 1744) 132, 250, 259, 265, 306, 323
Porter, Katherine Anne (* 1890, † 1980) 379
Poseidonios (* um 135 v. Chr., † 51 v. Chr.) 346
Pound, Ezra (* 1885, † 1972) 214, 322
Praetorius, Michael (* 1571, † 1621) 438
Pratinas von Phleius (6./5. Jh.) 366
Pratolini, Vasco (* 1913) 298
Prehauser, Gottfried (* 1699, † 1769) 190, 436, 441
Preußler, Otfried (* 1923) 223
Prévert, Jacques (* 1900, † 1977) 400
Prévost d'Exiles, Antoine François (Abbé) (* 1697, † 1763) 121, 327, 355, 436
Prokop (* um 500, † nach 559) 28
Properz (Sextus Propertius) (* um 50 v. Chr., † nach 16 v. Chr.) 119, 165, 265
Proust, Marcel (* 1871, † 1922) 43, 71, 214, 216, 302, 334, 356
Prudentius († 861) 207
Pseudo-Kallisthenes (3. Jh. n. Chr.) 21
Ptolemaios II. Philadelphos, König von Ägypten (* um 308, † 246) 321
Ptolemäus, Claudius (* um 100, † nach 160) 346
Puccini, Giacomo (* 1858, † 1924) 69
Pulitzer, Joseph (* 1847, † 1911) 335
Puschkin, Alexander Sergejewitsch (* 1799, † 1837) 201, 304, 431
Pyra, Immanuel Jakob (* 1715, † 1744) 122, 188

Q

Qualtinger, Helmut (* 1928, † 1986) 225, 285
Quasimodo, Salvatore (* 1901, † 1968) 198
Quesnay, François (* 1694, † 1774) 128
Quevedo y Villegas, Francisco Gómez de (* 1580, † 1645) 59
Quintilian (Marcus Fabius Quintilianus) (* um 35, † um 100) 278, 322, 350

R

Raabe, Wilhelm (* 1831, † 1910) 38, 66, 139, 194, 200, 201, 208, 209, 356, 403
Rabbula von Edessa (* Mitte des 4. Jh., † 436) 60
Rabelais, François (* um 1494, † 1553) 146, 177, 186, 208, 263, 332, 339, 355, 365, 446
Rabener, Gottlieb Wilhelm (* 1714, † 1771) 70
Racine, Jean (* 1639, † 1699) 21, 54, 113, 114, 192, 201, 213, 233, 316
Radcliffe, Ann (* 1764, † 1823) 179, 182, 368
Raddatz, Fritz J. (* 1931) 154
Radtke, Günter (* 1927) 243
Raimund, Ferdinand (* 1790, † 1836) 64, 96, 191, 237, 290, 442, 445
Ramler, Karl Wilhelm (* 1725, † 1798) 241, 258
Ramuz, Charles Ferdinand (* 1878, † 1947) 56
Rank, Joseph (* 1816, † 1896) 111
Ranke, Leopold von (* 1795, † 1886) 332, 360
Ransom, John Crowe (* 1888, † 1974) 262, 300
Rask, Rasmus (* 1787, † 1832) 382
Rasp, Renate (* 1935) 186
Raspe, Rudolf Erich (* 1737, † 1794) 263, 289
Rathgeber, Valentin (* 1682, † 1750) 178
Rattigan, Sir Terence [Mervyn] (* 1911, † 1979) 153
Rebhun, Paul (* um 1505, † 1546) 373
Regenbogen, Barthel (um 1300) 275
Reginó von Prüm (* um 850, † 915) 439
Regiomontanus (* 1436, † 1476) 23, 334
Regnard, Jean-François (* 1655, † 1709) 237
Regnart, Jacob (* 1540, † 1599) 432
Rehn, Jens (* 1918, † 1983) 426
Reichert, Willy (* 1896, † 1973) 225
Reich-Ranicki, Marcel (* 1920) 154, 258
Reinfrank, Arno (* 1934) 266
Reinhardt, Max (* 1873, † 1943) 225, 410

Reinig, Christa (* 1926) 51, 52, 266
Reinmar der Alte (2. Hälfte des 12. Jh.) 105, 184, 284
Reinmar von Zweter (* um 1200, † nach 1246) 164, 338, 389
Remarque, Erich Maria (* 1898, † 1970) 76, 241, 342
Renn, Ludwig (* 1889, † 1979) 241, 299
Restif de La Bretonne, Nicolas (* 1734, † 1806) 137, 327
Retz, Jean-François Paul de Gondi, Kardinal von (* 1613, † 1679) 277
Reuchlin, Johannes (* 1455, † 1522) 71, 90, 207
Reusner, Nikolaus (* 1545, † 1602) 338
Reuter, Christian (* 1665, † nach 1712) 55, 263, 339, 347, 366, 368
Reuter, Fritz (* 1810, † 1874) 194, 208, 290
Reutter, Otto (* 1870, † 1931) 225
Reverdy, Pierre (* 1889, † 1960) 400
Richard le Pèlerin (Ende des 11. Jh.) 240
Richard von Sankt Viktor (* um 1110, † 1173) 291
Richards, Ivor Armstrong (* 1893, † 1979) 259
Richardson, Samuel (* 1689, † 1761) 72, 122, 124, 339, 356, 358, 436
Richelieu, Armand Jean du Plessis, Herzog von (* 1585, † 1642) 16, 277
Richey, Michael (* 1678, † 1761) 287
Richter, Hans Werner (* 1908) 186, 422
Richter, Ludwig (* 1803, † 1884) 63, 79
Ried, Hans († 1516) 195
Riehl, Wilhelm Heinrich von (* 1823, † 1897) 289, 330
Rilke, Rainer Maria (* 1875, † 1926) 42, 72, 99, 108, 119, 124, 142, 159, 164, 165, 210, 212, 223, 253, 266, 278, 285, 322, 333, 344, 345, 385, 391, 395, 401, 403
Rimbaud, Arthur (* 1854, † 1891) 15, 57, 99, 160, 198, 263, 402, 432
Ringelnatz, Joachim (* 1883, † 1934) 52, 225, 299, 301, 333, 345
Rist, Johann von (* 1607, † 1667) 153, 171, 232, 241, 253, 304
Robbe-Grillet, Alain (* 1922) 302, 357
Roberthin, Robert (* 1600, † 1648) 239
Rochefort, Christiane (* 1917) 137
Rochow, Friedrich Eberhard von (* 1734, † 1805) 251
Rodenberg, Julius (* 1831, † 1914) 255
Rodríguez de Montalvo Garci (15./16. Jh.) 24
Rolland, Romain (* 1866, † 1944) 202, 241, 244
Rollenhagen, Georg (* 1542, † 1609) 373
Romains, Jules (* 1885, † 1972) 424
Ronsard, Pierre de (* 1524 oder 1525, † 1585) 22, 119, 131, 233, 265, 305, 321, 322, 384
Roovere, Anthonis de (* um 1430, † 1482) 341
Rose, Reginald (* 1920) 153
Rosegger, Peter (* 1843, † 1918) 56, 226
Rosenplüt, Hans (* zwischen 1400 und 1405, † nach 1460) 149, 239, 329, 374, 389
Rossellini, Roberto (* 1906, † 1977) 298
Rossetti, Dante Gabriel (* 1828, † 1882) 254
Rostand, Maurice (* 1891, † 1968) 69
Roth, Dieter (* 1930) 425
Rotrou, Jean de (* 1609, † 1650) 415
Rouget de Lisle, Claude Joseph (* 1760, † 1836) 348
Roumanille, Joseph (* 1818, † 1891) 152
Rousseau, Jean-Jacques (* 1712, † 1778) 45, 49, 56, 71, 72, 121, 124, 128, 139, 143, 276, 299, 334, 338, 355, 358, 397, 398, 436
Roussin, André (* 1911, † 1987) 69
Rowlandson, Thomas (* 1756, † 1827) 79
Rückert, Friedrich (* 1788, † 1866) 90, 118, 128, 143, 160, 165, 179, 227, 228, 250, 266, 308, 351, 378, 419, 421
Rüdiger, Horst (* 1908, † 1984) 259
Rudolf von Ems (* um 1200, † vor 1254) 21, 128, 164, 203, 248, 345, 440
Rudolf von Fenis (* Mitte des 12. Jh., † 1196) 283
Ruh, Kurt (* 1914) 259
Rühm, Gerhard (* 1930) 205, 266, 441
Rühmkorf, Peter (* 1929) 187, 315
Ruiz de Alarcón y Mendoza, Juan (* 1581[?], † 1639) 237
Runge, Erika (* 1939) 110, 215, 441
Rupp, Heinz (* 1919) 259
Ruppel, Karl Heinrich (* 1900, † 1980) 410
Ruskin, John (* 1819, † 1900) 43, 140, 400
Rutebeuf (* vor 1250, † um 1285) 147, 285
Ruusbroec, Jan van (* 1293, † 1381) 291
Rychner, Max (* 1897, † 1965) 258

S

Sacher-Masoch, Alexander (* 1901, † 1972) 137
Sachs, Hans (* 1494, † 1576) 21, 103, 131, 149, 184, 234, 268, 276, 283, 312, 374, 431
Sachs, Nelly (* 1891, † 1970) 142, 301
Sackville, Thomas, Earl of Dorset (* 1536, † 1608) 68
Sade, Donatien Alphonse François Marquis de (* 1740, † 1814) 137, 327, 365
Saemund der Weise (* 1056, † 1133) 115
Sailer, Johann Michael (* 1751, † 1832) 388
Sailer, Sebastian (* 1714, † 1777) 290
Sainte-Beuve, Charles

T

U

V

W

X

Y

Z

Die DUDEN-Bibliothek für Schüler
die **Schülerduden**

Rechtschreibung und Wortkunde
Ein Nachschlagewerk und Arbeitsbuch zur alten und neuen Rechtschreibung und zum Wortschatz mit rund 17 000 Stichwörtern. Alle neuen Schreibungen sind rot hervorgehoben.
384 Seiten.

Wortgeschichte
Warum heißt der Maulwurf Maulwurf? Hier findet sich die Antwort. Über 10 000 Stichwörter, zahlreiche Abbildungen und Tabellen.
491 Seiten.

Bedeutungswörterbuch
Welche Bedeutungen können zum Beispiel „Experiment" und „explodieren" haben, und wie werden die Wörter korrekt verwendet?
461 Seiten.

Die richtige Wortwahl
„Gehen, laufen, schreiten, wandeln, marschieren,schleichen": der Weg zum stilistisch sicheren Ausdruck.
553 Seiten mit 14 000 Wörtern und Wendungen.

Grammatik
Eine Sprachlehre mit Übungen und Lösungen, speziell für den Deutschunterricht entwickelt. 544 Seiten.

Fremdwörterbuch
Wie schreibt man „relaxed", und was bedeutet dieses Wort eigentlich? Fremdwörter begegnen uns in Schule und Ausbildung. Und da ist es wichtig, sie sicher im Griff zu haben.
Rund 20 000 Fremdwörter auf 480 Seiten.

Lateinisch – Deutsch
Wortschatz und Grammatik für den modernen Lateinunterricht in der Neufassung des „Taschen-Heinichen". 30 000 Stichwörter auf 465 Seiten.

Die Literatur
Absurdes Theater, Naturalismus, Einakter: Dieses Sachlexikon definiert die zentralen Begriffe der Literatur. Rund 2 000 Stichwörter, ein tabellarischer Abriss der abendländischen Literatur, zahlreiche Abbildungen und ein Personenregister.
512 Seiten.

Die Kunst
Von der Gotik bis zum Graffito: die wichtigsten Epochen und Stilrichtungen in Text und Bild. Rund 3 000 Stichwörter, 96 Farbtafeln, zahlreiche Abbildungen, Register. 528 Seiten.

Die Musik
Was ist „Farbenhören", was „weißes Rauschen"? Rund 2 500 Stichwörter, Notenbeispiele, 250 Bilder und Zeichnungen, Literaturverzeichnis, Register.
488 Seiten.

Die Religionen
Von alten Naturreligionen bis zu modernen Sekten. Ursprung und Geschichte aller Religionen. Rund 4 000 Stichwörter, 200 Abbildungen, Literaturverzeichnis, Register. 464 Seiten.

Die Philosophie
Scholastik, Logik, Metaphysik: Einblick in Modelle und Schulen der Philosophie. Rund 1 100 Stichwörter, Literaturverzeichnis, Register, Übersicht.
492 Seiten.

Die Psychologie
Das Grundwissen der Psychologie in über 3 500 Stichwortartikeln. Kurzbiographien zu den wichtigsten im Text genannten Personen. Behandelt werden unter anderem Themen wie: die Dominanz der neuen Medien, Essstörungen und Medienpsychologie. Auch die Weiterentwicklungen in einzelnen Teilbereichen der Psychologie wurden berücksichtigt. 468 Seiten.

Die Pädagogik
Schule, Ausbildung und Erziehung. Rund 3 000 Stichwörter machen Pädagogik anschaulich. Zahlreiche Abbildungen, Tabellen, Diagramme, Literaturhinweise, Register.
419 Seiten.

Die Mathematik I
„Mathe" leicht verständlich für die Sekundarstufe I. Über 1000 meist zweifarbige Abbildungen, zahlreiche Beispiele, Register.
539 Seiten.

DUDENVERLAG
Mannheim · Leipzig · Wien · Zürich

Die DUDEN-Bibliothek für Schüler

die **Schülerduden**

Die Mathematik II
Höhere Mathematik auf einen einfachen Nenner gebracht. Sekundarstufe II. Über 500 meist zweifarbige Abbildungen, zahlreiche Beispiele, Register. 478 Seiten.

Informatik
Dieses Fachlexikon für die Schule vermittelt ein fachliches Fundament in der Informatik. Rund 600 Abbildungen, zahlreiche Programmbeispiele, Register. 560 Seiten.

Die Astronomie
Supernova, rote Riesen, schwarzes Loch: die Welt der Astronomie in einem Band. Rund 2 000 Stichwörter, 200 Abbildungen, zahlreiche Tabellen und Übersichten, Literaturverzeichnis. 418 Seiten.

Physik
Methoden, Begriffe und Ergebnisse werden präzise und leicht verständlich erklärt. Über 2 000 alphabetisch geordnete Sachstichwörter mit rund 450 Abbildungen, Übersichten und einem Register. 496 Seiten.

Die Chemie
Von Ammoniak bis Zucker werden Stoffe, Reaktionen und Gesetze auf eine Formel gebracht. Rund 1 800 Stichwörter, 900 meist zweifarbige Abbildungen und chemische Formeln. 444 Seiten.

Die Ökologie
Biotop, Nahrungsnetz, Ozonloch: Dieser Band informiert über alles, was das Thema „Mensch und Umwelt" angeht. Rund 2 800 Stichwörter, 16 Farbtafeln und zahlreiche Abbildungen. 368 Seiten.

Die Biologie
Mit den neuesten Forschungsergebnissen auf Gebieten wie Ökologie, Molekularbiologie, Molekulargenetik, Immunbiologie und Biotechnik. Die rund 2 500 alphabetisch geordneten Artikel berücksichtigen auch die Lehrpläne der Leistungskurse Biologie. 489 Seiten.

Sexualität
Die Vielfältigkeit der Sexualität. Mit Themen wie Pubertät und Erwachsenwerden, erste Liebe, Umgang miteinander, Empfängnisverhütung, Mutterschaft und Vaterschaft, Aids, sowie einer Liste von Beratungsstellen. Rund 2 000 Stichwörter mit über 100 meist farbigen Abbildungen im Text. 396 Seiten.

Die Tiere
Vom Blauwal bis zum Wimpertierchen: die Welt der Tiere als sinnvolle Ergänzung zum Band „Die Biologie". Rund 4 000 Stichwörter, 32 mehrfarbige Schautafeln. 392 Seiten.

Die Pflanzen
Vom Gänseblümchen bis zum Mammutbaum. Rund 5 000 Stichwörter, 168 Farbfotos auf 32 ganzseitigen Schautafeln. 436 Seiten.

Die Geographie
Von der Geomorphologie zur Sozialgeographie: das aktuelle Fachlexikon für den Geographieunterricht. Rund 1 800 Stichwörter, 120 Abbildungen. 468 Seiten.

Die Wirtschaft
„ABC-Analyse", „Break-even-Point", „Jointventure": das Lexikon des wirtschaftlichen Lebens. Für Schule und Beruf. Rund 2 500 Stichwörter, zahlreiche Diagramme und Abbildungen. 428 Seiten.

Politik und Gesellschaft
Von ABC-Staaten bis zur Zweitstimme: Sachbegriffe der Gemeinschaftskunde zuverlässig und griffbereit in einem Band. Rund 2 300 Stichwörter, 120 Abbildungen, Literaturverzeichnis. 460 Seiten.

Die Geschichte
Dieses Fachlexikon vergegenwärtigt Daten, Fakten und Zusammenhänge der Geschichte. Rund 2 400 Stichwörter, 155 Abbildungen, Literaturverzeichnis, Personen- und Sachregister. 540 Seiten.